Très bonne retraite, beaucoup de joie,
voyages, soleil et découvertes
verre de bon vin à la main
et les amis pour l'accompagner !

Bon vent à Vous et votre femme !

Dominique

Merci pour ces années de conseils et
particulièrement ces derniers mois de
travail en commun.

J'espère être digne de votre succession
et j'apporterais ma pierre à
l'édifice Qualité de la direction
industrielle que vous avez développé

Bonne retraite
Mes amitiés à votre épouse
et surtout au plaisir de
vous revoir régulièrement

Bruno

Un référentiel plus sûr que GMP FDA ou autre
In Vino Veritas.
Avec toutes mes amitiés
Chastan

VINS et vignobles de France

31 Mai 1999

Merci pour tout ce que vous nous avez apporté pendant ces années, En souhaitant vous retrouver au coin d'un vignoble dans le futur
Amitiés Gilbert

8 ans de collaboration fort agréable. Des inspections partagées avec des marchés à la clef! Des moments qu'on n'oublie pas!
Maintenant un nouveau temps pour toi, soigne ta cave!
[illegible]

Merci pour tout ce que vous avez apporté pendant ces années y compris l'anglais. Espérant que cette collaboration continuera et que vous profiterez au mieux de ce temps libre
[illegible]

VINS et vignobles *de France*

Le Savour Club

21 Rue du Montparnasse 75283 Paris cedex 06

Responsable d'édition
Colette Hanicotte

Coordination éditoriale
Ewa Lochet

Direction artistique
Jérôme Faucheux

Iconographie
Françoise Roche
Édith Garraud

Illustrations
Barry Mitchell
Gilles Sacksick
(pour les costumes des confréries)

Cartographie
Conception-réalisation :
Éditions Benoît France (cartographie vinicole)
Direction :
René Oizon assisté de Nadine Martres
Direction artistique :
Frédérique Longuépée

Lecture-Révision
Annick Valade assistée de Dominique Vautier

Fabrication
Annie Botrel

Couverture
Jérôme Faucheux, Véronique Laporte

La première édition de cet ouvrage a été publiée
en 1987 sous la direction de Pierre Anglade

Distributeur exclusif au Canada : Messageries ADP, 1751 Richardson, Montréal (Québec)

ISBN 2-03-506010-9

Avant-propos

Le sol de France est harmonieusement recouvert d'une liane séculaire : la vigne. Cette liane, sous la conduite de l'homme, extirpe des climats et des sols une justesse d'expression qu'elle nous offre dans son vin.

Le vin est la boisson la plus généreuse, la plus curieuse et la plus fidèle à la fois. Généreuse puisqu'elle apporte, au travers d'un bon usage, énergie, tranquillité et euphorie. Curieuse car elle déniche partout où cela lui semble possible une expression, qu'elle soit rouge, blanche, rosée, moustillante ou nature. Enfin fidèle parce qu'elle ne trahit pas cette association intime, cette croisée des chemins entre climat et sol, entre l'air et la terre, nous offrant une multitude d'images dont la justesse est source émotionnelle et culturelle exemplaire.

Ainsi la France, au travers de ses vins, nous offre-t-elle en permanence quelque cinquante mille expressions dont la diversité prend sa source dans les terroirs, les cépages, les microclimats et les soins des professionnels de la vigne qui les ont vues naître. Et il suffit de verser cette boisson dans deux verres, l'un étroit, l'autre large, de les poser sur une nappe blanche, verte ou rose, damassée ou simple, et de déguster ce vin à des températures de 12 °C, 14 °C, 16 °C ou 18 °C pour qu'il nous offre des registres différents. Cela explique la part importante que prend le vin dans les civilisations et en particulier en France, où il est solidement attaché à nos attitudes de table, que les repas se déroulent dans des ambiances frugales, modestes, recherchées, raffinées ou « à la bonne franquette ».

Il a fallu 640 pages et les connaissances de plus de cinquante spécialistes pour rendre compte de la place qu'occupe le vin dans notre vie, dans notre histoire. Ingénieurs, œnologues, vignerons, professeurs d'université, historiens, géographes, écrivains et restaurateurs y ont contribué dans un esprit pluridisciplinaire, dans le but de cerner les contours du vin, son parcours de la terre au verre, les soins qu'on lui prodigue, et enfin les structures professionnelles qui l'encadrent en veillant sur la destinée des vignobles. Connaître le vin, pénétrer son intimité, appréhender ses caractères, ses aptitudes, les rôles qu'il aime tenir à table en apportant une réplique juste aux mets, c'est se préparer à son bon usage. C'est-à-dire éviter l'abus qui éloigne de la compréhension et entraîne la dépendance.

Une évolution de taille s'opère aujourd'hui. C'est celle de la gastronomie devenue enfin l'écrin du vin. On ne boit pas en effet le vin pour lui-même, on le goûte en relation avec « le manger ». De plus en plus, on voit les sommeliers aider à la conception des caves des restaurants en tenant compte de la catégorie de ces derniers et de la cuisine du chef. Cette évolution de la gastronomie d'inspiration française s'impose progressivement en démontrant la justesse des préparations culinaires inspirées par le vin. Cette tendance va en s'affirmant et témoigne de la créativité inépuisable que représente le monde du vin vis-à-vis de la cuisine, lorsque les vins de terroir, auxquels le climat donne chaque année une silhouette différente, sont justes. Le vin et la cuisine s'aiment, car chacun reçoit et donne à l'autre ; cette association et cette compréhension réciproque servent le bonheur de nos instants de table et placent le vin sur une certaine échelle de valeurs.

La part du vin dans l'économie de notre pays n'est pas des moindres non plus. On constate qu'elle a pris un réel essor puisque, depuis 1990, la France représente pratiquement la moitié du marché mondial du vin avec une valeur de 20 milliards de francs. On est donc là devant un potentiel économique qui dans un esprit de pérennité apporte son poids régulier, et des plus importants, à notre balance économique. En même temps, l'économie du vin contribue à un rééquilibrage social du monde rural et à l'aménagement du territoire. En effet, la vigne, gourmande de main-d'œuvre, réclame un homme tous les cinq à dix hectares selon les régions, maintenant ainsi l'existence des villages. En conséquence boire du vin, c'est aussi s'intégrer à une écologie.

Ces pages nous révèlent tout ce que contient un verre de vin. Non pas pour compliquer, car rien n'est compliqué dans le vin, mais au contraire pour favoriser la spontanéité et libérer le goûteur que nous sommes. En recherchant la référence du vin que nous venons de boire, nous saurons où notre plaisir a pris sa source. Ce plaisir procuré par le vin nous irrigue et nous évite de sombrer dans la banalité, la médiocrité et l'isolement. Là encore nous devons mentionner ce sens du partage que le vin inspire, favorisant ainsi la convivialité, c'est-à-dire la vie en société.

Cette édition est présentée en deux parties. La première, **Le vin, de la terre au verre,** *est un panorama complet de la vie du vin, richement documenté et illustré. Depuis le terroir jusqu'à la dégustation, le lecteur suivra les multiples transformations du fruit de la vigne, en assistant à la vendange et la vinification, en apprenant les maladies du vin, ses vertus, ses modes de conservation et de vieillissement et les contraintes à tous les stades de l'élaboration qui garantissent sa qualité. Il saura comment l'acheter, le déguster et le conserver d'une manière éclairée, en toute connaissance de cause. Il connaîtra aussi son histoire, sa place dans l'art, dans la tradition hier et aujourd'hui. Il saura en parler grâce à un* **Vocabulaire de la dégustation** *conçu pour l'aider à goûter le vin en allant chercher les mots qui traduiront son vécu émotionnel ; il ne faut pas oublier que parler du vin lui fait plaisir, c'est une réelle communication qui s'établit entre lui et nous.*

La seconde partie, **Le dictionnaire des vins, des cépages et des vignobles de France,** *rassemble toutes les appellations revendiquées par les vignerons ; ce sont ces derniers en effet qui, à chaque* *récolte vont en mairie déclarer le fruit de leur travail, leur vendange, sous le nom de leur origine. Chaque vin – appellation d'origine contrôlée (AOC) ou appellation d'origine vin délimité de qualité supérieure (AOVDQS) – a reçu une description complète : décret ou arrêté l'ayant ratifié, région d'origine et aire d'appellation, cépages dont il est issu, production moyenne, caractéristiques organoleptiques.*

De même, tous les cépages, distingués par une grappe, sont présentés de manière non moins exhaustive : d'abord les multiples noms dont les a dotés l'imagination des hommes suivant les terroirs, ensuite les caractéristiques botaniques souvent étayées par l'iconographie, puis les sols où ils s'expriment le mieux, les maladies qui les affectent et les appellations dont ils font partie.

Enfin, la présentation de toutes les régions viti-vinicoles aidera le lecteur à saisir l'état d'esprit qui règne dans chacune de nos appellations. Ainsi pour chaque région ont été détaillés l'histoire, la nature des sols et le climat, l'encépagement, la superficie des vignobles et leur potentiel viticole, les modes de vendange et de vinification, le style des vins, les structures économiques et les manifestations socio-culturelles inspirées par le vin.

Pour permettre au lecteur de manipuler avec aisance des notions parfois complexes et de synthétiser facilement une information aussi vaste, divers documents ont été mis à sa disposition. Quelque vingt-cinq cartes originales, créées par un cartographe spécialiste du vin, entrent dans le détail de chaque région et situent exactement chaque appellation. Des cartes des sols et des coupes géologiques éclairent sur les raisons pour lesquelles un même cépage s'exprime différemment selon le terroir qui l'accueille. Plusieurs dessins et une abondante iconographie – près de 500 photos en couleurs – illustrent et complètent le texte. Des tableaux et graphiques permettent de saisir et comparer, en un coup d'œil, différentes données chiffrées.

Enfin un glossaire, **Les mots de la vigne et du vin,** *familiarisera le lecteur avec certains termes techniques tandis que* l'index *lui facilitera la navigation à travers le livre.*

Le but de cet ouvrage est d'aider chacun à profiter de cette noble boisson porteuse à la fois de rigueur et de joie de vivre. Mais c'est aussi rendre hommage à ceux qui, inlassablement, continuent de travailler la terre afin que l'homme soit alimenté par ses fruits et non seulement nourri par des éléments certes propres mais muets.

Jacques Puisais

Collaborateurs de Vins et vignobles de France

Conseiller de la rédaction
Jacques PUISAIS
Œnologue
Président de l'Institut français du goût

QUE SOIENT ICI REMERCIÉS TOUS LES AUTEURS QUI ONT PERMIS LA RÉALISATION DE CET OUVRAGE :

BARBIER Gérard
Ingénieur

BARRIER Charles
Restaurateur

BARTOLI Guy
Restaurateur à Guagno (Corse du Sud)

BAZIN Jean-François
Journaliste et écrivain

BERGER Alain
Chef de la division Économie et Promotion de l'INAO

BERGERET Jacques
Professeur d'œnologie
Directeur honoraire du Centre d'expérimentation viticole et œnologique de l'université de Dijon

BIDAN Pierre
Professeur de technologie et d'œnologie à l'École nationale supérieure agronomique de Montpellier

BIENAYMÉ Marie-Hélène
Chef de la division juridique et étrangère à l'INAO

BISE Françoise
Restaurateur à Talloires (Haute-Savoie)

BOCUSE Paul
Restaurateur à Collonges-au-Mont-d'Or (Rhône)

BOIDRON Jean-Noël
Œnologue, maître de conférences à l'Institut d'œnologie de Talence

BOYER Gérard
Restaurateur à Reims (Marne)

BRAITBERG Jean-Moïse
Journaliste

BRUN Suzanne
Professeur

CABANIS Jean-Claude
Professeur au Centre de formation et de recherche en œnologie à l'université de Montpellier

CARRÉ Étienne
Œnologue, docteur en œnologie

CASTETS Michel
Marketing BSN

CHARNAY Pierre
Ingénieur agricole, œnologue

CORDONNIER Robert
Ingénieur agricole, docteur ès sciences, directeur du laboratoire des arômes et des substances naturelles de l'Institut des produits de la vigne de l'INRA

CULAS Gabriel
Œnologue, ingénieur à l'Institut technique de la vigne et du vin de Chambéry

DUBERNET Marc
Œnologue, docteur en chimie

DUBOS Jean
Professeur, directeur de recherche à l'INRA

DUMAY Raymond
Écrivain

DUPRAT Jean-Claude
Œnologue de la Chambre d'agriculture d'Agen

EXPERT Jacques
Journaliste

FOULON Dominique
Œnologue

GALET Pierre
Ingénieur agricole, docteur ès sciences
Maître-assistant de viticulture à l'École nationale supérieure agronomique de Montpellier

GASTAUD-GALLAGHER Patricia
Directrice du département du vin de « Cordon bleu »

GAY-BELLILE Francis
Ingénieur agricole de l'ENSA de Montpellier, œnologue

GÉRARDIN Martine
Journaliste

GUIMBERTEAU Guy
Institut d'œnologie, université de Bordeaux II

GUY Jullien
Restaurateur

HAEBERLIN Jean-Pierre et Paul
Restaurateurs à Illhaeusern (Haut-Rhin)

HECQUET Daniel
Œnologue, responsable du service technique du CIVRB

HUGLIN Pierre
Directeur de recherches honoraire à l'INRA

JAMBON Jean-Claude
Meilleur sommelier du monde 1986

JEUNET André
Restaurateur à Arbois (Jura)

LACOSTE Jacques
Ingénieur

LAGUICHE, comte Alain de
Viticulteur

LAPORTE Pierre
Restaurateur à Biarritz (Pyrénées-Atlantiques)

LÉGLISE Max †
Œnologue

LEGUAY Michel
Office national interprofessionnel des vins

LEMONNIER Michel
Chroniqueur, membre de l'Académie internationale du vin

LEPRÉ Georges
Le Savour Club

MARTIN Jean-Louis
Directeur du Bureau national interprofessionnel de l'Armagnac

MENEAU Marc
Restaurateur à Saint-Père-sous-Vézelay (Yonne)

MERCURY François
Président du Syndicat des coteaux d'Ajaccio

MEYER Henri
Vice-Président de l'Union française des œnologues

OLIVER Raymond †
Restaurateur

ORIZET Louis
Inspecteur général honoraire de l'INAO

OUTHIER Louis
Restaurateur

PAGÈS Patrick
Restaurateur à Vialas (Lozère)

PERRIN François
Viticulteur

PIERRE Catherine
Journaliste et écrivain

PIJASSOU René
Docteur ès lettres,
agrégé de géographie
Professeur à l'université de Bordeaux III

POIRIER Louis
Ingénieur agronome, œnologue,
directeur honoraire du laboratoire régional
d'analyses agricoles de la Corse

PONS Michel
Office national interprofessionnel des vins

PUISAIS-PONSIN Maryvonne

QUITTANSON Charles
Ingénieur des industries agricoles et alimentaires
Œnologue

REJALOT Jacques
Œnologue

SARTHOU Philippe
Œnologue
Maître de conférences à la faculté de pharmacie
de Toulouse

SCHAEFFER Alex
Ingénieur agronome, œnologue

SIMON François
Journaliste

SOUZENELLE Annick de
Écrivain

TARANSAUD Jean †
Tonnelier

TINLOT Robert
Directeur de l'Office international de la vigne et du vin

TORRES Pierre
Ingénieur agronome
Directeur de la station viti-vinicole du Roussillon

TROISGROS Pierre
Restaurateur à Roanne (Loire)

VAGNY Pierre
Chef du service Équipements viti-vinicoles de l'ITV
de Montpellier

WOUTAZ Fernand
Journaliste et écrivain

TABLE DES MATIÈRES

Avant-propos 5

Carte générale des vignobles de France 13

Le vin, de la terre au verre 15

Le vin depuis les origines 16
Le vin dans la tradition 24
Le vin et l'art 28
Les musées du vin 39
Les confréries 42
La vigne 46
Les cépages 50
Terroirs et milieux viticoles 56
La vigne et les travaux du vignoble 60
Les vendanges 67
La microbiologie du vin 75
La technologie du vin 78
Eaux-de-vie de vin et de marc 95
L'élevage et l'évolution du vin 99
Les maladies du vin 102
Le tonnelier - La futaille 106
La contenance des fûts 110
Les bouteilles 113
Les bouchons 118
L'étiquetage 121
L'achat du vin 126
La coopération vinicole 129
L'entreprise vinicole 132
Vins de table et vins de pays 136
Le contrôle de la qualité des vins 145
L'économie des vins d'AOC 148
L'œnologie 151
La cave 153
Les millésimes 160
Les verres et le vin 163
La carte des vins 166
Le sommelier et le service des vins 169
Le vin à table 173

Composition et vertus du vin 183
La dégustation 189

Vocabulaire de la dégustation 201

Dictionnaire des vins, cépages et vignobles de France 223

Pour faciliter la consultation du dictionnaire, vous trouverez ci-dessous les pages où figurent les principaux vignobles.

Alsace 228
Anjou et Saumurois 236
Armagnac 242
Beaujolais 254
Bergeracois 264
Bordelais 272
Bourgogne 308
Chablisien et Auxerrois 342
Champagne 346
Cognac 364
Corse 372
Côte chalonnaise 380
Côte-d'Or 382
Côtes du Rhône 404
Haut-Pays 441
Jura 448
Languedoc-Roussillon 460
Loire 470
Mâconnais 488

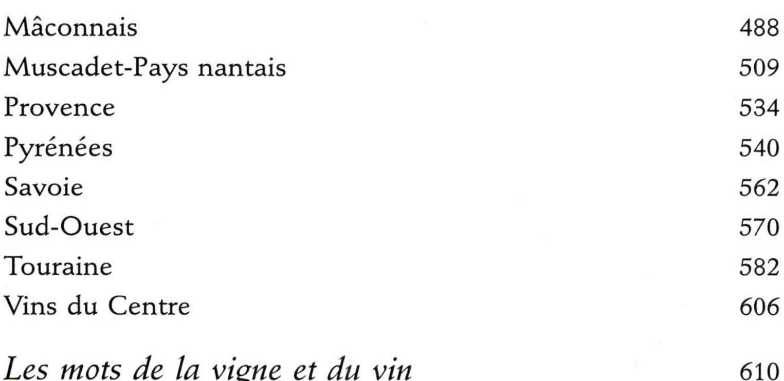

Muscadet-Pays nantais 509
Provence 534
Pyrénées 540
Savoie 562
Sud-Ouest 570
Touraine 582
Vins du Centre 606

Les mots de la vigne et du vin 610
Index 632

SOMMAIRE DES CARTES ET DES PLANS

Les délimitations des vignobles figurant sur les cartes ont été fixées par relevé communal. Chaque commune pouvant bénéficier de l'appellation considérée – AOC, AOVDQS ou vin de pays – sur une partie de son territoire a été prise dans sa totalité.

Cartes des vignobles

Alsace	229
Anjou et Saumurois	472
Bassin de la Loire	472
Beaujolais	255
Bergeracois	265
Bordeaux	273
Bourgogne	309
Chablisien et Auxerrois	343
Champagne	347
Corse	373
Côte de Beaune	383
Côte de Nuits	388
Jura	449
Languedoc-Roussillon	461
Libournais	278
Massif central	473
Médoc	275
Pays nantais	472
Pessac-Léognan et Graves	276
Provence	535
Sauternes et Barsac	277
Savoie et Bugey	563
Sud-Ouest	571
Touraine et Centre	473
Vallée du Rhône	405
Vins de Pays	139

Coupes géologiques

Alsace	230
Bordelais	274, 276, 277
Bourgogne	309, 310
Côtes du Rhône méridionales	406
Jura	451
Languedoc-Roussillon	463
Loire	477
Saint-Émilion	279
Savoie et Bugey	563
Sud-Ouest	573
Touraine	477

VIGNOBLES DE FRANCE

LE VIN, DE LA TERRE AU VERRE

LE VIN DEPUIS LES ORIGINES

Qu'il ait été préparé à partir de baies, de fruits, de grains ou de miel, qu'il se soit appelé hydromel ou nectar, le vin, breuvage issu de fruits fermentés, a été l'un des premiers compagnons de l'homme et l'a, dans une large mesure, inspiré. Sans lui, la civilisation occidentale ne serait pas ce qu'elle est.

Le premier vin a été écologique, vinifié par la nature dans un creux de rocher ou dans l'empreinte d'un pied de mammouth. L'automne y avait accumulé des prunelles, des sorbes, des baies de sureau. On voyait des bulles qui crevaient sous le soleil. Un homme passa, qui se mit à plat ventre et qui n'en finissait pas de laper. Il eut un peu de mal à se relever, et pourtant, il se sentit porté comme au-dessus de lui-même... Nous ne pouvons guère mettre en doute la réalité de cet épisode. Au temps du Christ, l'emploi de la cuve d'argile en plein champ restait courant en Palestine. On mentionne cet usage dans le Cantique des cantiques et dans Isaïe. Il se pourrait même que cette cuve d'argile, qu'on ne nomme jamais, soit le plus vieil outil du monde, puisqu'elle est apparue avant le silex et lui a survécu.

L'aube de la viticulture

Quoique certains s'accordent encore à dater le vin de la période historique, il semble qu'il a vu le jour en des temps bien plus reculés. Comme l'attestent des feuilles fossilisées datées de l'éocène et du pliocène, la vigne courait déjà dans les arbres au début de l'ère tertiaire.

Mais les premières preuves de l'utilisation de son fruit à des fins alimentaires remontent à la période néolithique (5000 à 2500 avant Jésus-Christ). En effet, des amas de pépins issus de vignes sauvages ont été retrouvés, notamment dans les palafittes. Les baies du raisin étaient alors si minuscules qu'on peut supposer qu'elles étaient pressées plutôt que consommées.

Il faut maintenant retrouver l'invisible : d'autres pépins, les cuves d'argile qui ont pu servir à la fermentation, les seaux de bouleau et les outres de peau qui auraient permis le transport et le stockage du breuvage. L'exploit était réalisable dès le paléolithique supérieur et il a pu y avoir du vin à Lascaux, qui correspond à une période de réchauffement. Si ceci devait se confirmer un jour, on assisterait à une belle bataille d'experts, le berceau du vin paraissant à ses fidèles guère moins prestigieux que le tombeau du Christ !

Les forêts de Transcaucasie

Une thèse plus classique désigne le Caucase comme terroir originel de la vigne. Notre liane y aurait trouvé un milieu naturel idéal à son développement, puisqu'il était tout planté d'arbres à escalader.

De telles vignes persistent dans le Caucase, mais il est certain qu'elles ont existé dans de nombreuses autres parties du monde. Il n'en reste pas moins que cette région présentait, au VIe millénaire avant notre ère, bien des avantages : on y obtenait de vrais raisins – et non ces baies minuscules qui mûrissaient ailleurs –, l'un des meilleurs réseaux navigables du monde prenait là sa source, et enfin, et surtout, se trouvait sur place l'homme qui avait déjà le vin dans la tête, l'ancêtre de Noé, le gardien de chèvres.

Que le berger ait rencontré la vigne dans la forêt n'a rien d'étonnant : il y passait sa vie. En ce temps-là, il n'y avait pas d'autre pâturage. La prairie est une invention anglaise du

Étendard d'Ur. Scène de banquet. Art sumérien. 2800-2500 av. J.-C. British Museum.

Pages 14-15 : pressoir dans le domaine Laroche à Chablis.

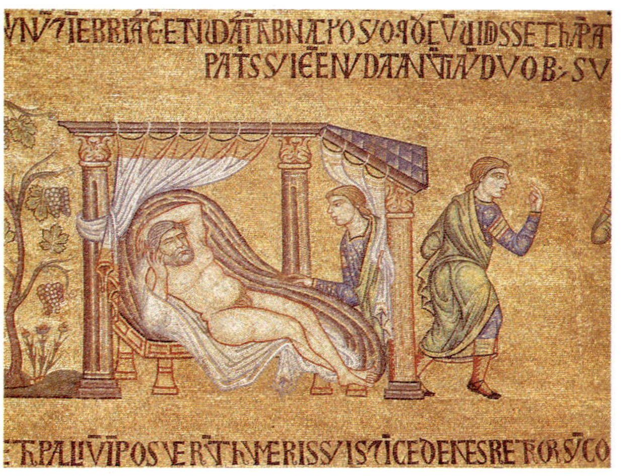

L'Ivresse de Noé. Détail des mosaïques du narthex de la basilique Saint-Marc, à Venise. XIIIe *siècle.*

XVIIIe siècle. Les troupeaux vivaient de branches et de feuilles et s'employaient déjà, d'un coup de leurs dents grignotantes, à tailler la vigne !

Contrairement à la légende, l'inventeur du vin ne serait donc pas Bacchus, mais un berger du Caucase, ou plutôt une longue suite d'hommes de ce terrain pastoral, voués à la même tâche et se transmettant leurs connaissances de siècle en siècle.

Vers le Proche-Orient

Le vin avait croupi longtemps dans de l'écorce, dans des peaux, dans de la glaise maçonnée avec de la paille. Longtemps, il fut mauvais. Il attendait, en fait, les récipients solides, imperméables et imputrescibles, ceux que les hommes n'avaient jamais tenté de façonner parce qu'ils n'en éprouvaient pas vraiment le besoin. Le vin l'ayant exigé, la céramique fut. Se multiplièrent alors jarres, amphores, cruches, pichets... On les fabriquait en particulier le long du cours du Tigre, de sa source aux environs du mont Ararat et jusqu'au golfe Persique, en passant par Ninive, Assur, Samarra, Babylone et Ur.

Ainsi, il se pourrait que le vin naissant ait, dès les environs de l'an 6000 avant J.-C., revêtu ses beaux habits de terre cuite et de bois, dont il devait faire un si long usage. Si les preuves décisives manquent encore, nous pouvons en tout cas considérer comme certain que, dès cette époque, l'homme maîtrisait le matériel nécessaire à la vinification.

Que le vin ait connu une très longue vie cachée avant de dire son nom paraît presque évident. En effet, quand l'écriture, inventée à Sumer avant l'an 3000 avant J.-C., le prend en compte, la vigne fait déjà l'objet d'une culture importante. Les crus existent, il y a le vin de montagne et l'autre. Dans le célèbre *Étendard royal d'Ur,* qui représente les activités du roi et de la cour en temps de guerre et en temps de paix, le roi et sa suite boivent du vin au banquet de la paix, 2 700 ans avant notre ère. Quelque douze cents kilomètres séparaient les grands crus de la table royale. Cette route du vin n'a pas seulement été la plus luxueuse et la plus ancienne, elle fut aussi celle qui connut la plus longue durée. Ouverte bien avant Noé, elle fut fermée après Louis XIV, quand les dégustateurs persans durent se plier à l'interdit musulman.

Noé, négociant-vigneron

Peu à peu, le vin fait l'objet d'une concurrence qui ne craint pas les longues distances. Les transports se font par le Tigre et l'Euphrate grâce aux *kéleks,* des radeaux soutenus par des outres de peau de chèvre qui avaient déjà servi à descendre le vin de la montagne.

Noé était peut-être l'un de ces négociants qui faisaient la route entre le mont Ararat et Sumer. Au cours de l'un de ses voyages, vers 2200 avant J.-C., il fut surpris par une inondation qui poussa son *kélek* sur une butte aplatie non loin d'Assur, à dix ou vingt mètres d'altitude au-dessus du niveau de la plaine. Il s'agirait, selon l'archéologue André Parrot, du mont Nizir. Bien du vin avait donc coulé sur le fleuve lorsque Noé mit en terre son premier sarment. Le climat et le terroir de cette région laissent penser qu'il obtint un vin rouge assez grossier.

Vin de table et vin funéraire

À la faveur des échanges commerciaux, la civilisation du vin gagna, depuis le golfe Persique, le pourtour du bassin méditerranéen et notamment l'Égypte et la Grèce.

Dès la période prédynastique (3000 av. J.-C.), on préparait en Égypte un vin destiné à l'usage funéraire. Conservé dans des amphores scellées, il accompagnait les rois défunts dans leur dernière demeure. Il existait aussi un vin de table probablement réservé aux rois et hauts personnages du royaume, le peuple se contentant d'autres breuvages, tels que la bière d'orge. Généralement blancs, doux, très aromatiques, parfois résinés, les vins égyptiens se conservaient longtemps.

Des peintures funéraires nous restituent dans toute leur fraîcheur les scènes de la viticulture égyptienne. L'on peut y voir des vendangeurs, hommes et femmes, user de la faucille et de la hotte d'osier, comme le font encore certains vignerons d'Occident. Le raisin était ensuite foulé au pied, puis mis à cuver dans des récipients en bois de robinier.

La vigne était essentiellement localisée à proximité du delta du Nil, pour des raisons d'irrigation. On la plantait, pour la protéger des crues, sur des parcelles surélevées entourées de murs. Sa modeste superficie n'assurant pas une production suffisante, les Égyptiens importaient du vin, notamment de Grèce.

Un vin doux comme le miel

Le vin apparut vraisemblablement en Grèce dans le courant du IIIe millénaire avant notre ère. À l'époque d'Homère, vers 800 avant J.-C., les Grecs en faisaient une grande consommation, comme l'attestent en maints endroits les vers du poète. Mais l'on ne manquera pas de remarquer que les échansons qui servent le vin dans *l'Iliade* et *l'Odyssée* y ajoutent toujours trois ou quatre parties d'eau. Ce ne pouvait être par vertu ou par économie, mais parce que le liquide contenu dans les amphores devait avoir la consistance d'un sirop. Ceci s'explique en partie par le fait que les raisins étaient souvent vinifiés comme nos vins de paille contemporains, c'est-à-dire séchés au soleil puis suspendus ou placés sur des cadres surélevés. Par ailleurs, ils étaient presque toujours additionnés d'un miel qui s'épaississait au cours de leur vieillissement ; mais ils passaient pour être d'une grande finesse. Pourtant, conservés dans des poteries enduites de poix, coupés d'eau de mer et additionnés de résines et d'aromates, ils devaient être bien différents des nôtres.

Paysans foulant le raisin. Tombe de Nakht, astronome d'Amon sous Thoutmosis IV (1425-1408 av. J.-C.). Vallée des Nobles. Thèbes. Égypte.

Les Grecs étaient doués d'un tempérament aventureux qui leur fit entreprendre bien des voyages dans le but de coloniser d'autres territoires. « En 532 avant J.-C., écrit Paul Faure, un Grec qui veut s'épanouir et créer est contraint de s'expatrier. Ce ne sont pas les plus pauvres, ce sont les meilleurs, les plus actifs, les plus entreprenants qui quittent les vieilles terres de Grèce. Samos, au faîte de sa puissance économique et de son hégémonie maritime, avait alors plusieurs colonies [...]. Ses vases de vins liquoreux [...] se retrouvaient dans toutes les villes de la Sicile orientale, du golfe de Tarente, de la Campanie. »

Le colon grec planta donc sa vigne tout autour du rivage de la Méditerranée. Ainsi naquit un vignoble presque continu, de la Crimée à l'Andalousie.

Vinum indigena et transmarina

Il est probable que les habitants primitifs de l'Italie ont toujours fait du vin. Outre les vignes sauvages qui prospéraient en ce pays, il existait, bien avant l'arrivée des colons grecs, des cépages locaux produisant un vin d'assez bonne qualité.

Pline l'Ancien (23-79 apr. J.-C.), dans le livre XIV de sa *Naturalis historia,* nous parle de la vigne et des différents vins produits à son époque. Il ne connaissait pas moins de quatre-vingts vins issus de vignes indigènes *(vinum indigena)* ! Les meilleurs venaient de raisins de la région d'Aminée, près de Naples. Il cite également, parmi les vignes réputées, celles de Toscane et de nombreuses variétés de Muscats.

Les colons grecs n'avaient pas manqué d'apporter avec eux, en Italie, leurs cépages. Parmi les vignes importées de Grèce, certaines produisaient le raisin appelé *graecula,* assez proche, paraît-il, de l'Aminéen. Par ailleurs, le *vinum transmarina* – le vin d'importation – était tenu en haute estime. On en faisait venir de Grèce et des îles de Lesbos, Chio, Thassos, mais aussi de Rhétie, au-delà de la Suisse, et du pays des Allobroges, en Gaule.

Les Romains perfectionnèrent la viticulture. Aux rangs très espacés de treilles hautes, entre lesquelles poussaient divers légumes, succédèrent des vignobles plantés en quinconce, plus serrés, ce que l'auteur latin Varron considérait comme un progrès. Ils savaient tailler la vigne et même la greffer, comme l'ont relaté Pline et Columelle. Les techniques de vinification étaient nombreuses. Le pressoir, déjà utilisé pour les olives, consistait en une énorme poutre de bois que l'on abaissait à l'aide de cordages par un treuil à axe vertical.

On obtenait du vin noir (rouge foncé), rouge clair, ambré et blanc. Conservé un à deux ans dans des *dolia,* sortes d'énormes amphores d'une capacité de 500 à 2 000 litres et enduites, à l'intérieur, d'un revêtement de poix, il était ensuite transvasé dans des amphores de 26 litres environ. Grâce à leur bouchon de liège recouvert d'un enduit de pouzzolane – une roche volcanique –, les amphores pouvaient conserver le vin pendant une vingtaine d'années et sans doute davantage. On donnait au vin le nom du ou des consuls en exercice lors de la mise en amphores. C'est ainsi que le millésime 121 avant J.-C., année du consulat d'Opimius, était particulièrement prisé, si l'on en croit Cicéron et Pline.

Avant les Romains, les Étrusques ont probablement exporté leur vin, mais le commerce n'en est devenu intensif qu'au IIe siècle avant J.-C. Le vin était transporté par chariots, en outres de plus de 500 litres faites de peau de bœuf. Pour le transport maritime, on utilisait de préférence des amphores.

Les plus grands consommateurs de vins italiens semblent avoir été les Gaulois, comme l'attestent les nombreuses amphores retrouvées dans certains sites de Gaule et les épaves, notamment celle de la Madrague de Giens, qui pouvait contenir entre 7 000 et 8 000 amphores.

Les origines du vignoble français

La conviction que notre vignoble serait né vers l'an 600 avant notre ère, des plantations faites par des marins grecs dans les roseaux de la Canebière, est tenace. Mais une telle opinion soulève deux objections. Partout où l'accès était possible, les piétons, et particulièrement les bergers, ont précédé les matelots, nos ancêtres ayant une peur panique de la mer.

Par ailleurs, les plants importés issus de régions à hiver doux n'auraient pu s'implanter dans le reste du pays qu'à la suite d'une très longue acclimatation dont nous n'avons pas la preuve. Le fameux vignoble de Phocée a pu n'être qu'un îlot suffisamment bien placé pour attirer toute la lumière. Les Grecs, en outre, pourraient bien avoir pris pied au Pays basque, quelque cinq cents ans plus tôt ! Ils s'étaient, en effet, installés en Andalousie aux environs de l'an mille avant notre ère et avaient peu à peu remonté l'une des plus anciennes voies préhistoriques du monde le *Camino de la Plata* (le Chemin d'argent) qui, par Cáceres, Salamanque et Oviedo, conduit aux mines des régions cantabriques. C'était la route des troupeaux, et les bergers furent les premiers mineurs. Butant contre le golfe de Gascogne, ces pionniers se dirigèrent alors vers la France. Ils creusèrent l'un des tronçons du futur pèlerinage vers Compostelle et installèrent peut-être les premiers ceps des vignobles de Saint-Sébastien en Espagne, d'Irouléguy et de Cap-Breton en France. Ainsi peut-on s'expliquer que, dès l'époque romaine, Bordeaux ait pu disposer d'un lot d'excellents cépages résistant au climat humide et au froid, qui n'ont pu provenir de Provence, dont la zone d'influence ne dépasse pas Gaillac.

Quel qu'ait pu être le rôle joué par ces deux voies d'accès, on est en droit de le supposer modeste par rapport à celui de la voie qui débouchait du Danube à la trouée de Belfort. Poussés vers l'ouest par l'épuisement des pâturages et l'explosion démographique accélérée par les progrès de la jeune agriculture, les bergers du Caucase l'ont empruntée et sont donc arrivés jusqu'à nous, menant devant eux leurs moutons et leurs chèvres et emportant avec eux leurs vignes. Les géographes constatent sans surprise que la Suisse a alors joué le rôle de plaque tournante qui est encore le sien. Chez elle, et autour d'elle, s'est déployée la première rose des vins : en Bavière, sur les bords du Rhin, en Alsace et en Franche-Comté. Il est d'ailleurs remarquable de voir les Romains, presque dès leur installation en Europe du Nord, faire grand cas du vin de Trèves et s'enthousiasmer du vin de Rhétie au point de le placer au-dessus des leurs.

Vins de France, vins de bergers

Il se pourrait qu'à l'origine tous les vins de France aient été des vins de bergers. La vigne est le complément naturel du troupeau. Comme lui, elle se contente de sols pauvres, rocailleux, amendés seulement par l'humus et les cendres de la forêt originelle. La meilleure fumure de la vigne, longtemps considérée comme la seule tolérable, est d'ailleurs fournie par les moutons. Presque toujours situées à une certaine altitude, les grandes zones de pâturage présentent, au flanc des vallées, des terrains ensoleillés. Les prairies des Vosges descendent jusqu'au vignoble d'Alsace, celles du Jura jusqu'en Arbois, celles du Morvan sur la Côte de Bourgogne... Notre grand château d'eau et de fromages, le Massif central, est ceinturé de talus vineux : Mâconnais, Beaujolais, Côte-Rôtie, Côtes du Rhône, Tavel, Lirac, Marcillac, Gaillac, Bergerac, Touraine, Sancerre, Pouilly-Fuissé, Chablis et, jusqu'à l'intérieur, Saint-Pourçain, Chanturgue, Côte Roannaise. Même schéma dans les Pyrénées, où les crus sont situés sur l'axe des troupeaux transhumants : Limoux, Madiran, Pacherenc du Vic-Bilh, Irouléguy, Tursan. De racine pastorale encore, deux de nos plus fameuses régions : la Champagne, d'où le mouton n'a été éliminé que par les prairies artificielles du XIXe siècle, et le Médoc, où l'agneau de Pauillac maintient sa réputation.

Les goulots d'étranglement, où passaient bêtes et gens, se sont révélés les plus favorables. Premiers conquis, très peu de ces terroirs ont été abandonnés. Débouchés de vallées, défilés, cluses, « ports » des Pyrénées, ils offrent, sur une faible superficie, les meilleures conditions à la viticulture. Presque toujours, l'on remarque la présence d'un cours d'eau. La halte prolongée devient alors la règle et l'occasion de boire ou de travailler d'autant meilleure, comme à Château-Chalon, Beaune, Mâcon, Hermitage, Saint-Péray, Châteauneuf-du-Pape, Jurançon, Cahors, Monbazillac, Chinon, Bourgueil, Sancerre, Pouilly-sur-Loire...

Un vin dans chaque port

Outre le berger, le marin joua son rôle. Que vouliez-vous qu'il fît de la première crique où il posa le pied ? Il l'entoura de vignes. Pendant des millénaires, l'histoire du vin et de la navigation a été une seule et même histoire, et ce n'est point par hasard si l'on compte toujours par tonneaux. Encore qu'il ait subi beaucoup de pertes, tel le succulent « vin de sable » de Cap-Breton, près de Bayonne, le gotha des vins de mer reste prestigieux. À l'étranger, Samos, Marsala, Málaga, Jerez, Porto... Chez nous, Nice et Bellet, Toulon et Bandol, Cassis, Sète et Frontignan, Narbonne et Fitou, Port-Vendres et Banyuls, Bordeaux, Nantes...

Rien ne réussit donc au vin comme l'eau, salée ou douce. Ainsi, nos plus grands fleuves et leurs affluents irriguent nos plus grands vignobles : vins du Rhin, vins de la Saône et du Rhône, vins de la Garonne et de la Gironde, vins de la Dordogne, vins de la Loire et du Maine, vins de la Seine et de la Marne. Il y eut également des ports qui s'installèrent à l'intérieur des terres : Beaune, Mâcon, Lyon, Avignon, Narbonne, Agen, Bordeaux, Libourne, Orléans, Bar-sur-Aube, Reims...

« Vue du vieux port de Toulon prise du côté des magasins aux vivres » (1756). Claude Vernet. Musée de la Marine. Paris.

L'influence romaine

Nombreux sont les historiens qui accordent aux Romains une influence déterminante dans le développement de notre vignoble uniquement, peut-être, parce qu'ils sont les auteurs des premiers documents écrits. Rappelons que les Celtes, dont la civilisation était très avancée, pratiquaient la tradition orale. Il subsiste donc une grande marge d'incertitude. Les connaissances actuelles sont cependant suffisantes pour rendre à Rome ce qui lui revient. Nous devons distinguer deux périodes.

De la conquête à 313, la viticulture « sauvage » des bergers céda le pas à un amateurisme éclairé de grands propriétaires et de hauts fonctionnaires, qui semble avoir débouché sur une certaine spécialisation, en particulier dans les régions de Béziers et de Narbonne, dont les exportations en direction de Rome ont fait une concurrence sérieuse aux célèbres vins de la Campanie. Cette pression pourrait bien expliquer le geste de l'empereur Domitius qui, en 92, interdit la plantation de nouvelles vignes.

En 313 eut lieu l'événement capital de l'histoire du vin : en reconnaissance d'une victoire, Constantin proclama le christianisme religion unique et officielle de l'Empire. Le vin, principe fondamental de la communion avec le pain, en reçut un formidable essor et se répandit rapidement dans toutes les couches de la population.

Pressoir du clos de Vougeot, ancienne propriété de l'abbaye de Cîteaux. XIIe *siècle.*

Le vin du Christ

La transition entre le vin romain et le vin chrétien se fit en douceur. Comme il arrive dans nombre de révolutions, le personnel au pouvoir resta en place. Les généraux se firent évêques, les centurions abbés, les légionnaires curés. Ils constituèrent la grande armée du vin. Les ermites, alors nombreux, se mirent à cultiver la vigne. Ils se groupèrent.

À l'époque romane, l'hermitage se change en monastère et le petit clos en cru célèbre. Papes, évêques, chanoines règnent alors sur de vastes territoires viticoles. Les religieux maîtrisent peu à peu les techniques de la vinification et participent grandement à l'expansion des vignobles, exception faite de la région viticole bordelaise, qui est l'œuvre des marchands. Ainsi, les vins de la Côte chalonnaise et du Mâconnais, quelques hauts crus de Bourgogne doivent leur renommée à l'ordre de Cluny. Le rayonnement du vignoble bourguignon est en grande partie l'œuvre de l'abbaye de Cîteaux.

Le vin du roi

Mais le clergé ne fut pas le seul à contribuer à la gloire du vin. L'autre représentant de Dieu dans la vie terrestre, le roi, y prit aussi sa part, dès les origines. Il semble bien, en effet, qu'à Sumer comme en Égypte, le roi et le prêtre aient été confondus en une seule et même personne. Le temple a constitué la première grande cave, comme il a été le premier grenier. Quand, devenu quelque peu laïque, le roi l'a quitté, il a emporté son vin. De Cyrus à Henri IV et à Louis XIV, la gloire du vin a toujours paru indispensable à toutes les monarchies. Les rois de France possédaient d'ailleurs des vignes sur les collines de Paris et d'Île-de-France. Quant à Henri IV, il était propriétaire à Jurançon.

Reflet d'un goût royal, le vignoble aristocratique a porté jusqu'au fond des provinces la justification d'un goût non inscrit dans les nécessités matérielles. Les ducs et les marquis rappelaient au public que le vin est autre chose qu'un aliment. On peut l'aimer pour lui-même, comme une œuvre d'art, et se ruiner pour lui. Il y eut même des batailles. L'une des plus célèbres est celle qui opposa, au XVIIIe siècle, une favorite royale au prince de Conti pour la possession d'un clos de moins de deux hectares : le clos de Romanée-Conti. Aujourd'hui encore, on compte autant de nobles authentiques sur les étiquettes des bouteilles que dans le *Bottin mondain.*

Le développement du vignoble français

Établi sur l'un des grands carrefours européens, mais dans une région où la population n'est ni dense ni riche, le vignoble de Bourgogne doit vivre d'une clientèle rare et lointaine. Les domaines sont donc petits. Il arrive qu'une seule famille possède une seule terre où n'est cultivé qu'un seul cépage. Le vignoble se développe pourtant de 1100 à 1500, grâce aux religieux d'une part, mais aussi grâce aux « campagnes publicitaires » des grands propriétaires. Les grands ducs de Bourgogne, en toute modestie... se proclament alors « seigneurs des meilleurs vins de la Chrétienté ». Autre trouvaille de génie, à une époque où les vins restent incolores, un inconnu fait fermenter le Pinot avec toutes ses rafles et lance le vin « vermeil ». Désormais, tous les grands buveurs verront rouge.

La croissance du vignoble de Bordeaux s'étend de 1200 à nos jours. Bientôt aiguillonnés par de gros clients comme la Hollande, l'Angleterre, l'Allemagne, les propriétaires du Bordelais se voient dans l'obligation de réaliser des investissements importants dans de grands domaines : les « châteaux ». Sur de telles étendues, la nature des sols varie et impose des cépages différents. On vinifie à part la récolte de chaque parcelle et on pratique au printemps un « assemblage » ayant pour but de maintenir le même caractère d'année en année, afin de ne pas dérouter le palais du consommateur. Mais, pour fournir un fret d'arrivée aux bateaux qui emporteront ses vins, le Bordelais renonce aux fromages issus de ses brebis, de ses chèvres et de ses vaches. Le Bordelais est la seule région de France à avoir consenti un tel sacrifice sur l'autel du vin : ses grands crus contre des fromages de Hollande !

L'histoire de la vigne en Languedoc-Roussillon a plus de vingt-cinq siècles d'existence, puisqu'elle date de la colonisation grecque au XIe siècle avant Jésus-Christ. La viticulture était devenue si prospère en cette région que l'empereur Domitius, en 92, avait ordonné l'arrachage de la moitié des parcelles. La vigne fut donc cantonnée dans la région de Narbonne jusqu'à ce que l'empereur Probus, en 280, permît à tous les Gaulois de faire du vin. Après l'effondrement de l'Empire romain d'Occident, en 412, commença pour le vignoble languedocien une longue période de régression, qui prit fin au IXe siècle lorsque les religieux des abbayes de Lagrasse, Caunes, Aniane et Saint-Chinian en reprirent la culture. Le renouveau économique du XVIIe siècle encouragea la plantation de nouvelles vignes. Puis, l'édit de Turgot, en 1776, décrétant la libre circulation des vins sur toute l'étendue du royaume, ouvrit de nouveaux marchés aux vins du Languedoc. Tant et si bien qu'à la veille de la Révolution le vignoble s'étendait sur 170 000 hectares et produisait 2 à 3 millions d'hectolitres.

Les vins nouveaux

À partir du XVIIe siècle et tout au long du XVIIIe, le développement du vignoble va de pair avec celui de Paris. La capitale accroît sa consommation de vin et, pour la satisfaire, l'on met à l'honneur les vins de la région d'Orléans. Ils sont accueillis avec sympathie, mais leur succès est loin d'égaler celui du Champagne, apparu dès 1650.

Crayeux, presque misérable, le sol de Champagne ne tolère que quelques cépages communs avec la Bourgogne, Pinot et Chardonnay, mais les rendements y sont très élevés. Déjà appréciés sous les Romains et peut-être avant, les vins stagnaient encore au XVIe siècle. Leur talon d'Achille : la mousse ! Acceptable dans l'étroit périmètre des foires de Champagne, la mousse gênait les transports à longue distance. Elle faisait exploser les tonneaux, seuls logements du vin autorisés par les règlements de la monarchie. Les vignerons de tous les pays ont vu une ennemie dans cette dentelle de bulles explosives. Dans les pays à hiver doux, à Limoux, à Saint-Péray, à Die, à Gaillac, on pouvait lui faire la morale, lui vanter les avantages de la tranquillité. C'eût été perdre son temps à Épernay et à Reims, où l'hiver précoce suspendait très tôt la fermentation pour la libérer toute au printemps. La bouteille, inventée par les Anglais, survint à temps pour la dompter. Ils venaient de créer la fabrication industrielle des bouteilles de verre et de mettre la main sur le liège du Portugal. L'autre chance de la Champagne, ce fut Dom Pérignon. Nommé en 1668 cellérier de l'abbaye de Hautvillers, il savait tout sur les humeurs de la mousse et les subtiles exigences des assemblages. La science toute fraîche du producteur complétait donc l'initiative du client. À partir de 1726, on ne livra plus le vin de Champagne en tonneaux, mais en paniers de bouteilles, qui rappellent ceux de Mme de Pompadour, restée sa plus célèbre admiratrice. À la suite du puissant appel des deux clientèles les plus riches du XVIIIe siècle, l'Angleterre et Paris, les négociants furent très vite amenés à vendre plus qu'ils ne produisaient. Plutôt que les domaines, ils achetèrent des raisins aux producteurs. Apparut alors une espèce nouvelle de producteurs de vins sans vignes. Ils assemblent, embouteillent, remuent, bouchent et livrent finalement un vin qui leur est propre, un vin « de marque ».

C'est également pour Paris que, vers la fin du XVIIIe siècle, on développe la production du Beaujolais, le vignoble le plus récent de France.

Au XIXe siècle, les « petits » ont également cherché à rejoindre les grands par le chemin qui traversait les vignes. Du grand parlementaire au greffier de tribunal, il y eut donc un vin « bourgeois » qui, à Bordeaux notamment, ne craignit pas de parader à visage découvert sur les tables les mieux servies. Ce fut alors le temps des commerçants qui perfectionnèrent les méthodes de vente et inventèrent la mise en bouteilles à la propriété.

Dom Pérignon (1638-1715). Cellérier de l'abbaye de Hautvillers. Peinture de Frappa. Collection Moët et Chandon.

Louis Pasteur mena ses études sur la fermentation alcoolique à Arbois.

À cette époque, le vin devient l'une des productions majeures du pays, en raison notamment de l'industrialisation et de l'avènement du chemin de fer. Le vignoble du Languedoc-Roussillon, issu de nouveaux cépages, produit alors en grande quantité des vins de consommation courante.

L'invasion phylloxérique

Cépages médiocres, rendements excessifs, vinifications bâclées..., la viticulture allait mal en cette fin du XIXe siècle. La nature ne voulut pas être en reste. Elle accueillit un émigré venu d'Amérique, le phylloxéra. Les vignes avaient déjà connu quelques épidémies et des parasites, mais le phylloxéra était le mal absolu. Il n'existe pas dans l'agriculture française de catastrophe comparable.

Apparu dans le Gard en 1864, vigoureux jusqu'en 1900, il a rasé la totalité du vignoble français. Son action s'est prolongée bien au-delà de sa retraite, d'ailleurs conditionnelle. Quand le vignoble s'est reconstitué, il était méconnaissable. Des régions entières se trouvaient éliminées, d'autres étaient entraînées dans un irrémédiable déclin, même celles qui se cramponnaient à une politique de qualité. Un seul exemple, le département de la Charente, premier producteur de vin de France avant 1864, ne travaille plus aujourd'hui que pour l'alambic. Nombre de territoires sinistrés furent occupés par les céréales et surtout par les vaches.

La peste était venue d'Amérique, le remède en vint aussi. Le vignoble fut d'abord reconstitué par croisement des vignes françaises avec des cépages américains résistant au parasite, puis ces cépages servirent de porte-greffe.

La majeure partie de ces travaux de sélection, qui incluaient également des recherches sur les caractères et sur les aptitudes variétales, furent achevés avant 1900. Mais le paysage viticole de la France avait irrémédiablement changé.

La science du vin

Longtemps fondée sur l'empirisme et les traditions séculaires, la vinification n'avait pas fait l'objet d'approches scientifiques très poussées. Il fallut attendre Pasteur pour qu'un pas décisif soit franchi. Dès 1854, le savant étudia trois fermentations : celle du vinaigre, celle de la bière et celle du vin.

Malheureusement, ces recherches ne virent leur application qu'au XXe siècle. Elles ne pénétrèrent dans les chais et les caves qu'à partir de 1945 et même plus tard. Il y avait toujours eu une œnologie, il y eut désormais des œnologues. On les forma dans des universités, des laboratoires. On les chargea de diriger les vinifications des particuliers, aussi bien que des coopératives. Le vin passait de l'inconscience à la science. Si personne ne peut oser souhaiter faire du vin une science exacte, il n'en reste pas moins que les progrès réalisés dans la technologie du vin, grâce à Pasteur, furent considérables et trouvent aujourd'hui leur application quotidienne.

Les appellations d'origine

Depuis la fin du XIXe siècle, la réputation du vignoble français courait à la ruine. Le baron Leroy de Boiseaumarié vint à temps pour y surseoir. Ce baron aurait pu faire aller vaille que vaille son clos de Châteauneuf-du-Pape, d'ailleurs fort renommé. Mais il était dévoré par la passion du vin et l'état de délabrement de notre vignoble l'affligeait.

Pour réaliser l'œuvre de sauvetage qui était sa raison de vivre, le baron Leroy choisit de suivre la pente du vin... en la remontant. Il proposa d'abord de renoncer aux facilités du siècle précédent, cépages médiocres à haut rendement, terroirs insuffisants, fumures excessives et mal adaptées, arrosages à tout va... Il préconisa de recommander certains cépages et d'en interdire d'autres, ainsi que de fixer le degré alcoolique et le rendement maximum à l'hectare. Son combat dura près d'une dizaine d'années. Enfin, ce baron qui était aussi général, remporta une victoire. En 1930, la loi sur les appellations d'origine contrôlée devint la charte des vignerons de Châteauneuf-du-Pape. La Champagne l'adoptait en 1935, Arbois, le Val de Loire, le Bordelais et la Bourgogne en 1936, le Beaujolais en 1937. Toutes les autres régions suivaient.

Le décret-loi du 30 juillet 1935 créait l'Institut national des appellations d'origine (INAO) réunissant des représentants de différentes administrations : agriculture, contributions indirectes, justice, répression des fraudes ; ainsi que des professionnels du vin : viticulteurs et négociants. Leur premier travail fut de codifier l'ensemble des opérations liées à la fabrication du vin, de l'encépagement aux méthodes de vinification. Ils ont pour seconde mission de protéger les vins ayant obtenu l'appellation.

Un même souci de sélection a été appliqué, après la dernière guerre, à des vignobles moins prestigieux au travers de la création des vins délimités de qualité supérieure (VDQS). Cet ensemble forme un véritable code moral du vin. Il apparaît comme l'un des grands apports de la France au XXe siècle.

INTERDITS ET TRADITIONS

Il est pour le vin un danger bien plus grand qu'une offensive de phylloxéra : l'interdit. De tout temps, il a freiné la vigne dans sa course galopante, peut-être pour mieux faire apparaître que le vin joue un aussi grand rôle absent que présent...

Le vin de Chine

Le vin n'existe pas en Chine... Le « vin jaune » n'en est pas un. Il est obtenu à partir du riz et du soja. Pourtant, le vin de raisin eut sa chance en ce pays. Nombre de voyageurs qui ont emprunté la route de la soie en témoignent. Il est probable, en effet, qu'au temps où elle s'imposait à Sumer, la vigne du Caucase a déployé son offensive en direction de l'Orient. Ces vignes ont duré trois ou quatre mille ans et Guillaume de Rubrouck, l'envoyé de Saint-Louis auprès du successeur de Genghis-Khan, en a retrouvé la trace en 1255. Elles se trouvaient alors refoulées en direction de l'Europe, dans des contrées où une forte activité pastorale s'était maintenue. Mais le vin s'y trouva bientôt concurrencé par une boisson très appréciée, le *kumiz*, faite de lait de jument.

L'autre facteur responsable de l'élimination de la vigne fut la disparition de l'élevage. Des causes très particulières mirent fin très tôt à cette activité. Il y eut tout d'abord la surpopulation. Quand la terre chinoise est riche, elle est très vite millionnaire en individus. Cette prolifération conduit inévitablement au morcellement et à l'exploitation intensive du sol. Incapable de procurer des rendements comparables aux rendements agricoles et d'employer autant de main-d'œuvre, l'élevage est alors éliminé. Il ne reste plus aucune chance de réaliser la symbiose berger-vigneron.

Il y eut plus grave : la mise en culture de nouvelles céréales, le riz et le soja, capables, elles aussi, de produire de l'alcool. En Chine, le vin s'est donc trouvé en face d'un interdit de fait, imposé par l'économie. Depuis 1981 cependant, un vignoble s'est établi près de Tian-Jin, au sud-est de Pékin, à l'initiative de Français. La production de ce vignoble atteint déjà 20 000 hectolitres par an.

Le vin cachère

La religion juive autorise tous les vins à la condition qu'ils soient cachères. Cette exigence restreint considérablement la consommation de vins étrangers. De plus, la cachérisation induit une exigence incontournable : tout au long de sa production, le vin doit être suivi par l'œil d'un rabbin. Il n'en fallait pas davantage pour brider l'expansion du vignoble. L'origine de cette obligation de faire un vin cachère tient sans doute à la pauvreté des bergers du désert que furent longtemps les Hébreux. Les récoltes de la vigne ne satisfaisant pas leurs besoins économiques, ils durent opter pour la culture du blé, plus rentable.

Les poètes bachiques musulmans

Dans le monde musulman, la tolérance à l'égard du vin fut totale jusqu'au XVIIe siècle environ. Tolérance est d'ailleurs un euphémisme. L'exubérante poésie arabe qui, avant Mahomet, se partageait également entre trois sources d'inspiration : la guerre, le cheval et la femme, se concentra sur le vin. Les plus grands poètes « bachiques » sont musulmans. Le plus célébré d'entre eux, Hafiz, né en 1389, était un fonctionnaire religieux.

Cet interdit, aujourd'hui si bien respecté, ne date donc que de deux ou trois siècles au plus. Une entreprise aussi difficile n'a pu être conduite que par la *Sunna,* société formée dès l'origine par les compagnons de Mahomet, qui acquit peu à peu une autorité comparable à celle du Vatican. La

Abu Zayd à Anah dans une taverne. Manuscrit des séances de Hariri, orné de peintures de al-Wasiti. 1237. Bibliothèque Nationale. Paris.

***Sunna* prit la décision d'interdire le vin car l'islam était menacé de famine. Après avoir réussi une série de conquêtes dont l'histoire ne présente pas d'équivalent, l'islam a vécu sur ses bénéfices de guerre. À la longue, ses ressources s'effritèrent, alors que croissait le nombre des bouches à nourrir. Mais on manquait de terres. La vigne en dévorait une grande partie et du même coup la main-d'œuvre. Le blé, le riz déployèrent alors leurs vagues d'épis là où mûrissait le raisin. Cette mesure, qui peut paraître draconienne, est cependant l'une de celles qui ont permis aux pays de religion musulmane de se maintenir au-dessus de la moyenne des pays sous-développés.**

LE VIN DANS LA TRADITION

Le vint naît, il grandit, chante, s'attriste, prend du corps, vieillit... Il dit alors son nom. Il est une créature vivante qui parle et dont le langage exprime, comme celui de l'homme, sa joie et ses peines, sa vocation de croissance, celle d'aller jusqu'au bout de lui-même, de devenir son nom.

On dit communément que le vin a du corps, mais également qu'il a de l'esprit. Ces expressions symboliques sont des rémanences des traditions plusieurs fois millénaires et des rites religieux ancestraux liés à la vigne et au vin, qui se sont exprimés et s'expriment encore au travers de légendes et de rituels de la cosmogonie des peuples du pourtour méditerranéen.

Leur origine remonte sans doute à l'analogie entre le vin et le sang, symbole de vie, mais aussi au phénomène de l'ivresse, qui représentait, pour les peuples de l'Antiquité, un insondable mystère. Quel étonnant processus, en effet, que la transformation du raisin en un breuvage capable de modifier les comportements, les langues, de rendre les hommes joyeux, tristes ou coléreux. C'est sans doute la raison pour laquelle, dès les temps les plus reculés, le vin a possédé une valeur hautement initiatique dans la mesure où il témoignait, pour les anciens, du passage de l'état de nature à celui de culture.

À travers le vin, trait d'union mystérieux reliant la terre à l'esprit, s'expriment la force, la chaleur et la lumière libérées des profondeurs de la terre par le génie humain.

Grâce au vin, les hommes accèdent à la connaissance de l'indicible, qui débouche sur un langage symbolique universel dont la traduction quotidienne la plus évidente est le geste du verre que l'on lève à la santé d'autrui ou à la réussite de son entourage et, à un autre niveau, les cérémonies religieuses telles que l'eucharistie.

Masque de théâtre représentant Bacchus. Mosaïque de la villa d'Hadrien. IIe siècle après J.-C. Musée du Capitole. Rome.

Le vin, expression des divinités

Dès avant que les traditions monothéistes attribuent l'origine du vin à Noé, c'est-à-dire au moment où l'humanité nouvelle fut purifiée par l'eau du déluge, l'on prêtait au vin des vertus liées au supranaturel. Ainsi, dans les civilisations de la Grèce et de la Rome antiques, l'ivresse n'était pas, comme pour nous, la simple manifestation d'un phénomène de cause à effet, mais un processus d'ordre surnaturel par lequel la divinité prenait possession des sens. Pour l'Étrusque, le Romain ou le Grec, ce n'est pas le vin qui enivre mais les divinités, en l'occurrence Fufluns, Bacchus et Dionysos, qui s'expriment au moyen du vin, qui n'est plus, alors, qu'une métaphore.

La célébration des mystères bachiques romains était l'expression de Bacchus lui-même. Ces cérémonies, dont une représentation nous est parvenue grâce à l'une des peintures murales les plus célèbres de Pompéi, n'avaient rien d'orgiaque. Elles étaient les instants privilégiés grâce auxquels l'homme pouvait communier avec l'au-delà. Il en était à peu près de même au cours des mystères de Nithra, où le vin, ainsi que le pain, passaient pour conférer aux initiés la force, la sagesse et l'immortalité. Bien avant l'ère chrétienne, le vin était donc présent dans les mythes, les liturgies sacrées, les hymnes et l'iconographie des peuples de la Méditerranée.

Le vin, expression de l'humanité

Avec les peuples sémites et le mythe de Noé plantant la première vigne au pied du mont Ararat à l'issue du déluge, il semble que l'on atteigne une plus grande objectivation du vin.

Certes, la légende qui veut que le patriarche ait arrosé la première vigne de sang de lion pour lui donner de la force et de l'esprit et de sang d'agneau pour lui ôter sa nature sauvage se rattache encore aux mythes païens. De même, la tradition selon laquelle Noé aurait eu l'idée d'extraire le jus de la vigne à la vue d'un bouc enivré par des raisins est l'expression d'une mythologie liant la symbolique sexuelle du bouc à la puissance bachique. Mais, par ailleurs, le fait que Noé ait découvert comment faire le vin après le déluge introduit une notion de transcendance étrangère à la tradition païenne. Car c'est après le travail de l'eau et le bouillonnement intérieur auquel l'âme de Noé a été soumise durant quarante jours et quarante nuits que s'est accompli le miracle de la transformation. Dieu, l'Unique, a permis que de l'eau sorte Noé qui, à son tour, a fait sortir la vigne de la terre, et donc le vin grâce auquel il a pu accéder à la conscience du Créateur. La transformation de l'eau en vin, symbole du passage de l'homme à la conscience, est devenue par extension celui du passage de la bestialité à l'humanité. Le vin sanctifié peut dès lors servir de support à l'expression d'une symbolique imprégnée de mysticisme et de spiritualité. Il est célébré pour lui-même, non plus comme l'expression de Dieu, mais comme don de Dieu et l'un de ses signes.

Signes de Dieu, de son amour, de son Esprit-Saint et de sa sagesse, la vigne et les accessoires qui s'y rattachent : calice, pressoir, pampre et cep deviennent des symboles sur lesquels s'appuie la civilisation judéo-chrétienne depuis plus de deux mille ans.

Pampres et raisins. Église Saint-Germain de Mièges. XVe siècle.

Le vin et la tradition judaïque

Chez les juifs, le vin, au même titre que l'huile et le pain, est une bénédiction : « ... Tu fais croître l'herbe pour le bétail et les plantes à l'usage des humains, pour qu'ils tirent le pain de la terre et le vin qui réjouit le cœur de l'homme, pour que l'huile fasse luire les visages et que le pain fortifie le cœur de l'homme. » Ce passage du psaume 104 signifie, dans la tradition juive, que l'on doit dire une bénédiction sur le pain chaque fois que l'on mange, tandis que l'on ne doit réciter une bénédiction sur le vin qu'au moment du sabbat et des fêtes. En effet, le texte ne fait allusion au vin qu'une fois alors qu'il fait deux fois allusion au pain. Pour le vin, la prière consiste à dire : « Sois loué, Éternel notre Dieu, roi de l'Univers qui a créé le fruit de la vigne. » Cette sanctification du vin grâce à l'acte transcendant de la prière prend un sens bien précis au cours du seder, repas de la Pâque juive célébrant la sortie d'Égypte des Hébreux. Durant le repas, les convives doivent boire successivement quatre coupes de vin, qui symbolisent la sortie d'Égypte, le salut, le rachat et l'adoption. Dans ce rituel, le vin est associé au bonheur de l'homme, dont le cœur est fortifié par les manifestations de la miséricorde divine.

Deux Hébreux portant la grappe de raisin, symbole de la Terre promise. « L'Automne. La Grappe de la Terre promise ». Nicolas Poussin (1594-1665). Musée du Louvre.

C'est peut-être au travers de la symbolique de la vigne et du vin que le christianisme manifeste le plus son rattachement à la tradition et à la sensibilité judaïques. Mais, si dans la religion juive, la vigne et le vin servent à rappeler les bienfaits du Tout-Puissant à l'égard de son peuple, avec le christianisme, on atteint un niveau d'abstraction supplémentaire. En effet, pour les chrétiens, le vin n'est ni Dieu lui-même, comme il l'était pour les païens, ni la manifestation de la volonté divine, comme il l'est pour les juifs. Il prend une forme allégorique et sert de support symbolique à l'enseignement du Christ et de l'Église. L'utilisation allégorique de la vigne et du vin était déjà présente dans l'Ancien Testament, notamment dans le *Cantique des cantiques,* célébration mystique où l'amour et le vin font chanter au poète : « Ton nombril est une coupe où le vin ne manque pas... Tes seins, qu'ils soient les grappes de raisin... Tes discours, un vin exquis ! »

Les métaphores fondées sur la vigne et le vin abondent dans les Écritures. Ainsi, le Christ affirme : « Je suis le vrai cep... et mon Père est le vigneron... » (Jean 15, 1). Pour Jésus de Nazareth, chaque être est une vigne lourde du potentiel de son fruit. Elle est son épouse porteuse de la promesse messianique, une épouse parfois violée ou stérile comme l'ont pleurée les prophètes.

« Le Roman de la Table ronde. » Miniature du XVe siècle. Comment le Saint-Graal apparut aux chevaliers de la Table ronde. Gaultrer Moap. 1470.

Le sang du Christ

Le symbolisme du vin et de la vigne a été utilisé par les mystiques chrétiens dès les premiers temps de l'Église. Cette tradition s'appuie sur l'identification, par les Pères de l'Église, de l'arbre de vie, planté dans le jardin d'Éden, à la vigne. Cette interprétation est fondée sur l'idée selon laquelle l'eau, qui précède la vie, se transforme peu à peu en sang, source de vie et d'amour, comme le prouve le fait que du flanc du Christ crucifié jaillirent l'eau et le sang. Ainsi, la vigne est considérée comme l'arbre de vie qui puise sa force dans l'eau nécessaire pour que s'élabore le vin, sang de la terre.

Le Nouveau Testament nous apprend que le premier miracle du Christ consista à changer l'eau en vin lors des noces de Cana et que son dernier miracle, le Jeudi saint, lors de la sainte Cène, fut de transformer le vin en sang, anticipant le sang versé de la crucifixion. À Canaan, le Christ fit remplir six jarres d'eau et les changea en vin. La septième jarre était celle de son vin, de son sang, et toute l'humanité fut alors invitée à un nouveau festin où la vie du Christ se sublimait dans le vin. Ce vin était constitué par l'eau des origines, qui symbolise le Père, mais aussi par des éléments impalpables en rapport avec l'esprit, le Saint-Esprit. Dans cet épisode de la vie du Christ, le mystère trinitaire est donc tout entier symbolisé par le vin.

Mais l'accès à la connaissance, loin d'être acquis d'avance, suppose un travail long et difficile, une quête. C'est cette quête que narrent les aventures du Graal, coupe d'émeraude dans laquelle la légende veut que Joseph d'Arimathie ait recueilli l'eau et le sang jaillis du flanc du Christ, qu'un coup de lance avait ouvert. Les hommes du Moyen Âge en sont d'autant plus assoiffés que l'Église a, dès le XIe siècle, privé les fidèles du vin-sang eucharistique, désormais réservé au seul prêtre. Il est du reste à noter qu'à partir de cette époque, le vin qui sert à l'eucharistie n'est plus rouge mais blanc, comme si l'Église avait souhaité rendre les signes de la connaissance encore plus inaccessibles. Assoiffés d'une connaissance perdue, d'une transcendance dont la signification leur échappe, les chrétiens du Moyen Âge vont alors chanter au moyen de l'art leurs aspirations mystiques. Désireux également de mettre sous la protection de Dieu les récoltes, sources de la vie, les artistes romans vont multiplier les allégories vineuses et viticoles. Certaines de ces représentations – feuilles de vignes, pampres – sont purement décoratives. D'autres sont plus symboliques, comme les sculptures montrant des oiseaux buvant dans un calice – symbole d'un bonheur édénique – ou le pressoir mystique que nous montre un vitrail du cloître de Saint-Étienne-du-Mont, à Paris.

Le thème du pressoir mystique est issu de la Parole : *Torcular calcavi solus* (Is 63,3), interprétée par saint Augustin : « Jésus est le raisin de la terre promise, la grappe mise sous le pressoir. » Le pressoir, c'est donc la croix elle-même. Sur le vitrail de Saint-Étienne-du-Mont, les patriarches bêchent la vigne et les apôtres cueillent le raisin, tandis que le Christ est sous le pressoir. Le tonneau qui contient le sang divin est traîné par les animaux évangéliques : bœuf, lion, aigle, conduits par l'ange de saint Matthieu. Les Pères de l'Église mettent le vin en tonneau. Ce vin est distribué aux fidèles lors de la communion.

Parallèlement, la vigne symbolise l'Église comme on peut le voir dans l'église Saint-Quentin de Vaison-la-Romaine, où un relief paléo-chrétien représente un calice d'où jaillissent deux ceps de vigne. Selon une symbolique d'origine juive, l'Église est

Vitrail dit « le Pressoir mystique », datant du XVIe siècle. Église Saint-Étienne-du-Mont. Paris.

en effet la plantation du Seigneur. Pour Isaïe, la vigne de Yobarh symbolise le peuple d'Israël. Dieu l'a transplantée d'Égypte en Terre promise et il la soigne :

« … Mon bien-aimé avait une vigne
Sur un coteau fertile.
Il en remua le sol, il en ôta les pierres,
Il la planta de ceps exquis.
Il bâtit une maison au milieu.
Il y creusa un pressoir aussi.
Il attendait qu'elle donnât des raisins,
Elle a donné du verjus ! » (Is 5, 1-7)

Les métaphores de l'islam

Alors que le christianisme du Moyen Âge s'évertue à donner une représentation naïve et réaliste de la vigne et des symboles vineux, à la même époque, l'islam les illustre d'une manière beaucoup plus spiritualiste et abstraite. L'interdiction de boire du vin dans la religion islamique a en effet donné naissance à une tradition, illustrée notamment chez les soufis, qui consiste à chanter l'amour divin en ayant systématiquement recours à des métaphores fondées sur la vigne, le vin et l'ivresse. Les soufis, ces sages mystiques qui tiraient leur nom du manteau de laine blanche dont ils étaient vêtus (*soûf* signifie laine en arabe), ont interprété mystiquement le verset 76 du Coran, qui dit : « Le Seigneur leur fera boire une boisson pure », le verset 83, 25 : « On leur donnera à boire un vin parfumé et scellé », les versets 47, 16 ; 37, 44-46 ; 56, 18 ; 77, 34 ; 76, 5 et suivants, qui parlent de boisson, de vin, de coupes, de sources…

Au XIIe siècle, le grand poème mystique de Omar Ibn al-Fâridh, *al Khamriya,* « l'Éloge du vin », est tout entier fondé sur les thèmes de la vigne, du vin et de l'ivresse, présentés comme l'expression de Dieu et de son amour pour les hommes. Pour les poètes mystiques soufis, le vin symbolise la grâce divine, l'ivresse de l'amour spirituel et l'ésotérisme. « Le vin, la torche et la beauté sont les épiphanies de la Vérité », c'est-à-dire de Dieu, dit le poète persan Châbistârî dans le *Jardin de la rose*. Il écrit par ailleurs : « Bois à longs traits le vin de l'annihilation… Bois le vin qui te délivrera de toi-même et fera tomber dans l'océan l'être de la goutte d'eau. Bois le vin, car sa coupe est la face de l'ami ; la coupe est son œil chaviré par l'ivresse. Cherche le vin sans coupe ni gobelet ; le vin, c'est le buveur, l'échanson, c'est la coupe. » Il signifie ainsi que le vin, par l'ivresse, annihile l'individu et l'absorbe dans l'unicité divine. Un autre poète persan du VIIIe siècle, Bisththâmî, écrit : « Je suis le buveur, le vin est l'échanson. Dans le monde de l'Unification tous sont un. » Dans le monde islamique, la soif est aussi un symbole mystique du désir de connaissance et d'amour, comme l'illustre ce texte de Bisthâmî : « Un autre a bu les mers du ciel et de la terre et n'est pas encore désaltéré. Il tire la langue et demande s'il n'y en a pas encore. »

L'allégorie de la soif

Les premiers mots que François Rabelais fait prononcer à Gargantua à sa naissance sont : « À boire, À boire, À boire ! » Pantagruel est ainsi nommé parce qu'il est né au cours d'une période de sécheresse, où la rosée même était plus mauvaise que la saumure et plus salée que la mer. « Son père lui donna ce nom car, en grec, Panta signifie tout, et Gruel, en langue mauresque, signifie altéré – voulant indiquer qu'à l'heure de sa nativité le monde était tout altéré, et voyant un esprit prophétique qu'il dominerait un jour les altérés. » Le dernier mot du Quart-Livre est « Buvons », et le cinquième livre, qui se termine par l'oracle de la Dive Bouteille, s'achève par « Trinch », ce qui, en allemand signifie : « Bois ! » Pour Rabelais, boire, c'est évidemment connaître, absorber le suc et l'essence même des choses, et boire sans retenue c'est accéder à une connaissance illimitée. Répéter sans cesse « Buvons » signifie que le « divin savoir », comme l'appelle Rabelais, n'a d'autre fin que de se renouveler lui-même en se portant toujours plus loin, au-delà de toute contenance mesurable.

Et lorsque l'oracle de la Dive Bouteille a proféré « Trinch », la prêtresse Bacbuc se contente de faire boire à Panurge une bonne bouteille de vin de Falerne, signifiant ainsi que c'est au fond des choses elles-mêmes que se trouve leur vrai sens et qu'il n'est peut-être pas nécessaire de faire trop de chemin pour trouver la vérité. Les paroles de frère Jean, à la fin de *Gargantua,* vont d'ailleurs dans le même sens : « Trouvez-y des allégories et des significations aussi graves que vous voudrez, et rêvassez là-dessus, vous tout le monde, comme vous voudrez. Pour ma part, je n'y pense autre sens enfermé. »

Elles pourraient également s'appliquer au vin car, tout chargé de symboles et de mystères qu'il est, il ne trouve peut-être pas sa signification ailleurs que dans le plaisir qu'il nous procure et sa vérité première est sans doute de nous réjouir le cœur.

LE VIN ET L'ART

Thème et source d'inspiration des artistes les plus divers, la vigne et le vin trouvent leur expression à travers toutes les formes de l'art : peinture, sculpture, gravure, tapisserie, miniature, orfèvrerie, ébénisterie, art lyrique, musique et poésie parce qu'ils sont, depuis toujours, les compagnons de l'homme et les témoins de son histoire.

C'est en Égypte et en Mésopotamie qu'apparaissent les premières manifestations de la production artistique inspirée par la vigne et le vin. Mais l'esthétisme ne se distinguait pas alors du sentiment religieux. Les arts étaient donc liés au culte des dieux, et si l'on a représenté la vigne, ses feuilles et ses pampres, c'était peut-être moins par goût du beau que pour exprimer la mystique relative aux divinités vineuses.

L'Égypte : le vin vénéré

Dès l'époque prédynastique, l'Égypte a gravé dans la pierre la vénération de son peuple pour le vin. Les scribes de l'époque n'avaient pas alors pour mission d'exécuter une œuvre esthétique, mais de réaliser l'impérissable, afin de s'assurer la vie éternelle. Les reliefs ou dessins, s'ils sont narratifs, doivent donc être considérés avant tout comme les éléments d'une écriture agrandie et non pas comme des évocations décoratives, car l'artiste obéissait à des conventions imposées par la religion. Néanmoins, ces fresques sont loin d'être dénuées de toute intention esthétique, comme le prouve l'émotion qu'elles suscitent encore.

Les thèmes d'inspiration dans lesquels les artistes égyptiens ont puisé pendant des siècles regorgeaient de scènes de culture, de cueillette et de vendanges, qui nous restituent avec fidélité les gestes journaliers de contemporains de cette civilisation. Ces représentations, sortes de bandes dessinées avant la lettre, jetaient, sans le savoir ni le vouloir, les fondements de l'art populaire. On les chercherait vainement sur les obélisques ou au fronton des palais dévolus à la glorification des héros et des conquêtes. En revanche, elles apparaissent en grand nombre sur les sarcophages, dans les cryptes d'accès aux monuments funéraires, sur les bas-reliefs et surtout sur les objets usuels, tels les cruches et les coffrets.

Les scènes de vendanges, de pressurage et d'encavage du vin nous sont restituées sur la tombe de Menôpee, à l'est de la seconde pyramide à Beni-Hassan, de même que sur les tombeaux de Méréou-Ka, Nakht, Sennefer, Sirenpoolt et dans les hypogées de Thouthiotep, El-Kâb et de Pahéri. D'une manière générale, les grappes de raisin et les feuilles de vigne constituent des motifs décoratifs fréquemment utilisés dans les sépultures de la Vallée des Rois.

Enfin, si l'opprobre est aujourd'hui jeté sur le phénomène de l'ivresse, il ne semble pas que ce fût le cas en Égypte, si l'on en juge par la reproduction, dans certaines fresques, de personnages ivres secourus par leurs servantes.

Mésopotamie : le vin consommé

Parmi les différentes civilisations de Mésopotamie, la civilisation assyrienne a également rendu des hommages fervents à la vigne et au vin. Affranchis des contraintes religieuses qui s'imposaient aux artistes égyptiens, les sculpteurs, parmi d'autres artistes, ont donné libre cours à leur verve créatrice.

Le bas-relief du British Museum, *le Banquet royal après la victoire,* où l'on voit Assourbanipal buvant à l'ombre d'une treille en

« Banquet royal après la victoire. » Bas-relief figurant Assourbanipal et la reine dans leur palais après la bataille de Til Tuba. 653 avant Jésus-Christ.

Silènes vendangeurs. Amphore attribuée au peintre d'Amasis. Vers 530 avant Jésus-Christ.

compagnie de la reine, cependant que des serviteurs les éventent, en est un bel exemple. Ici, plus de symbolisme panthéiste. L'amour du beau à lui seul justifie l'œuvre artistique. Quelle splendide réussite plastique, en effet, que cette représentation du trône royal orné de pampres de vigne, déliés, enlacés capricieusement aux arbres ! On y célèbre déjà la convivialité mêlée d'une certaine solennité propre à honorer le vin. Enfin, le talent des orfèvres s'est également manifesté en Perse dans les objets servant à consommer le vin, comme l'atteste un rhyton en or en forme de tête de gazelle datant de la dynastie des Achéménides (668-330 av. Jésus-Christ).

L'Antiquité grecque : le vin divinisé

Mais les grandes civilisations, tout comme les systèmes stellaires, sont périssables, et les éblouissantes civilisations égyptienne et mésopotamienne furent bientôt éclipsées par l'immense rayonnement de la Grèce antique, fondé, pour une part non négligeable, sur la viticulture. La légende ne dit-elle pas, en effet, que la coupe de vin a été dessinée à partir de l'empreinte du sein d'Aphrodite ?

Le mystère de la fermentation frappa les imaginations des Grecs. En cette civilisation comme en toute autre, l'homme, quand il rencontre le mystère, y répond par un dieu. Dionysos naît donc... de la cuisse même de Zeus. Dieu de la végétation, il préside à la culture de la vigne et du figuier et, à ce titre, est souvent associé aux demi-dieux et autres génies de la Nature. Rien de surprenant, par conséquent, à le voir au beau milieu d'un joyeux cortège de satyres, de silènes et de nymphes. Pan, Priape, les ménades, les thyades, les bacchantes lui font escorte. Il y a là de quoi stimuler l'imagination des artistes de l'époque.

Les fêtes dionysiaques tiennent une place importante dans la vie quotidienne, qu'elles soient champêtres, ou quelque peu orgiaques comme les mystères. C'est à l'occasion de ces fêtes que les artistes, et les poètes en particulier, sont présentés au public. Des concours dithyrambiques et des représentations théâtrales sont organisés pour les départager.

Les Dionysies se déroulaient dans des danses effrénées parce que le vin engendre forcément la danse par l'excitation qu'il procure. Le vin n'a donc pas été étranger, semble-t-il, à la révélation de la danse.

Ce culte de Dionysos a eu des répercussions considérables sur les différentes domaines artistiques. Il a notamment contribué à introduire le sentiment de la Nature dans la poésie lyrique et le mouvement passionné dans les arts plastiques.

Les arts décoratifs, les céramiques – vases et amphores –, la mosaïque et surtout la statuaire sont également les supports privilégiés de la célébration de la vigne et du vin en Grèce. Quel monument, quel temple, quel théâtre grec n'ont pas, en effet, été le lieu d'une évocation dionysiaque ou décoré de quelque entrelacs de vigne ?

L'Antiquité romaine : le triomphe de Bacchus

Outre la Grèce, la vigne investit l'Italie et la Sicile. Ainsi, chez les Étrusques, Fufluns, génie du vin, protecteur de la cité de Populonia, était très honoré.

Il n'est pas exagéré, par ailleurs, d'avancer que la culture de la vigne n'est pas étrangère au rayonnement de la civilisation romaine. Très tôt, elle fit l'objet de soins attentifs. Différents systèmes de taille étaient pratiqués, le choix des cépages n'était pas laissé au hasard, certains même étaient importés de Grèce. Les empereurs romains étaient à ce point conquis qu'ils avaient pris pour habitude de cesser toute activité pour aller faire leurs vendanges.

Dionysos devint Bacchus. Il était doté des mêmes attributs : la thyrse terminée par une pomme de pin, et enguirlandée de pampres et de lierres. Les pampres couronnaient également son front. Son char était traîné par des panthères. On lui vouait un culte aussi fervent avec des fêtes somptueuses et délirantes, peut-être encore plus débridées.

LE VIN, SOURCE D'INSPIRATION LITTÉRAIRE

« C'est le vin qui m'incite, ce fou qui fait chanter, danser, rire aux larmes, l'homme le plus rassis et nous tire les mots que mieux voudrait garder. »
Ces vers d'Homère, dans *l'Odyssée,* n'ont rien de surprenant. Ils se situent dans la tradition bachique, qui, de l'antiquité païenne à nos jours, n'a cessé d'inspirer écrivains et poètes. Rares sont ceux, en effet, qui à un moment ou à un autre, n'ont pas loué la vigne, ses fruits et le merveilleux breuvage qu'elle nous donne.

« J'ai rompu pour mon déjeuner
Un petit pain d'orge et de miel,
Et ma cruche de vin lampée,
Aussi puis-je en me délassant
Faire résonner à présent
Ma guitare que j'aime bien. »

Ainsi le poète grec Anacréon (560-478 avant Jésus-Christ) chante-t-il dans ses odes le plaisir que procure la compagnie du vin. Deux mille ans plus tard, François Rabelais (1494-1553) consacra une large part de son œuvre à louer le vin. Il inventera lui aussi un poème au lyrisme dérisoire, pour faire danser Panurge devant la dive Bouteille, terme ultime de son voyage initiatique.

« Ô bouteille
Pleine toute
De mystères,
D'une oreille
Je t'écoute :
Ne diffères,
Et le mot profères
Auquel pend mon cœur.
En la tant divine liqueur,
Qui est dedans tes flancs reclose
Vin tant divin, loin de toi est forclose
Toute mensonge et toute tromperie... »

Pour François Rabelais, il semble donc que le vin, outre le plaisir qu'il procure, soit porteur de vérité comme l'illustre la célèbre formule *In vino veritas* : Dans le vin est la vraie parole. Mais cette vérité tant recherchée n'est-elle pas aussi celle de l'oubli et du renoncement, clés de la vraie sagesse ? Pour Omar Khayyam, poète persan du IIe siècle, auteur des *Roubayattes,* recueil de poèmes bachiques, tel est bien le mystère du vin.

« Renonce
Renonce à tout
Dans ce monde : fortune, pouvoir, honneurs.
Écarte tes pas
De ton chemin
Qui ne te conduira pas
À la taverne.
Ne demande rien,
Rien ne désire
Hormis du vin, des chansons
De la musique, de l'amour ! »

Vin de l'oubli, mystérieux breuvage qui fait reculer loin des barrières du réel et de la raison et qui nous fait perdre la tête. Ainsi, sous son empire, en jetant sa bouteille à la mer, Paul Valéry (1871-1945) lance un énigmatique message à l'immensité de l'océan.

« J'ai quelque jour, dans l'océan
(Mais je ne sais plus sous quels cieux)
Jeté comme offrande au néant
Tout un peu de vin précieux...
Qui voulut ta perte, ô liqueur ?
J'obéis peut-être au divin ?
Peut-être au souci de mon cœur,
Songeant au sang, versant le vin ? »

Le vin est la vie même et la soif qu'exprime Molière dans *le Bourgeois Gentilhomme* n'est-elle pas une inextinguible soif de vivre ?

« Buvons, mes chers amis, buvons,
Le temps qui fuit nous y convie ;
Profitons de la vie
Autant que nous pouvons.
Quand on a passé l'onde noire
Adieu le bon vin, nos amours ;
Dépêchons-nous de boire,
On ne boit pas toujours.
Laissons déraisonner les sots
Sur le vrai bonheur de la vie ;
Notre philosophie
Se permet les pots.
Les biens, le savoir et la gloire
N'ôtent point les soucis fâcheux ;
Et ce n'est qu'à bien boire
Que l'on peut être heureux ! »

Car après tout, le vin n'existe-t-il pas pour réjouir nos cœurs ? Comme le clame Scarron (1610-1660) avec sa faconde burlesque :

« Que j'aime le cabaret,
Tout y rit, personne n'y querelle...
Jetons nos chapeaux et nous coiffons de nos serviettes,
Et tambourinons de nos couteaux sur nos assiettes,
Que je sois fourbu, châtré, bègue, tondu, cornu,
Que je sois perclus, alors je ne boirai plus. »

Aux yeux des hommes, les vertus du vin sont si grandes que la peur d'en manquer est bien compréhensible. Un siècle avant Scarron déjà, Ronsard (1524-1585) exprimait cette angoisse dans l'une de ses odelettes :

« La terre les eaux va boivant,
L'arbre la boit par sa racine,
La mer éparse boit le vent,
Et le soleil boit la marine ;
Le soleil est bleu de la lune,
Tout boit, soit en haut, soit en bas ;
Pourquoy donc ne boirons-nous pas ? »

Si donc il faut boire, autant boire ce qu'il y a de meilleur comme ce Champagne qui pétille autant que l'esprit de Voltaire, qui l'appréciait beaucoup.

« Allons souper. Que ces brillants services,
Que ces ragoûts ont pour moi de délices !
Qu'un cuisinier est un mortel divin !
Chloris, Églé, me versant de leur main
Qu'un vin d'Aï dont la mousse pressée,
De la bouteille avec la force élancée
Comme un éclair fait voler le bouchon ;
Il part, il rit ; il frappe le plafond.
De ce vin frais l'écume pétillante
De nos Français est l'image brillante... »
(*Le Moindain,* satires, 1736.)

Ainsi, de tout temps, le vin, sang de la terre de France qui sourd en bouillonnant de ses provinces, a été chanté par ses poètes. Joachim du Bellay (1522-1560), par exemple, fait réciter à un vigneron d'Anjou cette prière païenne :

« Ces vigne tant utile
Vigne de raysins fertile,
Toujours coustumière d'être
Fidèle aux vœux de son maistre,
Ores, qu'elle est bien fleurie,
Te la consacre et dédie,
Thenot, vigneron et d'icelle,
Fay donc, Bacchus, que par elle
Ne soit pas trompé de l'attente
Qu'il a d'une telle plante :
Et mon Anjou foissonne
Partout en vigne aussi bonne ! »

Mais la vigne ne foisonne pas qu'en Anjou. Toute la France, ou presque, en est couverte, si bien qu'elle procède de ce que l'on a pu nommer le « mystère français », décrit par Georges Duhamel (*Civilisation française,* Hachette, 1944) : « Mystère français, notre façon de cultiver la vigne, de faire le vin, de le conserver, de l'introduire à point nommé dans les repas, de le boire, de le célébrer... »

Colette, chantre des richesses naturelles de notre pays, voit également dans l'achmie vineuse un étonnant mystère. « La vigne, le vin sont de grands mystères. Seule, dans le règne végétal, la vigne nous rend intelligible ce qu'est la bonne terre... »

Mystère aussi que le secret vieillissement du vin comparé par François Coppée au cycle même de la vie :

« Longtemps, dans l'atmosphère humide des caveaux,
Sous la voûte profonde et de nitre imprégnée,
Sous la poussière et sous les toiles d'araignée,
Le jeune vin vieillit dans les flacons nouveaux. »
(Poésies diverses.)

Enfin, bien plus étonnant encore est ce pouvoir qu'a le vin de décloisonner le monde et de transcender les valeurs en faisant accéder au délire, voire à la folie les plus raisonnables, raisonnant les fous et rendant les pauvres riches, comme l'a souligné Baudelaire dans *le Vin des chiffonniers.*

« C'est ainsi qu'à travers l'humanité frivole
Le vin roule de l'or, éblouissant pactole.
Par le gosier de l'homme il chante ses exploits
Et règne par ses dons ainsi que les vrais rois. »
(Les Fleurs du Mal.)

Détail d'une affiche de Robida de la fin du XIXe siècle illustrant la guerre picrocholine, épisode du « Gargantua ». Ce dernier, au plus fort de la bataille, étanche sa soif, sans doute avec quelque pichet de ce Chinon que Rabelais appréciait tant.

Les témoignages bachiques sont innombrables, les plus beaux se trouvant sans conteste sur les fresques de Pompéi et d'Herculanum. À Pompéi, en particulier, on peut voir, dans la villa des Mystères, de superbes fresques représentant un rite d'initiation aux mystères bachiques. Les deux bourgades de Pompéi et Herculanum étaient, en effet, de hauts lieux de la viticulture comme l'atteste cette épigramme de Martial (40-104) : « Le voilà, ce Vésuve couronné jadis de pampres verts dont le fruit généreux inondait de son jus nos pressoirs ! Les voilà ces coteaux que Bacchus préférait aux collines de Nysa ! Naguère encore, les satyres dansaient sur ce mont. Il fut le séjour de Vénus, plus cher à la déesse que Lacédémone ! Hercule, aussi, l'illustre de son nom. Les flammes ont tout détruit, tout envahi sont des monceaux de cendres ! Les dieux mêmes voudraient que leur pouvoir ne fût pas allé jusque-là ! » La tragédie de l'an 63 a au moins eu le mérite de nous restituer dans sa presque intégralité l'environnement artistique dont les Latins aimaient à s'entourer : peintures d'autels domestiques, mosaïques de thermes, sculptures. Partout, que ce soit dans les édifices privés ou religieux, les feuilles de vigne, les pampres et les grappes sont des éléments décoratifs privilégiés. Quelquefois, le vin et l'ivresse donnent à l'artiste l'occasion de représenter des scènes réalistes, ainsi cet Hercule ivre urinant, découvert dans les fouilles d'Herculanum. On relève également de nombreuses allusions à la vigne et au vin dans la littérature latine. Pline l'Ancien et Columelle sont notamment connus pour leurs écrits relatifs à la viticulture et à la vinification. Les poètes ne furent pas en reste : Virgile chante les joies agrestes, et dans un vers de *l'Énéide,* il donne un conseil aux vignerons : « Les vignes aiment les hauteurs dégagées. »

La période gallo-romaine perpétue cette tradition. Ainsi Ausone, au IVe siècle, fut le premier à célébrer le Bordeaux.

Nous savons désormais que, bien avant la conquête romaine, les Gaulois, et probablement les Celtes, cultivaient la vigne. Mais il est incontestable que la présence romaine favorisa grandement l'expansion de notre vignoble, notamment dans le sud de la France. Dès le Ier siècle avant notre ère, en effet, les provinces romaines de Gaule transalpine s'adonnèrent largement à la viticulture. Les régions d'Arles, Vaison-la-Romaine, Bordeaux et Narbonne se couvrirent de vignes. Partout, dans ces provinces conquises, la viticulture s'imposa comme le symbole de la fertilité de la terre et de la richesse publique. Les grappes, mêlées aux épis de blé, s'échappent des cornes d'abondance que peintres et sculpteurs placent dans les mains de leurs dieux et de leurs héros. Ces témoignages abondent dans tous les vestiges parvenus jusqu'à nous, de Marseille à Orange et d'Aix à Bordeaux.

Les représentations chrétiennes

Mais le christianisme triomphant jeta progressivement le voile de l'oubli sur les mythologies grecque et romaine. La vigne aurait pu en souffrir, mais il n'en fut rien. Si la littérature profane a fait une belle part à la vigne, la littérature religieuse lui en accorda une non moins considérable. Il est, en effet, impossible d'ouvrir l'Ancien ou le Nouveau Testament sans y rencontrer, presque à chaque page, des symboles de la vigne et du vin. Le raisin, fruit de la foi, y figure les douceurs du Paradis, comme il figurait, dans le paganisme, les douceurs des Champs-Élysées.

Durant l'époque paléochrétienne, l'art de la mosaïque donne des représentations naïves de grappes et de calices. Puis, au fur et à mesure que l'Église conforte sa puissance, elle prend en main l'expression artistique. Lors du deuxième concile de Nicée, en 787, les Pères décrètent : « La composition des images n'est pas laissée à l'initiative des artistes. Elle relève des principes posés par l'Église catholique et la tradition religieuse. L'art seul appartient

Détail d'une fresque représentant l'initiation au culte de Dionysos. Villa des Mystères. Pompéi. Fin du IIe siècle avant Jésus-Christ.

au peintre, l'ordonnance et la disposition appartiennent aux Pères. » Ces dispositions, en apparence rigoureuses, n'empêchent pourtant pas les artistes chrétiens de laisser libre cours à leur sens esthétique.

L'apparition des saints et des mystiques exalte leur verve créatrice. Quelle merveilleuse source d'inspiration que les paroles de Jésus au cours de la Cène ! « Ayant pris le calice empli de vin, Jésus le tendit à ses apôtres en disant :

– Buvez-en tous, car ceci est mon sang, le sang de la nouvelle alliance qui va être versé pour un grand nombre en rémission des péchés. » (Mt 26, 27-28)

Les liturgies les plus anciennes, les monuments de l'Antiquité chrétienne attestent dès lors la croyance au dogme de l'Eucharistie, dont le vin symbolise tout le mystère.

L'art roman jaillit au point de rencontre de deux civilisations. Il forme en quelque sorte la synthèse entre deux types d'ordres : l'ordre matériel romain et l'ordre spirituel du christianisme. La religion, à laquelle il est presque exclusivement consacré, a encore quelques complicités avec le paganisme oriental, mais elle plonge plus profondément dans le mystère de l'homme.

Les contemporains de cette époque, semblant pressentir la fin des troubles et de l'insécurité, se mettent à bâtir des églises. Ils s'y emploient avec une ardeur sacrée.

Une prodigieuse aventure artistique commence alors, à la mesure de l'élan spirituel qui la porte. La sculpture, la peinture, les reliquaires, l'orfèvrerie, les manuscrits connaissent un essor sans précédent. La vigne et le vin, sacralisés par la parole biblique, apparaissent sous le ciseau du sculpteur, le pinceau du fresquiste, la plume de l'enlumineur, voire dans l'artisanat, comme en témoignent certains tissus coptes d'Abyssinie ornés de grappes et de feuilles de vigne.

La sculpture avait disparu en même temps que l'Empire romain. Avec l'art roman apparaît, en France tout au moins, la première sculpture admise à l'église. Aux démons, aux perversions et à Satan, concrétisés, par le tailleur de pierres, par des démons s'oppose la vigne, symbole de l'eucharistie et des forces du bien. Elle apparaît sur les frontispices, les tympans, les linteaux, les parements, les ressauts. On la trouve aux portiques des cloîtres, aux chapiteaux des colonnes et des déambulatoires.

La peinture connaît également à cette période (Xe-XIIe siècle) un formidable renouveau. Elle s'exerce dans les fresques anonymes des églises qui rappellent la vie du Christ et des saints. La vigne et le vin y sont, bien entendu, présents. La Cène est illustrée maintes fois. On la trouve représentée notamment dans l'église de Vicq-sur-Saint-Chartrier, de Nohant-Vic ou sur le chapiteau de la basilique de la Madeleine, à Vézelay (XIIe siècle). Les églises regorgent aussi de représentations des outils et instruments de la viticulture : serpettes, baquets, haches, couteaux, bâtons de foule, paniers, barriques et tonnelets. L'art roman a repris certains symboles paléochrétiens comme celui des oiseaux buvant dans un calice, allégorie du bonheur paradisiaque héritée du paganisme romain. Cette symbolique est visible sur l'abside de l'église d'Aulnay-de-Saintonge en Charente-Maritime, ainsi que sur la nef de la cathédrale Saint-Sauveur d'Aix-en-Provence, où l'on voit des griffons affrontés buvant dans une coupe.

L'époque romane vit aussi l'épanouissement de l'art de l'enluminure. L'écriture n'a jamais été aussi pratiquée et honorée, car le livre, objet sacré, reçoit et transmet la parole de Dieu. Lors de la célébration du culte, il est placé à côté du calice et de l'hostie. C'est pourquoi il n'est jamais trop beau. La vigne et le vin, symboles de l'eucharistie, lui font escorte et contribuent à l'inspirer. Il n'y a donc rien de surprenant à ce que nous retrouvions la vigne et ses entrelacs comme éléments décoratifs des livres sacrés de cette époque. La forte valeur symbolique de la vigne explique d'ailleurs son succès dans l'art roman, expression du symbole et du mystère, qui dit moins qu'il ne suggère.

Chapiteau de l'église de Moutiers-Saint-Jean, vers 1125.

À partir du XIIIe siècle, l'artiste tend de plus en plus à devenir autonome, à la fois par rapport à la religion et par rapport à la stricte représentation didactique des scènes de la vie quotidienne. Cette tendance s'affirme durant la période gothique. La sculpture inconographique s'associe alors davantage à l'architecture des façades. Il s'agit désormais d'émouvoir les fidèles par des moyens directs et de mettre en scène l'écriture de façon dramatique. Le sculpteur gothique cherche davantage à représenter le réel. La vigne et le vin perdent un peu de leur valeur symbolique. Les vendanges sont évoquées sur la façade ouest de la cathédrale Saint-Étienne de Bourges. Une scène de foulage du raisin apparaît sur le portail de la cathédrale Notre-Dame d'Amiens. À Moutiers-Saint-Jean, en Côte-d'Or, un chapiteau, actuellement exposé au musée du Louvre, représente le transvasement de la vendange dans une barrique. La mise en barrique est également figurée sur la façade de l'abbatiale de Saint-Denis. La plantation de la vigne

Polyptyque de « l'Agneau mystique » attribué à Jan Van Eyck (1390-1441). Cathédrale Saint-Bavon de Gand.

par Noé est évoquée à Paris sur un médaillon de la Sainte-Chapelle. Enfin, l'on note sur l'une des stalles du chœur de la cathédrale de Rouen la représentation de deux Hébreux portant un cep et la grappe de raisin géante, symbole de la richesse du pays de Canaan. Le vin, sang du Christ, constitue également un thème de prédilection dont la plus illustre expression est le retable de *l'Agneau mystique* de la cathédrale de Gand, attribué à Jan Van Eyck. Étroitement lié à l'architecture, le vitrail connaît alors un essor sans équivalent. Toutes les grandes cathédrales en font leur parure : Bourges, Poitiers, Rouen, Lens, Reims, Chartres, Notre-Dame de Paris, Troyes, Metz. La vigne, dont la culture s'est étendue à l'Ile-de-France et à la vallée de la Loire, prête ses arabesques aux plus somptueuses compositions. L'une des plus célèbres allégories vineuses que nous ait léguées l'art du vitrail est celle du *Pressoir mystique* du cloître de l'église Saint-Étienne-du-Mont à Paris. Le Christ est représenté sous le pressoir, tandis que les patriarches bêchent la vigne et que les apôtres cueillent le raisin.

La Renaissance : le vin paganisant

L'Église romaine était affaiblie par le schisme et le foisonnement des hérésies. La Renaissance vint à point pour ressusciter les valeurs formelles et spirituelles de l'Antiquité. Ce fut l'éclosion d'un individualisme libre, critique et souvent paganisant. C'est aussi le temps de la résurrection de la France. L'unité nationale prend forme. Les tyrannies féodales s'estompent. L'on assiste à un fulgurant développement de l'agriculture déjà commencé au Moyen Âge. La vigne, objet de culte, devient aussi le symbole de la richesse économique. Une classe d'érudits, les humanistes, marque les domaines de la pensée et de la foi. Le christianisme doit devenir universel, s'intérioriser et renoncer à certaines traditions qui l'obscurcissaient.

À cette époque, la tapisserie fait constamment référence à la vigne et au vin, notamment dans le groupe des tapisseries aux mille fleurs dont il existe de beaux spécimens au musée de Cluny. Des scènes de vendanges sont également reproduites sur une tapisserie de Tournai (Belgique) du XVIe siècle et une tapisserie bruxelloise du XVIe siècle.

Le vin, quant à lui, apparaît dans les peintures reproduisant des scènes de festin comme *la Table du roi,* de Manuel Deustchou, ou *les Noces de Cana* par Véronèse. Il semble, à cette époque, n'avoir que la valeur d'une boisson pour étancher la soif. Il n'y a pas de verres sur les tables. Les échansons tirent le vin des amphores et le versent dans des coupes à la demande des convives. L'on ne déguste pas encore, mais le vin est quand même le principal personnage des festivités. C'est aussi le message que nous transmettent les enluminures dans *les Très Riches Heures du duc de Berry,* des frères de Limbourg.

« Bacchanale », par Titien (1489-1576).

LE VIN, SOURCE D'INSPIRATION MUSICALE

Il est difficile aujourd'hui de se faire une juste idée des productions musicales de l'Antiquité. On célébra sans doute très tôt, par des chants, le vieux Silène, père nourricier de Dionysos. Les odes, poèmes chantés, ainsi que les chansons de table accompagnées à la flûte ou à la lyre étaient largement inspirées par le vin, comme en témoignent celles d'Anacréon (VIe siècle avant J.-C.), qui ont inspiré la poésie dite « anacréontique » de la Renaissance, de même que la poésie légère du XVIIIe siècle.

Les tragédiens ne furent pas insensibles au mythe dionysiaque. En 407 avant Jésus-Christ, Euripide écrit une tragédie chantée, *les Bacchantes,* dont le thème est le châtiment et la mort du roi de Thèbes pour s'être opposé à l'introduction du culte de Dionysos.

Enfin, tout au long de cette civilisation, l'âme cabriolante et fantasque des satyres et des faunes anima toutes sortes d'airs et de refrains qui se prêtaient au chant et à la danse. Les traces de ces hymnes populaires ont, semble-t-il, traversé les siècles, puisque l'on prétend qu'au siècle dernier les vignerons de la région de Marseille chantaient encore, pendant les vendanges, quelques vers grecs, fragments d'une ode de Pindare…

Les odes furent remises au goût du jour au Moyen Âge par les trouvères et les troubadours. L'on peut par ailleurs présumer que, pendant cette période, les chansons des rues et des villes louaient la vigne et son fruit, mais nous n'en avons malheureusement pas gardé trace. Il semble néanmoins que l'art de dire les bienfaits du vin et de la vigne se soit épanoui à travers la chanson. Les premiers témoignages remontent au XVe siècle, telle cette chanson d'un auteur anonyme :

« Bon vin, je ne te puis laisser
Je t'ay m'amour donnée
Je t'ay m'amour donnée
Souvent m'as faict la soif passer,
Bon vin, je ne te puis laisser. »

Tout porte à croire que cette tradition se perpétua durant la Renaissance. Ainsi, les pénibles travaux de la vigne donnaient lieu à des refrains champêtres :

« Chantons la serpette !
Tous vignerons ont en elle recours.
C'est le secours
Pour tailler la vignette,
Ô serpillette, Ô serpillonnette ! »

La chanson à boire naît en ville. Elle est en général l'œuvre de fins lettrés et il n'est pas rare d'y rencontrer des allusions mythologiques faisant essentiellement référence à Dionysos ou à Bacchus. Certaines datent du XVe siècle, telles celles que l'on trouve dans le manuscrit de Bayeux. Le répertoire des polyphonistes du XVIe siècle en regorge. Mais le genre s'épanouit surtout aux XVIIe et XVIIIe siècles. C'est de cette époque, par exemple, que l'on date la fameuse chanson des Chevaliers de la Table ronde que d'aucuns entonnent encore de nos jours :

« Chevaliers de la Table ronde
Goûtons voir si le vin est bon (…)
Si j'en meurs, je veux qu'on m'enterre
Dans une cave où y a du bon vin. »

Les musiciens vinrent puiser leur inspiration à cette intarissable source populaire. Le vin, associé à la joie et à la danse, devait trouver son expression privilégiée dans l'opérette. Johan Strauss a immortalisé le Champagne dans les actes II et III de *la Chauve-Souris.* Le thème du vin émaille l'œuvre de Jacques Offenbach notamment dans *la Périchole* et les *Contes d'Hoffmann,* qui montrent, au prologue et au final, un chœur à boire.

Mais il serait erroné de vouloir cantonner le vin à un genre musical généralement considéré comme mineur. En fait, le vin est très tôt apparu dans tous les livrets où l'on évoquait la liesse populaire. Ainsi, Jean-Philippe Rameau acheva son opéra comique *Platée* par un ballet à la gloire de Bacchus. Quelques années plus tard, Gluck s'inspire du vin pour composer les scènes de réjouissances qui figurent dans *Alceste.* Dans le chœur du troisième acte de *la Flûte enchantée,* Mozart célèbre à sa géniale manière les joies de la boisson. Richard Wagner, qui empruntait ses sujets à des mythes d'inspiration populaire, n'échappa pas à la règle et dans *Parsifal,* le Saint Graal, le vase dans lequel le Christ aurait bu pendant la Cène, sert de motif central à l'action. Plus près de nous, en 1929, Alban Berg créait un air de concert pour soprano et orchestre intitulé *le Vin* sur des poèmes tirés des *Fleurs du Mal* de Charles Baudelaire.

Puis, c'est au tour des musiciens italiens d'exalter le vin, en donnant libre cours à leur verve généreuse. C'est le cas d'Antonio Rossini avec son chœur à boire dans le deuxième acte du *Comte Ory* ou de Giuseppe Verdi qui, dans l'air de *l'Auberge de la jarretière* dans *Falstaff,* chef-d'œuvre de l'opéra comique, célèbre les vertus du vin pour combattre la morosité. Déjà, dans *la Traviata,* il avait mis le vin à l'honneur dans son air *Buvons à la coupe délirante du vin !* Enfin, *l'Élixir d'amour* de Donizetti n'est autre qu'une fiole de Bordeaux !

Les compositeurs français eurent beau jeu de prendre le vin pour argument de leur inspiration musicale. Ainsi, dans l'acte II de *Béatrice et Bénédicte,* Hector Berlioz met dans la bouche de Somarone une chanson à boire. Dans le *Faust* de Gounod, c'est le roi de Thulé qui chante les vertus du fruit de la vigne. Quant à Georges Bizet, il fait chanter au toréador de *Carmen* « Votre toast, je peux vous le rendre. » La gloire du vin est aussi soulignée dans *Werther* et dans le *Jongleur de Notre-Dame* de Jules Massenet. Enfin, *Samson et Dalila,* de Camille Saint-Saens, est le théâtre d'une danse bacchanale dans la plus pure tradition antique.

L'Antiquité, remise à l'honneur, offre aux plus grands : Léonard de Vinci, Michel-Ange, le Caravage, l'occasion de célébrer le vin en la personne de Dionysos-Bacchus. Les fêtes dédiées au dieu sont le sujet de toiles célèbres. Ainsi cette *Bacchanale* de Titien où le personnage central admire la robe d'un vin rouge en carafon, le *Bacchus* du Caravage, le *Bacchus* de Léonard de Vinci, le *Triomphe de Bacchus et Ariane* d'Annibale Carrache.

La Renaissance tardive abonde en représentations inspirées des mythes bachiques. Abraham Bloemaert (1564-1651), peintre flamand, a peint un banquet des dieux où l'ivresse est figurée de manière réaliste, tandis que Jacob Jordaens (1593-1678) exploite ce même thème dans un tableau célèbre, *Le roi boit.* L'œuvre de Jacob Jordaens abonde, par ailleurs, en représentations de raisins, telle cette toile montrant sa famille et l'une de ses filles tenant en main une corbeille de raisins. La grappe de raisin et, plus précisément, la Vierge donnant une grappe ou des grains de raisin à l'Enfant Jésus est également un thème largement utilisé dans la peinture d'inspiration religieuse. On le trouve chez le peintre flamand Hans Memling (1433-1494) dans une *Vierge à l'Enfant* ou encore chez l'Alsacien Martin Schongauer (v. 1450-1491) et l'Italien Musaccio (1401-1428).

Parallèlement, les arts décoratifs de la Renaissance et, en particulier, l'orfèvrerie, sont presque entièrement dévolus au culte de la boisson et du vin. Princes et grands bourgeois boivent les meilleurs crus dans des calices ou des hanaps richement ornés, comme savaient notamment en façonner les orfèvres allemands. La mode est aux coquillages sertis d'argenterie. L'un de ces originaux récipients se trouve figuré dans *la Reine Artémise* de Rembrandt (1606-1669).

Ces objets d'orfèvrerie connaîtront un succès constant tout au long du XVIe siècle dans tous les pays d'Europe.

Du XVIIIe siècle à nos jours : le vin en fête

Avec la fin de la Renaissance s'achève la grande période mystique. L'infrastructure monumentale constituée par les cathédrales et les monastères est achevée, et, avec elle, l'allégeance des artistes aux impératifs de la foi. Nous sommes à l'aube du XVIIIe siècle. La monarchie asseoit son unité. Elle prend la relève de l'Église et utilise les artistes pour décorer ses châteaux. La peinture fut la grande bénéficiaire de cette nouvelle orientation. Le vin trouve naturellement sa place dans cette nouvelle utilisation de l'art.

À partir de cette époque et jusqu'à nos jours, c'est essentiellement à travers la peinture qu'il trouvera à s'exprimer. Il devient alors un puissant stimulant de l'inspiration picturale. Les grands thèmes qui lui sont liés continuent à être exploités, mais sur un ton plus allègre et plus gai. Il en est ainsi du mythe de Bacchus et de ses acolytes comme l'attestent la toile des *Buveurs* de Vélasquez qui place son Bacchus au milieu d'un groupe de joyeux buveurs, celle de José de Ribera *Silène ivre,* celle de Nicolas Poussin *l'Enfance de Bacchus,* celles de Rubens *les Deux Satyres* et *Silène ivre.*

L'influence de la peinture hollandaise fait entrer de plain pied le vin dans la réalité quotidienne. Il est alors le prétexte à entrer dans l'intimité des maisons et des familles. On représente également les déjeuners et collations qui témoignent de l'opulence bourgeoise. Mais les peintres hollandais et flamands ne sont pas les seuls à nous restituer la douce atmosphère des scènes d'intérieur. Des Français, comme Chardin et les frères Le Nain, s'y emploient également. Dans une toile intitulée *le Repas des paysans* par Le Nain, les personnages partagent le vin avec une certaine gravité. À cette époque, la nature morte, qui n'arrivait pas vraiment à trouver jusqu'alors sa place dans un univers artistique façonné par les contraintes religieuses, devient une discipline à part entière. Verres et fûts y figurent en bonne place comme en témoignent *le Grand Verre,* de Pieter Claesz (1649), ou le *Grand Verre de vin blanc et crabes* du même artiste, *la Nappe* de Jean-Baptiste Chardin (1699-1779), ou encore une nature morte de Georg Flegel (1563-1638) montrant des cruches et un gobelet.

Ovide a écrit : « Le vin dispose notre âme à l'amour. » Cette vérité a été à l'origine de productions qui restent parmi les plus belles comme en témoignent les scènes galantes de Jean-Marc Nattier, émule de Watteau.

Rembrandt, qui n'était pourtant pas natif d'un pays viticole, a été tenté par le sujet dans *Saskia et Rembrandt au verre de vin.* Même les amours vénales font l'objet de représentations comme dans *l'Entremetteuse* de Vermeer.

L'euphorie qu'engendre le vin est en tous points semblable à celle que peut provoquer l'amour. C'est peut-être ce message qu'a voulu nous transmettre Marc Chagall par sa toile *Double portrait*

« Double portrait au verre de vin », parfois dit « Les amoureux au verre de vin ». Marc Chagall (1887-1985).

VIN ET PEINTURE CONTEMPORAINE

Les correspondances du vin et de la peinture sont assez évidentes et depuis longtemps soulignées par les spécialistes de l'un et l'autre domaine. Elles donnent lieu depuis peu à des recherches expérimentales très poussées essentiellement dirigées dans deux directions : soit l'artiste, à la suite d'une dégustation, compose une toile où il s'efforce de reproduire les sensations qu'il a ressenties, soit le dégustateur tente d'associer à une toile déjà existante un vin qui lui paraît correspondre à l'émotion qu'elle dégage.

À la toile de Günter Scholz *Was bleibt ?* (Que reste-t-il ?) Serge Dubs, sommelier de l'auberge de l'Ill à Illhaeusern, a tout de suite associé un Savigny-lès-Beaune 1979. À l'instar du tableau, le vin se distingue à la fois par son charme et sa grande force d'expression.

On est immédiatement en accord avec ce tableau. Il possède beaucoup de charme et dégage en même temps une grande force d'expression.

Il en est de même du bouquet du Savigny-lès-Beaune (1979) de Valentin Bouchotte. La coloration de ce Bourgogne rouge n'est pas celle d'un vin âgé. Elle évoque plutôt la couleur des fraises fraîchement cueillies ou de framboises. De plus, cette couleur n'est pas dense. Non pas qu'elle soit diluée, mais elle présente une certaine transparence qui est, elle aussi, une caractéristique surprenante de ce tableau : l'arrière-plan transparaît et se dévoile franchement à l'œil. La grande qualité de ce vin est son parfum. Tout le charme est dans son bouquet accompli. Tout de suite, on s'aperçoit qu'il est frais et qu'il se boit bien. On a envie de le goûter sur-le-champ. Il est fin et raffiné dans la bouche, mais seulement un court moment, ce qui est typique pour cette sorte de cru. Il a toujours beaucoup de bouquet. C'est un vin qu'on n'oublie pas et que l'on a plaisir à se rappeler. Il en va de même pour ce tableau.

Günter Scholz, « Que reste-t-il ? », technique mixte/aggloméré, 1983, 84 × 105 cm.

Didier Michel, « Vin jaune d'Arbois Savagnin 1976. »

La toile de Didier Michel, peintre tourangeau, représente un vin jaune d'Arbois 1976. Ce vin se caractérise par une gamme de tons soutenus à contrastes puissants que traduisent parfaitement les contrastes chromatiques de l'œuvre picturale. C'est une gamme chromatique des senteurs à contrastes puissants. D'accords sourds et profonds, elle évoque le sous-bois protéinique avec ses champignons noirs, de souche et l'onctuosité des terres grasses. Cependant, si la brillance de mousse humide fluorescente éclate dans ce milieu à demi éteint, l'harmonie générale suggère la passion et la violence d'extrêmes qui se fécondent.

« Le déjeuner champêtre. » Maurice de Vlaminck (1876-1958).

au verre de vin où le personnage masculin, un verre de vin en main, semble s'envoler au-dessus de sa compagne.

Le vin, c'est aussi la célébration du succès comme l'attestent certaines grandes fresques historiques célébrant des exploits guerriers. Tel est le symbolisme de la *Rencontre de Charles Quint et du bey de Tunis* que l'on peut contempler à la galerie de Londres. Le vin est également présent dans l'évocation du *Camp de l'armée française entre Saint-Sébastien et Fontarabie* par Martin Lainé. C'est encore le vin qui justifie l'allégresse des *Conscrits de 1807,* de Louis Léopold Bally, et celle, plus retenue, des deux compères immortalisés par Paul Léon Jazet dans sa gravure *Entre deux victoires.*

Le vin sert enfin et surtout à traduire une ambiance de fête : kermesses populaires et fêtes villageoises qui inspirent Bruegel l'Ancien, fête plus sage du *Banquet des officiers du corps des archers de Saint-Adrien* par Frans Hals, fêtes précieuses et galantes d'Antoine Watteau et de son émule, Nicolas Lancret, dans *la Danse à la campagne.*

Les XVIIe et XVIIIe siècles peuvent également s'enorgueillir de nous avoir légué une magnifique galerie de portraits de buveurs, parmi lesquels : *le Joyeux Buveur* de Frans Hals, *l'Homme avec un verre de vin* de Vélasquez, *les Buveurs* de Goya.

Loin de rebuter les peintres, l'ivresse, au contraire, les inspire. C'est ainsi qu'on la verra représentée dans *l'Allégorie du goût,* de Bruegel, *le Buveur,* d'Adriaen van Ostade, *le Déjeuner de jambon,* de Lancret, ou encore dans *la Partie de campagne,* de Goya.

Il arrive aussi que le vin soit présenté de façon tout à fait négative, comme un symbole de déchéance ou de débauche. C'est *le Retour de l'ivrogne* de Greuze, *la Corruption du monde* de Cornélius van Haarlen, *Loth et ses filles* par Jean Massys.

Le développement de la production vinicole de masse et l'avènement du chemin de fer vont contribuer à populariser largement le vin dans le courant du XIXe siècle. Les fêtes populaires caractéristiques de l'époque sont immortalisées par le pinceau des peintres en des toiles remarquables pour leur fraîcheur et leur gaieté comme *le Déjeuner des canotiers,* d'Auguste Renoir, *Bal au Moulin de la galette,* de Raoul Dufy, *le Déjeuner sur l'herbe,* d'Édouard Manet, où le vin sur la nappe constitue le noyau organique et tonal de la composition.

C'est également à cette époque que se développent les lieux de consommation du vin : cafés, restaurants, cabarets. Cette nouvelle source d'inspiration donne lieu à une production foisonnante : *Un bar aux Folies-Bergères,* d'Édouard Manet, *le Café la nuit,* par Van Gogh, *Au café,* de Gustave Caillebotte. Toulouse-Lautrec, pilier de ces établissements, nous offre des portraits d'ivrognes fameux.

Cette œuvre immense contribue au moins autant que la poésie et le roman à nous apporter le plus saisissant témoignage sur les mœurs, les coutumes, l'habillement, l'histoire des générations qui nous ont précédés. Elle nous aide également à mieux situer la place que le vin a occupée et occupe désormais dans la société.

Aujourd'hui, il n'est plus, comme au Moyen Âge, un symbole ni une invitation à la fête ou au plaisir des sens comme aux XVIIe, XVIIIe et XIXe siècles. C'est souvent un simple prétexte à la recherche plastique, comme en témoignent les natures mortes de Cézanne, Braque, Gauguin, Matisse, de Vlaminck, de Staël et Juan Gris.

Enfin, le mythe de Dionysos n'est pas mort comme en témoigne l'œuvre de Dali, avec cette toile au titre original : *Dionysos crachant l'image complète de Cadaquès sur le bout de la langue d'une femme à trois étagères.* Quant aux *Buveurs* de Dunoyer de Segonzac, ils sont la traduction pittoresque du monde de nos terroirs. Le vin n'a donc pas fini d'inspirer les artistes. Toutefois, l'avènement de l'œnologie moderne semble avoir définitivement sonné le glas du symbolisme du vin. L'on apprécie désormais le vin pour lui-même et sans doute poursuivra-t-il sa carrière dans l'art, mais peut-être sous une autre forme, un autre symbolisme.

De nouvelles approches de ce thème sont d'ailleurs menées de nos jours. Certains artistes essayent de traduire de façon abstraite les multiples sensations que peut engendrer la dégustation du vin. De même, des expériences sont actuellement tentées par des spécialistes du vin pour associer à des œuvres artistiques déjà existantes des vins qui leur correspondent.

« Les vignes rouges. » Vincent Van Gogh (1853-1890).

LES MUSÉES DU VIN

Quelque quarante musées, en France, accordent une place significative au vin, au vignoble et à la viticulture. Ce n'est là que justice si l'on songe au riche passé du vin, aux chefs-d'œuvre qu'il a inspirés et au poids économique qu'il représente.

Le vin ne pouvait qu'occuper une place de choix parmi les musées français. Et tous ceux qui lui sont consacrés constituent un témoignage en forme de révérence aux hommes passionnés qui ont su fouiller et travailler une matière si riche et si vivante. Visiter un musée consacré au vin, c'est une façon différente d'apprécier celui-ci, de le goûter mais aussi de lui rendre hommage.

La civilisation du vin

Dès l'Antiquité, poètes, écrivains, artistes, qu'ils soient Grecs ou Latins, d'inspiration païenne ou religieuse, ont chanté le vin. Ainsi est née une civilisation artistique du vin, qui s'est perpétuée et enrichie au fil des siècles. Pour s'en convaincre, il n'est que citer Titien, Véronèse, Michel-Ange, Vélasquez, Goya, Rubens, Rembrandt, Le Nain, Poussin, Watteau, Delacroix, Cézanne, Corot, Van Gogh, ne serait-ce que pour la peinture, dont les œuvres sont inspirées par la vigne et le vin.

Mais les musées se font également l'écho du travail et des traditions des viticulteurs dont l'action a profondément imprégné la vie quotidienne de nos vignobles et de nos campagnes. Les musées montrent ainsi des outils, des machines, témoignages d'un passé révolu, qui, avec le temps, sont devenus des objets d'art inestimables. Le travail de la vigne, les outils, l'histoire du vignoble et l'organisation sociale sont différents selon les régions viticoles. Chacune a pris soin d'en témoigner à sa façon. C'est la raison pour laquelle les musées du vin sont non seulement dispersés sur le territoire, mais aussi complémentaires. Il en fallait donc de nombreux pour bien exprimer toute la richesse et la diversité de ce patrimoine !

Le vin fait aujourd'hui l'objet d'une industrie et d'une activité économique prépondérantes pour la France et ses régions. Les musées français portent donc témoignage du lien nécessaire entre tradition et modernisme. Ils sont la vitrine vivante d'une activité dynamique bien implantée dans son époque.

Le premier musée du vin

En 1927, les caves du musée Unterlinden à Colmar accueillent, dans un monastère du XVIIIe siècle, la première tentative sérieuse d'organisation de salles consacrées au vin. De superbes pièces, dont quelques chefs-d'œuvre de tonnellerie datant des XVIIe et XVIIIe siècles, sont exposées. Le vignoble d'Alsace a son musée comme l'auront ensuite toutes les régions viticoles françaises, dans une vague qui a pris son essor après la Seconde Guerre mondiale.

Après l'inauguration, en 1947, à Beaune, du musée du Vin dans l'hôtel des ducs de Bourgogne, chaque fondateur de musée a pris soin de choisir un lieu et un bâtiment exceptionnels : ici un château du XIVe siècle, ailleurs un couvent dominicain, un palais

Cave alsacienne avec ses tonneaux sculptés au musée Unterlinden à Colmar.

MUSÉES DU VIN RÉGIONAUX ET LOCAUX

ANGERS (49)
Les caves du XIIe siècle des Greniers-Saint-Jean abritent, depuis 1937, le musée du Vin. Y sont exposés des pressoirs, des cuves, des paniers, des outils de vigneron, des édits et les insignes de plusieurs corporations.

ARBOIS (39)
Les caves de l'hôtel de ville, creusées entre le XIVe et le XVIIIe siècle, abritent un musée où sont présentés l'histoire de la vigne et du vin, les travaux du vigneron suivant les saisons, les métiers annexes tels que la tonnellerie, la boissellerie et la vannerie.

BÉZIERS (34)
Le musée du Biterrois, installé dans une caserne du XVIIIe siècle, abrite des collections d'archéologie, d'ethnologie et d'histoire naturelle. L'une d'elles est dédiée à l'histoire de la vigne.

◁ **BERGERAC (24)**
La maison des Vins (ci-contre), à l'ancien cloître des Récollets (XIIe-XVIIIe s.), et le musée du Vin et de la Batellerie racontent l'histoire des vins du Bergeracois.

CHINON (37)
Un musée avec des personnages de cire retrace la vie du vigneron et du tonnelier.

COGNAC (16)
Six salles et le couloir central du musée du Cognac sont consacrés à la culture de la vigne, aux travaux du vin, à la distillation, à la tonnellerie, au négoce des eaux-de-vie de Cognac et à la bourrellerie-sellerie.

CONDOM (32)
Le musée de l'Armagnac est installé dans les dépendances de l'ancien palais épiscopal datant du XVIIIe siècle. Dédiées à l'ethnographie viticole, ses collections concernent la ▷ fabrication de l'eau-de-vie d'Armagnac.

HAUTVILLERS (51)
La vie et l'œuvre de dom Pérignon dont la cellule et le laboratoire ont été reconstitués, ainsi que des outils et des tonneaux décrivant la champagnisation du vin sont évoqués dans ce musée installé dans les bâtiments d'une ancienne abbaye bénédictine.

KIENTZHEIM (68)
Le musée du Vignoble et des Vins d'Alsace est installé dans le château de la Confrérie Saint-Étienne. On y verra la reconstitution de la cave d'un vigneron et une série de salles présentant l'outillage du travail de la vigne, ainsi qu'une collection de verres, de bouteilles, de flacons et de cruchons allant du XVe siècle à nos jours.

LE PALLET (44)
Au musée du Vignoble nantais, une collection d'outils et de machines retrace l'histoire du vignoble et ses traditions ainsi que le travail de la vigne, du vin et de la tonnellerie.

NARBONNE (11)
La Maison vigneronne montre l'histoire du vignoble audois à travers l'évolution de l'outillage.

PARIS (75)
Le musée du Vin est installé dans les caves voûtées de l'ancien cellier du couvent de la Visitation. On y verra des outils de viticulture, de tonnellerie, de vinification, et des milliers de bouteilles. Des personnages de cire mettent en scène l'art vinicole.

SALLES-D'ANGLES (16)
Au musée Gaston-Grégor, une salle aménagée dans les anciennes écuries du presbytère datant de la fin du XVIIIe siècle est consacrée aux travaux de la vigne.

SAINT-POURÇAIN-SUR-SIOULE (03)
L'ancienne prison de la Justice seigneuriale, qui date du XIe siècle, abrite le musée de la Vigne et du Terroir.

SAINT-YZANS-DE-MÉDOC (33)
Le musée des Outils de la vigne et du vin est installé dans un ancien chai. On y verra des outils et instruments utilisés dans le Sud-Ouest et dans le Bordelais.

SELLES-SUR-CHER (41)
Le musée d'Histoire et de Traditions locales, installé dans une abbaye royale datant du XVIIe siècle, abrite une collection décrivant la culture de la vigne.

SIGEAN (11)
Le musée des Corbières est installé dans une demeure du XVIIIe siècle. Une salle abrite de nombreux documents illustrant la vie des vignerons et du vin.

SURESNES (92)
Le musée municipal René-Sordes présente divers outillages et œuvres d'art concernant la vigne, la viticulture et la vie du vigneron au XIXe siècle.

épiscopal, une abbaye bénédictine, un cloître, ou encore une maison de vigneron.

Le musée de Beaune

À Beaune, l'endroit est superbe. L'hôtel des ducs de Bourgogne, ou Logis du Roy, adossé à l'enceinte gallo-romaine de la ville, comporte des bâtiments des XIIIe, XVe et XVIIIe siècles, en parfait état de conservation. Les objets exposés ont été rassemblés avec patience et minutie par André Lagrange, auteur de l'ouvrage *Moi, je suis vigneron,* véritable ode d'amour à son métier et à la vigne. André Lagrange a prospecté quelque 600 communes viticoles de Bourgogne, de la Grande Côte aux vignobles résiduels. Il a interrogé et photographié de vieux vignerons. Il a fouillé leur cave et leur grenier pour dénicher des outils anciens désormais inutilisés mais précieux, réalisant ainsi un travail d'historien et d'ethnologue.

En visitant le musée de Beaune, on suit le développement de la viticulture depuis les rives de la Méditerranée jusqu'à la Bourgogne, et de la présence romaine à nos jours. On découvre le travail de la vigne au fil des siècles et selon les saisons : vendanges, foulage, pressurage, vinification et élevage du vin, outillage de l'époque préindustrielle, machines..., le tout présenté d'une manière très vivante. Deux superbes tapisseries exposées dans la grande salle d'honneur, *le Vigneron* de Michel Tourlière et *le Vin, source de vie triomphe de la mort* de Jean Lurçat, témoignent de l'inspiration des artistes. Le musée, dans sa dimension ethnologique, s'intéresse également aux rapports sociaux qu'entretiennent les hommes autour de la vigne : vignerons, propriétaires, négociants, membres divers de la profession. On s'arrêtera longuement sur la reconstitution très fidèle d'un intérieur vigneron à Savigny-lès-Beaune vers 1875, pour ainsi pénétrer dans la « communauté vigneronne bourguignonne », avec les fêtes traditionnelles, les tastevins et le commerce.

Le musée d'Épernay

Le musée évoque, par sa section viti-vinicole, les diverses phases de l'élaboration du Champagne à la fin du XIXe siècle, époque à laquelle la région n'a pas encore été douloureusement affectée par le phylloxéra.

Derrière des vitrines, des mannequins en habits traditionnels répètent les gestes immuables d'un temps où tout le travail s'effectuait à la main. Gestes des vignerons entourés de différents outils liés au terreautage, à la taille, à l'échalassage, gestes du caviste lors du soutirage, de la mise sur latte ou sur pupitre, du dégorgement, du dosage de la liqueur ou du ficelage.

Dans une annexe est présenté un pressoir de 7 mètres de haut, dit « à écureuil » en raison de la mise en route de la vis par l'action de quelques personnes grimpées dans une grande roue. L'ensemble de la présentation est complété par une série de pièces de table (verres, coupes, flûtes, bouteilles, rafraîchissoir...), d'étiquettes anciennes et d'affiches.

Le musée, fermé temporairement pour restructuration, reste cependant accessible selon des conditions particulières.

Le musée de Tours

À Tours, les grands celliers de l'abbaye Saint-Julien, aux voûtes d'ogives du XIIIe siècle, accueillent depuis 1975 le musée des Vins de Touraine, au sein d'un ensemble plus vaste, celui du musée du Compagnonnage. Roger Lecotté a réalisé là le musée des vins le plus complet de France, en rassemblant des témoignages historiques de l'Antiquité à nos jours. Au-delà, ce musée très attrayant dans sa présentation veut représenter le rôle qu'a tenu le vin dans la vie sociale et quotidienne de l'homme.

La visite du musée de Tours est une plongée dans les rites familiaux – repas de première communion, fiançailles, mariage, noces d'or, centenaire –, les rites sociaux – fêtes familiales, religieuses, patronales, corporatives, agraires –, les confréries vineuses de Touraine (qui remplacent les anciennes confréries de Saint-Vincent), et la religion – iconographie du pressoir mystique, des noces de Cana, de l'Évangile de saint Jean.

Ce musée raconte encore la gastronomie tourangelle – le miot (pain trempé dans le vin rouge, froid et sucré), le vin chaud –, les effets mais aussi les méfaits du vin (ivresse, envie, colère, paresse, gourmandise...).

Plusieurs collections illustrent les travaux vinicoles, les vendanges, les caves ainsi que les métiers connexes : tonnelier, boisselier, taillandier, vannier, chaudronnier, verrier.

Un musée en Bordelais

Les vins de Bordeaux sont consacrés dans plusieurs musées. L'un des plus remarquables, dont le thème est « le vin et la vigne dans l'art » est situé dans le château Mouton-Rothschild à Pauillac.

Le baron Philippe de Rothschild, qui a installé le musée dans un ancien chai du XIXe siècle, l'a rendu unique par la qualité des œuvres exposées – tableaux, tapisseries, sculptures, meubles, porcelaines, verrerie, joaillerie – et leur présentation dans un environnement soigné.

Le baron de Rothschild a patiemment regroupé des œuvres d'art antiques et modernes. Le visiteur pourra ainsi admirer une coupe mycénienne du XIIIe siècle avant J.-C., un lécythe grec à fond blanc orné de la figure de Dionysos, des pièces d'orfèvrerie de la Renaissance, des meubles italiens et anglais, des objets japonais, chinois, précolombiens, des estampes vénitiennes, des bustes romains et des œuvres contemporaines signées de Man Ray, Chadwick, Soulages, César, Morris Graves et Tchelitchew, le vin étant bien entendu la source d'inspiration commune à cette exposition permanente.

Le temple des vins

L'île de Bendor, dans le Var, nous offre une dernière escale. En 1958 a été inaugurée, à l'initiative de Paul Ricard, l'Exposition universelle des vins et spiritueux que, déjà, plusieurs millions de personnes – touristes et professionnels, français et étrangers – ont visitée. Ce musée-exposition permanent, qui est considéré comme le « temple des vins et spiritueux » du monde entier – il présente 8 000 bouteilles, toutes différentes, provenant d'une cinquantaine de pays – est situé dans cette région méditerranéenne berceau de la viticulture, consacrée dès l'Antiquité à Dionysos et à Bacchus.

Les bâtiments modernes, qui couvrent une surface de 875 m², ont été décorés de fresques sur quelque 500 m² par de jeunes artistes, âgés, à l'époque, de moins de trente ans, car, selon les vœux de Paul Ricard, cette exposition devait exprimer le caractère moderne, tourné vers l'avenir, de la civilisation du vin.

Visiter ces cinq musées d'importance n'est sans doute pas suffisant à ceux qui souhaitent s'imprégner de la réalité régionale de chaque vignoble. Mais ce tour de France démontre ce que le vin n'a cessé d'être de génération en génération : le lien permanent entre la tradition, l'art et l'avenir.

LES CONFRÉRIES

Longtemps le vin a été un symbole, mais il fut aussi, et avant tout, un terme de joie et de fraternité. Peu à peu s'est tissée entre le vin et l'homme une intime complicité qui a abouti à une sorte de doctrine du plaisir et à un art de vivre. Les confréries vineuses, tout naturellement, s'en firent les prêtres et les apôtres, pour le plaisir de l'homme.

Célébrés magistralement par François Rabelais, les plaisirs du bien-manger et du bien-boire sont une tradition qui s'est magnifiquement perpétuée en France, survivant à toutes les tourmentes, guerres, épidémies, et... famines ! Depuis les bacheliers, clercs et aventuriers de tout poil qui se réunissaient dans les tavernes pour boire et chanter dès le milieu du Moyen Âge jusqu'aux cercles de gourmets et autres ordres des Altérés de nos temps modernes, il semble que les confréries joyeuses et ordres charitables aient toujours été aussi nombreux.

Confréries et corporations

À l'origine, la confrérie accompagnait chaque communauté de métiers, qu'on désignera plus tard sous le nom de « corporation ». Celle-ci avait pour seul but la protection et la défense des intérêts matériels et moraux de ses membres, la confrérie prenant en charge leurs intérêts spirituels.

Cette organisation en corporations, irréprochable en ses débuts, n'a pu se développer qu'au fur et à mesure de l'affranchissement des villes, soit dès le XIe siècle, mais il est raisonnable de prendre comme point de départ de la création des corporations le XIIIe siècle, à partir duquel on connaît mieux la société bourgeoise, notamment à Paris. C'est à cette époque, en effet, que son prévot, désigné par Saint Louis, eut l'idée de porter sur un registre les statuts de tous les corps de métier. C'était la confrérie qui désignait ses représentants aux nombreux offices religieux ou aux fêtes des autres corporations ; elle répartissait les tâches d'entraide, le remplacement d'un maître malade ou décédé afin d'exécuter certains travaux, à la vigne par exemple. Chaque confrérie était placée sous la protection d'un saint, Vincent généralement pour les vignerons, et Nicolas pour les tonneliers... Si ces confréries ont pu servir de modèles à des associations diverses à but pieux, elles n'ont pas manqué d'en inspirer d'autres franchement profanes, bachiques et souvent gaillardes !

Sociétés badines, bachiques et littéraires. L'une des plus fameuses, la confrérie des Montuzets, vit le jour à Bordeaux. Les vues pieuses qui avaient présidé à sa fondation s'étaient peu à peu estompées et ses réunions n'étaient plus que des occasions de plaisir. Le roi Louis XI, de passage, voulut bien accepter le titre de Premier confrère ! Par lettre patente, il accorda des avantages, dont une rente annuelle et perpétuelle de « trois tonneaux de vin à prendre sur la connétablie ».

Au XIXe siècle, Arthur Dinaux, directeur des Archives du Nord et auteur érudit d'ouvrages savants, avait recueilli largement la matière d'un livre qui ne sera publié qu'en 1867, après sa mort, sous le titre *les Sociétés badines, bachiques, littéraires et chantantes, leur histoire et leurs travaux.* Parmi les quelque 490 « sociétés » recensées, un certain nombre s'apparentent d'assez près à nos confréries modernes. Tel est le cas de l'ordre de la Méduse, de celui de la Grappe ou de la Boisson de l'Étroite Observance, ou encore de l'ordre de la Treille. Leurs statuts n'ont pas manqué d'inspirer plusieurs confréries contemporaines, jusqu'à reprendre leurs noms, insignes et rites.

D'autres, telles la jurade de Saint-Émilion ou la confrérie Saint-Étienne d'Alsace, qui veillaient à la qualité des vins quittant l'aire de juridiction, s'inspirèrent de l'organisation communale de jadis. Le goût du travail bien fait et une certaine qualité de la vie ont nourri les confréries et les corporations d'autrefois. Ce sont ces valeurs de toujours que veulent incarner nos modernes confréries qui se mettent délibérément au service de tous pour le bonheur de chacun.

La première confrérie

L'intérêt que suscite aujourd'hui le vin est l'un des plus remarquables phénomènes de notre société occidentale moderne, aussi bien pour sa valeur économique que pour son rôle social et l'humanisme qu'il engendre. Comme il paraît loin ce temps où en plein cœur de la Bourgogne régnait une véritable misère ! Les caves étaient pleines d'excellents vins qui ne se vendaient pas, et les vignerons désespérés appréhendaient une bonne récolte qui ne ferait qu'aggraver leur situation en les obligeant à s'endetter davantage pour loger la nouvelle vendange !... C'était dans les années 1930. Quelques hommes énergiques et clairvoyants, que l'adversité stimulait, refusèrent de subir sans réagir. Conscients de l'excellence de leur vin, de la pérennité de la vigne comme du caractère provisoire de la crise, ils décidèrent, à défaut de pouvoir expédier le vin que personne ne commandait, d'inviter amis et clients potentiels à venir voir et boire ! La première confrérie, la confrérie des Chevaliers du Tastevin, naquit à Nuits-Saint-Georges, le 16 novembre 1934, dans le caveau municipal. Le lendemain, au château voisin du Clos de Vougeot, au cours d'une séance mémorable, les diginitaires-fondateurs, sous l'aimable autorité de deux propriétaires-récoltants, armaient les trente premiers chevaliers.

Le trait de génie fut de célébrer le terroir tout entier, dans ses vertus humaines comme dans celles de ses vins, tant les deux se confondent, le vigneron faisant le vin à son image et à sa ressemblance, ainsi que Dieu fit l'homme. Revenant aux sources de l'esprit français, s'inspirant de Rabelais et de Molière, la confrérie des Chevaliers du Tastevin, dans une démonstration magistrale de santé physique et morale, et par conséquent dans la joie, la bonne humeur et la plus inébranlable confiance en l'avenir, a su conjurer le mauvais sort. Non seulement elle redonna courage à tous les artisans du vin, mais elle faisait des nouveaux chevaliers d'actifs ambassadeurs des grands vins de Bourgogne. Son succès fut aussi immédiat que durable.

Les Chevaliers du Tastevin

Aujourd'hui, la confrérie des Chevaliers du Tastevin est devenue une institution dont personne ne songerait à contester le rôle déterminant joué hier et aujourd'hui encore dans le monde, en faveur des vins de Bourgogne en particulier et de la France en général. Elle devrait bientôt faire école. Parmi les premiers Chevaliers du Tastevin, Charles Vavasseur ne fut pas le moins enthousiaste ! Vigneron éminent et maire de Vouvray, il créa dès 1937, sous le patronage de la confrérie bourguignonne, la confrérie des Chevaliers de la Chantepleure, vouée au service du vin vouvrillonnant…

Les statuts des Chevaliers du Tastevin furent repris, le costume fut également inspiré du modèle bourguignon, adoptant toutefois non pas le tastevin mais la chantepleure, nom local du robinet de bois ou cannelle, qui « chante » lorsqu'on en tourne la clef et « pleure » quand le vin coule… La Seconde Guerre mondiale mit un terme aux activités des deux confréries. Le château du Clos de Vougeot avait subi d'importantes dégradations après des occupations militaires successives. Son propriétaire le céda pour un prix symbolique à une Société des amis du château du Clos de Vougeot pour devenir pratiquement et légalement la propriété du Tastevin.

La confrérie des Chevaliers du Tastevin perpétue ses traditions depuis 1934.

Le « tastevinage » consiste à désigner à l'attention de l'amateur un vin de Bourgogne de grande qualité dans sa catégorie et qui est dans sa meilleure période, bien qu'encore sur la courbe ascendante de sa perfection finale.

Dans ses murs, au cœur du vignoble, la confrérie allait rapidement, et dans la sérénité, exercer sa fascination et se maintenir sur les plus hauts sommets de la gloire vinique !… Ses chapitres, ordinaires et extraordinaires, de plus en plus nombreux, soulevèrent et continuent de soulever l'enthousiasme des participants, qu'il faut maintenant compter par centaines de milliers.

Les activités de la confrérie ne se sont pas limitées à ce rôle de représentation. Celle-ci a pris une part active dans l'économie bourguignonne et nationale, instituant le tastevinage, un prix littéraire, et des commanderies étrangères.

Un jury rigoureux désigne les bouteilles présentées de façon anonyme, méritant de recevoir *l'habillage spécial* portant un numéro de contrôle et l'année du tastevinage. L'armorial des Grands Crus de Bourgogne est publié chaque année.

Peu après la parution du premier numéro de son journal, *Tastevin en main,* la confrérie créait une « chambre des arts et belles-lettres » ayant entre autres attributions celle de décerner un grand prix littéraire annuel et d'éditer des ouvrages concernant la vigne et le vin.

La confrérie a créé de nombreuses commanderies dans le monde, sur tous les continents. Aux États-Unis, par exemple, plusieurs millions de membres, dont de hautes personnalités du monde des affaires, de l'industrie, des arts et du spectacle, répartis en sous-commanderies, poursuivent et prolongent l'œuvre et l'action commencées au Clos de Vougeot.

La confrérie des Chevaliers du Tastevin pratique ainsi une très efficace et souriante propagande en faveur non pas d'un simple produit, si noble soit-il, mais d'un véritable art de vivre…, par-delà tout intérêt mercantile, pour le profit et le bonheur de tous.

Il n'est donc pas surprenant que pareille réussite ait fait naître d'autres initiatives similaires, chacune selon un style propre à sa région.

La Herrenstubengesellschaft

Le mouvement, commencé dès la paix retrouvée, s'est amplifié au cours des dernières décennies, souvent même avant la naissance d'une réelle prospérité. C'est en 1947 qu'est née la première et l'une des plus importantes confréries de l'après-guerre, la confrérie Saint-Étienne d'Alsace. Le mérite en revient à un Ammerschwihrois, propriétaire d'un ou deux arpents de vigne et professeur de mathématiques au lycée de Colmar. Sa petite cité natale, véritable joyau de l'architecture médiévale, ayant été entièrement détruite en 1945, Joseph Dreyer résolut de sauver l'âme de sa ville assassinée en faisant renaître la société de bourgeois, la « Herrenstubengesellschaft », dont le rôle principal consistait à contrôler la qualité des vins pour lesquels un droit de sortie était sollicité.

Elle ne doit son nom qu'au fait qu'elle tenait sa grande réunion annuelle, suivie d'un banquet exemplaire, le 26 décembre, jour de la Saint-Étienne.

Au sérieux de ses travaux se mêlèrent la gaieté, la bonne humeur et l'optimisme. Son rayonnement fut tel qu'elle dut se mettre dès 1951 au service de l'Alsace entière, modifier son nom en conséquence, et assumer des charges d'accueil et de représentation animant d'éclatante façon la plupart des grandes manifestations officielles ou privées.

En 1976, la confrérie installa son siège social dans le château de Kientzheim, ancienne propriété du général d'Empire germanique Lazare Schwendi, qui aurait apporté de Hongrie le fameux cépage de Tokay, légende non fondée en dépit de la statue de Bartholdi représentant Schwendi brandissant une poignée de sarments, sur la place de l'Ancienne-Douane à Colmar. Le château, qui abrite en outre un remarquable musée du Vin, constitue un haut lieu des vignobles de France.

La jurade de Saint-Émilion

Proche de la confrérie alsacienne, la jurade de Saint-Émilion fut fondée le 13 septembre 1948 par des membres du Syndicat viticole et agricole de Saint-Émilion, désireux de ressusciter l'ancienne jurade qui fut longtemps la gardienne vigilante de la très haute qualité des vins de Saint-Émilion. Les anciens jurats, qui exerçaient leur activité sur les neuf paroisses constituant de nos jours l'aire d'appellation, étaient à la fois magistrats, chefs militaires, collecteurs d'impôts et contrôleurs rigoureux de la qualité des vins quittant la juridiction. Ils détenaient la « marque », empreinte de feu aux armes de la ville, proclamaient le ban des vendanges et réprimaient les vins « insuffisamment fins ».

La carrière, les manifestations prestigieuses et les interventions de la jurade d'aujourd'hui lui ont valu en France et dans le monde d'innombrables et de chaudes amitiés. Les visiteurs affluent toute l'année dans l'antique cité historique, riche en vestiges de son grand passé. Dans ce cadre évocateur, les rites traditionnels reprennent tout naturellement vie : ban des vendanges, jugement du vin nouveau, apposition du sceau, cérémonies solennelles d'intronisation de pairs, prud'hommes et vignerons d'honneur. La prière d'un troubadour du XIVe siècle : « Beau Sire Dieu, tu bénis ces collines, fis notre vin, notre joie, notre paix » exprime parfaitement la sage philosophie de l'homme conscient de sa mission, soucieux de bien la remplir, heureux de vivre dans la paix.

En 1957, la confrérie Saint-Étienne institua le sigille, label de qualité garanti par ses soins, renouant ainsi avec le rôle autrefois dévolu aux conseils des communes viticoles.

Les Chevaliers du Sacavin

Dans le même temps, en Anjou, renaissait la confrérie des Chevaliers du Sacavin, nom rabelaisien qu'avait adopté en 1904 le fondateur de la confrérie dont les membres se réunissaient pour de joyeuses agapes au château de Montreuil-Bellay. Cette association de fines fourchettes disparut à la déclaration de la Première Guerre mondiale. Le souvenir en était cependant resté bien vivant et le nom s'imposa de lui-même à la création de la nouvelle confrérie, dont le premier but est de célébrer les vertus de la province et les qualités de ses vins, en liaison avec tous les organismes officiels et professionnels.

Ses chapitres se tiennent dans les magnifiques caves du XIIe siècle de l'ancien hôpital Saint-Jean à Angers, construites sous Henri II Plantagenêt, roi d'Angleterre et comte d'Anjou.

En Beaujolais

En 1947, le Beaujolais était certes un vin connu mais célébré principalement dans la région lyonnaise, le Beaujolais nouveau n'étant encore affaire que d'invités. L'amour du travail bien fait, la fraternité et le respect des traditions étaient l'idéal des anciennes corporations et particulièrement des compagnons du Tour de France, dont le souvenir est resté très vivant en Beaujolais, au point que Romanèche-Thorins abrite un passionnant musée du Compagnonnage. Cet esprit compagnon, de même que le costume, s'est naturellement imposé à la confrérie beaujolaise qui, en quarante ans d'action joyeusement menée avec notamment la complicité du « Devoir parisien », a su faire partager sa passion et son goût pour un vin fidèle à son incomparable terroir.

La commanderie du Bontemps

Dans un contexte tout à fait différent, est née la commanderie du Bontemps de Médoc et des Graves, au cours d'une première manifestation grandiose tenue sous les cèdres du château Lafite-Rothschild. Le nom de commanderie a été retenu par les fondateurs en souvenir de celle d'Ars, qui, jadis, possédait et exploitait des vignes sur les territoires de Margaux, Soussans, Avensan, Moulis et Cussac.

La commanderie, en plus des nombreuses réceptions, colloques, congrès, réunions qui s'échelonnent tout au long de l'année, convie régulièrement ses amis à trois réunions annuelles : la Saint-Vincent, la fête de la Fleur et la proclamation du ban des vendanges.

Ces « chapitres » ordinaires, qui se déroulent généralement dans un grand château médocain ou parfois de la région des Graves, revêtent toujours une solennité extraordinaire. Ils impressionnent fortement les participants, français et étrangers, qui succombent sous le charme des lieux et des vins, dans une image de notre pays teintée de merveilleux.

L'ordre des Dames du Vin et de la Table

L'unique confrérie féminine a été créée en 1985. L'ordre des Dames du Vin et de la Table, qui rassemble des dames de différentes régions, œuvre à promouvoir les vins en France, à les associer avec la table, la gastronomie et le tourisme, dans l'esprit de l'art de vivre à la française.

Jurat de Saint-Émilion devant les grandes murailles, lors du ban des vendanges.

L'essor des confréries

De l'immédiat après-guerre date la renaissance des deux premières confréries modernes et la naissance d'une première dizaine d'autres parmi les plus grandes. Le succès qu'elles rencontrèrent stimulera les initiatives, et les années 1950 verront la création d'une bonne vingtaine de nouvelles confréries, commanderies, vigueries ou autres ordres illustres comme celui de la Méduse qui se réfère à celui du même nom créé à la fin du XVIIe siècle. Si les buts et l'esprit n'étaient pas tout à fait identiques ils étaient toutefois suffisamment proches pour justifier une telle récupération : célébrer dans la fraternité les expressions gourmandes d'un terroir, d'une région.

Malgré des résultats extraordinairement positifs, le principe même de la confrérie comme instrument de saine propagande collective, par-delà les intérêts particuliers, ne faisait pas encore l'unanimité. De sévères critiques visant les costumes, les rituels des cérémonies et la qualité des banquets abondaient.

Ces reproches plus ou moins justifiés, plus souvent nés de l'esprit de contradiction et d'opposition que d'un raisonnement objectif, n'empêchèrent pas les confréries de se multiplier, non seulement en France mais aussi à l'étranger, en Italie, en Allemagne, en Suisse, et dans d'autres pays de tradition vinicole.

Dans tous les cas, le succès des confréries a dépassé les prévisions les plus optimistes de leurs fondateurs, quand ce ne fut pas le public qui soutint et encouragea sans réserve les initiatives les plus timides.

L'accueil fait à l'ordre des Coteaux pendant les vingt premières années de sa création, en 1956, est exemplaire : il aura fallu tout ce temps pour que l'ensemble de la profession et ses instances officielles se rendent compte que la cause de la Champagne disposait là d'un puissant instrument de propagande, littéralement plébiscité à l'étranger.

L'ordre compte actuellement plus de 7 000 membres répartis dans le monde, et l'on a pu constater que c'est dans les pays où l'ordre des Coteaux est le plus actif que le commerce du Champagne est le plus florissant ! Le cas n'est pas unique. Aussi le principe de la confrérie devient unanimement adopté, non seulement dans les vignobles de France mais également à l'étranger.

L'action de la Fédération internationale

Devant l'essor des confréries, il est apparu rapidement souhaitable de coordonner leurs efforts en vue de mener des actions et des manifestations communes en faveur des vins de France et du monde. La Fédération internationale regroupe la plupart des confréries françaises et étrangères. Elle organise chaque année, en France comme à l'étranger, un grand rassemblement qui a lieu dans une capitale régionale ou nationale chaque fois différente : Reims, Nice, Paris, Sacramento, Barcelone, Budapest.

Confrérie prestigieuse ou bon enfant – du Tastevin ou du GOSIER SEC (Groupement des organisations sociales, intellectuelles, éducatives, récréatives, sportives et culturelles) – toutes ont apporté, dans un style différent et propre à chacune, une importante contribution à une meilleure connaissance des hommes et des vins. Elles ont été et demeurent des lieux de rencontre privilégiés, non seulement entre producteurs et consommateurs mais aussi et surtout entre vignerons !

Jamais auparavant les vignerons n'allaient goûter le vin du voisin comme cela est aujourd'hui courant. Des liens, des amitiés se sont noués entre vignerons de régions différentes qui échangent des idées et confrontent des méthodes. De ce bienfaisant brassage les épouses, qui ont de plus en plus souvent la charge de la partie commerciale et comptable de l'exploitation, ont largement bénéficié, participant activement à la vie socioprofessionnelle.

Le succès jamais démenti des confréries n'a été possible que par l'adhésion pleine et entière d'un public fidèle et toujours plus nombreux. Historiquement, la première confrérie moderne, celle des Chevaliers du Tastevin, naquit de la nécessité. Par la suite, toutes les autres furent créées sous la pression des amateurs refusant le rôle passif de simples consommateurs et désireux de retourner aux vraies valeurs humaines, y compris celles du terroir que le vin exprime avec le plus de grandeur et de fidélité.

C'est ce que chantent et proclament bien haut les confréries aussi enracinées désormais que les vignes sur les coteaux. De plus, le rituel des cérémonies fastueuses et solennelles, le chatoiement des costumes redonnent à l'assistance sa part de merveilleux, qu'elle ne trouve plus ailleurs. Le succès prodigieux de toutes les confréries, grandes et petites, qui, avec un égal humour et pareille franche joyeuseté, célèbrent leur terroir, la vigne, le vin et leurs mystères, trouve sans doute là sa source.

LA VIGNE

Des pépins fossiles de l'ère tertiaire aux lambrusques sauvages de Transcaucasie, des vignobles ensoleillés de la Grèce homérique aux clos de nos opulents monastères, à travers toutes les vicissitudes de l'histoire, du climat et des invasions parasitaires, la vigne, merveilleuse liane d'abondance, a évolué, s'est adaptée, a survécu, pour notre plus grand plaisir.

La vigne appartient à la famille des Vitacées ou Ampélidacées, qui comprend diverses plantes grimpantes et rampantes, dont seul le genre *Vitis* nous intéresse ici. La plupart des vignes cultivées correspondent à 60 espèces du genre *Vitis,* à l'intérieur duquel on distingue trois groupes.

Le premier, dit euro-asiatique, ne comporte qu'une seule espèce, *Vitis vinifera Linné,* et son archétype, *Vitis vinifera silvestris.* Cette espèce, parfois dénommée vigne européenne, englobe plusieurs milliers de variétés : ce sont les cépages. Le deuxième, dit asiatique, est composé d'une dizaine d'espèces. Le troisième, dit américain, comprend une vingtaine d'espèces dont plusieurs ont servi à l'élaboration de porte-greffe et de variétés interspécifiques.

La lambrusque domestiquée

La découverte de fossiles de feuilles de Vitacées datant de l'éocène et du pliocène prouve l'existence de cette famille depuis le début de l'ère tertiaire, c'est-à-dire depuis quelques cinquante millions d'années. Certains de ces vestiges sont cependant controversés, car susceptibles d'appartenir également à d'autres espèces. Par contre, des graines fossiles découvertes au Groenland, en Angleterre, en France, en Europe centrale et aux États-Unis constituent des preuves absolues de l'existence de la vigne.

Le refroidissement qui a été à l'origine de la formation d'immenses glaciers en Amérique du Nord et en Europe (environ 650 000 à 15 000 avant J.-C.) est l'un des faits marquants du quaternaire. En Europe, ces bouleversements climatiques ont provoqué la disparition des *Vitis* américains, regroupant des espèces adaptées au climat chaud. Mais *Vitis vinifera* a recolonisé partiellement des territoires septentrionaux, à partir de zones refuges méridionales. Il s'agissait de variétés de *Vitis vinifera silvestris,* qui se sont d'ailleurs développées sans entrave, sous forme de lianes grimpantes, dans des sites forestiers restés vierges jusqu'à une date assez récente.

Des amas de pépins, datant du néolithique (5000-2500 avant J.-C.), trouvés dans de nombreux sites européens, prouvent que les raisins de ces vignes sauvages ou lambrusques étaient déjà utilisés par les populations préhistoriques. Des données archéologiques et ethnographiques permettent cependant d'admettre que le berceau de la viticulture doit être situé antérieurement au quatrième millénaire avant notre ère, en Transcaucasie, où les forêts abondaient en lambrusques. En fait, les premiers vignobles

Le Bateau de Dionysos, coupe d'Exekias, datant du Ier siècle avant J.-C., illustre l'importance de la vigne dans la civilisation grecque.

La tombe de Sennefer (XVIIIe dynastie) dans la vallée des Nobles. Égypte.

ont simplement été obtenus par débroussaillage et éclaircissage d'arbres servant de tuteurs naturels à des vignes sauvages. Il semble d'ailleurs que l'élevage des chèvres contribua largement au développement de la culture viticole ! Premier animal domestiqué par l'homme sur une grande échelle, la chèvre brouta tant et si bien la vigne qu'elle la tailla et la fit prospérer et produire. Par la suite, les tribus asiatiques peuplant ces régions émigrèrent, emportant avec elles les premiers rudiments d'une culture qui gagna peu à peu le Proche-Orient, puis l'ouest du bassin méditerranéen et l'Asie centrale.

Les documents écrits et picturaux relatifs à la vigne démontrent la place importante de la viticulture en Mésopotamie et en Égypte dès 1700 avant J.-C. Par la suite, la civilisation du vin gagna la Grèce. Vers 800 avant J.-C., à l'époque d'Homère, elle était déjà florissante. Les navigateurs grecs qui fondèrent de nombreuses cités sur le pourtour méditerranéen introduisirent probablement dans ces régions, non pas la vigne sauvage qui y existait, mais de vrais cépages sélectionnés pour leurs aptitudes qualitatives et quantitatives à l'intérieur des populations de lambrusques.

C'est en Italie que la viticulture prit le plus d'ampleur. Des écrits de Pline et de Columelle, auteurs de traités de sciences naturelles et d'agronomie, nous apprennent qu'à l'avènement de notre ère la culture de la vigne reposait déjà sur de sérieux fondements techniques en matière de sélection, de taille, de fumure, et d'époque de cueillette. Le succès de la production viticole amena d'ailleurs les gouvernants, dès cette époque, à recourir à des règlements plus ou moins sévères : soit pour la taxer, soit pour limiter son extension au détriment du blé, soit encore pour combattre la fraude.

Le développement de la viticulture en France

À l'image de ce qui se passait dans toute l'Europe, des raisins de vignes sauvages étaient récoltés et transformés en « vin » par les populations les plus anciennes de la Gaule, notamment les Celtes. Mais ce sont les Phocéens qui introduisirent probablement, au VIe siècle avant J.-C., la culture proprement dite de la vigne dans le Midi. Elle se développa donc de pair avec celle de l'olivier.

Dans les autres régions, la création de vignobles suivit plutôt la conquête de la Gaule par Jules César (58-51 avant J.-C.) et la période gallo-romaine, qui dura jusqu'au Ve siècle, fut marquée par une extension considérable des vignobles.

Après un certain déclin dû aux invasions des barbares et aux temps troublés qui leur succédèrent, la viticulture fut à nouveau encouragée par Charlemagne et connut, durant tout le Moyen Âge, des fortunes diverses. Tout au long de cette période, l'Église et, en particulier, les monastères devinrent des centres de développement privilégiés de la culture de la vigne et de l'élaboration des vins. Ce sont sans aucun doute les moines qui firent passer la viticulture au stade de l'exploitation commerciale. Contrairement à ce que l'on imagine, ce n'était nullement par penchant pour les plaisirs d'Épicure. En effet, pendant plusieurs siècles, ils ne burent pas de vin. Ils se contentaient de le vendre et en consacraient le bénéfice à la charité ou à l'entretien de leurs domaines. Leur influence sur le développement du vignoble français dans son ensemble fut considérable, mais leur plus belle réussite est sans doute le vignoble bourguignon.

Au cours des siècles suivants, l'extension souvent inconsidérée des vignobles obligea les gouvernants à intervenir à maintes reprises pour freiner la production viticole par des limitations de plantation, des arrachages, voire même des interdictions de fumure ! Mais en vain. Vers la fin du XVIIe siècle, la superficie du vignoble français avoisinait 2,3 millions d'hectares. Cette situation, liée à une profonde misère des populations rurales, empira au point qu'un édit royal de 1731 institua diverses mesures restrictives qui furent, semble-t-il, couronnées de succès, puisque près de 700 000 hectares disparurent en cinquante années. Mais lors de la Révolution française toutes les contraintes de ce type furent abolies, de sorte qu'en 1865 la superficie du vignoble atteignait à nouveau son apogée de 2,3 millions d'hectares, répartis dans la plupart des départements du pays.

Moine emplissant un fût. Registre de l'abbaye de Saint-Germain-des-Prés, XVe siècle.

Oïdium, phylloxéra, mildiou : la période noire

Ce que l'homme ne put réaliser – la régression du vignoble – le fut de façon radicale par la nature. Jusque vers le milieu du XIXe siècle, la lutte contre les parasites de la vigne ne s'imposait qu'occasionnellement et ne constituait pas à proprement parler une entrave à la production. Mais en 1845, un champignon parasite, l'*oïdium,* fut introduit d'Amérique du Nord en Angleterre et gagna la France à partir de 1847, provoquant quelques années plus tard des pertes de récoltes importantes, notamment en 1854. L'emploi du soufre permit cependant de neutraliser rapidement ce fléau.

Une quinzaine d'années plus tard, le dépérissement de souches de vignes observé dans le Gard et en Gironde se révéla être dû à la destruction des racines par un puceron, le *phylloxera,* introduit d'Amérique où il vivait sur des espèces de *Vitis* résistantes. C'était le début de « l'invasion phylloxérique » qui anéantit, en quelques années, la plus grande partie du vignoble français.

Heureusement, l'on s'aperçut vite que le greffage des cépages de *Vitis vinifera* sur des espèces de *Vitis* américains était le seul moyen de sauver le vignoble. Mais ce matériel de multiplication végétative américain servit, comble de malheur, de véhicule à un nouveau parasite cryptogamique redoutable et également originaire d'Amérique, le *mildiou,* qui fit son apparition en France en 1878. Des traitements à base de sels de cuivre furent proposés dès 1884, mais la lutte rationnelle contre ce parasite ne fut généralisée que beaucoup plus tard.

Ces vicissitudes naturelles imposèrent un changement radical des techniques viticoles et il n'est pas surprenant que la reconstitution des vignobles à l'aide de plants greffés n'ait été effectuée que dans les régions traditionnellement viticoles. La disparition des vignes de régions marginales dans de nombreux départements septentrionaux, encore accentuée par le développement des transports ferroviaires permettant un approvisionnement de vin à partir des grands centres de production, a finalement ramené la superficie du vignoble français aux environs de 1,7 million d'hectares. Les années 1870 à 1890 ont sans doute constitué la période la plus noire et la plus mouvementée de l'histoire de *Vitis vinifera* sur le sol français.

Le vignoble contemporain

Les succès obtenus, somme toute assez facilement, par croisements entre différentes espèces de *Vitis* pour obtenir des porte-greffe bien adaptés aux différentes situations ont alors incité à rechercher le salut de la viticulture non dans la lutte chimique contre les maladies cryptogamiques mais dans la création d'hybrides producteurs directs, vignes « idéales », réunissant la qualité des cépages français et la résistance au mildiou, au phylloxéra, voire à l'oïdium des espèces américaines. Mais les efforts de ces sélectionneurs buttèrent sur la difficulté de rassembler dans une même variété une qualité organoleptique satisfaisante proche de *vinifera* et une bonne résistance aux parasites.

C'est la raison pour laquelle les hybrides producteurs n'ont jamais menacé sérieusement les cépages traditionnels des aires de production des vins fins. Ils se répandirent néanmoins considérablement dans le sud-ouest et l'ouest de la France, la vallée du Rhône et dans des régions de polyculture où la culture de la vigne avait été évincée. Ils finirent par constituer 30 % de l'ensemble du vignoble national et ce n'est qu'à partir de 1960 qu'ils se mirent à diminuer très rapidement.

Le phylloxéra

En France et dans de nombreux pays viticoles, grâce au greffage quasi général des variétés à fruits sur des porte-greffe résistants, le phylloxéra n'est pratiquement plus considéré de nos jours comme un parasite dangereux pour la vigne.

Mais on ne peut oublier qu'au XIXe siècle cet insecte a failli anéantir complètement les vignobles européens complantés avec des cépages de *Vitis vinifera*, et qu'il a provoqué une crise viticole à nulle autre pareille, crise dont les conséquences affectent encore aujourd'hui la viticulture mondiale.

***Phylloxera vastatrix* est un puceron originaire de l'est des États-Unis d'Amérique qui vit presque exclusivement sur la vigne. Son cycle biologique est compliqué car il peut se développer sous deux formes, l'une affectant le feuillage et l'autre, les racines.**

En été, des insectes ailés qui ont gagné la surface du sol prennent leur vol et déposent 3 à 8 œufs sur l'écorce des ceps. Les uns pondent des œufs qui donneront des individus femelles, les autres des œufs plus petits qui donneront des mâles. Après accouplement, la femelle pond un œuf unique sur du bois de deux ans. La larve qui en sortira, au début du printemps, se fixera à la surface intérieure de jeunes feuilles et provoquera la formation d'une galle. Elle y pondra des œufs parthénogénétiques qui seront à l'origine de 3 à 5 générations de pucerons susceptibles de provoquer à leur tour des galles phylloxériques. Cette forme gallicole est peu dangereuse pour la plante. On la rencontre surtout sur certaines variétés de *vitis* américaines et sur des variétés interspécifiques. Elle est rare chez les cépages de *vinifera*.

Vers l'automne, certaines larves iront dans le sol où elles hiberneront. Très prolifiques, elles seront à l'origine de multiples générations parthénogénétiques de *phylloxera* radicicoles. Celles-ci peuvent d'ailleurs se poursuivre indéfiniment sans nécessiter le passage par la forme gallicole.

Les larves se fixent sur de jeunes racines qu'elles piquent à l'aide de leur rostre. Sur les espèces résistantes, c'est-à-dire sur la plupart des *Vitis* américains, la pullulation des parasites est réduite et les lésions provoquées bénignes. Sur les racines de *Vitis vinifera*, par contre, leur densité peut être très grande et les nombreuses piqûres provoquent des désorganisations cellulaires, appelées tubérosités, qui limitent et finissent par empêcher la circulation de la sève. Les souches s'affaiblissent progressivement et meurent en général en l'espace de 3 à 10 ans. L'extension des dégâts se produit sous forme de taches qui s'agrandissent annuellement.

Introduit en France avec des boutures de *Vitis* en provenance des États-Unis entre 1858 et 1862, le parasite se multiplia incognito durant quelques années. Vers 1869, trois foyers de dépérissement dans l'Hérault, le Gard et en Gironde se révélèrent être dus au *phylloxera*. En 1880, la très grande majorité du vignoble français était infestée. Il en est de même aujourd'hui, mais sans dommage pour la vigne, grâce au greffage qui a amené une reconstitution rapide des exploitations viticoles. Ce procédé a provoqué une circulation géographique importante de greffons et de porte-greffe. De ce fait, il a été un facteur majeur de l'extension des maladies à virus, l'une des conséquences fâcheuses de l'invasion phylloxérique.

La maîtrise des parasites dans des limites acceptables et les progrès agronomiques qui touchèrent aussi bien la viticulture que toutes les autres branches de l'agriculture furent à l'origine, après la Première Guerre mondiale, d'une nouvelle surproduction qui n'était plus due à l'augmentation de la superficie des vignobles, mais à l'augmentation des rendements. Cette situation, dans laquelle le développement inconsidéré du vignoble algérien joua également un rôle important, provoqua non seulement une crise économique mais aussi de graves troubles sociaux dans plusieurs régions viticoles. Tout ceci incita le gouvernement à mettre en action des dispositions légales successives telles que l'arrêt et la réglementation des plantations, le blocage d'une partie de la récolte, l'élimination des excédents par distillation.

Ces mesures eurent pour conséquence l'établissement d'un prix uniforme du vin de consommation courante, basé sur le rendement et le degré alcoolique. Cela eut des répercussions positives dans le Midi, mais resta sans effet sur l'amélioration de la qualité de la vendange. On avait tout simplement oublié qu'il y avait de bons et de moins bons cépages et que la qualité du vin devait être préservée ! Si bien qu'à la longue cette solution s'avéra désastreuse. Le nivellement général du prix du vin pénalisa grandement la production de vins fins. Les vieux vignobles, gloire de la viticulture française, ont ainsi vu leur existence réellement menacée. Ils ont heureusement été sauvés par l'instauration des appellations d'origine contrôlée, qui ont été progressivement mises en place depuis 1935 et continuent à l'être de nos jours.

Parmi les dispositions imposées, nous soulignerons ici tout particulièrement celles qui sont relatives aux cépages : que seraient en effet le Bordelais sans le Cabernet-Sauvignon, la Bourgogne et la Champagne sans le Pinot noir et le Chardonnay, les Côtes du Rhône sans la Syrah, l'Alsace sans le Gewurztraminer ?

Aujourd'hui, le vignoble français ne couvre plus que 887 850 hectares, soit environ 1/10e du vignoble mondial. Mais il n'est pas seul et la viticulture des pays de la communauté européenne représente 50 % de la superficie et 60 % de la production mondiale. Compte tenu de la surproduction qui sévit une fois de plus, de nos jours, la superficie du vignoble ne peut que diminuer. Il faut souhaiter que cette évolution s'opérera au détriment des vins les plus ordinaires et au profit de ceux, personnalisés et plaisants, qui, parallèlement à nos grands vins, présenteront une force d'attraction suffisante pour s'attacher les consommateurs de demain.

LES CÉPAGES

Il existe, de par le monde, quelque cinq mille cépages sans compter les hybrides interspécifiques ! L'ampélographie, la science des cépages, a bien du mal à mettre de l'ordre dans cette véritable tour de Babel. Pourtant, c'est de la connaissance des cépages et de leur utilisation rationnelle que dépend la qualité des vins.

Le mot cépage, pour le vigneron, sert à désigner le plant de vigne utilisé pour préparer son vin. Par exemple : le Bourgogne rouge est obtenu à partir du Pinot noir, alors que le Bourgogne blanc provient du Chardonnay. Au point de vue botanique, le cépage ne peut être considéré comme une variété, car il ne se reproduit pas identique à lui-même par semis et on ne peut le multiplier que par voie végétative : bouturage, greffage ou marcottage.

Le terme cultivar ne convient pas non plus, puisqu'il correspond à un clone provenant d'un pépin, multiplié ensuite par voie végétative et dont tous les descendants sont donc identiques. Il y a des cépages qui sont de vrais cultivars lorsqu'ils proviennent d'un croisement artificiel, par exemple l'Alicante Bouschet, issu du croisement du Petit Bouschet et du Grenache. Mais la plupart de nos cépages sont en réalité constitués par un ensemble de clones apparemment très proches les uns des autres, au point d'avoir été confondus sous un même nom. Néanmoins, au cours des siècles, les praticiens ont souvent su distinguer les différences existant entre ces clones et leur donner des noms particuliers, comprenant soit le nom du sélectionneur : Pinot Liébault, Pinot Pansiot, Pinot Renevey, soit le nom du lieu d'origine : Pinot de Pernand, Pinot maltais.

Les variations entre les cépages sont de deux types :

▷ caractères morphologiques : villosité, découpure des feuilles, sexe des fleurs, dimensions des grappes ou des baies, couleur des baies ;

▷ caractères physiologiques ou culturaux : précocité de débourrement ou de maturité, fertilité et importance des rendements, richesse en sucre et acidité des moûts, qualité des vins obtenus, coloration des vins, saveur.

L'origine des cépages

Ces cépages français appartiennent à l'espèce botanique *Vitis vinifera Linné,* qui est répartie dans toute l'Europe moyenne et les pays méditerranéens ainsi qu'en Asie occidentale, région qui est considérée comme un des berceaux de la vigne. Les premiers raisins récoltés par les hommes dans l'Antiquité provenaient de souches qui s'étaient développées naturellement au milieu de la végétation, et ils étaient très probablement dus à des semis naturels réalisés au hasard de la consommation des baies par les hommes et les animaux, les pépins traversant sans dommages les tubes digestifs pour se retrouver sur le sol. Ces formes sauvages constituent ce qu'on a appelé les lambrusques, qui ont souvent persisté dans les bois jusqu'à l'arrivée du phylloxéra en Europe au siècle dernier. Actuellement, ces lambrusques se retrouvent

Échelle de maturité du raisin

L'époque de maturité du raisin varie suivant la latitude, le climat et le sol où le cépage est cultivé. De plus, elle change annuellement en fonction des températures de l'été et de l'automne. Toutefois, en se référant au Chasselas doré de Fontainebleau, cultivé et connu partout, on a pu établir une échelle de maturité pour tous les cépages.

ÉPOQUE		**MATURITÉ**									**CÉPAGE**
Raisins précoces		15 jours avant									*Baco noir*
Raisins de première époque	*hâtifs* *moyens* *tardifs*		5 j. av.	Mûrissement du Chasselas doré	5 j. ap.						*Chasselas*
Raisins de deuxième époque	*hâtifs* *moyens* *tardifs*					12 j. ap.	17 j. ap.	22 j. ap.			*Cinsaut* *Cabernet-Sauvignon*
Raisins de troisième époque									25 à 35 jours après		*Aramon* *Carignan* *Grenache*
Raisins de quatrième époque										40 à 45 jours après	*Muscat d'Alexandrie*

encore dans certaines régions isolées ou indemnes de phylloxéra comme le Nuristan en Afghanistan, la Crimée, l'Autriche ou l'ex-Yougoslavie.

On peut trouver également en France, dans les bois ou aux abords des rivières, des pseudo-lambrusques qui sont le résultat de la consommation de raisins de table ou de cuve par les animaux ou les pique-niqueurs du dimanche.

L'identification des cépages

On ne connaît pas exactement le nombre des cépages cultivés, mais il doit se situer autour de cinq mille, sans compter les hybrides interspécifiques qui, eux aussi, se chiffrent par plusieurs milliers. Les difficultés de recensement, à l'échelle mondiale, sont de plusieurs ordres.

Dans chaque région viticole, les cépages portent des noms qui sont parfois en usage depuis des siècles, par exemple, en Bourgogne, le Chardonnay, connu aussi sous le nom de Pinot-Chardonnay ou même de Pinot blanc. Or il existe un véritable Pinot blanc, dont le feuillage est identique à celui du Pinot noir, mais dont les raisins sont blancs. Dans la vallée de la Loire, le grand cépage blanc de qualité est le Chenin, qu'on désigne aussi sous le nom de Pineau de la Loire, bien qu'il n'appartienne pas à la famille des Pinots. Donc, le terme de Pinot blanc peut porter à confusion, en France, entre trois cépages différents.

À l'échelle mondiale, les choses se compliquent encore. Non seulement on retrouvera les trois cépages, comme le Chenin en Argentine ou au Chili sous le nom de *Pinot bianco,* mais également d'autres plants importés de France, comme le Melon, appelé Pinot blanc en Californie. Il se forme donc une « synonymie planétaire » où un nom de cépage peut désigner des plants très différents par la qualité des vins produits.

Chaque cépage porte des noms différents qui lui ont été attribués par les vignerons au fil des ans. Pour les identifier, il faut créer des champs de synonymie dans de grandes collections. Si l'on reprend l'exemple du Chardonnay, on constate qu'il s'appelle Melon blanc à Arbois, Petite Sainte-Marie en Savoie, Rousseau ou Roussot dans l'Yonne, Beaunois près de Tonnerre, Plant de Tonnerre dans l'Yonne, Noirien blanc en Côte-d'Or, Chablis dans la région parisienne, Luisant à Besançon, Épinette dans la Marne, Auvergnat blanc dans le Loiret, Arnoison en Touraine, Romeret dans l'Aisne, Auxois ou Auxerras blanc en Moselle, Weiss Clevner ou Klevener en Alsace, etc. C'est cette synonymie importante qui rend difficile l'évaluation du nombre exact des cépages, d'autant que dans les échanges commerciaux des erreurs volontaires ou involontaires se produisent. Il faudrait donc pouvoir dresser un catalogue des synonymes en usage dans chaque pays viticole.

La langue universelle des botanistes, et d'une façon plus générale celle des gens instruits, était le latin. Cet usage a été conservé pour la description des espèces nouvelles. Le français a joué éga-

L'AMPÉLOGRAPHIE

L'étude des cépages s'appelle l'ampélographie, terme inventé en 1661 par Sachs, docteur en médecine à Leipzig, qui publia un ouvrage sur les variétés de vignes, appelé *Ampelographia.* Actuellement, l'ampélographie a pour objectif de décrire botaniquement l'ensemble de la végétation des vignes : feuilles, rameaux et grappes, afin de pouvoir identifier correctement les cépages au vignoble et de savoir les reconnaître en tous lieux, quels que soient les noms locaux rencontrés sur place. C'est le grand problème mondial de la reconnaissance des cépages (5 000 environ) et de leur synonymie (au moins 40 000 noms).

L'ampélographie s'attache également à connaître les aptitudes physiologiques et culturales propres à chaque cépage : débourrement, floraison, maturité, qualités des raisins et du vin, mode de conduite, sensibilités aux maladies et aux parasites de la vigne, ce qui détermine le choix du viticulteur en fonction des objectifs recherchés : raisins pour la table ou la cuve, cépages de qualité ou de grosse production, résistance au froid hivernal ou printanier ou résistance aux maladies cryptogamiques.

La Syrah est un cépage qui a fortement progressé ces dernières années.

Le Chenin est le quatrième cépage blanc cultivé en France.

Le Carignan est le premier cépage par ordre d'importance culturale.

L'Ugni blanc est surtout cultivé dans les zones du Cognac et de l'Armagnac.

ENCÉPAGEMENT RÉGIONAL DE LA FRANCE EN HECTARES

ALSACE	BORDELAIS	BOURGOGNE-BEAUJOLAIS	CHAMPAGNE	COGNAC	CORSE
Pinot noir .... 965 divers 35	Merlot noir .... 47 500 Cabernet-Sauv. 26 000 Cabernet franc 14 000 Malbec = Côt .....1 500 Petit Verdot .... 400 Bouchalès .... 138 Villard noir .... 30 Chambourcin .... 15 Baco noir .... 10 Garonnet .... 10 divers 342	Gamay .... 26 500 Pinot noir .... 11 000 Syrah 150 Gamays teint. 100 Oberlin noir 25 Plantet 20 Maréchal Foch 20 Florental 10 Pinot gris 5 Baco noir 5 divers 130	Meunier .... 11 500 Pinot noir .... 11 200 divers 13	Merlot .... 1 200 Cabernet franc ... 600 Cabernet-Sauv. 600 Alicante B. 100 Villard noir 80 Jurançon noir 50 Gamay 40 Plantet 10 Côt 7	Cinsaut .... 1 400 Nielluccio .... 1 300 Carignan .... 1 100 Grenache .... 1 000 Alicante B. .... 500 Merlot .... 500 Sciaccarello .... 400 Cabernet-Sauv. .... 160 Cabernet franc ..... 70 Aubun .... 65 Syrah .... 30 Carcajolo .... 20 Mourvèdre .... 15 divers 61
Total noirs : 1 000	**Total noirs : 89 945**	**Total noirs : 37 965**	**Total noirs : 22 713**	**Total noirs : 2 687**	**Total noirs : 6 621**
Riesling .... 3 100 Gewurztraminer 2 800 Sylvaner .... 2 650 Auxerrois .... 1 500 Pinot blanc .... 1 200 Pinot gris .... 900 Muscat Ottonel ... 500 Chasselas .... 380 divers 441	Sémillon .... 12 800 Sauvignon .... 4 800 Ugni blanc .... 4 500 Colombard ...... 2 000 Muscadelle .... 1 900 Merlot blanc .... 600 Chenin .... 100 Baco blanc .... 50 Villard blanc .... 50 divers 120	Chardonnay.... 10 000 Aligoté .... 1 300 Sauvignon .... 70 Sacy .... 70 Pinot blanc .... 40 Viognier .... 25 Melon .... 10 Chasselas .... 10 divers 202	Chardonnay 8 000	Ugni blanc ..... 83 650 Colombard ...... 2 000 Chenin .... 50 Sauvignon .... 40 Sémillon .... 40 Chardonnay .... 15 Folle blanche .... 15 Villard blanc .... 10 divers 62	Vermentino .... 430 Chardonnay .... 300 Muscat blanc ...... 100 Grenache blanc .... 70 Barbarossa .... 60 Carignan blanc ..... 50 Muscat d'Alex. ..... 30 divers 49
Total blancs : 13 471	**Total blancs : 26 920**	**Total blancs : 11 727**	**Total blancs : 8 000**	**Total blancs : 84 882**	**Total blancs : 1 089**
Superf. 1995 : 14 471	**Superf. 1995 : 116 865**	**Superf. 1995 : 49 692**	**Superf. 1995 : 30 713**	**Superf. 1995 : 87 569**	**Superf. 1995 : 7 710**

LANGUEDOC-ROUSSILLON		PROVENCE		RHÔNE-ALPES JURA-SAVOIE		SUD-OUEST MIDI-PYRÉNÉES		VALLÉE DE LA LOIRE	
Carignan noir	99 950	Grenache	40 600	Grenache	11 400	Merlot noir	5 500	Cabernet franc	11 600
Grenache noir	40 900	Carignan	19 000	Syrah	4 750	Cabernet franc	4 500	Gamay	6 000
Cinsaut	30 000	Cinsaut	10 800	Carignan	2 800	Malbec = Côt	3 500	Grolleau	4 000
Syrah	20 700	Syrah	6 600	Cinsaut	2 120	Jurançon noir	3 400	Cabernet-Sauv.	1 500
Aramon	18 500	Mourvèdre	3 200	Gamay	1 435	Cabernet-Sauvignon	3 000	Gamays teinturiers	1 200
Merlot	13 700	Aramon	1 900	Aramon	685	Tannat	2 900	Chambourcin	1 200
Alicante B.	11 000	Cabernet-Sauv.	1 500	Villard noir	650	Gamay	1 500	Pinot noir	1 000
Cabernet-Sauv.	9 800	Alicante B.	1 400	Couderc noir	630	Syrah	1 300	Pineau d'Aunis	700
Mourvèdre	3 000	Aubun	1 200	Cabernet-Sauv.	500	Négrette	1 200	Plantet	500
Tempranillo	2 000	Cabernet franc	600	Pinot noir	300	Villard noir	1 200	Villard noir	500
Aubun	1 800	Tibouren	400	Poulsard	290	Portugais bleu	1 000	Malbec = Côt	400
Terret noir	500	Counoise	200	Merlot	285	Duras	750	Seinoir	200
Lledoner Pelut	500	divers	553	Mourvèdre	240	Alicante B.	700	Baco noir	200
Cabernet franc	300			Alicante B.	190	Fer	500	Meunier	100
Jurançon noir	170			Mondeuse	170	Couderc noir	500	Landal	100
Côt	110			Trousseau	80	Abouriou	400	Léon Millot	100
divers	662			Aubun	70	Bouchalès	350	Colobel	100
				Mollard	35	Chambourcin	300	divers	8 130
				Cabernet franc	10	Mérille	250		
				divers	6 010	Valdiguier	200		
						Mauzac noir	150		
						Plantet	100		
						Mansenc noir	100		
						Cinsaut	100		
						Carignan	100		
						Baco noir	100		
						Milgranet	50		
						Aramon	50		
						Varousset	50		
						Garonnet	50		
						divers	4 700		
Total noirs : 249 142		**Total noirs : 87 953**		**Total noirs : 32 650**		**Total noirs : 38 500**		**Total noirs : 37 530**	
Grenache blanc	8 600	Ugni blanc	6 000	Chardonnay	1 250	Ugni blanc	8 500	Muscadet	11 500
Macabeu	6 500	Clairette	1 450	Jacquère	900	Sémillon	5 600	Chenin	9 000
Chardonnay	4 800	Roussanne Var	400	Clairette	800	Baco blanc	4 500	Sauvignon	5 500
Terret	4 400	Grenache blanc	350	Muscat blanc	750	Mauzac	3 500	Folle blanche	3 500
Muscat blanc	3 900	Bourboulenc	300	Savagnin	350	Colombard	2 500	Arbois	800
Sauvignon	3 500	Vermentino	200	Marsanne	300	Sauvignon	1 700	Chambourcin	800
Ugni blanc	2 700	Muscat blanc	100	Chasselas	250	Muscadelle	1 000	Baco blanc	500
Muscat d'Alex.	2 300	Sémillon	100	Ugni blanc	210	Petit Mansenc	700	Pinot blanc	400
Mauzac	1 850	Chardonnay	75	Roussette	100	Len de l'El	600	Romorantin	200
Carignan blanc	1 600	Viognier	70	Bourboulenc	50	Villard blanc	600	Meslier St-François	200
Clairette	1 400	Roussanne	50	Villard blanc	50	Baroque	500	Rayon d'Or	200
Piquepoul blanc	800	Carignan blanc	50	Grenache blanc	40	Listan	500	Pinot gris	100
Marsanne	450	Marsanne	35	Viognier	40	Folle blanche	150	Chasselas	100
Viognier	420	divers	262	Roussanne	38	Jurançon blanc	150	Seyval	100
Vermentino	400			Aligoté	30	Courbu blanc	100	Aligoté	50
Bourboulenc	400			Carignan blanc	5	Graisse	100	Villard blanc	50
Chenin	300			divers	2 211	Arrufiac	100	divers	1 518
Roussanne	200					Meslier St-François	100		
divers	580					Clairette	50		
						Ondenc	50		
						Chardonnay	20		
						Chenin	20		
						divers	4 472		
Total blancs : 45 100		**Total blancs : 9 442**		**Total blancs : 7 374**		**Total blancs : 35 512**		**Total blancs : 34 518**	
Superf. 1995 : 294 242		**Superf. 1995 : 97 395**		**Superf. 1995 : 294 242**		**Superf. 1995 : 74 012**		**Superf. 1995 : 72 048**	

lement un grand rôle dans les écrits jusqu'à la fin du XIXe siècle. Celui-ci était la langue diplomatique. Mais les malheurs de la viticulture française, avec l'arrivée des maladies américaines, ont entraîné la publication de nombreux ouvrages sur ces maladies et les moyens de les combattre ainsi que sur les cépages résistant à ces parasites. Depuis, la langue anglaise a pris le relais pour un certain nombre de publications mais, et surtout depuis 1945, on assiste à l'édition de nombreux livres concernant les cépages dans des langues étrangères, transformant l'ampélographie en une nouvelle tour de Babel et rendant encore plus difficile l'identification des cépages et de leurs synonymes.

Le classement des cépages

On peut classer les cépages de plusieurs manières :

▷ en faisant intervenir les caractères botaniques du feuillage et des grappes : c'est l'ampélographie, qui permet l'identification du vignoble, avec la possibilité aussi de rassembler les cépages en familles : les Muscats, les Pinots, les Malvoisies...

▷ en faisant appel à la répartition géographique : cépages français, allemands, espagnols, italiens, portugais..., lorsqu'on se limite à la géographie viticole par nations ou par régions naturelles. Il faut savoir qu'actuellement une trentaine de cépages de qualité sont répandus dans le monde et que la plupart sont d'origine française.

▷ en s'intéressant à la destination des produits : vinification, distillation ou table.

Les cépages de cuve portent des baies très sucrées et juteuses permettant l'élaboration de vins. On peut distinguer des cépages nobles qui fournissent des vins de haute qualité, comme le Pinot, le Chardonnay, le Cabernet-Sauvignon, le Riesling, la Syrah ou le Grenache, et des cépages ordinaires qui ne produisent que des vins de table de grande consommation avec des rendements élevés, tels l'Aramon ou l'Ugni blanc.

Les cépages de chaudière sont des cépages blancs, productifs, dont les vins, souvent acides, se prêtent bien à la distillation pour fournir des alcools de bouche. On notera la Folle blanche, l'Ugni blanc, le Baco blanc et le Colombard.

Les cépages de table portent des grappes qui présentent une belle apparence avec des baies bien détachées, souvent volumineuses, juteuses ou charnues selon les goûts, la préférence des consommateurs allant plutôt vers les raisins blancs que vers les raisins noirs ou roses. La saveur peut être neutre, musquée ou foxée.

Les cépages destinés au séchage sont généralement sans pépins. On les dit apyrènes. On compte, parmi ces raisins apyrènes, la Sultanine ou le Thompson seedless, le Corinthe noir, la Perlette, mais cela n'est pas obligatoire. En revanche, le Rosaki et le Muscat d'Alexandrie ont des pépins.

Il est bien évident que cette classification n'est pas rigoureuse et que certains cépages peuvent servir à plusieurs usages, selon les vignobles et les circonstances économiques. C'est ainsi que les raisins de table invendus finissent dans certains pays à la cuve, et que des cépages de cuve ont de multiples usages. Ainsi, le Muscat d'Alexandrie recouvre quatre usages : raisin de table, raisin sec, vin muscat et vin distillé pour la production d'un alcool, le Pisco. La Sultanine est elle aussi employée comme raisin frais, raisin sec, ou vinifiée, parfois même distillée, pour donner l'Arak.

Cette classification a été prise en compte par la Communauté européenne, mais cette dernière distingue également deux catégories de cépages : les cépages « recommandés », provenant des variétés de *Vitis vinifera,* qui fournissent des vins dont la bonne qualité est reconnue ; les cépages « autorisés », qui produisent un vin loyal et marchand, mais dont la qualité, tout en étant convenable, est d'un niveau inférieur à celle du vin donné par les variétés recommandées. Leur culture n'est pas souhaitable et leur emploi reste limité à 50 % de la superficie du vignoble à l'intérieur de l'exploitation.

En conséquence, pour chaque département français (ou pour chaque province dans les autres pays de la CE) il a été dressé la liste des cépages recommandés et autorisés.

En ce qui concerne les vins d'appellation d'origine ou les VQPRD (vins de qualité produits dans une région déterminée), l'encépagement légal est fixé par les décrets de contrôle donnant la liste des cépages autorisés avec même parfois une limitation maximale en pourcentage ou un seuil minimal à atteindre dans un délai fixé.

Selon les vignobles, l'encépagement peut ne comprendre qu'un seul cépage : par exemple, le Muscat à petits grains pour les AOC

ENCÉPAGEMENT ET QUALITÉ DU VIN

Chaque cépage possède des aptitudes particulières dues à la dimension de ses grappes, à la grosseur de ses baies, à l'importance du jus, à l'épaisseur de la pellicule et à la constitution chimique : sucres, acides organiques, polyphénols, anthocyanes, arômes, etc. Par conséquent, chaque cépage a une destination spécifique, soit pour la qualité, soit pour la quantité, soit pour l'emploi comme raisin de table.

Certaines pratiques culturales comme le choix du porte-greffe, la densité de plantation, le mode de conduite, l'irrigation ou la fumure modifient la composition chimique initiale des baies. Toutes les techniques qui visent à augmenter notablement la production d'une vigne entraînent obligatoirement une baisse de la qualité naturelle du vin. C'est la raison principale de la qualité plutôt faible des vins récoltés dans les nouveaux vignobles du monde parce que les producteurs cherchent, en général, le plus grand rendement possible sans tenir compte de la qualité intrinsèque du cépage.

Dans l'ancien vignoble français, il était souvent de tradition d'associer, dans les plantations, deux ou plusieurs cépages aux aptitudes un peu différentes : l'un apportait la couleur et les tanins, l'autre la finesse et le bouquet, un troisième, éventuellement plus productif, était introduit dans le mélange final pour assurer une certaine régularité de production. Le choix de l'encépagement conditionne au départ la qualité du vin qui sera récolté, compte tenu des pratiques culturales et œnologiques employées.

Le Merlot noir est un cépage vigoureux qui se plaît dans les terres fraîches.

Muscat de Frontignan, de Lunel, de Mireval, de Beaumes-de-Venise ou de Saint-Jean-de-Minervois. Parfois, comme en Alsace, les vins sont vendus sous le nom du cépage producteur : Riesling, Gewurztraminer, Sylvaner. Mais souvent le nom du cépage unique n'est pas indiqué car il n'est fait mention que du lieu d'origine : Beaujolais (Gamay), Vouvray (Chenin), Sancerre (Sauvignon), Côte-Rôtie ou Hermitage (Syrah).

Enfin, plus fréquemment, on trouve des encépagements à deux cépages dont les productions sont complémentaires pour la qualité et le rendement, ou mieux, à trois cépages, et parfois même plus complexes encore. Ainsi, il y a treize cépages à Châteauneuf-du-Pape.

Avant le phylloxéra, il était de tradition de planter dans une vigne plusieurs cépages permettant d'apporter à la cuve le mélange tout préparé des raisins qui cuvaient ensemble. Au vignoble, la pollinisation croisée entre les cépages assurait une bonne fécondation, diminuant les méfaits de la coulure, et les risques de maladies étaient divisés en cas de gelées, de sécheresse ou d'attaques de pourriture.

Depuis la généralisation des maladies américaines, on préfère cultiver les cépages séparément, pour mieux lutter contre ces fléaux. Enfin, la réglementation des cépages exige des plantations homogènes pour faciliter le contrôle des superficies occupées par les cépages recommandés ou autorisés.

Le greffage, s'il était connu depuis l'Antiquité pour multiplier les espèces rares, est aujourd'hui utilisé sur l'ensemble du vignoble mondial. Ainsi consommons-nous des vins provenant de vignes aux racines américaines et aux fruits européens, voire français, dans la majorité des cas. Cette évolution a permis d'offrir un potentiel viticole alliant la sécurité économique et l'originalité des vins. Ainsi, lorsque l'on goûte des vins antérieurs au phylloxéra, on constate que les vins d'aujourd'hui sont dans la même lignée d'expression.

Le porte-greffe

À la suite de l'invasion phylloxérique, dans la seconde moitié du XIXe siècle, les viticulteurs ont été dans l'obligation de recourir, presque partout en dehors des sables ou des vignes conduites à la submersion, au greffage des vignes françaises sur les vignes américaines résistantes. Ce sont ces vignes qu'on désigne sous le terme de porte-greffe.

Les qualités requises pour être un bon porte-greffe sont, en premier lieu, la résistance au phylloxéra radicicole qui détruit les racines des vignes sensibles, parfois la résistance à certains nématodes ou anguillules qui sévissent dans les sols sableux, légers et l'adaptation aux terres calcaires qui sont très nombreuses en France.

D'autres critères peuvent intervenir : acidité des sols, présence du chlorure de sodium dans la terre, adaptation à la sécheresse ou à l'humidité, sensibilité aux carences minérales, vigueur, incompatibilité au greffage de certains clones de porte-greffes avec certains clones de cépages de cuve ou de table, recherche de la précocité de maturité en fonction de la puissance des sujets, notamment pour la culture des raisins de table précoces ou pour hâter la maturité des raisins de cuve en situation géographique défavorable et inversement. Dans le cas des cépages tardifs, le choix du porte-greffe doit se porter vers des individus puissants à cycle végétatif long.

Pour le pépiniériste, d'autres facteurs interviennent : la production des sarments, qui peut varier selon les variétés, la facilité de reprise au bouturage et au greffage en pépinière, l'importance de la demande nationale qui est différente selon les régions viticoles et, enfin, les tendances des marchés étrangers qui régissent l'exportation des bois et plants de vignes.

La réglementation communautaire a inscrit pour la France 29 variétés de porte-greffes : Rupestris du Lot, Riparia Gloire de Montpellier, 34 E.M., 333 E.M., 3309 Couderc, 1616 C., 161-49 C., 420 A Mgt, 101-14 Mgt, 41 B Mgt, 99 et 110 Richter, SO4, 44-53 Malègue, 196-17 Castel, 216-3 Cl, 4010 Cl, 140 Ruggeri, 1103 et 1447 Paulsen, Kober 5BB, Kober 125 AA, Teleki 8B, 5C, Vialla, Grézot 1, Berlandieri-Colombard n° 2, Fercal et RS (Resseguier sélection Birolleau n° 1).

TERROIRS ET MILIEUX VITICOLES

Le vin tire sa noblesse du terroir qui l'a vu naître. Les actions conjuguées de la lumière, de la température, de l'eau et de la terre déterminent ses qualités et particularités. La science commence à en percer les mystères, mais elle n'apporte qu'un début d'explication. Le terroir viticole est jaloux de ses secrets...

Par définition, un terroir est une étendue de terrain caractérisée par des aptitudes agricoles spécifiques dues au climat local et à la nature du sol.

Mais un terroir viticole est bien davantage. Il inclut dans une large mesure l'action de l'homme. Par toute une série d'interventions sur le système de conduite de la vigne et sur le sol, le viticulteur a en effet la possibilité de modifier de façon significative le milieu naturel en un milieu cultural plus ou moins favorable à la qualité des produits. Si la renommée d'un terroir viticole dépend en première ligne de ses atouts naturels, elle dépend également en grande partie du savoir-faire du viticulteur, puis de celui du vinificateur.

La notion de terroir viticole implique obligatoirement un rapport adéquat entre les caractéristiques du milieu et les possibilités des cépages qui y sont cultivés. En effet, ces derniers doivent non seulement pouvoir y atteindre une maturité satisfaisante, mais également y exprimer, avec des nuances diverses selon les terroirs, un certain nombre de particularités organoleptiques originales.

L'étude d'un terroir viticole exige l'analyse et la connaissance du climat et du sol.

Les facteurs climatiques et la vigne

Selon l'étendue des terroirs, on distingue trois types de climats. Le macroclimat, ou climat régional, est le climat moyen d'un territoire assez vaste. Le mésoclimat, ou climat local, correspond à une situation particulière d'un macroclimat comme, par exemple, un ou plusieurs versants de même orientation. Dans le langage courant, le climat local est souvent confondu avec le microclimat, qui devrait correspondre à une superficie réellement très petite : un lieu-dit, un clos...

Les facteurs climatiques de base sont au nombre de trois : la lumière, la température et l'eau.

La lumière est la source de la photosynthèse, processus fort complexe qui permet aux plantes vertes de synthétiser des sucres. Dans la grande majorité des régions viticoles du monde, le rayonnement lumineux est suffisant pour que se produise ce phénomène. La plus grande durée du jour, dans les régions septentrionales, compense en effet la diminution de l'intensité lumineuse.

La température exerce une influence capitale sur le développement de la vigne et la maturation du raisin. La répartition des différentes espèces de *Vitis* dans le monde relève en grande partie de ce facteur. Les besoins thermiques spécifiques des cépages sont d'ailleurs l'élément le plus important de leur répartition dans les régions viticoles.

Depuis longtemps, les chercheurs ont essayé d'établir des corrélations chiffrées entre la température et le développement des plantes. Prenant en compte les températures moyennes de certains milieux viticoles sur une période de six mois, ils sont par-

ZONES DE MATURITÉ DES CÉPAGES FRANÇAIS				
Zones	Températures moyennes en degrés Celsius	Sommes des températures actives	Cépages	Villes
Tempérée fraîche	< 17	< 1 290	Sauvignon, Chardonnay, Gewurztraminer, Gamay, Pinot noir	Dijon Nantes
Tempérée	17,1 à 18,5	1 300 à 1 560	Sémillon, Cabernet-Sauvignon, Merlot	Bordeaux
Tempérée chaude	18,6 à 20	1 570 à 1 840	Syrah, Grenache, Cinsaut, Carignan, Ugni blanc, Clairette	Montpellier
Chaude	20,1 à 21,5	1 850 à 2 120		Perpignan

Les sommes de températures actives (période du 1er avril au 30 septembre) servent à évaluer les possibilités thermiques d'un milieu viticole. Elles se calculent de la façon suivante : somme des températures actives pour un mois donné = (température moyenne d'une journée – 10) × nombre de jours du mois, 10 °C étant le seuil en dessous duquel la vigne ne peut croître ni se développer.

venus à classer les vignobles français en quatre zones où les différents cépages peuvent connaître des conditions satisfaisantes.

La notion de maturité du raisin est d'ailleurs assez complexe et ne se rapporte pas seulement à l'évolution du taux de sucre dans les baies. Elle englobe également les acides, les constituants de l'arôme, les composés phénoliques.

Du point de vue viticole, c'est la maturité technologique qui importe le plus. Elle correspond à l'époque optimale de cueillette, définie en vue de l'obtention d'un type de vin donné. C'est ainsi, par exemple, que la maturité technologique optimale du Pinot noir est évidemment différente selon que ce cépage est destiné à l'élaboration du Champagne ou de vins de Bourgogne. La maturité physiologique, quant à elle, correspond à une teneur maximale en sucres naturels. La surmaturation est un phénomène purement physique où l'augmentation du taux de sucre est due à l'évaporation de l'eau des baies.

L'influence de la température est également déterminante pour ce qui concerne l'acidité du vin, sa couleur et son potentiel aromatique. Ainsi, des grappes exposées directement au soleil présentent un taux d'acide malique moins élevé que celles situées à l'ombre. La dégradation de cet acide est en effet accélérée par la chaleur.

L'obtention de vins rouges de couleur soutenue est malaisée dans des conditions climatiques fraîches. Voilà pourquoi, dans les régions fraîches comme l'Alsace, l'on produit principalement des vins blancs.

Si une viticulture de qualité a pu s'établir dans des régions septentrionales ou d'altitude élevée, c'est grâce aux conditions thermiques favorables de certains climats locaux et de nombreux microclimats. Ces sites doivent cette possibilité à leur bonne exposition sud ou sud-ouest, à l'inclinaison du terrain, à la présence de plans d'eau ou de fleuves, qui améliorent non seulement la maturation mais aussi l'ensemble du déroulement du cycle végétatif.

Un facteur capital : l'eau

Dans l'ensemble des facteurs climatiques du milieu viticole, l'eau tient une place capitale. Pondéralement, elle est le constituant le plus important des organes en état de vie active de la plante. Elle assure de multiples fonctions métaboliques en participant aux réactions biochimiques et en véhiculant les matériaux et produits synthétisés. Par son évaporation, elle protège les plantes contre l'échauffement. Dans le sol, l'eau joue un rôle primordial sur les modalités de l'alimentation minérale de la plante.

En France, où l'irrigation n'est autorisée que dans de rares secteurs méditerranéens, les besoins en eau des vignobles sont exclusivement fournis par la pluviométrie locale.

Mais la connaissance du volume et de la répartition des précipitations ne permet pas de savoir si les exigences de la vigne en eau sont réellement satisfaites. En effet, compte tenu d'une évaporation du sol et d'une transpiration des plantes plus intense sous climat chaud que sous climat frais, une même quantité de pluie pourra être largement suffisante dans un vignoble septentrional et déficitaire dans le Midi.

Le concept d'évapotranspiration potentielle (ETP) permet d'analyser avec plus de précision la situation hydrique d'un milieu. L'ETP peut être défini comme la totalité de l'évaporation du sol et de la transpiration végétale, en un temps donné, au sein d'une végétation en phase active de croissance et sur un sol abondamment pourvu en eau. Elle est exprimée en millimètres. Le bilan hydrique théorique d'un milieu défini grâce à l'ETP peut être établi en fonction de la nature du sol, du relief, de la présence d'une nappe phréatique, du vent, etc. Mais tous les travaux réalisés en ce domaine ont montré que les très bons terroirs viticoles sont souvent caractérisés par un bilan hydrique déficitaire ou faiblement positif.

Le régime de l'alimentation en eau de la vigne joue un rôle considérable dans le développement du raisin. C'est ainsi que les rendements sont tout particulièrement influencés par la disponibilité hydrique au moment de la période floraison-véraison. La maturation exige avant tout beaucoup de lumière et assez peu d'eau. Une sécheresse extrême durant cette période peut cependant être préjudiciable à l'obtention d'une bonne maturité. De telles situations sont assez exceptionnelles dans notre pays. À l'inverse, des essais ont montré qu'une alimentation hydrique abondante au cours de la maturation exerce presque toujours, indépendamment du taux de sucre des baies, une influence négative sur la qualité organoleptique des vins.

Le sol et la qualité des vins

Le sol résulte des conditions géologiques du terrain. C'est un milieu complexe, où la structure physique, la composition chimique, l'eau et la température jouent les rôles majeurs. La vigne est essentiellement tributaire, pour ses rendements, de la teneur du sol en éléments nutritifs.

Traditionnellement, la notion de sol à vocation viticole évoque des terrains de préférence en pente, peu fertiles, assez bien drainés. Mais il existe des crus renommés issus de terrains naturellement fertiles. Il convient cependant de souligner que la vigne est une des plantes cultivées les moins exigeantes en éléments fertilisants et qu'elle est propre à mettre en valeur des terres relativement pauvres. Bien plus, l'excès de fumure n'est en rien favorable à la qualité de la vendange.

On attribue au sol, tout particulièrement en France, une grande part des possibilités qualitatives d'un milieu viticole. Le sol joue

Roche de Solutré en Mâconnais. Le vignoble, implanté sur les nappes d'éboulis calcaires, produit le cru réputé de Pouilly-Fuissé.

La profondeur du sol conditionne le développement des racines et peut être un facteur quantitatif. Le cépage est adapté au sol par l'intermédiaire du porte-greffe. Le sol est un milieu complexe. Il est généralement reconnu que sa nature influence les caractères qualitatifs des vins, leurs arômes et leur couleur.

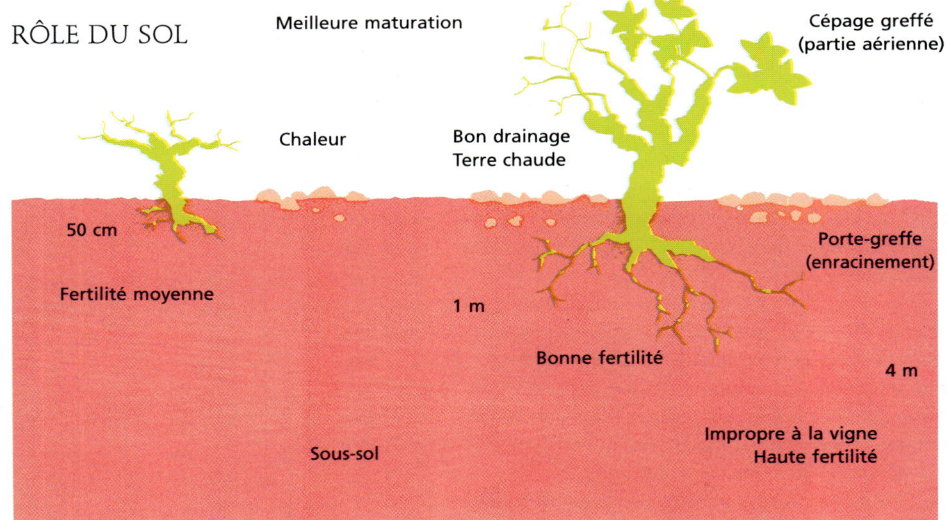

tout d'abord un rôle important en ce qui concerne la hiérarchie des vins. Dans tel type de sol, tel cépage donnera un produit organoleptiquement meilleur ou moins bon que dans un autre. La délimitation des appellations d'origine contrôlée repose sur ce principe.

Le sol exerce également une influence en ce qui a trait à la spécificité des vins issus d'un même encépagement. Deux vins pourront tous les deux posséder une classe équivalente, mais, selon le type de sol qui leur a donné naissance, ils présenteront des différences gustatives régulièrement perceptibles par de bons dégustateurs.

Nos connaissances sur le rôle spécifique du sol en ce qui concerne la qualité des vins sont encore très empiriques. Mais les nombreux travaux réalisés en ce domaine aboutissent à plusieurs conclusions.

En premier lieu, les grandes différences de caractère agronomique des terrains (argileux, calcaires, sablonneux) exercent une influence certaine sur le vin. Il apparaît que les vins issus de sols légers tels que les graves et les arènes granitiques possèdent un caractère plus floral et atteignent leur stade optimal plus rapidement que ceux provenant de sols lourds. Il existe pourtant de nombreuses exceptions à cette règle, dues à divers facteurs, et notamment au vieillissement.

Il semble d'ailleurs exister une certaine « vocation variétale » des sols. C'est ainsi qu'en Bourgogne la meilleure localisation des cépages est la suivante :

▷ Gamay sur arène granitique (Beaujolais) ;
▷ Chardonnay sur les sols plutôt argileux, issus de marnes ;
▷ Pinot noir sur les sols assez évolués, issus de calcaires.

Chacun de ces cépages peut être cultivé sur d'autres sols, mais la qualité en sera diminuée.

En fonction des sols, une différenciation plus fine peut être établie à l'intérieur d'une même catégorie de vins. Dans la côte viticole de haute Bourgogne, par exemple, deux sols issus de roches calcaires sont caractérisés, l'un par des dépôts superficiels caillouteux et l'autre par une proportion beaucoup plus élevée d'éléments fins. Ils se trouvent dans des conditions d'altitude et d'exposition comparables. Le premier sol donne des vins de Pinot noir très fruités, relativement légers et souples, le second produit des vins beaucoup plus tanniques, d'un ensemble différent, moins ronds que les précédents. Il y a donc une relation bien marquée entre le taux d'argile du sol et le niveau d'astringence du vin.

Enfin, l'on a constaté qu'il est possible de distinguer l'un de l'autre des vins dont les lieux de production se trouvent non seulement dans des situations très voisines, mais sur des sols apparemment identiques. Des dégustateurs expérimentés sont capables de les différencier et de les identifier. Il s'agit là d'un phénomène qui paraît défier la logique. Dans un tel cas la notion du sol doit faire face à celle de « terroir », qui implique l'intervention humaine en complément des dons de la nature.

Une première hypothèse attribue ces différences à la composition chimique du sol. Nous savons que la richesse du sol en éléments fertilisants agit sur les rendements et, à travers eux, sur la qualité des produits. Mais la vigne nécessite pour son développement des éléments minéraux tels que : azote (N), phosphore (P), potassium (K), calcium (Ca), magnésium (Mg), soufre (S), fer (Fe), zinc (Zn), bore (B), manganèse (Mn), molybdène (Mo), cuivre (Cu). Les six premiers sont les macro-éléments et les

Vignoble de Châteauneuf-du-Pape. Le sol est formé de galets de quartzite charriés par le Rhône. Ils captent la chaleur solaire pour la restituer aux ceps la nuit.

six autres les oligo- ou micro-éléments. L'originalité du vin semble faite, à côté du cépage et des conditions climatiques, du spectre des ions qui pénètrent dans les racines depuis la solution du sol selon un mécanisme dépendant de la concentration et des proportions en éléments minéraux. Cette hypothèse n'a cependant pas pu être vérifiée expérimentalement. Il n'a pas été possible de mettre en évidence des corrélations entre les taux de macro-éléments de différents sols, des organes végétatifs et des moûts ou des vins.

Par contre, il semble bien que la régularité de l'alimentation en eau à des niveaux relativement bas soit, dans de très nombreux cas, le facteur de qualité organoleptique le plus important. Cette régulation est en grande partie due aux caractéristiques hydromorphiques des sols qui sont susceptibles d'engendrer de très nombreux microclimats édaphiques conduisant à certaines particularités gustatives. Dans ce processus, la concentration ionique de la solution des sols est évidemment impliquée, mais, sauf en cas de carence ou d'excès de tel ou tel élément, son rôle ne paraît pas déterminant.

Cette conclusion est confortée par les résultats de recherches récentes indiquant que dans un même sol les teneurs minérales des feuilles d'un même cépage peuvent varier considérablement en fonction des variétés de porte-greffe. Celles-ci présentent, en effet, des capacités d'absorption très variables. Dans la mesure où des différences organoleptiques entre certains vins seraient dues aux minéraux absorbés (macro- ou micro-éléments), les porte-greffe devraient être à l'origine d'une variabilité organoleptique au moins aussi importante que celle apportée par le sol.

Le zonage des terroirs viticoles

Dans les régions viticoles traditionnelles où la culture de la vigne est pratiquée depuis des siècles, des terroirs de prédilection se sont, pour ainsi dire, individualisés au fil du temps. Ils sont nés, tout simplement, le jour où l'on a reconnu de façon certaine que les vins qui en étaient issus présentaient une qualité remarquable ou particulière.

De telles zones ont fini par acquérir une certaine notoriété. Les vins qui y étaient produits ont été désignés par le nom géographique de leur origine. Leur prix de vente dépassait naturellement celui des vins anonymes. En l'absence de toute protection juridique, une telle situation engendra inévitablement des fraudes qui ne déclinèrent qu'avec la mise en place, à partir de 1935, des vins d'appellation d'origine contrôlée.

La réglementation mise en place à cette occasion imposa la définition et la délimitation des différentes zones d'appellation et leur classement dans une hiérarchie propre à chaque région. Une telle délimitation était, et reste encore de nos jours, confiée à un groupe d'experts ayant pour mission d'aller sur le terrain et d'étudier le problème sous tous ses aspects (climatique, topographique, géologique, pédologique, orographique...). L'on tient également compte de l'encépagement traditionnel, des usages culturaux, des rendements limites permettant d'atteindre le niveau de qualité exigé. Des dégustations de vins d'âges différents provenant de la zone en voie de délimitation furent aussi d'un grand secours.

Cette manière de procéder, faisant appel à des bases scientifiques aussi bien qu'à un empirisme éclairé, a donné dans l'ensemble de fort bons résultats.

Mais, depuis un certain temps, l'on s'efforce de mettre en place des méthodes d'évaluation plus précises des terroirs viticoles. Dans le département de l'Aude, un travail de zonage a récemment été réalisé. La méthodologie mise au point à cet effet comprend :

▷ une étude climatologique affinée par la prise en compte de la répartition de la végétation spontanée et le contrôle phénologique des cépages ;

▷ des analyses géologiques, pédologiques et physicochimiques des sols ;

▷ une étude agronomique allant des essais de comportement des cépages jusqu'à la vinification.

De même, dans le vignoble de vins rouges du Val de Loire, des chercheurs sont en train d'élaborer une méthode de caractérisation de zones viticoles fondée sur une similitude des conditions écologiques (climat, relief, végétation spontanée), géologiques et pédologiques. Ils s'efforcent ainsi de hiérarchiser de façon objective les appellations Saumur-Champigny, Chinon et Bourgueil.

Ces différents travaux constituent une approche scientifique des bases de délimitation en viticulture. Il est probable que l'avenir verra se développer d'autres initiatives de ce genre. Elles permettront sans doute d'accéder à une meilleure connaissance du vin et d'assurer sa qualité, voire de l'améliorer.

Vignoble d'Ay en Champagne. Les racines de la vigne pénètrent difficilement la craie mais pompent l'eau emmagasinée par les micropores.

LA VIGNE ET LES TRAVAUX DU VIGNOBLE

Liane grimpante aux fruits mesquins, la vigne sauvage ne pouvait laisser présager son brillant avenir et il fallut, pour la faire produire, la patience de plusieurs civilisations. Désormais, la viticulture allie le savoir-faire des siècles écoulés aux sciences et techniques les plus avancées. La fougueuse vigne est aujourd'hui domptée et il existe mille et un moyens de la conduire.

Le voyageur qui a l'occasion de visiter des régions viticoles ne manque pas d'être frappé par la diversité des formes des souches de vignes d'une contrée à l'autre. En réalité, les nombreux types de charpentes adoptés pour la culture de la vigne sont tous constitués par des tiges d'âges différents qui ont successivement donné, au cours de la formation des souches, un tronc et des bras de dimensions extrêmement variables. À l'état spontané, la très grande majorité des Vitacées sont des lianes. Les formes rencontrées au vignoble sont donc, sans exception, le résultat d'une taille annuelle, souvent associée à un palissage plus ou moins sophistiqué. Toutes les variétés de vignes à fruits, quel que soit leur mode de conduite, présentent des organes identiques dans leurs fonctions et plus ou moins dissemblables dans leurs formes.

Le cycle végétatif

Il est formé d'un certain nombre d'organes, parmi lesquels les rameaux fructifères, qui se développent sur le bois de taille. Ces rameaux se présentent sous une succession d'entre-nœuds, appelés mérithalles, séparés par des nœuds plus ou moins renflés. Ces nœuds sont les lieux d'insertion des feuilles, des bourgeons, des vrilles et des inflorescences. Au cours de l'été, le rameau mûrit, et sa couleur passe du vert au brun. Ce phénomène s'appelle aoûtement et, à ce stade, le rameau est devenu un sarment.

FEUILLE DE VIGNE

MORPHOLOGIE DU CEP DE VIGNE

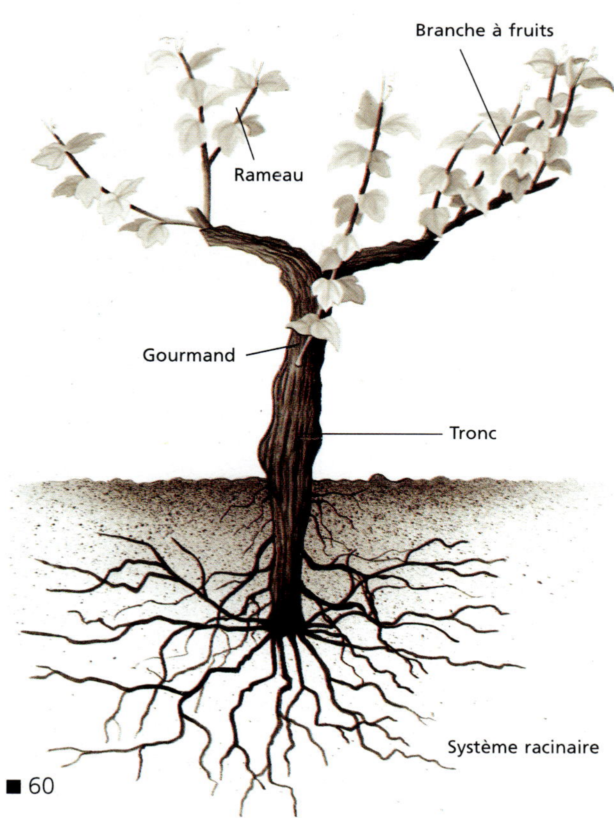

Les feuilles de vigne sont insérées sur les nœuds en position alternée. Elles présentent toutes cinq nervures principales, mais l'énorme variabilité d'autres caractères comme les lobes, les dents, la villosité, la pigmentation, fait que les feuilles sont les organes principaux pour la différenciation des cépages.

À l'aisselle des feuilles, on distingue deux types de bourgeons : le prompt-bourgeon et le bourgeon latent.

Le prompt-bourgeon a la propriété de se développer l'année même de sa formation. Il ne donne que des pousses réduites, dénommées entre-cœurs, qui portent parfois de petites grappes n'arrivant en général pas à maturité complète. Ces grapillons ne sont presque jamais récoltés.

Le bourgeon latent ou œil latent, accolé au prompt-bourgeon, n'évolue en rameau que l'année suivant sa formation. Il est le siège d'une évolution très complexe. Au moment de l'aoûtement, son examen microscopique révèle l'existence d'un certain nombre de mérithalles préformés, d'ébauches de feuilles, de vrilles et d'inflorescences. Le nombre de ces dernières dépend de la variété et des conditions de croissance des rameaux, ce qui signifie que la quantité de la récolte d'une année donnée est en

STADES PHÉNOLOGIQUES DE LA VIGNE

Bourgeon d'hiver

Bourgeon dans le coton

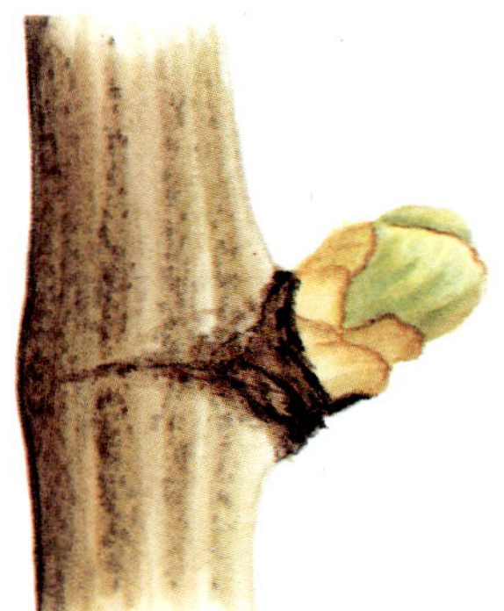

Pointe verte

Ouverture du bourgeon

Sortie des feuilles

Feuilles étalées

Grappes séparées

Boutons floraux séparés

Floraison

Nouaison

Véraison

Maturité

partie tributaire du développement de la plante l'année précédente. Au printemps se produit ce que l'on appelle le débourrement, c'est-à-dire l'éclosion des bourgeons. Celui des bourgeons latents de la vigne est nettement plus tardif que celui des arbres fruitiers traditionnels. L'époque de débourrement est une caractéristique variétale importante et il peut être imprudent de planter une variété qui débourre précocement dans une situation gélive.

Les inflorescences, qui deviendront plus tard les grappes, sont localisées vers la base des rameaux, en situation opposée par rapport aux feuilles. Leur nombre va de zéro à quatre par rameau. Les vrilles, situées sur des nœuds de rang plus élevés, ne sont rien d'autre que des ébauches d'inflorescences.

Selon la variété et les conditions du milieu, le nombre de fleurs qui composent les inflorescences peut varier d'une centaine à plusieurs milliers. La très grande majorité des cépages sont à fleurs hermaphrodites, c'est-à-dire à la fois mâles et femelles. Leur corolle est constituée par cinq pétales verts soudés entre eux, donnant à la fleur de vigne la forme d'un capuchon. Lors de la floraison, la corolle s'ouvre par la base et le capuchon ainsi libéré est rejeté par la distension des étamines. L'époque de floraison

BAIE DE RAISIN

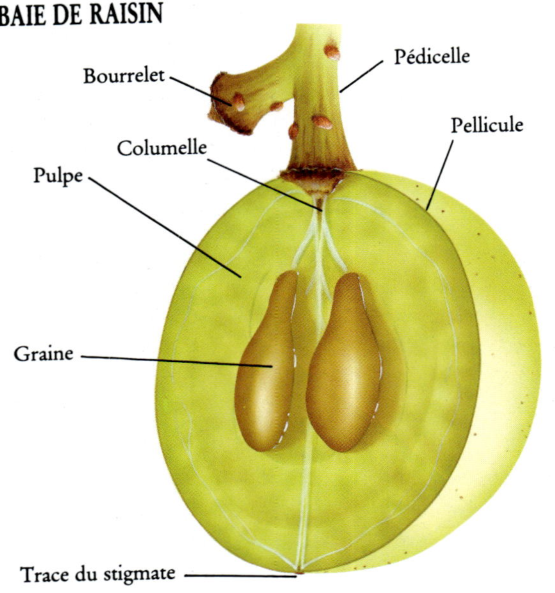

dépend du cépage et surtout des conditions climatiques. Elle se situe cinq à dix semaines après le débourrement. Après la nouaison, terme qui indique que les ovaires des fleurs fécondées se transforment en toutes petites baies, les inflorescences sont devenues des grappes.

Les dimensions, les formes et d'autres particularités des grappes sont extrêmement variables. Le nombre de pépins par baie, par exemple, peut varier de un à quatre. Selon les cépages, en outre, la forme et le poids des baies varient considérablement. Le Cabernet-Sauvignon, par exemple, porte des baies de l'ordre de 1 gramme, le Carignan d'environ 4 grammes, alors que certains cépages de table montrent des baies de plus de 10 grammes.

Le phénomène de la nouaison est le moment le plus crucial du cycle végétatif de la vigne, car il détermine en très grande partie le volume de la récolte.

Une grappe de vigne présente toujours un nombre de baies beaucoup plus faible que le nombre de fleurs de l'inflorescence correspondante. La chute des fleurs non fécondées et celle de toutes les petites baies fécondées qui se détachent est une manifestation normale. Mais il arrive que la proportion des baies tombées devienne excessive. On parle alors de coulure.

Les causes de ce phénomène sont bien connues : il s'agit d'un afflux insuffisant de sucre vers les fleurs et vers les baies, dû soit à une croissance trop rapide de la végétation, soit à des conditions climatiques défavorables empêchant une bonne synthétisation des sucres dans les feuilles. La coulure touche plus particulièrement les vignobles septentrionaux où la floraison se déroule, selon les années, dans des conditions optimales ou exécrables, provoquant des écarts de rendements annuels de 1 à 5, voire plus. Certaines variétés sont particulièrement sensibles à la coulure, qui est la calamité la plus redoutée des viticulteurs.

La croissance des baies se déroule en quatre phases distinctes. D'abord lente durant une vingtaine de jours, elle s'accélère pendant une période équivalente pour ralentir à nouveau très fortement jusqu'à la véraison. Ce dernier terme désigne le phénomène physiologique qui correspond à une forte intensification du processus de dépôt des sucres dans les baies. C'est en somme le début proprement dit de la maturation.

À partir de la véraison, le poids et le volume des baies s'accroissent considérablement jusqu'à la maturité physiologique, principalement par suite de l'accumulation des sucres. Le niveau de cette accumulation dépend en partie de la charge en raisins des souches. Ainsi, des rendements excessifs à l'hectare sont-ils préjudiciables à tous les composants de la qualité de la vendange, dont les plus importants sont les sucres, les acides, les constituants de l'arôme et les composés phénoliques.

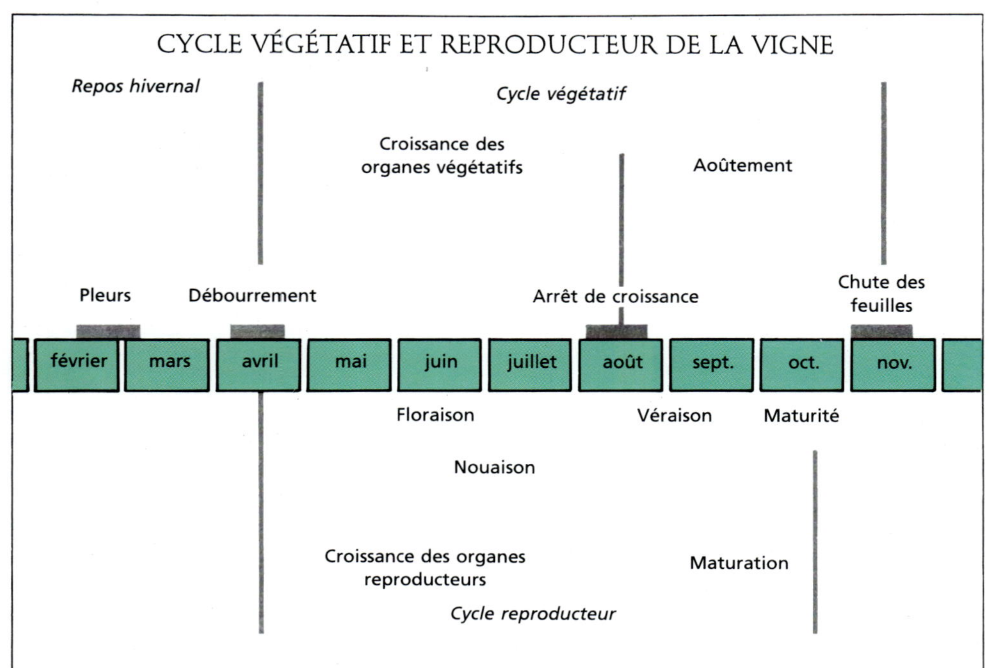

Les deux cycles influent sur la quantité et la qualité de la récolte de l'année en cours et de la suivante.

Les sucres sont essentiellement accumulés sous deux formes : le glucose et le lévulose. L'acidité, qui est la plus élevée au moment de la véraison, est due pour plus de 90 % à l'acide tartrique et à l'acide malique ; parmi de nombreux autres acides présents, il convient de noter l'acide citrique. Les composants aromatiques qui jouent un rôle majeur dans la qualité organoleptique des vins sont très nombreux. Actuellement, plus de cinq cents substances, présentes à des concentrations infimes, ont été dénombrées. Les composés phénoliques, qui interviennent dans la couleur des vins et participent à la saveur et à l'arôme des fruits et des vins, sont localisés dans les cellules de la pellicule des baies. Ils comprennent surtout des anthocyanes et des tanins.

L'établissement d'un vignoble

Avant l'invasion phylloxérique, une parcelle de vigne pouvait atteindre une longévité extraordinaire. Les plants n'étant pas greffés, une souche morte était remplacée par provignage, opération qui consiste à coucher un sarment d'une souche voisine dans le sol. Après avoir émis des racines, le sarment était détaché de la plante mère et donnait rapidement un nouveau cep. Ainsi, la disposition des souches dans les parcelles était tout à fait irrégulière, ce qui n'avait pas d'importance puisque tous les travaux, à cette époque, étaient faits à la main.

Vignoble conduit en gobelet aux alentours de Châteauneuf-du-Pape. Ce mode de conduite traditionnel est très courant dans le midi de la France.

Aujourd'hui, les parcelles établies sur plants greffés ont une durée de vie de l'ordre de trente à quarante ans, ce qui nécessite, pour le vignoble français, une reconstitution annuelle de plusieurs milliers d'hectares.

Cette obligation du greffage impose un double choix : celui du cépage, qui est fonction de la région viticole ainsi que du type de production, et celui de la variété porte-greffe, qui dépend essentiellement de la nature du sol et des conditions thermiques et pluviométriques du milieu. Ces choix étant opérés, deux modes de plantation sont possibles : l'utilisation de plants greffés-soudés produits par un pépiniériste ou, dans les régions méridionales, le recours au greffage sur des porte-greffe mis en place l'année précédente. L'utilisation de matériel végétal certifié indemne de viroses est de plus en plus fréquent.

La plantation est naturellement précédée d'une préparation adéquate du sol : labours et, selon le cas, nivellement du terrain, drainage, fumure de fond, désinfection du sol pour l'élimination de vecteurs de maladies à virus. Il faut également, auparavant, prendre une décision tout à fait capitale, celle du choix de la densité de plantation et de l'écartement des rangs. Traditionnellement, les vignobles étaient plantés de façon dense. Actuellement, en raison de la mécanisation des vendanges, on a tendance à écarter les interlignes, quitte à planter plus serré sur la ligne. Mais, dans des vignobles à végétation basse, comme en Bourgogne, l'utilisation de tracteurs enjambeurs a permis de conserver des densités de plantation de l'ordre de 10 000 ceps par hectare. La plantation a toujours lieu au printemps et l'on veille à ne laisser se développer sur le jeune plant qu'un ou deux rameaux dont l'un constituera le tronc de la future souche.

Les modes de conduite de la vigne

Ce terme de conduite de la vigne recouvre diverses interventions effectuées par le viticulteur sur la plante : formation de la souche, taille, palissage des sarments ainsi que les travaux en vert, destinés à corriger l'équilibre entre la partie végétative et la partie productive.

L'opération de base est sans nul doute la taille d'hiver, qui permet de donner la forme voulue aux souches, de maintenir cette forme tout au long des années et de régulariser la production. Au

Labours au château d'Yquem. Ce premier cru supérieur doit sans doute une partie de sa renommée au respect des méthodes aratoires ancestrales.

cours des deux ou trois premières années, on procède à la taille de formation de la charpente. À partir de la troisième année, la taille de formation n'est utilisée qu'occasionnellement, pour redonner aux souches leur forme originale. Elle est remplacée par la taille de fructification, destinée à ne laisser sur le cep qu'un nombre de bourgeons fructifères compatible avec la production souhaitée ou imposée et avec la vigueur des plantes. Elle ne concerne que les sarments. On l'appelle taille courte lorsqu'on ne laisse subsister que des bases de sarments avec un nombre très réduit d'yeux. Les sarments courts sont désignés par différents termes : court-bois, coursons, cots, etc. Lorsqu'on laisse sur la souche des branches à fruits d'une certaine longueur, on parle de taille longue. Les sarments sont alors appelés longs-bois, baguettes, ou astes. Le type de taille et la charge en bourgeons par cep dépendent également de certaines aptitudes variétales comme la variabilité de la fertilité des bourgeons et du poids des grappes.

Tout au long de la période végétative, diverses opérations en vert complètent la taille d'hiver. Au printemps, on procède à l'élimination des rameaux stériles, dénommés gourmands, qui se sont développés à la base et le long du tronc des souches.

Au cours de l'été, sur vignes palissées, on procède à un ou plusieurs rognages ou écimages de l'extrémité des rameaux, et au relevage et au rattachage de la végétation au système de palissage. Ces opérations sont indispensables pour faciliter le passage des tracteurs dans les interrangs. Selon qu'il est effectué avec mesure ou de façon trop sévère, le rognage exercera par la suite une influence bénéfique ou néfaste sur la qualité de la vendange. Autrefois, ces travaux étaient souvent complétés par l'effeuillage, consistant à supprimer lors de la maturation un certain nombre de feuilles au voisinage des grappes.

La taille d'hiver est l'opération la moins mécanisée de tous les travaux du vignoble. Dans les vignes en gobelet, on se sert en général du sécateur à deux manches ; dans les vignes palissées sur fils de fer, on utilise le sécateur traditionnel. Des sécateurs pneumatiques, cependant peu répandus encore, permettent d'accélérer considérablement le travail. Les rognages sont, par contre, de plus en plus effectués par voie mécanique au moyen d'une rogneuse. Il en est de même, mais dans une moindre mesure, du relevage et de l'attachage de la végétation.

Traditionnellement, les vignobles de nombreuses régions étaient conduits en gobelet. Le gobelet se présente comme un petit arbre au tronc plus ou moins court, aux bras plus ou moins divergents, terminés chacun par un courson taillé à deux yeux. Chacun de ces yeux portera un sarment ; l'un d'entre eux, généralement le plus haut, sera supprimé à la taille suivante, l'autre sera taillé à son tour à deux yeux. Cette forme est encore courante dans le midi de la France. En raison du développement considérable de la mécanisation de la vendange, elle fait cependant de plus en plus place à des souches palissées.

Dans les vignobles septentrionaux plantés en cépages à petites grappes, on a recours, pour augmenter le nombre de bourgeons à l'unité de surface, soit à de très fortes densités de plantation, soit à des tailles longues.

Sous climat chaud et ensoleillé, le palissage de la végétation des souches conduites en gobelet n'est pas indispensable. Mais dans des vignobles à climat plus frais, cette opération est obligatoire si l'on veut obtenir une maturation normale. Autrefois, le palissage se faisait sur fils de fer. Cette évolution a conduit à diverses modifications de la charpente et de la taille des souches. Le palissage en cordon consiste à recourber le tronc et à le coucher horizontalement à la hauteur voulue le long d'un fil de fer. La taille de fructification est ensuite effectuée en coursons. Le palissage en Guyot se dit d'une souche comportant un tronc vertical et un ou deux bras très courts. Sur ces derniers on conserve, lors de la taille, des branches à fruits longues et un courson dont un sarment sera maintenu à la taille de l'année suivante.

Les innombrables autres systèmes de taille et de conduite ne sont le plus souvent que des variantes de ces trois systèmes, gobelet, cordon, Guyot.

Après la Seconde Guerre mondiale, la mécanisation a provoqué une tendance à l'élévation des troncs et à l'élargissement des interlignes, accompagnés d'une simplification des travaux de palissage. Cette évolution a malheureusement conduit à une diminution notable de la qualité de la vendange, surtout lorsqu'elle était accompagnée par la volonté d'augmenter les rendements. Les chercheurs ont récemment mis au point un système de conduite où le palissage tient compte, lorsqu'on veut avoir des interlignes larges, de l'impératif de qualité. Il s'agit d'un palissage double de la végétation par rang de vigne. Ce système en lyre permet d'atteindre une qualité au moins équivalente à celle des systèmes de conduite traditionnels.

La taille permet de donner la forme voulue aux souches. C'est, de tous les travaux du vignoble, l'opération la moins mécanisée.

La fertilisation

Les problèmes de fertilisation de la vigne sont plus difficiles à résoudre que ceux des plantes annuelles, car le volume de terre exploité par le système racinaire est très important et varie avec la nature et la profondeur du sol et du sous-sol.

La vigne est une des plantes cultivées les moins exigeantes en éléments nutritifs. Pour un rendement de l'ordre de 9 tonnes de raisins à l'hectare, il lui faut environ 60 kg d'azote, 20 kg d'acide phosphorique, 75 kg de potasse, 80 kg de chaux et 15 kg de magnésie. Mais une forte proportion de ces éléments (60 à 70 %) est restituée au sol par les feuilles, les rameaux rognés, les sarments broyés après la taille. Malheureusement les viticulteurs, surtout dans les régions viticoles prospères, utilisent des fumures beaucoup trop abondantes. L'excès de vigueur qui en résulte est souvent générateur de coulure et est l'une des causes du développement de la pourriture grise. Il n'en demeure pas moins que la vigne exige, dans la plupart des situations, une fumure équilibrée, adaptée aux conditions spécifiques des diverses productions.

Durant des siècles, le fumier a constitué l'unique source d'éléments nutritifs pour la vigne. Ce n'est plus le cas de nos jours. Or, le fumier et d'autres amendements organiques contribuent à maintenir l'humus du sol à un taux convenable. Les engrais verts ne semblent pas avoir cette propriété. L'humus exerce une action favorable sur l'alimentation des plantes, de même que sur la stabilité structurale des sols et leur capacité de rétention de l'eau. En l'absence de tout apport d'amendement organique et sous climat tempéré, la vitesse de dégradation du sol est de l'ordre de 2 % par an.

Certains estiment que l'amélioration du taux de matière organique des sols viticoles est superflue, sauf dans des sols sableux ou acides. Mais l'opinion la plus répandue est que le viticulteur doit s'attacher à assurer le maintien d'un taux convenable de matière organique dans le sol.

Les techniques d'entretien du sol

Les piochages et binages ont constitué durant des millénaires les seules façons aratoires des vignobles. Ces travaux étaient nécessaires pour empêcher le développement des mauvaises herbes, préjudiciable à la croissance de la vigne.

Aujourd'hui, pour entretenir le sol de ses vignes, le viticulteur a la possibilité de mettre en œuvre différents moyens mécaniques, chimiques ou biologiques selon qu'il s'agit de façons aratoires, de désherbage chimique ou d'enherbement.

Les façons aratoires sont en diminution. Elles comportent un labour de buttage, ou chaussage des souches, avant l'hiver, un labour de déchaussage au printemps et un nombre variable de binages en fonction de l'extension des mauvaises herbes.

Le désherbage chimique a commencé à être utilisé à partir de 1958. L'utilisation la plus rationnelle de cette technique est le désherbage total du sol, ou non-culture. Ce procédé, plus économique que les façons aratoires, est en voie d'expansion, d'autant plus qu'il semble ne pas avoir de répercussions négatives sur la qualité du sol. La rémanence des résidus d'herbicides dits « persistants » est réduite. Cette non-culture permet également de maintenir l'exploitation de vignes impossibles à mécaniser comme celles situées sur des coteaux abrupts et qui produisent, en général, des vins d'excellente qualité.

Une autre technique d'entretien des sols, l'enherbement permanent contrôlé, peut être utilisée. Elle est actuellement appréciée car c'est un excellent moyen de lutte contre l'érosion. Elle permet, en outre, de réduire la vigueur exagérée des souches sous des climats humides. Elle favorise également le maintien de la teneur en matière organique du sol. Dans des régions chaudes à fort déficit hydrique, il n'est évidemment pas question de recourir à cette pratique.

Les maladies du vignoble

Jusqu'au milieu du XIXe siècle, la défense du vignoble contre les parasites ne posait pas de réels problèmes. C'est ainsi que les vieux traités s'étendent sur les dégâts causés par les escargots, les grives et les blaireaux !

Parmi les maladies de la vigne, l'on distingue tout d'abord les maladies cryptogamiques, causées par des champignons. La première grosse alerte en la matière fut l'introduction, d'Amérique via l'Angleterre, de l'oïdium. Ce champignon commence son développement sur les organes verts dès le débourrement et attaque par la suite l'épiderme des baies qui se fend, mettant à nu les pépins. Le fongicide employé pour le combattre est le soufre, utilisé soit en poudrage soit en pulvérisation. Mais les traitements des maladies cryptogamiques, pour être efficaces, doivent être préventifs.

Il existe cependant, depuis très peu de temps, des fongicides systémiques ayant une certaine action curative. C'est notamment le cas pour le mildiou, également originaire d'Amérique, qui a été observé pour la première fois en France en 1878. Il s'agit d'un parasite plus redoutable que le précédent qui s'introduit dans les organes verts, en particulier les feuilles et les jeunes baies, par les stomates. Les grains brunissent et se dessèchent, donnant une vendange de mauvaise qualité. Le premier fongicide employé contre le mildiou a été la « bouillie bordelaise » à base de sulfate de cuivre et de chaux éteinte. Actuellement, on utilise des fongicides organiques et organocupriques ainsi que des produits systémiques. Les autres maladies cryptogamiques sont l'excoriose et le rougeau.

La pourriture grise produite par le champignon *Botrytis cinerea* est la maladie parasitaire la plus redoutée en Europe. Elle peut toucher tous les organes verts, mais elle est surtout néfaste sur les grappes, à partir de la véraison. Par temps chaud et humide, une grande partie de la récolte peut être rapidement détruite. Le développement de la pourriture grise est favorisé par l'excès de vigueur, l'entassement du feuillage et des dégâts causés par les conditions climatiques ou d'autres parasites comme les vers de la grappe. C'est un peu la maladie de la viticulture moderne. Sous certaines conditions climatiques et sur certains cépages blancs, la pourriture grise tardive peut améliorer la qualité des vins. On parle alors de pourriture noble. Elle produit des vins alcooliques, liquoreux et d'une grande finesse comme le Sauternes, le Monbazillac, certains vins d'Alsace, d'Anjou, de Touraine.

Parmi les parasites animaux, outre le phylloxéra, puceron gallicole et radicicole que nous sommes parvenus à éliminer au moyen des porte-greffe, on distingue notamment des chenilles de petits lépidoptères : les vers de la grappe. Il existe également de minuscules acariens comme l'érinose et l'acariose ou encore les araignées rouges et jaunes.

Enfin, les maladies à virus n'épargnent pas la vigne. Ces affections se transmettent par la greffe. En déréglant diverses fonctions physiologiques, certaines d'entre elles, comme le court-noué et l'enroulement, sont très préjudiciables au rendement et à la longévité des souches, ainsi qu'à la teneur des baies en sucre. Les souches atteintes ne peuvent être guéries et le seul moyen pour restreindre de telles maladies est la voie préventive, c'est-à-dire la sélection de matériel de multiplication végétative reconnu sain par différents tests virologiques. De ce fait, la commercialisation des plants de vigne est soumise à une réglementation européenne sévère. Le matériel « certifié » donne la meilleure garantie.

Grappe atteinte d'oïdium. Les grains envahis par ce parasite se couvrent de pourriture grise, se dessèchent.

Mildiou sur feuille. Ce champignon originaire d'Amérique attaque également les jeunes baies après les organes verts.

Le court-noué, maladie virale transmise par la greffe, provoque une décoloration des feuilles et diminue la teneur en sucre des baies.

Dans certaines conditions et sur certains cépages blancs, la pourriture grise se change en pourriture noble, qui améliore les vins.

LES VENDANGES

Les vendanges constituent le maillon indispensable qui relie le travail de la vigne à celui du vin. C'est l'occasion, pour les viticulteurs et les vignerons, de voir leurs efforts récompensés par la qualité de la récolte. Car chaque grappe renferme en ses grains la mémoire de l'année écoulée.

Vendanges manuelles à Irancy. Ce très ancien vignoble de l'Auxerrois produit des vins rouges et rosés d'une belle couleur, corsés et généreux.

Il est difficile d'obtenir un raisin de qualité, c'est-à-dire riche en matières nobles utiles : sucres, extraits, arômes et couleur. Un grand nombre de facteurs doivent se trouver réunis, et ceci dès l'implantation du vignoble. Il faut veiller en particulier à la qualité du cépage, du greffon, du porte-greffe et assurer la conduite de la vigne, la fumer, la tailler, la rogner…

Par ailleurs, une lutte patiente et de longue haleine doit être menée contre les fléaux susceptibles d'anéantir la récolte ou la vigne elle-même. Pour obtenir un bon raisin, le rendement doit presque toujours demeurer limité. Il faut enfin proscrire toute pratique qui conduirait à la dégradation des qualités potentielles de la vendange, le but à atteindre étant d'obtenir un raisin mûr et intact avant sa mise en œuvre à la cave.

En effet, l'éclatement des baies du raisin a deux conséquences néfastes pour la qualité du vin : l'oxydation du moût et la dilacération des parties solides – rafles, pellicules, pépins – qui libèrent des substances au goût herbacé et amer. Les meilleures vendanges sont donc celles où l'on récolte les grappes entières arrivées à maturité. Le raisin conserve alors toutes les qualités potentielles qu'un vinificateur averti saura mettre en valeur au moment de l'élaboration du vin.

La date des vendanges

Pour des raisons d'organisation du chantier de vendanges, il est important de pouvoir fixer à l'avance la date des vendanges. Il faut en effet définir assez tôt le nombre des vendangeurs dont on aura besoin et les jours où ils seront convoqués. D'une année à l'autre, selon la précocité de la floraison, la date du début des vendanges peut varier de plus d'un mois, et ceci pour la même parcelle de vigne.

Divers moyens sont à la disposition du vigneron pour la déterminer. Ce sont :

▷ les stades phénologiques de la vigne ;

▷ les contrôles de maturité effectués par les différents laboratoires régionaux ;

▷ les mesures du viticulteur lui-même pour chaque parcelle.

Les stades phénologiques de la vigne

Le développement de la vigne se déroule par étapes successives appelées stades phénologiques, et qui vont de la floraison à la maturité en passant par la nouaison de la grappe et la véraison. Chaque stade peut se dérouler sur un certain laps de temps. Toutes les fleurs, par exemple, ne fleurissent pas en même temps. On pratique des sondages dans la parcelle ; pour cela, on prend comme date de floraison le jour où la moitié des grappes ont fleuri. Dans certains cas, il est nécessaire de vendanger en deux fois une parcelle que l'on a pour habitude de ne vendanger qu'en une seule. Cela est souvent lié aux conditions atmosphériques (humidité ou froid) au moment de la floraison.

Les stades phénologiques dépendent de facteurs divers tels que la précocité des cépages, le climat, le millésime et les différents facteurs culturaux. La détermination des stades phénologiques est donc complexe et nécessite de faire des observations pour chaque parcelle.

À partir de ces relevés, l'on peut prévoir la date des vendanges. L'on applique alors la fameuse règle des cent jours. Elle pourrait s'énoncer de la façon suivante : la maturité du raisin est obtenue cent jours après la fleur. Cette règle des cent jours permet donc de prévoir, en juin, époque de la floraison, la date probable de début des vendanges.

Celle-ci peut d'ailleurs être confirmée par la suite, au moment de la véraison. De la demi-véraison à la maturité, on compte une durée de trente à cinquante jours. Dans un grand nombre de cas, il arrive aussi que l'on recherche la surmaturité. La détermination minutieuse de la floraison, puis de la demi-véraison permet au viticulteur de fixer lui-même ses dates de vendanges avec une assez grande précision.

Les contrôles de maturité

Les laboratoires publics ou syndicaux des régions productrices de vins procèdent, chaque année, à un contrôle de maturité. Des échantillons représentatifs du raisin sont prélevés dans des parcelles données. On détermine les teneurs en sucre et en acide du moût obtenu à partir des baies. Les différents cépages cultivés dans la région sont ainsi sondés à plusieurs endroits. L'on établit ensuite, pour chaque cépage, des moyennes que l'on transcrit sous forme de tableaux et de graphiques appelés courbes de maturité. Par extrapolation, l'on peut connaître l'évolution probable de la maturité et fixer les périodes de vendanges pour la région.

Pour un cépage donné, l'allure des courbes de maturité est la même quelle que soit l'année. Seules changent, bien entendu, les dates, la date de départ de la courbe étant celle du débourrement. Cette date est particulièrement importante, car plus elle est précoce, plus la maturité sera atteinte rapidement. L'indice de maturité est défini au moyen des courbes de maturité. Pour le trouver, il suffit d'effectuer le rapport du sucre à l'acidité totale. Un indice élevé est signe d'une bonne maturité.

Ces données chiffrées sont exploitées par les syndicats viticoles et l'INAO pour fixer le « ban des vendanges ». Cette expression désignait autrefois la date avant laquelle il était interdit de vendanger. Aujourd'hui, il s'agit de la date à partir de laquelle la chaptalisation est autorisée. Il n'est évidemment pas interdit de vendanger mais cela n'est pas recommandé car la teneur en sucres naturels du raisin est alors trop faible pour qu'on puisse espérer obtenir un vin de qualité.

Les mesures individuelles

Les viticulteurs peuvent contrôler eux-mêmes la maturité de leur raisin. Il leur suffit, pour chaque parcelle, de prélever des baies, en évitant l'extrémité des rangs, où les échantillons ne sont pas représentatifs. Le prélèvement doit s'effectuer sur plusieurs ceps, de part et d'autre du rang, dans les grappes supérieures et inférieures, à l'intérieur et à l'extérieur des grappes. Les raisins sont ensuite pressurés et réduits en moût à la presse à main. La teneur en sucre du jus est ensuite mesurée à l'aide du mustimètre ou du réfractomètre. On peut alors se référer aux données régionales et choisir, dans son exploitation, l'ordre des vendanges des différentes parcelles.

COURBES MOYENNES DE MATURITÉ
POUR LE CÉPAGE PINEAU DE LA LOIRE EN TOURAINE

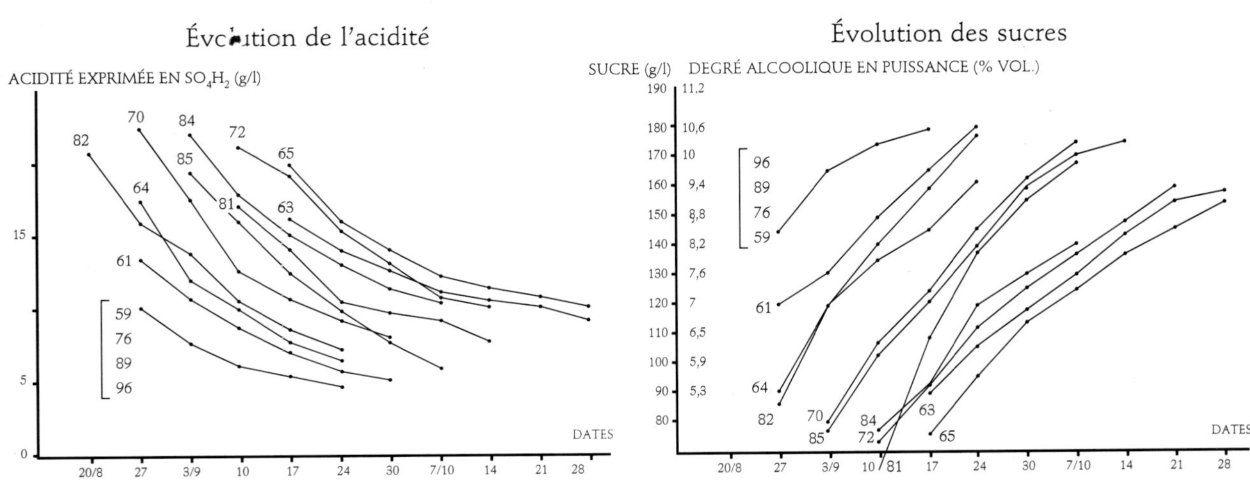

LES VENDANGES MANUELLES

Ces dernières années ont vu le développement rapide des vendanges mécaniques au détriment des vendanges manuelles. Ce progrès technologique incontestable n'assure malheureusement pas toujours la bonne qualité du vin. Voilà pourquoi la vendange manuelle est le plus souvent souhaitable. Elle demeure indispensable dans les cas de vendanges par tries, vendanges en grains entiers, et pour les vins obtenus par macération carbonique. Pour certaines appellations, telles que la Champagne, le Beaujolais, Bandol ou Monbazillac, elle est réglementée.

Vendangeuse près d'Esclauzels dans le vignoble de Cahors. Les méthodes traditionnelles de viticulture sont très profondément ancrées dans le Sud-Ouest.

Les vendanges par tries

Elles consistent à vendanger en passant plusieurs fois dans la vigne et ceci à deux fins :

▷ soit pour vendanger séparément la vendange saine et la vendange altérée, quel que soit le type de vin à produire ;

▷ soit pour sélectionner des raisins ayant atteint une maturité ou une surmaturité attendue, lorsqu'on veut produire des vins blancs moelleux ou liquoreux.

On peut alors passer dans la vigne de deux à six fois. Dans les cas les plus simples, un premier passage permet de récolter les raisins les plus dorés et atteints de pourriture noble, qui produisent des moûts très riches. Grâce au deuxième passage, l'on pourra produire un vin de type moelleux ou bien demi-sec. Parfois, l'on ne cherche à produire que des vins de type liquoreux et les tries sont répétées jusqu'aux premières gelées pour ne récolter que des raisins plus ou moins atteints de pourriture noble et passerillés. C'est le cas notamment du Sauternes, du Monbazillac, du Vouvray, du Montlouis, du Bonnezeaux ou du Gewurztraminer.

Les vendanges en grains entiers

Les règles de vinification de Champagne exigent une vendange entière. Le pressurage des raisins rouges que sont le Pinot noir et le Pinot meunier ne tolère en effet pas de macération car elle

Hotteur à Riquewihr. Les petites parcelles souvent escarpées des vignobles d'Alsace ne sont pas propices à la mécanisation des vendanges.

conduirait à l'obtention de moûts tachés. Cette exigence a été étendue à d'autres vins effervescents, notamment aux Crémants.

La macération carbonique

Les vins obtenus par macération carbonique doivent impérativement cuver en grappes entières, faute de quoi le métabolisme anaérobie producteur d'alcool et d'arômes ne se produirait pas. Il s'agit principalement des vins de primeur tels, par exemple, le Beaujolais ou les Côtes-du-Rhône primeur.

L'organisation des vendanges manuelles

Les vendanges mobilisent un grand nombre de personnes. Chacune d'elles joue un rôle déterminé. Quelle que soit la région, on distingue :

▷ des vendangeurs, qui cueillent les raisins ;
▷ des porteurs, qui portent le raisin au bout du rang ou au lieu d'enlèvement de la vendange ;
▷ des personnes chargées du transport jusqu'au lieu de vinification ;
▷ un chef d'équipe chargé de coordonner les travaux.

La cueillette du raisin

Cueillir des grappes de raisin est un travail qui demande une certaine endurance. Les vendangeurs, ou coupeurs, sont généralement deux et cueillent le raisin de part et d'autre du rang. Autrefois, on utilisait la serpette, instrument court et aiguisé, à la lame en forme de croissant. Elle avait l'inconvénient d'imprimer des secousses au cep, ce qui pouvait faire tomber les baies les plus mûres et les plus sucrées, incitant même le vendangeur à cueillir un raisin bien attaché à sa rafle et donc imparfaitement mûr. Par la suite, on a utilisé l'épinette, qui est un sécateur à lames droites ; puis un sécateur à lames recourbées, aussi appelé vendangette, beaucoup plus petit que celui de taille. Actuellement, on se sert également de ciseaux à pointes arrondies.

Porteur de benaton – panier de vendange traditionnel – à Aloxe-Corton, en Bourgogne.

Le geste du vendangeur. La vendangette, sécateur à lames recourbées, a remplacé la serpette d'autrefois.

Les raisins cueillis sont placés dans des récipients de forme et de contenance variées. Autrefois, on utilisait exclusivement des paniers en osier nommés vendangerots ou vendangeois et des paniers en bois appelés baillots ou bastiots, qui contenaient six à dix kilos de raisin. On se sert également de seaux en bois (seilles), en métal ou en matière plastique, dont la contenance est proche de celle des paniers. Enfin, certains viticulteurs prennent des caissettes en bois ou en matière plastique, qui servent aussi bien à la cueillette qu'au transport du raisin. Cette technique réduit au minimum les manipulations de vendange. Elle est donc tout indiquée pour conserver des raisins entiers jusqu'au lieu de vinification.

Lorsqu'on vendange au moyen de paniers ou de seaux, on doit les vider dans des récipients plus grands, qui serviront au transport. Les raisins sont donc pris en charge par des hotteurs, appelés aussi porte-hottes, hotteux ou brantards. Ils emmènent leur hotte jusqu'au bord de la vigne où ils la déversent dans les récipients de transport. On compte de trois à cinq coupeurs pour un hotteur, suivant le rendement de la vigne.

En Champagne, l'on faisait traditionnellement appel à des « porteurs de petits paniers » dont le rôle était d'emmener les paniers au bout du rang, où les femmes faisaient l'épluchage des grappes sur une clayette en osier. Ainsi, les raisins abîmés étaient écartés, tandis que la vendange de bonne qualité était mise dans les mannequins d'osier pour le transport au pressoir. Dans d'autres régions, la vendange amenée au bout du rang est foulée dans les récipients de transport en bois à l'aide d'un pilon. La vendange prend aussi moins de place et on peut en transporter plus en une seule fois. Cette pratique, bien qu'assez traditionnelle, n'est pas conseillée pour les raisons déjà évoquées de dilacération, d'oxydation et de macération.

Le transport

Les caissettes servent à la fois à la cueillette et au transport. Elles sont alors souvent transportées en palettes et la manutention se fait à l'aide de chariots élévateurs ou d'enjambeurs à plateau. Ils limitent au minimum les transvasements de vendange du pied de vigne à la cave. Il existe, en outre, un grand nombre de récipients de transport amovibles. Leur qualité dépend essentiellement

Transport de la récolte dans des comportes, à Limoux, dans l'Aude.

de leur profondeur. Un entassement des grappes sur une profondeur supérieure à cinquante centimètres environ provoque une libération de jus. Le choix de la profondeur dépend également de la résistance des baies à l'écrasement, donc des cépages et du degré de maturité du raisin. Parmi ces récipients amovibles, l'on distingue ceux qui peuvent être manipulés à la main, et les autres.

Ceux qui peuvent être manipulés à la main n'excèdent pas 100 litres. Ce sont tous les récipients traditionnels ou leurs homologues modernes : paniers mannequins en osier ou en plastique (Champagne), paniers en bois, banastes ou banastons (Midi), bastes, comportes (Gironde), caques, benatons, panusiaux, beneras, ballonges (Bourgogne), ancets, gueules-bées, cuettes, cuettons (Val de Loire)...

Au-dessus de 100 litres, la manutention des récipients doit être mécanisée au moyen de treuils, de palans, d'élévateurs. Puis le transport s'effectue sur plateaux-remorques. Il arrive que la vendange cueillie soit directement déversée dans de grands récipients. Elle est alors transportée par un hotteur jusqu'en bordure de la parcelle. On compte au nombre de ces grands récipients des matériels anciens comme les douils, mais aussi des caisses, des caisses-palettes et même des bennes de grande capacité pouvant être détachées de l'équipage mobile. La vendange peut être transportée en grande quantité dans des remorques. Il peut s'agir de simples tombereaux équipés pour la circonstance d'une bâche à vendange. Certains tombereaux, de forme étroite, peuvent circuler entre les rangs, et les vendangeurs y déversent directement leurs raisins.

On utilise également des pastières et des bennes à pan arrière incliné, qui peuvent se déverser par gravité au-dessus du pressoir, de l'égrappoir, du conquet de réception ou de la table de tri. Certains modèles, équipés de vérins, peuvent soulever la benne avant de la faire basculer, ce qui permet de travailler par gravité sans installation particulière. Enfin, certaines bennes sont équipées de vis sans fin et, éventuellement, d'une pompe à vendange qui simplifient la réception à la cave, mais fatiguent le raisin.

Les fêtes des vendanges

Les vendanges commencent et se terminent par toutes sortes de réjouissances allant du simple banquet aux grandes fêtes traditionnelles. La coutume du banquet était très répandue ; la Paulée en Bourgogne et la Gerbaude dans le Sud-Ouest en sont des survivances. Certaines fêtes traditionnelles, comme les Accabailles en Sauternais, comprennent un cortège fleuri. Il est enfin de tradition, au dernier jour de la vendange, que les vendangeurs accompagnent le dernier chariot jusqu'au lieu de vinification. Ces festivités, qui se justifient par le dur labeur qu'ont produit les vendangeurs, se déroulent dans une atmosphère chaleureuse et demeurent gravées dans la mémoire de ceux qui y ont participé.

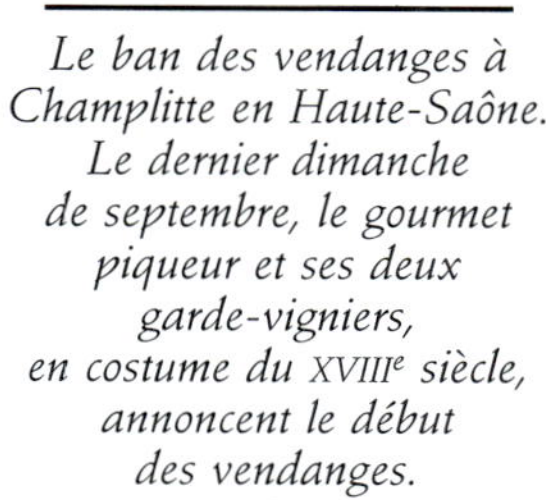

Le ban des vendanges à Champlitte en Haute-Saône. Le dernier dimanche de septembre, le gourmet piqueur et ses deux garde-vigniers, en costume du XVIIIe siècle, annoncent le début des vendanges.

Les vendanges mécaniques

Machines au travail dans le vignoble bordelais. Les travaux de la vigne sont aujourd'hui de plus en plus mécanisés.

De la plus haute Antiquité, où elle était cultivée « en foule », jusqu'à nos jours, où elle aligne des bataillons parfaitement bien rangés, la vigne a subi bien des évolutions et vécu, parfois, ses propres révolutions. Parmi ces dernières, l'avènement de la mécanisation des vendanges…

Pendant longtemps, la mécanisation a surtout concerné les travaux d'entretien des sols, les traitements et les charrois. C'est seulement à partir des années 1960 qu'une réflexion a été entamée sur les moyens d'accéder à une mécanisation partielle ou complète de la cueillette du raisin, pour un meilleur rendement des chantiers de vendanges. Diverses étapes technologiques ont été franchies depuis, jusqu'à l'avènement de la machine à vendanger.

La machine à vendanger

Une machine à vendanger est composée :

▷ d'un châssis enjambeur automoteur ou tracté ;

▷ d'un dispositif, appelé tête de récolte, assurant le décrochage des baies de raisin ;

▷ d'un tapis de plastique souple, constitué d'écailles ou de gobelets, ayant pour mission de recueillir la récolte au moment de sa chute et d'assurer l'étanchéité au pied des souches ;

▷ de dispositifs de transfert servant à acheminer les baies vers des bacs de stockage ;

▷ de systèmes de tri des feuilles et des morceaux de sarments, par aspirateurs centrifuges.

Le plus souvent, le décrochage du raisin est effectué grâce au système dit de secouage latéral à secoueurs fermés. Le principe du secouage est fondé sur la transmission au raisin, par l'intermédiaire de secoueurs, d'une succession de mouvements alternatifs transversaux, provoquant le décrochage des baies de la rafle.

Un grand nombre de machines, aux degrés de sophistication divers, sont proposées. On en distingue deux types : les automotrices et les tractées. À l'heure actuelle, et pour les machines automotrices de loin plus répandues, il se dégage une nette tendance vers les châssis polyvalents permettant l'amortissement sur d'autres fonctions que la vendange, telles que traitements, entretien des sols, travaux en vert et à bois morts.

La mise en œuvre de la machine à vendanger

L'introduction de la machine à vendanger a quelque peu bouleversé les mœurs viticoles françaises. Il a souvent été nécessaire d'harmoniser la vigne et la machine. Mais à l'heure actuelle, pratiquement tous les vignobles sont susceptibles d'être récoltés mécaniquement. Les machines, en effet, peuvent récolter des grappes situées entre 15 et 20 centimètres au-dessus du sol et leur utilisation ne pose pas de problèmes avec les divers modes de palissage, dont la hauteur maximale doit se situer aux alentours de 2 mètres. Dans les vignobles conduits en gobelet, la vendange mécanique ne donne satisfaction que lorsque les ceps présentent des caractéristiques bien déterminées : hauteur et solidité du tronc suffisantes, faible largeur de la couronne pour permettre une bonne exploration par les secoueurs.

Le recours à la récolte mécanique peut également avoir une incidence sur les techniques d'entretien des sols, car il y a lieu d'assurer le passage des machines, quelles que soient les conditions de pluviométrie. Ainsi, le désherbage chimique favorise l'évolution des engins en cas de fortes précipitations.

La machine à vendanger s'accommode mal d'une viticulture médiocre. Pour obtenir un vin de qualité il faut veiller au parfait état sanitaire du vignoble au moment de la récolte. Le développement de la pourriture grise, par exemple, provoque des pertes notables, par une forte libération de jus au moment du secouage et pendant le transfert de la récolte. Le feuillage doit aussi être en parfait état, pour qu'il ne se détache pas au moment de la vendange. Par ailleurs, des feuilles trop nombreuses et imprégnées de moût exigent, pour leur tri, une vitesse de rotation élevée des aspirateurs entraînant l'expulsion préjudiciable d'une fraction de la récolte.

Vendanges mécaniques dans le vignoble nantais. Quand la trémie est pleine, les baies sont déversées dans une benne de débardage en bout de rang.

La qualité des produits

Les vignerons ont le souci évident et primordial de préserver la qualité des produits de la vigne. Or il semble bien, d'après les expérimentations conduites par certains œnologues, que la récolte mécanique convenablement réalisée n'est génératrice d'aucune dégradation qualitative ou quantitative, et il est pratiquement impossible d'établir une différence significative, liée au mode de récolte, entre les produits finis. Cela tient notamment aux progrès constants réalisés dans la conception des machines.

Ainsi, de nos jours, un acier inoxydable de bonne qualité est toujours utilisé pour les parties en contact avec la vendange. De même, les systèmes de réception et de convoyage ont été étudiés pour limiter toute trituration des baies et raccourcir les distances de cheminement. Certaines bennes sont dotées d'un double fond à grille perforée, de manière à séparer le plus tôt possible la phase liquide de la phase solide. Il existe également des conteneurs amovibles dans lesquels la vendange est stockée une fois pour toutes jusqu'à son arrivée à la cave.

MACHINE À VENDANGER TRACTÉE À SYSTÈME D'ÉTANCHÉITÉ À ÉCAILLES

Dans certains cas, notamment pour la production des vins blancs, on est allé beaucoup plus loin en embarquant sur la machine une partie de la chaîne de vinification. Égouttoir et pressoir, disposés sur la machine, permettent l'extraction des moûts dans les minutes qui suivent la récolte. Les vins rouges provenant de récoltes mécaniques sont généralement plus colorés que ceux qui viennent des chantiers traditionnels. Mais, au plan organoleptique, il est très difficile de conclure en fonction du mode de récolte. Ainsi, nombre de vins rouges issus de vendanges mécaniques ont vu leur qualité récompensée par des médailles prestigieuses dans les concours les plus réputés.

Pour les vins blancs, les choses paraissent peut-être moins faciles mais, en prenant certaines précautions visant à limiter les effets de l'oxydation et de la macération, leur qualité ne devrait pas en souffrir.

Le développement de la mécanisation

La mécanisation des vendanges s'est très rapidement développée dans notre pays ; entre 1971, année de son apparition, et 1996, près de 16 500 machines ont été acquises par les exploitants. Bien qu'il n'existe aucune statistique fiable à ce niveau, et compte tenu de la disparition normale des appareils les plus anciens, il apparaît raisonnable d'estimer le parc opérationnel en service à ce jour en France aux environs de 12 000 machines. Hormis la Champagne, le Beaujolais, Monbazillac et Bandol, où la législation impose une vendange en grains entiers, et certaines régions qui vendangent manuellement par tries, comme le Sauternais, l'Alsace ou Vouvray, pratiquement toutes les régions viticoles françaises s'adonnent à ce mode de récolte.

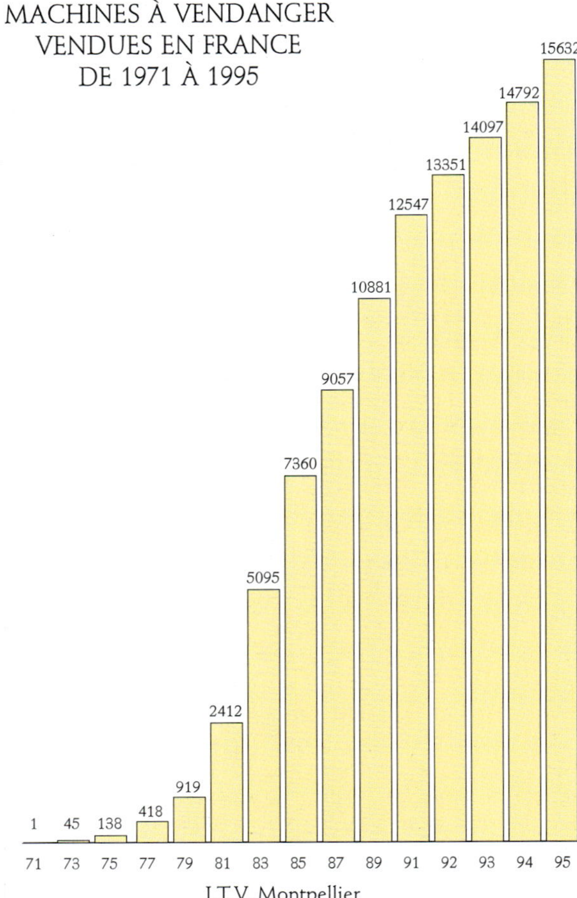

Machine à vendanger tractée.

Machine à vendanger automotrice.

Si l'on se réfère au rapport nombre de machines/surface du vignoble, la région de Cognac est certainement la plus mécanisée, suivie par le Bordelais, le Languedoc et les régions de l'ouest de la France : Val de Loire, Anjou, Muscadet. Après certaines réticences, les Côtes du Rhône s'adonnent largement à ce mode de récolte, ainsi que, à un moindre degré, la Bourgogne et l'Alsace, et même le Beaujolais y pense sérieusement. Cet essor de la mécanisation des vendanges est sans aucun doute lié aux économies réalisées grâce à ce mode de récolte.

Le nombre de vendangeurs que peut remplacer une récolteuse mécanique est fonction de la catégorie de la machine, du vignoble et du type de chantier, et se situe dans une large fourchette de 30 à 100 personnes. Autrement dit, une machine peut désormais faire en huit jours ce qui était accompli en trois semaines par 50 personnes. La mécanisation des vendanges a donc beaucoup apporté à la viticulture au plan de la compression des coûts d'exploitation. Cela ne doit cependant pas faire oublier que sa mise en œuvre, pour être bénéfique, doit s'accompagner du respect de certaines règles viticoles et œnologiques.

LA MICROBIOLOGIE DU VIN

Les microbes existant sur le raisin, dans le moût ou le vin sont à l'origine des différents types de fermentation, mais également d'activités nuisibles à la vinification et à la conservation des vins. Il est donc nécessaire de savoir favoriser les uns et lutter contre le développement des autres.

Le raisin et, surtout, le vin, qui contient de l'alcool, sont des milieux peu favorables au développement des microbes, car ils sont pauvres en substances azotées et ont un pH bas. Ces facteurs font que l'on ne trouve pas de germe pathogène dans le vin.

Trois types de microbes interviennent dans l'élaboration du vin. Ce sont les moisissures, en particulier le *Botrytis cinerea,* les levures et les bactéries lactiques. Elles peuvent, suivant les cas, avoir une action favorable ou défavorable.

Le *Botrytis cinerea*

Cette moisissure, qui se développe dans la pellicule du raisin, a des effets favorables quand elle se transforme en pourriture noble. Elle permet alors de produire des vins liquoreux comme le Sauternes ou les Coteaux-du-Layon. Le plus souvent, toutefois, cette moisissure a des effets néfastes.

Elle forme la pourriture grise qui produit des glucanes, polymères du glucose qui gênent la clarification du vin. Elle génère également la laccase, enzyme soluble qui oxyde les composés polyphénoliques, modifie la couleur du vin et peut lui communiquer des goûts désagréables.

Les levures et la fermentation alcoolique

Les levures, indigènes ou exogènes, jouent un rôle considérable lors de la fermentation alcoolique. De très nombreuses espèces et souches de levures sont présentes sur la vigne et le raisin, ainsi que dans le moût, le vin et les caves. Elles se différencient notamment par leur morphologie, leur mode de reproduction, leur métabolisme, en particulier vis-à-vis des sucres. De plus, dans une espèce donnée existent de nombreuses souches qui peuvent se distinguer par un ou plusieurs caractères pouvant influencer la vinification, tels que la résistance à l'alcool, la possibilité de floculation ou la production d'anhydride sulfureux.

Les cellules de levure ont des dimensions variables allant de 2 à 10 millièmes de millimètre. Leurs formes varient : sphérique, elliptique, apiculée... Elles se reproduisent par bourgeonnement, scissiparité ou formation de spores qui, après germination, donnent de nouvelles cellules de levure.

Il n'existe pas de levures à l'intérieur du raisin lui-même mais uniquement à sa surface. Dès que le raisin est transformé en moût, il s'opère une multiplication rapide de deux types de levures : des levures apiculées du genre *Hanseniaspora,* très nombreuses mais peu résistantes à l'alcool, puis des levures elliptiques, *Saccharomyces cerevisiae,* qui permettent la transformation des sucres en alcool.

Les souches de *Saccharomyces cerevisiae* sont donc responsables de la fermentation alcoolique, qui est le principal processus de la transformation du raisin en vin. Ces levures se multiplient grâce à un métabolisme fermentaire et atteignent assez rapidement une population de 50 à 150 millions de cellules par millilitre de moût.

Les deux sucres du raisin, le glucose et le fructose, sont essentiellement transformés par les levures en éthanol et en gaz carbonique. Cette transformation s'accompagne d'un dégagement de chaleur de 25,4 Kcal pour 180 grammes de sucre. Il se produit également du glycérol, des esters, des alcools supérieurs de l'aldéhyde éthylique, de l'acide acétique, de l'acide succinique, toutes substances qui interviennent sur la flaveur des vins. Certains de ces produits sont parfois recherchés pour la production de vins particuliers. C'est le cas, par exemple, de l'éthanal, essentiel pour l'élaboration des vins sous voile comme le vin jaune du Jura.

Saccharomyces cerevisiae métabolise très faiblement l'acide malique du raisin en produisant de l'éthanol, ce qui a pour effet de diminuer l'acidité du vin. Certaines autres espèces de levures, telles les *Schizosaccharomyces,* sont capables de consommer la totalité de l'acide malique et ont été utilisées dans certains cas pour obtenir des vins ne contenant plus d'acide malique.

Lorsque la levure a achevé la fermentation alcoolique, elle est capable de rejeter dans le milieu vin des acides aminés et des

Floc de levures du genre Saccharomyces cerevisiae, *levures utilisées pour effectuer la fermentation alcoolique.*

nucléotides. La composition du vin en acides aminés est donc différente de la composition du moût dont il provient. Par ailleurs, la levure, lorsqu'elle ne se développe plus, procède à son autolyse, c'est-à-dire se détruit en libérant ses constituants cellulaires. Cette opération est plus ou moins longue suivant les souches de levures et le milieu. Elle peut ne se produire qu'après plusieurs mois et peut durer plusieurs années. Ce phénomène est recherché dans l'élaboration des vins mousseux préparés suivant la méthode champenoise.

Les levures absorbent également les sulfates et les acides aminés soufrés présents dans le moût et, à partir de ces substrats, produisent de l'anhydride sulfureux, ce qui offre l'avantage de protéger le vin contre l'oxydation mais gêne, par contre, la seconde fermentation en bouteille des vins faits selon la méthode champenoise. D'autres productions des levures, l'hydrogène sulfureux et les thiols, donnent au vin des odeurs indésirables.

Enfin, certaines souches de levures dégradent certains composés polyphénoliques, ce qui génère l'apparition de phénols volatils ayant un seuil aromatique très faible, parfois utile, parfois nuisible.

Les arrêts de la fermentation alcoolique peuvent avoir plusieurs causes : insuffisance de remontage avec aération, température de fermentation trop élevée, action inhibitrice de l'éthanol ou carence en azote et en thiamine.

Mais il a été démontré que la levure sécrète également, au cours de sa croissance, des substances inhibitrices, principalement des acides gras qui agissent en synergie avec l'éthanol. C'est la raison pour laquelle on emploie les parois des levures, appelées écorces de levures, qui absorbent une partie des acides gras inhibiteurs et permettent de stimuler la fermentation alcoolique ou de prévenir certains arrêts de fermentation.

Le mécanisme *killer* joue également un rôle dans l'emploi des levures en vinification. Une levure *killer* est une levure qui sécrète une toxine qui tue les souches de levures sensibles. Mais il existe des couches neutres qui ne produisent pas de toxines et résistent à ces dernières. Ce mécanisme intervient donc dans la concurrence entre souches de levures. Il est préférable d'utiliser comme levain des souches neutres ou *killer* afin d'éviter que les levures sélectionnées soient éliminées rapidement par les souches indigènes killer.

Certains facteurs, comme la température, favorisent ou inhibent le développement des levures, celles-ci se développant entre 13 et 38 °C. À mesure que le degré alcoolique augmente, les levures sont plus sensibles à l'action de la température. Ainsi il est souvent nécessaire de réchauffer les moûts pour faciliter le démarrage de la fermentation alcoolique, mais il est indispensable de les refroidir durant la fermentation, car les levures, sous l'action de la chaleur, risquent de voir leur activité s'arrêter.

La présence d'oxygène est également nécessaire au développement des levures, notamment en début de fermentation. Il joue un rôle important dans la fabrication des stérols, constituants de la membrane cytoplasmique. Les stérols augmentent la résistance de la levure à l'éthanol.

La résistance des levures à l'alcool est très variable suivant les souches de levures. Certaines sont sensibles vers 4 à 5 % d'alcool, d'autres à 11 ou 12 %, d'autres enfin vers 18 à 20 %. C'est un critère dont il faut tenir compte selon l'utilisation que l'on veut faire de la levure.

Le pH du moût et du vin ne nuit pas au développement des levures. Celles-ci sont sensibles à des inhibiteurs qui peuvent être apportés par le raisin – fongicides – ou utilisés pour sélectionner les souches de la flore naturelle – anhydride sulfureux – ou pour empêcher le développement des levures dans des vins doux – acide sorbique et anhydride sulfureux.

Souillure constituée de levures, de cristaux de bitartrate de potassium et de tartrate de calcium.

Actuellement, la fermentation alcoolique du raisin s'effectue au moyen de levures indigènes ou d'une souche pure. Les levures sélectionnées sont choisies en fonction d'un certain nombre de critères et du type de vin à élaborer. Les critères retenus sont d'ordre technologique : démarrage rapide de la fermentation, résistance à l'alcool, bon rendement en alcool, adaptation à des températures extrêmes, forte production de glycérol, faible production d'acide acétique, résistance au facteur *killer*, aptitude au séchage, facilité d'emploi... Ils sont également d'ordre organoleptique : production d'arômes particuliers, absence de production de faux goûts et d'écume...

Pour être efficace, l'addition de levures doit se faire après l'élimination du maximum des levures indigènes apportées par le raisin ou le matériel. On procède à cette élimination par addition de gaz sulfureux, par centrifugation ou par filtration. Il convient d'employer une quantité importante de levain d'un pourcentage voisin de 3 à 5 %. Le levurage s'effectue soit par l'emploi de pieds de cuves (levures indigènes), soit par l'apport de levures commerciales ; celles-ci sont apportées en poudre à raison de 10 à 15 grammes par hectolitre. On les appelle alors levures sèches actives. Apparues sur le marché en 1973, ce sont actuellement les plus utilisées. Elles présentent en effet plusieurs qualités : forte densité de levures vivantes (30 milliards par gramme), bonne conservation, bonne vitesse de réhydratation, grande facilité d'emploi.

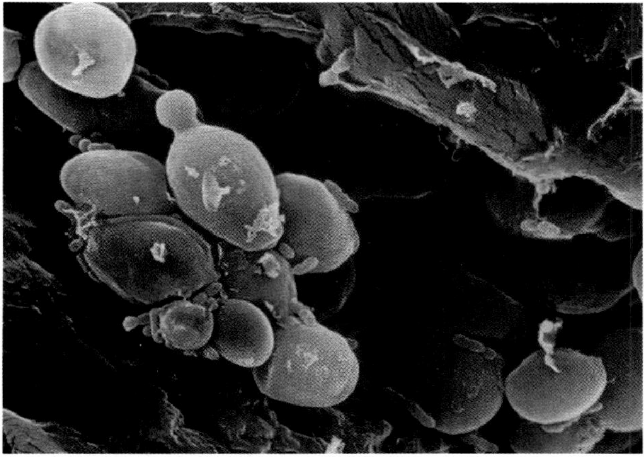

Ensemble de levures et bactéries lactiques.

Le but de la fermentation alcoolique est d'obtenir un bon rendement en éthanol et en produits secondaires et une dégradation complète des sucres. Ce résultat peut être obtenu par une préparation adéquate des moûts et par un ensemencement en levures sélectionnées suivant les critères appropriés au type de vin désiré.

Les bactéries lactiques et la fermentation malolactique

Les bactéries lactiques se caractérisent par la production d'acide lactique à partir de divers substrats. Ces bactéries, de dimensions plus petites que les levures, se reproduisent par scissiparité et peuvent donner des populations de 10^9 cellules par millilitre. Elles ne sont pas sporulées, donc ne présentent pas de résistance, notamment à la chaleur. Elles existent dans le vin sous forme de coques sphériques ou encore de bacilles en bâtonnets.

On rencontre quatre principales espèces de bactéries lactiques sur la vigne, le raisin, le moût, les vins ou dans les chais. Ce sont les bactéries leuconostoc, homolactique, hétérolactique, pédiocoque, et les lactobacilles homolactique et hétérolactique.

Ces bactéries attaquent les sucres en produisant essentiellement de l'acide lactique, de l'acide acétique, du gaz carbonique et de l'éthanol. Mais elles sont capables d'attaquer de nombreux autres substrats que les sucres et, en particulier, l'acide malique. Cet acide est alors transformé en acide lactique et en gaz carbonique. Cette fermentation produite par les bactéries lactiques, qu'on appelle fermentation malolactique, est recherchée pratiquement pour tous les vins rouges, car elle contribue à les stabiliser et à améliorer leurs qualités organoleptiques, en faisant disparaître la verdeur de l'acide malique et en participant à l'évolution de leurs arômes.

En vinification en blanc, elle n'est pas toujours recherchée car la disparition de l'acide malique n'est pas forcément un avantage, notamment au plan gustatif. Certains vins blancs, comme les vins d'Alsace ou les vins de Loire, conservent mieux leur arôme de fruit en l'absence de fermentation malolactique.

Quatre facteurs jouent un rôle important sur le développement de ces bactéries : la température ; le pH ; la présence d'acides aminés et de facteurs de croissance dans le milieu ; la présence d'inhibiteurs, en particulier du gaz sulfureux, utilisé pour éviter l'oxydation, mais aussi pour contrôler les fermentations notamment lactiques. Certaines souches enfin sont peu sensibles à l'alcool : on constate leur développement dans les vins de liqueur.

Dans la pratique, pour essayer de maîtriser la fermentation malolactique, on joue donc essentiellement sur la température – qui doit être supérieure à 18 °C – sur l'acidité – on aura éventuellement recours à une désacidification chimique – et le sulfitage (apport d'anhydride sulfureux), qui doit être modéré.

Il existe des levains de bactéries lactiques. Ils sont constitués le plus souvent de leuconostoc ou de lactobacilles. Ces bactéries doivent être réactivées avant utilisation. Cette réactivation, plus longue que celle des levures sèches actives, doit préalablement avoir lieu de préférence dans un milieu vin. Un certain nombre d'œnologues utilisent également comme levain des vins en cours de fermentation malolactique ou récupèrent les bactéries lactiques de ces vins par centrifugation. Il est vraisemblable que dans un avenir proche la fermentation malolactique pourra être effectuée par des levures génétiquement modifiées, en introduisant dans les cellules de levure d'une part un gène isolé d'un autre genre de levure permettant le transport de l'acide malique à l'intérieur de la cellule, d'autre part un gène isolé d'une bactérie lactique permettant la transformation de l'acide malique en acide lactique et CO_2.

Les contrôles microbiologiques

Les contrôles microbiologiques ont en œnologie plusieurs buts : vérifier les levains utilisés, contrôler la population indigène avant ensemencement, vérifier la multiplication des cellules proliférant dans le vin et surveiller l'absence ou la présence de très faibles populations microbiologiques lors de la commercialisation du produit.

Les techniques utilisées sont les méthodes de culture traditionnelles en milieu liquide ou solide. Elles demandent de trois à huit jours pour donner des résultats. Dans la pratique, on s'assure du bon développement des levures en mesurant la consommation de sucre, notamment par le dégagement de CO_2. On vérifie la multiplication des bactéries lactiques par la mesure enzymatique de l'apparition de l'acide « L » lactique provenant de l'acide « L » malique existant dans le moût de raisin. Les faibles populations de germes vivants sont évaluées par les méthodes de filtration qui permettent de déterminer des populations de l'ordre du germe pour 500 millilitres et même 1 litre.

Actuellement divers moyens de recherche sont mis en œuvre pour améliorer le déroulement des fermentations. Ils vont essentiellement dans trois directions.

Il s'agit tout d'abord d'améliorer le choix des souches de levures par sélection ou création de telles souches par génie génétique. Les chercheurs tentent également d'améliorer le déroulement du processus de la fermentation alcoolique, notamment en ce qui concerne le rôle de la température, de l'oxygène et de l'azote. Il en résulterait une amélioration organoleptique du produit, la disparition des arrêts de fermentation et des économies en investissement et en fonctionnement. Enfin, ceux-ci essayent de maîtriser les populations de souches microbiennes choisies – levures ou bactéries – en utilisant notamment la technique des germes fixés ou inclus dans un gel. Cette dernière méthode paraît particulièrement intéressante pour maîtriser la prise de mousse des vins mousseux.

LA TECHNOLOGIE DU VIN

La fermentation du raisin est un phénomène parfaitement naturel que l'homme utilise pour les besoins de son alimentation et de son plaisir depuis les temps les plus anciens. Cependant l'élaboration du vin n'est plus aujourd'hui cette suite de gestes empiriques dictée par l'instinct et les traditions. Le foulage au pied, le pressoir à vis, le soutirage artisanal tendent aujourd'hui à disparaître et font place à des opérations automatisées et scientifiquement contrôlées. Mais si la vinification peut paraître perdre de son mystère, le vin, lui, y gagne en originalité.

Il est généralement admis que l'état de maturité des raisins détermine en grande partie la qualité des vins. Tout facteur ayant une quelconque action sur la maturation du fruit pourra donc exalter ou diminuer cette qualité. Parmi ces facteurs, le climat, le microclimat ou le terroir sont difficilement influençables. En revanche, le vigneron peut agir par le choix des cépages et surtout sur celui des façons culturales. Mais pour faire un bon vin, il ne suffit pas d'avoir une bonne vendange, il faut également savoir l'exploiter judicieusement. C'est pourquoi le viticulteur et le vinificateur doivent se trouver dans un rapport de parfaite complémentarité dont dépendra la qualité du produit final qu'est le vin.

L'élaboration du vin à partir du moût de raisin se fait au moyen de la vinification, qui englobe l'ensemble des procédés à mettre en œuvre en vue d'effectuer cette transformation. La constitution du raisin – présence ou absence de matière colorante – et la durée de la macération – contact entre le moût et les matières solides, notamment les pellicules – déterminent le type de vinification : en blanc, en rouge ou en rosé. La macération intensifie l'effet colorant. Selon la nature du raisin, trois cas peuvent se présenter :

Le Sylvaner, raisin blanc à baies et pellicule incolores, a donné son nom au vin blanc le plus consommé d'Alsace.

▷ Les raisins sont blancs mais avec des baies à pellicule et pulpe incolores. On leur applique toujours la vinification en blanc et il est important que seul le jus du raisin, débarrassé des parties solides de la grappe, soit amené à fermenter. Il convient également d'éviter la macération et l'oxydation.

Le Pinot noir, cépage roi de la Bourgogne, à pellicule colorée et pulpe incolore, est vinifié en rouge.

▷ Les raisins sont colorés et les baies ont une pellicule et une pulpe colorées. On les appelle raisins « teinturiers ». Que l'on fasse ou non appel à la macération, on obtiendra, avec de tels raisins, un vin rouge. En fait, ils sont rarement utilisés seuls, mais ils peuvent servir, en association avec d'autres cépages rouges, à accentuer l'intensité colorante du vin.

▷ Les raisins sont colorés mais les baies ont une pellicule colorée et une pulpe incolore. Les trois types de vinification peuvent être utilisés, la durée de la macération les définit. Ainsi, s'il y a absence de macération, la vinification se fait en blanc. Si la macération est longue, il s'agit d'une vinification en rouge. Si la macération est courte, l'on procède à une vinification en rosé.

L'Alicante Bouschet est l'un des rares raisins autorisés pour la coloration des vins rouges ordinaires en France.

VINIFICATION EN BLANC ET EN ROSÉ

Pressoir vertical traditionnel en Alsace. La vendange a été préalablement égrappée pour empêcher tout contact des rafles avec le moût.

Les vins blancs présentent une grande diversité de goûts et de structures. Ils peuvent être secs, moelleux, doux ou liquoreux, plus ou moins aromatiques, de garde ou à consommer à l'état jeune. Leur nature finale dépend en premier lieu du cépage et du type de raisin produit ainsi que de son état de maturité, mais également des divers procédés de vinification et de conservation utilisés. Il est important que seul le jus de raisin, débarrassé des parties solides de la grappe, soit amené à fermenter. Mais dans certains cas précis, la macération pelliculaire à froid, sur vendange égrappée, peut être envisagée afin d'extraire davantage de composés aromatiques à partir des pellicules des baies.

La maturité du raisin

Afin que l'équilibre alcool-sucre-acidité du vin soit le plus harmonieux possible, il faut obtenir lors de la récolte le meilleur rapport sucre/acidité totale. Pour cette raison, dans les régions où l'acidité diminue de manière trop intense, il est parfois nécessaire de vendanger avant la date de maturité complète des grappes. Dans les régions où elle est suffisamment élevée mais où le taux de sucre est insuffisant – dans les vignobles septentrionaux par exemple –, il est conseillé, voire nécessaire, d'attendre la meilleure maturité possible et souvent même la surmaturation.

Les vins issus de cépages aromatiques et ceux qui exigent une certaine vivacité nécessitent souvent d'être récoltés quelques jours avant la maturité optimale. C'est le cas notamment des Muscats secs. D'autres, parmi lesquels les cépages alsaciens, exigent la meilleure maturité possible du raisin. La surmaturation leur est même particulièrement favorable. Les vins doux et liquoreux sont toujours obtenus par surmaturation. Les grands vins de ce type sont récoltés par tris de grappes ou de baies surmûries.

Les opérations préfermentaires

Lors de l'élaboration du vin blanc, les opérations préfermentaires revêtent une grande importance. Il convient avant tout d'éviter la macération et l'oxydation (sauf exception précisée ci-dessus). Le plus sûr moyen pour y parvenir est de récolter le raisin à l'état entier et de le maintenir ainsi jusqu'au moment de l'extraction de son moût. Le mode de récolte et de transport du raisin ainsi que les techniques de l'extraction du moût jouent donc un rôle prépondérant.

Actuellement, seule la récolte manuelle permet de vendanger les raisins entiers dans les meilleures conditions pour la vinification en blanc. Mais la récolte mécanique a depuis quelques années réalisé de grands progrès et donne aujourd'hui d'assez bons résultats, si les conditions optimales d'utilisation de la machine à vendanger sont respectées. Si les raisins peuvent quelquefois être récoltés entiers par la machine, la vendange se trouve le plus fréquemment à l'état de baies proprement égrenées, mais aussi, si leur consistance physique n'est pas suffisante, sous forme de baies partiellement éclatées laissant échapper du moût. Le transport rapide de la vendange au chai et l'extraction immédiate du moût peuvent alors limiter les effets de la macération.

Il importe donc que les moyens de transport de la vendange soient choisis pour que la structure de la grappe ne soit pas abîmée. Dans la plupart des cas, il faut préférer ceux qui permettent d'accumuler les raisins sur une faible épaisseur.

L'extraction du moût

On procède généralement à l'extraction du moût au moyen de pressoirs. Le raisin peut y être pressuré entier. C'est le cas notamment pour les Champagnes et les Crémants. Mais il peut aussi bien être préalablement foulé et égrappé. Le foulage et l'égrappage sont effectués dans le but de faciliter l'extraction du moût lors du pressurage, mais aussi dans celui de permettre le transfert de la vendange dans le pressoir par pompage.

Le foulage consiste à faire éclater les baies au moyen d'un fouloir, sans pour autant abîmer les rafles et pellicules ou écraser les pépins. Le modèle de fouloir le plus simple est constitué par deux cylindres cannelés, tournant en sens inverse l'un par rapport à l'autre. La vendange foulée est ensuite reprise par une pompe à piston – avec piston vertical ou de forme ovale – pour être transférée dans le pressoir.

L'égrappage ou éraflage consiste à séparer les baies des rafles afin d'éviter le contact des rafles avec le moût. Cette technique est surtout utilisée lorsqu'il y a crainte d'un enrichissement trop important du vin en tanins. Comme pour le foulage, la vendange éraflée est versée dans le pressoir au moyen d'une pompe.

Le pressurage permet l'extraction complète des moûts. C'est l'une des opérations les plus délicates de la vinification, car la qualité du moût en dépend. Le pressoir doit donc répondre à un certain nombre d'exigences. Il lui faut respecter la structure physique de la grappe, empêcher la macération et l'oxydation, et donner un moût peu chargé en bourbes (matières en suspension). La durée de pressurage doit, par ailleurs, être relativement courte.

Il existe toutes sortes de pressoirs. Autrefois, l'on utilisait des pressoirs verticaux à large maie, produisant un très bon moût. Ce type de pressoir est encore en usage en Champagne. Actuellement, des pressoirs entièrement automatisés sont en action dans de nombreuses exploitations viticoles. L'on distingue trois types de pressoirs mécaniques :

▷ les pressoirs mécaniques discontinus ;
▷ les pressoirs mécaniques continus ;
▷ les pressoirs pneumatiques discontinus.

Leur capacité de traitement varie de quelques centaines de kilos à quelques tonnes.

Les pressoirs mécaniques discontinus sont essentiellement formés par une maie horizontale tournant autour d'un axe central, sur lequel se vissent deux plateaux mobiles qui assurent le pressurage. Les pressoirs pneumatiques discontinus sont constitués par une maie horizontale (cylindre ajouré ou fermé) mobile autour de son axe central comportant une membrane qui, sous l'action d'une pression d'air comprimé, assure l'extraction du moût. Les pressoirs continus assurent le pressurage en continu aussi longtemps qu'ils sont approvisionnés.

Ces différents matériels sont très performants, mais la manière de les utiliser influe autant sur la qualité du moût que leur nature même.

Le débourbage et le sulfitage du moût

Le moût extrait est toujours plus ou moins trouble. Il convient alors de procéder au débourbage, qui consiste à éliminer les bourbes pouvant lui communiquer de mauvais goûts. Il peut être statique ou dynamique. Le débourbage statique consiste à laisser le moût au repos pendant une durée plus ou moins longue, et à séparer ensuite le moût clair des bourbes qui se sont déposées. Le débourbage dynamique est réalisé par centrifugation en continu du moût à sa sortie du pressoir.

Dans les deux cas, un apport d'anhydride sulfureux (SO_2), sous forme solide, liquide ou gazeuse est nécessaire pour protéger le moût contre l'oxydation : c'est l'opération du sulfitage. Il joue également un rôle important d'antiseptique en détruisant les micro-organismes (notamment les bactéries), dont la présence n'est pas souhaitable à ce stade de la vinification. Les doses à ajouter sont surtout fonction de l'état sanitaire des raisins et de la température ambiante.

Le moût clarifié subit ensuite l'opération de la fermentation alcoolique.

La fermentation alcoolique

C'est par la fermentation alcoolique que s'effectue la transformation du moût en vin. Ce phénomène qui de tout temps a intrigué les hommes, en raison de ses manifestations spectaculaires (bouillonnement bruyant), n'a reçu son explication que dans le courant du siècle dernier, grâce aux travaux de Lavoisier, Gay-Lussac, Buchner et surtout de Pasteur. En voici le principe : sous l'action des levures de fermentation, petits champignons microscopiques qui sécrètent des enzymes, se produit la réaction chimique suivante :

Sucre + action levures ⟶ alcool + gaz carbonique + produits secondaires + Q calories

Cette réaction complexe provoque un échauffement tel qu'il est conseillé de refroidir artificiellement le moût, parfois avant même la fermentation. Pour la production des vins blancs de qualité, on conseille actuellement de faire fermenter à température constante de l'ordre de 20 °C. Selon les types de vins blancs à obtenir, cette température peut légèrement varier.

La fermentation alcoolique peut être induite spontanément par les levures fixées sur la pruine des baies, cette matière cireuse qui recouvre leur pellicule. Mais des levures sèches actives peuvent également être ajoutées au moût.

Les produits secondaires issus de la fermentation alcoolique contribuent largement au goût du vin et participent notamment à l'arôme dit « de fermentation ».

La fermentation alcoolique se termine généralement au bout de deux à quatre semaines. Le vin jeune est alors très trouble, car chargé des lies maintenues en suspension par la présence du gaz carbonique. Selon le type de vin à élaborer, il est ensuite soumis à la fermentation malolactique ou stabilisé pour préserver le fruité initial des cépages.

La fermentation malolactique

Cette fermentation secondaire n'est pas encore entièrement maîtrisée mais son déclenchement peut être provoqué par l'addition de bactéries sous forme lyophilisée. Elle provoque, sous l'action de bactéries lactiques, la diminution de l'acidité totale du vin. La réaction globale est la suivante :

Acide malique + action bactéries lactiques ⟶ acide lactique + gaz carbonique + produits secondaires – Q calories

Cette réaction est endothermique et, pour qu'elle se produise, il convient de maintenir le vin à une température de l'ordre de 18 °C. On la pratique généralement peu après la fermentation alcoolique ou lors d'une remise en suspension des lies. On l'utilise surtout pour produire des vins blancs dans lesquels les arômes de fermentation sont préférés aux arômes du fruit – pour certains grands vins blancs de Bourgogne, par exemple – ainsi que pour les vins devant être microbiologiquement stables, afin d'éviter des accidents lors des étapes ultérieures de la vinification.

Pressoir pneumatique horizontal discontinu. Il favorise une extraction du moût douce et sans trituration du raisin.

La stabilisation des vins

Lorsque le vin a subi la fermentation malolactique, il ne peut plus être altéré par des micro-organismes. On le soumet alors à un soutirage, afin de retirer les lies de fermentation. Cette décantation peut se faire à l'air pour réoxygéner le vin et surtout pour faire disparaître certaines odeurs indésirables consécutives à la fermentation malolactique. Un sulfitage suit immédiatement, et permet de stabiliser définitivement le vin jusqu'à la mise en bouteilles.

Lorsque le vin n'a pas subi la fermentation malolactique, il est instable et peut notamment être victime des bactéries lactiques. Il faut alors empêcher la rétrogradation de l'acide malique qui confère au vin sa fraîcheur.

Lorsque la fermentation alcoolique est totalement achevée, à l'arrêt du dégagement de gaz carbonique, l'on ôte les grosses lies par soutirage.

Le sulfitage permet ensuite de protéger rapidement le vin contre les micro-organismes. Puis, environ deux mois après la fin de la fermentation, l'on procède à une préclarification. Celle-ci s'effectue généralement au moyen de la filtration à alluvionnage continu, par centrifugation, ou par l'action combinée de ces deux techniques. Un éventuel apport supplémentaire d'anhydride sulfureux permet d'attendre pour effectuer la mise en bouteilles.

Mise en bouteilles manuelle à Vouvray. Ce procédé n'est plus employé que chez les petits vignerons ou les amateurs.

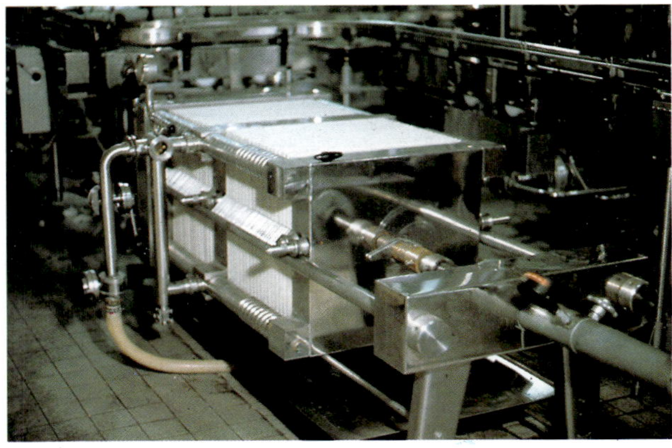

Filtre à plaques. Le filtrage précède la mise en bouteilles et garantit au vin sa brillance.

Parfois, la préclarification est remplacée par une conservation à une température suffisamment basse (10 à 12 °C) pour empêcher tout développement bactérien. La clarification spontanée se poursuit et le vin peut ainsi être gardé sans s'altérer jusqu'à la mise en bouteilles.

La préparation du vin pour la mise en bouteilles

On effectue généralement la mise en bouteilles au cours de l'année qui suit la récolte. La conservation et le vieillissement se poursuivent donc en bouteille. Il arrive parfois que le vin devienne trouble. Les dépôts sont le plus fréquemment dus à des précipitations sous forme de cristaux de sels de l'acide tartrique ou de protéines, sous forme d'un précipité blanc grisâtre floconneux.

Le plus souvent ces dépôts n'altèrent pas le goût du vin. Il se peut même qu'ils le bonifient en l'assouplissant. Il existe néanmoins des traitements préventifs. Pour éliminer les protéines, le moût ou le vin sont collés, c'est-à-dire qu'on leur adjoint un produit spécifique destiné à précipiter le constituant pouvant être à l'origine du défaut. Le vin peut également être traité contre les précipitations tartriques par une mise en stabilisation pendant quatre ou cinq jours à une température de l'ordre de – 4 °C.

Avant la mise en bouteilles, le vin est soumis à une filtration finisseuse qui garantira son brillant. Elle s'effectue soit sur des plaques à pores plus ou moins fins, soit sur des membranes dont les plus serrées ont des pores d'un diamètre de 0,65 microns. Dans le premier cas, la pression influe sur la qualité du résultat final. Il faut qu'elle soit peu importante et régulière.

Il convient que le matériel de mise en bouteilles soit d'une propreté scrupuleuse. La mise en bouteilles peut se faire manuellement, mais il existe aujourd'hui toute une gamme d'appareils effectuant, séparément ou non, les différentes opérations de remplissage, bouchage-capsulage et étiquetage.

Les vins blancs élevés sous bois

Ces vins peuvent provenir de moûts fermentés sous bois. Ils ont généralement subi la fermentation malolactique et sont élevés pendant un certain temps en pièces.

Le bois de ces pièces les type et leur communique une saveur très agréable. La mise en bouteilles est alors plus tardive et

LA VINIFICATION EN BLANC

Raisins

Fouloir à rouleaux

Égrappage (éventuel)

Pressoir mécanique horizontal

Cuve de débourbage ou débourbage dynamique

Cuve de fermentation

Sulfitage

Fermentation malolactique éventuelle

Soutirage

Préclarification

Collage ou mise en stabilisation

Filtration

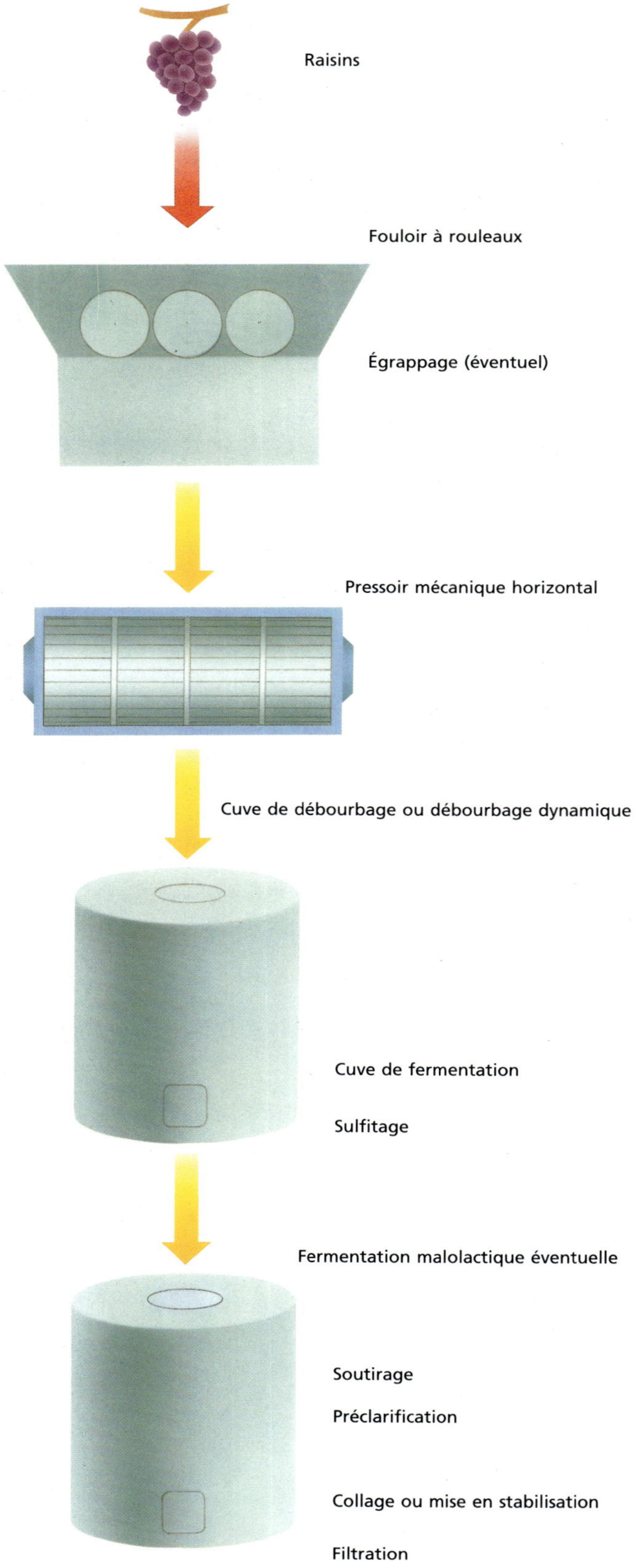

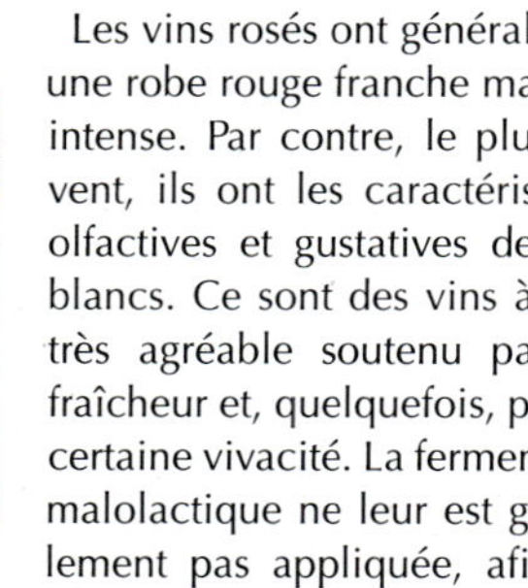

précédée par un collage de clarification, suivi, juste avant le conditionnement, d'une filtration peu serrée permettant de retenir les matières en suspension.

La vinification en rosé

Les vins rosés ont généralement une robe rouge franche mais peu intense. Par contre, le plus souvent, ils ont les caractéristiques olfactives et gustatives des vins blancs. Ce sont des vins à fruité très agréable soutenu par une fraîcheur et, quelquefois, par une certaine vivacité. La fermentation malolactique ne leur est généralement pas appliquée, afin que l'arôme primaire du raisin reste prédominant.

Le vin rosé est obtenu à partir de raisins à pellicule colorée et à pulpe incolore ayant subi une macération de courte durée. En fait, certains vins rosés élaborés à partir de raisins très riches en matière colorante et suffisamment mûrs peuvent être obtenus par simple pressurage de la vendange rouge ; c'est le cas des vins rosés d'Anjou et de Touraine (bouteille type ci-dessus). Le moût écoulé est ensuite soumis aux techniques de la vinification en blanc. Mais une légère macération est souvent nécessaire pour communiquer au vin une couleur soutenue agréable. On connaît également les rosés de « saignée », obtenus par écoulage d'une partie du moût d'une vendange en macération depuis quelques heures (vingt-quatre heures de contact au maximum). La majorité des vins rosés de Provence et ceux de Tavel (bouteille type ci-dessous) sont élaborés ainsi. Ce moût non encore en fermentation est ensuite vinifié selon le principe de la vinification en blanc. Ces vins de saignée sont souples, frais et fruités. Quant aux rosés issus d'une macération plus longue de deux à trois jours, ils peuvent, selon le cas, provenir d'un moût qui n'a pas encore commencé à fermenter ou d'un moût en début de fermentation. L'on extrait la totalité du moût par pressurage des marcs puis on assemble les moûts d'égouttage et de presse pour les mettre en fermentation, selon la technique de la vinification en blanc. Pour éviter un jus trop fortement teinté, il est nécessaire de prendre des précautions au cours du pressurage, de façon à ne pas libérer trop de matière colorante. Ce type de vin rosé a une structure un peu plus rude que celle des vins de saignée car elle est plus forte en tanins. Une conservation plus longue en cuves ou en bouteilles est bénéfique à son épanouissement.

La vinification en rouge

Vinifier en rouge consiste à convertir des raisins rouges en vin rouge, par fermentation alcoolique. La particularité de la vinification en rouge repose sur la macération. En effet, contrairement à la vinification en blanc, où seul le jus du raisin est mis en fermentation, les vins rouges sont obtenus en faisant fermenter ensemble, après foulage, le jus et les parties solides du raisin. Par un véritable phénomène d'infusion, la matière colorante, les tanins, de nombreux composés aromatiques contenus dans la pellicule du raisin sont ainsi dissous, donnant au vin rouge sa couleur et son caractère. La composition de la pellicule dépendant largement des conditions extérieures (sol, situation du vignoble) et des conditions climatiques, l'influence du terroir sur l'élaboration des vins rouges est considérable.

L'œnologie moderne a parfaitement décrit les méthodes qui permettent de maîtriser la vinification en rouge dans les meilleures conditions. Elle a su également tirer les enseignements des gestes traditionnels qui furent le résultat de tâtonnements successifs, d'intuitions géniales et de la sensibilité des vignerons, et qui ont parfois conduit au sublime.

Dans un premier temps, le vinificateur a utilisé les apports de l'œnologie pour comprendre les mécanismes de la fermentation et de la macération. Ensuite, il a pu corriger les accidents et déviations pouvant intervenir lors de ces phénomènes et qui conduisent à des déséquilibres du vin pouvant aller jusqu'à l'altération. En cette fin du XXe siècle, l'œnologie a dépassé la seule fonction corrective pour mettre au service du vinificateur un ensemble de connaissances et de techniques lui permettant d'atteindre, à partir d'un cépage et d'un terroir donnés et en fonction d'un schéma de consommation connu, les meilleurs équilibres possibles.

Conditions de la vinification

Il existe un schéma général de la vinification en rouge qui peut être valable dans tous les cas. Mais il est évident qu'il comprend un nombre infini de variantes qui permettent toutes les adaptations possibles. Vinifier, c'est donc utiliser ces différentes possibilités tout en intégrant un certain nombre de données de base. Parmi celles-ci, certaines sont peu variables :

▷ le cépage ;
▷ le terroir ;
▷ le type d'élevage et de consommation : le vin peut être un primeur ou un vin de longue garde qui sera élevé en barriques, puis en bouteilles.

D'autres sont variables :

▷ le type de récolte : vendange manuelle ou mécanique ;
▷ les conditions du millésime : état de maturité du raisin, état sanitaire de la vendange ;
▷ le matériel de vinification utilisé.

Gommer les aspects négatifs de la vendange et donner leur meilleure dimension aux facteurs positifs, tel est le rôle du responsable de la vinification. Il ne s'agit pas, bien entendu, de faire que le vin produit soit chaque année identique, mais, bien au contraire, de conserver et de mettre en valeur le caractère propre à chaque millésime en recherchant le meilleur résultat possible, à partir d'une matière première donnée.

Les vendanges. Cette tapisserie de la fin du XVe siècle constitue un précieux témoignage sur les méthodes de vinification de l'époque. Le raisin vendangé à la serpette puis transporté dans des paniers d'osier était foulé au pied, pressuré dans un pressoir à vis, puis mis en tonneaux. « Tapisserie aux mille fleurs. » Musée de Cluny.

Le déroulement de la vinification

La vinification en rouge consiste à effectuer un certain nombre d'opérations de base. Ce sont :

▷ le foulage, par lequel le raisin libère le jus qu'il contient ;
▷ l'égrappage, qui permet de séparer les baies de la rafle (partie végétale de la grappe de raisin). Seules les baies sont utilisées pour la vinification ;
▷ le contrôle de la vendange ;
▷ les traitements préfermentaires ;
▷ la mise en cuve de fermentation ;
▷ la macération et la fermentation, qui interviennent conjointement ;
▷ l'écoulage, qui est le soutirage de la partie liquide de la cuve de fermentation appelée « vin de goutte » ;
▷ le décuvage, qui consiste à retirer de la cuve de fermentation le marc constitué par les parties solides de la vendange ;
▷ le pressurage, qui est l'extraction du jus encore contenu dans le marc et qui produit le « vin de presse » ;
▷ la mise en cuve d'achèvement ;
▷ la fermentation malolactique, transformation par les bactéries lactiques de l'acide malique du vin en acide lactique et en gaz carbonique ;
▷ le débourbage, qui consiste, après avoir laissé le vin reposer un certain temps, à séparer la partie claire des lies – ou des bourbes – qui se sont déposées au fond de la cuve.

Le vin rouge est alors achevé ; commencent sa conservation et son élevage.

Chacune de ces opérations met en œuvre divers matériels, contrôles et techniques qui lui sont propres et qui peuvent être très différents d'un cas à un autre.

Le foulage

Lorsque les raisins ont été récoltés et transportés au chai avec précaution, ils sont entiers. Pour libérer leur jus et permettre la fermentation et la macération, ils doivent être foulés. Le foulage, autrefois pratiqué au pied dans des cuves sans couverture, est actuellement complètement mécanisé.

Le matériel le plus répandu est constitué de rouleaux cannelés qui tournent en sens inverse et écrasent les raisins. Tous les degrés de foulage sont possibles en fonction du type de fouloir, de l'écartement des rouleaux, etc. Ainsi le jus peut être plus ou moins complètement extrait, ce qui entraîne des conditions de macération différentes.

Par l'utilisation d'un foulage plus ou moins intense, le vinificateur a déjà une influence directe sur la qualité du vin à venir.

Il est généralement admis que la macération et l'extraction des matières solides du raisin seront d'autant plus facilitées que le foulage sera complet. Mais la technique de vinification par macération carbonique suppose de placer les raisins entiers, sans qu'ils aient subi aucun foulage ni égrappage, dans la cuve de vinification.

L'égrappage

La séparation de la rafle et de la baie de raisin reste facultative. Elle est utilisée chaque fois que la macération doit être assez longue et que le risque de dissolution des substances présentes dans la rafle, préjudiciables à la qualité du vin car elles lui communiquent un goût herbacé et amer, est à craindre.

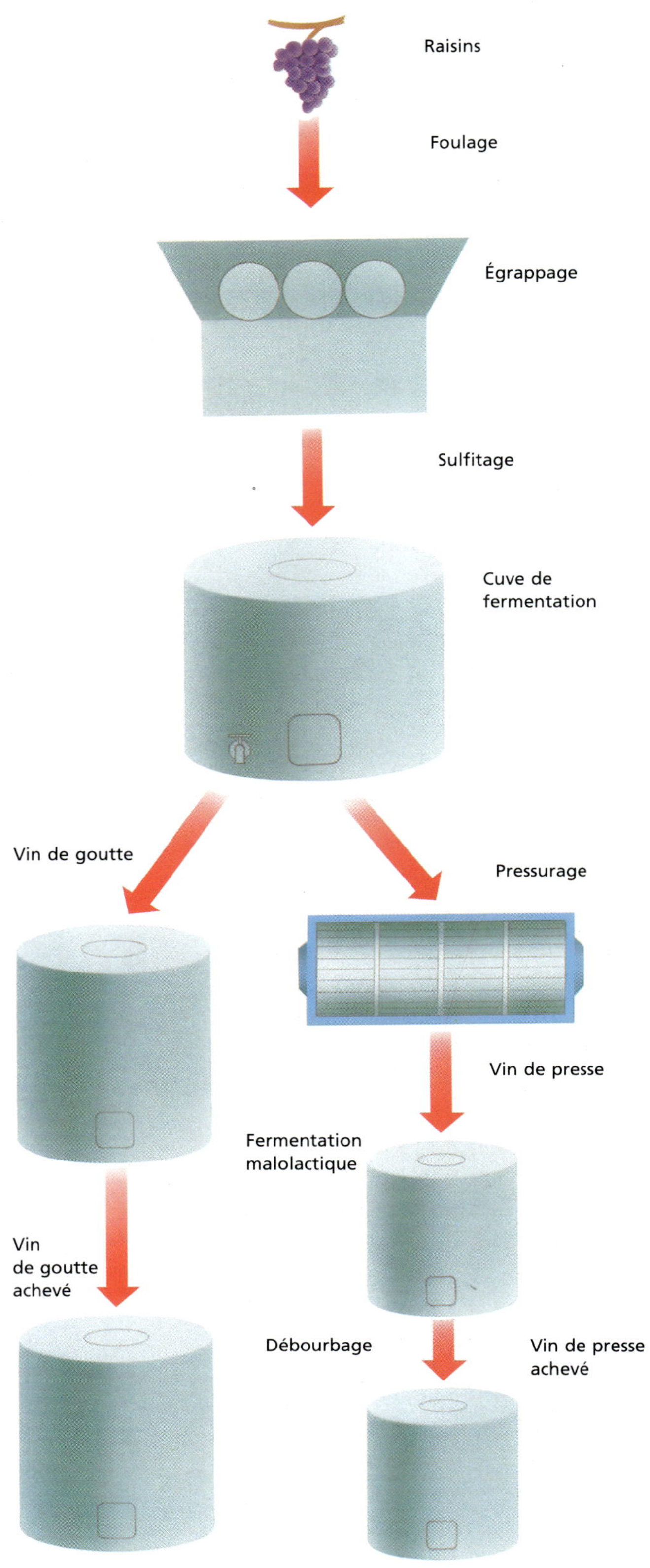

SCHÉMA DE LA VINIFICATION EN ROUGE

Lorsque la macération est courte, la diffusion des composants de la pellicule du raisin est toujours plus rapide que celle des composants de la rafle. Ces derniers n'ont donc pas le temps de passer dans le moût et l'égrappage peut devenir superflu.

L'égrappage, autrefois manuel, est aujourd'hui mécanisé. Il peut, dans certains cas, être pratiqué avant le foulage.

Le contrôle de la vendange

Afin d'orienter au mieux la vinification, le vinificateur doit bien connaître la matière première qu'il va travailler. Il effectue pour cela une série de contrôles, parmi lesquels les plus importants sont le contrôle de l'origine du raisin et celui de la maturité et de l'état de la vendange.

L'origine du raisin est définie notamment par le cépage, l'âge de la vigne, le rendement, la situation de la parcelle.

Quant à l'état de la maturité, il est déterminé par l'observation visuelle et le contrôle analytique des paramètres suivants :

▷ poids moyens des grains ;
▷ richesse en sucres des baies ;
▷ acidité totale des baies.

L'état de la vendange doit également faire l'objet de contrôles. La récolte peut, en effet, se trouver partiellement compromise par une mauvaise protection de la vigne, par des maladies, ou par des conditions climatiques défavorables. Ensuite, au moment de la vendange, il convient de veiller à l'état physique des raisins. Ceux-ci peuvent être intacts si la récolte se fait manuellement et si le transport est soigné. Mais il arrive que leurs baies soient plus ou moins éclatées en raison d'un ramassage mécanique ou de mauvaises conditions de transport.

Ces observations sont déterminantes et permettent au vinificateur d'orienter ses choix de vinification et de procéder à un acte essentiel : la sélection. Celle-ci consiste à trier les raisins compte tenu des différents paramètres de contrôle et de la vinification de chaque groupe à part.

Les traitements préfermentaires

Ils interviennent avant ou pendant le remplissage de la cuve de vinification. En vinification en rouge, ils sont peu nombreux. Les principaux sont le sulfitage et le levurage.

Le sulfitage

L'addition d'anhydride sulfureux (SO_2) à la vendange a deux effets : un effet antioxydant et un effet antibactérien. Un effet antioxydant, car l'anhydride entraîne l'action des oxydases du raisin qui procèdent à l'oxydation des composés phénoliques – tanins et matière colorante. L'anhydride inhibe les bactéries lactiques dont l'action est indésirable jusqu'à épuisement complet des sucres du milieu. Le dosage de l'anhydride est très délicat. Tout dosage insuffisant entraîne, en effet, des risques d'oxydation ou d'intervention prématurée des bactéries lactiques. Tout dosage excessif provoque une destruction totale de ces mêmes bactéries rendant difficile, voire impossible, la fermentation malolactique. Par ailleurs, dès le début de la fermentation, les levures produisent de l'éthanal en quantité proportionnelle à l'anhydride présent. Or, une dose d'éthanal trop élevée dans un vin limite sa bonne conservation et ses qualités hygiéniques. Il faut donc toujours utiliser la dose minimale d'anhydride.

Une autre règle essentielle à respecter est la bonne répartition de l'anhydride dans la masse de la vendange. La meilleure solution consiste à utiliser une pompe doseuse sur la tuyauterie de pompage. Celle-ci se met en route automatiquement en même temps que la pompe à vendange.

Le levurage

Les raisins portent à leur surface, sur la pellicule, des levures qui, lorsqu'elles sont en contact avec le jus, se multiplient et génèrent la fermentation. Le levurage, qui consiste à faire sur la vendange un apport massif de levures destinées à prendre possession du milieu à la place des levures naturelles, n'est pas une pratique systématique. Cependant, dans certains cas, il se justifie par la

La macération carbonique

Cette technique de vinification assez largement répandue en Beaujolais pour la production de vins de primeur consiste à placer la vendange entière dans une cuve préalablement emplie de gaz carbonique. Sous l'effet de ce gaz, un phénomène particulier nommé « fermentation intracellulaire » se produit. Il entraîne, à l'intérieur des cellules des baies intactes de raisin, la formation d'une petite quantité d'alcool et une perte d'acidité par autoconsommation d'acide malique. Cette fermentation s'accompagne de la production de substances aromatiques typiques.

Une cuvaison courte de quatre à six jours permet d'obtenir des vins très floraux, dont la souplesse est immédiatement acquise. La macération carbonique est maintenant très largement appliquée pour l'élaboration de vins de garde dans le vignoble méditerranéen. La durée de macération est alors beaucoup plus longue – de dix à vingt jours – et la structure tannique du vin, ainsi que son aptitude au vieillissement, sont identiques à celles que l'on obtient par la vinification traditionnelle. Les vins sont cependant plus parfumés, riches et ronds et leurs caractères propres sont plus développés.

Cuves en acier inoxydable au château de Loudenne.

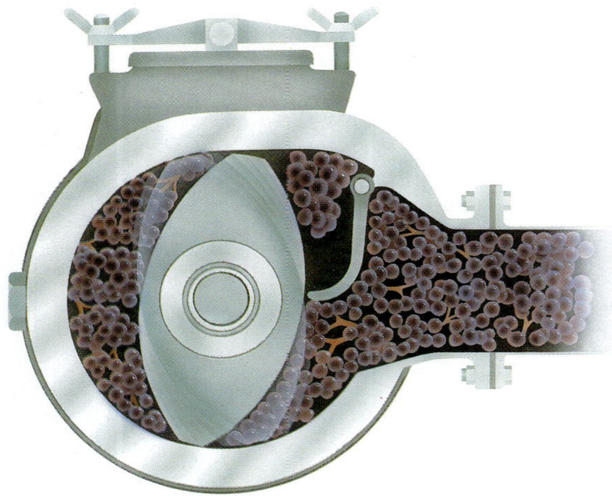

Pompe à olive. Ce nouveau type de pompe respecte davantage le raisin en limitant sa trituration.

qualité médiocre des levures naturelles ou la nécessité de provoquer rapidement la fermentation. Les levures sèches proviennent de sélections rigoureuses de levures naturelles choisies pour leur pouvoir fermentaire et leur neutralité aromatique.

La mise en cuve

Cette opération, banale en apparence, est cependant primordiale car, si elle se déroule mal, la qualité du vin peut en souffrir. En effet, la mise en cuve suppose en général un transport jusqu'au cuvier, depuis le lieu de réception de la vendange. Il doit être tenu pour règle que ce voyage soit le plus court possible. La solution idéale consiste à apporter directement la vendange au-dessus des cuves. C'est alors le fouloir qui est déplacé sur la cuve en remplissage. Malheureusement, le plus souvent, le lieu de réception et le cuvier sont séparés et la situation est encore aggravée lorsque ce dernier se trouve en hauteur par rapport au point de réception. Plus la distance et la hauteur à franchir sont grandes, plus la trituration de la vendange est importante et préjudiciable au vin. Le transport était autrefois généralement effectué par des pompes à piston de gros diamètre prolongées par une tuyauterie. Depuis une vingtaine d'années, il existe une génération de pompes plus respectueuses de la vendange et acceptant que celle-ci ne soit pas préalablement foulée. Ce sont les pompes à olive. Plus récemment, de nouveaux modèles de pompes, dont l'action mécanique est de plus en plus douce, sont apparus.

La disposition du cuvier, la forme, la taille et le matériau de construction des cuves jouent également un rôle important, car ils influencent les conditions de fermentation et de macération, ainsi que la qualité des conditions de travail.

Les matériaux utilisés pour les cuves de vinification sont le bois, le ciment, l'acier émaillé et l'acier inoxydable. Seul matériau autrefois utilisé, le bois est aujourd'hui en voie de disparition en raison de la difficulté de construction de récipients de grand volume et du manque de garanties d'hygiène qu'il présente. Par ailleurs, seule l'utilisation de bois neuf peut contribuer à l'amélioration réelle de la qualité du vin. Elle est donc limitée à de grands vins vinifiés dans des barriques de chêne neuf de petite capacité. Depuis le début du siècle, les cuves en ciment ont remplacé progressivement les récipients en bois. Ce matériau, facile à mettre en œuvre et assez bon marché, présente une bonne inertie et des conditions d'hygiène convenables dès qu'il est recouvert par une couche de tartre. Mais les cuves en ciment, une fois construites, ne peuvent pas être déplacées. Par ailleurs, leur remise en état lorsque leur vétusté devient trop grande est très onéreuse.

Les cuves en tôle d'acier sont revêtues, à l'intérieur, d'une fine couche de résine époxy alimentaire parfaitement neutre, constituant une surface lisse et permettant une hygiène parfaite. Ces cuves restent, sauf pour de très grands volumes, facilement déplaçables. Leur seul défaut consiste dans une relative fragilité du revêtement intérieur aux coups qui peuvent être portés lors des opérations de décuvage.

La netteté des surfaces et l'inertie quasi totale de l'acier inoxydable le font souvent préférer à tout autre matériau malgré son prix d'achat qui demeure, en général, élevé.

Une cuve destinée à la vinification en rouge comprend :

▷ une trappe supérieure de 40 centimètres de diamètre au minimum pour permettre le remplissage ;

▷ une trappe de visite. Elle permet d'entrer dans la cuve pour les opérations d'entretien et de retirer le marc lorsque le vin a été écoulé. La hauteur de la trappe par rapport au fond de la cuve doit correspondre à la hauteur moyenne de marc restant après écoulage ;

▷ deux robinets au moins, dont l'un, placé au fond de la cuve, assure l'écoulement total. Il doit comporter une grille intérieure permettant de filtrer les parties solides ;

▷ un circuit de remontage ;

▷ un robinet dégustateur grâce auquel seront effectués les échantillonnages nécessaires aux contrôles de fermentation ;

▷ un thermomètre donnant la température du moût ;

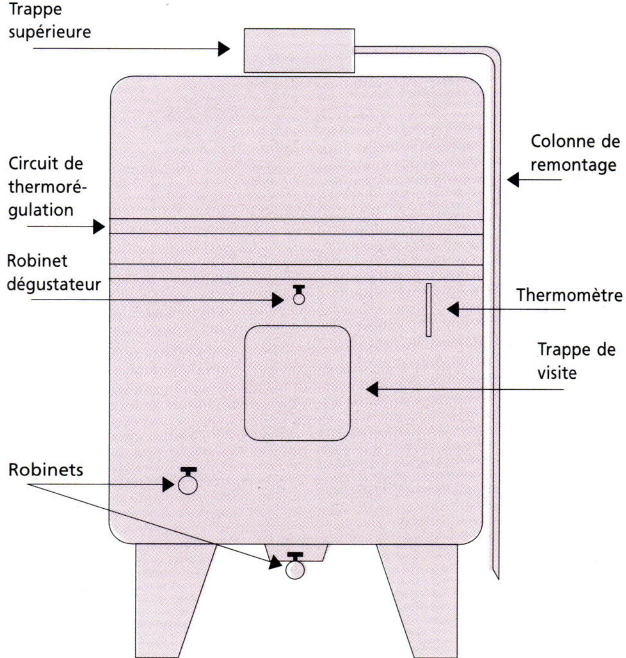

UNE CUVE DE VINIFICATION

▷ un circuit de thermorégulation permettant d'assurer la température choisie par le vinificateur pour la fermentation.

Des cuves à décuvage automatique, permettant l'extraction automatique du marc, ont été proposées. Les unes possèdent une forte pente et une trappe de grande dimension actionnée par vérin. Le marc est extrait par simple gravité.

Les autres possèdent un équipement mécanique constitué par un râteau, reposant sur le fond de la cuve, qui entraîne le marc par un mouvement tournant dans une goulotte équipée d'une vis sans fin. Ces cuves sont peu diffusées en raison de leur prix élevé et cela malgré les économies de main-d'œuvre qu'elles permettent de réaliser et l'élimination du travail pénible que constitue le décuvage du marc.

Fermentation et macération

Ces deux opérations ne peuvent être dissociées puisqu'elles interviennent simultanément et ont, en outre, de nombreuses interactions.

Lorsque la cuve de vinification a été remplie de vendange, que le sulfitage et, éventuellement, le levurage ont été effectués, la fermentation commence. C'est une phase spectaculaire de la vinification, en raison du bouillonnement provoqué par le gaz carbonique qui s'échappe, et dont la manifestation a toujours intrigué les hommes.

Dès les premiers bouillonnements, le vinificateur doit s'assurer du bon déroulement de la fermentation et de la macération par des contrôles. Il lui faut en premier lieu procéder à des dégustations.

La dégustation est le contrôle le plus important, le plus porteur d'informations et, malheureusement, bien souvent le plus négligé. Savoir goûter un moût en fermentation, en faisant abstraction des éléments masquants que sont le sucre, le gaz carbonique dissous et les matières solides en suspension, est une qualité essentielle au vinificateur, par laquelle il peut apprécier la bonne marche de la fermentation, l'évolution de la macération, la qualité du vin à venir, et, éventuellement, déceler l'apparition d'anomalies.

Au fur et à mesure que les sucres sont transformés en alcool par les levures, la densité du milieu décroît. Le vinificateur suit ainsi la fermentation en mesurant la densité, en apprécie la vitesse et détecte tout ralentissement ou arrêt anormal.

Par ailleurs, la transformation des sucres en alcool par les levures s'accompagne d'une production de calories. La température du milieu en fermentation va donc avoir tendance à s'élever. Il est important de la mesurer simultanément à la densité. Il existe, en effet, pour la bonne marche de la fermentation et de la macération et en fonction du type de vin recherché, une température idéale de vinification qu'il convient de respecter. Elle est variable selon le stade de fermentation atteint. Généralement, on stimule le processus de fermentation à son début en réchauffant un peu la vendange. En effet, les raisins entrent en chai à une température comprise entre 15 et 20 °C. Celle-ci est amenée à 23-24 °C. Elle monte ensuite naturellement. Il convient alors de la maintenir entre 27 et 30 °C par apport régulier de froid. Après l'écoulage, la fin de la fermentation, phase particulièrement délicate, est menée à 23-25 °C. La fermentation alcoolique terminée, le vin est maintenu entre 16 et 20 °C pour permettre une fermentation malolactique rapide.

La température de fermentation et de macération doit faire l'objet de contrôles réguliers. En effet, plus elle est élevée et plus les phénomènes de macération sont complets et rapides. Cependant, au-delà de 30 °C, les levures commencent à mourir et si ce seuil est dépassé, les risques d'arrêt de fermentation sont à craindre.

La maîtrise de la température est donc un acte essentiel de la vinification. De nos jours, des systèmes à échange permettent tour à tour d'apporter au moût ou au vin les calories ou les frigories nécessaires pour maintenir la température idéale.

Moût en fermentation. Cette phase spectaculaire de la vinification se caractérise par un bouillonnement provoqué par le gaz carbonique. Elle a notamment pour résultat la transformation des sucres en alcool et s'accompagne d'une production de calories.

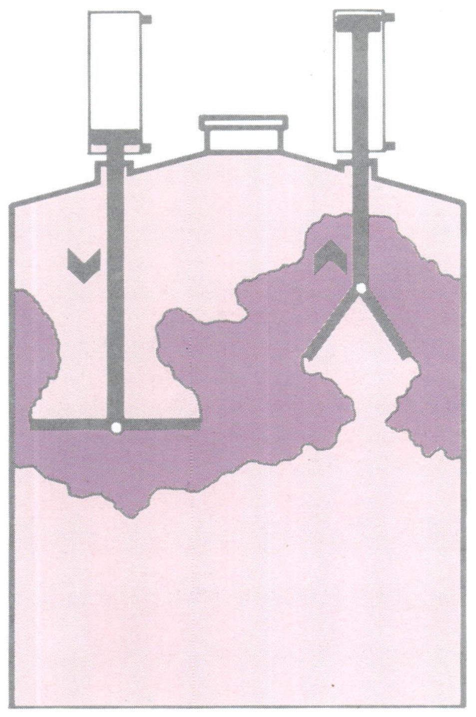

Cuve à pigeage automatique. Le pigeage consiste à favoriser artificiellement l'extraction des composés des parties solides en enfonçant et brisant le marc dans le jus en fermentation.

D'autres contrôles peuvent être effectués, lors de la fermentation, qui nécessitent le plus souvent l'intervention d'un laboratoire. Il s'agit du dosage de l'acidité volatile, du dosage des sucres, du comptage des levures, de l'évaluation de l'activité des bactéries lactiques...

LES CORRECTIONS DE LA VENDANGE

Lorsque les conditions météorologiques d'un millésime ne sont pas favorables, la maturité peut ne pas être normale. Soit elle est incomplète, et les raisins sont trop peu riches en sucres et en acides ; soit elle est trop avancée et donne des vins manquant d'acidité. Le vinificateur peut alors faire appel à des techniques de correction qui permettent de désacidifier le moût ou, au contraire, de lui apporter un supplément d'acidité par addition d'acide tartrique, principal acide naturel du raisin. La correction la plus connue, introduite par Chaptal et nommée chaptalisation, consiste à ajouter du sucre au moût pour retrouver une valeur alcoolique normale. Ces pratiques, soumises à une législation et à des contrôles sévères, sont réalisées sous la responsabilité d'œnologues.

Le vinificateur doit ensuite régler le temps de macération. Dans certains cas, c'est l'extraction maximale des composés des parties solides qui est recherchée. Elle est obtenue par l'augmentation du temps de macération. À Chinon, par exemple, la vendange est laissée en cuve pendant un mois et parfois plus. Il arrive qu'on favorise artificiellement l'extraction par des remontages qui consistent à pomper le moût par le bas de la cuve et à le renvoyer sur le chapeau de marc. Par une autre technique, le pigeage, on enfonce le marc en le brisant dans le jus en fermentation. Le pigeage, autrefois pratiqué au pied, est maintenant réalisé automatiquement par des bras à vérin. Les vins obtenus sont riches en tanins et doivent être élevés et conservés un certain temps avant leur consommation.

Lorsque la composition du raisin mis en œuvre est naturellement très riche, le vinificateur ne recherche qu'une extraction partielle et sélective des substances contenues dans la partie solide. C'est le cas, notamment, dans les vignobles méditerranéens où les durées de cuvaison peuvent être plus courtes.

Pour l'élaboration des vins de primeur, seule une extraction très partielle est recherchée, car les caractères aromatiques primaires sont privilégiés.

L'écoulage

Lorsque le vinificateur juge que la macération est optimale, que la fermentation soit achevée ou non, il provoque l'écoulage. Dès le début de la fermentation, toutes les parties solides de la vendange se sont regroupées en haut de la cuve, formant le « gâteau de marc ». L'ouverture d'un des robinets du bas de la cuve permet alors d'écouler la partie liquide qui est ainsi définitivement séparée des éléments solides. Cette opération arrête la phase de macération. Le jus d'écoulage constitue la partie la plus noble et la plus fine du vin : le vin de goutte.

Le décuvage

Extraire le marc resté dans la cuve après l'écoulage est un travail pénible, encore trop rarement automatisé. On l'effectue à l'aide de fourches, et, le plus souvent, d'un extracteur de marc fonctionnant avec une vis sans fin.

Le pressurage

Une fois le vin de goutte écoulé, le marc contient encore une partie liquide (8 à 15 % du volume total), qui est extraite par pressurage.

Différents systèmes de pressoirs sont utilisés. À l'heure actuelle, si l'on exclut les vieux systèmes à vis, à vérin ou hydrauliques, on utilise trois sortes de pressoirs : le pressoir horizontal à plateaux, le pressoir horizontal pneumatique et le pressoir continu. Dans le pressoir horizontal à plateaux, la vendange est placée dans une cage horizontale et pressée par le rapprochement des deux plateaux situés à ses extrémités. Après un premier serrage, les plateaux s'écartent, provoquant un émiettage du marc : c'est la rebêche, suivie par un nouveau serrage. Trois à cinq serrages permettent l'assèchement complet du marc. Le pressoir horizontal pneumatique est également constitué par une cage horizontale contenant une poche qui sera gonflée d'air, provoquant la compression du marc sur les parois de la cage. Le dégonflement de la poche permet l'émiettage du marc.

Contrairement aux deux autres types de pressoir, le pressoir continu est alimenté de façon continue. Une vis sans fin de gros

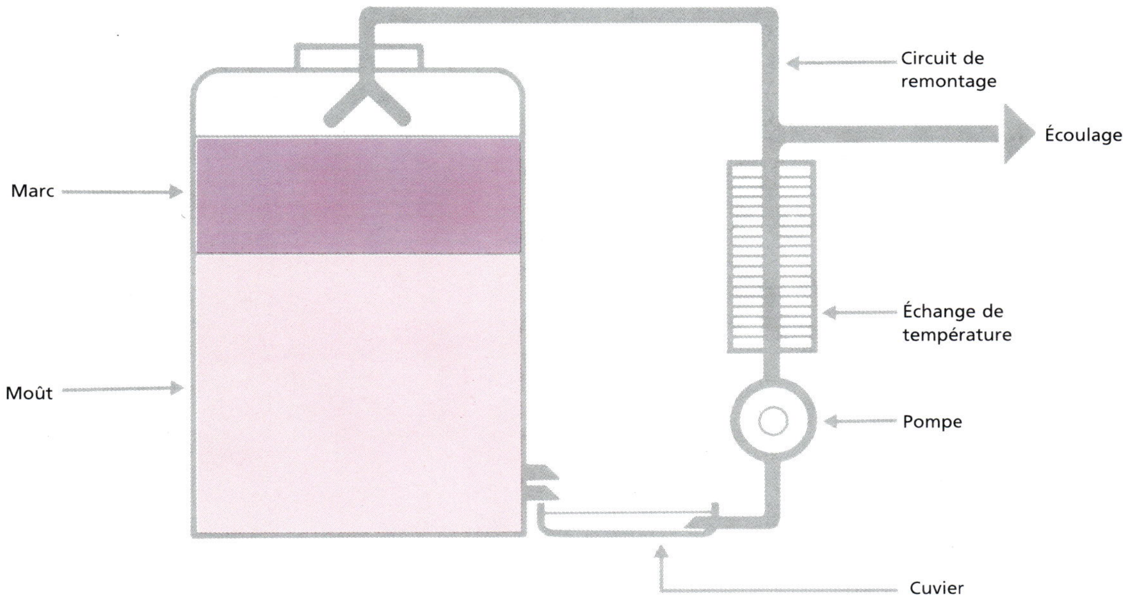

INSTALLATION DE REMONTAGE ET D'ÉCOULAGE

diamètre prend en charge la vendange et la pousse dans une grille horizontale, partiellement obturée par une porte à vérin. Plus rapide que les autres systèmes, le pressoir continu présente l'inconvénient de maltraiter le marc et d'extraire davantage de substances herbacées et de tanins. Produisant des vins de presse de moins bonne qualité, il est progressivement abandonné. Le vin de presse est toujours plus riche en composés extraits des parties solides de la vendange que le vin de goutte. Il est également plus coloré et plus tannique avec, souvent, un degré alcoolique et une acidité totale inférieurs. Plus grossier, il peut néanmoins, s'il est produit avec un pressoir de bonne qualité et s'il fait l'objet de traitements adéquats, être utilisé avec profit en assemblage avec le vin de goutte.

La mise en cuve d'achèvement

Les vins de goutte et de presse sont ensuite placés dans des cuves, où la fermentation, si elle n'était pas achevée au moment de l'écoulage, va se terminer.

La fin de la fermentation est attentivement surveillée par le vinificateur. L'on procède à ce moment à un dosage précis des sucres en laboratoire. Ils ne doivent pas dépasser 2 grammes par litre. Une analyse complète du vin permet d'en connaître la composition exacte.

La fermentation malolactique

Quelque temps après la fin de la fermentation alcoolique, le vin « bouge ». Il est le siège d'une deuxième fermentation qui n'est plus le fait de levures, mais des bactéries lactiques, et qui entraîne la transformation de l'acide malique en acide lactique et en gaz carbonique. Ce phénomène s'accompagne d'une désacidification partielle du vin et d'une amélioration sensible de ses qualités organoleptiques. C'est pourquoi la fermentation malolactique est systématiquement recherchée pour l'élaboration des vins rouges. Son déclenchement étant aléatoire, le vinificateur s'en assurera en réunissant les conditions les plus favorables : température supérieure à 17 °C et utilisation modérée d'anhydride sulfureux sur la vendange.

Le débourbage

Après la fin de la fermentation malolactique, le vin doit être débourbé le plus rapidement possible. Le débourbage consiste, après un temps de repos, à séparer le vin clair des bourbes constituées par les levures, les bactéries lactiques mortes et les dernières particules solides de la vendange qui étaient encore en suspension dans le vin au moment de l'écoulage. Ce soutirage s'accompagne le plus souvent d'une aération du vin et d'un sulfitage d'arrêt, c'est-à-dire d'une addition d'anhydride sulfureux qui servira à protéger le vin au cours de sa conservation.

Pressoir continu. Plus rapide que les autres systèmes de pressurage, il produit néanmoins des vins de presse de moins bonne qualité, car il maltraite le marc.

La méthode champenoise

L'élaboration du vin selon la méthode champenoise a fait école par sa rigueur. Rien n'est laissé au hasard et chaque geste, depuis la cueillette du raisin jusqu'à la mise en bouteille du vin, est exécuté avec précision selon les besoins du produit. Le Champagne exige cinq opérations minutieuses : cueillette délicate (et manuelle) des raisins, dont les grappes entières sont emportées au cuvier ; pressurage à faible pression pour éviter toute macération ; assemblage des vins après la fin de leur fermentation selon les origines et la valeur des crus ; prise de mousse ou seconde fermentation en bouteille ; vieillissement sur lie afin d'enrichir le milieu d'éléments qui donnent aux Champagnes leurs caractères, compte tenu des terroirs, des climats et des hommes qui choisissent de présenter ces vins comme ils les aiment.

2

La culture de la vigne

La vigne est basse et la grande majorité des raisins se trouvent très près du sol afin de profiter au maximum du réchauffement du sol. De plus, on pratique l'effeuillage dans le courant de l'été afin d'aérer les grappes et de les faire bénéficier au maximum des rayons du soleil.

1

Les vendanges (1)

Les vendanges ont lieu fin septembre, début octobre, et la cueillette est obligatoirement manuelle car l'utilisation de la machine à vendanger fait perdre l'appellation à toute parcelle récoltée mécaniquement.

Le pressurage (2)

Le pressurage est effectué très rapidement après la cueillette des raisins, afin que ceux-ci ne s'altèrent pas et pour éviter que la pellicule du grain ne teinte la baie. Il s'effectue de façon très douce, le plus souvent à l'aide de pressoirs verticaux de type champenois, mais aussi, de plus en plus, avec des pressoirs horizontaux à cages ou à membranes. Dans tous les cas, le volume de jus recueilli est de 100 litres pour 160 kilogrammes de vendange entière. On procède systématiquement au fractionnement des moûts car la qualité des jus est différente du début à la fin du pressurage. À partir de 4 000 kilogrammes de raisin mis en œuvre sur chaque pressoir, on tire d'abord 10 pièces de 205 litres de cuvée, soit 2 050 litres, puis 500 litres de tailles, pour un total de 2 550 litres.

Le débourbage (3)

L'opération suivante, le débourbage, a pour but de laisser décanter les bourbes constituées de terre, de débris de feuilles, d'impuretés afin de ne mettre en œuvre qu'un moût limpide, qui donnera au vin toute sa finesse et évitera de lui communiquer un « goût de terroir » trop prononcé.

3

La première fermentation (4)

La fermentation se passe, après addition de levures sélectionnées, soit dans des récipients en bois, soit, le plus souvent, dans des récipients en métal émaillé ou vitrifié de volume variable ou, pour les installations les plus récentes, en acier inoxydable (ci-contre). L'acier inoxydable permet de conduire la fermentation à la température souhaitée – 18 °C – en climatisant les cuves individuellement. Il assure en outre une désinfection et un nettoyage parfaits du matériel. Le vin de Champagne étant, en règle générale, relativement acide, il y a souvent lieu de lui faire subir la fermentation malolactique dans le but d'abaisser l'acidité et d'éviter toute fermentation secondaire en bouteille.

4

Les assemblages (5)

Après la fin des fermentations, les vins de cépages et de crus différents sont dégustés et assemblés afin d'élaborer les cuvées de différentes qualités. Ces assemblages sont parfois soumis au froid naturel dans le courant de l'hiver, ou au froid artificiel. Cette technique est la plus répandue.

5

6

L'embouteillage (6)

Après avoir été dépouillés de leurs dernières impuretés par filtration, les vins sont mis en bouteilles à partir du printemps qui suit la récolte, avec addition de levures sélectionnées, de sucre, à raison de 23 à 24 grammes par litre, et d'adjuvants de collage.

7

La prise de mousse (7)

La deuxième fermentation, appelée prise de mousse, a lieu le plus souvent dans des caves creusées dans la craie dont la température constante est de 12 à 13 °C. Elle dure de trois à cinq semaines et son évolution est fréquemment contrôlée. À la fin de la prise de mousse, le vin en bouteille contient moins de 1 gramme de sucre par litre et la pression est de l'ordre de 5,5 à 6 kilos de gaz carbonique mesurés à 10 °C.

Le vieillissement sur dépôt (8)

Le temps légal entre le tirage et l'expédition est de douze mois, mais il est préférable de conserver les bouteilles « sur lattes » dans la position horizontale pendant une durée plus longue car des phénomènes d'autolyse, essentiellement dus aux échanges qui ont lieu entre le dépôt constitué de levures mortes et le vin, contribuent à donner toute la finesse et la maturité au produit. Cette durée est de trois ans pour les cuvées destinées à être commercialisées avec l'indication du millésime.

8

9

Le remuage (9)

Les bouteilles, en position pratiquement horizontale, placées dans les trous, goulot vers le bas, sont tournées par un « remueur » tous les jours ou tous les deux jours, alternativement dans un sens et dans l'autre, et inclinées jusqu'à la position verticale. Le dépôt, constitué de déchets de levures et d'adjuvants facilitant la sédimentation, descend dans le col de la bouteille, et le vin, après un remuage de quatre à six semaines, parfois plus, est parfaitement limpide.

10

Le dégorgement
(10, 11, 12)

Le dépôt ainsi rassemblé dans le goulot sera emprisonné dans un glaçon formé au cours du passage du col de la bouteille pendant quelques minutes dans un bain de saumure à -25 °C. Ce dépôt sera expulsé lorsqu'on procèdera à l'ouverture de la bouteille. Cette opération peut se faire manuellement (voir photo 11), elle est aujourd'hui souvent mécanisée (voir sur photo 12, une chaîne moderne de dégorgement et d'apport de la liqueur). Il ne restera plus qu'à doser le vin avec la liqueur, opération qui s'effectue immédiatement après le dégorgement, afin que le gaz carbonique ne s'échappe pas de la bouteille. La liqueur est élaborée en faisant fondre du sucre de canne dans du vin.

11

12

Le dosage

Le dosage est variable selon l'âge, la qualité et la destination des vins de Champagne. La législation prévoit moins de 15 grammes de sucre par litre pour le brut, de 12 à 20 grammes pour l'extra-dry, de 17 à 35 grammes pour le sec et un maximum de 50 grammes pour le demi-sec.

13

Le bouchage et l'habillage (13)

Il ne reste plus qu'à boucher la bouteille, à la conserver environ deux à trois mois en cave afin que la « liqueur d'expédition » se marie avec le vin et que le bouchon se mette en place. Il convient ensuite de l'habiller.

Le vin de Champagne a deux ennemis : l'air et la lumière. Le bouchon, de très bonne qualité, jouant son rôle d'obturateur, l'amateur conservera son Champagne à l'abri de la lumière, à une température constante de 12 à 15 °C pendant environ une année avant de le consommer.

Élaboration des vins doux naturels

C'est au temps des rois de Majorque, au XIIIe siècle, qu'un savant roussillonnais, Arnau de Vilanova, réalisa le « miraculeux mariage de l'esprit et du suc de raisin ». Le mutage était né et changeait radicalement l'élaboration des vins doux naturels, en assurant la conservation d'une partie importante des sucres des raisins dans le vin.

Le vignoble des VDN

Les vins doux naturels d'AOC sont élaborés sur une aire de production déterminée par délimitation parcellaire distinguant les appellations : Rivesaltes, Banyuls et Maury. L'aire d'appellation Muscat de Rivesaltes s'étend sur les terroirs de ces trois appellations. Il existe aussi les AOC : Muscat de Frontignan, de Mireval, de Lunel, de Saint-Jean-de-Minervois, de Beaumes-de-Venise, du Cap corse et Rasteau.

Des terroirs pauvres en matière organique, un climat à la fois chaud, ensoleillé (2 600 heures de soleil par an) et sec, caractérisent un vignoble de petits rendements, qui produit une vendange riche en sucres.

Quatres cépages nobles peuvent être utilisés pour l'élaboration des VDN : les Grenaches blancs, rosés ou rouges, le Macabeo, la Malvoisie du Roussillon (Tourbat), le Muscat à petits grains ou le Muscat d'Alexandrie. La récolte des raisins a lieu à un stade de maturation avancé. Les baies doivent en effet contenir plus de 252 grammes de sucres par litre.

Les modes de vinification

L'élaboration des vins doux naturels se caractérise par l'opération du mutage, qui consiste à ajouter de l'alcool au moût pendant la fermentation. Cette adjonction d'alcool est de l'ordre de 5 à 10 % du volume de moût mis en œuvre. Pour plus de commodité d'utilisation, les vignerons peuvent dénaturer cet alcool avant de s'en servir avec une quantité au moins égale de moût de vin doux naturel non fermenté. Selon la densité du mutage, on obtient des vins plus ou moins doux.

Plusieurs types de vins doux naturels peuvent être élaborés selon les modes de vinification utilisés.

Les blancs sont vinifiés en blanc ou après une courte macération. Pour les rouges, on procède à une macération courte de deux à trois jours, puis au décuvage afin d'opérer le mutage sur la phase liquide. Cependant, dans quelques cas, à Banyuls et à Maury, notamment, on pratique le mutage sur la partie solide, c'est-à-dire sur le marc. Il s'accompagne d'une longue macération sous alcool de dix à quinze jours. Les vins obtenus sont alors plus riches en matière colorante, en tanins et en arômes.

Les muscats sont vinifiés en blanc, plus rarement avec une courte macération, car les éléments aromatiques typiques de ce cépage se trouvent sur la pellicule. Il importe de bien surveiller les températures de fermentation pour éviter des pertes importantes en arômes.

L'élevage des VDN

La spécificité des vins doux naturels se précise surtout pendant leur élevage. Il convient de distinguer deux catégories de vins : les muscats, qui doivent être protégés de l'oxydation pour conserver leurs arômes ; et les autres VDN, Rivesaltes, Maury, Banyuls, Rasteau qui n'atteignent leur plénitude qu'après une période d'élevage pendant laquelle les phénomènes d'oxydo-réduction jouent un rôle important.

En général, les muscats sont conservés quelque temps en cuve puis très rapidement mis en bouteilles. Une vigilance très stricte est nécessaire pour éviter toute oxydation qui altèrerait les arômes primaires. Un Muscat de Rivesaltes ne doit pas être ambré.

Les arômes sont de type floral et fruité rappelant le raisin mûr et les citrus.

Les Rivesaltes blancs subissent une légère oxydation en cuve en vidange ou dans le bois. Les vins prennent alors une teinte ambrée et des arômes caractéristiques rappelant les fruits confits et le miel.

Les Rivesaltes rouges, les Maury et les Banyuls peuvent être mis en bouteilles relativement tôt. Ils gardent alors une couleur rubis et des arômes de fruits rouges : cassis, cerise, mûre. Mais, dans la plupart des cas, ils évoluent dans des récipients en vidange ou dans le bois. Une lente oxydation les transforme complètement. Ils prennent une teinte tuilée, et les arômes évoluent vers des notes de cacao, de pruneau et de café.

Quelquefois, ces phénomènes oxydatifs sont accélérés en mettant les vins à l'extérieur dans des bonbonnes soumises aux variations climatiques. Ce mode de vieillissement brutal donne des produits d'assemblage. L'art du maître de chais consistera dans un premier temps à savoir utiliser ces vins vieillis pour élaborer la cuvée à partir du même millésime ou de millésimes différents.

Le Banyuls Grand Cru doit obligatoirement vieillir au moins trente mois dans le bois.

Lorsque les vins sont très âgés, après un vieillissement en milieu oxydatif prolongé, ils prennent le caractère « rancio » : *ranci* en catalan signifie « un peu rance ». On utilise en général un demi-muid, en vidange, avec apport chaque année de vin doux naturel moins vieux. Ces vins ont une couleur ambrée avec des nuances verdâtres et des arômes de coque de noix, de raisin sec, de pruneau bien marqués.

Vieillissement en bonbonne de vins doux naturels à Maury.

EAUX-DE-VIE DE VIN ET DE MARC

Corsées et odorantes, pleines d'élégance et de finesse tout aussi bien, les grandes eaux-de-vie françaises de vin ou de marc présentent, comme les vins, toute une gamme d'expressions liées aux terroirs et aux cépages dont elles sont issues.

La dénomination « eau-de-vie de marc » ou « marc » est réservée à l'eau-de-vie provenant de la distillation exclusive des marcs de raisin, additionnés ou non d'eau.

Les marcs, qui sont des restes plus ou moins épais comprenant les peaux, les pépins et les rafles imprégnés du fond de vin rouge qui vient d'être décuvé et pressé après fermentation, ou le reliquat du traitement des vendanges au pressoir dans le cas de la vinification en blanc, ont de tout temps été repris pour en tirer de l'eau-de-vie.

L'eau-de-vie de vin, dénomination réservée aux produits de la distillation exclusive du vin, a probablement été produite plus tard, au gré des conditions économiques du moment, comme exutoire à une surproduction. Dans deux cas seulement, celui de l'Armagnac et du Cognac, elle est devenue l'objet principal de la culture de la vigne.

La réputation acquise par ces deux grandes eaux-de-vie, déjà déclarées eaux-de-vie à appellation d'origine contrôlée avant le conflit de 1939-1945, leur valut un traitement de faveur en les excluant de la loi du 13 janvier 1941, qui donnait à l'État tout l'alcool éthylique ainsi que les eaux-de-vie, pour les besoins de la guerre.

Les régions viticoles qui produisaient alors de l'eau-de-vie demandèrent le bénéfice de l'appellation contrôlée.

On créa pour ces eaux-de-vie, qui n'avaient pas la notoriété des deux grands, Cognac et Armagnac, une nouvelle catégorie, celle des « eaux-de-vie à appellation réglementée ». Les premiers décrets furent publiés en 1942.

Aujourd'hui, seize régions et sous-régions viticoles bénéficient de cette appellation pour leur production d'eau-de-vie de vin ou de marc (*voir* le tableau page suivante).

Les décrets

La réglementation de ces eaux-de-vie de vin ou de marc porte sur différents points à caractères géographiques, techniques et administratifs.

L'aire géographique de production

Les aires de production des eaux-de-vie couvrent le département, le canton ou la commune.

L'encépagement

Seuls sont admis à être mis en œuvre les vins ou les marcs issus des cépages autorisés dans l'aire de production.

Pour la Bourgogne, la Champagne et les Côtes du Rhône, seuls sont autorisés les produits issus des cépages pouvant donner les vins à appellation contrôlée dans ces régions. En Alsace, seuls les marcs de Gewurztraminer sont acceptés.

Pour la Fine Bordeaux, seuls les cépages blancs sont autorisés, avec au moins 70 % d'Ugni blanc ou de Colombard et, dans la proportion maximum de 30 %, des cépages Merlot blanc, Mauzac et Ondenc.

La qualité de la matière première

Le vin doit être sain, loyal et marchand, avec une acidité volatile ne dépassant pas 1,2 gramme par litre, et même 1 gramme par litre pour la Savoie et la Fine Bordeaux. Pour les eaux-de-vie de la Marne, il est possible d'utiliser les vins de dégorgement ou de dépôt.

Les marcs doivent être sains, bien conservés à l'abri de l'air. Dans la plupart des cas, ils peuvent être utilisés « non lavés », tels quels, ou « lavés », c'est-à-dire épuisés avec de l'eau.

Une disposition particulière concerne les marcs de Gewurztraminer. Ils doivent être égrappés et doivent produire 4,5 litres d'alcool pour 100 kilogrammes de raisin mis en œuvre, ce qui sous-entend un pressurage léger de la vendange au moment de

Le distillateur, gravure allégorique datant de 1735.

la vinification. Ces dispositions sont évidemment très favorables à la qualité du vin aussi bien qu'à celle du marc.

Les marcs de Lorraine doivent fournir également un minimum d'alcool pur de 4 litres pour 100 kilogrammes de raisin.

Avant d'être distillés, les marcs sont conservés dans des silos en bois, métalliques ou en béton et maintenus à l'abri de l'air par une couverture étanche, comme l'argile par exemple.

Les marcs de pressoirs, issus de la vinification en blanc, réalisent la fermentation des sucres résiduels dans un silo de conservation.

Dans les deux cas – marcs de vinification en blanc, ou de décuvage dans la vinification en rouge –, des arômes corsés et sauvages, un peu rudes pour certains et qui caractérisent les eaux-de-vie de marc, se développent pendant le temps de conservation en silos.

Les procédés de distillation

Pour toutes ces eaux-de-vie réglementées, l'alambic à repasse à feu nu est autorisé. C'est le plus difficile à mener, mais aussi celui qui donne les meilleurs produits. C'est le seul autorisé pour l'appellation Faugères et Fine Bordeaux, ainsi que pour le marc de Gewurztraminer et les eaux-de-vie de Lorraine.

Le chauffage à feu nu pour le marc de Gewurztraminer consiste à chauffer à feu nu un alambic à double paroi, c'est-à-dire une sorte de bain-marie. On ne pourrait évidemment pas, comme à Cognac, chauffer l'alambic directement à feu nu car le marc

EAUX-DE-VIE DE VIN ET DE MARC À APPELLATION RÉGLEMENTÉE

Région	Zones de production et dénomination	Décret
ALSACE	– Marc d'Alsace Gewurztraminer	22 juillet 1966
LORRAINE	– Marc de Lorraine	28 novembre 1979
BOURGOGNE	– Eaux-de-vie de marc de Bourgogne – Marc de Bourgogne – Eau-de-vie de vin de Bourgogne	23 février 1942 11 avril 1946
	– Eau-de-vie de vin et eau-de-vie de marc du Centre-Est	24 juin 1950
	– Eau-de-vie de vin et eau-de-vie de marc originaires du Bugey	17 août 1950 9 mai 1980
	– Eau-de-vie de vin et eau-de-vie de marc originaires de Franche-Comté	23 février 1942
	– Eau-de-vie de Savoie – Eau-de-vie de marc de Savoie – Marc de Savoie	27 octobre 1967
CHAMPAGNE	– Eau-de-vie de vin de la Marne – Eau-de-vie de marc de Champagne – Marc de Champagne	23 février 1942

Région	Zones de production et dénomination	Décret
CÔTES DU RHÔNE	– Eau-de-vie de vin et eau-de-vie de marc des Côtes du Rhône	19 mars 1948
LANGUEDOC	– Eau-de-vie de vin et eau-de-vie de marc originaires du Languedoc	23 février 1942
ROUSSILLON	– Faugères et eau-de-vie de Faugères	19 mars 1948
PROVENCE CORSE	– Eau-de-vie de vin et eau-de-vie de marc originaires de Provence	23 février 1942
SUD-OUEST	– Eau-de-vie de vin et eau-de-vie de marc originaires d'Aquitaine	23 février 1942
	– Fine Bordeaux	5 août 1974
VAL DE LOIRE	– Eau-de-vie de vin et eau-de-vie de marc originaires des coteaux de la Loire	23 février 1942
	– Marc d'Auvergne	26 octobre 1949

PRODUCTION D'EAUX-DE-VIE RÉGLEMENTÉES					
EAUX-DE-VIE DE VIN			**EAUX-DE-VIE DE MARC**		
CAMPAGNES	**1968/69**	**1985/86**	**CAMPAGNES**	**1968/69**	**1985/86**
Aquitaine	26	4 856	Aquitaine	7 492	214
Bourgogne	411	285	Bourgogne	6 820	5 130
Bugey	–	8	Bugey	251	32
Coteaux de la Loire	231	20	Coteaux de la Loire	3 857	56
Franche-Comté	7	27	Champagne	1 215	1 915
Languedoc	994	139	Franche-Comté	313	167
Marne	507	1 025	Languedoc	41 150	761
Fine Bordeaux	–	42	Provence	14 154	1 525
Côtes du Rhône	7	–	Lorraine	–	15
Faugères	–	–	Auvergne	8	45
Provence	43	–	Centre et Est	475	50
Centre et Est	4	–	Savoie	642	136
Savoie	–	–	Gewurztraminer	119	169
			Côtes du Rhône	61	–
TOTAL (en hectolitres)	**2 230**	**6 402**	**TOTAL (en hectolitres)**	**76 557**	**10 615**

accrocherait au fond de l'alambic et « rimerait », c'est-à-dire entraînerait une caramélisation.

Le chauffage à la vapeur consiste à envoyer la vapeur sous pression (vers 110 °C) entre les deux parois de l'alambic.

Dans les deux cas, on aura mis une certaine quantité d'eau au fond de la marmite avant de charger le marc.

Le véritable chauffage à feu nu, comme on le fait à Cognac, ne peut être utilisé que dans le cas des eaux-de-vie, type Faugères ou Fine Bordeaux.

Pour produire la plupart des eaux-de-vie réglementées, en plus de l'alambic à repasse, on utilise l'alambic au premier jet, continu ou discontinu, avec chauffage à la vapeur. Le débit maximal journalier d'un tel appareil est de 200 hectolitres de matière mise en œuvre, maximum qui se trouve porté à 400 hectolitres pour les marcs de Champagne et les eaux-de-vie de vin de la Marne.

Pour les eaux-de-vie de vin ou de marc de Provence, du Languedoc, de l'Aquitaine et des coteaux de la Loire, la colonne à distiller à premier jet, chauffée à la vapeur et pouvant traiter jusqu'à 400 hectolitres de matière première par vingt-quatre heures, est également autorisée.

Les caractéristiques des eaux-de-vie

Le législateur a également réglementé les pourcentages d'alcool que doivent présenter les eaux-de-vie de vin et les marcs.

Le degré de fabrication

Le maximum à 71 % par volume – c'est-à-dire le pourcentage d'alcool contenu dans l'eau-de-vie – fixé pour la majorité des eaux-de-vie réglementées est justifié par le désir de ne pas rectifier ces produits et de leur conserver le caractère d'« eau-de-vie ». Ce maximum est même abaissé à 68 % par volume pour les marcs de Gewurztraminer et de Lorraine et à 63 % par volume en Savoie et à Bugey. La Fine Bordeaux a instauré un minimum de 65 % par volume et un maximum de 72 % par volume.

Le degré de commercialisation

Après vieillissement et réduction, un degré minimal presque général a été fixé à 40 % par volume, avec une exception pour le marc de Gewurztraminer avec un minimum de 45 % par volume.

La teneur en « non-alcool »

Ce terme, mal adapté, tout autant que celui d'« impuretés » qui est aussi employé, regroupe tous les produits volatils passés à la distillation en dehors de l'alcool éthylique, de l'alcool méthylique et de l'eau. Il regroupe les aldéhydes, les esters, les acides volatils et les alcools supérieurs.

Les eaux-de-vie de marc

Celles-ci sont toujours plus chargées en non-alcool que les eaux-de-vie de vin. Elles sont également beaucoup plus chargées en alcool méthylique. La plus grande rudesse et la moindre finesse des eaux-de-vie de marc résident dans la nature spécifique de leurs composants. Le minimum qui caractérise ces eaux-de-vie a été fixé par le législateur entre 350 et 500 grammes par hectolitre d'alcool pur.

Les eaux-de-vie de vin

Elles sont moins chargées en non-alcool. Le minimum a été fixé à 300 grammes, avec une exception pour la Fine Bordeaux à 350 grammes.

Le certificat d'agrément et le titre de mouvement

Toutes les eaux-de-vie auront été dégustées par des commissions de dégustateurs désignés par l'INAO. Si elles sont jugées aptes, un certificat d'agrément leur est décerné et est exigé par les contributions indirectes pour la délivrance du titre de mouvement. L'acquit blanc qui les concerne mentionne le nom de l'appellation à laquelle a droit l'eau-de-vie.

L'étiquetage

Les règles pour les eaux-de-vie sont les mêmes que celles prévues dans la réglementation générale de l'étiquetage des boissons.

L'appellation réglementée est obligatoirement inscrite en caractères très apparents.

Le vieillissement des eaux-de-vie

Les décrets propres aux eaux-de-vie à appellation réglementée, plus précis sur certains points (acidité volatile du vin, minima de non-alcool) que pour les appellations contrôlées, ne précisent rien pour ce qui concerne le vieillissement.

L'absence de compte d'âge et de règles pour le vieillissement des eaux-de-vie de vin et de marc est le point essentiel qui les différencie des deux grandes appellations contrôlées Cognac et Armagnac. Les conditions de vieillissement varient suivant les zones de production d'eau-de-vie. Par exemple, le marc de Gewurztraminer vieillit peu et obligatoirement dans des fûts en frêne pour ne pas prendre la teinte du bois. Le marc de Bourgogne, en revanche, est mis à vieillir en fût de chêne.

En principe, les eaux-de-vie de vin sont mises à vieillir en fût de chêne. En règle générale, le vieillissement des eaux-de-vie de marc de vin réglementées n'a pas de caractère impératif et de longue durée que l'on retrouve dans le cas des eaux-de-vie à appellation contrôlée.

Les eaux-de-vie de marc

La matière première mise en jeu ici reste un sous-produit de la vinification. Elle imprime un goût de « terroir » très fort (taux très élevés des aldéhydes, esters et alcool méthylique), apprécié par les amateurs du pays, qui en ont pris l'habitude. Le vieillissement sous bois les affine à la longue.

Les eaux-de-vie de vin

Si la matière première est bien le vin, celui-ci a été élaboré pour la consommation et non pour la distillation spécifiquement, comme dans le cas du Cognac et de l'Armagnac. Les aldéhydes à taux plus élevé, les esters moins riches, l'alcool méthylique et les alcools supérieurs renforcés, font que ces eaux-de-vie ne peuvent atteindre à la qualité du Cognac et de l'Armagnac. Les meilleures eaux-de-vie seront élaborées avec les vins blancs et distillées à l'alambic à repasse par chauffage à feu nu.

Les taux de non-alcool

Des taux très élevés, pouvant atteindre jusqu'à 1100 grammes par hectolitre d'alcool pur, supérieurs à ceux des marcs, existent dans des cognacs et des armagnacs. Il s'agit là, en fait, de très vieilles eaux-de-vie, de plus de 30 à 50 ans, dont le taux de non-alcool augmente tous les ans par le jeu de la concentration due à l'évaporation de l'eau-de-vie et par l'évolution de l'alcool éthylique.

La production des eaux-de-vie

La production des eaux-de-vie de vin réglementées est globalement en progression, mais avec un caractère très sélectif, au profit des régions du Sud-Ouest et des vignobles situés au nord de la Loire.

À l'inverse, on constate une très nette diminution de la production totale des eaux-de-vie de marc. Seuls les marcs de Bourgogne, de Champagne et de Gewurztraminer maintiennent leur production.

Ces produits secondaires de la vigne sont le reflet des conditions économiques du moment et du volume des récoltes. En fait, l'évolution de la production de ces eaux-de-vie de marc et de vin à appellation réglementée reflète un changement certain des attitudes du consommateur.

Celui-ci est en effet le seul responsable de la baisse de consommation de ces produits qui n'ont jamais été aussi bien suivis et protégés contre les falsifications.

Atelier de distillation ambulant tel qu'on en rencontre dans différentes régions de France.

L'ÉLEVAGE ET L'ÉVOLUTION DU VIN

Comme tout être vivant, le vin est sensible... Sensible aux microbes, aux épidémies, aux mauvais traitements. Sa santé et son équilibre gustatif peuvent s'en trouver altérés, voire détruits. Il n'est donc jamais vain de lui prodiguer des soins attentifs, de la vinification à la mise en bouteilles, afin de l'élever au mieux et de lui assurer une heureuse évolution.

Après la fermentation, le vin est brut, trouble, chargé en gaz carbonique et en lies. En bouche, il est plus ou moins vif et ferme. Sa personnalité définitive ne se dégagera qu'au terme d'une période d'élevage marquée par une suite d'étapes minutieuses, qui le conduiront jusqu'à son logement final, la bouteille, où il pourra couler les années paisibles de son mûrissement.

L'élevage est plus ou moins long selon le type de vin recherché. Les vins de primeur, par exemple, sont mis en bouteilles aussitôt après la vinification ; quant aux vins rouges de garde, ils sont élevés de six à dix-huit mois.

Les locaux et le matériel de conservation

À la fin de la fermentation, le vin est logé en cuve ou en fût, selon les habitudes de vinification régionales, les quantités mises en œuvre, la qualité désirée et sa destination finale. Les grands vins sont en général élevés en fût de chêne, car le bois, surtout lorsqu'il est neuf et séché à l'air libre, leur confère des arômes très fins et recherchés. Ce mode d'élevage onéreux ne peut s'appliquer qu'aux vins ayant une notoriété.

Quel que soit le mode de conservation choisi, il est primordial de veiller à la propreté des locaux, cuveries ou chais. Les cuveries les plus fonctionnelles, aptes à traiter une importante quantité de vin, doivent être spacieuses, bien ventilées et surtout à l'abri des variations de température, et d'entretien facile.

Quant aux chais, il leur faudra répondre aux mêmes exigences d'hygiène : murs propres et lavables et locaux aérés. On devra proscrire une circulation d'air trop importante et de grands écarts de température.

L'hygiène indispensable dans les locaux s'étend bien entendu au matériel destiné à l'élevage du vin, la vaisselle vinaire. Ainsi, quel que soit leur matériau de construction – bois, ciment ou acier inoxydable –, les cuves devront périodiquement être nettoyées et détartrées. Le tartre, composé de bitartrate de potassium, peut en effet constituer des poches, refuges de choix pour les bactéries qui contamineront alors le vin. Ces poches sont également à l'origine de mauvais goûts dus à l'altération des matières organiques et des lies qu'elles emprisonnent.

Le détratrage s'effectue par brossage, grattage ou, lorsque la couche est très épaisse, par l'emploi d'une solution dissolvante. Les cuves de bois vides doivent toujours être sèches. Un soufrage très régulier est nécessaire pour assurer leur aseptie.

La propreté des fûts est également de rigueur, surtout lorsqu'ils ont déjà été utilisés. Le risque encouru, dans le cas d'un mauvais entretien, est celui d'une contamination microbienne communiquant au vin de mauvaises odeurs se traduisant souvent par une augmentation de l'acidité volatile. Les fûts doivent systématiquement être lavés au jet sous pression, puis égouttés et complètement séchés avant de subir un méchage au soufre, qui prend la place de l'air. Ensuite, ils seront hermétiquement obturés. Il est nécessaire de renouveler le méchage tous les deux mois environ. La meilleure solution est de ne jamais laisser un fût vide. C'est la raison pour laquelle le vin est mis en bouteilles avant les vendanges. Les fûts reçoivent alors le vin de l'année précédente, encore en cuves, celles-ci recevant le vin nouveau.

Les fûts neufs peuvent, selon leur origine, être affranchis, c'est-à-dire que l'on fait dégorger le bois à l'eau froide sulfitée, à l'eau bouillante ou à la vapeur, pour éliminer les poussières et autres principes qui pourraient dominer le vin.

Les étapes de l'élevage

Le vin jeune présente un trouble plus ou moins important et sur une certaine épaisseur, imputable aux particules de raisin, aux levures et bactéries encore en suspension.

La première étape de l'élevage du vin consiste à le clarifier par soutirage. Cette opération revêt une grande importance, et sa réussite conditionne la qualité du vin à venir, car si on laissait les substances du dépôt en contact avec le vin, elles favoriseraient le développement de micro-organismes et lui communiqueraient des odeurs désagréables.

De plus, le soutirage permet la libération du gaz carbonique restant après la fermentation. Ce gaz est immédiatement décelable à la dégustation, à la teneur de 500 milligrammes par litre. S'il est normal de le rencontrer dans des vins nouveaux, sa présence n'est pas satisfaisante dans un vin adulte, en dehors du Muscadet sur lies ou d'un vin effervescent.

Le soutirage entraîne également l'aération du vin jeune. Commence alors la maturation du vin, qui l'affine et le prépare à se libérer de ses impressions de jeunesse. Pour les vins rouges, ce contact avec l'air permet de les assouplir.

Le rythme des soutirages varie selon le caractère des vins, la température des chais ou cuveries, mais il s'effectue après l'achèvement de la fermentation malolactique, quand celle-ci est recherchée. Dans le cas d'une conservation en fût, ce rythme est généralement de trois ou quatre soutirages lors de la première année – en novembre, mars, juin, et septembre – et de deux à trois soutirages la seconde année. La conservation en cuve suit le même rythme.

Le soutirage des fûts se pratique à l'aide d'un soufflet, par un robinet ou par siphonnage. Le vin s'écoule par gravité jusqu'à ce que la lie apparaisse. On arrête alors l'opération.

Les soutirages de cuves se font au robinet. Le premier soutirage a lieu à l'air, les autres à l'abri de l'air. On procède à une filtration complémentaire, au moment du troisième soutirage, si l'effet des soutirages a été insuffisant.

Pour éviter la piqûre acétique liée aux proliférations microbiennes, et d'autres altérations, il convient de protéger le vin du contact de l'air en faisant régulièrement le plein des récipients : c'est la méthode de l'ouillage. La fréquence de l'ouillage dépend de divers facteurs parmi lesquels le taux d'humidité et l'aération du lieu de conservation, ainsi que la nature des récipients. Si le vin est conservé en fût, le vigneron se munit de son noyau, sorte de marteau avec lequel il enlève la bonde de la barrique. Avec une ouillette, petit récipient au bec recourbé, il emplit le fût chaque semaine et le rebouche.

Les cuves sont pourvues de trappes en ciment, en fonte ou en matière plastique, surmontées d'une bonde par laquelle on réalise la même opération de remplissage. Mais il existe aussi des installations permettant d'être à l'abri de l'air.

La qualité du vin servant à l'ouillage doit être égale à celle du vin élevé.

Lorsque la période d'élevage touche à sa fin, on effectue le collage, procédé de clarification et de stabilisation du vin par ajout d'un produit protéinique floculant dans le vin et entraînant avec lui les impuretés en suspension. Parmi les colles autorisées, la gélatine et le blanc d'œuf sont très utilisés, notamment pour le collage des vins rouges.

Dans la plupart des cas, le vin est filtré au moyen de filtres à plaques ou à membranes juste avant la mise en bouteilles.

La mise en bouteilles

À ce stade de l'évolution, le vin, parfaitement limpide et stable, doit être mis en bouteilles. Cette fois encore, minutie et propreté s'imposent, car une mise en bouteilles mal faite peut inévitablement compromettre le mûrissement du vin. Les risques de contamination par l'appareillage et le verre sont grands. De plus, l'aération du vin, si elle est trop forte, peut l'éprouver. Enfin, des précautions doivent être prises pour assurer un bouchage efficace.

La couleur du verre des bouteilles est loin d'être indifférente. Elle varie suivant les régions et les vins, mais doit être suffisamment foncée pour protéger le vin de la lumière. On a en effet constaté que le vin évolue plus vite dans les bouteilles « blanches », même si la cave est obscure.

La propreté des bouteilles est essentielle. Le procédé le plus employé, pour les bouteilles neuves, est celui de l'injection d'eau chaude. L'utilisation de bouteilles ayant servi est aléatoire même si le nettoyage est poussé : immersion dans l'eau chaude, avec addition de détergent, brossage et rinçage sous pression. La difficulté de la mise en bouteilles consiste à remplir la bouteille du volume précis de vin conforme à la réglementation, en laissant la place nécessaire au bouchon et en prévoyant l'augmentation du volume par suite de l'évolution de la température du vin.

Dans certains petits domaines, on emplit encore la bouteille directement au robinet du fût, mais le rythme et la qualité de l'embouteillage laissent à désirer. C'est la raison pour laquelle les machines à embouteiller se sont répandues.

L'opération du bouchage s'effectue au moyen de boucheuses dont le principe est simple. Le bouchon, neuf, de bonne qualité et préalablement assoupli est comprimé par des « mors » ou « mâchoires », de façon à être d'une dimension inférieure au goulot, puis brusquement enfoncé à l'intérieur de celui-ci par un piston vertical.

Le mûrissement du vin

On distingue deux types de mûrissements : celui qui maintient le vin plus ou moins à l'abri de l'oxygène de l'air et s'applique aux vins classiques, blancs et rouges qui ne se développent bien qu'après un certain temps en bouteille à l'abri de l'air. L'autre méthode maintient le vin en fûts sous influence constante de l'oxygène de l'air : c'est le cas de la plupart des vins doux naturels ou des vins jaunes. Dans les deux cas le vin acquiert des caractères sensoriels plus complexes et harmonieux.

Le mûrissement des vins rouges

Après les fermentations alcoolique et malolactique, le vin rouge est caractérisé par des odeurs fruitées et tanniques, une astringence parfois rugueuse et amère renforcée par la présence de gaz carbonique fermentaire, un manque de limpidité et une couleur rouge foncé à nuance violette. Les odeurs fruitées sont d'autant plus marquées et agréables que le caractère tannique est plus faible. Mais la richesse en composés phénoliques, en tanins en particulier, est le facteur essentiel de la longévité d'un vin rouge.

Suivant la richesse en tanins, les vins rouges se répartissent en trois grandes catégories : les vins fruités, peu charpentés, qu'il faut boire jeunes car ils ne peuvent pas vieillir plus de un à trois ans ; les vins très tanniques, durs et astringents, capables d'une grande longévité et qui se développent avec le temps ; les vins équilibrés alliant l'odeur et l'agrément du fruit à une richesse tannique suffisante pour un mûrissement d'une vingtaine d'années.

Pendant le mûrissement, qui s'est déjà amorcé lors de l'élevage, la couleur des vins rouges évolue, car les substances reponsables de la couleur changent. Celle-ci perd de sa vivacité : la nuance violette passe à un rouge de plus en plus jaune, rappelant la couleur de la brique. Dans un vin jeune, la couleur est due pour 40 % aux anthocyanes libres, 50 % aux combinaisons tanins-anthocyanes et pour 10 % environ aux tanins condensés. Les anthocyanes libres diminuent de 80 % pendant les trois premières années et disparaissent au bout de cinq à dix ans. Les combinaisons tanins-anthocyanes rouges varient peu, mais diminuent lentement. En revanche, les tanins, condensés avec des polysaccharides, des sels ou des acides, augmentent régulièrement.

Les vins rouges nécessitent au début de leur élevage une certaine aération. Celle-ci est apportée soit par diffusion lente de l'oxygène de l'air à travers la paroi du bois des barriques, soit, dans le cas de l'élevage en cuve, par des aérations périodiques lors des soutirages. Cette dernière opération permet de saturer le vin en oxygène (environ 8 mg/l). L'aération favorise les réactions de polymérisation des anthocyanes et leur combinaison avec les tanins : il en résulte une augmentation de l'intensité colorante.

Le vin conservé en cuve à l'abri de l'air est toujours moins coloré que celui conservé en cuve avec aération ou en barrique. Simultanément, les caractères organoleptiques évoluent. Les vins conservés totalement à l'abri de l'air ont une odeur de réduit désagréable, ils sont maigres et courts, souvent amers, ils évoluent peu. En revanche, les vins judicieusement aérés sont plus complexes. Moins intenses et moins fruités, ils sont plus charnus, plus ronds et plus longs en bouche, plus évolués. Selon les vins, trois à cinq soutirages, avec aération à un mois d'intervalle, suffisent pour obtenir le meilleur résultat. Ensuite, il faut éviter l'aération et protéger le vin d'une trop forte oxydation par l'apport d'une faible quantité d'anhydride sulfureux. Grâce aux soutirages successifs, le vin devient limpide et perd son gaz car-

L'ÉLEVAGE EN FÛT

Traditionnellement, l'élevage des grands vins rouges de Bordeaux et de Bourgogne a lieu en fût de chêne, dès la fin de la fermentation malolactique. Ce procédé favorise l'aération lente du vin à travers le bois et par le trou de bonde, ainsi que l'élimination du gaz carbonique. La couleur s'intensifie et la clarification est plus rapide qu'en cuve, car les fibres du bois retiennent les microparticules solides. Le bois de chêne modifie le vin à un point tel qu'il peut représenter, pour certains qui confondent bouquet et odeur boisée, le seul critère de reconnaissance du vin vieux. Pourtant, loin de masquer la typicité du vin, le bois doit rester discret et en augmenter seulement la complexité aromatique. Le chêne apporte au vin des tanins de type différent de ceux du raisin : coumarines, acides et substances odorantes. Ces substances peuvent provenir du bois lui-même, de sa pyrolyse lors du chauffage, ou de réactions au contact du vin. Ce sont, pour la plupart, des composés phénoliques. Les plus caractéristiques sont la vanilline, le syringaldéhyde et la scopolétine. Très souvent, outre la note vanillée dominante, on peut distinguer une odeur de noix de coco, et, parmi les autres odeurs phénoliques, l'œillet, le clou de girofle, le cuir, la fumée, le brûlé, la réglisse et le café. Le bois apporte également des tanins ellagiques qui renforcent l'astringence et l'amertume, mais aussi la charpente et le volume du vin en bouche.

Néanmoins, l'apport du bois diminue avec sa durée d'utilisation. Le vin est d'autant plus marqué par le bois que le fût est neuf, petit et le séjour long. Cependant, la garde en fût entraîne une perte d'alcool de 0,3 % Vol. par an et le bois cède un peu d'acide acétique au vin. À la longue, le vin perd son gras, il « sèche ». Pour éviter des effets négatifs et exalter sans « farder » les caractères originaux des vins, la durée de l'élevage se situe entre trois et vingt-quatre mois, selon les origines des vins.

bonique fermentaire. Une partie de son acidité disparaît par précipitation de bitartrate de potassium. La diminution de l'astringence des tanins, la perte du gaz carbonique et l'abaissement de l'acidité jouent dans le même sens. Le vin paraît de plus en plus gras et charnu. Dès qu'à la dégustation il est jugé suffisamment assoupli, on le met en bouteilles pour conserver le maximum de fruité.

Le vin poursuit son mûrissement en bouteille, à l'abri de l'air. Les bouteilles doivent être couchées pour que le bouchon assure une parfaite étanchéité. La température de conservation doit être constante et se situer au-dessous de 15 °C. Les variations importantes de température provoquent une dilatation du vin qui suinte par le goulot ou repousse le bouchon et, en sens inverse, se produit une entrée d'air entraînant une évolution oxydative du vin. Pour les vins non embouteillés, le bouquet correspond donc uniquement à un processus de réduction.

Après la mise en bouteilles, les odeurs fruitées s'estompent petit à petit, les odeurs boisées également, car les tanins, les polysaccharides et les sels continuent à se combiner. La concentration en tanins, et, par conséquent, l'astringence diminuent. Après deux à trois ans, les vins rouges perdent ainsi leur odeur initiale. Mais le développement de leur bouquet prend du temps et, pour certains grands vins rouges, le caractère tannique domine sans contrepartie. Le vin paraît décevant. Cette transition est plus ou moins marquée et de durée variable. Il faut attendre le développement du bouquet. La notion de « bouquet » est difficile à définir. Chimiquement, on ne connaît pas la nature des substances apparues. Olfactivement, on note des nuances évoluant avec le temps : violette, baie de cassis, havane, réglisse, rose fanée, cerise noire, griotte, cerise confite, café, cacao, laurier, cannelle, poivre, résine, girofle, truffe, musc, cuir, fourrure, venaison, pour finir avec des odeurs de thé, de foin, de feuilles sèches et d'humus.

Le mûrissement des vins blancs

La plupart des vins blancs sont appréciés pour leur odeur florale et fruitée provenant du raisin ou de la fermentation alcoolique. Mais, comme les vins rouges, avec le temps ils seront appréciés pour leur bouquet, c'est-à-dire l'odeur qu'ils acquièrent avec l'âge. Ces évolutions sont observées sur tous les vins. Elles seront évidemment plus marquées pour les vins de grande origine. C'est le cas notamment des grands crus de Bourgogne, de Bordeaux, de Vouvray, du Layon, de Châteauneuf-du-Pape, de Jurançon et de bien d'autres vins.

La mise en bouteilles se fait rapidement : de trois à huit mois après la récolte pour garder au vin le plus de fruité possible. Le passage éventuel en fût doit être court, huit mois au plus. Le vin prend alors des odeurs de noisette, d'amande grillée, de croûte de pain.

L'évolution en bouteille peut demander de deux à dix ans. La couleur change et devient plus foncée. Le vin perd de sa dureté et devient plus équilibré, plus complexe, plus riche en nuances aromatiques.

Au cours du mûrissement, les odeurs florales du type de la rose, de la citronnelle, du sureau s'atténuent, ainsi que les odeurs fruitées de banane et de pomme. Les esters responsables de ces odeurs diminuent par hydrolyse d'autant plus vite que le vin est plus acide et à température élevée. Leur diminution entraîne la perte du caractère fruité des vins. Moins fruité et floral, le vin blanc gagne des odeurs de fruits confits, de « pétrole » comme dans le Riesling, et de truffe. Avec le mûrissement se développent enfin des notes de pomme reinette, de citron, d'abricot, de mirabelle, de cannelle.

Dans le même temps, l'acidité décroît. Cette évolution s'accélère avec l'augmentation de la température. Le vin devient plus moelleux et perd de sa dureté, il devient plus harmonieux et plus équilibré.

LES MALADIES DU VIN

LES ALTÉRATIONS MICROBIENNES

Au cours de son élaboration et de sa conservation, le vin peut se déprécier et même devenir impropre à la consommation, par suite d'altérations dues au développement de micro-organismes. Pour les combattre, il faut recourir à des technologies permettant de maîtriser la fermentation du raisin et surtout veiller à respecter les meilleures conditions d'hygiène de la vendange et de la vinification.

Les altérations microbiennes se caractérisent par un trouble, un voile ou un dépôt, parfois par un dégagement gazeux, une modification de la structure du vin et de sa viscosité, ou de sa composition et de sa flaveur.

Trois types de micro-organismes sont responsables de ces maladies. Ce sont les levures, les bactéries lactiques et les bactéries acétiques.

L'altération du vin par les levures

Toutes les levures peuvent se comporter comme des germes d'altération suivant l'époque et le lieu de leur développement. Les *Saccharomyces cerevisiae,* par exemple, responsables de la fermentation alcoolique, sont aussi à l'origine de la refermentation des vins doux en bouteille, avec apparition de gaz, d'un trouble, de flocons ou de dépôts. Un mauvais choix ou une mauvaise sélection de levures peut également être la cause de différents problèmes : production de mousse non recherchée, production d'anhydride sulfureux ou de gaz sulfureux, apparition du goût phéniqué, apparition d'alcools supérieurs, d'esters ou d'odeurs désagréables pouvant être également dues au développement d'une flore indigène indésirable ou à la présence de produits anticryptogamiques dans le moût. Certaines espèces de levures, les *Zygosaccharomyces,* sont également responsables d'altération de refermentation des sucres. D'autres, les *Schizosaccharomyces,* sont considérées, dans le cas où elles se développent spontanément, comme des germes d'altération. Elles provoquent une désacidification exagérée, notamment dans les vinificateurs continus et dans les vins de thermovinification.

Cependant, les altérations les plus fréquentes sont le fait de levures formant un voile à la surface du vin. Le développement de telles levures est recherché dans certains types de vins tels que le vin jaune du Jura, mais, la plupart du temps, il est considéré comme une altération lorsqu'il est le fait de souches appartenant au genre *Candida, Pichia, Hansenula, Debaryomyces,* ou *Brettanomyces.* La forme la plus fréquente de ces altérations est la maladie de la fleur. Les souches responsables appartiennent au genre *Candida.* Elles dégradent l'éthanol en gaz carbonique et en eau. L'acétaldéhyde peut apparaître en quantité importante. En plus du voile, le vin dont l'altération se prolonge prend un arôme désagréable et une teinte jaune due à la combinaison de l'éthanol et des polyphénols.

L'aération est indispensable au développement de cette maladie ainsi qu'à son aggravation. Les symptômes sont souvent très légers. Ils se limitent en général à la formation du voile et touchent plus fréquemment les vins jeunes, de faible degré et conservés en bouteilles maintenues debout et simplement capsulées.

Des manifestations plus graves caractérisées par l'apparition d'acide volatil et surtout celle d'acétate d'éthyle peuvent se produire lorsque certaines souches de levures se développent, notamment les *Brettanomyces.* Elles sont responsables des goûts de souris dus à la production d'acétylpyridine.

Les altérations par les bactéries lactiques

Ces altérations sont en général beaucoup plus graves que celles dues aux levures. Elles peuvent se produire lors des arrêts de fermentation alcoolique ou lors de la conservation des vins en fût et même, parfois, en bouteille.

Elles se caractérisent par une modification de l'équilibre gustatif du vin, ainsi que par l'apparition d'acidité volatile, de gaz et d'un trouble suivi d'un dépôt, en général moins important que dans le cas des levures.

On distingue divers types d'altérations par les bactéries lactiques en fonction du substrat à partir duquel elles se développent. Certaines le font à partir des sucres, d'autres à partir des acides organiques, d'autres encore à partir du glycérol.

Les altérations à partir des sucres

La piqûre lactique atteint essentiellement les vins ayant encore du sucre par suite d'un arrêt de la fermentation alcoolique, ou les vins doux. La bactérie lactique transforme alors une partie des sucres en acide lactique, gaz carbonique et acide acétique. La production d'acide acétique par unité de substance dégradée est très variable suivant la souche bactérienne impliquée, la nature des sucres dégradés et la présence d'accepteurs d'hydrogène tels que l'oxygène dissous.

De plus, à partir du levulose, il peut se former du mannitol, substance responsable de l'altération de la mannite ou de l'aigre-doux. Dans ce cas, outre la modification dominante du goût peuvent apparaître des quantités relativement importantes d'acide acétique. Par ailleurs, s'ils ne sont pas consommés par les levures, les sucres pentoses produisent obligatoirement de l'acide acétique. Cette maladie fortement liée au pH du vin est favorisée par la fermentation malolactique et toute autre forme de désacidification.

La piqûre lactique est liée aux fermentations alcooliques languissantes, aux arrêts de cette fermentation, aux enrichissements en sucre mal réussis, aux vins renfermant des teneurs importantes en sucres résiduels. Le développement des bactéries lactiques peut également se produire dans les vins de liqueur riches en sucres et en alcool.

On peut lutter contre cette maladie par l'emploi d'une technologie permettant la réalisation d'une fermentation alcoolique complète et suffisamment rapide.

Quand l'altération est légère et porte sur de faibles quantités de sucres résiduels ou sur les pentoses, il faut procéder le plus rapidement possible aux traitements de stabilisation : soutirage, sulfitage et clarification.

La graisse est une maladie due à certaines souches de leuconostoc. Celles-ci s'entourent de gaines formées de polyholosides à partir des sucres. Le vin présente alors un aspect huileux et filant. Ce phénomène sans gravité se produit plus fréquemment dans les régions septentrionales. Il se traite par battage du vin avec aération suivi d'un sulfitage et d'une filtration serrée.

Les altérations à partir des acides organiques

Les bactéries lactiques peuvent attaquer l'acide malique, citrique et tartrique du vin. Les deux premiers sont transformés en acide lactique. C'est le phénomène de la fermentation malolactique, souvent recherchée. Cependant, si elle démarre après l'embouteillage, cette fermentation produit du gaz carbonique dans le vin ainsi que de l'acidité volatile et un léger trouble. Quant à l'acide citrique, qui existe en très petites quantités dans le vin mais peut lui être ajouté, il se dégrade en produisant de l'acide lactique, de l'acide acétique et surtout du diacétyle, qui communique au vin un goût de beurre désagréable.

L'altération la plus grave due aux bactéries lactiques sur les acides est la tourne. C'est alors l'acide tartrique qui est attaqué. Il se produit un dégagement gazeux, une baisse de l'acidité fixe, une augmentation de l'acidité volatile et un aspect visuel particulier. Cependant, peu de bactéries lactiques possèdent l'équipement enzymatique nécessaire à la dégradation de l'acide tartrique et la tourne ne se produit que sur des vins à pH élevé (supérieur à 3,4) ayant fait l'objet d'une désacidification mal calculée.

Les altérations à partir du glycérol

La maladie de l'amer se caractérise par le fait que le glycérol, produit de la fermentation alcoolique, est transformé en acide lactique, en acide acétique, en gaz carbonique. Parfois, il y a formation d'acroléine qui, en se combinant à des polyphénols du vin, lui confère de l'amertume. Cette substance passe facilement à la distillation et donne des eaux-de-vie à odeur piquante. Cette maladie se développe surtout dans les vins à pH élevé.

Les altérations diverses

Les bactéries lactiques sont enfin responsables de la formation de mauvaises odeurs plus ou moins passagères à partir de sucres ou de l'acide citrique. Par ailleurs, dans certains vins, elles sont parfois capables de produire de l'histamine. Ce produit peut être quelque peu toxique, ce qui pourrait expliquer parfois la mauvaise acceptabilité de certains vins.

Enfin, lorsqu'il est attaqué par les bactéries lactiques, l'acide sorbique, substance antilevure autorisée pour la conservation de certains vins doux, peut communiquer aux vins un goût de géranium peu agréable.

Les maladies dues aux bactéries lactiques sont souvent conditionnées par un mauvais déroulement de la fermentation alcoolique. L'utilisation de méthodes de contrôle de la fermentation et de conservation permet d'éviter la grande majorité des évolutions désagréables.

Les altérations par les bactéries acétiques

Les bactéries acétiques, ou ferments du vinaigre, provoquent la piqûre acétique, également appelée acescence. Cette altération très grave mais peu fréquente se produit uniquement dans les caves mal tenues. Elle se traduit par une augmentation de l'acidité volatile, une diminution du degré alcoolique, un affaiblissement de la couleur et une augmentation de l'acétate d'éthyle. Indésirables à tous les stades de la vinification, les bactéries acétiques appartiennent aux genres *Gluconobacter* et *Acetobacter.* Certaines forment un voile à la surface du vin, tantôt blanc et mince, tantôt gras et épais, et même très épais, à base de cellulose. Ce voile est la mère du vinaigre. Ces bactéries se développent parfois dans les chais en donnant des amas glaireux au point de fuite des vins et dans les canalisations contenant encore une certaine quantité de vin. Les bactéries acétiques sont présentes à toutes les étapes de la vinification : sur le raisin, sur les marcs en vinification en rouge, sur les moûts, sur les vins, dans les récipients non remplis ou mal protégés contre l'oxygène, sur les sols, les murs et le matériel. Il y a donc toujours intérêt à faire démarrer rapidement la fermentation alcoolique pour empêcher leur développement. La substance principalement attaquée est l'éthanol qui, en présence de l'oxygène, est transformé en acide acétique et en eau. Certaines bactéries, les *Acetobacter,* sont même capables de transformer l'acide acétique en gaz carbonique et en eau. D'autres oxydent également l'acide lactique et le glucose en donnant des aldéhydes, des cétones, des acides et du gaz carbonique.

La piqûre acétique s'accompagne toujours d'acétate d'éthyle. Or, cet acétate est responsable de l'odeur d'ascescence caractéristique des vins piqués. 150 milligrammes par litre de ce corps suffisent à donner l'odeur de vin piqué alors que 0,8 gramme d'acide acétique ne sont pas toujours perçus par le consommateur. L'acétate d'éthyle est cependant un corps volatil dont l'évaporation est faible.

De nombreux facteurs interviennent sur le développement des bactéries acétiques, dont les plus importants sont l'oxygène, et donc l'air, et leur température élevée. La fermentation acétique est, en effet, deux fois plus rapide à 30 °C qu'à 25 °C. Les bactéries acétiques sont moins sensibles au pH que les bactéries lactiques, elles se développent surtout à un pH supérieur à 3,2 et à des teneurs en alcool faibles, inférieures à 10 %.

La prévention des altérations microbiennes

Lors de la vinification, de la conservation et de l'embouteillage des vins, un certain nombre de principes permettent de prévenir ou d'éviter les altérations microbiennes, qu'elles soient levuriennes ou bactériennes. Il faut tout d'abord veiller à la parfaite hygiène de la cave et du matériel, qui peuvent apporter des germes. Ensuite, il faut réduire le nombre de germes présents dans le milieu par collage, filtration, centrifugation, thermolisation ou pasteurisation. Quand les produits sont appauvris en germes et à l'abri de recontamination, on peut faire un apport d'anhydride sulfureux et d'acide sorbique, surtout pour les vins doux. Enfin, il faut mettre le vin à l'abri de l'air par ouillage des récipients ou mise sous gaz inerte.

Mieux vaut toujours procéder à des contrôles microbiologiques, biochimiques et chimiques, notamment lors de la conservation du vin et au moment de l'embouteillage. Le contrôle permet de juger de l'efficacité des mesures préventives et de suggérer d'éventuelles corrections.

LES ALTÉRATIONS PHYSICO-CHIMIQUES ET LES FAUX GOÛTS

En dehors des accidents microbiens, les vins peuvent être altérés par l'apparition de dépôts ou de troubles ou par des goûts défectueux. Ces altérations sont dues en général à des phénomènes d'oxydation ou de réduction chimique ou enzymatique, ou à des phénomènes de précipitation par cristallisation ou polymérisation, les deux étant souvent liés.

Une oxydation importante du vin peut se traduire soit par un changement de couleur, un brunissement, notamment sur les vins blancs, suivi parfois d'une précipitation de composés polyphénoliques, surtout dans le cas des vins rouges, soit par une précipitation de composés ferriques.

Les altérations liées à une oxydation

Avec le vieillissement, les vins conservés voient leur couleur foncer. Ce phénomène n'est pas grave et est même considéré comme un facteur de qualité pour les grands vins. Par contre, certains vins jeunes peuvent présenter une couleur ambrée ou brune. Cette modification de la couleur est souvent accélérée par une température de conservation élevée et la présence d'oxygène. Elle peut être chimique ou enzymatique.

Dans le premier cas, on observe une oxydation de certains composés polyphénoliques catalysée, en général, par la présence des métaux et une polymérisation qui entraîne un précipité de matières colorantes.

Dans le second cas, souvent le plus grave, le vin est atteint de casse brune. Cette altération se produit dans les vins provenant de vendanges botrytisées, donc riches en laccase, enzyme responsable d'une oxydation importante des composés polyphénoliques qui se traduit par une précipitation importante des matières colorantes.

La présence d'un excès d'oxygène peut se traduire également, notamment chez les vins blancs, par une madérisation : la couleur du vin devient légèrement brunâtre, l'odeur et le goût prennent le caractère madère, dû à l'apparition d'éthanal.

Ces phénomènes de modification de couleur dans le cas des vins blancs peuvent être évités ou atténués par un collage à la caséine, protéine du lait, et l'addition à dose convenable d'anhydride sulfureux. Le problème est plus délicat à résoudre dans le cas de la casse brune des vins rouges, mais les techniques de thermovinification permettent de détruire l'enzyme responsable.

Les casses ferriques, altérations provoquées par oxydation, ont tendance à diminuer à la suite de l'emploi de nouveaux matériaux ou de revêtements efficaces pour les appareils de traitement des vendanges ou de stockage des vins. Les casses ferriques ne se produisent en effet que lorsque la teneur en fer des vins est relativement importante (plus de 10 mg/l), ce qui permet la formation de substances troublant le vin.

La casse blanche qui se produit surtout dans les vins blancs est due à une précipitation de phosphate ferrique.

La casse bleue est provoquée par la formation d'un complexe tanin-fer qui se traduit par un précipité bleuté et souvent un brunissement des vins blancs.

Ces altérations peuvent être évitées en s'abstenant de tout enrichissement en fer lors des différents traitements du raisin ou du vin. Dans le cas d'une faible teneur en fer, on procède par addition d'acide citrique qui donne avec le fer un complexe soluble, ou encore par un traitement au phytate de calcium ou au ferrocyanure de potassium. Ce traitement doit être obligatoirement effectué par un œnologue diplômé.

Les altérations liées à une réduction

À l'inverse des casses ferriques, la casse cuivreuse se produit à l'abri de l'air, souvent un certain temps après la mise en bouteilles, notamment lorsque les bouteilles sont exposées à la lumière et conservées à une température élevée. Cette casse se manifeste par un trouble du vin puis par un dépôt brun-rouge. Ce trouble est dû à la présence de sulfure de cuivre. Il se produit dans des vins contenant de fortes doses de cuivre (plus de 0,5 mg/l) et de l'hydrogène sulfuré provenant du métabolisme du soufre.

Pour empêcher cette altération, il est donc nécessaire d'éviter tout apport excessif de cuivre, qui peut survenir lors du traitement de la vigne ou être issu des joints et de la robinetterie. Sinon, on peut traiter le vin par le ferrocyanure de potassium comme dans le cas du fer.

Une autre altération liée au pouvoir réducteur du milieu est l'apparition du goût de réduit, dû à la formation d'anhydride sulfuré ou de mercaptan, qui apparaît par suite du métabolisme des levures et lorsque le vin a été soumis à une aération insuffisante lors des soutirages.

Les altérations dues à des précipitations

Les précipitations sont de deux ordres. Elles peuvent être dues à un phénomène soit de cristallisation, soit de floculation.

Précipitation de cristaux de tartre

Les précipitations cristallines sont un des accidents les plus redoutés dans les vins. Les cristaux formés sont constitués principalement de sels de l'acide tartrique : tartrate acide de potassium ou bitartrate de potassium et tartrate de calcium. La solubilité du bitartrate de potassium est d'autant plus importante que la température est plus élevée, et la teneur en alcool est plus faible.

Pour éviter cette cristallisation dans le produit conditionné, il est recommandé de faire subir au vin un traitement par le froid afin de faciliter la cristallisation du tartre, celle-ci pouvant être accélérée par l'addition de cristaux de bitartrate de potassium. Le vin est ensuite filtré pour éliminer les cristaux. On peut également, pour les vins destinés à être consommés rapidement, ajouter aux vins un produit retardant la précipitation tel que l'acide métatartrique.

Précipitation de protéines

Certaines grosses molécules du vin peuvent floculer et donc créer un trouble : c'est le cas notamment des protéines et, beaucoup plus rarement, des matières pectiques et autres polysaccharides.

La casse protéique peut être due à l'importance des protéines du raisin, mais aussi à des protéines apportées lors du collage de vins. Ce phénomène se produit notamment dans le cas du surcollage, dû à l'emploi de trop fortes quantités de protéines pour aider à la clarification des vins. Ces protéines peuvent précipiter surtout en fonction de la variation du pH et en cas de chauffage du vin, lors d'une pasteurisation par exemple.

Pour éviter cette altération, on peut ajouter de la bentonite aux moûts dans le cas des vins blancs ou en traitant les vins par la chaleur avant leur clarification définitive.

Le traitement par la chaleur du vin peut provoquer également une élimination du cuivre et la formation de colloïdes protecteurs, qui retardent la cristallisation et le dépôt de certaines substances.

La précipitation de protéines est aussi parfois liée à celle de complexes tanin-protéines.

La présence de dépôts dans les bouteilles de vins mousseux, notamment de cristaux de tartre, provoque le phénomène de gerbage lors de l'ouverture des bouteilles, c'est-à-dire la production rapide de bulles de gaz carbonique par suite de la diminution de la pression, entraînant une perte de vin pouvant être importante.

Les altérations de goûts

Parmi les goûts non recherchés dans les vins dus à des altérations physico-chimiques, on peut noter un certain nombre de goûts bien identifiés par les dégustateurs :

– le ***goût de bouchon*** ou de liège, dû à la qualité du liège ou de certains traitements subis par le bouchon soit lors de sa fabrication, soit lors de sa conservation, soit juste avant son utilisation ;

– le ***goût de lumière,*** dû à la production dans le vin de composés soufrés volatils par dégradation chimique des acides aminés soufrés du vin sous l'influence de la lumière ;

– le ***goût de filtre,*** dû à un traitement insuffisant des matériaux utilisés pour la filtration du vin ou des adjuvants de filtration conservés dans de mauvaises conditions ;

– le ***goût de fût,*** dû à la conservation du vin dans des fûts mal entretenus ;

– le ***goût d'amande amère,*** trouvé dans certains vins, provenant d'une quantité importante d'aldéhyde benzylique (plus de 0,4 mg/l) dont l'excès est dû vraisemblablement à la transformation de l'alcool benzylique, produit ayant migré au contact du vin à partir de certains revêtements utilisés pour protéger le matériel vinaire, en particulier les cuves de vinification ou de vieillissement ;

– le ***goût de moisi,*** en rapport avec des locaux mal ventilés ou la présence de matériaux qui sont chimiquement ou biologiquement instables.

Les altérations de la présentation du vin en bouteille

En fonction de la qualité du col des bouteilles, de la qualité des bouchons utilisés ou de la qualité de l'appareil de bouchage ou de son fonctionnement, on peut observer des bouteilles couleuses. Le vin, dans ces bouteilles maintenues couchées, peut s'écouler très lentement entre le bouchon et le verre, ce qui entraîne l'apparition de moisissures entre le bouchon et la capsule de surbouchage par exemple.

La plupart des altérations physico-chimiques ou des faux goûts peuvent être évités par l'utilisation de contrôles préventifs efficaces (essais de teneur à l'air, à la lumière, à la température, de collage...), par l'utilisation d'appareils et de cuves correctement entretenus, par une protection raisonnée contre l'excès d'oxygène, par l'emploi convenable de techniques de stabilisation des vins (collage, utilisation du froid, centrifugation, filtration...), et, dans certains cas, par l'emploi d'additifs ou d'adjuvants appropriés dont la dose est toujours strictement limitée par la législation (acide citrique, anhydride sulfureux, gomme arabique...).

Il est, de plus, recommandé de conserver le vin à une température basse, voisine de 13 °C.

PRINCIPAUX TROUBLES OU DÉPÔTS D'UN VIN

Nature	Cause
Troubles microbiens	Levure – Bactéries lactiques – Bactéries acétiques
Casse brune	Action d'enzymes sur les polyphénols
Casse ferrique	Précipitation du fer sous forme de phosphates ou avec des tanins
Casse cuivreuse	Précipitation de sels de cuivre
Casse protéique	Précipitation de polyphénols
Précipitation de matières colorantes	Polymérisation de polyphénols
Cristaux de tartre	Précipitation de tartrate acide de potassium Précipitation de tartrate neutre de calcium

LE TONNELIER-LA FUTAILLE

Connaître son métier de tonnelier,
Faire le bon ouvrage, tout est là.
Faire dire à la matière ce qu'elle a de divin,
Faire dire par quoi l'homme
Fait son métier de tonnelier,
Et le fait comme il faut.

La tonnellerie semble avoir été oubliée par le progrès technique. À moins que ce ne soit le tonnelier qui, sagement et pertinemment, ait voulu oublier le progrès technique pour conserver et pour sauver son métier avec comme motif profond le respect du produit à loger, le vin.

De nombreux métiers anciens exercés encore de nos jours ont largement évolué avec le progrès technique, l'électricité, la machine, et même aujourd'hui l'électronique et l'informatique. Ceux-ci, il faut le reconnaître, ont souvent apporté de bienfaisantes stimulations. C'est ainsi que partout où la standardisation, la préfabrication et le développement technologique ont remplacé les anciennes pratiques et savoir-faire, le métier, le vieux métier d'autrefois qu'illustra l'imagerie populaire, est devenu méconnaissable.

À la fin de ce XXe siècle, le métier de tonnelier ressemble étonnamment à celui qu'exerçaient déjà les hommes qui nous ont précédés, bien avant le début de l'ère chrétienne. Le tonnelier exerce un métier traditionnel, un métier d'art, métier irremplaçable sûrement... La tonnellerie ne risque-t-elle pas toutefois de succomber aux méthodes et procédés industriels qui tendraient à substituer à la vénérable futaille en chêne un vulgaire emballage que le métal, le ciment ou la matière plastique peuvent permettre de réaliser à moindre coût ?

Chef-d'œuvre de « Angoumois-l'amie-des-Arts », Compagnon-Tonnelier-Doleur-Du-Devoir. Amphore en bois merrain cintrée au feu, de 1,30 m de hauteur. « Elle est à deux anses et est utilisable ». Le col de l'amphore est enchâssé dans un fond, et le « jable » est réalisé à l'extérieur et non à l'intérieur comme traditionnellement.

Le logement des vins

Tous les grands vins cités dans cet ouvrage se veulent de tradition, de respect, de qualité, de sagesse et de continuité, et conserveront longtemps et toujours, espérons-le, le bon logement en bois de chêne, gage d'avenir.

En même temps que les amphores en terre cuite et les outres en peaux de bêtes (bœuf, porc, chèvre, bouc...), la barrique fut, pendant de nombreux siècles, utilisée pour le logement et la conservation de tous les liquides.

Puis le temps et l'expérience ont montré que, dans le bois, et surtout dans le chêne, les vins se transformaient, évoluaient, se bonifiaient et atteignaient une plénitude qu'ils n'obtenaient pas dans les autres logements. De plus, le bois de chêne faisait beaucoup mieux que contenir. En effet, comme on le sait depuis très peu d'années, il participe activement aux processus de maturation, d'élevage et de conservation des vins. Cette découverte dut avoir lieu bien après la guerre de 1914.

On a donc su développer le stockage des grands vins dans le bois de chêne français, matériau vivant, noble et naturel, et, parallèlement, un métier extraordinaire, celui de tonnelier.

Ce n'est qu'un peu plus tard, vers 1930-1940, que l'on eut la confirmation, avec l'importation en grand nombre des chênes de l'Europe centrale, que seul le chêne poussé sur le sol français et, qui plus est, dans certaines régions bien définies, avait le pouvoir de résistance, de non-porosité et surtout de bonification voulu.

Matériau vivant, le bois de chêne respire et vit en coexistence avec le vin dont il forme le réceptacle. Il favorisera les échanges chimiques et notamment l'oxydation, l'oxygénation et une légère oxydoréduction qui préserveront les principes fondamentaux et particuliers de chaque vin. La substance des tanins qui se libèrera lentement au contact des vins leur apportera en s'intégrant les éléments aromatiques qui les personnaliseront. Les tanins sont le complément indispensable pour l'élaboration et la conservation des vins de garde.

Les origines

Il serait tentant de s'en remettre à la légende selon laquelle le tonneau est d'invention gauloise. Il faudra cependant bien admettre que les origines de ce surprenant récipient sont beaucoup plus incertaines et surtout beaucoup plus lointaines.

Pendant longtemps, quand la terre de la région était apte à cette destination, les liquides (vins, huiles, eau, lait, alcools, etc.) furent logés et conservés dans des vases en terre cuite.

Dans le même temps, les hommes utilisèrent les originales outres en peaux de bêtes. Ces outres étaient légères, peu fragiles, et, paraît-il, le vin y était bon quand l'outre avait déjà servi de nombreuses fois, quand elle était « culottée ».

Même si plus tard on a beaucoup employé les amphores pour les transports à longue distance, il ne pouvait s'agir que d'une solution rudimentaire et transitoire. Les récipients en bois furent les vrais ancêtres du tonneau actuel. Ils ont été imaginés, bien avant les Gaulois, pour le transport des produits solides d'abord, puis, progressivement, et bien longtemps après, pour le logement des liquides.

La nécessité de transporter, au cours des troisième et deuxième millénaires avant Jésus-Christ, plusieurs produits solides, tels que l'or, l'étain, l'ambre jaune, le bronze, les poteries, produits qui ne pouvaient circuler en vrac sans risques évidents, a dû motiver

Bas-relief gallo-romain provenant de Cabrières d'Aygues, figurant une scène de halage avec tonneaux visibles.

l'apparition des techniques d'emballage où le bois était appelé à jouer un rôle important, en raison de ses qualités propres et notamment de sa flexibilité.

La nature même de certains objets a pu conduire à donner à l'emballage une forme proche de celle du tonneau, tel que nous le connaissons, et tel que l'ont effectivement réalisé et commercialisé plus tard les Gaulois.

Les ancêtres du tonneau

De tels emballages pouvaient être conçus en bois de sapin, de mélèze ou de tout autre résineux produit par le pays d'origine, le matériau étant taillé en lamelles minces et étroites, travaillées à peu près comme les douelles de nos futailles actuelles, c'est-à-dire plus larges au centre que dans les bouts.

Très longs, en forme d'arcs très ouverts, et donc avec un faible bouge (partie la plus renflée du tonneau), ils étaient conçus pour recevoir aux deux extrémités des liens qui pouvaient être en fibres d'origine végétale ou animale.

Le récipient n'était pas cintré au feu, comme il le sera par la suite, pour servir au transport des liquides... Il n'y avait pas de fond, et la solidité était obtenue par les liens qui rapprochaient jusqu'à rassembler entièrement toutes les pièces de bois. Il est fort probable que les liens étaient très nombreux tout autour des lattes de bois, et l'ensemble devait être enduit de goudron ou de substance résineuse, à l'extérieur, pour bien en assurer l'étanchéité.

Plus tard, par un procédé analogue, on envisagera de loger et de transporter les liquides. Il suffisait de garder le même système de lattes (les douelles), taillées sur chaque face, et de les terminer un peu plus larges en bout, au lieu de les tailler très finement comme pour l'emballage des solides.

Toutes ces pièces de bois étaient assemblées ; l'ensemble était fermé à chaque bout par un bouchon de liège, et maintenu par de nombreux liens. Le corps du récipient devait être très mince pour faciliter le pliage sans le feu, procédé que l'on n'a utilisé que par la suite. Il ne devait y avoir que très peu de bouge, et les douelles étaient très longues par rapport au diamètre qui devait être étroit. Pour assurer la solidité absolue de l'intérieur, on utilisait un enduit de substance résineuse.

Le tonneau antique

Bien vite, par suite d'une évolution logique, fréquente pour les objets usuels, on arriva à la fabrication définitive d'un récipient, formé de plusieurs éléments de bois. Ces éléments furent assemblés et tenus par des liens rudimentaires, puis par des cercles de fer ou de bois, et le plus souvent par les deux judicieusement répartis. L'apport de deux fonds également en bois, fermant très exactement les deux extrémités, conduisit à la confection d'un vase étanche ne nécessitant aucun enduit extérieur ou intérieur, résistant aux chocs, pratique à la manutention : c'était la barrique. Elle était relativement légère et peu encombrante. On ne la portait plus, puisqu'elle pouvait rouler.

Les Romains l'appelèrent « vaisseau » (du latin *vasselus,* petit vase), le terme de vaisseau, grand bâtiment destiné au transport des hommes et des marchandises, étant resté dans le vocabulaire maritime.

L'art du tonnelier est très rapidement parvenu au stade de perfection que nous lui connaissons, sans que l'on puisse en dater exactement les origines.

Le tonneau du Moyen Âge

À Ravenne, parmi les mosaïques du Ve siècle se trouvant à l'intérieur de la basilique somptueusement décorée de Sant'Apollinare Nuovo construite par Théodoric le Grand, une scène de la vie du Christ montre la Samaritaine se préparant à étancher la soif du Christ à l'aide d'un seau d'eau qu'elle vient de tirer du puits. Ce seau aurait pu être fabriqué au XXe siècle car rien ne le différencie de nos productions actuelles. Il est en bois et on distingue facilement des douelles par les différentes teintes de la mosaïque. Il est conique et foncé, de petit diamètre. L'ensemble est maintenu assemblé par trois cercles en bois et un en fer.

Charlemagne (742-814) possédait un atelier personnel de tonnellerie dans ses propriétés en Bourgogne. Vers la fin du Moyen Âge, la corporation des tonneliers doleurs offre pour la cathédrale de Chartres un vitrail où l'on voit un tonnelier au travail. Celui-ci est en train de frapper des cercles de bois sur une très haute barrique qui semble contenir environ 500 litres et mesurer 1,50 m de haut. C'est à peu près le tierçon charentais. À son côté, un doleur, la doloire en main. Le titre de l'œuvre, assez significatif, est *le Tonnelier de Noé*.

La fabrication du tonneau

La succession de gestes et d'actes précis auxquels se livre le tonnelier pour construire son tonneau n'a guère changé au cours des âges. Composé de pièces appelées douelles et de pièces de fond, le tonneau, par toute la science du tonnelier, prendra une forme gracieuse, élégante, ronde et utilitaire.

Les douelles prises une à une sont placées et assemblées dans un cercle de montage.

Le cintrage s'effectue généralement au feu de bois dans une « chaufferette » placée dans la futaille.

La première mise en œuvre de tonneau commence par le façonnage des douelles.

Le tonnelier ne sera guidé que par la connaissance assez empirique des gabarits, des formes et des particularités de la futaille dont il sera le seul auteur. Il ne disposera pas de plans ni de descriptif ou de directives techniques spéciales pour réaliser ce travail. Il devra réunir et classer suivant leurs dimensions et suivant leurs positions futures et respectives les différentes pièces dont les mesures auront été arrêtées en fonction de l'ouvrage à réaliser.

Plusieurs opérations, en fait coordonnées mais très distinctes, sont nécessaires à la construction d'un fût : les mesures, le façonnage des douelles, le montage et la mise en forme, le cintrage au feu, le rognage, la préparation des fonds, leur réalisation, le fonçage, le cerclage (cercles de fer, cercles de bois), la finition et l'épreuve de solidité.

La première opération commence par la mise en forme des bois, le façonnage des douelles – 28 à 32 en moyenne – et des fonds qui comprennent de 12 à 16 pièces.

Le tonnelier procède ensuite à une première mise en forme du tonneau en montant les douelles une à une dans un cercle de montage, puis il les serre et les équilibre avant d'entreprendre le cintrage.

Cette phase de la réalisation d'une barrique est très importante car elle conditionne une grande partie de la qualité et de la longévité du récipient qui, s'il est mal chauffé, pourra être défectueux. En effet, les douelles composant le corps de la futaille, continuellement en contraction, arriveraient alors à se casser au bouge, la partie la plus renflée de la barrique. Bien chauffée pendant le cintrage, au contraire, la même futaille pourra être utilisée pendant des dizaines d'années sans aucun risque ni problème.

L'opération suivante, le rognage, consiste à préparer les têtes de la futaille dans le but d'y enchâsser les deux fonds. Après la préparation des fonds et le cerclage, il ne restera plus qu'à entreprendre la finition. Ce travail demande une grande attention, car c'est de lui que dépendra l'allure générale de la réalisation. Chaque futaille, chaque contenance, chaque destination, chaque région ou pays a son rognage spécifique. Le tonnelier doit s'y conformer.

La futaille ainsi achevée est signée par son réalisateur sur les deux fonds. Le but de cette signature est tout d'abord de pouvoir retrouver, même quelques années après, l'auteur du travail. La signature symbolise également la fierté de l'ouvrier qui crée et qui engage par ce simple geste son honneur et son savoir. C'est un acte qui l'incite à faire son travail, à l'aimer et à en être fort justement très fier.

La signature du tonnelier affirme et authentifie l'exactitude et la sincérité du travail réalisé.

LE BOIS DE CHÊNE

Le bois de chêne, dont la France détient les plus importantes réserves en Europe, est une substance dure et compacte formée de fibres et de vaisseaux qui transportent la sève. Il faut cent cinquante à deux cent cinquante ans pour qu'un chêne arrive à maturité et qu'il puisse être commercialisé. Deux espèces sont utilisées en tonnellerie pour le logement des vins.

Le chêne pédonculé **(Quercus pedunculata)**

C'est le chêne champêtre. Il a besoin de beaucoup de lumière ; son bois, très voisin de celui du rouvre, a une densité importante. Il est très dur et nerveux.

C'est un chêne à « gros grain ». Le « gros grain » dit « chêne du Limousin » est un bois très dur à accroissement large et souvent irrégulier pouvant atteindre 10 millimètres. Il aura surtout poussé en largeur et il apportera au vin un tanin puissant et rapide.

Le chêne rouvre **(Quercus sessi liflora)**

C'est le bois de futaie et de taillis sous futaie par excellence. On le trouve rarement isolé. Il domine dans le centre de la France où il préfère les sols humides.

Le chêne rouvre est un chêne à grain fin. Le « grain fin » dit « chêne du Tronçais » ou « chêne du Centre » possède un bois un peu moins dur que le « gros grain ». La densité en sera également moindre. Son accroissement, qui n'est parfois que d'un millimètre par an, est toutefois assez régulier. Comme le rouvre est un chêne de futaie, il cherchera la lumière et poussera en hauteur. Il apportera au vin un tanin plus doux, plus souple, qui se libérera plus lentement que dans le chêne dit à « gros grain ». À seule fin de se stabiliser et d'éliminer toutes les impuretés, le séchage en bois merrain se fera à l'air libre, à la pluie, la neige, le froid et le soleil, pendant quelque trois ans.

LA CONTENANCE DES FÛTS

La dimension et le volume du récipient conditionnent l'efficacité des agents bonificateurs en offrant une surface de bois suffisamment grande et adéquate par rapport au volume de vin logé. L'utilisation et l'expérience ont donc, au cours des âges, déterminé le volume idéal de futaille à pratiquer. C'est ainsi que la contenance moyenne, qui est propre à chaque région, et sans aucune concertation, s'est située entre 200 et 230 litres.

Les deux principales contenances en usage à ce jour sont la barrique de 225 litres de Bordeaux et le tonneau de 228 litres de Bourgogne. À signaler que cette futaille, qui porte le nom de tonneau quand elle est vide, prend le nom de pièce quand elle est pleine.

La contenance de tous les types de futailles, bien qu'elle soit légèrement différente, est toujours liée aux mêmes éléments : la terre, la vigne, le travail, la récolte et le logement du vin.

La récolte, en tant qu'unité de mesure correspondant à la contenance d'une futaille, était celle que faisait un viticulteur dans une parcelle de terre plantée en vigne, et qu'un journalier pouvait travailler à la main dans une journée, très certainement longue de dix à quatorze heures.

La barrique de Bourgogne

Les 228 litres que doit contenir la barrique de Bourgogne correspondent à la récolte de vin que pouvait faire le cultivateur sur une parcelle de terre plantée en vigne, appelée « ouvrée ». Celle-ci équivalait autrefois (aux XVIe, XVIIe, XVIIIe siècles) à l'ouvrage que pouvait accomplir un ouvrier dans sa journée. Selon la nature des sols à travailler, plus ou moins lourds ou légers, elle correspondait à 1/24e d'hectare environ.

La récolte moyenne étant alors de 228 litres de vin à l'ouvrée, on a conçu une barrique qui devait contenir la récolte d'une journée de travail d'un ouvrier.

Barriques de Bourgogne.

La barrique ou pièce de Bourgogne a pour longueur 0,885 m. C'est la plus courte de toutes les barriques traditionnelles de France. Le diamètre en bout est de 0,595 m, la circonférence du bouge est de 2,305 m, l'épaisseur va de 27 à 30 mm. Contrairement aux autres barriques traditionnelles, il n'y a pas de barre.

Deux cercles de bois sont toujours placés sur les têtes. Ce sont les cercles de protection qui protègeront les têtes des douelles contre les chocs éventuels dans les manutentions diverses. Autrefois, les cercles de bois étaient liés à l'osier qui était fragile et cher. Ils sont maintenant fixés par des bagues ou agrafes en fer.

Présentée et réalisée ainsi, la barrique de Bourgogne est une futaille fonctionnelle, résistante et facilement maniable. On la trouve dans tous les chais, caves et châteaux de Bourgogne. Elle est reine en ce terroir mais elle n'en sort que rarement, contrairement aux autres types de futailles, et particulièrement la barrique de 225 litres bordelaise, que l'on rencontre très largement dans toutes les régions de France mais aussi dans tous les pays du monde.

La barrique de Bordeaux

La barrique de Bordeaux, qui contient 225 litres, se trouve être la plus typée des barriques du monde. Elle a été copiée dans tous les pays et à peu près dans toutes les essences de bois.

Comme sa sœur de Bourgogne, on admet l'hypothèse qu'elle correspondait à la récolte de vin faite sur une parcelle de terre plantée en vigne et qui portait le nom de « sadon », terme très peu usité de nos jours.

Le sadon est une mesure agraire d'environ 833 m^2, qui était autrefois fixée pour l'ouvrier qui recevait un salaire pour avoir taillé ou attaché 900 pieds de vigne : il lui était donné le prix du sadon. De nos jours, la quantité a été portée à 1 000 pieds et le nom n'est plus utilisé, mais on donne toujours un salaire (qui était en 1995, selon les régions, de 390 à 475 francs pour 1 000 pieds taillés et attachés), pour une surface voisine de 1 000 m^2.

Il y avait 4 sadons au journal et 12 sadons à l'hectare. La récolte était de 450 litres au sadon. On a donc construit une barrique qui correspondait à ce volume et, pour qu'elle soit plus maniable, on l'a partagée en deux.

La récolte était donc de 2 barriques de 225 litres au sadon, de 8 barriques au journal et de 24 barriques à l'hectare. Soit au total, et comme en Bourgogne, de 54 hectolitres environ à l'hectare, ceci dans des années de grandes récoltes et en vins non classés à l'époque. Il faut croire que l'on avait prévu le maximum, car la récolte, on le sait, n'a pas toujours le même volume.

On ne peut en fait qu'émettre des hypothèses sur ces correspondances et penser à une variante possible fondée sur le même raisonnement, et qui conduira à considérer que la récolte de Bourgogne ne serait que de 228 litres pour deux ouvrées et non à l'ouvrée, et qu'à 225 litres au sadon dans le Bordelais correspondrait une barrique au lieu de deux. Il serait concevable de retenir une récolte déjà fort honorable pour ces deux nobles régions de 27 hectolitres environ de vin à l'hectare.

On ne peut en fait que rapprocher les deux contenances qui sont identiques à quelques litres près, les unir à l'élément terre et récolte, et accepter l'idée que la contenance des barriques en bois réalisées par le tonnelier a bien un rapport très étroit avec la surface plantée en vigne, le travail journalier et la récolte de vin.

La bordelaise de transport

Il s'agit de la barrique la plus courante et la plus connue. Elle a pour dimensions 0,94 à 0,945 m de long, 0,55 à 0,555 m de diamètre en bout et 0,69 à 0,695 m de diamètre en bouge.

La bordelaise de château

Cette barrique est certainement la plus belle de toutes les barriques à vin. C'est une barrique racée, élégante et fonctionnelle mais elle est fragile car relativement légère. Ses dimensions sont les suivantes : 0,95 m de longueur, 0,565 m de diamètre en bout, 2,20 m de circonférence en bouge, 22 mm d'épaisseur. Une assez large barre est placée pour renforcer chaque fond.

Le cerclage est fait de 8 cercles de fer plus 4 cercles en bois de châtaignier liés à l'osier et placés par deux, directement en tête de la barrique.

La chambre de commerce de Bordeaux a déterminé et imposé en février 1908 les caractéristiques de la barrique bordelaise. La longueur devait être de 0,93 m, la circonférence en bout de 1,81 m (soit 0,575 m de diamètre), la circonférence en bouge de 2,17 m, la longueur du jable de 75 mm, enfin, l'épaisseur des joints de douelles ne devait pas être inférieure à 12 mm, l'épaisseur des joints des fonds ne devait pas être inférieure à 13 mm.

La bordelaise de château.

La bordelaise de transport.

Le cerclage était le suivant, par bout : en tête, deux cercles de bois liés à l'osier (en vine), un cercle de fer de 27 mm sur 13 en collet puis un cercle de fer de 27 mm sur 13 en bouge, et deux cercles de bois liés à l'osier en dessous du cercle de fer.

Il était prescrit encore que la barrique devait contenir 225 litres le plus exactement possible, une tolérance maximale de deux pour cent en plus ou moins étant accordée.

Une deuxième barrique dite « façon Médoc » était reconnue marchande. Les deux cercles en bois du bouge étaient supprimés et remplacés par un cercle de fer supplémentaire, c'était en somme la barrique bordelaise actuelle. Souvent, le tonnelier allait placer les cercles de bois au bouge un an après et sur place, chez le viticulteur même.

Il était stipulé que si la différence de contenance de la barrique de Bordeaux dépassait les deux pour cent, l'acheteur devait refuser la barrique et exiger la réfection aux frais du tonnelier, et cela même s'il ne s'en apercevait que quelques années plus tard.

On remarquera le peu d'épaisseur des bois (12 mm pour les douelles et 13 mm pour les fonds), ce qui conduisait à une barrique excessivement fragile.

Même de nos jours, avec une épaisseur de bois légèrement supérieure, la barrique bordelaise est restée la plus légère de toutes les barriques à vin de France.

Les têtes des douelles de la barrique bordelaise sont très longues : 70 à 75 millimètres. Il y a à cela deux raisons. La première est que parfois les viticulteurs, pour éviter l'évaporation des vins, mettaient sur les fonds un à deux centimètres de plâtre mélangé avec de la toile de jute. La seconde raison est que lors du transport des vins par bateau, les dockers laissaient rouler vers le bas les barriques de vin sur des planches de bois à partir du haut du pont du bateau. De ce fait, la barrique pleine arrivait sur le quai à grande vitesse. Le réceptionnaire tout au bout de la rapide descente devait se placer de telle façon que lorsque la barrique passait à côté de lui, il donnait au passage un léger coup de la pointe du pied sur le chanfrein. Celle-ci, stoppée d'un côté dans sa course, prenait alors un mouvement de toupie, et, lorsque la rotation faiblissait, il ne restait plus au tonnelier déchargeur de vin qu'à remettre en ligne la barrique et à finir de la rouler vers son lieu de stockage.

C'est donc pour faciliter et rendre plus sûre l'opération de déchargement des barriques que les têtes des douelles des bordelaises ont été laissées très longues et que l'on a, en plus, protégé la barrique avec des cercles de bois pour amortir les trop gros chocs.

Si chaque barrique de chaque région a une contenance en apparence fantaisiste, celle-ci correspond pertinemment à des faits solides, liés aux éléments : travail de la terre, surface de la vigne, récolte et logement du vin.

En 1585, les vins de « Graves » donnaient un faible rendement estimé pour les vignes archiépiscopales à 16 ou 17 hectolitres à l'hectare. Pour les « Graves » il est de 27 hectolitres à l'hectare. En 1844, en Gironde, on ne s'est plus inquiété de la qualité, mais de la quantité ; on a fait rendre à un seul hectare jusqu'à 200 hectolitres à l'hectare, tandis que les meilleurs vignobles n'en donnent que 20 à 30.

Les différentes futailles d'hier et d'aujourd'hui

Noms	Contenance en litres						
		Barrique de Saumur	232	Demi-queue chalonnaise	224	Muid petit du Languedoc	365
		Barrique du Tarn	214	Demi-queue de Champagne	183	Muid de Montpellier	510
Anée de l'Isère	72-76	Barrique de Tours	232	Demi-queue de Château-Thierry	185	Muid d'Orléans	289
Anée du Mâconnais	300	Barrique de la Vienne	252	Demi-queue du Cher	243	Muid de Paris	268
Anée du Rhône	93	Botte de Provence	520	Demi-queue de Chinon	243	Muid du Rhône	288
Bar de Champagne (le petit)	205	Botte de Saône-et-Loire	430	Demi-queue de Condrieu	251	Muid du Roussillon	472
Bar de Champagne (le gros)	228	Bussard	350	Demi-queue de Garonne	217	Muid de l'Yonne	272
Barbantane	560-565	Busse de l'Anjou	230	Demi-queue du Gâtinais	221	Pièce de Bourgogne	228
Baril d'Alicante	38	Busse de la Mayenne	225-232	Demi-queue du Languedoc	274	Pièce de Champagne	182
Baril de Madère	15	Busse de la Sarthe	240-250	Demi-queue de Mâcon	213	Pièce de Lorraine	180
Baril de Malaga	30	Charge des Hautes-Alpes	110	Demi-queue de Montigny	213	Pièce de Saône-et-Loire	142
Barillo Corse	150	Charge de Castelnaudary	135-140	Demi-queue de Montlouis	243	Pièce de Villenox (Aube)	181
Barral (Baril) de Carpentras	26	Charge de l'Isère	100	Demi-queue nantaise	243-248	Pipe	410
Barral du Gard	45	Charge de la Lorraine	40	Demi-queue de Saint-Gilles	289	Pipe d'Anjou	480
Barral des Hautes-Alpes	32-34	Charge de la Meurthe	40	Demi-queue de Sancerre	221	Pipe de Cognac	600
Barrique de l'Ardèche	214	Charge de la Meuse	40	Demi-queue de Sologne	232	Pipe du Languedoc (petite)	533
Barrique de Beaune	228	Charge de Narbonne	94	Demi-queue du Vaucluse	275	Pipe du Languedoc (grosse)	650
Barrique bordelaise	220-225	Charge des Pyrénées-Orientales	118	Demi-queue de Villenouve	175	Pipe de La Rochelle	533
Barrique de Bretagne	228	Charge de Toul	39	Demi-queue de Vouvray	255	Pipe de Paris	620
Barrique de Cahors	224	Comporte du Midi	43	Émine des Hautes-Alpes	22-30	Pinçon de Touraine	230-258
Barrique de Chalosse	304	Cruche du Béarn	23	Feuille ordinaire	130	Pot d'Auvergne	40
Barrique de Champagne	200	Demi-Bordelaise	110-112	Feuille de Paris	133	Quart-Bordelaise	54-55
Barrique de Charente	205-215	Demi-botte	221	Feuille de l'Yonne	136	Quart-botte	104-106
Barrique de Chatellerault	300	Demi-feuillette	68	Feuillette de Bourgogne	136	Quart de muid	68
Barrique du Cher	259	Demi-Mâconnaise	106	Feuillette de Côte-d'Or	112-114	Quart de Paris	67
Barrique de Cognac (autrefois)	205	Demi-muid du Gard	560	Feuillette de Mâcon	112-114	Quartaut	94
Barrique de Cognac vers 1900	275	Demi-muid gros de Paris	152	Héralde du Béarn	23	Quartaut d'Auvergne	137
Barrique de Cognac en 1970	350	Demi-muid très gros de Paris	167	Hotte de Lorraine	40	Quartaut de Beaune	114
Barrique des Deux-Sèvres	295	Demi-pièce de Côte-d'Or	128	Mannée d'Anjou	40	Quartaut Bourguignon	57
Barrique de la Drôme	210	Demi-pièce de Paris	112-115	Mesure de Lorraine	44	Quartaut du Chalonnais	114
Barrique de Frontignan	228	Demi-pièce de Reims	200	Mesure des Vosges	42	Quartaut d'Orléans	114
Barrique des Hautes-Alpes	80	Demi-queue	108	Muid de l'Aisne	250	Quartaut de Vouvray	125
Barrique de l'Hérault	214	Demi-queue d'Anjou	243	Muid de Bourgogne	297	Queue de Paris	897-900
Barrique des Landes	304	Demi-queue de l'Aube		Muid très gros de Bourgogne	350	Sétier du Doubs	50
Barrique de La Rochelle	225	dite jauge gros bar	228	Muid de Cahors	297	Sixain	60
Barrique du Lot	228	Demi-queue d'Auvergne	297	Muid de Chaumont	230	Tierçon ou demi-coque	53
Barrique du Lot-et-Garonne	228	Demi-queue d'Auvergne	280	Muid commun	300	Tierçon de Champagne	91
Barrique de Paris	402	Demi-queue bâtarde	236	Muid français	274	Tierçon de Cognac	530-560
Barrica de Porto	250-260	Demi-queue de Blois	236	Muid gros français	320	Tiercerolle du Gard	230
Barrique des Pyrénées (Basses)	270	Demi-queue de Cahors	221	Muid de l'Hérault	685	Tinne du Doubs	53
Barrique du Rhône	220	Demi-queue de Chalon	214	Muid de Langres	241	Tonneau de Bordeaux	900

LES BOUTEILLES

Il est impossible de parler du vin sans évoquer son inséparable compagne, la bouteille en verre. Car aussi bien dans l'esprit de l'homme de l'art, qu'il soit vigneron, œnologue ou négociant, que dans celui du consommateur, vin et verre sont indissociables.

Depuis des siècles, vin et verre vont de pair et, de toute évidence, se doivent tout mutuellement.

En effet, le vin a besoin de la bouteille en verre pour le servir, le transporter, le parer, l'habiller, le présenter et le mettre en valeur. Quel autre matériau d'ailleurs aurait pu ou pourrait remplir ce rôle avec la même efficacité et autant d'éclat ? Mais l'inverse est également vrai.

Finalement, il s'agit là d'un mariage parfait puisqu'il unit le vin, fruit vivant et mystérieux de la terre, du soleil et du travail des hommes, et le verre tout aussi bien don de la terre, du feu, et du travail des hommes.

Union parfaite, puisqu'elle a aussi été consacrée par l'usage et par la satisfaction des consommateurs.

La légende du verre

Les origines du verre sont mystérieuses. Elles sont si lointaines que l'histoire ne permet pratiquement pas de retrouver leur trace de façon indubitable. En fait, les sources à ce sujet sont imprécises, et même parfois contradictoires, si bien que la seule légende, à défaut d'apporter une preuve tangible et matérielle, permet au rêve et à l'imagination de se représenter ce que fut la naissance du verre.

D'abord transmise oralement pendant des millénaires, la légende de la découverte du verre fut transcrite par le naturaliste Pline au Ier siècle de notre ère. Celui-ci raconte que vers 3 500 à 4 000 ans avant Jésus-Christ, des navigateurs abordèrent sur une plage d'Asie mineure, pour y passer la nuit. Ils allumèrent alors un feu pour faire cuire leur repas. Comme ils ne trouvèrent pas de pierre pour caler leur marmite, ils utilisèrent quelques morceaux de carbonate de sodium (natron) provenant de la cargaison qu'ils transportaient. Le lendemain matin, ils découvrirent sur le foyer éteint un dépôt brillant et solidifié. Sous l'effet de la chaleur, le sable de la plage et la soude avaient fondu, s'étaient mélangés, et avaient produit cette substance. Le verre venait de naître.

Le verrier. Chromalithographie du XIXe siècle. La technique ancestrale du soufflage s'est perpétuée jusqu'à nos jours.

L'histoire du verre

Le verre, comme le vin, est donc plusieurs fois millénaire. À l'origine, durant une période qui s'étend d'environ 4 000 à 1 600 ans avant l'ère chrétienne, on trouve des enduits vitreux sur des roches telles que le quartz. Plus tard, apparaîtra la « faïence égyptienne ». L'usage du verre était alors de faible importance et consistait principalement à fabriquer des perles et autres ornements.

Les premiers objets

De 1 600 à 50 ans avant l'ère chrétienne, les procédés de fabrication évoluent et, grâce à l'enrobage de pâte de verre réalisé autour d'un noyau désagrégeable d'argile ou de sable, on commence à réaliser les premiers récipients en verre. Cette technique qui se répand au Proche-Orient est très bien maîtrisée en Égypte. Vers la fin de cette période, apparaissent des objets de verre façonnés par abrasion et par le moulage de bâtonnets ou de grains de verre agglomérés par fusion.

À cette époque, on fabrique des vases, des gobelets, ainsi que des flacons. Mais ceux-ci, de petite taille, paraissent avoir été utilisés pour les onguents, les fards, les parfums, les huiles et les eaux de toilette uniquement.

Les progrès techniques

Au début de l'ère chrétienne, un verrier inconnu eut l'idée géniale de prélever un peu de matière en fusion, grâce probablement à un tube de fer, et de souffler à l'autre extrémité.

La canne à souffler le verre venait d'être inventée. Ce procédé perdurera pendant deux mille ans, et pour longtemps sans doute encore, sous des formes mécanisées et automatisées.

Il s'agit là d'une véritable révolution technologique dont l'importance exceptionnelle va permettre au verre – sous toutes ses formes – de connaître son extraordinaire essor dans tous les domaines : artistique, industriel et scientifique, et qui permettra quelques siècles plus tard au vin et au verre de se rencontrer.

En fait, la technique de fabrication du verre creux a peu évolué depuis cette époque jusqu'à la fin du XIXe siècle. Bien entendu, certains perfectionnements ont été apportés au cours des siècles, telles par exemple l'apparition des moules ouverts, puis fermés, en une pièce, puis en deux pièces, et l'invention des moules de bague ; mais, fondamentalement, le travail restait manuel.

Vers la fin du XIXe siècle, l'invention des machines semi-automatiques a permis, en remplaçant l'homme par la machine pour l'opération de soufflage, de rendre le travail du verrier moins pénible et également beaucoup plus rapide.

Toutefois, le cueillage du verre et, par conséquent, l'alimentation de la machine se faisaient toujours manuellement.

L'automatisation

La troisième étape de l'évolution de la technique verrière a autorisé l'automatisation que nous connaissons de nos jours, en permettant l'alimentation de la machine par l'intermédiaire d'autres machines.

Pendant la plus grande partie de cette évolution, le vin et le verre, du moins la bouteille en verre, se sont peu rencontrés. Toutefois, ils se connaissaient, puisque si la bouteille était loin de sa forme actuelle et de l'évolution qu'elle va connaître, le verre sous forme de gobelet et de verre à boire était, lui, très connu.

La naissance de la bouteille

De nombreux documents iconographiques attestent que depuis l'Antiquité on utilisait des bouteilles, des flacons et des carafes. Mais pendant très longtemps, on se servit essentiellement de ces objets comme ornement, ou, en ce qui concerne le vin, pour le service à table.

En fait, il semble pratiquement acquis que jusqu'à la fin du XVIIe siècle, le vin était conservé et transporté en tonneaux. Son service à table était assuré, selon les époques et les circonstances, en pots de terre ou d'étain ou en carafes.

Les bouteilles, toutefois, quoique peu utilisées, du moins au sens où nous l'entendons aujourd'hui, étaient déjà connues au cours des XIVe et XVe siècles. Il est probable que l'on a commencé à les utiliser à cette époque pour la conservation de certains grands vins.

Cependant, d'après les historiens, les bouteilles soufflées étaient alors fragiles, et il était souvent nécessaire de les protéger par une clisse afin de les renforcer.

En fait, la véritable rencontre du vin et de la bouteille de verre se situe aux environs de 1700. Elle eut lieu grâce à deux faits essentiels : d'abord, l'apparition, en provenance d'Angleterre, de bouteilles en verre très épais, beaucoup plus résistantes ; ensuite, l'utilisation du liège pour le bouchage, dont le précurseur en France semble être dom Pérignon, qui, du même coup, dit-on, « inventa » le Champagne.

ANATOMIE D'UNE BOUTEILLE AVEC LES TROIS TYPES DE FOND EN USAGE

Jusque-là, en effet, et quoique les sources soient parfois contradictoires, les bouteilles étaient non seulement fragiles, mais leur bouchage, réalisé à l'aide de tampons de bois et de chanvre ou de lin huilé, était aléatoire. L'étanchéité était loin d'être parfaite, ce qui, évidemment, ne favorisait pas la conservation du vin.

Plus tard, l'invention du moule de bague permit d'obtenir des bouteilles avec des goulots à la fois plus fins et beaucoup mieux calibrés.

À partir de ce moment-là, la conservation du vin en bouteilles était assurée, ce qui permit le développement de l'embouteillage, de la garde et du transport dans le verre.

L'évolution des formes

Pendant longtemps, la forme des bouteilles fut inspirée de l'époque gallo-romaine, c'est-à-dire généralement caractérisée par une sphère aplatie pour avoir une bonne assise et un col relativement long pour une bonne prise en main. C'est cette forme que l'on retrouve au début du XVIIIe siècle.

Puis la forme évolue et a tendance à s'allonger et à devenir cylindrique, d'une part parce que le vin est de plus en plus conservé et vieilli en bouteilles, puis expédié dans celles-ci, et d'autre part parce que, l'embouteillage devenant de plus en plus important, il est nécessaire d'avoir des formes qui se prêtent à la fois au vieillissement en pile, à l'embouteillage et au transport.

Au cours du XIXe siècle, certaines régions se personnalisent en créant des bouteilles représentatives de leur terroir et de leur vin. Ainsi apparaissent la « bourguignonne », la « champenoise », ou bien encore la bouteille à vin d'Alsace.

Les bouteilles actuelles

Il est aujourd'hui curieux de constater que, à l'exception de la flûte d'Alsace, les bouteilles ont en quelque sorte perdu leur spécificité originelle.

Cependant, si le marché de la bouteille à vin est actuellement dominé par les familles traditionnelles de forme Bordeaux et de forme Bourgogne, certains mouvements se dessinent, qui tendent à promouvoir des bouteilles représentatives d'une région ou d'une appellation déterminée.

La flûte dite « d'Alsace »

Cette bouteille à la ligne fine et allongée, qui correspond au style d'expression des vins d'Alsace, est bien connue. Elle est protégée par le décret du 20 mai 1955, qui en précise les conditions d'utilisation et les caractéristiques dimensionnelles. Elle comporte la gravure « Alsace » au fond, et la plupart des vins d'Alsace sont embouteillés dans cette flûte. De plus, depuis le 5 juillet 1972, tous les vins d'Alsace doivent être obligatoirement mis en bouteilles dans l'aire de production.

Les principales capacités utilisées varient selon l'usage. Elles sont de 37,5 centilitres, principalement pour la restauration, et de 75 centilitres pour le marché français, le marché communautaire et l'exportation, notamment vers les États-Unis.

La teinte unanimement utilisée est la teinte verte (dite « Champagne »). Un peu de verre blanc ou mi-blanc (incolore) est employé pour certains vins comme le Pinot noir.

Le verre

Le verre est une substance dure, homogène, isotrope, inaltérable, généralement transparente (que l'on peut rendre opaque), obtenue par fusion vers 1 500 °C d'un mélange composé essentiellement de silice, de soude et de chaux.

Ce mélange se transforme progressivement sous l'effet de la chaleur et devient une pâte que l'on peut mettre en forme aux environs de 1 000 °C.

Composition type :

Silice .... 72 %
Soude .... 13 %
Chaux .... 12 %
Divers stabilisants/colorants .... 3 %

La « bordelaise »

Cette bouteille est, par définition, l'habillage des vins de Bordeaux. La « bordelaise », qui a évolué au cours des siècles, notamment dans sa forme qui, de conique, est devenue cylindrique, est également dans le Bordelais appelée « Frontignan ». Et de fait, il semble bien que son origine se trouve dans ce village héraultais dans le courant du XVIIIe siècle.

Aujourd'hui, afin d'essayer de réserver aux vins de Bordeaux l'usage d'une bouteille spécifique, le Conseil interprofessionnel des vins de Bordeaux a créé la « bordelaise » de 75 centilitres, dite CIVB, qui est gravée à l'épaule de l'inscription « Bordeaux » répétée trois fois, et frappée des « croissants » entrelacés qui figurent sur les armes de la ville.

Les « bordelaises » en Gironde existent en teinte verte pour les vins rouges et les vins blancs secs et en teinte mi-blanc pour les vins liquoreux.

On trouve aussi quelques modèles spéciaux qui appartiennent à des châteaux dont ils portent habituellement le nom ou l'écusson gravé à l'épaule.

Du quart à l'impériale, la fort importante famille des « bordelaises », à la forme conique et à la teinte vert foncé caractéristiques.

La famille des « bourguignonnes » est caractérisée par ses épaules fuyantes. Ces bouteilles sont utilisées dans le monde entier.

La « bourguignonne »

C'est la bouteille reine pour la grande Bourgogne qui s'étend du vignoble de Chablis aux portes de Lyon, et qui englobe donc toute la partie produisant le Beaujolais.

La teinte principale est dite « feuille-morte ». Pratiquement tous les vins rouges sont embouteillés dans des « bourguignonnes » de cette teinte, ainsi que beaucoup de grands vins blancs bourguignons. On trouve également la teinte verte pour certains vins blancs secs.

Les principales capacités utilisées sont les bouteilles de 75 centilitres mais on trouve également des magnums (1,5 litre) et quelques bouteilles de 3 litres et plus.

Il faut noter également sur le marché la présence de modèles spéciaux généralement inspirés de bouteilles anciennes. Elles sont, en particulier, utilisés par des négociants ou des vignerons, notamment pour les vins issus de certains grands châteaux ou domaines.

La Provence et la Corse

La région utilise des « bordelaises » et des « bourguignonnes ». Mais dans l'appellation d'origine Côtes-de-Provence, on distingue deux modèles représentatifs.

La « flûte à corset », à la forme très originale, est utilisée par les vignerons pour la mise en bouteilles dans l'aire de production. Sa capacité principale est de 75 centilitres et sa teinte principale est mi-blanc.

La « Côtes-de-Provence », dont la forme est également très typée, est réservée au négoce. Sa capacité principale est également de 75 centilitres et la teinte la plus utilisée est le mi-blanc.

Il existe en Provence de nombreuses bouteilles aux formes particulières. Elles appartiennent soit à des vignerons, soit à des négociants, qui personnalisent ainsi leur production.

La Corse dispose de la bouteille « Corse », dont l'épaule est gravée de la fameuse « tête au bandeau ».

Le Jura et la Savoie

Les bouteilles sont de modèle standard dans ces deux régions. Il s'agit essentiellement de la « bourguignonne » en 75 centilitres et de la « Véronique », de type flûte, pour des vins blancs.

Mais dans le Jura il existe deux bouteilles très spécifiques : la « Jura », gravée ou non « Jura », et la « Clavelin », qui est la bouteille du Château-Chalon, à la forme trapue. Celle-ci a gardé sa forme ancienne. Sa capacité légale, reconnue par la législation, est de 62 centilitres.

La vallée de la Loire

C'est le royaume de la « bourguignonne » de 75 centilitres, de couleur verte principalement ; mais les bouteilles représentatives d'une région ou d'une appellation sont nombreuses et ont tendance à se développer pour mieux affirmer l'originalité des vins qui y sont produits.

La « Muscadet », élégante et fine, porte le nom de l'appellation gravée au bas du fût. De teinte verte, elle existe en 37,5 et 75 centilitres.

L'« Anjou » est lisse ou gravée aux armes. Elle authentifie les appellations Anjou.

Dans le Val de Loire, de nombreux modèles particuliers appartiennent à des vignerons ou à des négociants.

Les Côtes du Rhône

Il y a de nombreux modèles standard dans les Côtes du Rhône, comme la « bourguignonne », mais aussi la « normande », la « hollandaise », la « Véronique »...

Cependant, depuis quelques années, sous l'impulsion du Comité interprofessionnel, il existe une bouteille représentative des vins des Côtes du Rhône. Il s'agit de la « rhôdanienne », dont l'origine est indiquée par la gravure « Côtes-du-Rhône » placée à

Famille des bouteilles des Côtes-du-Rhône, à la caractéristique teinte feuille-morte, qui protège le vin de l'action de la lumière.

l'épaule. La teinte principale des bouteilles de cette région est feuille-morte.

Le Syndicat des vignerons de Tavel a créé une bouteille spécifique à cette appellation.

La bouteille « Châteauneuf-du-Pape », frappée aux armes papales, est utilisée par les vignerons pour la mise en bouteilles dans l'aire de production.

On notera enfin la bouteille « Côtes-du-Lubéron », réservée à cette appellation.

Le Sud-Ouest

Les vins de cette vaste région sont, pour la plupart, présentés en « bordelaise ». On trouve d'autres bouteilles, de type flûte, pour Irouléguy ou Jurançon. Il existe un modèle réservé aux vins de Gaillac : la « gaillacoise ».

Le Languedoc-Roussillon

On utilise beaucoup de « bordelaises » dans cette région ; mais aussi des « bourguignonnes », des « hollandaises », des « normandes », des « Véronique », notamment pour certains vins blancs secs.

Cependant, quelques vins ou certaines appellations se sont dotés de bouteilles spéciales comme l'« occitane », la « minervoise » ou la « tuccitane », par exemple.

Des modèles particuliers sont aussi utilisés par des vignerons ou par des négociants.

Le choix est large et la palette des teintes va du mi-blanc à la teinte verte, en passant par la feuille-morte.

La Champagne

Il n'existe qu'un seul contenant pour le Champagne : la bouteille de verre qui, dans son immense majorité, est la « champenoise » traditionnelle de 75 centilitres.

Quelques maisons de Champagne embouteillent toutefois leur grand Champagne dans des bouteilles particulières dont la plus connue est la bouteille « Dom-Pérignon », qui reproduit une forme du XVIIIe siècle.

La gamme des « champenoises » offre des bouteilles d'une remarquable élégance.

La famille des « champenoises »

– Quart	**20 cl**
– Demi	**37,5 cl**
– Bouteille	**75 cl**
– Magnum	**1,5 l**
– Jéroboam	**3 l**
– Mathusalem	**6 l**
– Salmanazar	**9 l**
– Balthazar	**12 l**
– Nabuchodonosor	**15 l**

On rencontre ces bouteilles dans deux teintes : en vert foncé, dit « vert Champagne », et en blanc. Ce verre blanc est utilisé pour les vins de Champagne rosés ou blancs d'une pureté exceptionnelle, tel le « cristal » de Roederer.

Il faut savoir que la vinification ne s'effectue qu'en bouteille et en magnum, à de rares exceptions près, et que celle-ci est d'autant plus harmonieuse que la bouteille est grande.

Les autres bouteilles de la collection font l'objet d'un transvasement en fin de vinification.

La réglementation

Aujourd'hui, la bouteille en verre a évolué pour répondre aux besoins commerciaux du marché des vins, mais aussi aux contraintes liées à l'environnement politique, administratif et économique de ces dernières années.

Les progrès techniques, la sélection des matières premières, l'amélioration de la fusion ont permis à la bouteille en verre de devenir de plus en plus pratique et de plus en plus fiable pour répondre aux besoins des embouteilleurs et apporter le meilleur service possible au vin.

La réglementation administrative s'exerce dans plusieurs domaines dont l'un des plus importants est celui des capacités. Ce souci est constant puisque l'arrêté de 1735 stipule que la bouteille de cette époque doit contenir une pinte, mesure de Paris, soit 93 centilitres, mais aussi qu'elle peut exister en quart, en demi et en double. Louis XV, en outre, fixa par écrit la capacité de la bouteille de Champagne à 80 centilitres, capacité qui était encore en vigueur dans les années 1974 et 1975.

À l'époque moderne, et pendant longtemps pour les autres bouteilles, les capacités les plus usitées étaient de 100, 75 et 37,5 centilitres ras bord.

De nouvelles capacités, fixées par décret, sont maintenant reconnues par la Communauté européenne.

Les vins français sont embouteillés dans les capacités suivantes : 10, 25, 37,5, 50, 62 – pour les vins jaunes –, 75, 100, 150, 200, 300, 500, 600, 900 et 1 000 centilitres. Les bouteilles de 24, 35, 70, 73, 99 et 125 centilitres ont disparu.

À compter du 31 décembre 1988, date de plein effet de la réglementation, la gamme utilisée est donc largement réduite.

LES BOUCHONS

Le bouchon de liège était utilisé chez les Grecs et les Romains pour le bouchage des amphores. Avec la décadence de l'Empire romain, il fut abandonné et ignoré au Moyen Âge. Il ne refit son apparition qu'avec Dom Pérignon, vers 1680, qui le découvrit sur les gourdes des pèlerins espagnols en visite à son abbaye de Hautvillers. Utilisant pour sa part des chevilles de bois entourées de chanvre huilé, il vit tout de suite l'intérêt de ces bouchons souples à souhait.

La croissance des troncs et branches d'arbres se fait par prolifération des cellules de deux assises génératrices concentriques : l'assise libéro-ligneuse, qui est à l'origine du bois, et l'assise subérophellodermique qui produit l'écorce, ou liège.

La nature du liège

Le chêne-liège, *Quercus suber,* a cette particularité unique de produire un liège abondant et durable. Les cellules formées à partir de l'assise génératrice meurent les unes après les autres, se vident de leur contenu cellulaire, et leur paroi se subérise, c'est-à-dire qu'elles se transforment en liège. La croissance annuelle en épaisseur peut aller de 1 à 10 millimètres. Elle dépend du sujet, du climat, des sols et des soins qui sont apportés à l'arbre.

Le premier liège produit par l'arbre au bout de quinze ans est appelé liège mâle ; il est dur, crevassé et n'est pas utilisable en bouchonnerie. Le liège produit par la suite, appelé liège de reproduction, voit sa qualité s'améliorer pour atteindre finesse et élasticité à la cinquième ou sixième levée. La durée de vie d'un chêne en exploitation peut aller de cent cinquante à deux cents ans.

L'aire de production

Le chêne-liège a pour zone de prédilection une aire géographique limitée : péninsule Ibérique, sud de la France, sud de l'Italie, Corse et Sardaigne, Afrique du Nord. Grâce à son écorce épaisse, il résiste mieux que d'autres espèces aux chaleurs et aux froids extrêmes. Comme il est muni d'un système racinaire puissant, il peut s'adapter à des zones ventées ou sèches. Il se trouve ainsi mieux armé que d'autres arbres de grande envergure aux pressions de sélections naturelles qui prédominent dans son biotope. Des essais d'acclimatation dans l'hémisphère Sud, en Amérique ou en Asie, n'ont jamais donné de résultats concluants, ce qui n'est pas sans conséquence économique pour les différents pays concernés.

Structures et propriétés du liège

Le liège est un tissu végétal qui est constitué de cellules de forme polyédrique dont les dimensions varient de 10 à 40 microns, selon sa vitesse de croissance. L'épaisseur de la paroi cellulaire varie de 1 à 3 microns. Elle va en augmentant dans les cellules formées du printemps à l'automne. Sa structure comprend des couches successives de subérine et de cire. D'autres substances entrent dans sa composition : lignine, cellulose, tanins, sels minéraux, eau. Elle est traversée par de très fins canaux appelés plasmodesmes. L'intérieur des cellules est empli par du gaz dont la composition est voisine de celle de l'air.

Levage du liège. Le liège atteint sa qualité optimale à la cinquième ou sixième levée suivant le démasclage, levée du premier liège produit par l'arbre au bout de quinze ans.

Vitesse de croissance

La vitesse varie suivant les pays.
Les levées, ou démasclages, sont donc plus ou moins espacées dans le temps :
Portugal : 9 ans
Espagne : 9 à 15 ans
Afrique du Nord : 11 à 15 ans
Italie : 10 à 12 ans
France : 11 à 15 ans

Répartition des forêts de chênes-lièges	Production de liège par pays
Portugal : 32,8 %	Portugal : 50,8 %
Espagne : 21,8 %	Espagne : 22,5 %
Algérie : 17,9 %	Algérie : 10,6 %
Maroc : 14,8 %	Maroc : 3,8 %
France : 4,4 %	France : 3,8 %
Tunisie : 4,3 %	Tunisie : 2,6 %
Italie : 3,9 %	Italie : 4,4 %

Par ailleurs, le liège comporte toujours dans sa masse des pores appelées lenticelles. Ces canaux sont dirigés perpendiculairement à l'écorce, et permettent la respiration et la transpiration des organes ligneux de l'arbre. Le nombre et la finesse des lenticelles sont un facteur déterminant de la qualité du liège destiné à la fabrication des bouchons.

Le liège bouilli a une densité faible, elle est en moyenne de 0,20. Les meilleurs lièges ont les densités les plus faibles : 0,13 à 0,20.

Le liège est étanche aux liquides, mais peut laisser passer sur de faibles épaisseurs de très petites quantités de gaz par les plasmodesmes. Il est compressible et élastique, c'est-à-dire qu'il reprend sa forme initiale après décompression. Il adhère aux parois lisses par la présence des micro-ventouses que constituent les cellules coupées en deux lors du découpage des bouchons. Par ailleurs, il est imputrescible et chimiquement neutre. Pour d'autres utilisations que le bouchage des bouteilles, on met encore à profit ses propriétés de faible conductivité thermique et électrique et de faible combustibilité.

Un matériau présentant toutes ces propriétés à la fois est unique et, encore actuellement, aucun produit de synthèse ne peut se substituer au bouchon de liège.

Parc à liège dans le Var. Après le levage, le liège doit sécher à l'air libre pendant plus de deux ans avant d'être traité.

Produit naturel, le liège ne présente pas d'uniformité quant à ses caractéristiques. D'une origine à l'autre, d'un arbre à l'autre, d'une partie de l'arbre à l'autre, le liège est différent. Il y a donc des opérations assez délicates de triage à effectuer afin d'obtenir une qualité homogène des bouchons.

Traitement du liège et fabrication des bouchons

Les planches de liège arrachées de l'arbre sont empilées et mises à sécher à l'air libre. Elles doivent subir le soleil, la pluie, le froid pendant deux hivers et un été avant d'être utilisées. Au cours de ce séchage, elles perdent leur sève et leurs tissus se resserrent.

Le bouillage du liège consiste à immerger les planches dans de l'eau bouillante pendant trente à soixante minutes.

Après séchage les planches sont soumises au « bouillage » dans l'eau à 100 °C pendant trente à soixante minutes. Le liège gonfle alors d'environ 20 %, il acquiert son maximum d'élasticité. De plus, les planches ressortent stériles de ce bain et peuvent être aplanies. Elles sont alors mises au repos pour deux à trois semaines afin d'atteindre un degré d'humidité permettant leur découpage. À ce stade, un premier travail de sélection a lieu selon deux critères : l'épaisseur et la qualité. Ce travail est facilité par une rectification des quatre côtés de la planche brute.

Fabrication des bouchons

Les planches arrivées à humidité optimale sont découpées en bandes dont la largeur est égale à la longueur des futures bouchons. L'unité de longueur d'un bouchon est la ligne, qui vaut 2,256 millimètres. Pour obtenir un bouchon de 24 millimètres, qui est le diamètre le plus courant, il faut des planches de 28 à 30 millimètres. Les bandes de liège sont passées ensuite à l'emporte-pièce. Ce travail est conduit manuellement, car il faut savoir éviter les défauts nombreux qui peuvent se présenter et obtenir un bon pourcentage de bouchons de qualité. Finalement, le rendement est de l'ordre de 15 à 25 kilogrammes de bouchons pour 100 kilogrammes de liège brut.

Les bouchons sortant de l'emporte-pièce sont meulés à l'émeri, afin d'obtenir une surface et une section régulières et lisses. Ils sont ensuite lavés pour être débarrassés des poussières et des déchets présents dans les lenticelles. Souvent on améliore la présentation par un passage dans un bain colorant.

Intervient alors une seconde phase de triage. Ce triage peut être partiellement automatisé avec des machines capables de compter le nombre de lenticelles affleurant à la surface du bouchon. Il se fait cependant en grande partie à la main, car les taches de vert, de liège sec ou les fissures pourraient échapper à la machine.

Certaines opérations de finition pourront avoir lieu : le colmatage, qui consiste à boucher les pores des lenticelles avec de la pâte de liège en poudre. Cela peut se faire sur des bouchons de toute qualité, car les propriétés mécaniques sont améliorées sans nuire à la qualité intrinsèque du bouchon. Cependant, cette pratique permet parfois de cacher des défauts très importants. L'abus qui en a été fait a créé une certaine méfiance de la part des utilisateurs.

Les traitements de surface améliorent le glissement des pièces mécaniques des boucheuses. Il s'agit de la pratique déjà ancienne du parafinage, qui peut être plus ou moins important et qui permet d'utiliser les bouchons à sec. Cette pratique largement répandue enlève plus ou moins totalement au bouchon ses propriétés d'adhérence naturelle, dues à l'effet de ventouse des cellules sectionnées. Cette adhérence est remplacée par celle de la paraffine, qui n'est pas toujours bien dosée et qui peut tantôt être inefficace avec des bouchons qui ressortent ou qui s'enfoncent au débouchage, tantôt trop forte avec des bouchons difficiles à extraire.

Découpe des bouchons à l'emporte-pièce.

Les bouchons de champagne sont formés de particules de liège. La partie qui se trouvera en contact avec le vin est en liège massif.

Actuellement, la paraffine est souvent remplacée par des produits à base de silicones ou des résines synthétiques.

Il existe aussi des bouchons agglomérés obtenus avec des particules de liège soudées entre elles avec une colle alimentaire. Ils sont très utilisés pour les manches de bouchons de Champagne. L'extrémité en contact avec le vin est constituée par une ou plusieurs rondelles de liège massif. Les bouchons pour vin tranquille doivent être choisis en fonction du temps de vieillissement présumé du vin.

On trouve sur le marché des bouchons de 15 lignes ≈ 34 mm ; de 17 lignes ≈ 38 mm ; de 20 lignes ≈ 45 mm ; de 22 lignes ≈ 50 mm ; de 24 lignes ≈ 54 mm.

Le diamètre le plus classique est 24 millimètres qui convient pour les goulots de diamètre normalisé (18,5 millimètres). Pour les vins champagnisés, la longueur est de 47 millimètres, tandis que le diamètre peut varier de 30 à 48 millimètres. Certains bouchons sont livrés stériles. Ils sont conditionnés dans des sacs hermétiques emplis de gaz antiseptique.

L'ÉTIQUETAGE

VINS TRANQUILLES, MOUSSEUX, VINS DOUX NATURELS ET VINS DE LIQUEUR

Carte d'identité d'un produit aux mille facettes, l'étiquette d'un vin ou d'une eau-de-vie se doit d'informer le consommateur en lui communiquant tous les éléments susceptibles de faire un choix éclairé. Elle permet en outre aux services de contrôle gouvernementaux d'exercer leur surveillance et de garantir ainsi l'authenticité des vins.

À une époque où le vin se vend de plus en plus dans des magasins à grande surface – la part des vins d'AOC achetés par les ménages français dans les grandes surfaces est passée de 40 % en 1975 à 70 % en 1995 –, l'étiquette devient l'interlocuteur privilégié de l'acheteur, qui doit trouver en elle le vendeur silencieux capable de répondre à toutes ses interrogations : aussi n'y a-t-il rien d'étonnant à ce que les pouvoirs publics, attentifs à une information objective du consommateur, aient fixé des règles précises et détaillées en la matière, qui n'ont d'autre objectif que de fournir la documentation minimale indispensable.

Les règles de la Communauté européenne

À cela s'est ajouté la réglementation communautaire qui, dans son effort d'harmonisation des réglementations nationales pour établir la liberté des échanges intracommunautaires des vins, a posé des règles qui s'imposent à l'ensemble des pays membres de la Communauté européenne : ces règles d'étiquetage concernent les vins tranquilles et les vins mousseux. Les vins doux naturels, les vins de liqueur et les eaux-de-vie restent régis par les réglementations nationales. Sur le tableau de la page suivante figurent les mentions susceptibles d'être utilisées dans la présentation des vins français tranquilles et mousseux, vins doux naturels et vins de liqueur commercialisés en France.

Mentions obligatoires et facultatives

Par ailleurs, le principe posé par le droit national, qui demeure en vigueur pour les vins doux naturels, les vins de liqueur et les eaux-de-vie, selon lequel toutes les mentions qui ne sont pas expressément interdites peuvent être utilisées – à moins qu'elles ne prêtent à confusion ou comportent des allégations propres à tromper l'acheteur – n'a pas été retenu par la réglementation communautaire pour l'étiquetage des vins tranquilles : celle-ci en effet interdit l'emploi de toute mention non prévue à titre obligatoire ou facultatif.

Pour les vins mousseux, la réglementation communautaire est plus nuancée. D'une part, elle prévoit des mentions obligatoires et des mentions facultatives limitativement énumérées, qui doivent être énoncées dans des conditions définies ; d'autre part, elle laisse libre l'utilisation de toute autre mention, sous la réserve habituelle de ne pas créer de confusion dans l'esprit de l'acheteur. La réglementation communautaire, dans son souci d'encadrer autant que faire se peut la présentation de ces produits, est complexe et souvent difficile à appréhender.

L'information du consommateur

Les mentions obligatoires obéissent au souci d'informer le consommateur sur des données essentielles : la catégorie à laquelle appartient le vin, le nom du pays ou de la région d'où il provient, sa teneur en alcool, le nom du responsable du vin et enfin la contenance de la bouteille. Ces différentes indications doivent être regroupées sur une même étiquette – peu importent ses dimensions et sa configuration – apposée sur le récipient et imprimée en caractères clairs, lisibles, indélébiles et suffisamment grands pour contraster avec l'ensemble des autres écritures et dessins y figurant. Les mentions facultatives peuvent figurer sur la même étiquette, sauf exception (histoire du vin, vieillissement, conditions naturelles ou techniques de la viticulture).

L'étiquette doit séduire le consommateur tout en respectant l'esprit du vin qu'elle présente et la réglementation.

	VINS TRANQUILLES				VINS MOUSSEUX
	VINS DE TABLE		**VINS D'APPELLATION**		**MOUSSE DE QUAL**
	Vins de table sans indication géographique	**Vins de pays**	**Vins délimités de qualité supérieure**	**Vins d'appellation contrôlée**	
Dénomination du produit	Vins de table de France ou Vin de table français Mélange de vins de différents pays de la Communauté européenne	Vins de table de France ou Vin de table français + Vin de pays de… (nom du département ou de la zone de production)	Nom de l'appellation + Appellation d'origine Vin délimité de qualité supérieure + Vignette délivrée par la Fédération des AOVDQS	Nom de l'appellation + Appellation contrôlée + Appellation d'origine contrôlée Pour le vin de Champagne, il est admis de ne pas faire figurer sur les étiquettes l'une ou l'autre de ces mentions. Dès lors que sur une étiquette figure un nom de marque, d'exploitation viticole ou de cépage, le nom de l'appellation doit être répété deux fois : d'une part seul, d'autre part entre « appellation » et « contrôlée ».	Vin mousseu de qualité
Titre alcoométrique acquis	OBLIGATOIRE Le chiffre étant suivi du symbole « % Vol. »				
Type de produit	Cf. mentions facultatives		« Extra brut », « brut », « brut nature », « extra dry » « sec », « demi-se		
Volume nominal	En litres, centilitres, millilitres, suivi du symbole de l'unité de mesure employée. Le signe « e				
Nom ou raison sociale et adresse de l'embouteilleur, de l'élaborateur ou du vendeur	« Mis en bouteilles par » ou « mis en bouteilles pour » ou « embouteilleur » + Nom et adresse de l'embouteilleur + Nom de la commune d'embouteillage si le vin a été mis en bouteilles dans une commune autre que celle où l'embouteilleur a son siège principal. Doivent être codés le nom, la raison sociale ou l'adresse, s'ils comportent tout ou partie d'un nom d'appellation.			« Élaborateur » ou « élaboré par », sauf si raison sociale de l'élaborateur fait apparaî que l'élaboration de vins mousseux est s activité principale. + Nom ou raison sociale de l'élaborateur + Nom de la commune et de l'État où l'élabo tion a eu lieu ou « distributeur » ou « distrib par » (ou tout terme équivalent). + Nom ou raison sociale du distributeur + Nom de la commune et de l'État où le dis buteur a son siège	
Nom du pays producteur	Pour les vins français voir ci-dessus « dénomination du produit ».		Pour les vins exportés, nom du pays d'origine (ex. : « Produce of France »)		

	Vins doux naturels		Vins de liqueur
VINS MOUSSEUX	**VINS DOUX NATURELS SANS APPELLATION**	**VINS D'APPELLATION**	**VINS DE LIQUEUR SANS APPELLATION**
Vins mousseux	Vin doux naturel	Vin doux naturel — Vin de liqueur Nom de l'appellation + Appellation contrôlée	Vin de liqueur
OBLIGATOIRE Le chiffre étant suivi du symbole « % Vol. »			
ux », selon la teneur en sucres résiduels.			
peut être placé avant ou après, signifie que le conditionnement a fait l'objet de contrôles métrologiques.			
vent être codés le nom ou la raison sociale l'adresse s'ils comportent tout ou partie n nom d'appellation.	Nom et adresse du viticulteur, de l'élaborateur ou du vendeur		
FACULTATIF			

	VINS TRANQUILLES			
	VINS DE TABLE		**VINS D'APPELLATION**	
	Vins de table sans indication géographique	**Vins de pays**	**Vins délimités de qualité supérieure**	**Vins d'app**
	Les mentions facultatives énumérées ci-dessous, qui font l'objet de conditions d'emploi réglementées, sont les seules autorisées à l'exclusion de toute autre.			
Couleur du vin **Mode l'élaboration** **Type de vin**	Couleur du vin : « blanc », « rouge », « rosé », « vin tuilé », « pelure-d'oignon », « vin gris », « gris de gris », « ambré », « doré », « blanc de blancs », « vin nouveau ».	Mode d'élaboration : « vendanges tardives », « vin primeur », « primeur », « sur lies ».	Type de vin : « vin jaune », « vin de paille », « sélection de grains nobles », « claret », « roussette », « clairet », « clairette », « vin de café », « vin vieux ».	Seules m autorisée préciser l d'élabora
Mentions traditionnelles complémentaires	NON		« Grand », « Premier (Première) », « Cru », « Premier Cru », « Grand Cru », « Premier Grand Cru classé », « Grand Vin », « Cru bourgeois », « Cru artisan », « Vin fin », « Villages », « Ordinaire », « Clos », « Grand Ordinaire », « Camp », « Supérieur (e) », « Edelzwicker », « Schillerwein », « Cru classé », « Réserve », « Premier Cru classé », « Passetoutgrain », « Deuxième Cru classé », « Vin noble », « Grand Cru classé », « Petit », « Haut ».	
Teneur en sucres résiduels	« Doux », « moelleux », « demi-sec », « sec »			
Nom d'une unité géographique autre que celle du nom de l'appellation	NON		OUI	
Cépage	NON	OUI		
Millésime	NON	OUI, si le vin provient à 100 % de l'année de récolte indiquée.		
Conseils aux consommateurs	Recommandations concernant le service du vin et sa conservation.			
Marques commerciales	Elles ne doivent en aucun cas prêter à confusion, dans l'esprit de l'acheteur, avec la qualité substanti			
Nom du pays producteur	Cf. mentions obligatoires (dénomination du produit)		OUI	
Nom de l'exploitation viticole	NON	Domaine, mas, château, abbaye, clos, moulin ou tout autre terme analogue, dans la mesure où le vin provient d'une exploitation viticole existant réellement, où les raisins ont été produits et la vinification réalisée.		
Mentions relatives à la mise en bouteilles	NON	« Mis en bouteilles dans la région de production », « mis en bouteilles à la propriété », « mis en bouteilles par les producteurs réunis », « mis en bouteilles au domaine ou au mas », « mise d'origine », « mise en bouteilles au château »		
Qualité de l'embouteilleur	La qualité de l'embouteilleur peut être précisée : « viticulteur », « négociant », « importateur », etc.			
Nom et adresse des personnes ayant participé au circuit commercial	Les nom et adresse des personnes physiques ou morales ayant participé au circuit commercial peuvent être indiqués, complétés de la qualité ou de la nature de l'intervention de la ou les personnes (ex. : viticulteur-négociant, sélectionné par…)			
Numéros de bouteilles	NON		OUI	
Mentions relatives à une qualité supérieure	NON			
Distinctions officielles concernant le vin	NON	OUI		
Mentions honorant les personnes responsables	OUI			
Histoire du vignoble, du vin et de l'entreprise	NON	OUI		
Autres mentions	NON			

	VINS MOUSSEUX		VINS DOUX NATURELS	VINS DE LIQUEUR	
	VINS MOUSSEUX DE QUALITÉ	**VINS MOUSSEUX**	**VINS DOUX NATURELS SANS APPELLATION**	**VINS D'APPELLATION**	**VINS DE LIQUEUR SANS APPELLATION**
ıtrôlée					
mentions facultatives autres que celles énumérées ci-dessous, qui font l'objet de condi- ; d'emploi réglementées, peuvent être utilisées si elles ne créent pas de confusion d'es- chez les personnes auxquelles ces informations s'adressent et si elles sont exactes.			Les mentions autres qu'obligatoires sont libres d'utilisation sous réserve qu'elles soient exactes et ne prêtent pas à confusion dans l'esprit des personnes auxquelles ces informations s'adressent.		
entation en bouteille », « méthode traditionnelle » entation en bouteille a méthode traditionnelle »		+ « méthode traditionnelle » ou « fermentation en bouteille selon la méthode traditionnelle »			
		Les termes « Réserve » et « Premium » sont réservés aux vins mousseux d'appellation et aux vins mousseux de qualité.			
Cf. mentions obligatoires					
	NON	NON			NON
OUI					
		NON			
produit, le nom de l'appellation ou celui de l'indication géographique.					
NON				OUI	NON
OUI		NON			
OUI					

L'ACHAT DU VIN

Élevé au rang d'œuvre d'art, le vin n'est plus seulement l'objet de coups de cœur, il est aussi prétexte à investir. L'achat du vin est donc devenu une opération complexe tenant à la fois de la quête de l'objet aimé et de la gestion financière...

Les Français manifestent actuellement un attrait sans précédent pour le vin et semblent privilégier de plus en plus les vins de qualité : vins de pays, AOVDQS, et appellations d'origine contrôlée. Leur intérêt pour la carte viticole de leur pays s'éveille chaque jour davantage et va, désormais, bien au-delà de la traditionnelle alternance Bourgogne/Bordeaux.

La presse spécialisée et les grands restaurateurs ont participé grandement à cette sensibilisation du public, de même que les cours de dégustation, les foires et salons, les clubs d'œnophiles et les bars à vins.

Mais il est un autre changement notable : les femmes ont pris le chemin des vignes et de la cave. Elles vinifient, dégustent, achètent et choisissent les vins sans complexes et, à dire vrai, avec une grande sûreté de jugement... Le mode d'achat et de consommation des vins s'en trouve, bien évidemment, influencé.

L'engouement manifesté pour le vin n'est pas sans conséquence pour le producteur. À une époque où les Français se déplacent aisément, où les logements exigus ne comportent plus de caves ou de si mauvaises, où la forme physique est devenue une priorité, une tendance se dessine en faveur de la consommation de vins légers, qui ne demandent pas de vieillissement prolongé. Quelle doit être alors l'attitude du vinificateur ? Doit-il se conformer aux desiderata du consommateur ou lui faut-il continuer à exprimer son goût souvent appuyé sur des traditions ancestrales ? La vérité se situe sans doute au juste milieu et il convient que le producteur reste fidèle à son terroir, en respectant sa spécificité, tout en maintenant des pratiques commerciales suffisamment persuasives pour le consommateur. À des terroirs et producteurs différents correspondent des vins différents. Le terroir français, avec ses dix régions viticoles, est assez vaste pour échapper à l'uniformité.

Dégustation de vin dans un caveau.

Le plaisir de la découverte d'un vin en solitaire peut être intense. Il est plusieurs façons de le connaître. Il existe en effet de nombreux réseaux de vente. On peut acheter le vin en direct, à la propriété, au stand du viticulteur lors d'une manifestation viticole, par correspondance, ou grâce à des clubs de vente spécialisés. L'on peut également s'adresser à un caviste ou à un négociant.

Dans tous les cas, il n'est qu'une certitude : la qualité a son prix. Une bonne bouteille de vin est l'aboutissement d'un ensemble d'opérations coûteuses : conduite et soin de la vigne, vendanges, vinification, élevage du vin, habillage de la bouteille, distribution, etc. Toutes ces opérations se paient mais, en réalité, la véritable valeur d'une bouteille réside dans un rapport à trois termes : qualité, prix, et plaisir au moment de sa consommation.

L'achat en direct

L'achat à la propriété est à la portée de tous. On y vient par esprit de curiosité, sur les conseils d'amis, ou après avoir consulté des revues et des guides spécialisés. C'est alors l'occasion de partir à la découverte d'un terroir, d'un domaine, d'une atmosphère, et d'acquérir ainsi une meilleure connaissance des vins. C'est souvent pour l'acheteur le meilleur moyen de se procurer du vin à un prix raisonnable puisqu'il ne comprend pas la marge des intermédiaires.

Lorsqu'on désire acheter à la propriété, il est préférable de prendre rendez-vous avec le viticulteur ou le maître de chais, afin de pouvoir se livrer à une dégustation sérieuse. Il convient, au cours de la dégustation, de ne pas céder à l'enthousiasme que pourrait générer le lieu.

La bonne tenue et l'hygiène de la cave sont en général de bon augure. La température de la cave étant basse, aux alentours de 12 °C, le goût d'un vin dégusté en cave peut se transformer radicalement au moment où on le boit chez soi. Il est donc prudent, la première fois, de n'acheter que quelques bouteilles et de ne pas agir sur un coup de tête. Enfin, il vaut mieux se concentrer sur le ou les vins qui font la réputation du domaine, plutôt que sur sa production marginale. Chez un viticulteur sancerrois, par exemple, on s'orientera d'abord vers la production en blanc.

L'un des intérêts de l'achat de vin à la propriété est que l'on peut se procurer du vin au litre, en vrac, en cubitainers de plastique d'une contenance allant de 5 à 35 litres, en barriques, en fûts ou en pièces d'une contenance de 100 à 250 litres.

L'achat en cubitainers est plus économique et il convient particulièrement bien aux vins de consommation courante. L'achat en barriques, fûts, ou pièces suppose que l'on se procure des bouteilles, des bouchons et que l'on procède à une mise en bouteilles dans de bonnes conditions techniques et d'hygiène. Ce type d'achat ne peut en aucun cas concerner les grands crus.

Lorsqu'on achète du vin à la propriété, il faut se munir d'un « congé » pour le transporter. Ce document, délivré par la recette de la perception, est remis au client par le vigneron. Le nom du vendeur, le cru, la contenance du récipient, le nombre de clients, le destinataire, le mode de transport et sa durée s'y trouvent mentionnés. Le fait de transporter du vin sans congé constitue une fraude fiscale passible d'amende.

Enfin, lorsqu'on achète régulièrement du vin chez le même producteur, celui-ci n'hésite pas, en général, à réserver à ses bons clients un plus grand nombre de bouteilles d'un bon millésime.

L'achat par correspondance

La presse spécialisée mensuelle, trimestrielle ou annuelle constitue une excellente source d'adresses car les vins qu'elle propose sont testés par des journalistes aux dons de dégustateurs éprouvés. Quelle que soit la façon dont on a obtenu une adresse, il n'est pas superflu, avant de procéder à un quelconque achat, de se faire confirmer les conditions de vente.

Il faut tout d'abord s'enquérir du prix de la bouteille. Celle-ci est-elle vendue hors taxes, ou toutes taxes comprises (la TVA sur le vin est de 20,6 %) ? L'achat se fait-il par six ou douze bouteilles ? Le prix s'entend-il franco de port ou port dû ? À partir de quelle quantité pratique-t-on le franco de port ? Ce dernier point est loin d'être insignifiant car les frais de transport sont très onéreux. Pour diminuer les coûts, il peut être judicieux d'effectuer des achats groupés avec des amis. L'on précisera exactement la date de la livraison pour éviter de fâcheux allers et retours. Enfin, il est souhaitable de vérifier dès réception de la commande l'état de la marchandise pour pouvoir déposer rapidement une réclamation en cas d'erreur ou de bris de bouteilles.

L'achat des vins en primeur

Ce type d'achat, autrefois essentiellement pratiqué dans le Bordelais, s'étend désormais à d'autres régions et concerne de plus en plus le grand public.

La meilleure formule consiste à acheter du vin au printemps de l'année suivant la vendange et à ne se faire livrer qu'après la mise en bouteilles, c'est-à-dire dix-huit mois plus tard. Au moment de la vente, le fournisseur délivre à l'acheteur un titre de propriété. L'amateur qui achète en primeur réalise donc une économie par rapport au prix qu'aura atteint le vin deux ans plus tard quand le millésime fera son apparition chez les détaillants. Il pourra, en outre, s'assurer une quantité de bouteilles qu'il pourrait peut-être ne plus retrouver sur le marché. Néanmoins, pour les millésimes modestes, l'économie réalisée est peu importante. Les Bordeaux crus classés du millésime 1991, par exemple, n'ont pratiquement pas augmenté entre la campagne « en primeur » et l'arrivée du millésime au détail.

De plus en plus de négociants, cavistes et clubs de vente par correspondance se conforment au goût de la clientèle et proposent des vins en primeur. Pour le producteur, ces ventes constituent un apport de trésorerie non négligeable et sont un excellent moyen de financer l'élevage de son vin. Devant le nombre croissant de propositions, il faut donc choisir avec discernement son fournisseur.

L'achat en coopératives

La France compte 925 coopératives regroupant 134 880 adhérents. Bon nombre d'entre elles jouent, sous la houlette de talentueux œnologues, un rôle moteur dans leur région. Les coopératives offrent au consommateur la possibilité d'effectuer l'achat après dégustation, à bon prix, d'une gamme de vins en bouteilles ou en vrac émanant de différents terroirs.

Ces dernières années, elles ont considérablement amélioré la qualité de leurs vins en sélectionnant les raisins des coopérants et en vinifiant de façon séparée les raisins de différents terroirs, à l'aide d'un matériel très perfectionné.

Les coopératives représentent une excellente solution pour le viticulteur dont la petite surface de production, même bien située, ne peut justifier les frais d'un matériel de vinification ou de mise en bouteilles, pas plus que la recherche de débouchés commerciaux. Grâce à la qualité des vins qu'elles proposent, elles contribuent à asseoir la renommée des richesses viticoles de leur région. Par conséquent, les régions qui cherchent à renforcer leur identité ont tout à bénéficier de la présence d'une coopérative dynamique.

L'achat en entrepôt

Cette forme de vente est apparue il y a une vingtaine d'années. Elle a maintenant tendance à se développer, le plus souvent à la périphérie des grandes villes. En général, le propriétaire fait livrer ses bouteilles sur palette dans un entrepôt où il les laisse le plus souvent en dépôt-vente. C'est pour lui une façon d'assurer de nouveaux débouchés à sa production et de lui faire toucher un public plus large. La suppression des intermédiaires et les économies réalisées grâce à cette formule sur les frais de stockage, de manutention et de transport permettent de diminuer sensiblement le prix de vente.

En supprimant tout artifice de présentation, la vente en entrepôt fait appel à la curiosité et aux connaissances de l'amateur de vins. À lui de se reconnaître dans le dédale des caisses. À défaut d'être conseillé, il devra être attentif à des critères précis : origine, conditionnement et millésime des vins. La mise en bouteilles à la propriété est généralement une garantie d'authenticité.

L'achat en caves spécialisées

Un bon caviste est un véritable spécialiste du vin. Il déguste, il achète, il conseille. Son métier est fait de connaissances, d'intuition, et de psychologie. Pour chaque sélection, il doit se fonder sur son goût personnel. En étant à même de proposer un vin en fonction d'un menu, il entre d'une certaine façon chez son client. La relation qui s'établit ainsi est fondée sur une mutuelle confiance. Ses conseils seront d'autant plus judicieux et précieux qu'il connaîtra bien sa clientèle.

Sa cave doit donc se composer de crus illustres, de vins moins onéreux mais qui expriment bien leur terroir, et de vins plus simples. Ses prix se justifient par la qualité des sélections, de ses conseils, et de ses services : livraison, offre spéciale, dégustation... Les cavistes les plus dynamiques proposent également des achats de vin en primeur.

L'achat en grande surface

Ce moyen de distribution, discutable il y a quelques années en raison des mauvaises conditions d'exposition et de conservation des vins, s'est considérablement adapté aujourd'hui. En effet, s'il demeure de petites et moyennes surfaces où les vins sont exposés dans des conditions médiocres de température et de luminosité, nombre de grandes surfaces prennent en compte l'intérêt du consommateur pour les vins de qualité et ont déployé dans ce domaine de louables efforts. Des coins cave à l'abri de la lumière et bien régulés du point de vue de la température et de l'hygrométrie ont été aménagés. Ils sont souvent dirigés par des responsables qualifiés.

Au moment des désormais fameuses « foires au vin », les grandes surfaces offrent une large gamme de vins : vins de table, vins de pays, appellations contrôlées et crus classés. On peut y faire de véritables trouvailles. Dans ce cas, il vaut mieux procéder à un achat rapide car les bonnes bouteilles sont généralement enlevées en quelques jours par les amateurs.

Les millésimes les moins cotés y font parfois l'objet de promotions, ce qui permet d'obtenir, de temps à autre, de grandes étiquettes pour un prix abordable lorsque la grande surface pratique des marges serrées.

Certaines précautions sont néanmoins à observer avant d'acheter une bouteille. Quel que soit le type de vin que l'on désire acquérir, il convient tout d'abord de vérifier l'étiquette : son esthétique ou celle de la bouteille ne pouvant constituer des critères de qualité.

L'étiquette, révélatrice du contenu, doit mentionner un certain nombre d'éléments. Ainsi, pour les vins de table et de pays, elle montrera l'indication du degré en pourcentage d'alcool, le volume nominal, le nom du pays producteur, le nom ou la raison sociale et l'adresse de l'embouteilleur. Pour les vins d'appellation d'origine, on retrouvera le nom de l'appellation d'origine suivi obligatoirement de la mention « Appellation d'origine contrôlée ». Doivent également figurer le nom de l'exploitation, le nom et l'adresse de l'exploitant et le millésime.

L'achat au négociant

Bien qu'ils soient parfois victimes d'une image de marque assez négative, les négociants peuvent proposer de bonnes sélections, d'autant plus qu'ils ont tendance, actuellement, à s'entourer d'œnologues et de spécialistes. On trouve en général chez eux une assez vaste gamme de vins et parfois même des millésimes épuisés ou de très vieux flacons.

Dans les régions où le négoce ne joue pas un rôle important, certains grands propriétaires ont été amenés à prendre le relais commercial : ils adoptent alors le statut de négociants pour distribuer leurs vins et ceux des viticulteurs qui ne sont pas en mesure d'assurer eux-mêmes la vente. Quoi qu'il en soit, il faut faire preuve de prudence. Les meilleures maisons sont en général les plus connues, car elles sont les héritières d'une tradition familiale.

L'achat dans les clubs de vins

Les clubs ont compris que le vin est devenu un fait de société. Ils se sont donc attachés à garantir à leur clientèle des vins sélectionnés pour leur qualité et leur prix raisonnable.

Acheter du vin par l'intermédiaire de clubs, c'est donc un peu comme prendre une assurance tout risque. Les grands clubs offrent, en effet, un service complet : recherche des crus, conservation des stocks dans les meilleures conditions, vente par correspondance, livraison à domicile, informations régulières sur les vins cautionnés par de grands chefs, œnologues, dégustateurs ou sommeliers qui sélectionnent les vins et en garantissent la qualité et l'authenticité.

L'achat du vin en grosse quantité, des installations rationnelles ainsi qu'une main-d'œuvre spécialisée, mais limitée en nombre, permettent aux clubs de proposer des vins au meilleur rapport qualité/prix.

Les ventes entre particuliers

Un nouveau type de petites annonces vient d'apparaître dans les magazines spécialisés réservées à la vente de vins de particulier à particulier. Elles sont le plus souvent rédigées par des amateurs cherchant des millésimes qui leur font défaut, ou qui souhaitent améliorer leur cave. Ces transactions peuvent être valables, à condition que le vin ait été bien conservé. Cette fois encore la prudence est de rigueur et la dégustation s'impose.

Les ventes aux enchères

Ce type de vente intéresse plutôt les spécialistes qui connaissent exactement la valeur des bouteilles. Participer à une vente est en effet parfois, pour le collectionneur, la seule occasion de trouver le millésime ancien ou rare qui lui fait défaut. Pour d'autres acheteurs, c'est une manière de goûter des vins prêts à être bus, sans avoir eu à les laisser vieillir dans leur cave. Enfin, ces ventes font la joie des amateurs de sensations fortes qui en apprécient l'ambiance survoltée.

Elles ont lieu aussi bien à Paris qu'en province et leurs dates sont annoncées dans la presse de même que dans les gazettes des salles des ventes. La mise en vente des bouteilles est généralement décidée à la suite d'une succession, d'une restructuration des caves ou d'une faillite. Si l'on désire acheter lors d'une vente, il est essentiel de se renseigner préalablement auprès d'experts sur la provenance, les conditions de conservation et l'état des bouteilles : étiquette, bouchon, niveau du vin dans la bouteille. Dans le meilleur des cas, ces renseignements sont indiqués dans le catalogue de la vente. Mieux vaut s'enquérir du cours des vins proposés pour ne pas, dans l'euphorie des enchères, acheter un vin à un prix beaucoup trop élevé. Il faut savoir aussi qu'au prix de vente s'ajoute la TVA ainsi qu'une taxe proportionnelle au montant des achats.

Il existe aussi d'importantes ventes à l'étranger. Londres qui, il y a plus de deux siècles, vit naître les ventes aux enchères, reste encore aujourd'hui la référence mondiale pour les cotations de nos grands vins, quel que soit le millésime.

Vente aux enchères aux Hospices de Beaune. Cette vente se déroule à la chandelle le troisième dimanche de novembre. Les enchères s'arrêtent quand la chandelle s'éteint.

LA COOPÉRATION VINICOLE

La coopération a joué un rôle majeur dans l'économie viti-vinicole depuis le début du siècle. Elle tend désormais à prendre une place de plus en plus importante, aussi bien dans la culture de la vigne que dans l'élaboration et la consommation des vins.

Le mouvement coopératif a véritablement pris naissance au début du XXe siècle. Les toutes premières caves coopératives sont apparues en France en 1901, dans l'Hérault et le haut Bergeracois ; celle de Ribeauvillé avait même été créée six ans plus tôt en Alsace, qui était alors rattachée à l'Empire germanique.

En 1914, on compte déjà 76 caves coopératives, puis 827 en 1939, et quelque 1 200 dans les années 1960. Aujourd'hui, compte tenu des regroupements, il y en a 920 environ.

La philosophie et le rôle des coopératives

Un idéal mutualiste est à l'origine de ces regroupements de producteurs pour tenter d'assurer la survie de la petite et moyenne exploitation de type familial aux crises successives qu'a connues le vignoble français.

Comme toutes les coopératives agricoles, les caves coopératives sont des sociétés ayant un statut spécial, fondé sur la solidarité et l'égalité entre les producteurs qui y adhèrent et sur l'absence de recherche de profit. Leur caractère leur interdit de distribuer des dividendes ou de partager les réserves financières. En contrepartie, elles bénéficient d'avangages fiscaux et de prêts spécifiques.

La cave coopérative a d'abord joué un rôle technique avant tout, qui permettait à ses adhérents de bénéficier de moyens collectifs de vinification, de logement et de conservation du vin, qu'ils ne pouvaient s'offrir individuellement.

Une fois franchie cette première étape, les caves coopératives ont également assuré un rôle économique dans l'organisation du marché mise en place dès avant la dernière guerre : assainissement par élimination progressive des vins de qualité inférieure et par restructuration du vignoble, financement des stocks et échelonnement des ventes.

Maintenant que la coopération vinicole a atteint sa phase de maturité, elle oriente son action selon quatre axes principaux : une politique de qualité, l'organisation du marché, un rôle économique, ainsi que l'épanouissement matériel et moral de l'exploitation familiale en viticulture.

Une politique de qualité

On a pu dire autrefois que les caves coopératives étaient souvent dirigées par des retraités de l'Administration, gestionnaires sourcilleux, mais qui manquaient de connaissance de la vigne et du vin. Cette époque est depuis longtemps révolue.

La coopération s'est trouvée au premier rang du mouvement général de recherche de la qualité dans la viticulture française, lancé depuis la Seconde Guerre mondiale et intensifié depuis les années 1970.

Dès 1946, un groupe de caves méridionales crée l'Institut coopératif du vin, qui poursuit les mêmes objectifs de progrès technique que l'Institut technique du vin et les quelque 1 500 œnologues qui exercent leur art dans le monde du vin.

Le développement de la production des vins de pays par les coopératives, par exemple, atteste ces efforts. Il en est de même du renforcement de la coopération dans les régions d'appellations contrôlées.

Fête des ménétriers à Ribeauvillé, dont la coopérative date de 1895.

La cave des vignerons de Crouseilles, à Madiran, produit un vin d'AOC rouge de Béarn et un vin de pays, tous deux particulièrement généreux et charnus.

L'organisation du marché

Il était impératif d'organiser le marché, en particulier dans le domaine des vins de table, qui sont régis par la réglementation de la Communauté européenne.

La coopération joue donc un rôle déterminant dans les mécanismes régulateurs en assurant le blocage volontaire des récoltes. Ainsi, la discipline et la forte capacité de stockage des caves permettent de différer la mise sur le marché de volumes importants de vin.

Le rôle économique

Alors qu'elle n'exerçait que de simples fonctions vigneronnes à l'origine, la cave coopérative s'est progressivement destinée à la vente en commun, passant ainsi d'une situation passive, où elle n'assurait guère que des fonctions d'entreposage, à un rôle actif consistant à mettre le vin sur le marché, tant sur le plan intérieur qu'à l'exportation.

Une centaine d'unions économiques de caves coopératives et 18 SICA jouent ce rôle en aval en utilisant en commun des instruments de production, de stockage, d'embouteillage et, bien entendu, de commercialisation.

Le rôle social de la coopération vinicole

La recherche de la qualité, de même que l'influence sur l'organisation du marché ne sont pas des objectifs en soi mais des moyens d'assurer un meilleur épanouissement matériel et moral de l'exploitation familiale en viticulture.

La formule coopérative intéresse aussi bien les exploitants professionnels que les petits producteurs dont la viticulture n'est pas l'activité principale. Elle contribue au maintien d'une vie rurale active, à l'aménagement de l'espace agricole, à l'équilibre démographique, et elle assure des emplois dans des régions ou des communes où la situation sociale est souvent difficile.

La place de la coopération viti-vinicole

Les adhérents des caves coopératives, les vignerons en caves particulières et les négociants-éleveurs assurent la culture de la vigne, la collecte des raisins et l'élaboration des vins. Dans chacun de ces secteurs, la coopération viti-vinicole tend à prendre de plus en plus d'importance.

Le vignoble

Après avoir compté plus de 1,2 million d'hectares dans les années 1960 – dont le tiers environ exploité par les vignerons-coopérateurs –, le vignoble français a réduit sa superficie de 20 % environ en trente ans ; il couvre 1 million d'hectares, dont la moitié dépend de la coopération, avec des valeurs très différentes selon les régions (*voir* schéma).

En valeur absolue comme en valeur relative, le nombre d'hectares exploités par la coopération viti-vinicole croît régulièrement depuis des années.

PART DE LA COOPÉRATION PAR RÉGION (1995)

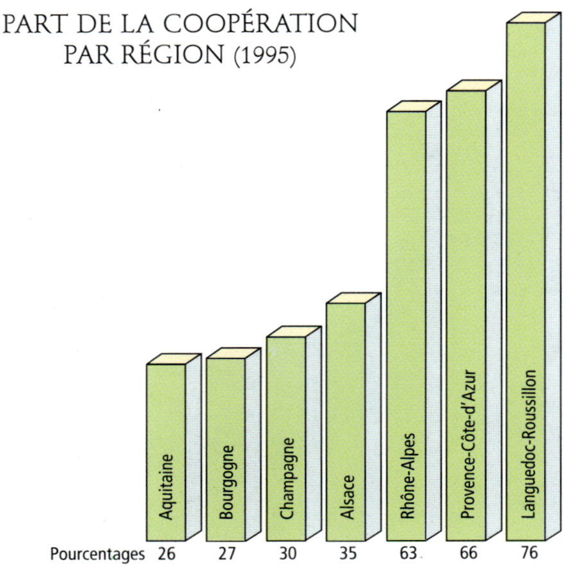

Les hommes

Le nombre de déclarants de vendanges qui assurent la production totale des vins en France s'est réduit de moitié en vingt ans, alors que la moyenne des volumes produits reste stable et se situe autour de 70 millions d'hectolitres.

Alors que l'on comptait 1 300 000 déclarants – dont 20 % de coopérateurs – au début des années 1960, leur nombre est maintenant inférieur à 350 000 et semble se stabiliser.

En revanche, le nombre de coopérateurs s'est estimé à 150 000 environ, et le pourcentage de vignerons-coopérateurs parmi les déclarants de récolte pour la France entière croît régulièrement. C'est ainsi que le cap des 50 % a été atteint en 1996. Les disparités sont toutefois importantes selon les régions (*voir* schéma).

NOMBRE DE VIGNERONS-COOPÉRATEURS (1995)

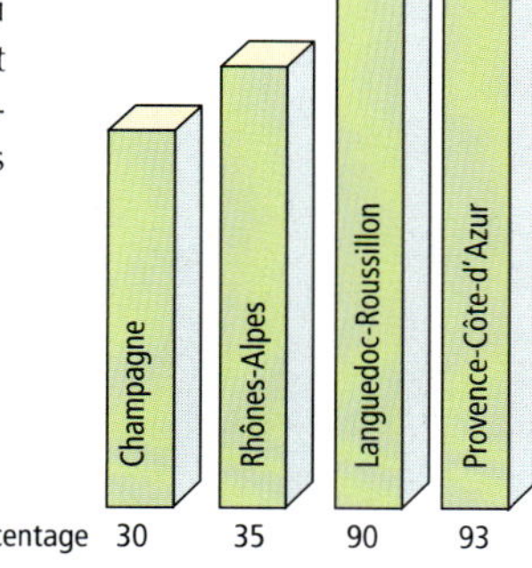

Toutes ces données sur les superficies et les effectifs de la coopération montrent que chaque vigneron-coopérateur traite une superficie moyenne, toutes régions confondues, supérieure à celle que traitent les vignerons indépendants.

La production des vins

La production moyenne de vin en France est de l'ordre de 60 millions d'hectolitres par an, dont 10 millions d'hectolitres de vins aptes à la production de Cognac par double distillation.

Plus de 50 % des 60 millions d'hectolitres de vins « consommables en l'état » sont produits par la coopération, contre 35 à 40 % dans les années 1960 (*voir* tableau).

Les rendements moyens à l'hectare sont du même ordre de grandeur, 60 à 70 hectolitres à l'hectare chez les coopérateurs et les non-coopérateurs.

PART DE LA COOPÉRATIVE DANS LA PRODUCTION (1996)

Type de vin	Production en millions d'hectolitres	Pourcentage produit en coopératives
AOC	9	+ de 39 %
AOVDQS	0,2	+ de 37 %
Vins de pays	10	+ de 76 %
Autres vins	4,8	58 %
TOTAL	24	+ de 53 %

L'avenir

Assurer la survie puis le mieux-être des petits vignerons est un noble objectif qui justifie bien que la coopération ait été non seulement protégée mais aussi aidée financièrement dans son développement. Peu à peu s'est instauré entre tous les acteurs de la « chaîne du vin » un climat de collaboration pour le mieux-être... du vin lui-même.

Cette mobilisation de toute l'interprofession pour garder au vin ses vérités est aujourd'hui bien réelle. Il s'agit certainement là d'un trait rassurant à la fois pour le consommateur... et pour le vigneron.

La coopérative vinicole de Beaumes-de-Venise, remarquablement équipée, atteste l'effort des coopératives pour une production de qualité.

L'ENTREPRISE VINICOLE

Le vin, produit noble s'il en est, n'en reste pas moins un bien de consommation qui doit être traité, conditionné, et mis en marché. Les quelque trente mille entreprises de négoce qui exercent en France ces fonctions complexes et souvent mal connues portent en outre une lourde responsabilité : offrir des vins de qualité à des consommateurs de plus en plus éclairés.

Le négociant en vins joue un rôle prépondérant d'intermédiaire entre le producteur et le consommateur. Ses fonctions, qui recouvrent trois domaines principaux – l'achat du vin ou du raisin, l'élevage du vin et son vieillissement, puis sa commercialisation –, lui permettent de répondre efficacement à la demande croissante du marché en matière de vins de qualité.

Pour le viticulteur, le négociant représente l'avantage d'assurer la commercialisation de tout ou partie de la récolte. Il en résulte pour lui une garantie de revenus et de nombreux soucis en moins. Plutôt que de rechercher d'hypothétiques acheteurs, il pourra se consacrer totalement au travail de la vigne.

Le consommateur, quant à lui, se voit proposer une gamme complète de produits sélectionnés avec soin par des professionnels. La garantie de qualité est d'autant plus grande que le négociant fait figurer son nom sur les bouteilles qu'il diffuse, engageant ainsi sa réputation.

D'origine souvent régionale, les entreprises vinicoles de ce type possèdent toutes des spécificités propres aux vignobles dans lesquels elles se trouvent. Ainsi, un négociant de Champagne se différenciera-t-il d'un autre de Bordeaux, ou encore d'une cave coopérative des Côtes du Rhône. Cependant, tous auront, à des variantes près, cette même vocation : acheter, élever, vendre des produits de qualité.

Souvent, les acheteurs professionnels doivent goûter des centaines d'échantillons avant de procéder à un achat définitif.

Les achats

Rares sont les négociants qui possèdent leurs propres vignobles. En fait, le négociant acquiert la « matière première » de trois façons. En achetant du raisin dès la vendange terminée, ou du vin en vrac lorsque les premières fermentations sont achevées, ou encore une fois la mise en bouteilles faite.

Dans le premier cas, il s'agit pour le négociant d'élaborer le vin lui-même à partir de la matière première brute. Ceci implique d'importantes installations de vinification. Les Champenois travaillent pour la plupart de la sorte, de même que les caves coopératives. Les volumes traités, en général considérables, permettent de rentabiliser les investissements dans un matériel qui sera à la pointe de la technologie.

Dans le second cas – achat du vin en vrac –, les investissements en matériel ne sont pas non plus négligeables. En effet, il faudra disposer d'une part de cuves de stockage pour entreposer le vin avant sa mise en bouteilles et, d'autre part, pour les vins nécessitant un élevage particulier, d'un parc de barriques renouvelées régulièrement. Une chaîne d'embouteillage, enfin, permettra d'effectuer la mise en bouteilles dans les meilleures conditions. Celle-ci est généralement entièrement automatisée. Si l'expédition est imminente, les bouteilles seront capsulées, étiquetées et mises en cartons. Sinon, elles seront directement mises en palettes où elles vieilliront.

Le négociant, enfin, peut n'acheter que du vin en bouteilles. Celles-ci pourront être soit habillées par le propriétaire (c'est le cas notamment des crus classés de Bordeaux, par exemple), soit nues, l'habillage étant alors effectué par le négociant ultérieurement.

La sélection

Quel que soit le type de vin, l'achat s'effectue à la suite d'une sélection rigoureuse. Le négociant, qui engage sa responsabilité et sa réputation, se doit de choisir des produits irréprochables. Il dispose pour cela d'acheteurs professionnels, véritables techniciens du vin, qui parcourent sans relâche les régions viticoles à la recherche des meilleurs échantillons. Si rien ne remplace une dégustation avant tout achat, celle-ci sera néanmoins impérativement complétée par une analyse qui révélera des caractéristiques du vin indécelables autrement. Elle aura lieu soit dans un laboratoire privé, soit dans le laboratoire même du négociant.

Le fait, pour un négociant, d'avoir accès à un grand nombre de produits permet de déterminer leur qualité relative et d'effectuer ensuite un choix judicieux. Bien souvent, l'acheteur professionnel est amené à goûter plusieurs centaines d'échantillons avant de procéder à un achat définitif.

La gamme de produits

Les produits proposés, leur nombre, leur diversité, varient d'un négociant à l'autre, en fonction de la région où il est implanté et du type de produit qu'il a choisi d'exploiter. Ainsi, un négociant champenois présentera-t-il une gamme « réduite » de quelques vins effervescents. Afin de l'étoffer, il y ajoutera fréquemment des produits complémentaires tels que portos, whiskies ou eaux-de-vie.

D'autres négociants proposeront une liste de produits assez représentative de la production viticole française. Ainsi, à côté de vins de marques peuvent figurer les plus prestigieuses appellations du vignoble national. Il s'agit alors de fournir aux amateurs le plus vaste choix possible, tant en matière de prix que d'appellations, et les vins ou les eaux-de-vie sont vendus sous le nom du producteur ou du négociant.

Si le vin est vendu sous le nom du producteur, il n'y a pas de valeur qualitative apportée au vin. Il s'agit d'un produit fini qui ne fait que transiter par un circuit de distribution. La plupart des grands crus classés de Bordeaux suivent ce chemin. Ils quittent la propriété habillés, logés en caisses de bois, pour rejoindre les chais de vieillissement du négociant.

Souvent ces bouteilles sont revêtues d'un « pass » ou petite étiquette rappelant l'intervention du négociant. En effet, l'accès à certains vins très prestigieux s'avère difficile. Dans ce cas, obtenir d'un propriétaire qu'il accepte de céder une partie de sa récolte pour la commercialiser constitue la marque de la respectabilié et du prestige du négociant.

Souvent, les vins, à travers leur étiquette, ne font mention que du nom du négociant. Celui-ci assume là une lourde responsabilité. Qu'il se soit occupé de tout ou partie de l'élaboration et de l'élevage du vin qu'il commercialise, il engage son nom et sa réputation sur chaque bouteille qu'il signe. Apposer sa signature sur des produits de piètre qualité serait suicidaire. L'accroissement de l'intérêt pour le vin rend la clientèle plus responsable et mieux à même d'apprécier les produits disponibles sur le marché. Le recours au négociant doit donc être synonyme de qualité et de sécurité.

L'élevage et le vieillissement

La qualité demeure le souci constant du négociant. Aussi, tant dans l'élaboration des vins qu'au cours de l'élevage qui suivra, il aura souvent recours à des techniques de pointe et au matériel le plus performant.

Les moyens techniques

Le vin est une matière fragile et la vinification ne constitue pas toujours une tâche facile. L'utilisation de matériaux modernes, tels que l'acier inoxydable, permet d'éviter bien des désagréments et des échecs dans l'élaboration des vins. Cependant, leur prix élevé ne permet leur utilisation que par des entreprises ayant des moyens financiers suffisants. Il en va de même en matière d'élevage. Certains vins requièrent un passage sous bois neuf durant plusieurs mois, ce qui implique de lourdes dépenses qui ne pourront être supportées que par les entreprises possédant une solide assise financière.

Cuve de vieillissement en acier inoxydable.

Le contrôle de la qualité : les hommes

Chacune des opérations que le vin subit est rigoureusement contrôlée, par dégustation d'abord, puis par des analyses en laboratoire. L'empirisme et l'expérience en ce domaine ne sont nullement à rejeter, mais ils doivent s'accompagner d'importants moyens scientifiques. Cela suppose donc une équipe de techniciens et d'œnologues amoureux du vin, qui suivront celui-ci pas à pas et qui utiliseront les techniques les plus élaborées pour lui apporter tous les soins nécessaires.

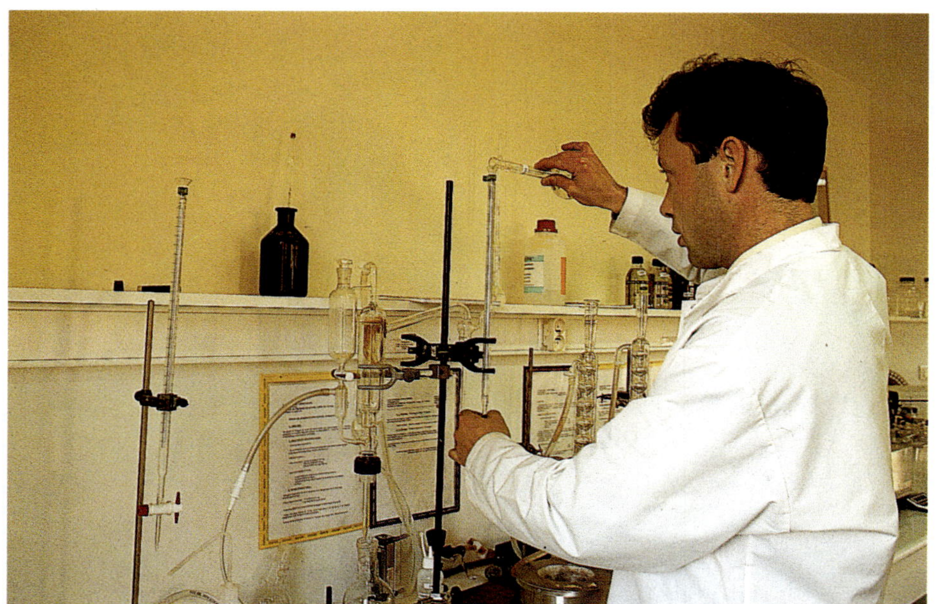

Le vin est soumis à une succession d'analyses rigoureuses qui permettent de contrôler son évolution.

Les chais de vieillissement du Savour Club abritent quelque 400 pièces bourguignonnes dans lesquelles le vin prendra ses tanins pendant un an.

Le vieillissement en bouteille

L'idéal consisterait à offrir au consommateur des vins au sommet de leur courbe d'évolution, en pleine maturité. C'est là chose facile lorsqu'il s'agit de produits ne demandant pas un trop long séjour en bouteille. En revanche, l'opération est plus difficile pour les crus prestigieux. Ceux-ci représentent une immobilisation de capitaux importante. Aussi, compte tenu du loyer de l'argent, est-il très difficile de proposer de grands vins à leur optimum. Le négociant devra donc laisser vieillir ses grands vins en fonction de sa capacité financière et de son marché qui sera en mesure, ou non, de les accepter au prix qu'ils auront atteint. Il est bien entendu que plus le vieillissement est long, plus le stock doit être important pour faire face aux ventes. Vouloir proposer des vins de cinq ans d'âge, par exemple, conduit à avoir l'équivalent de cinq années de ventes en stock !

Qu'il soit prolongé ou non, le vieillissement impose des locaux vastes, aux conditions de stockage idéales : absence de lumière, aération assurée, et contrôle de la température. Les frais de stockage représentent d'ailleurs une part importante des charges du négociant.

La commercialisation

Le dernier axe d'action du négociant, qui constitue l'aboutissement logique des deux premiers, réside dans la mise en marché de ses produits.

L'habillage des produits

Le négociant propose une part importante de ses produits sous son nom. Celui-ci doit donc l'illustrer afin d'être rapidement identifiable par le consommateur final. Il en a le moyen à travers l'habillage, c'est-à-dire l'étiquette et la capsule, et à un moindre niveau par les sur-emballages (carton, caisse-bois...). Il convient de ne pas négliger cet aspect du produit, car il laisse déjà présager de son contenu.

L'étiquetage des bouteilles n'intervient qu'au dernier moment, celles-ci étant ainsi impeccables à l'arrivée chez le consommateur.

Les canaux de distribution

La commercialisation s'effectue à plusieurs niveaux. Le négociant peut en effet directement proposer ses produits aux grossistes, aux cafés, aux hôtels, aux restaurateurs, ou encore aux particuliers.

Dans le premier cas, la maison de négoce dispose d'un réseau de revendeurs affectés chacun à une zone géographique. Ceux-ci peuvent ne représenter que les produits d'un seul négociant, ou ceux de plusieurs.

Diverses possibilités sont offertes au négociant qui souhaite s'adresser directement aux particuliers : le démarchage à domicile, les foires et la vente par correspondance.

Si les deux premiers modes de commercialisation ont leur adeptes, souvent parce que l'on peut goûter le produit, la vente par correspondance s'est néanmoins considérablement développée au cours des années 1980 sous l'impulsion d'un des leaders en la matière : Le Savour Club.

Le principe, simple, permet de toucher un nombre important de personnes réparties sur l'ensemble du territoire. Chaque client reçoit, à intervalles réguliers, la liste des produits disponibles. Le tarif, mentionnant les dates de validité, interdit toute valse des prix intempestive. En général, il est accompagné de nombreux commentaires et renseignements, qui aideront les intéressés à faire leur choix en toute connaissance de cause.

Chaque jour, ce sont 50 000 bouteilles environ que Le Savour Club expédie à ses clients.

La vente de vin par correspondance

L'un des leaders de la vente par correspondance est Le Savour Club. Celui-ci a pour vocation la sélection et la vente de vins fins, qu'il commercialise en France ainsi que dans divers pays européens, par correspondance et à travers plusieurs magasins : les Caves du Savour Club.

Un tel club regroupe les deux fonctions de négociant et de vendeur (par correspondance et directement). Les vins sont donc achetés le plus tôt possible après la récolte afin de pouvoir bénéficier du plus vaste choix et des meilleurs prix.

Les achats sont effectués par deux acheteurs œnologues qui, inlassablement, goûtent et prélèvent des échantillons dans la plupart des vignobles de France.

Suivant le type de vins, ceux-ci sont élevés et mis en bouteilles soit à la propriété soit dans les chais du club. Dans le cas où ces opérations ont lieu à la propriété, elles se déroulent sous la responsabilité du Savour Club en coopération avec le viticulteur.

Des cuves d'une capacité de stockage de 12 000 hectolitres, deux chaînes d'embouteillage permettant de remplir respectivement 5 000 et 6 000 bouteilles par heure, et une chaîne de mise en cartons des bouteilles couchées, unique en son genre, permettent de mener à bien toutes les opérations d'élevage, de mise en bouteilles et de conditionnement. Ce dernier procédé présente l'avantage de maintenir en toute occasion les bouteilles dans la meilleure position, c'est-à-dire horizontale. Le bouchon étant constamment humidifié, les risques de voir des bouteilles endommagées (bouteilles couleuses) sont presque nuls.

Une fois mis en bouteilles, les vins sont stockés dans des chais qui peuvent abriter neuf millions de bouteilles.

Les membres du club se voient proposer régulièrement quelque 200 références allant des vins de marques jusqu'aux appellations les plus prestigieuses, sans oublier de nombreux champagnes et eaux-de-vie par l'intermédiaire d'une revue.

Les commandes peuvent être passées par correspondance, par téléphone et par Minitel. La livraison, effectuée par des transporteurs autonomes, intervient quelques jours plus tard avec une garantie totale puisque toute bouteille qui se révèlerait défectueuse serait remboursée.

La vente de vins par correspondance ne se borne pas à effectuer dans les règles une livraison à domicile. Le consommateur exige d'être parfaitement informé et, devant sa curiosité croissante, Le Savour Club propose un ensemble de prestations et de conseils.

Éditée sept fois par an et adressée gratuitement à tous les adhérents, la *Revue* du Savour Club comporte, outre les tarifs, de nombreux articles sur les vins et les vignobles, des conseils pratiques et des commentaires de dégustation rédigés par des spécialistes, des œnologues et des professionnels du vin.

Chaque vin commandé est accompagné d'une fiche de cave. Celle-ci précise les principales caractéristiques du vin, la température idéale de service, les mets qui l'accompagnent le mieux et son évolution présumée, afin qu'il soit consommé au meilleur de son épanouissement.

Le service adhérents traite aussi les demandes de conseils spécifiques : la mise en place d'une cave, l'estimation de bouteilles rares, le choix et la quantité de vins à prévoir pour une réception, etc.

VINS DE TABLE ET VINS DE PAYS

La notion de vin de pays est chère au cœur des Français. Elle évoque nos terroirs et leur capacité à produire des vins à leur image. Souvent découverts au hasard d'une route de vacances, ils expriment, par leur diversité, toute la richesse viti-vinicole de notre pays.

L'univers du vin est un tout. Quel qu'il soit, le vin répond en effet toujours à la même définition précise qu'en donne le code du Vin et qui a été reprise par la réglementation de la Communauté européenne : cette boisson connue en France sous le nom de vin « provient exclusivement de la fermentation du raisin frais ou du jus de raisin frais » et du raisin mûr, qu'il s'agisse d'un vin de tous les jours ou d'une appellation d'origine.

Le vin est à l'image du fruit dont il est issu, le raisin. Il est aussi, comme toute production agricole, le réel reflet d'un milieu, c'est-à-dire du sol, support de la plante, et du climat, responsable de son développement. C'est enfin, et avant tout, une œuvre humaine, celle des hommes – ils sont plus de 500 000 en France – qui sélectionnent et cultivent le ou les cépages aptes à la production d'un raisin équilibré, et ceci en fonction du milieu où il se développe. Œuvre humaine également, celle de l'élaboration du vin où s'expriment le végétal, la terre, le soleil, le vent, la pluie… sans oublier le temps qui passe et qui voit évoluer cet être vivant qu'est le vin, en bien… ou, parfois, en moins bien !

Ainsi, on comprend pourquoi il n'y a pas un vin mais des vins, qui représentent, chacun, une originalité, un style ou des dominantes liés aux cépages et à une expression du terroir. On comprend également la raison pour laquelle il est logique qu'un même terroir produise tous les ans un vin différent puisque, chaque année, les données climatiques – les pluies, l'ensoleillement, la force des vents, le rythme des saisons – ne sont pas semblables.

On mesure ainsi l'extrême diversité des vins produits et élaborés dans ce pays aux multiples terroirs et aux ancestrales traditions viticoles qu'est la France, deuxième producteur mondial avec 57 millions d'hectolitres en moyenne, pour la période 1990-1995 (67 millions d'hectolitres pour la période 1981-1985), et premier exportateur de vins.

Le vignoble français couvre environ un million d'hectares mais sa superficie s'est réduite de quelque 20 % durant les trente dernières années. Cette tendance va dans le sens des efforts qualitatifs qui ont été intensifiés depuis la fin de la Seconde Guerre mondiale pour répondre à une consommation qui privilégie de plus en plus la qualité et l'originalité des produits.

Le vignoble français consacre environ 48 % de sa superficie à la production des vins de consommation quotidienne, les « vins

Cucuron, dans le Lubéron, où l'on produit des vins blancs à base d'Ugni blanc, de Clairette et de Bourboulenc.

de table », et 52 % aux « vins de qualité produits dans des régions déterminées », les VQPRD, constitués eux-mêmes par les appellations d'origine contrôlée – AOC – et les appellations d'origine vins délimités de qualité supérieure – AOVDQS.

La production des vins de table

On produit des vins de table dans toutes les régions viticoles françaises, à raison de 25 millions d'hectolitres environ pour les rouges et rosés et de 5 millions d'hectolitres environ pour les blancs.

Les départements du littoral méditerranéen et la Corse couvrent à eux seuls les quatre cinquièmes de la production en vins de table rouges et rosés (*voir* le tableau ci-contre).

La production de vins de table blancs est davantage répartie sur l'ensemble du vignoble, avec cependant une prépondérance dans le Sud-Ouest (*voir* le tableau de la production des vins de table blancs ci-contre).

La provenance des vins de table

Les tableaux ci-contre permettent de mieux situer la provenance des vins de table de France alors que l'étiquette portée sur la bouteille ou tout autre emballage ne mentionne, entre autres informations obligatoires, que le nom de la nation de la Communauté européenne productrice du vin (vin de table de France, par exemple), ou bien, si le vin est issu d'un assemblage de vins de différentes nations de la Communauté, on indique alors la mention : « mélange de vins de différents pays de la Communauté européenne ».

Ces mentions obligatoires, et seules autorisées, sont souvent jugées trop vagues – voire dévalorisantes – par le consommateur. C'est la raison pour laquelle les professionnels, viticulteurs et négociants, souhaitent être autorisés à donner, sous leur responsabilité, des informations plus précises sur les provenances et la composition des vins de table élaborés, pour la plupart, selon une pratique œnologique utile au vin : l'assemblage, que l'on dénomme souvent improprement coupage, car ce dernier terme signifie plutôt que l'on mélange un liquide avec un autre de nature différente. Ainsi, on coupe le vin avec de l'eau.

À la propriété ou dans les caves coopératives, les vins sont souvent issus de cépages et de sols différents apportant chacun un trait dominant – la couleur, la puissance, l'acidité, les arômes –, pour constituer, une fois assemblés, un vin « entier ». Cette pratique n'est d'ailleurs pas réservée aux seuls vins de table, elle est aussi à la base de l'élaboration de vins et de spiritueux célèbres comme le Champagne ou le Cognac, par exemple, qui bénéficient ainsi de la subtilité de l'œnologue ou du maître de chais dans la « construction » d'un produit bien équilibré.

De même, les négociants tirent-ils parti des vins produits en France et dans la Communauté européenne et dont la diversité, on l'a vu, est de règle naturelle.

L'assemblage des vins de table

En assemblant des vins de caractères différents, on rapproche les vins de table des silhouettes d'expression recherchées traditionnellement par les consommateurs : équilibrés, agréables à boire et en rapport avec les régions de consommation, les saisons, les habitudes alimentaires...

Traditionnellement, les vins de table sont en général classés par assemblage qualitatif, en fonction des besoins de chaque type de consommateurs selon les régions de consommation et les saisons.

Pendant plus d'un demi-siècle, les vignobles de vins de table dans l'Hexagone et en Algérie étaient complémentaires. Schématiquement, dans les assemblages, des vins du Midi apportaient le corps, ceux d'Algérie la puissance, et des vins du centre de la France marquaient l'ensemble d'une certaine vivacité.

PRODUCTION DES VINS DE TABLE ROUGES ET ROSÉS PAR RÉGION

Moyenne quinquennale en millions d'hectolitres

	1980-1984	1990-1995
Languedoc-Roussillon	25,2	14,60
Provence-Côte d'Azur	3,7	1,90
Corse	1,3	0,30
Aquitaine	0,7	0,45
Midi-Pyrénées	1,8	0,80
Val de Loire-Centre	1,3	0,70
Rhône-Alpes	1,4	0,85
Bourgogne	0,1	0,05
Autres régions	0,6	0,40
France entière	36,1	20,05

PRODUCTION DES VINS DE TABLE BLANCS PAR RÉGION

Moyenne quinquennale en millions d'hectolitres

	1980-1984	1990-1995
Languedoc-Roussillon	0,9	1,60
Provence-Côte d'Azur	0,4	0,25
Aquitaine	1,2	0,45
Midi-Pyrénées	1,9	1,40
Val de Loire-Centre	0,3	0,25
Champagne	0,1	0,20
Alsace	0,005	0,04
Bourgogne	0,04	0,04
Autres régions	0,02	0,20
France entière	4,9	4,43

DÉNOMINATION RÉGIONALE

Vin de Pays du Jardin de la France
Vin de Pays des Comtés Rhodaniens
Vin de Pays d'Oc
Vin de Pays du Comté Tolosan

DÉNOMINATION DÉPARTEMENTALE

Lorraine, Champagne-Ardenne, et Franche-Comté

Vin de Pays de la Meuse
Vin de Pays de la Haute-Marne
Vin de Pays de la Haute-Saône
Vin de Pays du Doubs

Île-de-France

Vin de Pays de la Seine-et-Marne

Bourgogne

Vin de Pays de l'Yonne
Vin de Pays de la Côte d'Or
Vin de Pays de la Nièvre
Vin de Pays de Saône-et-Loire

Vallée de la Loire

Vin de Pays de la Loire-Atlantique
Vin de Pays du Maine-et-Loire
Vin de Pays de la Vendée
Vin de Pays de la Sarthe
Vin de Pays du Loir-et-Cher
Vin de Pays du Loiret
Vin de Pays de l'Indre-et-Loire
Vin de Pays de l'Indre
Vin de Pays du Cher

Limousin et Auvergne

Vin de Pays de la Haute-Vienne
Vin de Pays de la Creuse
Vin de Pays de la Corrèze
Vin de Pays de l'Allier
Vin de Pays du Puy-de-Dôme

Poitou-Charentes et Aquitaine

Vin de Pays des Deux-Sèvres
Vin de Pays de la Vienne
Vin de pays de Charente-Maritime
Vin de pays de Charente
Vin de Pays de la Dordogne
Vin de Pays du Lot-et-Garonne
Vin de Pays des Landes
Vin de Pays des Pyrénées-Atlantiques

Midi-Pyrénées

Vin de Pays du Lot
Vin de Pays de l'Aveyron
Vin de Pays du Tarn
Vin de Pays de l'Ariège
Vin de Pays de la Haute-Garonne
Vin de Pays des Hautes-Pyrénées
Vin de Pays du Gers
Vin de Pays du Tarn-et-Garonne

Languedoc-Roussillon

Vin de Pays du Gard
Vin de Pays de l'Hérault
Vin de Pays de l'Aude
Vin de Pays des Pyrénées-Orientales

Provence-Alpes-Côte d'Azur

Vin de Pays du Vaucluse
Vin de Pays des Bouches-du-Rhône
Vin de Pays du Var
Vin de Pays des Alpes-Maritimes
Vin de Pays des Alpes-de-Haute-Provence
Vin de Pays des Hautes-Alpes

Rhône-Alpes

Vin de Pays de la Drôme
Vin de Pays de l'Ardèche
Vin de Pays de l'Isère
Vin de Pays de l'Ain

DÉNOMINATION DE ZONE

Région de l'Est

01-Vin de Pays des Coteaux de Coiffy
02-Vin de Pays de Franche-Comté

Bourgogne

03-Vin de Pays des Coteaux de l'Auxois
04-Vin de Pays de Sainte-Marie-la-Blanche

Vallée de la Loire

05-Vin de Pays des Coteaux du Cher et de l'Arnon
06-Vin de Pays des Coteaux Charitois
07-Vin de Pays du Bourbonnais

Poitou-Charentes et Aquitaine

08-Vin de Pays Charentais
09-Vin de Pays du Périgord
10-Vin de Pays des Terroirs Landais
11-Vin de Pays de Thézac-Perricard
12-Vin de Pays de l'Agenais

Midi-Pyrénées

13-Vin de Pays des Coteaux de Glanes
14-Vin de Pays des Coteaux de Quercy
15-Vin de Pays des Coteaux et Terrasses de Montauban
16-Vin de Pays des Côtes de Montestruc
17-Vin de Pays des Côtes du Condomois
18-Vin de Pays des Côtes de Gascogne
19-Vin de Pays de Bigorre
20-Vin de Pays de Saint-Sardos
21-Vin de Pays des Côtes du Tarn

Languedoc-Roussillon

22-Vin de Pays des Sables du golfe du Lion
23-Vin de Pays Duché d'Uzès
24-Vin de Pays des Cévennes
25-Vin de Pays de la Vistrenque
26-Vin de Pays des Côtes du Vidourle
27-Vin de Pays de la Vaunage
28-Vin de Pays des Coteaux de Cèze
29-Vin de Pays des Coteaux du Pont du Gard
30-Vin de Pays des Côtes du Libràc
31-Vin de Pays des Coteaux Flaviens
32-Vin de Pays des Coteaux Cévenols
33-Vin de Pays du Mont Bouquet
34-Vin de Pays d'Uzège
35-Vin de Pays des Coteaux Salavés
36-Vin de Pays du Val de Montferrand
37-Vin de Pays du Mont Baudile
38-Vin de Pays des Côtes du Ceressou
39-Vin de Pays des Monts de la Grage
40-Vin de Pays des Coteaux d'Enserune
41-Vin de Pays des Coteaux du Libron
42-Vin de Pays de Pézenas
43-Vin de Pays des Coteaux de Murviel
44-Vin de Pays des Coteaux de Laurens
45-Vin de Pays des Côtes de Thonge
46-Vin de Pays de la Bénovie
47-Vin de Pays de Cassan
48-Vin de Pays de la Haute Vallée de l'Orb
49-Vin de Pays des Gorges de l'Hérault
50-Vin de Pays des Coteaux de Bessilles
51-Vin de Pays de l'Ardailhou
52-Vin de Pays des Côtes du Brian
53-Vin de Pays de Cessenon
54-Vin de Pays des Coteaux du Salagou
55-Vin de Pays de la Vicomté d'Aumelas
56-Vin de Pays des Collines de la Moure
57-Vin de Pays de Caux
58-Vin de Pays des Coteaux de Foncaude
59-Vin de Pays de Bessan
60-Vin de Pays de Bérange
61-Vin de Pays des Côtes de Thau
62-Vin de Pays des Coteaux de Peyriac
63-Vin de Pays de la Haute Vallée de l'Aude
64-Vin de Pays des Coteaux de Narbonne
65-Vin de Pays des Côtes de Prouilhe
66-Vin de Pays de la Cité de Carcassonne
67-Vin de Pays de Cucugnan
68-Vin de Pays du Val de Dagne
69-Vin de Pays des Coteaux du Littoral Audois
70-Vin de Pays des Côtes de Perpignan
71-Vin de Pays des Coteaux de la Cabrerisse
72-Vin de Pays des Hauts de Badens
73-Vin de Pays du Torgan
74-Vin de Pays des Côtes de Lastours
75-Vin de Pays du Val de Cesse
76-Vin de Pays de la Vallée du Paradis
77-Vin de Pays des Coteaux de Miramont
78-Vin de Pays d'Hauterive
79-Vin de Pays des Coteaux Cathares
80-Vin de Pays des Vals d'Agly
81-Vin de Pays des Coteaux des Fenouillèdes
82-Vin de Pays Catalan
83-Vin de Pays des Côtes Catalanes
84-Vin de Pays de la Côte Vermeille

Provence-Alpes-Côte d'Azur

85-Vin de Pays d'Aigues
86-Vin de Pays de la Principauté d'Orange
87-Vin de Pays de la Petite Crau
88-Vin de Pays des Coteaux du Verdon
89-Vin de Pays de Mont-Caume
90-Vin de Pays des Maures
91-Vin de Pays d'Argens

Rhône-Alpes

92-Vin de Pays du Comté de Grignan
93-Vin de Pays des Coteaux des Baronnies
94-Vin de Pays des Coteaux de l'Ardèche
95-Vin de Pays des Balmes Dauphinoises
96-Vin de Pays des Coteaux du Grésivaudan
97-Vin de Pays des Collines Rhodaniennes
98-Vin de Pays d'Urfé
99-Vin de Pays d'Allobrogie

Corse

100-Vin de Pays de l'Île de Beauté

VINS DE PAYS

PAS-DE-CALAIS
NORD
SOMME
SEINE-MARITIME
AISNE
ARDENNES
OISE
MANCHE
CALVADOS
EURE
MEUSE
MOSELLE
MARNE
SEINE-ET-MARNE
BAS-RHIN
MEURTHE-ET-MOSELLE
ORNE
CÔTES-D'ARMOR
AUBE
HAUTE-MARNE
VOSGES
ILLE-ET-VILAINE
MAYENNE
EURE-ET-LOIR
HAUT-RHIN
MORBIHAN
SARTHE
LOIRET
YONNE
TERR. DE BELFORT
LOIR-ET-CHER
HAUTE-SAÔNE
CÔTE-D'OR
LOIRE-ATLANTIQUE
MAINE-ET-LOIRE
CHER
INDRE-ET-LOIRE
NIÈVRE
DOUBS
VIN DE PAYS DU JARDIN DE LA FRANCE
JURA
VENDÉE
INDRE
SAÔNE-ET-LOIRE
DEUX-SÈVRES
VIENNE
ALLIER
AIN
HAUTE-SAVOIE
RHÔNE
CREUSE
CHARENTE-MARITIME
HAUTE-VIENNE
PUY-DE-DÔME
VIN DE PAYS DES COMTÉS RHODANIENS
CHARENTE
LOIRE
ISÈRE
SAVOIE
CORRÈZE
DORDOGNE
CANTAL
HAUTE-LOIRE
DRÔME
GIRONDE
ARDÈCHE
HAUTES-ALPES
LOT
LOZÈRE
LOT-ET-GARONNE
AVEYRON
TARN-ET-GARONNE
LANDES
VAUCLUSE
ALPES-DE-HAUTE-PROVENCE
ALPES-MARITIMES
VIN DE PAYS DU COMTÉ TOLOSAN
GERS
TARN
GARD
HAUTE-GARONNE
HÉRAULT
BOUCHES-DU-RHÔNE
VAR
PYRÉNÉES-ATLANTIQUES
AUDE
VIN DE PAYS D'OC
HAUTES-PYRÉNÉES
ARIÈGE
PYRÉNÉES-ORIENTALES
CORSE
1
2
3
4
5
6
7
8
9
10
11
12
13
14
15
16
17
18
19
20
21
22 à 35
36 à 61
62 à 78
79 à 84
85
86
87
88 à 91
92
93
94
95
96
97
98
99
100
AIRE DES VINS DE PAYS
Dénomination régionale
Dénomination départementale
1 à 100 Dénomination de zone
0
100 km

Cela ne veut pas dire que des vins méridionaux n'étaient pas consommés en l'état, mais sur les grandes places de consommation cette tendance à l'assemblage était bien ancrée et donnait une réelle satisfaction.

Après l'indépendance de l'Algérie, devenue « pays tiers » par rapport à la Communauté européenne et dont les vins ne peuvent plus y être consommés qu'en l'état, le vignoble français n'a dû compter que sur lui-même.

Pour élaborer des vins « entiers » il a fallu revoir, en partie, l'encépagement et repenser la conduite des cépages et la vinification, ce qui demande pratiquement une génération, car on ne peut bousculer ni la nature ni l'état d'esprit de toute une interprofession.

La gamme de vins de table

On assista, dans les années 1970 et 1980, à une profonde mutation dans les régions productrices de vins de table et chez les négociants, qui se traduisit par le perfectionnement des installations et des méthodes de vinification, par l'impact de la recherche œnologique compte tenu des terroirs et des cépages complémentaires, et aussi par l'intérêt que manifeste de plus en plus le négoce pour l'orientation et le suivi des vinifications.

Ces tendances nouvelles ont pour conséquence un enrichissement de la gamme des vins de table proposés au choix des consommateurs. On distingue :

▷ les vins traditionnels, qui répondent à la recherche d'une expression suivie et bien typée. Ils sont élaborés en général par un assemblage de caractère qualitatif et même, pourrait-on dire, physiologique, à partir de vins de régions différentes, en France ou dans la Communauté européenne ; le consommateur se voit ainsi proposer une large variété de vins de table directs, simples mais non standard qui n'ont rien à voir avec le caractère figé d'une boisson industrielle ;

▷ les vins, qui, tout en figurant parmi les vins de table, sont classés vins de pays parce que leur provenance est une aire géographique délimitée et qu'ils sont le reflet de la tradition et des pratiques viticoles de l'endroit où ils sont nés.

Tous uniques, tous différents, ils ont chacun le caractère du « pays » dont ils portent le nom et de l'année de leur naissance. Ils représentent donc une autre approche du choix du consommateur : les vins de table traditionnels résultent d'une exploration de ses demandes ; à l'inverse, c'est au consommateur d'explorer les vins de pays pour y trouver ceux qui lui conviennent le mieux, en fonction de sa table, de son humeur, de la saison.

ASSEMBLAGE QUALITATIF D'UN VIN

Pour assurer au vin une silhouette d'expression conforme aux souhaits de ses consommateurs habituels, le négociant a eu besoin de 10 types de vins de provenances diverses pour constituer un vin de table français de 11 % Vol. Il a ainsi assemblé les 10 lots suivants :

Lot 1 – Cave coopérative A (Hérault) : Rouge 9,5 % Vol.
Lot 2 – Cave coopérative B (Ardèche) : Rouge 10,4 % Vol.
Lot 3 – Cave particulière C (Aude) : Rouge 9,4 % Vol.
Lot 4 – Cave coopérative D (Aude) : Rouge 11,5 % Vol.
Lot 5 – Cave coopérative E (Var) : Rouge 11,2 % Vol.
Lot 6 – Cave coopérative F (Aude) : Rouge 10,3 % Vol.
Lot 7 – Cave coopérative G (Var) : Rouge 11,6 % Vol.
Lot 8 – Cave particulière H (Gard) : Rouge 11,5 % Vol.
Lot 9 – Propriété en Corse : Rouge 13 % Vol.
Lot 10 – Cave particulière (Hérault) : Rouge 13 % Vol.

Chaque type de vin apporte dans cette « cuvée » ses caractères propres : les uns la légèreté comme les lots 1 et 3 ; d'autres la puissance, il s'agit des lots 9 et 10 ; certains le corps, lots 4 et 7...
Chacun de ces vins n'aurait pu aborder, seul, le consommateur. Aucun d'eux n'était fait pour être solitaire. Il leur fallait à tous des alliés pour se sentir plus forts et ne pas heurter les habitudes du consommateur.

Le vin de pays

En 1964, une nouvelle catégorie de vins de table à indication géographique apparaît. Elle répond à des critères de qualité particuliers (encépagement et degré minimal) et bénéficie de mesures privilégiées dans l'organisation du marché. En 1968, ces vins deviennent officiels. Des règles de production sont fixées en 1973, puis, en 1979, sur les modalités d'agrément.

Production du vin de pays dans *une région bien précise* qui lui donne son nom propre, inscrit sur la « carte d'identité » qu'est l'étiquette sous laquelle il se présente au consommateur.

Sous cet angle de l'indication géographique de provenance, il existe trois catégories de vins de pays :

▷ les vins de pays désignés sous le nom du *département* où ils ont été produits, sauf si ce nom est celui d'une appellation d'origine comme Savoie, Jura ou Corse. Le nombre de départements sous le nom duquel sont présentés des vins de pays peut varier légèrement d'une année à l'autre. La production de chacun d'eux est très variable puisqu'elle va de quelques centaines à quelques centaines de milliers d'hectolitres ;

▷ les vins de pays désignés sous le nom d'une *zone de production* distincte du département, qui est généralement plus restreinte que celui-ci, d'où son nom de « petite zone », mais qui est également, dans quelques cas, plus étendue. On compte actuellement une centaine de ces zones, très diverses dans leur emprise territoriale et la nature de leurs vins ;

▷ les vins de pays dits *régionaux,* désignés sous le nom d'une grande zone recouvrant plusieurs départements et à vocation de regroupement.

On compte quatre grandes zones : le Jardin de la France (vallée de la Loire et ses affluents), le Comté tolosan dans le Sud-

Ouest, le Pays d'Oc dans le Midi méditerranéen et les Comtés rhodaniens.

▷ Un vin de pays ne peut naître et être élaboré qu'avec des *cépages recommandés* qui sont traditionnels de la région, et dans la limite d'un *rendement* à l'hectare *plafonné à 90 hectolitres* en général.

▷ Il doit présenter un *degré alcoolique minimal naturel* de l'ordre de 9 à 10 % Vol. et répondre aux normes constatées dans un *bulletin d'analyse* qui décrira ainsi l'équilibre de sa constitution.

▷ Il lui faut l'agrément d'*une commission de dégustation* reconnue officiellement. Cet agrément est notifié par l'ONIVINS.

Ces conditions générales de production s'appliquent aux vins de pays désignés sous un nom de département. Ceux issus d'une zone de production doivent, en outre, répondre à des conditions plus restrictives proposées, pour chaque vin de pays, par le Syndicat de défense des producteurs et reprises par un décret.

Enfin, les vins de pays « régionaux » ont un statut original qui vise à permettre l'assemblage, au stade de la production comme au stade du négoce, de différents vins de pays d'une même région, afin de pouvoir constituer des lots importants de vins d'un caractère constant, ou le regroupement autour d'une identité commune couvrant un plus vaste ensemble.

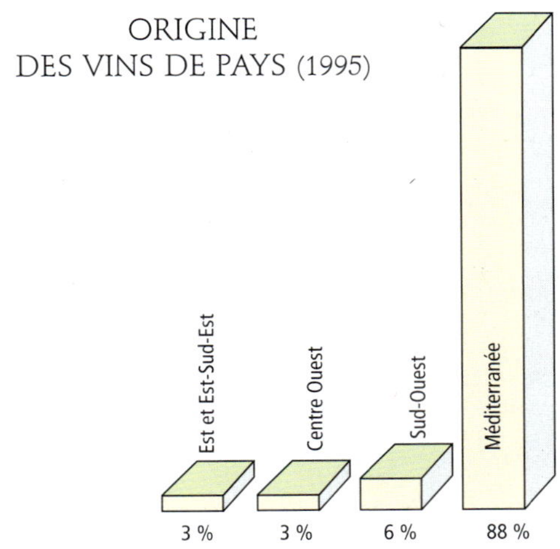

La production des vins de pays

Comme celle de tous les vins, la production des vins de pays fluctue d'une année à l'autre, avec cependant une tendance constante à la progression puisque, dans les années qui ont suivi les décrets de 1979, elle se situait autour de 4 à 6 millions d'hectolitres, au début des années 1990, elle était de l'ordre de 7 à 10 millions d'hectolitres, et, en 1995, de 9,2 millions d'hectolitres. Plus de 73 % de ceux-ci se répartissent à égalité entre vins de pays de département et vins de pays de petite zone, le reste (27 %) étant des vins de pays régionaux, de l'une des quatre grandes zones : Jardin de la France, Comté tolosan, Pays d'Oc et Comtés rhodaniens. Le développement, plus ou moins important,

Le Château de Montsoreau dans le Maine-et-Loire.

La Roque Gageac. La production de vins de pays de Dordogne couvre les principales zones viticoles de ce département.

des vins de pays ne s'explique pas seulement par des niveaux de production très dissemblables, mais également par la latitude donnée au producteur de choisir, pour ses vins de table qui peuvent y prétendre, la dénomination de vins de pays qui lui apparaît susceptible de mieux les valoriser, tout en garantissant l'authenticité de leur provenance. S'il n'y parvient pas, sa production sera consommée comme vin de table. C'est la raison pour laquelle le total de la consommation intérieure et de l'exportation des vins de pays est encore inférieur de près de moitié au potentiel de production de ces mêmes vins.

Aujourd'hui on consomme et exporte les vins de pays, en tant que tels, à raison de 10 à 12 millions d'hectolitres, soit près de 20 % de la récolte française. Entre 1982 et 1992, les exportations ont doublé, atteignant 1,5 million d'hectolitres.

Le panorama des vins de pays

Les vins de pays ont partout leur place dans le vignoble français, à l'exception des zones de production de quelques grandes appellations.

Cet ensemble peut être découpé en huit aires géographiques caractérisées par des conditions naturelles voisines, un fonds d'encépagement commun et une même autorité pour l'agrément des vins.

Le Val de Loire

C'est tout le cours moyen et inférieur du fleuve, depuis Nevers jusqu'à l'Atlantique, et ses affluents, soit treize départements, qui ont chacun leur dénomination départementale, du Vin de Pays de la Nièvre jusqu'au Vin de Pays de la Loire-Atlantique.

La dénomination régionale pour cet ensemble, sauf la Nièvre et la Sarthe, est Vin de Pays du Jardin de la France.

Enfin on ne compte plus que trois dénominations locales, en petite zone, celle des Fiefs Vendéens étant classée AOVDQS depuis octobre 1984.

La production de vins de pays oscille entre 300 000 et 500 000 hectolitres selon les aléas climatiques de chaque année. Ce sont pour 50 % des rouges, 30 % des blancs et 20 % des vins rosés. Les deux tiers d'entre eux sont issus d'un seul cépage, qui est mentionné sur l'étiquette. Les cépages « recommandés » sont ceux que l'on trouve traditionnellement dans la vallée de la Loire et quelques variétés originaires d'autres régions, mais déjà fortement implantées. On notera, pour les blancs : le Sauvignon, sec, très bouqueté et d'une belle finesse ; le Chenin, traditionnel en Touraine et Anjou, qui donne des vins secs, nerveux et fruités ; et l'Arbois ou Menu Pineau.

Pour les rouges et rosés, on trouve le Gamay, cépage originaire du Beaujolais, produisant des vins fruités, légers et frais, aptes à être consommés en primeur ; le Cabernet franc ou breton associé fréquemment au Cabernet-Sauvignon pour des vins plus charpentés et colorés ; le Grolleau à l'origine de vins frais et légers ; et le Pineau d'Aunis pour des rosés pâles et légèrement poivrés.

Aquitaine et Charentes

Dans les six départements de cette zone, trois seulement bénéficient d'une dénomination départementale, la Dordogne et la Gironde pour des vins blancs de pays essentiellement, les Landes pour des rouges et des rosés surtout.

La Charente et la Charente-Maritime constituent ensemble l'aire des Vins de Pays Charentais, blancs en grande majorité, vinifiés principalement à partir du cépage Ugni blanc et accessoirement du Colombard et du Sauvignon. Ils représentent une diversification intéressante du vignoble destiné au Cognac avec des vins légers, secs et aromatiques.

Les Vins de Pays de l'Agenais issus du département du Lot-et-Garonne sont surtout des rouges élaborés à partir des cépages bordelais – Merlot, Cabernet franc, Cabernet-Sauvignon, Côt – et de cépages régionaux plus rustiques – Tannat, Bouchalès, Abouriou, Fer.

La production dans ces régions est de l'ordre de 60 000 hectolitres de vins de pays.

Pays de la Garonne

Il s'agit sensiblement de la région Midi-Pyrénées, complétée par les Pyrénées-Atlantiques.

Les vins de pays y représentent une production de l'ordre de 500 000 hectolitres, en majorité des vins rouges et rosés et pour une forte minorité des blancs dans le Gers, le Tarn et le Béarn.

Ces huit départements, complétés par ceux des Landes, du Lot-et-Garonne et de l'Ariège, forment ensemble l'aire de production des Vins de Pays du Comté tolosan représentatifs, dans le domaine des blancs notamment, des vins du Sud-Ouest. Trois départements parmi ces huit ont leur dénomination départementale, les Vins de Pays de la Haute-Garonne, ceux du Tarn-et-Garonne et ceux des Pyrénées-Atlantiques, rouges en grande majorité.

Les autres zones de la production, plus restreintes, comptent dix dénominations sous-régionales ou locales en vins de pays. Il s'agit des Vins de Pays des Côtes du Tarn, des Gorges et Côtes de Millau, des Coteaux de Glanes, des Coteaux du Quercy, de Saint-Sardos, des Coteaux et Terrasses de Montauban, des Côtes de Montrestruc et, enfin, de Bigorre.

Les types de vins y sont très variés du fait des climats qui passent, d'ouest en est, de l'influence atlantique à celle de la Méditerranée, mais surtout du fait de la diversité des cépages utilisés.

Dans les rouges, la tendance est au développement des variétés de grande diffusion : le Gamay, les Cabernets, le Merlot ou la Syrah qui équilibrent et complètent des variétés indigènes.

Pour les vins blancs, les principaux cépages utilisés sont, dans le Gers, l'Ugni blanc, qui donne un vin léger, et le Colombard, plus typé ; dans le Tarn, le Mauzac allié à la finesse de l'Enc de l'El ; dans les Pyrénées-Atlantiques et aux alentours, le Gros-Manseng pour des vins charpentés, riches en alcool tout en conservant une acidité fixe importante.

Languedoc et Roussillon

Cette région, la première pour la production de vins de table, est également la première pour celle des vins de pays, assurant à elle seule plus des quatre cinquièmes du total, dont 80 % de vins rouges, 10 % de vins rosés et 10 % de vins blancs. Ces vins de pays sont obtenus par la vinification séparée de vendanges sélectionnées, issues des principaux cépages recommandés pour les quatre départements de la partie ouest de la côte méditerranéenne, du Rhône aux Pyrénées (Aude, Gard, Hérault, Pyrénées-Orientales).

À travers la formule d'encépagement, chaque variété apporte à la construction du vin sa contribution propre.

Dans les vins rouges et les vins rosés, le Carignan, le plus important par les superficies cultivées, assure à tous ces produits le corps et la charpente nécessaires à leur bonne tenue ; la macération carbonique, technique de vinification spéciale qui tend à se développer et qui maintient les baies intactes dans une atmosphère de gaz carbonique, lui permet d'exprimer toutes ses qualités. Le Grenache donne des vins généreux où la finesse s'allie à la richesse alcoolique et au bouquet. Le Cinsaut, quant à lui, apporte la souplesse et le fruit recherché dans la consommation des vins jeunes.

Ces trois cépages constituent la base des vins de pays de cette région, mais on les complète de plus en plus pour les vins rouges par l'apport de cépages aux arômes plus puissants ou plus typés, Merlot, Cabernet-Sauvignon et Syrah.

Dans les vins blancs, les principaux cépages sont la Clairette (Gard et Hérault) ; le Grenache blanc et le Macabeu (Pyrénées-Orientales et Aude), qui offrent des vins fins et riches en alcool ; l'Ugni blanc et le Carignan blanc qui donnent des vins plus nerveux et plus frais ; l'apport de Sauvignon, dans les situations sableuses, permet de renforcer les caractères aromatiques. Les vins de pays sont élaborés à partir de ces différents cépages, dans des proportions variables selon les terroirs et les zones de production ; on assiste toutefois à un développement des vinifications de cépages purs surtout pour les plus aromatiques – Merlot, Cabernet-Sauvignon, Syrah – qui sont vendus sous l'indication de ce cépage. En début de campagne, on trouve de plus en plus de vins primeurs.

La zone de production des Vins de Pays des Coteaux de la Cité de Carcassonne s'étend sur 11 communes autour de la cité médiévale.

La dénomination régionale pour cet ensemble, auquel peuvent se joindre l'Ardèche, les Bouches-du-Rhône, le Var et le Vaucluse, est Vins de Pays d'Oc.

Chacun des quatre départements possède sa dénomination départementale.

Les zones de production plus restreintes comptent, dans l'Aude, 20 dénominations sous-régionales ou locales en vins de pays ; dans le Gard, 12 vins de pays ; dans l'Hérault, 27 vins de pays et dans les Pyrénées-Orientales, 5 vins de pays (voir page 138 la liste des vins de pays).

Corse

Sous l'unique dénomination régionale de Vins de Pays de l'Île de Beauté, les huit secteurs viticoles de l'île produisent 150 000 à 170 000 hectolitres de vins de pays, rouges ou rosés, issus de cépages traditionnels locaux à 65 %, associés à des variétés plus récemment acclimatées. Le Nielluccio produit un vin coloré et charpenté, au bouquet très marqué ; il s'associe bien au Grenache et au Cinsaut. Le Sciaccarello, bien adapté aux sols granitiques, donne un vin au bouquet très typé, poivré, faible en couleur.

En blanc (15 % de la production), le Vermentino possède un très haut potentiel qualitatif et s'associe bien à l'Ugni blanc.

Provence et basse vallée du Rhône

Il s'agit du second grand vignoble producteur de vins de type méridional, avec 700 000 à 900 000 hectolitres de vins de pays, rouges pour 70 % d'entre eux, rosés pour 15 % et blancs pour 15 %.

La base de l'encépagement est constituée par le Carignan, qui donne aux vins la charpente et la solidité ; le Grenache, la puissance et la couleur ; le Cinsaut, la finesse et la souplesse ; l'Ugni blanc donne des vins blancs nerveux et moyennement alcoolisés.

La personnalisation des vins de pays de cette région est apportée par des cépages traditionnels locaux, complétés par des variétés venant d'autres régions.

Les cinq départements possèdent chacun leur dénomination propre. Les Vins de Pays du Vaucluse, ceux des Bouches-du-Rhône et ceux du Var représentent la grande majorité de la production ; les Vins de Pays des Alpes-Maritimes et ceux des Alpes de Haute-Provence ne dépassent pas chacun 6 000 à 8 000 hectolitres.

On compte aussi cinq vins de pays de petite zone aux dénominations de Vins de Pays de la Principauté d'Orange, qui produit des rouges uniquement ; ce sont les vins de pays de la Petite Crau, 70 % de rouges, 15 % de rosés et de blancs ; du Mont Caume dont 40 % de rosés et 5 % de blancs ; d'Argens, 80 % de rouges, et 20 % de rosés ; des Maures, deux tiers de rouges et un tiers de rosés.

Alpes et Pays rhodaniens

Cet ensemble est constitué par la moyenne vallée du Rhône, élargie jusqu'aux contreforts du Massif central et aux Préalpes de Savoie et du Dauphiné.

On trouve dans ces deux régions des cépages spécifiques traditionnellement cultivés sur ces terroirs. Pour les rouges, la Syrah qui produit des vins colorés, tanniques, très typés ; la Mondeuse, originaire de Savoie, qui donne des vins rouges pourpre, possédant un bouquet caractéristique, et l'Etraire de la Dui, curiosité de la vallée de l'Isère.

Les cépages pour les blancs sont la Marsanne, dont est issu un vin léger et sec, associée parfois à la Roussanne qui apporte le bouquet la finesse ; la Jacquère, avec son arôme particulier de « pierre à fusil » ; la Molette au petit goût herbacé et le Chasselas ou Fendant qui donne un vin sec et quelquefois « perlé ». On y trouve aussi des cépages bourguignons, Pinot, Gamay, Chardonnay ; et du Midi, Grenache, Cinsaut, Carignan, Clairette et Ugni blanc, qui apportent leurs caractéristiques propres, modelées par l'influence du milieu, d'où des assemblages de cépages, mais aussi des vins de cépage unique, fruités, typés et assez aromatiques.

Parmi les dix départements de cet ensemble, on compte quatre vins de pays à dénomination départementale, l'Ain, la Drôme, l'Ardèche et le Puy-de-Dôme.

On y trouve aussi huit dénominations sous-régionales ou locales pour les vins de pays (voir la liste, p. 138).

Régions de l'Est

Ce sont les Vins de Pays de la Meuse, les Vins de Pays de l'Yonne et les Vins de Pays de Franche-Comté.

Ils se situent à la périphérie des grandes appellations de ces régions, dans des terroirs à vocation ancienne mais qui avaient été ruinés au début du siècle par le phylloxéra.

La production de cet ensemble est de l'ordre de 3 000 hectolitres et tend à s'accroître progressivement.

Elle est orientée principalement vers les vins blancs, à cause des conditions naturelles de sol et de climat, avec des vins légers, agréables, frais et bouquetés.

LES VINS DE PAYS À TABLE

La grande majorité des vins de pays offrent la possibilité d'assortir son verre à son assiette, en s'inspirant de quelques règles simples :

▷ *Les vins de pays blancs, secs* – il n'existe que peu de vins de pays blancs doux, ou moelleux – sont à servir frais (5 à 10 °C) avec les hors-d'œuvres, les entrées froides, les fruits de mer, les poissons... Certains les acceptent avec les fromages frais et les fromages à pâte dure. Ils peuvent également être consommés en apéritif, agrémentés de crème de cassis ou de framboise.

▷ *Les vins de pays rosés,* qui doivent également être présentés frais, se boivent avec les mêmes plats que les vins rouges légers, mais ils peuvent aussi accompagner l'ensemble du repas lorsque l'on désire ne recourir qu'à un seul vin, surtout pendant la belle saison.

▷ *Les vins de pays rouges légers,* que l'on tend de plus en plus à boire frais (12 °C), s'allient à la charcuterie, aux entrées chaudes, aux viandes blanches, aux volailles, aux fromages à pâte dure.

▷ *Les vins de pays rouges plus corsés* sont servis à température entre 15 et 18 °C avec les viandes rouges, les viandes en sauce, le gibier, les fromages à pâte molle.

LE CONTRÔLE DE LA QUALITÉ DES VINS

À tous les stades de son élaboration, depuis le vignoble en passant par les chais et jusqu'aux différents réseaux de commercialisation, le vin est soumis à un grand nombre de contraintes et de contrôles. De plus, les strictes conditions de production auxquelles doivent se plier nos appellations garantissent effectivement leur pureté et leur qualité.

En France, les vins font l'objet d'une attention particulière de la part des pouvoirs publics en raison, d'une part, du système fiscal auquel sont soumis ces produits et d'autre part, de leur importance économique. Ils intéressent, de ce fait, à la fois les services de la perception des impôts et ceux qui sont chargés du contrôle de la qualité. Ainsi sont concernées deux administrations qui relèvent du ministère de l'Économie et des Finances : la Direction générale des douanes et des droits indirects (DGDDI) et la Direction générale de la consommation, de la concurrence et de la répression des fraudes (DGCCRF), ainsi que le ministère de l'Agriculture.

En outre, deux établissements publics, sous la tutelle des ministères de l'Agriculture et de l'Économie et des Finances, ont pour mission de gérer au niveau économique et qualitatif la production des vins : l'Office national interprofessionnel des vins (ONIVINS) et, pour les vins d'appellation d'origine, l'Institut national des appellations d'origine (INAO).

Les producteurs eux-mêmes, regroupés en syndicats professionnels, participent directement au contrôle de la qualité des vins de pays, des vins délimités de qualité supérieure (AOVDQS) et des vins d'appellation contrôlée (AOC).

Les contrôles réglementaires sont de deux ordres : contrôle du produit lui-même par analyse chimique et sensorielle, contrôle des documents et déclarations exigés des producteurs et commerçants. Indépendamment des contrôles exercés, soit par les administrations, soit par les organismes professionnels, il faut souligner ceux qu'effectuent les vignerons qui élaborent le vin et ceux des négociants, qui le sélectionnent.

Le rôle joué à cet égard par les professionnels est essentiel. Il s'inscrit dans les traditions viti-vinicoles françaises, mais il est aussi le fruit de la jurisprudence qui se montre sur ce point très rigoureuse. Le vin est donc soumis à un ensemble de contraintes et de contrôles qui en garantissent effectivement la pureté et la qualité.

Le contrôle des vignobles

Les viticulteurs ne peuvent pas choisir librement les variétés de vigne qu'ils utilisent pour la production de leurs vins. Ils sont en effet tenus de ne planter que les cépages figurant sur une liste officielle établie en concertation par des experts agronomes, des associations professionnelles et certaines administrations. Cette liste est arrêtée dans un règlement de l'Union européenne publié au *Journal officiel* de l'UE. Elle est établie en tenant compte du climat, du terroir, ainsi que des usages.

Toute plantation est soumise à une déclaration aux services locaux de la DGDDI, qui connaît ainsi la nature du vignoble et exerce, sur le terrain, les contrôles lui permettant de s'assurer de l'exactitude des déclarations. Ces déclarations et contrôles permettent de tenir à jour le cadastre viticole, établi dès 1953, et sans lequel l'application des disciplines de production serait illusoire.

Si le choix des terroirs a longtemps été laissé à la libre appréciation des viticulteurs, les plantations – soumises à une autorisation préalable – ne pouvaient se faire que dans les régions à vocation viticole. Depuis 1980, la réglementation de l'UE a fait un classement des terroirs en trois catégories qui permet d'exclure, peu à peu, les terroirs inaptes à produire des vins d'une qualité satisfaisante. En outre, l'existence d'excédents périodiques de vins de table conduit à n'encourager les replantations ou plantations nouvelles que sur les terroirs les plus aptes à produire de tels vins.

Le contrôle des chais

Le pouvoir des administrations est très étendu puisque les agents habilités peuvent pénétrer dans les chais des viticulteurs, y procéder aux recensements en quantité et par catégorie de produits, effectuer des prélèvements d'échantillons pour l'analyse sensorielle et se faire communiquer l'intégralité des documents et écritures concernant la production viti-vinicole.

Chaque année, après les vendanges, les producteurs de raisin doivent faire une déclaration de récolte qui indique avec précision les quantités produites en vin – les quantités de raisins expédiés –, l'appellation d'origine revendiquée ou, pour les vins de pays, la provenance, les cépages et la situation du vignoble.

Ainsi, les services de contrôle peuvent se livrer à un rapprochement avec le cadastre viticole, de telle sorte qu'un producteur ne peut pas augmenter artificiellement les volumes qu'il détient, ni déclarer des appellations d'origine ou des vins de pays en quantités supérieures à celles qui ont été produites sur les parcelles délimitées.

À la fin de l'année viticole, c'est-à-dire avant septembre, les viticulteurs déclarent leurs stocks de façon détaillée, en précisant les appellations d'origine ou les vins de pays qu'ils conservent en cave.

La mise en circulation des vendanges, des moûts (jus de raisins destinés à la vinification) et des vins est soumise à la délivrance d'un document communautaire appelé « document administratif agréé » (DAA), connu encore en France sous les noms d'« acquit à caution », « congé », « laisser-passer », « passavant » ou « capsule-congé » suivant la destination. Ce document est délivré sous le contrôle direct et étroit des agents de la DGDDI et sert à la perception des taxes qui pèsent sur le vin.

Au fur et à mesure de l'expédition des vins des chais, le compte de chaque exploitation viticole est débité et peut être contrôlé. De ce fait, il n'est pas possible d'expédier plus de vin qu'il n'en a été

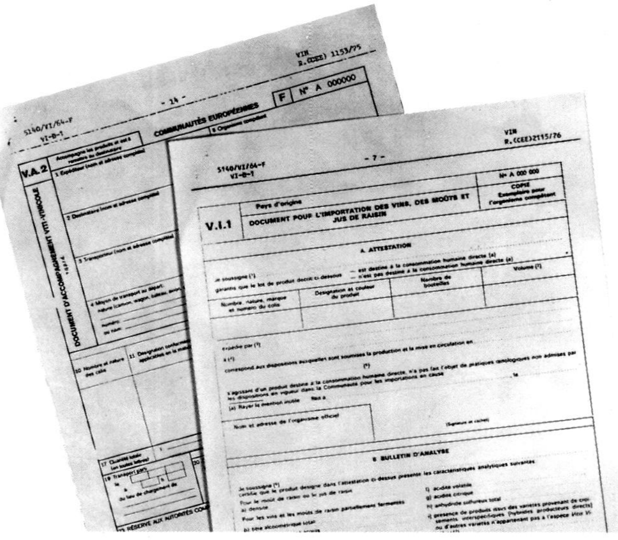
V.A.2
COMMUNAUTÉS EUROPÉENNES
V.I.1
DOCUMENT POUR L'IMPORTATION DES VINS, DES MOÛTS ET JUS DE RAISIN
A. ATTESTATION
B. BULLETIN D'ANALYSE

Les documents qui accompagnent le vin chaque fois qu'il circule sont une garantie du respect des normes de qualité.

déclaré en récolte et en stock. Le rapprochement des sorties, des stocks de début de campagne – année viticole –, des quantités récoltées et de celles qui sont réellement détenues permet de faire la balance quantitative de l'exploitation viticole, campagne par campagne. En cas de manquants supérieurs à la normale (la normale comprend la consommation familiale et la consume – évaporation et perte lors des soutirages), le producteur doit répondre des expéditions sans document d'accompagnement.

En cas d'excédents de sorties par rapport aux disponibilités, il voit sa responsabilité engagée pour augmentation frauduleuse des quantités réellement produites, à moins qu'il ne s'agisse d'une déclaration de récolte ou de stocks minorée.

Cette dernière éventualité aurait des incidences graves sur la situation du producteur, car le rendement des vignes est limité et les excédents de rendement sont écartés du marché de bouche. Cette mesure d'ordre quantitatif est aussi de nature qualitative – l'excès de rendement des vignes nuit à la qualité du vin. Aussi, les sanctions qui pèsent sur ceux qui dissimulent les excédents de rendement sont très lourdes, à la fois fiscales et pénales.

Le contrôle des appellations d'origine

Les vignes produisant les « vins d'appellation d'origine contrôlée » sont délimitées de façon précise par une commission d'experts parmi lesquels figurent un géologue, un œnologue et des représentants des professionnels.

Les appellations contrôlées (AOC)

Le plan des parcelles produisant des vins d'AOC est déposé en mairie et peut être consulté par toute personne intéressée.

La liste des cépages est établie par référence aux usages locaux, loyaux et constants et propres à chaque appellation, pour laquelle un décret fixe toutes les conditions de production. Une déclaration spéciale d'encépagement est toujours jointe à la déclaration de récolte. Ainsi, les différents services de contrôle, et notamment ceux de l'Institut national des appellations d'origine, peuvent s'assurer du respect des disciplines de production.

Pour pouvoir être expédiés, les vins d'appellation d'origine doivent être analysés par un laboratoire agréé par la DGCCRF et soumis à une commission de dégustation formée de professionnels, dont le choix est laissé à l'initiative du syndicat viticole, administrée par l'ingénieur-conseiller technique de l'INAO. À l'occasion de cet examen analytique et organoleptique, la production de chaque exploitation viticole est contrôlée.

Les appellations d'origine vins délimités de qualité supérieure (AOVDQS)

La délimitation de l'aire de production des AOVDQS n'est pas faite sur la base parcellaire mais communale. Néanmoins, ces vins connaissent les mêmes disciplines que les autres et le contrôle qui leur est appliqué est de même nature. Il comprend notamment un examen analytique et organoleptique des vins avant leur expédition des chais des producteurs.

Le contrôle des vins de pays

Cette catégorie de vin, dont les conditions de production sont plus générales que celles des vins d'appellation d'origine, est soumise à un examen analytique et organoleptique pratiqué sous le contrôle d'une organisation professionnelle agréée et suivie par l'ONIVINS.

La circulation

La circulation des vins ne peut avoir lieu sans les documents délivrés par la DGDDI. Ces documents administratifs agréés (DAA) doivent comporter l'indication de la quantité expédiée, de la nature et du nombre des récipients, de l'appellation du vin – notamment son appellation d'origine – ou de l'expression « vin de pays » suivie du nom géographique du vin. Pour les vins expédiés sous DAA, le titre alcoométrique est indiqué et, s'il y a lieu, le nom du cépage et le millésime. Le nom de l'exploitation agricole – château, domaine, mas... – ne figure pas dans la dénomination du vin. Il peut en revanche figurer dans la raison sociale de l'expéditeur et figurera obligatoirement sur la facture, dans la désignation du produit.

Ces documents accompagnent le vin chaque fois qu'il circule sur la voie publique et doivent être présentés à toute réquisition des services de police, de la répression des fraudes et de la douane.

Les vins en bouteille doivent en outre comporter un étiquetage ou une inscription sur le contenant lui-même (fût, par exemple) correspondant exactement aux désignations (figurant sur les documents d'accompagnement. Le rapprochement de ces diverses informations permet aux services de contrôle de s'assurer du respect des normes de qualité.

Dans le cas des capsules-congés (capsules représentatives des droits : CRD), l'étiquetage sert à identifier à lui seul le produit. Il est donc rigoureusement indispensable.

Le contrôle des marchands de vins en gros

Par marchand de vins en gros, il faut entendre ceux qui ont un « compte de gros » avec l'administration des douanes. Ce compte leur permet de recevoir les vins en suspension des droits de circulation et de consommation. Il est tenu par les services des douanes.

En outre, le marchand de vins en gros tient lui-même un compte d'entrées et sorties général, un compte spécial pour les vins d'appellation d'origine (AOC – AOVDQS), pour les vins importés et pour les vins de pays. Les traitements des vins et notamment les coupages font également l'objet d'un compte, ainsi que la mise en bouteilles. Cette comptabilité spécifique obligatoire s'ajoute à celle que prévoit la législation générale sur la comptabilité commerciale. Il n'est donc pas exagéré de dire que cette activité commerciale est la plus surveillée du secteur agroalimentaire, voire de l'ensemble du commerce.

Chaque année, les services de l'administration des douanes se livrent à un recensement des lots de vins. Il peut être effectué de façon inopinée, en cours de campagne. Ces recensements sont facilités par l'indication obligatoire sur tous les lots de leur dénomination exacte, notamment de l'appellation d'origine.

Le contrôle du commerce de détail

Aucun vin ne peut être reçu par le détaillant s'il n'est assorti d'un document administratif agréé ou, pour les vins en bouteille, d'une capsule-congé (CRD). La dénomination du vin doit figurer sur les récipients lorsqu'ils circulent et lorsqu'ils sont offerts à la consommation. Les tarifs et cartes des boissons comporteront obligatoirement la dénomination du vin, son prix de vente et la quantité correspondante. Afin d'éviter toute confusion, les vins sont classés par catégorie dans les tarifs.

Lors des contrôles qui peuvent s'effectuer de jour comme de nuit lorsque les établissements sont ouverts, un rapprochement est effectué entre les documents fiscaux, commerciaux et les étiquettes et tarifs. On vérifie ainsi le droit des vins à l'appellation d'origine. La filière du contrôle du producteur au consommateur est donc établie sans discontinuité.

L'examen analytique et organoleptique des vins

Le contrôle des qualités physiques et organoleptiques des vins s'effectue de deux façons : par la dégustation et par l'analyse d'échantillons.

L'analyse sensorielle

Le contrôle de la qualité le plus traditionnel s'effectue au moyen de la dégustation, c'est l'analyse sensorielle. Cette pratique fort ancienne est prévue à l'article 487 du Code civil pour les transactions commerciales et constituait, dans la France de l'Ancien Régime, l'une des missions essentielles des courtiers en vins dont les statuts sont rappelés, de nos jours, par ceux de la Compagnie des courtiers, jurés, piqueurs de vins de Paris.

Les vins sont goûtés, soit directement dans les chais des producteurs et des marchands en gros, ainsi que chez les détaillants, soit, le plus souvent, sur échantillons adressés aux laboratoires officiels, ou le cas échéant, aux commissions professionnelles de dégustation lorsqu'il s'agit de vins d'appellation contrôlée, de AOVDQS ou de vins de pays.

L'analyse sensorielle est un art mais devient une science qui se développe dans tous les secteurs de l'agroalimentaire. Elle suit désormais des règles particulièrement précises, établies par des scientifiques qui se réunissent, en ce qui concerne le vin, au sein de l'Office international de la vigne et du vin (OIV), organisation intergouvernementale mondiale qui regroupe 45 pays situés dans les cinq continents.

La réglementation dispose que l'on considère comme impropre à la consommation le vin qui présente un mauvais goût manifeste. Les tribunaux admettent l'analyse sensorielle comme moyen de preuve de l'altération ou de la falsification, mais ce moyen de preuve présente plus d'aléas que le recours à l'analyse chimique ou physico-chimique. Cependant, dans certains cas, l'analyse sensorielle constitue le seul procédé d'appréciation des vins. En matière de vin de pays et de vin d'appellation d'origine, elle tient une place très importante, puisqu'elle seule permet de vérifier si un vin présente la typicité de son appellation. Le déclassement d'un vin qui s'est altéré après son agrément peut être prononcé par les autorités administratives, en se fondant sur la dégustation faite par les experts.

L'analyse chimique et physico-chimique

À tous les stades de la filière, les services de contrôle peuvent procéder au prélèvement d'échantillons. Ils suivent, pour cela, une procédure déterminée par un décret qui impose la constitution de trois échantillons identiques, qui sont prélevés et examinés selon une procédure contradictoire.

L'analyse est effectuée dans les laboratoires officiels spécialisés, selon des méthodes qui sont étudiées et mises au point par la sous-commission des méthodes d'analyse et d'appréciation des vins de l'OIV. Ces méthodes sont celles qui sont publiées dans le règlement de l'UE, ou, à défaut, par l'OIV. À défaut de ces deux sources, elles peuvent être celles que les pays membres de l'UE utilisent traditionnellement. On ne peut avoir recours à d'autres méthodes, à moins qu'il ne s'agisse de méthodes venant en complément des méthodes officielles.

Une telle rigueur se fonde sur la nécessité d'assurer une saine administration de la justice, mais aussi de s'opposer aux méthodes qui pourraient être utilisées, volontairement ou non, pour mettre des obstacles à la libre circulation des marchandises. Il importe en effet que, dans les échanges internationaux comme au niveau national, les acheteurs, les vendeurs, ainsi que les experts, se fondent sur les mêmes étalons.

L'examen chimique ou physico-chimique ne permet pas toujours de connaître la composition exacte du vin. En effet, les méthodes d'analyse sont limitées. L'OIV en a codifié 67. Certains éléments échappent donc à ce type de contrôle. Ainsi, la détermination du cépage dont le vin est issu ne peut être faite que par le contrôle des documents accompagnant le vin.

Les analyses officielles portent sur les constituants essentiels du vin et sur quelques éléments permettant de caractériser certaines irrégularités connues. Il n'est pas concevable en effet de faire toutes les analyses susceptibles d'être pratiquées. L'OIV a proposé 23 déterminations pour le contrôle simplifié et 41 pour un contrôle approfondi. Les limites de l'analyse ont conduit à faire en sorte que ce contrôle repose à la fois sur l'examen des écritures et sur celui du produit.

La fiabilité des contrôles

Ce croisement des procédures offre au consommateur une garantie très largement suffisante, à la fois sur la qualité mais aussi sur l'origine des vins.

Pour les vins importés, la réglementation de l'Union européenne impose deux documents : d'une part, une attestation des autorités du pays tiers producteur qui certifie que les traitements pratiqués sur le vin sont conformes à la fois aux règles nationales et aux règles de l'UE et, d'autre part, un certificat d'analyse établi par un laboratoire du pays tiers, agréé par l'UE et qui comporte 8 déterminations.

Les dispositions organisant le contrôle des vins ne sont utiles que si elles sont effectivement appliquées. Or, l'application dépend de la qualité et du nombre d'agents affectés à ce secteur. L'abondance des disciplines et la spécificité du produit impliquent le recours à des agents spécialisés, mobiles et indépendants. Dès lors que ces agents existent, on peut considérer la qualité des vins comme particulièrement fiable.

L'ÉCONOMIE DES VINS D'AOC

Depuis 1935, date de leur création, les vins d'appellation d'origine contrôlée constituent, d'année en année et sans jamais décevoir, l'un des fleurons de notre économie agro-alimentaire, tant sur le marché intérieur qu'à l'exportation.

On a coutume d'opposer en France le vin de table au vin d'appellation d'origine contrôlée (AOC) en assimilant abusivement le premier à la banalité et le second à la qualité. La réalité est tout autre ; il est excessif de limiter la qualité aux seuls vins d'AOC. Tout consommateur averti ne connaît-il pas d'excellents vins de table ? Il serait tout aussi superficiel de vouloir homogénéiser la viticulture française car elle présente des différences essentielles qui font son caractère.

En fait, plutôt qu'une vision manichéenne opposant classiquement le bon et le mauvais, il convient d'avoir une approche qui reconnaît les différences de politique. La viticulture française est faite de démarches complémentaires, reposant sur des structures économiques et des stratégies différentes, et aboutissant à des produits d'une grande diversité. De même qu'il n'y a pas de définition monolitique de la qualité d'un vin, il n'y a pas de politique exclusive de qualité. La démarche de l'appellation d'origine contrôlée est certes originale, elle n'est pas pour autant la seule qui puisse permettre d'obtenir des vins de qualité. Elle côtoie d'autres politiques, dont les plus connues sont celles des vins de pays, des vins de marque ou des vins de cépage. Chacune de ces politiques conduit à des vins différents, ayant leurs qualités propres et leurs propres critères de réussite économique.

Quand le consommateur, dans un hypermarché, se retrouve face à toute la gamme de produits qui lui sont offerts, il ne peut imaginer que derrière chacun d'eux s'est construite une organisation économique spécifique, faite de mentalités et de structures particulières. C'est pourtant le cas. Une organisation en particulier, celle des vins français d'appellation d'origine contrôlée, mérite d'être décrite pour son originalité.

Une économie florissante

Sur un vignoble français de 900 000 hectares, les vignes d'AOC occupent 462 000 hectares, soit 52 % de la superficie. Sur les 600 000 producteurs déclarant une récolte de vin, on peut estimer à 80 000 ceux qui produisent des vins d'appellation d'origine contrôlée. La superficie moyenne exploitée par un producteur de vin d'appellation d'origine contrôlée s'élève ainsi à un peu plus de 4 hectares.

Le volume de vins d'AOC produit en 1996 est de 24,7 millions d'hectolitres sur un total de 59,6 millions d'hectolitres de vins produits au cours de cette même année. On peut aisément constater que, puisque 52 % du vignoble français produisent 41 % de la production, le rendement est plus faible pour les AOC (53,5 hl/ha) que pour les autres vins (82 hl/ha).

Au moment de la création de l'appellation d'origine contrôlée, en 1935, la récolte de vins d'AOC n'était que de 350 000 hectolitres. Le vignoble s'est ainsi accru régulièrement. Une telle progression est incontestablement un signe de dynamisme. Remarquons enfin qu'en 1996, 68 % des vins d'AOC produits sont rouges ou rosés, contre 32 % de vins blancs.

La part de la valeur de la production de vins d'AOC dans la production française de vins est passée de 36 à 70 % en quarante à soixante ans ; les vins d'AOC, avec une production de 19 milliards de francs, contribuent pour près de 10 % à la valeur de la production agricole française.

La demande de vins d'AOC a, fort heureusement, répondu à l'évolution de l'offre, et cela aussi bien sur le marché français que sur les marchés étrangers. Les consommateurs français ont bu cinq fois plus de vin d'AOC en 1985 qu'en 1950 ! Pendant la même période, les volumes de vins d'AOC exportés ont été multipliés par dix ! On peut difficilement trouver de tels résultats dans d'autres secteurs agro-alimentaires. Actuellement, le Français consomme 30 litres de vin d'AOC par an ; 65 % des dépenses des ménages consacrées au vin concernent des vins d'AOC.

Si l'on rappelle que les exportations de vins d'AOC se sont élevées à 20 milliards de francs en 1996, que le Champagne ou les vins de Bordeaux sont exportés dans plus de 160 pays, on comprend aisément que l'économie des vins d'AOC soit jugée florissante. Les vins d'AOC constituent d'année en année, et sans jamais décevoir, l'un des fleurons de notre exportation agro-alimentaire.

Une économie complexe

Au 1er janvier 1997, on dénombrait environ 450 appellations d'origine contrôlée viticoles sur l'ensemble du territoire français. Il s'agit là d'une mosaïque de produits dont la caractéristique commune est de bénéficier de cette appellation qui constitue un excellent ciment unificateur. Mais ces produits disposent bien évidemment d'une personnalité dont les caractéristiques sont très diverses, au sein d'un espace aux dimensions multiples.

Le temps

Depuis 1935, année de création de l'AOC, la consécration de vins d'appellation d'origine contrôlée s'est échelonnée dans le temps. Chaque appellation a son histoire, chacune a son rythme. Il y a les anciennes et les nouvelles, avec quelquefois des conflits de génération, comme cela se produit tout naturellement au sein d'une famille.

L'espace

Réparties sur une superficie de 462 000 hectares, les 450 appellations constituent une gamme de produits soumis, en fonction de leur implantation géographique, à différents climats. Tantôt prédominent les influences méditerranéennes, tantôt les influences atlantiques ou continentales. Les divers terroirs impriment aux vins des cactéristiques uniques.

Enfin, chaque région dispose de ses propres coutumes et de ses propres traditions dont découle notamment le savoir-faire spécifique qui imprègne le produit. Chaque appellation fait ainsi l'objet d'un décret particulier précisant les conditions de production (encépagement, rendement, mode de conduite...).

Le volume de production

Il n'y a pas de volume moyen ; les quantités produites s'échelonnent en 1995 de 23 hectolitres pour l'appellation Romanée-Conti à 2 269 000 hectolitres pour l'appellation Bordeaux rouge.

Le prix

C'est le prix dont prend directement conscience le consommateur. Il est difficile, ici aussi, de parler de prix moyen. Tout est fonction du processus de production qui détermine le prix de revient, mais également de la notoriété qui induit la marge.

Les caractéristiques organoleptiques

Celles-ci résultent de la subtile combinaison du cépage et du terroir et des turbulences climatiques, le tout étant peaufiné par la main de l'homme.

L'hétérogénéité du paysage viticole

Le principe de l'appellation d'origine contrôlée est de déléguer aux différents partenaires professionnels l'entière responsabilité du développement économique de leurs régions d'AOC. C'est à ces partenaires, et à eux seuls, qu'incombe la mission de prendre en main leur destinée.

Mais peut-on réellement considérer que la diversité soit un handicap pour l'avenir ? Si l'on regarde l'évolution récente des modes de consommation alimentaire, on constate que les vins d'appellation d'origine contrôlée tiennent une place à part, en dehors des normes définies sur les plans industriels et commerciaux. La stratégie d'appellation d'origine contrôlée ne peut s'inscrire dans le processus industriel et commercial dominant qui a guidé notamment la réorganisation des filières agro-alimentaires ou la transformation des structures de distribution. L'extension de la distribution de masse, accompagnée d'une diversification considérable des produits, a contribué à créer de nouveaux comportements d'achat chez les consommateurs. Mais les produits sont devenus des produits de grande consommation et à la diversification s'est associée la standardisation, voire la banalisation. Parallèlement, se sont développées une urbanisation intense et une accélération sans précédent du rythme de vie. En regard de ce nouvel univers dans lequel doit se mouvoir le consommateur, la qualité des vins d'appellation d'origine contrôlée prend une saveur toute particulière. La standardisation excessive a stimulé chez le consommateur le besoin de produits sortant de l'ordinaire et rompant avec l'évolution dominante.

Les vins d'appellation d'origine contrôlée, produits d'agrément, deviennent alors des produits refuges. Caractérisés par leur originalité, leur diversité, leur authenticité, ils font partie de ces produits indispensables au consommateur.

L'organisation économique

La genèse de la notion d'appellation d'origine contrôlée, sur laquelle repose toute l'organisation économique actuelle de ce secteur, fut particulièrement lente ; de tâtonnements en tâtonnements, les générations se sont succédé pour aboutir à la consécration de l'appellation d'origine contrôlée par le décret-loi du 30 juillet 1935.

La législation ne fut pas imposée par les pouvoirs publics ; elle fut et reste l'émanation des professionnels eux-mêmes. Après les échecs successifs des systèmes étatiques et judiciaires pour reconnaître les appellations, on est parvenu à mettre en place un système juridique cohérent, confié aux représentants qualifiés de la profession. C'est ainsi que s'est forgée une mentalité particulière, que l'on pourrait sans excès assimiler à une réelle déontologie. Il règne au sein du système des appellations d'origine contrôlée un état d'esprit qui guide et organise toutes les décisions concernant le secteur et toutes les démarches visant aussi bien à l'entretenir qu'à le développer. Cet état d'esprit se caractérise essentiellement par une haute idée de ce que doit être la qualité du vin. Pour bien préciser cette notion spécifique de qualité, il a fallu définir un cadre technique et réglementaire, jugé par certains trop rigide, mais qui présente en fait l'avantage d'être en adéquation avec la demande du consommateur.

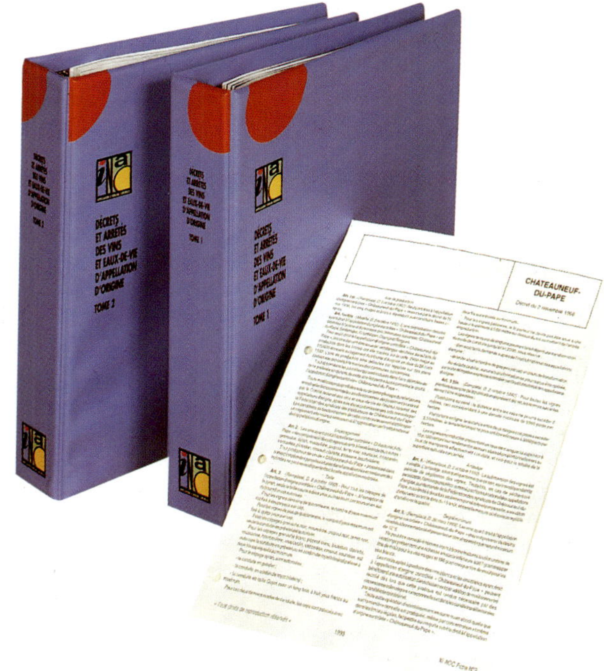

Le livre des arrêtés et décrets de l'INAO décrit l'ensemble des réglementations qui régissent toutes les AOC de France. La page représentée est consacrée à l'appellation Châteauneuf-du-Pape, l'une des premières à avoir été reconnue.

Chacun sait combien la définition de la qualité change selon les individus, les entreprises, les situations. Mais ce sont justement ces différences d'appréciation qui ont permis à chaque produit d'avoir sa place et à chaque stratégie d'avoir ses chances. La détermination de l'appellation d'origine contrôlée des vins et eaux-de-vie intègre les réalités d'aujourd'hui, tout en refusant le principe même du standard de qualité, pour la raison très simple que le terroir au sens large – c'est-à-dire le sol, le sous-sol, le microclimat, et l'environnement humain – est le fondement même de la qualité, qu'il en détient les potentialités et qu'il est évidemment multiple.

Le secteur agro-alimentaire nous a habitués à des produits construits, sophistiqués, où la part de l'agriculture est devenue mineure. À l'opposé, pour les vins d'appellation d'origine contrôlée, le terroir prédomine. La technologie n'intervient qu'ensuite pour permettre d'extraire de façon optimale les éléments de qualité organoleptique contenus dans l'association du cépage et du terroir. La gamme des vins AOC est donc constituée par l'éventail des « typicités » exprimées.

Cette démarche originale attribue à la nature une place essentielle. Plutôt que de la combattre, voire d'en annihiler les effets, on a préféré la laisser s'exprimer. La viticulture d'AOC reste néanmoins tout à fait ouverte à la technologie, car celle-ci peut favoriser l'épanouissement des caractéristiques des terroirs et des cépages. Mais la déontologie bien particulière qu'ont à respecter les professionnels du secteur les conduit à ne faire appel à la technologie qu'à bon escient. Le produit est donc défini par l'amont, par sa qualité, et non par l'aval, c'est-à-dire par sa plus ou moins grande adaptabilité à la demande des consommateurs. Cette discipline collective est librement consentie parce qu'elle fut librement instaurée par des professionnels eux-mêmes. C'est grâce à elle que l'ensemble des filières viti-vinicoles ont pu se mettre en place et que le secteur a pu vivre, croître, et réussir. Elle a conduit à la création de structures spécifiques qui ont servi d'une part à entretenir la démarche collective par la création, en 1935, de l'Institut national des appellations d'origine des vins et eaux-de-vie (INAO), et d'autre part à organiser sur place l'économie des différentes appellations d'origine contrôlée au moyen des comités interprofessionnels. Dans un cas comme dans l'autre, l'appellation d'origine contrôlée est conçue comme un système de responsabilisation, d'émancipation, d'autogestion de toutes les professions du monde viticole.

Le rôle de l'INAO

L'INAO est devenu en 1990 l'Institut des appellations d'origine dans le secteur agricole et agroalimentaire. Au sein de l'Institut, le Comité national des vins et eaux-de-vie reconnaît les appellations et en fixe les conditions de production. Cet organisme interprofessionel permet aux représentants des diverses professions du monde viticole, viticulteurs, négociants, courtiers, de s'asseoir à la même table pour œuvrer dans le sens de la qualité. L'INAO est d'abord la maison des viticulteurs et des négociants ; les syndicats de défense des appellations d'origine contrôlée en sont l'ossature. Ici, ce ne sont pas des décisions prises au sommet qui sont imposées à la base, mais une volonté de la base de s'imposer un certain nombre de disciplines dont le respect, avec le concours de la puissance publique, est jugé bénéfique pour tous. Ce mode d'organisation implique obligatoirement l'existence d'une structure capable de susciter une large concertation entre tous les viticulteurs. Les syndicats furent alors créés afin qu'ils puissent traduire leurs opinions sous forme de propositions reprises ultérieurement dans les textes réglementaires.

Le Comité national de l'INAO se doit de prendre en considération les politiques élaborées au plan local, dès lors que celles-ci répondent à certains principes, ou à certaines règles générales. Dans toutes ses décisions de fixation des règles de production – notamment pour la fixation d'un rendement compatible avec les caractéristiques de l'appellation en cause – ou de contrôle par un examen analytique et organoleptique des vins d'appellation avant leur mise en circulation, il doit prendre en compte les politiques régionales dans le respect des principes généraux qui fondent la notion d'appellation d'origine contrôlée.

Cette politique démontre combien le système est décentralisé. Il existe une démarche globale qui fonde l'économie générale de l'appellation d'origine contrôlée ; puis ce secteur se subdivise en 450 économies régionales d'où émanent 450 produits différents. Le terroir, l'association cépage-terroir, l'importance donnée au savoir-faire du producteur sont générateurs des typicités des vins d'appellation d'origine contrôlée. Les conditions qualitatives de production sont attachées au produit lui-même et ne sont pas généralisables. Quant aux conditions quantitatives, elles sont elles-mêmes différentes d'une appellation à l'autre. Elles sont fixées soit en fonction du rendement dans le décret de chacune des appellations, soit en fonction des conditions climatiques locales. Il en résulte la nécessité d'une gestion décentralisée de chacun des vins d'appellation d'origine contrôlée.

L'AOC, un facteur d'unité

Une autre vertu de l'appellation d'origine contrôlée est de permettre le rassemblement des différentes familles professionnelles. Celles-ci ont en effet tout intérêt à se regrouper pour préserver et entretenir la rente de situation que constitue chacune des appellations ; concrètement, cela se fait au sein de comités interprofessionnels couramment appelés « interprofessions ». Ces comités se sont donné pour mission essentielle d'acquérir une parfaite connaissance des produits et des marchés ainsi qu'une maîtrise – voire une amélioration – de la qualité, et d'assurer en outre la gestion économique et la promotion des produits. Les interprofessions sont des lieux privilégiés de rencontre de tous les professionnels de la viticulture et du négoce. C'est là que se prennent les décisions paritaires des familles professionnelles pour assurer le meilleur développement de la filière, du producteur au consommateur. Ils sont l'expression d'une responsabilisation collective des partenaires face à une gestion collective de l'économie régionale. Ceux-ci s'engagent en effet solidairement dans leurs décisions, et modèrent en conséquence leurs intérêts individuels pour préserver la défense des intérêts professionnels. Au sein de ces interprofessions, l'identité et la spécificité régionale font également autorité. Comme au plan national avec l'INAO, il n'y a pas d'interventionnisme des pouvoirs publics au plan régional. Le système se fonde sur le volontariat et la responsabilisation des familles professionnelles.

L'avenir

Les bénéfices recueillis par l'ensemble de la filière viti-vinicole d'AOC ne pourront être préservés que si le secteur parvient à respecter la démarche qu'il s'est fixée, c'est-à-dire en continuant à produire des vins de qualité. Actuellement, les produits AOC sont recherchés pour leur originalité tant en France qu'à l'étranger. La loi de l'offre et de la demande a conféré aux vins d'appellation d'origine contrôlée un prix élevé et rémunérateur. Cela s'explique notamment par le fait que l'offre est restée limitée parce que la qualité du produit l'exigeait. En matière d'AOC, le revenu n'est pas le résultat d'une faible marge multipliée par une forte quantité – principe qui est appliqué aux produits de grande consommation – mais d'une forte marge multipliée par une quantité relativement limitée. C'est donc bien la qualité qui constitue la première source de rémunération de ce secteur et c'est sur elle que repose son avenir. Dans quelques années, les délimitations seront achevées et la France aura fait le plein de tout ce qu'elle peut prétendre présenter comme terroirs capables de donner des vins d'appellation d'origine... Il conviendra néanmoins de veiller à entretenir la spécificité de cette démarche.

L'ŒNOLOGIE

Au début du siècle dernier, l'œnologie était encore considérée comme l'art de faire le vin. Sans abandonner cette conception, l'œnologie a depuis acquis le statut de science, celle qui traite de la préparation du vin, de sa conservation, des éléments qui le constituent et de la façon de le faire.

S'il est très difficile de dater l'apparition du vin – certainement plus 6 000 ans avant notre ère puisque l'on a découvert près de Damas un pressoir remontant à cette époque – il est en revanche aisé de fixer la naissance de l'œnologie aux travaux de Pasteur.

Celui-ci a en effet consacré plusieurs années de son activité scientifique à l'étude du vin. Il a découvert le rôle des levures et des bactéries ainsi que les produits secondaires de la fermentation. Son ouvrage fondamental, *Études sur le vin, ses maladies, causes qui les provoquent, procédés nouveaux pour le conserver et pour le vieillir,* permet donc d'affirmer que ce savant est le créateur de l'œnologie scientifique.

Depuis le second Empire, l'œnologie a progressivement évolué, grâce aux recherches effectuées dans les différents laboratoires universitaires et agronomiques implantés dans les régions viticoles, ainsi que par la création des Stations œnologiques, des Instituts techniques du vin, des Centres interprofessionnels et de divers organismes professionnels.

L'œnologie scientifique

Si l'œnologie scientifique s'est tout d'abord penchée sur la connaissance du produit par l'analyse, sur les problèmes théoriques et pratiques concernant la vinification et la conservation des vins, elle s'est trouvée confrontée bien souvent à la médiocrité de la matière première et à l'insuffisance des connaissances des hommes responsables de la transformation du raisin en vin.

Il est incontestable que la qualité du raisin en tant que produit de base pour l'élaboration du vin est assurée par un bon équilibre entre les constituants acides et sucrés. Cet équilibre est fonction, pour un cépage donné, des facteurs climatologiques – température, durée d'ensoleillement, pluviométrie – et des facteurs maturaux.

Les progrès dans ce domaine, essentiellement fondés jusqu'à aujourd'hui sur la détermination des indices de maturité en fonction du vin élaboré – rouge, blanc ou rosé –, avec un choix judicieux dans l'encépagement, doivent conduire à l'obtention d'une matière première d'un excellent équilibre.

Dans un deuxième temps, le processus de transformation du raisin en vin a bénéficié des connaissances œnologiques et des progrès apportés dans les techniques et le matériel de vinification. Pour conduire au mieux les trois grands processus de vinification, en rouge, en blanc et en rosé, suivant une typicité donnée, le technicien du vin doit pouvoir appliquer les connaissances théoriques et pratiques, ce qu'il sait faire aujourd'hui en maîtrisant, par exemple, les températures de fermentation.

La notion de qualité

Le vin, qu'il s'agisse d'une grande appellation ou d'un vin de pays, n'est pas consommé à l'état brut. Il subit auparavant des pratiques physico-chimiques et physiques, le plus souvent destinées à lui assurer une stabilité sans nuire à son caractère évolutif.

L'analyse sensorielle à laquelle se livrent les œnologues est un élément primordial du suivi et de l'appréciation des vins.

Par ailleurs, le négoce a été amené à effectuer des assemblages permettant de livrer au consommateur une gamme très étendue de produits dont le critère de qualité était jusqu'à ces dernières années trop souvent fondé sur la richesse alcoolique, c'est-à-dire sur un seul constituant de cette boisson qui en compte plusieurs centaines. En outre, comme le vin n'est pas consommé la plupart du temps sur place, il aura à supporter les transports et diverses manipulations avant d'arriver sur la table du consommateur, où il doit avoir conservé toutes ses qualités intrinsèques.

Pour parvenir à ce résultat, il faut veiller à ce que la notion de qualité soit respectée, à chaque maillon de la chaîne de la production, en faisant appel systématiquement à l'analyse sensorielle, à des analyses chimiques, physico-chimiques et microbiologiques.

Enfin, implicitement ou explicitement, inconsciemment ou non, le consommateur rapporte son appréciation de la qualité au prix payé. C'est en réalité le rapport « qualité-prix » qu'il cherche à connaître, et la notion de ce rapport est devenue l'un des éléments fondamentaux de la compétitivité d'une unité viti-vinicole.

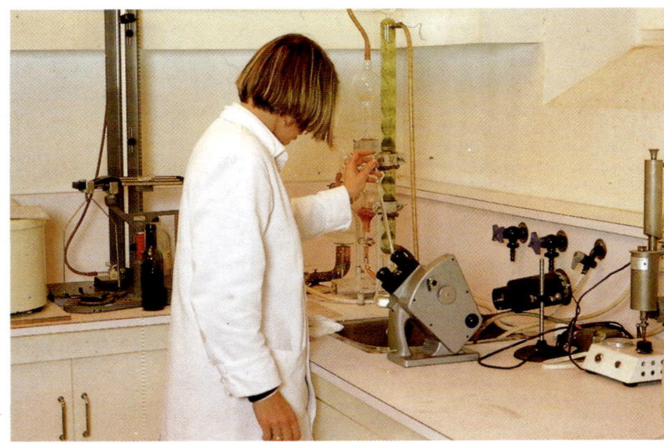

Technicien de haut niveau, l'œnologue étudie la composition du vin en se livrant à des analyses physiques, chimiques et microbiologiques.

L'œnologue

Une société viti-vinicole, coopérative ou privée, doit s'attacher les services d'un homme responsable ayant un éventail de connaissances très précises depuis l'amont, c'est-à-dire en matière de viticulture, jusqu'en aval, au stade de la commercialisation. C'est le rôle de l'œnologue, dont les fonctions et le titre ont été définis par la loi du 9 mars 1955.

L'élaboration du vin n'est pas son seul objectif. Il s'intéresse à tous les produits issus de la vigne, tels les jus de raisin, les moûts, les moûts concentrés, les eaux-de-vie, les alcools et même les sous-produits comme le tartre, les pépins ou les colorants anthocyaniques.

Depuis Pasteur jusqu'à cette date, de nombreux techniciens du vin, ingénieurs agronomes, ingénieurs chimistes, pharmaciens, maîtres de chais étaient souvent responsables de chacun des maillons de production, de la viticulture à la distribution du vin, mais il n'existait aucune liaison entre eux.

La promulgation de la loi de 1955 a été à l'origine d'une profession qui s'est alors structurée au sein de l'Union française des œnologues, qui permet à ceux-ci de promouvoir leur profession, d'approfondir leurs connaissances et d'aider les jeunes diplômés à s'insérer dans la vie professionnelle. C'est ainsi que depuis plus de quarante ans les œnologues exercent des responsabilités dans les métiers les plus divers : directeurs de caves coopératives ou particulières, de chais d'assemblage et d'embouteillage, de laboratoires publics ou privés, directeurs chez des négociants éleveurs en vins et spiritueux, techniciens de la préparation de produits œnologiques, agents technico-commerciaux pour les produits et le matériel œnologique, agents des organismes professionnels et administratifs, chercheurs et enfin professeurs d'œnologie. Cet ensemble d'activités si diverses traduit bien l'insertion de l'œnologue dans la vie du vin.

Cette profession dépasse maintenant nos frontières et est exercée dans tous les pays viticoles, la majorité des œnologues adhérant à l'Office international de la vigne et du vin (OIV). Cet organisme a adopté en 1976 à Ljubljana une définition internationale du titre et de la fonction d'œnologue et un programme international pour sa formation.

L'Office international de la vigne et du vin

Dans les résolutions prises par l'OIV, il est précisé que l'œnologue doit exercer une pleine responsabilité dans l'élaboration du vin, du jus de raisin, des produits dérivés du raisin, et en assurer la bonne conservation jusqu'à la consommation. Pour conduire parfaitement ces opérations, il procédera à plusieurs contrôles en s'appuyant sur des analyses physiques, chimiques, microbiologiques et sensorielles, en vérifiant l'application des règlements viti-vinicoles et tout en contribuant à promouvoir la connaissance du vin auprès des consommateurs.

Parallèlement à ces fonctions essentielles, l'œnologue sera également amené à collaborer à l'établissement et à l'entretien du vignoble, à la conception du matériel utilisé en technologie, et à procéder à des recherches dans divers domaines œnologiques.

La formation de l'œnologue

Pour répondre à tous ces objectifs, l'œnologue doit posséder une formation scientifique de haut niveau dans les différentes disciplines qui régissent la vie du vin (botanique, physique, chimie, biologie et biochimie...).

En France, à l'origine, l'obtention du diplôme national d'œnologue ne nécessitait que deux années d'études. Mais l'évolution considérable des sciences fondamentales et appliquées, l'apparition de l'informatique, la nécessité de sensibiliser l'œnologue à la commercialisation, au marketing, à la gestion ont conduit en 1982 à un allongement de la durée des études qui se décomposent en 2 années de formation générale et 2 années d'études œnologiques proprement dites. Les responsables des Centres œnologiques français – Bordeaux, Dijon, Montpellier, Toulouse et Reims – ont établi un nouveau programme de disciplines que l'œnologue devra étudier pour maîtriser les métiers qui s'offriront à lui. Celles-ci devront être complétées par des connaissances très étendues dans des domaines annexes tels que le conditionnement, l'emballage, l'embouteillage, l'étiquetage, le stockage, le transport.

Homme de la vigne et du vin, l'œnologue en maîtrise toutes les données. Il met ses connaissances et son savoir-faire à leur service, en n'oubliant jamais que le vin est destiné à être bu par un consommateur.

LA CAVE

Au Ier siècle après Jésus-Christ, l'écrivain latin Columelle résumait ainsi les conditions nécessaires que doit réunir une cave où l'on veut entreposer du vin : « Elle doit être orientée au nord, éloignée des bains, du four, de la fosse à fumier, des citernes. » Ces qualités valent encore de nos jours, car le vin, fragile comme l'être humain, demande, quand il mûrit en flacon, qu'on lui accorde des égards.

La cave est, à l'origine, un simple trou creusé dans le roc. C'est ainsi que furent créées les irremplaçables caves de Champagne, de Touraine et de Saint-Émilion. À défaut de roche, elle peut être aménagée sous terre et présente alors bon nombre de qualités requises pour la bonne conservation et le mûrissement du vin.

Malheureusement, la vie urbaine l'a bien souvent reléguée dans les sous-sols surchauffés et bétonnés des immeubles, quand elle ne l'a pas purement et simplement supprimée. Pourtant, pour se garder et se bonifier, le vin, produit vivant, a besoin d'un local qui lui soit adapté et réponde à ses exigences. Il est donc assez difficile de se constituer une bonne cave dans un appartement moderne.

Toutefois, lorsqu'on le désire vraiment, créer une cave ne constitue pas un problème, même si l'espace est restreint.

La cave idéale

Les meilleures caves sont celles qui sont voûtées ou creusées dans le roc. Mais une cave moderne peut également se révéler favorable à la conservation des vins, si elle réunit les conditions suivantes :

- orientation au nord ;
- ventilation par une porte et/ou un soupirail au nord (position basse) et sortie d'air statique ou mécanique au sud (position haute) ;
- hygrométrie élevée (75 à 80 %) ;
- température entre 10 et 15 °C, constante ;
- obscurité ;
- propreté, absence d'odeurs ;
- tranquillité ;
- sol de sable ou de gravier humide ;
- murs de pierre, de calcaire ou de brique.

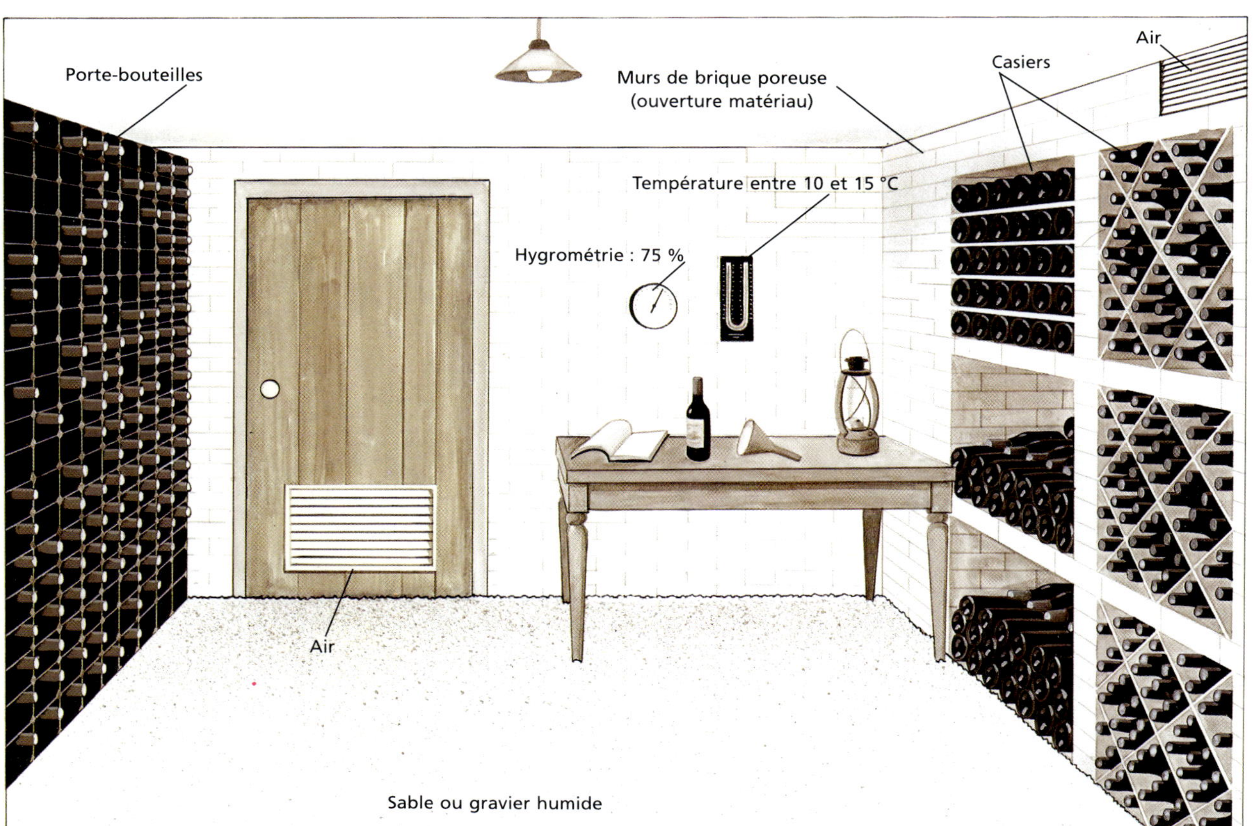

Une bonne cave doit être aérée, obscure, propre, tranquille, fraîche et assez humide.

Cave de Champagne creusée dans la craie, un matériau sain convenant parfaitement à la conservation du vin.

Comment améliorer sa cave

L'orientation est le seul facteur sur lequel on ne peut influer lorsque l'on installe une cave. Il en va autrement de la ventilation, indispensable si l'on ne veut pas que le local contracte une odeur de moisi et la transmette au vin.

On peut également agir efficacement sur l'humidité, la nature du sol, la température, l'isolation, la lumière et les vibrations.

La ventilation

Lorsque la cave ne comporte pas d'ouverture, elle peut « respirer » naturellement grâce au matériau de construction. La pierre ou l'aggloméré calcaire sont les plus sains. La brique, poreuse, convient également. Mais si les murs sont en béton, il faudra y percer des ouvertures afin de favoriser les échanges entre le local et les parois terreuses.

Une ventilation statique est également nécessaire. Elle peut être réalisée par l'aménagement d'une arrivée d'air basse au nord et d'une sortie haute au sud, que l'on évitera de placer face à face pour ne pas créer de courant d'air. Si le local est complètement borgne ou très vaste, il faudra alors recourir à la ventilation artificielle. Dans le premier cas, l'on placera un climatiseur au-dessus de la porte, partie chaude vers l'extérieur. Dans le second, l'on aménagera des gaines de ventilation munies d'extracteurs.

L'humidité

L'hygrométrie devra faire l'objet d'une attention constante. Si elle est excessive, elle favorisera l'apparition de moisissures qui nuiront aux bouchons. En revanche, lorsqu'elle est insuffisante, elle provoque la dessication de ces derniers. Dans les deux hypothèses, l'on court le risque d'avoir des bouteilles « couleuses », c'est-à-dire qui perdent leur contenu. Une hygrométrie de 75 à 80 % devra être recherchée. Pour la contrôler, il suffit de munir la cave d'un hygromètre.

Une cave en Bourgogne. Les bouteilles sont rangées dans des casiers métalliques et les lots sont étiquetés. Le gravier qui recouvre le sol permet d'absorber l'humidité.

Cave du château de Monbazillac. Les murs de pierre favorisent les échanges avec le milieu extérieur.

LES NOUVELLES CAVES

Des caves préfabriquées sont désormais proposées à ceux qui n'ont pas le privilège ou la place de posséder une bonne cave. Il existe tout d'abord des modèles conçus pour les maisons individuelles. Ils se composent d'un module cylindrique en fibre de verre pouvant contenir 480 à 1 920 bouteilles. Ce module prend place dans un trou creusé dans le sous-sol d'une maison ou à l'extérieur. Une trappe y donne accès et, à l'intérieur, se trouve un escalier en colimaçon. La plupart des caractéristiques de la cave idéale s'y trouvent réunies : isolation, étanchéité, ventilation.

Les caves d'appartement ou armoires-celliers sont, en fait, des armoires climatisées divisées en compartiments. La température de chacun d'eux est réglable indépendamment de celle des autres. Les conditions d'une bonne évolution du vin peuvent donc s'y trouver réalisées en fonction de chaque type de vin. Ces caves d'appartement ont malheureusement une capacité limitée de 50 à 360 bouteilles environ.

Le sol

La nature du sol revêt une importance particulière. Si la cave est trop sèche, on recouvrira le sol de sable que l'on arrosera de temps à autre, particulièrement en été. L'on peut également aménager un bac à sable ou une grande cuvette d'eau. On luttera efficacement contre une humidité trop importante, en recouvrant le sol de gravier ou de sable sec sur une épaisseur de 4 à 5 centimètres. Les éventuelles infiltrations d'eau seront neutralisées ou, à défaut, canalisées. Enfin, il est possible de recouvrir les murs de plaques de liège, en ménageant un espace entre le mur et le liège pour laisser circuler l'air.

La température

L'on veillera à ce que la température ne subisse que de faibles variations, entre 5 et 18 °C maximum, les meilleures températures se situant entre 10 et 15 °C. La chaleur est bien plus redoutable pour le vin que ne l'est le froid. En effet, les températures élevées dépassant 20 °C accélèrent les processus de maturation et conduisent plus rapidement le vin à son déclin. De plus, lorsque le vin évolue trop vite, ses qualités organoleptiques ne sont pas aussi satisfaisantes que lorsqu'il « vieillit » tranquillement. Il est à noter que les vins vieux sont particulièrement fragiles et se conservent mal au-dessus de 15 °C. Les vins blancs, plus sensibles à la chaleur que les rouges, seront placés dans l'endroit le plus frais de la cave, près du sol par exemple. Le froid, quant à lui, ne peut occasionner qu'une cristallisation sans conséquence sur la qualité du vin.

Cave préfabriquée pour maison individuelle. Le module cylindrique prend place dans un trou creusé en sous-sol ou à l'extérieur.

L'isolation

Si cela s'avère nécessaire, il convient d'isoler la cave, notamment en doublant ses murs de laques de polystyrène expansé ou de laine de verre. On pourra également entourer les canalisations d'eau chaude ou de chauffage central.

Si la cave est munie d'un soupirail, il faudra peut-être l'obstruer partiellement ou complètement, en cas de grand froid ou de chaleur intense.

La luminosité

Le vin demande à mûrir dans l'obscurité. Une forte luminosité peut favoriser le développement de certaines maladies comme la casse protéique ou amener une perte de fraîcheur. L'éclairage de la cave ne doit donc pas être négligé. Mieux vaut éviter les éclairages trop puissants ou les néons. Une ampoule de faible puissance, une lampe baladeuse, voire une simple lampe électrique suffisent. S'il y a trop de lumière du jour, le mieux est d'en obturer toutes les sources.

Le bruit

La cave doit également être un endroit calme. Les vibrations y sont à proscrire, car elles fatiguent et usent prématurément le vin. Les viticulteurs, qui connaissent bien ces phénomènes, évitent d'entreposer leurs vins dans des caves situées près des grands axes ferroviaires ou routiers. Pour parer à l'effet des vibrations, il faut éviter de poser directement les bouteilles sur le sol ou contre les murs.

La cave, un local à destination unique

Enfin la cave doit être propre et débarrassée de tout objet ou élément étranger. Les produits dont l'odeur est susceptible d'imprégner le bouchon et le vin seront bannis : jerricans de mazout, pots de peinture, produits chimiques, boiseries traitées, fruits, légumes, fromages, etc. Si certains murs ne sont pas suffisamment sains, il convient de les passer au lait de chaux (deux mesures de chaux et trois d'eau).

L'aménagement de la cave

Lorsque toutes les conditions d'une bonne cave se trouvent réunies, il reste à imaginer son aménagement. Le stockage en caissons ou en cartons n'est pas conseillé. Afin de bien séparer les différentes catégories de vin, il faut plutôt disposer de casiers, dont le nombre et les dimensions seront en rapport avec l'importance du local. Pour les petites quantités, ils peuvent être individuels et en bois, en plastique ou en métal. Mieux vaut cependant éviter le bois qui se détériore avec le temps et l'humidité. Le plastique ne présente pas cet inconvénient mais il peut être fragile et inesthétique. Le choix ira plutôt vers les casiers en fer. Si les lots sont assez importants, il faut alors faire construire de vastes casiers en parpaings, en ciment armé ou en brique. Ils pourront contenir 24, 36, 48 bouteilles ou plus.

Le stockage des bouteilles

Quel que soit le mode de stockage choisi, les bouteilles doivent être couchées pour que le bouchon soit en contact avec le vin. Toutefois, les apéritifs, eaux-de-vie et liqueurs seront disposés en position verticale et rangés à part. Le système des petits casiers permet de prendre chaque bouteille sans déranger les autres. Dans les casiers plus vastes, le rangement se fera en piles sur une demi-douzaine de rangs au maximum. Les bouteilles seront couchées tête-bêche en alternance, mais ne devront pas être encastrées les unes dans les autres, ce qui empêcherait de vérifier périodiquement l'état des bouchons. Les bouteilles identiques devront se trouver dans le même casier. Chaque lot de vin sera parfaitement identifié. Une étiquette tournée vers le bas se conservera longtemps. Mais si la cave est très humide, mieux vaut prendre la précaution de marquer les casiers au moyen d'étiquettes plastifiées avec un feutre à encre indélébile.

Enfin, il sera utile de tenir un livre de cave, dans lequel seront consignés les divers achats ; cela permettra la gestion des stocks. Il devra mentionner la nom du vin, son millésime, la date de son achat, le nom du vendeur, son prix, la date de la dégustation, et quelques commentaires sur ses caractères gustatifs.

COMMENT COMPOSER SA CAVE

Créer une cave, c'est placer des flacons pleins de promesses en un lieu calme et sombre. Là, ils pourront mûrir en secret et dans la fraîcheur, pour mieux se révéler à nous et s'exprimer à l'instant où nous les boirons.
La cave doit satisfaire à cet instant, changeant comme la vie même. Voici trois suggestions de cave selon que l'on déguste les vins en famille, entre amis, au cours d'un repas de fête, en hiver, en été, en des lieux simples ou raffinés...

LA CAVE RUSTIQUE

HIVER				ÉTÉ			
BLANCS		ROUGES		BLANCS		ROUGES	
Jurançon moelleux	*24*	Beaujolais primeur	*36*	Vin de Savoie	*24*	Touraine	*24*
Muscadet	*48*	Touraine primeur	*24*	Sancerre	*24*	Beaujolais-Villages	*24*
Touraine mousseux	*36*	Cahors	*24*	Pouilly Fumé	*24*	Collioure	*24*
		Minervois	*24*	Sylvaner	*24*	Côtes-du-Roussillon	*24*
		Gigondas	*24*	Jasnières	*6*	Côtes-du-Rhône	*24*
		Corbières	*24*	Vin de Corse Patrimonio	*12*	Saumur-Champigny	*24*
		Madiran	*12*			Saint-Pourçain	*12*
		Bergerac	*12*			Bandol	*24*
						Coteaux Champenois	*24*
Nombre de bouteilles	**108**	**Nombre de bouteilles**	**180**	**Nombre de bouteilles**	**114**	**Nombre de bouteilles**	**204**

LA CAVE CONVIVIALE				LA CAVE RAFFINÉE			
BLANCS		ROUGES		BLANCS		ROUGES	
Châteauneuf-du-Pape	*12*	Médoc	*36*	Chassagne-Montrachet	*24*	Pommard	*18*
Montlouis	*24*	Graves	*36*	Montrachet	*6*	Pomerol	*18*
Graves	*24*	Premiers et seconds crus		Vouvray	*24*	Saint-Émilion	*24*
Riesling	*36*	classés de Bordeaux	*18*	Savennières	*12*	Côtes de Nuits divers	*36*
Corton	*12*	Châteauneuf-du-Pape	*24*	Gewurztraminer	*24*	Grand cru	
Champagne	*48*	Côte-Rôtie	*12*	Champagne millésimé	*36*	de la Côte de Nuits	*18*
Loupiac	*12*	Chinon	*24*	Condrieu	*12*	Volnay	*24*
Cérons	*12*	Bourgueil	*24*	Sauternes	*36*		
Monbazillac	*12*	Corton	*12*	Bonnezeaux	*12*		
Vouvray pétillant	*36*	Côte de Beaune divers	*36*	Vin jaune du Jura	*18*		
Hermitage	*12*	Grand cru					
Chablis	*24*	de la Côte de Beaune	*18*				
		Hermitage	*24*				
		Cornas	*12*				
Nombre de bouteilles	**282**	**Nombre de bouteilles**	**276**	**Nombre de bouteilles**	**204**	**Nombre de bouteilles**	**138**

Durée moyenne de conservation de quelques vins de France

Afin d'assurer au vin une bonne évolution jusqu'à sa maturité, il convient de le garder en cave un certain temps. Ce temps varie selon la température du local, la structure et le caractère du vin. Ces deux derniers facteurs sont liés à l'origine du vin, à son millésime, à la méthode de vinification employée et à son élevage.

Vins de France	Âge moyen de maturité	Temps moyen de vieillissement
VINS DE BOURGOGNE		
• Vins blancs		
Vins blancs secs, légers, fruités (Chablis, Mâcon blanc, Saint-Véran, Rully blanc, Montagny, etc.)	1 à 3 ans	À boire jeunes
Pouilly-Fuissé, Chablis Premier Cru, Mercurey blanc, Côte-de-Beaune-Villages (et AOC communales)	2 à 4 ans	5 à 10 ans
Premiers crus et grands crus de la Côte de Beaune et de la Côte de Nuits	4 à 8 ans	6 à 15 ans
• Vins rouges		
Beaujolais, Beaujolais-Villages	3 à 18 mois	À boire jeunes
Crus du Beaujolais	1 à 4 ans	4 à 10 ans
Appellations communales de la Côte de Beaune	4 à 6 ans	12 ans
Appellations communales de la Côte de Nuits	5 à 8 ans	15 ans
Premiers crus et grands crus de la Côte de Beaune	6 à 10 ans	15 à 20 ans et plus
Premiers crus et grands crus de la Côte de Nuits	8 à 12 ans	20 à 30 ans et plus
VINS DES CÔTES DU RHÔNE		
• Vins blancs	1 à 2 ans	À boire jeunes
Hermitage blanc, Château-Grillet	2 à 3 ans	10 ans et plus
• Vins rosés	1 à 2 ans	À boire jeunes
• Vins rouges		
Côtes-du-Rhône-Villages	1 à 2 ans	3 à 5 ans
Cornas, Châteauneuf-du-Pape	3 à 8 ans	10 à 15 ans
Côte-Rôtie, Hermitage	5 à 10 ans	20 à 30 ans
VINS DE BORDEAUX		
Entre-deux-Mers	1 à 2 ans	3 ans
Graves	3 à 6 ans	10 ans
• Vins liquoreux blancs		
Sainte-Croix-du-Mont, Loupiac	6 à 15 ans	20 ans
Sauternes et Barsac	8 à 20 ans	Plusieurs décennies
• Vins rouges		
Bordeaux, Bordeaux supérieur	2 à 5 ans	6 à 8 ans
Médoc	4 à 10 ans	15 ans
Haut-Médoc	5 à 15 ans	20 ans
Saint-Julien, Saint-Estèphe	8 à 20 ans	Plusieurs décennies
Pauillac, Margaux	8 à 30 ans	Plusieurs décennies
Graves rouge	5 à 15 ans	Plusieurs décennies
Saint-Émilion	7 à 15 ans	Plusieurs décennies
Pomerol	6 à 15 ans	Plusieurs décennies
VINS DU VAL DE LOIRE		
• Vins blancs secs		
Légers et fruités : Muscadet, Sancerre, Pouilly Fumé, etc.	6 mois à 1 an	2 à 4 ans
Coulée de Serrant	4 à 6 ans	10 ans et plus
• Vins blancs moelleux et liquoreux		
Anjou : Côteaux-du-Layon, Bonnezeaux,	4 à 10 ans	10 à 30 ans et plus

Quarts-de-Chaume, Côteaux-de-l'Aubance		
Touraine : Vouvray, Montlouis	4 à 10 ans	10 à 30 ans et plus
• Vins rouges		
Légers et désaltérants : Touraine, Anjou,		
Sancerre rouge, etc.	4 à 18 mois	2 à 5 ans
Champigny	1 à 2 ans	3 à 10 ans
Chinon, Bourgueil	2 à 4 ans	5 à 25 ans
VINS D'ALSACE		
Muscat, Pinot blanc, Sylvaner,	6 mois à 1 an	3 à 4 ans
Gewurztraminer, Riesling, Tokay	1 à 5 ans	10 ans et plus
Gewurztraminer, Riesling, Tokay issus	10 ans et plus	20 à 30 ans et plus
de vendanges tardives et de la sélection		
de grains nobles		
VINS DE CHAMPAGNE		
• Non millésimés	2 à 3 ans	
Blanc de blancs	2 ans	
Vins de structure plus riche	3 à 5 ans	6 à 8 ans
• Millésimés	4 à 6 ans	8 à 10 ans
Blanc de blancs	4 à 5 ans	6 à 8 ans
• Récemment dégorgés (RD)		
• Vins rosés non millésimés (NM)	2 à 4 ans	À boire jeunes
• Vins rosés millésimés	4 à 6 ans	À boire jeunes
VINS DU JURA ET DE SAVOIE		
• Vins blancs secs du Jura (l'Étoile...)	2 à 3 ans	10 à 15 ans
• Vins jaunes	6 à 10 ans	100 ans et plus
• Vins de paille	3 à 5 ans	Plusieurs décennies
• Vins rosés	2 à 3 ans	5 à 6 ans
• Vins rouges	5 à 10 ans	20 à 30 ans
• Vins blancs de Savoie	1 an à 18 mois	3 ans
Roussette (ou Altesse)	2 à 3 ans	5 ans
VINS DE LA MÉDITERRANÉE		
• Vins blancs		
Provence, Cassis, vins de Corse...	1 à 2 ans	À boire jeunes
• Vins rosés	1 à 2 ans	3 à 4 ans
• Vins rouges		
Côtes-de-Provence, Corbières, Minervois, Fitou,		
vins de Corse rouges, Côtes-du-Roussillon	2 à 3 ans	5 ans à 10 ans
Bandol rouge	3 à 5 ans et plus	20 ans et plus
• Vins doux naturels	2 à 3 ans	5 ans
Muscat		
• Vins doux naturels rouges	3 à 5 ans	10 ans et plus
Maury, Banyuls	5 à 10 ans	20 à 30 ans
VINS DU SUD-OUEST		
• Vins blancs secs		
Jurançon, Gaillac, etc.	1 à 2 ans	3 à 5 ans
• Vins blancs moelleux et liquoreux		
Jurançon, Pacherenc, Monbazillac	3 à 5 ans	15 à 20 ans et plus
• Vins rouges	5 à 10 ans	20 ans
Madiran, Cahors	5 à 8 ans	15 ans
Gaillac rouge	6 à 12 mois	3 ans
Pécharmant	2 à 8 ans	15 ans
Buzet	3 à 10 ans	20 ans

Non millésimés : à boire au moment où ils sont mis en vente.

Récemment dégorgés : à boire quand ils viennent d'être dégorgés.

LES MILLÉSIMES

Chaque année nous offre son vin, de grande ou de petite naissance, chaque fois différent mais toujours à la ressemblance des terroirs, du travail de l'homme et, surtout, du climat, qui sculptera sa silhouette et déterminera sa longévité.

Le vin ressemble toujours à ceux qui l'ont produit : le terroir, qui ne varie jamais d'une année sur l'autre ; le vigneron, qui a exercé son art avec plus ou moins de soins ; et le climat, dont l'essence même est d'être changeant et imprévisible.

L'influence du climat sur le vin est un facteur prépondérant en France. En effet, les masses d'air cherchant à rejoindre le Bassin méditerranéen s'enfoncent dans le couloir garonnais. Elles modulent ainsi le climat et font de notre pays celui où les fluctuations climatiques sont les plus importantes d'Europe. Par conséquent, on ne pourra s'interroger sur un vin français qu'en réfléchissant à son style – apporté par le terroir – et à sa silhouette, laquelle dépend du climat qui a régné durant l'année. L'effet du climat se juxtaposant à celui du terroir, on ne peut parler d'un vin porteur d'une appellation, c'est-à-dire d'un nom, sans connaître son millésime.

Le facteur climatique

La notion de millésime sous-entend donc les conditions climatiques qui entourent les différentes phases végétatives de la vigne, en particulier lors de la floraison et de la maturation. Le fait de s'interroger sur un millésime entraîne une série de questions portant sur de nombreux éléments :

▷ Les conditions climatiques au mois d'avril. Si avril et mai sont des mois chauds, le cycle végétatif de la vigne sera avancé et la floraison précoce.

▷ La date de floraison de la vigne. Plus elle est tardive, c'est-à-dire après le 21 juin, date du solstice d'été, moins la période de cent jours séparant ce stade de la maturité du raisin profitera d'un climat lumineux. Il ne faudra donc pas réclamer de l'ampleur aux vins cette année-là.

▷ La pluie. Si elle a été abondante au moment des vendanges, la déshydratation du raisin ne sera pas possible. Celui-ci donnera donc des vins moins pleins.

▷ Le soleil. Il est responsable à la fois de la température et de la durée de l'ensoleillement.

▷ La somme des températures. Un total élevé favorise la maturité : les raisins seront plus riches en sucre, puissants et moins acides ; la surmaturité concentrant à la fois acidité et sucres. Une année aux étés froids explique que les vins soient moins « chauds », c'est-à-dire moins riches en alcool et plus forts en acidité.

▷ La durée d'ensoleillement. Plus elle est importante, plus elle favorise l'intensité colorante du raisin et plus elle renforce son potentiel aromatique.

▷ Le vent. En asséchant, il accélère les phénomènes, apportant ainsi plus de densité à l'expression des vins.

Il n'y a donc pas de grands ou de petits millésimes. La notion de « grand » ou de « petit » s'adresse aux terroirs, aux crus. Il y a seulement des années où la fragmentation du climat a « sculpté » la matière différemment, apportant au raisin, donc au vin, plus ou moins d'« énergie », c'est-à-dire une durée de vie plus ou moins longue. Il est exact que la notoriété des grands vins s'est affirmée à partir de cette aptitude à vivre. Les vins simples ont une vie courte. C'est là toute la base de la renommée des vignobles et la trame de nos appellations contrôlées.

La longévité du vin

Le terroir met à notre disposition des vins de grande ou de petite naissance, dont le climat règle la longévité, tout en leur donnant une silhouette plus ou moins vive, pleine, tannique et odorante. C'est la raison pour laquelle il est primordial de bien connaître le passé du vin, le climat qui l'a vu naître.

Il s'agit d'ailleurs d'une démarche essentielle. Elle nous permet de nous identifier au raisin ; l'amateur pourra se dire : « Les vacances n'ont guère été ensoleillées, aussi est-il normal que le vin soit plus léger et plus vif ; à moi de préparer les mets qui lui conviennent. » Si le vin n'est pas le reflet du climat, sa silhouette n'est pas fidèle au millésime. C'est un fait dont il faut être absolument averti afin de mieux vivre le rythme des saisons et des années.

La vigne n'a pas de parapluie ou de manteau à poser sur ses épaules, elle nous offre en une gorgée de vin le climat vécu pendant son année. Il lui reste ensuite à mûrir à l'abri dans les flacons compte tenu de la longévité dont l'a marquée le temps. Ainsi, peut-on attribuer une longévité aux meilleurs crus d'une appellation (voir le tableau ci-contre).

Pour les seconds crus, la longévité probable est diminuée du quart et pour les crus simples des trois quarts.

Le second tableau donne, pour l'ensemble des principales AOC, la durée de vie des vins de grande expression. En le consultant, on pourra lire à Anjou-Touraine une durée de vie exceptionnelle : quarante ans. Cela est valable pour les grands moelleux de Vouvray ou de Bonnezeaux. Pour un Touraine blanc générique, la durée de vie est ramenée à dix ans, le quart d'un grand cru. Il est ainsi possible d'avoir une idée de la longévité des vins selon leur année et leur origine.

Si l'on parle du Bordeaux, il faut savoir s'il s'agit d'un cru classé ou d'un Bordeaux générique, afin de ne pas commettre d'erreur sur ses espérances de vie.

La notion de millésime

Plutôt que de parler de grand millésime, on devrait plutôt dire ou sous-entendre « millésime de bonne longévité ».

En 1947, en 1959 et en 1976, le climat a été généreux et le raisin, par conséquent, s'est trouvé gorgé d'énergie. Cela ne signifie pas que le vin était grand ou petit, bon ou mauvais, mais seulement qu'il est né avec une espérance de vie longue. À l'inverse, les vins nés en 1984 auront une vie courte, le temps n'ayant pas été clément, le climat ayant été avare.

On sait que le vin passe par trois grands stades au cours de son évolution en bouteille : une expression primaire ou phase d'adolescence, une expression secondaire ou phase adulte, et enfin une expression tertiaire ou phase de mûrissement, stade d'expression optimale où il peut demeurer plusieurs années.

Ces trois périodes se manifestent par une flaveur différente, en particulier dans l'évolution des odeurs et des saveurs.

Un vin dont la durée de vie est de quarante ans verra les étapes se dérouler selon le schéma ci-contre.

En revanche, le même vin provenant d'un climat peu généreux aura une durée de vie estimée à dix années. Ainsi, un vin dit « de petite année » sera toutefois plus expressif après dix ans qu'un vin dit « de grande année » après le même laps de temps.

On considère, par exemple, que 1976 est un « grand millésime » et que 1980 est une « petite année ». En fait, si l'on s'attache à un cru réputé, cette terminologie est toute relative ainsi que le montre le même schéma.

En 1987, l'amateur prendra plus de plaisir à boire le « petit » millésime 1980 que le millésime 1976. Celui-ci a, en effet, besoin d'une plus longue durée de vie pour démontrer qu'il est grand.

Il existe donc une complémentarité entre les vins, puisque ce sont les millésimes à vie brève, voire normale, qui permettent à leurs aînés des années généreuses de mûrir tranquillement en bouteille, afin d'aller chercher toute leur originalité dans le temps.

Ces faits étonnants ne peuvent qu'inciter les amateurs de vins à se constituer une cave. Car, outre le fait qu'on y voit mûrir les vins, on réalise un placement intéressant, puisque les vins doublent de valeur tous les cinq ans. On boit ainsi plus juste pour moins cher.

La notion de millésime permet de mieux profiter du langage du vin. Elle montre la nécessité de ne pas boire les vins au début de leur vie alors qu'ils ont tant à nous apporter, d'où l'importance de les laisser se développer à leur rythme. Ceux qui ont la connaissance de cette évolution de la vie du vin peuvent mieux en profiter. L'acheteur, dans le choix de ses vins, doit donc s'appuyer sur l'appellation de ceux-ci et, avec tout autant de soin, sur leur millésime.

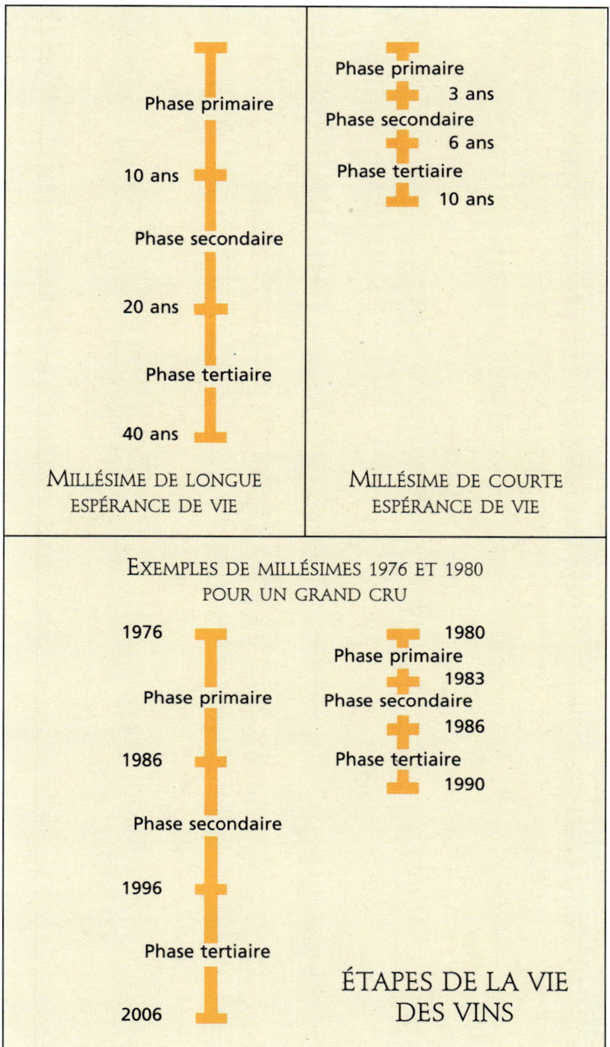

Étapes de la vie des vins

Durée de vie moyenne des meilleurs crus d'une appellation

Crus	Espérance de vie en années	Crus	Espérance de vie en années
Chablis Grand Cru	30	Pomerol	40
Chambertin-Clos-de-Bèze	40	Sauternes	50
Corton-Charlemagne blanc	30	Monbazillac	40
Côtes-du-Roussillon	10	Côtes-de-Provence rosé	5
Morgon	10	Côtes-de-Duras	15
Coteaux-du-Languedoc	10	Gaillac	10
Château-Chalon	50	Madiran	30
Muscadet	10	Saint-Chinian	10
Bonnezeaux	40	Collioure	10
Bourgueil	30	Châteauneuf-du-Pape	40
Sancerre	20	Hermitage	35
Jurançon	30	Bandol	30
Margaux	40	Alsace	30
Vouvray	40	Banyuls Grand Cru	40

ESPÉRANCE DE VIE DE QUELQUES MILLÉSIMES

BASE DE VIE DES VINS DE GRANDE ORIGINE PAR APPELLATION								
E =	40 ans	40 ans	10 ans	40 ans	50 ans	40/20 ans		10 ans
Appellation	Bourgogne		Beaujolais	Bordeaux	Bordeaux	Sud-Ouest		Côtes-du-Rhône
	rouge	blanc	rouge	rouge	blanc moelleux	Monbazillac	rouge	
années								
1976	E	E	L	L	N	B	L	N
1977	N	L	B	N	N	N	N	L
1978	L	L	N	L	N	L	L	E
1979	N	B	N	N	N	N	N	N
1980	B	B	B	B	B	B	B	B
1981	B	N	N	L	L	L	L	L
1982	N	N	L	L	L	L	L	B
1983	E	E	E	L	L	L	L	L
1984	B	B	B	B	B	B	B	B
1985	L	L	L	L	L	L	L	L
1986	L	L	L	L	L	L	L	L
1987	B	B	B	B	B	B	B	B
1988	L	L	L	E	L	L	L	L
1989	L	L	N	L	E	E	E	L
1990	L	L	L	E	E	E	L	E
1991	E	L	E	N	N	N	N	L
1992	B	B	B	B	B	B	B	N
1993	L	L	L	N	N	N	N	N
1994	N	N	N	N	N	N	N	L
1995	L	L	L	L	L	L	L	E
1996	N	N	N	L	L	L	N	L

E – correspond à un climat d'une année exceptionnelle pour un grand cru.
L – correspond à un climat d'année assurant une assez longue vie, les 3/4 de E.
N – correspond à un climat d'année normale, le 1/2 de E.
B – correspond à un climat peu clément, le 1/4 de E.

E =	40 ans	30 ans	20 ans	20 ans	30 ans	20 ans	40 ans
Appellation	Anjou-Touraine blanc	Anjou-Touraine rouge	Vins du Centre blancs	Jura (vin jaune)	Alsace	Savoie blancs	VDN Banyuls
années							
1976	E	E	E	L	L	–	B
1977	B	B	N	N	N	B	B
1978	N	N	L	L	B	N	N
1979	B	B	B	E	N	L	N
1980	B	B	B	B	B	B	N
1981	L	L	N	L	N	L	B
1982	L	L	N	L	N	N	L
1983	L	L	L	L	E	L	N
1984	B	B	B	B	B	B	N
1985	L	L	L	L	L	L	E
1986	L	L	L	N	N	N	N
1987	B	B	B	N	B	N	E
1988	L	N	L	L	L	L	N
1989	E	E	E	N	L	N	E
1990	E	L	E	L	E	L	N
1991	L	N	L	N	N	N	L
1992	B	B	B	L	N	L	B
1993	N	N	N	N	N	N	E
1994	N	N	N	N	B	N	E
1995	L	L	L	L	L	E	L
1996	L	E	L	L	E	L	E

LES VERRES ET LE VIN

Quel bel objet qu'un verre, gracieuse bulle transparente qui donne toute sa verticalité à une table dressée, joue avec l'argenterie et renvoie la lumière des bougies, du soleil ou des lustres ! Sa magie en ferait presque oublier sa définition première, celle d'un vase à boire, et sa fonction, permettre au vin de s'exprimer, car le même vin, servi dans des verres différents, aura divers langages.

Inspiré dans ses formes originelles d'objets déjà existants, telles les cornes à boire soutenues par un trépied des Gaulois, le verre s'est transformé, au fil des siècles, jusqu'à devenir le récipient transparent que nous utilisons aujourd'hui.

Il se compose essentiellement d'un calice, destiné à recevoir le liquide. Il peut également comporter une jambe, ou tige, partie verticale qui soutient le calice ; un bouton, partie renflée qui se trouve sur la tige à la base du calice et un pied, partie horizontale qui assure au verre sa stabilité.

Corne à boire allemande du XVe siècle. Cet ancêtre raffiné de notre verre est ici rehaussé d'or ciselé.

Selon les époques et les régions, ces divers éléments varient considérablement, allant parfois jusqu'à un tel degré de raffinement que l'objet usuel, dont la fonction est de contenir une boisson, s'est alors mué en un véritable objet d'art.

Il n'en reste pas moins que tous les paramètres de ce contenant qu'est le verre, matière, décor, forme, servent à magnifier le contenu qui est, la plupart du temps, le vin.

Le verre, outil de la dégustation

Pour favoriser la dégustation, le verre doit à la fois satisfaire les exigences de l'œil, du nez et de la bouche.

Transparent, lisse et sobre, il mettra le vin en valeur en flattant sa robe à reflets et ses mille nuances. Il ne sera pas trop vaste pour ne pas modifier le bouquet du vin, quoique certains vins de Bourgogne supportent les très grands verres.

Son calice sera de forme ovale ou ovoïde, avec une ouverture légèrement resserrée pour concentrer les arômes. Son buvant – la partie du verre au contact avec les lèvres – sera mince pour favoriser le contact buccal. Il devra obligatoirement comporter un pied, que la main du dégustateur saisira afin de ne pas transmettre sa chaleur au vin.

Tenant compte de ces exigences, les experts de l'Institut national des appellations d'origine ont créé un verre réputé idéal pour la dégustation, le verre de type Afnor, quelquefois qualifié aussi de verre INAO. Ainsi, ce verre tout à fait transparent et lisse, au calice semi-ovoïde, comporte une jambe et un pied. Il est en verre cristallin, c'est-à-dire que la matière vitreuse qui le constitue contient un certain pourcentage de plomb (9% environ). Sa contenance est de l'ordre de 210 à 225 millilitres mais il faut veiller à n'y verser le vin que jusqu'au tiers inférieur (70 à 80 millilitres). L'on établit ainsi une relation de 1 entre la surface totale du liquide et son volume. Le fait de n'emplir le verre qu'au tiers de son volume permet, de plus, d'imprimer au vin un mouvement rotatif qui favorise le dégagement progressif des arômes, sans risque de débordement. Cette relation est enfin plus agréable à l'œil. S'il est largement utilisé par

Le verre à dégustation normalisé de type Afnor.

Flûte à vin pétillant.

Verre à vin rouge de la Loire.

Verre à vin de Bourgogne.

Verre à vin de Bordeaux.

Verre à vin d'Alsace.

les professionnels du vin, le verre de type Afnor n'est cependant pas le seul verre à réunir les principales conditions nécessaires à une bonne dégustation. Ainsi, les cristalleries de Baccarat et de Sèvres proposent quelques modèles obéissant à ces impératifs.

Les verres décorés

Dès la fin du XVIIe siècle, époque à laquelle apparut le verre à boire transparent, les objets les plus raffinés furent créés. Des verres en cristallin coloré de Bohême et de Venise aux cristaux somptueusement ciselés de Baccarat et Saint-Louis, les exemples de verres décorés foisonnent :

VERRE CHRÉTIEN : le fond à double paroi renferme une mince feuille d'or.

VERRE CISELÉ : verre gravé à l'acide.

VERRE CRAQUELÉ : ce verre s'obtient en recouvrant la pièce, parée et chaude, de débris de verre et en la terminant par la réchauffe, le soufflage et autres procédés.

VERRE ÉMAILLÉ : verre recouvert d'un vernis vitreux transparent ou opaque.

VERRE FILIGRANÉ : la pâte de fond contient des fils de verre formant des réseaux décoratifs.

VERRE GRAVÉ : verre gravé à la roue.

VERRE PERLÉ : verre orné de perles de verre.

VERRE RÉTICULÉ : verre fait de deux enveloppes dont l'enveloppe extérieure est découpée à jour.

VERRE TAILLÉ : la taille donne des facettes.

À chaque vin son verre

Ces verres standardisés ne doivent pourtant pas nous faire oublier ou mépriser les verres traditionnels, qui correspondent en effet à des habitudes régionales anciennes et loin d'être gratuites.

Verre en cristallin de Venise. XVIIe siècle.

Vase à boire datant de l'époque gallo-romaine provenant de Heudebouville.

C'est ainsi que les vins de Bordeaux rouges ou blancs secs demandent un verre élancé, et fin, au calice légèrement rétréci et au pied gracile. Cependant, le Pomerol et le Saint-Émilion, ainsi que les vins rouges de la vallée de la Loire, Chinon et Bourgueil, exigent des verres plus ramassés. Le Vouvray, comme tous les vins blancs de la Loire, apprécie les verres coniques.

Les vins de Bourgogne, riches, généreux, denses et capiteux, réclament un verre large, où leurs arômes profonds peuvent librement s'épanouir.

Les vins liquoreux et les vins doux naturels requièrent les mêmes verres que les vins de Bourgogne mais accepteront de s'habiller de fête avec les verres baroques.

Les vins d'Alsace, selon la noblesse de leur cépage ou de leur cru, seront servis dans un petit ballon porté par une tige haute, fine et verte, dans un verre plus sophistiqué et même coloré, dit « verre à vin du Rhin », ou dans un *Römer* épais et trapu, voire dans un *Rütscherle,* petit gobelet cannelé.

C'est la flûte – ou le verre tulipe – qui met le mieux en valeur l'effervescence et l'élégance du Champagne. Aussi la préférera-t-on à la coupe, trop ouverte, qui laisse s'échapper les bulles ainsi que l'arôme (sans négliger pour autant cette dernière, que l'on réservera aux Champagnes tendres).

Enfin, d'une façon générale, il faudra veiller à ce que le verre soit adapté au vin. En effet, plus le vin ira vers la rusticité, plus le verre devra être simple ; plus la générosité et l'ampleur le définiront, plus le verre sera vaste sans oublier d'être élégant ; plus les tanins l'étireront, plus le verre sera élancé.

De l'harmonie de tous ces éléments dépendra la réussite de ce rituel quasi religieux qu'est la dégustation du vin.

PETIT LEXIQUE DES VASES À BOIRE

BALLON : verre de forme sphérique.

CALICE : vase à boire chez les Romains, utilisé notamment pour la célébration de la messe.

CANTHARE : coupe à anses verticales.

CIBOIRE : à l'origine, coupe faite avec le fruit du nénuphar d'Égypte, puis en ayant la forme.

COTYLE : objet naturel présentant une cuvette qui sert de récipient.

COUPOLE : petite tasse pour la dégustation des vins. On dit également tastevin.

FLÛTE : verre à pied en forme de cornet étroit pour servir les boissons pétillantes.

GOBELET : récipient cylindrique légèrement évasé, sans pied, également appelé goubelet, goblet, gobel, gobeau, gobichon.

GODET : petit vase à boire sans pied.

HANAP : grand récipient à boire, à pied, sans anse.

MAZARIN : gobelet de verre de qualité très commune.

PATÈRE : coupe évasée peu profonde.

Cette patère dite « de la chasse » vient d'Ougarit et date du XIVe siècle avant J.-C.

PINTON : petit vase qui contenait la mesure de vin servie à chaque moine, pour son repas.

PIVETTE : verre verdâtre.

QUART : gobelet métallique contenant un quart de litre.

RHYTON : vase à boire en corne de bœuf ou en forme de corne.

TASSE : petit récipient à anse.

TASTEVIN : petit récipient en étain ou en argent, large et bas, sans pied, muni d'une petite anse surmontée d'un appui pour le pouce. Il sert à la dégustation des vins.

TIMBALE : gobelet en métal argenté ou en argent.

TRINQUETTE : récipient à boire sans pied qu'on est obligé de vider avant de le reposer.

TULIPE : verre en forme de tulipe.

LA CARTE DES VINS

Image et annonce, promesse, acte de foi dans la terre, la vigne et le travail de l'homme, la carte des vins est un diamant aux mille facettes, dont chaque feu représente un vin.

Se souvient-on que ce fut la blonde Isabelle de Portugal, épouse de Philippe le Bon, troisième « Grand Duc d'Occident », qui inventa le menu écrit, à la cour brillante de Bourgogne, au XVe siècle ? Le menu n'est que l'énoncé des mets s'offrant à l'appétit et à la convoitise des convives. Il se rapproche, par son but et sa forme, de la carte des vins, d'autant que, le plus souvent, il énonce simultanément plats et vins.

La carte est l'image fidèle, luxueuse ou modeste, mais toujours attrayante, de la cave où dorment les flacons de vins et d'eaux-de-vie. Ils sommeillent là, à l'ombre et au calme, attendant celui ou celle qui les réveillera et les fera surgir au grand jour, pimpants ou chenus, habillés par le *Pennicilium glaucum* couvrant d'une noire vélure les murs des celliers, ou lisses et imberbes, selon leur âge et leur importance.

La carte et ses qualités

Une carte doit être claire et fidèle, c'est-à-dire loyale à l'égard de chacune des boissons qu'elle décrit et propose, complète et belle, afin d'attirer l'œil et de provoquer à la fois attention et envie.

Elle est, en outre, un acte de foi du restaurateur, un contrat que passe cet homme de l'art avec sa cave, un lien qui s'établit, fugace d'abord, solide ensuite, rarement décevant, entre l'hôte et le vin.

Selon que la carte des vins est conçue avec ou sans amour, elle chatouille plus ou moins la curiosité du convive et, au-delà, engendre sa passion. La carte est plus que le résultat d'un inventaire de la cave, c'est le catalogue des beautés, simples et fastueuses, jeunes ou mûres, dont est fier le restaurateur, souvent artisan, toujours artiste. La carte des vins peut parfois aussi promettre sans tenir parole, décevoir, mentir même. Mais ce n'est là que l'exception.

L'authenticité de la carte des vins

La carte doit être véridique. Elle ne peut ni ne doit être raturée car les biffages constituent autant de hideuses blessures.

La carte est l'image des satisfactions que l'établissement offre à sa clientèle. Aussi est-ce regrettable et même dommageable de porter ou de maintenir à la carte un vin n'existant pas ou n'existant plus en stock, car ce vin fantôme témoigne d'une faute de goût, d'un manque d'honnêteté, et constitue une grave erreur commerciale.

La carte est soumise à un code de déontologie

La carte est évidemment véridique en ce qu'elle n'embellit pas indûment les noms des vins qu'elle mentionne. Ainsi un Gevrey-Chambertin, pour excellent qu'il soit, n'est ni un Chambertin-Gevrey ni un Chambertin. Ce serait une fraude. Car il en est ainsi de tout abus civil, de toute usurpation directe ou allusive de nom, de fonction et de possibilité.

La carte doit obéir à un code de déontologie fait de concurrence loyale, représenté par les lois et les règlements.

La carte des vins et le sommelier

La carte a le sommelier pour ambassadeur. C'est lui qui la dépose auprès de l'amateur. C'est lui qui la commente, tenant compte de l'âge, du sexe, de la santé, de la fatigue, des goûts, des

Livre de cave de Marc Meneau. Plaisir de lire et plaisir de la dégustation offerts en un tout hamonieux.

moyens du client, ainsi que du repas. Le sommelier explique des mystères qui cessent ainsi d'être obscurs avec sagesse, habilité, courtoisie et patience.

Le sommelier est le père putatif des vins de la cave. Il n'en est presque jamais le propriétaire, mais c'est lui qui les a choisis, parfois même en allant chez le producteur ou l'éleveur-négociant. Il les a choyés, a supputé leur vigueur, les a classés selon un ordre précis, leur devenir et leurs aptitudes. Il connaît leur intelligence, leur musculature. Il a suivi leurs petites maladies et les a guéries.

Ainsi est la carte des vins qu'une main, discrète ou chaleureuse, indifférente ou intéressée, aimable ou acide, vous remet un jour au seuil d'un repas dans un restaurant. En silence, elle est alors consultée, puis le choix des vins est annoncé.

La carte des vins et le restaurateur

Les grands restaurateurs sont souvent honorés de distinctions par les organismes privés. Ces marques qualitatives se manifestent par des étoiles, des toques, des fourchettes, etc., le nombre de ces signes étant fonction de la valeur du restaurant au regard de la gastronomie, des vins (leur nombre, leur variété, leur mérite), de l'esthétique et de la propreté des lieux (cuisine et salle), de l'accueil, du service, des prix. Ces distinctions sont révisées annuellement. La carte des vins, par sa richesse, sa présentation, est un précieux élément d'appréciation pour l'attribution de ces distinctions très recherchées.

Certains restaurateurs se spécialisent de plus en plus en présentant des produits régionaux ou étrangers. Les restaurants bretons, basques, languedociens, provençaux, alsaciens, bourguignons, angevins, tourangeaux, nantais, nordiques, flamands, béarnais... préparent principalement des mets appartenant à la cuisine de leurs terroirs, en les accompagnant des vins et boissons correspondants.

Les vins

Les vins sont rouges, blancs, rosés, gris, jaunes, de paille. Ce sont des vins tranquilles, car non effervescents, bien que certains, notamment les « vins de primeur », à consommer immédiatement, puissent présenter une légère « perle » de gaz carbonique, exaltant leur fraîcheur et leur fruit.

Les vins peuvent être effervescents, « pétillants » pour les moins gazeux, « mousseux » pour les autres. Ces vins sont surtout blancs, parfois rosés, rarement rouges.

Les vins tranquilles français sont :

▷ des vins de table, issus, dans la plupart des cas, d'assemblages de vins de même couleur, rouge, blanche ou rosée, et de provenances diverses.

Dans ces conditions, la dénomination de ces vins n'est jamais géographique ; elle est constituée par l'expression « vins de table » suivie obligatoirement de l'indication du degré alcoolique et éventuellement d'une marque de commerce ;

▷ des vins de pays, qui sont des « vins de table » supérieurs. Ces vins rouges, rosés ou blancs sont désignés par la mention « vin de table » complétée par celle de « vin de pays de... », le pays nommé étant soit celui du département de production (vin de l'Aude), soit celui d'une région plus restreinte, par exemple : vin de pays des Coteaux du Pont du Gard, ou plus large que le département : vins de pays du Jardin de la France, vins de pays de l'Île de Beauté. Le cépage peut être précisé ;

▷ des « vins de qualité » produits dans des régions déterminées, les VQPRD. Dans le langage de la Communauté européenne, ce sont tous les vins bénéficiant d'une appellation d'origine contrôlée (AOC), par exemple : Pommard, Médoc, Touraine, Côtes-du-Rhône..., ou de l'appellation d'origine vin délimité de qualité supérieure (AOVDQS), comme le Sauvignon-de-Saint-Bris, le Gros-Plant du pays nantais, le Saint-Pourçain, ou les Côtes-de-Toul... Ces vins sont désignés par leur nom géographique suivi, selon le cas, de l'indication « appellation contrôlée », ou « vin délimité de qualité supérieure ». La précision du degré alcoolique est toujours donnée, même si la qualité et la typicité de ces vins ne sont pas liées à leur richesse en alcool.

Sans être des vins, au sens strict du terme, sont également des produits de la vigne :

▷ les « vins doux naturels » (VDN). Ce sont presque exclusivement des vins à appellation contrôlée issus du mutage en cours de fermentation de moûts de raisins nobles produits dans des sols et sous des climats français privilégiés : Banyuls, Maury, différents muscats tel le Muscat de Rivesaltes, le Muscat de Baumes-de-Venise ou le Muscat de Frontignan ;

▷ les « vins de liqueur » (VDL). Leur élaboration est semblable à celle des VDN. Ce sont, en France, le Pineau des Charentes, le Floc de Gascogne et le Macvin, et au, Portugal, le Porto ;

▷ les « apéritifs à base de vin » (ABV), par exemple, le Ratafia de Champagne, ou « à base de cidre » (ABC), comme le Pommeau de Normandie ;

▷ les vermouths, comme le Vermouth de Chambéry ;

▷ les produits de grandes marques, comme Byrrh, Dubonnet, Cinzano...

Les spiritueux

Les spiritueux les plus connus sont les eaux-de-vie individualisées chacune par le nom de la région de production. Par exemple :

▷ eaux-de-vie de vin : Cognac et Armagnac, qui sont des AOC ;

▷ eaux-de-vie de cidre et de poiré : Calvados ;

▷ eaux-de-vie de marc : Marc de Bourgogne, Marc de Champagne, Marc d'Alsace Gewurztraminer (ce sont des « appellations réglementées » dont le statut est similaire à celui des AOC).

La structure de la carte des vins

La carte des vins doit porter un certain nombre de mentions afin d'éclairer parfaitement le consommateur.

Les mentions obligatoires

▷ Le nom de la boisson s'il s'agit d'un produit assorti d'une appellation d'origine ; celle-ci doit être exactement et totalement mentionnée, et, pratiquement, on la lit déjà sur l'étiquette : Nuits-Saint-Georges les Pruliers, Châteauneuf-du-Pape Clos des Papes, Champagne Clos des Goisses, Fine Champagne, Armagnac, Banyuls Grand Cru...

▷ Le volume de la boisson servie. Par exemple : bouteille, demi-bouteille ; en cas de service au verre, indiquer la quantité en l'exprimant en centilitres ;

▷ Le prix, en précisant si le service est compris ou non.

Les mentions facultatives

Ces mentions, bien que non obligatoires, sont hautement souhaitables. Ce sont :

▷ le millésime, les indications d'âge des eaux-de-vie (Napoléon, trois étoiles…) ;
▷ le nom de l'exploitation viticole ou commerciale. Par exemple : Château X pour un vin à appellation d'origine de Bordeaux, le nom de la marque pour un Champagne, le nom du négociant responsable ;
▷ des indications telles que : « blanc de blancs » pour un vin blanc, un vin effervescent issu de raisins blancs ; le nom du cépage…

La présentation

La lecture de la carte des vins doit être aisée. La loyauté des transactions commerciales exige que soient inscrites séparément les boissons assorties d'appellations d'origine et les autres, afin d'éviter toute confusion. Cette obligation vaut surtout pour les vins et eaux-de-vie, et elle prend toute sa valeur lorsque la carte est établie par régions de production. Un vin issu de l'assemblage de vins de différentes provenances, n'ayant donc aucune appellation d'origine (un vin excellent certes et appelé « vin de marque »), vendu par un négociant de Beaune, ne peut être inscrit à la carte dans la rubrique « Bourgogne », car il est important de noter qu'un fournisseur, négociant par exemple, installé à Beaune ne commercialise pas uniquement des vins AOC de Beaune mais qu'il vend aussi des vins AOC de Bordeaux, du Val de Loire, des Côtes du Rhône, et des « vins de marque ».

La présentation la plus fréquente, et certainement la plus commode pour le client, est régionale. Par exemple, la carte groupe sous les rubriques Bordeaux blancs, Bordeaux rouges, tous les vins AOC produits en Gironde et vendus par le restaurant ; il en est de même pour les autres régions.

Classification des vins et eaux-de-vie sur une carte

De nombreux éditeurs avisés établissent des modèles commodes et même élégants de cartes des vins dont les rubriques servent aux restaurateurs pour l'inscription des boissons qu'ils offrent à la vente. Voici une classification possible des vins et eaux-de-vie, l'ordre pouvant varier ad libitum :

- **Le Bordelais – AOC (département de la Gironde) ;**
- **Le Sud-Ouest – AOC (depuis la frontière espagnole jusqu'à Bordeaux, Dordogne, Haute-Garonne, Lot-et-Garonne, Tarn-et-Garonne, Tarn, Lot, Pyrénées-Atlantiques, Hautes-Pyrénées) ;**
- **Le Sud-Ouest – AOVDQS (les départements précédents et Gard, Landes, Aveyron, Cantal) ;**
- **La Bourgogne – AOC (Yonne, Côte-d'Or, Saône-et-Loire, Rhône), comprenant le Chablisien, l'Auxerrois, le Tonnerois, la Côte de Dijon, la Côte de Nuits, la Côte de Beaune, la Côte chalonnaise, le Mâconnais, le Beaujolais ;**
- **La Franche-Comté et le Lyonnais – AOC (Jura, Rhône, Loire) ;**
- **Le Bugey – AOVDQS (Ain) ;**
- **La Vallée du Rhône – AOC ;**
- **La Vallée du Rhône, le Sud-Est méditerranéen, la Corse – AOVDQS ;**
- **La Provence, la Corse, le Sud-Est méditerranéen – AOC ;**
- **Le Languedoc et le Roussillon – AOC ;**
- **Le Languedoc et le Roussillon – AOVDQS ;**
- **Le Val de Loire – AOC (Val de Loire maritime, Anjou, Saumur, Touraine) ;**
- **La Val de Loire périphérique – AOC (Maine-et-Loire, Sarthe, Indre-et-Loire, Loir-et-Cher, Indre) ;**
- **Le Val de Loire périphérique – AOVDQS (Cher, Indre, Loir-et-Cher, Loire-Atlantique, Maine-et-Loire, Vendée, Allier, Puy-de-Dôme, Loiret, Vienne, Deux-Sèvres) ;**
- **L'Alsace – AOC ;**
- **La Lorraine et le Toulois – AOVDQS ;**
- **La Champagne – AOC. Cette rubrique inclut le vin effervescent qu'est le Champagne, et les vins tranquilles suivants : Coteaux Champenois, Rosé des Riceys ;**
- **Les vins effervescents – AOC ;**
- **Les VDN et les VDL – AOC ;**
- **Les vins mousseux sans appellation d'origine ;**
- **Les vins de pays ;**
- **Les vins importés ;**
- **Les apéritifs à base de vin ou de cidre ;**
- **Les eaux-de-vie à appellation d'origine ;**
- **Les eaux-de-vie sans appellation d'origine ;**
- **Les spiritueux divers ;**
- **Les liqueurs ;**
- **Les autres boissons (bières, cidres, jus de fruits et de légumes, eaux, sodas…).**

La carte des vins constitue l'inventaire permanent de la cave pour la partie des boissons mises à la consommation. Certaines boissons peuvent ne pas y figurer si le responsable de la cave estime qu'elles n'ont pas encore atteint leur maturité.

La carte est donc un outil nécessaire et précieux pour le restaurateur. Mais, au-delà, c'est l'instrument dont se sert le client pour faire son choix, conseillé éventuellement par le sommelier. Ce choix est déterminé par ses goûts, sa santé, le moment présent, le prix, le menu choisi.

Aussi faut-il que la carte des vins soit présentée au client dès que celui-ci est assis pour lui permettre de se prononcer. La carte des vins devrait précéder le menu ou, à tout le moins, être apportée en même temps. Ce n'est pas, hélas ! toujours le cas. Le sommelier peut ensuite plus facilement donner ses conseils, notamment en ce qui concerne les harmonies entre plats et vins.

LE SOMMELIER ET LE SERVICE DES VINS

Tout à la fois technicien du vin, psychologue, œnophile, juriste et féru de cuisine, le sommelier préside à la cérémonie du vin et nous guide avec doigté dans les subtiles correspondances entre les vins et les mets.

Dans l'entreprise hôtelière ou le restaurant, le sommelier est un personnage important, en raison de ses responsabilités en matière de gestion, mais aussi parce qu'il représente en moyenne 30 % du chiffre d'affaires. Il est donc indispensable, à la fois pour sa valeur commerciale et pour la renommée d'une maison.

Le rôle du sommelier

Le travail du sommelier s'effectue dans la salle et dans la cave. Dans la salle, le sommelier fait le service des boissons. Son rôle consiste alors à servir chaque vin arrivé à maturité, en accord avec le plat ou le menu proposé, à la bonne température et correctement aéré, sans manipulations inutiles. Sa valeur réside dans la qualité des conseils qu'il donne en matière de vins, eaux-de-vie et liqueurs.

Dans la cave, il assure le stockage des vins, leur conservation, le contrôle et la gestion des stocks.

Le sommelier peut également s'occuper intégralement des achats. La plupart du temps il y collabore, en conseillant le restaurateur ou le responsable des achats.

Un sommelier efficace doit :

▷ connaître les facteurs naturels et technologiques liés à la vigne et au vin, ainsi que la géographie des vignobles et des différents crus, en voyageant aussi souvent que son travail le lui permet ;

▷ pratiquer fréquemment l'analyse sensorielle ;

▷ se tenir au courant de l'actualité viti-vinicole en lisant les revues spécialisées et en voyageant dans les vignobles, afin de renseigner éventuellement les consommateurs ;

▷ prendre en considération les remarques des clients pour en informer les producteurs.

La cave

Le travail du sommelier en cave est essentiellement axé sur la surveillance des stocks. Il doit tout d'abord assurer une bonne conservation des boissons dans la cave. Pour favoriser l'évolution des vins, celle-ci doit présenter les qualités suivantes :

▷ orientation au nord ou à l'est ;

▷ température constante d'environ 11 °C ;

▷ hygrométrie constante : environ 70 % d'humidité ;

▷ obscurité ;

▷ aération par des soupiraux (entrée de l'air en bas au nord, sortie de l'air en haut au sud) ;

▷ sol de terre battue ;

▷ propreté ;

▷ ne contenir que du vin.

Les bouteilles de vin seront couchées dans des casiers numérotés offrant une bonne stabilité, et classées par région. Il faut veiller à ne pas placer les derniers vins entrés sur les bouteilles de même origine dont le stock se termine.

Le sommelier doit être capable d'expliquer la provenance du vin, l'intérêt d'un millésime et ses caractéristiques.

L'évolution des vins sera suivie grâce à des dégustations régulières et à la lecture de revues spécialisées.

L'autre mission du sommelier dans la cave est de tenir à jour le stock de bouteilles. Cela ne peut se faire que grâce à un contrôle quotidien de l'état du stock, à l'aide de fiches ou d'un cahier de cave, qui donneront toutes les indications nécessaires sur les réserves, les entrées et les sorties.

Les achats

La constitution d'une cave rationnelle dans un restaurant est conditionnée par la clientèle et la tradition de l'établissement. Les achats sont également liés à des problèmes de financement très importants tels que les investissements et l'immobilisation du capital.

La cave étant constituée, les approvisionnements sont fonction de la rotation des stocks. Il faut, de plus, savoir équilibrer la cave entre les vins vieux, ceux qui seront à vendre assez jeunes et ceux, achetés en primeur, qui devront vieillir.

Les achats des vins peuvent se faire sous trois formes : au négoce, chez le propriétaire ou dans des caves particulières, dans les coopératives.

La carte des vins

La carte des vins doit répondre à des impératifs réglementaires et commerciaux. Les différentes catégories de vins doivent être indiquées de façon bien distincte. L'on trouvera donc groupés par catégorie :

▷ les vins de table de la Communauté européenne qui comprennent les vins de table et les vins de pays ;
▷ les vins de qualité produits dans des régions déterminées (VQPRD), qui comprennent les appellations d'origine contrôlée (AOC), les appellations d'origine vin délimité de qualité supérieure (AOVDQS) et les vins importés.

L'indication du degré d'alcool (exprimé en volume) doit être mentionnée, de même que la quantité : bouteille, demi-bouteille, magnum, carafe, verre. La dernière mention obligatoire est le prix de vente.

La carte des vins ne doit présenter que des vins arrivés à maturité, et en quantité suffisante. Elle doit être facile à consulter, à jour, complète et propre.

En tête seront inscrits, éventuellement, un choix de vins de table ou en carafe, des vins d'excellent rapport qualité-prix et des vins régionaux mis en vedette.

Puis les vins seront présentés par catégories : vins de table, VQPRD, vins importés. Dans chaque catégorie, les vins seront classés par types : vins tranquilles secs et sucrés, vins effervescents, vins de liqueur. Dans chaque pays, par couleur : vins rouges, blancs, rosés, gris, jaunes, de paille, liquoreux. Pour chaque type, le classement se fera tout d'abord par grandes régions : vins de Bourgogne rouge, les sous-régions sont : vins de la Côte de Nuits, vins de la Côte de Beaune, vins de la Côte chalonnaise, vins du Mâconnais, vins du Beaujolais.

La carte des vins doit être précise et mentionner le libellé exact de chaque appellation : nom du château et endroit de la mise en bouteilles pour le Bordeaux, propriétaire ou négociant pour le Bourgogne. Quant aux millésimes, ils seront classés du plus jeune au plus ancien.

La cave du jour

La cave du jour est réapprovisionnée chaque jour. C'est un petit local ou un emplacement climatisé à 16 °C, proche de la salle du restaurant, dans lequel se trouvent les vins rouges en position couchée et en quantité plus ou moins importante, selon la taille du local.

Les vins blancs, les rosés et les vins de Champagne sont stockés en petit nombre dans un meuble à vin climatisé comportant des divisions dont les températures sont différentes et indépendantes. Ceci permet de placer les bouteilles selon leur structure et leur âge (entre 8 et 13 °C).

Grâce à ce dispositif, le sommelier peut assurer un service rapide et efficace en disposant de vins à proximité du lieu de service, et dont la température est intermédiaire entre celle de la cave de vieillissement (11 °C) et celle de la salle de restaurant (22 °C).

La verrerie

Les verres doivent être fins, incolores et transparents, pour permettre d'apprécier la robe des vins, à pied, pour faciliter la prise en main, et de forme ovoïde, pour favoriser l'olfaction.

Il convient de les laver avec un détergent peu odorant, de les rincer abondamment, et de les essuyer immédiatement à l'aide d'un essuie-verres de fil propre, fin et usagé. Il faut enfin les ranger, suspendus, à l'abri de la poussière.

Le sommelier connaît parfaitement sa carte des vins et les caractéristiques sensorielles de chacun d'eux. Il la présente à ses clients après avoir pris connaissance du bon de commande établi par le maître d'hôtel.

La prise de commande

Psychologue, modeste, il doit être bon conseiller, bon vendeur, et savoir faire preuve d'initiative et d'assurance.

Il lui faut également s'intéresser à la cuisine, aux ingrédients qui la composent, à l'origine des produits utilisés. Ses solides connaissances culinaires lui permettent de créer une harmonie parfaite entre les vins et les mets. Ses rapports avec le chef de cuisine et le maître d'hôtel doivent être excellents car tous les trois travaillent en symbiose.

Il tient compte, lors du choix d'un vin, de la région, de la saison, du nombre de personnes, du type de repas et aussi de la personnalité et de l'état d'esprit des clients, qui, autour d'une table, ne partagent pas forcément les mêmes émotions selon leurs goûts et leur âge.

À la demande du client, le sommelier doit être capable d'expliquer la provenance d'un vin, ses caractéristiques et l'intérêt d'un millésime.

La présentation de la bouteille

Dès que la commande est prise, le sommelier dispose les verres qui concorderont avec le vin choisi. Il apporte la bouteille de vin à la température correcte de service.

L'ouverture de la bouteille

Le sommelier doit procéder à l'ouverture de la bouteille devant la table. La capsule est coupée sous la bague, de manière à ce que le vin n'entre jamais en contact avec elle. Pendant cette opération, la bouteille est fermement maintenue. Le goulot est essuyé avec une serviette de service. Vient ensuite l'opération de débouchage. Il convient de procéder de la façon suivante :
▷ utiliser un bon tire-bouchon à levier appelé « sommelier », dont la mèche fine, ronde et longue comprend cinq spirales ;
▷ évaluer la longueur de la mèche du tire-bouchon par rapport à celle du bouchon ;

Le sommelier présente la bouteille à la personne qui l'a commandée en énonçant les données principales figurant sur l'étiquette.

L'ouverture de la bouteille s'effectuè devant la table. La capsule est coupée sous la bague pour éviter tout contact avec le vin.

Le sommelier enlève la capsule pour avoir une meilleure vue du vin.

Il débouche la bouteille sans la brusquer, pour ne pas agiter les dépôts.

Il essuie le goulot à l'extérieur et à l'intérieur avec un linge propre.

Le goulot à quelques centimètres de la carafe inclinée, il verse le vin.

Il suit la progression des dépôts grâce à la lumière de la bougie.

Il goûte le vin qu'il verse de la carafe, puis il pose celle-ci sur la table.

▷ mettre la mèche bien au milieu du bouchon, visser d'un tour puis tirer tout d'abord légèrement pour bien décoller le bouchon ;
▷ visser le tire-bouchon en veillant à ne pas traverser le miroir du bouchon. Lorsque le bouchon est sorti aux trois quarts, enlever le tire-bouchon et dégager le bouchon à la main, délicatement, afin de ne pas le casser et d'éviter une brusque entrée d'air dans le goulot, ce qui provoquerait un bruit incongru ;
▷ essuyer soigneusement le tour et l'intérieur du goulot avec un linge propre ;
▷ flairer le bouchon sur son miroir puis sur son roule, afin de déceler un éventuel « goût de bouchon » qui ferait rejeter automatiquement la bouteille ;
▷ s'il s'agit d'un bouchon de belle qualité portant des inscriptions sur sa provenance, le présenter à l'hôte sur une soucoupe ;
▷ déguster discrètement une gorgée de vin en se tournant légèrement.

Ce dernier point est important. En effet, le sommelier ou la personne faisant office dans le service du vin prend la responsabilité de servir le vin correspondant à une origine et exempt de défauts.

Le sommelier fait enfin goûter le vin à la personne qui l'a commandé en lui demandant son agrément.

Les services

Un bon service s'effectue de la façon suivante :
▷ faire goûter le vin à la personne qui l'a commandé ;
▷ lui demander si la température de service lui convient ;
▷ si le vin a son agrément, servir les invités par ordre de préséance, en leur rappelant discrètement l'identité du vin, sans oublier de terminer par l'hôte ;
▷ au cours du service, il convient de ne pas cacher l'étiquette de la bouteille et de ne pas heurter les verres, qui seront remplis soit à la moitié, soit aux trois quarts.
▷ au cours du repas, il faut servir régulièrement en s'informant avec tact des désirs éventuels de l'hôte (renouvellement de la bouteille ou changement de vin) ;
▷ dans les deux cas, il faut changer les verres. Le vin provenant de la nouvelle bouteille ne présentera en effet pas le même profil aromatique ni la même structure que celui de la précédente. Cela est dû à la différence de température même légère, ainsi qu'au temps d'aération.

Le service des vins achevé, le sommelier s'esquive discrètement, ayant tout mis en place pour que le repas soit une fête.

Le décantage

C'est une opération délicate produisant trois phénomènes : la séparation des dépôts du vin, une oxydation du vin, qui consiste à amener le vin au potentiel d'oxydo-réduction le plus bas, et une modification de la température du vin.

L'oxydation développe le bouquet du vin, mais, si elle est trop importante, le vin peut perdre ses nuances, sa subtilité, sa finesse et sa fraîcheur. On ne peut donc décanter qu'à la condition d'être assuré de la tenue de l'air, de la finesse du bouquet de la structure du vin. En ce domaine, seuls l'expérience et le bon sens sont de bon conseil. Le temps d'aération est donc très important. Il varie de l'instant à une heure environ, bien que quelques vins généreux, tels que certains vins de Porto et de Madère, élevés longtemps en fût de bois, aient une excellente tenue à l'air.

L'âge du vin et la structure de sa sève sont des éléments prépondérants pour déterminer le temps d'aération. Si le vin est trop vieux, il faut l'ouvrir au dernier moment et ne pas le décanter. Enfin, lorsque le vin est présenté en bouteille, il est tout à fait indifférent de déboucher la bouteille trois heures avant de servir ou juste au dernier moment. Il ne peut pas y avoir d'évaporation et l'oxydation est minime. La quantité d'oxygène qui pénètre est infime, alors que le vin en dissout le double en coulant dans le verre, et plus du triple après quinze minutes.

Outre l'oxydation, il se produit également une modification de la température du vin en rapport avec la température de la pièce. Il convient alors que la carafe à décanter soit à la température de la cave du jour.

La température d'un vin servi en bouteille évolue plus lentement. Il faut environ trois heures à un vin en bouteille pour passer de 11 à 18 °C, ceci dans une pièce à 22 °C.

Température de service des vins

La température de service d'un vin dépend de sa structure et de son âge, de son caractère, ainsi que de la saison et de la température du lieu où il sera dégusté.

Les températures trop fraîches exagèrent la dureté du vin, sa maigreur, et font perdre au bouquet sa finesse. Les températures au-dessus de 20 °C déséquilibrent le vin et le rendent banal.

Les vins blancs liquoreux demandent à être servis entre 6 et 10 °C, selon leur âge : pour les vins jeunes, entre 6 et 8 °C, et pour les vins vieux entre 8 et 10 °C.

Les vins doux naturels et les vins de liqueur blancs seront servis à 6 ou 7 °C, les rouges entre 10 et 15 °C, selon leur âge et leur richesse en tanin.

Le Champagne se déguste autour de 8 ou 9 °C, et le vin jaune à 15 ou 16 °C.

Les vins gris, rosés, clairets demandent une température se situant entre 8 et 12 °C.

Les vins rouges fruités, désaltérants, aux arômes exubérants, seront bus entre 11 et 14 °C et les vins rouges des Côtes du Rhône, entre 13 et 18 °C, selon leur structure et leur vinification.

Les vins de Bourgogne rouges demandent une température de 14 à 17 °C.

Quant aux vins de Bordeaux rouges, plus tanniques, il leur faut une température oscillant entre 16 et 18 °C.

Plus les vins sont riches en tanin, plus leur température devra être élevée.

Le service du Champagne

La bouteille est placée dans un seau contenant de l'eau et un peu de glace, de façon à obtenir en dix minutes un Champagne à 8 ou 9 °C de température. Le seau est placé sur un porte-seau (appelé stand), ou bien sur une assiette placée sur un guéridon, toujours à proximité de la table.

L'instant étant festif, tous les gestes qui vont suivre doivent être exécutés élégamment.

Il faut d'abord dégager le bouchon en ôtant l'habillage au niveau du muselet. Celui-ci est alors desserré mais laissé en place. En effet, sa présence assure une meilleure prise du bouchon. Puis, tout en maintenant le bouchon et le muselet d'une main qui ne bouge pas, on effectue avec l'autre main placée au bas de la bouteille un mouvement de rotation. Ainsi l'effort est moins important et les gestes moins crispés. Au moment où le bouchon s'échappe, on ne doit pas entendre de bruit. On flaire alors le bouchon et le service est fait selon les règles habituelles.

Le sommelier place la bouteille de Champagne de façon inclinée dans le seau à glace.

Il enlève l'habillage et met une main sur le bouchon afin de le maintenir.

Il maintient fermement le bouchon, tout en effectuant un mouvement de rotation de la bouteille.

Il sert le Champagne en remplissant les verres tulipe aux deux tiers maximum.

LE VIN À TABLE

L'accord entre un plat et un vin mène à un mariage où l'un exalte et sublime l'autre, à la satisfaction des convives. Quelques principes simples sont à observer afin que le repas soit un moment convivial heureux.

La gastronomie c'est l'art de faire bonne chère, « la joie de toutes les situations et de tous les âges ». C'est l'art du savoir boire et manger. Les deux actions sont conjointes. Aussi le gastronome attache toujours beaucoup d'importance à l'accord des vins et des mets. C'est en particulier l'esprit de la gastronomie à la française. Il ne suffit pas de mettre en présence un mets parfait et un vin authentique, il faut s'assurer que leurs formes d'expression sont complémentaires et qu'ils se marient harmonieusement.

C'est la raison pour laquelle il est préférable de préparer le mets pour le vin, c'est-à-dire en choisissant celui-ci en premier. En effet un vin est une forme d'expression définie alors qu'il est possible au cuisinier de concevoir et de modifier un mets en accord avec l'esprit du vin qui l'accompagnera. Cette manière d'aborder le sujet a été appliquée par le grand cuisinier Alain Senderens qui, à l'*Archestrate* puis au *Lucas Carton*, proposa chacun de ses plats avec un vin précis. Depuis il n'a cessé de créer des mets pour répondre au registre de chaque vin particulier.

D'autres cuisiniers ont des approches voisines tels Jean Bardet à Tours, Orsi à Lyon, Jung à Strasbourg, Toulousy à Toulouse, Marc Meneau à Vézelay, Pierre Troisgros à Roanne, Charial à Baumanière, pour ne citer que ceux-ci.

Nous admettons ainsi qu'un mets et un vin sont des personnages émotionnels qui vont jouer pour nous seuls sur « les planches » de notre palais, puisque chaque palais est UN, chaque être ayant son propre « goût ». (Il n'existe pas deux personnes possédant des empreintes sensorielles identiques, chacun étant fait de son inné et de son vécu.)

Dans ce palais, en véritables acteurs connaissant bien leurs rôles, le sec et l'humide, vont, au cours des repas, répliquer brièvement ou par longues tirades, nourrissant l'instant d'effets psychosensoriels qui nous engagent sur cette quête du plaisir.

Comment aborder les accords de table

C'est en accomplissant les actes qu'il est possible de les mémoriser et ainsi se cultiver. Les principes de gastronomie ne s'acquièrent que par expérience directe, en vivant les situations. Cela d'ailleurs n'est pas compliqué puisque trois à quatre fois par jour, selon nos identités culturelles, l'on se met « à table » (se nourrir

« Les Cinq Sens », d'après Abraham Boss. Musée des Beaux-Arts. Tours.

étant un besoin vital quotidien). Dans *le Goût juste*, Jacques Puisais propose des séries d'essais afin de se familiariser avec ce sujet.

Par exemple, on goûte un vin blanc jeune, sec et vif, tel un Muscadet, un Pouilly-sur-Loire ou un Pinot blanc d'Alsace. Selon les seuils d'acceptabilité individuelle, on trouve le vin plus ou moins vif, voire agressif, ou coulant. Il est ensuite proposé de goûter quelques feuilles de salade assaisonnées, craquantes, acides, amères. On goûte à nouveau le vin et l'on s'aperçoit qu'il devient moins acide et plus plein. L'explication de ce phénomène est simple : après la salade notre seuil d'acceptabilité acide est remonté, donc le vin paraît moins acide. La stimulation auditive de la salade qui craque sous la dent est bruyante en palais alors que le vin est silencieux, ce qui renforce une impression « paisible » ; en « bloquant » l'acidité du vin, on fait ressortir son sucré, de même que l'amertume de la salade a gommé celle du vin. Cet ensemble d'interactions nous a permis de profiter d'un vin au registre plus tendre et l'ensemble est devenu harmonieux.

On peut faire aussi un autre test. Il consiste à choisir un vin rouge tannique comme un Saint-Émilion. On lui trouvera une certaine harmonie avec une note plus ou moins astringente selon les seuils individuels d'acceptabilité de l'astringence. On peut même aller, s'il est bien ouvert, à lui trouver la mâche « soyeuse ». On goûte alors un fromage de Saint-Nectaire, avec ses expressions moelleuses et pâteuses, qui libère un arôme lacté autour d'un équilibre de saveurs. On regoûte le même vin, et tout s'arrondit. L'ensemble devient douillet, l'astringence du vin, sa mâche, sont captées, amorties par les protéines du fromage.

Ambiance de repas rustique au coin de la cheminée.

Si chacun spontanément et tranquillement vit ces deux scènes qui n'exigent que quelques minutes et peu d'investissements, alors il aura ressenti en lui le discours des mets et des vins avec leurs répliques.

Après ces exercices il se sent libéré et il est prêt à oser, en sachant que rien n'est bon ou mauvais, mais simplement juste pour un individu donné à un instant précis qui ne sera jamais revécu.

La finalité des vins et des mets est donc de se rencontrer dans un lieu secret et unique, le palais. Ainsi sur ce palais, mets et vins vont jouer avec nous, se taquiner, se renforcer ou s'effacer afin de satisfaire notre attente.

La gastronomie, art de faire bonne chère, art du savoir boire et manger nécessite, pour être profitable, de la mesure, car sans elle nous n'entendrions plus le discours émotionnel. C'est donc une voie qui éloigne de l'abus en nous maintenant toujours à l'écoute de notre corps.

Les préalables de table

Certaines conditions doivent être remplies si l'on veut profiter avantageusement d'un repas. Nous en citerons quelques-unes comme : avoir faim, être de bonne humeur, être à l'heure, être présentable, avoir le temps...

Avoir faim

C'est cette pointe d'appétit qui nous ouvre au désir. Comment le plaisir pourrait-il exister s'il n'y avait cette attente ? Mais c'est un désir spontané, tranquille, qui doit s'éloigner de la goinfrerie. Ainsi notre comportement se rythme autour du repas, pensé et préparé, sans improvisation ni grignotage, tous deux néfastes à notre équilibre. Ceci nous rappelle bien son rôle dans notre équilibre biologique. Tout ce qui va écrêter ces « états de faim » nuira aux vécus de table. Savoir que l'on passera à table à 20 h 30 peut, à 17 heures, selon les milieux et le repas de midi, nous amener à prendre un en-cas : chocolat au lait ou thé avec une madeleine ou une brioche, un macaron... ou en revenant d'une course, pour combler un petit creux, on peut se servir un demi-verre de vin blanc bien frais avec un morceau de pain recouvert d'une rondelle de saucisson ou de fromage. Mais on a dit une madeleine ou une rondelle de saucisson et pas tout le saucisson et la bouteille de vin blanc frais !

On retrouve une situation analogue à l'apéritif. Celui-ci est fait pour ouvrir l'appétit, c'est-à-dire l'ouvrir et non le fermer. Or bien des fois cette période s'éternise dans l'attente de retardataires. On consomme alors des éléments sans grand intérêt et l'on boit des boissons contenant de l'alcool. Ce qui fait qu'au moment de passer à table, on n'a plus faim ni soif. De plus on s'est encombré d'éléments inutiles et peu bavards. Chacun doit donc se maîtriser et surtout il ne faudra jamais forcer personne afin que le départ du repas soit pris en pleine forme avec une faim saine, joyeuse et vigoureuse.

Le temps

La base des accords repose sur le repas, ses motivations, le temps que l'on peut lui consacrer, les convives avec lesquels le partager, notre besoin de rééquilibre physique ; autant dire que nous ne nous mettons jamais à table en étant tout à fait les mêmes, en ayant tout à fait les mêmes faims. Chez soi, le temps est connu mais s'il est raccourci ou allongé, on devrait toujours le signaler.

En revanche, au restaurant il doit être le premier échange : « Veuillez me traiter, je dispose de quarante minutes, d'une heure, de deux heures ou de trois heures. » Ainsi tout pourra être orchestré et à l'heure dite la note aura été réglée sans que nous nous soyons impatientés d'un certain retard à sa présentation. Le repas doit toujours être paisible.

Tous les repas sont grands, même si le temps que nous pouvons leur consacrer nous permet seulement de profiter d'un ballon de vin rouge jeune et frais et d'une saucisse gentiment posée sur une purée de pommes de terre écrasées à la fourchette et enrichies, selon la région, de beurre, de crème ou d'huile d'olive... En une heure on ne peut pas savourer un vin de grande origine, qui se déguste plus qu'il ne se boit, comme on ne va pas goûter un plat précieux aux senteurs délicates et au tactile voluptueux. Il y a les plats qui se préparent vite, comme une omelette – mais si elle est aux truffes, on a intérêt à rapprocher, le matin, les oeufs cassés des truffes émincées pour le soir – ou une viande grillée, une salade, une assiette de charcuterie locale, des huîtres... ou des plats qui se tiennent au chaud, comme les potées, les cassoulets, les plats en sauce.

Et puis il y a les plats cuisinés, ceux qui n'attendent pas : la sole meunière, le perdreau ou un autre volatile rôti, les légumes verts saisis, les desserts...

Combien de fois voit-on, au restaurant, les gens s'impatienter parce que le plat n'arrive pas. Ils ont oublié de tenir compte, dans leurs choix, du temps nécessaire à sa préparation, comme ils avaient oublié de dire qu'ils étaient pressés. Ces oublis se transforment en insatisfaction, le client considère que le restaurateur n'est pas à la hauteur, et ce dernier prend le client pour un importun. Ces petits détails font que l'on digère mal, ce qui est contraire à toute gastronomie.

C'est ainsi que le repas pris dans un laps de temps suffisant permet à chacun de se ressourcer pour mieux continuer sa journée ou pour bien passer la nuit. Il est regrettable de constater que certaines gens ne prennent pas le temps de se mettre à table et consomment mets et boissons tout en consultant un dossier pour se donner de l'importance. Rien ne doit être bâclé dans la vie, en particulier le repas. De plus, il ne faut pas tout mélanger : quand on fait des affaires, on fait des affaires, quand on mange, on mange. Quoi de plus stupide de réunir des gens pour soi-disant faire une affaire... ? On peut en revanche, lorsque l'affaire est conclue, c'est-à-dire lorsque les deux parties sont satisfaites, partager un repas pour sceller encore mieux l'heureux moment.

L'heure

Le repas exige de la ponctualité. Dire « je serai là à 20 h 45 » ou « à 13 heures » n'a pas d'importance à condition d'être exact. Ce qui est gênant, pour celui qui vous fait à manger, pour vous-même et surtout pour le plat, c'est de ne pas préciser (et respecter) votre heure d'arrivée. Car le plat ne vous épargne pas, il vous dit : *je t'ai attendu, aussi ne te plains pas si je suis sec, si je suis mat, si j'ai perdu mon joyeux brillant, si je suis froid alors que je t'avais promis un toucher douillet et chaud, si je suis muet car mes senteurs se sont évanouies.* Combien de mets disparaissent stupidement à cause de ce manque de rigueur ! Et pourtant nous l'acceptons au théâtre, nous l'acceptons au sport mais le négligeons dans ce jeu combien riche et quotidien qu'est la table. Sans parler des éléments pollueurs comme la télévision ou le téléphone qui viennent « salir » mets et vins, nous laissant la fourchette en l'air.

Décor précieux augurant d'un repas festif.

Le partage

Avec qui allons-nous partager cet instant ? Est-ce un repas de fête, de famille, galant, de connaissance, à ne pas confondre avec le repas d'affaires qui scelle entre deux parties une bonne affaire élégamment partagée, ou un repas au quotidien, simple, généreux et juste ? Tous les repas sont grands, par l'atmosphère conviviale qu'ils nous offrent. Or on constate, en particulier au restaurant, que plusieurs personnes assises autour de la même table, et qui parfois se connaissent peu ou ne se sont pas rencontrées depuis longtemps, vont commander égoïstement le plat qui les attire sans avoir essayé de se rapprocher des autres afin que tous partagent la même émotion. Comment voulez-vous que le repas rapproche les gens si divers plats leur apportent une source émotionnelle différente ! Comment parler entre convives de la douceur d'un plat, de son harmonie avec le vin, si vous ne « jouez » pas au même jeu ? Combien de repas sont ainsi « ratés » car on n'a pas profité de cette occasion exceptionnelle, qui favorise une communication claire et fructueuse par le partage d'un vécu identique !

S'habiller pour un plat ?

Les mets et les vins peuvent exiger que l'on s'habille, que la salle où l'on mange soit dans leur style, que le nappage les conforte, que la verrerie laisse découvrir les robes et les atours du vin et que l'assiette mette en scène le mets préparé avec soin, sans

Autour d'un repas galant...

oublier la pointe d'amour, ou d'humour, qui éclaire les visages. Ils demandent enfin le calme, car le bruit nous empêche d'entendre donc de profiter de ces « anges » de la table.

Chacun peut remarquer qu'au cours d'un repas certaines touches vestimentaires ne sont pas en accord avec le lieu et encore moins avec les mets et les vins consommés. C'est ainsi que des soirées sont gâchées. Nous n'irons pas jusqu'à parler des parfums qui n'entrent pas dans l'ambiance du repas et laissent à la porte celui qui les véhicule. Il suffit de savoir que rien n'est compliqué : à repas simple, habits simples, à repas entre amis, présentation détendue et amicale...

Certains gastronomes, pour un repas entre amis, les informent un mois à l'avance des vins qui seront servis puis, quelques jours après, leur indiquent les mets choisis pour convoler en justes bouchées avec ces vins. Ils vont même jusqu'à indiquer : « Nous serons dans une ambiance feutrée aux notes roses safranées. »

De telles précisions permettent ainsi à chacun de se préparer et de se vêtir sans offenser ni les mets, ni les vins, ni l'amphitryon, ni tous ceux qui partageront l'instant. Cela nous permet également de rappeler que les mets et les vins, même aux moments les plus simples, demandent un peu de respect dans notre tenue. Ne se lave-t-on pas les mains avant de passer à table ? Ne met-on pas une chemise en plein été ou une veste, certains restaurants exigeant même le port de la cravate... Il ne faut pas voir dans tout cela des convenances arbitraires et inutiles mais au contraire des préparatifs permettant de passer un heureux moment à table. Combien de fois dans des restaurants au cadre très précis rencontre-t-on des convives dont les habits détonnent totalement avec l'ambiance ! C'est d'ailleurs là, dans la restauration, que le rôle du maître d'hôtel est essentiel. Il compose sa salle un peu comme on compose un bouquet ; il va faire en sorte d'éliminer dans un coin retranché des notes qui nuisent à l'harmonie du lieu ou même, à tort, les femmes non accompagnées.

Cela établi, on peut maintenant s'approcher de la base de la gastronomie à la française qui repose tout d'abord sur le choix du vin. Tout est facile : à un instant simple, un vin simple ; à un instant de plein air, un vin de plein air ; à un instant galant, un vin galant ; à un instant familial, un vin de famille ; à un instant d'affaires, un vin d'affaires... C'est là tout l'art de recevoir et de savoir rassembler autour d'une table.

Les tableaux à la fin de ce chapitre proposent la liste des vins français au travers des principales appellations en indiquant les ambiances où ils se sentent habituellement à l'aise pour jouer. Ce n'est qu'une indication afin de permettre à chacun d'avoir envie de jouer une partie subtile de gastronomie. Alors peut-être chacun marquera-t-il sur son agenda gourmand ses impressions, ses rencontres avec les mets et les vins, notant par exemple : *Ce Mâcon-Viré a répondu avec justesse à cette andouillette cuite au four.*

Une remarque s'impose à propos du service de l'eau à table. Le verre à eau, mieux le gobelet ou la timbale, sont nécessaires sur la table et doivent être remplis régulièrement d'eau froide. Mais les bouteilles d'eau ne doivent pas demeurer sur la table, elles y font un effet désordonné, triste et pénalisant. On peut éventuellement tolérer de les recouvrir d'un « cache ». La cruche ou l'aiguière, adaptées au service, peuvent être acceptées ; ce qui compte c'est que l'eau soit fraîche.

Quelques repères pour accorder vins et mets

Par exemple, le ciel est nacré, le vent doux, un tantinet humide, on est dans les mois en R, et on a besoin d'un Muscadet bien frais avec sa vivacité et sa gaieté. Le choix est simple : il suffit d'aller vers des huîtres de Vendée, elles vont assurer la réplique ; on pourra ajouter le citron pour les acides, du poivre au moulin pour les piquants, qu'importe, mais on n'oubliera pas le pain et le beurre ou plutôt les beurres, doux et salé, car certains aiment mettre leur grain de sel.

Autre cas de figure, le Beaujolais-Villages tout nouveau est arrivé et il nous confie son désir de jouer avec une volaille dodue, simplement rôtie au four avec son jus ; nous parlons évidemment du jus et non pas de ces sauces épaisses et collantes qui enlaidissent la gastronomie. À moins que notre ami du Beaujolais ne fasse un caprice et ne s'engage vers le saucisson chaud, tel qu'on sait si bien le préparer à Lyon avec ses pommes tièdes et huilées enhardies d'échalotes grises...

On peut encore évoquer l'accent d'un Corbières 1993, servi à 18 °C dans des verres larges et généreux, qui répondra à une rouelle de porc agrémentée d'oignons et d'un petit piment afin de donner une ambiance plus méridionale. On peut également supposer que votre convive apprécie particulièrement des vins de Muscat. Alors un Muscat de Saint-Jean-de-Minervois ou un Beaumes-de-Venise – dans le fond pourquoi pas les deux ? – servis dans des verres fins et ciselés... Quant au dessert, un paris-brest, dont on peut penser que votre invité reprendra, donc vous le choisirez pour huit bien que vous ne soyez que quatre autour de la table.

Penser aux autres, aux vins qu'ils aiment, c'est en même temps favoriser l'échange, c'est aider chacun à s'exprimer. Il faut donc bien savoir lier et associer les mets et les vins à l'instant où ils sont servis. Alors chacun se laissera emporter par sa spontanéité. Si l'approche n'est pas celle que l'on attendait, au moins chacun aura-t-il appris quelque chose et saura-t-il, la prochaine fois, comment il devra s'y prendre pour préparer ces instants gourmands.

Les souvenirs racontés créent la culture d'un pays, d'une région, d'une famille, d'un être. Nous cumulons tous ces jalons qui ont meublé nos vécus afin de mieux ressentir le présent et avoir des vues sur l'avenir. La gastronomie exige de se sentir libre dans le sens de la définition de la santé par l'Organisation mondiale de la santé : « La santé c'est un état de complet bien-être physique, mental et social et ne consiste pas seulement en une absence de maladie ou d'infirmité. »

C'est à ce bien-être que nous pensons et non pas à ces orientations pathologiques venues des médias qui s'expriment au nom de tissus physiques ou mentaux malades et qui oublient que les orientations sont d'abord au service des bien-portants.

Le vin est-il un personnage solitaire et exigeant ?

Combien de fois entend-on dire que tel vin, telle grande bouteille doivent être consommés pour eux-mêmes ! Certes, il y a certaines occasions, à 17 heures, avec la venue d'un vieil ami ou une rencontre heureuse, ou à 10 heures, avec le passage d'une connaissance. On peut alors ouvrir une bouteille ou une demi-bouteille afin de marquer l'instant. Mais, d'une façon générale, le vin doit être goûté avec un mets. Il n'y a aucune exception même pour le Champagne ou les grands vins assagis qui sont réservés aux instants de fête.

Le vin est-il exigeant ? Bien souvent certains se plaignent d'avoir servi tel grand vin à des amis qui ne l'ont pas apprécié. La faute n'en revient pas aux autres mais à vous-même. Servir un vin c'est proposer un registre d'expression comme il en existe dans d'autres formes de l'art. L'art doit être à la portée des connaissances, du vécu de l'autre. Si l'émotionnel est trop riche, trop dense, ce dernier ne peut être à l'écoute, sa mémoire ne fonctionne pas. Donc il ne réagit pas ou plutôt se débarrasse du sujet en disant : « je n'aime pas, le vin est oxydé, il est usé... » Évidemment il a tort, il devrait dire : « je ne connais pas ce vin, pourriez-vous m'expliquer pourquoi il m'indiffère ? » Mais l'amphitryon aurait pu de lui-même, en servant le vin, lui dire, par exemple : « je vous sers un Morgon 1988 peut-être ne connaissez-vous pas les crus du Beaujolais dans leur expression adulte, cela vous change du primeur, mais notez sa maturité, son ampleur qui lui permettent de répondre avec aisance à ce train de côte de veau rôtie. » Manger et boire représentent donc une forme d'art total puisque tous les sens sont impliqués et, deux à trois fois par jour, nous répétons pour préparer de grands instants dont l'oeuvre s'inscrit en nous pour toujours. Servir le vin qui entre avec douceur dans l'instant c'est partager un art.

Quelques préparations de nos amis cuisiniers

Chaque cuisinier s'est fait connaître un jour ou l'autre par une préparation. Malheureusement certains guides leur reprochent de servir ces plats considérés comme trop anciens. Pourtant c'est grâce à ces classiques que la gastronomie se perpétue. Il y en a des centaines et des centaines, nous n'en citons que quelques-uns.

La mousse de grenouille de chez Haeberlin est une grande leçon de délicatesse. On peut lui proposer comme réplique un Muscat d'Alsace plein de fraîcheur. Après cette première note, on est prêt pour la suite du repas.

Le saumon à l'oseille de Pierre Troisgros est un plat né de l'abondance de production d'oseille dans le jardin familial ; tout est ample, vif, onctueux et on peut suggérer une réplique par un vin blanc de Sancerre ou de Pouilly.

Le parmentier de Jean Bardet avec sa pintade rôtie : on est là devant une scène généreuse qui apporte tellement que le silence s'installe autour de la table pour mieux entendre les répliques d'un Chinon et d'un Bourgueil, deux cousins des bords de Loire. L'un sera peut-être plus à l'aise sur l'aile, l'autre sur la cuisse, mais sur le parmentier il sera difficile de les séparer.

On ne peut pas parler de poulet de Bresse sans évoquer Georges Blanc qui sait si bien le mettre en scène et là encore Côte-de-Nuits, Côte-de-Beaune, cuisse, aile... on en reprend, on en parle et reparle.

Le canard Apicius d'Alain Senderens, aux senteurs douces et épicées, entre si bien dans le jeu du Banyuls du Docteur Parcé que c'est une très grande émotion de table à laquelle on doit se préparer.

La poularde de Bresse à la vapeur « Alexandre Dumaine » au riz truffé préparée avec amour par Bernard Loiseau donne la réplique à un tendre Volnay-Taille-Pieds. C'est surprenant et toujours aussi vrai.

Sous le ciel de la Provence, à Beaumanière, Jean André Charial nous offre les légumes de son jardin cueillis dans l'heure. Quel délice de goûter selon la saison petits pois ou haricots verts, avec le traditionnel agneau et dans les verres les vins blancs, rosés et rouges de cette région ensoleillée.

Près des Pyrénées, Michel Guérard met en scène un parmentier d'oie et de ris de veau à la truffe ; un régal, qu'on accompagnera de franches rasades de Madiran assagi.

Boyer en Champagne nous offre une expression douce et pleine de bonté, l'omelette du curé qui, avec un Champagne « blanc de noirs » bien assagi, devient bonheur.

Connaître ses classiques, c'est s'imprégner de ce véritable art qu'est la gastronomie, c'est s'appuyer sur des références afin de mieux ressentir, pour mieux créer et pour mieux vivre les instants de table.

Jacques Puisais, président de l'Institut français du goût

Quelques références en matière de gastronomie

Les exemples d'accords entre mets et vins proposés ci-dessous peuvent servir de référence. Il est important de les expérimenter tranquillement, au bon moment et au bon endroit, dans la région, dans le terroir, pour acquérir une trame de connaissances solide.

C'est la raison pour laquelle nous précisons l'époque et le lieu de ces classiques de saison et de régions lorsque cela paraît opportun.

Tout d'abord les potées ou potages : chaque région possède la sienne.

Parlons de la potée champenoise, servie dans une ambiance chaleureuse et amicale et dans une cave, cela va de soi. De toute façon, ce qui est important, c'est la réplique par trois Champagnes bien frais, un rosé, deux blancs, l'un tendre et l'autre vif. C'est là un jeu à connaître.

La garbure est une grande expression du Sud-Ouest ; abondance et générosité au travers des verdures de saison sont les caractéristiques de cette préparation. La réplique peut être proposée par un Jurançon blanc tendre et un Madiran assagi. Ainsi chacun trouvera son bonheur entre le blanc et le rouge. On peut également proposer un Tursan rouge et un Sauvignon blanc de Saint-Bris.

Pour profiter de ce grand plat qu'est la bouillabaisse, il faut prendre ses aises et son temps. On peut proposer comme réplique un blanc de Cassis et deux rosés, l'un de Bandol, l'autre de Provence, de la zone du littoral. En effet il faut bien trois acteurs pour répondre à ce ballet olfactif et tactile délicat. Et puis si un seul peut assurer la réplique, les autres sauront regarder votre bonheur et se réserveront pour un autre rôle.

Le cassoulet, spécialité languedocienne, ou plutôt les cassoulets : là encore on s'y prépare, on prend son temps, avec de larges serviettes blanches autour du cou. Il existait d'ailleurs autrefois une société de gastronomes qui se nommait le « Club des serviettes au cou ». Il est vrai qu'à cette époque-là les ventres des gastronomes étaient plus « briochants » et que l'entretien des vêtements était moins rapide. On peut proposer des vins de quatre ou huit ans déjà engagés, par exemple un Corbières, un Minervois, un Gaillac rouge. Ces vins auront été transvasés dans une carafe aux formes généreuses et servis à une température confortable, voisine de 18 °C, dans des verres fins de forme sphérique et large. Et l'on va goûter lequel saura apporter la meilleure réplique aux haricots, lequel recherchera le moelleux du confit, lequel s'encanaillera avec la saucisse, lequel sera le plus « pourléchant » des trois.

L'agneau de Pauillac pourrait être présenté entre deux Saints assagis, Estèphe et Julien. L'agneau est tendre, avec des senteurs ovines juvéniles ; lequel de ces deux vins cherchera-t-il la tendreté charnelle ou le croustillant caramélisé de la peau ?

La baudroie à la bordelaise est un autre grand accord de notre gastronomie. Elle peut être préparée au Sauternes, telle que savent nous l'offrir les cuisinières de la région du Sauternais. On est là devant un plat précieux de la table à l'environnement dentelé. L'ambiance est feutrée, douce pendant que les chairs nous confient leurs secrets. On pourra choisir un Saint-Émilion comme sait le proposer le cuisinier François Goulet à Saint-Émilion. Le même plat servi à Nantes, où l'on pêche la baudroie en Loire, est un autre registre à vivre toujours entre amis.

Et puis un autre bonheur, un rognon de veau grillé sur des sarments de vigne, qui attend la réplique d'un Chinon charnu, encore jeune, provenant de « vignes de ligne » du bord de Loire ; comme tout est simple au travers de cette expression viscérale cueillie dans un ventre et le grain de raisin fermenté qui lui réplique. On peut faire jouer en parallèle un Chinon de Coteau plus aérien mais à la mâche ferme afin que chacun puisse apprécier ces répliques différentes.

Cuisinier tranchant une pièce de viande sous le regard attentif des convives.

Nom du vin	Nature du vin	Ambiances du repas				
		Simple	Familiale	Amicale	Festive	Galante
Bourgogne						
Bourgogne	rouge	×				
Bourgogne	blanc	×				
Bourgogne Irancy	rosé			×		
Bourgogne Aligoté	blanc	×	×	×		
Bouzeron	blanc		×	×		
Bourgogne Passetoutgrains	rouge			×		
Bourgogne grand ordinaire	rouge	×		×		
Bourgogne grand ordinaire	blanc	×		×		
Crémant de Bourgogne	blanc	×	×	×	×	×
Chablis						
Chablis Grand Cru	blanc		•	×	•	×
Chablis Premier Cru	blanc		×	×	•	•
Chablis	blanc		×	×		
Petit-Chablis	blanc	×		×		
Côte-Roannaise						
Côte-Roannaise	rouge	×	×	×		
Côte de Nuits						
Chambolle-Musigny	rouge		× •	×	•	•
Côte-de-Nuits-Villages	rouge		× •	×	•	•
Côte-de-Nuits-Villages	blanc		× •	×	•	•
Fixin	rouge		× •	×	•	•
Gevrey-Chambertin	rouge		× •	×	•	•
Morey-Saint-Denis	rouge		× •	×	•	•
Morey-Saint-Denis	blanc		× •	×	•	•
Nuits-Saint-Georges	rouge		× •	×	•	•
Nuits-Saint-Georges	blanc		× •	×	•	•
Vougeot	rouge		× •	×	•	•
Vougeot	blanc		× •	×	•	•
Vosne-Romanée	rouge		× •	×	•	•
Marsannay	rouge		× •	×	•	•
Bourgogne Hautes-Côtes-de-Nuits	rouge		× •	×	•	•
Bourgogne Hautes-Côtes-de-Nuits	blanc		× •	×	•	•
Grands crus de la Côte de Nuits						
Bonnes Mares	rouge		•	•	•	•
Chambertin	rouge		•	•	•	•
Chambertin-Clos-de-Bèze	rouge		•	•	•	•
Chapelle-Chambertin	rouge		•	•	•	•
Charmes-Chambertin	rouge		•	•	•	•
Clos des Lambrays	rouge		•	•	•	•
Clos de la Roche	rouge		•	•	•	•
Clos Saint-Denis	rouge		•	•	•	•
Clos de Tart	rouge		•	•	•	•
Clos de Vougeot	rouge		•	•	•	•
Échezeaux	rouge		•	•	•	•
Grands Échezeaux	rouge		•	•	•	•
Griotte-Chambertin	rouge		•	•	•	•
La Tâche	rouge		•	•	•	•
Latricières-Chambertin	rouge		•	•	•	•
Mazis-Chambertin	rouge		•	•	•	•
Musigny	rouge		•	•	•	•
Musigny	blanc		•	•	•	•
Richebourg	rouge		•	•	•	•
La Romanée	rouge		•	•	•	•
Romanée-Conti	rouge		•	•	•	•
Romanée-Saint-Vivant	rouge		•	•	•	•
Ruchottes-Chambertin	rouge		•	•	•	•
Côte de Beaune						
Aloxe-Corton	rouge		• ×	×	•	•
Aloxe-Corton	blanc		• ×	×	•	•
Auxey-Duresses	rouge		• ×	×	•	•
Auxey-Duresses	blanc		• ×	×	•	•
Beaune	rouge		• ×	×	•	•
Beaune	blanc		• ×	×	•	•
Blagny	rouge		• ×	×	•	•
Chassagne-Montrachet	rouge		• ×	×	•	•
Chassagne-Montrachet	blanc		• ×	×	•	•
Maranges	rouge		• ×	×	•	•
Maranges	blanc		• ×	×	•	•
Chorey-lès-Beaune	rouge		• ×	×	•	•
Chorey-lès-Beaune	blanc		• ×	×	•	•
Côte-de-Beaune	blanc		• ×	×	•	•
Côte-de-Beaune-Villages	rouge		• ×	×	•	•
Ladoix-Serrigny	rouge		• ×	×	•	•
Ladoix-Serrigny	blanc		• ×	×	•	•
Meursault	rouge		• ×	×	•	•
Meursault	blanc		• ×	×	•	•
Monthélie	rouge		• ×	×	•	•
Monthélie	blanc		• ×	×	•	•
Pernand-Vergelesses	rouge		• ×	×	•	•
Pernand-Vergelesses	blanc		• ×	×	•	•
Pommard	rouge		• ×	×	•	•
Puligny-Montrachet	rouge		• ×	×	•	•
Puligny-Montrachet	blanc		• ×	×	•	•
Saint-Aubin	rouge		• ×	×	•	•
Saint-Aubin	blanc		• ×	×	•	•
Saint-Romain	rouge		• ×	×	•	•
Saint-Romain	blanc		• ×	×	•	•
Santenay	rouge		• ×	×	•	•
Santenay	blanc		• ×	×	•	•
Savigny-lès-Beaune	rouge		• ×	×	•	•
Savigny-lès-Beaune	blanc		• ×	×	•	•
Volnay	rouge		• ×	×	•	•
Bourgogne Hautes-Côtes-de-Beaune	rouge		• ×	×	•	•
Bourgogne Hautes-Côtes-de-Beaune	blanc		• ×	×	•	•
Grands crus de la Côte de Beaune						
Corton	rouge		•		•	
Corton	blanc		•		•	
Corton-Charlemagne	blanc		•		•	
Bâtard-Montrachet	blanc		•		•	
Bienvenues-Bâtard-Montrachet	blanc		•		•	
Criots-Bâtard-Montrachet	blanc		•		•	
Chevalier-Montrachet	blanc		•		•	
Montrachet	blanc		•		•	
Côte châlonnaise						
Givry	rouge		• ×	×	•	•
Givry	blanc		• ×	×	•	•
Mercurey	rouge		• ×	×	•	•
Mercurey	blanc		• ×	×	•	•
Montagny	blanc		• ×	×	•	•
Rully	rouge		• ×	×	•	•
Rully	blanc		• ×	×	•	•
Mâconnais						
Mâcon	rouge	×				
Mâcon	blanc	×				
Mâcon supérieur	rouge	×				
Mâcon supérieur	blanc	×				
Mâcon-Villages	blanc		• ×	×	•	•

× Vins jeunes • Vins à maturité

Nom du vin	Nature du vin	AMBIANCES DU REPAS				
		Simple	Familiale	Amicale	Festive	Galante
Pouilly-Fuissé	blanc		• ×	×	•	•
Pouilly-Loché	blanc		• ×	×	•	•
Pouilly-Vinzelles	blanc		• ×	×	•	•
Saint-Véran	blanc		• ×	×	•	•
Beaujolais						
Beaujolais	rouge	×	×	×		
Beaujolais	blanc		×	×	•	
Beaujolais supérieur	rouge	×	×	×		
Beaujolais supérieur	blanc	×	×	×		
Beaujolais-Villages	rouge		•	×	•	
Beaujolais-Villages	blanc		•	×	×	
Brouilly	rouge		×	×	•	• ×
Chénas	rouge		×	×	•	• ×
Chiroubles	rouge		×	×	•	• ×
Côte-de-Brouilly	rouge		×	×	•	• ×
Fleurie	rouge		×	×	•	• ×
Juliénas	rouge		×	×	•	• ×
Morgon	rouge		×	×	•	• ×
Moulin-à-Vent	rouge		×	×	•	• ×
Saint-Amour	rouge		×	×	•	• ×
Régnié	rouge		×	×	•	• ×
Lyonnais						
Coteaux-du-Lyonnais	rouge	×	×	×		
Coteaux-du-Lyonnais	blanc	×	×	×		
Jura						
Macvin	VDL		×	×	×	×
Arbois	rouge	×	×	×	•	
Arbois	blanc	×	× •	×	•	
Château-Chalon	blanc		•	•	•	•
L'Étoile	blanc		•	•	•	•
Côtes-du-Jura	rouge	×	× •	× •	•	•
Côtes-du-Jura	blanc	×	× •	× •	•	•
Crémant du Jura	blanc	×	×	×	×	×
Savoie						
Vin de Savoie	blanc	×	×	×	×	×
Vin de Savoie	rouge	×	×	×	×	×
Roussette de Savoie	blanc	×	×	×	×	×
Crépy	blanc	×	×	×	•	•
Seyssel	blanc	×	×	×	•	•
Seyssel mousseux	blanc	×	×	×	×	×
Muscadet						
Muscadet	blanc	×	×	×	× •	× •
Muscadet Coteaux-de-la-Loire	blanc	×	×	×	× •	× •
Muscadet Sèvre-et-Maine	blanc	×	×	×	× •	× •
Muscadet Côtes-de-Grandlieu	blanc	×	×	×	× •	× •
Anjou-Saumur						
Anjou-Villages	rouge		×	×	•	
Anjou Gamay	rouge	×	×	×		
Anjou	rouge	×	×	×	•	
Anjou	blanc		× •	× •		
Rosé d'Anjou	rosé	×	×	×		
Cabernet d'Anjou	rosé		×	×	•	•
Anjou Coteaux-de-la-Loire	blanc					
Savennières	blanc		× •	× •	•	•
Coteaux-du-Layon	blanc		× •	× •	•	•
Bonnezeaux	blanc		× •	× •	•	•
Quarts-de-Chaume	blanc		× •	× •	•	•

Nom du vin	Nature du vin	AMBIANCES DU REPAS				
		Simple	Familiale	Amicale	Festive	Galante
Coteaux-de-l'Aubance	blanc		× •	× •	•	•
Cabernet de Saumur	rouge		×	×		
Saumur-Champigny	rouge		×	×	•	•
Coteaux-de-Saumur	blanc		× •	× •	•	•
Rosé de Loire	rosé	×	×	×		
Saumur	blanc		×	×	•	•
Saumur mousseux	rouge		×	×	× •	
Saumur mousseux	blanc	×	×	×	× •	× •
Crémant de Loire	blanc	×	×	×	× •	× •
Touraine						
Touraine	rouge-rosé		×	×	•	
Touraine	blanc	×	×	×	•	
Touraine-Amboise	rouge-rosé		× •	×	•	
Touraine-Amboise	blanc		× •	×	•	•
Touraine-Azay-le-Rideau	rosé		×	×	×	×
Touraine-Azay-le-Rideau	blanc		× •	×	•	× •
Touraine-Mesland	rouge-rosé		× •	×	•	
Touraine-Mesland	blanc		×	×	•	
Bourgueil	rouge-rosé		×	× •	× •	•
Saint-Nicolas-de-Bourgueil	rouge-rosé		×	× •	× •	•
Chinon	rouge		×	× •	× •	•
Chinon	blanc		× •	× •	•	•
Cour-Cheverny	blanc	×	×	×	•	
Cheverny	blanc		×	×	•	
Cheverny	rouge-rosé	×	×	×		
Vouvray	blanc		× •	× •	•	•
Vouvray mousseux	blanc	×	×	×	×	×
Montlouis	blanc		× •	× •	•	•
Montlouis mousseux	blanc	×	×	×	×	×
Touraine mousseux	blanc					
Sarthe						
Coteaux-du-Loir	rouge		×	×	•	
Coteaux-du-Loir	blanc		× •	× •	•	
Jasnières	blanc		× •	× •	•	•
Berry-Nivernais						
Pouilly Fumé	blanc		×	×	× •	•
Pouilly-sur-Loire	blanc	×	×	×	×	×
Quincy	blanc		×	×	×	•
Menetou-Salon	rouge-rosé		× •	×	•	
Menetou-Salon	blanc		×	×		
Reuilly	rouge-rosé		× •	×	•	
Reuilly	blanc		×	×	× •	•
Sancerre	rouge		× •	× •	× •	•
Sancerre	blanc		×	×	× •	•
Bordelais						
Bordeaux	rouge	×	×	×		
Bordeaux-Côtes-des-Francs	rouge		×	×	•	
Bordeaux	blanc	×	×	×		
Bordeaux-Côtes-des-Francs	blanc		×	×	•	
Bordeaux supérieur	rouge	×	×	×		
Côtes-de-Castillon	rouge		×	×	•	
Bordeaux supérieur	blanc		×	×		
Bordeaux clairet	rouge	×	×	×		
Bordeaux rosé	rosé	×	×	×		
Bordeaux mousseux	blanc	×	×	×		
Blaye ou Blayais	rouge		×	×		
Blaye ou Blayais	blanc		×	×		
Premières-Côtes-de-Blaye	rouge		×	×	•	

Nom du vin	Nature du vin	Ambiances du repas				
		Simple	Familiale	Amicale	Festive	Galante
Côtes-de-Blaye	blanc		×	×	•	
Bourg ou Côtes-de-Bourg	rouge		×	×	•	
Bourg ou Côtes-de-Bourg	blanc		×	×	•	
Entre-deux-Mers	blanc	×	×	×		
Côtes-de-Bordeaux-Saint-Macaire	blanc		×	×	•	
Graves de Vayres	rouge	×	×	×		
Graves de Vayres	blanc	×	×	×		
Premières-Côtes-de-Bordeaux	rouge		×	×	•	
Premières-Côtes-de-Bordeaux	blanc		×	×	•	
Sainte-Foy-Bordeaux	rouge		×	×	•	
Sainte-Foy-Bordeaux	blanc		×	×	•	
Médoc						
Médoc	rouge		× •	× •	•	•
Haut-Médoc	rouge		× •	× •	•	•
Listrac-Médoc	rouge		× •	× •	•	•
Margaux	rouge		× •	× •	•	•
Moulis	rouge		× •	× •	•	•
Pauillac	rouge		× •	× •	•	•
Saint-Estèphe	rouge		× •	× •	•	•
Saint-Julien	rouge		× •	× •	•	•
Saint-Émilion						
Saint-Émilion	rouge		× •	× •	•	•
Lussac Saint-Émilion	rouge		× •	× •	•	•
Montagne Saint-Émilion	rouge		× •	× •	•	•
Puisseguin Saint-Émilion	rouge		× •	× •	•	•
Saint-Georges-Saint-Émilion	rouge		× •	× •	•	•
Pomerol						
Pomerol	rouge		•	•	•	•
Lalande-de-Pomerol	rouge		× •	× •	•	•
Fronsac						
Canon-Fronsac	rouge		×	×	•	•
Fronsac	rouge		×	×	•	•
Sauternes et Cérons						
Barsac	blanc		× •	× •	•	•
Sauternes	blanc		× •	× •	•	•
Cérons	blanc		× •	× •	•	•
Graves						
Graves	rouge		× •	× •	•	•
Graves	blanc		× •	× •	•	•
Graves supérieurs	blanc		× •	× •	•	•
Rive droite						
Cadillac	blanc		×	×		
Loupiac	blanc		× •	× •	•	•
Sainte-Croix-du-Mont	blanc		× •	× •	•	•
Bergeracois						
Bergerac	rouge		×	×	•	
Bergerac	blanc		×	×	•	
Saussignac	blanc		× •	× •	•	
Côtes-de-Bergerac	rouge		×	×	•	
Côtes-de-Bergerac	blanc		× •	× •	•	•
Côtes-de-Montravel	blanc		• ×	• ×	•	•
Haut-Montravel	blanc		• ×	• ×	•	•
Montravel	blanc		×	×		
Monbazillac	blanc		× •	× •	•	•
Pécharmant	rouge		× •	× •	•	

Nom du vin	Nature du vin	Ambiances du repas				
		Simple	Familiale	Amicale	Festive	Galante
Rosette	blanc		× •	× •	•	•
Lot						
Cahors	rouge		× •	× •	•	
Aveyron						
Marcillac	rouge	×	×	×		
Lot-et-Garonne						
Buzet	rouge		×	×	•	
Buzet	blanc		×	×		
Côtes-de-Duras	rouge		×	×	•	
Côtes-de-Duras	blanc		×	×		
Côtes-du-Marmandais	rouge	×	×	×		
Côtes-du-Marmandais	blanc	×	×	×		
Haute-Garonne et Tarn-et-Garonne						
Côtes-du-Frontonnais	rouge		×	×	•	
Tarn						
Gaillac	rouge	×	×	×	× •	
Gaillac	blanc		× •	×	•	× •
Béarn						
Béarn	rosé	×	×	×		
Béarn	blanc	×	×	×		
Irouléguy	rosé	×	×	×		
Jurançon	blanc		•	• ×	•	× •
Madiran	rouge		•	• ×	•	•
Pacherenc-du-Vic-Bilh	blanc		•	• ×	•	•
Aude						
Blanquette de Limoux	blanc	×	×	×	×	×
Languedoc-Roussillon						
Cabrières	rouge	×	×	×		
Costières-de-Nîmes	rouge-rosé	×	×	×		
Costières-de-Nîmes	blanc	×	×	×		
Corbières	rouge-rosé	×	×	×		
Corbières	blanc	×	×	×		
Coteaux-du-Languedoc	rouge-rosé	×	×	×		
Coteaux-de-la-Méjanelle	rouge-rosé	×	×	×		
Coteaux-de-Saint-Christol	rouge-rosé	×	×	×		
Coteaux-de-Vérargues	rouge-rosé	×	×	×		
La Clape	rouge-rosé	×	×	×		
La Clape	blanc	×	×	×		
Minervois	rouge-rosé	×	×	×		
Minervois	blanc	×	×	×		
Montpeyroux	rouge	×	×	×		
Picpoul-de-Pinet	blanc	×	×	×		
Pic-Saint-Loup	rouge-rosé	×	×	×		
Quatourze	rouge-rosé	×	×	×		
Saint-Drézéry	rouge	×	×	×		
Saint-Georges-d'Orques	rouge	×	×	×		
Saint-Saturnin	rouge	×	×	×		
Villages	rouge		•	× •	•	
Fitou	rouge	×	× •	×	•	
Collioure	rouge	×	× •	×	•	•
Clairette du Languedoc	blanc	×	×	×	×	
Clairette de Bellegarde	blanc	×	×	×	×	
Faugères	rouge	×	•	× •	•	
Saint-Chinian	rouge	×	•	× •	•	
Côtes du Rhône						
Côtes-du-Rhône	rouge	×	×	×	•	
Côtes-du-Rhône	blanc	×	×	×	•	

Nom du vin	Nature du vin	Ambiances du repas : Simple	Familiale	Amicale	Festive	Galante
Côtes-du-Rhône-Villages	rouge		•	× •	•	
Côtes-du-Rhône-Villages	blanc		•	× •	•	
Château-Grillet	blanc		•	•	•	•
Châteauneuf-du-Pape	rouge		•	× •	•	•
Châteauneuf-du-Pape	blanc		× •	× •	•	•
Condrieu	blanc		•	•	•	•
Cornas	rouge		× •	× •	•	•
Côte-Rôtie	rouge		× •	× •	•	•
Crozes-Hermitage	rouge		× •	× •	•	•
Crozes-Hermitage	blanc		× •	× •	•	•
Hermitage	rouge		•	•	•	•
Hermitage	blanc		•	•	•	•
Gigondas	rouge		× •	× •	•	•
Lirac	rouge	×	× •	× •	•	
Lirac	blanc		×	×	×	•
Saint-Joseph	rouge	×	× •	× •	•	•
Saint-Joseph	blanc		× •	× •	•	•
Saint-Péray	blanc	×	×	×	×	×
Tavel	rosé	×	×	×	•	•
Autres AOC de la vallée du Rhône						
Clairette de Die	blanc	×	×	×	×	×
Châtillon-en-Diois	rouge	×	×	×	•	
Châtillon-en-Diois	blanc	×	×	×	•	×
Coteaux-du-Tricastin	rouge	×	× •	×	•	
Coteaux-du-Tricastin	blanc	×	× •	×		
Côtes-du-Lubéron	rouge-rosé	×	×	×		
Côtes-du-Lubéron	blanc	×	×	×		
Côtes-du-Ventoux	rouge	×	× •	×		
Côtes-du-Ventoux	blanc	×	× •	×		
Provence						
Les-Baux-de-Provence	rouge-rosé	×	×	×		
Les-Baux-de-Provence	blanc	×	×	×		
Coteaux-d'Aix	rouge-rosé	×	×	×		
Coteaux-d'Aix	blanc	×	×	×		
Côtes-de-Provence	rouge		×	×	× •	•
Côtes-de-Provence	blanc	×	×	×	×	
Bandol	rouge		× •	× •	•	•
Bandol	blanc	×	×	×	× •	× •
Bellet	rouge		• ×	• ×	• ×	• ×
Bellet	blanc		• ×	• ×	• ×	• ×
Cassis	rouge	×	×	×	• ×	
Cassis	blanc	×	×	×	×	×
Palette	rouge		•	•	•	•
Palette	blanc		•	•	•	•
Corse						
Vin de Corse	rouge	×	× •	×	× •	•
Vin de Corse	blanc	×	× •	×	× •	•
Champagne						
Champagne	rosé			×	× •	× •
Champagne	blanc	×	×	×	× •	×
Coteaux Champenois	rouge			× •	•	•
Coteaux Champenois	blanc			× •	•	•
Rosé des Riceys	rosé	×	×	×	×	×
Alsace						
Alsace	rouge-rosé		× •	×	•	•
Alsace	blanc	×	× •	× •	× •	× •
Crémant d'Alsace	rouge	×		×		
Crémant d'Alsace	blanc	×	×	×	×	×
Vendanges tardives	blanc		•	•	•	•

Nom du vin	Nature du vin	Ambiances du repas : Simple	Familiale	Amicale	Festive	Galante
Vins doux naturels						
Banyuls Grand Cru	rouge		×	×	× •	× •
Banyuls	rouge		×	×	× •	× •
Grand Roussillon	rouge	×	×	×	×	
Grand Roussillon	blanc	×	×	×	×	
Maury	rouge	×	×	×	× •	
Muscat de Beaumes-de-Venise	blanc	×	×	×	×	×
Muscat de Frontignan	blanc	×	×	×	×	×
Muscat de Lunel	blanc	×	×	×	×	×
Muscat de Mireval	blanc	×	×	×	×	×
Muscat de Rivesaltes	blanc	×	×	×	×	×
Muscat de Saint-Jean-de-Minervois	blanc	×	×	×	×	×
Rasteau	rouge	×	×	×	×	
Rasteau	blanc	×	×	×	×	
Rivesaltes	rouge	×	×	×	×	
Rivesaltes	blanc	×	×	×	×	
AOVDQS						
Vin du Bugey	rouge-rosé	×	×	×		
Vin du Bugey	blanc	×	×	×		
Roussette du Bugey	blanc	×	×	×		
Sauvignon-de-Saint-Bris	blanc	×	×	×		
Vins d'Entraygues et du Fel	rouge-rosé	×	×	×		
Vins d'Entraygues et du Fel	blanc	×	×	×		
Vins d'Estaing	rouge-rosé	×	×	×		
Vins d'Estaing	blanc	×	×	×		
Vins de Lavilledieu	rouge	×	×	×		
Tursan	rouge-rosé	×	×	×		
Tursan	blanc	×	×	×		
Côtes-de-Saint-Mont	rouge	×	×	×		
Côtes-de-Saint-Mont	blanc	×	×	×		
Coteaux-de-Pierrevert	rouge-rosé	×	×	×		
Coteaux-de-Pierrevert	blanc	×	×	×		
Côtes-du-Vivarais	rouge-rosé	×	×	×		
Côtes-du-Vivarais	blanc	×	×	×		
Côtes-de-Toul	rouge-gris	×	×	×		
Côtes-de-Toul	blanc	×	×	×		
Moselle	rouge-rosé	×	×	×		
Moselle	blanc	×	×	×		
Châteaumeillant	rouge	×	×	×		
Coteaux-d'Ancenis	rouge-rosé	×	×	×		
Coteaux-d'Ancenis	blanc	×	×	×		
Coteaux-du-Giennois	rouge	×	×	×		
Coteaux-du-Giennois	blanc	×	×	×		
Coteaux-du-Vendômois	rouge-rosé	×	×	×		
Coteaux-du-Vendômois	blanc	×	×	×		
Côtes-d'Auvergne	rouge-rosé	×	×	×		
Côtes-d'Auvergne	blanc	×	×	×		
Côtes-du-Forez	rouge-rosé	×	×	×		
Haut-Poitou	rouge	×	×	×		
Haut-Poitou	blanc	×	×	×		
Gros-Plant du Pays nantais	blanc	×	×	×		
Vin de l'Orléanais	rouge-rosé	×	×	×		
Vin de l'Orléanais	blanc	×	×	×		
Saint-Pourçain	rouge-rosé	×	×	×		
Saint-Pourçain	blanc	×	×	×		
Vins du Thouarsais	rouge	×	×	×		
Vins du Thouarsais	blanc	×	×	×		
Valençay	rouge-rosé	×	×	×		
Valençay	blanc	×	×	×		
Cabardès	rouge-rosé	×	×	×		

COMPOSITION ET VERTUS DU VIN

Le vin n'a pas encore révélé tous les secrets de sa composition. Mais, à l'époque où la santé demeure l'une des préoccupations majeures de la société, la science tend à démontrer son action bénéfique sur l'organisme humain, tout en mettant en garde contre un usage abusif.

La consommation du vin, par ses aspects à la fois bénéfiques et néfastes, est un sujet qui intéresse chaque individu. Les aspects bénéfiques sont liés à l'origine même du vin, boisson naturelle, riche des nombreux constituants apportés par le raisin, façonnée par la fermentation alcoolique ; boisson que le vigneron et l'œnologue savent, pour notre plaisir, moduler à souhait en fonction des cépages, des terroirs et des techniques d'élaboration et de conservation.

Les aspects néfastes, nous les connaissons aussi. Ils sont liés à la présence de l'alcool. Ses effets sur l'organisme humain en font le facteur limitant la consommation du vin.

Pour connaître les effets du vin, il est nécessaire d'en connaître sa composition, ainsi que celle du raisin dont il est issu.

Les vignerons savent que le vin, boisson saine et naturelle, donne du plaisir sans faire perdre raison ni santé.

La composition du raisin

Les grappes de raisin constituent la matière première unique à partir de laquelle on élabore le vin après avoir broyé les grains pour obtenir le moût.

Les parties du grain de raisin essentielles pour l'obtention du vin sont la pulpe et la pellicule, qui représentent, suivant les cépages, 83 à 91 % de l'ensemble du grain pour la pulpe et 7 à 11 % pour la pellicule ; le troisième élément constitutif du grain étant représenté par les pépins, 2 à 6 %. Dans le tableau de la page suivante, on trouvera indiqués les constituants de la pulpe, de la pellicule et des pépins, classés par leur nature chimique. Ce tableau permet de comprendre le rôle des deux parties principales du grain de raisin (pellicule et pulpe) dans la composition du moût puis dans celle du vin.

La pulpe

À l'origine du jus de raisin, la pulpe apporte principalement de l'eau et des sucres. L'eau du fruit contenue dans les cellules a été puisée dans le sol par les racines. C'est une eau végétale très pure. Les sucres, du glucose et du fructose, sont à proportions pratiquement égales au moment de la maturité du fruit. Ils seront transformés en alcool lors de la fermentation alcoolique.

Parmi les acides organiques, la présence de l'acide tartrique doit être soulignée car elle est caractéristique du fruit de la vigne ; alors que l'acide malique et l'acide citrique sont présents dans tous les fruits.

Les matières minérales passent en solution dans le jus et dans le vin. Elles sont composées par du potassium, cation caractéristique du raisin et du vin, puis, par ordre décroissant d'importance pondérale, du calcium, du magnésium, du sodium, du fer, du cuivre, du zinc, enfin par tous les oligo-éléments présents dans les fruits.

Dans certains cépages rouges, la pulpe peut également contenir des composés phénoliques, les anthocyanes, qui la colorent. Dans d'autres cépages, seule la pellicule apportera la couleur au vin.

La pellicule

La composition de la pellicule est caractérisée par deux groupes particuliers de constituants qui jouent un rôle essentiel dans la qualité du vin futur. Les composés phénoliques comprennent essentiellement les matières colorantes, les anthocyanes, à l'origine de la couleur des vins rouges et rosés, les tanins et leurs précurseurs, les proanthocyanidols, qui constituent le corps du vin, et lui apportent des propriétés organoleptiques particulières. En dehors de ces composés phénoliques, la pellicule est représentée par la présence des substances aromatiques et de leurs précurseurs, qui seront révélés lors de la fermentation alcoolique ou de la conservation.

Les pépins

Présents dans le moût, les pépins céderont, durant la fermentation alcoolique et suivant sa durée et la température, des substances tannoïdes et azotées au moût. Tout écrasement, des pépins au

Composition comparée de la pulpe, de la pellicule et des pépins du grain de raisin		
	Constituants du grain de raisin	
La pulpe	Eau	70 à 78 %
	Sucres	10 à 25 %
	Acides organiques (tartrique, malique, citrique)	0,2 à 0,5 %
	Matières minérales	0,2 à 0,3 %
	Matières azotées et pectiques	0,05 à 1 %
La pellicule	Eau	78 à 80 %
	Acides organiques	1 à 1,5 %
	Matières minérales	0,15 à 0,20 %
	Matières azotées et pectiques	1,5 à 20 %
	Matières polyphénoliques, substances aromatiques et précurseurs d'arômes	1 à 2 %
Les pépins	Eau	36 à 40 %
	Matières grasses	10 à 12 %
	Matières azotées	5 %
	Matières minérales	1 à 2 %
	Matières tannoïdes	7 à 8 %
	Matières hydrocarbonées	34 à 36 %

moment du foulage des raisins doit être évité pour limiter le passage de leurs constituants et notamment des corps gras. Éliminés du vin avec les marcs après la fermentation alcoolique, ils sont récupérés pour en extraire une huile aux qualités diététiques reconnues.

La composition du vin

À partir du raisin, la fermentation alcoolique va conduire au vin en modifiant la matière première par la disparition des sucres, glucose et fructose, avec formation d'alcool accompagné de produits secondaires ne préexistant pas dans la vendange, dont le glycérol, divers acides organiques et autres constituants. La composition du vin est donc plus complexe que celle du raisin. Dans le tableau page 186, on dénombre plus de deux cents constituants. Depuis, les techniques analytiques très puissantes ont permis de multiplier par 4 ou 5 les constituants mis en évidence le plus souvent à l'état de teneurs infimes, substances volatiles généralement, participant à l'arôme du vin.

L'eau

L'eau, végétale, provenant du grain de raisin, est le constituant majeur du vin : 85 à 90 %. Elle contribue à satisfaire les besoins hydriques de l'homme lors de la consommation de vin.

Les acides organiques

Ces acides contribuent à l'acidité du vin, dont le pH moyen est de 3,3. Il est proche de celui du suc gastrique (pH 2 à 2,5). Malgré cette acidité élevée, la saveur acide du vin n'est nullement désagréable, car l'alcool qu'il contient atténue la sensation d'acidité. Cette acidité correspond à l'optimum de la digestion des protéines. Le vin s'allie parfaitement avec les aliments protéiques et est apprécié pour ses qualités digestives, qui font de lui une boisson de table recherchée.

On a beaucoup parlé de « vin aliment » et de « vin nutriment » en raison de l'apport en calories dû à la combustion de l'alcool par l'organisme, de l'apport en acides aminés, en vitamines, en substances minérales et en oligo-éléments. Cette approche paraît exagérée. En effet, le vin est pauvre en acides aminés et en vitamines et n'en constitue donc pas une source privilégiée, ainsi que le jus de raisin.

Les substances minérales

La composition minérale du vin est dominée par le potassium. Le vin, s'il n'y a pas de contre-indication, pourra donc être consommé dans les régimes hyposodés, les sels de potassium, les sulfates en particulier, favorisant la diurèse.

Les autres constituants minéraux du vin, calcium, magnésium et oligo-éléments, comme de nombreux autres produits d'origine naturelle, peuvent contribuer aux besoins quotidiens de l'homme.

Les constituants de l'arôme

Les constituants de l'arôme sont des substances volatiles, alcools, aldéhydes, phénols et surtout esters. Ils représentent numériquement plus de la moitié des constituants du vin et peuvent intervenir dans son arôme à des teneurs très faibles, jusqu'à 10^{-9} g/l. Ils contribuent par leur composition – associés éventuellement à des substances spécifiques du cépage, tels les terpenols dans le muscat – à l'originalité et à la typicité organoleptique des vins.

Les composés phénoliques

Les composés phénoliques apportent au vin sa couleur et son corps. Ils sont subdivisés en deux groupes : les flavonoïdes, caractérisés par la présence dans leur molécule d'un hétérocycle oxygéné, et les non-flavonoïdes.

Les ***flavonoïdes*** constituent le groupe le plus important de ces composés. Ils comprennent :

▷ les flavonols, le plus souvent liés à une molécule de sucre fixée sur le carbone 5 (C5) pour donner un flavonoside ;

▷ les anthocyanidols présents dans le raisin et dans le vin sous forme d'anthocyanosides, une molécule de sucre (glucose) étant fixée sur le carbone 3 (C3). À noter que les cépages hybrides de *Vitis vinifera* et de cépages américains ont des anthocyanosides porteurs d'une deuxième molécule de sucre en C5. Ces anthocyanosides, appelés aussi anthocyanes, provenant de la pellicule des raisins noirs, confèrent aux vins rouges leur couleur ;

▷ les flavanols avec les flavanes 3 ols, ou catéchines et les flavanes 3,4 diols. Ces molécules s'unissent entre elles pour donner les tanins, formés de l'enchaînement de 2 ou plus (jusqu'à 10) molécules élémentaires. Les oligomères de flavanols (2 à 5 molécules élémentaires) mis en évidence par Masquelier en 1955 et dénommés proanthocyanidols (voir l'exemple de dimère sur le schéma) sont des tanins faiblement condensés. Il s'agit des composés phénoliques les plus intéressants par leurs propriétés biologiques.

Anthocyanes et tanins sont extraits respectivement des pellicules et des pépins au cours de la macération des parties solides de la vendange dans le jus. Aussi les vins rouges en sont riches, contrairement aux vins blancs dont l'élaboration se fait par fermentation du jus séparé des parties solides de la vendange.

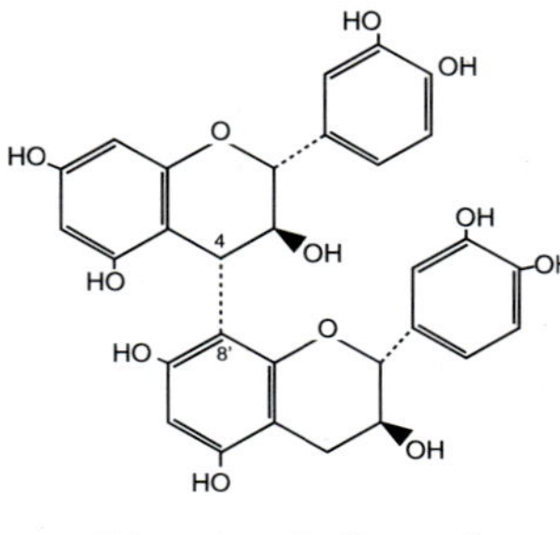

Oligomère de flavanol.

Parmi les ***non-flavonoïdes*** nous retiendrons les acides phénoliques (notamment l'acide cinnamique) et leurs esters tartriques, ainsi que le resvératrol et son glocoside, le piceide.

Propriétés biologiques du vin

L'attribution d'effets bénéfiques pour la santé à la consommation de vin remonte à la plus haute Antiquité. Hippocrate, il y a plus de 2 500 ans, recommandait le vin à ses patients. Cette attitude s'est poursuivie au fil des siècles. Il a fallu arriver vers les années 1970 pour que les progrès considérables dans le domaine de l'analyse, de la biologie, de la biochimie et de la statistique permettent des travaux scientifiques destinés à infirmer ou à confirmer les vertus attribuées au vin.

C'est la protection contre les maladies vasculaires qui a été considérée. Est-elle liée à la présence de l'alcool ou à des constituants spécifiques du vin ? Divers types d'études concourent à répondre à ces questions.

Enquêtes épidémiologiques

Des enquêtes épidémiologiques réalisées au cours des vingt dernières années dans les pays industrialisés ont montré que les populations consommatrices de boissons alcoolisées présentaient des taux bas de mortalité par maladies cardio-vasculaires, pour une consommation modérée, en comparaison des abstinents et des buveurs excessifs. Les effets majeurs de l'alcool paraissent ciblés sur les maladies cardio-vasculaires dues à l'insuffisance coronarienne, notamment l'infarctus du myocarde, facteur de mortalité prépondérant dans les pays industrialisés. Ces constatations s'appliquent au vin en tant que boisson contenant de l'alcool.

D'autres études épidémiologiques montrent le rôle bénéfique du vin pris dans sa globalité. Ainsi l'étude MONICA, programme de surveillance des maladies cardio-vasculaires à l'échelle mondiale, indique un taux de mortalité coronarienne plus faible en France que dans d'autres pays industrialisés, comme les États-Unis et le Royaume-Uni, et proche du taux observé au Japon et en Chine. Les Français, amateurs de bonne chère, meurent trois fois moins de maladies cardio-vasculaires que les Américains, alors que leur taux moyen de cholestérol est de 10 % supérieur en moyenne. C'est le « paradoxe français ». On constate aussi que la mortalité par infarctus du myocarde est plus faible à Toulouse qu'à Lille ou à Strasbourg.

Des différences dans les habitudes alimentaires faisant intervenir la consommation de vin, et en particulier le régime méditerranéen, sont avancées comme explications, ce qui implique l'action des constituants du vin.

Flavonoïdes et maladies cardio-vasculaires

Propriétés vitaminiques P et action sur le collagène. En 1944, Lavollay montre que quelques millilitres de vin rouge administrés *per os* au cobaye provoquent une augmentation très nette de la résistance capillaire, et il émet l'hypothèse que le vin renfermerait un facteur vitaminique P, facteur d'économie de la vitamine C. En 1955, Masquelier reproduit l'expérience de Lavollay avec les proanthocyanidols et leur attribue cette activité vitaminique P.

Ces proanthocyanidols protégeraient le collagène, protéine de structure des artères, d'abord lors de sa formation en agissant comme facteur d'épargne de la vitamine C qui intervient dans sa biosynthèse ; ensuite au niveau de la paroi artérielle, ces procyanidols stabiliseraient les fibres de collagène par la création de pontages entre les chaînes polypeptidiques et en inhibant l'enzyme histidine-décarboxylase, ce qui permet d'éviter une production exagérée d'histamine qui aurait pour conséquence d'accroître la perméabilité de la paroi et de favoriser ainsi le processus athéromateux. Plusieurs auteurs confirment cette activité sur le collagène. De plus, il est démontré que les proanthocyanidols inhibent la collagénase, enzyme responsable de la dégradation du collagène.

Propriétés antioxydantes. Les flavanoïdes, comme de nombreux autres composés phénoliques et la vitamine C, sont des antioxydants. Cette activité leur est conférée par la mobilité de l'hydrogène phénolique. Elle s'exerce pour leur action chélatrice vis-à-vis des métaux (fer, cuivre), catalyseurs de peroxydations et par leur capacité à piéger les radicaux libres, qui sont des molécules possédant des électrons non appariés.

Les radicaux libres sont naturellement produits par l'organisme, où ils jouent un rôle majeur dans de nombreuses synthèses organiques et dans divers mécanismes, en particulier dans la défense de l'organisme contre des hôtes pathogènes, mais ils peuvent se révéler dangereux si la maîtrise de leur activité par l'organisme, grâce à un ensemble de systèmes antioxydants endogène ou apporté par l'alimentation (enzymes superoxydedismutase, catalase, peroxydase, vitamine C et E, sélenium, zinc), se trouve débordée. Cela conduit à une dénaturation ou à une modification des structures indispensables à la vie cellulaire (membranes, lipides protéines, ADN...). C'est le cas dans certaines pathologies comme le cancer, les maladies cardio-vasculaires ou celles liées au vieillissement.

Le raisin et le vin, comme les fruits et légumes, constituent une source appréciable des composés antioxydants et donc antiradicalaires. Leur action serait à l'origine des effets bénéfiques notés avec le régime alimentaire méditerranéen.

L'athérosclérose est liée à l'oxydation des lipides des HDL (lipoprotéines haute densité), ou bon cholestérol, qui doit être protégé car il intervient dans l'efflux des LDL (lipoprotéines basse densité), ou mauvais cholestérol. On a démontré *in vitro* que les flavonoïdes préviendraient l'oxydation des HDL et que l'ingestion, par des volontaires sains, de flavonoïdes ou de vin augmente la capacité antioxydante du plasma.

Alcool et maladies cardio-vasculaires. Les études épidémiologiques suggèrent l'effet positif d'une consommation modérée d'alcool sur la mortalité cardio-vasculaire. L'alcool agirait en augmentant le bon cholestérol (HDL). Ce rôle bénéfique de l'alcool s'ajouterait à celui des flavonoïdes, synergie qui reste à démontrer.

Biodisponibilité des flavonoïdes. Pour que les flavonoïdes et toutes les molécules du vin puissent exercer leur activité, il faut qu'ils soient absorbés ou leurs métabolites éventuellement actifs pour se retrouver dans le plasma après ingestion de vin. Les travaux sur ce sujet sont encore peu nombreux et controversés. Récemment une équipe américaine a prouvé le passage de la catéchine dans le plasma chez l'homme après absorption de vin.

Autres propriétés des flavonoïdes

On a attribué aux flavonoïdes des propriétés anti-inflammatoires, anti-histaminiques, anti-microbiennes, anti-virales, quelquefois exploitées dans la pharmacopée. Un autre domaine concerne l'activité antitumorale et antiproliféractive des flavonoïdes. De nombreuses recherches sont en cours.

Propriétés biologiques des composés phénoliques non-flavonoïdes

Le resvératrol. Ce composé et son glucoside, le piceide, sont produits par la baie de raisin en réponse aux attaques de *Botrytis*

COMPOSITION GÉNÉRALE DES MOÛTS ET DES VINS

Constituants	Moûts	Vin
	en grammes/litre	
Aldéhydes :		
éthanal, propanal, vanilline, aldéhyde cinnamique		
Acétal		
Volatiles. Esters neutres :		
Acétase d'éthyle		
Lactate d'éthyle		
Esters d'acides gras supérieurs (C^3 à C^{12} combinés surtout à l'éthanol)	0,10 à 0,20	
Esters éthyliques acides :		
Des acides : tartrique, malique, succinique, citrique (non volatils, sans odeur)	0,1 à 0,10	
Acides organiques :		
Acide tartrique	3 à 7	2 à 5
Acide malique	5 à 20	0 à 10
Acide citrique	0,2 à 0,5	0 à 0,5
Acide succinique	0	0,5 à 1,5
Acide lactique	0	1 à 12
Acide citramalique	0	0,5 à 1
Acide galacturonique	0,5 à 1	0,5 à 1
Acide mucique	0 à 0,5	0 à 0,5
Acide gluconique	Présence dans moûts et vins provenant de raisins pourris	
Acide pyruvique	0,02 à 0,07	0,02 à 0,07
Acide α-cétogutarique	0,01 à 0,04	0,01 à 0,04
Acide glycolique		Event. traces
Acide mesoxalique		Event. traces
Acide glycérique		Event. traces
Acide glyoxylique		Event. traces
Acide saccharique		Event. traces
Acides volatils :		
Acide acétique	0	0,2 à 0,5
Acide formique	0	0,01 à 0,1
Acide butyrique	0	Traces
Acide propionique	0	Traces
Acides phénols :		
Acide férulique		0,001
Acide vanillique		0,015
Acide syringique		0,030
Acide p. coumarique		0,030
Acide o. hydroxybenzoïque		0 à 0,0015
Acide gentistique		0,0001
Acide p. hydroxybenzoïque		0,001
Acide caféique		0,015

Constituants	Moûts	Vin
	en grammes/litre	
Acide gallique		0,012
Acide protocatéchique		0,008
Anthocyanes		0,1 à 5
Flavones		0 à 0,05
Tanins		0,1 à 5
Cations minéraux :		
Potassium	1 à 2,5	0,7 à 1,6
Calcium	0,05 à 0,2	
Magnésium	0,05 à 0,14	
Sodium	0,02 à 0,25	
Aluminium	0,05	
Fer	0,002 à 0,010	
Cuivre	0,0008 à 0,001	
Zinc	0,0001 à 0,005	
Manganèse	0,0003 à 0,005	
Plomb	0,00 005 à 0,0004	
Arsenic	0,00 001 à 0,001	
Cobalt	0,00 002 à 0,000 015	
Anions minéraux :		
Sulfurique	0,15 à 0,7	
Chlorhydrique	0,025 à 0,20	
Phosphorique	0,08 à 0,50	
Acide borique	0,005 à 0,060	
Fluor	0,00 005 à 0,005	
Brome	0,0001 à 0,0007	
Iode	0,0001 à 0,0006	
Eau	750 à 850	750 à 900
Alcools :		
Alcool éthylique	0	45 à 160
Alcool propylique	0	0,001 à 0,03
Alcool isopropylique	0	0,001 à 0,03
Alcool isoamylique	0	0,10 à 0,35
Alcool isobutylique	0	0,05 à 0,2
Alcool méthylique	0	0,02 à 0,2
Polyols :		
Glycérol	0	4 à 20
Butanédiol 2,3	0	0,3 à 1,35
Sorbitol	0,10	0,1
Mannitol	0	vins malades
Méso-inositol	0,2 à 0,7	0,2 à 0,7
Butanol 2 one 3	0	0,002 à 0,02
Oses :		Traces dans les vins secs
Glucose Fructose	50 à 150	Présence dans les vins doux
Arabinose	0,36 à 150	0,36 à 2

Constituants	Moûts	Vin
	en grammes/litre	
Thamnose	0,15 à 0,30	0,15 à 0,30
Xylose	0,05	0,05
Saccharose	0 à 2	0
Gommes et pectines :		
Polysaccharides	3 à 5	
Substances azotées :		
Protéines	+	Traces
Peptones et albumoses	Traces	
Polypeptides	2 à 4	2 à 4
Acides aminés libres		voir ci-dessous
Amides	Traces	Traces
Ammoniaque	0,001 à 0,07	0,005 à 0,02
	en microgrammes/litre	
Vitamines :		
Thiamine	200 à 500	5 à 40
Riboflavine	10 à 60	60 à 360
Acide pantothénique	500 à 700	500 à 1200
Nicotinamide	1200 à 3000	800 à 1900
Biotine	1,5 à 4	0,6 à 4,6
Méso-inositol	2 à 7.10^3	2 à 7.10^3
Pyridoxine	100 à 450	100 à 450
Acide ascorbique	$< 50.10^3$	traces
Cyanocobalamine		0,05 à 0,16

Constituants	Moûts	Vins blancs	Vins rouges
	en grammes/litre		
Aldéhydes :			
Acides aminés :			
Arginine	327	46	47
Acide aspartique	2	38	31
Acide glutamique	173	200	221
Cystine	0	25	17
Glycocolle	22	26	28
Histidine	11	14	14
Isoleucine	7	29	26
Leucine	20	19	19
Lysine	16	40	47
Méthionine	1	4	5
Phénylalanine	5	16	19
Proline	264	201	72
Sérine	69	54	49
Thréorine	258	111	187
Tryptophane	0,6	0	2,5
Tyrosine	0	13	11
Valine	6	36	45

cinerea, agent de la pourriture, et ne peut être de ce fait considéré comme un constituant normal du vin. Néanmoins des chercheurs s'intéressent à sa présence dans les vins à cause de ses propriétés thérapeutiques reconnues par la médecine orientale contre l'athérosclérose.

Les esters tartriques de l'acide annamique. Ces composés présents dans les vins rouges et blancs conféreraient au vin une activité stimulante sur la sécrétion biliaire. Ils interviendraient dans l'immunorégulation et dans les affections inflammatoires comme l'asthme. Leur activité antivirale a été démontrée.

Les recherches publiées ou en cours sur les propriétés des composés phénoliques, essentiellement sur les flavonoïdes, sont très nombreuses. Les activités présumées ou mises en évidence constituent d'intéressantes perspectives pour les produits de la vigne, et l'élaboration du vin doit concourir à les développer.

Le vin et la sécurité alimentaire

La qualité hygiénique du vin est une préoccupation constante des laboratoires de surveillance et des professionnels. Pour tous les contaminants, qu'il s'agisse de contaminants minéraux comme le plomb ou des résidus de produits phytosanitaires, des teneurs maximales ont été fixées et imposent une surveillance stricte, de la vigne au vin.

En ce qui concerne les additifs, il existe une liste de produits autorisés avec, pour certains, une limite d'emploi. Le dioxyde de soufre est le plus utilisé ; les teneurs observées dans les vins sont largement inférieures aux teneurs admises.

L'alcool et ses effets sur l'organisme humain

Le deuxième constituant du vin après l'eau est l'alcool. C'est un élément indispensable technologiquement pour l'élaboration du vin tant par ses propriétés solubilisantes vis-à-vis de constituants fondamentaux que pour les qualités organoleptiques qu'il apporte aux vins de manière irremplaçable.

La présence de l'alcool est indissociable de la définition de la boisson vin. Une boisson obtenue par désalcoolisation du vin ne peut légalement être dénommée « vin sans alcool », et elle doit être étiquetée « zéro degré ».

Le danger que constitue une consommation abusive pour l'individu et la société a conduit les pouvoirs publics de nombreux pays à une attitude, sinon prohibitionniste, du moins sévère. Il faut rappeler que les effets d'une consommation excessive d'alcool, qui ne se traduisent pas toujours par l'ébriété ou l'ivresse apparentes, modifient le comportement de l'homme et peuvent avoir des conséquences tragiques. Les statistiques montrent que 40 % des accidents de la route mortels survenus en France sont provoqués par des conducteurs ayant consommé abusivement des boissons alcooliques ou alcoolisées.

Bien souvent insidieusement, une absorption excessive et régulière d'alcool conduira à l'alcoolisme. Pour l'individu, sa famille et la société, les conséquences seront non seulement graves mais inacceptables.

Les boissons alcooliques autres que le vin sont nombreuses et doivent toutes être prises en compte quant à leur responsabilité dans l'ivresse et l'alcoolisme. Les effets de l'alcool sur l'organisme sont les mêmes quel que soit le breuvage.

Pour comprendre les effets de l'alcool, on suivra son passage dans l'organisme humain et, tout particulièrement, au niveau du foie et du système nerveux central.

L'absorption d'alcool

L'alcool introduit par voie orale dans l'organisme est absorbé au niveau de l'estomac pour 20 à 30 % et de l'intestin grêle pour la majeure partie. Cette absorption est totale : on ne retrouve pas d'éthanol dans les fèces. Elle est rapide : la teneur maximale en alcool dans le sang est atteinte entre 30 et 60 minutes après l'ingestion. Certains facteurs modifient l'absorption digestive de l'alcool. Il est important de les connaître, car ils entraînent un taux d'alcoolémie moindre et interviennent sur le déroulement de la métabolisation de l'éthanol.

▷ *Facteurs digestifs*

La vacuité de l'estomac augmente la rapidité du passage de l'alcool ; la présence d'aliments la retarde. La nature même du repas joue un rôle et c'est avec les aliments protéiques et glucidiques que l'élévation du taux d'alcoolémie est moins importante.

Des facteurs pathologiques comme les gastrites ou encore une gastrectopie conduisent à une absorption anormalement accélérée.

▷ *Rôle du type de boisson alcoolisée*

La vitesse d'absorption est grossièrement proportionnelle à la teneur en alcool. Pour une même quantité d'alcool, la dilution entraîne des alcoolémies plus faibles que celles d'alcools concentrés.

Les boissons à haut pouvoir tampon, riches en substances dissoutes, comme certains types de vins riches en extrait sec, prolongent la phase gastrique et entraînent des alcoolémies plus basses que celles d'autres boissons.

▷ *Rapidité de l'ingestion*

Plus la prise de l'alcool est fractionnée, plus l'alcoolémie sera faible. La même quantité d'alcool ingérée en quelques minutes ou en une heure conduira à des alcoolémies fort différentes.

Ainsi vaut-il mieux boire pendant les repas des boissons de richesse alcoolique modérée, avoir une alimentation équilibrée et être très vigilant en cas d'affections digestives.

L'alcool véhiculé par le sang atteint tous les organes. C'est dans le foie que la majeure partie de l'alcool sera métabolisée. Un très faible pourcentage de l'alcool absorbé sera éliminé sans modification : au niveau du poumon, 2 à 3 % passent par l'air expiré. Un pourcentage du même ordre est évacué par l'urine et des quantités très faibles avec la sueur.

Le métabolisme de l'alcool

Le processus de métabolisation de l'alcool dépend de la dose ingérée. Si la prise est modérée, le processus de métabolisation s'effectuera de façon normale. Dans le cas d'une ingestion plus importante, des processus secondaires interviendront. Ils varient selon les individus. Il n'est donc pas possible de fixer une valeur sans riquer d'induire en erreur les individus dont l'organisme, et principalement le foie, est le plus démuni devant l'alcool.

▷ Dans le processus normal de métabolisation, l'alcool est oxydé en acétaldéhyde (ou éthanal), par l'intervention d'une enzyme, l'alcool-déshydrogénase (ADH), selon une réaction d'oxydoréduction faisant intervenir comme réducteur la nicotinamide adénine dinucléotide (NAD), qui passe sous sa forme réduite (NADH).

Au cours d'une deuxième étape, l'acétate, combustible cellulaire de choix, est oxydé selon le cycle de Krebs jusqu'au stade CO_2 et H_2O en faisant intervenir également le système NAD/NADH. Cette combustion produit 7 calories par gramme d'alcool. C'est un apport calorique qui a fait inclure par certains l'alcool parmi les nutriments. Cela est vrai pour autant que cet apport calorique ne vient pas, par son excès, perturber l'équilibre nutritionnel : une nouvelle contrainte vis-à-vis de l'alcool apparaît, elle sous-entend la modération pour que l'apport calorique lié à la combustion de l'alcool n'intervienne que pour une partie raisonnable de nos besoins caloriques quotidiens.

Lorsque la quantité d'alcool à métaboliser est trop élevée par la seule voie normale de la dégradation par l'alcool déshydrogénase, un autre système enzymatique, le MEOS (Microsomal ethanol oxidizing system), intervient de façon complémentaire, et pour une faible part, dans ce processus normal de métabolisation.

▷ Lorsque la quantité d'alcool à métaboliser s'élève, l'activité du système MEOS s'intensifie et, si celle-là est trop importante, le système des catalases entre en jeu.

Le MEOS accroît l'activité enzymatique tandis que le système des catalases, pour transformer l'éthanol en éthanal, consomme de l'oxygène et des protéines cellulaires nécessaires à la vie des cellules hépatiques.

La surcharge en alcool

Elle entraîne les conséquences suivantes :

▷ Une compétition s'instaure au niveau des étapes métaboliques de la voie normale de métabolisation, car elles exigent le même cofacteur, le NAD. Tout excès d'alcool bloque le NAD hépatique à son profit. L'acétate formé n'est plus utilisable, faute de NAD, dans le cycle de Krebs. Et le foie va utiliser cet acétate à la synthèse d'acides gras, de cholestérol, de lipides ; c'est la stéatose qui débute accompagnée d'hyperlipidémie.

▷ Le système pyruvate-lactate est sollicité pour l'oxydation du NADH en NAD nécessaire à l'oxydation de l'alcool. Le lactate formé est de préférence éliminé par les reins aux dépens de l'acide urique qui, augmentant dans le sang, provoque l'apparition des crises de goutte fréquentes chez les alcooliques.

▷ L'acétaldéhyde formée en excès est très toxique pour la cellule hépatique et responsable de la formation de tissus fibreux ou fibrose.

▷ L'anoxie provoquée par la consommation d'oxygène et de protéines indispensables à la vie des cellules hépatiques conduit à leur destruction et à l'hépatite aiguë, et de là, avec le temps, si l'alcoolique persiste dans sa dépendance, à la cirrhose.

L'alcool et le système nerveux central

L'alcool agit sur le système nerveux central proportionnellement à sa concentration dans le sang. Il peut être considéré comme un déprimant des cellules nerveuses.

Une petite dose d'alcool aura donc comme première conséquence l'affaiblissement du contrôle de soi : moins de sens critique, moins de retenue, une estime plus grande de soi-même et de ses capacités.

Cette première action s'accompagne d'une sensation de bien-être et d'euphorie. Elle diminue une timidité excessive, relâche une tension intellectuelle ou émotionnelle trop forte. Elle peut ainsi améliorer les échanges sociaux et favoriser la convivialité.

Mais si l'alcool est pris en excès, il fait courir le danger de s'évader de soi-même. Lorsque la paralysie des centres supérieurs s'accentue, l'inhibition que ceux-ci exercent normalement sur d'autres parties du cerveau se relâche, avec comme conséquence un certain degré d'excitation, qui se manifeste par une logorrhée et un besoin de mouvement. L'individu perd alors plus ou moins le contrôle de ses actes, mais ses capacités physiques restent intactes. Ceci explique ses initiatives parfois dangereuses. Cette phase se traduit par une certaine maladresse dans les mouvements qui perdent leur précision, parfois par des accrocs dans la parole ou la démarche, un visage pâle ou congestif.

L'intoxication peut se limiter aux effets précités ou se poursuivre et aboutit au coma éthylique, en passant par une phase d'incoordination ou d'ivresse caractérisée, avec des désordres du comportement au niveau de la parole, des idées, de la démarche, de la tenue.

En ce qui concerne la relation alcool-système nerveux central, nous nous retrouvons devant les mêmes contraintes que dans le cas de l'alcool et du foie.

L'accoutumance à l'alcool

On a signalé que l'alcool induit dans l'organisme des biosynthèses de molécules alcaloïdiques ayant les propriétés des morphiniques et des hallucinogènes ; ces molécules seraient responsables de l'asservissement à l'alcool. Cette action de l'alcool est importante à signaler et devrait imposer au consommateur de vin, et d'ailleurs de toute boisson alcoolisée, de rompre avec l'habitude et de prévoir des jours sans alcool.

Quelques conseils pour la consommation du vin

Le sort de l'alcool dans l'organisme fait apparaître l'importance des processus enzymatiques de l'organisme pour épurer l'éthanol ; ces systèmes enzymatiques varient très largement d'un individu à l'autre en raison de ses prédispositions génétiques. Tous les hommes ne sont pas égaux devant l'alcool et tel s'enivrera d'une coupe de Champagne alors que tel autre la boira sans trouble. Il n'est pas possible de fixer un cadre précis de consommation, chaque individu doit prendre conscience de ses limites.

Les effets de l'alcool sur l'organisme sont directement liés à sa concentration dans le sang, elle-même liée à l'absorption de l'alcool au niveau gastro-intestinal. Il y a donc lieu d'éviter toute consommation à jeun de boissons alcoolisées. L'amateur de vins doit avoir le souci de la modération.

Les informations et les conseils développés ici doivent conduire le consommateur à trouver ses propres limites, qui se situeront toujours dans une consommation modérée, pour ne conserver au vin que les aspects positifs. Il appréciera alors l'agrément qu'apporte la consommation raisonnable du vin pendant les repas de tous les jours et le plaisir que procurent la découverte de vins exceptionnels et la recherche de leur association avec les mets. Il bénéficiera en outre des effets favorables liés à la richesse et à la diversité de la composition du vin, sans oublier qu'il n'est ni un nutriment, ni un médicament.

POUR UN BON USAGE DU VIN ET DES EAUX-DE-VIE AU COURS DES REPAS, IL EST RECOMMANDÉ QUE LEUR APPORT NE DÉPASSE PAS 10 % DE LA RATION CALORIQUE FOURNIE PAR UNE ALIMENTATION ÉQUILIBRÉE.

Titre alcoométrique	Capacité	Quantité d'alcool	Apport de calories
Vin à 10 % Vol.	Bouteille de 75 cl	60 g	420 cal
Vin à 12 % Vol.	Bouteille de 75 cl	72 g	525 cal
Vin doux naturel à 18 % Vol.	Verre de 8 cl	11,5 g	80,5 cal
Eau-de-vie à 40 % Vol.	Verre de 2 cl	6,4 g	44,8 cal

LA DÉGUSTATION

La dégustation évoque l'idée d'une compétence acquise par certains individus pour reconnaître dans les vins des subtilités qu'on suppose échapper au commun des mortels. Mais pour devenir un bon dégustateur, il suffit d'avoir l'esprit ouvert et disponible, et d'aimer suffisamment le vin pour cultiver sa sensibilité sensorielle...

Deux filières peuvent amener un individu à devenir un dégustateur qualifié : la première est la voie professionnelle, la seconde est celle de l'amateurisme.

Dans la voie professionnelle, la dégustation s'impose comme l'un des principaux outils de travail des activités viti-vinicoles. Depuis le vignoble jusqu'à la vente au détail, elle est le premier moyen de contrôle de la qualité et de l'authenticité du vin. Le vigneron, le caviste, le cafetier sont obligés de déguster par nécessité professionnelle, mais ils le font le plus souvent par empirisme. Leur aptitude à la dégustation résulte d'une expérience acquise au cours du temps, qui leur permet de jauger la qualité des produits ou de reconnaître des défauts éventuels ; mais généralement ils n'ont pas, faute de formation, le moyen de traduire en un langage objectif les impressions ressenties lors de la dégustation pour les communiquer à leurs confrères et collègues, non plus qu'à leurs clients. Toutefois, on commence à constater que la dégustation explicite et approfondie pénètre peu à peu tous les milieux professionnels de la vigne et du vin, grâce aux œnologues et aux sommeliers qui en ont saisi la portée.

Jean-Claude Jambon, meilleur sommelier du monde 1986, procède à la phase nasale de l'examen du vin.

La seconde voie d'approche de la dégustation, celle de l'amateurisme, est assez semblable, dans son cheminement, à celle des domaines artistiques. Au début, c'est simplement une sympathie, qui peut se muer en attirance, puis devenir un jour coup de cœur ou coup de foudre, quand on rencontre la bouteille qui va laisser un souvenir inaliénable. C'est à ce moment que l'amoureux foudroyé s'aperçoit qu'il ignore tout du savoir-boire et qu'il lui faut apprendre... Mais apprendre quoi ? Non pas à faire des phrases mais à reconnaître des sensations authentiques, à les identifier et à les qualifier exactement, puis à construire à partir de ses perceptions la silhouette ou le portrait du vin dégusté. C'et la longue démarche par laquelle d'amateur, il deviendra connaisseur.

Les grandes étapes de la dégustation

Cet apprentissage se trouve favorisé depuis quelques décennies par un certain nombre d'ouvrages et de publication d'œnologues de haut niveau qui ont livré au public les mécanismes sensoriels de la dégustation et les applications qui en découlent dans la pratique, en vue de la rendre objective, méthodique et rationnelle.

Le père de la dégustation moderne est Jules Chauvet, qui a publié pour la première fois en 1950 un article sur les arômes du vin, et en 1951 une synthèse intitulée *La dégustation des vins, son mécanisme et ses lois.* Tous les travaux ultérieurs ont trouvé là leur source et leur méthodologie.

L'engouement pour la dégustation s'est ensuite développé dans les années 1960, parallèlement à une recherche plus générale sur la dégustation des produits alimentaires, conduite par le Magnen et Depledt et désignée par l'expression d'« analyse sensorielle ». À la suite du congrès de Dijon en 1966, André Vedel et ses collaborateurs élaborèrent une synthèse intitulée *Essai sur la dégustation des vins,* dont le but était à la fois de recenser l'ensemble des données sur ce sujet et d'en coordonner le vocabulaire.

Depuis le début des années 1970, on assiste à une floraison d'écoles, de sessions, de stages, consacrés à l'enseignement de la dégustation méthodique dont l'ouvrage d'Émile Peynaud, *le Goût du vin,* paru en 1983, est une sorte de couronnement.

Ainsi, graduellement, dans l'espace francophone et chez ses voisins flamands et alémaniques, la dégustation du vin est devenue l'expression d'un type de sensibilité, d'un niveau de culture et, en somme, un véritable phénomène de civilisation.

Dans la réalité quotidienne, la pratique de la dégustation reste partagée entre la pratique professionnelle d'une part, la filière individuelle du consommateur et de l'amateur d'autre part ; mais leur séparation n'est qu'apparente, car la première est au service de la seconde et la prépare, avec les moyens qui lui sont propres.

La dégustation professionnelle

Officialisée par l'obligation, pour tous les vins de la CE, d'être dégustés par une commission qualifiée avant leur sortie de la production, la dégustation professionnelle a pris récemment une ampleur considérable. Mais il existait depuis longtemps des concours et des manifestations viticoles au cours desquels les vins de qualité étaient – et sont encore – dégustés et primés avec des diplômes et des médailles (Concours général agricole, grandes foires nationales dans les différentes zones viticoles, etc.). Il existe également des jurys de grands professionnels qui publient dans des magazines gastronomiques les résultats de leurs propres sélections. Par ailleurs, des groupes de techniciens des établissements viticoles d'expérimentation et de recherche se réunissent périodiquement pour juger la qualité des produits de leurs essais.

Lorsque le travail d'un jury consiste à dire si le vin est acceptable ou non pour la consommation ou qu'il s'agit d'attribuer des récompenses ou des primes, on procède simplement par un vote par oui ou par non, avec un petit effectif de trois à cinq personnes.

Lorsque le but de la dégustation est d'évaluer les différences sur des essais expérimentaux ou d'établir des échelles de préférence de consommateurs, avec des jurys à effectifs nombreux, il faut recourir à des procédés de notation débouchant sur un classement. Différents systèmes de notation ont été adoptés mais l'expérience semble prouver que la dégustation, d'une façon générale, ne se prête pas bien à l'interprétation statistique d'un travail de groupe.

La dégustation individuelle

La dégustation individuelle sert bien entendu de fondement aux dégustations de groupe, et la formation des dégustateurs est le facteur de qualité et de compétence de tous les jurys. C'est elle, en outre, qui apporte au connaisseur les éléments analytiques destinés à identifier ses perceptions et à étayer son plaisir. Car c'est bien de plaisir qu'il s'agit.

La genèse de ce plaisir ne procède d'ailleurs pas seulement de sensations agréables, mais aussi d'une participation importante du psychisme et de la mémoire. Car, en elles-mêmes, les sensations élémentaires issues des composants du vin ne sont pas spécialement plaisantes. Lorsqu'on les goûte séparément, l'acidité du vin est agressive, le tanin est styptique, l'alcool brûlant, la glycérine visqueuse, et l'eau, qui relie le tout, est plate et fade ; mais il se trouve qu'une certaine proportion favorable de ces divers constituants rend l'ensemble homogène et agréable, par des effets de compensation réciproque ou de complémentarité.

C'est donc cette architecture vineuse que le dégustateur va devoir apprécier, et non pas seulement les moellons qui la constituent, qu'on finit même par oublier s'ils sont dénués d'aspérité. Au terme de la dégustation, il prononce un jugement esthétique, explicite ou non, qui peut varier d'un long commentaire à une simple mimique de satisfaction ou de réprobation. Pour exprimer ce jugement, il lui faut d'abord connaître tous les éléments constitutifs de ses sensations et les moyens qu'il a de les appréhender. Ces éléments sont les caractéristiques sensorielles du vin, que l'on appelle plus souvent organoleptiques. Les moyens d'appréhension sont la vue, l'odorat et le goût.

Les moyens sensoriels de la dégustation

Le fonctionnement et le rôle de ces trois sens ne sont pas encore bien perçus par le public. En réalité, il y a des relations sous-jacentes très étroites entre les diverses activités sensorielles.

La fiche de dégustation

À chaque dégustation, les dégustateurs établissent une fiche de dégustation numérotée, mentionnant le cru, le millésime et le fournisseur du vin, sur laquelle ils transcrivent leurs impressions. Lorsqu'elles sont détaillées, ces fiches sont appelées « commentaires de dégustation approfondie ».
En voici un exemple :

N° 8 Bourgogne Pinot noir 1983
M... G.... POMMARD
La couleur du Bourgogne 1983 surprendra tous ceux qui ont connu ces vins en fût, avec une coloration compacte et sombre, et qui ne retrouveront en bouteille qu'une teinte légère et fort dépouillée, de nuance orangée. C'est le fait de l'évolution rapide d'une vendange surmaturée et concentrée, aux colloïdes instables. Ici, la très belle luminosité compense cependant cette perte d'intensité.
Très limpide et très transparent, ce vin s'annonce donc d'emblée bon pour la dégustation.
Le « nez » apporte toute la corbeille de fruits habituelle aux Bourgognes : cassis, pêche, cerise, avec ses à-côtés classiques, vanille et bois de chêne, suie de cheminée et poivre. Tout cela dans une intensité qui s'offre aux narines sans qu'on ait besoin de la chercher.
Les arômes de bouche amplifient les précédents, avec une émergence particulière pour la vanille et le poivre, entourant aussi toute la corbeille des petits fruits. Une finale d'amande amère discrète clôture le tout.
C'est le niveau aromatique normal et habituel d'un vin de la classe Bourgogne, où le caractère Pinot noir est intense, mais non différencié et moins individualisé que dans une appellation de cru.
Les saveurs par contre nous offrent un bilan moins usuel :
▷ **Le tanin,** *qui était exorbitant à la récolte, s'est bien adouci et, s'il se manifeste encore, c'est par le caractère « parcheminé » des raisins qui avaient séché sur souche. Cela donne une forme d'astringence qui échappe à nos classifications habituelles ;*
▷ **Le moelleux,** *très perceptible, se partage entre la glycérine et l'alcool et son intensité contribue à équilibrer celle du tanin ;*
▷ **L'acidité,** *quant à elle, apparemment noyée dans l'ensemble, reste vive et se reconnaît bien par la salivation qu'elle entraîne.*
La résultante de ces trois tendances donne un ensemble très substantiel, à la fois onctueux et ferme, presque vif, ce qui évite toute lourdeur.
La persistance gustative est d'un haut niveau et atteint six à sept secondes.
Le devenir de ce vin ressemblera probablement à celui du millésime 1964, qui avait aussi son côté « brûlé » et parcheminé et avait perdu sa couleur très tôt au point d'être orange clair, mais qui s'est stabilisé dans cet état et vingt ans plus tard se retrouvait tel, avec des arômes prodigieux.
On ne risque sans doute rien de pronostiquer un avenir comparable à cette cuvée de 1983.
En attendant, les impatients ou les inconscients, mais aussi les prudents qui tiennent à surveiller l'évolution de leurs bouteilles en cave, le boiront. Mais il leur faudra éviter la banale entrecôte et la grillade, et le destiner au moins à des plats riches, consistants, avec des sauces relevées, coq au vin, civets divers, salmis et magrets de canard, chevreuil et sanglier, fromages fermentés aussi (cantal, saint-nectaire, fourmes et pourquoi pas ? un bon appenzeller).

(Dégustation faite à 16 °C en fin d'après-midi.)

COMMENT DÉGUSTER

Il convient tout d'abord de se placer à la lumière du jour pour bien apprécier la robe du vin, ses nuances et ses reflets. L'endroit doit être calme et silencieux, tenu à 19 ou 20 degrés de température et, si possible, d'une parfaite neutralité olfactive pour ne pas dénaturer les arômes du vin.
Le verre, lisse, incolore et transparent à fond hémisphérique, doit permettre d'observer la masse liquide, en position horizontale, oblique et verticale. La forme du verre sera de préférence semi-elliptique avec une ouverture plus étroite que la partie convexe, afin de bien concentrer les arômes et de les canaliser vers le nez. Le verre de type AFNOR a été conçu dans ce but mais un verre tulipe dit « Angoulême » convient aussi.
On saisit le verre par le pied ou la tige, jamais par le gobelet. Puis l'on procède aux trois phases de la dégustation : examen visuel (œil), phase nasale (nez), et phase buccale (bouche).
Mieux vaut, au cours des premiers exercices de dégustation, ne déguster qu'un vin par jour pour garder une bonne capacité de discrimination. L'on déguste une première fois à jeun, une demi-heure avant le déjeuner ou le dîner et une seconde fois pendant le repas, en accompagnement d'un plat qui mettra le vin en valeur. Puis progressivement, l'on pourra goûter jusqu'à cinq ou six vins, en prenant soin d'aller des vins les plus légers au vins les plus corsés, des plus fermes aux plus souples, des plus jeunes au plus vieux, ce qui nécessite parfois une pré-dégustation sommaire.
L'on choisira donc les vins dans cet ordre :
1°) vins effervescents : Crémant ou Champagne ;
2°) vins blancs et rosés légers et vifs ;
3°) vins blancs et rosés secs et souples ;
4°) vins rouges jeunes ou de primeur ;
5°) vins blancs soutenus ;
6°) vins rouges de garde ;
7°) vins doux naturels ou fortifiés.

La connexion entre la vue et le goût, par exemple, est telle qu'un dégustateur exercé juge au premier coup d'œil l'état général, l'âge et la consistance d'un vin, avant même de l'avoir goûté. Mais c'est sur l'odorat et le goût que règne la plus grande confusion. Pour de nombreux professionnels, l'odorat se limite encore à la perception directe des odeurs par aspiration nasale, et le goût à la perception des saveurs par la langue, au moyen de papilles spécialisées situées à sa surface. Cette conception doit être aujourd'hui dépassée. La dégustation du vin nous fait, en effet, découvrir un champ d'activité beaucoup plus étendu, qui met également en jeu les glandes salivaires et les muqueuses internes de la bouche, ainsi que le conduit des fosses nasales, qui relie la cavité buccale au cornet supérieur du nez.

À cet égard, il convient de souligner deux phénomènes :
▷ la perception des odeurs par aspiration nasale ne s'effectue plus que très exceptionnellement chez l'individu moderne, à la fois par bienséance et par indifférence ;
▷ ce que l'on appelle communément le goût d'une chose est en réalité l'odeur de la chose, perçue par l'intérieur de la bouche, volatilisée par la mastication et la température buccale, et conduite jusqu'à la zone olfactive du nez par la voie interne. En matière d'alimentation, c'est donc généralement l'odeur qui fait l'identité des choses et un produit dépourvu de caractère odorant serait une substance tout à fait anonyme.

Il se produit cependant de nombreuses réactions spécifiques dans la bouche. Mais elles ne sont pas de nature à identifier les substances absorbées, et diverses expériences prouvent que c'est par le sens olfactif, mais depuis la bouche, que la reconnaissance s'effectue.

S'il est convenu depuis Baudelaire que le vin possède symboliquement une âme, c'est-à-dire un principe d'identité et d'individualité, c'est donc bien dans son bouquet, dans ses arômes, dans sa constitution odorante qu'il faut la chercher. Mais à chercher trop, ou exclusivement dans ce sens, on finirait par réduire le vin à un « pur esprit » et l'on oublierait qu'il a aussi une réalité pesante : un corps. Ce corps se perçoit par des réactions de contact, où se mêlent le goût *stricto sensu,* le toucher et des réactions salivaires, dans un ensemble complexe mais qui se laisse analyser lorsqu'on l'a inventorié au préalable.

Dans la cavité buccale, même en dehors de toute dégustation intentionnelle, s'enchevêtrent constamment, à la moindre

LES MOYENS SENSORIELS DE LA DÉGUSTATION

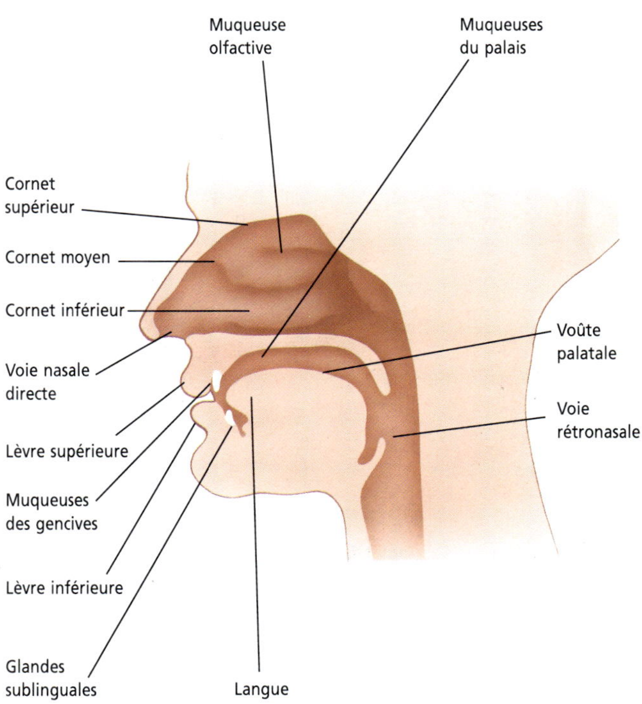

consommation, l'activité musculaire et papillaire de la langue, les réactions des muqueuses et des gencives, et les émissions de salive, qui sont des actions réflexes.

Sur la langue se trouvent réparties par zones les papilles, qui appréhendent (ou produisent) les quatre saveurs élémentaires : salée, sucrée, acide, amère. Le rôle prêté à ces saveurs dans la dégustation du vin a été fort exagéré. En effet, la saveur salée n'existe à peu près pas dans les vins ou à dose infime dans les productions des bords de mer ; la saveur amère est une anomalie ou une altération, et en tout cas un caractère inacceptable ; la saveur sucrée, dans son sens le plus étroit, n'existe que dans une minorité de vins moelleux mais la saveur de l'alcool dilué lui est tout de même apparentée ; la perception du tanin, qui est l'élément spécifique des vins rouges n'est pas une saveur au sens propre, mais une sensation « tactile » selon les uns et « chimique » selon d'autres. Comme saveur réelle, permanente et universelle, il n'y a finalement que l'acidité qui soit commune à tous les vins et dans une gamme suffisamment étendue pour qu'on puisse nuancer et graduer sa perception.

Les sécrétions salivaires jouent également un rôle important. Les glandes parotidiennes, situées sous l'oreille à l'articulation de la mâchoire, émettent une salive séreuse très fluide et alcaline, qui devient plus abondante sous l'effet d'un contact acide, car son rôle est justement de neutraliser cette acidité. Cette réaction est un moyen de dépister l'acidité dans les milieux complexes, où elle peut être compensée ou éclipsée par d'autres substances. Les glandes sublinguales, sises sous la langue, permettent de détecter les substances sucrées ou apparentées (alcool dilué et glycérine). Au contact de ces substances, elles sécrètent une salive muqueuse et visqueuse.

Le troisième système organique mis en activité lors de la dégustation est celui des muqueuses du palais, de l'intérieur des joues et des gencives. Ces muqueuses donnent un complément d'information sur l'acidité, qui est alors ressentie par son caractère irritant et corrosif, avec une tonalité tantôt « métallique » si c'est l'acide tartrique qui domine, « acidulée » si c'est l'acide citrique, ou de « verdeur » si c'est l'acide malique. Les muqueuses du pourtour des lèvres sont aptes également à ressentir le caractère « poisseux » que laissent les solutions sucrées, ou la sensation « chaude » des liqueurs alcooliques. Mais c'est surtout dans la reconnaissance de l'astringence, c'est-à-dire du tanin, que le rôle des muqueuses est prépondérant. On désigne globalement par astringence les effets qui resserrent les muqueuses de la bouche en leur infligeant une sorte de constriction. Cette propriété est commune à des produits aussi divers que la pulpe de prunelle, les sels de cuivre, le jus de coing et les diverses variétés de tanins : de chêne, de châtaignier, de noyer, de raisin, etc.

Dans le raisin, le tanin est principalement localisé dans les pépins, et passe dans le vin rouge par la macération en cuve, tandis que le vin blanc en reste dépourvu. Lorsqu'on déguste les vins d'une région limitée, on a tendance à n'évaluer leur tanin qu'en terme de quantité ou d'intensité. Mais lorsqu'on est appelé à comparer entre eux des vins rouges de cépages et d'origine très différents, cette seule évaluation quantitative ne suffit plus. On constate alors des différences qualitatives qu'on peut assimiler à des différences de style.

L'astringence n'est pas un phénomène simple, et elle peut être appréciée selon deux paramètres qualitatifs qui s'expriment l'un dans le temps, en termes de persistance et d'accrochage, l'autre localement, en termes de dureté et d'agressivité. Certains tanins provoquent une constriction à peine sensible mais donnent lieu à une sorte d'incrustation ou d'imprégnation plus ou moins persistante sur la muqueuse des joues. En excès, ce caractère confère de l'épaisseur ou de la lourdeur ; en revanche, son absence est ressentie comme un élément de finesse. Ce premier paramètre peut donc se traduire en une échelle de consistance, dont les degrés intermédiaires dans le sens décroissant seraient : épais, gras, collant, persistant, adhérent, fin.

LES PERCEPTIONS DE LA LANGUE

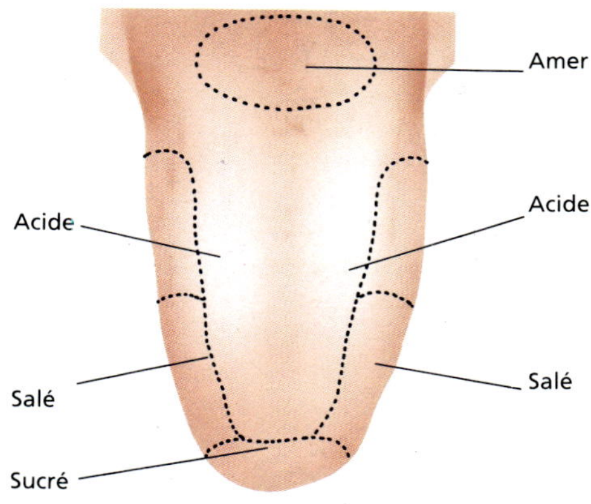

Le second paramètre, au caractère plus instantané, fait de mordacité et d'agressivité, comme dans la rhubarbe ou le tanin de chêne œnologique, peut se traduire sur une échelle de dureté avec des degrés plus tranchés : dur, tempéré ou atténué, doux. Si l'on ajoute à ces deux paramètres la notion primitive de quantité, on voit que le tanin de chaque vin peut être défini par l'association de trois termes : un terme d'abondance, un terme de consistance, un terme de dureté ; ce qui permet de nuancer les appréciations.

Les muqueuses de la bouche sont également aptes à ressentir la température du vin, et, par ailleurs, des sensations beaucoup moins bien définies, telles que les bulles de gaz carbonique dans un vin pétillant ou effervescent. Dans la perception du gaz carbonique, on ressent une légère acidité, qui est normale puisque ce gaz est acide, mais plus encore une certaine granulosité, liée à la nature physique et à la grosseur des bulles ainsi qu'à l'intensité de leur dégagement. C'est encore une symbolique de granulosité qui sert à exprimer globalement l'ensemble des sensations de contact qui se produisent dans la bouche et qu'on vient d'énumérer. Cela s'appelle le grain du vin et sert à qualifier les impressions de finesse ou, au contraire, de rudesse que l'on éprouve à ce contact.

Depuis Pasteur, qui n'en connaissait qu'une vingtaine, l'on n'a pas cessé de découvrir les constituants du vin. Ils se comptent aujourd'hui par centaines, dont quelques-uns à des doses infimes (voir l'article *Composition et vertus du vin*), mais il est rare qu'ils interviennent individuellement dans la perception gustative, sauf comme anomalies. Ils se manifestent plutôt par catégories ou par familles de corps. C'est aussi par catégories fonctionnelles qu'on les a longtemps analysés, avant que la spectrométrie et la chromatographie ne permettent la séparation détaillée de tous les composants de chaque série.

Par tradition et par méthode, le dégustateur ressent et dissèque le vin grâce à ses propres moyens sensoriels et le langage chiffré de l'analyste l'intéresse peu. Il va désigner ses perceptions à travers l'organe qui les a saisies et pratiquer successivement une phase nasale qu'il appelle le nez, puis une phase buccale dénommée la bouche, précédées par l'agrément d'une observation visuelle, que certains appellent l'œil.

L'œil du vin

Pour bien des personnes l'aspect visuel du vin (quand on prend le temps de l'observer) se limite encore à son côté attractif, car c'est une substance chatoyante, très mobile, aux nuances multiples et fugaces, mise en valeur de surcroît par les formes des verres qu'on n'emploie que pour lui. Il y a donc là une double composante de beauté et de noblesse qui n'existe dans aucun autre aliment ou boisson, et qui sollicite inévitablement l'attention. C'est alors l'occasion de découvrir diverses petites attractions telles que les « jambes » ou retombées de « larmes » sur les parois du verre, le chatoiement des lustres et des plafonniers et les reflets des fenêtres à la surface du vin, la ressemblance avec une grosse pierre précieuse de la lentille hémisphérique de liquide qui repose au fond du verre et qu'on appelle ménisque.

Les larmes ou jambes du vin résultent d'une différence dans la vitesse d'évaporation de l'eau et de l'alcool.

En ce qui concerne les jambes ou les larmes, on les a assimilées longtemps à une générosité en moelleux ou en glycérine. Il n'en est rien et l'on sait maintenant que ces veines de liquide résultent d'une différence dans la vitesse d'évaporation de l'eau et de l'alcool en couche mince.

Quant à la surface du vin dans le verre – que certains nomment disque – elle est tellement fluctuante et insaisissable, en fonction de l'éclairage en nature et en intensité, en fonction aussi des couleurs de l'ambiance et de celles de la nappe, du diamètre du verre, de l'épaisseur du vin, de l'inclinaison du verre et de la distance à laquelle on le regarde, qu'on peut y lire autant de choses qu'une cartomancienne dans un marc de café ! Pour avoir une valeur de référence, cet examen devrait toujours être fait dans des conditions identiques...

Plus sérieux et plus significatif était le travail du caviste avec son tastevin pour l'observation des diverses cuvées de sa maison. Le tastevin est un accessoire élaboré et affiné par des siècles d'expérience, qui ne permet pas de « humer » le vin à cause de son étalement et de sa faible profondeur, mais qui sert, d'abord et surtout, à détailler son aspect en limpidité, en nuance et en intensité, par quoi le professionnel exercé juge – empiriquement mais sûrement – de son état général, de son évolution, de sa consistance, de son devenir. Ce regard porté sur le vin ne consiste pas seulement à évaluer l'agrément visuel. Il prépare psychiquement et sensoriellement la suite de la dégustation. Un vin blanc, rosé ou rouge, à la couleur soutenue, est toujours un vin riche de substance. La légèreté de teinte va en effet de pair avec la légèreté de corps, du moins dans les vins jeunes. Il existe cependant une exception à cette règle, celle des vins rouges décolorés par l'âge.

La brillance ou luminosité de la couleur s'accompagne de vivacité ou d'acidité du vin. Il existe trois catégories de couleurs : brillante, satinée ou mate.

La matité est le symptôme d'une acidité très atténuée. La couleur devient de plus en plus brillante quand l'acidité augmente. Mais l'élément le plus significatif de la robe d'un vin est sans doute la nuance colorée, qui constitue l'essentiel de la teinte. Cette nuance ne cesse d'évoluer avec l'âge et l'état de conservation du vin. Dans les vins blancs jeunes, elle a des reflets verdâtres, qui vont de pair avec la fraîcheur aromatique et se perdent avec elle, laissant après eux une teinte jaune paille. Sur ceux qui subissent un long vieillissement, on voit apparaître des nuances ambrées ou dorées souvent intenses (on parle alors de la couleur or plutôt que de jaune). Si elles sont brillantes, elles laissent présager la qualité du vin, mais si elles sont ternes avec des franges brunâtres ou grisâtres, elles signifient plutôt sa décrépitude.

Les vins rosés ont une évolution semblable, avec, au début, une nuance framboise, qui accompagne un fruité intense ; plus tard, une nuance jus de fraise, qui indique un bouquet plus rassis ; et au dernier stade, une teinte abricot, associée aux arômes de foin coupé, de pêche cuite et d'amandes sèches.

Les variations de nuances sont particulièrement spectaculaires en ce qui concerne les vins rouges, elles sont également modulées par des variations d'intensité. Les anthocyanes, qui constituent la matière colorante des vins rouges, sont les mêmes que celles des fruits, des fleurs, et des produits végétaux colorés, et elles suivent la même évolution. À l'image de la rose coupée qui, dans un vase, va perdre son éclat, puis jaunir, puis brunir, la couleur du vin rouge évolue du rouge au brun. Au début, la plupart des cépages donnent une belle teinte que l'on peut qualifier de rouge-pourpre. Peu à peu, la composante violette disparaît, ne laissant que le rouge. Celui-ci est envahi progressivement par le jaune, avec lequel il compose des tonalités orange ou ocre. À la fin, apparaissent les nuances brunes, qui peuvent entraîner une disparition totale du rouge dans les vins très vieux.

Cette évolution de la teinte n'a pas le même sens ni la même importance pour tous les vins. Les nuances violacée et rouge franc conviennent aux vins de primeur et à ceux qui se boivent jeunes ; lorsqu'ils prennent la frange jaune, ils sont déjà défraîchis.

Le tastevin permet de détailler l'aspect du vin en limpidité, en nuance et en intensité.

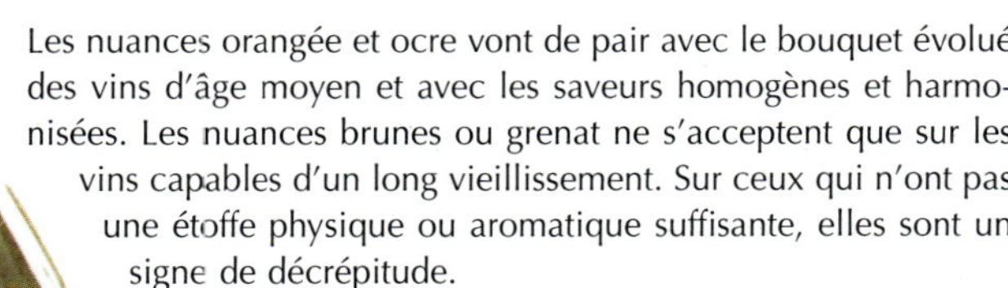

Les nuances orangée et ocre vont de pair avec le bouquet évolué des vins d'âge moyen et avec les saveurs homogènes et harmonisées. Les nuances brunes ou grenat ne s'acceptent que sur les vins capables d'un long vieillissement. Sur ceux qui n'ont pas une étoffe physique ou aromatique suffisante, elles sont un signe de décrépitude.

Le nez du vin

La phase nasale est consacrée à la recherche de ce qu'on appelle le bouquet, les arômes, le fumet, ou encore le complexe aromatique, suivant les régions ou les écoles, et qui est simplement l'ensemble des substances volatiles du vin. Ces substances, dans chaque vin, sont multiples, complexes et fluctuantes. Leur origine même est mystérieuse. Si l'on excepte les raisins naturellement parfumés comme le Muscat, ou les cépages rhénans, alsaciens ou allemands, la plupart des raisins de cuve n'ont pas vraiment d'odeur perceptible au moment de la vendange. On ne leur découvre un premier complexe aromatique qu'au cours de la vinification. Cet ensemble odorant évolue vers le « bouquet », qui ne cesse de se transformer avec l'âge. Les chercheurs pensent actuellement que ces substances aromatiques existent à l'origine dans le raisin sous forme de précurseurs inodores, qui sont révélés par la fermentation alcoolique puis par le mûrissement.

L'examen visuel du vin permet de juger la couleur, la brillance, la transparence et les nuances du vin.

LA COULEUR DES VINS BLANCS MOELLEUX

Nuance or vert

Nuance dorée

Nuance ambrée

Dans cette recherche, le dégustateur débutant est particulièrement étonné de ce que le vin n'a pas d'arôme propre, sauf les cépages aromatiques, mais qu'il emprunte ses nuances aromatiques à tous les domaines de la nature. On désigne ces arômes par analogies naturelles (qui sont d'ailleurs réelles et non seulement imitatives).

Une liste de quelques deux cents notations aromatiques possibles a été établie. Les amateurs peuvent ainsi s'entraîner périodiquement à des exercices de reconnaissance. Certes, il y a un langage à entretenir et un entraînement à conserver, d'autant plus difficiles que le dégustateur prend le vin comme la nature le lui donne, avec son bouquet léger, fugace et fluctuant. Cette liste des arômes n'est donc qu'un simple moyen de notation, car le bouquet du vin n'est jamais deux fois tout à fait le même et varie selon le temps d'aération, le trajet subi par la bouteille, le verre, l'heure de la séance, l'hygrométrie et la pression de l'air, ainsi que les dispositions personnelles du dégustateur, sans compter les autres impondérables.

Pour les besoins de l'enseignement, on a séparé la phase externe, dite olfaction directe, et la phase interne, que certains appellent rétronasale et d'autres rétro-olfaction. Dans la réalité, elles se suivent presque sans discontinuer mais n'ont pas la même importance suivant les vins et les usages régionaux. L'allure, le volume et la structure des verres que l'on appelle régionaux sont tout à fait révélateurs des usages anciens et des modes de dégustation de ces divers pays. La forme petit-ballon des verres à vin du Rhin prouve qu'avec ceux-ci on n'a jamais pratiqué l'olfaction directe mais seulement la voie interne. Même signification pour l'antique forme évasée des verres à vins blancs de Loire (Vouvray). Pour les grands vins rouges bordelais, dont les subtilités aromatiques sont souvent entremêlées à la délicatesse des saveurs, la phase interne de la perception aromatique est plus enrichissante, plus longue, plus joviale que la phase olfactive directe. Le verre à profil ellipsoïdal et à bords légèrement resserrés convient bien à cet usage. Mais, pour recueillir par voie externe toute l'ampleur olfactive dont sont capables les meilleurs Bourgognes et leurs voisins de la vallée du Rhône, le verre tulipe à panse renflée, que les verriers nomment Angoulême, est le meilleur auxiliaire.

Aussitôt le vin versé dans le verre, un usage consiste à le soumettre à une giration ayant pour but d'augmenter la surface et l'intensité du dégagement aromatique. Ce geste peut cependant nuire aux senteurs très aériennes ou délicates comme la menthe poivrée, le tabac de Havane ou la violette, qui risquent d'échapper à la reconnaissance. On ne peut les ressentir isolément que par une approche sur le verre immobile. Pour les vins doués d'un bouquet riche et expansif, cette phase immobile, délicate et délicieuse, peut prêter à rêver un long moment avant de boire. C'est seulement après cette première phase que l'on peut donner un coup de poignet giratoire, intermittent et peu fréquent, pour recueillir les arômes de densité moyenne, ceux de fleurs, de fruits frais, d'épices légères, de torréfaction, et aussi les odeurs animales. C'est alors l'occasion d'observer que ces arômes ne se présentent pas en mélange global, mais en succession, comme s'ils étaient soumis à un ordre de sortie. Cet ordre n'est d'ailleurs pas immuable, et peut être modifié par toute variation ambiante : température du lieu, température de la bouteille, état de l'atmosphère, hygrométrie, ainsi que par la forme du verre. Ce dernier facteur est d'ailleurs déterminant dans la recherche olfactive. En effet, le même vin dégusté dans trois verres de formes différentes présentera trois profils aromatiques distincts.

Enfin, en état de giration continue, on peut recueillir des arômes lourds s'ils existent, les fruits secs et confits, les nuances brûlées et les épices aux senteurs capiteuses.

Quand le vin arrive dans la bouche, la perception aromatique change de sens mais change également, tout à coup, d'intensité. Au lieu d'être reçue à distance et en succession, elle est ressentie par contact direct et globalement. De plus, elle est mêlée sans transition à la présence sous-jacente des saveurs, qui la valorisent ou la desservent, suivant le cas. L'effet est particulièrement saisissant quans les vins ont un nez peu expansif et une phase aromatique interne riche et très intense. Pour l'authentique amateur-connaisseur, la dégustation ne saurait se limiter à la quête de quelques constituants odorants du vin. Il lui faut aussi juger la complexité

Quelques caractères aromatiques décelés dans les vins

FLEURS : acacia, amandier, chèvrefeuille, genêt, giroflée, jacinthe, œillet, pêcher, pelargonium, pivoine, rose, sureau, tilleul, troène, violette.

FRUITS FRAIS : abricot, ananas, banane, cerises diverses douces ou aigres, citron, cassis, fraise, framboise, fruit de la passion, groseille, melon, mûre sauvage, myrtille, pêche, poire, pommes diverses, prunes diverses, pamplemousse.

FRUITS SECS OU CONFITS : amande, cerise confite (cherry), coing, figue sèche, fraise cuite, noisette, pruneau, raisin sec.

ÉPICES ET AROMATES : cannelle, gingembre, girofle, laurier, muscade, pied de champignon, poivre, poivron.

FEUILLAGES, HERBAGES et autres substances végétales : aiguilles de pin, bois de santal, encens, feuille de cassis, fougère, havane, mélisse, mousse de chêne, sous-bois.

ARÔMES DE CONFISERIE : anis, bergamote, bonbon acidulé, menthe, réglisse, vanille.

ARÔMES TORRÉFIÉS OU BRÛLÉS : bois brûlé, cacao, café, caramel, goudron de bois, thé.

Autres SUBSTANCES ALIMENTAIRES : ail*, beurre, bière, chou*, ensilage*, laitage*, oignon*, vinaigre*.

CARACTÈRES D'ANIMALITÉ : ambre, civette, cuir fauve, cuir maroquin, cuir de Russie, gibier mariné, musc, sauvagine, ventre de lièvre.

*** = *odeurs anormales***

LA ROBE DES VINS

Les vins offrent un grand nombre de nuances colorées qui constituent l'essentiel de leur teinte. Les nuances ne cessent d'évoluer avec l'âge et l'état de conservation du vin. La connaissance des nuances est donc un élément primordial de l'appréciation du vin que l'on s'apprête à déguster.

La nuance des vins blancs, à dominante verte lorsqu'ils sont jeunes, passe au jaune paille, puis, avec l'âge, au doré et à l'ambré.

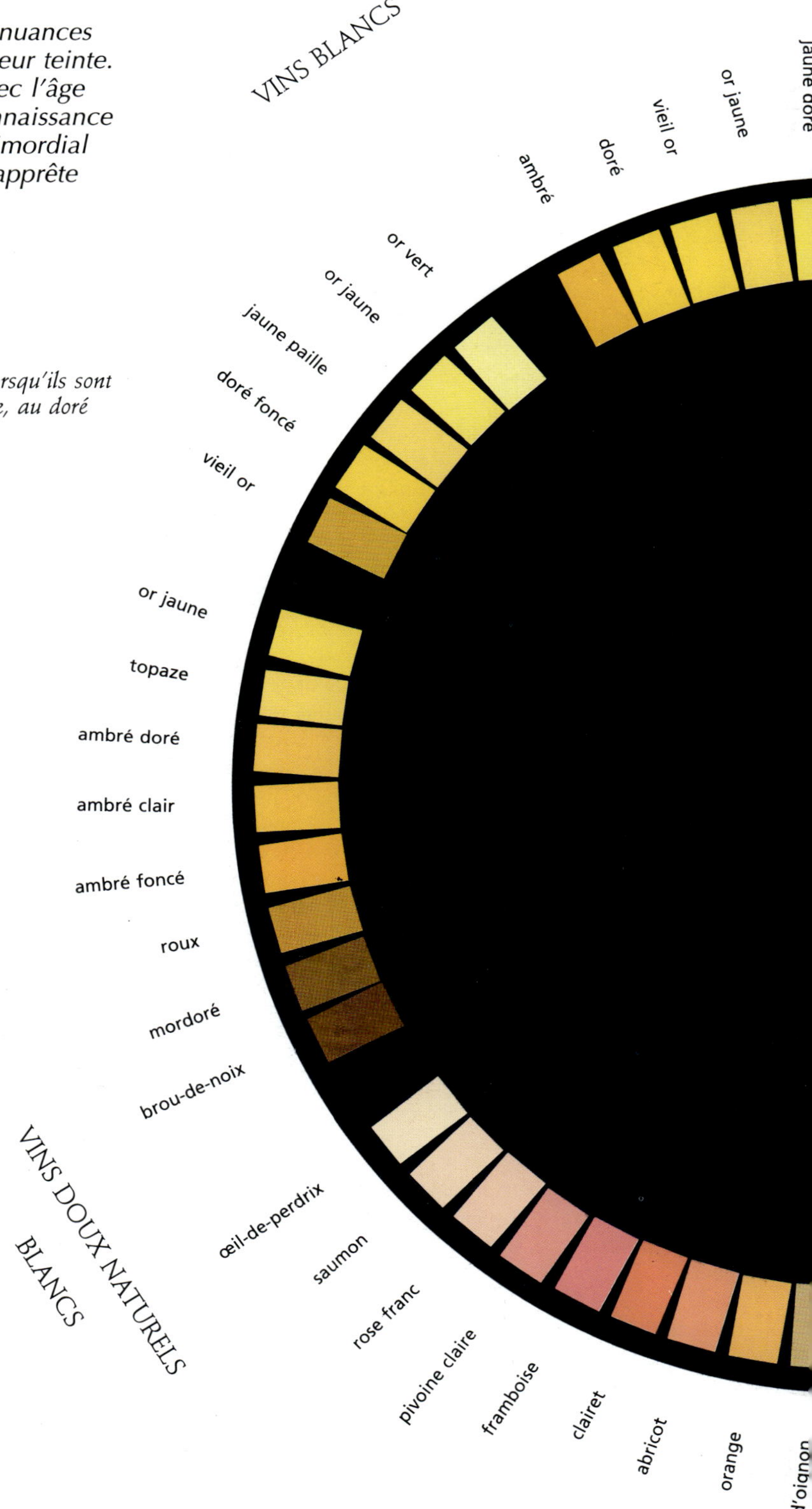

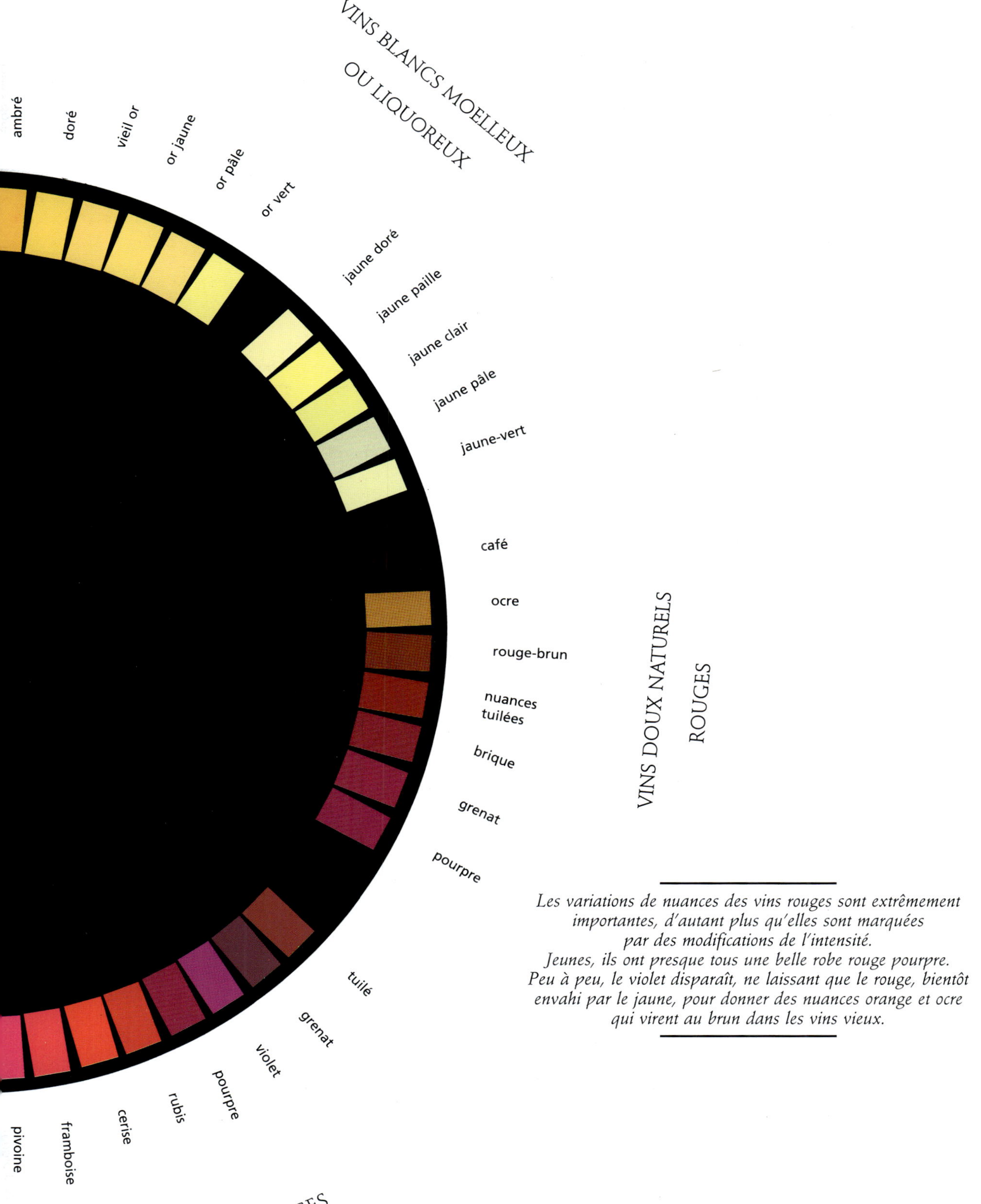

Les variations de nuances des vins rouges sont extrêmement importantes, d'autant plus qu'elles sont marquées par des modifications de l'intensité. Jeunes, ils ont presque tous une belle robe rouge pourpre. Peu à peu, le violet disparaît, ne laissant que le rouge, bientôt envahi par le jaune, pour donner des nuances orange et ocre qui virent au brun dans les vins vieux.

L'examen par le nez permet d'identifier les arômes du vin. Il comprend une phase directe et une phase interne dite rétro-olfactive ou rétronasale.

ou la simplicité de l'ensemble, sa rusticité ou son raffinement, sa cohérence ou sa dispersion, sa jeunesse ou sa maturité, et en dégager une ou plusieurs résultantes significatives. C'est également l'occasion pour le dégustateur de constater que tout ce qui est olfactif a des liens puissants avec le domaine affectif et émotif. Il est certain que les arômes d'un vin de qualité, pour peu qu'on s'y abandonne, évoquent tout l'environnement naturel et domestique de la région dont il provient : ses fruits, ses herbages, ses forêts, l'odeur de ses habitations paysannes, sa cuisine, ses loisirs, la gaieté ou l'austérité de ses habitants et même son climat... C'est pourquoi l'on perdra toujours quelque chose à déguster des vins de régions que l'on n'a pas visitées car l'on n'est pas préparé à les comprendre.

La bouche

Quand on a suffisamment sacrifié à la délectation aromatique, on s'attache à la reconnaissance de toutes les autres sensations qui siègent dans la bouche. Trois groupes de substances correspondent à trois systèmes de réactions différents, ce sont l'acidité, le moelleux et le tanin.

L'acidité comprend l'ensemble des acides organiques du vin – tartrique, malique, citrique, succinique, lactique, acétique... – qui proviennent en majeure partie du raisin.

Le moelleux est le facteur d'onctuosité de toutes les substances douces comme le sucre mais aussi l'alcool et la glycérine, produits de la fermentation.

Quand au tanin et aux substances phénoliques plus ou moins astringentes, ils sont issus des parties solides du raisin et de la macération en cuve.

L'appréciation de ces trois groupes de sensations s'effectue en deux temps. L'on saisit d'abord chacun d'eux en nature et en intensité. Puis on analyse sa conjonction avec les autres groupes. Il en résulte une appréciation sur la consistance et la structure du vin, dénommée suivant les auteurs : silhouette, forme, corps, volume, étoffe. Ces différents termes désignent l'aspect corporel du vin, par opposition à l'aspect subtil et immatériel des arômes.

L'acidité est ressentie par les zones spécialisées de la langue, ainsi que par l'irritation sur les muqueuses, et surtout par la salivation parotidienne, abondante et fluide.

Le moelleux est appréhendé par les mouvements de la langue et par la salive sublinguale, qui s'épaissit à son contact. L'on a pu constater maintes fois que l'alcool dilué a une saveur nettement sucrée et fait partie du groupe moelleux. L'alcool est donc le principal agent de douceur des vins secs. Mais les dégustateurs de vins blancs doux et liquoreux traditionnels, où le moelleux résulte surtout d'un reliquat de sucre non fermenté, estiment que cette manière de sentir n'est pas assez spécifique. Ils dissocient en effet l'alcool de la perception du moelleux et lui attribuent des relations distinctes avec les autres groupes de perception : acidité et tanin. Quoi qu'il en soit, si l'on veut signaler une dominante sans la dissocier de l'ensemble, on peut dire au besoin : « moelleux à dominante sucrée », ou « à dominante alcoolique », ou « à dominante glycérinée ».

Le tanin, dans les vins rouges, est perçu par son action sur les muqueuses. Il se définit en quantité, en dureté, et en consistance (ou persistance). Sa quantité est liée au cépage, mais aussi au mode de cuvaison. La dureté, qui se traduit en agressivité, est aussi dépendante du cépage. Elle se fait remarquer notamment dans le Pinot noir de Bourgogne, le Nebbiolo piémontais, le Mourvèdre, tandis que le Gamay produit un tanin doux. Le facteur consistance-persistance est celui qui décide de la délicatesse du vin. La classe de vin en est largement tributaire et il ne saurait y avoir de vin fin avec un tanin grossier. Là, cependant, il n'y a pas de relation avec tel terroir ou tel cépage, car le même cru classé, suivant l'année, la maturité du raisin, la vinification, l'âge du vin et sa maturité gustative, peut donner des vins très rugueux ou, au contraire, très fins. Avec le temps, le tanin évolue de l'abondance vers la modicité, de la dureté vers la douceur, de la lourdeur vers la finesse, et jamais à l'inverse.

Analyse des sensations

Chez un profane qui n'a pas reçu la formation de la dégustation, ces sensations sont perçues globalement et leur complexité ne lui permet pas de traduire analytiquement l'impression ressentie.

Pendant qu'il se livre aux analyses sensorielles, le professionnel ressent simultanément l'impression globale propre au profane et les perceptions séparées de l'acidité, du moelleux, du tanin.

LES ANOMALIES GUSTATIVES

Le vin peut être altéré, piqué, réduit, oxydé, éventé, madérisé, en état de fermentation, et présenter, par ailleurs, des goûts étrangers ou désagréables parmi lesquels : le goût herbacé, le goût de bouchon, de cuve, de soufre, de mercaptan, de lie, de colle et les goûts de phéniqué, de pourri, de rance, de rafle ou de râpe, de goudron, de moisi, de croupi.

Il peut enfin, s'il est conservé dans de mauvaises conditions, être victime d'altérations microbiennes. **(Voir l'article *la Microbiologie du vin*.)**

Pour plus de détails, se reporter au glossaire des termes de la dégustation.

De l'impression d'ensemble, il tire en premier lieu les caractères saillants du vin que l'on peut appeler les dominantes. Ce sont ces dominantes qui vont étayer les particularités. Mais, à cet égard, il convient de séparer les vins blancs et les vins rouges, car leurs structures sont assez différentes.

En ce qui concerne les vins blancs et les vins rosés non macérés, l'absence normale de tanin réduit la configuration gustative à la rencontre du groupe acidité et du groupe moelleux. Les diverses combinaisons positives et négatives de ces deux groupes sont nombreuses et elles permettent certainement d'exprimer la silhouette et le style de tous les vins blancs du monde.

Dans l'opinion commune, le moelleux et l'acidité sont des sensations qui se neutralisent, ou du moins s'atténuent réciproquement. Mais cela n'est vrai que dans les conditions véritablement limitées.

D'une façon générale, il est assez difficile d'apprécier séparément, dans un vin blanc, l'acidité et le moelleux qui s'y trouvent mélangés. Entre plusieurs vins qui présenteraient tous le même degré d'acidité, le moins moelleux sera toujours ressenti comme plus acide et inversement. L'émission salivaire parotidienne peut alors être un bon appoint de sensibilité, car elle est la même pour les différents vins de même acidité.

Les gradations de l'acidité, dans un vin où le moelleux n'appelle pas de remarque, peuvent s'exprimer par l'échelle suivante. Une légère émergence acide donne la vicacité ; un excès sensible s'appelle acidité. La déficience d'acidité, au contraire, est ressentie comme une mollesse.

Les variations du moelleux dans un milieu où l'acidité ne se remarque pas donnent le caractère gras au premier niveau, et mielleux en cas d'abondance. Le retrait du moelleux au contraire, dans une proportion mesurée, caractérise les vins secs ; si ce retrait est affligeant, il entraîne alors la maigreur du vin.

Une dominante simultanée d'acidité et de moelleux traduit la richesse de substance et des saveurs soutenues, mais l'excès simultané des deux, dans les vins très sucrés et très acides, engendre la nervosité. À l'opposé, la déficience simultanée des deux constituants s'exprime par les notions de petitesse et de platitude.

La situation la plus fréquente est celle où s'associent une acidité normale ou plus ou moins positive et un moelleux modéré ou plus ou moins réduit. C'est le caractère de fluidité et de fraîcheur de la plupart des vins non sucrés. Il peut se muer en verdeur si l'acidité s'aggrave et le moelleux se réduit encore.

À l'inverse, avec un moelleux abondant et une acidité plus ou moins faible, on trouvera l'onctuosité et la générosité des vins de liqueur et d'apéritifs.

Pour les vins rouges, outre les groupes acidité et moelleux, le tanin est un élément prépondérant lors de la dégustation. Les combinaisons possibles sont donc plus nombreuses et plus difficiles à exprimer. Il faut, cette fois encore, déterminer les dominantes, mais il convient de remarquer que lorsqu'une dominante est « simple » – tanin seul, ou acidité seule, ou moelleux seul – elle émerge sur le fond mêlé des deux autres sensations et elle est assez mal perçue par le dégustateur. Ceci s'explique d'une part

RAPPORT ACIDITÉ-MOELLEUX DES VINS BLANCS ET ROSÉS NON MACÉRÉS

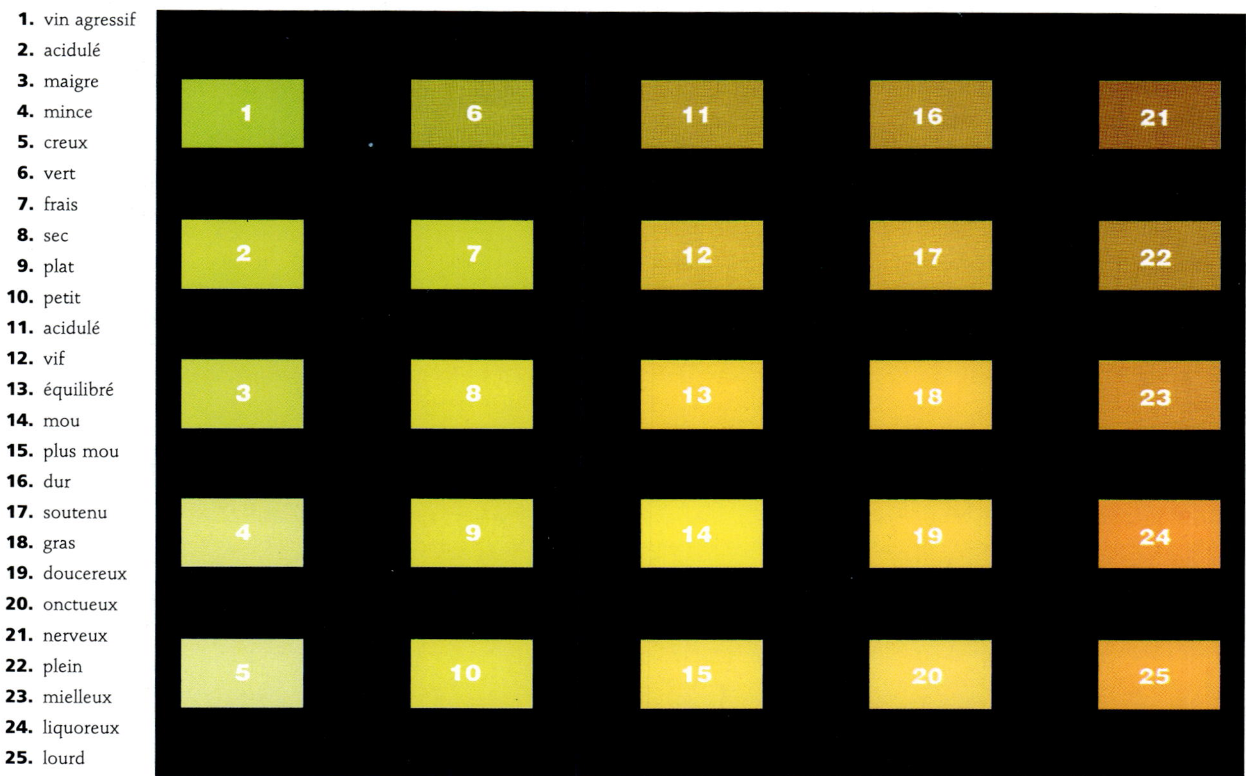

parce qu'elle frôle le déséquilibre ou l'inharmonie, d'autre part parce qu'elle ne se prête à aucune nuance ou modulation.

En ce qui concerne le tanin, la dominante croissante s'exprime par l'échelle de caractères : charpenté, tannique, rêche, âpre.

Pour l'acidité, l'échelle croissante est : frais, vif, nerveux, acide.

Quant à l'axe moelleux, la progression est la suivante : fondu, gras, onctueux, pâteux. Ces qualifications ne sont pas de nature à mettre en valeur un grand vin et il est rare qu'un cru de grande classe soit marqué par un seul caractère.

En revanche, les dominantes doubles : tanin + moelleux ou tanin + acidité, ou encore acidité + moelleux se prêtent à toutes sortes de nuances. La terminologie qu'elles endossent relève de l'anthropomorphisme. Ainsi, le tanin est assimilé à l'ossature, le moelleux à la musculature et l'acidité au réseau nerveux.

Le couple tanin + moelleux, par exemple, exprime à des degrés divers l'étoffe, la corpulence, la carrure. Avec deux parts de tanin pour une de moelleux il suggère la solidité ; tandis que deux parts de moelleux pour une de tanin donnent le caractère charnu.

Le couple tanin + acidité donne la fermeté et la dureté. À son paroxysme, cette dureté peut s'appeler de la raideur. Deux parts de tanin et une d'acidité produisent la sévérité, tandis que deux parts d'acidité pour une de tanin donnent un caractère anguleux au vin.

Dans ces couples de sensations, il faut encore savoir distinguer les dominantes réelles et les dominantes relatives, celles qui découlent du retrait de la troisième composante. Ainsi, à côté de la dominante réelle tanin + moelleux, génératrice de corpulence, il existe des cas où ce couple est mis en relief par un retrait de l'acidité. La sensation ne s'apparente plus alors à de la corpulence, mais à de la mollesse.

De même, le couple tanin + acidité peut être mis en valeur sans fermeté ni dureté, par un léger retrait du moelleux, ce qui donne la finesse, la délicatesse, l'élégance. Cette ambivalence des couples de dominantes est encore plus sensible avec l'association acidité + moelleux. En principe, cette dominante ne devrait pas exister dans un vin rouge. C'est pourtant ainsi que l'on fait les meilleurs vins dits de primeur. Avec un peu plus de moelleux, ils sont « souples » ; avec un peu plus d'acidité, ils sont « tendres ». Mais là encore les interférences sont subtiles. Lorsque dans un vin rouge normalement tannique il y a une réelle dominante acidité + moelleux, il se crée un caractère « chargé », voire dissocié, qui est désagréable. C'est seulement quand le retrait du tanin laisse ressortir le couple acidité + moelleux qu'on a le caractère coulant et frais propre auxdits vins de primeur. Voilà pourquoi on les laisse cuver très peu de temps.

Quant à la triple dominante, tanin + acidité + moelleux, il s'agit en général de celle des vins bruts, encore mal dégrossis et qu'on rencontre d'ailleurs fort rarement au stade de la consommation.

À toutes ces appréciations purement qualitatives, de nombreux dégustateurs ajoutent une évaluation de la longueur du vin. La longueur du vin est en réalité l'impression et le temps

CARACTÈRES PHYSIQUES DES VINS ROUGES

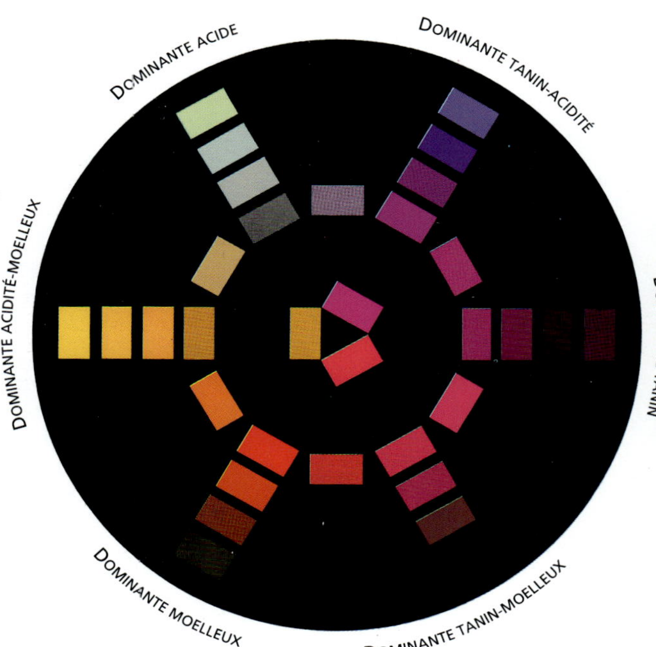

de persistance aromatique qu'il laisse dans la bouche après qu'on a avalé ou craché. Elle est exprimée en caudalies, une caudalie équivalant à une seconde de persistance. Elle caractérise le niveau de qualité du vin, qui est d'autant plus haut que la persistance est plus longue. Ce mode d'appréciation est cependant limité. Il ne faut l'appliquer qu'à l'intérieur d'une zone restreinte, pour comparer entre eux des millésimes successifs ou des cuvées voisines.

La longueur des vins blancs est assez facile à saisir. Pour les vins rouges, il convient de ne pas la confondre avec la persistance du tanin. À la suite de la persistance aromatique il reste une sensation globale atténuée, dénommée arrière-goût, qui ne fait pas partie non plus de la longueur.

Il n'y a pas lieu de croire que ces performances sensorielles soient réservées à une minorité de spécialistes. Des amateurs, qui ont cultivé leur sensibilité et ont élargi leur connaissance du vin et de ses crus, sont devenus des connaisseurs aussi compétents que des professionnels et président parfois des jurys de dégustation de haut niveau.

Outre la subtilité sensorielle, la dégustation demande surtout des dispositions psychologiques d'ouverture et de disponibilité, l'absence d'idées préconçues, et surtout une grande prudence car c'est le domaine entre tous où les pires méprises sont possibles et guettent même le plus chevronné des dégustateurs.

VOCABULAIRE DE LA DÉGUSTATION

A

ABRICOT
Caractère aromatique de certains vins blancs, notamment dans la vallée du Rhône, lié au cépage Viognier quand il est bien mûr.

ACACIA
L'odeur, très agréable, de la fleur d'acacia participe fréquemment à l'arôme de jeunesse des vins de Chardonnay et des vins de Chasselas, lorsque leur acidité est modérée. Cette composante participe aussi aux arômes que l'on appelle « miellés ».

ACCIDENT
Dans la terminologie vinicole, on nomme « accident » toute modification inopinée qui vient perturber l'état visuel, olfactif ou gustatif du vin (troubles, mauvais goût, fermentation, dépôt, etc.).

ACERBE
Qualificatif gustatif exprimant, dans le vin, un caractère assez fortement « mordant », résultant d'une acidité sensible aggravée par la présence de tanins non mûrs.

ACESCENCE
État et caractère des vins où se sont développés des acetobacters, c'est-à-dire des bactéries du vinaigre. Selon la durée et l'intensité de l'attaque microbienne, l'acescence se traduit par des conséquences plus ou moins graves. Dans ses moindres effets, elle n'a aucun caractère odorant, mais se perçoit dans la bouche en arrière-goût, sous la forme d'une sensation aigrelette qui n'échappe pas au dégustateur entraîné. À un stade plus avancé, l'acide acétique produit par l'acescence se combine partiellement à l'alcool du vin en donnant l'acétate d'éthyle, jadis nommé « éther acétique », qui a une odeur caractéristique de solvant à peinture ou de vernis à ongle. Dans cet état, le vin est déjà impropre à la consommation, et plus encore à la dégustation ! Lorsque l'acescence s'aggrave encore davantage, le vin devient partiellement du vinaigre. (*Voir aussi* Les mots de la vigne et du vin.)

ACIDE ET ACIDITÉ
L'acidité est une des quatre saveurs élémentaires perçues dans la bouche par les papilles de la surface de la langue. Dans le vin, cette saveur est constituée par l'ensemble des acides organiques qui peuvent s'y trouver : tartrique, malique, citrique, lactique, succinique, pyruvique, etc. Dans la cavité buccale, elle est ressentie non seulement par la langue, mais aussi par la sécrétion de salive parotidienne qu'elle suscite et par l'impression corrosive qu'elle laisse sur les muqueuses du palais, des joues et des gencives. Lors de la dégustation, l'acidité joue un rôle primordial dans la tenue du vin en bouche et dans l'équilibre général des saveurs. Elle compense et éclipse partiellement les composantes de moelleux du vin (sucre, alcool, glycérine), tandis qu'associée au tanin elle crée une synergie qui aggrave à la fois la sensation acide et celle d'astringence. Lorsqu'elle est excessive ou mal compensée, l'acidité se traduit successivement par de la vivacité, de la verdeur, puis de l'âcreté. Défaillante au contraire ou submergée par le moelleux du vin, elle engendre la mollesse ou la lourdeur. À dose légèrement émergente, elle crée la fraîcheur, légèrement récessive, elle participe à la souplesse. (*Voir aussi* Les mots de la vigne et du vin.)

ÂCRETÉ
Aggravation du caractère acerbe (*voir* Acerbe).

AÉRATION ET AÉRER
Dans la phase de conservation préalable à l'embouteillage, l'air est considéré comme l'ennemi du vin, dont il provoque l'oxydation et la piqûre. Il est prouvé cependant que la privation totale d'air pendant cette même période aboutit à un effet inverse de l'oxydation, qui se nomme réduction et qui se traduit par un affaiblissement de la couleur, de la consistance, et surtout du bouquet du vin. Il y a donc à cet égard un juste milieu à tenir entre une aération permanente ou excessive et une privation totale d'air ; c'est la raison notamment des divers soutirages et transvasements que les producteurs et les négociants font subir aux vins avant l'embouteillage.

Néanmoins, l'effet de réduction se manifeste aussi sur des vins qui sont en bouteilles depuis plusieurs années avec un bouchon de qualité et un capsulage étanche. Si l'affaiblissement de leurs caractères n'est pas trop prononcé, il suffit d'une aération plus ou moins importante pour « raviver » la couleur et surtout le bouquet du vin. L'importance et la durée de cette aération sont difficiles à déterminer a priori et dépendent surtout de l'âge, du cépage et de l'état de conservation du vin. On a connu le cas d'un Cabernet italien du Trentin qui, après vingt ans de bouteille, en parfait état, avait perdu tout arôme sous l'effet d'une forte réduction, et qui a mis une semaine, dans la bouteille entamée et bouchée, pour retrouver un bouquet bien typique, particulièrement intense et nuancé. Il a été signalé aussi que les mises de Château-Grillet, après quelques années de bouteille, ne trouvent toute leur ampleur aromatique qu'une demi-journée au moins après leur débouchage. (*Voir aussi* Les mots de la vigne et du vin.)

AÉRIEN
Qualificatif qui s'applique au bouquet des vins quand celui-ci est intense, fin et léger, et qu'il donne l'impression de se répandre dans l'air.

AFFAIBLI
Qualificatif signifiant que le vin a perdu une partie de sa consistance ou de ses caractères spécifiques et originaux.

AGRESSIF
Caractère du vin qui donne l'impression d'agresser les muqueuses par excès d'acidité ou d'astringence, ou des deux.

AIGRE
Caractère des produits où domine une acidité à caractère acétique ou lactique (vin et lait notamment) liée le plus souvent à un début d'altération.

AIGRE-DOUX
Caractère gustatif des substances contenant à la fois une forte acidité et une grande richesse en sucre ou en substances douces. Dans cette situation, les deux groupes de saveurs, acides et moel-

leuses, ne se compensent plus, mais s'opposent en se dissociant. Ce genre de mixture est parfois recherché par des consommateurs aimant les sensations fortes. Les sauces tomates concentrées, sucrées et vinaigrées, appartiennent aussi à cette catégorie et sont des formes de violence et de provocation transposées au plan sensoriel.

AIMABLE

Caractère attribué à un vin qui plaît, mais généralement sans prétention.

AIR (EFFETS DE L')

Voir Aération.

ALCOOL

C'est le principal constituant du vin après l'eau. Le degré alcoolique du vin exprime en pourcentage la proportion de l'alcool qui y est contenue.

Au point de vue gustatif, l'image de marque de l'alcool est liée à son caractère brûlant, voire asphyxiant, tel qu'on le rencontre dans les eaux-de-vie et autres digestifs où il se trouve dans une proportion de 30 à 45 %. Ce qui est moins connu, c'est qu'à la concentration de 10 à 13 % – qui est celle du vin – l'alcool perd son caractère brûlant et desséchant, et prend un goût sucré très marqué, qui constitue en majeure partie la composante de moelleux des vins secs. (*Voir aussi* Les mots de la vigne et du vin.)

ALTÉRATION

État du vin, résultant en général d'une mauvaise conservation, qui en diminue la qualité ou le rend même impropre à la consommation. Ce terme est consacré par la législation.

AMANDE OU AMANDIER

Les caractères aromatiques liés à cette espèce végétale peuvent se manifester diversement.

1. L'odeur de la fleur d'amandier a été décelée parfois dans des vins blancs de Sauvignon, de Sylvaner et autres.

2. L'arôme de l'amande sèche, proche de la vanilline, est assez fréquent sur les vins de Chardonnay vieillissants.

3. Le caractère d'amande amère est une composante de nombreux crus blancs de primeur, et fait partie du goût discret de noyau que l'on trouve sur certains vins rouges vieux.

4. L'arôme d'amande grillée, qui fait le charme et la distinction de vins blancs d'un certain âge, est une forme de révolution de traces de sulfure organique.

AMBRE ET AMBRÉ

Comme éléments d'analogie, ces deux termes interviennent d'une part dans l'aspect des vins blancs, d'autre part dans leur bouquet.

1. L'aspect ambré, qui est celui d'un jaune très soutenu, voisin de la bière blonde, appartient aux vins liquoreux d'un certain âge, mais aussi aux vins blancs secs ou peu sucrés de grands millésimes aptes à vieillir sans s'oxyder ou se dessécher.

2. L'odeur d'ambre, à l'état discret, appartient parfois à quelques grandes cuvées de Chardonnay, en Champagne, à Chablis, en Côte-d'Or et dans quelques grands vins liquoreux du Sud-Ouest. C'est une composante aromatique de très grande distinction.

AMER ET AMERTUME

1. L'amertume est comptée par des physiologistes comme une des quatre saveurs élémentaires perçues par les papilles de la langue – avec pour standard de référence la quinine. Dans cette acception, elle n'existe pas dans le vin, sinon dans quelques rouges, à l'état transitoire et léger. Autrement, elle devient une anomalie inacceptable. Cependant, comme sensation, elle n'est pas très éloignée de l'astringence, car si une dissolution de tanin dans de l'eau acidulée est astringente, la même dissolution dans une eau alcaline (Vichy) devient nettement amère.

2. Il existe une maladie microbienne du vin, dénommée amertume, qui atteint surtout les vins rouges très vieux en bouteille, et qui se traduit précisément en bouche par une sensation très amère, dérivée de l'acroléine formée par ces microbes. (*Voir aussi* Les mots de la vigne et du vin.)

AMPLE ET AMPLEUR

Termes appliqués aux vins qui « remplissent bien la bouche » et donnent l'impression d'occuper un large espace, mais sans caractère de lourdeur ou de « pesanteur ».

ANANAS

Caractère odorant que l'on peut trouver dans un grand nombre de vins blancs lorsque les vendanges ont atteint une très bonne maturité physique et aromatique. Il est en général associé à d'autres caractères de fruits exotiques.

ANALYSE SENSORIELLE

Nom donné actuellement à la dégustation méthodique et codifiée des boissons et des substances alimentaires. Cette terminologie se justifie par le fait que l'approche complète de ces substances met en œuvre non seulement le goût, mais aussi l'odorat, la vue et le toucher.

ANGULEUX ET ANGULOSITÉ

Caractère attribué à des vins rouges lorsqu'une dominante acide et plus ou moins tannique n'est compensée par aucune « rondeur » (les Bourguignons disent « pointu »).

ANHYDRIDE

Corps formé par l'union directe d'un métalloïde et d'oxygène, et susceptible de donner un acide par dissolution dans l'eau. L'anhydride sulfureux (SO_2), dénommé « dioxyde de soufre » dans la terminologie actuelle, est le seul antiseptique autorisé pour la conservation des vins.

Ajouté principalement lors de l'embouteillage, il reste perceptible à la dégustation pendant quelques semaines ou quelques mois suivant le vin et suivant la dose. À la consommation, les fortes teneurs en SO_2 peuvent causer des migraines très douloureuses. Pour une certaine clientèle anglo-saxonne, l'anhydride sulfureux fait partie intégrante du bouquet des vins blancs.

ANIMAL ET ANIMALITÉ

Termes génériques pour désigner une catégorie de bouquets dominés par des odeurs animales, plus ou moins accusées, pouvant aller de la simple fourrure à des nuances beaucoup plus scatologiques. Il s'agit en général de composés très volatils formés par réduction, et qui résistent plus ou moins à quelques instants d'aération.

ANIS
Caractère aromatique que l'on trouve à l'état de trace dans le bouquet de certains vins blancs arrivés à bonne maturité.

ANORMAL ET ANOMALIE
Termes appliqués aux caractères gustatifs qui ne sont pas à leur place dans un vin donné. On n'insistera jamais assez sur le caractère relatif de toutes les anomalies gustatives, car tel caractère qui est anormal dans un vin donné peut être parfaitement à sa place ailleurs : ainsi l'odeur d'acétate, inacceptable dans un vin, est tout à fait normale dans un vinaigre ; l'odeur d'aldéhyde, qualifiée d'oxydation dans un vin nouveau, est recherchée dans les vins de type jaune ; la présence de gaz carbonique, insupportable dans les vins rouges, est essentielle aux vins effervescents, une teneur élevée en sucre est intempestive dans un Chablis, mais très normale dans un Monbazillac, etc.

ÂPRE ET ÂPRETÉ
Termes issus de la même racine latine *(asper)* que « aspérité », évoquant la rudesse et la grossièreté de contact. Dans le vin, l'âpreté qualifie une conjonction d'astringence et de verdeur, jointe à une certaine grossièreté plus ou moins répulsive.

ARÔME
Mot d'origine grecque s'appliquant aux principes odorants qui émanent de substances naturelles, principalement végétales (fleurs, fruits, huiles essentielles), accessoirement animales (ambre, musc). Certains auteurs ont suggéré de réduire la portée de ce mot à la phase buccale de la perception olfactive (ou rétronasale), donc implicitement à des substances alimentaires. Cette limitation de sens semble injustifiée : la racine hellénique ne comporte aucune restriction de ce genre, et les premiers organiciens du XIXe siècle ont donné il y a plus de cent ans le nom de « série aromatique » aux dérivés du benzine, en raison de leur caractère fortement odorant. Dans l'ensemble des homonymies qui se relient à cette notion, on peut proposer la mise au point suivante :

Odeur : terme générique désignant toute émanation de substance qui affecte l'odorat par voie aérienne, sans préjuger de la qualité ou de l'usage de cette émanation.

Parfum : odeur essentiellement agréable, généralement assez forte, spécifique d'une substance naturelle donnée, le plus souvent d'une fleur. Désigne aussi une composition industrielle qui est un assemblage d'essences aromatiques diverses à l'usage de la parfumerie.

Essence : produit odorant très volatil, obtenu par distillation (essence de lavande, de pin, de mirbane, etc.).

Senteur (du verbe sentir) : odeur plus ou moins diffuse répandue dans l'atmosphère et perçue ou perceptible à une certaine distance.

Effluve : nom masculin utilisé le plus souvent au pluriel, d'où son apparence féminine. Émanation subtile qui s'applique non seulement à l'odorat, mais aussi à d'autres domaines physiques. Au plan olfactif, les effluves sont des senteurs faibles et intermittentes, perceptibles à courte distance.

Arôme : odeur spécifique des substances naturelles, dans un sens plus étendu que le parfum, faisant toujours corps avec son substrat, et recherchée pour l'agrément sensoriel et les associations psychiques qui en résultent. L'idée de consommation y est implicite mais non exclusive.

Flaveur : ensemble complexe de sensations olfactives et gustatives perçues au cours de la consommation d'un aliment ou d'une boisson. (*Voir aussi* Les mots de la vigne et du vin.)

AROMATIQUE
Ce qualificatif a reçu diverses affectations en œnologie.

1. Il s'applique à un certain nombre de variétés de raisin, dits « cépages aromatiques », tels que le Sauvignon, les Muscats et les cépages rhénans, en raison de l'odeur primaire naturelle de leurs moûts, tandis que les moûts des autres cépages sont « neutres » avant la fermentation alcoolique.

2. Chauvet et Bréchot ont nommé « fermentation aromatique » la phase anaérobie de la vinification beaujolaise, dite aussi « semi-carbonique », pendant laquelle s'élabore la moyenne partie du bouquet de ces vins.

ARRIÈRE-GOÛT
Persistance d'impressions sensorielles que laissent dans la bouche un certain nombre de boissons et d'aliments après leur ingestion. Les substances protéiques (fromages, poissons, salaisons), les épices douces (laurier, muscade, cannelle), les substances amères ou astringentes d'origines diverses peuvent laisser un arrière-goût qui dure plusieurs minutes. Il est en général concentré dans l'arrière-bouche et y demeure non perçu (ou inconscient), à moins qu'il ne soit désagréable, ou soumis à l'analyse pour une dégustation intentionnelle.

ASTRINGENCE ET ASTRINGENT
L'astringence est le phénomène physico-chimique qui contracte les muqueuses sous l'effet de certaines substances, dont les standards de référence les plus familiers sont l'alun, le jus de prunelle ou la feuille de ronce en infusion.

Dans le vin, l'astringence est un paramètre fondamental du goût apporté par le tanin. Dans les vins blancs, elle est nulle en principe, du fait de l'absence de macération, mais peut exister à l'état de traces chez ceux qui ont été logés en fûts de chêne neufs. Dans les rosés, elle est également faible, en raison de la brièveté de la macération. Dans les vins rouges, elle est apportée par la macération des substances solides du raisin pendant la vinification. Dans les vins terminés, elle atteint une intensité variable, pouvant équivaloir jusqu'à 4 ou 5 grammes par litre de tanin gallique.

L'exploration et l'analyse sensorielle de quelques milliers de vins rouges d'origines diverses font apparaître que l'astringence n'est pas un phénomène simple. On peut l'analyser selon trois facteurs : un facteur d'intensité, lié à l'abondance ou à la modicité du tanin ; un facteur d'acuité, ressenti comme une « dureté » plus ou moins prononcée ; un facteur de persistance qui se traduit par de l'incrustation et de l'épaisseur. Pendant le vieillissement des vins, l'astringence s'adoucit au fur et à mesure que le tanin « s'use » et perd en intensité, en acuité et en épaisseur. Pour la consommation, il faut saisir l'instant où cette atténuation correspond à l'optimum gustatif pour le vin.

ATTAQUE
Terme fréquemment utilisé par les commentateurs et chroniqueurs œnophiles pour exprimer le premier contact instantané du vin avec la bouche. Ce mot semble révélateur d'une attitude excessivement critique, sinon agressive, qui cherche d'abord le défaut

ou le motif éventuel de réprobation plutôt que l'approche bienveillante et sympathique a priori. L'expression « premier contact » serait certainement préférable.

AUBÉPINE
Caractère aromatique assez répandu sur des vins blancs jeunes, très secs et un peu verts, notamment de Sauvignon.

AUSTÈRE
Qualificatif appliqué à des vins rouges où domine le tanin avec support acide en l'absence d'un bouquet qui apporterait un peu de charme.

B

BADIANE
Arôme proche de l'anis, à odeur plus intense et de production plus abondante que l'anis vert, utilisé en parallèle avec la graine de fenouil pour la confection des boissons anisées.

BALSAMIQUE
Qualificatif appliqué à l'odeur d'un beaume, c'est-à-dire d'une résine odorante issue de certains arbres. Dans le passé, ces résines ont servi à parfumer ou à désinfecter l'atmosphère sous forme d'encens, ou à préparer les médicaments antiseptiques. Dans le vin, on nomme « balsamiques » les odeurs plus ou moins résineuses telles que celles du pin, du cèdre, du santal, du genièvre, de l'encens, du bois de chêne neuf, du cyprès, etc. À l'état évolué et affiné, elles apportent beaucoup de distinction et de classe aux vins qui les contiennent, rouges le plus souvent.

BANANE
Utilisé comme élément d'analogie, ce terme représente l'odeur de l'acétate d'isoamyle, fréquemment développé sur les vins nouveaux ou primeurs et plus intense dans les productions de macération carbonique. Pour l'harmonie et la qualité du bouquet, ce constituant aromatique doit être tempéré par d'autres arômes floraux et fruités, comme dans le Beaujolais ou le Mâcon blanc, sinon le nez du vin évoque le vernis à ongles, la confiserie à bon marché ou le chewing-gum américain.

BERGAMOTE
Essence à odeur très agréable tirée du fruit du bergamotier, qui est un citron non comestible à zeste très colorant. Cette essence, plus riche et plus complexe que celle des autres agrumes, joint aux limonèmes de ceux-ci des nuances terpéniques et balsamiques qui font son intérêt en parfumerie et en confiserie. On trouve ce caractère dans des vins aromatiques à un certain stade de leur vieillissement en bouteille.

BEURRE
Nuance aromatique qui est constituée en grande partie par le diacétyle (CH_3-CO-CO-CH_3), et qu'on trouve aussi dans la noisette fraîche et dans certaines bières. Dans les vins blancs, ce caractère se rencontre parfois dans des lots bien mûrs, peu acides et riches en moelleux.

BIÈRE
Une odeur comparable à celle de la bière se rencontre parfois sur des vins blancs de Chasselas quand ils commencent à perdre leur fraîcheur.

BLANC (VIN)
Pour la majorité des consommateurs non informés, les vins blancs sont censés provenir uniquement de raisins blancs. Ce n'est pourtant pas leur seule origine possible, car les raisins noirs à jus blanc peuvent donner aussi des vins blancs lorsqu'ils sont pressés rapidement en grappes entières sans foulage préalable. C'est le cas d'une partie des vins de Champagne et des Crémants, qu'on désigne alors comme « blancs de noirs » par opposition aux « blancs de blancs » classiques.

Ces vins blancs issus de cépages noirs ont les caractères différents des blancs vrais : ils sont moins vifs, un peu plus souples, avec un bouquet dominant qui s'apparente à la pomme de reinette, et constituent la majorité de la production des vins de Champagne courants.

BOISÉ
Caractère aromatique que contractent les vins par le séjour en fûts de bois. L'intensité en est plus ou moins forte suivant le volume, l'âge et l'usure des fûts et la durée de séjour du vin. Dans les fûts neufs, ce caractère est d'abord hétérogène et presque étranger au vin, puis il s'amalgame, s'atténue et se fond dans le bouquet, où il apporte des nuances balsamiques (pins, encens, camphre...), pour des vins de grande origine.

BONBON ACIDULÉ
Caractère aromatique dénommé également bonbon anglais apporté par l'acétate d'isoamyle (*voir* Banane).

BOTRYTIS
Voir Les mots de la vigne et du vin.

BOUCHE
En langage raccourci, le mot « bouche » désigne l'ensemble des sensations qui y sont éprouvées, et l'on dira par exemple que le vin a une « bouche agréable », ou une « bouche soutenue », etc.

BOUCHON
Dans l'acception commune, le « goût de bouchon » désigne le caractère très désagréable de liège altéré et moisi qu'un mauvais bouchon a communiqué au vin. En fait, le liège et ses divers états participent beaucoup plus qu'on ne le pense aux bonnes et aux mauvaises odeurs du vin. Ainsi, en Champagne, après la Seconde Guerre mondiale, quand on a voulu remplacer par des bouchons synthétiques le bouchage en liège qui devenait difficile à se procurer, on découvrit par comparaison qu'un certain arôme de liège frais, un peu résineux et presque balsamique, faisait partie du bouquet des anciens tirages. On découvre un phénomène semblable dans des bouteilles de vieux rouges fermées avec des bouchons très longs et de première qualité, qui exhalent un arôme nettement résineux avec l'âge. En ce qui concerne les diverses altérations que le liège peut subir, *voir* Liège et Liégeux.

BOUQUET

On désigne familièrement sous ce nom l'ensemble des caractères aromatiques d'un vin, dans la mesure où ils constituent un tout cohérent, homogène et caractérisé. Par analogie, le terme de « bouquet » exprime doublement la diversité des espèces aromatiques qui y sont contenues et l'idée d'agencement qui en fait un « ensemble ». Il est évident que ce bouquet n'est pas statique. Il inclut naturellement les arômes primaires du cépage quand ils existent, puis ceux qui sont issus de la fermentation alcoolique, ensuite ceux qui se constituent pendant l'élevage en cave, puis finalement ceux qui s'élaborent sous verre après embouteillage. Ces diverses nuances se succèdent en se chevauchant, puis en s'éliminant peu à peu les unes les autres. Il est à noter que cette évolution se conjugue aussi avec celle des saveurs et de la totalité du vin. Les facteurs qui influent sur ces processus sont divers. Les trois plus favorables sont : une température basse (10 à 12 °C), l'absence de lumière, l'absence de vibrations ou de trépidations dans la cave. Pour des vins en bouteilles, l'humidité de la cave n'a pas une très grande importance ; une humidité saturante est même nuisible, car elle décolle les étiquettes et fait moisir les bouchons.

BRILLANCE ET BRILLANT

La brillance, ou luminosité, est une des composantes de l'analyse visuelle des vins. Elle est une conséquence de l'acidité du vin (ou plutôt de son pH), les vins acides ayant une couleur très brillante, les vins mous au contraire un aspect très mat.

BRÛLÉ

Connotation aromatique qu'en formation savante on appelle empyreumatique, et qui évoque l'odeur de substances ayant subi un début de calcination : pain brûlé, bois brûlé, caramel.

C

CACAO

Nuance aromatique qu'on trouve parfois dans des vins à bouquet fruité et épicé dans les années de forte maturité.

CAFÉ

1. On nomme « vins de café » des vins rouges issus d'une macération courte, suffisamment colorés mais pauvres en tanin, destinés à une consommation rapide.

2. L'arôme café est une nuance odorante qui se développe dans le bouquet des vins rouges de qualité. Il reste à peu près constant et caractéristique de la plupart des vins de la Côte de Nuits.

CANNELLE

Épice d'une grande qualité aromatique dont l'odeur se retrouve parfois (par analogie ou non) dans des grands crus de vins blancs liquoreux (Jurançon, Sauternes, Barsac) ou secs (Pouilly-Fuissé, Corton-Charlemagne).

CAPITEUX

Caractère des vins dont la richesse de substance se double d'un degré alcoolique élevé.

CARAFE

1. Par opposition aux « vins de garde », les « vins de carafe » sont ceux destinés à une consommation rapide et en vrac. Ils sont caractérisés par leur fruité, leur fraîcheur et leur caractère coulant. Appartiennent en principe à cette catégorie le Passetout-grains, l'Aligoté, le Muscadet, les rosés toutes catégories, les vins de Gamay, dont le Beaujolais de comptoir, le Sylvaner et l'Edelzwicker, le Fendant suisse, etc.

2. La carafe, comme instrument de consommation, sert à décanter avant le service les vins contenant du dépôt, ou du gaz carbonique, ou les deux. Une certaine forme de recherche, sinon de préciosité, fait utiliser à cette fin des carafes en cristal à long col et à ventre sphérique, avec bouchon ou non (*voir* Décantation).

CARAMEL

Caractère aromatique et banal de vins blancs usés et oxydés ou intentionnellement madérisés. Le standard chimique de cette odeur est l'hydroxy-méthyl-furfurol (HMF), produit de l'oxydation du fructose.

CARBONIQUE (GAZ)

Voir Les mots de la vigne et du vin.

CASSE ET CASSÉ

Termes d'origine professionnelle et populaire, désignant toute altération de l'aspect et de la limpidité du vin, par analogie avec une idée de rupture. (*Voir* Les mots de la vigne et du vin.)

CASSIS

L'arôme du fruit et du jus de cassis fait corps en toute circonstance avec le bouquet du Pinot noir, en quelque pays qu'il soit récolté, mais on le trouve aussi occasionnellement dans le fruité d'un grand nombre de cépages rouges (Merlot, Cinsaut, Syrah, Mourvèdre, etc.) quand ils arrivent à leur maturité gustative.

CAUDALIE

Terme créé par A. Vedel pour servir d'unité à la mesure de la persistance gustative du vin. Une caudalie = une seconde.

CERISE

Les arômes de diverses variétés de cerises entrent fréquemment en composition dans le bouquet de toutes sortes de vins rouges, soit à l'état jeune comme dans le fruité de griottes ou de cerise noire, soit à l'état confit dans les arômes de vieillissement (Guignolet, Cherry) associé plus ou moins au caractère de noyau, soit enfin sous l'odeur de Kirsch, bien connue comme caractéristique principale du vin de Morgon.

CHAIR

Nom attribué à l'ensemble des substances moelleuses de vin (alcool, glycérine, sucre), particulièrement dans les vins rouges, lorsque ce groupe de substances est légèrement dominant et mis en valeur par un retrait de sensations dures. Ce caractère charnu n'exclut pas un rapport suffisant d'acidité (sinon on a affaire à de la mollesse, ou à du « gras »).

CHALEUREUX

Ce terme exprime une sensation de chaleur éprouvée dans la bouche sous l'effet d'une certaine richesse alcoolique. Il n'exclut pas cependant une suffisante fluidité et inclut moins de force que de caractère capiteux (*voir* ce mot).

CHAMBRER
À l'époque où les caves étaient fraîches, où l'on déjeunait dans les chambres, et où celles-ci n'étaient pas chauffées en permanence, chambrer un vin signifiait le sortir de la cave pour l'amener à la température de la chambre, qui excédait rarement 18 °C pendant la majeure partie de l'année. Aujourd'hui, on serait fort déçu si l'on chambrait des vins rouges à la température de nos salles de séjour climatisées, car au-dessus de 20 °C, ils perdent rapidement le meilleur bouquet. Seuls les vins méditerranéens, élaborés dans les ambiances chaudes, peuvent résister à une telle climatisation. Il est plus judicieux de les prendre à leur température de garde et de les laisser se réchauffer progressivement dans le verre de consommation.

CHAMPIGNON
1. Une odeur proche de l'agaric ou du pied de champignon se manifeste parfois dans des vins qui ont souffert de *Botrytis*, ou à la suite de fermentations lactiques, mais elle est transitoire et disparaît par aération dans le verre de consommation.

2. Comme aromates de haute gastronomie, les odeurs de truffe peuvent constituer diverses nuances aromatiques dans des vins blancs et rouges d'un certain âge (*voir aussi* Truffe).

CHARPENTÉ
Ce qualificatif s'applique à des vins rouges possédant une bonne teneur d'un tanin assez dur, sur un support équilibré de moelleux et d'acidité. Les principaux cépages susceptibles de donner ce caractère sont : le Mourvèdre, la Syrah, le Cabernet, le Tannat, le Pinot fortement cuvé. Ce terme fait ressortir l'analogie du tanin du vin avec la charpente d'un bâtiment ou l'ossature d'un être vivant.

CHÈVREFEUILLE
Caractère aromatique qui peut se trouver dans des vins blancs de Chardonnay, de Sauvignon, et de cépages aromatiques légers.

CIDRE
Une odeur comparable à celle du cidre se retrouve parfois dans les vins blancs « oxydés » et en mauvais état (avec une couleur souvent identique aussi).

CIRE
L'odeur de cire, vierge ou de couvain d'abeilles, est assez fréquente dans certains grands crus issus du cépage Chardonnay, notamment à Pouilly-Fuissé et à Chablis, dans les Graves blancs et certains vins de Loire moelleux.

CITRON (CITRONNELLE)
Caractère aromatique assez fréquent dans les vins blancs jeunes, acides et légers, où il contribue au caractère aérien du bouquet. Le caractère de citronnelle émanant de la mélisse, et plus fin que le précédent, se trouve quelquefois dans des vins rouges de primeur légers.

CLASSEMENT DES VINS
Voir Les mots de la vigne et du vin.

COING
Caractère aromatique décelé dans des vins blancs riches en moelleux, secs ou sucrés, en relation avec d'autres arômes de fruits bien mûrs ou confits.

COMMUN
Qualificatif appliqué aux vins dénués de caractère, soit comme vins de table, soit comme vins de cru manquant de typicité.

COMPLET
Caractère appliqué à la phase buccale de la dégustation, lorsque l'ensemble des saveurs donnent une impression de plénitude, sans excès ni déficience de l'une d'elles. Implique la double idée de richesse substantielle et d'équilibre.

CONTACT
L'expression « sensations de contact » a été utilisée par M. Léglise pour désigner l'ensemble des réactions gustatives qui se produisent dans la bouche : saveurs, réactions tactiles, salivation, par opposition aux sensations olfactives qui sont ressenties à distance. Par ailleurs, l'expression « premier contact » remplacerait avantageusement le mot « attaque » pour exprimer l'instant de rencontre du vin avec la bouche.

CORPS
Dans le cadre des analogies anthropomorphiques qui servent à décrire la morphologie des vins rouges, le mot « corps », l'adjectif « corsé » et le caractère de « corpulence » s'appliquent à des vins marqués de façon sensible par la double dominante de tanin et de moelleux, c'est-à-dire ayant à la fois de la chair et de la charpente. L'adjectif « corsé » implique aussi, subjectivement, une certaine richesse alcoolique.

COULANT
Ce terme s'applique à un vin facile à boire : d'une part, par absence d'astringence ; d'autre part, par la juste proportion d'une acidité fraîche et d'un moelleux exempt de lourdeur.

COULEUR
La coloration des vins rouges et rosés provient des pigments de raisins rouges, ou anthocyanes, extraits en quantité plus ou moins forte par la vinification. La matière colorante des vins blancs est d'une nature encore inconnue des chercheurs, mais on suppose qu'elle s'apparente à la xanthophylle, colorant jaune des tissus végétaux et sœur jumelle de la chlorophylle.

Pour les dégustateurs professionnels, la coloration d'un vin, par son intensité, sa nuance et ses diverses qualités, est une source de multiples informations sur la constitution et sur l'état d'évolution de ce vin (*voir* le chapitre « Dégustation », page 189). En langage précieux, la couleur du vin s'appelle la robe (*voir* ce mot).

COUPAGE
Voir Les mots de la vigne et du vin.

COURT
Qualificatif appliqué aux vins qui ont une faible persistance gustative en bouche par rapport à la longueur habituelle de leur catégorie. Un vin de carafe est « court » à deux ou trois

secondes de persistance gustative ; un grand cru l'est à dix ou quinze secondes.

CRÉMANT

Voir Les mots de la vigne et du vin.

CRÉOSOTE

Substance fortement empyreumateuse extraite des goudrons de bois et utilisée en pharmacie pour ses vertus antiseptiques. Cette odeur a une parenté avec celle de la suie de cheminée et se rencontre fréquemment dans les vins de Pinot noir sud-africains, suisses, alsaciens et plus rarement maintenant en Bourgogne, mais constamment dans les Beaujolais issus du Gamay.

CREUX

Caractère d'un vin inconsistant, qui, subjectivement, semble « vide » (contraire de « plein »).

CROUPI

Odeur que prend l'eau saumâtre abandonnée à elle-même en des lieux chauds et obscurs sous l'effet de moisissures ou de champignons qui s'y développent. Cet accident peut se produire dans des fûts ou dans des cuves où l'on a abandonné de l'eau non aseptisée. Le vin placé ultérieurement dans ces récipients contracte très facilement ce caractère de croupi.

CRU

Dans le sens de crudité, ce terme s'applique à des vins jeunes peu évolués, qui ont encore le caractère végétal du raisin.

CUIR

Des odeurs de cuir de diverses catégories se rencontrent assez souvent dans certains crus rouges ayant quelques années d'âge (par exemple, Bandol, Châteauneuf-du-Pape, Madiran, Corton, Hermitage, Chambertin...). Ce phénomène s'explique par le fait que le cuir est une combinaison de protéines et de tanin ; or les vins rouges sont naturellement pourvus en tanin et peuvent s'enrichir en substances protéiques pendant le séjour sur leur dépôt de levures. Parmi les différentes nuances de cuir, on note : cuir frais, cuir maroquin, cuir fauve, cuir de Russie...

CUVE (GOÛT DE)

Synonyme de goût de croupi.

D

DÉCANTATION

Opération qui consiste à séparer d'un vin en bouteilles le dépôt qui s'y est formé éventuellement. Ce travail peut s'effectuer à divers stades de la manutention du vin :

1. Les propriétaires et négociants détenteurs de vins très vieux affligés d'un dépôt peuvent être amenés à décanter ces vins avant une expédition à grande distance, pour éviter une remise en suspension prolongée du dépôt dans le vin pendant la durée du transport. L'opération est délicate et non dépourvue d'inconvénients : elle doit s'effectuer avec précaution, généralement sur une planche à bascule, pour ne pas entraîner le dépôt avec le vin pendant la décantation, sinon celle-ci perd de son intérêt ; elle nécessite le transvasement du vin dans une bouteille neuve en laissant le dépôt dans la bouteille primitive (ce qui est inclus dans l'étymologie du mot) ; elle entraîne donc une aération importante, qui peut amener une oxydation plus ou moins forte selon la résistance du vin, même si les bouteilles ont été recomplétées jusqu'à ras du bouchon. Pour éviter ces inconvénients, les caves du domaine Louis Latour à Aloxe-Corton ont conçu jadis pour leurs vins de Corton une décantation sans transvasement, effectuée au moyen d'un siphon métallique argenté, sur les bouteilles préalablement entreposées debout pendant quelques jours pour rassembler le dépôt sur leur fond. Ce dispositif a fait l'objet d'une certaine diffusion dans les milieux œnologiques entre les deux guerres et dans les années 1950.

2. La décantation la plus profitable est celle qui s'effectue juste avant la consommation, au restaurant ou à domicile, au moyen d'une carafe (*voir* ce mot). Elle n'est pas moins délicate que la précédente, car elle doit éviter toute remise en suspension du dépôt, ce qui n'est pas toujours commode entre la cave et la table si la bouteille a été conservée en position couchée. À cette fin, il a existé jadis un instrument luxueux, devenu objet de musée ou d'antiquaire, qui était le décanteur à crémaillère, sorte de panier basculant tout en remontant progressivement le fond par une vis d'Archimède. Il évitait le transvasement total dès le début et unissait les avantages de la carafe et du panier-verseur (*voir* ce mot). En ce qui concerne l'aération, la décantation préalable au service n'a pas les inconvénients du cas précédent, au contraire. En général, elle amplifie et stimule le bouquet des vins rouges de façon avantageuse. Certains amateurs de vins vieux la pratiquent systématiquement, même en l'absence de dépôt. Il est bien connu que la privation prolongée d'oxygène produit sur les vins un effet inverse de l'oxydation, nommé réduction, qui, à l'état bénin, obnubile sensiblement les arômes de tous les vins et la couleur des rouges. Une aération momentanée répare ces effets.

DÉCHARNÉ

Qualificatif appliqué uniquement aux vins rouges lorsque, littéralement, ils ont perdu leur chair, c'est-à-dire leur moelleux, et se trouvent dans un état de maigreur affligeant. C'est en général le résultat d'un vieillissement excessif ou défectueux.

DÉFAUT

1. Lorsque le défaut est spécifié, il signifie insuffisance de constitution, comme le défaut de couleur, le défaut d'acidité, le défaut de persistance. Lorsqu'il s'agit d'un caractère abstrait, on dit plutôt un manque : manque de finesse, manque de fraîcheur... Contraire : excès.

2. Un défaut en absolu signifie une anomalie concernant l'aspect, l'odeur ou le goût du vin. Un trouble, une odeur sulfurée, un goût de bouchon moisi sont des « défauts ».

DÉLICAT

1. Qualificatif appliqué aux vins qui ont les structures fines, suscitant de faibles réactions au dégustateur, mais sans manquer d'attrait ou de caractère.

2. Synonyme de fragile, qualifie un vin non encore stabilisé et qu'il faut manipuler avec précaution.

DÉPÔT
Ce terme concerne plus particulièrement des vins en bouteille et désigne des substances devenues insolubles qui se sont déposées sur le flanc ou sur le fond de la bouteille après être restées en suspension quelque temps dans le liquide. Les causes de dépôts en bouteille sont très variées, et en fonction d'elles la nature, l'aspect et le comportement de ces précipités sont très divers. Dans les vins blancs et rosés, pauvres en substances phénoliques polymérisées, les dépôts sont rares et se réduisent soit à de la casse cuivreuse (*voir* ce mot), soit à des protéines coagulées après embouteillage, soit encore à du tartre, ou bitartrate de potassium, déposé à la suite d'un coup de froid ou de trépidations. Ces accidents sont sans gravité : la casse cuivrique, phénomène de réduction, se redissout par aération ; les protéines et le tartre se décantent très facilement. Dans les vins rouges, les accidents de troubles et les dépôts sont plus nombreux : il peut s'agir de développements microbiens dont certains sont inoffensifs s'il s'agit de fermentations lactiques. D'autres sont plus graves s'il s'agit de tourne ou d'amertume (*voir* ces mots). Il peut s'agir de précipitations de matière colorante ou de tartre sous l'effet de filtration trop brutale ou de froid ; ce peut être enfin le cas le plus traditionnel et classique, la formation de tanins oxydés ou de matière colorante hydrolysée, qui, dans certains cas, adhèrent au verre et enrobent plus ou moins l'intérieur de la bouteille. Les dépôts microbiens sont légers et difficiles à décanter, surtout s'ils sont encore en activité et générateurs de gaz carbonique. Les dépôts de matière colorante et de tanin se décantent sans difficulté.

DÉPOUILLÉ
Ce terme s'utilise à deux stades de la vie du vin :

1. Dans les vins encore jeunes, quand ils se clarifient en faisant déposer toutes les substances amorphes qui étaient manifestement en suspens par la fermentation.
2. Dans les vins rouges d'un certain âge, quand ils se sont allégés en couleur et en saveur.

DÉSÉQUILIBRE
Caractère d'un vin dont l'harmonie est rompue par l'excès ou l'insuffisance grave d'un constituant, ou par une anomalie.

DESSÉCHÉ
Le caractère de sécheresse dans le vin est lié au double effet d'une certaine maigreur par défaut de moelleux, et d'une âpreté sensible apportée par l'oxydation du tanin. On dit qu'un vin est desséché lorsque, après avoir eu une constitution gustative normale, il s'est amaigri en vieillissant, en prenant de l'âpreté par son tanin.

DISTINGUÉ
Analogie anthropomorphique par laquelle on désigne un vin à la fois remarquable et raffiné : on dit aussi élégant.

DOUCEUR
Caractère des vins légèrement sucrés dans lesquels cette saveur donne de la souplesse, sans que le sucre soit perçu comme tel.

DOUX
Voir Les mots de la vigne et du vin.

DUR, DURETÉ
Caractère attribué à des vins rouges où domine une synergie tanin + acidité à forte dose, donnant à la fois de l'astringence et de l'agressivité. La faiblesse ou l'insuffisance de la composante de moelleux aggrave encore ce caractère. On le trouve parfois sur des vins blancs récemment logés dans des fûts neufs non dégorgés.

E

ÉCORCE
Indépendamment des arômes boisés que les vins rouges peuvent contracter par leur passage dans la futaille usuelle, on y rencontre aussi des odeurs qui rappellent les écorces d'arbres. La plus fréquente est l'écorce de chêne, souvent teintée de l'odeur du lichen que les parfumeurs appellent mousse de chêne. Dans les vins à dominante herbacée, on trouve parfois une odeur proche de l'écorce de sureau ou d'hièble. Des vins rouges légers, vinifiés hors du bois et en grosse masse, ont dans leur jeunesse un bouquet proche de l'écorce de tilleul. Notons encore l'écorce quinquina, dont on a retrouvé l'odeur dans des vins très vieux du Roussillon, d'Italie centrale et de Bourgogne.

ÉDULCORER
L'édulcoration consiste, après fermentation, à enrichir les vins en sucre de façon stable, pour leur donner et leur conserver le caractère moelleux. En France, l'édulcoration n'est autorisée que sur les vins blancs et rosés, au moyen de moûts mutés en concentrés, à l'exclusion du saccharose. En Allemagne, en Autriche, en Croatie, on autorise, on apprécie et on consomme des vins rouges édulcorés. L'édulcoration par produits de synthèse (saccharine, dulcine, cyclamates) est interdite.

ÉGLANTINE
Arôme qui se manifeste quelquefois sur des vins légers et très fins.

ÉLÉGANT
Qualificatif appliqué au vin par analogie avec la qualité humaine de même nature. Outre l'idée de charme et d'esthétique formelle, il implique surtout l'absence de lourdeur et une certaine originalité. Synonyme : distingué.

EMPYREUMATIQUE
Odeur de toute chose qui a subi un début de calcination, ou même une simple torréfaction. Appartiennent à cette catégorie les odeurs de goudron, de suie, de bois brûlé, de caramel, de pain brûlé, et aussi, sur un mode plus atténué, le thé, le café, le cacao, le tabac, la biscotte, etc. Ce terme à caractère savant est peu utilisé dans le langage familier de la dégustation, où on lui préfère les qualificatifs grillé, brûlé ou fumé.

ENCENS
Odeur à caractère balsamique (*voir* ce mot) produite par la calcination de résines aromatiques telles que la myrrhe, le benjoin, et surtout l'oliban. Dans les vins rouges, l'odeur d'encens paraît être un aboutissement à long terme de l'arôme de bois de chêne.

ENVELOPPÉ
Terme peu usité, appliqué surtout aux vins rouges, qualifiant un ensemble dénué d'aspérités et où le moelleux est légèrement dominant.

ÉPAIS
Caractère de vins rouges où domine fortement le moelleux associé au tanin, dans un contexte excluant finesse et harmonie.

ÉPANOUI
Qualificatif appliqué à un vin qui semble offrir un étalement sans réserve de ses caractères olfactifs et gustatifs, dans une ambiance équilibrée et attrayante.

ÉPICES
Nuances aromatiques très nombreuses, incluant peu à peu toute la gamme des épices de cuisine et de pâtisserie qu'on trouve de façon non systématique dans divers vins blancs et rouges ayant atteint une bonne maturité gustative.

ÉQUILIBRE, ÉQUILIBRÉ
Qualificatifs utilisés dans la phase buccale de la dégustation pour exprimer que les différents groupes de saveurs – acidité, moelleux, dans les vins blancs ; tanin, acidité, moelleux, dans les vins rouges – se compensent de façon satisfaisante, sans émergence ou déficience de l'un d'eux, créant subjectivement une impression d'équilibre. Cette notion, qui est structurale et quantitative, doit être distinguée de celle d'harmonie (*voir* ce mot), qui est esthétique et qualitative. Il peut y avoir harmonie dans la légèreté ou dans la puissance, tandis que l'équilibre implique une idée de pondération dans la teneur des constituants mis en œuvre.

ÉTEINT
Qualificatif qui exprime l'éclipse momentanée ou définitive des caractères aromatiques du vin, le plus souvent par suite du transport, ou excès de température.

ÉTHANOL
Voir Alcool.

ÉTOFFÉ
Se dit d'un vin rouge suffisamment fourni en moelleux et en tanin, mais sans excès pour donner une bonne impression de consistance et de richesse substantielle.

ÉVENT
Odeur caractéristique qui se forme souvent sur les vins restés en vidange sans protection. Le vin est dit éventé, et la formation de cette odeur s'accompagne en général de la perte des autres caractères aromatiques du vin.

F

FADE
Se dit d'une substance faible en saveurs et en arômes, et s'applique au vin dans ce sens.

FAIBLE
Ce qualificatif, appliqué au vin, implique d'une part une certaine carence ou insuffisance en alcool, d'autre part une pauvreté de constitution qui laisse augurer une certaine fragilité et une conservation difficile.

FANÉ
Par analogie avec une fleur ou une feuille, un vin fané a perdu sa fraîcheur, sa brillance, et une partie de ses meilleurs arômes. On dit aussi défraîchi.

FATIGUÉ
Par anthropomorphisme, on qualifie de fatigué un vin soumis à des épreuves qui lui ont fait perdre momentanément sa cohérence et son tonus. C'est le cas notamment après un transport ou toute autre cause de secousses. Pour pousser la comparaison jusqu'au bout, le vin récupère les effets de la « fatigue » par un repos plus ou moins long.

FAUVE
Nuance animale qui peut marquer le bouquet des vins rouges vieux à des degrés divers. Au niveau le plus léger, on a seulement l'odeur de fourrure naturalisée. Plus corsée est l'odeur de sauvagine, ou celle de renard sur des Pinots noirs vieux, dont on dit justement qu'ils renardent. Quelques-uns se diversifient dans les nuances plus variées de venaison, tandis que d'autres évoluent jusqu'au caractère scatologique qu'on appelle ventre de lièvre. Les odeurs formées par réduction disparaissent assez rapidement par aération du vin.

FAUX GOÛT
Caractère gustatif qui détonne dans l'impression globale d'un vin donné et qui est ressenti comme une anomalie.

FÉMININ
Qualificatif appliqué aux vins rouges dominés par des composantes tendres et douces, et exempts de nervosité ou de dureté.

FENOUIL
Plante de la famille des ombellifères dont les graines sont une des sources industrielles de l'arôme d'anis (*voir* ce mot). Cette connotation aromatique se retrouve quelquefois dans des vins blancs secs bien mûrs.

FERMÉ
Par opposition à ouvert, ce terme qualifie un vin dont le bouquet ne s'extériorise pas, sur un fond de saveurs peu euphoriques.

FERMENT
Terme générique qui désigne tout agent microbien spécifique d'une fermentation (levures, bactéries…). En matière de dégustation, le goût de ferment est une odeur peu appréciée, proche de la vitamine B1, ou aneusine, et provenant de la décomposition des levures pendant le séjour des vins sur lie dans leur première jeunesse.

FERMETÉ
Caractère d'un vin rouge ferme, c'est-à-dire marqué par une légère dominante tanin + acidité.

FEUILLE MORTE

1. Couleur de certains vins rouges vieux. Cette analogie, de caractère végétal, est certainement préférable à celles qui font des comparaisons avec la tuile ou la brique.

2. Caractère olfactif, proche de l'odeur d'humus ou de sous-bois, qui se rencontre dans certains vins très évolués de Cabernet et de Pinot noir, et s'accompagne en général de saveurs peu chargées.

FIGUE

L'arôme de figue sèche, fréquemment conjoint à celui de fraise cuite ou confite, est une composante habituelle des vins de liqueur rouge du genre Porto ou Banyuls, mais aussi des vins rouges secs déjà vieux issus de millésimes très mûrs.

FIN DE BOUCHE

Phase terminale de la dégustation buccale, simultanée à la persistance gustative et précédant l'arrière-goût, au cours de laquelle peuvent se découvrir des particularités gustatives qui n'ont pas été perçues dans les phases précédentes (faux goûts, amertume, impressions métalliques, goût de souris, etc.).

FLASQUE

Le caractère flasque est synonyme de mou, en y ajoutant un manque de consistance qui n'est pas implicite dans la mollesse.

FLAVEUR

Mot de l'ancien français (selon Le Magnen) qui exprime globalement les sensations olfactives et gustatives perçues dans la bouche (*voir* Arôme).

FLORAL

Caractère général d'un bouquet de vin où dominent des arômes de fleurs.

FLOU

Caractère visuel d'un vin qui semble limpide par éclairage en transparence directe, mais présente un léger voile en éclairage latéral par effet Tyndall.

FOIN COUPÉ

Nuance aromatique propre aux vins rouges qui se manifeste surtout dans la phase de transition où ils passent des arômes de fermentation aux arômes de maturité gustative. Les ouvrages anciens, par comparaison, assimilent cette odeur au standard chimique de la coumarine, mais Peynaud l'a identifiée à une cétone méthylboluidique.

FONDU

Se dit d'un vin surtout rouge dans lequel un moelleux légèrement dominant enrobe toutes les autres sensations.

FORT

Terme peu usité actuellement qui, en langage familier, désigne surtout un vin très riche en alcool.

FOUGÈRE

Caractère aromatique propre à des vins blancs de grande qualité, qui concourt à leur donner un bouquet aérien et très sélect.

FOURRURE

Nuance d'odeurs, propres à des vins rouges déjà évolués, dans la série des arômes dits animaux (*voir* Animal et Fauve).

FOXÉ

Caractère aromatique propre aux cépages américains et à quelques-uns de leurs hybrides (Noah, Clinton, Isabelle), dont le standard chimique est l'anthranilate de méthyle.

FRAIS

Par analogie, on appelle frais les arômes tels que la menthe ou la citronnelle, qui créent les sensations assimilées à du froid ou à un effet rafraîchissant. Au sens le plus large concernant le vin, ce terme implique nouveautés, jeunesse, légèreté, fluidité d'arômes sur le double plan olfactif et buccal.

FRAISE

1. La nuance aromatique de fraise des bois est assez fréquente dans les vins rouges de primeur, parmi d'autres notations de petits fruits rouges.

2. La nuance fraise cuite ou confite se trouve souvent associée au caractère de la figue sèche dans les vins de liqueur et autres vins rouges secs vieux (*voir* Figue).

FRAMBOISE

L'arôme de framboise est une composante de bouquet très importante dans le fruité des vins de Pinot noir de la Côte-de-Beaune, et aussi dans de nombreux vins rouges aromatiques de primeur ou non (Beaujolais, Côtes-du-Rhône...).

FRANC

Vin qui présente une parfaite netteté d'odeur et de saveur sans ambiguïté d'arômes ni de goût, et sans aucune anomalie. Synonyme : net.

FRAPPÉ

On emploie ce qualificatif pour décrire un vin refroidi rapidement (et brutalement) dans un seau à glace ou dans le freezer d'un réfrigérateur. Ce traitement est supporté sans trop de préjudice par les vins effervescents. Il est très nuisible aux vins tranquilles, donnant une finale amère aux vins blancs et rosés, et faisant éclater la cohérence du bouquet des vins rouges, qui en ressortent souvent troubles.

FRIAND

Agréable au goût, dans le sens d'une friandise, c'est-à-dire avec légèreté, vivacité et fraîcheur.

FRUITÉ

1. Premier stade du bouquet du vin, après la fermentation alcoolique ; les arômes sont dominés par des caractères de fruits frais.

2. Qualificatif appliqué aux vins qui possèdent les caractéristiques précédentes. Ce qualificatif s'applique plus souvent aux vins rouges et rosés, bien que les blancs possèdent aussi des odeurs de fruit bien marquées : pomme, citron, banane, etc.

FUMÉ

1. Qualificatif appliqué au cépage Sauvignon (= « blanc fumé ») dans le vignoble de Pouilly-sur-Loire.

2. Caractère aromatique rappelant l'odeur de certains aliments passés par le fumoir : poissons, jambons, saucisses..., qui se rencontre dans divers crus de vins rouges après un certain âge.

FUMÉE
Odeur évoquant la suie de cheminée, qui est une sorte d'amplification du caractère précédent, et qui est presque constante dans les crus de Beaujolais, et intermittente dans les vins de Pinot noir.

En dégustation analytique, on désigne plutôt l'odeur de fumée par les termes créosote (*voir* ce mot) ou aussi goudron de bois. Elle appartient à la catégorie des odeurs empyreumatiques (*voir* ce mot).

FUMET
Au sens générique du terme, c'est l'arôme des préparations alimentaires et spécialement de cuisine. Dans certaines régions, ce terme désigne aussi les bouquets des vins, surtout à l'état vieux.

FÛT (GOÛT DE)
Goût de fût : mauvais goût donné au vin par un défaut d'entretien du bois des fûts pendant une période de vacuité : moisissure, piqûre, croupi...

Lorsque le fût apporte, au contraire, au vin un bon goût par la qualité de son bois, on ne parle pas du goût de fût mais de boisé.

G

GARRIGUE
Colline aride du sud de la France, couverte d'une végétation rabougrie, très sèche en été. Par analogie, ce mot peut servir à désigner les odeurs d'herbes sèches qu'on trouve parfois dans les vins entre deux âges.

GÉNÉREUX
Qualificatif de moins en moins usité, appliqué surtout à des vins riches ou enrichis en alcool.

GENÊT
La fleur jaune de genêt d'Espagne a une odeur suave et forte, assez proche de celle de la giroflée, qui entre en composition dans les beaux arômes de Chardonnay et des vins liquoreux.

GENIÈVRE
Caractère aromatique présent essentiellement dans les baies de ce végétal. On le trouve parfois dans certains crus aromatiques.

GÉRANIUM
1. Au sens botanique strict, cette plante désigne le géranium Robert. Elle donne une essence, ou géraniol, qui entre pour une bonne part dans l'« essence de rose » des parfumeurs. En œnologie, on l'a identifié par analyse dans l'arôme de certains vins muscats.

2. Au sens populaire et familier, le géranium est en réalité un pélargonium. L'odeur caractéristique de cette plante se trouve parfois soit à l'état de trace dans les vins rouges très vieux, soit avec une intensité désagréable dans les vins ayant reçu un traitement par le sorbate de potassium ou l'acide sorbique.

GIBIER (ODEUR DE)
Caractère animal plus ou moins fauve, avec ou sans idée de marinade, qui se rencontre dans des vins rouges ayant subi un certain degré de réduction en bouteille (synonyme : venaison). Ce caractère disparaît en quelques instants après aération du vin.

GIROFLE
Épice utilisée en cuisine sous forme de clous dont l'essence, ou eugénol, a une odeur prenante et très forte qu'on retrouve dans les crus rouges de la vallée du Rhône ayant quelques années d'âge.

GIROFLÉE
Petite crucifère ornementale dont l'odeur, proche de la fleur de genêt, a quelques analogies avec les meilleurs arômes de Chardonnay et du Chenin.

GLYCÉROL
Synonyme familier de la glycérine. Produit secondaire de la fermentation alcoolique, le plus important en quantité après l'alcool, dans la proportion de 5 à 10 % de celui-ci, selon les conditions de la fermentation et la race de levures utilisées. Cependant, les moûts de pourriture noble peuvent en contenir déjà jusqu'à 20 grammes par litre avant toute fermentation.

Sa saveur est à la fois sucrée et visqueuse, avec une âcreté assez sensible à l'état pur. À ce titre, il participe à la sensation de moelleux du vin, intensément dans les vins liquoreux naturellement doux, plus légèrement dans les vins secs. Dans ces derniers, il contribue surtout à atténuer le caractère brûlant de l'alcool. (*Voir aussi* Les mots de la vigne et du vin.)

GOUDRON
1. Odeur anormale dans le vin lorsqu'il s'agit de celle émanant du bitume ou du goudron de houille servant au revêtement des routes. Cette pollution provenait autrefois des projections reçues par la vigne ou du contact des fûts par des vapeurs de goudron. Ce genre d'accident a disparu, ou à peu près, depuis l'application des revêtements routiers par des enrobés appliqués à froid.

2. Le goudron de bois, ou créosote, a des analogies avec l'arôme de certains cépages rouges (*voir* Fumée).

GOULEYANT
Mot de la même famille que goulée et goulot, désignant un vin facile et agréable à boire.

GOÛT
Au sens primitif et ancien du terme, le goût est l'un des cinq sens, avec la vue, l'ouïe, l'odorat et le toucher, et son siège est la bouche. Au XIXe siècle, la physiologie sensorielle lui a attribué un sens plus strict, la perception des quatre saveurs élémentaires : salé, sucré, acide, amer, en limitant son siège aux papilles de la langue. Actuellement, le sens large et général de ce mot rejoint le sens ancien, et désigne l'ensemble des sensations perçues depuis la bouche, aussi bien les arômes que les saveurs. Son équivalent anglais est *flavour.*

GOÛTS ANORMAUX DIVERS

Goûts de croupi, de cuve, de grappe, herbacé, de grêle : voir le mot spécifique correspondant.

GRAIN

Terme usité dans certaines régions pour exprimer la qualité du contact du vin dans la bouche. On dit alors que le vin a un grain fin, ou au contraire grossier.

GRAPPE (GOÛT DE)

Goût peu agréable, à caractère acerbe et plus ou moins herbacé, provoqué par la macération prolongée, en vinification, de rafles dilacérées.

GRAS

Ce terme qualifie le moelleux d'un vin lorsqu'il commence à être sensible, et qu'aucune autre sensation ne vient en modifier la perception. Un vin gras est riche en glycérine et en alcool.

GRAVELLE

Dépôt tartrique cristallisé constitué dans une bouteille de vin, surtout blanc ou rosé, avec l'aspect mobile, transparent et brillant d'un dépôt de sable. Il est composé, la plupart du temps, de tartrate de potassium.

GRÊLE (GOÛT DE)

Les traumatismes provoqués par la grêle sur les raisins dans la période du mois qui précède les vendanges se cicatrisent en formant des tissus liégeux, qui ensuite se dessèchent et sont envahis par des moisissures. Ces altérations, mêlées à la vendange rouge pendant la cuvaison, lui communiquent un goût dit de grêle, qui a une certaine parenté avec le goût de bouchon sec et moisi, doublé d'amertume. On peut prévenir ce risque en triant la vendange à la cueillette et en éliminant les grumes meurtries.

GRENADINE

Caractère aromatique dont on trouve des analogies dans les vins rosés des Côtes du Rhône et de Provence.

GRILLÉ

Nuance particulière de certaines notations aromatiques : on trouve le caractère « pain grillé » dans certains crus rouges ; et « l'amande grillée » est un des arômes sélects des grands vins blancs lorsqu'ils amorcent leur phase de réduction en bouteille.

GROSEILLE

Caractère aromatique qu'on trouve parfois dans des vins clairets ou des rouges de primeur.

GUSTATIF

Qualifie tout ce qui a trait au sens du goût : examen gustatif, caractère gustatif, anomalie gustative, phase gustative, aptitude gustative, qualité gustative, etc.

H

HARMONIE ET HARMONIEUX

Dans les domaines sensoriels complexes, la vue, l'ouïe, l'odorat, le goût, on appelle harmonie le phénomène par lequel s'établissent entre les constituants ou les parties de l'objet ressenti des rapports permanents qui sont, selon le cas, simples, faciles, évidents, « justes », ou agréables, et qui comportent entre eux un minimum d'accord, ou qui excluent du moins tout désaccord. En fait, ce concept d'harmonie est moins simple qu'il ne semble, car il est acquis empiriquement depuis l'enfance par les usages domestiques, l'éducation et les pratiques culturelles. Il est donc sujet à variation dans le temps et d'un pays à l'autre. Au niveau le plus élevé, il rejoint les problèmes de l'esthétique.

En matière de dégustation, un vin peut être considéré comme harmonieux sous plusieurs conditions :

1. Que chacun des groupes de saveurs, considéré en lui-même (acidité, moelleux, tanin), ne comporte aucun facteur intrinsèque de désagrément : par exemple, tanin amer, ou acidité aigrelette, ou moelleux trop alcoolique, qui nuise à l'impression globale de l'ensemble.

2. Que chacun de ces groupes de saveurs soit aussi dans un rapport quantitatif favorable avec les deux autres, de façon à créer une impression de structure, de style de relation esthétique. Cette situation est obtenue rarement par l'égalité des groupes de saveurs (équilibre est différent d'harmonie), mais plus souvent par une hiérarchie graduée des trois groupes. En gastronomie, on donne parfois le nom d'harmonie à la relation entre les mets et les vins qui les accompagnent. Comme cette relation n'est pas permanente, il est abusif de la nommer harmonie ; c'est tout au plus un accent momentané.

HAVANE

Odeur de tabac vert dont l'analogie a été observée, à l'état de trace, dans quelques vins rouges très fins.

HÉDONISME

1. Au sens limité du terme, l'hédonisme est le chapitre de la psychologie qui étudie l'effet des sensations comme facteur de plaisir (du grec *haidôn* = plaisir).

2. Au sens étendu du terme, l'hédonisme est une philosophie de l'existence fondée sur la recherche du plaisir. La dégustation, comme analyse sensorielle, est un hédonisme.

HERBACÉ

Caractère gustatif d'origine encore imprécise, rappelant l'odeur du gazon tondu, ou des organes verts des végétaux, et considéré comme une nuance désagréable.

HUILE, HUILEUX

Aspect physique « très gras » que peuvent prendre certains vins dans leur jeunesse, sous l'effet d'une fermentation lactique visqueuse. Au point de vue gustatif, le vin donne alors exactement une impression d'huile dans la bouche et en a le caractère fade. Cette « maladie » de la graisse n'est cependant pas une altération et finit par passer comme elle est venue.

HUMUS
Caractère aromatique, désigné aussi comme sous-bois ou feuille morte, qu'on rencontre dans des vins rouges assez fins et déjà vieux.

I

« IMPITOYABLES »
Série de quatre verres à déguster, de grande dimension et de formes originales, destinée à une recherche détaillée et approfondie des arômes dans les vins rouges vieux, les vins blancs, les vins effervescents, les rosés et rouges de primeur.

INDOLE
Composé chimique à odeur fétide qui entre en composition à l'état de trace dans les odeurs « animales »

IODE, IODÉ
Qualificatifs donnés par analogie à des vins dont l'odeur évoque celles des bords de mer ou des marais salants.

J

JACINTHE
Odeur florale fréquemment rencontrée dans les cépages blancs aromatiques, après quelques années de bouteille (Sauvignon, cépages rhénans, muscats fins).

« JAMBES »
Ruissellement descendant, dénommé aussi « larmes », qui se forme sur les parois des verres après boire. Ce phénomène résulte d'une différence de vitesse d'évaporation entre l'eau et l'alcool (*voir* le chapitre « Dégustation », page 189).

JASMIN
Arôme floral d'une grande finesse qui accompagne le linalol et le géraniol.

JAUNE (VIN)
Type de vin particulier dont le vieillissement s'effectue pendant plusieurs années sous un voile de levure, dans des futailles en bois. Pour les dégustateurs professionnels, le caractère jaune désigne non seulement la couleur du vin (qui reste souvent assez pâle), mais bien plutôt son ensemble aromatique fait d'oxydation ménagée, et de synthèses furanniques d'acides gras et cétoniques, évoquant entre autres, par analogie, l'odeur de la feuille de noyer.

En France, les vins jaunes sont produits dans le Jura ; en Espagne, ce sont les Xérès et les Manzanillas, et en Italie, le vin santo toscan. En cuisine, le vin jaune est également un auxiliaire remarquable, beaucoup plus fin que les vins de Madère et autres vins « cuits », et qui se marie admirablement à la truffe noire.

JEUNE
Au sens usuel du terme, on considère comme jeune tout vin qui a conservé une bonne partie des arômes fruités et des saveurs fraîches issus de sa vinification.

L

LACTIQUE
1. Acide lactique : produit d'une fermentation secondaire du vin, issu de l'acide malique. Par ses caractères gustatifs, cet acide participe à l'impression globale qui caractérise les vins « vieux ».

2. Odeur lactique : odeur issue du précédent soit par une évolution défectueuse de la fermentation lactique, soit par des combinaisons indéterminées tirant plus ou moins sur une odeur de fromage frais ou fermenté. (*Voir aussi* Acide lactique *dans* Les mots de la vigne et du vin.)

LAITERIE (ODEUR DE)
Odeur qui rappelle les effluents de laiterie et qui résulte de diverses possibilités d'altérations lactiques.

« LARMES »
Phénomène de retombées de liquide sur les parois des verres après consommation, sous forme de coulées qui rappellent les larmes. On dit aussi les « jambes » (*voir* ce mot).

LAURIER
Arôme épicé qui caractérise certains cépages méridionaux, notamment la Syrah et le Grenache, après plusieurs années de bouteille.

LÉGER
Caractère attribué aux vins qui n'ont pas beaucoup de substance, mais qui restent harmonieux et équilibrés.

LEVURES
1. *Dépôts de levures* : dépôt blanchâtre assez consistant qui se forme dans les bouteilles, soit par développement de mycodermes, soit par reprise de fermentation après embouteillage. Ce dépôt, a priori, ne gêne pas la dégustation, sous réserve d'être décanté soigneusement au préalable.

2. *Goût de levure* : goût communiqué au vin par la décomposition des levures mortes pendant le séjour des vins sur lies. Ce goût rappelle celui de la vitamine B1 lorsque les lies, dont il provient, étaient en bon état ; il a le caractère d'acétamide (odeur de souris) lorsque les lies étaient en voie d'altération (*Voir aussi* Les mots de la vigne et du vin.)

LICHEN
Caractère aromatique attribué par analogie à certains types de vins rouges. On utilise l'expression « mousse de chêne », qui provient des parfumeurs.

LIÈGE ET LIÉGEUX
1. Le liège, écorce externe du chêne-liège *(Quercus suber)*, est la substance traditionnelle qui sert à la fermeture, des vins en bouteille et qui ne pourra être remplacée, dans des technologies

futures, que par une substance ayant la même perméabilité à l'atmosphère et à l'humidité, et la même neutralité de goût.

2. On appelle liégeux un caractère gustatif anormal, rappelant l'odeur de liège humide et moisi, mais provenant généralement d'une tout autre origine, le plus souvent de tartre moisi dans des cuves ou des foudres mal entretenus, et aussi de moisissures vertes développées dans les sols et les parois des entrepôts.

LIERRE
L'odeur de feuille de lierre est un caractère olfactif qu'on trouve par analogie dans de nombreux vins de Cabernet dans leur arôme primitif postfermentaire.

LIMPIDITÉ
Définie comme « l'absence de trouble », la limpidité joue un rôle important dans la dégustation, d'abord dans le sens où elle doit être distinguée de la transparence (*voir* ce mot), ensuite parce qu'elle est une condition sine qua non de l'analyse sensorielle ou de la dégustation approfondie. En effet, la présence de particules en suspension, constituant un trouble, gêne la perception nuancée des saveurs en oblitérant les terminaisons nerveuses. Pour le dégustateur, la difficulté consiste, lorsque trouble il y a, à le situer sur une échelle d'intensité, et à dire à quel degré il devient rédhibitoire. En fait, l'observation de la limpidité du vin devrait se faire non pas en éclairage direct, mais en éclairage latéral, sur les bouteilles, pour voir s'il y a ou non effet Tyndall (*voir* ce mot). Il arrive fréquemment qu'un trouble non visible à l'éclairage direct soit déjà nettement perceptible en éclairage latéral par effet Tyndall. À partir de là, les degrés progressifs de la turbidité peuvent s'exprimer par l'échelle suivante : voilé, nébuleux, louche, trouble, opalescent, laiteux.

LONG
Se dit d'un vin qui laisse une longue persistance aromatique en bouche après consommation.

LOURD
Caractère d'un vin chargé de substances pour l'ensemble de ses constituants, et plus particulièrement en tanin et en moelleux, ce qui lui ôte toute légèreté, souplesse ou fraîcheur.

LUMIÈRE
Le vin, et notamment les vins blancs, a une capacité photosensible non négligeable puisque une bouteille exposée au soleil levant pendant quelques minutes voit son potentiel d'oxydo-réduction baisser d'une centaine de millivolts dans les jours et les semaines qui suivent. Les Anciens, qui avaient observé ces phénomènes par d'autres voies, savaient que le vin doit être conservé à l'abri de la lumière, d'où son logement dans les caves, dans des fûts de bois, dans des bouteilles sombres… Un des accidents les plus fréquents dû à la lumière, et qui s'appelle précisément le goût de lumière, se produit sur des vins de Champagne ou des vins blancs récemment tirés en bouteilles. Il résulte de l'oxydation et de la réduction simultanées, sous l'effet de la lumière, de divers constituants du vin, et s'accompagne d'une odeur légèrement sulfurée qui se situe entre l'ail et le caoutchouc vulcanisé.

M

« MÂCHE »
Dire qu'un vin « a de la mâche » ne signifie pas tout à fait la même chose dans toutes les régions et dans toutes les catégories sociales qui l'utilisent. Au niveau de la consommation, cette expression peut qualifier un vin riche en substance, donnant l'impression qu'il pourrait être « mâché ». Chez les professionnels, elle signifierait plutôt que le vin possède une astringence sensible, nécessitant quelques mastications pour la faire passer.

MADÉRISATION
Oxydation par laquelle un vin blanc prend les caractères organoleptiques du madère : brunissement de la couleur, formation et combinaisons d'acétal d'éthyle, goût caractéristique du madère. Conventionnellement, ce caractère est considéré comme un défaut rédhibitoire sur les vins qui en sont atteints, sauf sur les vins jaunes, où il est une phase normale de leur évolution.

MAIGRE
Qualificatif appliqué par anthropomorphisme aux vins qui manquent fortement de gras (ou de moelleux) dans un contexte peu étoffé.

MATURATION
Ce terme devrait être utilisé pour désigner la phase de constitution du bouquet pendant les premières années de conservation en bouteille. Il serait plus approprié que le mot vieillissement, qui définit plutôt la phase postérieure à la maturité. Le schéma complet de l'évolution du vin devrait s'exprimer par la trilogie : jeunesse-maturation-vieillissement.

MÉLISSE
Plante annuelle herbacée ayant une essence qui rappelle celle du zeste de citron, mais plus aérienne et moins acide. Cette nuance aromatique se retrouve dans de nombreux vins blancs jeunes.

MENTHE
Plante herbacée aromatique dont l'essence est une des plus utilisées dans le domaine alimentaire. On en connaît deux nuances : la menthe poivrée et la menthe fraîche. On trouve ce caractère aromatique à l'état de trace dans certains vins blancs, comme composante de fraîcheur et de vivacité du bouquet.

MERCAPTAN
Thiolalcool ou hydrogénosulfure d'éthyle. Ce mot est constitué par la contraction de mercurium captans, qui est sa réaction spécifique. Ce composé résulte de la combinaison de l'alcool avec l'hydrogène sulfuré, et conserve une odeur sulfurée très forte et très désagréable.

N.B. Dans la profession viticole, on a pris l'habitude de désigner (un peu trop vite) par mercaptan toutes les manifestations de sulfure qui, en réalité, sont au moins au nombre de quatre : 1. L'hydrogène sulfuré, ou H_2S, qui est la forme initiale et qui a l'odeur d'« œuf punais ». 2. Le mercaptan vrai, ou C_2H_5-SH, qui a l'odeur du gaz d'éclairage. 3. Le sulfure de diéthyle ou C_2H_5) 2S qui est une « incrustation » des deux précédents et qui a une odeur alliacée.

4. La ou (les) combinaison (s) sulfurée (s) de l'aldéhyde, encore mal définie (s), qui a (ont) l'odeur du caoutchouc vulcanisé. Les deux premières formes apparaissent dans les vins en vrac encore sur lies. La troisième résulte d'une absence de traitement des précédentes. La quatrième est une des manifestations du goût de lumière.

MIEL
Indépendamment des essences butinées par les abeilles (fleurs, lavande, sapin…), l'odeur du miel est surtout marquée par celle de la cire vierge dans laquelle il a été élaboré. Ce caractère aromatique se retrouve fréquemment par analogie dans les cépages blancs aptes à un certain vieillissement (Sauvignon, Marsanne, Viognier, Savagnin, Chardonnay).

MINCE
Qualificatif appliqué à un vin de faible consistance relativement pauvre en ses divers éléments. La minceur est différente de la maigreur qui implique surtout une carence en moelleux, et de la légèreté qui exprime des qualités de fluidité et de finesse.

MIRABELLE
Caractère aromatique qui se retrouve dans des vins blancs de millésimes très mûrs, ayant un ensemble aromatique assez riche, et qui apporte une note très alléchante dans le bouquet.

MOELLEUX
1. Au sens primitif et original du terme est moelleux ce qui a la consistance et l'onctuosité de la moelle.

2. Parmi les vins blancs et rosés, l'usage désigne comme moelleux ceux qui ont un reliquat sensible de sucres dont découle un effet gustatif de douceur.

3. Ce terme substantivé a servi en dernier lieu à désigner l'ensemble des substances douces : alcool, glycérol, sucre, constituant d'un des trois groupes fondamentaux de saveurs des vins.

MOISI
Caractère odorant et gustatif donné par des moisissures, qui ont pu se développer à différentes époques et en différents lieux de la conservation du vin (sur les raisins, dans les cuves, dans les tuyaux et les corps de pompes, dans les bouchons, dans les locaux…).

MOLLESSE ET MOU
Caractère des vins qui manquent d'acidité lorsque par ailleurs leur teneur en moelleux et en tanin est normale.

MORDANT
Se dit d'un vin qui possède une légère dominante acidité + tanin, donnant une pointe d'agressivité, mais sans « accrochage » ni persistance.

MOUILLÉ
En terme d'alimentation, on qualifie de mouillé tout liquide naturel qui a reçu une addition frauduleuse d'eau (vin, lait, cidre, jus…).

MOUSSE DE CHÊNE
Nom donné par les parfumeurs aux lichens blancs, grisâtres et verdâtres qui poussent sur l'écorce de chêne, et qui ont une odeur bien particulière, très végétale, dont on trouve l'équivalent dans de nombreux vins rouges lorsque leur fruité commence à décliner.

MUET
1. Dans certaines régions, ce mot, s'appliquant au vin, est synonyme de « muté », c'est-à-dire stabilisé contre la fermentation par un sulfitage ou de l'alcool.

2. Par extension du sens précédent, signifie vin tranquille par opposition à un vin en effervescence.

3. Vin qui, au stade de la consommation, ne « parle pas », c'est-à-dire pauvre en expression aromatique, voire totalement privé de caractères.

MÛRE SAUVAGE
Caractère aromatique qu'on trouve par analogie dans les vins rouges issus d'une très bonne maturité, et dotés d'un fruité riche et varié.

MUSCADE
Épice aromatique contenue dans la noix du même nom, dont on retrouve des analogies dans les vins blancs liquoreux d'un certain âge et dans certains vins rouges.

MUSQUÉ ET MUSC
Caractère aromatique d'une sécrétion animale légèrement fétide à l'état de réduction, mais très agréable à l'état aéré, qui se retrouve par analogie dans divers grands crus rouges d'un certain âge.

MYRTILLE
Caractère aromatique très souvent associé à la mûre sauvage et qui se rencontre dans les mêmes conditions.

N

NÉBULEUX
Caractère situé au deuxième degré de l'échelle des troubles de limpidité, signifiant un état situé au-dessus de celui de « voilé », et en dessous de celui de « louche ».

NERVEUX
Caractère physique attribué surtout aux vins blancs, accessoirement aux vins rouges, lorsque de fortes teneurs respectives en acidité et en moelleux créent une impression d'opposition et de tension qui évoque la nervosité.

NET
Vin dont les sensations aromatiques et gustatives sont franches et précises, sans ambiguïté et sans complications.

NEUTRE
Terme appliqué aux vins qui manquent de personnalité et de caractères spécifiques.

NEZ
1. L'organe sensoriel de l'olfaction, ou odorat.

2. Par extension de sens, la fonction elle-même de l'odorat : « avoir un bon nez ».

3. L'ensemble des caractères olfactifs d'un produit odorant, comme « le nez du vin » ou « un nez floral ».

NOISETTE
Caractère aromatique assez fréquent dans des vins blancs de qualité ayant quelques années d'âge, et notamment dans le Chardonnay.

NOYAU
Caractère aromatique qui revêt des nuances diverses selon qu'il s'agit de noyau de cerise, de pêche, ou de noyau artificiel (aldéhyde benzoïque). C'est une composante du bouquet évolué des vins rouges, quand ils ont eu un fruité primitif de fruits à noyau.

NOYER (FEUILLE DE)
Caractère olfactif qui représente assez bien, par analogie, les suites d'une oxydation légère avec formation d'aldéhyde et d'évent. Se produit surtout sur les vins blancs.

NUANCE
Variation qui peut exister à l'intérieur d'une couleur de base. Ainsi, les nuances de rouge peuvent être : pourpre, carmin, ponceau, vermillon, grenat... ; celles du jaune : paille, or, serin, ambrées... Les nuances de la couleur sont un des moyens qui révèlent l'état et le degré d'évolution d'un vin.

ODEUR
Émanation volatile provenant de substances naturelles ou synthétiques, répandue dans l'air et perceptible par l'odorat. *Voir* à Arôme les distinctions à faire entre odeur, parfum, senteur, arôme, etc.

ŒIL
Dans certaines fiches de dégustation, ce mot est synonyme de l'aspect du vin.

ŒIL-DE-PERDRIX
Nuance de couleur assez mal définie, appliquée aux vins rosés. En Suisse francophone, cette expression désigne un type de vin bien précis : le rosé de Pinot noir. Ce vin a une couleur qui est exactement celle de la nuance orangé pâle qui caractérise l'œil de la perdrix.

ŒILLET
Nuance aromatique qu'on trouve par analogie dans certains vins rouges de bouquet un peu austère.

ŒNOTHÈQUE
Mot formé par similitude avec bibliothèque et qui signifie « collection de vins ».

« ŒUF PUNAIS »
Odeur sulfurée accidentelle que contractent des vins nouveaux restés sur lies (*voir* Mercaptan, Sulfures).

OIGNON (ODEUR D')
Caractère aromatique provoqué par la réduction chimique et qu'on peut trouver dans des vins rouges très vieux.

ONCTUEUX
Caractère physique d'un vin qui a une viscosité élevée suite d'un moelleux bien fourni, dans un ensemble où le tanin et l'acidité ne se font pas remarquer.

ORANGE (PEAU D')
Légèrement desséchée, cette substance a une odeur très flatteuse utilisée en alimentation, dont on retrouve des similitudes dans les vins blancs jeunes issus de vendanges bien mûres.

ORANGER (FLEUR D')
Caractère aromatique du bouquet de certains Sauvignons et autres cépages blancs aromatiques.

ORGANOLEPTIQUE
L'étymologie grecque de ce mot savant et académique signifie : « Qui peut être saisi par un organe des sens », par opposition aux saisies intellectuelles et abstraites. Pour les vins, on appelle caractères organoleptiques l'ensemble de ce qui peut être appréhendé par voie sensible : aspect, odorat et toutes les sensations buccales.

OXYDATION
Diverses substances contenues dans le vin sont susceptibles de se combiner avec l'oxygène de façon durable et irréversible. L'ensemble de ces effets est désigné globalement comme « oxydation » et se traduit selon le cas par le brunissement de l'aspect, une odeur d'évent, la détérioration du bouquet, un durcissement des saveurs. Considérée comme un défaut, voire une altération pour la majorité des vins, l'oxydation peut être recherchée et dirigée dans certains vins spéciaux (Vins jaunes, Xérès, Madères rancios).

N.B. L'oxydation ne doit pas être confondue avec l'oxygénation, qui est une aération rapide et temporaire du vin, par passage en carafe, quelques instants avant de consommer, pour stimuler et épanouir son bouquet.

P

PAMPLEMOUSSE
Caractère aromatique qui se retrouve par analogie dans des vins blancs mousseux lorsqu'ils sont très acides et non encore dépouillés de leurs ferments. Ce caractère disparaît avec les fermentations secondaires et la clarification du vin.

PANIER-VERSEUR
Accessoire dans lequel on couche des bouteilles, contenant ou non du dépôt, lorsqu'on ne désire pas les décanter, de façon à faire écouler le vin avec précaution sans entraîner le dépôt, ou lorsque le vin a besoin d'être aéré.

PARFUM
1. Principe odorant agréable issu d'une fleur ou d'une substance naturelle.

2. Composition réalisée par un parfumeur avec des essences aromatiques (*voir* à Arôme, la liste des homonymes).

PARFUMÉ
Qui a reçu une addition de parfum, ou qui en possède naturellement. Ne s'utilise pas en œnologie.

PÂTEUX
Se dit de vins assez épais, dont la lourdeur est aggravée par une bonne dose d'astringence.

PÊCHE
Goût et arôme de la pêche blanche ou jaune, et de son noyau souvent présents dans les vins rouges des Côtes-du-Rhône, dans les crus de Beaujolais et certains vins blancs aromatiques.

PÊCHER (FLEUR DE)
Nuance aromatique très délicate, proche de l'odeur de pistache ou d'amande amère, qui se retrouve parfois dans les vins blancs aromatiques jeunes et frais.

PÉLARGONIUM
La feuille de pélargonium écrasée (géranium vulgaire) a une odeur forte et peu agréable, dont on retrouve une analogie dans des vins qui ont été traités par le sorbate de potassium ou l'acide sorbique. Cette odeur se retrouve aussi, à l'état de microtrace, dans certains vins rouges très vieux et très dépouillés.

PELURE-D'OIGNON
Nuance de couleur assez mal définie, surtout en intensité, qui se situe entre le vin rosé et le vin rouge, et dont la couleur roussâtre rappelle celle de l'oignon jaune.

PERSISTANCE
La persistance gustative est l'impression de présence ou de rémanence que laisse le vin dans la bouche après consommation. Elle s'évalue en secondes de temps ou caudalies et est d'autant plus longue que la qualité du vin est plus élevée (*voir* le chapitre « Dégustation », page 189).

PETIT
Vin pauvre en ses divers constituants et de faible degré alcoolique.

PHÉNOLIQUE (OU PHÉNIQUÉ)
Qualifie une odeur qui rappelle le phénol et qu'on trouve dans des vins rouges de basse qualité en voie d'oxydation.

PIERRE À FUSIL
On désigne (abusivement) par goût de pierre à fusil un caractère odorant propre à quelques vins blancs vifs et légers (Sauvignon, Muscadet, Aligoté, Jacquère), qui mériterait mieux le nom d'odeur d'éclat de silex.

PIN
Caractère aromatique constitué soit par le pinène, soit par l'acétate de bornyle, soit par leur mélange, qu'on retrouve par analogie dans certains vins rouges très fins et de grande classe.

PIQUÉ
Se dit d'un vin altéré par la piqûre (*voir* Les mots de la vigne et du vin).

PIQUETTE
Boisson domestique que fabriquaient jadis les vignerons pour leur consommation personnelle en remettant de l'eau et du sucre sur les marcs de fond de cuve après l'écoulement du vin. Face à la surproduction viticole, cette pratique est interdite en France depuis 1945 et en Europe par les règlements communautaires.

PISTACHE
Odeur très fine proche de l'amande amère, mais plus délicate, qu'on trouve parfois dans des vins rouges ayant un bouquet nuancé et subtil.

PIVOINE
1. La couleur pourpre et intense de la pivoine rouge peut servir de notation analogique pour décrire la couleur des vins rouges nouveaux fortement teintés.

2. L'odeur un peu poivrée de cette fleur se retrouve aussi dans les vins qui ont cette couleur.

N.B. Cette double relation est probablement liée à la présence de pæonidol, ou colorant de la pivoine, dans la matière colorante de certains cépages rouges.

PLAT
Se dit d'un vin qui manque de relief par faiblesse de ses divers constituants.

PLEIN
Se dit d'un vin qui donne l'impression de remplir la bouche par sa richesse substantielle équilibrée, d'où une impression de plénitude.

PLOMBÉ
Se dit des vins dont la couleur est devenue grisâtre par suite de la formation d'un trouble.

POIRE
La nuance aromatique de diverses variétés de poires se retrouve assez souvent dans des vins blancs souples au bouquet fruité.

POIVRE
Nuance aromatique très fréquente dans de nombreux vins rouges de qualité, dans la phase la plus aérienne et subtile du nez, et dans la phase finale de la bouche, où elle se prolonge jusqu'à l'arrière-goût.

POIVRON
Nuance aromatique perceptible surtout par voie buccale, propre aux cépages rouges riches en tanin et dont le fruité de jeunesse est peu accentué.

POMME
Les diverses variétés de pommes ont des arômes particuliers qu'on retrouve à des intensités diverses dans de nombreux vins blancs

de Chardonnay et de Sauvignon : odeur de *golden delicious* dans les vins légers et de primeur ; arôme de pomme fine dans le Meursault ; goût de compote de pomme dans divers Champagnes...

POURRI
Le raisin desséché envahi par les moisissures peut donner au vin un goût de pourri sec, à caractère moisi et amer, si les parties avariées ne sont pas éliminées de la vendange rouge avant cuvaison.

PRUNEAU
Caractère aromatique de nuance torréfiée, qui entre en composition dans le bouquet des vins vieux ; en excès, caractérise une oxydation définitive (vins rouges exclusivement).

PUISSANT
Vin riche de substance ou de bonne corpulence, soutenu par un degré alcoolique assez fort.

Q – R

QUALITÉ
Terme aux significations multiples et variées. En matière de dégustation, on peut en retenir deux.

1. La notion de qualité intrinsèque ou de qualité substantielle, qui exprime le niveau de valeur sensorielle auquel se situe le vin.
2. La notion de vin de qualité, qui est synonyme de vin de cru, par opposition au vin de table ou de consommation courante.

RACÉ
Par analogie anthropomorphique, ce terme s'applique à un lot ou à une cuvée d'un vin précis, qui a beaucoup de classe, de distinction et de tenue.

RAFLE (GOÛT DE)
La rafle est l'armature verte de la grappe de raisin. Lorsqu'elle n'est pas éliminée à la mise en cuve des vins rouges et qu'elle est soumise à une macération prolongée, elle peut donner au vin un caractère astringent et herbacé dénommé goût de rafle.

RAIDE
Caractère physique des vins rouges lorsque le tanin et l'acidité dominent ensemble de manière excessive.

RAISIN SEC (GOÛT DE)
Lorsque les raisins avant vendanges ont subi un dessèchement partiel par le vent, la chaleur ou les parasites, les vins qui en résultent ont parfois une odeur et des saveurs constituant le goût de raisin sec.

RANCIO
Terme espagnol signifiant à la fois « rance » et « vieux ». S'applique surtout à des vins rouges secs ou liquoreux du Roussillon qu'on a fait vieillir dans des conditions particulières.

RÂPEUX
Caractère astringent excessif lorsque le tanin « râpe » les muqueuses de la bouche avec une intensité et une persistance exagérées.

RÊCHE
Degré élevé d'astringence.

RÉGLISSE
Caractère aromatique qui se trouve fréquemment en fin de bouche dans un certain nombre de vins rouges.

RENARD
Odeur fauve très caractéristique propre à certains millésimes et à certains crus rouges de Bourgogne. On dit alors que le vin « renarde ». Cette odeur s'atténue dans les verres après quelques instants d'aération.

RÉSINE
Caractère aromatique de nature balsamique qui entre en composition dans les bouquets de vins rouges fins et distingués.

ROBE
Nom attribué, dans un sens imagé, à la couleur du vin.

ROND
Qualificatif applicable aux vins dépourvus d'angulosité, c'est-à-dire dominés par le moelleux, mais dans la souplesse et sans lourdeur.

ROSE
Nuance aromatique constituée par des substances aussi diverses que le géraniol, l'alcool phényléthylique, le rhodinol, et qui entre en composition dans l'arôme primaire de diverses variétés de muscats. La nuance rose fané est une nuance délicate du bouquet de certains vins rouges fins et vieux.

RUBIS
Pierre précieuse rouge, brillante et légèrement violacée, dont la nuance colorée est utilisée par certains dégustateurs pour traduire la couleur des vins rouges.

RUDE
Caractère d'un vin dont les diverses sensations sont encore peu affinées et heurtent le sens du goût.

S

SANTAL
Bois précieux de l'Inde, à odeur très forte, qui entre en composition dans certains encens et qui se trouve par analogie dans certaines cuvées de vin rouge de très grande classe, français ou étranger. Il figure au nombre des odeurs balsamiques.

SAUVAGE
1. Qualifie un vin encore brut de saveurs et peu affiné.
2. Au plan olfactif, synonyme de fauve.

SAVEURS
Au sens strict et physiologique du terme, ce sont les sensations reçues sur la langue par des papilles spécialisées. Elles recouvrent exclusivement quatre caractères : salé, sucré, acide, amer. Au sens familier du terme, les saveurs se confondent avec les goûts et avec tout ce qui est perçu dans la bouche.

SEATOL
Dérivé méthylé de l'indol, dont l'odeur est putride, mais qui, à l'état de trace, entre en composition dans les odeurs de vin qualifiées d'animales.

SEC
Qualificatif appliqué aux vins blancs dépourvus de sucre. Dans le cadre de la dégustation analytique approfondie, on désigne comme sec un vin blanc dont le moelleux est discret ou légèrement récessif, sans porter atteinte à l'harmonie de l'ensemble.

SÉCHER
En matière de dégustation, ce verbe exprime une forme d'évolution du vin dans laquelle il semble perdre du gras et du moelleux en devenant maigre et très sec avec une certaine âcreté. On dit aussi qu'il se dessèche ou qu'il est desséché.

SENSORIEL
Qualificatif de ce qui concerne l'activité des organes des sens, dans l'acception physique et objective du terme. L'analyse sensorielle est l'ensemble des appréciations sensibles par la vue, l'odorat et le goût qu'on peut porter sur une substance consommable. Cette expression a un registre plus étendu que le mot dégustation, qui recouvre seulement les sensations reçues dans la bouche par le sens du goût.

SERPILLIÈRE (ODEUR ET GOÛT DE)
Caractères odorants qui se développent dans les toiles de serpillières humides qui ont croupi sous l'effet de moisissures ou de champignons. On retrouve cette anomalie dans des vins blancs qui ont souffert d'un défaut de remplissage en fût et dont les toiles de bonde ont moisi.

N.B. Bien que ce caractère soit homologue au goût de croupi, on le réserve plutôt aux vins blancs tandis qu'on parle plutôt de croupi pour les rouges.

SÈVE
Terme professionnel d'origine bordelaise qui s'est répandu peu à peu au stade de la consommation. Exprime le caractère d'expansion des arômes et de plénitude des saveurs pendant le passage du vin dans la bouche.

SÉVÈRE
Vin qui, sous la double dominante tanin + acidité, possède des arômes austères et dépourvus de jovialité.

SILEX
Synonyme de pierre à fusil (*voir* ce mot).

SOLIDE
Vin rouge qui possède une dominante de tanin jointe à une sous-dominante sensible de moelleux, impliquant ensemble de la charpente et de l'étoffe.

SOUPLE ET SOUPLESSE
Caractère gustatif lié à un certain retrait du tanin et de l'acidité, laissant émerger le moelleux naturel du vin, sans excès.

SOURIS (GOÛT DE)
Expression imagée évoquant une odeur voisine de l'acétamide, qui se manifeste quelques secondes après la consommation, dans l'arrière-goût d'un vin dont les lies étaient en mauvais état.

SOUS-BOIS
Caractère odorant homologue à l'humus et à la feuille morte, qui se retrouve parfois par analogie dans des vins rouges très vieux. Certains crus y sont plus particulièrement prédisposés (Saint-Émilion, Vosne-Romanée).

SOYEUX
Caractère qui exprime la finesse de contact du vin dans la bouche, par analogie avec le toucher de la soie.

SPIRITUEUX
Voir Les mots de la vigne et du vin.

SUITE
Ensemble des rémanences sensorielles postérieures à la dégustation proprement dite constitué par la persistance aromatique et par l'arrière-goût.

T – U – V

TABAC
Des effluves de tabac vert ou non brûlé, voisins de la nuance havane des parfumeurs, se retrouvent parfois dans des vins rouges très fins et de grande classe.

TACHÉ
Se dit d'un vin blanc issu de cépage noir, lorsqu'une légère coloration du moût s'est produite sous l'effet du pressurage.

TACT
Synonyme du toucher, un des cinq sens. Les sensations reçues par les muqueuses internes de la bouche en font partie.

TANIN
Voir Les mots de la vigne et du vin.

TÂTER
Terme d'ancien français synonyme de goûter, entré en composition dans le mot tastevin.

TEMPÉRATURE
Facteur déterminant non seulement pour la conservation du vin, mais aussi pour sa dégustation (*Voir aussi* Les mots de la vigne et du vin.)

TENDRE
Se dit d'un vin qui n'offre aucune résistance dans la bouche, par la modicité de son tanin et la fluidité de son moelleux.

TENUE
Terme qui exprime le comportement du vin dans la bouche, et son « maintien », si l'on peut dire.

TERROIR
Se dit d'une terre plantée en vignes, qui possède des caractéristiques particulières. Le goût de terroir est une expression qui recouvre des anomalies mal définies, supposées liées au terroir et toujours avec une nuance péjorative. En fait, ces prétendus goûts sont plus souvent liés à un cépage qu'au terroir lui-même. (*Voir aussi* Les mots de la vigne et du vin.)

THYM
Nuance aromatique qu'on retrouve assez souvent dans les vins de Provence et de Haute-Provence.

TILLEUL (FLEUR DE)
Nuance aromatique qu'on retrouve dans certains vins blancs au bouquet très fin.

TOUCHER
Synonyme de tact (*voir* ce mot).

TROUBLE
Matières en suspension dans le vin. Les troubles ont des causes diverses d'ordre chimique – ils prennent alors le nom de casses – ou d'ordre microbiologique, dans ce cas ils sont le fait de levures et de bactéries. Cet état représente le quatrième degré dans l'échelle de limpidité, plus que louche et moins qu'opalescent. (*voir* Limpidité).

TRUFFE
Nuance aromatique de très grande classe qu'on rencontre dans des vins rouges vieux de haute qualité. La variété « truffe blanche » a une odeur identique à la pyridine et se trouve dans certains millésimes de vins blancs, par effet de réduction chimique avec l'âge.

TUILÉ
Aspect d'un vin rouge dont la couleur fortement brunie rappelle celle de la tuile vieillie.

TURBIDITÉ
État de ce qui est trouble (*voir* Limpidité).

TYNDALL (EFFET)
Du nom du physicien irlandais qui l'a défini. Il s'agit d'un effet d'optique par lequel une solution colloïdale, apparemment limpide par transparence, accuse un voile ou un trouble léger, par éclairage latéral ou indirect. Ce phénomène existe aussi dans le vin : on l'exploite en tant qu'une technique d'appréciation pour dépister des troubles en puissance.

TYPICITÉ
Ensemble des caractères sensoriels par lesquels on peut reconnaître l'origine d'un vin élaboré selon les usages et les conventions de son époque.

USÉ
Se dit d'un vin qui a perdu ses caractères et qui est « passé ».

VANILLE
Arôme qui est un élément de fond, que l'on retrouve dans le bouquet de nombreux vins blancs et rouges. Il provient naturellement des parties ligneuses du raisin ou du bois de chêne des futailles.

VÉGÉTAL
En matière de dégustation, on attribue le caractère végétal (par opposition à animal) à des éléments du bouquet ayant des analogies avec les odeurs du règne végétal, autres que les fruits, les fleurs et les essences aromatiques.

VELOUTÉ
Se dit, par analogie, d'un vin dont le contact dans la bouche évoque le toucher du velours (par une légère dominance du moelleux et l'absence de toute âcreté).

VENAISON
Odeur de type animal évoquant le gibier, qu'on trouve dans des vins rouges, très vieux, et qui disparaît assez rapidement par aération.

VERT ET VERDEUR
Se dit, par analogie avec les fruits verts, d'un vin blanc, rouge ou rosé très acide, dont le moelleux faible laisse cet excès d'acidité à découvert (*voir* le tableau « Rapport acidité-moelleux des vins blancs et rosés », page 199).

VIEILLARDÉ
Qui a mal vieilli, ou prématurément.

VIF
Vin à dominante légèrement acide dans un contexte qui reste harmonieux.

VIGOUREUX
Se dit d'un vin puissant ou corsé qui manifeste en outre une certaine réactivité dans la bouche par son degré alcoolique et son acidité.

VINEUX
Se dit d'un vin dont la richesse en alcool ressort exagérément par rapport à l'harmonie de l'ensemble.

VIRIL
Caractère imaginé impliquant une certaine fermeté dans un vin qui a par ailleurs de l'étoffe ou de la corpulence.

VOILÉ
Se dit d'un vin légèrement trouble, notamment par effet Tyndall (*voir* ce mot). Cet état constitue le premier degré dans l'échelle de turbidité (*voir* Limpidité).

VOLTIGEURS
Particules solides et légères présentes dans une bouteille de vin, qui se maintiennent quelques temps en suspension après agitation, donnant l'impression de « voltiger ». Elles sont constituées en général par les résidus de collage, ou des éléments de filtration, ou par des levures mortes, et ne présentent aucun inconvénient pour la qualité du vin.

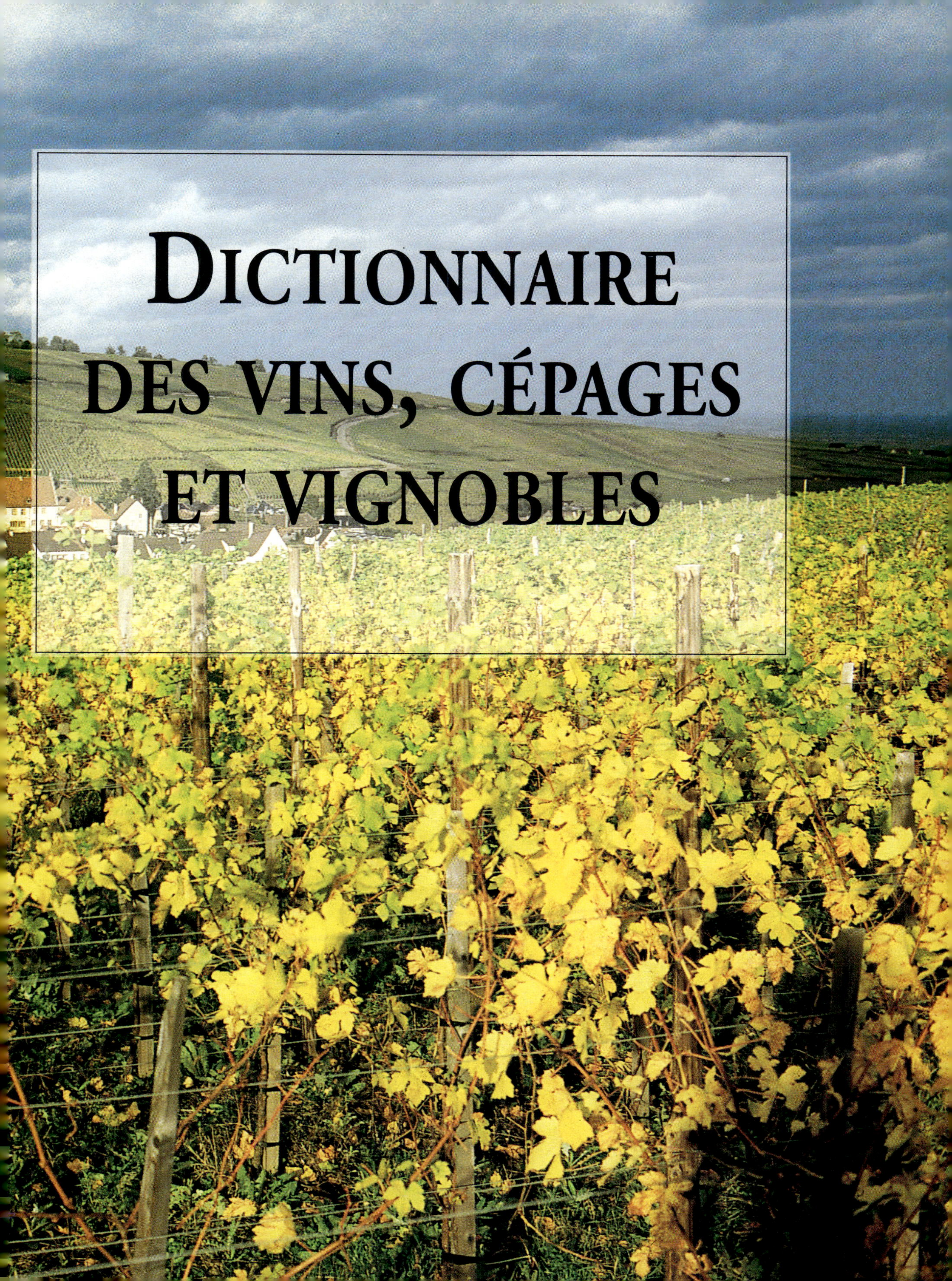

DICTIONNAIRE DES VINS, CÉPAGES ET VIGNOBLES

A

 Abondance noir

Synonymes : *Abondance de Doui, Gamay d'Orléans, Pineau rouge, Plant de Bazouge.*

Grappes grandes, 20 à 25 centimètres, ailées, tronconiques, compactes ; grains sphériques, noirs, petits, de 10 à 12 millimètres, juteux ; maturité : 2e époque.

Cépage de grande vigueur, productif, donnant un vin ordinaire, peu coloré, faiblement alcoolique, servant autrefois pour l'élaboration de mousseux. Il est cultivé dans toute la vallée de la Loire.

 Abondant blanc

Métis de Steinschiller ou Kövidinka rose × Sylvaner, autorisé en Alsace et en Moselle. Il donne un vin ordinaire, peu alcoolique et plat.

 Abouriou noir

Synonymes : *Plant Abouriou, Beaujolais* dans le Lot-et-Garonne, *Gamay du Rhône* dans le Lot, *Précoce Naugé, Précoce Dordogne, Noir hâtif* en Dordogne, *Malbec argenté* en Médoc, *Gamay-Beaujolais* dans l'Entre-deux-Mers, *Négret de la Canourgue* en Lozère, *Gamay Saint-Laurent* dans l'Aveyron.

Bourgeonnement cotonneux blanc à liseré carminé. Jeunes feuilles duveteuses, à plages bronzées. Feuilles moyennes, orbiculaires, tourmentées, finement bullées, à lobes révolutés ; sinus latéraux moyennement profonds à fonds aigus, sinus pétiolaire en lyre ; dents ogivales, moyennes ; dessous du limbe pubescent et rugueux au toucher.

Rameaux côtelés, verts à nœuds rosés. Grappes moyennes, compactes ; grains sphériques, moyens, noirs et juteux ; maturité : 1re époque précoce.

Cépage vigoureux, fertile, débourrant de bonne heure, découvert en Lot-et-Garonne en 1882. Il est relativement résistant à l'oïdium, au mildiou et à la pourriture grise. Son vin est très coloré, plat, sans caractère. Cultivé sur 500 hectares dans le Sud-Ouest (Lot-et-Garonne, Tarn-et-Garonne, Haute-Garonne) et en Loire-Atlantique. Il est recommandé dans de nombreux départements avec 3 clones certifiés : les nos 603, 604 et 878.

 Ahumat

Synonyme : *Enfumé* en Béarnais.

Grappes moyennes, tronconiques ; baies sphériques ou légèrement ovoïdes, petites, blanc doré à rose bronzé donnant, par le fait de la pruine, un aspect enfumé ; maturité : 2e époque tardive.

C'est un cépage du Jurançonnais en voie de disparition, car non classé. Il était cultivé autrefois en hautain et soumis à une taille longue, généreuse. Il se montre assez sensible à l'oïdium.

Ajaccio

Le vignoble de l'appellation, classée AOC par le décret du 3 avril 1984, couvre 273 hectares (1995) pour une aire potentielle délimitée de 22 000 hectares environ. La production est relativement stable, de l'ordre de 7 400 hectolitres dont 10 % en vin blanc. Les deux tiers de la production proviennent des caves privées, le tiers restant, d'une petite coopérative.

L'aire d'appellation s'étend sur une vaste région de coteaux secs d'arène granitique, parfois très argileuse.

L'encépagement est le plus typé de Corse : le Sciaccarello pour 42,7 %, le Nielluccio pour 5,11 %, le Vermentino pour 12 % et divers rouges et blancs pour 3,9 % ; soit 67,3 % de cépages pur corse.

Les blancs de Vermentino sont secs, fruités, pleins, avec des arrière-goûts de noisette. Les rosés francs, de belle charpente, vieillissent bien. Les rouges, de couleur rubis très clair à rouge foncé, sont tanniques et demandent au moins trois ans d'âge. Ils ont un bouquet où se combinent le poivre, la groseille, le cassis et l'amande.

Domaine viticole dans l'aire d'appellation Ajaccio qui produit des vins rouges et rosés de très bonne garde et des vins blancs typés par le cépage Vermentino.

Pages 222-223 : Riquewihr, l'un des plus beaux villages alsaciens de la route des vins.

Page précédente : grappes de Gewurztraminer, cépage alsacien par excellence.

Aleatico noir

Cépage toscan, musqué, très voisin du Muscat noir, qui est un peu cultivé en Corse sur 26 hectares.

Alicante Bouschet

Métis teinturier, obtenu par Henri Bouschet en croisant le Petit Bouschet × Grenache.

Bourgeonnement cotonneux blanc à liseré très carminé.

Jeunes feuilles duveteuses, bullées, rouges sur les bosselures ; dessous du limbe cotonneux, blanc rosé. Feuilles orbiculaires, épaisses, brillantes, bullées avec les bords du limbe fortement révolutés, entières ou faiblement trilobées ; sinus pétiolaire en lyre plus ou moins fermée ; dents ogivales, moyennes, peu visibles du fait de l'enroulement des bords du limbe, qui est duveteux blanc à la face inférieure, avec les nervures principales aranéeuses et pubescentes. Le feuillage rougit totalement à l'automne.

Rameaux côtelés, duveteux au sommet, verts avec des stries longitudinales brun-rouge ; vrilles longues.

Grappes grandes, ailées, tronconiques, lâches ; baies sphériques, moyennes, noires avec une pruine très abondante ; jus très coloré, rouge vif avec beaucoup de matière colorante dans la pellicule ; maturité : 2e époque hâtive.

Cépage productif à débourrement moyen, généralement taillé court, assez résistant à l'oïdium mais sensible au mildiou, à l'excoriose, à l'anthracnose, aux vers de la grappe et très atteint par la maladie bactérienne. Il existe 3 clones certifiés les nos 803, 804 et 805.

Son vin très coloré, d'un beau rouge vif, souvent très alcoolique quand les raisins proviennent de coteaux, est employé dans les coupages pour apporter de la couleur aux vins de plaine qui en manquent.

L'Alicante Bouschet a été classé recommandé dans la plupart des départements. Il occupe une superficie totale de 12 000 hectares lui donnant une place modeste dans l'encépagement français. Il est cultivé principalement dans le groupe languedocien, puis le groupe provençal et corse et le groupe aquitanien.

Feuille d'Alicante Bouschet, cépage productif au jus très coloré.

Feuille de cépage blanc Aligoté, essentiellement cultivé en Bourgogne.

Aligoté

Synonymes : *Giboudot blanc* à Rully, *Griset blanc* à Beaune, *Plant gris* dans la Côte de Nuits, *Plant de trois raisins* au nord de Dijon, *Chaudenet gras* dans la Côte chalonnaise, *Vert blanc* dans le Jura.

Bourgeonnement duveteux blanc à liseré rosé. Jeunes feuilles aranéeuses, vert pâle. Feuilles orbiculaires, moyennes, entières, bullées à bords révolutés ; sinus pétiolaire en lyre ; dents anguleuses, moyennes ; dessous du limbe aranéeux-pubescent. Rameaux côtelés, rougeâtres ou violacés ; vrilles brunes, fines, courtes.

Grappes petites, cylindriques ou tronconiques, lâches ; baies sphériques, petites, de couleur blanc orangé et mouchetées de brun ; maturité : 1re époque.

L'Aligoté est un cépage blanc bourguignon, vigoureux, débourrant de bonne heure, rustique, qui se plaît bien en coteau, où il produit régulièrement 60 hectolitres à l'hectare. Peu atteint par l'oïdium, il se montre très sensible au mildiou, au blackrot, à l'anthracnose et à la pourriture grise. En matériel certifié 5 clones ont été agréés : les nos 263 et 402, qui sont les plus intéressants, puis 264, 591 et 651.

Le vin d'Aligoté est léger, un peu acide, frais, pauvre en tannins et peu parfumé. Il a droit à une appellation spéciale : Bourgogne Aligoté.

C'est un vin à boire jeune, qui est d'ailleurs souvent consommé en mélange avec de la crème de cassis pour fournir un apéritif. Le chanoine Kir, député-maire de Dijon, mit ce mélange à la mode après 1945.

L'Aligoté, avec environ 1 200 hectares, occupe la 52e place en France, sa culture est essentiellement bourguignonne : 550 hectares en Côte-d'Or, 450 hectares en Saône-et-Loire et 230 hectares dans l'Yonne. On trouve également quelques petites plantations dans l'Ain, l'Allier, la Savoie, la Drôme, l'Ardèche, l'Isère, le Rhône et la vallée de la Loire.

Aloxe-Corton

Ce vignoble de la Côte de Beaune, qui existait déjà au premier siècle de notre ère, fut apprécié dès le Moyen Âge pour ses vins rouges et blancs. Un décret du 11 mars 1938 délimitait l'appellation d'origine contrôlée des parcelles s'étendant sur 87 hectares et sur le territoire des communes d'Aloxe-Corton, de Pernand-Vergelesses et de Ladoix-Serrigny. Cependant, il est important de noter qu'il existe, au-dessus de l'appellation communale, une appellation Aloxe-Corton Premier Cru, dont la superficie globale atteint 29 hectares.

Ces vins, rouges en majorité – les blancs ne représentant que 1 % de la production – sont issus du cépage Pinot noir. Le titre alcoométrique minimal autorisé est de 10,5 et de 11 % Vol. pour les premiers crus en rouge (pour les blancs, 11 et 11,5 % Vol.) alors que le rendement de base est fixé à 40 hectolitres à l'hectare. On remarquera enfin que les vins issus des climats Corton, Corton-Charlemagne et Charlemagne peuvent entrer dans l'appellation communale d'Aloxe-Corton. Ils utilisent alors l'intitulé « Premier Cru » s'ils ne remplissent pas toutes les conditions de leurs appellations.

Les Aloxe-Corton sont, en général, des vins puissants, bien constitués, agréables, mais sans l'envergure des climats « supérieurs ». Un peu durs dans leurs débuts, ils s'étoffent avec l'âge.

Alsace

Voir la région page suivante.

Alsace

Cette AOC est régie par l'ordonnance du 2 novembre 1945 définissant le statut des vins d'Alsace et complétée par des décrets dont le dernier date du 23 août 1991.

L'appellation Alsace, ou Vin d'Alsace, peut également être suivie des mentions : Gewurztraminer, Riesling, Pinot gris ou Tokay-Pinot gris, Muscat, Pinot ou Klevener, Sylvaner, Chasselas ou Gutedel, Pinot noir et Vin d'Alsace Edelzwicker. (*Voir* la région Alsace).

Alsace Grand Cru

Cette AOC relativement récente est définie par les décrets du 23 novembre 1975 et du 17 décembre 1992 énumérant les lieux-dits actuellement agréés.

(*Voir* encadré et la région Alsace).

 Altesse

Synonymes : *Roussette* en Savoie, *Roussette haute* à Seyssel, *Mâconnais, Petit Mâconnais, Prin blanc* en Savoie, *Ignan blanc* à Bourgoin, *Arin* à Chabons, *Sérène blanche* à Voreppe.

Grappes petites à moyennes, cylindriques, assez compactes, souvent ailées, portées par un pédoncule un peu long et grêle, éloignant le raisin du sarment ; baies sphériques ou légèrement ovoïdes, petites, à pellicule épaisse, jaune roux à maturité, devenant rose bronzé, presque lilas, quand le grain se ride et se passerille sous l'action de la pourriture noble ; chair fondante ; maturité : 2e époque tardive.

Ce cépage savoyard, produisant des vins de qualité, aurait été ramené de l'île de Chypre par un duc de Savoie au XVe siècle. En matériel certifié, 3 clones sont agréés : les nos 265, 403 et 404. Ce cépage est très sensible au mildiou, mais résiste assez bien à l'oïdium et à la pourriture grise, ce qui permet des vendanges tardives.

En Savoie, on produit deux types de vins avec la Roussette seule ou associée à d'autres cépages blancs (Chardonnay, Mondeuse blanche) : un vin blanc doux, pétillant ou mousseux, commercialisé sous le nom de Roussette de Savoie ou de Roussette du Bugey. La Roussette occupe 180 hectares, répartis principalement entre l'Ain et la Savoie.

Appellation d'origine contrôlée Alsace Grand Cru

Lieux-dits	Sur la ou les communes de	Superficie en hectares
Altenberg de Bergbieten	Bergbieten (67)	29,1
Altenberg de Bergheim	Bergheim (68)	35,1
Altenberg de Wolxheim	Wolxheim (67)	31,2
Brand	Turckheim (68)	58
Bruderthal	Molsheim (67)	18,4
Eichberg	Eguisheim (68)	57,6
Engelberg	Dahlenheim et Scharrachbergheim (67)	14,8
Florimont	Ingersheim et Katzenthal (68)	21
Frankstein	Dambach-la-Ville (67)	56,2
Froehn	Zellenberg (68)	14,6
Furstentum	Kientzheim et Sigolsheim (68)	30,5
Geisberg	Ribeauvillé (68)	8,5
Gloeckelberg	Rodern et Saint-Hippolyte (68)	23,4
Goldert	Gueberschwihr (68)	45,4
Hatschbourg	Hattstatt et Voegtlinshofen (68)	47,4
Hengst	Wintzenheim (68)	75,8
Kanzlerberg	Bergheim (68)	3,2
Kastelberg	Andlau (67)	5,8
Kessler	Guebwiller (68)	28,5
Kirchberg de Barr	Barr (67)	40,6
Kirchberg de Ribeauvillé	Ribeauvillé (68)	11,4
Kitterlé	Guebwiller (68)	25,8
Mambourg	Sigolsheim (68)	61,9
Mandelberg	Mittelwihr et Beblenheim (68)	22
Marckrain	Bennwihr et Sigolsheim (68)	53,4
Moenchberg	Andlau et Eichhoffen (67)	11,8
Muenschberg	Nothalten (67)	17,7
Ollwiller	Wuenheim (68)	35,9
Osterberg	Ribeauvillé (68)	24,6
Pfersigberg	Eguisheim et Wettolsheim (68)	74,6
Pfingstberg	Orschwihr (68)	28,2
Praelatenberg	Kintzheim (68)	18,7
Rangen	Thann et Vieux-Thann (68)	18,8
Rosacker	Hunawihr (68)	26,2
Saering	Guebwiller (68)	26,8
Schlossberg	Kientzheim (68)	80,3
Schoenenbourg	Riquewihr et Zellenberg (68)	53,4
Sommerberg	Niedermorschwihr et Katzenthal (68)	28,4
Sonnenglanz	Beblenheim (68)	32,8
Spiegel	Bergholtz et Guebwiller (68)	18,3
Sporen	Riquewihr (68)	23,7
Steinert	Pfaffenheim et Westhalten (68)	38,9
Steingrubler	Wettolsheim (68)	23
Steinklotz	Marlenheim (67)	40,6
Vorbourg	Rouffach et Westhalten (68)	72,6
Wiebelsberg	Andlau (67)	12,5
Wineck-Schlossberg	Katzenthal et Ammerschwihr (68)	27,4
Winzenberg	Blienschwiller (67)	19,2
Zinnkopflé	Soultzmatt et Westhalten (68)	68,4
Zotzenberg	Mittelbergheim (67)	36,5

Seuls les cépages Riesling, Muscat, Pinot gris et Gewurztraminer donnent droit à cette appellation.

ALSACE

Le vignoble alsacien est le seul en France à avoir donné à ses vins le nom de ses cépages, réalisant ainsi avec bonheur la pensée d'Olivier de Serres : « Le génie du vin est dans le cépage. » Plus récemment, l'Alsace a associé son nom à des crus, rendant ainsi un hommage justifié aux prestigieux terroirs qui jalonnent une des plus belles routes des vins.

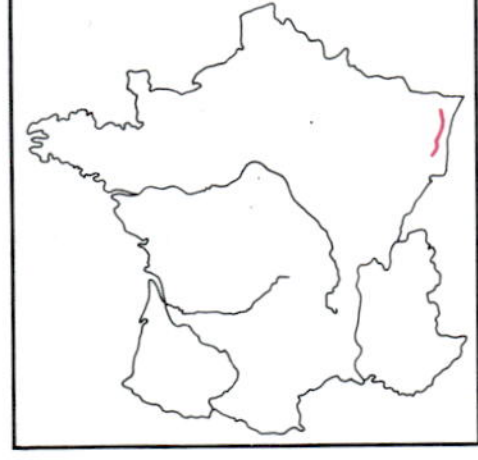

■ De par sa situation géographique, le vignoble d'Alsace est l'un des plus septentrionaux de France. Situé à l'extrême nord-est de notre hexagone, il s'étend sur les deux départements du Bas-Rhin et du Haut-Rhin, entre les Vosges et la plaine d'Alsace, sur une étroite bande de terrain atteignant, de Marlenheim au nord à Thann au sud, environ 120 kilomètres de long et ne dépassant pas 4 kilomètres dans sa plus grande largeur. Dans le nord du Bas-Rhin, une petite enclave viticole d'environ 200 hectares forme le vignoble de la région de Wissembourg. Hormis une petite production de vin rouge ou rosé à partir du cépage Pinot noir, l'Alsace se distingue surtout par ses vins blancs remarquables, aux caractéristiques organoleptiques très spécifiques.

Riquewihr conserve un remarquable ensemble de maisons du XVIe siècle, époque où le vignoble alsacien était à son apogée.

L'histoire du vignoble d'Alsace

Bien que des graines et des bois de vigne fossilisés datant d'environ 3 000 ans avant Jésus-Christ aient été mis à jour – ces vestiges proviennent sans doute de la vigne sauvage *Vitis silvestris* –, on admet généralement que les Romains, lors de l'invasion de la vallée du Rhin, sont à l'origine de la culture de la vigne européenne, *Vitis vinifera,* en Alsace. En revanche, on est beaucoup plus indécis quant à l'avènement d'une viticulture véritablement commerciale. Celle-ci aurait pris son véritable essor au IIIe siècle, époque à laquelle les Romains ont officiellement autorisé la culture de la vigne en Alsace. Sauf au Ve siècle, lors de l'invasion germanique, la vigne prit de plus en plus d'importance pour atteindre son apogée au XVIe siècle. L'origine de ce développement est, sans nul doute, l'ouverture du Rhin au transport fluvial. Elle a permis l'exportation du vin d'Alsace vers tous les pays arrosés par ce fleuve ainsi que vers d'autres contrées pouvant être atteintes par la voie des eaux, l'Angleterre, par exemple. Cette époque fit d'ailleurs la fortune des grandes villes rhénanes, dont Strasbourg, ainsi que la prospérité des communes viticoles. La plupart des maisons alsaciennes de style, qui font actuellement la fierté des villages alsaciens, en sont encore les témoins. Mais la guerre de Trente Ans, au XVIIe siècle, arrêta l'expansion de la viticulture. Au XVIIIe siècle, le vignoble se reconstitua, mais il fallut attendre le XIXe siècle pour qu'un certain niveau de bien-être soit à nouveau atteint. Malheureusement, la viticulture de masse fit son apparition, et après l'annexion de l'Alsace par l'Allemagne en 1871, cette politique quantitative continua à être encouragée. Le phylloxéra aggrava encore cette situation car le vigneron de l'époque préféra remplacer les cépages ravagés par des hybrides producteurs directs résistants au parasite, mais produisant un vin de piètre qualité. Il fallut attendre 1918, avec le retour de l'Alsace à la France, pour assister à une reprise de la viticulture de qualité. Ce travail d'assainissement de longue haleine ne se termina qu'après 1945, avec l'instauration de la réglementation actuelle.

La réglementation du vin d'Alsace

Il existe trois appellations d'origine contrôlée en Alsace, l'AOC Alsace, l'AOC Alsace « Grand Cru » (décrets du 20 novembre 1975 et du 17 décembre 1992) et l'AOC Crémant d'Alsace. Les deux premières peuvent se voir adjoindre les mentions particulières « Vendanges tardives » et « Sélection de grains nobles ». Elles sont définies par le décret du 1er mars 1984.

Les moûts doivent notamment présenter les richesses naturelles minimales en sucre énoncées dans le tableau ci-dessous :

TAUX MINIMAL EN SUCRE DES MOÛTS

Vins	Mention « Vendanges tardives »	Mention « Sélection de grains nobles »
Gewurztraminer	243 g/l	279 g/l
Pinot gris	243 g/l	279 g/l
Riesling	220 g/l	256 g/l
Muscat	220 g/l	256 g/l

Le Crémant d'Alsace est un vin effervescent obtenu selon la technique de la fermentation en bouteille.

Le décret du 23 août 1991 régit les appellations Alsace ou Vin d'Alsace, Pinot gris ou Tokay-Pinot gris, Chasselas ou Gutedel et le Vin d'Alsace Edelzwicker. Pour chacune des appellations sont définis l'aire de production, les cépages autorisés, les conditions de production et d'agrément, c'est-à-dire la réglementation de la taille, le degré minimal et le rendement. L'Alsace est la seule région viticole française qui a rendu la mise en bouteilles de ses vins obligatoire dans les deux départements de production : le Bas-Rhin et le Haut-Rhin.

Pour ces appellations, le Comité régional de l'Institut national des appellations d'origine fixe la date d'ouverture des vendanges ainsi que toutes les conditions de production.

La situation géographique et climatique du vignoble

La vigne est implantée sur les collines sous-vosgiennes ainsi que sur les terrains directement adjacents du piedmont des Vosges. Elle s'étage de 180 mètres, niveau de la plaine, à 380 mètres qui représentent sa limite extrême de culture en Alsace. Située sur le versant est des Vosges, de préférence en exposition sud ou sud-est, elle profite de cet écran montagneux naturel qui la protège partiellement contre l'influence climatique océanique. Les précipitations varient entre 500 et 700 millimètres par an (500 mm à Colmar), alors qu'elles représentent environ 2 000 millimètres sur les sommets

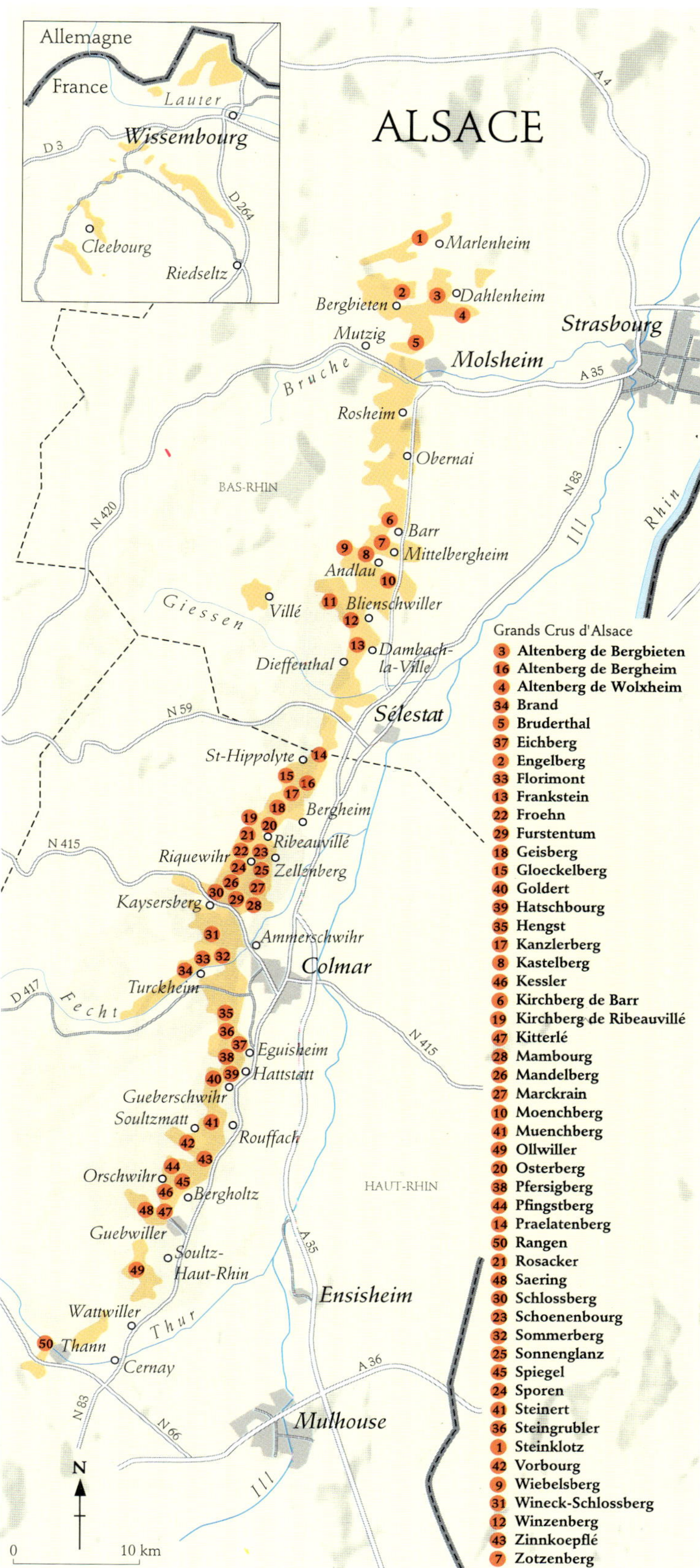

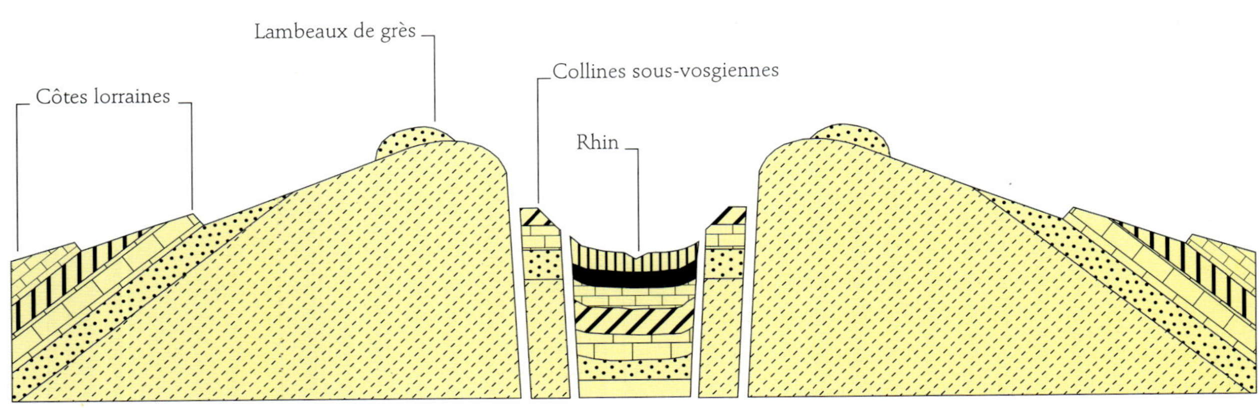

vosgiens. L'isotherme 0 °C est située entièrement à l'est du Rhin. Le rapide réchauffement de la température au printemps est dû au souffle d'un vent tiède, le foehn, qui balaie la plaine d'Alsace du nord au sud, et provoque le débourrement de la vigne. L'été chaud est souvent propice au développement d'une abondante végétation et l'automne gratifie cette région d'une arrière-saison exceptionnelle favorisant tout particulièrement la maturation lente et parfaite du raisin.

La constitution géologique des terroirs viticoles

L'effondrement, il y a 50 millions d'années, de la partie la plus élevée d'un ancien massif réunissant naguère les Vosges et la Forêt-Noire est à l'origine de la formation de la plaine du Rhin. La vigne s'est implantée sur ces champs de fractures. L'affleurement rocheux y est donc très diversifié, laissant apparaître à peu près toutes les formations de terrains apparues au cours des différentes ères géologiques. Dans les régions plus plates, le terrain est surtout constitué de sédiments divers dont certains sont alluviaux.

Détail d'une façade sculptée à Mittelbergheim.

La production

L'aire d'appellation s'étend sur 56 communes du Haut-Rhin et 64 communes du Bas-Rhin. La superficie du vignoble est actuellement de l'ordre de 14 000 hectares et la production totale avoisine en moyenne 900 000 à 1 100 000 hectolitres, quantité qui équilibre le volume annuel commercialisé.

Les cépages et leurs caractéristiques gustatives

L'originalité des vins d'Alsace est double : ils sont caractérisés par une richesse aromatique remarquable par sa finesse et son expression et, à une exception près, ils portent le nom du cépage dont ils sont issus. Seul le vin Edelzwicker provient d'un assemblage.

On a pour habitude de classer les différents cépages en deux groupes, en établissant une relation entre leurs qualités spécifiques et leurs intensités aromatiques.

Le premier groupe comprend le Chasselas, le Sylvaner, le Pinot blanc et l'Auxerrois donnant naissance à des vins légers, gouleyants, très agréablement fruités.

Le deuxième groupe englobe les variétés dont sont issus les plus grands vins de ce vignoble, à savoir le Muscat, le Tokay-Pinot gris, le Pinot noir, le Riesling, le Gewurztraminer.

Le ***Chasselas,*** qui représente 1,5 % de la production, ne se vend pas, en tant que vin, sous son nom de cépage mais il entre dans la composition de l'Edelzwicker. Ce cépage est en constante diminution car il est très sensible à la coulure et sa production est de ce fait fluctuante ; de plus, le vin produit, quoique très agréable, ne possède pas les mêmes richesses gustatives que les autres.

Le ***Sylvaner,*** quant à lui, s'est peu à peu substitué au Chasselas pour constituer, grâce à sa production très régulière (16,9 % de la production totale), une part prépondérante de l'encépagement du vignoble alsacien. Avec l'Edelzwicker, il connaît d'ailleurs la plus forte consommation : c'est le « vin de tous les jours et de tous les moments », comme en témoigne son alliance avec la « tarte flambée ». Ce vin agréablement fruité, dégageant une bonne fraîcheur, peut atteindre sur certains terroirs une qualité remarquable alliant à la fois robustesse, fruité et corps.

Le ***Pinot blanc*** et l'***Auxerrois*** – 20,4 % de la production – donnent naissance au vin habituellement appelé Pinot blanc. Ces deux cépages forment aussi la part la plus importante des vins de base pour l'élaboration du Crémant d'Alsace. De ce fait, leur encépagement s'est notoirement accru lors des deux dernières décennies au détriment du Chasselas. Le vin présente un fruité agréable, agrémenté d'une fraîcheur et d'un corps très plaisants.

Le ***Riesling*** – 22,7 % de la production – fait partie des variétés les plus prestigieuses et les plus renommées de ce vignoble. Le climat de l'arrière-saison, contribuant à une maturation lente et complète, lui convient parfaitement bien. Le vin exprime un équilibre parfait entre le fruité exquis d'apparence végétale ou minérale, l'acidité communiquant parfois une certaine fraîcheur, voire de la vivacité, et le corps d'une grande ampleur. Il reflète de manière remarquable les arômes provenant de la surmaturation du raisin.

Le ***Muscat*** – 2,7 % de la production – est un vin sec, délicatement musqué, de constitution parfaite lorsque l'ampleur du corps est à l'unisson de sa richesse aromatique.

Le ***Tokay-Pinot gris*** – 7 % de la production – a son histoire : certains en situent l'origine en Hongrie, d'où le nom de Tokay, mais il y a de fortes présomptions que ce cépage vienne de Bourgogne. Il présente, par rapport aux autres variétés, des caractéristiques aromatiques moins marquées. L'arôme peut être floral (quelquefois la violette), de fruit sec ou même de noisette. Au palais, ce vin développe un corps généreux, plein, avec une parfaite harmonie entre les différents constituants essentiels. Il peut devenir capiteux lorsqu'il provient d'un raisin très mûr, moelleux et gras lorsque des précautions particulières ont été prises lors de la récolte. En aucune manière ce vin ne supporte la médiocrité, et dans l'absolu, le Tokay-Pinot gris est l'un des plus grands vins d'Alsace.

Le ***Pinot noir*** constitue 7,8 % de la production. Seul vin rosé ou rouge, il constitue de ce fait l'exception du vignoble alsacien. Mais, depuis fort longtemps, il était connu à Marlenheim, Ottrott, Saint-Hippolyte, Rodern ou encore Turckheim. Cette tradition s'est perpétuée et développée. Elle a donné naissance à des vins rosés délicieusement frais et fruités et à des vins rouges à l'arôme très agréable supportant favorablement un vieillissement prolongé.

Le ***Gewurztraminer,*** qui représente 18,4 % de la production a, sans aucun doute, trouvé en Alsace son terroir de prédilection. Selon les microclimats et les terroirs, il exprime les nuances aromatiques et gustatives les plus complexes. De délicate, la finesse peut devenir dentelle. La puissance de son corps rehausse encore la subtilité de son arôme qui peut être délicieusement épicé, souvent très floral ou encore rappeler certains fruits secs surtout lorsque le raisin qui lui a donné naissance a atteint une très grande maturité. C'est un vin précieux.

L'***Edelzwicker,*** commercialisé en quantité relativement importante, est obtenu par assemblage des différents cépages. Aucune réglementation particulière ne le régit mais il est généralement recommandé de ne pas lui faire exprimer de manière trop marquée les caractéristiques organoleptiques d'une des variétés entrant dans sa composition. Le vin doit posséder une certaine personnalité qui plaira à celui qui le déguste.

Confrérie Saint-Étienne d'Alsace

Véritable joyau du Moyen Âge, Ammerschwihr fut détruit à 90 % en 1945. Courageusement, les habitants reconstruisirent leur ville, donnant la priorité aux celliers et au travail de la vigne qui était l'une de leurs premières raisons de vivre. Un habitant de vieille souche, Joseph Dreyer, décida de participer directement au renouveau et à l'essor du vin de sa ville en tirant de l'oubli une société de bourgeois, « Herrenstubengesellschaft », qui jadis veillait à la qualité des vins devant quitter la cité. Cette société dont la grande réunion annuelle se tenait le lendemain de Noël, jour de la Saint-Étienne, avait fini par être désignée sous ce nom. Il fut tout naturellement adopté par la nouvelle confrérie qui, débordant rapidement le cadre d'Ammerschwihr, représenta bientôt tout le vignoble alsacien, animant de façon éclatante la plupart des grandes réceptions officielles ou privées.

En 1957, elle créait un label de qualité sanctionnant la qualité des vins soumis à son examen, renouant ainsi avec ses origines. Cette distinction entraîne pour la confrérie des charges fort lourdes mais lui confère l'honneur de présenter à l'amateur les meilleurs et les plus typiques vins du vignoble alsacien. La confrérie a depuis 1976 son siège au château de Kientzheim, superbe demeure historique qui abrite un remarquable musée du Vin d'Alsace, ce qui en fait un centre doublement attractif.

La confrérie Saint-Étienne d'Alsace, par ses multiples activités, contribue grandement au rayonnement de l'Alsace et de ses vins.

Costume de la confrérie Saint-Étienne d'Alsace.

Vignes vers Kientzheim. Dans les vignobles septentrionaux on recourt à des tailles longues.

LES MILLÉSIMES

Comme dans tous les vignobles, l'Alsace a aussi, à côté des moins bonnes années, ses bons, voire très bons millésimes. Depuis 1945 inclus, ceux qui méritent vraiment d'être cités sont : 1947, 1949, 1953, 1959*, 1961*, 1964, 1971*, 1976*, 1983*, 1985*, 1988, 1990, 1996 (les années marquées d'un astérisque sont à considérer comme étant exceptionnelles).

Monument du Vigneron alsacien à Colmar. Œuvre de Frédéric Auguste Bartholdi, sculpteur de la célèbre statue de la liberté à New York.

La vinification et la conservation des vins

Les vins blancs, qui représentent environ 94 % de la production totale de ce vignoble, sont élaborés selon le principe de la vinification en blanc. Macération et oxydation sont évitées au maximum pendant les vendanges, l'extraction du moût étant effectuée le plus soigneusement possible. Après fermentation alcoolique, la fermentation malolactique est empêchée. La mise en bouteilles intervient à partir de six à huit mois après la récolte et est généralement terminée avant les vendanges suivantes.

La conservation des vins se fait donc pour un temps relativement court en foudre ou en cuve, mais surtout en bouteille où les vins acquièrent les arômes de maturation. Ils atteignent généralement la plénitude de leur expression après deux à cinq ans d'âge, ce qui laisse supposer des durées de garde relativement longues (cinq à dix ans en moyenne). Les très grands vins et les vins de qualité exceptionnelle supportent des durées de conservation beaucoup plus importantes. Certains maintiennent leurs caractéristiques qualitatives pendant quelques dizaines d'années, la durée du vieillissement étant fonction de la constitution initiale du millésime.

Le commerce

La surface moyenne par déclaration de récolte étant d'environ 2 hectares, cela laisse supposer que de nombreux viticulteurs n'ont pas pour occupation principale la viticulture. Cela montre également que la propriété viticole alsacienne est très morcelée et que les exploitations viticoles d'une certaine importance sont en nombre limité.

Toute la profession viticole est regroupée au sein du Comité interprofessionnel des vins d'Alsace (CIVA) au sein duquel sont représentées les différentes familles de la profession.

La commercialisation des vins d'Alsace est ainsi assurée par trois catégories de metteurs en marché, lesquels vendent en volume les pourcentages suivants :

▷ Vignerons-récoltants : 24 %
▷ Coopératives vinicoles : 38 %
▷ Négoce : 38 %

La part destinée à l'exportation représente actuellement près de 295 000 hectolitres, dont 31 000 sont fournis par les récoltants, 122 000 par les coopératives et 142 000 par le négoce.

Le vin et la société

La viticulture alsacienne, grâce aux efforts répétés et continus de ses vignerons, occupe une

Vendanges à Riquewihr. En Alsace, les vendanges sont souvent manuelles en raison de la forte déclivité des pentes.

L'AUBERGE DE L'ILL

Bien avant le vin, j'ai connu la vigne. J'allais au collège de Ribeauvillé, ce vieux château des seigneurs de Ribeaupierre, tout entouré de vignobles. C'est là qu'en jouant, j'ai découvert, en m'y frottant, la grappe, la feuille et la terre de nos coteaux. De cette époque datent aussi mes premiers souvenirs gourmands, quand le parfum du pressoir laissait présager la douceur de ce nectar qu'est le jus de raisin frais. Plus âcre mais non moins marquante, l'odeur du vin qui avait baigné les grands foudres de bois... J'étais alors petit et le seul à pouvoir y pénétrer, par une porte minuscule, pour les nettoyer à la brosse. Enfin, chaque automne, j'avais droit à cette triple friandise de chez nous : pain paysan, noix nouvelles décortiquées, et un peu de *Fatterwisse,* c'est-à-dire un vin bourru à l'aspect laiteux.

Mais curieusement, c'est un vigneron bourguignon qui m'initia à la dégustation. Il venait chaque année chasser en Alsace et avait tenu à me faire connaître les vins de Bourgogne. Un jour qu'il discutait âprement avec sa femme de la façon d'accommoder au vin le lapin frais dépouillé qu'il tenait en main, je pris conscience de l'importance du vin dans la gastronomie et de la richesse culinaire de la France profonde.

Quel fabuleux pays que le nôtre où l'on peut discuter à l'infini de la préparation d'un plat !

Après la guerre, nous avons repris, mon frère Paul et moi, l'auberge familiale. Nous nous sommes attachés à perpétuer les recettes ancestrales : friture, grenouilles, écrevisses, et surtout matelote d'anguilles au Riesling. J'avais auparavant fait des études aux Beaux-Arts, ce qui me permit de mettre mes connaissances esthétiques au service du décor et de la table. Peu à peu, notre auberge et notre carte s'étoffèrent. Mais nous avons toujours veillé à ce que le secondaire ne l'emporte pas sur le primaire, car, dans notre métier, c'est le plaisir du palais qui compte, avant celui des yeux.

Le Riesling passe pour être le roi des cépages d'Alsace et non sans raison, à mon avis, car il a le mérite d'allier le sec et le fruité. Je trouve que nul autre vin blanc ne se marie mieux avec les volailles (poulet au Riesling), les viandes blanches, les poissons de mer ou de rivière, ainsi que les crustacés. Le vieux Riesling, en particulier, se prête merveilleusement aux sauces.

Je ne dédaigne pas, pour accompagner nos charcuteries ou débuter un repas, un simple petit Pinot blanc, frais et gouleyant ; mais l'alliance la plus délicieuse à mon goût est celle du Tokay (Pinot gris) et du foie gras frais d'Alsace en terrine. Sa réussite tient à l'équilibre entre le moelleux légèrement acidulé du Tokay et la richesse des arômes du foie gras.

Il existe, bien entendu, une multitude d'autres mariages heureux entre les vins d'Alsace et les subtiles recettes de notre cuisine française. À chacun de les apprécier selon sa culture et sa sensibilité. Car le vin ne sait parler qu'aux âmes sensibles, comme le prouve cette dernière anecdote. Le vin d'Alsace a la réputation de mal vieillir. Nous avons eu la démonstration du contraire en dégustant récemment, avec plusieurs amis, des bouteilles de Riesling et de Gewurztraminer de plus de cent ans d'âge, découvertes dans une cave de Riquewihr. Avant de les ouvrir, nous craignions d'avoir affaire à de l'eau. Il n'en était rien et nous avons tous ressenti, à les boire, une émotion profonde et, pourquoi ne pas le dire, quasi religieuse, tant d'émotion que nous en avions les larmes aux yeux. Preuve, s'il en fallait, que le vin d'Alsace, même vieilli, garde encore tous ses pouvoirs.

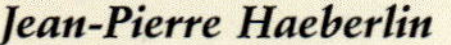

Jean-Pierre Haeberlin

Enseigne en fer forgé traditionnelle d'un marchand de vins.

Itterswiller. Ce village, situé près d'Andlau et construit à flanc de coteau, reflète l'harmonie de l'architecture et du vignoble alsacien.

La flûte est l'unique forme de bouteille autorisée pour les vins d'Alsace.

place de choix dans le vignoble français. Profondément attachés à leur région, les viticulteurs alsaciens ont su maintenir vivantes leurs traditions vinicoles. Elles se traduisent par toutes sortes de manifestations tenues dans des villages aussi renommés par leurs vins que par leurs richesses historiques et architecturales. Une route des vins, très pittoresque en toute saison, mais particulièrement chatoyante en automne, permet de découvrir l'un après l'autre ces coquets villages viticoles.

Détail d'un tonneau daté de 1751 au musée Unterlinden à Colmar, où l'on verra aussi le retable d'Issenheim.

La tradition s'inscrit également dans des musées qui mettent la viticulture à l'honneur, en particulier le musée Unterlinden de Colmar et le musée du Vin de Kientzheim. Si le premier, l'un des plus visités de France, a surtout été rendu célèbre par les peintres qui y sont exposés, comme Grunewald, auteur du fameux retable d'Issenheim, il a cependant réservé une place non négligeable à l'histoire de la viticulture alsacienne. Le second, créé très récemment, est situé dans l'enceinte du château de Kientzheim : à travers l'évolution du matériel vitivinicole au cours des derniers siècles, il retrace l'histoire du vignoble alsacien.

Le vignoble alsacien est divisé en sous-régions qui, à tour de rôle, font connaître leurs produits au public, essentiellement la production de l'année. Des foires aux vins sont ainsi organisées généralement dans les cités les plus importantes : à Ammerschwihr, fin avril ; à Molsheim, le 1er mai ; à Guebwiller, le 8 mai ; à Barr, le deuxième week-end de juillet ; à Ribeauvillé, le troisième week-end de juillet. Colmar, capitale en titre du vignoble, organise une grande foire aux vins pour tous les vins d'Alsace, au cours des dix jours précédant le 15 août.

Anjou

Voir la région page suivante.

Anjou

Le vignoble, classé AOC par le décret du 31 décembre 1957, modifié par les décrets du 4 septembre 1974 et du 3 septembre 1993, concerne les appellations d'origine contrôlée : Anjou, Anjou Gamay, Anjou pétillant, Rosé d'Anjou, Rosé d'Anjou pétillant, Saumur, Saumur-Champigny, Saumur pétillant. Il couvre quelque 8 500 hectares pour une production moyenne, lors des dix dernières années, de 120 000 hectolitres en blanc, 235 000 en rouge et 140 000 en rosé. L'aire de production s'étend sur le Maine-et-Loire, les Deux-Sèvres et la Vienne pour 198 communes.

Les vins blancs sont issus du Chenin (80 %) et de cépages accessoires, Chardonnay et Sauvignon. Les vins rouges proviennent des Cabernets franc et Sauvignon et du Pineau d'Aunis. Le Gamay est exclusivement réservé à l'appellation Anjou Gamay.

Pour les vins rosés, on trouve les Cabernets franc et Sauvignon, le Pineau d'Aunis, le Gamay, le Côt et le Grolleau.

La couleur des vins blancs est assez soutenue avec une nuance jaune paille allant vers le doré pour les vins d'un certain âge. Les arômes à caractère végétal sont bien développés. En bouche, ces vins présentent un caractère tendre à demi-sec, en équilibre avec une certaine acidité, car il n'est pas d'usage qu'ils subissent la fermentation malolactique. La persistance en bouche est bonne. Ils ont une remarquable aptitude au mûrissement en bouteille.

La robe bien caractéristique des vins rosés est appelée œil-de-perdrix. Ils sont de type tendre à demi-sec. La finesse est apportée par le cépage Grolleau, ce caractère soutenant un fruit particulier. Ils ont une très bonne persistance en bouche et une aptitude au vieillissement marquée.

L'expression des vins rouges est marquée par les Cabernets. Ce sont des vins légèrement tanniques mais pleins. Les arômes sont fruités. Il est recommandé de les consommer jeunes.

(*Voir* Anjou et Saumurois page suivante).

Anjou Coteaux-de-la-Loire

Le vignoble, classé AOC par le décret du 26 août 1946, couvre une superficie de 50 hectares, avec pour cépage le Chenin à l'exclusion de tout autre. La production sur les cinq dernières années est de l'ordre de 1 400 hectolitres. L'aire de production s'étend sur 11 communes ou parties de communes. Ces vins ont une robe assez soutenue, jaune avec un léger reflet vert. En mûrissant, ils tirent vers le doré. Le bouquet est marqué par la nature des terrains schisteux. En bouche, ils sont puissants et fermes, tout en étant souples. La persistance est bonne. Ils sont aptes à mûrir en bouteille.

Anjou Gamay

Vin produit sur l'aire d'appellation Anjou, issu du seul Gamay noir à jus blanc.

Anjou mousseux

L'aire de production de cette AOC s'étend sur l'ensemble des communes désignées pour l'appellation Anjou. Avec des cépages identiques à ceux de l'appellation Anjou pétillant, on produit environ 3 000 hectolitres ; en 1995, 3 128 hectolitres ont été déclarés en blanc et 54 en rouge ou rosé.

L'effervescence de l'Anjou mousseux est douce. Ce vin plein, vif, avec un peu de fermeté, présente une bonne aptitude au vieillissement.

Anjou pétillant

Le potentiel viticole est important mais cette appellation, classée AOC par le décret du 31 décembre 1957, est peu revendiquée. L'aire de production s'étend sur l'ensemble des communes désignées pour l'appellation Anjou.

Le vin blanc est issu du Chenin et des cépages accessoires Cabernets, Côt, Gamay, Grolleau et Pineau d'Aunis. Le rosé est élaboré à partir des Cabernets, du Côt, du Gamay, du Grolleau et du Pineau d'Aunis. L'Anjou pétillant revêt une robe assez soutenue, jaune paille pour les blancs, rose pâle pour les rosés. Ces vins sont assez pleins, la mousse y est discrète.

Anjou rouge

L'évolution du marché des vins rouges a consolidé l'implantation de cette appellation. La production est relativement constante depuis 1986 ; ses volumes se situent, d'une année à l'autre, entre 90 000 hectolitres (en 1987) et 118 000 hectolitres (en 1990). À noter l'influence des gelées, comme celles de 1991 et de 1994, qui réduisent les récoltes de manière considérable.

Anjou-Villages

AOC par décret du 14 novembre 1991 portant sur 53 communes du département du Maine-et-Loire et 3 du département des Deux-Sèvres. Il s'agit de vins rouges issus des cépages Cabernet franc et Cabernet-Sauvignon. Ils peuvent être embouteillés dans une bouteille gravée « Anjou-Villages ». Le potentiel de production est de l'ordre de 15 000 hectolitres sur une superficie de 400 hectares.

Anjou et Saumurois

Ce vignoble est le reflet d'un carrefour de différentes régions naturelles formées par le Massif armoricain, le Massif vendéen, le Poitou, la Touraine et la bordure du Bassin parisien. Ceci explique qu'on y trouve des natures de sols si différentes et, par conséquent, des vins aux styles nuancés et, parfois, si les conditions climatiques s'y prêtent, d'une durée de vie exceptionnelle.

■ Plus les régions ont un passé viticole ancien, plus il est difficile d'en situer réellement l'origine. Des dizaines de faits témoignent toutefois d'un passé viticole important en Anjou et Saumurois : l'évangélisation de la région au IVe siècle par saint Martin ; la fondation d'un couvent de moniales, au IXe siècle, auquel Guy de Fougereuse accorde le droit de mesures de vigne ; le don d'Alain III, roi de Bretagne, à l'évêque d'Angers au Xe siècle, de l'abbaye de Saint-Serge avec ses vignes…

Mais c'est au XIIIe siècle que les vins d'Anjou commencèrent à être renommés. Les Plantagenêt, les expédièrent alors vers l'Angleterre. Pendant deux siècles, les meilleurs vins, ceux qui pouvaient supporter le voyage, furent chargés à Chalonnes, à Rochefort ou au Pont-de-Cé. Les autres étaient expédiés à Paris, les plus fragiles demeurant au pays. Depuis, la situation a changé et les vins ont acquis une réelle et solide notoriété sur l'ensemble du marché français.

À Montsoreau, dans le val d'Anjou, les vignobles de Saumur-Champigny bénéficient de la douce influence de la Loire.

Le vignoble et les sols

Les vignes se présentent sous forme d'une croix dont la ville d'Angers occuperait le centre. En effet, d'est en ouest, la Loire sépare le vignoble en deux parties coupées verticalement par une ligne qui passe légèrement à l'est d'Angers. Les vignobles situés à l'ouest de cette ligne reposent sur des sols primaires, alors que ceux de l'est s'étendent sur des terrains secondaires et tertiaires. Dans le quart nord-ouest, les vignes sur schiste silurien ont donné naissance aux vignobles situés autour de Bouchemaine, d'Épiré, de Savennières, de la Possonière, de Saint-Georges-Châtelaison et d'Ingrandes. Dans le quart nord-est, sur des sols appartenant au cénomanien et au turonien, l'appellation Anjou se trouve surtout regroupée autour de Trélazé, Fontaine-Milon, Pellouailles et Montreuil-sur-Loir.

Dans le quart sud-ouest, on rencontre des roches dures, siliceuses et schisteuses. C'est ici que s'épanouit le Layon dont le vignoble s'est développé sur des sols d'alluvions à Nueil et aux Verchers-sur-Layon. La zone de Concourson et Saint-Georges-Châtelaison s'exprime sur un massif carbonifère. À Martigné-Briand, les terrains appartiennent au cénomanien, alors qu'un peu plus loin le Perray est sur calcaire jurassique. Puis le schiste silurien modèlera non seulement le paysage mais les vins, à Chavagnes, avant d'atteindre les crus prestigieux de Bonnezeaux et de Quarts-de-Chaume ainsi que deux de Faye, Beaulieu, Pierre-Bise, Saint-Aubin-de-Luigné et Rochefort. Légèrement au-dessus, le long de l'Aubance, on trouve un vignoble renommé qui, dans les zones de Soulaines Maze-Murs, est sur schiste.

Le quart sud-est est influencé par la vallée du Thouet où l'on découvre des vins plus tendres, issus de vignes poussant sur des sols calcaires d'origines diverses.

Les cépages

Le cépage roi pour la production des vins blancs est le Chenin et sa supériorité sur les autres cépages n'a jamais cessé de s'affirmer. Il s'agit, en fait, plus d'une famille que d'une variété, tant sont nombreuses ses différentes expressions : Gros Pinot dans les coteaux de la Loire, Plant de Brezé dans les Deux-Sèvres, Petit Verdet ou Arbois en Touraine... Le Grolleau est le principal cépage des vins rosés d'Anjou. Quant aux vins rouges, ils sont à base de Cabernet franc auquel on associe souvent du Cabernet-Sauvignon.

Le climat

Le climat d'Anjou, caractérisé par sa douceur, connaît des hivers sans brutalité, des étés assez chauds et un automne dont la clémence est déterminante. Celle-ci favorise en effet le développement de la pourriture noble du raisin, en particulier sur les terrains schisteux qui se refroidissent peu pendant la nuit, créant ainsi un microclimat favorable au développement de ce champignon. De plus, les nombreux petits cours d'eau ont un effet bénéfique ; ils drainent parfaitement cette région située à la limite septentrionale de la culture de la vigne. L'Anjou, grâce à un microclimat influencé par la Loire et ses affluents, produit de grands vins. Enfin, les nombreux coteaux exposés au sud constituent un facteur positif.

Les vins de Saumur

Les vins blancs issus d'un cépage unique, le Chenin, sont secs ou légèrement tendres, assez vifs, avec un corps souple et des arômes francs à dominante végétale.

Les vins rouges sont produits principalement à partir du Cabernet franc auquel peut être adjoint le Cabernet-Sauvignon, et même le Pineau d'Aunis. Ce sont des vins coulants et fermes à la fois. Leur astringence est bien « développée ». Les arômes sont de nature fruitée.

Les vins mousseux blancs sont principalement issus du Chenin blanc et, dans la limite de 20 %, du Chardonnay et du Sauvignon ; les cépages accessoires, Cabernet franc, Cabernet-Sauvignon, Côt, Gamay, Grolleau, Pineau d'Aunis et Pinot noir, intervenant dans la limite de 60 %. Ils sont élégants, principalement lorsque le cépage Grolleau est présent. Ils peuvent être présentés en demi-sec ou encore être élaborés en pétillant.

Saumur-Champigny

Ce vin rouge est préparé à partir du Cabernet franc complété par du Cabernet-Sauvignon. Les Saumur-Champigny sont vifs et légers. Les tanins, sans agressivité, sont repris par le corps du vin. Les arômes sont très fruités. Consommés jeunes, ces vins sont fringants. Ils ont également, quand ils sont d'« origine noble », une bonne aptitude au mûrissement en bouteille.

Coteaux-de-Saumur

Ce vin blanc sec ou tendre de production confidentielle est issu du Chenin.

Verre et bouteille d'Anjou

L'Anjou voulait boire le vin dans son verre. C'est en 1914 que le concours pour le choix d'un verre fut lancé. Les événements retardèrent la réalisation de ce projet. Le verre ne fut présenté au jury qu'en 1920. On le voulait élégant, d'une capacité de 12 centilitres, pas trop fragile et facile à nettoyer. Trois cents projets furent présentés avant que l'on ne retienne celui d'un viticulteur de Rochefort-sur-Loire.

L'Anjou avait son verre, il voulut sa bouteille. La Verrerie royale d'Ingrandes-sur-Loire, déjà fort importante en 1755, créa une bouteille très colorée, aux formes solides et au col élégant et élancé.

Les vins d'Anjou

Les vins rouges sont issus du Cabernet franc, du Sauvignon et du Pineau d'Aunis. Ils sont assez charnus, avec une robe soutenue, tout en étant tanniques et tendres, avec des arômes primaires fruités.

Les vins rosés, produits avec le Grolleau, le Cabernet franc et le Cabernet-Sauvignon, le Pineau d'Aunis, le Côt et le Gamay, sont demi-secs, moelleux et très coulants.

Les vins blancs proviennent du Chenin avec, comme cépages accessoires dans la limite de 20 %, le Sauvignon et le Chardonnay. En général tendres à demi-secs, ces vins sont assez vifs et pleins, et peuvent très bien évoluer en bouteille grâce au Chenin dont l'aptitude au vieillissement est importante.

Anjou Coteaux-de-la-Loire

Avec un cépage unique, le Pineau blanc (Chenin) de la Loire, on produit une faible quantité d'un vin sec à demi-sec, selon les années.

Cabernet d'Anjou

Ce vin rosé et tendre provient du Cabernet franc et du Cabernet-Sauvignon. Il a une bonne aptitude au mûrissement en bouteille.

Savennières

Élaboré à partir du Chenin, ce vin blanc est surtout connu pour son style sec, voire tendre. Il a beaucoup de race avec des arômes « minéraux » particuliers.

Coteaux-du-Layon

Ce vin blanc provient uniquement du Chenin. Demi-sec à moelleux, rarement sec, son style est aimable, tendre et vif à la fois. L'arôme est persistant en bouche.

Tendance de production par appellation	Blanc	Rouge	Rosé	Effervescent
Anjou	60 000	100 000	120 000	4 000
Anjou Gamay		20 000		
Anjou Coteaux-de-la-Loire	1 200			
Anjou-Villages		20 000		
Savennières	3 000			
Coteaux-du-Layon	37 000			
Coteaux-du-Layon + nom de commune	9 000			
Bonnezeaux	2 000			
Quarts-de-Chaume	700			
Coteaux-de-l'Aubance	3 000			
Coteaux-de-Saumur	350			
Saumur	26 000	37 000		100 000 (en rosé 4 000)
Cabernet d'Anjou			115 000	
Cabernet de Saumur			2 600	
Rosé de Loire			40 000	
Saumur-Champigny		70 000		
Crémant de Loire				20 000 (en rosé 1 000)
Vins du Thouarsais	400	500		
Total	**142 650**	**247 500**	**277 600**	**124 000**

Le moulin de Brissac, dans le vignoble de l'Aubance, où l'on produit des vins blancs demi-secs pleins d'élégance, à partir du Chenin.

Quarts-de-Chaume

Issu d'un cépage unique, le Chenin, ce vin blanc est racé. C'est la grande expression de l'Anjou en style demi-sec à moelleux.

Bonnezeaux

Ce vin blanc plein provenant du Chenin est demi-sec à moelleux, il peut devenir liquoreux en année très ensoleillée. Sa durée de vie en bouteille est excellente.

Coteaux-de-l'Aubance

Ce vin blanc sec à demi-sec provenant du Chenin est élégant et frais avec des arômes pleins de finesse, aux touches de verveine lorsqu'il arrive à maturité.

Crémant de Loire

C'est un vin mousseux blanc à encépagement mixte qui peut comprendre le Chenin, le Cabernet franc et le Sauvignon, le Pineau d'Aunis, le Pinot noir, le Chardonnay, le Menu Pineau, avec comme cépages accessoires les Grolleaux noir et gris. Le style de ce vin mousseux doit être vif, ferme et tendre à la fois.

Le Rosé de Loire

Vin rosé sec provenant d'un encépagement multiple : 30 % de Cabernet franc et de Cabernet-Sauvignon, Gamay, Grolleau, Pineau d'Aunis et Pinot noir. Son style est sec et vif avec une robe légère.

Vins du Thouarsais

Le vignoble de cette AOVDQS est confidentiel par son volume de production. En rouge, avec un encépagement en Cabernets franc et Sauvignon et Gamay, il donne un vin coulant assez fin. Le rosé est sec et tendre. En blanc, avec un encépagement en Chenin et Chardonnay (max. 20 %), le vin est sec à demi-sec et présente de la distinction et de la légèreté.

Les vinifications

La vinification en blanc suit le processus classique : récolte du raisin à maturité, voire surmaturité, pour les régions à vins moelleux. Pour ces derniers, la récolte mécanique est exclue. Après l'obtention des moûts, les vins sont mis à fermenter en barriques dans des celliers. Pour les vins plus simples d'expression, la fermentation se fait en cuves. Aujourd'hui, l'acier inoxydable tend à remplacer la cuverie en ciment.

Les vins subissent habituellement trois soutirages pour éliminer les lies. À chacun de ceux-ci, on vérifiera l'apport d'anhydride sulfureux afin de protéger des risques de refermentation les vins ayant des restes de sucre. Le vin est collé à la colle à la gélatine après tanisage, puis mis en bouteilles en mars afin de lui éviter des séjours en cuves ou en fûts toujours préjudiciables.

La vinification en rosé

La particularité des rosés en Anjou est qu'ils sont obtenus par pressurage direct des raisins rouges. Il s'agit en fait, d'une vinification en blanc. Les stades de maturité du raisin étant variables d'une année à l'autre, on peut favoriser pendant quelques heures la macération du raisin avant son pressurage. Ceci permet de se rapprocher de la robe propre aux rosés de cette région. Ils seront, comme les blancs, mis en bouteilles au printemps.

La vinification en rouge

Les cépages étant tanniques et la rafle n'atteignant pas toujours son stade de pleine maturité, la vendange est éraflée. La cuvaison se fait donc à partir du grain de raisin plus ou moins foulé selon les pratiques de cueillette, de transport et de transfert de la vendange.

Aujourd'hui, les températures de fermentation au cours de la cuvaison sont parfaitement suivies et bien contrôlées. La durée des cuvaisons est voisine de dix à quinze jours selon les types de vins et les caractéristiques des années. Après les soins habituels, les vins de crus sont élevés sous bois pendant un an environ.

Les vins d'Anjou mûrissent en bouteille. Si, pour les vins d'expression simple, la durée de vie en bouteille est de l'ordre de quelques années, pour les vins de crus des millésimes très ensoleillés, celle-ci peut facilement dépasser le demi-siècle. Ce sont donc des vins dont le style se précise et s'affine tranquillement avec le temps.

L'élaboration des vins mousseux

Tous les vins mousseux revendiquant une appellation d'origine contrôlée sont obtenus par une seconde fermentation en bouteille. Le point important est la durée de la seconde fermentation, c'est-à-dire le temps de contact entre les lies et le vin. La méthode impose 9 mois entre le tirage et le dégorgement. Mais, dans bien des cas, cette durée minimale est dépassée, ce qui permet d'obtenir des vins plus complets.

Les vins peuvent être présentés en brut ; ils contiennent au maximum 15 grammes de sucre par litre. En sec, la quantité de sucre peut aller jusqu'à 30 grammes.

Les structures économiques

C'est la région la plus importante des pays de la Loire. Elle produit annuellement en moyenne 810 000 hectolitres.

L'économie viticole se partagerait de la façon suivante : 83 % de la production sont assurés par la propriété individuelle et 17 % par les coopératives. La vente directe au consommateur est de 33 %. Le secteur du négoce-éleveur est donc demeuré très dynamique.

La production et la commercialisation des vins « mousseux » appartiennent à 72 % au négoce-éleveur et transformateur, qui joue un rôle prépondérant pour l'économie de ce vin.

Les chiffres de l'exportation oscillent autour de 30 % de la production.

Confrérie des Chevaliers du Sacavin

Si le nom de « sacavin » est de Rabelais, comme leur serment,

« Quand mon verre sera plein,
je le videray
Et quand il sera vide,
je le plaindray... »,

la confrérie des Chevaliers du Sacavin ne fut fondée qu'en 1947, non sans avoir tiré de sa léthargie une joyeuse et angevine assemblée de Dévôts œnophiles, créée en 1904, et dispersée lors de la Première Guerre mondiale.

Aujourd'hui, en liaison avec tous les organismes professionnels, la confrérie des Chevaliers du Sacavin s'est donné pour mission d'informer les amateurs de tous les plaisirs et avantages qu'ils tireront de la dégustation attentive des merveilleux vins d'Anjou dont la gamme est très étendue. Elle tient de sémillants chapitres dans les magnifiques caves construites au XIIe siècle par Henri II Plantagenêt, roi d'Angleterre et comte d'Anjou.

Actuellement, le vignoble angevin comprend plus de 35 000 hectares pour une production totale atteignant presque le million d'hectolitres. Les vignerons se sont orientés depuis quelques décennies vers une production de qualité, en particulier concernant des vins rouges et blancs secs, mieux adaptés à l'évolution du goût de la clientèle. Si heureusement il existe toujours des connaisseurs appréciant les grands vins doux et liquoreux des Coteaux-du-Layon, des Quarts-de-Chaume et de Bonnezeaux, le choix de l'amateur moyen se porte davantage sur les vins secs, frais et à consommer jeunes. C'est un des rôles que s'est assigné la confrérie que de faire mieux connaître les vins d'Anjou contemporains aux amateurs, comme de leur faire découvrir les grands vins de la tradition angevine.

Feuille d'Aramon, le cépage le plus fertile du monde.

Rameau d'Aramon.

Grappe d'Aramon.

Aramon

Synonymes : *Plant riche, Rabalaïré, Réballaïré, Révalaïré* dans l'Hérault, *Pisse-Vin* à Hyères, *Gros Bouteillant* à Draguignan, *Ugni noir,* en Provence.

Bourgeonnement aplati, duveteux blanc. Jeunes feuilles aranéeuses, bullées, jaunâtres sur les bosselures.

Feuilles grandes, cunéiformes, minces, vert jaunâtre, faiblement trilobées, parfois quinquelobées sur les feuilles de la base des rameaux ; sinus pétiolaire en V ; dents anguleuses, étroites en deux séries inégales ; dessous du limbe glabre ou pubescent selon les clones.

Rameaux faiblement côtelés, aranéeux au sommet, verts et légèrement striés de rouge brun du côté exposé au soleil. Port étalé en gobelet avec les rameaux recourbés vers le haut au contact du sol.

Grappes très grandes, volumineuses, tronconiques, avec le pédoncule restant herbacé jusqu'à la maturité, munies souvent d'un aileron bien développé et pesant en moyenne 400 à 600 g, certaines grappes pouvant dépasser 1 kg. Baies grosses 15 à 20 mm et parfois davantage, sphériques, noir bleuté ; pellicule très mince, éclatant facilement ; chair très juteuse donnant un jus incolore et très abondant ; maturité : 3e époque.

L'Aramon débourre de bonne heure, ce qui le rend très sensible aux gelées de printemps. Il faut toujours le conduire à taille courte, car étant très fertile et très productif, jusqu'à 8 kg par cep, il s'épuise rapidement à la taille longue. Planté dans les coteaux, sa production oscille entre 60 et 80 hl/ha, fournissant des vins titrant 10 à 12 % Vol., peu colorés, agréables à consommer. Mais c'est en plaine que l'Aramon donne toutes ses possibilités avec des récoltes de 120 hl/ha à plus de 250 hl/ha, titrant de 7 à 9 % Vol. Les rendements en jus sont très bons : de 115 à 120 kg pour un hectolitre de vin.

L'Aramon doit être greffé sur des porte-greffes vigoureux. Il est très sensible au mildiou, à l'excoriose, à la pourriture grise, aux vers de la grappe et aux araignées jaunes ; en revanche il est assez résistant à l'oïdium. C'est probablement le cépage le plus fertile du monde. Pendant trois ou quatre générations, il a été à la base de la viticulture dans des plaines du Languedoc avec l'association Aramon-hybrides Bouschet. Classé seulement en cépage autorisé, son importance a beaucoup diminué depuis 1958.

Il occupe actuellement 25 000 hectares, en 10e position. En matériel certifié, 6 clones ont été agréés : les nos 204 et 266 (les plus intéressants), 323, 324, 325 et 401.

Ce cépage essentiellement méridional est principalement cultivé en Languedoc (Hérault, Gard, Aude, Ardèche) sur près de 24 000 hectares et un peu en Provence, 500 hectares (Var, Bouches-du-Rhône et Vaucluse).

L'Aramon gris est cultivé sur près de 50 hectares dans le Languedoc, et ses grappes sont mélangées avec d'autres raisins blancs pour l'obtention de vins blancs.

L'Aramon blanc est peu répandu et joue le même rôle que l'Aramon gris.

Arbane

Synonymes : *Arbanne, Arbone, Albane* dans l'Aube et la Haute-Marne, *Arbenne* aux Riceys et dans le Tonnerrois, *Crène* à Polisot (Aube) et *Crénillat* dans la vallée du Gier (Loire).

Grappes petites, coniques, moyennement compactes ; baies petites, sphériques, très sucrées ; maturité : 2e époque.

C'est un cépage aubois, cultivé depuis longtemps aux environs de Bar-sur-Aube sur les meilleures expositions à cause de sa maturité tardive dans cette région et de son débourrement hâtif, qui l'expose beaucoup aux gelées printanières. C'est un petit producteur, à conduire à taille longue, peu cultivé aujourd'hui à cause de sa sensibilité au mildiou et à l'oïdium.

Ses vins sont secs, nerveux, très bouquetés et alcooliques les bonnes années. Classé recommandé dans l'Aube et la Marne, il fait partie de l'encépagement de la Champagne, mais il n'occupe que 2 hectares dans le vignoble de l'Aube.

Arbois

Synonymes : *Herbois* à Jullien, *Orbois, Orboué, Orboé* (en patois), *Menu Pineau* (par opposition au Gros Pineau ou Chenin), *Menu Pineau de Vouvray, Petit Pineau* en Loir-et-Cher, *Verdet* ou *Pinot Verdet.*

Bourgeonnement épanoui et aplati, cotonneux blanc à liseré carminé. Jeunes feuilles duveteuses, vert jaunâtre ; le dessous du limbe est cotonneux.

Feuilles petites, orbiculaires, vert bleuté, épaisses, très bullées, entières ; sinus pétiolaire en lyre plus ou moins fermée et parfois à base dégarnie ; point pétiolaire rosé ; dents ogivales, moyennes ; dessous du limbe duveteux en pelote.

Rameaux côtelés, brun rouge à nœuds rosés ; vrilles fines, petites.

Grappes petites, tronconiques, boudinées ; grains blanc doré, ovoïdes, petits, juteux ; maturité : 2e époque.

Très vigoureux, il était planté autrefois dans l'Orléanais et la vallée du Cher (mais cependant inconnu en Arbois) à raison d'un quart de l'encépagement blanc, comme un élément de souplesse. Son vin est en effet plus mou et plus tendre que celui du Chenin. Les rendements sont compris entre 40 et 80 hectolitres à l'hectare. En matériel certifié, 3 clones ont été agréés : les n°s 205, 206 et 504.

Classé recommandé dans la vallée de la Loire, où il fait partie de l'encépagement AOC de Vouvray, de Cheverny, du Crémant de Loire et de l'AOVDQS Valençay, l'Arbois occupe la 56e place dans l'encépagement français avec 650 hectares dont 600 hectares dans le Loir-et-Cher et le reste dans l'Indre et la Vienne.

L'Arbois rose, trouvé à Oisly (Loir-et-Cher) n'est pas cultivé et se différencie uniquement par ses grains roses.

Arbois et Arbois Pupillin

L'ensemble de ces appellations ratifiées respectivement par les décrets du 15 mai 1936 et du 12 juin 1970 forme une vaste zone qui couvre près de la moitié du vignoble jurassien, soit plus de 800 hectares. La production globale avoisine en moyenne les 40 000 hectolitres, moitié en blanc, moitié en rouge et rosé, avec un rendement à l'hectare de 32 hectolitres. On y produit principalement des vins rouges et rosés, issus du Trousseau dont c'est la terre de prédilection, et du Poulsard. On y trouvera également les autres produits jurassiens.

Le Trousseau se plaît sur les terres marneuses et donne un vin de belle robe, avec beaucoup de corps et de bonne garde. Parfois un peu dur pendant sa jeunesse, il s'assagit en vieillissant et la beauté de sa robe s'accroît.

Le Poulsard s'épanouit sur des terres grasses et bien exposées. Il offre un vin rouge délicat alcoolique et d'une belle robe qui prendra une élégante teinte pelure d'oignon en vieillissant, présentant à son apogée un bouquet d'une extrême finesse.

C'est à Arbois que fut créée en 1906 la première coopérative du Jura. Cette « Fruitière vinicole », comme les cinq autres du Jura, fournit essentiellement une clientèle de particuliers.

On trouve en cépages blancs : Savagnin, Chardonnay (appelé localement Melon d'Arbois) et Pinot blanc.

Les vins peuvent bénéficier de la dénomination « vin de paille ». Les raisins doivent avoir une richesse en sucre supérieure à 306 grammes ; le vin fait doit titrer à 14,5 % Vol. et avoir un titre alcoométrique total de 18 % Vol. au minimum.

Arbois mousseux

Pour avoir droit à l'appellation contrôlée Arbois mousseux, les vins doivent provenir de raisins récoltés à bonne maturité et présenter un titre alcoométrique naturel minimum de 10 % Vol. Les vins mousseux devront avoir été exclusivement préparés par la méthode de la seconde fermentation en bouteille, à l'intérieur du département du Jura.

Ardonnet

Synonymes : *Ardounet* (arrondi en Béarnais), *Ardonnenc* en Pyrénées-Atlantiques, *Acheria moyeta,* au Pays Basque.

Grappes petites, très serrées ; baies petites, sphériques, noir bleuté ; maturité : 2e époque tardive.

C'est un cépage du Jurançonnais, non classé. Il donnait des vins peu colorés.

Argant

Synonymes : *Margillien, Gros Margillien* à Arbois, *Rouillot* à Poligny.

Feuilles grandes, tronquées, épaisses, vert foncé, à bords involutés, 5-lobées à sinus latéraux à fonds aigus, sinus pétiolaire en V étroit ; grandes dents anguleuses, très étroites ; dessous du limbe pratiquement glabre.

Rameaux côtelés à stries longitudinales brun rouge et nœuds légèrement rosés ; grandes vrilles, charnues.

Grappes moyennes, tronconiques, compactes ; baies sphériques, petites, noires, à pulpe molle, peu juteuse ; maturité : 2e époque tardive.

C'est un vieux cépage du Jura, cultivé surtout dans la région de Poligny et un peu dans le Doubs, mais qui va disparaître, n'ayant pas été classé. Comme il est très vigoureux, il doit être taillé long, avec 3 ou 4 courgées de 40 cm ; les rendements atteignent aisément 100 hectolitres à l'hectare. Son vin est très coloré, rouge sang de bœuf, corsé, mais de qualité médiocre. Sa relative résistance au mildiou lui avait donné une certaine vogue vers 1885.

Arinarnoa

Métis de Merlot rouge × Petit Verdot, obtenu à l'INRA de Bordeaux en 1956.

Grappes grandes, demi-compactes à long pédoncule ; baies sphériques, noires, moyennes ; maturité : 2e époque tardive, vigueur moyenne.

Ce cépage possède un débourrement tardif, comparable à celui du Cabernet-Sauvignon. Sa production est bonne, régulière. Le vin est alcoolique, avec une forte intensité colorante, fruité et fin, parfois à goût herbacé. Sa résistance à la pourriture est bonne. Classé autorisé en 1980 avec un clone agréé : le n° 723.

Actuellement, il y aurait 8 hectares d'Arinarnoa en plantation.

Armagnac

Voir page suivante.

ARMAGNAC

L'eau-de-vie l'« Aygue ardent » est produite en Gascogne depuis le début du XVe siècle ! Des siècles d'expérience, le respect des traditions, une connaissance approfondie du terroir et des cépages les plus propices se reflètent dans la diversité des Armagnacs que nous offrent aujourd'hui les viticulteurs gascons.

■ Au sud-ouest de la France, face aux Pyrénées, à mi-chemin entre Bordeaux et Toulouse, l'Armagnac occupe une région traversée par des vallées qui descendent en éventail des Pyrénées.

Deux de ces vallées ont amorcé la richesse de l'Armagnac, en lui ouvrant l'accès à la mer : celle de la Baïse, au nord, permettant l'acheminement des eaux-de-vie vers Bordeaux, et celle de la Midouze, au sud, menant vers Bayonne.

Vers la fin du VIe siècle, les Gascons envahissent le pays. Ce sont, semble-t-il, ces montagnards qui donnent leur nom à la contrée qui devint en 670 le premier duché de Gascogne. Les premiers comtes d'Armagnac entrent dans l'histoire au Xe siècle.

Quant au nom d'Armagnac, il viendrait de l'époque gallo-romaine. Un certain Arminius, qui possédait un domaine, vit son nom transformé par le langage local en Armagnac.

Des fouilles effectuées sur le site d'une villa gallo-romaine ont d'ailleurs permis de découvrir des mosaïques représentant des grappes de raisin qui attestent la présence de la vigne dans cette région depuis l'Antiquité.

Manoir au cœur du vignoble d'Armagnac, aux environs de Condom, dans le département du Gers.

L'histoire de l'eau-de-vie d'Armagnac

Le premier texte connu décrivant la distillation apparaît dans les écrits du Persan Rhazès (865-928), mais l'alambic continu « armagnacais » n'apparaît qu'à la fin du XIXe siècle.

De nombreux textes lui succèdent, évoquant les premiers alcools, qui sont des parfums dans le monde arabe et des médecines en Occident.

C'est au XIIIe siècle que l'on aura, par Gérard Crémone (1114-1187), une traduction latine des travaux des savants arabes et orientaux sur la distillation, ce qui permettra d'en assurer la diffusion dans le monde occidental.

Arnaud de Villeneuve avait décrit la distillation vers 1300 : « Reçois le vin nègre ou blanc, clair et odoriférant, et distille toute l'eau ardente sur un feu très doux et rectifie jusqu'à ce qu'elle soit sans aucune phlegme. » C'est sous le nom d'eau ardente, « Aygue ardent », que cette eau-de-vie apparaît en 1461 sur le marché de Saint-Sever, dans les Landes.

En 1411, toutefois, les registres d'un notaire de Toulouse désignaient déjà un certain Antoine comme *ayga ardenterius,* c'est-à-dire distillateur. En 1730, l'eau-de-vie est un produit dont on fait commerce avec ses bonnes et ses mauvaises années. Certaines sont si tristes que l'on est obligé de mettre cette eau-de-vie en réserve... dans des fûts de bois. L'on découvre alors que la rondeur et la couleur de l'eau-de-vie apparaissent avec cette mise sous bois et que les qualités qu'apporte le vieillissement sont bonnes à l'œil, au nez et en bouche.

Les XVIIe et XVIIIe siècles voient s'étendre le commerce de l'Armagnac au gré des courants politiques et des occupations, soit par Bayonne, soit vers Bordeaux.

Le phylloxéra détruit autour de 1870 le vignoble gersois. Mais, petit à petit, la vigne s'est réinstallée en Armagnac. Toutefois, l'eau-de-vie n'a pas profité du considérable développement des échanges de la fin du XIXe siècle et du début du XXe siècle. La région était trop éloignée, trop peu peuplée et les ressources industrielles trop locales.

Elle s'est cependant organisée et un décret du 25 mai 1909 délimitait l'aire de production des eaux-de-vie d'Armagnac. Le décret du 6 août 1936 définissait les appellations contrôlées Armagnac, Bas-Armagnac, Haut-Armagnac et Ténarèze.

Le vignoble de l'Armagnac

Située au nord des Pyrénées entre l'Adour et la Garonne, l'aire de production englobe une grande partie du département du Gers ainsi que quelques cantons des Landes à l'ouest, et du Lot-et-Garonne au nord. Le vignoble est divisé en trois régions.

Le bas Armagnac

À l'ouest de la zone de production, le bas Armagnac est une région très vallonnée. C'est elle qui donne les eaux-de-vie les plus réputées et les plus fines sur 7 500 hectares de vignes destinées à la distillation.

L'Armagnac Ténarèze

Cette région constitue une bande étroite au centre de l'aire d'appellation. Les collines y sont plus accusées que dans la zone précédente. Le vignoble couvre 5 500 hectares.

Le haut Armagnac

Cette partie du vignoble est située au sud et à l'est des précédentes zones. Le relief est encore plus accentué. Cependant, les vignes destinées à l'Armagnac y ont peu à peu régressé pour devenir presque inexistantes.

Le découpage de l'Armagnac en trois zones se justifie par des caractéristiques géologiques très particulières.

Le terroir

L'ensemble des sous-sols de la région est le résultat de dépôts marins, lacustres et fluviatiles qui se sont effectués à la fin de l'oligocène et pendant tout le miocène, à la faveur de nombreuses transgressions marines. Cependant, une dernière avancée de la mer a laissé un dépôt de sables fauves sur les Landes et la partie ouest du Gers, dans la région du bas Armagnac.

Les sols supportant les vignes sont caractéristiques de chaque région.

Dans le bas Armagnac, la plupart des coteaux sont couverts de sables fins, quartzeux, mélangés d'éléments ferrugineux qui les colorent, d'où leur nom de sables fauves. Ces terrains sablo-limoneux relativement pauvres en acides conviennent bien à la culture de la vigne.

En Ténarèze, les sols argilo-calcaires sont issus de la décomposition chimique et mécanique des dépôts du miocène : ce sont les terreforts et peyrusquets. Ces dépôts superficiels, peu épais, sont également aptes à la culture de la vigne.

Dans le haut Armagnac, les sols très calcaires associés à une bonne exposition favorisent davantage la culture des céréales.

Le climat

Le climat est à dominante océanique : les températures sont moyennes, et l'humidité assez importante. Ces caractéristiques, associées à un ensoleillement modéré, sont responsables de la production d'un vin blanc de faible degré alcoolique souvent inférieur à 10 % Vol., idéal pour la qualité de l'eau-de-vie.

La taille en sylvos, de plus en plus répandue en Ténarèze, facilite la cueillette aussi bien manuelle que mécanique.

Les cépages

Une dizaine de cépages sont autorisés pour l'élaboration de l'Armagnac. Cependant, aujourd'hui, deux cépages dominent : l'Ugni blanc à 60 % et le Baco à 30 %. La Folle blanche ou Picpoul est le cépage historique de l'Armagnac, mais sa grande sensibilité à la pourriture grise a contribué à sa très forte régression. Il ne représente plus aujourd'hui que 2 % de l'encépagement. Le Colombard est relativement développé dans le Gers, mais la quasi-totalité de sa production est destinée à l'élaboration de vins de table.

Ces différents cépages ne connaissent pas une implantation homogène sur l'ensemble du vignoble. Ainsi l'Ugni blanc constitue environ 80 % de l'encépagement de la Ténarèze, alors que l'encépagement du bas Armagnac, qui était dominé par le Baco, voit ce dernier diminuer (il doit disparaître totalement en 2010).

Grappes de raisin à maturité, prêtes à être vendangées.

Les caractéristiques des eaux-de-vie

En Armagnac, c'est essentiellement le terroir qui imprime sa marque sur la typicité de chaque eau-de-vie produite.

Les sables fauves du bas Armagnac permettent d'élaborer des eaux-de-vie fruitées, légères et très délicates.

En Ténarèze, la vigne pousse sur des sols argilo-calcaires ; ses eaux-de-vie sont plus riches, plus corsées, aptes à un vieillissement plus prolongé.

Chaque eau-de-vie a ses caractéristiques particulières mais c'est souvent l'assemblage des deux qui donne les eaux-de-vie commerciales les plus appréciées.

La distillation

Cette opération est mise en œuvre le plus rapidement possible après la récolte et doit être totalement achevée le 31 mars de chaque année.

La distillation s'effectue essentiellement au moyen de l'alambic armagnacais, qui est à coulée continue. Il remplace petit à petit l'alambic à double chauffe que l'on continue à utiliser dans la région de Cognac. Quelques alambics à repasse, réintroduits en 1972 dans la région, produisent entre 10 et 15 % de l'Armagnac.

Dès sa sortie de l'alambic, l'Armagnac est mis à vieillir dans des fûts de chêne façonnés à la main.

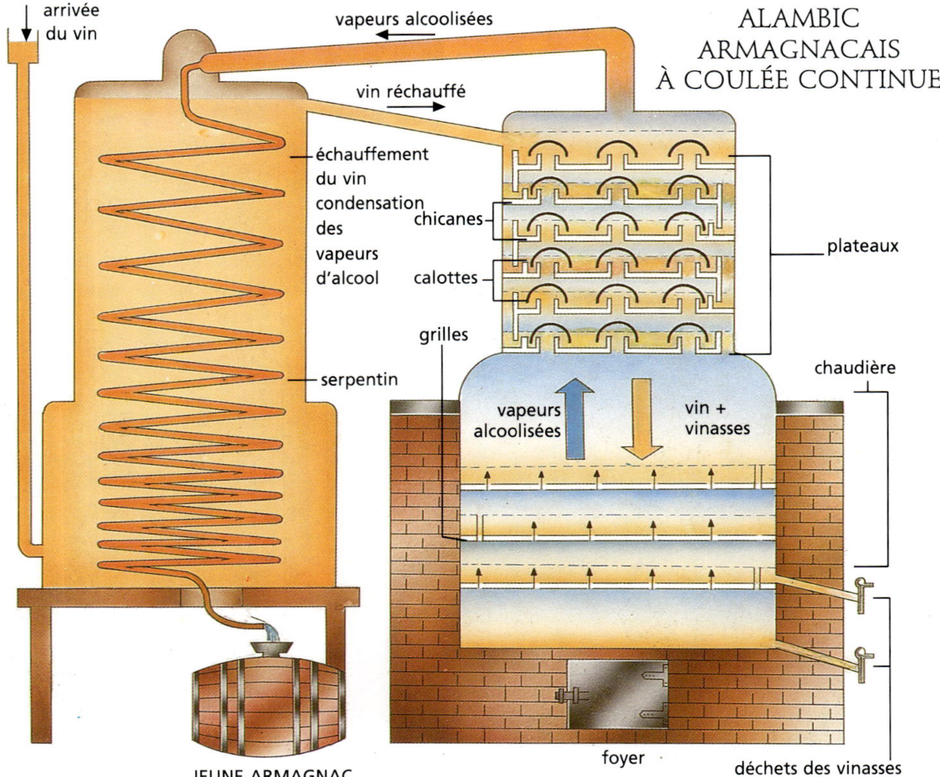

L'alambic amargnacais est en cuivre pur, martelé et laminé. Il s'agit d'un appareil à deux ou trois chaudières superposées fonctionnant de façon continue et sans repasse.

L'alambic est alimenté en permanence par une cuve. Le vin arrive à la base du chauffe-vin au milieu duquel circulent les eaux-de-vie qui se condensent à l'intérieur d'un serpentin.

Le vin suit un circuit opposé à celui de l'eau-de-vie. Il est amené dans la chaudière où il se vaporise. Celle-ci est chauffée à feu nu, au bois et au gaz, le mazout étant prohibé en raison de son odeur. Les vapeurs remontent à travers des plateaux où elles barbotent dans le vin en cours de descente et se chargent en arômes. À aucun moment, l'alambic ne doit connaître de sautes de températures. Au sortir de l'alambic, l'eau-de-vie, incolore, peut avoir une teneur en alcool comprise entre 52 et 72 % Vol.

L'eau-de-vie présente alors une saveur rude mais pleine d'arômes.

Lorsque l'Armagnac atteint 40 % Vol., il est mis en bouteilles que l'on conserve debout afin que l'alcool n'attaque pas le bouchon.

Le vieillissement

Dès sa sortie de l'alambic, l'Armagnac est mis à vieillir dans des fûts de chêne de 400 litres, ou « pièces », façonnés à la main. Ces pièces sont entreposées dans des chais. À ce jour, aucune machine n'a réussi à donner un travail de même qualité.

C'est seulement à ce moment-là que les eaux-de-vie sont prises en charge par le maître de chais qui veille jalousement sur leur vieillissement en s'assurant que rien ne viendra troubler leur lente évolution. Au contact du bois, l'eau-de-vie s'imprègne des senteurs du terroir et de la forêt, prend un arôme fauve et la belle couleur d'ambre qui la caractérise.

Au cours de son vieillissement en fût de chêne, l'eau-de-vie s'imprègne, au contact du bois, de tanins qui lui apportent son arôme et sa belle couleur ambrée.

L'évaporation, appelée comme pour le Cognac « la part des anges », est de l'ordre de 3 % sur l'ensemble des stocks.

La surveillance est constante et les vérifications sont fréquentes, afin de déterminer le moment où la dissolution des matières tanniques et des essences provenant du bois atteint un taux optimal.

L'eau-de-vie est alors soit transférée dans des fûts épuisés, c'est-à-dire n'apportant plus de tanin, soit assemblée dans des cuves.

Le degré de consommation (40 % Vol.) s'obtient par paliers successifs par des apports de « petites eaux » constituées d'un mélange d'eau distillée et d'Armagnac.

Le maître de chais peut alors commencer les coupes ou mélanges qui permettent, à partir de plusieurs eaux-de-vie d'âges et d'origines différents, d'obtenir un produit régulier qui fait la réputation de la marque.

La coupe est un mariage de deux ou plusieurs eaux-de-vie. Elle exprime mieux les qualités et les caractéristiques respectives de chacune en les fusionnant.

L'âge de la coupe est celui de l'eau-de-vie la plus jeune et ne change pas. On peut ajouter une eau-de-vie de trente ans et une de quatre ans, l'âge de l'eau-de-vie sera toujours de quatre ans.

Lorsque le degré légal pour la vente est atteint (degré minimum légal 40 % Vol.), l'eau-de-vie est mise en bouteilles. Elle ne vieillit plus mais se stabilise et évolue d'une façon discrète. Elle s'épanouit.

Les bouteilles d'Armagnac sont alors conservées debout, afin que l'alcool n'attaque pas le bouchon et sont entreposées dans la cave dont la température idéale est de 12 °C.

Arriloba

Métis, issu du croisement Raffiat de Moncade × Sauvignon, obtenu à l'INRA de Bordeaux, en 1960. Ce cépage fertile de production régulière donne un vin fin, légèrement bouqueté, moins lourd que celui du Sauvignon. Classé autorisé avec un clone agréé : le n° 762.

Arrouya

Synonymes : *Aroyat, Aruya, Arhuya, Vieux-rouge.* Son nom signifie rougeâtre en Béarnais.

Grappes moyennes, pyramidales, compactes, portant 2 petits ailerons ; baies moyennes, ovoïdes, noir bleuté ; maturité : 3e époque.

Ce cépage était autrefois cultivé en hautains et il produisait en abondance un vin rouge, peu coloré, mais sa maturité est tardive pour la région du Béarn et du Pays basque.

Sensible au mildiou et au black-rot, il a été délaissé et il n'occupe plus qu'une cinquantaine d'hectares dans les deux départements pyrénéens où il a été classé autorisé.

Arrufiac

Synonymes : *Arufiat, Arrefiac, Arrefiat, Arufiat, Raffiat, Ruffiac, Rouffiac femelle, Ambré* à Monein.

Grappes petites à moyennes, cylindriques ; baies sphériques, petites, blanc jaunâtre, juteuses ; maturité : 2e époque.

Ce cépage est assez sensible au mildiou et à l'oïdium ; de plus ses grappes sont parfois millerandées. Classé recommandé dans le Gers et les deux départements pyrénéens, où on le cultive en hautains. Il occupe 110 hectares. En matériel certifié, 5 clones ont été agréés : les nos 405, 652, 653, 921 et 922.

Son vin est alcoolique, bouqueté, se rapprochant du Madère.

Feuille d'Aubun, cépage tardif et vigoureux originaire du Vaucluse.

Aspiran

Synonymes : *Spiran, Espiran, Épiran, Pirans* dans le Gard et l'Hérault, *Ribeyrenc, Riveyrenc, Riveyrène* dans l'Aude. *Verdaï, Verdal.* Son véritable nom serait *Espiran,* nom cité par Magnol, en 1686.

Grappes moyennes, tronconiques, ailées, assez lâches : baies moyennes, ovoïdes à ellipsoïdes, noires, pruinées, à peau fine et peu résistante, très juteuses ; maturité : 3e époque.

Ce très ancien cépage languedocien était assez répandu dans les vignobles de qualité de l'Hérault (Pignan, Saint-Georges-d'Orques, Villeveyrac) et du Gard (Langlade, Uchaud, Nages) où il entrait pour un quart ou un cinquième dans l'encépagement. Petit producteur, se plaisant particulièrement dans les sols rocailleux, il donnait un vin léger, peu coloré, délicat et légèrement parfumé. Avec la reconstitution du vignoble, son importance a beaucoup diminué ; il n'occupe plus que quelques hectares qui vont disparaître, car il n'a pas été classé en dehors du Minervois où il fait partie de l'encépagement. Dans les vieilles vignes, on en rencontre parfois des souches isolées dont les raisins sont destinés à être consommés à table, car ils sont très agréables lorsqu'ils mûrissent à la fin du mois d'août ou au début de septembre.

Il existe un Aspiran blanc et un Aspiran gris ou rose, appelé aussi Aspiran Verdal.

Henri Bouschet avait obtenu, en 1865, un Aspiran Bouschet qui était un croisement de Gros Bouschet (Aramon × Teinturier du Cher) × Aspiran noir, cépage à jus très coloré et dont le feuillage rappelait beaucoup l'Aspiran.

Aubin blanc

Synonymes : *Blanc de Creuë* dans la Meuse, *Blanc de Magny, Pétracine* (par erreur, car il s'agit du Riesling).

Grappes petites à moyennes, tronconiques, ailées, très compactes ; baies sphériques, petites, blanc doré, peu juteuses ; maturité : 1re époque.

Ce cépage, recommandé seulement en Lorraine, fait partie de l'encépagement des Côtes-de-Toul pour la production des vins blancs.

Aubin vert

Synonymes : *Vert blanc, Blanc d'Euvézin.*

Grappes petites, cylindriques, lâches, parfois ailées ; baies petites, ovoïdes, blanc rosé avec des pépins très petits ; maturité : 1re époque.

Ce cépage s'éloigne du précédent par certains caractères et il n'a été classé autorisé qu'en Lorraine, car son vin est plus ordinaire. À l'ENSA de Montpellier, il millerande facilement et sa végétation est assez sensible à l'oïdium.

Aubun noir

Cépage originaire de la région du mont Ventoux, dans le Vaucluse. Il est parfois appelé *Carignan de Bédoin* ou *Carignan de Gigondas.* Dans les anciennes collections de l'ENSA de Montpellier, il existait aussi sous les noms de *Moustardier,* de *Counoise* dans le Vaucluse et de *Grosse Rogettaz* en Savoie.

Bourgeonnement cotonneux blanc à liseré carminé.

Jeunes feuilles duveteuses, jaunâtres à plages bronzées.

Feuilles orbiculaires, vert bleuté, ternes, finement bullées, un peu en entonnoir, profondément 5-lobées avec le fond des sinus larges, concaves et souvent une dent, les sinus latéraux supérieurs sont souvent refermés en massue ; sinus pétiolaire en lyre plus ou moins fermée ;

Grappe d'Aubun.

dents ogivales, larges ; dessous du limbe cotonneux-pubescent.

À l'automne, le rougissement du feuillage est important.

Rameaux côtelés, aranéeux au sommet, avec des stries longitudinales brun-rouge du côté exposé au soleil ; vrilles longues, charnues et jaunâtres.

Grappes moyennes ou assez grosses, peu ramifiées, cylindriques, compactes ; baies moyennes sphériques ou légèrement ovoïdes, noires, fermes à peau dure, charnues et peu juteuses ; maturité : 3e époque.

L'Aubun débourre tard, ce qui lui permet d'échapper aux gelées précoces. On lui reconnaît également une bonne résistance à l'oïdium et au mildiou. Ses raisins sont assez résistants à la pourriture.

Ce cépage vigoureux à port dressé produit 60 à 80 hl/ha et même davantage en plaine.

Le vin que donne l'Aubun est peu coloré, assez alcoolique, de qualité moyenne. Il est inférieur au Carignan parce que ce cépage est sensible à la coulure et au millerandage et parce que ses rameaux cassent plus facilement sous l'action des vents violents (mistral, tramontane). On lui avait attribué une certaine résistance au phylloxéra, qui tenait simplement au fait que dans la région du Ventoux il était planté sur des sols riches et légers.

En matériel certifié, un clone est agréé : le n° 350. L'Aubun est recommandé en Provence et en Languedoc pour une superficie totale de 1 800 hectares, qui s'étendent principalement dans le Gard, l'Aude, le Vaucluse et les Bouches-du-Rhône.

Auxerrois

Synonymes : *Auxerrois blanc de Laquenexy* en Moselle, *Pinot Auxerrois* en Alsace.

Les assimilations faites par les ampélographes du XIXe siècle au Chardonnay, au Sylvaner, au Melon ou au Meslier sont erronées.

Bourgeonnement duveteux, blanc verdâtre.

Jeunes feuilles aranéeuses, bronzées.

Feuilles orbiculaires, grandes, finement bullées, légèrement gaufrées au point pétiolaire, entières ou faiblement trilobées, sinus pétiolaire en V ouvert ; dents anguleuses, moyennes ; dessous du limbe pubescent, rugueux.

Rameaux verts à stries longitudinales brunes et nœuds rosés ; vrilles longues et charnues.

Grappes petites à moyennes, compactes ; baies ovoïdes, petites, blanc doré terne, peau fine et pulpe molle ; maturité : 1re époque.

C'est un cépage essentiellement alsacien, qui couvre une superficie de 1 650 hectares, mais qui a été classé recommandé dans de nombreux départements de la vallée de la Loire et du Centre-Ouest, ainsi qu'en Lorraine, région dont il serait originaire.

En matériel certifié, 2 clones ont été agréés : les nos 56 et 57. Comme son débourrement est tardif, l'Auxerrois est planté dans des situations peu favorables. Son vin est de qualité secondaire et il est souvent vendu en mélange avec celui du Pinot blanc vrai, du Pinot noir vinifié en blanc et du Pinot gris sous la dénomination de Pinot ou Klevener, dans l'AOC Alsace.

Il existe un Auxerrois gris, qui ne se distingue du précédent que par la couleur grise de ses baies, mais il n'est presque plus utilisé.

Auxey-Duresses

Ce village de la Côte de Beaune, dans la vallée des « Clous », donne son nom à une appellation ratifiée par décret du 21 mai 1970. Le vignoble comprend 138 hectares en AOC Villages dont 32 hectares en premiers crus. Ces derniers sont au nombre de huit. La loi tient d'ailleurs compte de cette distinction en ce qui concerne le titre alcoométrique minimal, qui est pour les vins rouges de l'appellation Villages de 10,5 % Vol. et de 11 % Vol. pour les premiers crus ; de 11 % Vol. pour les vins blancs d'appellation Villages et de 11,5 % Vol. pour les premiers crus. Les rendements de base sont, à l'hectare, de 40 hectolitres pour les vins rouges et 45 pour les vins blancs. La récolte moyenne annuelle de vins rouges est de l'ordre de 4 400 hectolitres contre 1 600 hectolitres de vins blancs. Les vins d'Auxey-Duresses rouges sont des vins fermes mais bien équilibrés et de longue garde, comparables à certains Volnay ou Monthélie. Quant aux blancs, ils rappellent les Meursault, sans toutefois les égaler en distinction.

Rameau d'Auxerrois.

Page suivante : fûts de bois dans lesquels vieillissent les vins doux naturels de Banyuls.

B

 Bachet

Synonymes : *Bachey* dans les vallées de l'Aube et de l'Auzon, *Gris Bachet* à Maranville (Haute-Marne), *François noir* dans l'Aube.

Grappes petites, boudinées, portant un aileron ; baies ovoïdes, petites, juteuses, noir bleuté ; maturité : 1re époque.

Le Bachet est un vieux cépage de l'Aube, où il demeure autorisé sur 1,3 hectare. Il servait autrefois à donner de la couleur et du moelleux aux vins issus du Gamay.

Baco blanc

Synonyme : *22A Baco, Maurice Baco.* C'est un hybride de Folle blanche × Noah *(Labrusca-riparia).*

Bourgeonnement cotonneux blanc à liseré faiblement carminé.

Jeunes feuilles duveteuses, jaunâtres, bullées à dessous du limbe cotonneux blanc.

Feuilles cunéiformes, vert foncé, bullées, généralement entières mais parfois trilobées assez profondément, sinus pétiolaire en V ouvert ; dents anguleuses, petites et larges ; dessous du limbe cotonneux blanc à beige clair ; pétioles glabres..

Grappe de Baco blanc, cépage recommandé pour la production de l'Armagnac.

Rameaux anguleux, glabres, vert clair ; vrilles intermittentes, alors qu'elles sont subcontinues chez le Noah. Grappes moyennes, lâches, cylindriques ; baies sphériques, moyennes, blanc doré, pulpe molle et saveur foxée ; maturité : 2e époque tardive.

Cet hybride a été classé autorisé pour la production de l'AOC Armagnac jusqu'en 2010 et n'est plus autorisé pour les vins de table dans le Gers, les Landes et en Lot-et-Garonne. C'est un plant qui est sensible au phylloxéra et qui craint le calcaire dans le sol. Il faudra donc le greffer en dehors des sables fauves du bas Armagnac. Son débourrement est précoce, il est moyennement résistant au mildiou et à la pourriture, mais il est sensible à l'oïdium et à la flavescence dorée. C'est un gros producteur pouvant atteindre 120 à 150 hectolitres à l'hectare, donnant un vin blanc foxé, mais moins que celui du Noah. Son eau-de-vie atteint son apogée plus rapidement que celle de la Folle blanche et elle est moins fine. Sa superficie cultivée est en très forte régression à cause de la flavescence dorée.

 Baco noir

Synonyme : *Baco.*

Bourgeonnement duveteux blanc.

Jeunes feuilles aranéeuses, bronzées. Feuilles grandes, cunéiformes, ternes, finement bullées, assez minces, faiblement trilobées, les sinus latéraux supérieurs peu profonds ; sinus pétiolaire en lyre ; dents ogivales, étroites ; dessous du limbe légèrement pubescent ; nervures pratiquement glabres, avec des touffes de poils séteux aux points de bifurcation des nervures primaires et secondaires ; pétioles glabres.

Rameaux glabres, très développés, unis, à mérithalles longs, rougeâtres.

Grappe de Baco noir, cépage vigoureux produisant un vin coloré et alcoolique.

Grappes moyennes, cylindriques, compactes ; baies petites, sphériques, noires à pulpe molle et goût herbacé ; maturité précoce.

Cet hybride est un croisement de Folle blanche × Riparia, qui présente l'avantage de mûrir très tôt ses raisins, ce qui permet de le cultiver en altitude ou à la limite nord de la culture de la vigne. En revanche, il a l'inconvénient de débourrer de bonne heure, ce qui l'expose aux gelées printanières. C'est un plant très vigoureux, ayant de longs sarments puissants, qu'on peut facilement conduire à la taille longue ou en tonnelles, ce qui est nécessaire pour obtenir une production satisfaisante, car les grappes ne dépassent guère 150 grammes. Son feuillage possède une bonne résistance au mildiou et à l'oïdium, mais ses raisins sont un peu sensibles à la pourriture grise. Le vin de Baco noir est alcoolique, très coloré, à goût parfois herbacé.

Feuille de Baco blanc.

Rameau de Baco blanc.

Feuille de Baco noir.

Rameau de Baco noir.

Balzac blanc

Synonymes : *Balzat, Balzard blanc, Blanc Limousin* selon Ravaz, *Margnac blanc, Plant de Saint-Jean, Chigné, Ressière* ou *Dressière.*

Grappes tronconiques, compactes, assez grandes ; baies sphériques, petites, blanches, mouchetées d'orangé ; maturité : 2e époque.

Cet ancien cépage charentais, en voie de disparition, n'a pas été classé. Il débourre un peu après la Folle et produit irrégulièrement. Son vin était d'assez bonne qualité, mais en réalité il était vinifié avec les autres cépages.

Bandol

Ce vignoble provençal date des Romains qui, après avoir créé la cité de Taurocentum, s'installèrent dans l'arrière-pays, du côté du Castellet, et cultivèrent la vigne.

Bandol doit d'abord son essor à son port. Peu profond au début, celui-ci recevait les tartanes et les felouques, petits bateaux destinés à apporter le vin d'importation transporté par de nombreux navires stationnés en haute mer. Le village de Bandol fut fondé en 1715. En 1724, le port était aménagé et, un siècle plus tard, les vins de Bandol partaient pour les rivages lointains des Amériques et des Indes.

Par décret du 11 novembre 1941, Bandol était classé en AOC pour 4 communes et certains lieux-dits limitrophes.

Dans un site heureusement protégé des agressions de l'urbanisation, le vignoble de Bandol couvre plus de 1 300 hectares, et produit en moyenne 40 000 hectolitres : 38 000 en rouge (dont une partie en rosé) et 2 000 en blanc.

Le climat est sec, mais la chaleur est tempérée par les reliefs et par les influences maritimes.

Les sols les plus répandus sont de nature squelettique et de couleur blanchâtre ; ils proviennent de la dégradation mécanique de grès calcarifères et de marnes sableuses.

L'encépagement est de type méditerranéen, mais l'ensemble des cépages classiques en rouge, dont le Grenache et le Cinsaut, est dominé par le Mourvèdre, qui est exigé selon un minimum de 50 %. Parmi les cépages secondaires se trouvent : la Syrah, le Carignan, le Tibouren et le Calitor, localement dénommé Pecouitouar.

Bandol produit trois types de vins. Les vins blancs et les vins rosés ont ce bouquet et cette saveur rafraîchissants qu'on leur reconnaît avec plaisir quand ils sont bien élaborés. Les vins rouges, spécialité du lieu, de degré alcoolique moyen, ont un bouquet épicé, avec des parfums de cerise noire et de prune mûre. La forme, bien équilibrée après quelques années de conservation, ne présente aucune lourdeur.

Le vignoble de la Cadière d'Azur produit des vins d'AOC Bandol.

Banyuls et Banyuls Grand Cru

Ce joyau des vignobles à vins doux naturels d'appellation d'origine contrôlée s'étend sur 1 600 hectares environ. Il s'étage en terrasses sur des collines de schistes plongeant dans la Méditerranée, tout au sud de la France, en frontière de l'Espagne. Quatre communes bénéficient de l'appellation : Banyuls, Cerbère, Collioure et Port-Vendres. La production est de 35 000 hectolitres environ. Le cépage de base est le Grenache noir (50 % min.) auquel est associé le Carignan et des cépages accessoires (chacun ne devant pas dépasser 10 % de l'encépagement total). La vinification se fait par macération et le mutage est souvent réalisé sur grain ; le minimum requis de vieillissement est de un an.

L'appellation ***Banyuls Grand Cru*** exige une macération obligatoire de cinq jours et une conservation en fût de bois de trente mois au minimum.

Les vins de Banyuls se caractérisent par des arômes d'une grande complexité évoluant depuis les notes de petits fruits rouges des vins jeunes, vers les notes grillées – amande, pruneau, vanille – des vins vieux ; très présents en bouche, leur couleur évolue avec l'âge du rubis au tuilé, pelure-d'oignon.

Les deux appellations d'origine contrôlée ont été classées le 19 mai 1972.

Banyuls Rancio et Banyuls Grand Cru Rancio

Ces vins doux naturels se voient adjoindre, en raison de leur âge, la mention « rancio ». Ils subissent une évolution à l'air, à la lumière et à la chaleur, et se caractérisent par des arômes capiteux et suaves.

Barbarossa

Cépage italien qui a été retrouvé en Corse où il a été classé recommandé. Il fait partie de l'encépagement des AOC Ajaccio et Vin de Corse.

Barbaroux

Cépage recommandé dans le Var, le Vaucluse et les Bouches-du-Rhône. Il est cultivé sur 150 hectares.

Baroque

Synonymes : *Barroque, Baroca* dans la région de Tursan, *Plant Bordelais, Bordelais* (*Bourdalès* en gascon), *Bordeleza zuria* au Pays basque, *Escripet* à Saint-Boès (Pyrénées-Atlantiques), *Sable blanc* au sud des Landes, à Capbreton.

Grappes moyennes, cylindriques avec un petit aileron, compactes ; baies sphériques, moyennes, blanc rosé terne, pulpe juteuse ; maturité : 2e époque tardive.

Cépage landais, du pays de Tursan, longtemps ignoré, il a remplacé peu à peu le Claverie, trop sensible à l'oïdium. Il offre une certaine résistance au mildiou et au black-rot et se greffe bien. Son vin est alcoolique, agréable avec un certain bouquet. C'est le cépage de base des vins blancs du Tursan. Il a été classé recommandé dans tout le Sud-Ouest. Il occupe 400 hectares concentrés entre les Landes, le Gers et les Pyrénées Atlantiques. En matériel certifié, 4 clones ont été agréés : les nos 351 (le plus intéressant), 390, 391 et 392.

Barras

Cépage noir du Tarn, voisin du Malpé, non classé.

Barsac

L'appellation d'origine contrôlée Barsac, créée par décret du 11 septembre 1936, est réservée aux vins provenant des raisins récoltés sur le territoire délimité de la commune de Barsac, située sur la rive gauche de la Garonne, à une quarantaine de kilomètres au sud-est de Bordeaux, au nord de la commune de Sauternes.

L'aire d'appellation Barsac est comprise dans celle de Sauternes. C'est la raison pour laquelle les producteurs peuvent revendiquer l'une ou l'autre appellation.

Les règles de production sont exactement les mêmes que pour le Sauternes.

La superficie en Barsac est de 620 hectares pour une production de 14 000 hectolitres de vins blanc doux, soit un rendement de 23 hectolitres à l'hectare.

Le vin de Barsac est d'une qualité aussi exceptionnelle que le Sauternes. Il ne s'en distingue que par quelques subtiles nuances. Dans sa jeunesse, il est plus nerveux, plus fruité et moins gras ; il se développe plus rapidement et vieillit avec beaucoup d'élégance.

Sur les 11 premiers crus classés de Sauternes, 2 sont des Barsac et sur les 15 seconds crus, 8 sont des Barsac.

Crus classés de Barsac

Premiers crus

- Château Coutet
- Château Climens

Seconds crus

- Château Myrat
- Château Doisy-Dubroca
- Château Doisy-Daëne
- Château Doisy-Védrines
- Château Broustet
- Château Nairac
- Château Caillou
- Château Suau

Bâtard-Montrachet

Ce grand cru de la Côte de Beaune couvre 9,5 hectares dont 5,8 se trouvent sur la commune de Chassagne et 3,7 sur celle de Puligny. Frère presque jumeau du Chevalier-Montrachet, il illustre la grandeur des grands vins de Bourgogne blancs.

Le Bâtard-Montrachet doit sans doute une large part de sa réputation à son terroir constitué de sols silicieux, argileux, le sous-sol magnésien étant recouvert de chaux. Le cépage Chardonnay y trouve sa meilleure expression.

Ce vin jouit, en outre, d'une excellente exposition en pente harmonieuse orientée progressivement de l'est au sud. Les conditions de production viennent affiner ces bonnes prédispositions naturelles en fixant le titre alcoométrique minimal à 11,5 % Vol. et le rendement de base à l'hectare à 40 hectolitres. La production moyenne annuelle est de l'ordre de 550 hectolitres.

À l'instar des Montrachet et Chevalier-Montrachet, il se distingue par sa vivacité et son bouquet délicat, noiseté avec, peut-être, plus de robustesse et moins de finesse.

Vignoble de Banyuls près de Cerbère, sur les pentes des Albères.

Béarn

Ce petit vignoble est étagé sur les terrasses aux galets roulés des coteaux du gave de Bellocq, à mi-chemin entre Biarritz et Pau. Il a obtenu la consécration de l'appellation d'origine contrôlée pour ses vins rosés, rouges et blancs, par le décret du 17 octobre 1975.

Les colons romains, viticulteurs avertis, avaient déjà découvert que les collines de Bellocq étaient très favorables à la culture de la vigne. Plus tard, les abbayes et les couvents de la région contribuèrent au développement du vignoble et à l'amélioration de la qualité des vins produits. Ce sont les protestants expatriés qui, au XVIIe siècle, ont exporté ces vins chaleureux vers la Hollande et l'Angleterre. Pour ces expéditions à l'étranger, les vignerons chargeaient leurs précieux tonneaux sur des « gabarres », sortes de radeaux très rustiques sur lesquels les barriques étaient amarrées avec des lianes de clématites. Ces chargements étaient halés jusqu'à la barre de l'Adour à Bayonne, pour être embarqués sur des goélettes.

Les sols sont composés de matériaux d'érosion glaciaire. Ils sont marneux ou argilo-calcaires avec d'importants affleurements de gros galets roulés.

Ce vignoble bénéficie, comme l'ensemble des vignobles du Béarn et du Pays basque, d'un climat relativement tempéré, à la fois pyrénéen et océanique. Il se caractérise par une bonne répartition des pluies, des étés brûlants et des automnes exceptionnellement chauds et lumineux, favorables à la parfaite maturation des grappes. Les petites parcelles, conduites en vignes hautes ou en pergolas à l'italienne, sont blotties dans les pentes et les vallonnements, à l'abri des vents et des gelées printanières.

En plus des cépages de base du vignoble pyrénéen, le vignoble de Béarn-Bellocq bénéficie d'un encépagement particulièrement riche. En rouges et rosés, on cultive le Tannat riche en tanins (60 % d'encépagement max.), le Bouchy, variété de Cabernet franc, pour sa saveur et ses arômes spécifiques de baies rouges ; mais également le Manseng noir, le Courbu rouge et le Pinenc, qui apportent toute leur authenticité aromatique de vieux cépages.

Pour les blancs, on compte en plus du Petit et du Gros Manseng le Raffiat de Moncade, le Courbu, le Lauzet, le Camaralat et le Sauvignon ; chacun donnant sa note originale et créant des harmonies aussi séduisantes que complexes.

Les rendements de base sont faibles et représentent en moyenne 50 hectolitres à l'hectare. En 1995, la production pour les rosés et les rouges a été de 7 395 hl (dont 75 % en rosé) et de 89 hl en blanc (7 484 hl au total).

Le rosé de Béarn, si lumineux, était très apprécié par la reine Jeanne d'Albret. Sa robe brillante varie du bois-de-rose pâle au rose groseille. Ses

Les coteaux de Saliès, dans le vignoble de Béarn, produisent des vins rosés, rouges et blancs d'une grande richesse organoleptique.

arômes de type floral sont délicats en bouche. Ce vin sec, d'une remarquable franchise, est à la fois élégant, souple, soyeux, long en bouche.

Le rouge se distingue par sa belle robe pourpre, ses arômes de cassis et de groseille. C'est un vin sincère et gourmand, original, particulièrement bien équilibré, corsé, charnu, au tanin agréablement rond et long. Bien qu'il soit très plaisant en vin jeune, son bouquet se développe après deux ou trois ans et évolue vers le pain grillé avec des pointes d'Orient.

Le blanc, remarquable par la complexité de ses arômes, offre une telle brillance vert tendre aux reflets d'or, typique. Son nez laisse s'épanouir des arômes de genêt, d'acacia, de fruits mûrs. Vif, élégant, son tanin délicat lui assure une belle longueur.

Paysage de collines typique du Beaujolais, depuis le mont Brouilly.

Beaujolais

Voir la région page suivante.

Beaujolais

On dit aussi « le Beaujolais tout court » pour cette appellation régionale AOC ratifiée par le décret du 12 septembre 1937.

L'appellation produit surtout des vins rouges issus du Gamay noir à jus blanc, d'un degré de 10 % Vol. au minimum. Elle offre aussi des vins rosés et des vins blancs avec le Chardonnay, le Pinot et l'Aligoté.

La surface de l'appellation, 10 000 hectares, couvre presque la moitié du vignoble.

La production moyenne s'élève à 600 000 hectolitres, dont 8 000 hectolitres de vins blancs issus du Chardonnay, Pinot-Ch. et Aligoté, produits pour les deux tiers dans le centre de La Chapelle-de-Guinchay, proche du Mâconnais.

Beaujolais supérieur

Cette AOC ne recouvre aucune aire géographique propre. Elle peut concerner les vins dont le degré alcoolique est supérieur de 0,5 % Vol. à celui des Beaujolais. La production est de 17 500 hectolitres environ en rouge et de l'ordre de 2 000 hectolitres en blanc.

Beaujolais-Villages

Cette appellation régionale, ratifiée en AOC par le décret du 12 septembre 1937, produit essentiellement des vins rouges, issus du Gamay noir à jus blanc, présentant un titre alcoométrique de 10,5 % Vol. Elle couvre 6 000 hectares, soit plus du tiers du vignoble, pour une production moyenne de 350 000 hectolitres.

Peuvent bénéficier de l'appellation Beaujolais suivie du nom d'une commune, les vins produits sur le territoire des villages de Leynes, Saint-Amour-Bellevue, La Chapelle-de-Guinchay, Romanèche-Thorins, Pruzilly, Chânes, Saint-Vérand et Saint-Symphorien d'Ancelles, en Saône-et-Loire. Dans le Rhône, ce sont : Juliénas, Jullié, Émeringes, Chénas, Fleurie, Chiroubles, Lancié, Villié-Morgon, Lantignié, Beaujeu, Régnié-Durette, Cercié, Quincié, Saint-Lager, Odenas, Charentay, Saint-Étienne-des-Oullières, Blacé, Salles, Arbuissonnas, Saint-Julien, Montmelas, Rivolet, Denicé, Les Ardillats, Marchampt et Vauxrenard.

En fait, ces vins s'appellent simplement Beaujolais-Villages. Comme les Beaujolais supérieurs, le degré initial des moûts doit être supérieur de 0,5 % Vol. à celui des Beaujolais.

Habitat traditionnel du vignoble beaujolais. Juliénas.

BEAUJOLAIS

Le caractère du vin de primeur a illustré depuis plusieurs décennies l'image très simple et universelle du Beaujolais. C'est un vin enfant et impatient, joyeux et gouleyant. Bien que conforme à une certaine réalité, ce portrait hâtif présente l'inconvénient de masquer la diversité des vins du Beaujolais ainsi que leur aptitude au vieillissement, en faisant parfois oublier la qualité de ses crus.

Angelot aux raisins à Morgon.

■ Si l'on en croit Léon Daudet, Lyon serait arrosé par la Saône, le Rhône et un troisième fleuve : le Beaujolais, « qui n'est jamais limoneux ou à sec ». Sa « haute vallée » couvre 55 kilomètres de longueur du sud de Mâcon à Villefranche-sur-Saône, 12 à 15 kilomètres de largeur des monts du Beaujolais à la Saône, pour une altitude de 300 mètres.

Administrativement, ce vignoble fait partie de la Bourgogne viticole depuis le jugement du tribunal civil de Dijon du 29 avril 1930. À cette époque, le Beaujolais ne jouissait encore que d'une réputation modeste, et le lien bourguignon paraissait logique. Il en va différemment aujourd'hui, et, si l'on continue de parler de « grande Bourgogne » avec les départements de l'Yonne, de la Côte-d'Or, de la Saône-et-Loire et du Rhône, le Beaujolais a acquis, autour de Villefranche-sur-Saône, une autonomie pleine et entière. Au reste, sa ligne de plus grande pente le porte davantage vers Lyon que vers Beaune.

Le Beaujolais est-il réellement bourguignon ? L'histoire l'a toujours rattaché au Lyonnais. En revanche, ses caractères géographiques sont cousins de ceux de la Bourgogne et notamment du Mâconnais. Le Gamay, cépage unique du Beaujolais, est par ailleurs bourguignon. Enfin, si la plus grande partie du Beaujolais se trouve située dans le département du Rhône, le canton beaujolais de La Chapelle-de-Guinchay appartient à la Saône-et-Loire, qui se trouve dans la région de Bourgogne. Hasard des frontières départementales... On n'avait pas ces subtilités à l'esprit lors de la Révolution...

Le vignoble

La vigne en Beaujolais couvre 22 000 hectares, autant que les trois départements bourguignons réunis. C'était déjà la surface occupée par le vignoble en 1876, à la veille de l'invasion phylloxérique. Il atteignit 30 000 hectares au début du XXe siècle, record absolu de son extension, avant de se fixer à son étendue actuelle. Les aires d'appellation, qui couvrent 35 000 hectares, sont toutefois beaucoup plus vastes, mais il n'est guère possible de planter partout.

Le village de Saint-Lager et son château, dans l'aire de l'appellation Brouilly.

Le climat

Le climat tempéré mêle des influences océaniques, continentales et méditerranéennes : le vent du nord apporte le beau temps, celui du sud, la pluie et le vent d'ouest, les orages. Leur affrontement a de quoi inquiéter le vigneron, de même que le froid de mai qui peut provoquer la coulure. Si la température est rarement inférieure à – 10 °C l'hiver, elle peut monter à 40 °C l'été, avec des risques d'orages dévastateurs accompagnés de grêle.

Les sols

Dans le bas Beaujolais, entre Villefranche-sur-Saône et la vallée de l'Azergues, le sol calcaire, caillouteux et léger se teinte quelquefois de rouge dans des terrains ferrugineux que l'on appelle les « pierres dorées ». Il s'agit de terrains sédimentaires argileux et argilo-calcaires, qui conviennent bien aux vins de primeur.

Au nord de Villefranche, le haut Beaujolais résulte de terrains anciens du plissement hercynien, formés de débris de granite surtout, de porphyre, de diorite ou de schistes. Ces sols siliceux, riches en cailloux, sablonneux, se transforment en « gore », une terre argileuse, d'aspect cendreux, au bas des coteaux. C'est le sol type de Chiroubles ou Fleurie, alors que les schistes donnent les terres lourdes de Morgon ; à Brouilly, elles sont plus pierreuses et chargées d'oxydes métalliques, de débris calcaires. Le manganèse exerce une influence perceptible à Moulin-à-Vent. Les sols de Régnié sont granitiques. C'est le pays des crus.

Cette diversité géologique montre qu'il n'existe pas un Beaujolais mais des Beaujolais, avec des différences sensibles de terroir à terroir et parfois au sein d'une même appellation.

Le Gamay

En revanche, l'unicité du cépage – Gamay noir à jus blanc, que l'on ne doit pas confondre avec le médiocre Gamay noir à jus rouge – offre une unité au Beaujolais : il débourre précocement et craint les gelées mais peut repousser après le gel. Il prend sa belle couleur rouge pendant la fermentation et la cuvaison.

La Bourgogne opta pour le Pinot, le Beaujolais pour le Gamay, un plant fertile qui assurait déjà au début du XIXe siècle 90 % de l'encépagement du vignoble. Aujourd'hui, 98 % du Beaujolais sont encépagés en Gamay noir à jus blanc, le reste en Chardonnay, en Pinot noir, en Pinot gris et en Aligoté.

La vigne et la vinification

La zone des crus et des Beaujolais-Villages pratique la taille courte ou vigne basse, celle du sud la taille longue sur fils de fer, en hautains. La densité de plantation est de 9 000 à 13 000 pieds à l'hectare. Le Beaujolais a exclu jusqu'à présent la

BEAUJOLAIS

Crus du Beaujolais
- Juliénas
- St-Amour
- Chénas
- Moulin-à-Vent
- Fleurie
- Chiroubles
- Morgon
- Régnié
- Brouilly
- Côte-de-Brouilly

machine à vendanger. La vinification beaujolaise est une vinification en rouge de raisins entiers – les grappes ne sont pas écrasées – macérant de 4 à 5 jours. Plus longue pour les crus et les vins de garde, la fermentation est souvent réduite au minimum pour les primeurs.

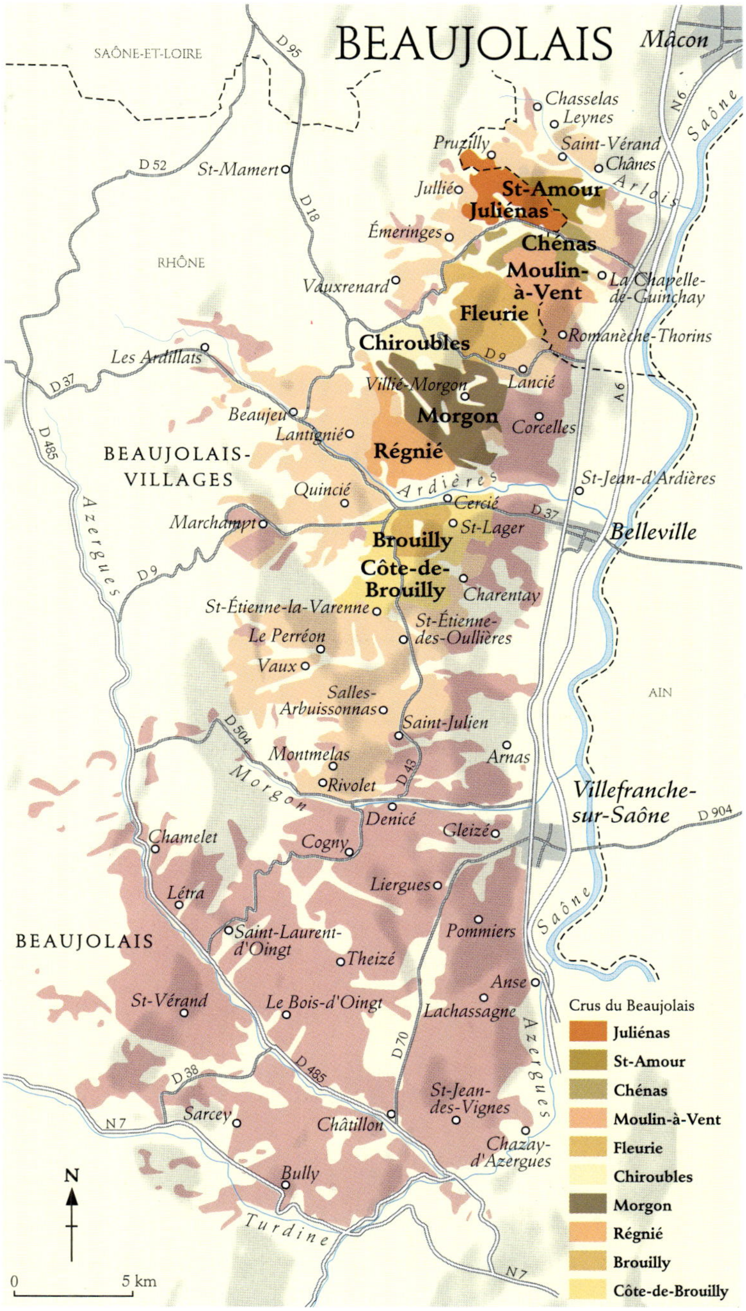

Les rendements

Le rendement de base est de 55 hectolitres à l'hectare pour les Beaujolais et Beaujolais supérieurs, et de 50 hectolitres à l'hectare pour les

Beaujolais-Villages. Il peut être modifié en fonction des réalités de la récolte : c'est alors le rendement annuel, accru du plafond limite de classement, 20 % au maximum. Déjà en vigueur pour les primeurs, la dégustation préalable est obligatoire pour tous les vins.

Costume de compagnon du Beaujolais.

L'organisation viti-vinicole

Elle se réalise autour de l'Union interprofessionnelle des vins du Beaujolais. Il y a en Beaujolais 9 500 viticulteurs environ, répartis sur 4 000 exploitations, en grande partie familiales. Il y a 40 ans, on notait 23 000 déclarations de récolte. La moyenne des exploitations se situe désormais entre 2 et 10 hectares. Il n'y avait que 30 exploitations de plus de 10 hectares en 1955. On en compte maintenant plus de 300, en raison d'une tendance continue à l'accroissement des superficies en production et à l'abandon de la polyculture. Le territoire est très morcelé : il comprend près de 60 000 parcelles dont la dimension moyenne est de 0,35 hectare.

Le métayage ou « vigneronnage » concerne quelque 40 % des exploitations.

Cette forme de contrat – culture à moitié fruit avec le propriétaire du terrain – remonte au XVIe siècle. Le « gagné » est un ouvrier viticole, logé et chauffé, payé au mois.

Le commerce et la production

Le commerce des vins du Beaujolais s'effectue essentiellement à partir de Villefranche-sur-Saône. De nombreuses maisons de négoce bourguignonnes y participent.

La production annuelle moyenne des appellations Beaujolais et Beaujolais-Villages est de l'ordre de 950 000 hectolitres.

La production annuelle moyenne de l'ensemble du vignoble du Beaujolais est de l'ordre de 1 300 000 hectolitres.

Vendanges à Fleurie. Le site de Fleurie est à l'image de bien des paysages de ce vignoble, harmonieux et équilibré.

Les Compagnons du Beaujolais

L'amour de la « belle ouvrage », la fraternité, le respect des traditions sont quelques-unes des vertus du compagnonnage dont le souvenir est vif en pays Beaujolais où un musée lui est consacré, à Romanèche-Thorins.

L'esprit compagnon, comme son costume, se sont tout naturellement imposés à la création de la confrérie, en 1947, à une époque où le vin du Beaujolais ne bénéficiait pas de la célébrité qu'il détient aujourd'hui !

Le « Devoir parisien » des compagnons qui réunit les Beaujolais de la capitale attira l'attention par la qualité de ses manifestations. Il en va de même des « Devoirs » anglais ou italiens qui portent au loin la réputation de l'accueillante province et de ses vins.

Le serment que doit prononcer tout nouveau compagnon résume le but poursuivi :

« Je m'engage devant saint Vincent à me conduire en fidèle et franc compagnon du Beaujolais et à en pratiquer les vertus. Mon devoir est d'aimer notre pays, de travailler au maintien de ses traditions d'hospitalité, de sagesse et de bonne humeur, de faire connaître la beauté de ses sites et l'intérêt qui s'attache à ses vieilles églises, ses châteaux anciens, témoins de son passé, durant lequel a soufflé l'esprit de ses artistes et de ses compagnons maîtres d'œuvre, d'apprécier et de propager les produits de nos vignes, d'honorer enfin ses rudes vignerons qui, par leur vaillance, font la prospérité et la renommée de la patrie beaujolaise. »

Peu nombreuses en Bourgogne et surtout implantées dans le sud de cette région, les caves coopératives ont beaucoup progressé en Beaujolais. Alors qu'elles n'étaient qu'une dizaine en 1955, il y en a 19 aujourd'hui, qui réunissent plus de 4 000 adhérents pour 6 000 hectares plantés et une production globale de 400 000 hectolitres, un peu moins du tiers de la production du vignoble.

Pratiquement la moitié des vins du Beaujolais, soit près de 600 000 hectolitres, sont exportés. D'abord vers la Suisse, 30 % des achats des vins d'appellation ; puis vers les États-Unis, 20 % ; l'Allemagne, 14 % ; les Pays-Bas, 8 % ; le Royaume-Uni, 7 %.

Le vin et la société

Le vignoble du Beaujolais possède un fort particularisme et un sentiment national très épanoui. Les racines de la vigne plongent ici très loin dans le passé. En 956, le sire de Beaujeu vendait déjà une vigne de Morgon. Mais ce vignoble n'est vraiment connu que depuis un demi-siècle. Sa promotion gastronomique et littéraire est née dans les années 1930, grâce aux écrivains lyonnais Marcel E. Grancher, Léon Daudet, Henri Béraud et Gabriel Chevallier, ainsi qu'à l'influence politique et gastronomique d'Édouard Herriot.

Le transfert à Lyon de plusieurs journaux parisiens entre 1940 et 1942 développa la notoriété du Beaujolais. Après la guerre, le *Canard enchaîné* en fit l'inspirateur presque exclusif de sa verve satirique et lui offrit une gloire parisienne. San Antonio et René Fallet *(le Beaujolais nouveau est arrivé)* assurèrent sa célébrité littéraire.

Le marché aux bouchons de Juliénas.

Cafés et restaurants comprirent bientôt tout l'intérêt commercial de la fameuse affichette apposée en novembre et annonçant le Beaujolais nouveau :

QU'EST-CE QUE LE BEAUJOLAIS NOUVEAU ?

Un vin est dit nouveau entre sa récolte et la récolte suivante. Il est dit de primeur entre sa récolte et une date X, située au plus tard au printemps suivant et fixée par des règles nationales ou européennes. Le Beaujolais nouveau est donc en réalité un Beaujolais primeur. Les vins AOC doivent attendre le 15 décembre pour faire leurs premiers pas. Le statut des vins de primeur leur permet cette aventure dès le 15 novembre. Aujourd'hui, la date de sortie des vins correspond au troisième jeudi de novembre.

Les Beaujolais de primeur doivent être analysés et dégustés anonymement par un jury officiel. Leur vinification exige des opérations rapides de centrifugation et de filtrage. On pratique des cuvaisons courtes avec des raisins entiers et la fermentation beaujolaise, dite carbonique, parfois un peu excessive, afin de développer les arômes du fruit jeune.

Avant-guerre et avant les AOC, les vins pouvaient être commercialisés librement, dès la fin de leur fermentation. On parlait alors des « bourrus ». En 1951, on autorisa plusieurs vins à sortir des chais avant le 15 décembre, date fixée pour leur libération sans restriction. Il s'agissait du Beaujolais, des Côtes-du-Rhône, du Mâcon blanc, du Gaillac, du Muscadet, tous baptisés « vins de café ». On ne les tenait pas en très haute estime ! La date du 15 novembre apparut ainsi en 1951. En 1967, de nouvelles précisions ont été apportées : activité volatile inférieure à 0,6 gramme par litre, moins de 2 grammes de sucre et dégustation obligatoire. On y ajoute, dans le Beaujolais, un degré maximal de 13 % Vol., une tenue à l'air, une fermentation malolactique terminée. Le Beaujolais saisit cette chance comme un débouché miraculeux. Sans doute est-il rejoint aujourd'hui par de nombreux vignobles, mais il possède une bonne avance...

Le terroir d'origine des primeurs fut le sol granitique des Beaujolais-Villages. Puis on se tourna vers d'autres aires de production. Le Beaujolais primeur a profondément modifié le marché et l'économie générale du vignoble. Il représente actuellement 450 000 hectolitres.

Chaque année, en novembre, les affichettes annonçant l'arrivée du Beaujolais apparaissent aux devantures des cafés.

LE BEAUJOLAIS, LE PLUS GRAND DES PETITS VINS

Le souvenir le plus marquant de mes premiers contacts avec le vin est certes la découverte de l'existence du Beaujolais.

Enfant déjà, le mot m'intriguait quand il circulait au-dessus de ma tête : je pus heureusement tôt l'identifier. Je devais avoir environ six ans quand, pour la première fois, j'ai accompagné mon père en Beaujolais pour l'achat des fameuses « pièces ». Ma mère avait « mis de l'argent de côté » en prévision de leur acquisition. Dès septembre, toutes les conversations se centraient sur le phénomène « Beaujolais ». Les conditions atmosphériques prenaient soudain une importance capitale. Mon père surveillait le moindre cumulus qui aurait pu être porteur d'orage, et contrarier les vendanges.

Il me fallut quelques années pour classer mes idées, tirées de mes nombreuses observations, pour comprendre le cheminement de ce fameux Beaujolais, qui ne pouvait être qu'un grand personnage, puisqu'on allait lui rendre visite, qu'on craignait qu'il ne se mouillât et qu'on faisait des économies pour lui !

Donc, un matin d'octobre, très excités, nous partîmes tous deux à bicyclette pour rendre visite au Beaujolais. Après avoir longé la Saône jusqu'à Villefranche, nous bifurquâmes en direction de Morgon, empruntant une route bordée de vignes, qui prenaient des couleurs de cuivre et de pourpre, parsemées çà et là de maisons aux pierres dorées. Le premier contact était favorable.

Mon père avait pour l'habitude d'acheter son vin chez son ami Aufran, de Morgon, ancien caviste du célèbre restaurant Léon de Lyon, dont le créateur, Léon Déan, faisait en ce temps-là, en plus de la restauration, le commerce des vins. Ils avaient onze ans durant travaillé côte à côte, mon père étant chef de l'établissement à cette époque. La consommation quotidienne du Beaujolais y atteignait alors deux cent vingt litres, soit la contenance d'une pièce de vin, répartis entre les casse-croûte du matin, le déjeuner, le dîner et la vente au verre au comptoir.

Nous arrivions à destination. Après les formules de politesse d'usage (santé, pluie, beau temps), le débat s'ouvrait sur le sujet : comment se portait le Beaujolais de l'année et, point crucial, quel serait le prix de la pièce.

L'acquisition de ces pièces représentait pour mon père un capital énorme, car elles devaient être payées comptant. Certaines années où le restaurant n'était pas florissant, il était contraint, bien à contrecœur, de faire appel à son frère qui devait lui ouvrir sa bourse pour acheter ce vin.

Puis nous entrions dans le sanctuaire où sieur Beaujolais peaufinait sa venue. Une odeur de bois, mêlée à celle du moisi de la pierre et à l'humidité de la terre battue, nous enveloppait d'une fraîcheur singulière. Là commençait la dégustation. Un des saucissons qui pendaient à la poutre d'entrée était sacrifié pour la circonstance, accompagné de fromages de chèvre, qui finissaient de sécher dans un garde-manger grillagé. Ce mélange d'odeurs me donnait un peu le tournis et me séduisait à la fois.

Enfin, nous étions d'accord sur le prix et sur le jour de l'enlèvement des pièces. Quelques années en arrière, du temps de mon grand-père, pièces et tonneaux étaient acheminés par un bateau à aubes, nommé *le Parisien,* qui descendait la Saône entre Mâcon et Lyon, déposant son précieux fardeau sur son parcours. Toutes ces tractations nous conduisaient au bistrot de la place du village. C'était un café-tabac-épicerie, ancêtre du drugstore d'aujourd'hui, où l'on rédigeait les papiers de régie pour l'enlèvement des pièces. Il n'était pas rare qu'un vigneron du coin apportât un Beaujolais de l'année de sa naissance. Les hommes trinquaient alors à nouveau, s'extasiant sur le goût de « pierre à fusil » de ce Beaujolais du Clos du Py, lieu-dit d'où émanait la récolte. C'était à celui qui raconterait la meilleure blague, ou mieux, une histoire vécue. Souvent c'était la même d'une année sur l'autre, mais tout le monde s'en amusait à nouveau.

Après ces débordements, mon père et moi rentrions à Collonges. Dès le lendemain, en attendant l'arrivée prochaine des pièces de vin, j'aidais mon père à mettre la cave en condition.

La descente à la cave était toujours un moment d'émotion due à cette obscurité peuplée d'ombres. Une odeur de moisi et de soufre me prenait à la gorge, surtout le jour du soufrage des tonneaux. Cette opération m'émerveillait : une petite flamme bleue dansait au bout des doigts de mon père, qu'il dirigeait prestement à l'intérieur de chacun des tonneaux.

Enfin, le jour de la livraison arrivait. Il fallait encorder chaque pièce avant de la faire glisser le long des escaliers qui conduisaient à la cave. Mon père, en bas, devait bloquer la pièce. Je trouvais ce système des plus périlleux et craignais toujours qu'il ne fût écrasé par le fardeau.

À partir de ce moment, le Beaujolais demandait encore beaucoup de soins. Il était nécessaire de surveiller chaque tonneau régulièrement, car le bois des

tonneaux absorbait du liquide. Il fallait ouiller et soutirer pour ôter la lie qui se formait.

Puis venait la mise en bouteilles. Pour distinguer le Beaujolais des crus, mon père cernait le goulot de chaque bouteille d'un élastique de couleur différente.

Le Beaujolais était au départ un petit vin connu uniquement des Lyonnais et des gens de la région. Il était très apprécié par les joueurs de boules. Je revois ces dimanches ensoleillés de mon enfance où mon père plaçait les pots de quarante-six centilitres dans des seaux d'eau fraîche, à l'ombre des platanes, où les joueurs venaient se désaltérer après une partie acharnée, servis par les femmes en robe claire.

L'heure de gloire sonna pour le Beaujolais le jour où un groupe de vignerons astucieux le « monta » à Paris. Il fut adopté sur-le-champ. Depuis ce jour, l'arrivée du Beaujolais nouveau est saluée et fêtée comme une naissance, il prend chaque année plus d'importance, sa réputation franchit toujours plus de frontières. Il est aujourd'hui mondialement connu. Nous, cuisiniers de la région, eûmes à cœur de le mettre à l'honneur en le mariant aux spécialités de chez nous : coq au vin de Juliénas, œufs pochés beaujolaise aux croûtons à l'ail, bœuf au Moulin-à-Vent, andouillettes au Beaujolais, et bien d'autres plats succulents.

Enfin, je suis fier d'être né si près du Beaujolais et d'avoir contribué à le faire connaître. Inconditionnel de la région, j'ai fait l'acquisition, il y a quelques années, d'un petit vignoble à Létra qui m'a permis d'améliorer encore mes connaissances sur le plus grand des petits vins !

Paul Bocuse

les citadins ont besoin de rêve. Avec le Beaujolais nouveau, la Saint-Primeur devint donc une date du calendrier, comme la Chandeleur ou le 1er Mai. À pied, à cheval, en camion ou en avion-cargo, l'Europe puis toute la planète se mirent à disputer la « course au Beaujolais ». Le troisième fleuve de Lyon a changé son cours : c'est désormais une Amazone se déversant de novembre à décembre sur le monde entier.

En 1956, première année de cette innovation, 13 000 hectolitres de Beaujolais furent vendus en primeur. Ce volume correspond maintenant à 450 000 hectolitres.

En trente ans, on est passé de 1,7 million de bouteilles vendues à plus de 65 millions. Le Beaujolais nouveau écoule 40 % de la récolte totale du vignoble quelques semaines seulement après les vendanges, sans frais d'élevage ni de garde. On ne peut imaginer triomphe plus spectaculaire d'un produit, d'autant que l'exportation représente plus de la moitié de cette commercialisation éclair.

Les traditions

Romanèche-Thorins célèbre chaque année depuis 1864 la fête Raclet, le dernier week-end d'octobre. Elle honore le souvenir de Benoît Raclet (1780-1844), qui découvrit le moyen d'éliminer la pyrale ou « ver coquin » qui ravageait le vignoble, en l'ébouillantant.

Fabricant de matériel agricole à Villefranche-sur-Saône, Victor Vermorel joua un grand rôle dans la lutte contre le phylloxéra à la fin du XIXe siècle. On lui doit aussi le pulvérisateur à dos contenant de la « bouillie bordelaise » pour la lutte contre le mildiou. Cet appareil est devenu célèbre dans le monde entier, à tel point qu'on disait « un vermorel ». On l'utilisera jusqu'au milieu du XXe siècle.

Chiroubles n'a pas oublié Victor Pulliat (1827-1896), ampélographe possédant une collection privée de 2 000 variétés de cépages, et précurseur de la lutte contre le phylloxéra par la greffe de plants américains.

Les Hospices de Beaujeu sont en Beaujolais l'équivalent des Hospices de Beaune en Bourgogne. Fondés en 1240, ils possèdent un domaine vinicole de 63 hectares (Beaujolais-Villages, Pisse-Vieille à Brouilly), exploité par 13 vignerons et vinifié à la Grange-Charton. La vente aux enchères des vins des hospices de Beaujeu a lieu le deuxième dimanche de décembre.

Serpettes à vendanger beaujolaises, ancienne et moderne.

Outre la confrérie des Compagnons du Beaujolais (voir encadré), la confrérie de Grapilleurs de Pierres dorées, créée en 1968, célèbre les vins de la région.

Le village de Juliénas, enfin, décerne, chaque année, à la mi-novembre, le prix Victor Peyret à l'écrivain, le journaliste ou l'artiste qui a le mieux goûté les vins du cru.

Beaune

Selon les termes du décret du 5 décembre 1972, les vins de l'appellation d'origine contrôlée Beaune peuvent être suivis du nom du climat d'origine et de la mention Premier Cru ou de l'une ou l'autre de ces mentions. Le vignoble, situé sur les pentes des collines beaunoises, est partagé en deux par la route nationale 470 ; celle-ci délimite les microclimats dont les plus réputés se trouvent au nord.

Les vignes, dans leur ensemble, couvrent près de 435 hectares, dont le rendement de base est limité à 40 hectolitres par hectare pour les rouges et 45 pour les blancs, et donnent des récoltes moyennes de 1 200 hectolitres en blanc et de 15 000 en rouge.

Les titres alcoométriques minimaux sont, pour les vins rouges, de 10,5 % Vol. et, pour les blancs, de 11 % Vol. Les premiers crus doivent titrer 11 % Vol. en rouge, et 11,5 % Vol. en blanc. Les cépages Chardonnay et Pinot blanc pour les blancs et le Pinot noir pour les rouges trouvent incontestablement l'une de leurs meilleures expressions sur ces terroirs.

Bien qu'ils ne soient pas toujours aussi prisés qu'ils devraient l'être, les vins rouges de Beaune se révèlent délicats, tendres, bouquetés et soyeux. Les vins blancs, peu répandus, valent pour leur délicatesse et leur nez séduisant. Mais ils atteignent rapidement leur plénitude et n'égalent jamais les grands vins de Bourgogne blancs : Chassagne, Montrachet et Meursault.

Tapisserie de Jean Lurçat intitulée « Le Vin ». Beaune.

Beaunoir

Synonymes : *Cep gris* ou *Seau gris* dans la vallée de la Seine et *Pinot d'Orléans* aux Riceys.

Grappes petites, cylindriques, très compactes ; baies petites, sphériques, noir bleuté.

La Côte de Beaune produit des vins rouges tendres, bouquetés et soyeux, ainsi que des vins blancs délicats.

Ce cépage rustique et vigoureux, dont la maturité est de 2e époque, n'est connu que dans l'Aube (arrondissement de Bar-sur-Seine) et la Côte-d'Or (arrondissement de Châtillon-sur-Seine) ; il ne donne que des vins communs ; non classé.

 Béclan

Synonymes : *Petit Béclan* dans le Jura, *Baclan, Baccalan, Bécclan, Petit Margilien* à Arbois, *Seaut noir, Saunoir* à Saint-Amour, *Roussette noire* à Lons-le-Saunier. Son nom vient de « bècle », treille en patois.

Bourgeonnement épanoui, faiblement duveteux blanc à liseré carminé. Jeunes feuilles aranéeuses, bronzées, 5-lobées.

Feuilles petites, épaisses, orbiculaires, bullées, vert foncé, profondément 5-lobées à fonds aigus, sinus pétiolaire en lyre ; dents ogivales, moyennes ; nervures et dessous du limbe pubescents, rugueux au toucher. À l'automne, le feuillage rougit totalement.

Rameaux glabres, anguleux, violacés ; vrilles petites, fines.

Grappes petites, cylindriques, compactes ; baies petites, sphériques à ovoïdes, noir bleuté, pulpe juteuse ; maturité : 2e époque hâtive.

Le Béclan est un cépage fin, donnant un vin très coloré, alcoolique, de bonne qualité, prenant en vieillissant une légère odeur de framboise. Il a été classé autorisé dans le Jura.

Bellet

L'appellation d'origine contrôlée, ratifiée par le décret du 11 novembre 1941, est située dans la commune de Nice, autour du hameau de Saint-Romain-de-Bellet.

Le paysage est splendide : entre la faille du Var et la colline de Serre-Long, sur des pentes très raides, l'homme a aménagé le sol en terrasses vouées pour la plupart aux cultures horticoles et plus particulièrement florales.

Le tout petit vignoble de Bellet – 38 hectares produisant en moyenne 1 000 hectolitres – se trouve surtout dans les quartiers Saint-Isidore et Saint-Antoine, à une altitude de 350 mètres, sur des sols graveleux de poudingue. Ses points de repère sont le château Crémat et le château de Bellet, qui dominent le paysage niçois.

La proximité de l'Italie et de ses vignobles a donné une originalité certaine à l'encépagement. S'il s'y cultive comme ailleurs la Clairette, le Bourboulenc, le Grenache, le Cinsaut, des cépages d'origine italienne dominent : le Rolle (Vermentino) avec un peu de Chardonnay bourguignon dans les vins blancs, la Folle noire (Fuella nera) et le Braquet (Brachetto) dans les vins rosés et les vins rouges. S'y ajoutent des cépages rares : Roussan, Pignerol, Spagnol ou Mayorquin. Dans les conditions d'altitude et de sols où ils naissent, les vins blancs sont très différents de ceux qui sont produits alentour : ils ont un bouquet floral élégant et une silhouette légère et fraîche.

Les vins rosés, grâce au Grenache, au Cinsaut, et surtout au Braquet, offrent des odeurs de fruits et d'amande qui se prolongent en bouche.

Les vins rouges, à robe rubis, ont eux aussi des caractères bien à eux : un bouquet intense de fruits avec des nuances végétales, une forme gracieuse.

 Beni-Carlo

Synonymes : *Carignan espagnol, Terret d'Espagne, Mourvèdre* (par erreur).

Grappes volumineuses, tronconiques avec 2 ailerons, compactes ; baies grosses, sphériques ou ovoïdes, noir bleuté, très juteuses ; maturité : 3e époque tardive.

Cépage d'origine espagnole donnant un vin peu coloré, faiblement alcoolique et acide à cause de sa maturité tardive. Il en existe quelques plantations, non classées, dans l'Aude et l'Hérault.

 Béquignol

Synonymes : *Petit bec,* en patois gascon *Béquignaou, Balouzat* à Cussac, *Béquin rouge* à Saint-Macaire, *Camerouge* à Margaux, *Chalosse noire* dans le Blayais, *Chausset* ou *Chaussé* à Saint-Loubès, *Egrenant* et *Prunelard* en Dordogne, *Fer* (par erreur) en Gironde, *Hère, Grosse Hère* à Buzet et dans le Marmandais, *Enrageat rouge* à Saint-Pierre-d'Aurillac.

Feuilles moyennes, orbiculaires, vert terne, plus pâles que celles du Fer, bullées, tourmentées, 5-lobées à sinus latéraux étroits ou à bords superposés, sinus pétiolaire en lyre ; dents ogivales, étroites ; nervures vert pâle, mais point pétiolaire rosé ; dessous du limbe aranéeux et nervures pubescentes. À l'automne, le feuillage rougit partiellement.

Grappes petites à moyennes, ailées, compactes ; baies ellipsoïdes, moyennes, noir bleuté, juteuses, s'égrenant facilement ; maturité : 2e époque.

Ce cépage bordelais a souvent été confondu avec le Fer, dont il diffère par les jeunes feuilles plus bronzées, le point pétiolaire rouge, les dents plus étroites et les sinus latéraux plus profonds. Le Béquignol est sensible à l'oïdium, mais relativement résistant au mildiou. Peu productif, il donne un vin léger, peu acide, coloré. Il a été classé recommandé en Gironde et dans la Vienne.

Il existe un Béquignol gris, appelé Gros Gris, rencontré dans l'Indre ainsi que dans les Landes avec des baies à secteur gris et noir.

 Berdomenel

Cépage de l'Ariège où il est parfois appelé *Berdanel,* à Pamiers.

Grappes petites, cylindriques, lâches ; baies ovoïdes, moyennes, blanches ; maturité : 2e époque.

C'est un vieux cépage cultivé dans le vignoble de Pamiers, vigoureux, mais petit producteur, qui est en voie de disparition, n'ayant pas été classé. Il est sensible à l'oïdium et à la pourriture.

Bergerac, Bergerac sec, Côtes-de-Bergerac

Bergerac figure parmi les premières régions viticoles qui ont accédé en 1936 au statut des vins d'appellation d'origine contrôlée. Tous les vins, rouges et blancs, récoltés sur les 93 communes de l'arrondissement de Bergerac peuvent porter l'appellation de Bergerac, à condition de satisfaire à certaines caractéristiques.

Les Bergerac rouge et ***rosé*** doivent présenter un titre alcoométrique volumique minimal de 10 % Vol. Le rendement de base défini par décret est de 55 hectolitres à l'hectare. La production globale est d'environ 260 000 hectolitres. Ce sont des vins fins, généreux, bouquetés, faciles à boire. Généralement vinifiée après égrappage, la vendange macère huit à quinze jours, voire davantage certaines années. Ces vins ne se prêtent pas à un vieillissement très prolongé et gagnent à être consommés relativement jeunes, après deux à trois ans.

Les Côtes-de-Bergerac rouges, avec un degré alcoolique minimal de 11 % Vol., et 50 hectolitres à l'hectare de rendement de base, sont plus corsés que les Bergerac rouges et parfois plus aptes au vieillissement. La production en 1995 a été de 21 823 hectolitres. Bergerac rouge et Côtes-de-Bergerac rouge sont issus de Merlot, de Cabernet-Sauvignon et Cabernet franc, de Côt (ou Malbec), de Fer Servadou et de Mérille.

Le Bergerac rosé consiste en une production voisine de 15 000 hectolitres. Les vins, élaborés de préférence à partir du cépage Cabernet, sont obtenus soit par pressurage direct les années de forte maturité, soit par saignée après macération d'une dizaine d'heures. Ces vins sont à consommer jeunes.

Le Bergerac sec est un vin blanc traditionnellement peu acide, riche en bouche avec des arômes légers et floraux. Cette constitution est l'expression d'une dominante de Sémillon, complété généralement par du Sauvignon, de l'Ondenc, du Chenin blanc et de l'Ugni blanc (maximum 25 %), voire de la Muscadelle. La recherche de nouvelles technologies de vinification, associée à des efforts croissants d'équipement des viticulteurs, explique la régulière amélioration qualitative de ces vins qui doivent se consommer de préférence dans les dix-huit mois suivant la récolte.

Le Bergerac sec doit présenter un titre alcoométrique minimal de 10 % Vol., et ne pas contenir plus de 4 grammes par litre de sucres résiduels. Ce même type de vin, quand il contient entre 4 grammes par litre et 54 grammes par litre de sucres, porte l'appellation ***Côtes-de-Bergerac.***

L'appellation Côtes-de-Bergerac moelleux, à teneur en sucres comprise entre 5 et 17 grammes par litre, a été supprimée par décret du 3 septembre 1993.

Bergeracois

Voir la région page 264.

 Bia blanc

Synonymes : *Biard* dans l'Isère, *Béar, Béard* dans le Rhône.

Grappes moyennes, cylindriques, étroites, compactes ; baies moyennes, ellipsoïdes, blanches, juteuses ; maturité : 2e époque.

Ce cépage était cultivé autrefois dans la vallée de l'Isère autour de Saint-Marcellin ainsi que dans le vignoble de La Tronche, près de Grenoble. Dans le Rhône, il était connu à Côte-Rôtie et aux environs de Lyon à Chandieu-Toussieu, à Feyzin et à Saint-Romain-du-Mont-d'Or. Petit producteur, assez vigoureux, il faut le conduire à la taille longue.

Il donne un vin distingué, aromatique, rappelant la saveur du Sauvignon. Non classé, il est en voie de disparition.

 Biancone

Plusieurs cépages blancs, tardifs, en particulier dans le nord de la Corse, sont cultivés sous ce nom.

Grappes grosses, ailées, boudinées ; baies légèrement ovoïdes ou sphériques, moyennes, blanches ; maturité : 4e époque.

Cépage productif et élément de quantité dans la vendange où il apporte une certaine acidité en raison de sa maturité tardive. Non classé, il en subsiste près de 60 hectares actuellement.

 Biancu gentile

Encore connu sous le nom de *Biancone gentile,* ce cépage blanc, un peu cultivé en Haute-Corse, n'est pas classé.

Bienvenues-Bâtard-Montrachet

Contiguë au vignoble de Bâtard-Montrachet en Côte de Beaune, l'aire d'appellation d'origine contrôlée de Bienvenues-Bâtard-Montrachet couvre seulement 4 hectares situés, pour la grande partie, sur la commune de Puligny-Montrachet.

Cette appellation ratifiée par décret du 31 juillet 1937 produit chaque année en moyenne 160 hectolitres d'un vin dont le titre alcoométrique minimal a été fixé à 11,5 % Vol. et le rendement de base à 40 hectolitres à l'hectare.

Le seul cépage autorisé est le Chardonnay, qui trouve, dans ce terroir assez pauvre et aride, les conditions les plus favorables à sa meilleure expression.

On retrouve dans ce vin blanc prestigieux toutes les qualités que l'on célèbre sur l'ensemble des grands crus de Montrachet : une robe pâle, brillante et délicate, un panache mémorable et une subtile harmonie.

Blagny

Ratifiée par le décret du 21 mai 1970 (modifié par celui du 23 mai 1989), cette petite appellation est la seule AOC de Bourgogne qui ne porte pas un nom de commune, mais celui d'un hameau dont le territoire est partagé entre le territoire de Meursault et celui de Puligny-Montrachet. Les vins rouges sont issus du Pinot noir. Le degré alcoolique minimal a été fixé à 10,5 % Vol., maximal à 13,5 % Vol., et le rendement de base limité à 40 hectolitres à l'hectare. Les vins blancs prennent, quant à eux, le nom de leur commune d'origine, Meursault ou Puligny-Montrachet. Le terroir de Blagny possède les mêmes caractéristiques que celui de Meursault ; il est riche en calcaire magnésien ferrugineux. Chaque année sont produits près de 250 hectolitres d'un vin rouge fin, fleuri, à la fois corsé et distingué.

 Blanc Auba

Synonyme : *Blanc Aouba,* dans l'Entre-deux-Mers.

Grappes petites, ailées, cylindriques, compactes ; baies sphériques, moyennes, blanches, peu juteuses ; maturité : 3e époque.

Cépage bordelais autrefois cultivé dans l'Entre-deux-Mers, notamment à Sainte-Croix-du-Mont, ainsi que dans la région de Libourne, de Bazas et jusque dans le Marmandais. C'est un plant très sensible au mildiou, à la coulure, mais il est moins atteint par l'oïdium et la pourriture grise.

Il était réputé pour donner un vin assez fin. Il a été progressivement remplacé par l'Ugni blanc. Non classé.

 Blanc Cardon

Synonymes : *Blancardon, Mauzac blanc,* par erreur.

Sur le terroir de Puligny-Montrachet sont élaborés les fameux crus de Montrachet, Chevalier-Montrachet et Bienvenues-Bâtard-Montrachet.

Grappes cylindriques, étroites, petites ; baies sphériques, blanches, peu juteuses ; maturité : 2e époque tardive.

C'est un ancien cépage du Lot-et-Garonne, productif, mais sensible à la pourriture grise. Il produit des vins ordinaires. Non classé, il a pratiquement disparu aujourd'hui.

 Blanc Dame

Synonymes : *Blanc Madame* dans le Jurançonnais, *Clairette de Gascogne* ou *Claret de Gascogne, Blanquette grise* dans le Gers.

Bourgeonnement cotonneux blanc.

Grappes grandes, ailées, tronconiques, assez lâches ; baies moyennes, sphériques ou légèrement ellipsoïdes, blanches à blanc roux ; maturité : 2e époque tardive.

Ce cépage est cultivé et autorisé dans le Gers et les Pyrénées-Atlantiques sur 9 hectares. Il est sensible à l'oïdium et à la pourriture. Il donne un vin ordinaire.

Blanc Fumé de Pouilly

Voir Pouilly Fumé.

 Blanc Verdet

Synonymes : *Blanc Berdet, Petit Blanc Verdet.*

Grappes grandes, tronconiques, ailées ; baies moyennes, sphériques ou légèrement ovoïdes, blanches ; maturité : 3e époque.

Ce cépage accessoire de la Gironde n'est pas classé, car il passe pour ne fournir que des vins de mauvaise qualité, en raison de sa maturité trop tardive pour la région bordelaise.

BERGERACOIS

De la présence romaine à nos jours, à travers toutes les vicissitudes de l'histoire – occupation anglaise, lourd pouvoir féodal, guerres de Religion –, et de nombreuses mutations, les vins de Bergerac n'ont cessé de maintenir leur originalité et leur qualité.

■ La culture de la vigne en Périgord est apparue à la fin du Ier siècle après Jésus-Christ, s'inscrivant dans la continuité de la viticulture bordelaise. Cette même vigne qui avait été apportée à Bordeaux par les Romains, à partir de la vallée de la Garonne, remontait le cours de la Dordogne pour donner naissance aux crus de Montravel, puis à ceux de Sainte-Foy, de Bergerac et de Monbazillac. Cette extension se poursuivra plus tard dans le haut Périgord vers le Massif central.

Vignes à Thénac, commune où l'on produit les vins d'appellation Bergerac.

Les appellations et la production

Actuellement, le vignoble de Dordogne est essentiellement constitué par la production de l'arrondissement de Bergerac. Le nombre d'appellations de la région témoigne de la richesse et de la diversité de l'expression des terroirs. On produit ainsi des vins rouges et rosés : Bergerac rouge, Côtes-de-Bergerac rouge, Pécharmant, Bergerac rosé. Les vins blancs sont secs – Bergerac sec, Montravel –, ou moelleux – Rosette, Côtes et Haut-Montravel, Saussignac et Monbazillac, ce dernier pouvant être également sec.

Ces vins peuvent être regroupés géographiquement dans quatre grandes régions : Bergerac, Monbazillac, Montravel, Pécharmant. Essentiellement productrice de vins blancs au cours des dernières décennies, la région a opéré un retour vers la physionomie du vignoble qui existait au début du siècle. L'équilibre entre les productions de vin blanc et rouge est aujourd'hui atteint. Dans le même temps, la production de Bergerac sec s'est accrue, répondant ainsi à l'évolution générale du marché.

Les sols

Le vignoble bergeracois est essentiellement un vignoble de coteaux. La structure géologique des plateaux situés de part et d'autre de la vallée n'est pas la même. On peut donc distinguer deux zones, les sols de la rive droite et les sols de la rive gauche.

En remontant la Dordogne, les premiers sols de la rive droite sont ceux de Montravel, constitués de molasses de l'Agenais, formation tertiaire très variée, comprenant des grès et des sables mélangés à de l'argile et à des graviers dans lesquels on trouve par endroits des affleurements de tuf, roche poreuse calcaire. Bien qu'à dominante argileuse, la diversité de ces sols constitue un terroir viticole excellent.

En prolongeant le coteau vers l'est jusqu'à Bergerac, la structure géologique se modifie profondément pour donner une autre formation tertiaire assez pauvre, les sables et les graviers du Périgord. Les terres d'aspect rouge, de par la présence de fer, délimitent pour l'essentiel les appellations Pécharmant et Rosette. Sur la rive gauche, la côte est exposée au nord et descend par replats vers les terres de la vallée. Cette zone de côtes et de coteaux qui définit l'aire de production de

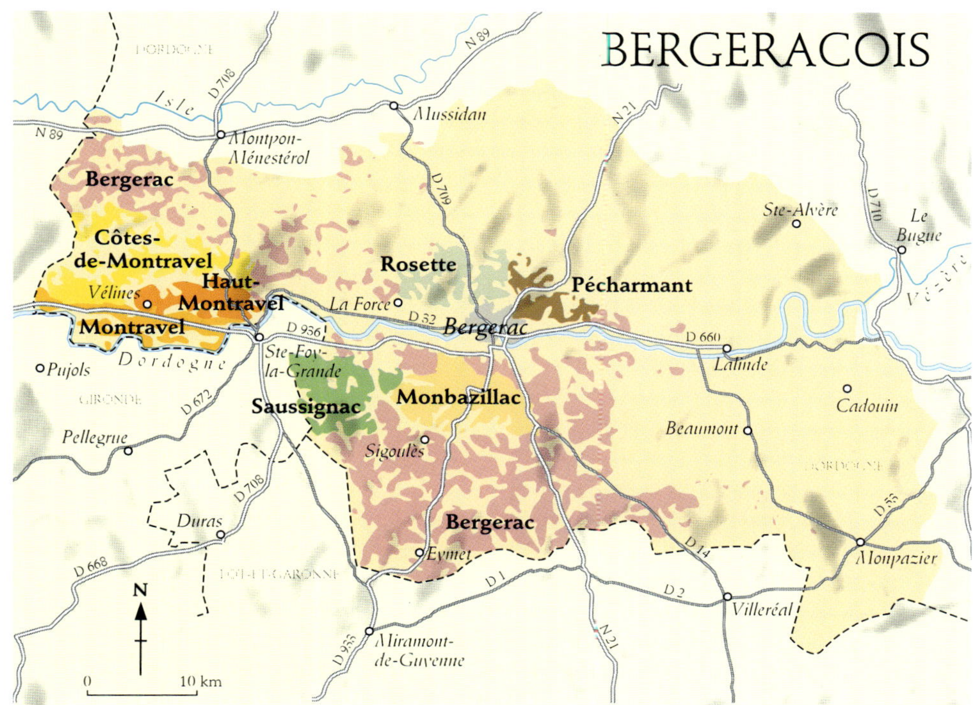

Monbazillac est constituée par des sols argilo-calcaires où l'argile est dominant. Le vallonnement joue le rôle de drain naturel qui, en éliminant l'excès d'eau, donne au sol ses caractères viticoles. D'autre part, la structure colloïdale de l'argile assure le maintien de l'humidité nécessaire au développement du *Botrytis cinerea* lors de la surmaturation des raisins.

Le climat

Le climat de type océanique avec des tendances méridionales est particulièrement favorable à la culture de la vigne. La moyenne des températures est douce et les précipitations annuelles, 770 millimètres, sont bien réparties sur 153 jours dans l'année. La moyenne annuelle de l'ensoleillement est voisine de 1850 heures.

Ces conditions météorologiques favorisent le débourrement des cépages entre le 20 et le 26 avril. La floraison se déroule du 10 au 20 juin. La véraison, généralement homogène, a lieu vers la mi-août, et permet de vendanger entre le 10 septembre et le début octobre selon la précocité des raisins et selon l'année.

Les cépages

Trois cépages constituent la base du vignoble bergeracois, chacun d'eux donnant une expression particulière aux vins de la région.

Vins blancs

Le Sémillon constitue l'essentiel de l'encépagement du vignoble blanc.

Cette prédominance s'explique par l'importante production de vins blancs moelleux – Haut-Montravel, Côtes-de-Montravel, Saussignac – et liquoreux comme le Monbazillac. En effet, ce cépage supporte bien la surmaturation et acquiert lors des transformations dues au *Botrytis cinerea* des caractères aromatiques supérieurs. Pour la vinification en blanc sec, on ajoute souvent au Sémillon des vins de cépages plus aromatiques.

Le Sauvignon, cépage vigoureux mûrissant plus tôt que le Sémillon, a une production moyenne. Les vins de Sauvignon présentent un bouquet particulier, légèrement musqué, très recherché dans

Les plantations de Merlot en terre argileuse donnent des vins puissants et charpentés.

Un vigneron de Bergerac contemple le vin nouveau avant de le porter en bouche pour apprécier le caractère du millésime.

PRODUCTION DU BERGERACOIS EN HECTOLITRES	1975	1985	1995
Bergerac sec	49 911	84 253	86 246
Montravel	16 757	17 566	16 251
Côtes-de-Bergerac moelleux (1)	78 877	65 207	74 559
Rosette	570	60	693
Saussignac	4 885	300	1 774
Côtes-de-Montravel	5 854	4 997	3 756
Haut-Montravel	2 168	792	2 827
Monbazillac	73 194	45 490	51 722
Bergerac rosé	–	–	14 279
Bergerac rouge	84 401 (2)	227 203 (2)	267 871
Côtes-de-Bergerac rouge	13 953	25 519	21 823
Pécharmant	3 125	11 642	14 162
	333 695	**483 029**	**555 967**

(1) L'appellation est aujourd'hui Côtes-de-Bergerac. (2) Bergerac rouge et rosé.

Le Sauvignon donne toute son expression dans les terres à dominantes calcaires.

l'élaboration des vins blancs secs. Sa plantation est actuellement encouragée.

La Muscadelle confère au vin des odeurs qui rappellent celles du Muscat. C'est un cépage d'appoint intéressant, tant pour les vins secs que pour les liquoreux. Sa grande sensibilité à la pourriture grise et au millerandage et sa faible productivité le font quelque peu délaisser.

Vins rouges

Le Merlot produit des vins souples, riches en couleur, plus rapidement consommables que ceux issus du Cabernet. C'est le plus précoce des cépages rouges utilisés en Bergeracois et sa fertilité est bonne. Il constitue la base de l'encépagement de Bergerac rouge.

La tour qu'habitait Montaigne, au cœur de « son » vignoble de Montravel.

Le Cabernet-Sauvignon, assez répandu dans la région de Bergerac, n'est pas un gros producteur et sa maturation est tardive. Il produit des vins de garde, très charpentés, mais est le plus souvent associé à d'autres cépages.

Le Cabernet franc produit des vins rouges très fruités, plus tendres et plus fins que ceux issus du Cabernet-Sauvignon.

Le Côt donne un vin plus tendre et moins aromatique que celui des Cabernets. On le trouve surtout dans le vignoble de Pécharmant.

Sont également autorisés le Fer Servadou et le Mérille.

Organisation professionnelle

Le Conseil interprofessionnel des vins de la région de Bergerac (CIVRB), créé en 1953, représente toutes les professions qui vivent de la vigne et des vins à appellation contrôlée, récoltés dans l'arrondissement. Le rôle du CIVRB est triple : il mène des actions techniques, économiques et contribue à la notoriété des vins.

Le Bergeracois

L'amateur de vin se devra de visiter le cloître des Récollets, érigé entre le XIIe et le XVIIe siècle, qui abrite la maison du Vin, où il pourra se familiariser avec les vins du Bergeracois. À Bergerac encore, il pourra visiter le musée du Vin et celui du Tabac, dans la maison de Peyrarède. Aux environs, le château de Monbazillac, la tour de Montaigne et les ruines gallo-romaines de Montcaret retiendront son attention.

Blanc vert

Synonyme : *Plant Notre-Dame* à Fronton, *Œil de crapaud* dans le Tarn-et-Garonne.

Grappes assez courtes, compactes, munies de 2 ailerons ; baies ovoïdes, moyennes, blanc jaunâtre, peau un peu épaisse, saveur herbacée ; maturité : 2e époque.

Cépage secondaire des vignobles de Lavilledieu (Tarn-et-Garonne), ainsi que de Fronton (Haute-Garonne), non classé, produisant un vin ordinaire, faiblement alcoolique.

Blanqueiron

Synonymes : *Blanqueiro, Blanqueirol, Blanquerel.*

Vieux cépage niçois, cultivé à Saint-Jeannet et à la Gaude, assez voisin du Bouteillan blanc et du Pignerol, qui donne un vin blanc, alcoolique, estimé localement.

Blanquette de Limoux

Situé sur les coteaux bordant la vallée de l'Aude au sud de Carcassonne, c'est le seul cru de vin mousseux du Languedoc-Roussillon ayant une notoriété (depuis 1990, il existe également le Crémant de Limoux). Il est élaboré par la méthode de seconde fermentation avec prise de mousse et conservation en bouteille avant un dégorgeage qui ne sera pas inférieur à neuf mois, ou par la méthode ancestrale.

L'encépagement est à base de Mauzac accompagné de Chenin et de Chardonnay.

Deux autres types de vins sont produits : un vin tranquille, le Limoux, autrefois Limoux nature, et un vin mousseux, Blanquette méthode ancestrale. Ce dernier est élaboré selon une méthode très ancienne dite « rurale » qui donne un produit original caractérisé par son fruité. L'appellation d'origine contrôlée, classée par le décret du 13 avril 1981 (et les décrets du 24 janvier 1986 et 21 août 1990), intéresse 42 communes et couvre une superficie de 5 500 hectares, dont 2 000 hectares plantés qui produisent 1 813 hectolitres en Crémant de Limoux, 6 280 hectolitres en Blanquette méthode ancestrale et 41 600 hectolitres en Blanquette de Limoux.

Hotte emplie de grappes de Mauzac, cépage majoritaire pour l'élaboration de la Blanquette de Limoux.

Blayais ou Blaye, Côtes-de-Blaye, Premières-Côtes-de-Blaye

Sur la rive droite de la Gironde, à une cinquantaine de kilomètres au nord de Bordeaux, aux portes de la Charente, autour de la petite ville de Blaye, célèbre par sa citadelle construite par Vauban, se situe un vaste vignoble réparti en trois appellations : Blaye ou Blayais, Côtes-de-Blaye et Premières-Côtes-de-Blaye.

Ces appellations sont réservées aux vins produits à partir de raisins récoltés sur les cantons de Blaye, Saint-Savin-de-Blaye et Saint-Ciers-sur-Gironde. Cette région accidentée et verdoyante qui domine la Gironde est un pays de petites et moyennes propriétés.

Le vignoble de la citadelle, à Blaye, où les vins sont répartis en trois appellations.

Pour avoir droit à l'appellation d'origine contrôlée ***Blaye*** ou ***Blayais*** créée par décret du 11 septembre 1936, les vins rouges ne peuvent provenir que des cépages suivants : Cabernets, Merlot, Malbec, Prolongeau, Cahors, Béquinol, Bonnoir et Verdot. La richesse minimale en sucres des moûts doit être de 170 grammes par litre et les vins doivent présenter un titre alcoométrique minimal de 10 % Vol. et maximal de 12,5 % Vol. Le rendement de base est de 50 hectolitres à l'hectare, avec un plafond limite de classement de 20 %.

Pour les vins blancs, l'encépagement exigé est le suivant : Merlot blanc, Folle blanche, Colombard, Pineau de la Loire, Frontignan, Sémillon, Sauvignon et Muscadelle.

La richesse minimale en sucres des moûts doit être de 170 grammes par litre et les vins doivent présenter un titre alcoométrique acquis minimum de 10 % Vol. Le rendement de base est de 45 hectolitres à l'hectare, avec un plafond limite de classement de 20 %.

L'appellation d'origine contrôlée ***Côtes-de-Blaye*** est réservée aux seuls vins blancs secs. L'encépagement est en Colombard (60 à 90 %) et en cépages accessoires : Sémillon, Sauvignon et Muscadelle.

La richesse minimale en sucres des moûts doit être de 144 grammes par litre et les vins doivent présenter un titre alcoométrique minimal de 10 % Vol. et maximal de 12,5 % Vol. Le rendement de base est de 60 hectolitres à l'hectare.

L'appellation d'origine contrôlée ***Premières-Côtes-de-Blaye,*** par décret du 14 février 1994, est réservée aux vins rouges provenant des cépages Cabernet franc, Cabernet-Sauvignon, Malbec et Merlot, et aux vins blancs provenant des cépages Muscadelle, Sauvignon et Sémillon.

Empilage de bouteilles sur lattes dans une cave.

Pour les vins rouges, la teneur minimale en sucres des moûts doit être de 178 grammes par litre et les vins doivent présenter un titre alcoométrique minimal de 10,5 % Vol. et maximal de 13 % Vol. Le rendement de base est de 50 hectolitres à l'hectare.

Pour les vins blancs, la teneur minimale en sucres des moûts est de 153 grammes par litre et les vins doivent présenter un titre alcoométrique minimal de 10 % Vol. Le rendement de base est de 60 hectolitres à l'hectare.

Par décrets du 23 septembre 1970 et du 19 octobre 1974, les vins des appellations Côtes-de-Blaye et Premières-Côtes-de-Blaye ne peuvent pas être mis en circulation sans un certificat de qualité délivré par une commission officielle de dégustation.

L'aire des appellations couvre environ 4 000 hectares. La tendance de production est de 210 000 hectolitres de vins rouges (appellation Premières-Côtes-de-Blaye). La tendance de production de vins blancs est de 25 000 hectolitres pour l'appellation Blayais et de 15 000 hectolitres pour l'appellation Côtes-de-Blaye. Environ le tiers des vins blancs sont élaborés en caves coopératives.

Comme dans bien des zones viticoles du Bordelais, on assiste dans le Blayais à une augmentation de la production des vins rouges aux dépens de celle des vins blancs ; quant à ces derniers, ils sont de plus en plus de type sec, fruité et nerveux ; la production de vins blancs moelleux et liquoreux contenant plus ou moins de sucres étant en régression.

Les vins rouges sont légers, souples et aromatiques, à boire jeunes. Les vins blancs, parfois typés par le Colombard, sont agréables dans l'année qui suit la mise en bouteilles.

 Bobal

Synonyme : *Carignan espagnol.*

Grappes moyennes, compactes ; baies discoïdes, moyennes, noir bleuté, un peu grisâtres, peau épaisse, saveur âpre ; maturité : 3e époque tardive.

Cépage espagnol de la région de Requena introduit en France au moment de la crise phylloxérique. Non classé, il en subsiste quelques hectares dans le Midi en attendant sa disparition totale.

Bonnes Mares

Ce grand vin rouge de la Côte de Nuits est partagé entre le territoire de Morey-Saint-Denis pour 1,84 hectare et celui de Chambolle-Musigny pour 13,70 hectares. L'AOC Bonnes Mares a été ratifiée par le décret du 8 décembre 1936.

Le vin, issu de cépages Pinot noirien, Pinot-Beurot et Pinot-Liebault, est tenu de présenter un titre alcoométrique minimal de 11,5 % Vol. et de limiter son rendement à 35 hectolitres à l'hectare. La production annuelle s'élève à 450 hectolitres en moyenne.

Ce grand cru constitue un modèle d'équilibre. Il figure parmi les plus grands vins de la Côte de Nuits en raison de sa puissance, de son étoffe et d'un bouquet recherché de fleurs et fruits rouges mûrs : fraise et cassis.

Bonnezeaux

Le vignoble, classé AOC par le décret du 6 novembre 1951, couvre une superficie de 80 hectares, avec pour unique cépage le Chenin blanc. La production moyenne est de l'ordre de 2 500 hectolitres. L'aire de production s'étend sur une partie de la commune de Thouarcé.

Les vins peuvent provenir de raisins botrytisés. Le raisin doit avoir une richesse saccharimétrique de 230 grammes par litre. La robe des vins va du jaune au doré prononcé. Ils ont un style moelleux. Les arômes développent des odeurs de fleurs et de fruits très mûrs avec des caractères exotiques.

Les vins présentent une très grande aptitude au mûrissement en bouteille et peuvent même faire des centenaires. Il s'agit là d'une expression précieuse et racée de la vigne.

(*Voir* la région Anjou et Saumurois p. 236).

Bordeaux et Bordeaux sec

L'appellation générique d'origine contrôlée Bordeaux, créée par décret du 14 novembre 1936, peut être revendiquée sous certaines conditions par tous les vins rouges et blancs provenant des raisins récoltés sur le département de la Gironde, à l'exception des zones de palus, des marais et des parties forestières en bordure de l'océan Atlantique et à proximité du département des Landes.

Pour avoir droit à l'appellation Bordeaux, les vins rouges doivent provenir des cépages suivants : Cabernet-Sauvignon, Cabernet franc, Carmenère, Merlot, Côt et Petit Verdot.

La richesse minimale en sucres des moûts doit être de 178 grammes par litre et les vins doivent présenter un titre alcoométrique minimal de 10 % Vol. et maximal de 12,5 % Vol. Le rendement de base est de 55 hectolitres à l'hectare.

Depuis 1967, les vins rouges de l'appellation Bordeaux ne peuvent être mis en circulation sans un certificat de qualité délivré par une commission de dégustation.

Pour avoir droit à l'appellation Bordeaux, les vins blancs doivent provenir des cépages principaux Sauvignon, Sémillon et Muscadelle et

Château Dudon, près de Langoiran en Gironde, sur l'aire d'appellation Bordeaux.

des cépages accessoires Merlot blanc, Colombard, Mauzac, Ondenc et Ugni blanc, le pourcentage des cépages accessoires ne devant pas dépasser 30 % de l'encépagement.

Le décret du 14 décembre 1977 a par ailleurs réglementé de façon précise l'appellation concernant les vins blancs de l'appellation générique Bordeaux.

Les vins blancs dont le titre alcoométrique est compris entre 10 % Vol. et 13 % Vol. et présentant une teneur en sucres inférieure à 4 grammes par litre portent obligatoirement la mention ***Bordeaux sec*** ; ils doivent provenir de moûts contenant au minimum 170 grammes de sucres par litre.

L'appellation ***Bordeaux*** est réservée aux vins dont le titre alcoométrique est compris entre 10,5 % Vol. et 13,5 % Vol. (10 % Vol. d'alcool acquis au minimum), et qui présentent une teneur en sucres supérieure à 4 grammes par litre ; ils doivent provenir de moûts contenant au minimum 178 grammes de sucres par litre. Le volume de ce type de blanc a fortement diminué ces dernières années. Les producteurs qui élaborent des vins blancs doux revendiquent plutôt l'appellation Bordeaux supérieur.

Le rendement de base des Bordeaux blancs secs ou doux est de 65 hectolitres à l'hectare ; Depuis 1974, les vins blancs de cette appellation ne peuvent circuler sans un certificat de qualité délivré par une commission de dégustation désignée par l'INAO.

La superficie de l'aire d'appellation Bordeaux rouge est potentiellement de 48 000 hectares et la production de 2 500 000 hectolitres par an dont 25 % élaborés dans 40 caves coopératives. En Bordeaux blanc sec, la superficie est potentiellement de 15 000 hectares et la production de 900 000 hectolitres dont 25 % élaborés dans 35 caves coopératives dans la production de cette appellation générique.

Les vins blancs secs sont mis en bouteilles généralement très tôt, parfois seulement deux à trois mois après la récolte. Ils ne sont jamais aussi bons que dans l'année qui suit la mise en bouteilles ; certains producteurs qui bénéficient d'un terroir privilégié et surtout d'un encépagement de qualité élaborent des vins blancs de plus longue tenue.

Dans la majorité des cas, les Bordeaux rouges sont rapidement mis en marché et plaisent par leur souplesse et leurs arômes fruités. Peu d'entre eux dépassent toutefois quatre à cinq ans de bouteille.

Bordeaux clairet

Les vins rouges peu colorés et de structure légère, répondant par ailleurs à toutes les exigences de production (cépage, titre alcoométrique, rendement de base, etc.) prévues pour les vins rouges de l'appellation Bordeaux, peuvent prétendre à l'appellation générique Bordeaux clairet. En 1995, la production était de 29 706 hectolitres élaborés par 14 caves coopératives.

Bordeaux-Côtes-de-Castillon

Voir Côtes-de-Castillon.

Bordeaux-Côtes-de-Francs

Par le décret du 26 mars 1967, modifié par celui du 27 janvier 1976, le nom de Côtes-de-Francs peut être adjoint à celui de Bordeaux pour les vins rouges et les vins blancs secs et doux obtenus sur le territoire délimité des communes de Francs, Saint-Cibard et Tayac.

Les vins rouges proviennent des cépages Cabernets, Malbec et Merlot. La richesse minimale des moûts en sucres doit être de 187 grammes par litre et les vins doivent présenter un titre alcoométrique minimal de 11 % Vol. Le rendement est limité à 50 hectolitres à l'hectare.

Les vins blancs doivent être issus des seuls cépages Sauvignon, Sémillon et Muscadelle. Dans le cas des blancs secs, la richesse minimale en sucres des moûts doit être de 196 grammes par litre et les vins doivent présenter un titre alcoométrique minimal de 11,5 % Vol. Pour les blancs liquoreux, la richesse minimale en sucres des moûts doit être de 223 grammes par litre et les vins doivent présenter un titre alcoométrique total minimal de 11,5 % Vol. avec une quantité minimale de sucres de 27 grammes par litre. Le rendement de base est de 50 hectolitres à l'hectare.

Saint-Cibard dans le vignoble bordelais des Côtes de Francs.

En 1995, la surface en rouge Bordeaux-Côtes-de-Francs était de 400 hectares et la production de 23 845 hectolitres. En blanc, le volume déclaré était de 1 271 hectolitres.

Bordeaux-Haut-Benauge

Par le décret du 15 juillet 1955, le nom de l'appellation d'origine contrôlée Haut-Benauge peut être adjoint à celui de Bordeaux pour les vins blancs obtenus sur le territoire délimité des communes d'Arbis, de Cantois, d'Escoussans, de Gornac, de Ladaux, de Mourens, de Saint-Pierre-de-Bat, de Soulignac et de Targon, à condition qu'ils aient été produits par les seuls cépages Sémillon, Sauvignon et Muscadelle. La richesse minimale en sucres des moûts doit être de 195 grammes par litre et les vins blancs doux doivent présenter un titre alcoométrique minimal de 11,5 % Vol. et maximal de 13,5 % Vol.

Nous sommes là devant une expression de vin tendre. Ce type de vin évolue très bien en bouteille et acquiert une belle harmonie.

Le château de Benauge, aux formes élégantes, domine cette zone viticole sur la rive droite de la Gironde.

Bordeaux mousseux

Les vins d'appellation d'origine contrôlée Bordeaux mousseux, régis par le décret du 28 mars 1962, sont produits sur l'aire de l'appellation Bordeaux. Les vins blancs sont issus des cépages Sémillon, Sauvignon et Muscadelle.

Les cépages accessoires, qui ne doivent pas dépasser 30 % de l'encépagement total, sont l'Ugni blanc, le Merlot blanc, le Colombard, le Mauzac et l'Ondenc. Les Cabernets Sauvignon et franc, le Carmenère, le Merlot rouge, le Côt et le Petit Verdot donnent les mousseux rosés.

Bordeaux rosé

Les vins rosés répondant à toutes les exigences de production prévues pour les vins rouges de l'appellation Bordeaux, cépages, titre alcoométrique, rendement de base, etc., peuvent prétendre à l'appellation Bordeaux rosé. La production est d'environ 100 000 hectolitres. Ils se consomment frais, à une température voisine de 8 °C.

Bordeaux sec

Voir Bordeaux.

Bordeaux supérieur

L'appellation Bordeaux supérieur, créée par décret du 14 octobre 1943, est réservée aux vins ayant droit à l'appellation Bordeaux, mais répondant en plus à certains critères de qualité plus contraignants.

Pour les vins rouges, la richesse minimale en sucre des moûts doit être de 178 grammes par litre et les vins doivent présenter un titre alcoométrique minimal de 10,5 % Vol. Le rendement de base est de 40 hectolitres à l'hectare. Depuis 1965, ils ne peuvent pas être mis en circulation sans un certificat de qualité délivré par une commission de dégustation.

Les vins blancs peuvent prétendre à l'appellation Bordeaux supérieur, à condition toutefois qu'ils proviennent exclusivement des cépages Sauvignon, Sémillon, Muscadelle et Merlot blanc, la proportion de ce dernier cépage ne devant pas dépasser 15 % de l'encépagement. La richesse minimale en sucres des moûts doit être de 212 grammes par litre et le titre alcoométrique total compris entre 12 et 15 % Vol., avec un minimum de 11,5 % Vol. d'alcool acquis. Le rendement de base est de 40 hectolitres à l'hectare. Depuis 1973, les vins sont soumis à une dégustation avant de pouvoir être commercialisés.

En 1995, pour les Bordeaux supérieurs rouges, la superficie était de l'ordre de 9 000 hectares et la production de 518 974 hectolitres ; pour les Bordeaux supérieurs blancs, la superficie était de 214 hectares et la production s'élevait à 2 384 hectolitres.

Par rapport aux Bordeaux, les Bordeaux supérieurs rouges sont d'une plus importante longévité. Les Bordeaux supérieurs blancs, vins gustativement plus moelleux que doux, plaisent à certains consommateurs étrangers par la fraîcheur aromatique qu'ils ne possèdent que lorsqu'ils sont jeunes. Cette vivacité, associée à une structure solide, équilibre parfaitement la douceur de ces vins.

BORDELAIS

Les vins de Bordeaux présentent de multiples nuances gustatives qui enchantent le connaisseur. Si les cépages cultivés leur confèrent un goût inégalable, on ne saurait négliger cependant l'influence des terroirs, le rôle des facteurs climatiques régionaux et l'apport des hommes qui, de génération en génération, ont su créer et améliorer les grands vins bordelais.

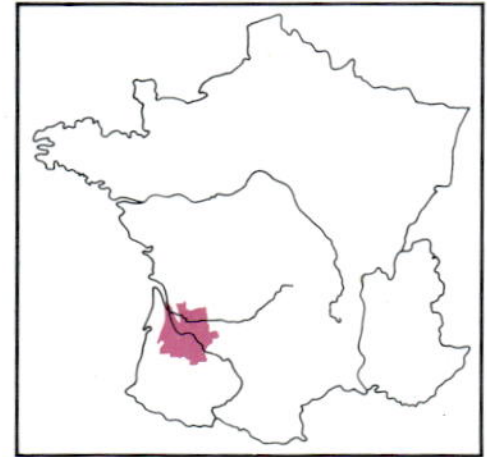

■ Lorsque l'on parle de la nature des sols d'une région viti-vinicole, il convient, en premier lieu, de ne pas confondre le sol et le terroir. En agronomie, le sol se définit par la composition des matériaux constitutifs de la couche arable. On en précise la *texture,* la *structure,* autrement dit la manière dont les divers éléments du sol s'associent en agrégats, et le coefficient de *fertilité,* c'est-à-dire la proportion des éléments qui conditionnent la production agricole.

Il n'est certes pas question de négliger la pédologie viticole bordelaise, mais il faut impérativement l'inclure dans le contexte géographique du *site de terroir.* Cette notion associe un modelé – une forme de relief –, le circuit de l'eau et la nature du proche soubassement structural –, le bâti géologique du terroir. Ainsi conçue, la notion de terroir inclut des systèmes de pentes, la perméabilité ou l'imperméabilité du substratum, la présence plus ou moins forte des principes fertilisants et la capacité d'échanges. Elle prend également en compte la profondeur de l'enracinement de la vigne, qui induit les possibilités variées d'alimentation en eau de la vigne ; elle peut ou non puiser de l'eau à divers « étages ». Toutefois, l'excès d'eau stagnante ne favorise en rien la qualité de la vendange, ce qui faisait dire à Lamothe, régisseur du château Latour, en Médoc, dans les années 1820, « l'eau, ce poison de la vigne ».

Entre les sables landais et les confins charentais

La figure 1 (p. 274) représente le dispositif général des terroirs viticoles bordelais.

De l'ouest vers l'est apparaissent successivement le plateau landais, aux *sables noirs* impropres à la viticulture de qualité, domaine de la forêt de pins maritimes ; puis le mince liseré des graves de la rive gauche de la Garonne-Gironde, modelés en croupes plantées de vignes. Ici se localisent, du nord au sud, les grands vignobles AOC du Médoc (haut et bas Médoc), des graves de Bordeaux et du Sauternais. Ces groupes de graves dominent d'une vingtaine à une quarantaine de mètres, rarement plus, les terres basses argilo-limoneuses des palus

Château Margaux. Ce fleuron du Bordelais, classé premier cru en 1855, est établi en Médoc dans les graves de la rive gauche de la Garonne. La splendide bâtisse date du début du XIXe siècle.

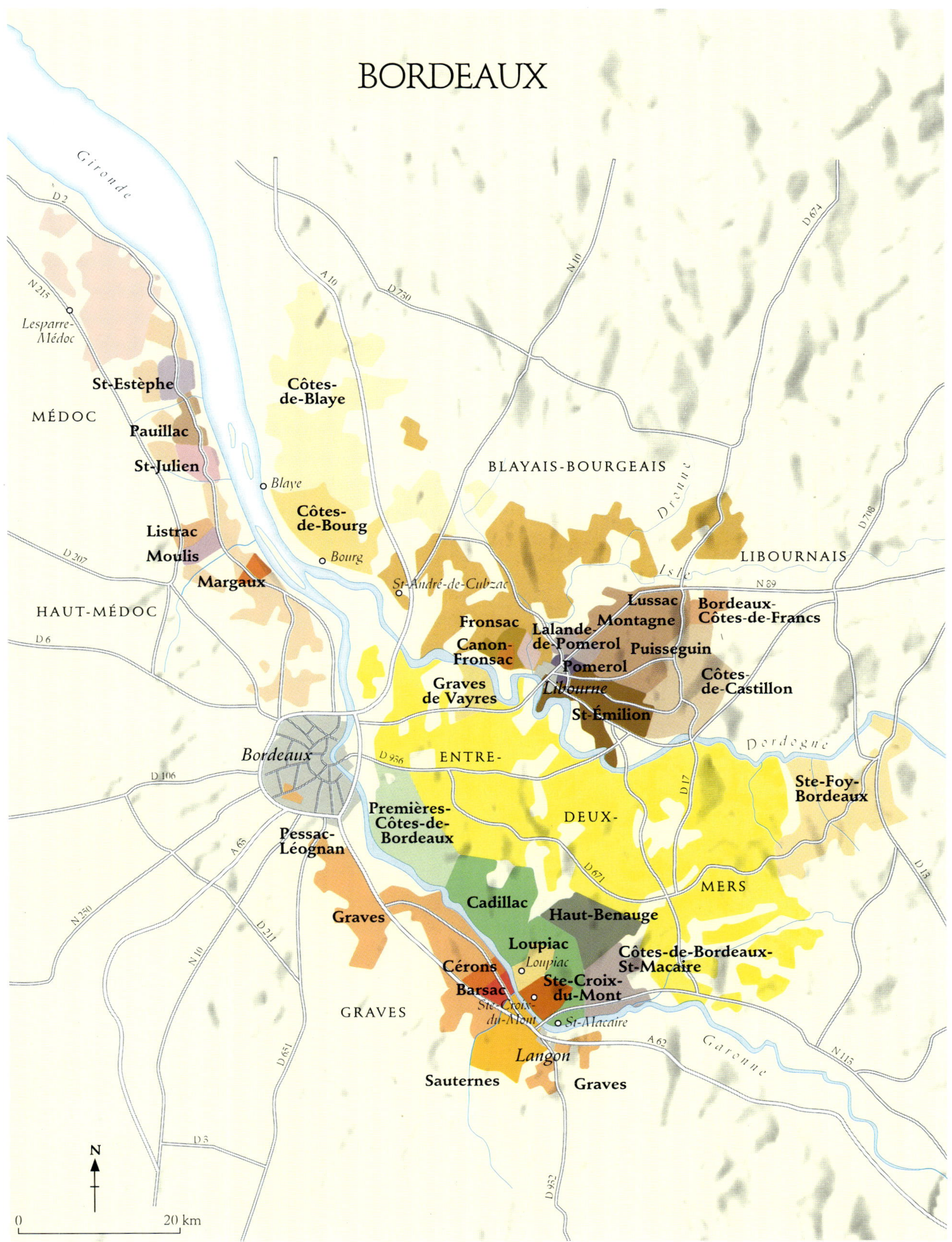
BORDEAUX
Gironde
D 2
N 215
Lesparre-Médoc
St-Estèphe
MÉDOC
Pauillac
St-Julien
Blaye
Côtes-de-Blaye
Côtes-de-Bourg
Bourg
Listrac
Moulis
Margaux
D 207
HAUT-MÉDOC
D 6
A 10
D 730
N 10
D 674
BLAYAIS-BOURGEAIS
Dronne
D 708
LIBOURNAIS
Isle
N 89
St-André-de-Cubzac
Fronsac
Canon-Fronsac
Lalande-de-Pomerol
Lussac
Montagne
Bordeaux-Côtes-de-Francs
Puisseguin
Pomerol
Libourne
Côtes-de-Castillon
Graves de Vayres
St-Émilion
Dordogne
Bordeaux
D 936
ENTRE-
DEUX-
MERS
D 17
Ste-Foy-Bordeaux
D 106
Premières-Côtes-de-Bordeaux
Pessac-Léognan
A 63
D 671
D 13
Cadillac
Graves
Haut-Benauge
N 250
D 211
Loupiac
Côtes-de-Bordeaux-St-Macaire
N 10
Cérons
Barsac
Ste-Croix-du-Mont
St-Macaire
GRAVES
A 62
Garonne
N 113
D 651
Langon
Sauternes
Graves
D 3
N
D 932
0
20 km

en bordure de la Gironde, de l'aval de la Dordogne et de la basse Garonne. Ces terres fertiles, qui ont besoin d'être drainées, furent autrefois plantées de vignes. Ce vignoble de palus est devenu fort résiduel.

Entre Garonne et Dordogne s'étend la plate-forme de l'Entre-deux-Mers, solidement charpentée par les calcaires à astéries, d'âge stampien, au tertiaire. Ce plateau ondulé est revêtu, surtout dans son secteur septentrional et central, d'une nappe d'argile à graviers datant du pliocène. Ce plateau, qui constitue l'ossature du Bordelais, est sillonné par des vallées encaissées qui lui confèrent une topographie accidentée. Ses terres, souvent lourdes, portent les vignobles de l'Entre-deux-Mers. Le plateau domine la rive droite de la

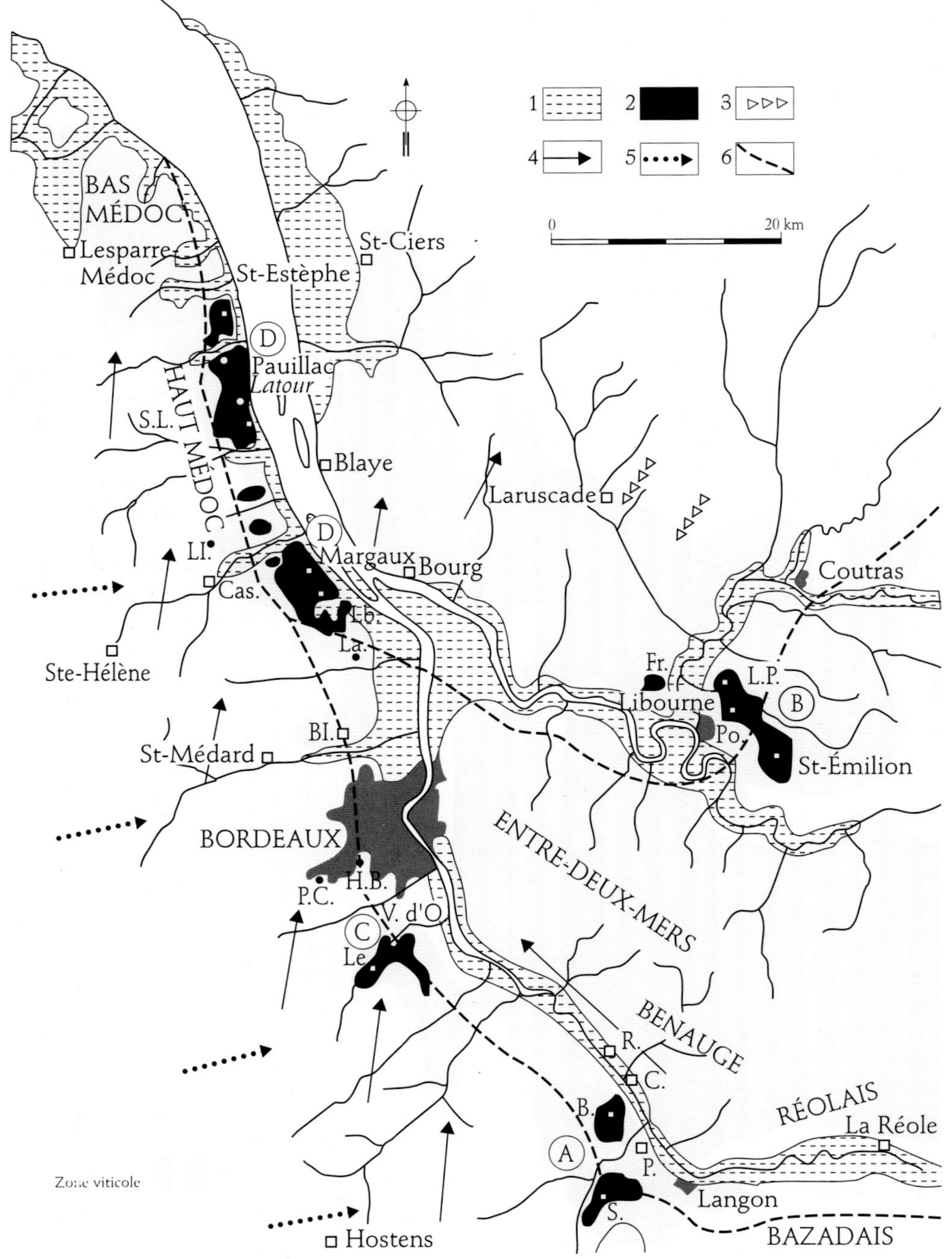

FIGURE 1 : LES TERROIRS VITICOLES DU BORDELAIS

A Zone des vignobles de Sauternes-Barsac.
B Zone des vignobles de Saint-Émilion. Pomerol-Fronsac.
C Zone des vignobles des Graves.
D Zone des vignobles du Haut-Médoc.
Ces zones privilégiées sont réparties dans le grand vignoble girondin qui occupe tout le département, à l'exception de la forêt landaise, de la plus grande partie des confins girondins et des terres basses (NB : il y a des vignes de palus).
1 Terres basses (palus).
2 Vignobles de qualité.
3 Direction des épandages de graves venues du Limousin.
4 Direction des épandages de graves venues des Pyrénées et de la plus ancienne Garonne.
5 Direction des épandages de sables landais.
6 Limite méridionale des Graves fluviales du Quaternaire ancien.

Garonne par un escarpement accusé qui sert d'assise aux vignobles d'AOC des Premières-Côtes-de-Bordeaux et de Sainte-Croix-du-Mont. Ses pentes vigoureuses sont revêtues de coulées de limons siliceux, elles sont chapeautées de « vieilles graves » argilo-sableuses et relativement grasses, assez favorables aux vins blancs de qualité, moelleux ou secs. Vers l'est-sud-est, ce plateau se raccorde aux pays molassiques du Réolais et du Marmandais.

Au-delà de la vallée de la Dordogne et de l'estuaire girondin, la table calcaire de l'Entre-deux-Mers réapparaît, mais elle est disloquée en blocs soulevés, basculés, dénivelés par une série de cassures ou de failles, comme le montre la figure 2 (p. 276). De l'aval vers l'amont se succèdent les vignobles de Sainte-Foy-la-Grande, de Castillon-la-Bataille, du Libournais, où se localisent les aires célèbres du Saint-Émilionnais, de Pomerol et de Fronsac, de la région de Saint-André-de-Cubzac, du Bourgeais et du Blayais. Chacun de ces vignobles possède ses traits particuliers ; néanmoins, on distingue toujours le plateau viticole, la côte ou le côteau et les terres basses plus ou moins sableuses. Toutefois, les sites de terroirs de Saint-Émilion et ceux de Pomerol sont plus variés, car ils disposent, en outre, de croupes de graves et de dépressions tapissées de sables rubéfiés, sans oublier les molasses plus ou moins foisonnées. Les vignobles localisés sur les calcaires à astéries sont, en fait, plantés sur des sols minces argilo-sableux, ou plus épais et sableux, reposant sur des calcaires du type Champagne de Reims ou de Cognac. Plus loin, vers le nord-ouest, s'étendent les landes des confins girondins-charentais, très peu viticoles.

Les groupes de graves de rive gauche : Médoc, Graves, Sauternais

Les terroirs de graves, même s'ils ne sont pas les seuls, servent de support aux vignobles les plus célèbres du Bordelais. Les grands vins rouges du Médoc et des Graves de Bordeaux, ainsi que les vins blancs liquoreux du Sauternais, sont issus de vignes plantées sur des croupes basses. Ces dernières sont modelées dans des nappes alluviales composées de galets, surtout quartzeux, de dimensions variables, enrobés dans une matrice silico-argileuse. De belles pentes, versant soit sur le fleuve, soit sur les petits affluents de la Garonne-Gironde, les jalles, assurent un bon égouttage et facilitent, en général, la circulation de l'eau.

Ce modelé particulier a bien souvent échappé à l'observation de bons auteurs, pour lesquels toutes les graves bordelaises se ressemblent, si bien qu'ils ne rendent pas compte des diverses régions viticoles bordelaises, au demeurant très typées. Ce fut le cas de Roger Dion, qui écrit : « Pourquoi les graves, qui s'étendent le long de la Garonne en bandes continues et très homogènes, perdent-elles ces exceptionnelles vertus vinifères au-delà d'une certaine distance de Bordeaux ? »

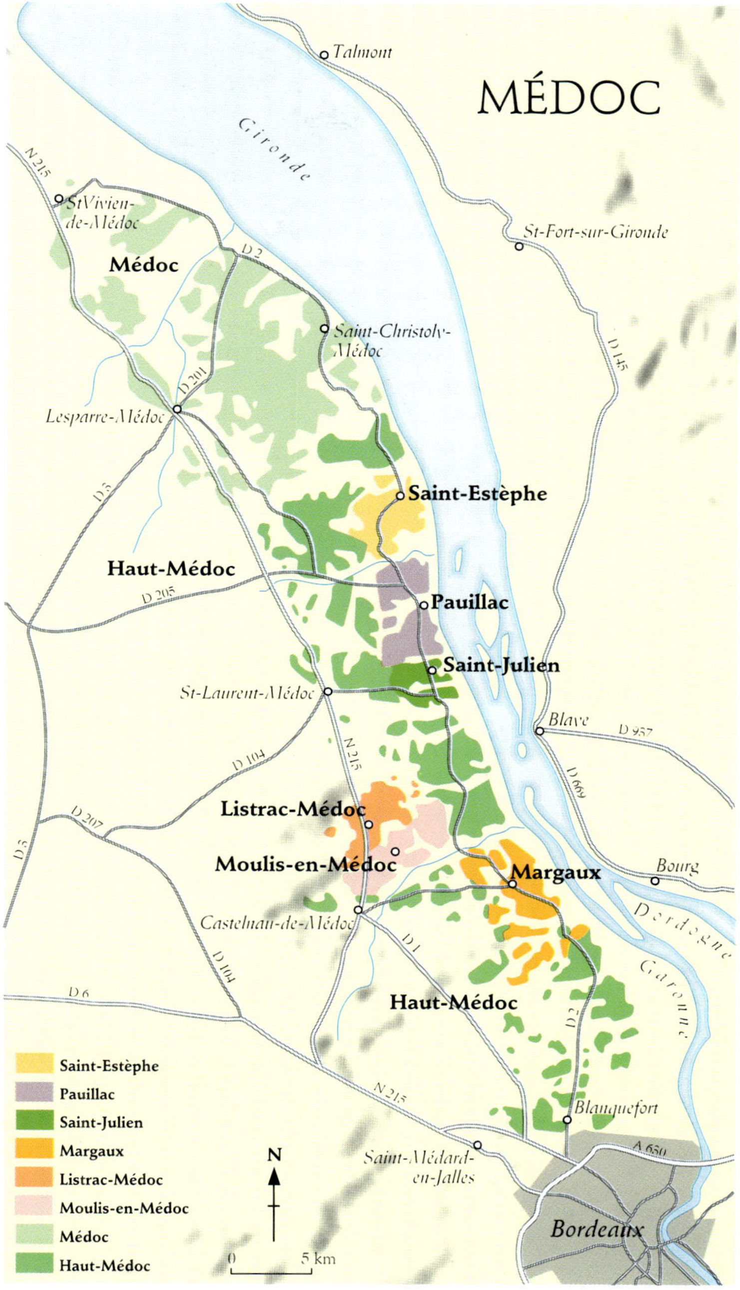

Cet argument, en apparence irréfutable, ne tient pas compte des données régionales ou locales. Certes, du piémont pyrénéen de Saint-Gaudens et de Pamiers, jusqu'à la Réole, le Sud-Ouest toulousain et aquitain dispose de la plus belle série de terrasses de toute l'Europe. Elles sont formées de graves pyrénéennes, auxquelles s'ajoutent, sur le Tarn et sur l'Agout, les graves issues du massif central méridional. Or, il n'y a pas, dans ce

secteur, de vignobles réputés. La raison principale en est que ces terrasses alluviales sont intactes et en grande partie couvertes de limons fins, ce qui donne des terres battantes, les boulbènes. On peut y cultiver la vigne ; elle produit seulement des vins courants. Au contraire, à partir de Langon, vers l'aval, les nappes et terrasses de graves ont été ruinées par l'érosion. Elles sont divisées en croupes plus ou moins arrondies, et elles ne portent pas de limons. Sur ces sites de terroirs sont établis quelques-uns des plus grands vignobles de qualité du Bordelais.

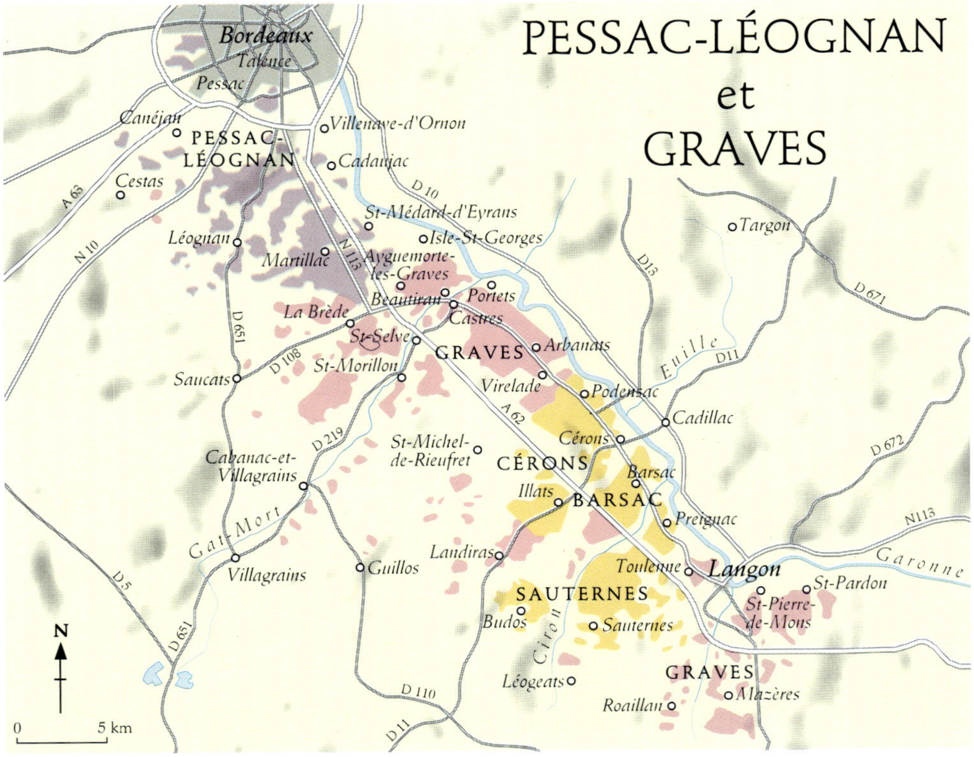

Les combinaisons morphologiques ainsi réalisées ont trois avantages : d'abord, celui d'offrir un ensemble sol et sous-sol assez maigre pour que la vigne y souffre à produire et donne de petites récoltes, gage de qualité ; de plus, un terrain perméable et sain, dans lequel les vieilles vignes,

Figure 2 : COUPE SUD - SUD-OUEST, EST - NORD-EST, RÉGION DE MARGAUX, CANTENAC, ARSAC :

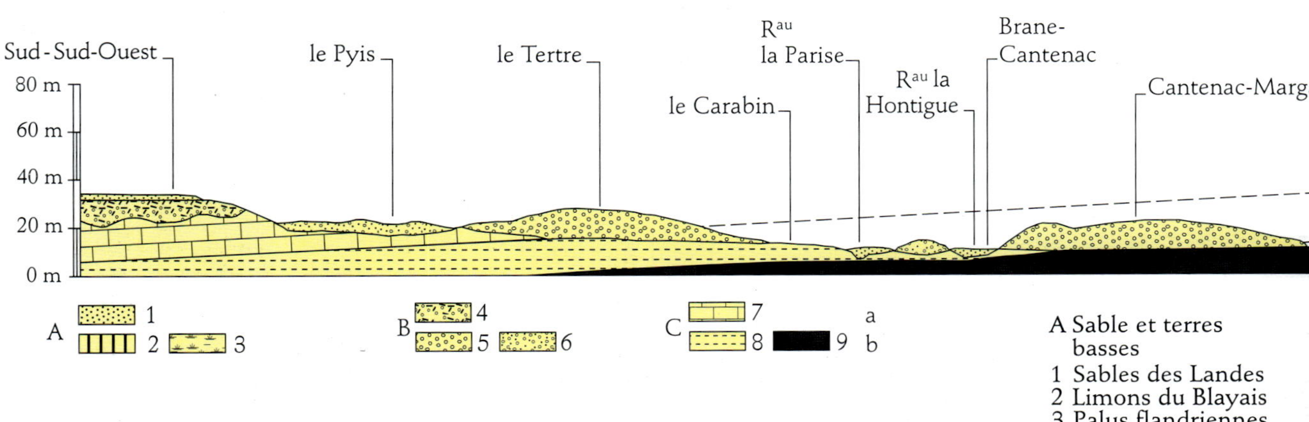

« mères des grands crus », ont pu faire descendre leurs racines à 5 ou 6 mètres de profondeur ; en troisième lieu, un terrain à grande perméabilité dans lequel l'eau ne séjourne pas, ne stagne pas, même en profondeur ; en même temps que l'eau, l'air y circule, si bien que l'assèchement du sol est rapide. La vigne doit lutter pour s'adapter à cette dessiccation ; c'est là une condition primordiale pour que l'on ait, en petite quantité, de bons vins.

Ainsi se comprend mieux le privilège agrologique des pays girondins. Pour une agriculture intensive, leurs terrains de graves sont pauvres et trop facilement asséchés. Pour la vigne, ils sont remarquables sous le rapport de la qualité des vins, rouges, surtout. La grande chance du Bordelais a été, depuis le début du XVIIIe siècle surtout, de disposer de terroirs de ce type. Ce qui lui a permis de fournir le modèle des terroirs viticoles qui, les premiers, ont produit des vins fins, susceptibles de vieillir, rendant ainsi possibles les vinifications de plus en plus soignées qui sont à l'origine des plus hautes productions viticoles de notre temps.

Toutes les graves bordelaises, en outre, ne se ressemblent ni par l'âge de leur mise en place ni par leur composition. Les plus anciennes appartiennent à la nappe pyrénéenne, d'âge pontopliocène, à la fin du tertiaire. Elles se sont répandues sur un relief peu différencié, avant le grand creusement girondin. Elles sont plus petites, n'ont pas de galets issus du Massif central et sont assez grasses. Leurs dépôts, discontinus, se localisent sur les « hauts » du Sauternais, dans la plus grande partie du vignoble des graves de Bordeaux et sur les arrières du haut Médoc.

L'épandage essentiel, disséqué en croupes, date du quaternaire ancien. Il comprend des galets

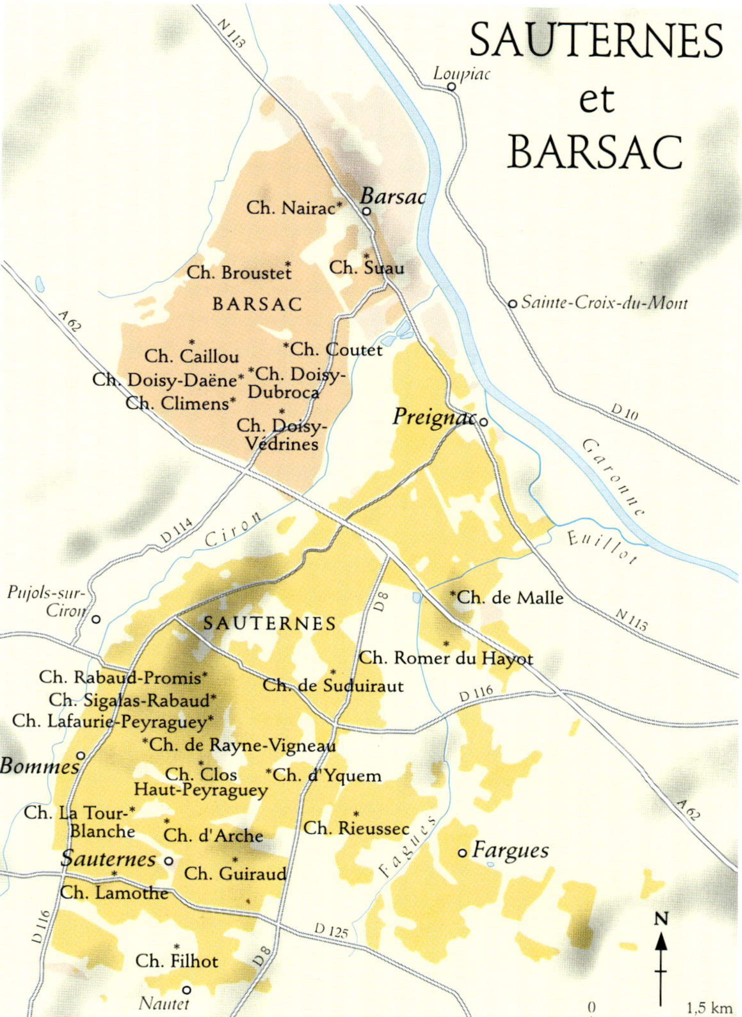

LA DISSYMÉTRIE GIRONDINE

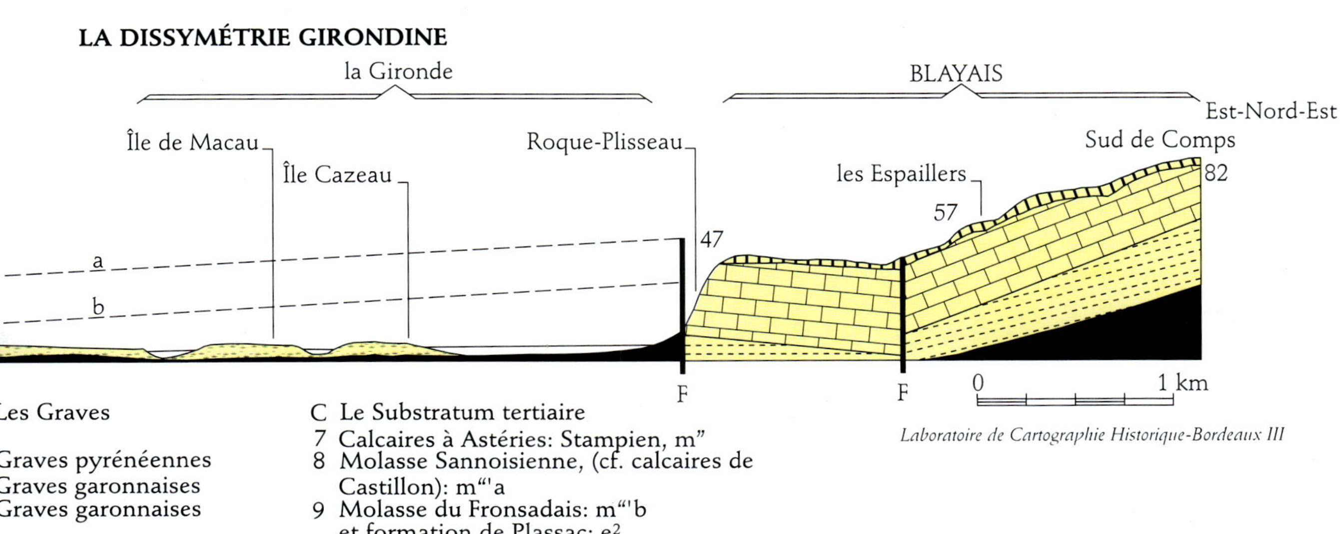

Laboratoire de Cartographie Historique-Bordeaux III

de grande ou de moyenne dimension issus des Pyrénées, des vieux stocks de poudingues albigeois, du Massif central méridional, du Limousin et du nord-est du Bassin aquitain. Cette nappe a été étalée par la Garonne, la Dordogne et leurs affluents. Les quartz blancs ou roses y dominent, associés à des agatoïdes de l'Albigeois cristallin, à des lydiennes noires et à des grès verdâtres pyrénéens, à des silex périgourdins et à des chailles et meulières du nord-est aquitain. Cette nappe, vigoureusement disséquée au quarternaire moyen (Mindel) qui y ajouta des apports de graves un peu moins grosses, est le support fondamental des grands crus du Sauternais, de Haut-Brion et surtout de la plupart des grands crus classés du Médoc. On en retrouve des témoins à Saint-Émilion et à Pomerol. Certaines croupes, telle celle de la Lagune à Ludon, en Médoc, sont uniquement composées de graves mindéliennes. Il faut signaler l'originalité des terroirs de Barsac-Preignac, en Sauternais, issus de la puissante dissection mindélienne qui évida une large cuvette dans le substratum des calcaires à astéries. Quelques dépôts de graves et de sables s'édifièrent ici et là ; mais ils furent aussitôt ruinés. Se conservèrent seulement quelques gros, voire très gros galets. Ils parsèment les plantiers du vignoble de Barsac-Pujols. À la fin de la « crise » mindélienne, les vents puissants procédèrent à un remblaiement partiel ; ils tapissèrent la dalle calcaire de sables grossiers qui, en évoluant sur place, sont devenus rouges. Ainsi est le terroir viticole de Barsac-Pujols : un très bon support calcaire perméable ; un sol de sables rouges où subsistent quelques gros et moyens galets. Il y a là de quoi soutenir dix grands crus.

Le quaternaire récent – riss et würm – n'apporta en Gironde que peu de graves ; ou tout au moins, les unes ont plus ou moins disparu (riss), quant aux autres (würm) elles plongent sous l'estuaire.

En revanche, ces deux périodes virent l'achèvement du modelé bordelais et réduisirent l'extension des croupes de graves. D'une part, les sables landais soufflés par les très forts vents d'ouest, au riss et au würm, vinrent recouvrir la lisière occidentale des épandages de graves ; d'autre part, après la fin du würm, aux temps holocènes, la transgression flandrienne, en construisant les terres basses des palus, vint largement ennoyer la base orientale des coupes de graves.

Les terroirs de Saint-Émilion, Pomerol et Fronsac

Les terroirs viticoles du Libournais, autre très grande aire productrice de vins de haute qualité, sont plus variés qu'on ne le pense généralement ; d'où les fines nuances gustatives de leurs grands vins. À leur confluent, l'Isle et la Dordogne viennent de traverser la lisière septentrionale des

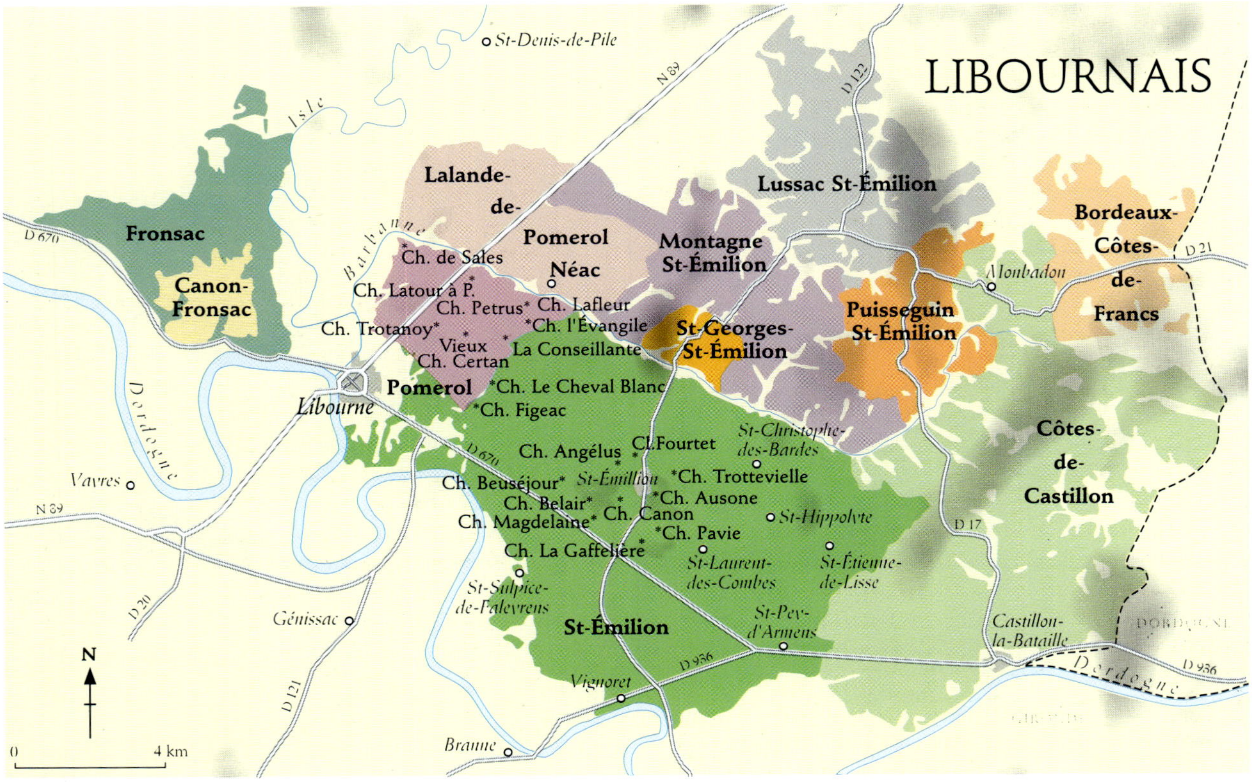

LIBOURNAIS

Figure 3. — LES TERROIRS VITICOLES DE SAINT-ÉMILION.

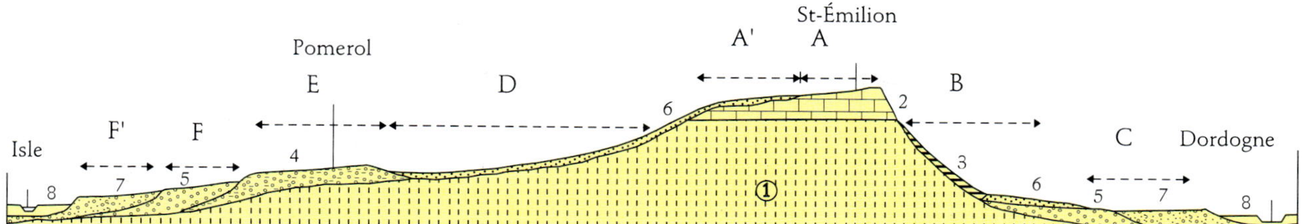

Il y a de la vigne partout à Saint-Émilion, véritable région de monoculture. Cependant, les terroirs sont très variés. Ils sont aussi fortement hiérarchisés. L'un des meilleurs se situe sur la plate-forme du calcaire à astéries (2) qui porte le bourg. La vigne y vient tantôt sur le calcaire (A) et tantôt sur des sables qui ont coiffé le calcaire (A'). Ces sables siliceux appartiennent soit à une formation résiduelle de la fin du tertiaire (il y a quelques graves) soit à des dépôts éoliens du mindel. Il y a aussi des crus réputés (B) sur les fortes pentes du versant méridional taillé dans les molasses (1). Des éboulis (3) couvrent le bas du versant. Ils se mêlent à des sables et limons siliceux (6), mis en place sur les graves du mindel (5). Dans la plaine, des graves rissiennes (7) prennent le relais des graves du mindel. Elles sont plus sableuses et portent des vignobles (C) de bonne qualité, sans plus. Plus loin, on a le palus (8). Au nord-ouest, un bon vignoble (D) s'étend sur les sables et limons siliceux mindéliens (6) qui recouvrent la molasse (1). À Pomerol et au nord-ouest de Saint-Émilion, les graves günziennes (4) portent un vignoble (E) de très haute qualité. Les conditions de production deviennent un peu moins favorables, en contrebas, sur les graves du mindel (5), puis sur celles du riss (7) [Vignobles F et F' de Lalande-de-Pomerol].

terrains aquitains d'origine marine ou lacustre, le calcaire à astéries d'une part, la molasse du Fronsadais d'autre part. Vers le nord et le nord-est, ces assises tertiaires sont relayées par un système détritique, plus ou moins argileux, qui résulte de l'épandage des terrains de transport issus du Massif central. Les géologues ont désigné ces sables et graviers par le nom de « sables du Périgord », alors que ces matériaux sont d'origine limousine ; ils ont simplement transité en Périgord. En outre, au quarternaire, Dordogne et Isle ont amené des nappes de graves de style médocain, façonné des terrasses plus ou moins sableuses (riss et würm). Des sables éoliens rubéfiés ont été piégés dans des dépressions, combes et vallons. La dissection par l'érosion et les vicissitudes morphologiques du quaternaire ont modelé plusieurs sites de terroirs en Libournais comme le montre la figure 3.

La position culminante des assises du calcaire à astéries détermine les formes majeures du terrain, en plateau et en coteau, de Fronsac et de Saint-Émilion. Cela explique les noms de tertre ou de plateau – Tertre de Fronsac, de Mazerat, etc. – pour un premier site de terroir viticole où la vigne est plantée sur un mince sol argilo-siliceux, reposant sur l'assise calcaire, bien souvent quartzifiée. Ces éminences, parfois divisées en buttes isolées par des vallons, dominent la plaine de la Dordogne, par un versant en pente souvent forte ; c'est le terroir de *Côte* : côte de Saint-Émilion, côte de Canon-Fronsac, par exemple. La corniche calcaire sommitale surplombe des versants modelés dans la molasse sous-jacente ; son tracé est accidenté par des rentrants : les combes. Au contact de la terrasse sableuse de la Dordogne s'individualise un autre terroir viticole, *le pied de côte,* enrichi par des dépôts sablo-argileux ayant coulé sur le versant et par des placages de sables éoliens de granulométrie fine.

Vers le nord et nord-est du plateau de Saint-Émilion, vers la Grâce-Dieu, s'inscrit en contrebas un glacis, modelé en vallon, rempli de sables éoliens quaternaires rubéfiés. Au-delà, vers le nord-ouest, sur le versant de l'Isle, voici des croupes de graves, de style médocain ; elles se localisent au nord-ouest de Saint-Émilion et constituent une bonne partie du terroir de Pomerol. Ce n'est pas par hasard qu'elles servent d'assise à de très grands crus tels que Château Figeac ou Château Cheval-Blanc. Ces graves ne sont pas sans rappeler celles du Médoc : même âge günzien, datant du quaternaire ancien, même maigreur due au fait que toutes les roches non siliceuses, les calcaires, mais aussi tous les granites ont disparu ; enfin, des galets de belles dimensions. Néanmoins, des différences existent avec le Médoc. En premier lieu, le sous-sol, uniquement formé de molasses dans la région de Pomerol-Saint-Émilion (Figeac) présente en Médoc, de Margaux à Saint-Estèphe, une alternance de calcaires, d'argiles et de molasses. En second lieu, les graves de l'Isle inférieure, dans le Libournais, sont un peu moins variées que celles de la Gironde moyenne, en Médoc. On compte une forte proportion de silex périgourdins dans les graves de Pomerol-Saint-Émilion, alors qu'en Médoc leur pourcentage est réduit. Il manque sur l'Isle les matériaux pyrénéens, en particulier les lydiennes noires. Le phénomène de confluence, qui fait que les graves du Médoc sont avant tout garonnaises, la Dordogne n'apportant qu'un complément, a eu pour conséquence d'accroître la variété des graves à l'aval du bec d'Ambès.

La terrasse günzienne de Pomerol, modelée en croupes, à l'exception du terroir de Pétrus qui

CONDITIONS CLIMATOLOGIQUES AUTOUR DE LA MATURITÉ THÉORIQUE						
	20 jours avant la maturité			10 jours après la maturité		
	Sommes des températures (°C)	**Ensoleillement (h)**	**Précipitations (mm)**	**Sommes des températures (°C)**	**Ensoleillement (h)**	**Précipitations (mm)**
1987	382	100	64	146	36	70
1988	318	125	18	154	45	27
1989	381	154	19	192	70	20
1990	395	145	66	188	70	4
1991	382	119	93	145	45	8
1992	355	106	50	146	14	36
1993	339	61	155	142	24	70
1994	359	87	126	160	33	45
1995	351	89	81	150	48	29
1996	321	111	66	145	48	65

correspond à une remontée de molasse foisonnée, domine, par un léger talus, la terrasse mindélienne de graves sableuses qui portent de bons terroirs viticoles. Enfin, vers l'Isle-Dordogne s'étalent les graves sableuses récentes du riss ; dans sa partie nord, c'est une construction de l'Isle-Dronne ; dans sa partie sud, c'est la plaine de la Dordogne. Ces graves récentes, au modelé assez plat, servent d'assise à l'appellation Lalande-de-Pomerol. Sur le versant méridional de la côte de Saint-Émilion s'étale la terrasse rissienne de la Dordogne, autrement dit, la plaine viticole de Saint-Pey-d'Armens, de Vignonet et de Saint-Sulpice. Cette construction alluviale, assez plane, est faite de petites graves sableuses et de sable grossiers, apportés par la Dordogne. Ces sites de terroirs sont situés nettement en contrebas du plateau et de la côte de Saint-Émilion.

Cette trilogie, plateau ou plate-forme, côtes et croupes ou terrasses de graves, est bien le caractère essentiel des terroirs viticoles bordelais. Toutefois, ces trois familles de formes s'assemblent différemment selon les régions viticoles bordelaises. On les retrouve en Bourgeais, en Blayais et dans l'Entre-deux-Mers, à la différence près que manquent les graves ici, et que les limons siliceux sont plus développés là.

Un climat océanique

Montesquieu, l'un des premiers, a considéré non sans raison que tout le Bordelais bénéficiait d'avantages climatiques, lorsqu'il écrivait à l'Intendant de Bordeaux : « On a remarqué par une longue expérience que, quand les vins étaient mal conditionnés à Bordeaux, ils l'étaient plus dans le reste du Royaume et que, souvent, ils y étaient bons pendant qu'ils étaient mauvais dans la plupart des autres provinces. »

Il y a incontestablement une « province climatique bordelaise », caractérisée par des hivers doux, des printemps précoces, des étés ordinairement chauds, de très beaux automnes longs et tièdes, caractères qui conviennent parfaitement à la vigne et autorisent celle-ci, le terroir aidant, à produire de très grands vins. Ce privilège girondin, assez étonnant à l'échelle mondiale, tient au fait que le Gulf Stream et la dérive nord-atlantique amènent sur les côtes européennes des eaux tièdes d'origine tropicale. À l'inverse, en Californie par exemple, les courants du Pacifique font descendre des eaux froides venues de l'Alaska. Dans les deux cas, on peut évoquer des influences maritimes, mais il faut bien constater qu'elles s'exercent en sens contraire.

Ne considérer que des moyennes annuelles, thermiques, 12,5 °C, ou pluviométriques, de 850 à 900 mm d'eau par an, ne peut suffire à caractériser les rapports entre le climat et la viticulture de qualité. Mieux vaut souligner la rareté des intempéries exceptionnelles, grands froids, pluviosité excessive, gage de réussite viticole. Les gelées printanières, sans être rares, ne sont pas très graves, surtout pour les vignobles exposés au bord du fleuve. La grêle est un fléau très exceptionnel et limité à de petites surfaces.

Le vrai problème climatique pour ces vignobles situés à proximité de l'océan Atlantique est celui de la plus ou moins bonne maturité du raisin. Aussi, la période qui s'étend d'avril à octobre est-elle essentielle, car elle correspond à la période végétative de la vigne. Or, il se trouve que son bilan général est favorable. Printemps et été sont relativement peu arrosés ; les pluies de juillet, modérées, favorisent véraison et gonflement du raisin. Août est en général sec et chaud ; « Août fait le moût », disent les Médocains. Le début d'automne, du 15 septembre au 15 octobre, est d'ordinaire sec et ensoleillé ; les raisins peuvent mûrir très convenablement, et les vendanges de la deuxième quinzaine de septembre ou des premiers jours d'octobre se déroulent sans pluie tenace.

Toutefois, cette tonalité climatique générale connaît de sérieuses variations interannuelles, liées aux « caprices » du climat océanique. De plus, le vignoble bordelais comprend plusieurs cépages nobles, Cabernets, Merlot, Malbec, Sauvignon, Muscadelle, qui sont plus ou moins précoces et qui, de ce fait, réagissent différemment aux « sautes d'humeur » du climat bordelais.

Quelques gelées tardives de printemps peuvent affecter sérieusement les Merlots précoces et beaucoup moins les Cabernets plus tardifs. Une floraison de juin, par temps humide et frais, souffre lourdement de la coulure qui réduit les espérances de récolte. Un été chaud, lumineux et sec, prépare la naissance d'un grand millésime. Un été pluvieux et frais, comme ceux de 1965, 1968, 1972, 1987, 1992, des vendanges tardives et humides favorisent le développement de la pourriture grise, surtout sur les fragiles Merlots. On récolte alors un bien petit millésime.

On a constaté que les années où le nombre des jours de très grande chaleur (maxima supérieurs ou égaux à 30 °C) était aux environs de 15 à 20, on récoltait des vins de très grande qualité. Ces séquences favorables ou défavorables peuvent se suivre en Bordelais sur plus de deux siècles d'observation.

Au total, les variations interannuelles quantitatives et qualitatives des récoltes sont à mettre au crédit ou au débit des types de temps bordelais. Mais le climat n'est qu'un élément du complexe naturel qui intègre de nombreux paramètres ; ceux-ci n'agissent que par le truchement des cépages, qui résultent du choix des hommes.

Le rôle des hommes

Si l'on ne peut contester l'ancienneté de la production viticole en Bordelais, on ne saurait toutefois accepter les légendes dorées qui entourent d'une brume épaisse l'origine des vins de haute qualité, les grands vins bordelais. Nombre d'auteurs se recopiant consciencieusement le plus souvent, aidés, il est vrai, par des propriétaires châtelains férus de l'ancienneté de leurs vins, font remonter la naissance de ces nobles produits au passé le plus reculé. Que n'a-t-on fait dire à Ausone ? En outre, un premier grand cru de Saint-Émilion ne porte-t-il pas ce nom prestigieux ? Le maréchal Talbot, mort en 1453, n'aurait-il pas fondé le grand cru de Saint-Julien-Beychevelle qui se pare de son nom ? Il faut résolument exorciser ces légendes si on veut comprendre la véritable naissance des grands crus. C'est là une démarche qui reflète bien notre époque. Plus de vingt années de recherches, tant sur le terrain que dans de riches collections d'archives publiques et privées permettent de proposer une vue plus sûre

Le vignoble de Cos d'Estournel, qui borde l'estuaire de la Gironde, est directement soumis à l'influence climatique de l'océan Atlantique.

de cette exceptionnelle « geste » ampélographique et vinicole. En réalité, la naissance des grands crus bordelais se situe au tout début du XVIIIe siècle.

Le legs de l'Antiquité

Lassés ou furieux de payer très cher les vins campaniens ou narbonnais, importés par les marchands romains, les *« negotiatores vinearum »* installés à *Burdigala* (Bordeaux), les notables et riches Bituriges Vivisques décidèrent, au Ier siècle de notre ère, de créer leur propre vignoble. Ils pensaient ainsi pouvoir secouer la tutelle commerciale des hommes d'affaires romains et bénéficier, surtout, du fructueux trafic d'exportation des vins sur le marché « breton », l'Angleterre, nouvellement conquise par les légions de l'empereur Claude.

La création d'un vignoble commercial reposait sur le choix d'un cépage bien adapté aux conditions écologiques régionales. Les Bordelais de l'époque en acclimatèrent un qu'ils dénommèrent *biturica.* L'origine de ce cépage est très controversée par les spécialistes. Pour Roger Dion, ce plant aurait été importé des régions cantabriques d'Espagne. La thèse de l'historien Robert Étienne est plus séduisante. Il fait observer que les vignobles n'existaient pas dans les pays cantabriques à l'époque romaine. Preuves à l'appui, il montre que la *biturica* provient de la région de Durazzo, en Épire, sur les rives occidentales de l'Adriatique, actuellement Durrësi, l'ancienne *Dyrrachium,* en Albanie. Elle proviendrait, par sélection, d'un autre cépage épirote, la *balisca,* qui fut par la suite introduit en Italie.

Petit Bacchus en faïence. Château Haut-Brion.

La *balisca,* mère de la *biturica,* était vraisemblablement un plant bien adapté aux conditions géographiques qui rappellent celles du Bordelais. Henri Enjalbert, reprenant la question, observe que l'essentiel de l'histoire est « que le seuil climatique ait été franchi ». Quel type de vin ont pu boire les gens de Burdigala et leurs clients ? Nul ne le sait. Tout au plus, compte tenu des habitudes antiques connues par ailleurs, peut-on conjecturer que ce vin, logé dans des amphores, était un bon vin courant, mais non un grand cru tel que nous l'entendons aujourd'hui. Au surplus, la *biturica* a-t-elle donné naissance à un cépage noble actuel ? On manque de documents pour établir une filiation certaine. Proposons une bien fragile hypothèse : le Cabernet-Sauvignon, base de l'encépagement actuel des vignobles bordelais, dénommé « vidure » au XVIIIe siècle, n'est-il pas le descendant lointain de la *biturica* ?

En revanche, de cette lointaine aventure ampélographique, il faut retenir deux faits essentiels qu'on retrouve à l'époque de la naissance des grands vins bordelais : d'une part, la *biturica* est un plant sélectionné, destiné à produire de bons vins de pays, mais pas de grands crus. La sélection de ce cépage s'inscrit, d'autre part, dans la perspective économique de la création d'un vignoble commercial dirigé par les notables d'un port atlantique.

Les temps médiévaux

Que devient ce premier vignoble, d'ailleurs mal localisé, après l'écroulement du monde romain sous le choc des Barbares ? L'obscurité la plus totale enveloppe pendant plus de six siècles le passé viticole bordelais. Il est probable que le vignoble survécut, autour de Bordeaux, sur les domaines de l'archevêque, maître spirituel et temporel de la cité, et sur ceux des seigneurs ecclésiastiques et laïques. Ces derniers avaient à cœur de boire le vin de leurs vignobles et d'en offrir à leurs invités. La viticulture, en outre, fournissait le vin nécessaire à l'exercice du culte catholique.

Au cours du XIIe siècle, des lueurs apparaissent. Les conditions du commerce vinicole se sont profondément transformées. Le déclin des pays de la Méditerranée est compensé par l'essor des pays du Nord. De plus, l'Aquitaine est devenue duché anglais, en raison du remariage d'Aliénor d'Aquitaine avec Henri Plantagenêt, comte d'Anjou, devenu roi d'Angleterre sous le nom de Henry II. Cependant, l'essor des vignobles bordelais ne se réalise vraiment qu'au XIIIe siècle, après la prise de La Rochelle, port exportateur des vins bordelais, gascons et saintongeais, en 1224, par le roi de France. Bordeaux, assez modeste cité, devint le port exportateur privilégié des vins gascons à destination du marché anglais. Le roi-duc – roi d'Angleterre et duc de Guyenne ou d'Aquitaine – accorda d'importants privilèges fiscaux et commerciaux aux bourgeois bordelais. En réalité, ces derniers dirigeaient à leur profit l'expédition des vins en Angleterre. Ainsi, le Bordelais fut-il promu au rang de « cellier de l'Angleterre au Moyen Âge » ; en d'autres termes, il devint la première région exportatrice de vin du monde médiéval.

La bourgeoisie bordelaise fut, alors, saisie de la première « fureur de planter » de son histoire. Le vignoble s'étendit, par défrichements, sur les lambeaux de terrasses caillouteuses et sableuses des graves, autour de la cité, en Saint-Émilionnais et en Libournais, sur les deux rives de la Garonne, en amont de Bordeaux, dans les régions de Bourg et de Blaye, en aval, sur les terres basses des palus, également, sans pourtant préfigurer l'extension du vignoble actuel. Le Médoc, notamment, sur la rive gauche de l'estuaire girondin, resta fort peu viticole pendant tout le Moyen Âge.

Il est fort délicat d'évaluer la surface de ce grand vignoble d'exportation, le plus important du monde, avant celui de l'Allemagne rhénane. On a proposé de lui attribuer une extension de 20 000 à 25 000 hectares, soit le quart environ du vignoble actuel. En revanche, grâce aux documents britanniques, rôles gascons, on connaît assez bien les volumes exportés par Bordeaux. Ainsi, au début du XIVe siècle, le port aquitain expédia, bon an mal an, 100 000 tonneaux de vin, c'est-à-dire près de 900 000 hectolitres, quantité considérable si l'on se référait aux seuls vignobles de la sénéchaussée de Bordeaux. En réalité, ce total intégrait les « vins du Haut Pays ». Cette expression désignait les produits des vignobles situés dans les pays de la Garonne, en amont de Saint-Macaire. S'y ajoutaient les vins de la vallée de la Dordogne, en amont de Sainte-Foy-la-Grande. Les Bordelais toléraient la « descente » de ces « vins de Haut », d'ailleurs logés en fûts de forme et de dimension différentes de celles de la barrique bordelaise, quand leur propre récolte était insuffisante pour satisfaire les besoins de leurs clients anglais. Dans le cas contraire, ils interdisaient l'entrée des vins de l'intérieur, soit avant la mi-novembre, soit avant Noël. Mais, à ce moment-là, la « flotte du vin » était partie vers l'Angleterre depuis la fin d'octobre ou le début de novembre. Ainsi, les Bordelais, à la grande colère des bourgeoisies urbaines d'amont, exerçaient-ils totalement leurs exorbitants privilèges commerciaux.

La flottille d'automne, dans le port de la Lune, symbolisait le changement complet de direction du trafic international des vins qui s'était opéré depuis l'Antiquité. Sur les rives de la Manche, de la mer du Nord et de la Baltique, les grands ports de la Hanse germanique contrôlaient la quasi-totalité du négoce. En outre, marins anglais, bretons et bateliers d'Oléron venaient se joindre à ce grand concert maritime d'automne pour transporter les « vins gascons » sur le marché anglais avant tout.

Le vin médiéval bordelais n'était pas encore un grand cru au sens où nous l'entendons aujourd'hui. Les acheteurs l'appelaient le claret, comme le font encore aujourd'hui les Britanniques. Celuici était un vin « clair », le *Binum clarum* des textes médiévaux, sans doute rosé, parce que les fermentations étaient courtes. Aussi, la macération était-elle presque inexistante et, partant, l'extraction de la couleur faible. En outre, le claret provenait du mélange de raisins rouges et de raisins blancs, foulés ensemble et versés ainsi dans la cuve.

L'encépagement, qui n'est pas connu dans le détail, était vraisemblablement très mélangé, comme le suggèrent des textes du XVIIIe siècle. En outre, le claret était un vin nouveau et consommé comme tel. Les documents médiévaux évoquent toujours un claret « bon, pur, net, nouveau et marchand ». Cela n'est pas surprenant si l'on veut bien considérer qu'à cette époque l'on ne savait pas faire vieillir les vins, faute des techniques appropriées. Pour les gens des XIVe et XVe siècles, le vin vieux était un vin de huit à dix mois qui, de surcroît, valait deux fois moins cher que celui des dernières vendanges. En réalité, le claret était un

Le port de Bordeaux, gravure du XIXe siècle. Dès le début du XVIIe siècle, hommes d'affaires et négociants y établirent leurs magasins et entrepôts et en firent l'un des hauts lieux du commerce mondial.

« bordeaux primeur », lequel, dès les mois de mai et de juin qui suivaient la récolte, avait tendance à s'aigrir.

Enfin, la notion de terroir particulier, de cru, était inconnue des gens du Moyen Âge. Tout au plus, au XVe siècle, fait-on parfois référence aux vins de graves ou de palus. Parfois, l'acheteur anglais souhaitait obtenir le vin produit par tel seigneur ou, tout au moins, par telle propriété. Mais les grands crus n'existaient point. Ainsi, dans la *Bataille des vins,* texte littéraire du XIIIe siècle, le Saint-Émilion était considéré comme un vin blanc !

La naissance des grands vins

La situation évolua lentement au XVIe siècle et dans la première moitié du suivant. En fait, on vit se créer, dans les palus girondins, des « bourdieux ». C'étaient des exploitations viticoles spécialisées, plantées en lignes, c'est-à-dire en sillons ou « règes ». Un cépage apparut alors, le Verdot, qui produisait des vins rouges dits de « cargaison ». Ils assuraient la consommation des équipages des navires de haute mer. Ces bourdieux, propriétés de la bourgeoisie bordelaise, étaient gérés directement par leurs possesseurs, par l'entremise d'un « homme d'affaires » ou régisseur.

Au début du XVIIe siècle, l'arrivée des hommes d'affaires hollandais et des ingénieurs néerlandais bouleversa les données ancestrales de la viticulture et du négoce bordelais. « Rouliers des mers », les Hollandais dominèrent alors le commerce mondial. Leurs négociants, installés à Bordeaux dans les premières décennies du XVIIIe siècle, transformèrent les méthodes commerciales. Leur activité commerciale détermina, à l'époque, un renouveau économique qui fut ressenti dans les ports maritimes tout d'abord, avant de s'étendre à l'arrière-pays aquitain. À Bordeaux, ils établirent leurs magasins où ils stockaient et mélangeaient – « muettaient » – les vins. Ils répandirent en Angleterre, en France et dans les pays de l'Europe du Nord l'usage des « tisanes coloniales » : chocolat, café, thé un peu plus tard. Ils proposèrent à leur clientèle européenne d'autres boissons, telles les bières fortes, bien houblonnées, et le gin, dont ils améliorèrent la fabrication à base d'alcool de grain dans lequel ils firent macérer des baies de genièvre.

Ces nouvelles boissons concurrencèrent sérieusement les clarets gascons, bien que les Hollandais aient favorisé l'extension des vignobles de palus. Mais la crise qui frappa les exportations bordelaises provint, avant tout, des nouveaux types de vins dont les Hollandais encouragèrent la production : vins blancs doux, appréciés par des consommateurs flamands, vins « mutés et frelatés ». Cette « façon hollandaise », qui améliorait les « vins faibles », favorisa l'extension des vignobles paysans, gros producteurs de petits vins, blancs ou rouges, qu'il fallut d'ailleurs distiller. Il est vrai que les Hollandais développèrent parallèlement la production du « brandevin », c'est-à-dire des eaux-de-vie qui étaient fortement consommées par les équipages de leurs navires. En conséquence s'étendirent les vignobles producteurs de « vins de chaudière » (d'alambic), non seulement à Cognac et en Armagnac, mais aussi en Bordelais, notamment en Entre-deux-Mers. Ils firent, en outre, la fortune de vins rouges plus alcoolisés et surtout plus colorés que les clarets, dénommés à l'époque « vins noirs » ou *black wines.* À vrai dire, c'étaient les vins rouges tels que nous les connaissons. Les Hollandais encouragèrent leur production dans la région de Cahors, mais aussi dans la péninsule Ibérique, où ils prospectèrent plus particulièrement le Portugal. Toutefois, ces premiers Portos, largement consommés en Angleterre, étaient alors des vins ordinaires, non mutés.

Cette diversification des sources d'approvisionnement, cet engouement, en particulier en Angleterre, pour les *black wines,* ne pouvaient manquer de concurrencer très sérieusement les clarets gascons, d'autant plus que des complications diplomatiques et douanières précipitèrent cette évolution.

Les guerres du siècle de Louis XIV eurent des répercussions économiques et douanières qui affectèrent sérieusement le marché d'exportation des vins. Guillaume d'Orange, devenu roi d'Angleterre en 1688, pratiqua une politique protectionniste vraiment défavorable aux produits français, et, en premier lieu, aux clarets bordelais, et qui favorisait au contraire les « vins noirs » d'Espagne et du Portugal.

Haut-Brion et les « princes des vignes » médocains

Comment réagirent les producteurs bordelais ? Certains restèrent fidèles au claret. D'autres s'efforcèrent de créer un autre type de vin, d'autant plus qu'en Angleterre une clientèle fortunée restait très intéressée par les clarets bordelais. Ces *claret lovers* se recrutaient dans la nouvelle société aristocratique. Encore convenait-il de leur proposer un produit plus cher et de meilleure qualité.

Ce fut le trait de génie des Pontac, possesseurs du château Haut-Brion, situé à Pessac, dans les graves de Bordeaux, d'avoir su discerner les virtualités du marché britannique. La famille Pontac, outre la seigneurie ou maison noble de Haut-Brion qu'elle détenait depuis le XVIe siècle, possédait un vaste domaine foncier en Aquitaine et de solides revenus. Enrichis, les Pontac s'étaient rapidement insérés dans l'aristocratie parlementaire. Dans les années 1660, le chef de famille, Arnaud de Pontac, s'était hissé à la dignité suprême de premier président du parlement de Bordeaux. Homme entreprenant, il s'intéressa tout particulièrement à son château viticole de Haut-Brion et à la promotion de ses vins. En 1663, Samuel Pepys, joyeux viveur londonien, notait dans son journal qu'il venait de boire à la taverne du Chêne Royal, dans la cité de Londres, « un certain vin français appelé Ho Bryen. Il a, écrivait-il, un goût excellent et très particulier qui ne ressemble à rien de ce que je connais. » Outre le fait que le Haut-Brion est connu à Londres dès 1663, ce texte fournit la première mention d'un cru particulier.

Enfin, Arnaud de Pontac eut, en 1666, l'idée géniale d'envoyer son fils, François-Auguste, créer à Londres un restaurant à la mode, *New Eating House,* à l'enseigne des Pontac. C'était une épicerie fine, où les Pontac proposaient des repas à une guinée et vendaient leur vin de Haut-Brion, bien souvent dénommé « vin de M. de Pontac ». Ils traitaient dans leur restaurant à la mode une société choisie d'écrivains, dont Saint-Evremond, Daniel Defoe, Swift, le philosophe Locke, de riches négociants, d'hommes d'affaires, d'aristocrates anglais. Cette clientèle raffinée se chargea d'établir la réputation hors de pair des vins de M. de Pontac. John Locke visita d'ailleurs Haut-Brion, en avril 1677 ; il a laissé une description remarquable du terroir de ce grand cru et mis en valeur la qualité de ses vins, meilleurs que ceux produits par les vignobles les plus proches. Nous savons, par ailleurs, que ces vins, ancêtres immédiats des grands crus bordelais, étaient bien soignés, qu'on les élevait en barriques neuves de chêne. On savait les soutirer et, sans doute, les « coller », c'est-à-dire les clarifier. Ils se vendaient de deux à trois fois plus cher que les clarets ordinaires. Les Pontac avaient ainsi montré la voie du renouveau viticole.

Le château Haut-Brion, à Pessac, dans les Graves, première création de la bourgeoisie parlementaire bordelaise, joua un rôle décisif dans le développement du vignoble bordelais.

L'entreprise des Pontac à Haut-Brion servit de modèle et d'incitation aux riches parlementaires bordelais, souvent parents ou amis des Pontac, ainsi qu'aux riches bourgeois de la ville. Tous se mirent à acquérir des seigneuries en Médoc, région alors fort peu viticole, plutôt ségala que vignoble, à ce titre moins affectée par le « grand hiver » de 1709, et à les planter en vignes. Un vaste front pionnier partit de la région de Margaux, la plus proche de Bordeaux, et s'étendit progressivement vers Pauillac et Saint-Estèphe plus au nord. Un peu plus tard, il atteignit le bas Médoc, aux marges septentrionales de l'appellation.

L'intendant de Bordeaux, Boucher, dénonça, vers 1725, cette *« fureur de planter »* qui s'était emparée de la bourgeoisie et de l'aristocratie parlementaire bordelaise.

Vers le milieu du XVIIIe siècle, non seulement la plupart des terroirs médocains étaient colonisés par la vigne, mais les autres aires viticoles bordelaises apparaissent nettement : Graves, Sauternais, région de Bourg et de Blaye, palus girondins et, à un moindre degré, vignobles de Fronsac et de Saint-Émilion-Pomerol.

Parmi les figures de proue de cette création des grands crus, il faut rappeler ces exceptionnels médocains qu'on appela, sous Louis XV, les « Princes des Vignes » : le marquis d'Aulède de Lestonnac, créateur du vignoble de Château Margaux et copropriétaire de Haut-Brion ; la famille de Ségur, détentrice des seigneuries de Lafite et de Latour, à Pauillac, et créatrice des fameux vignobles du même nom. Le marquis Nicolas, Alexandre de Ségur, premier président du parlement de Bordeaux, fut le plus illustre de tous. À sa mort, en 1755, sa fortune fut estimée à plusieurs milliards de nos centimes.

Nombre d'autres lignées de parlementaires et de riches bourgeois imitèrent ces grands créateurs. Ainsi, d'entrée de jeu, le vignoble pionnier du Médoc, créateur véritable des grands crus bordelais, s'organisa-t-il autour de grandes propriétés dominantes, les châteaux viticoles.

Saint-Émilion, Pomerol et Fronsac

En revanche, la situation se présente différemment dans les authentiques vignobles de Saint-Émilion, de Pomerol et de Fronsac, qui firent plus tardivement et plus incomplètement leur mutation viticole. Celle-ci s'esquissa seulement, mais non intégralement, dans les années 1760-1780. Ces innovations furent l'œuvre de quelques notables libournais, les Fontémoing, les Boyer et les de Carle, notamment.

Les raisons de ce léger décalage chronologique entre Saint-Émilion-Pomerol-Fronsac et le Médoc sont multiples. Tout d'abord, il faut invoquer une structure foncière différente ; le système du métayage, inconnu au Médoc, persista longtemps en Libournais. Ensuite, les notables locaux étaient moins fortunés ou moins hardis que ceux de

Dégustation de vins de Bordeaux dans les docks de Londres. Gravure anglaise du début du XIXe siècle. L'engouement des Anglais pour le Bordeaux contribua grandement à sa renommée.

Bordeaux. Ils ne bénéficièrent pas du soutien des grands négociants bordelais. Sans doute, le négoce libournais, bien qu'actif, se révéla moins conquérant que celui de Bordeaux. Il s'ouvrit des marchés différents, en Bretagne, dans le nord de la France, en Belgique, en Hollande, mais il ne parvint pas à pénétrer le marché britannique qui, seul, acceptait de payer aux plus hauts prix les grands vins du Médoc.

Toutefois, à partir du second Empire, grâce à la voie ferrée et à l'action de grands propriétaires novateurs, les grands vins rouges de Saint-Émilion, Pomerol et Fronsac allaient s'installer à leur tour au tout premier rang de la production viticole bordelaise. Il en fut de même, quoique un peu plus tôt, des grands vins blancs liquoreux de Sauternes. Déjà, dans les années 1770-1780, M. Sauvage d'Yquem avait montré la voie ; il fut l'initiateur du futur Château d'Yquem à Sauternes. Dans les années 1786-1800, ses grands vins blancs étaient fort prisés par les Américains.

Montesquieu (1689-1755), illustre penseur et écrivain, membre de l'aristocratie parlementaire bordelaise, était aussi viticulteur.

Négociants, courtiers et société raffinée

Les grands vins rouges médocains apparurent, au début du XVIIIe siècle, sur le marché de Londres, sous l'appellation de *New French Clarets,* les nouveaux vins de Bordeaux, comme en témoignent les très nombreuses petites annonces de la *London Gazette,* entre 1704 et 1711-1712. Ce fait essentiel est corroboré par d'autres sources britanniques de la même époque, dont le journal de John Hervey, premier comte de Bristol, ou les factures de Robert Walpole, le Premier ministre britannique.

À la même époque, une viticulture nouvelle se mit en place en Médoc, dans les graves. Les grands châteaux disposèrent leurs vignes en vastes plantiers, c'est-à-dire en parcelles viticoles dessinées en règes, ou sillons, serrées et alignées, labourées à l'araire par des attelages de bœufs. Cette nouvelle viticulture, dirigée par de grands régisseurs, effectuée par d'importantes équipes de vignerons, s'efforça peu à peu d'améliorer et de sélectionner l'encépagement. Dans les documents techniques du temps, on note l'apparition progressive des cépages nobles d'aujourd'hui, lentement choisis dans la masse des cépages locaux : Cabernet-Sauvignon, Petit Verdot, Malbec et, un peu plus tard, Merlot et Cabernet franc. Ces vignes furent conduites en taille basse, à raison de 8 000 à 10 000 pieds à l'hectare. On prit toujours la précaution d'apporter des fumures peu abondantes et à intervalles éloignés. Les grands régisseurs de l'époque se préoccupaient, avant tout, d'obtenir de faibles rendements : de 15 à 16 hectolitres environ à l'hectare. On s'avisa, enfin, de toujours disposer d'un important stock de vieilles vignes « mères des grands crus », comme l'écrivait, à la fin du XVIIIe siècle, un régisseur du château Latour. Ces opérations onéreuses supposaient des investissements réguliers et une politique à long terme, obligations qui furent facilitées, il est vrai, par les hauts revenus et par la permanence des grandes familles fondatrices à la tête des grands crus.

Cette rénovation viticole fut complétée par la mise au point de nouvelles techniques de vinification et de conservation des grands vins. Celles-ci furent lentement élaborées à la fois dans les chais des grands châteaux, sous la conduite des maîtres et ouvriers de chais, et dans ceux des négociants des Chartrons. Les cuvaisons s'écourtèrent ; après l'écoulage et l'égalisage de la récolte, on procédait à la sélection sévère des lots de vins de chaque récolte. Au bénéfice de la qualité du produit, les régisseurs, « la tasse à la main », mettaient à part les premiers vins, c'est-à-dire les meilleurs, qui portaient seuls le nom du château, et les seconds vins, moins réussis, de même que « les fonds de cuve ». Il s'agissait d'une démarche au service de la « vérité » des terrains.

On voit ainsi l'importance fondamentale de la « place » de Bordeaux dans la création des grands vins et l'influence essentielle des négociants bordelais dans la diffusion mondiale des grands crus châtelains.

Les dernières décennies du XVIIe siècle et, surtout, les premières du siècle suivant furent marquées, sur le plan économique, par la fondation de très nombreuses maisons de commerce. C'est alors que le nouveau quartier des Chartreux, au nord de la vieille ville, prit le nom de Chartrons et devint le symbole et le lieu de résidence de la nouvelle aristocratie commerciale des vins de Bordeaux. La plupart de ces nouveaux négociants étaient d'origine britannique, tels les Barton, arrivés en 1725, les Johnston, en 1735, et bien d'autres. Un peu plus tard s'établirent les maisons germaniques, danoises ou hollandaises.

Les rapports entre ces négociants et les propriétaires viticulteurs étaient assurés par une nouvelle génération de courtiers en vins, pour la plupart originaires des îles Britanniques. Ils s'installèrent, eux aussi, aux Chartrons. Ainsi, Abraham Lawton, né à Cork, en Irlande méridionale, dans une famille de négociants en vins, vint s'établir à Bordeaux à la fin de 1739. Il fonda l'un des plus célèbres bureaux de courtage bordelais, dont les descendants directs exercent encore, de nos jours, le même métier.

Le XVIIIe siècle fut le siècle d'or bordelais, celui de la prospérité commerciale et de l'apparition d'une nouvelle société, enrichie et raffinée. En témoignent la fondation de la Chambre de commerce, en 1705, la création de l'Académie royale des sciences, belles-lettres et arts de Bordeaux, en 1712-1713. Cette dernière fut, un moment, présidée par le jeune président du parlement, Charles-Louis Secondat, baron de La Brède, le futur Montesquieu, qui était lui-même viticulteur. L'essor de la construction à Bordeaux, de beaux et nobles hôtels de pierre, l'urbanisme monumental de la vieille cité marchande, témoignent avec éclat de l'enrichissement de l'élite bordelaise du temps et d'un nouvel art de vivre.

En réalité, cette nouvelle société, riche et élégante, éprise de belles choses, au goût raffiné, avait pris modèle sur celle de Londres, plus que sur celle de Paris. La haute société moyenne londonienne appréciait les grands vins, qu'elle servait dans de la cristallerie taillée. Elle fréquentait les *coffee-houses,* qui s'étaient multipliées et où on servait les *New French Clarets.* Aussi faut-il replacer la naissance des grands crus de Bordeaux dans le cadre plus vaste d'une nouvelle civilisation, celle de l'Europe dense et riche du début du XVIIIe siècle. Dans cette Europe heureuse, sur la table des riches, on sut manger plus délicatement qu'autrefois et apprécier les nouvelles boissons, dont les grands vins de Bordeaux, à la fois rares et fort chers.

La création des grands crus fut accompagnée de la lente mise en place d'une hiérarchie qualitative de ces nobles produits. C'est ainsi que l'analyse des premiers livres de courtage (1740-1775) du bureau Tastet-Lawton met en valeur l'existence d'un classement des grands vins du Médoc dans les années 1770. Une quinzaine d'années plus tard, Thomas Jefferson, le futur président des États-Unis, ami personnel de George Washington, confirmait, dans son journal de voyage, la réalité de cette hiérarchie. C'était une esquisse du futur classement de 1855 que les négociants lui avaient donnée. Il distinguait, notamment en vins rouges, trois classes : les quatre premiers classiques : Haut-Brion, Lafite, Latour et Margaux, une seconde et une troisième classe, encore bien incomplètes. Thomas Jefferson fut également un fidèle client des grands vins du Médoc et d'Yquem.

En outre naquit lentement l'art de déguster les grands vins de Bordeaux, puis l'art d'en parler. Dans le passé, on se contentait de boire « à grands traits » des vins tirés à la barrique « à pot et à pinte », sans analyser leurs qualités particulières. La création de la verrerie vénitienne incita les

Premier grand cru du Sauternais, le vignoble du château d'Yquem (XVIe siècle), propriété de la famille de Lur-Saluces, fait l'objet de soins attentifs à l'origine de son exceptionnelle qualité.

amateurs à regarder le vin par transparence, ainsi que le suggère Véronèse dans *les Noces de Cana*. En Angleterre, dans la première moitié du XVIIIe siècle, nombre de tableaux de Hogarth le laissent supposer.

On se mit non seulement à admirer la « robe » des grands crus, mais également à apprécier leurs qualités gustatives : corps, saveur, bouquet. À la fin du XVIIIe siècle, la conservation des grands crus, alors réalisée, facilita les comparaisons entre millésimes d'une part, et entre crus, d'autre part. Courtiers et négociants bordelais, régisseurs et propriétaires des grands châteaux médocains créèrent alors le vocabulaire de la dégustation, d'une étonnante richesse, qui n'est pas sans rappeler celui des spécialistes contemporains.

Les grands vignobles du Bordelais se mirent peu à peu en place, des années 1680 aux années 1750. Le rôle pionnier en matière de qualité revient à Haut-Brion et aux grands châteaux médocains. Ils avaient valorisé des notions nouvelles : un terroir particulier, les graves ; un encépagement sélectionné et adapté aux qualités du terroir ; des méthodes rigoureuses de sélection, de vinification et de vieillissement ; et, surtout, la pratique d'une politique du long terme, étayée par des investissements aussi réguliers que lourds. D'où cette trilogie fondamentale : un grand cru, un terroir, un nom. C'est ainsi que les *New French Clarets* reléguèrent dans l'oubli les clarets anonymes d'antan. Les successeurs de ces pionniers ont su maintenir, contre vents et marées, la haute qualité des grands crus, tout en intégrant les découvertes de l'œnologie scientifique moderne.

L'encépagement du Bordelais

La recherche de la qualité commence au vignoble. Le premier choix à faire est celui du cépage. Une région donnée ne peut espérer produire de grands vins si elle ne possède des cépages nobles, dont les fruits arrivent à parfaite maturité. Dans nos vignobles les plus réputés, l'encépagement résulte d'une sélection empirique pratiquée par des générations de viticulteurs. Parmi un très grand nombre de cépages, soit indigènes, soit introduits à différentes époques, ils n'ont retenu que ceux qui se sont révélés les plus appropriés du point de vue cultural et vinique. Une des chances du Bordelais est d'avoir su très tôt réunir plusieurs bons cépages parfaitement adaptés à son climat.

Actuellement, les principaux cépages rouges sont le Cabernet franc, le Cabernet-Sauvignon et le Merlot, auxquels s'ajoutent le Petit Verdot et le Côt ; en blanc, ce sont le Sémillon, le Sauvignon, la Muscadelle, ainsi que l'Ugni blanc, le Colombard et le Merlot blanc.

Les cépages se différencient par leur aspect général, par la forme de leurs feuilles, grappes et baies, mais aussi par la constitution biochimique

Principal cépage du Médoc, le Cabernet-Sauvignon donne un vin grenat foncé, charpenté et tannique, aux arômes végétaux très caractéristiques.

et chimique des baies, des pellicules et des pépins, la teneur en sucres, en acidité, en composés phénoliques, en substances aromatiques, etc. Ainsi les moûts des divers cépages bordelais accusent des différences de composition importante, d'acidité notamment.

Les cépages bordelais sont classés selon leur taux d'acidité. L'importance des différences dépend du mode de conduite de la vigne, des sols et des conditions climatiques, mais cette classification se retrouve d'année en année ; il s'agit donc d'un caractère de cépage. Il en serait de même si on considérait les teneurs en composés phénoliques et en substances aromatiques.

On constate que le choix actuel des cépages rouges s'est porté sur ceux qui permettent d'élaborer des vins colorés, tanniques, souples et d'une grande typicité aromatique. Les plantations de Cabernets, qui donnent aux vins un caractère aromatique spécial, ainsi que celles de Merlot, qui apportent sa souplesse, se développent. Au contraire, le Malbec, moins sucré et plus acide que le Merlot, est délaissé. Il en est de même du Petit Verdot, qui arrive difficilement à mûrir régulièrement ses raisins ; ce cépage fut majoritaire dans certains crus, mais aujourd'hui il n'existe plus que dans quelques propriétés du Médoc, où il ne représente qu'un pourcentage très faible des surfaces plantées.

Quant au vignoble blanc, il a été encépagé depuis le début du siècle en vue de l'élaboration de vins blancs demi-secs, moelleux ou liquoreux. Les cépages Sémillon, Muscadelle et Sauvignon donnent des vins liquoreux qui prennent un bouquet caractéristique par vieillissement en barrique, puis en bouteille. Mais, à partir des années 1950, les goûts ont changé. Si les grands liquoreux sont toujours recherchés, il n'en est pas de même pour les « petits » vins moelleux. Le goût actuel est aux vins blancs secs riches en arôme primaire, et l'encépagement est moins adapté pour élaborer des vins de ce type ; seul le Sauvignon a une puissance aromatique suffisante.

L'association des différents cépages, variable selon les zones de production, permet, par leurs caractères complémentaires, d'obtenir dans chaque cru un vin original, harmonieux, complexe et équilibré. De plus, le fait de pouvoir jouer sur plusieurs cépages permet une certaine régularité qualitative et quantitative.

Les cépages rouges

Le Merlot est le cépage rouge le plus cultivé en Bordelais, où il représente environ la moitié de l'encépagement (53,5 %). C'est un cépage qui se plaît dans les terres présentant l'été une certaine humidité. Comme il est précoce, il est parfois atteint par les gelées de printemps ; de plus, il est sensible à la coulure, et, lorsque les conditions climatiques, au moment de la floraison, sont défavorables, les rendements sont très bas. Sa production est donc irrégulière. Les raisins de Merlot sont riches en sucres et donnent des vins souples qui, dans bien des cas, gagnent à être assemblés aux vins de Cabernet.

Le Cabernet-Sauvignon, un des grands cépages français, est certainement d'origine bordelaise. Il est présent dans la plupart des pays viticoles, car il permet d'élaborer des vins de grande qualité. En Bordelais, il occupe près de 30 % de la surface du vignoble rouge. C'est le cépage principal du Médoc.

Cépage tardif, ce qui le met à l'abri des gelées printanières, il demande de bonnes conditions climatiques automnales pour arriver à parfaite maturité. Le Cabernet-Sauvignon, grâce à l'épaisseur de la pellicule des baies, est assez résistant à la pourriture grise et donne une production régulière.

Les vins issus du Cabernet-Sauvignon sont d'une couleur profonde, corsés, tanniques, d'un arôme caractéristique. Ces caractères s'affinent en vieillissant, en développant un bouquet remarquable et inimitable.

Le Cabernet franc, largement répandu dans tout l'Ouest vinicole, de la Loire aux Pyrénées, représente en Bordelais environ 16 % de la surface plantée en cépages rouges. On le rencontre surtout dans le Libournais. Ce cépage moyennement précoce arrive à maturité après le Merlot. Il donne des vins aromatiques et souples, moins corsés que ceux du Cabernet-Sauvignon et d'une évolution en général plus rapide.

Le Côt, appelé le plus souvent Malbec et Pressac dans le Libournais, est le plus précoce des cépages rouges. Il est sensible à la coulure, et sa production est irrégulière. Depuis une vingtaine d'années, la culture du Côt en Bordelais est en régression à cause de la maigreur de ses vins et de leur faible amélioration au vieillissement. Son vin est souple, d'un arôme manquant souvent de finesse ; sa couleur dépend de son rendement.

Le Petit Verdot était le cépage des palus et des terres d'alluvions. Il est présent dans quelques crus du Médoc, mais sa place dans le vignoble rouge du Bordelais est des plus modestes. C'est un cépage tardif qui donne des vins très colorés et très tanniques lorsque les conditions climatiques du début de l'automne sont favorables.

Le Côt et le Petit Verdot représentent 0,2 % de l'encépagement.

Les cépages blancs

Le Sémillon est le cépage blanc le plus planté. Il représente environ la moitié du vignoble à vins blancs. Cépage très productif, il est peu sensible à la coulure, mais il craint la pourriture grise. Ses raisins sont riches en sucres. Le vin de Sémillon est en général peu acide et d'un arôme discret mais fin. C'est cette finesse qui lui permet d'être présent dans l'encépagement des vins de grande expression.

Le Sémillon a la particularité de pouvoir subir avec profit, dans certaines conditions, l'action de la pourriture noble, ce qui permet l'élaboration des grands vins liquoreux. Par contre, il n'est pas très bien adapté à la production des vins blancs secs de haute qualité.

Le Sauvignon est un des grands cépages nobles, dont la culture est en progression puisqu'il représente actuellement environ 20 % du vignoble blanc bordelais. Il y a autant de Sauvignon en Bordelais que dans les vignobles de la vallée de la Loire. En général, c'est un cépage peu producteur. Il donne des vins secs, corsés, très aromatiques, qui deviennent d'une très grande complexité en vieillissant. En association avec d'autres cépages, il permet d'obtenir des vins liquoreux de qualité.

Le Sémillon, cépage blanc riche en sucres naturels, produit, lorsqu'il est atteint par la pourriture noble, les grands vins blancs liquoreux du Sauternais.

L'Ugni blanc est le cépage blanc le plus cultivé en France. En Bordelais, il est appelé Saint-Émilion-des-Charentes. C'est un cépage tardif donnant une production élevée et régulière.

Le vin d'Ugni blanc est léger, peu aromatique et d'une certaine acidité. Il est utilisé pour l'élaboration des vins effervescents. En association avec d'autres cépages, il peut donner des vins blancs secs, nerveux et agréables, mais d'une longévité toute relative.

Le Colombard est en régression. Il est surtout présent dans les vignobles de la rive droite de la Gironde, en Blayais et Bourgeais. C'est un cépage sensible à la pourriture grise.

Le vin de Colombard présente un arôme caractéristique, mais sans grande finesse.

La Muscadelle voit sa surface diminuer depuis une vingtaine d'années. Elle occupe actuellement environ 5 % du vignoble blanc, en raison de sa sensibilité aux maladies, particulièrement à la pourriture grise.

La Muscadelle donne un vin dont l'arôme fin rappelle un peu celui du Muscat. On l'utilise principalement pour l'élaboration des vins blancs liquoreux.

Le Merlot blanc a été multiplié en raison de sa forte production. C'est un cépage qui donne un vin peu alcoolique et en faibles quantités.

Le Merlot, l'Ugni blanc et le Colombard représentent 20 % de l'encépagement.

L'élimination des cépages hybrides

L'Institut d'œnologie de Bordeaux a démontré, il y a une trentaine d'années, que les vignes hybrides à raisins rouges, c'est-à-dire obtenues par croisement d'un *Vitis vinifera* avec une autre variété impropre à la production de vin, synthétisent certains pigments anthocyaniques, qui sont des diglucosides et qui n'existent jamais dans les différents cépages de *Vitis vinifera.* La caractérisation de ces diglucosides permet de reconnaître un vin d'hybride d'un vin de *Vitis vinifera,* et de déterminer, même en faible proportion, la présence de vin d'hybrides dans un vin d'appellation d'origine contrôlée ne devant être issu que de cépages nobles. Cette fraude, qui s'étendait de façon alarmante, fut arrêtée par cette découverte.

La possibilité de contrôler la nature des cépages ayant servi à l'élaboration des vins a rendu de grands services aux producteurs de vins rouges d'appellation d'origine contrôlée.

Grâce à cette découverte, il a été possible de prendre, à partir de 1959, appellation par appellation, des décrets d'interdiction des cépages hybrides dans les propriétés revendiquant pour leur production une appellation d'origine contrôlée.

La vinification

Le vin de Bordeaux est sans doute celui qui s'est le plus transformé depuis le XIXe siècle. Nombreuses sont les raisons qui expliquent le phénomène : les progrès réalisés dans le domaine des techniques culturelles, l'expansion du vignoble et de sa production, l'évolution du goût et, surtout, l'influence de l'œnologie moderne sur la vinification, à partir des années 1950. C'est ainsi que le Bordelais peut aujourd'hui s'enorgueillir d'être l'une des régions viti-vinicoles les mieux équipées au plan œnologique.

Les vins rouges

Autrefois, les vins rouges du Médoc et des Graves se caractérisaient par leur forte tanicité et acidité fixe, responsables d'une certaine dureté, ainsi que par un faible degré alcoolique.

La teneur élevée en tanins résultait de cuvaisons longues. Désormais, la durée de la cuvaison, loin d'être fixe, est modulée en fonction du type de vin recherché. Il existe en effet, dans les différentes parties du raisin, de multiples substances tannoïdes aux goûts divers. En dosant l'intensité et la durée de la cuvaison, l'on peut de nos jours extraire les bons tanins à la quantité voulue. Par ailleurs, le cuvier, traditionnellement en bois de chêne, s'est vu peu à peu remplacé par des cuves en ciment ou métalliques, offrant sur le bois des qualités de propreté, d'étanchéité et de neutralité gustative. Enfin, l'on a diminué la durée de conservation en fûts à seize ou douze mois, alors qu'il était fréquent, il y a quelques dizaines d'années, de procéder à des conservations de plusieurs années.

Cette modification importante du processus de vinification ne s'est pas opérée sans quelques résistances, mais correspondait à une évolution réelle du goût inclinant vers des vins moins durs et astringents. À l'heure actuelle, une réaction s'est fait jour parmi les œnologues qui affirment que les vins supporteraient une plus grande richesse en tanins et en intensité colorante.

Autre transformation notable : l'abaissement sensible de l'acidité totale du vin ayant comme conséquence une amélioration des qualités organoleptiques de ce dernier, qui gagne en fruité et fraîcheur. Cela résulte de la généralisation, en vinification, de la fermentation malolactique, étape nécessaire à l'affinement du vin et à sa stabilité biologique, mais aussi à une meilleure maturité du raisin en raison de vendanges plus tardives.

Enfin, le degré moyen alcoolique se situe aujourd'hui entre 11 et 12 % Vol., grâce à la généralisation de la technique du sucrage et à la meilleure maturation de la vendange. Cela confrère aux vins plus de moelleux.

Les vins blancs secs

Pour ce type de vinification, les progrès technologiques ont également été spectaculaires, notamment en ce qui concerne la prévention de l'oxydation lors de la cueillette, de l'égouttage, de même qu'au cours du pressurage et des autres étapes de la vinification.

La qualité du vin blanc sec dépendant pour une large part de l'état sanitaire de la vendange, et le Bordelais étant une région chaude, il n'est pas indispensable que les raisins aient atteint une maturité complète. La cueillette est donc souvent précoce, et, dans bien des cas, les raisins sont triés afin d'éliminer les grains pourris. Le transport de la récolte au cuvier ou vendangeoir fait l'objet de soins attentifs afin de ne pas endommager les baies.

Les raisins sont ensuite foulés dans des fouloirs à rouleaux mais non égrappés, comme c'est le cas dans l'élaboration des vins rouges. Le jus qui s'écoule – jus de goutte – représente 70 % environ du volume total du moût utilisé. Lors de la vinification de masse, l'égouttage s'effectue mécaniquement.

Puis a lieu le pressurage, qui permet d'extraire le jus restant. À l'heure actuelle, la région bordelaise s'équipe essentiellement de pressoirs horizontaux ou pneumatiques.

La recherche de la qualité fait éliminer les derniers moûts de presse. L'on tend à mettre en place des chaînes de traitement mécanique de la vendange permettant de limiter la dilacération de celle-ci (on procède, selon les cas, à une macération pelliculaire).

Avant la fermentation, l'on procède au débourbage, qui consiste à éliminer les impuretés susceptibles de communiquer de mauvais goûts au vin. Généralement précédé d'un sulfitage, il se fait par soutirage du moût laissé en repos dans une cuve de décantation ou par centrifugation au moyen d'un clarificateur à éjection automatique. Le procédé qui consiste à abaisser la température du moût au-dessous de 15 °C s'est généralisé et permet de réaliser une meilleure clarification pour un repos prolongé. C'est à ce stade que peuvent éventuellement être effectuées les corrections : acidification ou désacidification notamment.

Enfin, les différents moûts sont mis dans des fûts ou, de plus en plus souvent, dans des cuves métalliques que l'on place à l'extérieur. Là pourra commencer la fermentation à des températures maintenues entre 17 et 20 °C par ruissellement extérieur d'eau. Le vin est enfin soumis à la fermentation malolactique nécessaire à son affinement et à sa stabilisation.

Les vins blancs moelleux et liquoreux

La vinification en moelleux, c'est-à-dire pour les vins pouvant contenir jusqu'à 36 grammes de sucres par litre, est assez proche de celle des vins blancs secs. Il en va autrement pour les vins liquoreux, beaucoup plus riches.

Tout d'abord, le mode de cueillette est radicalement différent puisqu'il s'agit de vendanger par tries des raisins très mûrs, surmûris et atteints de pourriture noble.

En revanche, l'extraction du moût répond au même impératif de rapidité d'exécution pour éviter la macération et l'oxydation. Mais, contrairement à la vinification en sec, l'on ne procède pas à l'égouttage préalable au pressurage, car les moûts de presse sont très supérieurs. Ils sont obtenus au moyen de pressoirs horizontaux très adaptés à la vendange peu juteuse des raisins pourris.

L'on ne pratique pas non plus le débourbage après sulfitage qui pourrait compromettre le bon déroulement de la fermentation. La fermentescibilité du moût varie selon qu'il s'agit des premières ou des dernières tries. Pour faciliter le départ de la fermentation, l'on ajoute des levures et divers autres éléments tels les sels d'ammonium et la thiamine.

Le processus le plus spécifique de ce type de vinification est le mutage, c'est-à-dire l'arrêt de la fermentation. On l'obtient de différentes façons. Lorsque les moûts sont riches en sucres, il se fait naturellement si la température ambiante est suffisamment basse.

Le refroidissement artificiel en dessous de 10 °C accompagné d'un sulfitage, de même que le chauffage du moût à 45 °C produisent le même résultat. Mais l'ajout massif, de l'ordre de 80 milligrammes par litre, d'anhydride sulfureux reste la méthode la plus sûre et donc la plus répandue. Cette opération n'assurant cependant pas une stérilisation complète du vin, l'on doit ensuite opérer un soutirage, une centrifugation ou une filtration.

Les millésimes en Bordelais

En Bordelais, comme d'ailleurs dans toutes les zones viticoles européennes de la frange extraméditerranéenne, la qualité d'une récolte suit de très près les conditions climatologiques du printemps à l'automne. La température, l'ensoleillement, la pluviométrie jouent un rôle essentiel dans le développement de la vigne, de la maturation du raisin et, par voie de conséquence, sur la qualité du vin et sa longévité en bouteilles.

Comme il n'y a jamais deux années météorologiques semblables, il n'y a jamais deux millésimes absolument identiques.

En Bordelais, pour que les raisins arrivent à une bonne maturité, les conditions climatiques doivent être les suivantes :

– une somme de chaleur calculée pour la période végétative de la vigne, d'avril à septembre inclus, supérieure à 3 100 °C ;

VINS LIQUOREUX ET POURRITURE NOBLE

Grappe de Sémillon atteinte du Botrytis cinerea.

Les grands vins liquoreux sont élaborés à partir de raisins ayant subi une forme particulière de surmaturation, la pourriture noble. Elle a pour origine le développement d'un champignon microscopique nommé *Botrytis cinerea.* Dans certaines conditions climatiques favorables, on observe une amélioration qualitative des raisins par concentration des sucres sans augmentation de l'acidité. Ces raisins donnent des vins qui, après vieillissement, développent des substances aromatiques caractéristiques. Au contraire, lorsque le climat est défavorable, ce même champignon – ou des formes proches – développe une pourriture dite « vulgaire » ou « grise » qui entraîne une diminution variable de la qualité de la vendange et, par conséquent, du vin.

Le développement du Botrytis

L'observation au microscope électronique des grains de raisin du cépage Sémillon contaminés par le *Botrytis cinerea* montre que la pénétration du champignon se fait au travers de petites lésions de la peau (pellicule), invisibles à l'œil nu. Ces microfissures ont lieu lorsque les tensions, dues à l'augmentation du volume des grains durant la maturation, provoquent une fissuration de la pellicule. Par ailleurs, les baies présentent des ouvertures microscopiques appelées stomates, qui assurent les échanges gazeux ; lors de la maturation, il se produit à leur pourtour une cassure circulaire.

Les spores du champignon, disséminées par le vent ou la pluie, germent à la surface de la baie de raisin. Les tubes germinatifs pénètrent alors dans la baie par les différentes microlésions et désorganisent les parois des cellules de la pellicule. À ce stade, certains de ces filaments font éclater la pellicule et forment à l'extérieur de la baie des « bouquets » porteurs de nombreuses spores, qui assureront la propagation de la pourriture.

Lorsque le *Botrytis cinerea* attaque un grain de raisin, il se forme, dans un premier temps, des petites taches brunes circulaires : c'est le stade des « grains tachetés ». Puis, en quelques jours, la totalité de la peau est envahie, elle prend une couleur brun-violet, s'affine et devient extrêmement fragile. À ce stade, on parle de « grains pourris pleins ». Si les conditions de température et d'humidité sont réunies, *Botrytis cinerea* se développe, et le grain se flétrit. On désigne alors ces grains sous le terme de « grains rôtis » ou « confits ». C'est à partir de ceux-ci que sont obtenus les grands vins liquoreux, onctueux, marqués par des arômes et des saveurs complexes, et par ce caractère spécial appelé communément « goût de rôti » qui, au vieillissement, s'affine et s'enrichit en nuances.

La formation de grains rôtis s'étale sur une période longue, généralement de plusieurs semaines. Cela implique un ramassage en plusieurs fois. La cueillette s'effectue par triages successifs ou tries. Seules les grappes ou les fractions de grappes présentant l'état recherché sont vendangées. Un premier passage dans les vignes permet d'éliminer les grains altérés par un développement de diverses moisissures ou de bactéries, c'est la trie dite « de nettoyage ». La main-d'œuvre chargée des tries doit être sensibilisée à cette technique de ramassage déterminante pour la qualité des vins. Aussi ne peut-elle être que locale.

Action du Botrytis cinerea *sur la composition des moûts*

Le développement du *Botrytis cinerea* entraîne une profonde modification de la composition chimique de la baie de raisin. Les sucres et les acides sont brûlés. Ces derniers diminuent d'ailleurs proportionnellement beaucoup plus que les sucres, et plus de la moitié d'entre eux peut disparaître. Il convient de remarquer que la diminution de l'acide tartrique est beaucoup plus importante que celle de l'acide malique. Par ailleurs, il se forme du glycérol, des polysaccharides, des acides acétique, citrique et gluconique. *Botrytis cinerea* sécrète en outre de nombreuses enzymes. Certaines désagrègent les parois cellulaires des peaux. La structure de la baie est rompue et les échanges avec la plante s'arrêtent, de sorte que le grain de raisin se comporte exactement comme s'il était détaché de la souche. Seules les conditions climatiques jouent alors un rôle. En période sèche et chaude, la baie perd rapidement de l'eau et se concentre. La richesse en sucres s'accroît considérablement. Les acides sont également concentrés, mais du fait qu'ils sont davantages brûlés que les sucres, l'acidité des moûts de raisins botrytisés est sensiblement la même que celle de raisins sains. En période pluvieuse ou très humide, le grain de raisin absorbe de l'eau, et la teneur en sucres diminue alors rapidement. Au cours d'une même journée, les teneurs en sucres peuvent donc être très variables. La présence de brouillards matinaux, fréquents en octobre et novembre, suffit à diminuer les teneurs en sucres. C'est par conséquent les après-midi que l'on ramasse les moûts les plus riches.

Rôle du climat, du sol et de l'alimentation hydrique

L'évolution du *Botrytis cinerea* sous forme de pourriture noble ne peut être obtenue qu'à partir de raisins mûrs et surtout non éclatés, aussi faut-il que l'alimentation hydrique de la vigne ne soit pas excessive. Or, l'on a constaté qu'après des pluies estivales importantes les raisins de certaines parcelles étaient plus sensibles que d'autres à l'éclatement. Cela s'explique par les propriétés physiques des sols. Les sols du Sauternais se caractérisent par une grande hétérogénéité avec de grandes variations dans les teneurs en argile et en éléments grossiers. Dans les zones gravelo-sableuses très perméables, le drainage naturel permet une élimination rapide de l'eau. En revanche, dans les sols plus argileux, il est souvent nécessaire, pour limiter les risques d'éclatement, de réaliser un drainage artificiel.

Pendant la phase de surmaturation, les facteurs climatiques jouent un rôle primordial. En effet, le développement du *Botrytis cinerea* sous forme de pourriture noble n'est possible que par l'alternance de périodes humides de courte durée, favorisant l'activité du champignon, et de périodes sèches plus longues, qui accélèrent les phénomènes de concentration des moûts. On comprend donc qu'en raison des irrégularités climatiques automnales en Bordelais, il n'est pas possible d'obtenir, chaque année, la pourriture noble sur la totalité de la récolte.

L'élaboration des vins liquoreux implique un ramassage des raisins par tries et des rendements très faibles. Plus que tout autre type de vin, ils sont soumis aux aléas climatiques. Le risque est donc grand de voir ces vins concurrencés par des produits d'un prix de revient plus faible.

– un nombre de jours de très grande chaleur, températures maximales égales ou supérieures à 30 °C, dépassant 15 ;

– une hauteur de pluie comprise entre 250 et 350 mm, soit de 250 à 350 litres pour un mètre carré, c'est-à-dire, à quelque chose près, par pied de vigne ;

– une luminosité correspondant au moins à 1 250 heures d'insolation directe.

En dehors de ces limites, la vigne arrive difficilement à mûrir correctement ses raisins. Les vins obtenus manquent de caractère et sont peu aptes au vieillissement. Une seule de ces conditions est insuffisante pour assurer la qualité, il importe que toutes soient réunies pour obtenir un bon millésime. Les années exceptionnelles donnant des vins d'une très belle longévité demandent encore plus de soleil et moins de pluie que les normes données ci-dessus.

Dans le tableau de la page suivante, nous donnons les conditions climatologiques pour les vingt-deux dernières années.

En Bordelais, ce sont les années les plus chaudes et les plus sèches qui donnent les meilleurs vins. Plus exactement, les bons millésimes sont issus d'étés chauds et peu humides et d'automne lumineux. Les bonnes années sont en général des années relativement précoces. En effet, il y a davantage de chances d'atteindre une bonne maturité lorsque la maturation se déroule au cours de journées longues permettant à la vigne de recevoir un maximum de lumière et de chaleur, donc de bien mûrir ses raisins.

Il est très rare qu'une année tardive donne un grand millésime. En revanche, on a connu des années précoces où, en raison des pluies de fin septembre, les raisins présentaient une composition insuffisante.

La relation qualité-conditions climatologiques globale n'est toutefois que schématique. C'est beaucoup moins la somme des températures ou la hauteur des pluies qui influent sur la qualité que l'époque où se manifestent la chaleur ou la pluie. Il est bien connu que le temps qu'il fait au moment des vendanges peut modifier profondément, positivement ou négativement, la qualité des raisins.

Comme les prévisions météorologiques sont peu fiables au-delà de cinq jours, il est impossible de connaître à l'avance la qualité d'un millésime. C'est ne rien connaître de la vigne, ou se montrer malhonnête, que de porter un jugement sur la qualité du vin avant qu'il ne soit prêt à la consommation. En fait, comme l'écrit Émile Peynaud, « chaque millésime a son type, son évolution, sa réputation et sa cotation. D'ailleurs le millésime fait partie de la personnalité du vin. On dit parfois qu'il domine le cru, ce qui signifie qu'il y a plus d'analogie entre les vins de crus différents d'une

Bouteille de Château d'Yquem millésimée 1893. Avec le temps ce premier cru supérieur revêt une chaude robe ambrée.

OBSERVATIONS PHÉNOLOGIQUES EN BORDELAIS					
Millésime	**Demi-floraison**	**Demi-véraison**	**Maturité**	**Nombre d'années de vie du millésime**	
				Rouge	**Blanc**
1974	15 juin	19 août	6 octobre	10	25
1975	14 juin	20 août	1er octobre	40	35
1976	4 juin	7 août	18 septembre	30	25
1977	27 juin	2 septembre	12 octobre	20	25
1978	26 juin	2 septembre	12 octobre	30	20
1979	21 juin	25 août	8 octobre	20	25
1980	25 juin	3 septembre	13 octobre	10	15
1981	12 juin	20 août	5 octobre	30	35
1982	5 juin	9 août	23 septembre	30	35
1983	13 juin	19 août	28 septembre	30	35
1984	18 juin	20 août	6 octobre	10	15
1985	15 juin	16 août	1er octobre	30	35
1986	20 juin	19 août	3 octobre	30	35
1987	15 juin	16 août	8 octobre	10	15
1988	12 juin	17 août	6 octobre	35	30
1989	29 mai	4 août	16 septembre	30	35
1990	27 mai	6 août	24 septembre	35	35
1991	15 juin	20 août	4 octobre	20	25
1992	6 juin	14 août	28 septembre	10	15
1993	6 juin	9 août	26 septembre	20	25
1994	4 juin	6 août	19 septembre	20	25
1995	4 juin	10 août	19 septembre	30	35
1996	4 juin	10 août	27 septembre	30	35

même année qu'entre les vins d'un même vignoble d'années différentes. »

Le consommateur accorde souvent trop d'importance aux millésimes. La technique viti-vinicole actuelle permet de diminuer, voire d'éliminer les mauvais millésimes. D'ailleurs, selon la formule lapidaire de Peynaud, « il n'y a plus de mauvaises années ; il n'y a que des années difficiles ».

Cela ne signifie pas que tous les vins se ressemblent, mais cela montre qu'il y a des vins riches bien structurés qui demanderont plusieurs années pour arriver à leur maximum qualitatif, et qui y resteront longtemps, et qu'il y a des vins légers, mais équilibrés, d'évolution plus rapide. Il est donc abusif de séparer les millésimes en deux catégories : les bons et les mauvais. La réalité est bien différente.

En Bordelais, le vin provient de plusieurs cépages, et la réussite, suivant les conditions de l'année, est différente selon les cépages. Parfois, le Merlot mûrit mieux, mais d'autres fois la qualité est due à la bonne tenue des Cabernets. Aussi, pour un même millésime, une appellation peut mieux réussir qu'une autre en fonction de son cépage dominant. Dans les années difficiles, certains crus réussissent mieux que d'autres grâce à un choix plus judicieux, ou plus heureux, du début des vendanges, à une meilleure sélection des raisins et à l'adoption de techniques de vinification appropriées.

Ainsi, dans la vaste région du Bordelais, dans une année réputée médiocre, on trouvera toujours un volume plus ou moins important de vins qui, sans être de très longue longévité, n'en seront pas moins intéressants.

La hiérarchie des millésimes est difficile à établir. En effet, un vin ne peut être noté en valeur absolue, mais seulement par rapport à d'autres vins de la même année et de la même origine. Comment projeter dans dix ans ou plus le profil gustatif d'un vin ? Quelle mémoire faut-il posséder pour se souvenir des caractères organoleptiques qu'un vin de plus de vingt ans avait à la sortie de la cuve de vinification ? On comprend que les codes de millésimes et les tableaux comparatifs abondent, sans toujours apporter satisfaction aux amateurs, comme l'écrit Alexis Lichine : « Trompés par les tableaux de millésimes, trop de gens s'imaginent qu'ils ne doivent acheter que les vins des grandes années… Ce faisant, ils achètent surtout ce qu'on devrait appeler des vins de longue garde. Trop souvent, ils les boivent avant que ces vins aient atteint leur plénitude en bouteille. S'ils avaient choisi du vin d'années plus légères, ils auraient payé moins cher et auraient eu une meilleure bouteille au moment où ils la burent. »

Le Code de l'Académie des vins de Bordeaux a l'originalité de ne pas classer les millésimes. À l'aide de symboles, il donne des informations sur chaque millésime : le caractère général, la constance ou non de la réussite, le degré d'évolution du vin pour permettre de déguster lorsqu'il est au maximum de ses qualités.

Les crus classés du Bordelais

Pendant de nombreuses années, la hiérarchie des crus de Bordeaux était seulement connue des grands propriétaires, des négociants et des courtiers. Les amateurs des grands vins restaient, quant à eux, dans une demi-ignorance des classements jusqu'au jour où divers ouvrages soulevèrent un coin du voile.

Le premier fut celui de Jullien, *Topographie de tous les vignobles connus* suivi d'une *Classification générale des vins* dont la première édition parut en 1816, et la seconde corrigée et augmentée en 1822. L'auteur s'était renseigné auprès des négociants et des propriétaires, mais aussi auprès des restaurateurs. Dans son esquisse de classement, il distinguait les quatre premiers crus de rouges, déjà bien connus : Lafite, Latour, Margaux et Haut-

Brion ; puis sept seconds crus : Rauzan, Gorce, Léoville, Larose, Brane-Mouton, Pichon-Longueville et Calon. Pour les autres classes, l'auteur se montrait plus évasif ; il ne citait aucun cru particulier, mais des paroisses et des communes.

Le travail de Jullien allait servir de base à l'œuvre de ses successeurs, qui le reprirent et, parfois même, le plagièrent sans le citer. Wilhelm Franck, dans son *Traité sur les vins du Médoc et les autres vins rouges du département de la Gironde,* paru en 1824, donnait pour le Médoc les trois premiers crus, Lafite, Latour et Margaux. En revanche, il ne retenait que quatre seconds crus, Brane-Mouton, Rauzan, Léoville et Gruaud-Larose. Ensuite venaient huit troisièmes crus : Bergeron (Ducru-Beaucaillou), Calon, Cos-d'Estournel, Branes-Arbouet (Lagrange), Gorce, Lascombes, Pichon-Longueville, Pontet-Langois (Langoa). Le groupe des quatrièmes comprenait dix-huit crus : Boyd, Durfort (Durfort-Vivens), Duluc (Branaire-Ducru), Duhart Milon, Desmirail, Ferrière, Giscours, Malescot-Saint-Exupéry, Saint-Pierre, Pouget, de Terme, Pontet-Canet, Grand-Puy-Lacoste, La Colonie, Tronquoy, Kirwan et Issan.

De 1838 à 1841, Lecoultre de Beauvais et les rédacteurs du mensuel *le Producteur* s'intéressent aux crus du Bordelais. Ils publient, notamment pour le Médoc, mais aussi pour les autres aires viticoles girondines, une série de cartes communales détaillées, accompagnées d'un commentaire précis sur les crus et leur classement. Pour les crus classés, *le Producteur* semble s'être laissé aller à une inflation galopante. Les rédacteurs du journal, manifestement influencés par leurs informateurs, arrivent à 210 crus classés : 3 premiers, 14 deuxièmes, 28 troisièmes, soit le double du total de 1855, et surtout 46 quatrièmes et 119 cinquièmes. Dans ce classement apparaît pour la première fois Montrose classé second et Palmer cité parmi les troisièmes crus.

Quelles que soient les divergences entre ces classements et les exégarations du *Producteur,* ces travaux montrent que la propriété était fortement préoccupée du classement.

Le classement des grands crus médocains intéressait, également, les auteurs britanniques du temps. Il convient de citer : *l'Histoire des vins anciens et modernes,* du docteur Alexandre Henderson, publiée en 1824, et *Histoire et description des vins modernes,* de Cyrus Redding, éditée en 1833. S'ils ne sont pas très originaux, ces ouvrages en langue anglaise montrent que l'on était, outre-Manche, très attentif à ce qui s'écrivait à Bordeaux en matière de viticulture et de vinification, ce qui démontre que, dans les années 1840-1850, le besoin se faisait sentir d'une publication plus ou moins officielle du classement des grands crus.

La classification de 1855

Peu avant 1855, certaines initiatives qui furent prises en Médoc tendaient à modifier quelque peu l'ordre établi depuis cinquante ans. Pour les premiers grands crus, il ne se posait guère plus que des questions de préséance ; Lafite avait posé sa candidature au titre de premier de tous les grands crus médocains !

Parmi les seconds, Brane-Mouton cherchait à s'élever au rang de premier cru.

Le Syndicat des courtiers en vins de Bordeaux était le seul organisme pouvant élaborer, en toute sécurité, un classement. L'occasion qui allait le conduire à dresser une liste publique des grands crus fut l'Exposition universelle organisée à Paris, en 1855. Ce fut là une date historique dans l'évolution du vignoble bordelais.

Le 5 avril 1855, la Chambre de commerce, dans une lettre adressée au Syndicat des courtiers, précisait qu'elle avait fait dresser une carte vinicole de la Gironde, destinée à accompagner les échantillons de vins devant figurer à l'Exposition universelle, et formulait la demande essentielle : « Nous venons vous prier de vouloir bien nous transmettre la liste bien exacte et bien complète de tous les crus rouges classés du département en spécifiant à laquelle des cinq classes appartient chacun d'eux et en signalant dans quelle commune ils se trouvent. »

Le château Lafite-Rothschild à Pauillac. Premier cru classé du Médoc, son vin tannique, très racé, fin et séveux, développe des senteurs de violette.

Le Syndicat des courtiers, le 8 avril 1855, adressait la fameuse « liste des vins rouges classés de la Gironde ». Celle-ci ne comprenait, en fait, que les grands crus classés du Médoc. Il s'y ajoutait Haut-Brion dans les Graves. Elle comprenait 58 crus nommément désignés : 4 premiers, 12 seconds, 14 troisièmes, 11 quatrièmes et 17 cinquièmes. Cette liste était accompagnée de celle des vins blancs provenant exclusivement des cinq communes qui bénéficient actuellement de l'appellation Sauternes ou Barsac.

Les courtiers ne méconnaissaient pas les risques qu'ils venaient de prendre en dressant cette liste limitative. Ils l'avaient d'ailleurs accompagnée d'une lettre où ils écrivaient notamment : « Afin de nous conformer à votre désir, nous nous sommes entourés de tous les renseignements possibles et nous avons l'honneur de vous faire connaître, par le tableau ci-joint, le résultat de nos informations. Vous savez comme nous, messieurs, combien ce classement est chose délicate et éveille des susceptibilités ; aussi nous n'avons pas eu la peine de dresser un état officiel de nos grands vins, mais bien de soumettre à vos lumières un travail dont les éléments ont été puisés aux meilleures sources. »

Emblème de château Latour, l'un des cinq premiers crus rouges classés.

En fait, les courtiers ne faisaient qu'entériner une situation ancienne, et ils ne prenaient pas eux-mêmes la responsabilité de lui donner un caractère officiel.

Depuis cette date, la classification n'a subi qu'une importante modification : par arrêté du 21 juin 1973, le château Mouton-Rothschild, classé deuxième cru en 1855, a été promu au rang de premier cru et les premiers crus du Médoc sont désormais classés par ordre alphabétique. Pour les autres crus classés en 1855, aucun changement n'est intervenu depuis, sauf sous l'impulsion de partages ou de regroupements des propriétés.

Depuis 1855, de nombreux crus ont changé de main, parfois à de multiples reprises. C'est dire que les compétences des équipes dirigeantes et les moyens mis à leur disposition ont pu faire évoluer la qualité dans un sens ou dans l'autre. Il est fort probable que les vignes de certains châteaux n'occupent plus exactement les mêmes parcelles qu'en 1855. Dans bien des cas, il s'agit de modifications peu importantes. Mais dans d'autres cas, on a pu procéder à des achats de vignes pour augmenter la superficie du cru. Tout cela est sans doute vrai. Mais est-ce suffisant pour vouloir remettre en question le classement de 1855 ? Nous ne le pensons pas. En effet, à quelques exceptions près, les prix de vente reflètent bien le classement. Si des retouches sont nécessaires, elles se font naturellement et fort justement, certains crus atteignant des cours plus élevés que ceux correspondant à leur classement. L'inverse étant également vrai.

La classification des vins de Graves

Hormis le château Haut-Brion, le classement de 1855 ne prit pas en compte les vins de Graves. Le Syndicat viticole, en liaison avec l'Institut national des appellations d'origine, après bien des difficultés, établit un classement qui devint officiel par le décret ministériel du 16 février 1959. Il porte aussi bien sur les vins rouges que sur les vins blancs, ce qui fait que certains crus sont cités deux fois.

La classification des vins de Saint-Émilion

Aucun des crus de Saint-Émilion ne figure au classement de 1855, mais cela ne signifie pas leur absence.

Le Syndicat viticole a décidé d'établir son propre classement, mais, pour éviter qu'il ne soit figé, celui-ci est révisable tous les dix ans (période allongée par les délais administratifs). La première classification date de 1954, la deuxième de 1969 et la troisième a pris effet avec la récolte 1985, le décret datant du 23 mai 1986.

Depuis 1996, on trouve 12 premiers grands crus classés et 62 grands crus classés.

Les crus bourgeois du Médoc

Un premier classement a été effectué en 1932, par une commission de courtiers, sous l'autorité de la Chambre de commerce et de la Chambre d'agriculture de la Gironde. Il distinguait parmi quatre cent quarante-quatre propriétés : les crus bourgeois supérieurs exceptionnels, les crus bourgeois supérieurs et les crus bourgeois.

En 1962, on entreprit une rénovation du Syndicat des crus bourgeois. Le premier travail de son bureau fut de convoquer tous les propriétaires recensés en 1932. Il n'en restait plus que 110, dont 94 adhérèrent au nouveau syndicat ; aujourd'hui, ils sont près de 400. En 1966 et en 1978, le Syndicat établit un palmarès des crus bourgeois et maintint trois catégories : les crus grands bourgeois exceptionnels, les crus grands bourgeois et les crus bourgeois.

La production

Le vignoble bordelais, dévolu pour sa majeure partie aux vins fins, se caractérise par la diversité et la qualité de sa production. Quelque 110 000 hectares répartis entre 13 500 déclarants produisent en moyenne 600 millions de bouteilles par an, dont environ 80 % de vins rouges et 20 % de vins blancs.

Depuis la création de la première cave coopérative à Saint-Émilion, en 1932, le mouvement coopératif s'est considérablement développé.

Autre partenaire majeur de la viticulture bordelaise, le négoce, à l'origine de la notoriété des vins, continue à jouer un rôle moteur avec

CLASSEMENTS OFFICIELS DES VINS DE BORDEAUX

Régions	AOC	Class.	Crus classés	Couleur	Communes
Graves	Graves	1855	Ch. Haut-Brion (1er)	R	Pessac
		1959	Ch. Bouscaut	R et B	Cadaujac
			Ch. Carbonnieux	R et B	Léognan
			Dm. De Chevalier	R et B	Léognan
			Ch. Couhins	B	Villenave-d'O.
			Ch. Couhins-Lurton	B	Villenave-d'O.
			Ch. Fieuzal	R	Léognan
			Ch. Haut-Bailly	R	Léognan
			Ch. Haut-Brion	R	Pessac
			Ch. Laville-Haut-Brion	B	Talence
			Ch. Malartic-Lagravière	R et B	Léognan
			Ch. La Mission-Haut-Brion	R	Talence
			Ch. Olivier	R et B	Léognan
			Ch. Pape-Clement	R	Pessac
			Ch. Smith-Haut-Lafitte	R	Martillac
			Ch. La Tour-Haut-Brion	R	Talence
			Ch. La Tour-Martillac	R et B	Martillac
Médoc	Haut-Médoc	1855	Ch. La Tour-Carnet (4e)	R	Saint-Laurent
			Ch. Belgrave (5e)	R	Saint-Laurent
			Ch. Camensac (5e)	R	Saint-Laurent
			Ch. La Lagune (3e)	R	Ludon
			Ch. Cantemerle (5e)	R	Macau
	Margaux		Ch. Margaux (1er)	R	Margaux
			Ch. Durfort-Vivens (2e)	R	Margaux
			Ch. Lascombes (2e)	R	Margaux
			Ch. Rauzan-Ségla (2e)	R	Margaux
			Ch. Rauzan-Gassies (2e)	R	Margaux
			Ch. Desmirail (3e)	R	Margaux
			Ch. Ferrière (3e)	R	Margaux
			Ch. Malescot-Saint-Exupéry (3e)	R	Margaux
			Ch. Marquis-d'Alesme-Becker (3e)	R	Margaux
			Ch. Marquis-de-Terme (4e)	R	Margaux
			Ch. Brane-Cantenac (2e)	R	Cantenac
			Ch. Boyd-Cantenac (3e)	R	Cantenac
			Ch. Cantenac-Brown (3e)	R	Cantenac
			Ch. d'Issan (3e)	R	Cantenac
			Ch. Kirwan (3e)	R	Cantenac
			Ch. Palmer (3e)	R	Cantenac
			Ch. Pouget (4e)	R	Cantenac
			Ch. Prieuré-Lichine (4e)	R	Cantenac
			Ch. Giscours (3e)	R	Labarde
			Ch. Dauzac (5e)	R	Labarde
			Ch. du Tertre (5e)	R	Arsac
	Pauillac		Ch. Lafite-Rothschild (1er)	R	Pauillac
			Ch. Latour (1er)	R	Pauillac
		(1973)	Ch. Mouton-Rothschild (1er)	R	Pauillac
			Ch. Pichon-Longueville (2e)	R	Pauillac
			Ch. Pichon-Longueville-Lalande (2e)	R	Pauillac
			Ch. Duhart-Milon (4e)	R	Pauillac
			Ch. Batailley (5e)	R	Pauillac
			Ch. Haut-Batailley (5e)	R	Pauillac
			Ch. Clerc-Milon (5e)	R	Pauillac
			Ch. Croizet-Bages (5e)	R	Pauillac
			Ch. Grand-Puy-Ducasse (5e)	R	Pauillac
			Ch. Grand-Puy-Lacoste (5e)	R	Pauillac
			Ch. Haut-Bages-Libéral (5e)	R	Pauillac
			Ch. Lynch-Bages (5e)	R	Pauillac
			Ch. Lynch-Moussas (5e)	R	Pauillac
			Ch. d'Armailhac (5e)	R	Pauillac

Régions	AOC	Class.	Crus classés	Couleur	Communes
Médoc (suite)			Ch. Pédesclaux (5e)	R	Pauillac
			Ch. Pontet-Canet (5e)	R	Pauillac
	Saint-Estèphe		Ch. Cos-d'Estournel (2e)	R	Saint-Estèphe
			Ch. Montrose (2e)	R	Saint-Estèphe
			Ch. Calon-Ségur (3e)	R	Saint-Estèphe
			Ch. Lafon-Rochet (4e)	R	Saint-Estèphe
			Ch. Cos-Labory (5e)	R	Saint-Estèphe
	Saint-Julien		Ch. Ducru-Beaucaillou (2e)	R	Saint-Julien
			Ch. Gruaud-Larose (2e)	R	Saint-Julien
			Ch. Léoville-Las Cases (2e)	R	Saint-Julien
			Ch. Léoville-Poyferré (2e)	R	Saint-Julien
			Ch. Léoville-Barton (2e)	R	Saint-Julien
			Ch. Lagrange (3e)	R	Saint-Julien
			Ch. Beychevelle (4e)	R	Saint-Julien
			Ch. Branaire (4e)	R	Saint-Julien
			Ch. Saint-Pierre (4e)	R	Saint-Julien
			Ch. Talbot (4e)	R	Saint-Julien
			Ch. Langoa-Barton (3e)	R	Saint-Julien
Libournais	Saint-Émilion (voir les grands crus classés p. 552)	1996	A) Ch. Ausone (1er)	R	St-Émilion
			Ch. Cheval-Blanc (1er)	R	St-Émilion
			B) Ch. Angélus	R	St-Émilion
			Ch. Beauséjour	R	St-Émilion
			(Duffau-Lagarosse) (1er)	R	St-Émilion
			Ch. Beau-Séjour Becot (1er)	R	St-Émilion
			Ch. Belair (1er)	R	St-Émilion
			Ch. Canon (1er)	R	St-Émilion
			Ch. Figeac (1er)	R	St-Émilion
			Ch. Fourtet (1er)	R	St-Émilion
			Ch. La Gaffelière (1er)	R	St-Émilion
			Ch. Magdelaine (1er)	R	St-Émilion
			Ch. Pavie (1er)	R	St-Émilion
			Ch. Trottevieille (1er)	R	St-Émilion
Sauternais	Barsac	1855	Ch. Climens (1er)	B	Barsac
			Ch. Coutet (1er)	B	Barsac
			Ch. Broustet (2e)	B	Barsac
			Ch. Caillou (2e)	B	Barsac
			Ch. Doisy-Daëne (2e)	B	Barsac
			Ch. Doisy-Dubroca (2e)	B	Barsac
			Ch. Doisy-Védrines (2e)	B	Barsac
			Ch. Myrat (2e)	B	Barsac
			Ch. Nairac (2e)	B	Barsac
			Ch. Suau (2e)	B	Barsac
	Sauternes		Ch. d'Yquem (1er cru supérieur)	B	Sauternes
			Ch. Guiraud (1er)	B	Sauternes
			Ch. d'Arche (2e)	B	Sauternes
			Ch. Filhot (2e)	B	Sauternes
			Ch. Lamothe-Despujols (2e)	B	Sauternes
			Ch. Lamothe-Guignard (2e)	B	Sauternes
			Ch. Lafaurie-Peyraguey (1er)	B	Bommes
			Clos Haut-Peyraguey (1er)	B	Bommes
			Ch. Rayne-Vigneau (1er)	B	Bommes
			Ch. Rabaud-Promis (1er)	B	Bommes
			Ch. Sigalas-Rabaud (1er)	B	Bommes
			Ch. Latour-Blanche (1er)	B	Bommes
			Ch. Rieussec (1er)	B	Fargues
			Ch. Romer du Hayot (2e)	B	Fargues
			Ch. Romer (2e)	B	Fargues
			Ch. Suduiraut (1er)	B	Preignac
			Ch. de Malle (2e)	B	Preignac

UN CHÂTEAU BORDELAIS

Le château Carbonnieux, à Léognan, date du XIVe siècle. Le domaine de ce grand cru classé de Graves, d'une superficie de 172 hectares, s'étend sur une croupe de graves, mélange de sable et de gravier reposant sur une terrasse argilo-calcaire. On produit ici des vins rouges et blancs ; toutes les opérations de vinification se déroulent au château lui-même.

Bâtiment A
1. Réception des raisins.
2. Égrappoir 3. Pressoirs. 4. Cuves de vinification en rouge. 5. Puits de débourbage

Bâtiment B : 1 et 2. Cuves de vinification en rouge
3. Cuves de fermentation des vins rouges

Bâtiment C : Cuves de fermentation de vins blancs

Bâtiment D : Chai à barrique de vins blancs

Bâtiment E : 1. Chai à barriques de vins blancs. 2. « Bouteillier », réserve des vieux millésimes en bouteilles

Bâtiment F : Chai à barriques de vins rouges

Bâtiment G : Entrepôt des caisses de vins pour expédition

Bâtiment H : Chaîne de mise en bouteilles

Bâtiment I : Entrepôt des barriques de vins de première année

Bâtiment J : Bureau

Bâtiment K et L : Résidence

K
J
E
I
H
G
F

400 maisons de commerce et 150 bureaux de courtage. Il assure environ 75 % des ventes à l'exportation et 65 % sur le marché français, le reste étant commercialisé par les producteurs. En 1995, 5 392 729 hectolitres ont été commercialisés, dont 1 834 344 hectolitres à l'exportation et 3 558 385 hectolitres en France.

Le salon international Vinexpo

Dans les années 1980, la grande famille du vin a ressenti le besoin de se retrouver régulièrement afin d'échanger des idées et des expériences aussi bien sur les aspects viticoles et œnologiques qu'économiques. C'est ainsi qu'est né le salon international Vinexpo. De nombreux projets furent

En Gironde, 58 coopératives traitent 25 % de la production d'AOC du département.

LES DERNIÈRES RÉCOLTES DE VINS ROUGES AOC EN GIRONDE

	1981	1982	1985	1990	1995
GROUPE BORDEAUX					
Bordeaux rouge	845 324	1 229 593	1 493 426	1 906 778	2 269 229
Sainte-Foy-Bordeaux	2 615	5 745	3 226	2 693	6 661
Bordeaux rosé et clairet	12 184	16 420	15 856	61 374	108 038
Bordeaux supérieur	374 228	441 570	539 388	583 942	518 974
GROUPE CÔTES					
Bordeaux-Côtes-de-Castillon	91 081	124 060	135 031	165 370	173 401
Bordeaux-Côtes-de-Francs	8 754	9 769	14 004	21 823	23 845
1res Côtes-de-Blaye	87 254	124 015	127 910	208 125	263 184
Côtes-de-Bourg	127 585	174 676	171 677	214 042	224 302
1res Côtes-de-Bordeaux	49 419	82 046	78 242	118 736	151 544
Graves de Vayres	8 527	10 769	14 579	17 874	21 087
GROUPE MÉDOC ET GRAVES					
Médoc	123 990	172 866	208 725	263 009	300 656
Haut-Médoc	117 730	156 097	172 376	221 833	247 075
Listrac	22 534	31 633	23 669	39 592	40 561
Moulis	13 307	20 676	21 339	29 927	34 517
Margaux	38 569	50 913	53 375	70 866	68 816
Saint-Julien	29 209	40 835	42 444	50 119	44 694
Pauillac	35 397	44 440	60 944	64 506	59 874
Saint-Estèphe	50 311	58 071	71 525	65 674	70 982
Graves	66 469	100 869	98 585	94 729	113 299
Pessac-Léognan	–	–	–	56 635	52 080
GROUPE SAINT-ÉMILION-POMEROL-FRONSAC					
Saint-Émilion	201 151	290 091	278 621	110 721	122 433
Saint-Émilion Grand Cru	–	–	–	178 717	175 337
Montagne Saint-Émilion	53 322	76 522	70 802	84 722	95 628
Saint-Georges-Saint-Émilion	5 568	9 054	8 022	9 845	10 932
Lussac Saint-Émilion	42 307	61 237	64 212	75 176	85 474
Puisseguin Saint-Émilion	25 140	35 832	36 540	36 390	45 731
Pomerol	23 720	38 626	35 565	37 068	40 882
Lalande-de-Pomerol	32 661	45 871	29 461	51 784	57 970
Fronsac	30 028	40 514	45 759	46 778	51 424
Canon-Fronsac	9 911	15 555	17 298	16 813	15 129
Total en hectolitres	2 528 295	3 508 365	3 932 601	4 905 661	5 494 091

LES DERNIÈRES RÉCOLTES DE VINS BLANCS AOC EN GIRONDE

	1981	1982	1985	1990	1995
BLANCS SECS					
Bordeaux	460 480	629 593	636 728	675 352	647 813
(dont Haut-Benauge)	–	–	–	(2 740)	(673)
Blayais	27 133	18 329	13 933	27 872	22 809
Côtes-de-Blaye	10 898	11 487	8 557	20 888	17 418
Côtes-de-Bourg	5 139	5 129	3 576	3 654	1 232
Bordeaux-Côtes-de-Francs	565	365	–	661	1 271
Entre-deux-Mers	99 854	150 797	129 995	156 670	139 428
(dont Haut-Benauge)	–	–	–	(11 303)	(8 464)
Graves de Vayres	11 254	8 459	9 370	13 155	10 475
Graves	22 469	64 043	48 814	50 073	43 398
Pessac-Léognan	–	–	–	11 175	15 179
BLANCS DOUX					
Bordeaux supérieur	12 989	16 900	9 232	6 329	2 384
Sainte-Foy-Bordeaux	4 424	9 197	4 082	2 851	2 363
Côtes-de-Bordeaux-Saint-Macaire	4 625	3 711	2 298	2 518	3 763
1res Côtes-de-Bordeaux	23 456	24 279	24 343	26 978	17 623
Cadillac	2 318	2 329	3 279	3 079	7 969
Graves supérieur	12 356	20 100	14 516	15 472	23 967
Cérons	6 271	5 706	2 676	2 644	2 854
Loupiac	10 252	10 696	6 320	13 941	14 440
Sainte-Croix-du-Mont	13 092	16 294	16 021	16 343	16 568
Barsac	12 890	14 794	14 186	13 650	15 602
Sauternes	28 290	30 076	30 363	33 596	31 592
Total en hectolitres	768 181	1 041 919	978 289	1 096 901	1 038 148

SITUATION PAR GROUPES D'APPELLATIONS DES VINS DE BORDEAUX À L'EXPORTATION EN 1995

	Volume en hectolitres	Valeur en millions de francs
VINS ROUGES		
Rouges supérieurs à 13 % Vol.	1 857	12 079
Bordeaux	539 865	981 305
Bordeaux supérieur rouge	91 316	184 936
Côtes	60 696	112 060
Médoc et Haut-Médoc	128 724	437 432
Appellations communales du Médoc	77 155	687 080
Graves et Pessac-Léognan	27 383	113 038
Saint-Émilion et Grands Crus	79 123	342 175
Autres Libournais	58 947	209 331
Autres appellations non identifiées	284 762	652 323
Total rouges	1 349 828	3 731 759
VINS BLANCS		
Blancs supérieurs à 13 % Vol.	5 526	65 943
Bordeaux blancs	255 414	335 943
Entre-deux-Mers	51 975	66 138
Graves et Pessac-Léognan	29 749	75 503
Autres blancs secs	24 519	25 491
Autres blancs doux	29 026	47 854
Autres appellations non identifiées	103 319	149 034
Total blancs	499 528	765 906
Total général	1 849 356	4 497 665

L'exportation représente une tendance de mise en marché de 34 %. Elle s'effectue principalement vers la Belgique, l'Allemagne, le Royaume-Uni, les Pays-Bas, le Danemark et les États-Unis.

avancés sur le choix du lieu, et c'est la ville de Bordeaux qui fut retenue. Il fallait en effet un endroit qui possède déjà une ouverture vers le marché international du vin, mais surtout qui soit imprégné d'une réelle culture de la vigne, du vin et de son bon usage, sans oublier évidemment l'infrastructure nécessaire à l'accueil des professionnels du monde entier, et cela pendant cinq jours.

Actuellement, les rencontres ont lieu tous les deux ans, à la mi-juin, époque de la floraison de la vigne. Elles offrent des moyens efficaces et conviviaux, qui favorisent les échanges entre des hommes dont le devoir et le mérite est d'offrir au monde entier des vins originaux qui se rapprochent des attitudes alimentaires locales.

Le vin et la société

Les professionnels du vin de Bordeaux ont, dans un esprit de solidarité, créé l'interprofession laquelle prit naissance après la guerre de 1914-1918 sous la forme d'une association, l'Union de la propriété et du commerce, à l'initiative de M. Fernand Ginestet, propriétaire et négociant. À la suite de la Seconde Guerre mondiale, les pouvoirs publics créèrent, par la loi du 18 août 1948, le Conseil interprofessionnel du vin de Bordeaux.

Le Conseil interprofessionnel du vin de Bordeaux (CIVB)

On distingue trois grandes étapes dans l'histoire de l'interprofession bordelaise.

De 1948 à 1965, les professionnels ne pensèrent qu'à relancer, par le biais de la propagande, la commercialisation des vins de Bordeaux. Pendant cette période, les crus eurent le poids nécessaire pour permettre ce renouveau du vignoble dans l'immédiat après-guerre et jouèrent un rôle important dans la politique viti-vinicole.

À la fin de ce laps de temps, une crise des vins génériques fit prendre conscience aux membres de l'interprofession de la nécessité de s'organiser et de se doter de pouvoirs et de moyens financiers. C'est dans cet esprit que fut signé, le 8 décembre 1965, le protocole des vins de Bordeaux qui fut à l'origine de l'agréage obligatoire, d'une meilleure connaissance du marché et de la mise en œuvre d'une politique contractuelle entre production et négoce.

Les années 1966 à 1975 furent marqués par la réorganisation des structures professionnelles du CIVB et par les tentatives de mise en œuvre des idées développées dans le protocole des vins de Bordeaux. Ces tentatives se concrétisèrent par le développement de la connaissance du marché pour toutes les appellations et, pour l'appellation Bordeaux rouge, par un certain nombre de mesures : l'agréage par dégustation et l'enregistrement obligatoire des transactions en vrac.

Après une période euphorique, l'interprofession ne put que constater son impuissance à éviter les crises : elle prit peu à peu conscience qu'il lui manquait de réels pouvoirs économiques et de véritables moyens financiers pour assurer la maîtrise de son marché.

Toutefois, c'est au cours de cette période que les professionnels ont le plus réfléchi à leur avenir et ont

Château Barreyres, cru bourgeois du Médoc, à Arcins.

véritablement envisagé le fonctionnement de la nouvelle profession. Grâce à une proposition émanant de Bordeaux, la loi du 10 juillet 1975 donne aux interprofessions agricoles les pouvoirs économiques et les moyens financiers qui leur manquaient.

À partir de 1976, après une nouvelle réorganisation de ses structures professionnelles, à la suite du décret du 15 février 1976, l'interprofession met progressivement en place la politique nécessaire à la maîtrise et au développement du marché des vins de Bordeaux.

Dès 1977, une véritable organisation de marché est mise en place au travers d'accords interprofessionnels triennaux et d'avenants économiques de campagne tendant à la régulation des volumes mis en marché et au maintien des cours, à l'aide des moyens volontaires et incitatifs, dans des fourchettes de prix satisfaisantes pour le producteur, raisonnables pour le marché et acceptables pour le consommateur.

Dès 1979, l'on voit le lancement d'une politique de promotion s'appuyant sur un raisonnement marketing. La notion d'expansion du marché vient compléter la maîtrise économique : le budget promotionnel du CIVB est quadruplé en peu de temps, et il est mis en place une stratégie à moyen terme d'abord nationale, puis internationale, reposant sur le concept « Bordeaux, la couleur du bon goût ».

Aujourd'hui la région bénéficie des efforts interprofessionnels entrepris vis-à-vis de l'ensemble des vins de Bordeaux au plan promotionnel, mais aussi technique, afin de les faire reconnaître au niveau international.

Le CIVB remplit ainsi ses trois missions spécifiques : l'organisation du marché du vin de Bordeaux, le développement de la réputation des vins de Bordeaux à AOC, tant en France qu'à l'étranger, et le contrôle de l'application des décrets d'AOC pour garantir la qualité correspondant à l'appellation.

L'Académie du vin de Bordeaux

Nulle autre région que le Bordelais n'a été, par la vigne, aussi totalement et profondément imprégnée et façonnée. Aussi, il n'est pas étonnant qu'un humanisme particulier soit né à Bordeaux suscitant la création, entre autres institutions, de l'Académie du vin de Bordeaux. À l'instar de l'Académie fondée par Richelieu, l'Académie du vin de Bordeaux, créée le 18 décembre 1947, comprend quarante membres choisis parmi les personnes les plus qualifiées dans les domaines des sciences, des belles-lettres, des arts et du vin, de « tout ce qui est beau et vrai ».

Les objectifs de l'Académie du vin de Bordeaux sont les suivants :

– établissement des règles du savoir-vivre gastronomique et du savoir-boire des grands vins ;

– concordance des crus et des mets ;

– monographie des grands gastronomes et des grands restaurants ayant manifesté leurs connaissances en vins de Bordeaux ;

– publication d'un *Bulletin* ;

– publication annuelle d'un Code des millésimes indiquant les meilleures années.

LE GRAND CONSEIL DE BORDEAUX

Au temps où la vigne était souveraine, Bordeaux, dans les circonstances majeures, réunissait le Grand Conseil, formé des représentants de tous les corps constitués. Il en est de même aujourd'hui chez tous ceux pour qui la vigne est demeurée la reine : le Grand Conseil de Bordeaux est la réunion conciliaire des délégations de chacune des confréries bordelaises : jurade de Saint-Émilion, commanderie du Bontemps de Médoc et des Graves, connétablie de Guyenne, Hospitaliers de Pomerol..., auxquelles s'ajoute l'Académie du vin de Bordeaux.

Véritable synthèse de toutes les confréries, c'est le Grand Conseil de Bordeaux qui se rend à l'étranger pour représenter dignement tous les vins bordelais, par-delà les diverses appellations dont la multiplicité peut disperser l'attention ou risquer d'amener une certaine confusion.

C'est encore le Grand Conseil qui reçoit à la maison du Vin les délégations étrangères ou les hautes personnalités en visite : tous sont émerveillés de la qualité de l'accueil, du ton des réceptions, dignes de la cité, où certains rares privilégiés seront faits Conseillers du vin de Bordeaux.

Le Grand Conseil n'étant pas une sorte de « super-confrérie », aucun chapitre ne se tient à date fixe, mais seulement en fonction des opportunités et des personnalités à honorer. Sous le signe de l'unité, le Grand Conseil rappelle que le prestige du vin de Bordeaux appartient à toutes les appellations, et que c'est sous le nom de Bordeaux que ses vins ont acquis la gloire.

LE VIN, UN PLAISIR SANS PARTAGE

Il me fait plaisir d'évoquer à bâtons rompus ce fleuron de la gastronomie qu'est le vin, qui toujours a exercé sa puissante influence sur ma cuisine. Mais, au risque d'en choquer plus d'un, je vous dirai que si je déguste et apprécie le vin en connaisseur, je l'achète avant tout pour le boire et le boire à grands verres, à verres assez grands pour étancher ma soif !

On prétend volontiers que pour bien élever ses enfants, il faut vivre avec eux. Il doit en être de même pour les vins. La découverte et l'appréciation d'un vin sont, en effet, affaire éminemment intime et personnelle. Voilà pourquoi je pense que l'institution de barèmes était une bien sotte invention, car comment prétendre couvrir d'un label de qualité ou rejeter d'emblée l'ensemble d'une récolte ?

Ma jeunesse passée en région bordelaise, toute bercée d'histoires de vinification, et le commerce que j'ai entretenu avec nombre de viticulteurs m'ont fortifié dans l'opinion selon laquelle déguster un vin doit être un plaisir sans partage, que l'on se doit de découvrir seul. Personne donc ne peut tasteviner à notre place. Tout au plus le négociant, le tastevin ou les clubs de vente peuvent-ils nous conseiller. À nous de vérifier le bien-fondé de leur jugement et de l'éclairer à la lumière de notre goût et de notre sensibilité personnels.

De même, rien de péremptoire ne peut être édicté quant à la façon de boire un vin ou à la place qui lui convient dans un repas. Enfin, je pense qu'il n'existe pas de vins dits « d'office », destinés à être utilisés en cuisine.

J'estime que les vins blancs ne peuvent être exclusivement mariés aux poissons et les Bourgognes au gibier. Il n'est pas obligatoire, par ailleurs, de refroidir les blancs et de chambrer les rouges. Quant au vin rosé, ce n'est, pour moi, qu'une fantaisie. Mais, quel que soit le vin choisi, je le répète, l'important est de toujours le déguster au moment où l'on en a envie, et selon son humeur et son tempérament.

Si aucun vin ne justifie, à mon avis, le chambrage, tous gagnent, en revanche, à être décantés. Les très grands le seront à la place même où ils ont vieilli et seront offerts à la température de la cave. Les très jeunes ont souvent intérêt à être rafraîchis, c'est-à-dire simplement placés pendant vingt minutes dans un seau d'eau très froide. Les vins blancs ne doivent être mis au froid, si possible dans la glace, que quelques heures avant d'être servis. Je conseille, en général, d'éviter le réfrigérateur.

J'aime tous les vins, mais j'en préfère deux à tous les autres : le Champagne et le Bordeaux. Parmi les Bordeaux, j'ai pour le Sauternes un amour très particulier, parce qu'il évoque pour moi mes jeunes années. Ainsi, lorsque je suis loin de chez moi, que le spleen a raison de mon habituel optimisme et que je broie un noir apparemment définitif, seul le vin de Sauternes me rend goût à la vie.

J'ai bien souvent ressenti le sentiment d'éloignement au cours de mes nombreux voyages ; il s'avivait encore quand il m'arrivait de goûter aux vins étrangers, pourtant très séduisants. Mais je n'ai jamais voulu les comparer aux nôtres ; tout au plus ai-je essayé de prendre à les boire (et non à les déguster) un maximum de plaisir. Dans ma cuisine, j'ai utilisé les vins les plus divers ; pour trouver ceux qui, en se mariant aux mets, produisaient les plus authentiques sensations de plaisir. J'ai pu me rendre compte que certains ne donnaient pas lieu à d'heureux mariages. Ce n'étaient jamais les grands, car les grands sont en général garants de réussite en matière culinaire.

D'ailleurs, les grands n'ont que des qualités ; j'en veux pour preuve cette histoire entendue dans un discours de comice agricole : « Le vieux marquis de Lur-Saluces, propriétaire de Château-d'Yquem, avait décidé de faire une partie de pêche. Il était donc parti pour l'estuaire, du château de Beychevelle, qui domine si joliment la Gironde. Le bateau avait été confié à un marin, apparemment d'eau douce, car voici ce qui se passa. Alors que l'action de pêche était bien engagée, vint l'heure de la collation. Le marquis avait amené avec lui une bouteille d'Yquem. Chacun d'eux en but copieusement. Mais le temps se gâta, et la houle fit tanguer la barque, tant et si bien que le marin finit par rendre aux poissons son repas. Cette formalité accomplie, reprenant sa place au banc de nage, l'œil un peu perdu, mais reconnaissant, il dit au marquis : « Ce Yquem, quand même, il est bon, même quand il repasse ! »

Raymond Oliver

Jambes du vin du château d'Yquem.

En plus des membres titulaires, on trouve des membres d'honneur, honoraires, associés (propriétaires de crus ayant fait l'objet d'un classement), agréés (propriétaires de crus non classés), correspondants (personnes ou propriétaires qui s'intéressent au vin).

La jurade de Saint-Émilion

En 1199, le roi d'Angleterre, Jean sans Terre, signait à Falaise une charge donnant à Saint-Émilion les libertés communales. Durant six siècles, cette charte devait régir la jurade, véritable « conseil municipal » de Saint-Émilion. Les jurats étaient à la fois magistrats, administrateurs, collecteurs d'impôts, répartiteurs de fonds publics. Mais c'est dans le domaine viticole que l'action de la jurade fut profonde et durable.

En vertu de leurs privilèges, les jurats proclamaient le « ban des vendanges ». Dès le décuvage, ils visitaient les caves ; le Grand Vinetier marquait au feu les fûts de bon vin ; le vin jugé indigne était détruit. Pas une barrique n'était expédiée sans avoir subi le contrôle de la jurade.

La Révolution de 1789 fit disparaître ces pratiques. Malgré cela, grâce à la clairvoyance et à la vigilance des propriétaires des grands crus, la qualité fut maintenue. Mais le retour à certaines règles était nécessaire. La loi sur les appellations d'origine contrôlée entraîna des effets salutaires. Mais aucune loi ne pouvait remplacer un contrôle librement consenti et exercé par des pairs. Aussi, au lendemain de la dernière guerre, quelques producteurs décidèrent de ressusciter la jurade et de proclamer leur attachement aux nobles traditions, et le 16 septembre 1948 la jurade revivait. Dès 1949, le sceau de la jurade fut rétabli, non pas comme jadis gravé sur les barriques, mais revêtant les bouteilles dignes d'une mise au château. À partir de 1954, tous les vins, sans aucune exception, furent soumis au contrôle de la qualité par dégustation sous l'autorité de l'INAO.

Actuellement, la jurade est composée de quarante membres. Ils portent une robe rouge et un chapeau à parements d'hermine. Les chapitres solennels se tiennent à l'église monolithe creusée dans le roc, à la lueur des torches, à l'occasion de la fête du printemps et des vendanges ; les jurats proclament le « ban des vendanges » du haut de la tour du Roi.

Commanderie du Bontemps de Médoc et des Graves

Fondée en 1949, par un petit groupe de Médocains dynamiques, cette confrérie porte ce nom d'une part en souvenir d'une commanderie des Templiers de l'ordre de Malte créée à Bénon-Saint-Laurent, qui exerça une grande influence sur le développement du vignoble médocain, et, d'autre part, du bontemps, récipient de bois dans lequel on bat les blancs d'œufs destinés au collage.

Du haut de la tour du Roi, les jurats de Saint-Émilion proclament chaque année le commencement (ou le ban) des vendanges.

Le bontemps se nomme « desquet » en patois. On en attribue l'idée à un ancêtre vigneron, qui vécut en Médoc autour de l'an mille : Jehan Odule Paulin d'Esquet. Ce qui lui vaut aujourd'hui l'honneur d'être le patron de la commanderie.

La commanderie fut d'abord de Médoc, puis étendit son action sur le territoire de l'appellation Graves. Elle compte cent soixante membres. Les dignitaires portent les titres de Grand Maître, Grand Chancelier, Grand Argentier, Vinothécaire, Porte-desquet, Pipetier, Massier, Commandeurs.

Le costume est constitué d'une robe rouge lie-de-vin et d'une épitoge verte pour le Médoc et jaune pour les Graves. La coiffe est ronde, en forme de bontemps, et ornée d'un bouillonné de mousseline blanche figurant les blancs d'œufs destinés à coller les vins.

Commanderie du Bontemps de Sauternes et de Barsac

Les grands vins blancs liquoreux de Sauternes et Barsac se sont ralliés à leurs voisins du Médoc et des Graves le 6 juin 1959. Ces deux prestigieuses régions resserraient les liens à la fois géographiques et historiques existant depuis longtemps et officialisés par le classement de 1855.

Les statuts, l'esprit des actions de la commanderie sont les mêmes qu'en Médoc. La robe et la coiffe sont à l'image de ces grands vins liquoreux, c'est-à-dire vieil or ; le fond de la coiffe, en forme de bontemps, est blanc. L'insigne est une médaille de bronze aux armes de la commanderie : deux léopards d'Aquitaine et deux nefs ; en exergue, la devise : « Le soleil est mon reflet. »

Blason de la commanderie du Bontemps de Sauternes et de Barsac.

Rameau de Bouchalès.

Feuille de Bouchalès, cépage d'abondance localisé dans le Sud-Ouest mais en nette régression.

Dessous de la feuille.

Grappe de Bouchalès.

Bouchalès

Synonymes : *Boucharès* en Gironde, *Bouscalès* en Haute-Garonne, *Bouchedy, Boucherès* à Agen et Nérac, *Gros de Judith* aux environs de Bordeaux, *Grapput, Grappu, Gros Grappu, Prolongeau* en Médoc et dans le Blayais, *Toussan* ou *Touzan* dans l'Agenais, *Aubet* et *Cayla* dans les collections de l'ENSA de Montpellier, *Cujas, Gros Marty, Jean-jean* à Saint Loubès (Gironde), *Esparbasque* à Orthez, *Gros Mol* ou *Gros Maure* à Villeneuve-sur-Lot, *Négrasse* à Biasse et Sainte-Maure (Lot-et-Garonne).

Jeunes feuilles duveteuses, devenant rapidement aranéeuses, vertes et brillantes.

Feuilles orbiculaires, vert foncé, brillantes, planes ou à peine bullées, tourmentées, moyennement 5-lobées à sinus latéraux étroits, sinus pétiolaire en lyre étroite ou à bords superposés ; dents ogivales, larges ; limbe aranéeux en pelote à la face inférieure. À l'automne, le feuillage rougit partiellement.

Rameaux côtelés, vert pâle, légèrement colorés en rosé au niveau des nœuds, avec une légère pruine mauve.

Grappes moyennes, ailées, cylindro-coniques, compactes ; baies sphériques, noir bleuté, petites, à peau épaisse ; maturité : 3e époque.

C'est un cépage-population, comprenant plusieurs types distincts ; en matériel certifié, un clone a été agréé : le n° 406. Le Bouchalès est un cépage d'abondance, sensible aux maladies, qui demande des expositions chaudes pour mûrir correctement ses raisins tardifs. Son vin est plat, peu coloré et acide.

Classé recommandé dans le Sud-Ouest, il n'occupe plus aujourd'hui que 200 hectares contre 5 000 hectares en 1958, principalement en Lot-et-Garonne et en Gironde (408 hectares), dans le Gers et en Dordogne.

Bouillenc

Synonyme : *Plant de Larroque.*

C'est un cépage peu productif que l'on rencontre dans le Sud-Ouest. On lui reconnaît une certaine parenté avec le Milgranet cultivé dans le Tarn-et-Garonne et la Haute-Garonne. Il est sensible à l'oïdium. Non classé.

Bouillet noir

Synonymes : *Quillard* dans le Lot, *Plant Dame noir* à Lauzerte (Tarn-et-Garonne), *Fouine* et *Plant de Mérille* dans le Lot.

C'est un cépage reconnu comme voisin du Jurançon noir qui est recommandé en Lot-et-Garonne et autorisé en Dordogne, départements où il est faiblement cultivé (10 hectares).

Productif, il fournit un vin peu coloré, faible en alcool et plat.

Bouquet blanc

Synonymes : *Bouquettraube, Sylvaner musqué.*

Grappes petites, cylindriques ; baies sphériques, blanches, aromatiques, plus ou moins musquées ; maturité : 2e époque hâtive.

Le Bouquet blanc, faiblement cultivé en Alsace, aurait été obtenu en Allemagne, à Wurzbourg. Son vin est ordinaire, bien que les baies aient un certain arôme. Il est sensible à la pourriture.

Bourboulenc

Synonymes : *Bourboulenque, Bourboulenco, Clairette dorée, Grosse Clairette* dans le Var, *Clairette à grains ronds* à Aigues-Mortes, *Clairette blanche* ou *Clairette dorée* à Paulhan, *Malvoisie* dans l'Aude, *Mourterille* et *Blanquette* dans les Pyrénées-Orientales, *Clairette productive* dans les Bouches-du-Rhône, *Blanquette du Gard, Clairette menue, Roussette* dans le Vaucluse.

Bourgeonnement épanoui, cotonneux blanc à liseré carminé, axe duveteux.

Jeunes feuilles duveteuses, jaunâtres à plages bronzées, dessous du limbe cotonneux blanc.

Feuilles orbiculaires à lobe médian allongé, épaisses, bullées, tourmentées, 5-lobées, les sinus latéraux supérieurs profonds souvent à bords superposés, les inférieurs ouverts, sinus pétiolaire en lyre à bords superposés ; dents ogivales, larges, peu visibles ; dessous du limbe duveteux pubescent avec les nervures principales très pubescentes, l'ensemble ayant un aspect feutré blanchâtre.

Rameaux côtelés, violacés du côté exposé au soleil.

Grappes moyennes, cylindro-coniques ; baies ovoïdes ou légèrement ellipsoïdes, moyennes, blanc rosé à pruine grisâtre terne et orangé roux au soleil ; maturité : 3e époque.

Le Bourboulenc serait d'origine grecque et il est disséminé dans toute la Provence (AOC Bandol, Cassis, Coteaux-d'Aix-en-Provence), ainsi qu'en Languedoc, notamment dans le Gard, car il fait partie de l'encépagement blanc de plusieurs AOC : Côtes-du-Rhône, Coteaux-du-Languedoc, Corbières et Minervois pour une superficie totale de 800 hectares environ. Ce cépage a été classé recommandé dans tous les départements méditerranéens et en matériel certifié, deux clones sont agréés : les nos 541 et 1002.

C'est un plant vigoureux et rustique, sensible au mildiou, un peu moins à l'oïdium, plus productif que la Clairette, mais qui doit être vendangé tard, parfois le dernier, pour que son vin donne toute sa finesse. Il est souvent vinifié en mélange avec les autres cépages blancs.

Bourg, Côtes-de-Bourg et Bourgeais

Le vignoble des Côtes de Bourg est situé à une trentaine de kilomètres au nord de Bordeaux, sur la rive droite de la Dordogne. Il couvre les coteaux entourant la ville de Bourg-sur-Gironde, qui se trouvait autrefois au bord de la Gironde. Mais, les alluvions s'accumulant, le confluent de la Dordogne et de la Garonne s'est déplacé vers l'embouchure et Bourg, malgré son nom, est aujourd'hui sur la Dordogne.

L'appellation d'origine contrôlée Bourg ou Côtes-de-Bourg a été créée par décret du 11 septembre 1936, pour les vins rouges, et par décret du 14 mai 1941, pour les vins blancs. Elle est réservée aux vins provenant des raisins récoltés sur les parcelles délimitées situées dans le canton de Bourg.

Pour avoir droit à l'appellation, les vins rouges ne peuvent être élaborés qu'à partir des cépages suivants : Cabernet-Sauvignon, Cabernet franc, Merlot rouge et Malbec.

Les moûts doivent contenir 178 grammes de sucres par litre et les vins présenter un titre alcoométrique minimal de 10,5 % Vol. et maximal de 13 % Vol. Le rendement de base est de 50 hectolitres à l'hectare.

Depuis 1974, les vins ne peuvent être mis en circulation sans un certificat de qualité délivré par une commission officielle de dégustation désignée par l'INAO.

Pour avoir droit à l'appellation, les vins blancs ne peuvent être élaborés qu'à partir des cépages principaux suivants : Sauvignon, Sémillon, Muscadelle, Merlot blanc et Colombard ; le Pineau de la Loire a été autrefois admis en tant que cépage accessoire dans la limite de 10 % de l'encépagement total. Les moûts doivent contenir au minimum 187 grammes de sucres par litre et les vins présenter un titre alcoométrique total de 11 % dont 10,5 % d'alcool acquis. Le rendement de base est de 60 hectolitres à l'hectare.

La superficie du vignoble blanc est très faible ; elle est de l'ordre de 50 hectares et la production de 2 000 hectolitres.

Le potentiel du vignoble rouge est de 3 600 hectares et la production d'environ 210 000 hectolitres, dont le quart élaboré par sept caves coopératives.

Les vins rouges sont colorés, charnus et bien structurés. Ils gagnent à vieillir quatre à cinq ans en bouteille. La mise en bouteilles à la propriété s'est généralisée et une trentaine de châteaux dépassant 30 hectares assurent la notoriété de l'appellation.

Bourgogne

Voir la région, page suivante.

Vignoble du Bourgeais, en bordure de la Gironde.

Bourgogne

Cette appellation d'origine contrôlée régionale a été ratifiée par le décret du 31 juillet 1937. Celui-ci délimite l'aire de production à la Bourgogne et précise que les vins rouges et les vins blancs qui prétendront à cette appellation devront être récoltés dans les départements de l'Yonne pour 54 communes, de la Côte-d'Or pour 91 communes, de la Saône-et-Loire pour 154 communes, et, sous certaines conditions, dans l'arrondissement de Villefranche-sur-Saône dans le département du Rhône pour 85 communes.

Par ailleurs, les appellations locales ou communales de Saint-Amour, Juliénas, Fleurie, Chénas, Moulin-à-Vent, Chiroubles, Morgon, Brouilly, Côte-de-Brouilly peuvent – sous certaines conditions – prétendre elles aussi à l'appellation Bourgogne rouge.

En matière d'encépagement, ne sont autorisés pour les vins rouges que le Pinot noir, le Pinot-Liébault et le Pinot-Beurot avec une autorisation spéciale, dans l'Yonne, pour les cépages César et Tressot. Pour le Bourgogne blanc on autorise le Pinot blanc et le Chardonnay.

L'appellation Bourgogne requiert enfin une richesse alcoolique minimale de 10 % Vol. pour les rouges et de 10,5 % Vol. pour les blancs. Quant aux rendements de base, s'ils sont de 55 hectolitres à l'hectare pour les vins rouges et rosés, ils passent à 60 hectolitres à l'hectare pour les blancs. S'ils sont bien faits, ces vins généralement assez légers peuvent réserver de bonnes surprises, surtout s'ils proviennent du déclassement d'une appellation supérieure. Mais il convient de les choisir avec circonspection en fonction de leur lieu d'origine, garantie déterminante de leur qualité.

Bourgogne

La réputation des vins de Bourgogne, auxquels les grands ducs donnèrent les premières lettres de noblesse, n'a jamais cessé de s'affirmer. C'est le caractère d'excellence qui confère son unité à des vins aux expressions si différentes, tels ceux que nous offre cette vaste et multiple région.

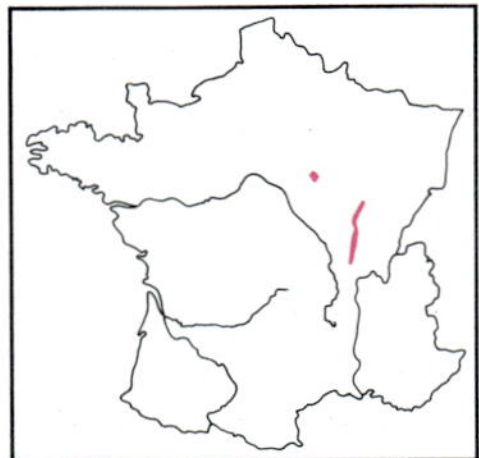

■ En Bourgogne comme en Gaule l'origine de la vigne demeure confuse. A-t-elle été importée ou est-elle autochtone ? Nul n'est encore en mesure de l'affirmer. Par contre, il est incontestable que les Gaulois élaboraient et buvaient du vin et que les Romains en faisaient le commerce avec eux. Nombreuses, d'ailleurs, sont les amphores dont on a retrouvé des vestiges en Bourgogne. Or, l'amphore n'est pas un récipient utilisé par les Gaulois, lesquels ont certainement créé le tonneau, fait d'un assemblage savant de douelles.

La viticulture était très prospère à l'époque gallo-romaine et l'influence romaine fut déterminante dans l'organisation rationnelle du vignoble. L'empereur Domitien, par un édit de l'an 59, prescrivit l'arrachage partiel des vignes afin d'éviter la concurrence. Les Celtes et les Burgondes maintinrent un vignoble consacré à la satisfaction des besoins locaux ou limités aux villes proches. Par la suite, les transports fluviaux jouèrent un grand rôle en Bourgogne. C'est ainsi que les vins produits dans l'Yonne trouvèrent des débouchés vers la future capitale de la France et le Beaujolais vers Lyon.

L'implantation du christianisme a grandement favorisé l'extension de la vigne et la création d'importants domaines rattachés aux abbayes et exploités par elles. C'est par exemple le cas de l'abbaye de Cluny, fondée en 910, et de celle de Cîteaux, où s'établirent en 1089 les moines de Saint-Benoît auxquels nous devons la fondation du Clos de Vougeot.

Malgré l'incertitude de l'époque moyenâgeuse, les vignes se sont maintenues ; les ducs de Bourgogne ont, semble-t-il, bien géré leurs domaines et favorisé leur culture en s'attachant des « tâcherons », rémunérés par partage des fruits, forme de métayage encore pratiquée de nos jours.

Les vins figuraient en bonne place sur les tables des seigneurs et étaient remis en présents. Philippe le Hardi, en 1395, s'attacha à améliorer la qualité des vins en ordonnant l'arrachage du « très mauvais et très déloyal plant de Gamay » ! Ce duc n'avait certainement pas jugé et apprécié le vin de Gamay provenant de la zone connue actuellement sous le nom de Beaujolais... Ainsi, en Bourgogne et ailleurs, prospéra un grand vignoble, et ce, jusqu'à la fin du XIXe siècle.

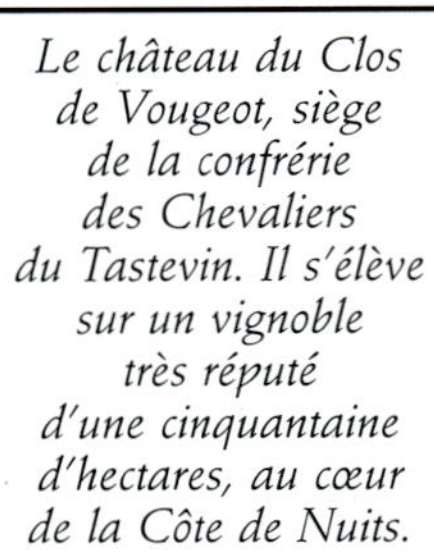

Le château du Clos de Vougeot, siège de la confrérie des Chevaliers du Tastevin. Il s'élève sur un vignoble très réputé d'une cinquantaine d'hectares, au cœur de la Côte de Nuits.

SOLS DE LA
BOURGOGNE
DIJON
Chenôve
Marsannay-la-Côte
Couchey
Fixin
Brochon
GEVREY-CHAMBERTIN
N
Morey-St-Denis
Chambolle-Musigny
Vougeot
Vosne-Romanée
NUITS-ST-GEORGES
Premeaux-Prissey
Comblanchien
Buisson
Corgoloin
Ladoix-Serrigny
Pernand-Vergelesses
Savigny-lès-Beaune
Aloxe-Corton
BEAUNE
Pommard
Volnay
Monthelie
Auxey-Duresses
Meursault
Gamay
Puligny-Montrachet
Chassagne-Montrachet
Santenay
CHAGNY
5 km
SOLS SUR CALCAIRES DURS
SOLS BRUNS CALCIQUES
SOLS BRUNS CALCAIRES
SOLS BRUNS SUR MARNES
VERTISOLS SUR LIMONS ARGILEUX

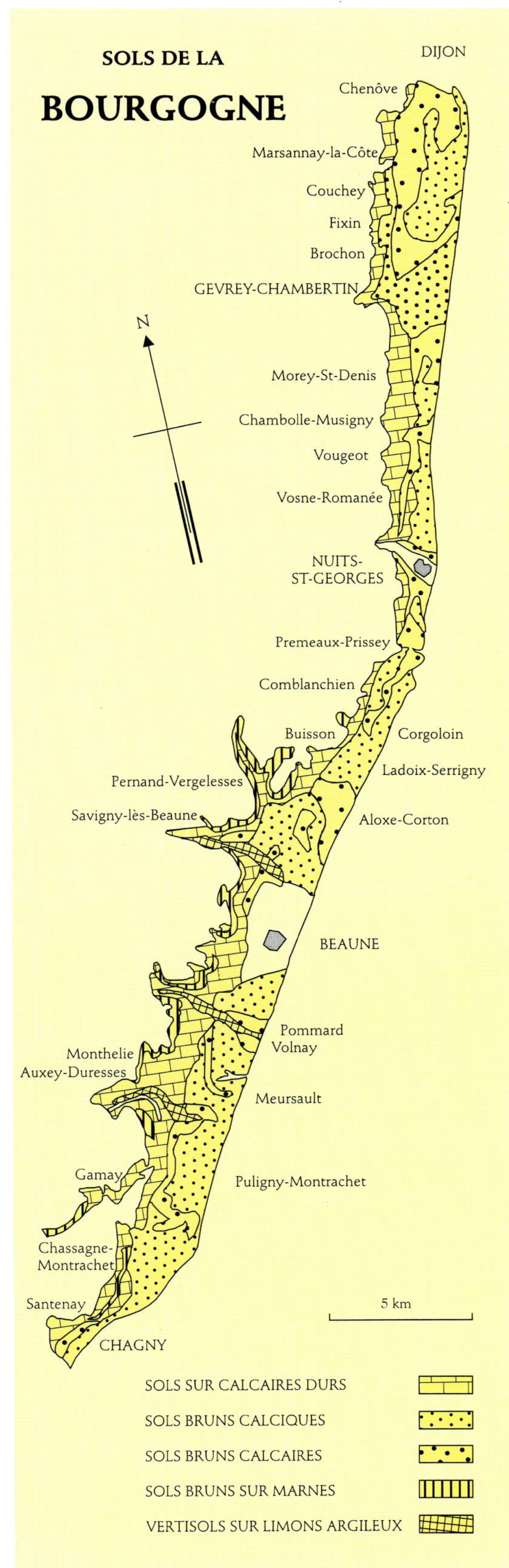

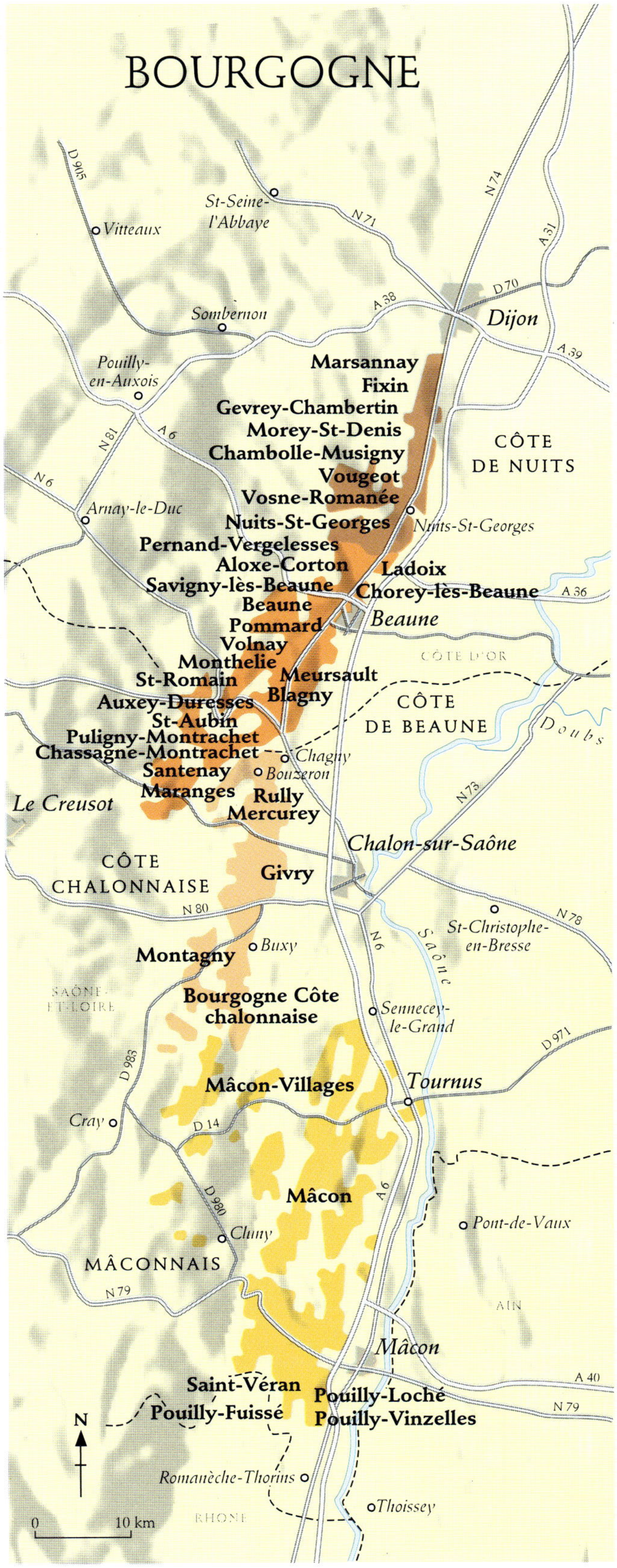

BOURGOGNE
D 905
Vitteaux
St-Seine-l'Abbaye
N 71
N 74
A 31
D 70
Dijon
A 38
Sombernon
A 39
Pouilly-en-Auxois
Marsannay
Fixin
Gevrey-Chambertin
Morey-St-Denis
Chambolle-Musigny
Vougeot
Vosne-Romanée
Nuits-St-Georges
CÔTE DE NUITS
N 81
A 6
N 6
Arnay-le-Duc
Nuits-St-Georges
Pernand-Vergelesses
Aloxe-Corton
Ladoix
Savigny-lès-Beaune
Chorey-lès-Beaune
A 36
Beaune
Beaune
Pommard
Volnay
CÔTE D'OR
Monthelie
Meursault
St-Romain
Blagny
CÔTE DE BEAUNE
Auxey-Duresses
St-Aubin
Doubs
Puligny-Montrachet
Chassagne-Montrachet
Chagny
Santenay
Bouzeron
Le Creusot
Maranges
Rully
N 73
Mercurey
Chalon-sur-Saône
CÔTE CHALONNAISE
Givry
N 80
St-Christophe-en-Bresse
N 78
Buxy
Montagny
N 6
Saône
SAÔNE-ET-LOIRE
Bourgogne Côte chalonnaise
Sennecey-le-Grand
D 983
D 971
Mâcon-Villages
Tournus
Cray
D 14
Mâcon
A 6
D 980
Cluny
Pont-de-Vaux
MÂCONNAIS
N 79
AIN
Mâcon
A 40
Saint-Véran
Pouilly-Loché
Pouilly-Fuissé
Pouilly-Vinzelles
N 79
N
Romanèche-Thorins
Thoissey
0
10 km
RHÔNE

CONSÉQUENCES DE LA CRISE PHYLLOXÉRIQUE				
Évolution du vignoble bourguignon en hectares				
	Yonne	**Côte-d'Or**	**Saône-et-Loire**	**Rhône**
Avant 1875	37 500	33 700	43 600	46 700
Années 1920 après la replantation	6 700	12 100	13 700	20 300

Statue en bois peint d'un vigneron. XVIIIe siècle.

La crise phylloxérique

L'année 1874 marqua l'arrivée d'un insecte radicicole dévastateur, venu d'Amérique, propagé depuis le sud-ouest et le midi de la France, le phylloxéra. Il fallut arracher toutes les vignes et les replanter. Quelques chiffres illustrent l'ampleur de cette catastrophe régionale et nationale.

On constate que ce sont les vignobles marginaux, produisant des vins « ordinaires », qui n'ont pas été reconstitués en totalité. C'est le cas typique de l'Auxerrois et de la Côte dijonnaise, là où la vigne était associée à d'autres cultures. Par contre, les zones hautement spécialisées, Côte de Nuits, Côte de Beaune... ont retrouvé la quasi-totalité de leurs surfaces consacrées aux cépages fins.

On procéda à de longues recherches avant de découvrir que seul le greffage permettrait à la vigne de croître en présence du phylloxéra. L'analyse et la replantation des vignes greffées prirent plus d'un quart de siècle, et ce n'est qu'à la veille de la Première Guerre mondiale que le vignoble bourguignon reprit son essor et retrouva son rythme.

Durant la Seconde Guerre mondiale, le manque de main-d'œuvre, de produits de traitement, dont le cuivre, en particulier, qui est le principe actif de la bouillie bordelaise et de la bouillie bourguignonne, d'engrais et d'animaux de trait eut pour conséquence un net fléchissement de la production.

La mécanisation quasi intégrale des travaux, sauf ceux de la taille, a révolutionné la vie des vignerons. Elle a permis d'augmenter les surfaces cultivables au sein d'une exploitation, de travailler plus efficacement les terrains les plus difficiles d'accès, de consacrer plus de temps aux soins et à l'élevage du vin. Le vigneron n'est plus exclusivement l'homme de la terre. Il voyage et prospecte la clientèle, même à l'étranger.

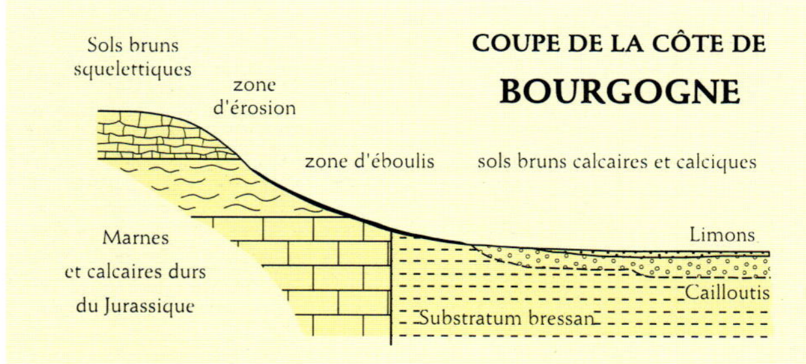

Le climat et les sols

La diversité géographique de la Bourgogne entraîne bien évidemment une diversité des climats, l'existence de nombreux microclimats, et un caractère tout aussi disparate de la structure du sol et des accidents de terrain. Ces conditions déterminent une mosaïque de vins aux personnalités extrêmement différentes.

L'on peut néanmoins se livrer à deux constatations générales. Le climat de la Bourgogne est situé à la limite des influences continentales et maritimes ; ainsi, les vents d'ouest qui donnent la pluie perdent souvent leur humidité en atteignant les coteaux. Quant aux vents du nord, froids et secs, ils conditionnent le bon état sanitaire de la vigne.

La structure des sols revêt plus d'importance pour la culture de la vigne que leur composition propre.

Au-delà de ces constatations, il serait illusoire de tenter une description d'ensemble des climats et des sols de la Bourgogne. Il est préférable de les détailler et on les trouvera décrits de façon précise dans chacune des régions qui constituent la Bourgogne. On se rapportera donc aux différentes entrées du dictionnaire : ***Beaujolais, Chablisien et Auxerrois, Côte-d'Or, Côte chalonnaise*** et ***Mâconnais.***

Les limites et les divisions du vignoble

La Bourgogne s'étend du nord au sud, sur quatre départements : l'Yonne, dont le centre principal est Chablis ; la Côte-d'Or, de Dijon à Chagny ; la Saône-et-Loire et le Rhône pour l'arrondissement de Villefranche.

De prime abord, on se rend compte que la Bourgogne viticole est géographiquement différente de la Bourgogne administrative ; cette dernière comportant le département de la Nièvre et non

Le vignoble chablisien s'étend au nord de la Bourgogne dans le département de l'Yonne, sur les bords du Serein.

celui du Rhône. Il est apparu plus logique de rattacher le vignoble nivernais de Pouilly-sur-Loire à celui de Sancerre, c'est-à-dire au centre de la France et, par voie de conséquence, aux vignobles de la vallée de la Loire.

Quant au Beaujolais lui-même, il fait suite au Mâconnais avec lequel il s'imbrique dans sa partie nord. C'est une suite naturelle quoique bien différente au plan géologique. Le Beaujolais se situe donc dans le contexte viticole bourguignon, certains de ses vins pouvant porter l'appellation régionale depuis un jugement du tribunal civil de Dijon en 1930.

Le département de l'Yonne

À 150 kilomètres au nord-ouest de Dijon, à mi-distance de Paris, le complexe « Auxerrois-Chablisien » connut pendant des siècles, avant l'installation du chemin de fer PLM, une activité viticole orientée vers la capitale, qui absorbait alors l'essentiel de sa production de vins rouges et blancs grâce au concours des voies d'eau convergeant vers la Seine.

Le département de la Côte-d'Or

À partir de Dijon, en direction du sud-sud-ouest, on trouve la « Côte », souvent nommée « Haute Bourgogne ». Elle est entièrement située dans le département, sur 65 kilomètres de longueur environ et sur une largeur variant de 0,5 à 1,5 km, jusqu'à sa limite sud marquée par Chagny. Cette bande étroite, riche en terrains les plus variés dus à une discontinuité des couches, est arbitrairement, mais non sans fondement, divisée entre la Côte de Nuits et la Côte de Beaune.

La ***Côte de Nuits*** va de Dijon à Corgoloin, avec les ***Hautes Côtes de Nuits*** à l'ouest de cet axe, en altitude. La ***Côte de Beaune*** s'étend jusqu'à Chagny avec les ***Hautes Côtes de Beaune*** à l'ouest du même axe, également en altitude (*voir* les cartes de ces différentes régions à Côte-d'Or).

Le département de la Saône-et-Loire

À partir de Chagny, en direction du sud, jusqu'au-delà de Mâcon, soit sur 65 kilomètres environ, on rencontre, à l'ouest de cet axe, d'abord une succession de collines qui composent la ***Côte chalonnaise,*** puis le ***Mâconnais*** proprement dit.

Le département du Rhône

Dans l'arrondissement de Villefranche, sur moins de 50 kilomètres en direction du sud et à l'ouest de cet axe, se situe le ***Beaujolais***, vaste vignoble, le plus important en surface et en production, divisé en « haut » et en « bas » Beaujolais, ce qui correspond à des origines différentes des sols viticoles (*voir* la carte de la région à Beaujolais).

La surface du vignoble

Les chiffres arrondis indiqués dans le tableau ci-dessous représentent une moyenne sur trois ans – 1981, 1982 et 1983 –, indicative de la situation actuelle du vignoble bourguignon.

Ces statistiques et celles qui suivront sont extraites de documents publiés par les services des Impôts, établis en fonction des déclarations de récolte faites chaque année au mois de novembre, déposées à la mairie du lieu d'exploitation ou d'entrepôt des vins.

SURFACES COMPARÉES DU VIGNOBLE BOURGUIGNON

	Yonne		Côte-d'Or		Saône-et-Loire		Rhône	
	1981, 1982, 1983	1995	1981, 1982, 1983	1995	1981, 1982, 1983	1995	1981, 1982, 1983	1995
Surface en hectares	3 200	5 556	8 500	9 408	10 000	12 535	21 000	22 183
AOC	75 %	94,5 %	90 %	97,6 %	85 %	97,6 %	93 %	98,6 %
AOVDQS	2 %	1,8 %	–	–	–	–	1 %	–
Vins de table	23 %	4,7 %	10 %	2,4 %	15 %	2,4 %	6 %	1,4 %

En 1981, l'ensemble représentait 43 000 hectares de vignes, soit 4,3 % de la surface du vignoble français ; en 1995, il était de 49 600 hectares, soit 5,6 % de la surface.

Le village de Fixin, dans l'aire d'appellation Côte-de-Nuits-Villages, se caractérise par son clocher aux tuiles vernissées.

La surface des domaines

On ne peut, à partir des documents précités, se faire une idée de l'importance des « domaines » en Bourgogne en fonction du nombre de déclarations de récolte souscrites car, pour des raisons qui tiennent à différents modes d'exploitation, il existe plusieurs catégories de déclarants :

▷ Le propriétaire-exploitant, qui exploite directement et uniquement la totalité de son domaine, fait une déclaration en mentionnant la superficie et le volume de production.

▷ Le propriétaire qui donne ses vignes en métayage avec partage des fruits, généralement un tiers pour lui et deux tiers pour son métayer, ne déclare pas de surface mais uniquement le volume des vins correspondant à sa part, stockés chez lui-même ou chez son métayer (une déclaration par métayage).

▷ Le propriétaire qui donne son bien en fermage ne déclare ni surface ni volume puisqu'il n'y a pas de partage des fruits.

À partir de cette esquisse, bien des combinaisons sont possibles : propriétaires-exploitants + métayers + métayage + fermage d'un ou plusieurs bailleurs... Le rapport surfaces déclarées/nombre de déclarations a été pratiquement multiplié par trois ; il donne 4,2 hectares en Beaujolais, 3,3 hectares en Côte-d'Or, 2,7 hectares dans l'Yonne et 2,7 hectares en Saône-et-Loire, ce qui n'est plus significatif de la carte des propriétés en Bourgogne.

La production

Les données indiquées dans le tableau ci-dessous appellent un certain nombre de remarques.

▷ Le Beaujolais (Rhône) a une production quasi constante, tandis que l'Yonne, de par sa situation la plus septentrionale de la Bourgogne, subit les conséquences des gelées d'hiver et surtout de printemps ; sa production peut varier de 1 à 4. La Côte-d'Or présente moins de fluctuations : du simple au double, exceptionnellement du simple au triple.

▷ L'Yonne produit en moyenne 9 fois plus de blancs que de rouges ; la Côte-d'Or, trois fois plus

PRODUCTION DES VINS DE BOURGOGNE

Année	Nature de la production	Yonne	Côte-d'Or	Saône-et-Loire	Rhône
1981	*Très faible récolte*				
	Hectolitres produits	65 970	171 260	281 500	1 004 225
	dont : AOC blancs	49 445	41 416	92 994	1 351
	AOC rouges	5 095	119 787	160 212	951 581
	Total France : 57 010 712				
1990	*Récolte abondante*				
	Hectolitres produits	244 000	439 000	727 000	1 424 000
	dont : AOC blancs	198 000	117 000	333 000	7 000
	AOC rouges	23 000	321 000	327 000	1 312 000
	Total France : 65 529 000				
1995	*Très faible récolte*				
	Hectolitres produits	344 000	420 000	738 000	1 362 000
	dont : AOC blancs	280 000	118 000	386 000	13 000
	AOC rouges	33 000	292 000	332 000	1 305 000
	Total France : 55 610 000				

LES CÉPAGES DE LA BOURGOGNE

Répartition des cépages dans les quatre zones de la Bourgogne en pourcentages de la surface occupée dans les vignobles en 1990.

	Yonne	Côte-d'Or	Saône-et-Loire	Rhône
Cépages blancs				
Principaux				
Chardonnay	– de 80 %	de 10 à 20 %	de 35 à 40 %	– de 2 %
Aligoté	– de 10 %	de 5 à 10 %	de 5 à 10 %	–
Secondaires				
Pinot blanc	–	– de 5 %	–	–
Melon	–	–	– de 5 %	–
Sauvignon	– de 2 %	–	–	–
Cépages rouges				
Principaux				
Pinot noir	– de 5 %	de 70 à 75 %	de 25 à 30 %	–
Gamay	– de 5 %	– de 5 %	de 30 à 35 %	+ de 95 %
Secondaires				
César ou Romain	– de 5 %	–	–	–
Tressot	– de 5 %	–	–	–

de rouges que de blancs et le Beaujolais, 700 à 1 000 fois plus de rouges que de blancs.

La qualité des vins rouges dépend étroitement de l'ensoleillement et des températures très variables d'une année à l'autre. Cette dépendance est moins étroite pour les vins blancs. Sur une longue période, il est indéniable que les millésimes blancs de bonne et de très bonne qualité sont 2 à 3 fois plus fréquents que les millésimes rouges. L'excellence d'un vin rouge requiert l'intervention des facteurs héliothermiques propres au millésime considéré, d'où les différences constatées. Une analyse plus poussée de la situation permet d'expliquer les différences qualitatives observées, la même année, entre les vins de deux sous-régions voisines, Côte de Nuits et Côte de Beaune, par exemple. Dans ce cas, les microclimats jouent un rôle décisif.

La mise en œuvre de la production

Un faible pourcentage de raisins sont achetés par les négociants vinificateurs-éleveurs. Le reste est traité par les producteurs eux-mêmes et par les coopératives. L'Yonne ne possède qu'une cave coopérative et une SICA, qui traitent 25 % de la production départementale. La Côte-d'Or en possède 4, traitant 7 % de la récolte. La Saône-et-Loire compte 16 coopératives absorbant 45 % de la production et le Rhône, 16, pour 30 %. La capacité de logement de ces caves représente environ le double du volume réceptionné lors d'une année de production moyenne.

Ces chiffres sont le reflet et les conséquences de la structure du vignoble propre à chacune des régions ainsi que de la diversité et de la destination de leurs vins.

L'encépagement de la Bourgogne

La Bourgogne comprend des cépages ou variétés de vignes classés autrefois dans la grande famille des Ampélidacées, plus restrictivement dans celle des Vitacées, vignes vinifères européennes fournissant des vins d'AOC, des AOVDQS, des vins de pays et des vins de table sur le territoire français. Il s'agit de populations très différenciées les unes des autres et hétérogènes au sein d'un même cépage. Dans une parcelle de Pinot ou de Chardonnay, on rencontre des ceps différents par leurs caractères botaniques (découpures de la feuille, forme de la grappe, par exemple) et par des caractères physiologiques qui, par voie de conséquence, en modifient le rendement et la qualité.

Dans la pratique courante, on reproduit la vigne uniquement par voie végétative, autrefois par provignage, actuellement par bouturage-greffage depuis l'invasion phylloxérique. Il est donc possible de constituer des clones afin d'obtenir une plantation très homogène. Encore faut-il faire un choix judicieux du reproducteur initial. C'est la base de la sélection clonale.

La « grande Bourgogne » cultive d'une manière constante quatre cépages principaux dont les raisins sont vinifiés séparément, sans assemblage à la cuve, sauf pour le cas très limité du Passetout-grains, qui comprend du Gamay et du Pinot, et des cépages secondaires, vestiges des temps déjà anciens qui se maintiennent tant bien que mal, dans l'Yonne en particulier.

Pichet à vin anthropomorphe en faïence. Début du XIXe siècle. Musée de la Vie bourguignonne, Dijon.

Tous les cépages principaux ont un cycle végétatif parfaitement adapté aux conditions climatiques qui règnent dans cette zone. Leur maturité est dite de « première époque ». C'est dans ce contexte, qui n'est pas particulier à la Bourgogne, que les vins acquièrent un maximum de qualité.

En moyenne, mais il y a des écarts de quelques jours selon l'année et les situations microclimatiques et, a fortiori, entre le sud Beaujolais et l'Yonne, les cépages cités manifestent un premier mouvement de réveil par l'écoulement de pleurs à l'extrémité d'un sarment sectionné ; puis par l'apparition de la « bourre » entre les écailles des bourgeons (débourrement) dans la première semaine d'avril. La vigne « pleure » en mars pendant la taille.

La floraison se situe aux environs du 15 juin et il s'écoule en moyenne cent jours entre elle et la cueillette à maturité.

Le Pinot noir

Cet ancien cépage cultivé par les Gaulois est le plant noble par excellence. Sa vigueur est moyenne. Une taille mixte, en Guyot, permet aux bourgeons situés à mi-longueur de la baguette, long bois, de tirer le maximum de sa fertilité potentielle, soit, en moyenne, une grappe et demie par œil.

La grappe est souvent « millerande », c'est-à-dire que le développement des baies n'étant pas régulier, elle présente des grumes normales et des grumes avortées. Évidemment, le rendement s'en ressent.

Comme la peau de la baie est peu épaisse, toute la matière colorante s'y trouve incluse ; le jus étant incolore, l'intensité colorante du vin dépendra, dans une large mesure, du rapport du volume du jus par le poids total de la vendange. Ce rapport peut varier de 65 à 80 % selon les années.

Cep du cépage Pinot noir. Ce plant noble ne produit de très grands vins que sur le terroir de Bourgogne.

Le Pinot noir fournit toutes les appellations villages, premiers crus et grands crus de la Bourgogne, vins incomparables par leur bouquet et leur saveur, ainsi que les appellations Bourgogne, Bourgogne Hautes-Côtes-de-Nuits et Bourgogne Hautes-Côtes-de-Beaune, Marsannay, Bourgogne Irancy... Il convient de noter que cette variété, transplantée sous d'autres cieux, en pays plus chauds, n'a jamais engendré de vins d'aussi bonne qualité. C'est le cas typique d'une belle harmonie entre le végétal et le milieu naturel.

Le Chardonnay

Souvent confondu avec le Pinot blanc auquel son nom a été associé par erreur, le Chardonnay est bien un cépage individualisé, identifiable à sa feuille dont le sinus pétiolaire en lyre a une base dégarnie.

Le cep, assez vigoureux et d'une bonne fertilité, réclame une taille comportant une charpente de vieux bois importante afin de freiner l'afflux de sève dans les bourgeons au printemps. L'ancienne taille encore appliquée à Chablis répond à cet impératif.

Ce cépage, remarquablement adapté au climat continental de Bourgogne et de Champagne, produit des vins de grande classe dont l'arôme est incomparable. Il fournit en blanc toutes les appellations villages, premiers crus et grands crus et l'appellation Bourgogne, vins tranquilles et effervescents.

Il connaît une certaine extension en France en dehors des deux régions précitées, mais il a franchi l'Océan et le continent américain pour s'installer en Californie. La fertilité moyenne d'un bourgeon de Chardonnay « bien placé » est de deux grappes.

Le Gamay à jus blanc ou Gamay du Beaujolais

Ce cépage est un plant noble donnant des vins remarquablement bouquetés et d'une robe somptueuse lorsqu'il est cultivé dans les sols d'origine primaire – granites, schistes – du cœur du Beaujolais. Les vins sont toutefois moins typés, moins fins dans des sols marneux ou argilo-calcaires.

Ce plant est doué d'une « plasticité » étonnante. On le rencontre presque partout en France : dans la vallée de la Loire, dans le Sud-Ouest, en Auvergne, dans le Bugey et dans les vallées alpestres les plus reculées. Son fruité le fait rechercher comme vin de « primeur », tel le Beaujolais nouveau qui a tant de succès. Mais il ne fut pas toujours à l'honneur ; concurrent déloyal du Pinot, il fut chassé de Bourgogne, entendons la Bourgogne de la Côte, par l'édit du duc Philippe le Hardi.

La fertilité des souches de Gamay est régulière, sans compter une bonne fertilité des bourgeons secondaires, deux grappes par bourgeon, ce qui a justifié son extension en Bourgogne jusqu'au milieu du XIXe siècle dans les zones marginales et en Mâconnais.

L'Aligoté

Ce n'est pas un cépage inconnu des autres régions viticoles de France, sauf des méridionales. Il est cultivé en Côte-d'Or, en Saône-et-Loire, dans les Hautes Côtes, où il donne un vin agréable, frais, que l'on doit consommer jeune. Sa production est irrégulière. Associé au Chardonnay, il constitue des cuvées destinées à la prise de mousse (Bourgogne mousseux, Crémant de Bourgogne). Il ne peut prétendre qu'à l'appellation régionale Bourgogne Aligoté.

Le Sauvignon

C'est un cépage blanc dont le vin est aromatique, sans atteindre le niveau du Muscat. Il n'est pas originaire de la Bourgogne. On le trouve dans le Bordelais et le Sancerrois, planté dans des sols marneux dont la nature géologique est identique à celle des terroirs de la zone de Saint-Bris-le-Vineux dans l'Yonne, où il donne des vins fort agréables, fruités, frais, classés en AOVDQS.

Le César

Ce cépage rouge est encore cultivé dans l'Auxerrois ; vinifié seul, il donne des vins robustes, colorés, extrêmement riches en matières tannoïdes. Dans cette région, on l'associe au Pinot auquel il confère une plus longue garde en bouteille (appellation Bourgogne Irancy).

Le Tressot

Il a pratiquement disparu de l'Auxerrois. Son vin rouge est agréable, de bonne conservation.

Le Melon

Ce cépage existait autrefois dans les zones de plaine en Saône-et-Loire, en bordure du vignoble d'appellation. Son vin n'avait pas grand intérêt. Ce plant, très productif malgré sa grande sensibilité aux maladies cryptogamiques, a été implanté en Loire-Atlantique, où il donne le Muscadet. Il devait donc émigrer pour connaître la notoriété.

La conduite de la vigne en Bourgogne

Depuis la reconstitution du vignoble, à la fin du siècle passé, tous ces cépages sont associés à des sujets d'origine américaine dont le choix est dicté impérativement par la nature chimique des sols. C'est le taux de calcaire actif (CA), facteur de la chlorose ou jaunisse, qui est déterminant. L'analyse du sol s'impose avant toute plantation.

Si le taux de CA est quasi nul, c'est le cas des sols granitiques du Beaujolais, on utilise la variété *Vialla,* dont l'affinité avec le greffon Gamay est excellente. Si le taux n'atteint pas 10 %, la variété 3 309 C (*Riparia* × *Rupestris*) convient. S'il est supérieur, les variétés de *Riparia* × *Berlandieri, 161-49 et SO 4* s'imposent. Les unes et les autres font bon ménage avec les *Viniferas* auxquels elles sont associées ; elles n'interviennent que peu dans le déroulement du cycle végétatif propre, tout en

Palissage de jeunes plants de vigne en Hautes-Côtes-de-Beaune au mois de mai.

leur laissant l'intégralité de leurs caractères de cépages « français ». Le porte-greffe *Riparia Gloire* connaît un regain d'intérêt planté dans des sols ayant moins de 6 % de CA. Ce dernier a une très bonne affinité pour le Pinot ; c'est un porte-greffe de qualité.

L'âge moyen d'un cep de vigne est d'environ 35 ans. Dans un domaine, il est rationnel de prévoir l'arrachage d'un certain pourcentage de plants groupés en parcelle, afin d'étager dans le temps les manques à gagner que représentent les terrains nus et les jeunes plantations non productives pendant trois à quatre ans. De plus, dans une vigne d'âge moyen, on doit remplacer chaque année un certain nombre de ceps.

Les replantations et les repiquages font appel à des greffes racinées obtenues par les viticulteurs et les pépiniéristes professionnels. Ce sont soit des greffes d'un an tirées d'une pépinière et qui sont plantées au printemps, hors végétation, soit des greffes de l'année conditionnées en pots de plastique en pleine végétation, plantées en juillet-août. Cette dernière technique connaît un grand succès bien qu'elle nécessite des moyens plus importants en main-d'œuvre et en matériel, à une époque de l'année où le vigneron n'a pas une minute de repos. La plantation en pots est assurée d'une bonne reprise si l'équipe chargée de la mise en place est compétente ; elle permet de gagner une année.

Le sol qui va recevoir les plants aura été défoncé sur 40 à 50 centimètres de profondeur durant l'année qui précède, fumé et désinfecté chimiquement pour lutter contre les nématodes, agents vecteurs des maladies à virus.

La densité de plantation

Dans l'Yonne, la densité de plantation tourne autour de 10 000 ceps à l'hectare. L'orientation des rangs est fonction de la configuration des parcelles afin d'en faciliter la culture et de diminuer les pertes de temps au tournage. En situation de côte, c'est généralement les rangs ou lignes de plus grande pente qui sont adoptés, autorisant ainsi l'utilisation de moyens mécaniques puissants. En contrepartie, les phénomènes d'érosion du sol sont plus intenses qu'en culture suivant les courbes de niveau.

Les systèmes de taille

En basse Bourgogne (Yonne), le système à traîne, bien que modifié, subsiste. Il comporte deux bras de charpente, le vieux bois, portant chacun une branche à fruits de 6 yeux, décalés les uns par rapport aux autres et étagés dans le plan vertical. La végétation constitue un rideau suffisamment distant du sol pour en permettre la culture mécanique, ce qui n'était pas le cas autrefois.

En Côte-d'Or, Pinot, Chardonnay et Aligoté sont taillés selon deux systèmes : la taille dite en Guyot, la plus fréquente, la seule en Côte de Nuits, comporte un courson à 2 yeux et une baguette de 6 à 8 yeux selon la vigueur. Le « cordon de Royat » porte 4 ou 5 coursons à 2 yeux répartis sur une charpente de vieux bois coudée à 90 degrés. Le système gobelet, transformé en éventail, est la taille classique du Gamay dans le Beaujolais avec 4 bras portant chacun un courson à 2 yeux. Le Gamay est plus fructifère comparé aux autres cépages. Enfin, la « queue » du Mâconnais, appliquée au Chardonnay, comporte deux longs bois arqués.

Taille « Chablis » du Chardonnay.

La taille en sec débute dès la chute des feuilles et se poursuit jusqu'à la fin du mois de mars, sauf pendant les grands froids, soit en deux temps – une première taille de préparation laissant les sarments principaux destinés à fournir ultérieurement coursons et baguettes, suivie au printemps d'une taille de finition – soit en une seule opération. Les vignerons choisissent les terroirs les moins sujets aux effets des hivers rigoureux.

Les décrets fixant les conditions de production des AOC précisent le nombre d'yeux qu'il convient de laisser au maximum par souche. Il s'agit d'une opération manuelle réclamant réflexion et intelligence de la part du vigneron ; elle est facilitée par l'utilisation de sécateurs pneumatiques. Les bois détachés sont soit brûlés sur place – c'est alors que l'on peut voir le vignoble délicatement nimbé de fumée – soit hachés. Il est encore peu courant de les laisser entiers en couverture afin de réduire l'érosion.

On n'insistera jamais assez sur les conséquences de la taille d'un cep de vigne : taille de formation, puis taille de production, chaque individu constituant un cas particulier à l'égard duquel il convient de raisonner avant d'appliquer le coup du sécateur.

Taille en cordon de Royat du Pinot et du Chardonnay.

Les formes de conduite

Il est de règle de conduire la vigne en forme basse, le rideau de verdure en plan vertical se situant entre 0,30 m et 1,10 m.

Quelques essais de vignes semi-hautes et hautes, dépassant 2 mètres, et à large écartement, de 1,50 m à 3 mètres ont été conduits en Côte-d'Or, dans les Hautes Côtes, et en Saône-et-Loire. De prime abord, il résulte de ces essais que les raisins sont plus acides et moins riches en sucre. L'aération et l'insolation sont meilleures et les travaux du sol sont considérablement facilités mais les traitements pesticides nécessitent d'autres types d'engins. Le tracteur-enjambeur ne peut pas, en effet, être utilisé, ni la machine à vendanger classique.

Les travaux

Sur la vigne, le vigneron procède à l'« évasivage » ou « débroussage » par suppression des gourmands issus des yeux du vieux bois, ce qui

Brûlage des sarments. Cette opération se pratique en hiver jusqu'aux premiers jours du printemps, au moment de la taille.

permet de dégager la souche. Cette opération a lieu après le débourrement, lorsque les risques de gel sont passés. Puis il palisse les pampres nouveaux grâce au dispositif de fils superposés dont les deux du centre, parallèles, sont amovibles ; enfin il rogne sur les flancs et au-dessus du dernier fil, ceci mécaniquement.

Du mois de mai à la mi-septembre, le vigneron applique les traitements contre les parasites végétaux (mildiou, oïdium, pourriture grise et les parasites animaux (vers de la grappe, araignées…). Il cesse ses interventions quinze jours à trois semaines avant la vendange.

Sur le sol, le travail consiste soit à ameublir le terrain par une succession de buttages à l'automne, de débuttages au printemps et d'opérations superficielles en été, ce qui permet de supprimer les plantes adventices ; soit à laisser le sol sans culture en traitant les adventices en pré- ou post-émergence par voie chimique. Ce type de désherbage a progressé d'année en année tout en présentant des fluctuations quant aux surfaces soumises à ce traitement : 20 %, 30 %, 50 % et plus selon les exploitations. Il présente des avantages et des inconvénients. Il semble qu'une certaine souplesse s'impose. Les jeunes plantations doivent être labourées et non traitées.

La fumure des sols viticoles fait appel aux engrais organiques avant la plantation, avec du fumier de ferme. On utilise également des engrais minéraux à base d'azote, de potasse et de phosphore, en général tous les deux ou trois ans.

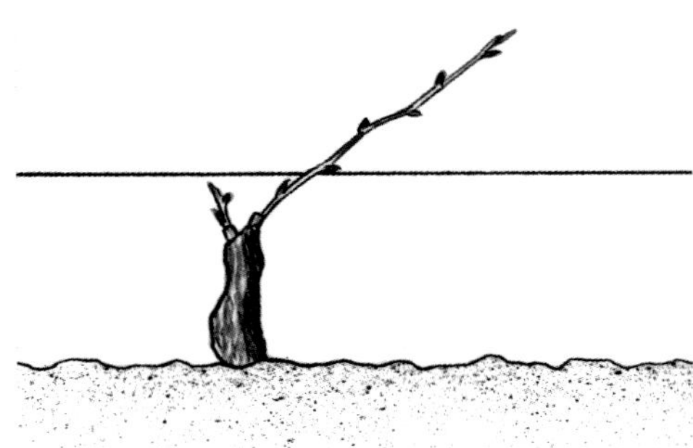

Taille en Guyot du Pinot, du Chardonnay et de l'Aligoté.

L'évolution des techniques

Évolution ou révolution ? On assiste à ce phénomène depuis la fin de la dernière guerre. Jusqu'alors la traction animale par chevaux et mulets était de règle. En Côte-d'Or la vigne était et est encore exploitée en monoculture. Seuls les domaines importants possédaient des animaux, les autres faisaient appel à la location journalière. La situation était alors différente dans l'Yonne et la Saône-et-Loire où un cheptel animal existait.

Taille en éventail du Gamay, en Beaujolais.

Entre 1940 et 1950, on a vu apparaître les motoculteurs, engins individuels peu puissants, assurant une certaine indépendance aux petits viticulteurs, mais incapables de satisfaire tous les besoins, notamment dans le cas de l'application des pesticides.

À partir des années 1950, le tracteur-enjambeur s'est imposé et a conquis l'ensemble des exploitations. À l'heure actuelle, il n'y a plus de chevaux dans le vignoble. Le tracteur multiservices, y compris pour le transport de la vendange, est merveilleusement adapté à tous les travaux du sol et du végétal. Il faut bien admettre que le vignoble est suréquipé. Là où il fallait un cheval à temps plein pour entretenir 8 hectares de vigne, un tracteur de 40 à 50 chevaux n'est utilisé qu'à temps partiel ; de plus, il y en a souvent deux pour la même superficie…

La mécanisation de la vendange connaît une grande vogue par nécessité, en raison du manque de main-d'œuvre et des contraintes qu'elle impose, lorsqu'elle existe encore… Une machine n'est rentabilisée qu'à partir d'une vingtaine d'hectares, sinon il faut s'associer ou s'adresser à des entrepreneurs qui n'hésitent pas à intervenir dans plusieurs régions, du Mâconnais au Chablisien, en fonction de l'étalement des vendanges. Mais des modifications de structure ont été rendues nécessaires : l'accès aux parcelles, la configuration de celles-ci par rapport aux murs de clôture, les systèmes de taille, la transformation du gobelet en éventail…

La mécanisation des travaux du sol a une autre conséquence : celle de l'érosion des sols en pente. La suppression des murs de soutènement afin d'en faciliter l'accès a considérablement perturbé le régime d'écoulement des eaux de pluie. D'importants travaux de collecte de ces eaux ont été entrepris afin de limiter l'épuisement de la couche arable en éléments fertilisants et en éléments fins. Ni la non-culture intégrale ou partielle ni l'enherbement volontaire permanent ne sont la panacée.

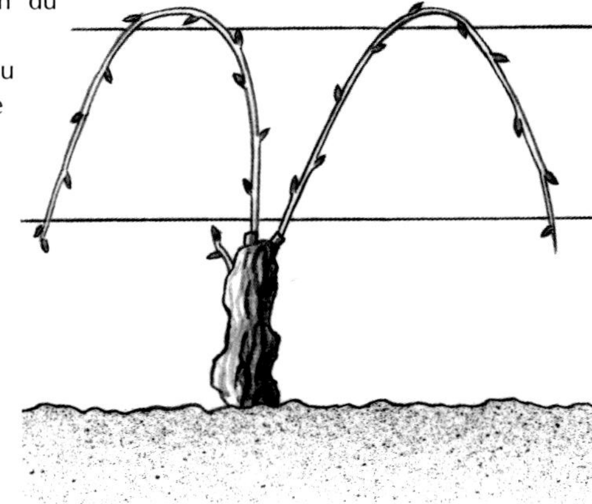

Taille du Chardonnay en queue, dans le Mâconnais.

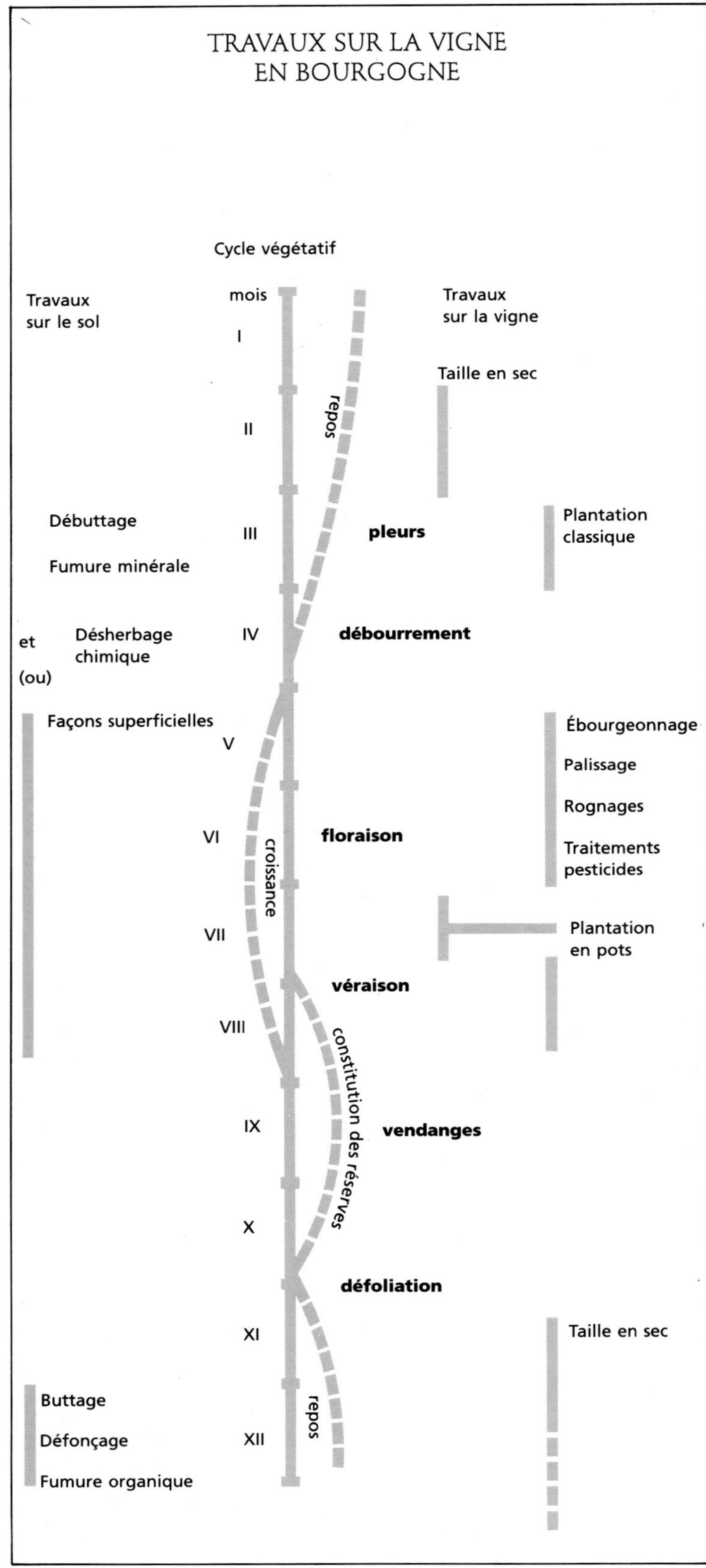

Les vendanges

La fixation de la date des vendanges – officialisée par la publication du ban, arrêté pris par le préfet du département sur avis de l'INAO et en accord avec les syndicats de producteurs – découle d'une étude préalable de la maturation portant sur trois semaines environ.

Des équipes prélèvent des échantillons et dosent les sucres et l'acidité des moûts ; les résultats sont interprétés et commentés par des spécialistes de l'INAO et des laboratoires officiels, puis diffusés par la presse régionale. Les viticulteurs s'en inspirent pour établir leur calendrier de récolte.

Sachant que cette dernière dure en moyenne quinze jours sur une exploitation de moyenne importance, il est bien évident que les premières cuvées rentrées n'auront pas atteint le degré optimal souhaité, que les dernières auront peut-être subi l'outrage des parasites de la grappe, de la pourriture grise, voire de la grêle... il est impossible de gagner sur tous les tableaux. La météorologie a son mot à dire. Rares sont les vendanges effectuées d'un bout à l'autre par un temps ensoleillé et chaud, ce qui fut le cas en 1964, 1976 et en 1991.

Quel crédit peut-on donner à cette étude ? Elle est nécessaire ne serait-ce que pour avoir une idée du comportement des cépages dans telle ou telle zone, soumis à l'influence de tel ou tel porte-greffe. Plus le nombre de prélèvements est élevé, mieux est connue la réalité. Quels que soient les soins apportés au « choix » des fruits destinés aux analyses – le hasard seul devrait présider aux opérations – la matière première est d'une grande hétérogénéité, tant au sein du cep qu'à l'intérieur de la grappe.

La récolte

La récolte manuelle effectuée par une équipe de 25 à 30 coupeurs porte sur un hectare par jour environ. Une machine à vendanger effectue le même travail avec deux personnes qui se relaient. Elle peut travailler la nuit si nécessaire.

On compte 220 machines à vendanger dans l'Yonne, 127 en Côte-d'Or, 219 en Saône-et-Loire et une dans le Rhône. Les plus nombreuses sont automotrices. Les ventes annuelles ont connu leur maximum en 1982, puis une stagnation et enfin une reprise ces dernières années.

Le Beaujolais n'adopte pas les machines à vendanger pour la seule raison que la vinification dans cette région doit traiter une matière première entière, non égrumée, qui sera soumise à une macération carbonique.

Sur certains points, les avantages de la machine sont indiscutables : diminution de la main-d'œuvre à nourrir et à héberger ; rapidité et souplesse d'intervention lorsque les parcelles sont accessibles (il faut prévoir un espace d'au moins 5,50 m pour les

Quelque 70 propriétaires se partagent le vignoble du Clos de Vougeot. La faible superficie de chaque parcelle explique le recours aux vendanges manuelles.

virages aux extrémités). Mais il existe aussi des inconvénients et des contraintes selon les modèles utilisés : perte plus ou moins importante de grappes non égrumées au niveau des piquets, perte de jus et récupération d'eau de pluie renfermant des résidus de pesticides et de fils de fer, détérioration des supports, remplacement des fils de fer galvanisés par des fils inoxydables, meurtrissures des sarments et des bourgeons, ébranlement des ceps, pressurage plus difficile en l'absence de rafle...

Des études systématiques entreprises durant plusieurs années n'ont pas permis de mettre en lumière des différences significatives dans la qualité des vins obtenus à la suite des vendanges mécaniques par comparaison avec la récolte manuelle. Toutefois, il faut travailler vite, protéger les jus de l'oxydation et disposer d'un matériel de réception à la cuverie adapté à une cadence rapide des apports de vendanges.

Les types de vinification

L'évolution du matériel de vinification a été importante. En un quart de siècle, on a assisté aux phénomènes suivants :

▷ Substitution progressive des cuves en bois par des cuves en ciment à ciel ouvert ou plafonnées et par des récipients métalliques en tôle d'acier émaillé ou en acier inoxydable qui peuvent faire office de cuves de stockage.

▷ Utilisation de cuves qui favorisent les échanges entre les raisins et le jus sans dilacération de la vendange.

▷ Modernisation du matériel de pressurage : on recherche un pressurage doux à l'aide de pressoirs à membranes, et les presses continues sont interdites.

▷ Mécanisation des opérations de foulage, d'éraflage, de transport de la vendange et d'extraction des marcs des cuves.

▷ Utilisation de moyens efficaces de contrôle des températures des raisins encuvés au cours de la fermentation.

Tout ceci a été rendu possible grâce à une information technique des responsables, portant, en particulier, sur les points suivants : utilisation, selon les cas, de levures sèches sélectionnées (levures sèches actives ou maintien des levures indigènes), emploi rationnel de l'anhydride sulfureux, entretien du matériel, état sanitaire des locaux, etc. Exposés et conférences sont organisés par des œnologues et techniciens de l'INRA, ou par les universitaires, dans le cadre des Comités interprofessionnels, ou des groupements des jeunes professionnels de la vigne.

La vinification en blanc

Quelle que soit la région considérée, les raisins blancs sont traités en vue d'assurer une fermentation totale des sucres conduisant à l'obtention de vins secs, tels le Chardonnay de Chablis, des villages et crus de la Côte-d'Or et du Mâconnais, le Sauvignon de l'Yonne ou l'Aligoté.

Les raisins subissent un foulage à la cuverie (et non à la vigne), puis un pressurage effectué le plus rapidement possible. Les jus sont réunis dans une cuve, additionnés d'une dose d'anhydride sulfureux (sulfitage de 5 à 10 grammes par litre) puis

Cuves de stockage en acier inoxydable, dans les caves des Hautes-Côtes-de-Beaune.

décantés après vingt-quatre heures de stabilisation, afin de séparer la partie claire des bourbes formées par floculation. Ces jus sont ensuite aérés puis levurés. Ils fermentent soit en grand volume, soit en fûts de chêne, pendant dix à vingt jours ou bien plus, selon l'activité des levures et la température des locaux. La fermentation malolactique peut suivre de près la fermentation principale, mais ce n'est pas la règle.

La vinification en rouge

Les raisins subissent un foulage puis un éraflage partiel ou total, selon leur état sanitaire et les caractéristiques du millésime. Ils sont soumis à une macération en cuve couplée avec la fermentation alcoolique d'une durée de dix à vingt jours. Sulfitage et levurage se succèdent, puis les remontages et pigeages, dans le but de favoriser les phénomènes de diffusion des matières colorantes et des tanins contenus dans les pellicules. La température est contrôlée pendant toute la durée de la cuvaison, ainsi que la densité du moût en fermentation. L'évolution de cette dernière renseigne sur l'allure du phénomène et permet de décider du moment opportun du décuvage.

Le vin de goutte est tiré de la cuve ; les marcs subissent un pressurage. Tous les jus sont, le plus souvent, réunis afin de constituer la cuvée.

Comme pour les blancs, la fermentation malolactique peut se déclencher dans les jours qui suivent. Par tous les moyens – stockage à une température propice de 18 à 20 °C, ensemencement avec des lies ou des ferments sélectionnés –, le vigneron essaie de la provoquer. Les conséquences de la fermentation malolactique sur la qualité des vins sont bénéfiques, puisqu'il s'agit d'une désacidification biologique, d'un assouplissement par disparition de l'acide malique particulièrement dur au palais. Il vaut mieux qu'elle se déroule en fût plutôt qu'en bouteille.

Mûrissement du vin rouge en bouteilles dans une cave, à Nuits-Saint-Georges.

La vinification par macération carbonique n'est pratiquée que dans le Beaujolais.

La vinification en rosé

En Bourgogne, il se fait peu de vins rosés à partir du cépage Pinot, vendus comme tels sous l'appellation Bourgogne ; celui du « Bourgogne rosé de Marsannay » est tout à fait typique. Les volumes de production sont très variés d'une année à l'autre, entre 500 et 5 000 hectolitres.

Un vin de ce type, pâle en couleur, s'obtient par vinification en blanc des raisins rouges. La pratique de la saignée, bien connue des vignerons méridionaux des Côtes-de-Provence, par exemple, a rarement cours en Bourgogne.

La vinification des vins effervescents

Le Crémant et le mousseux méthode de seconde fermentation en bouteille méritent une mention particulière. Le Bourgogne mousseux AOC en blanc, rouge et rosé, d'ancienne tradition, s'efface devant le Crémant de Bourgogne AOC en blanc et rosé, créé par décret du 17 octobre 1975. Il s'agit d'un mousseux obtenu selon la méthode de seconde fermentation en bouteille d'un « vin de base », à l'égard duquel des techniques de vinification très précises sont imposées : choix des cépages, Pinots noir, gris et blanc, Chardonnay, tous classés en première catégorie ; Gamay noir à jus blanc, Aligoté, Melon et Sacy, dans l'Yonne, classés en seconde catégorie ; titre alcoométrique en puissance de 8,5 % Vol. ; rendement maximum à l'hectare de 7 500 kilogrammes de raisins, donnant au maximum 50 hectolitres de jus ; pressurage par du matériel non pourvu de vis hélicoïdale et de chaînes ; tenue d'un « carnet de pressoir » imposée pour chaque marc mis en œuvre. En fait, ce sont des contraintes calquées sur la vinification champenoise et visant l'obtention de produits de haute qualité.

L'élevage du vin

Les expressions « conservation » et « vieillissement » du vin sont maintenant remplacées par celle d'« élevage » qui sous-entend l'art d'amener le vin « brut » à un optimum de qualité au moment de sa mise en bouteilles.

Les vins d'Aligoté conservent une agréable fraîcheur à l'abri des oxydations, c'est dire que leur séjour en fût doit être limité à quelques mois.

Les vins de Chardonnay, de type Mâcon ou Petit-Chablis, sont souvent stockés en cuves de grande capacité, en ciment ou en métal, pendant moins de un an. Ceux de Chablis Premier Cru et Grand Cru, de Pouilly-Fuissé, des villages de la Côte de Beaune et les grands crus séjournent en fûts de chêne, en partie neufs, et en partie usagés, entre un an et un an et demi.

Les vins de Pinot, villages et crus, subissent le même sort. Ceux de Gamay sont soit vendus en

« primeur », comme en Beaujolais, soit conservés sous bois durant quelques mois.

Pendant cette « conservation », les vins, selon les circonstances, subissent des soutirages, des collages et des filtrages adaptés à chacun d'eux puis embouteillés.

Tous les éleveurs soutirent afin de séparer le vin clair des lies, d'abord au contact de l'air pour éliminer le gaz carbonique qu'il renferme en abondance, puis à l'abri de l'air. Beaucoup de vinificateurs restent fidèles à l'ajout de colles, substances minérales à base d'argiles ou organiques, à base de composés azotés, ayant la propriété de floculer les tanins en formant un film ténu qui, par sédimentation naturelle, clarifie et stabilise le vin. Les grands volumes sont stabilisés par filtrage en une ou deux opérations, à travers des plaques de cellulose associées à des terres d'infusoires, matières poreuses très fines pouvant retenir des micro-organismes telles les levures. Les filtres à membranes retiennent même les bactéries dont le diamètre est inférieur au millième de millimètre. Les opérations de collage et de filtrage sont souvent couplées.

L'élevage en fût de chêne a fait l'objet d'études suivies durant ces dernières années. Elles ont montré le rôle bénéfique du bois selon l'origine géographique des arbres et le traitement appliqué lors du façonnage des pièces. Le séjour des vins en fût neuf donne toujours des résultats nettement positifs.

Certes, l'achat de fûts neufs est un investissement coûteux ; une pièce neuve, de type Bourgogne, de 228 litres vaut de 2 500 à 3 000 francs. Dans les années 1930, ce récipient unitaire était à égalité de prix avec son contenu, en appellation village, Gevrey-Chambertin, par exemple (200 à 250 francs de l'époque), d'ailleurs souvent vendu « logé » au négoce. La futaille neuve séjournait alors peu de temps dans la cave du vigneron. De nos jours, rares sont les vins vendus « logés ». Il appartient au vigneron-éleveur de programmer la rotation de ses fûts.

Le caractère des récoltes

La qualité d'un millésime est « cernée » par les professionnels de la vigne et du vin dès l'instant où certains indices climatiques et physiologiques le permettent.

Une première confirmation est apportée lorsqu'il est possible de goûter le vin encore chaud à la cuve, de sentir les arômes qui se dégagent des marcs lors du décuvage...

Les portes de l'Exposition générale des vins de Bourgogne sont ouvertes aux amateurs, restaurateurs, négociants-éleveurs et autres courtiers, à Beaune, à la veille de la célèbre vente des vins des Hospices, à la mi-novembre. Des milliers d'échantillons de la dernière récolte et quelques anciens sont rassemblés, en provenance de toute la Bourgogne. Cette manifestation est organisée depuis plus d'un siècle par le Comité de viticulture de la Côte-d'Or. Un jury délibère, rédige une appréciation qui sera diffusée par les médias. Le millésime est lancé... Le 17 novembre 1996 eut lieu la 136e vente des vins des Hospices de Beaune au cours de laquelle 719 pièces de vin ont été vendues.

Grande cuverie des ducs de Bourgogne, à Chenôve.

En règle générale, le jugement porté est objectif. Faut-il rappeler que l'appréciation formulée par le Comité au lendemain de la récolte 1865, qualifiant cette dernière de millésime du siècle, vaut encore de nos jours lorsqu'on a le privilège de goûter les dernières bouteilles religieusement conservées ? Le millésime 1929 connut le même sort. Qu'en sera-t-il de l'année 1991 qualifiée, elle aussi, de très grand millésime ?

Il convient de faire les remarques suivantes à la lecture des tableaux de classement largement diffusés, lorsqu'on porte un jugement après quelques années de recul :

▷ Les années exceptionnelles sont plus rares en blanc qu'en rouge.

▷ La fréquence des millésimes « marquants » est, en revanche, plus élevée en blanc qu'en rouge, phénomène confirmé dans la catégorie des bons millésimes. La qualité des vins blancs est plus régulière.

▷ Une analyse plus fine menée au niveau des sous-régions peut faire ressortir des différences marquées, pour la même année, entre la qualité d'un Chablis, par exemple, et celle d'un Pouilly-Fuissé ; entre un Pinot de la Côte et un Beaujolais ; entre la Côte de Nuits et la Côte de Beaune, différences dues à l'influence du microclimat.

La qualité est un tout : puissance, finesse des arômes, alliées à l'harmonie du corps, aux saveurs équilibrées, à la fraîcheur (pour les blancs), au tanin, à l'intensité de la robe... Il est bien évident qu'il faut réunir plus d'éléments favorables pour obtenir un vin rouge de classe que pour obtenir un blanc noté, lui aussi, au sommet de l'échelle. Le décalage en faveur du second est particulièrement marqué lors des années moyennes.

La commercialisation du vin

Le grand morcellement de la propriété et le nombre impressionnant d'appellations se sont, pendant longtemps, opposés à la commercialisation directe des vins de la propriété aux consommateurs ; pour le vigneron, il était aléatoire de se lancer, non seulement dans l'élevage mais aussi dans le conditionnement au stade du détail. Les connaissances exactes de la matière et le matériel adéquat faisaient défaut aux praticiens qui n'avaient pas créé de courants commerciaux ni de débouchés ; les formalités d'exportation leur échappaient... Le temps dont ils disposaient alors était compté, le travail de la vigne restait leur principal souci, il fallait avant tout assurer la récolte et la vinifier.

Dans le passé, les transactions portant sur le vin étaient réservées à certains privilégiés et régies par des us et coutumes, sans formalités de contrôle, sauf l'intervention des octrois...

Le commerce du vin au XVIIIe siècle a fait l'objet de nombreuses études, dont certaines dénonçaient l'indélicatesse des marchands et acheteurs étrangers à la province, qui substituaient les vins de la deuxième qualité à ceux de la première...

À cette époque, les négociants bourguignons ont voulu répondre au goût des consommateurs « étrangers » en leur présentant des vins plus riches en corps et en couleur, de meilleure tenue, ce qui n'était possible qu'en modifiant la technique de vinification par allongement de la durée de macération en cuve ; jusqu'alors, la mode était à la couleur œil-de-perdrix.

La propagande afin de mieux faire connaître des vins fut entreprise par diffusion des échantillons correspondants à des lots choisis, entreposés dans des caves gérées par des praticiens honnêtes, préfiguration des expositions et concours que nous connaissons de nos jours.

QUALITÉ DES MILLÉSIMES

Années	Millésimes exceptionnels		Millésimes marquants		Bons millésimes	
	Blancs	Rouges	Blancs	Rouges	Blancs	Rouges
1929		•				
1949		•				
1959		•			•	
1961		•	•	•		
1969			•	•		
1970	•					•
1971			•	•		
1973			•			•
1975					•	
1976			•	•		
1978	•	•				
1979					•	•
1981			•			
1982			•			•
1983				•	•	
1984			•			
1985	•	•				
1986					•	•
1987					•	•
1988				•	•	
1989	•			•		
1990	•	•				
1991				•	•	
1992					•	•
1993			•			•
1994			•	•		
1995				•	•	
1996			•	•		

La première maison de commerce fut fondée à Beaune en 1720. Elle faisait de la vente par correspondance et proposait également ses vins par l'intermédiaire de voyageurs qui prospectaient la clientèle régionale.

Actuellement, la production de la Bourgogne est écoulée de deux façons : par les négociants-éleveurs et par la vente directe du producteur au consommateur.

Le rôle du négociant-éleveur

Les négociants-éleveurs s'approvisionnent à la propriété en vins à 95 % de leurs besoins. Ils acquièrent le reste en raisin, dont ils assurent eux-mêmes la vinification. Ils peuvent également commercialiser les récoltes de leurs propres domaines.

Le nombre d'entreprises ayant un statut de négociant-éleveur était, en 1984, de 156 en Bourgogne.

Ces maisons commercialisent environ 60 % de la récolte régionale, essentiellement en AOC, et contribuent à leur exportation (vers 150 pays), qui représente 645 200 hectolitres pour un chiffre d'affaires de 2,5 milliards de francs.

En 1995, le volume des exportations en blanc était, avec 421 000 hl (pour la valeur de 1 531,2 millions de francs), plus important qu'en rouge (223 000 hl pour la valeur de 958,4 millions de francs). En blanc comme en rouge, les principaux acheteurs sont : le Royaume-Uni, avec 132 000 hl et une valeur de 458 millions de francs ; l'Allemagne, avec 115 000 hl pour une valeur de 285 millions de francs ; les États-Unis, avec 89 000 hl pour une valeur de 489 millions de francs, supérieure à celle du Royaume-Uni ; la Belgique et le Luxembourg, avec 56 000 hl ; la Suisse, 55 000 hl ; le Japon, 46 000 hl avec une valeur élevée de 274 millions de francs ; les Pays-Bas, 44 000 hl ; et enfin le Canada, 23 000 hl.

Quant au Beaujolais, l'exportation en 1995 a porté sur 576 807 hl, dont 23 % vers la Suisse, 26 % vers l'Allemagne, 17 % vers les États-Unis et 10 % vers le Royaume-Uni.

Il faut noter qu'en trente ans, le négoce a perdu 30 points, passant de plus de 90 % à 60 % des volumes transitant par lui, au profit des viticulteurs qui commercialisent directement.

Mais le négoce bourguignon s'intéresse à d'autres vins que ceux produits dans la région. Outre les vins de « marque », il achète et vend des vins d'autres zones viticoles. Il est rare qu'il traite directement avec le vigneron fournisseur ; en général, il passe par l'intermédiaire du courtier de campagne.

La vente directe au consommateur

Depuis une vingtaine d'années, les propriétaires augmentent sensiblement leurs ventes directes, passant d'un faible pourcentage à quelque 40 % environ, tant sur le marché intérieur qu'à l'exportation. Cela a été rendu possible grâce à l'équipement dont ils se sont dotés, d'une part, aux connaissances techniques acquises par la jeune

Vigneron tastant son vin dans la cave.

LE COURTIER DE CAMPAGNE

Le statut des courtiers est resté flou jusqu'à la loi du 31 décembre 1949. Le courtier est l'intermédiaire habituel presque indispensable mais non obligatoire entre le vendeur et l'acheteur. Rompu aux visites fréquentes des caves et aux dégustations, le courtier est la seule personne qui connaisse les stocks disponibles par cuvée, par type, par qualité, d'une part, et les besoins exprimés par le négoce, d'autre part.

Il doit être un excellent dégustateur, capable de déceler les tares du vin et de la vaisselle vinaire, et avoir toutes les qualités requises des œnologues. Il ne possède pas de locaux de stockage et ne traite pas d'affaires en son nom propre, contrairement aux commissionnaires en vins, mais il prend à sa charge toutes les démarches nécessaires aux transactions, prises d'échantillons, confirmations d'achat, soutirages, modalités de transport, pièces de régie... En échange de ses services, il perçoit un courtage versé de part et d'autre et calculé sur le prix d'achat.

Fête de la Saint-Vincent à Maligny, avec le traditionnel cortège des membres de la confrérie des Piliers de Chablis.

génération, d'autre part, aux courants commerciaux qu'ils ont créés. Les producteurs vendent sur place, dans des caveaux de dégustation, et par l'intermédiaire de représentants ; aidés en cela par une simplification des formalités administratives, conséquence de la mise en place de la « capsule-congé » ou capsule représentative de droits.

Les manifestations vineuses

Il existe de nombreuses manifestations en Bourgogne. Elles témoignent d'une intense activité viticole et de l'importance du vin dans la société bourguignonne.

Les Trois Glorieuses constituent un ensemble de manifestations qui se succèdent presque sans interruption, ordonnées autour de la célèbre vente de vins des Hospices de Beaune, laquelle a lieu le troisième dimanche de novembre. La veille, elles commencent par un chapitre de la confrérie des Chevaliers du Tastevin. Le surlendemain, le lundi, a lieu la Paulée de Meursault.

La vente des vins des Hospices de Beaune

Les Hospices de Beaune, hôtel-Dieu et hospice de la Charité réunis, mettent en vente aux enchères publiques les vins tirés de leurs propres vignes résultant de dons. Cette vente est faite au feu des chandelles, sous la présidence de hautes personnalités françaises et étrangères. Les lots font l'objet de surenchères spectaculaires et les prix atteignent souvent des sommets vertigineux. Il s'agit certes d'une œuvre de bienfaisance, mais elle ne manque pas d'intérêt pour la profession car la fluctuation des cours pratiqués donne le ton ; c'est un bon baromètre.

Les cuvées les plus prestigieuses portent le nom des bienfaiteurs : à Beaune, Dames-Hospitalières, Guigone-de-Salins, Nicolas-Rolin, Rousseau-Deslandes... À Corton, Docteur-Peste, Charlotte-Dumay, Françoise-de-Salins (Coron-Charlemagne)... À Meursault, Bahèzre-de-Lanlay, Philippe-le-Bon (Meursault-Genevrières)... À Gevrey, Madeleine-Collignon (Mazis-Chambertin)...

La Paulée de Meursault

Le lundi suivant la vente des vins des Hospices, les propriétaires-viticulteurs et leurs invités prennent un repas en commun à Meursault, les premiers apportant leurs meilleures bouteilles. Ce repas joyeux, bon enfant, est suivi de l'attribution d'un prix littéraire doté de 100 bouteilles d'un grand vin de Meursault.

La Saint-Vincent Tournante

Il s'agit de la fête des vignerons. Cette cérémonie religieuse et profane, présidée par la confrérie des Chevaliers du Tastevin, rassemble, à l'occasion de la fête de ce saint qui a lieu fin janvier, des délégations des villages de Bourgogne portant la statue de leur protecteur, Vincent, qui fut diacre à Saragosse et y subit le supplice en l'an 303. Son culte a toujours été célébré dans les régions viticoles de France et d'Espagne.

La vente des vins des Hospices de Nuits-Saint-Georges

Chaque année au mois de mars, cette vente porte sur des lots de vins produits par les vignobles ayant fait l'objet de dons. Elle fait désormais partie intégrante de plusieurs manifestations comme le

Cour d'honneur de l'hôtel-Dieu à Beaune. Construit en 1443, cet édifice de style bourguignon-flamand est couronné d'un toit de tuiles colorées et vernissées.

La passion du vin

La passion du vin est un atavisme. Je me garderais bien de m'en défaire. Mes premiers souvenirs du vin, je les dois à mon père, restaurateur-limonadier à Roanne, grand amoureux du vin. Chaque année, il rentrait en cave 27 fûts de Beaujolais. Nous devions, mon frère et moi, les mettre en bouteilles le jeudi matin. Il m'en reste l'image de 230 bouteilles, des odeurs, une ambiance de cave et de bois.

Plus tard, mon père m'emmena avec lui faire la tournée des vignerons. Elle commençait toujours par Chiroubles. Notre préférence allait au Fleurie. À Fleurie, Mlle Chabert et sa légion menait la cave coopérative d'une main de maître. J'en ai gardé une grande admiration pour les femmes qui s'intéressent au vin.

Dès l'âge de quinze ans, j'ai accompagné mon père chez ses amis bourguignons. Je les ai tous connus, du plus petit au plus grand. J'ai vécu là des instants inoubliables, colorés et chaleureux comme seule la terre de Bourgogne peut en donner. Mais ce n'est que vers trente ans, de retour dans le restaurant de mon père, que j'ai commencé à apprécier le vin pour lui-même. Comme certains arts subtils ou comme l'amour, il ne se goûte bien qu'avec l'âge de la maturité. Avant, on n'en perçoit que l'aspect superficiel, on ne le sent pas en soi-même, on ne le comprend pas. Et puis, un jour, le déclic se produit, le vin se révèle.

Pendant longtemps, mon frère s'est occupé de notre cave avec toute sa sensibilité et sa méthode. Accaparé par mes fourneaux, je n'allais qu'exceptionnellement dans le vignoble. Mais le vin participait à part entière à ma cuisine. Je me souviens d'avoir fait le même jour cinq coqs au vin avec cinq vins différents : un Chambertin, un Côte-Rôtie, un Bordeaux, un Beaujolais, un Bandol.

Le Beaujolais, c'est toute ma jeunesse, et certains crus, comme le Moulin-à-Vent, sont remarquables. Mais, pour moi, c'est surtout le vin décontracté par excellence, celui des copains, des parties de belote, des repas de joyeux convives. Ma préférence va nettement au Bourgogne. Avec le Richebourg et le Chambertin, on atteint les sommets. Le Richebourg, c'est le grand seigneur de la Bourgogne ; un vin de puissance, d'équilibre, de noblesse. C'est une tenture de velours à se rouler dedans de tout son long. Pour moi, c'est Schéhérazade. Le Chambertin est plus guerrier, je le vois plutôt comme un chevalier.

Bien sûr, il faut boire ces grands vins avec des gens très proches qui les méritent, qui les comprennent ; non pas à grandes lampées mais presque en silence, dans une sorte de religion. Il y a des moments pour ces vins-là comme pour tous les autres. À un moment donné, un vin donné. On ne boira pas le même quand on joue aux boules ou qu'on sort entre copains ou encore quand on est en compagnie d'une jeune dame.

J'aime beaucoup également le Côte-Rôtie. Il est proche de ma cuisine, nerveuse, sportive. Comme elle, il est épicé, il a du caractère : une vraie infusion de poivre concassé. En primeur, c'est une gourmandise presque exotique. Après, il se calme pendant cinq ou six ans et il ressort. Certains sont effrayés par sa couleur très dense, son épaisseur. Il n'y a pourtant pas de vin plus digeste. Il faut le boire à une température ambiante de 19 °C environ, à la rigueur 21. Il ne gagne pas à être chambré. Aucun vin d'ailleurs n'y gagne à mon avis.

Dans les rouges, je comprends qu'on puisse préférer un Château Pétrus ou un Margaux à un Bourgogne. Parmi les vins blancs secs, je trouve ceux de Bourgogne indiscutablement meilleurs. Les trois grands surtout : Meursault, Puligny, Chassagne. Derrière, je classe les Corton, Chablis, Pouilly-Fuissé et Saint-Véran. Il arrive pourtant qu'on fasse des découvertes ailleurs, comme ce vin de voile de Gaillac que j'ai goûté récemment...

Mais ma cuisine se marie plutôt avec les grands classiques : les œufs en mœurette avec un Auxey ou un Savigny ou même un Côte-Chalonnaise, le bœuf bourguignon avec un Pommard ou un Gevrey-Chambertin, le lièvre à la royale avec un Richebourg, le Côte-Rôtie avec les grillades ou les viandes saignantes, steack au poivre et rôtis. Je crois que je ne me lasserai jamais de ce jeu des alliances.

Le vin fait partie de ma vie quotidienne. C'est mon plus grand investissement et mon plaisir.

Pierre Troisgros

CONFRÉRIE DES CHEVALIERS DU TASTEVIN

La confrérie des Chevaliers du Tastevin fut la première des confréries modernes à voir le jour. Créée en 1934, à Nuits-Saint-Georges, pour tenter de conjurer la crise qui sévissait alors, la confrérie des Chevaliers du Tastevin s'est mise au service des vins de Bourgogne, au-delà de tous intérêts particuliers.

Elle a son siège au château du Clos de Vougeot, sa propriété, qu'elle a elle-même restaurée et où elle tient tout au long de l'année de prestigieux chapitres qui rassemblent des personnes venues de tous les horizons et de tous les milieux.

Outre ses activités d'aussi joyeuse qu'efficace propagande, la confrérie joue un rôle actif dans l'économie bourguignonne ayant institué le « tastevinage », un prix littéraire, et des commanderies à l'étranger.

Le tastevinage réunit un jury rigoureux devant désigner à l'attention de l'amateur les grandes bouteilles de vins de Bourgogne. Ce n'est pas un concours. Les vins ne sont pas classés et on ne leur décerne pas de médailles. Le jury, qui ne connaît du vin que le cru et l'année, se contente de juger si les bouteilles présentées sont à un haut niveau, représentatives de l'appellation et du millésime qu'elles revendiquent. Dans l'affirmative, le propriétaire peut apposer une étiquette spéciale, aux armes de la confrérie ; les bouteilles « tastevinées » sont toutes numérotées. Les lots non retenus peuvent être présentés à nouveau ou se passer délibérément d'un tastevinage.

Si la confrérie ne se déplace qu'exceptionnellement en France, elle a créé de nombreuses commanderies en Afrique, en Amérique, en Australie, qui témoignent de la présence bourguignonne dans le monde.

Carrefour de Dionysos à Morey-Saint-Denis, organisé par les vignerons de ce village, et le tastevinage au Clos de Vougeot.

Le tastevinage

Le premier tastevinage s'est tenu le 28 juin 1950. Cette institution audacieuse a été mise sur pied par la confrérie des Chevaliers du Tastevin qui tient ses assises au château du Clos de Vougeot deux fois par an.

Le tastevinage réunit un aréopage de professionnels de la vigne et du vin, de fonctionnaires, de représentants des consommateurs et de restaurateurs qui doivent porter un jugement sur la qualité des vins présentés anonymement.

Vignerons et négociants soumettent des échantillons à condition qu'ils correspondent à des lots suffisamment importants et homogènes de bouteilles ; 30 à 40 % de ces vins ne sont pas retenus, non pas parce qu'ils présentent une tare quelconque, mais bien parce qu'ils ne sont pas jugés dignes du tastevinage. Ils pourront néanmoins être représentés de nouveau au cours d'une session ultérieure.

Les fêtes de la Vigne

Elles ont pour cadre la ville de Dijon dans le Cellier de Clavaus ; elles rassemblent, en automne, des groupes folkloriques venus de nombreux pays pour y présenter danses et chants.

Le syndicat d'initiative de Gevrey-Chambertin célèbre la fête du Roi Chambertin et honore une personnalité qui a consacré son talent à parler du vin.

La Compagnie bourguignonne des œnophiles, fondée en 1969, dont le siège est à Dijon, met en rapport producteurs et acheteurs éventuels à la faveur de deux séances annuelles de dégustation qui permettent de sélectionner des lots.

La Foire nationale des vins a lieu chaque année à Mâcon au mois de mai. Créée en 1948, elle organise un concours ouvert à tous les vins français AOC et AOVDQS, jugés sur échantillons représentatifs d'un lot homogène de plusieurs hectolitres.

Détail d'une des grilles en fer forgé du Clos de Vougeot.

Bourgogne Aligoté

Cette appellation d'origine contrôlée régionale, ratifiée par le décret du 31 juillet 1937, définit des vins blancs, issus du cépage Aligoté, élevés sur l'aire de production de la Bourgogne. Celle-ci s'étend sur de nombreuses parcelles situées dans l'Yonne, la Côte-d'Or et la Saône-et-Loire. Depuis le décret du 7 mars 1979, la commune de Bouzeron, en Saône-et-Loire, peut associer son nom à celui de Bourgogne Aligoté.

L'Aligoté est, bien entendu, le cépage majoritaire de cette appellation. Il n'est cultivé qu'en Bourgogne. Toutefois, le Chardonnay reste provisoirement autorisé dans la limite de 15 %.

Le titre alcoométrique minimal pour le Bourgogne Aligoté est de 9,5 % Vol. ; son rendement de base a été fixé à 60 hectolitres à l'hectare, la moyenne des récoltes avoisinant les 75 000 hectolitres sur 1 390 hectares.

Le Bourgogne Aligoté, que l'on associait souvent autrefois à la liqueur de cassis pour élaborer l'apéritif « blanc-cassis », mérite plus que ce rôle de faire-valoir. En effet, les expressions les plus réussies de cette appellation laissent apprécier toute la qualité d'un vin fin, vif, sec et plaisamment frais dans ses premières années.

Bourgogne Aligoté-Bouzeron

Ces vins blancs de la Côte chalonnaise sont régis par décret du 31 juillet 1937, mais ils ne bénéficient de l'appellation d'origine contrôlée que depuis 1979.

Le décret fixe, entre autres conditions de production, le titre alcoométrique volumique minimal à 9,5 % Vol. et le rendement de base à l'hectare à 55 hectolitres. Issus exclusivement du cépage Aligoté, ces vins blancs sont récoltés sur des parcelles situées sur les communes de Bouzeron, en Saône-et-Loire, au sud de la Côte-d'Or, à égale distance de Santenay, de Chassagne-Montrachet et de Rully.

Chaque année, quelque 2 500 hectolitres, récoltés sur 60 hectares, justifient la réputation de ce vin apprécié et recherché pour sa souplesse légèrement vanillée et sa réelle distinction.

Bourgogne clairet ou rosé, Bourgogne clairet Hautes-Côtes-de-Beaune, Hautes-Côtes-de-Nuits, Côte-Chalonnaise et Côte-d'Auxerre

Les vins rosés produits dans l'aire d'appellation d'origine contrôlée Bourgogne peuvent, depuis le décret du 14 octobre 1943, prétendre à l'appellation Bourgogne clairet ou Bourgogne rosé. Il en va de même pour les vins rosés élaborés sur l'aire d'appellation Hautes-Côtes-de-Beaune, Hautes-Côtes-de-Nuits, les vins de Chitry, Coulanges-la-Vineuse, Épineuil, Irancy et des lieux-dits : La Chapelle-Notre-Dame, Le Chapitre, Montrecul. Les vins rosés de ces appellations, lorsqu'ils sont bien vinifiés, ont des arômes de petits fruits rouges.

Bourgogne Côte-Chalonnaise

AOC par décret du 27 février 1990, produisant envion 4 000 hectolitres de vins blancs et 20 000 hectolitres de vins rouges.

Bourgogne Hautes-Côtes-de-Beaune

Régis par le décret d'appellation d'origine contrôlée du 4 août 1961, les Bourgogne Hautes-Côtes-de-Beaune sont produits à l'ouest de la Côte de Beaune dans une région d'altitude supérieure (300 à 450 m) formée de plusieurs étages de falaises calcaires. L'aire d'appellation s'étend sur des parcelles délimitées à l'intérieur de 14 communes, ou parties de communes, de Côte-d'Or, 11 communes limitrophes et 7 communes de Saône-et-Loire. La production des vins rouges (25 000 hl sur 500 ha) est supérieure à celle des blancs (4 000 hl sur 100 ha). Le cépage Chardonnay est utilisé pour les vins blancs, et le Pinot noir pour les rouges. Le titre alcoométrique minimal est de 10 % Vol. pour les rouges et de 10,5 % Vol. pour les blancs. Ces vins légers, bouquetés et francs sont vinifiés pour moitié par la cave coopérative des Hautes-Côtes située à Beaune.

Bourgogne Hautes-Côtes-de-Nuits

Baptisés naguère vins fins des Hautes Côtes de Nuits, les Bourgognes Hautes-Côtes-de-Nuits n'ont vu leur réglementation précisée que le 4 août 1961. Ne furent alors autorisés à utiliser cette appellation d'origine contrôlée que les vins produits sur le rebord du plateau qui domine, à l'ouest, la Côte de Nuits, principalement l'aplomb de Nuits-Saint-Georges, sur une centaine d'hectares dans les communes suivantes : Arcenant, Bevy, Chaux, Chevannes, Collonges-lès-Bévy, Curtil-Vergy, l'Étang-Vergy, Magny-lès-Villiers, Marey-lès-Fussey, Messanges, Meuilley, Reulle-Vergy, Segrois, Villars-Fontaine et Villers-la-Faye. Les cépages requis sont, pour le rouge, le Pinot noir et, pour le blanc, le Chardonnay. Le titre alcoométrique minimal est de 10 % Vol. pour les rouges, de 10,5 % Vol. pour les blancs. Le rendement de base à l'hectare est de 50 hectolitres en rouge et de 55 hectolitres en blanc. La production, 3 000 hectolitres de vins blancs et 20 000 de rouges, confère à ces vins légers, frais, assez nerveux, un statut quasi confidentiel.

Bourgogne Irancy

Réparti sur le terroir de la commune d'Irancy dans l'Yonne, le vignoble d'Irancy compte 120 hectares en AOC, ratifiés par le décret du 14 décembre 1977. Il est complété par le vignoble de Cravant et de Vincelottes, et produit environ 6 000 hectolitres (2 635 hectolitres en 1985) d'un vin dont l'encépagement est le suivant : Pinot noir, Tressot et César. Malgré une nette régression, ce dernier cépage a toujours su « signer » les vins d'Irancy, connus et appréciés depuis le XIe siècle, grâce aux efforts non comptés de quelques moines œnophiles.

Les vins d'Irancy, dont le titre alcoométrique est fixé à 10 % Vol. et dont le rendement ne doit pas excéder les 55 hectolitres à l'hectare, sont d'une remarquable tenue. Ils présentent une belle robe grenat foncé et, même s'ils sont un peu durs dans leurs premières années en raison de leur forte teneur en tanins, ils savent, plus tard, se délier et affirmer une réelle personnalité et un corps charpenté. Ils ont tendance à s'arrondir avec l'âge et à laisser s'épanouir un bouquet de violette et de framboise. Leur délai de garde peut largement dépasser vingt ans. Les rosés, de couleur pâle, surprennent par leur saveur corsée et rustique.

Bourgogne Marsannay

Voir Marsannay.

Bourgogne mousseux

Régis par le décret du 16 mars 1943, les vins de Bourgogne mousseux étaient autrefois issus des mêmes cépages que ceux du Bourgogne grand ordinaire : César, Tressot dans l'Yonne, Pinot noir, Pinot gris et Gamay noir à jus blanc pour les rouges. Or, depuis le 31 décembre 1985, cette appellation d'origine contrôlée ne peut être utilisée que pour les vins rouges effervescents, les blancs et les rosés se ralliant à l'appellation Crémant de Bourgogne. Les Bourgognes mousseux proviennent de la Bourgogne viticole. Une exception a été aménagée pour les vins rouges du Beaujolais issus du Gamay noir à jus blanc à appellation de crus lorsqu'ils ont été vinifiés selon la méthode de seconde fermentation en bouteille. Le rendement maximal est fixé à 60 hectolitres à l'hectare et le titre alcoométrique à 8,5 % Vol. Ces vins plutôt rares sur le marché mais fort appréciés à l'étranger savent être vifs, fruités et incisifs.

Vendanges en Bourgogne près de Marsannay-la-Côte.

Bourgogne ordinaire et Bourgogne grand ordinaire

Cette curieuse appellation d'origine contrôlée, née avec le décret du 31 juillet 1937, correspond à des vins rouges, rosés et blancs issus des vignes de tout le territoire de la Bourgogne. L'encépagement prévu par la loi a été modulé selon les terroirs et les traditions, c'est la raison pour laquelle on retrouve, dans l'Yonne, le César et le Tressot pour les rouges ; le Sacy pour les blancs. Pour le reste de la Bourgogne sont autorisés les cépages habituels : Pinot noir, Pinot gris, Gamay noir à jus blanc pour les rouges ; Chardonnay et Pinot blanc pour les blancs.

Les titres alcoométriques minimaux autorisés par le décret sont de 9 % Vol. pour les rouges, rosés ou clairets et 9,5 % Vol. pour les blancs. Le rendement de base a été fixé à 60 hectolitres à l'hectare, ce qui donne environ chaque année près de 1 600 hectolitres pour les blancs et 8 000 hectolitres pour les rouges. Ces vins rustiques savent souvent être agréables.

Bourgogne Passetoutgrains

Par le décret du 31 juillet 1937, la loi autorisa l'appellation d'origine contrôlée Bourgogne Passetoutgrains (vins rouges et rosés) aux vins réunissant différentes conditions. Il faut tout d'abord qu'ils soient issus du vignoble de la grande Bourgogne viticole. De plus, l'encépagement doit être contrôlé au stade de la vinification car le vin doit être obtenu par un mélange de deux tiers de raisins de Gamay noir à jus blanc et d'un tiers de Pinots.

Les rosés sont obtenus par cuvaison sans pressurage. Les Bourgognes Passetoutgrains doivent en outre présenter un titre alcoométrique minimal de 9,5 % Vol. et maximal de

12,5 % Vol., le rendement de base étant fixé à 55 hectolitres à l'hectare, pour aboutir, ces dernières années, à des récoltes moyennes de 70 000 hectolitres sur un potentiel viticole de 1 200 hectares.

Bourgogne rosé

Voir Bourgogne clairet.

Bourgueil

Le vignoble, classé AOC par le décret du 31 juillet 1937, couvre 1 150 hectares, avec pour cépage le Cabernet franc ou breton ; le Cabernet-Sauvignon dans une limite de 10 % peut compléter l'encépagement. La production est proche de 70 000 hectolitres en moyenne. La production de rosé est faible, elle varie de 2 à 5 % de la production des rouges.

L'aire de la production s'étend sur les communes ou parties de communes suivantes : Bourgueil, Saint-Nicolas-de-Bourgueil, Benais, Restigné, Ingrandes-de-Touraine, Saint-Patrice, la Chapelle-sur-Loire, Chouzé-sur-Loire.

La robe est soutenue sur les sols calcaires, plus claires sur les sols siliceux. Les nuances sont groseille ou grenat. L'odeur est florale, fruitée, puis animale et minérale dans les vins âgés. Le vin est plein, avec des tanins veloutés et vifs. Il a une excellente aptitude au vieillissement. (*Voir* la région Touraine p. 582.)

Bouteillan blanc

Synonymes : *Colombaud, Colombeau, Couloumbaou, Colomba, Couroumbaou* dans le Var, *Aubié, Aubier* dans les Bouches-du-Rhône, *Grègues* à Marseillan, *Psalmodi blanc* dans le Gard, *Saint Pierre* en Charente, *Mellenc* dans le Tarn-et-Garonne, *Mouilla* dans les Pyrénées-Atlantiques, *Lubaou, Cérès, Salem.*

Grappes moyennes, cylindriques, très compactes ; baies sphériques ou un peu ovoïdes, grosses, blanches ; maturité : 3e époque.

Cépage provençal, à débourrement tardif, très vigoureux et rustique, le Bouteillan blanc connut une certaine vogue au moment de la crise phylloxérique, en résistant plusieurs années à l'insecte. Il est très sensible à la pourriture grise. Son vin est incolore, sec, brillant, généralement vinifié avec les autres cépages blancs. Il a été classé autorisé dans le Var où il subsiste à l'état de souches isolées.

Bouteillan noir

Synonymes : *Fouiral* ou *Esfouiral* dans l'Hérault, *Sigoyer* ou *Sigotier* dans les Alpes-de-Haute-Provence, *Petit Bouteillan* à Draguignan, *Cayau, Cargomuou, Moulas* dans le Vaucluse, *Plant de Psalmodi* ou *Psalmodi noir* du nom de l'Abbaye où il fut trouvé à Saint-Laurent-d'Aigouze.

Le château d'Ingrandes-de-Touraine fait partie de l'AOC Bourgueil, qui produit des vins à la robe soutenue et au bouquet floral et fruité.

Ce cépage a souvent été confondu avec le Calitor à cause de synonymes identiques : *Fouiral* et *Cargo-muou,* mais il en diffère totalement par ses feuilles. De même, ce n'est pas exactement la forme noire du Bouteillan blanc, ce dernier possédant un bourgeonnement cotonneux, des jeunes feuilles à plages bronzées et des feuilles aranéeuses-pubescentes en dessous.

Grappes moyennes, cylindriques, compactes ; baies sphériques, grosses, noires ; maturité : 3e époque.

Le Bouteillan, à port érigé et débourrement tardif, est fertile, mais sa production est irrégulière car il est coulard. De plus, ses raisins sont très sensibles à l'oïdium et à la pourriture. Au moment de la crise phylloxérique il a connu une certaine diffusion dans le Midi sous le nom de Psalmodi noir, sa grande vigueur lui permettant de résister un peu plus longtemps que les autres cépages aux attaques de l'insecte. Non classé.

Brachet

Synonyme : *Braquet* à Nice.

Grappes moyennes, ailées, tronconiques, lâches ; baies sphériques, moyennes, noir bleuté, assez juteuses ; maturité : 3e époque.

La surface d'encépagement est estimée à 40 hectares.

Ce vieux cépage varois fait partie de l'encépagement AOC du vignoble de Bellet. Il donne des vins de qualité, très fins, alcooliques, qui embellissent en vieillissant. Il a été classé recommandé dans les Alpes-Maritimes.

 Brégin noir

Ce vieux cépage du Doubs est en voie de disparition, car il n'est pas classé. Il donne un vin commun, peu coloré, mais rouge vif (*brégin,* en celte, signifiant « rouge pourpre »).

Brouilly

Vin d'initiation aux crus du Beaujolais, le Brouilly, classé AOC par le décret du 19 octobre 1938, est récolté sur des terrains assez élevés – le mont de Brouilly « culmine » à 483 mètres – et des sols où se mélangent des schistes durs de couleur vert-bleu – les cornes vertes dans le langage du pays – ainsi que des granites et des sables alluviaux. La chapelle Notre-Dame-du-Raisin veille sur ce terroir qui donne des bouteilles « bien construites ».

Pour une surface de 1 200 hectares, la production moyenne est de 70 000 hectolitres (9 300 000 bouteilles). Produit sur 6 villages différents – Cercié, Odenas, Saint-Lager, Charentay, Quincié et Saint-Étienne-La-Varenne –, le Brouilly n'est pas homogène. Issu du granite et du schiste, il possède de la couleur et de la fermeté, et dégage des arômes de myrtille, de pomme et de mûre. Il est de bonne garde. Là où l'influence du granite est prépondérante, le vin est plus précoce.

 Brumeau noir

Ancien cépage du vignoble de Brioude, en Haute-Loire, où il donnait des vins très colorés, alcooliques, ayant une certaine finesse. Il ressemble au Franc noir de l'Yonne. Non classé.

Domaine du château de Lachaize sur le mont de Brouilly, en Beaujolais.

 Brun argenté

Synonymes : *Camarèse, Camarézo, Camères du Gard, Vacarèze blanc* ou *Madeleine, Vaccarèse, Vaccareso.*

Grappes moyennes, compactes, cylindriques ; baies moyennes, sphériques ou légèrement ovoïdes, noir bleuté, peu juteuses ; maturité : 3e époque tardive.

C'est un cépage à débourrement tardif, qui fait partie de l'encépagement de Châteauneuf-du-Pape et des Côtes du Rhône. Il a été classé recommandé dans le Vaucluse et autorisé dans les Pyrénées-Orientales, l'Hérault, l'Ardèche et la Drôme, départements où il occupe 25 hectares environ. Dans le Gard, il est réservé aux zones AOC Côtes-du-Rhône et autorisé sur le reste du territoire. Rarement vinifié seul, il donne un vin à saveur très fraîche, avec un caractère aromatique floral.

 Brun Fourca

Synonymes : *Brunfourka, Brun d'Auriol, Brun de Farnous, Farnous* (Farineux) dans le Var, *Floura* (Fleuri) ou *Mourrastel floura* en Languedoc, *Morrastel fleuri, Flouron* dans la Drôme, *Moulan, Moulard, Moureua, Mouzeau* dans le Gard, *Caula noir* en Vaucluse.

Grappes moyennes, cylindro-coniques, compactes ; baies sphériques, grosses, ovoïdes, noir bleuté, pruinées (fleuries d'où son nom), juteuses ; maturité : 2e époque tardive.

Ce cépage provençal est à débourrement tardif, comme le Mourvèdre ; il est très sensible au mildiou, un peu moins à l'oïdium ; ses raisins s'égrènent aisément à maturité et ils pourrissent facilement. On lui reproche aussi d'être sensible aux gelées d'hiver et aux broussins. Les rendements sont bons et les vins sont de bonne qualité, avec une belle couleur. Non classé, il fait partie cependant de l'AOC Palette et il en existe une trentaine d'hectares en Provence.

 Brustiano

Cépage blanc, spécial à la Corse où il est parfois appelé *Calitrano* ou *Colitrano* à Sartène. Ses grappes possèdent des baies ellipsoïdes, blanches, assez grosses, pouvant être consommées à table. Non classé.

Bugey

Voir Vins du Bugey.

Buzet

L'AOC Côtes-de-Buzet, ratifiée par le décret du 19 avril 1973, a été modifiée en AOC Buzet depuis le décret du 12 février 1986. C'est la plus ancienne et la plus réputée des appellations du vignoble de la Garonne. Le vignoble couvre

1 600 hectares environ et produit 90 000 hectolitres de vins rouges, 15 000 de rosés et de 2 000 à 5 000 de blancs, le rendement de base à l'hectare étant de 55 hectolitres.

Les vins rouges sont produits à partir de raisins de cépages Merlot, Cabernets franc et Sauvignon. La vinification, très soignée, comprend une longue macération et de nombreuses sélections de vendanges. Les températures de fermentation sont maintenues le plus près possible de 32 °C, grâce, en particulier, à une installation de réfrigération entièrement automatisée. L'originalité de la coopérative des Vignerons réunis des Côtes-de-Buzet, qui vinifie presque toute la production de l'AOC Buzet, est de posséder sa propre tonnellerie. Les sélections d'origine de bois de chêne sont ainsi plus rigoureuses. L'élevage en barriques neuves peut durer de six à douze mois.

Une majorité de sols graveleux sont à l'origine de la finesse de ces vins. Ils ont toute la typicité des vins de côte et allient moelleux et rondeur. Ils se caractérisent aussi par la grande finesse de leurs tanins.

Ce sont des vins de moyenne garde qui s'épanouissent dans les cinq à huit ans et ont une longévité d'une quinzaine d'années. Le vignoble étant relativement jeune, la parfaite expression du terroir de Buzet n'est acquise que depuis les années 1978 à 1980.

Situé au cœur de la Gascogne, le vignoble de Buzet produit essentiellement des vins rouges à la robe brillante, frais et structurés à la fois et de bonne garde.

C

Vignoble de Saumur.

Cabardès

Voir Côtes-du-Cabardès-et-de-l'Orbiel.

Cabernet d'Anjou

Le vignoble, classé AOC par le décret du 9 mai 1964, couvre une superficie de 2 000 hectares, avec pour cépages les Cabernets franc et Sauvignon, à l'exclusion de tout autre cépage.

La production annuelle est de l'ordre de 125 000 hectolitres de vins rosés.

L'aire de production s'étend sur l'ensemble des communes désignées pour l'appellation d'origine contrôlée Anjou.

Ces vins à la robe légèrement ambrée sont de type doux. L'alcool acquis est compris entre 11 et 12 % Vol. avec 17 à 34 grammes de sucre restant (limites légales minimales : 10 % Vol. d'alcool acquis et 10 grammes de sucre). En bouche, on trouve un caractère très équilibré, des odeurs très fruitées liées aux cépages. La persistance est excellente. Ces vins présentent une bonne évolution en bouteille.

(*Voir* Anjou et Saumurois, page 236.)

Cabernet de Saumur

Le vignoble a été classé AOC par le décret du 9 mai 1964. La superficie déclarée est de 50 hectares, avec pour cépages le Cabernet franc et le Cabernet-Sauvignon. La production annuelle est de l'ordre de 3 000 hectolitres. L'aire de production est bien plus étendue que les surfaces revendiquant l'appellation. Elle s'étend sur le Maine-et-Loire et la Vienne, et correspond à celle de l'appellation Saumur pour 39 communes.

Le Cabernet de Saumur est voisin du Cabernet d'Anjou mais avec les caractères particuliers à la région de Saumur, c'est-à-dire un corps un peu plus tendre. (*Voir* Anjou et Saumurois p. 236).

Cabernet franc

Synonymes : *Breton* ou *Plant Breton, Véron* ou *Véronais* dans la vallée de la Loire, *Bouchy* à Madiran, *Bouchet* ou *Gros Bouschet* à Saint-Émilion, *Gros Cabernet, Carmenet* et *Grosse Vidure* en Médoc, *Carbouet* dans le Bazadais, *Capbreton rouge* et *Plant des Sables* dans les Landes.

Bourgeonnement cotonneux blanc à liseré carminé.

Grappe de Cabernet franc, cépage cultivé sur plus de 31 000 hectares en France.

Page précédente : vignoble d'Ambonnay en Champagne.

Jeunes feuilles duveteuses à plages bronzées, dessous du limbe cotonneux et carminé.

Feuilles orbiculaires, vert assez clair, brillantes, unies, profondément 5-lobées, les sinus latéraux étant à fonds aigus et étroits, avec parfois une dent au fond du sinus ; sinus pétiolaire en lyre étroite ; dents ogivales, étroites ; dessous du limbe aranéeux en pelote.

Rameaux côtelés, vert clair, légèrement striés de rouge du côté exposé au soleil ; vrilles charnues, assez grandes. Grappes petites, cylindroconiques, lâches, parfois ailées ; baies petites, sphériques, noir bleuté, pellicule fine, jus sucré, un peu astringent ; maturité : 2e époque.

Feuille de Cabernet franc, vue de dessous.

Le Cabernet franc est plus vigoureux que le Cabernet-Sauvignon et il nécessite comme lui la taille longue, car c'est un petit producteur. En vigne haute, il a donné de bons résultats dans le Languedoc, se montrant productif et donnant un vin fin de qualité, très coloré, au titre alcoométrique de 11,5 % Vol. dans l'Aude. Son débourrement est moyen, précédent d'une dizaine de jours celui du Cabernet-Sauvignon. C'est un cépage sensible au mildiou, à l'oïdium, au black-rot et à la pourriture grise ; ses feuilles peuvent porter des galles phylloxériques.

Rameau de Cabernet franc.

Le vin de Cabernet franc est un peu moins coloré que celui du Cabernet-Sauvignon et il est moins riche en tanin, permettant ainsi un vieillissement plus rapide. À Bourgueil, on obtient des vins très aromatiques, rappelant un peu la framboise, tandis qu'à Chinon, cet arôme, plus discret, se rapproche de la violette.

En matériel certifié, 26 clones ont été agréés, les plus importants étant les nos 331, le plus productif, 210 qui a un bel arôme, mais plus de maigreur que le 393, lequel produit un vin charnu, très équilibré et très aromatique, et aussi les nos 211, 214, 215, 312, 326. Le Cabernet franc a été classé recommandé dans plusieurs départements du Sud-Ouest, dont la Gironde et la Dordogne, dans la vallée de la Loire et dans le Midi. La superficie cultivée dépasse 31 000 hectares, lui conférant la 9e place en France.

La moitié des vignes sont situées dans le Bordelais et les départements limitrophes : Gironde (13 000 hectares), Dordogne (1 500 hectares), Lot-et-Garonne, etc. Ce plant est présent dans presque toutes les AOC rouges : Médoc, Graves, Saint-Émilion, Bergerac.

La vallée de la Loire en compte près de 11 000 hectares, principalement en Maine-et-Loire et en Indre-et-Loire pour les AOC Bourgueil, Chinon, Saumur, Touraine et les Rosés de Cabernet.

Dans la région méridionale, les plantations sont récentes, mais dépassent maintenant 500 hectares.

 Cabernet-Sauvignon

Synonymes : *Bidure* (en patois, bois dur), *Vidure, Petite Vidure, Bouchet* à Saint-Émilion, *Marchoupet* à Castillon-la-Bataille, *Carbouet,* dans le Bazadais, nom qu'il partage avec le Cabernet franc.

Bourgeonnement en crosse, très duveteux, blanc à liseré carminé, foncé.

Jeunes feuilles duveteuses, bullées, les bords du limbe conservant une teinte rougeâtre, leur donnant un aspect vineux ou grenat sombre.

Feuilles orbiculaires, moyennes, vert foncé, bullées, brillantes, profondément 5-lobées avec des sinus à fonds concaves, les sinus supérieurs étant à bords superposés et les sinus inférieurs généralement ouverts ; sinus pétiolaire en lyre fermée ou à bords superposés et souvent à base dégarnie (le fond du sinus est limité par le départ des nervures) ; dents ogivales, larges, peu nombreuses ; face inférieure duveteuse en pelote et légèrement pubescente ; pétiole violacé.

Rameaux côtelés, vert clair, un peu brunâtres à la base ; vrilles petites, fines.

Grappes petites à moyennes, ailées, cylindroconiques ; baies sphériques, petites, noires, très pruinées (aspect bleuté), peau dure, épaisse, avec une chair très ferme, croquante, ayant une saveur spéciale, caractéristique, rappelant à la fois la violette et les fruits sauvages comme les sorbes, goût astringent ; maturité : 2e époque tardive.

Le Cabernet-Sauvignon est à port érigé, son débourrement est tardif ; il est très sensible à l'oïdium et à l'excoriose, un peu moins au mildiou, et assez résistant à la pourriture grise grâce à l'épaisseur de la pellicule de ses baies. Ses feuilles portent parfois de l'érinose et des galles phylloxériques. C'est un grand cépage noble français, et, pour obtenir une belle qua-

Feuille du cépage Cabernet-Sauvignon, principal cépage du Médoc.

lité, il est nécessaire de le greffer sur des porte-greffe faibles : *Riparia*, 101-14 ou 420 A dans les sols un peu calcaires. Les rendements doivent demeurer en dessous de 40 hectolitres à l'hectare, et, dans ces conditions, on obtient des vins très colorés, très tanniques, qui doivent vieillir plusieurs années en tonneaux pour que les arômes se dégagent : un mélange d'odeurs de violette, de poivron vert et de divers constituants chimiques, mis en évidence par la chromatographie.

Dans le Médoc, les raisins de Cabernet-Sauvignon ne sont jamais vinifiés seuls, mais ils peuvent représenter jusqu'à 75 % du total, le reste étant fourni par le Cabernet franc, le Merlot ou le Petit Verdot.

Ce cépage fait l'objet d'une multiplication intense avec 20 millions de greffes-boutures. En matériel certifié 19 clones ont été agréés dont deux très productifs pour le Midi : les n°s 15 et 169 et deux de production moyenne, riches en anthocyanes qui conviennent mieux pour le Bordelais, les n°s 337 et 341.

Comme le Cabernet franc, il a été classé recommandé dans de nombreux départements du Sud-Ouest, de la vallée de la Loire et du Midi. La superficie cultivée en France était de 23 000 hectares en 1980, et de 41 000 hectares en 1995.

On peut distinguer le groupe du Sud-Ouest pour 28 000 hectares avec en tête la Gironde (24 500 hectares), suivie par la Dordogne, le Lot-et-Garonne, le Gers, les Landes et les départements pyrénéens. Toutes ces vignes sont destinées à produire les vins rouges AOC de cette région : Médoc, Graves, Saint-Émilion, Bergerac, Côtes-de-Duras, etc.

On trouve ensuite un groupe centre-ouest dans les départements de la vallée de la Loire qui produit des vins rouges AOC : Anjou, Bourgueil, Chinon, Saumur, Touraine, ainsi que les vins rosés Cabernet d'Anjou ou de Saumur, préparés conjointement, mais à un faible pourcentage, avec le Cabernet franc.

Dans la région méditerranéenne l'implantation de la culture du Cabernet-Sauvignon est récente et c'est là que se réalisent beaucoup de plantations pour l'encépagement des appellations régionales Vins de Pays ou pour la vente en vin de cépage.

Cacaboue

Synonymes : *Cacabois, Saint-Péray, Grosse Jacquère.*

C'est un cépage savoyard, cultivé au bord du lac du Bourget mais qui n'a pas été classé. Son vin, assez fin, est apprécié dans le vignoble de Charpignat.

Cadillac

L'appellation d'origine contrôlée Cadillac, créée par décret du 10 août 1973, est réservée aux vins blancs provenant des raisins récoltés sur les parcelles délimitées, situées sur 22 communes dans le Bordelais.

Pour avoir droit à l'appellation Cadillac, les vins blancs ne peuvent provenir que des cépages Sémillon, Sauvignon et Muscadelle. Les raisins doivent être arrivés à surmaturation et sont récoltés par tris successifs. Les moûts doivent contenir au minimum 221 grammes de sucres par litre et les vins présenter un titre alcoométrique total minimal de 13 % Vol. avec un minimum de 12 % Vol. d'alcool acquis ; la teneur en sucres résiduels doit être au moins égale à 18 grammes par litre.

Depuis 1980, la mise en circulation de ces vins blancs doux est subordonnée à l'obtention d'un certificat de qualité délivré par une commission officielle de dégustation.

La production peut aller de 2 000 à 8 000 hectolitres, selon les années, ce qui correspond à un potentiel viticole de 100 à 250 hectares. Bien que les vignerons de l'appellation Cadillac estiment produire les meilleurs vins des Premières-Côtes-de-Bordeaux, celle-ci est peu revendiquée. Il est toujours difficile d'imposer un nouveau nom sur le marché, aussi certains producteurs préfèrent-ils continuer à vendre leurs vins sous l'appellation régionale.

Grappe de Cabernet-Sauvignon.

Cahors

Le vignoble de Cahors a été établi lors de la conquête romaine. Pendant longtemps, son vin fut très apprécié par les Anglais qui avaient aménagé le cours du Lot pour en permettre le transport jusqu'à Bordeaux.

Comme d'autres vins du Haut Pays, le vin de Cahors a concurrencé les vins bordelais jusqu'à la Révolution. Il fut exporté dans toute l'Europe, jusqu'en Russie, mais son exploitation ne cessa de décliner jusqu'au début du XXe siècle. Il faillit même disparaître après le rude hiver de 1956.

Quelques viticulteurs s'attachèrent alors à la rénovation du vignoble, soit isolément, soit regroupés dans la coopérative de Parnac. Leurs efforts furent récompensés : en 1951, le Cahors obtenait le label VDQS et il était enfin classé AOC en 1971.

Le vignoble, situé dans le sud du Quercy, est à égale distance de l'océan Atlantique, de la Méditerranée et des Pyrénées. Il s'étend sur une longueur d'une cinquantaine de kilomètres de part et d'autre du Lot.

La zone d'appellation est située à une altitude variant entre 100 et 300 mètres. C'est un plateau calcaire du secondaire, sur lequel le Lot a dessiné de très nombreux méandres et déposé d'importantes masses alluviales.

Le terroir est constitué de deux types de sol : le Causse et les terrasses.

Le Causse est un sol argilo-pierreux calcaire, qui provient de la dégradation sur place de la roche mère. La couche arable est généralement très faible (5 à 20 centimètres), mais fertile, s'il pleut suffisamment.

Les matériaux du Causse et les débris du Massif central forment des terrasses surplombant le Lot. Lorsque le sous-sol calcaire est enrichi d'alluvions anciennes, les sols ont une vocation viticole parce qu'ils sont extrêmement filtrants.

Le vignoble est situé dans une zone de transition climatique. La vallée du Lot s'ouvrant largement à l'ouest sur la plaine de Villeneuve-sur-Lot est soumise aux influences atlantiques. L'influence méditerranéenne est surtout le fait du vent d'autan.

Dans le Sud-Ouest, la pluviométrie dépasse rarement 800 millimètres par an. Au printemps, les pluies sont bénéfiques au développement de la vigne. Si elles sont modérées en été, elles favorisent le grossissement des baies. Mais si elles sont trop abondantes elles peuvent concourir au développement du mildiou.

Quant aux pluies automnales, si elles ne sont pas trop importantes, elles facilitent l'accumulation des sucres dans les baies.

De l'ordre de 14 °C en moyenne, les températures sont généralement favorables au bon développement de la vigne. L'imbrication de la vallée dans le sol calcaire et les méandres de la rivière créent un milieu particulièrement abrité : les masses d'air froid n'atteignent en effet que le Causse.

Toutefois, les gelées de printemps peuvent être dévastatrices. Elles frappent la vallée ou les coteaux. La différence de température entre le Causse et les terrasses entraîne un décalage dans la maturité des raisins. La vallée est fréquemment en avance d'une semaine sur le plateau. Enfin, le Causse est plus souvent touché par la grêle que ne l'est la vallée.

Les vents d'ouest apportent la pluie. Ceux du nord et de l'est s'accompagnent d'un beau temps sec. Le vent du sud-ouest ou vent d'autant est à la fois chaud et sec. Il accélère l'évaporation de l'eau contenue dans le raisin et favorise donc la maturation. Certaines années, il compense les déficits thermiques.

Le vignoble AOC a connu une progression spectaculaire de sa superficie. Au fil des années, il est en effet passé de 208 hectares en 1962 à 2 600 hectares en 1984 et à 4 200 hectares aujourd'hui. Il est loin d'avoir retrouvé sa splendeur d'antan. 69 % de sa superficie se situent dans la vallée et 31 % sur le Causse.

L'aire d'appellation d'origine contrôlée s'étend sur 45 communes.

L'Auxerrois, ou Côt noir, constitue l'essence même du vin de Cahors, puisqu'il représente 70 % des surfaces cultivées. Ce cépage trouve dans le Quercy un terroir de prédilection. Les seuls cépages d'appoint sont le Tannat et le Merlot.

Le Tannat représente environ 10 % de l'encépagement total. Riche en tanins, il donne un vin dur quand il est jeune, mais apte au vieillissement.

Le Merlot (30 %) a été introduit dans le vignoble en 1966 pour pallier l'insuffisance en degré alcoolique de l'Auxerrois. Il confère au vin de Cahors rondeur, moelleux et bouquet.

Le Jurançon rouge ou Dame noire était autorisé jusqu'en 1990, dans la proportion de 10 %. Ce cépage sensible à la pourriture en raison de la compacité de la grappe avait trouvé sur le Causse un degré hygrométrique convenable. Son vin vieillissant mal, il a été supprimé à partir de 1996.

Les exploitations qui produisent des vins d'origine contrôlée ont une superficie moyenne de 5,8 hectares. Elles sont au nombre de 600 parmi les 1 644 exploitations cultivant la vigne.

40 % des viticulteurs de la région sont coopérateurs à la cave de Parnac, les Côtes d'Olt. Celle-ci collecte le raisin sur toute l'étendue de l'aire d'appellation. Les autres vignerons sont indépendants et 95 d'entre eux embouteillent eux-mêmes. Ils sont concentrés aux alentours de Puy-l'Évêque.

Le classement en AOC a permis une meilleure maîtrise de la production. 35 % de la production sont le fait de la coopération. Le reste du marché se partage entre le négoce, particulièrement actif, qui assure 40 % des ventes, et les vignerons indépendants.

Le commerce s'effectue principalement avec les départements limitrophes et la région parisienne. 10 % de la production seulement sont exportés.

Le vin de Cahors a une couleur rouge vif soutenue, tendant au noir selon les millésimes. C'est un vin tannique, ample en bouche. Il s'affine en vieillissant et devient velouté.

Selon sa provenance et son millésime, il sera consommé jeune ou vieux. Le vin produit sur le plateau du Causse est généralement plus tannique et dur dans son jeune âge que celui des terrasses et des coteaux de la vallée.

Caladoc

C'est un croisement de Grenache × Côt obtenu à l'INRA. Son feuillage ressemble à celui du Grenache avec les dents du Côt.

Cahors, nichée dans un méandre du Lot, donne son nom à un vin tannique, de belle couleur et de longue garde.

Grappe moyenne, tronconique, peu compacte ; baies assez grosses, ellipsoïdes, noires, mûrissant en 3e époque.

Peu sensible à la coulure il s'adapte bien à la taille en gobelet ou en cordon palissé. Son vin est bien charpenté et possède une bonne intensité colorante. Classé recommandé en zone méridionale avec environ 140 hectares plantés.

 Calitor

Synonymes : *Pécoui-Touar,* à cause de la forme de son pédoncule qui présente une courbure presque à angle droit, déformation appelée *touar* en provençal ; *Ginoux d'Agasso,* nom tiré de la similitude de la forme du genou de la pie avec celle du pédoncule ; *Canseron, Canseroun* parce qu'il ne donne que du mauvais vin ; *Foirard, Fouiral, Fouiraire* pour rappeler les propriétés laxatives de ses raisins ; *Charge-Mulet, Cargo-Muou* pour sa production abondante ; *Rousset,* à cause de la couleur indécise de ses baies.

Grappes grandes, longues, lâches, cylindroconiques, ailées avec le pédoncule coudé brusquement et renflé ; baies sphériques, moyennes à grosses, noires, pellicule mince et pulpe juteuses ; maturité : 3e époque tardive.

C'est un plant rustique à débourrement moyen qui s'accommode de tous les terrains et qui produit beaucoup d'un vin ordinaire en plaine ; planté en coteau, le Calitor fournissait un vin fin, léger, assez spiritueux, peu coloré. Peu attaqué par l'oïdium, il est souvent ravagé par le mildiou et la pourriture grise. Au moment de la crise phylloxérique, il a montré une certaine résistance à l'insecte. Il a été classé autorisé en Languedoc et en Provence, où il occupe actuellement 150 hectares.

Le Calitor gris ou Saoule-Bouvier existe à l'état de souches isolées dans l'Hérault, sous le nom de Fouirau et en parcelles dans le Var.

Le Calitor blanc est peu répandu, dans le Gard, en Ardèche et dans le Vaucluse.

Calvi

Voir Vin de Corse Calvi.

 Camaralet de Lasseube

Synonymes : *Camaralet blanc, Camaralet à fleurs femelles, Petit Camarau.*

Jeunes feuilles duveteuses, jaunâtres.

Feuilles moyennes, tronquées, épaisses, tourmentées, bullées, un peu gaufrées au point pétiolaire, 5-lobées avec des sinus latéraux moyennement profonds et à fonds aigus, sinus pétiolaire en lyre ; dents ogivales, étroites ; limbe duveteux en pelote à la face inférieure.

Fleurs physiologiquement femelles, avec des étamines réflexes. Grappes petites, cylindroconiques ; baies petites, sphériques, blanches ; maturité : 3e époque.

Ce cépage béarnais a été classé recommandé dans le Gers, la Haute-Garonne, les Hautes-Pyrénées et les Pyrénées-Atlantiques, mais il est très peu cultivé, bien qu'il fasse partie des AOC Béarn et Jurançon. Il donnerait un vin fin avec un goût relevé, tirant sur la saveur poivrée ou la cannelle. L'assimilation au Riesling est erronée.

Le Camaralet noir ou Moustardet a été signalé à Lasseube et dans le Jurançonnais.

Actuellement 2,5 hectares sont en production.

 Camaraou blanc

Synonymes : *Camaraü blanc, Camaroo, Camaralet.*

Ce cépage diffère du Camaralet par ses fleurs hermaphrodites, ses feuilles plus découpées et aussi par sa grappe.

 Camaraou noir

Synonymes : *Camaraü rouge, Camaran, Camaras.*

Grappes grandes, tronconiques, compactes ; baies sphériques, petites, noir bleuté, juteuses ; maturité : 3e époque.

Cépage du Béarn et du Jurançonnais, remarquable par sa vigueur ; cultivé en hautains, le Camaraou noir est un grand producteur. Il donne un vin ordinaire.

 Canari

Synonymes : *Canaril, Canarill* dans l'Ariège et la Haute-Garonne, *Carcassès, Ugne noire* à Mirepoix et Varilhes, *Belle-Citat, le Bidan, Esquisse-Braguette, Cargo-Nalt* dans l'Ariège, *Blanquette rouge* à Caussens, *Caillaba* dans la Bigorre, *Chalosse noire* dans le Sud-Ouest, *Sainte-Hélène* dans le Madiranais, *Œil de chope, Ondenc noir* dans le Tarn et le Languedoc toulousain, *Grosse Négrette* à Lavilledieu, *Semis rouge* dans les Landes, *Bourgogne, Balza, Cot à queue verte, Cot vert du Saumurois* dans le Cher et en Anjou.

Feuilles tronquées, en entonnoir, épaisses, bullées, profondément découpées, sinus supérieurs fermés à fonds concaves, les inférieurs ouverts, sinus pétiolaire en lyre fermée à bords superposés ; dents ogivales, larges.

Grappes tronconiques, moyennes, compactes, parfois ailées ; baies sphériques, moyennes, noir bleuté, juteuses ; maturité : 2e époque tardive.

Cépage très vigoureux et productif, aux baies noir bleuté, donnant un vin ordinaire, peu coloré. On lui reconnaît une certaine résistance au black-rot dans le Sud-Ouest, mais il est très sensible à la pourriture grise. Non classé, il en subsiste encore quelques hectares.

Il a été signalé un Canari blanc et un Canari gris en Haute-Garonne qui ne diffèrent du précédent que par la couleur des baies.

Canon-Fronsac et Côtes-Canon-Fronsac

L'appellation d'origine contrôlée Côtes-Canon-Fronsac a été créée par décret du 1er juillet 1939 complété par celui du 28 juillet 1964, introduisant le nom de Canon-Fronsac, pratiquement le seul utilisé actuellement.

L'appellation Canon-Fronsac est réservée aux vins rouges provenant des parcelles délimitées situées sur une partie des communes de Fronsac et de Saint-Michel-de-Fronsac, dans le Libournais.

Pour avoir droit à l'appellation, les vins doivent être élaborés à partir des cépages Cabernet-Sauvignon, Cabernet franc, Merlot et Côt. La richesse minimale en sucres des moûts doit être de 187 grammes par litre et les vins doivent présenter un titre alcoométrique de 11 % Vol. au minimum et de 13 % Vol. au maximum. Le rendement de base est de 47 hectolitres à l'hectare.

Le vignoble couvre une superficie de 300 hectares et la production est de 15 000 hectolitres environ.

Les vins de l'appellation Canon-Fronsac sont très colorés et d'une belle puissance tannique et aromatique. Ils demandent plusieurs années de bouteille pour s'épanouir.

Château de la Rivière, dans l'aire d'appellation Fronsac, qui englobe celle de Canon-Fronsac.

 Carcajolo blanc

Synonyme : *Carcajola.*

C'est un cépage secondaire du vignoble de Sartène, qui a été classé autorisé pour la Corse. Il existe plusieurs clones qui se distinguent par la profondeur différente des sinus latéraux.

 Carcajolo noir

Synonymes : *Carcajiola, Cacagliola, Bonifacienco, Bonifazino.*

Bourgeonnement cotonneux blanc. Jeunes feuilles duveteuses, rougeâtres. Feuilles orbiculaires tourmentées, en entonnoir, 5-lobées, les sinus supérieurs étant profonds et à bords superposés, sinus pétiolaire en lyre étroite ; dents anguleuses, étroites.

Grappes moyennes, coniques, ailées, compactes ; baies ellipsoïdes, moyennes, noires, très pruinées ; maturité : 3e époque.

Cépage vigoureux et fertile, à tailler long pour éviter la coulure. Il donne un vin coloré, peu alcoolique. Il a été classé autorisé pour la Corse, mais il est peu répandu.

 Carignan

Synonymes : *Carignane, Carinena, Bois dur, Bois de fer, Plant d'Espagne, Roussillonen, Catalan* dans l'Aude, *Plant de Lédenon,* dans le Var, *Babounenc* ou *Babonenc,* dans les Alpes-Maritimes, *Mataro,* dans le Gard.

Bourgeonnement épanoui, aplati, cotonneux blanc à liseré carminé.

Jeunes feuilles jaunâtres, cotonneuses, devenant brillantes et minces en grandissant.

Feuilles très grandes, orbiculaires, tourmentées, très gaufrées autour du point pétiolaire et finement bullées, 5-lobées profondément avec des sinus latéraux étroits et à fonds aigus ; sinus pétiolaire en U moyennement ouvert ; dents anguleuses, grandes, étroites ; limbe aranéeux en pelote à la face inférieure. À l'automne, le feuillage rougit marginalement.

Rameaux vigoureux, vert clair avec de légères stries longitudinales brunes, aranéeux au sommet, nœuds bombés, proéminents ; vrilles grandes et fortes.

Grappes assez grosses, cylindro-coniques, compactes, ailées avec un pédoncule lignifié ; baies sphériques, moyennes, noir bleuté à peau épaisse et astringente, jus sucré, incolore, à saveur un peu fade ; maturité : 3e époque tardive.

Le Carignan possède un port érigé, ce qui est un avantage pour la conduite en gobelet ; son débourrement est tardif. C'est un plant vigoureux, bien adapté aux vignobles en coteaux, produisant alors de 30 à 70 hl/ha avec des degrés élevés, supérieurs à 12 % Vol. Il donne des vins bien colorés, charpentés, un peu astringents et présentent souvent une certaine amertume, peu agréable, et cela explique sa limitation entre 30 et 50 % dans les AOC méridionales : Côtes-du-Rhône, Coteaux-du-Languedoc, Corbières, Minervois, Côtes-du-Roussillon, Côtes-de-Provence, Coteaux-d'Aix-en-Provence. Par contre, dans les plaines, les rendements peuvent atteindre 200 hl/ha, mais les vins obtenus sont peu alcooliques, sans caractère, souvent acides par manque de maturité.

Feuille de Carignan, premier cépage de cuve français.

Le Carignan est très sensible à l'oïdium, au mildiou, à la pourriture grise, aux vers de la grappe ; dans les sables littoraux ses racines sont assez résistantes aux attaques des anguillules. Il a été classé recommandé dans tous les départements méridionaux, et en matériel certifié 27 clones ont été agréés dont les plus importants sont les nos 6, 7, 171 et 151.

C'est actuellement le premier cépage de cuve français avec 150 000 hectares dont 120 000 hectares en Languedoc : 50 000 hectares dans l'Aude, 45 000 hectares dans l'Hérault, 10 000 hectares dans les Pyrénées-Orientales et 15 000 hectares dans le Gard.

En Provence, on cultive aussi des superficies relativement importantes : 5 000 hectares dans le Var, 2 000 hectares en Vaucluse et 1 000 hectares dans les Bouches-du-Rhône.

Rameau de Carignan.

Le Carignan blanc, qui ne diffère du précédent que par la couleur de ses baies, occupe 1 400 hectares en Languedoc, dont la moitié dans l'Hérault pour la production de vins blancs. Ses vins sont peu alcooliques.

Le Carignan gris est la mutation du Carignan noir, observée dans le département de l'Aude ; on en cultive une cinquantaine d'hectares, les souches étant souvent mélangées dans les parcelles de Carignan blanc.

 Carignan Bouschet

Croisement de Petit-Bouschet × Morrastel dont le feuillage ressemble au Morrastel et la grappe au Carignan. Cultivé en Languedoc sur près de 200 hectares, il n'a pas été classé. Ses sarments présentaient la particularité d'être imparfaitement lignifiés et d'avoir le « bois de verre », c'est-à-dire cassant très facilement. Ce cépage productif donne un vin ordinaire.

 Carmenère

Synonymes : *Carmenelle, Cabernelle, Grande Vidure,* en Médoc, *Grand Carmenet, Carbonet, Carbouet* dans les Graves, *Bouton blanc* à Saint-Loubès.

Feuilles grandes, orbiculaires, brillantes, tourmentées, en entonnoir à bords révolutés, 5-lobées profondément à fonds aigus, souvent avec une dent, sinus pétiolaire en lyre plus ou moins fermée et parfois à base dégarnie ; dents ogivales, moyennes ; limbe faiblement aranéeux au revers.

Grappes petites, cylindro-coniques, lâches ; baies sphériques, moyennes, noir bleuté, pulpe molle, goût herbacé ; maturité : 2e époque.

La Carmenère est une vigne vigoureuse, mais peu fertile et il faut la conduire en taille longue. Son vin est très coloré et il est moins astringent que celui du Cabernet franc. Classé recommandé en Gironde, ce cépage fait partie de l'encépagement des AOC Bordeaux, Médoc, Premières-Côtes-de-Bordeaux, Saint-Émilion.

Actuellement, 10 hectares sont en plantation.

Cassis

Cassis, c'est d'abord une falaise impressionnante qui tombe sur la mer. C'est ensuite tout un ensemble de collines et de pentes accidentées, au pied desquelles une plage et des calanques donnent au pays son aspect touristique.

C'est aussi un vignoble dont l'histoire remonte au XIe siècle, à l'époque où la viticulture épiscopale se disputait, comme en d'autres lieux, les meilleurs terroirs.

En 1520, les Albizzi florentins s'installent, recréent le vignoble disparu et font du vin blanc, déjà reconnu comme ayant plus d'expression que le vin rouge.

Mais l'importance qu'il connut, il y a un siècle, a grandement diminué sous la force constante de l'urbanisation. Cassis étant devenu une sorte de banlieue de Marseille, le port et les calanques ont pris plus d'importance que la vigne. Celle-ci a quand même bien résisté sur les côtes.

Le vignoble, sur des pentes caillouteuses et de basses terrasses bien drainées, couvre 160 hectares, produisant en moyenne 4 500 hectolitres en blanc, et 1 700 en rouge et rosé. L'appellation d'origine contrôlée fut ratifiée par le décret du 15 mai 1936.

Les vins blancs représentent le volume le plus important, parce qu'ils accompagnent parfaitement les produits de la mer. Faits à partir des cépages Clairette, Marsanne, Ugni blanc, Doucillon (synonyme de Bourboulenc), Sauvignon et Pascal blanc, leur originalité réside dans les arômes floraux où dominent fréquemment le tilleul et le narcisse.

Les vins rouges et rosés sont issus du Grenache, du Carignan, du Cinsaut, du Mourvèdre, et d'un cépage bon, mais assez rare, le Barbaroux.

Ce sont tous des vins qui, par leur nature ou devant l'intensité de la demande, sont consommés avec avantage dans leur prime jeunesse.

 Castets

Synonymes : *Nicouleau,* à Saint-Macaire, *Engrunat,* à Saint-Loubès, *Gros Verdau,* par erreur à Gaillan, *Machouquet* ou *Matiouquet,* à Saint-Loubès, *Gros Machouquet.*

Ce cépage fut trouvé à Saint-Maixent. C'est un plant vigoureux au port érigé et au débourrement tardif, il est productif et donne un bon vin ordinaire, coloré. Classé recommandé en Aveyron et dans le Cantal.

 Cep rouge

Cépage local faiblement cultivé dans la Vienne, mais non classé.

Cérons

L'appellation d'origine contrôlée Cérons, créée par décret du 11 septembre 1936, est réservée aux vins provenant des raisins récoltés sur les parcelles délimitées des communes de Cérons, Illats et Podensac, situées sur la rive gauche de la Garonne. L'aire d'appellation Cérons forme une enclave dans celle des Graves.

Pour avoir droit à l'appellation Cérons, le vin ne peut être élaboré qu'à partir des cépages Sauvignon, Sémillon et Muscadelle. Les raisins doivent être arrivés à surmaturation et récoltés par tris successifs. Les moûts doivent contenir au minimum 212 grammes de sucres par litre et les vins présenter un titre alcoométrique minimal de 12,5 % Vol.

En 1995 la superficie en Cérons était de 97 hectares et la production de 2 854 hectolitres, soit un rendement de 29,4 hectolitres à l'hectare.

Les vins sont fins et élégants, mais ils n'atteignent pas la concentration des Sauternes ; ils sont plus légers et plus nerveux. Depuis quelques années, du fait des difficultés de vente des vins blancs doux, une partie de la production est vinifiée en vin blanc sec et déclarée sous l'appellation Graves.

César

Synonymes : *Céear, Célar, Céelar* à Vermenton et dans la vallée de la Cure, *Romain* à Auxerre, *Ronçain, Picarniau, Picargneau, Picorneau, Picargniot* à Irancy, *Gros Monsieur, Gros Noir.*

Ce cépage aurait été apporté dans l'Yonne par les légions romaines de César, qui apprirent la culture de la vigne aux habitants de cette région. C'est un cépage vigoureux, productif, sensible aux gelées de printemps et d'hiver ainsi qu'au mildiou et à l'oïdium. Il donne un vin dur, très coloré, âpre en primeur, de bonne conservation. Il fait partie de l'AOC Bourgogne pour le département de l'Yonne où il a été classé recommandé.

La production se fait sur 8 hectares.

Chablis

L'aire d'appellation d'origine contrôlée Chablis comprend 18 communes dans l'Yonne. Elle s'étend de Maligny, au nord, à Pouilly, au sud ; de Viviers, à l'est, à Préhy, à l'ouest. Les vins de Chablis sont régis par le décret du 13 janvier 1938. Celui-ci énonce notamment un rendement de base limité à 50 hectolitres à l'hectare, un titre alcoométrique minimal de 10 % Vol. Le seul cépage autorisé est le Beaunois, nom local du Pinot-Chardonnay. Ce cépage trouve toute son expression sur des sols kimméridgiens, argilo-calcaires, voire marneux, dans les meilleures parcelles où l'on trouve l'étonnant petit fossile huîtrier appelé *Ostrea virgula.* Produits, en moyenne, à raison de 160 000 hectolitres par an (160 523 hl sur 2 678 ha en 1995), les vins de Chablis savent se faire apprécier pour leur robe pâle et limpide, leur sécheresse et leur étonnante fraîcheur, parfois un peu acide. Ils sont vifs, nerveux, élégants et, en prenant de l'âge, déploient un arôme subtil très caractéristique de ce terroir. Le Chablis gagnera à attendre au moins deux années en cave avant d'être consommé.

Chablis Grand Cru

Les conditions d'accession à l'appellation d'origine contrôlée Chablis Grand Cru furent fixées par décret le 13 janvier 1938. Ont droit à cette appellation les vins issus des climats suivants : Blanchot, Bougros, Les Clos, Grenouilles, Preuses, Valmur et Vaudésir, situés en face de la ville de Chablis sur des sols de marne kimméridgienne. Les climats désignent les sites exceptionnels situés sur les coteaux bordant le Serein. La vallée du Serein se caractérise par un microclimat fragile comme le cristal. L'emplacement des sept parcelles royales ne saurait suffire à justifier l'appellation. Encore faut-il que les Chablis Grands Crus soient issus de moûts contenant au minimum, et avant tout enrichissement, 187 grammes de sucres naturels par litre et présentant, après fermentation, un titre alcoométrique minimal de 11 % Vol. Autre contrainte de taille : le rendement à l'hectare ne doit pas dépasser les 45 hectolitres. Ainsi les récoltes moyennes ne sont-elles que de 6 000 hectolitres (5 731 hl sur 106 ha en 1995). Ce vin admirablement rond, plein, direct et fruité développe de riches arômes où l'on distingue notamment l'acacia et la violette… De couleur généralement plus soutenue que celle des autres Chablis, il prend, l'âge venant, de merveilleuses teintes dorées puis ambrées. Selon les années, il donne toute son expression entre cinq et dix ans.

En Chablisien, on protège la vigne du gel au moyen de chaufferettes.

Chablis Premier Cru

L'arrêté du 12 mars 1986 est très précis en ce qui concerne la dénomination des vins de Chablis, puisque seuls les vins issus d'aires définies par les AOC Chablis et Chablis Grand Cru ont le droit d'adjoindre dans leur dénomination soit le nom de leur climat d'origine, soit l'expression « Premier Cru », soit l'un et l'autre à l'appellation d'origine contrôlée communale « Chablis ». Les climats situés sur les deux rives du Serein – notamment Monts du Milieu, Montée du Tonnerre, Fourchaume, sur la rive droite et Vaillons, Montmains, Les Épinottes, sur la rive gauche – ont produit, en 1995, 44 891 hectolitres (sur 748 ha) d'un vin dont le titre alcoométrique a été fixé à 10,5 % Vol. et dont le rendement ne saurait dépasser les 50 hectolitres à l'hectare. Issus du cépage Chardonnay, ce sont des vins blancs à la robe limpide or pâle tirant parfois sur le vert. En bouche, ils sont à la fois secs et nerveux, légers mais sans maigreur, fruités et parfois floraux (violette). Il est recommandé de les déguster à la température de la cave, dès la troisième année.

Chablisien et Auxerrois

Les vignobles de l'Yonne s'étendent entre Chablis et Auxerre, le Chablisien constituant l'ensemble le plus important et le plus renommé. Le Chablis s'est d'ailleurs forgé une réputation mondiale, au point que son nom est devenu synonyme de vin blanc sec... par excellence.

Vendanges dans le vignoble de Chablis. Dans les aires d'appellation Chablis Grand Cru et Premier Cru, situées sur des pentes escarpées, la récolte se fait encore manuellement

Détail d'un bois sculpté de l'église Notre-Dame de Noyers, qui date du XVe siècle.

■ Aucune appellation n'est aussi plagiée que celle de Chablis. On produit de prétendus « Chablis », dits génériques, en Californie, en Australie, en Afrique du Sud et en Nouvelle-Zélande. Face aux 200 000 hectolitres de la véritable AOC bourguignonne, on vend dans le monde 3 à 4 millions d'hectolitres de vins ainsi baptisés. C'est la rançon du succès, sans doute. Dans *Anna Karénine,* Tolstoï indique d'ailleurs que la société russe appréciait surtout, au XIXe siècle, le Champagne et le Chablis...

Les Bourguignons s'efforcent cependant de protéger leur vignoble. Ils ont obtenu en 1982, pour l'honneur et la jurisprudence, l'interdiction des faux « Chablis » par la cour suprême des Bermudes. Une procédure identique a été introduite il y a quelques années au Japon.

L'histoire

Le passé de Chablis et celui de son vin se confondent avec l'histoire de l'abbaye de Pontigny. Deuxième « fille » de Cîteaux, l'abbaye de Pontigny voit le jour à l'aube du XIIe siècle. Dès 1130, elle possède des vignes à Chablis. Les moines fondent le Petit-Pontigny, magnifique cellier du XIIe siècle, contemporain de celui du Clos de Vougeot. Leur influence est déterminante : le vin de Chablis dépasse rapidement en renommée celui d'Auxerre, dont on vantait les mérites depuis le VIIe siècle : « un vin délicieux au-delà de toute permission », estimait alors Thomas de Loche.

À la Révolution, lors de la vente des « biens nationaux », plus du tiers des vignobles de Chablis appartiennent à l'abbaye de Pontigny. De ces propriétés a subsisté le souvenir de la Moutonne, vigne située dans le finage des Preuses et de Vaudésir. La formule Chablis Grand Cru Moutonne est d'ailleurs autorisée.

Les sols viticoles du Chablisien et de l'Auxerrois

Cette zone est située sur la frange est-sud-est du Bassin parisien. Elle comporte essentiellement des terrains du jurassique supérieur inclinés vers l'ouest, entrecoupés de vallées convergeant vers la Seine et l'Yonne. Celle du Serein, entre Tonnerre et Auxerre, arrose, avec ses affluents, le vignoble chablisien.

LE CHABLIS, UN DÉFI

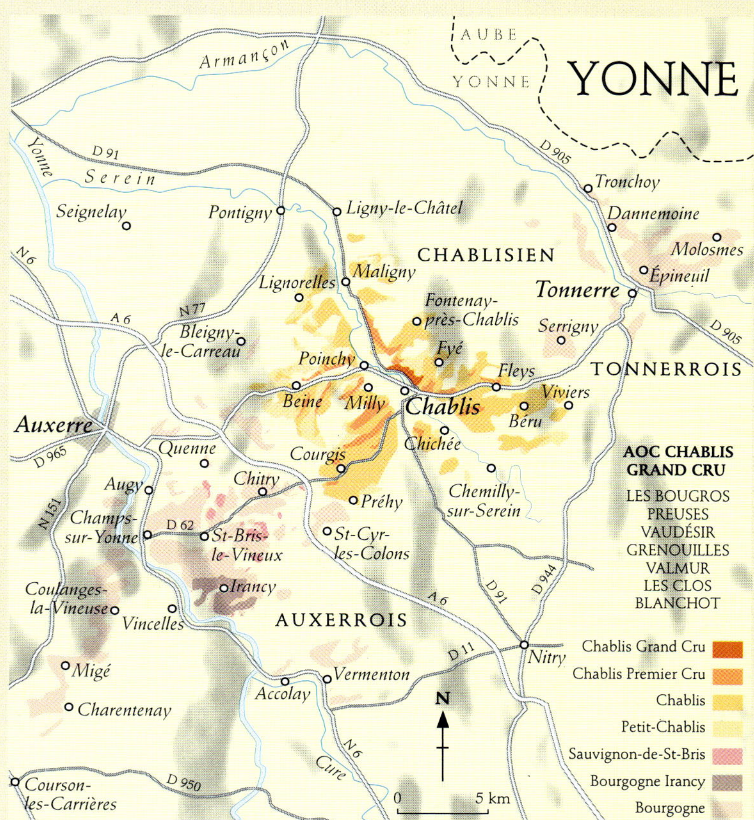

Je suis né à Saint-Père de Vézelay, dans ce vignoble de l'Yonne presque anéanti par le phylloxéra, mais qui garde profondément ancrées les racines de la viticulture. Très tôt, j'ai vécu la vie de la vigne, la taille, les vendanges, mais sans en avoir vraiment conscience. Il a fallu que j'atteigne l'âge adulte, pour que les merveilleux secrets du vin se révèlent en moi. Mon éducation vineuse s'est faite par étapes. J'ai d'abord découvert les « canailles », vins du pays et Beaujolais, puis j'ai appris à aimer les vins de la Loire, aux riches parfums, puis les Bourgognes blancs et rouges et, enfin, les Chablis, dont je suis resté amoureux. Le Chablis est le vin que je préfère à tous les autres et cela pour ses qualités... non par chauvinisme ! Mon amour du Chablis s'aiguillonne au défi permanent qu'il me jette. Pensez que sur ce même terroir 27 crus se rassemblent sans se ressembler. Et les différences sont pourtant si ténues ! Les reconnaître tient de la performance. J'aime me battre avec eux, sans jamais pouvoir totalement les maîtriser. Ma préférence va en général aux vins virils, sobres, ceux qui ont le seul goût de la terre, les Chablis mais aussi les vins d'Auxerrois rouges tel l'Irancy ou le Coulanges. Le parfum n'intervient, à mon avis, que comme une touche de charme. Et le charme se doit d'être discret. Ainsi, les vins très marqués en goût me déplaisent beaucoup. Mon approche du vin se retrouve d'ailleurs dans ma cuisine que je m'efforce d'épurer le plus possible. Je la veux nue, dépouillée, sans artifices et, s'il fallait employer une comparaison artistique, plus proche de l'art roman que du gothique.

Depuis longtemps, je me bats contre l'idée de vouloir associer les très grands vins aux grands plats. Car les mariages d'êtres d'exception sont aussi rares dans le domaine de la gastronomie que dans la vie. C'est la raison pour laquelle je préconise d'accompagner les repas gastronomiques de bons vins mais assez courants. Ils complèteront harmonieusement les mets sans les écraser. À l'inverse, si l'on veut pleinement apprécier un très grand vin, je conseille de le déguster en compagnie de personnes que l'on aime mais sans manger, ou presque.

La température de service des vins est aussi l'un de mes chevaux de bataille. Je trouve que le vin ne procure jamais si bien ce plaisir de vie qui le caractérise que lorsqu'il est frais et désaltérant. Chambrer le vin est pour moi une hérésie qui, de plus, ne correspond plus au goût du jour. Jamais aucun vin n'a été tué pour avoir séjourné quelque temps dans un seau d'eau fraîche.

Tout ce qui environne la cuisine et le vin doit les exalter et donner du bonheur. Tout comme dans l'amour, au cours d'un repas il convient d'ailleurs de respecter le déroulement et la gradation des plaisirs. C'est pourquoi je conseille de choisir des vins qui peuvent être originaires de terroirs différents mais issus de cépages de même catégorie. Mieux vaut éviter, en effet, les mélanges.

J'accompagne volontiers mes entrées, qui en général, ont une forte personnalité, d'un Champagne ou d'un Chablis. Mais il n'est pas exclu de vouloir sortir des sentiers battus. C'est ainsi que j'ai servi, par exemple, du vin du Gard avec des huîtres. Sur du foie gras, le Volnay peut faire merveille. Mais l'important, je le répète, est de poursuivre le repas dans le même esprit.

Comme toute fête sensuelle, le repas doit laisser place aux fantasmes. Ainsi mon penchant naturel me porte plutôt vers les vins jeunes, adolescents, qui, bien mieux que les vieux prêtent à rêver...

Marc Meneau

Les vignobles classés en premiers crus et grands crus sont installés sur des pentes exposées au sud-est, au sud, et au sud-ouest entre 120 et 160 mètres d'altitude et jusqu'à 250 mètres sur des pentes pouvant atteindre 20 %. Ce sont des marnes argilo-calcaires à fort pourcentage de cailloux de l'étage kimméridgien renfermant un « fossile d'étage », *Exogira virgula,* cher aux vignerons, dont la présence délimitait autrefois l'appellation Chablis. Aujourd'hui, cette dernière déborde en quelques endroits sur l'étage portlandien constitué par des calcaires plus compacts en situation de plateaux entre 200 et 250 mètres d'altitude. C'est le domaine de l'appellation « Petit Chablis ».

Selon les terroirs, dans les crus du Chablisien le pourcentage de cailloux varie de 23 à 58 % ; la teneur en azote de 1,5 à 2,4 pour mille. Le pH est compris entre 7,3 et 7,9 ; le calcaire actif entre 3 et 14 %.

L'Auxerrois possède les mêmes types de sols associés quelquefois à des calcaires du crétacé.

Le climat

Le Chablisien est soumis au climat séquanien. Les vents du sud et du sud-ouest sont dominants. Ils apportent des pluies entre 150 et 170 jours par an pour des précipitations totales de 700 à 850 millimètres réparties assez régulièrement, le mois de septembre étant le plus sec.

La température moyenne de l'année se situe autour de 11 °C. Il n'est pas rare de relever des minimas de –20 à –25 °C en janvier, et des températures inférieures à 0 °C, à la fin avril et au début mai lorsque la vigne commence sa croissance.

Irancy. Ce vignoble auxerrois fort ancien fut très renommé jusqu'à sa destruction par le phylloxéra à la fin du siècle dernier.

Protection de la vigne par aspersion d'eau en Chablisien. Les bourgeons pris dans la glace sont protégés du gel.

Le vignoble de l'Yonne est sujet à de fréquentes destructions dues aux gels d'hiver et de printemps, ce qui explique, plus que partout ailleurs en Bourgogne, les importantes fluctuations des récoltes.

La période dite favorable, à partir de 10 °C, correspondant au réveil de la végétation, débute à la mi-avril et se termine aux environs du 1er octobre.

Tous les cépages de l'Yonne, Chardonnay exclusivement dans le Chablisien, Chardonnay, Pinot et Gamay dans l'Auxerrois, mûrissent normalement dans ce climat.

La protection de la végétation à l'état herbacé a toujours fait l'objet de soins intensifs, principalement de part et d'autre des rivières convergeant vers le Serein, a fortiori le long de celui-ci, soit par réchauffement des couches basses de l'atmosphère à l'aide de braseros, soit par émission de fumées formant écran aux rayons du soleil au moment du dégel, soit par aspersion d'eau, la pellicule de glace protégeant les organes de la plante contre la morsure du froid.

Les AOC régionales

En dehors du Chablisien, les vignobles les plus représentatifs sont ceux de l'Auxerrois, situés à Joigny et Coulanges-la-Vineuse, et ceux du Tonnerrois à Épineuil.

 Chaillaud

Cépage noir des Hautes-Alpes. Non classé.

Chambertin et Chambertin-Clos-de-Bèze

Il est difficile de différencier ces deux grands crus mitoyens situés immédiatement au sud de Gevrey-Chambertin en Côte de Nuits, le long de la départementale 122. Tous deux couvrent sensiblement la même superficie : 16 et 13 hectares ; pour une production de 452 hectolitres et 368 hectolitres (en 1995). Tous deux sont assujettis aux mêmes conditions de production par le décret du 31 juillet 1937 ; titre alcoométrique minimal : 11,5 % Vol., rendement de base à l'hectare : 35 hectolitres. Élevés tous deux en pente douce, à mi-hauteur, le Chambertin et le Chambertin-Clos-de-Bèze sont appréciés pour leur générosité, la violence et la complexité de leurs arômes, ainsi que pour leur robe de couleur profonde. Ces grands seigneurs de la Bourgogne, vins favoris, dit-on, de Napoléon, associent avec bonheur velouté, rondeur, force et délicatesse. Ce sont des vins de longue garde qui développent leurs remarquables qualités au bout de dix à vingt ans.

Chambolle-Musigny

Ratifiée par le décret du 11 septembre 1936, cette illustre appellation d'origine contrôlée de Bourgogne, située pratiquement à mi-chemin entre Chambertin et La Romanée-Conti, s'étend sur 152 hectares. Le nom de l'appellation peut être suivi de l'expression « Premier Cru » ou du nom du climat d'origine s'il s'agit de vins provenant des parcelles prestigieuses.

Le vin rouge de Chambolle, issu du cépage Pinot noir, doit présenter un titre alcoométrique minimal de 10,5 % Vol. et de 11 % Vol. pour les premiers crus, pour un rendement de base de 40 hectolitres à l'hectare. La production moyenne annuelle avoisine 5 500 hectolitres. Chambolle-Musigny produit également des blancs, mais en quantité infime. Ils sont alors très recherchés pour leur nez envoûtant où prédomine la violette. Les rouges à la belle robe rubis constituent cependant les titres de noblesse de cette appellation. Ils sont réputés pour leur rondeur, leur complexité, leur richesse. Une délicatesse et une élégance toute féminine les distinguent de leurs prestigieux voisins, plus fermes et plus tanniques. Les Chambolle-Musigny atteignent plus vite que d'autres vins de Bourgogne rouges une maturité suffisante pour un premier contact agréable.

Chambolle-Musigny, en Côte de Nuits, produit des vins rouges d'une rare élégance.

De par sa production, Gevrey-Chambertin est l'appellation communale la plus importante de la Côte de Nuits.

 Chambourcin

Synonyme : *26.205 Joannès Seyve.*

Bourgeonnement duveteux blanc. Jeunes feuilles aranéeuses, cuivrées. Feuilles orbiculo-réniformes, faiblement 5-lobées, sinus pétiolaire en lyre, base des nervures rosée ; dents ogivales, très étroites ; limbe pubescent en dessous.

Rameaux côtelés, vert clair, aranéeux au sommet, striés de rouge au soleil.

Grappes compactes, volumineuses, souvent millerandées ; baies moyennes, ovoïdes, noir bleuté, chair pulpeuse ; maturité : 1re époque tardive.

Cet hybride à port étalé est très vigoureux, souvent coulard d'ailleurs par excès de vigueur ; il possède une bonne résistance pratique au mildiou et à l'oïdium, mais il craint la sécheresse et les sols calcaires. Son vin est ordinaire, coloré, pâteux à goût herbacé. Ce cépage a été classé autorisé dans des départements du Sud-Ouest, de la vallée de la Loire et du Dauphiné, occupant une superficie de 3 369 hectares il y a 10 ans ; il est en régression aujourd'hui.

CHAMPAGNE

Le Champagne est un astre impérissable. Si, à toute heure du jour et de la nuit, n'importe où dans le monde, un bouchon de Champagne saute dans l'allégresse d'une victoire ou pour la célébration d'un événement heureux, c'est que les grandes maisons et les petits producteurs exploitent avec art un vignoble généreux dont les trésors sont inépuisables.

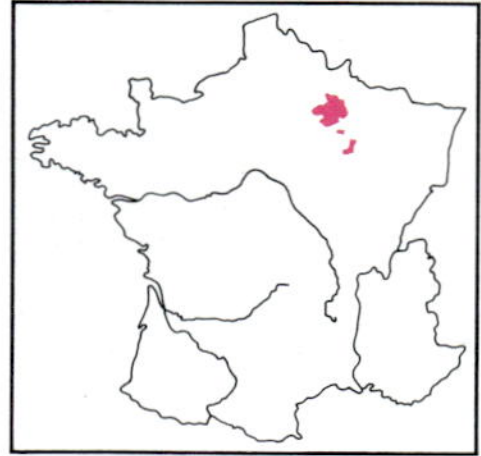

■ Le terroir champenois ne représente que 2 % de l'ensemble du vignoble français, mais il s'étend sur un territoire couvrant les départements de la Marne, de l'Aisne et de l'Aube, ainsi que quelques communes de la Haute-Marne et de la Seine-et-Marne.

Situé en fait entre le 48e et le 49e parallèle, sa partie la plus septentrionale se trouve ainsi à la limite nord du vignoble français. Une telle situation implique que les températures, l'ensoleillement, la pluviométrie et les vents dominants sont très particuliers dans cette région, même si on peut distinguer deux zones distinctes du sud au nord : le vignoble de l'Aube, plus continental, et le vignoble de la Marne et de l'Aisne, plus « maritime ». Les autres repères déterminants dans la Champagne sont la Montagne de Reims, un vaste plateau d'une vingtaine de kilomètres, la vallée de la Marne – comprenant la « vallée » de Hautvillers à Tours-sur-Marne –, la Côte des Blancs, perpendiculaire à la Montagne de Reims, au sud d'Épernay et, enfin, légèrement en retrait sur les coteaux de la vallée de la Seine et de l'Aube, le vignoble de l'Aube.

On trouvera ainsi sur ce vaste territoire non seulement l'appellation Champagne mais également celles du rosé des Riceys, dans l'Aube, et des Coteaux Champenois.

Les coupes transversales de la Champagne sont éloquentes. Elles présentent toujours un même schéma : la rivière, une plaine fluviale agricole, le coteau viticole d'une altitude de 100 à 400 mètres avec, au sommet, une forêt. La Champagne est donc un vignoble de coteaux constitués de craie, de silice et de marnes.

L'histoire de la Champagne

Ce n'est pas une invention soudaine et miraculeuse, comme la légende aime à le faire croire, qui serait à l'origine du Champagne, mais tout simplement l'élaboration lente et sinueuse d'un vin dont les premiers signes de vie remontent à quelque soixante millions d'années, comme l'attestent les empreintes de feuilles du travertin thanétien de

Saran, lieu-dit de la Côte des Blancs, au sud-est de la Champagne. Le vignoble champenois couvre une superficie de 35 000 hectares répartis en quatre zones principales : la Montagne de Reims, la vallée de la Marne, la Côte des Blancs et le vignoble de l'Aube.

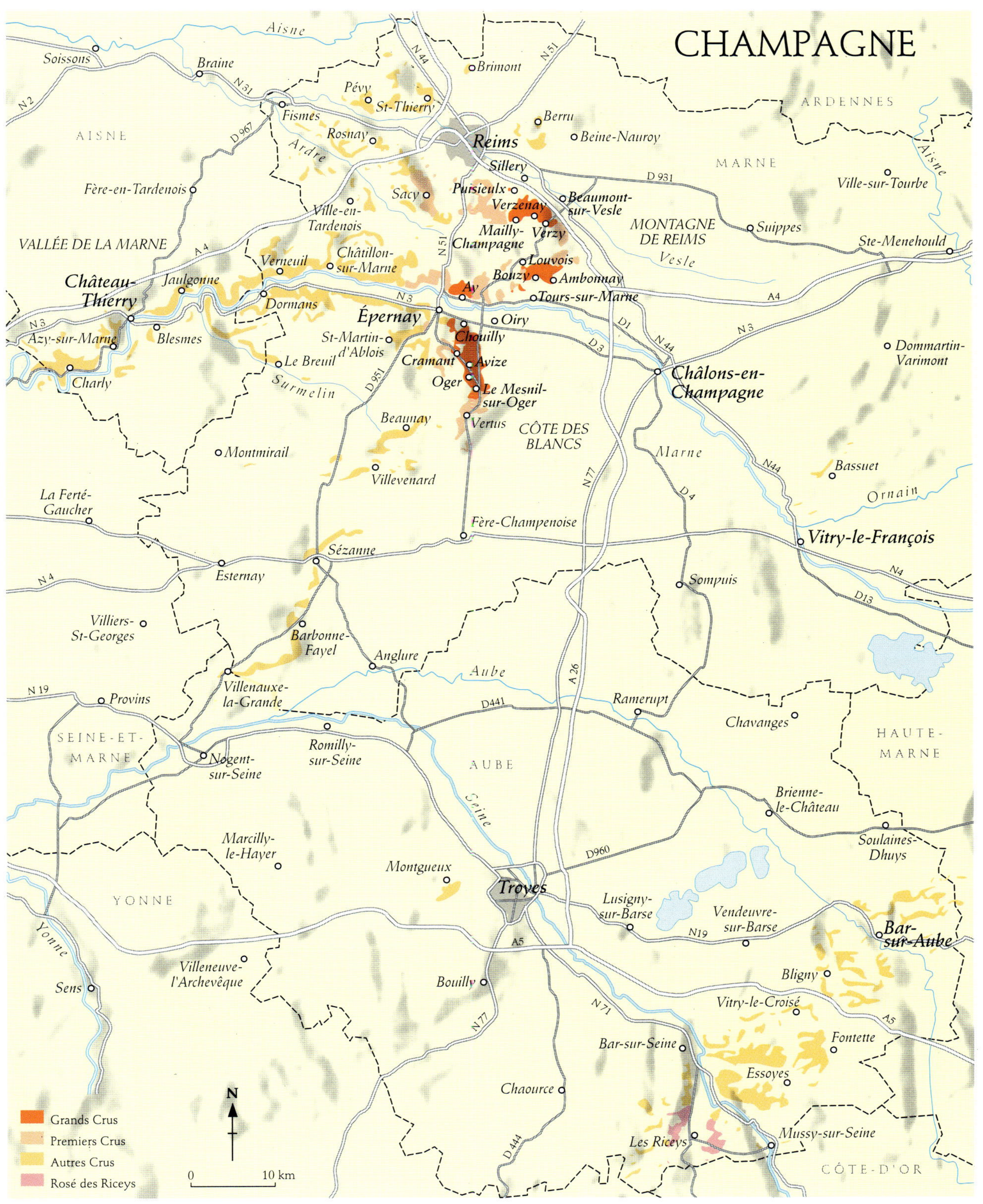
CHAMPAGNE
Aisne
Soissons
Braine
Brimont
Pévy
St-Thierry
Fismes
Rosnay
Reims
Berru
Beine-Nauroy
ARDENNES
AISNE
Ardre
Sillery
MARNE
Ville-sur-Tourbe
Fère-en-Tardenois
Sacy
Puisieulx
Verzenay
Beaumont-sur-Vesle
Ville-en-Tardenois
Mailly-Champagne
Verzy
MONTAGNE DE REIMS
Suippes
VALLÉE DE LA MARNE
Châtillon-sur-Marne
Louvois
Vesle
Ste-Menehould
Verneuil
Bouzy
Ambonnay
Château-Thierry
Jaulgonne
Ay
Tours-sur-Marne
Dormans
Épernay
Oiry
Azy-sur-Marne
Blesmes
St-Martin-d'Ablois
Chouilly
Dommartin-Varimont
Le Breuil
Cramant
Avize
Charly
Oger
Le Mesnil-sur-Oger
Châlons-en-Champagne
Surmelin
Beaunay
Vertus
CÔTE DES BLANCS
Montmirail
Marne
Villevenard
Bassuet
La Ferté-Gaucher
Ornain
Fère-Champenoise
Vitry-le-François
Sézanne
Esternay
Sompuis
Villiers-St-Georges
Barbonne-Fayel
Anglure
Aube
Provins
Villenauxe-la-Grande
Ramerupt
Chavanges
SEINE-ET-MARNE
Romilly-sur-Seine
HAUTE-MARNE
Nogent-sur-Seine
AUBE
Brienne-le-Château
Seine
Marcilly-le-Hayer
Soulaines-Dhuys
Montgueux
Troyes
YONNE
Lusigny-sur-Barse
Vendeuvre-sur-Barse
Bar-sur-Aube
Yonne
Villeneuve-l'Archevêque
Sens
Bouilly
Bligny
Vitry-le-Croisé
Fontette
Bar-sur-Seine
Essoyes
Chaource
Les Riceys
Mussy-sur-Seine
CÔTE-D'OR
N
0
10 km
Grands Crus
Premiers Crus
Autres Crus
Rosé des Riceys

Sézanne. Il faudra attendre la conquête romaine pour avoir confirmation de la présence d'un vignoble puisqu'en 92, l'empereur Domitien en interdit la culture. C'est seulement deux siècles plus tard que l'empereur Probus accordera l'autorisation de replanter les vignes. L'histoire témoigne ensuite de l'extension de l'aire de production du vin de Champagne qui était alors un vin rouge non stabilisé. À la fin du XVIIe siècle, voici Dom Pérignon, moine de l'abbaye de Hautvillers. Il apporte, dit-on, des améliorations spectaculaires à l'élaboration des vins de Champagne en comprenant le rôle du gaz carbonique produit par le réveil de la fermentation au printemps. Il recommande alors l'utilisation de bouteilles et la confection de bouchons plus solides. Ceux-ci étaient, à cette époque, en coton ou en tissu imbibé d'huile. Alors que la surproduction de vin rouge entraîne la misère des vignerons, le Champagne blanc et pétillant gagne les faveurs de la cour du roi Louis XV. C'est le début d'une glorieuse renommée qui sera entachée par l'invasion du phylloxéra en 1891 et les ravages de la Première Guerre mondiale. L'entre-deux-guerres marqua une nouvelle extension du vignoble.

Stalle de bois sculpté du XVIe siècle de l'église de Rilly-la-Montagne, au nord de la Montagne de Reims.

Le terroir champenois, constitué de coteaux crayeux, est situé à la limite nord de la culture de la vigne et soumis l'hiver à de rudes gelées.

Le terroir champenois

Une des clés du terroir champenois se situe dans la configuration d'un vignoble essentiellement constitué de coteaux. La nature crayeuse de ces derniers permet d'éviter l'excès d'humidité, tout en en conservant assez pour abreuver la vigne. En effet, contrairement aux règles classiques du vignoble français où les racines s'enfoncent très profondément, les racines des vignes champenoises se concentrent sur la première épaisseur du sol enrichie par les apports de terre et les amendements divers.

Par temps sec, l'eau remonte par le calcaire et, en période humide, elle atteint rapidement les couches plus profondes. Si l'on considère en outre le rôle que jouent les cailloux blancs en reflétant le soleil et en emmagasinant la chaleur, on voit comment un terroir peut pallier les rudesses d'un climat rigoureux.

Le climat

On qualifie le climat de la Champagne de climat de type atlantique avec des influences continentales vers l'est. Le nombre de jours de gelées, souvent désastreuses même si elles ont tendance à s'appesantir dans les vallées et les dépressions, est de 60 à 80 par an. Les pluies arrosent plus fréquemment les plateaux et les vallées que la plaine champenoise – 700 millimètres de précipitations annuelles sur les plateaux et les vallées contre 600 millimètres en plaine. Quant au soleil, on évalue entre 1 750 et 1 780 heures la moyenne annuelle de ses apparitions en 288 jours. Enfin, les vents dominants viennent du sud-ouest en automne et en hiver, de l'ouest au printemps et en été.

Le vignoble exploitable

Les éléments climatiques consacrent le terroir de la Champagne mais constituent aussi des éléments de référence pour calculer l'échelle des crus et le classement des communes viticoles. Étalonnée de 80 à 100 % pour les meilleures communes (les grands crus), cette échelle permet de calculer le prix du raisin dans chacune des 302 communes réparties sur les 35 000 hectares de l'aire d'appellation depuis la loi du 11 février 1951. Sur ces 35 000 hectares, toutefois, seulement 30 000 sont exploitables, les 5 000 hectares restants étant difficiles d'accès.

Actuellement, seuls 30 500 hectares sont exploités : 21 300 dans la Marne, 6 500 dans l'Aube et la Haute-Marne et 2 700 dans l'Aisne et la Seine-et-Marne. Il est prévu de planter 3 000 hectares supplémentaires dans les années 1990 afin de

Climat et récoltes							
Année	**Température moyenne**	**Ensoleillement**	**Pluie**	**Dates limite de floraison**	**Volume récolté**	**Climat pendant les vendanges**	**Dates des vendanges**
1986	9,90 °C	1603 j/299 h	720 mm/208 j	18/06-02/07	1 956 000 hl	Sec	28-30/09-02-24/10
1987	9,90 °C	1543 h	860 mm	24/06-29/06	1 983 000 hl	Humide	28/09
1988	11,67 °C	1685 h	853 mm	18/06-21/06	1 691 000 hl	Sec	19/09
1989	11,28 °C	1983 h	654 mm	12/06-15/06	2 097 000 hl	Sec	04-18/09
1990	12,00 °C	2099 h	691 mm	02/06-20/06	2 195 000 hl	Normal	11-24/09
1991	10,73 °C	1905 h	563 mm	03/07-10/07	2 085 000 hl	Normal	26/09-08/10
1992	11,40 °C	1748 h/295 j	698 mm/172 j	12/06-18/07	2 149 000 hl	Sec	14-22/09
1993	11,20 °C	1620 h	701 mm	20/05-20/06	2 019 270 hl	Normal	08-20/09
1994	12,20 °C	1657 h	660 mm	09/06-01/07	1 918 270 hl	Normal	15-25/09
1995	11,70 °C	1689 h	786 mm	16/06-04/07	2 108 550 hl	Normal	18/09-03/10

Coupe du sous-sol champenois, crayeux, avec une mince couche de terre arable où se développent les racines.

satisfaire une demande en constante progression, puisque, si l'on chiffrait les expéditions annuelles à 40 millions de bouteilles en 1910, elles dépassaient les 100 millions en 1970 pour atteindre le cap des 200 millions au cours de l'année 1986, et 246 millions en 1995.

Les cépages

Une appellation d'origine contrôlée est régie par des règles strictes concernant les cépages. L'INAO autorise ainsi l'utilisation du Pinot noir, un raisin à pellicule noire et à jus blanc, retenu pour sa vigueur, sa générosité et ses facultés d'adaptation aux différents terroirs de la Champagne. Le Pinot noir occupait, en 1995, 47 % du vignoble.

Le deuxième cépage est le Chardonnay : un raisin blanc très localisé sur la Côte des Blancs, en particulier au sud d'Épernay. Il couvre 21 % du vignoble du fait d'une adaptation plus aléatoire.

Le troisième cépage champenois est le Pinot Meunier (36 %), un raisin noir à jus blanc ; plus rustique, moins fin, il a néanmoins effectué une percée remarquable dans certains crus pour ses facultés d'adaptation aux aléas du climat. On notera enfin l'Albane et le Petit Meslier – raisins blancs peu cultivés – et le Gamay en raisin noir. Certes minoritaires, ces derniers cépages entrent cependant dans les caractéristiques du vignoble champenois tout comme les porte-greffe : le 41 B retenu pour sa résistance, le 161-49 et le Téléki pour leur vigueur, leur précocité, l'aptitude à produire des fruits.

La sélection clonale, le système de taille, la densité de plantation (8 000 pieds à l'hectare), le mode de conduite (empalissage sur rang) concourent également à privilégier la qualité de ce vignoble septentrional où le soleil est rare et les températures maximales souvent insuffisantes.

Les vendanges

Bien avant le ban des vendanges, les promesses du millésime peuvent se lire dès l'automne précédent : les inflorescences de la vigne sont le plus souvent analogues en abondance et en qualité aux grappes apparues sur les lierres au mois d'octobre. Mais on se fie dorénavant plus volontiers à l'expression de la floraison, qui intervient généralement dans la deuxième quinzaine de juin. Elle coïncide avec celle des lis des jardins.

Autrefois, la loi fixait la date des vendanges et ne manquait pas de punir les vignerons trop pressés qui ne respectaient pas les

Vendanges à Vertus. Les raisins sont encore déposés dans les traditionnels mannequins d'osier pour le transport.

Mosaïque datant de 1898 ornant le fronton des caves des Champagnes Jacquart, à Reims.

directives. Aujourd'hui, outre le traditionnel ban des vendanges, on attend les avis et les décisions du Comité interprofessionnel du vin de Champagne pour entamer cette phase décisive.

Le CIVC détermine le moment où le raisin est assez mûr et sa teneur minimale en sucre suffisante pour ouvrir le ballet des vendangeurs. On vendange, en général, à partir du début de la deuxième ou de la troisième semaine d'octobre.

La vinification

À quelques exceptions près – celle de la coopérative de Mailly, par exemple –, les viticulteurs de Champagne ne vinifient pas eux-mêmes leur récolte. Ils livrent leurs raisins aux pressoirs où se déroule la première phase capitale du pressurage qui régit le reste des opérations. Il consiste à extraire les jus totalement incolores. En effet, le Champagne est le seul vin de qualité obtenu en grande partie par le pressurage des raisins noirs. Seule la peau des grains de raisin contient le pigment coloré, le jus restant incolore. On notera à cet égard une spécificité champenoise : l'unité de pressurage. Elle s'appelle marc et contient 4 tonnes de raisins. La première serre produit 2 000 litres de « vin de cuvée », la deuxième serre donne environ deux pièces (205 litres) de vin de « première taille ». Après quelques traitements – on ajoute du sucre pour diminuer l'acidité –, le vin se met à fermenter pendant deux semaines. Pendant la fermentation, l'action des levures convertit le sucre en alcool et en gaz carbonique. Celle-ci terminée, le vin blanc, à présent tranquille, se décante sous l'influence des froids naturels ou artificiels.

La mise en bouteilles, qui intervient en février-mars, est l'occasion d'ajouter quelques levures et une solution de sucre de canne pour favoriser une deuxième fermentation et provoquer une « prise de mousse ». Commence alors pour le vin une longue période de repos dans l'obscurité et le silence des caves profondes et fraîches creusées dans la craie. Cette seconde fermentation a provoqué un dépôt

Bouteille champenoise de 1830. À cette époque, les bouteilles étaient façonnées par des souffleurs de verre. Vers la fin du XIXe siècle, grâce à l'invention de machines semi-automatiques, l'opération du soufflage fut mécanisée.

LE SECRET DU CHAMPAGNE : LES ASSEMBLAGES

Chaque bouteille de Champagne est un assemblage formidablement savant de cuvées différentes issues elles-mêmes de terroirs, de cépages et de parcelles distinctes. C'est la façon dont une maison « signe » ses cuvées, et pourquoi elle tient pour hautement précieuse sa « composition » puisqu'il y entre parfois jusqu'à cinquante ou soixante cuvées différentes !
À cet égard, il est important de savoir que l'échelle des crus régit le classement des communes viticoles. Elle permet de calculer le prix du raisin dans chaque commune. Ainsi, un Champagne issu d'un assemblage recherché de vins de cuvées de Grands Crus (100 %) laissé sur « pointe » pendant de longues années sera proposé à un prix plus élevé qu'un Champagne plus rudimentaire issu de crus classés à 80 %. Rappelons que ce pourcentage (100 % pour les Grands Crus, 90 à 99 % pour les Premiers Crus et 89 à 80 % pour les autres) permet de payer le prix du kilogramme de raisin par rapport au prix établi par une commission composée de négociants et de vignerons, sous l'égide du CIVC.

▷ Grands Crus (100 %) : Ambonnay, Avize, Ay, Beaumont-sur-Vesle, Bouzy, Chouilly, Cramant, Louvois, Mailly-Champagne, Le Mesnil-sur-Oger, Oger, Oiry, Puisieulx, Sillery, Tours-sur-Marne, Verzenay et Verzy.

▷ Premiers Crus (de 90 à 99 %) : une quarantaine de communes.
Les crus les plus bas sont classés à 80 % et sont produits dans moins de 100 communes.

Le Champagne du matin

Depuis longtemps, je vis en Champagne et je l'aime. J'y suis heureux, bien enraciné, les pieds « dans la terre »... C'est sans doute pour cela que la vigne m'intéresse... La Champagne est une province extraordinaire, secrète. Il faut la chercher, et la découvrir au printemps ou en automne, à lumière rasante, quand le soleil n'est pas à son zénith. On découvre des vallonnements très doux, des ciels magnifiques, pleines de nuances... comme le Champagne.

On ne le sait pas toujours, mais il y a plusieurs champagnes : du blanc de blancs, du blanc de noirs, du rosé... La notion de millésime intervient aussi et également ce que j'appelle le « goût maison ». Certaines maisons proposent des vins frais et gouleyants, d'autres des vins plus structurés et charpentés. La plage des goûts du Champagne est donc très étendue. Elle varie en fonction des assemblages de raisins blancs et noirs, du type de vinification et des adjonctions de vins de réserve...

S'il y a plusieurs champagnes, il y a aussi plusieurs moments pour le déguster. On peut le boire en apéritif, chez soi à minuit, ou dans un club avec des amis ou encore à table. À chaque fois, il faut savoir choisir... ou savoir s'en remettre au sommelier.

Pour moi, la meilleure heure pour le Champagne, c'est onze heures du matin, quand on a encore le palais tout frais, tout net ! Je crois aussi qu'il faut un contexte : une terrasse sur la Côte d'Azur, à 10-11 heures du matin ; il ne fait pas encore trop chaud. On est assis, on est bien ; on discute. Je suis convaincu que le vin, quel qu'il soit, doit s'accompagner d'un cadre, d'une histoire et de souvenirs. On oublie trop souvent à présent qu'il est fait avant tout pour être bu et pour procurer du plaisir.

On peut parfaitement faire tout un repas au Champagne. Mais il faut alors choisir des mets très délicats qui lui soient adaptés. Ce serait se discréditer, à mon avis, que de servir un Champagne avec un gibier. En cuisine, on ne peut pas raisonner autrement qu'en termes d'harmonie.

En fait, j'utilise le vin et, en particulier, le Champagne dans ma cuisine. Le cuisinier se sert de matières premières locales comme le peintre choisit ses couleurs avec la même attention et parfois les mêmes angoisses créatives ! Mais je ne le marie pas forcément avec des poissons. Il faut à la fois savoir faire preuve d'imagination et ne pas sombrer dans l'excès de tout vouloir baptiser au Champagne. L'essentiel est de rendre les gens heureux...

Gérard Boyer

qui adhère au flanc des bouteilles. Il reste à l'expulser. Pour ce faire, les bouteilles sont placées sur des pupitres, le col légèrement incliné vers le bas.

L'art du remuage – automatique ou manuel – consiste à imprimer à chaque bouteille, pendant plusieurs semaines, un mouvement très vif de rotation. Le dépôt se détache alors et se rassemble dans le col pour être éliminé. Cette opération s'appelle le « dégorgement ». Le peu de vin perdu est remplacé par de la liqueur de vieux Cognac et de vins vieux de Champagne, additionnés de plus ou moins de sucre selon la qualité désirée – brut, sec, demi-sec.

Les structures économiques

Outre le rôle des courtiers et des agents, l'activité économique de la Champagne s'organise autour du Comité interprofessionnel du vin de Champagne. Celui-ci veille à l'harmonie entre les vignerons – 16 000 déclarants de récoltes – et le négoce – 150 maisons situées pour la plupart à Reims et à Épernay. On notera à cet égard que si les vignerons possèdent 26 000 hectares environ du vignoble, le négoce, avec 4 000 hectares dans les meilleurs crus, assure néanmoins les deux tiers des ventes. Le CIVC, en plus de régir les bonnes relations entre les deux partenaires majeurs de la Champagne, s'attache à défendre l'image de marque de sa production ainsi qu'à améliorer les techniques viticoles et œnologiques.

Questions d'étiquettes

La générosité de la Champagne ne s'arrête pas à la richesse de ses fines bulles, elle se poursuit également dans l'art recherché de multiplier les dénominations. La « lecture » d'un rayon de bouteilles de Champagne est ainsi devenue aussi complexe que passionnante. Il faut donc en connaître les clés.

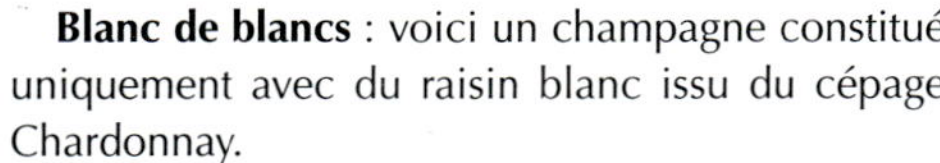

Bouteille de prestige dessinée par le sculpteur Arman.

Blanc de blancs : voici un champagne constitué uniquement avec du raisin blanc issu du cépage Chardonnay.

Blanc de noirs : il s'agit d'un champagne réalisé avec du raisin noir issu des cépages Pinot noir et Pinot meunier.

Brut millésimé : c'est un vin souvent plus corsé issu de l'année du millésime (toutes les années ne le sont pas automatiquement) et conservé en cave pendant au moins trois ans.

Crémant : ce vin présente non seulement une mousse plus « crémeuse » mais la pression à l'intérieur de la bouteille est inférieure à celle du Champagne, puisqu'elle n'est que de 3 atmosphères au lieu de 5 ou 6.

Champagne rosé : il s'obtient le plus souvent en adjoignant au Champagne une petite quantité de Coteaux Champenois rouge.

Coteaux Champenois : c'est un vin tranquille rouge, blanc ou rosé issu de la zone d'appellation Champagne.

Bouzy : un vin au fruit très caractéristique issu de l'appellation des Coteaux Champenois du vignoble de Bouzy.

Rosé des Riceys : c'est un vin tranquille, réalisé sur le terroir de ce village de l'Aube à partir du cépage Pinot noir.

Ratafia de Champagne : vin de liqueur obtenu à partir du mélange de deux parts de moût, le jus du raisin, et d'une part d'alcool qui bloque la fermentation.

Marc de Champagne : marc issu de la distillation du « marc sec », résidu solide obtenu au terme du pressurage constitué de pépins et de rafles de raisin.

Récemment dégorgé : Champagne millésimé ayant mûri sur son dépôt pendant sept à dix ans sous bouchon de liège. Ce dégorgement tardif permet de conserver au Champagne une grande jeunesse alors qu'il a déjà acquis une parfaite maturité. Un Champagne récemment dégorgé doit être bu dans l'année qui suit le dégorgement.

Les autres informations distillées par l'étiquette sont le numéro d'enregistrement attribué par le CIVC précédé des lettres suivantes : RM s'il s'agit d'un récoltant manipulant (celui-ci élabore et vend lui-même le vin de sa propriété) ; CM pour les coopératives de manipulations ; NM pour les négociants manipulants (ils élèvent et commercialisent le vin) et MA pour « marque d'acheteur ».

On notera la variation du dosage de la liqueur d'expédition (un mélange de vins vieux de Champagne et de 625 à 650 g de sucre de canne par litre). Elle titre 0,50 à 1,5 % de liqueur pour le Champagne brut, de 1,5 à 2 % pour l'extra-dry, de 1,25 à 2,5 % pour le sec, enfin de 2,5 à 5 % pour le demi-sec.

Dans la pratique, un extra-brut contient moins de 6 g de sucre par litre, un brut 5 g, un extra-dry 12 à 20 g, un sec 17 à 35 g, et un doux plus de 50 g.

Le vin et la société

Forte de participer à tous les instants de fête dans le monde entier, la Champagne n'est pas avare de ses prodiges vis-à-vis d'elle-même puisque saint Vincent, patron des vignerons, est célébré dans chaque village champenois le dimanche qui suit le 22 janvier. À cette occasion, les nombreuses confréries bachiques, et notamment l'Ordre des Coteaux de Champagne, la Commanderie du Saulte-Bouchon, les Échevins de Bouzy, sortent robes et diplômes pour célébrer avec chaleur et cérémonie ces instants symboliques.

Ordre des Coteaux de Champagne

Inspiré d'un ordre plus ou moins imaginaire mais qui tient ses lettres de noblesse de la plume même de Boileau, l'ordre des Coteaux fut fondé en 1955 à l'initiative d'un Champenois de bonne souche, Rocher Gaucher, qui eut l'idée de ressusciter l'ordre afin de doter la Champagne d'une ambassade à sa mesure. L'ordre se donna pour but, outre la propagande en faveur du Champagne, de cultiver les anciennes traditions, d'organiser des fêtes ou de participer à celles ayant des objectifs proches, de créer des « Relais de Champagne » sur tout le territoire français et à l'étranger.

Les espoirs du fondateur et des premiers dignitaires dépassèrent les prévisions les plus optimistes et l'ordre connut un succès immédiat, en France comme à l'étranger.

Soutenu moralement par quelques grandes marques, l'ordre subsista par les seules cotisations de ses membres qui ne tardèrent pas à se compter par milliers. Grâce à l'intervention de plusieurs dirigeants de grandes marques, l'ordre fut pris en charge par le CIVC, qui alloue la subvention nécessaire au fonctionnement d'un secrétariat permanent.

L'ordre des Coteaux de Champagne compte près de 9 000 membres à ce jour répartis dans le monde entier, et c'est dans le pays où il est le plus actif que le commerce du Champagne est le plus florissant !

Chapelle-Chambertin

Cette fameuse appellation d'origine contrôlée de la Côte de Nuits réunit en fait deux climats : celui de la Chapelle et celui des Gémeaux, tous deux situés sur la commune de Gevrey-Chambertin. Ils couvrent une superficie de 4,7 hectares.

Ce grand cru rouge, ratifié par le décret du 31 juillet 1937, est tenu, comme les autres grands crus, à présenter un titre alcoométrique minimal de 11,5 % Vol. (14,5 % Vol. au maximum) et de respecter un rendement de base à l'hectare de 37 hectolitres. Produits à raison de 128 hectolitres en 1995, les vins de Chapelle-Chambertin sont l'une des expressions les plus délicates de la commune de Gevrey-Chambertin. Ce sont des vins fruités, légers et d'une très grande et étrange finesse.

 Chardonnay

Synonymes : *Pinot blanc Chardonnay, Pinot blanc,* mais ce n'est pas la forme blanche du Pinot, *Morillon blanc, Auvernat blanc* dans le Loiret, *Luisant* à Besançon, *Melon blanc* ou *Melon d'Arbois* dans le Jura, *Petite Sainte-Marie* en Savoie, *Rousseau* ou *Roussot* dans l'Yonne, *Noirien blanc* en Côte-d'Or, *Beaunois* près de Tonnerre, *Plant de Tonnerre* dans l'Yonne, *Chablis* en Seine-et-Oise, *Épinette* dans la Marne, *Arnoison* en Touraine, *Romeret* dans l'Aisne, *Auxois* ou *Auxerras blanc* en Moselle, *Petit Chatey* dans l'Ain, *Weiss Klevner, Weiss Edler, Weiss Silber,* en Alsace.

Bourgeonnement duveteux blanc à liseré carminé. Jeunes feuilles aranéeuses, vert jaunâtre, bronzées sur les bosselures.

Feuilles moyennes, orbiculaires, tourmentées, bullées, d'un vert clair assez vif, à bords révolutés, généralement entières ou faiblement trilobées, mais les feuilles issues des gourmands peuvent être profondément découpées ; sinus pétiolaire très caractéristique en lyre à base dégarnie ; dents ogivales, moyennes ; dessous du limbe glabre avec les nervures légèrement pubescentes.

Rameaux glabres, anguleux, brun rouge au soleil, nœuds rosés ; vrilles fines, petites.

Grappes petites à moyennes, cylindriques, compactes, avec parfois deux ailerons ; baies sphériques ou parfois légèrement oblongues, de couleur jaune ambré au soleil, peau assez mince, chair légèrement consistante avec des pépins relativement petits, saveur douce, sucrée ; maturité : 1re époque tardive.

Le Chardonnay est le premier cépage blanc de qualité dont les vins se distinguent par leur finesse et une grande puissance aromatique qui les font rechercher par les amateurs comme des œuvres d'art. Ce plant fait partie de toutes les AOC blanches de la Bourgogne : Montrachet, Meursault, Corton-Charlemagne, Chablis, Pouilly-Fuissé…

Il est employé également en Champagne où il est le seul cépage blanc cultivé. Dans ce vignoble, les vins ont un arôme plus discret qu'en Bourgogne, une acidité plus élevée, mais ils prennent bien la mousse.

Le Chardonnay est assez vigoureux, peu productif en taille courte, moins de 30 hl/ha donnant des vins de grande qualité. La tendance actuelle est de le conduire en Guyot simple ou double pour obtenir des rendements plus élevés, qui peuvent dépasser 100 hectolitres certaines années en Champagne, mais la qualité des vins diminue au-delà de 80 hl/ha.

En matériel certifié, 31 clones ont été agréés : les plus productifs sont les clones nos 78, 121, 124, 125 ; ceux qui offrent la meilleure qualité sont les nos 75, 76, 95, 96, 277 et 548. Dans les pépinières, le Chardonnay occupe la première place.

Ce cépage a été classé recommandé dans la plupart des départements viticoles et sa superficie cultivée est en constante augmentation : elle atteignait 13 000 hectares en 1980 pour dépasser aujourd'hui 24 000 hectares (11e place). La Bourgogne vient en tête avec 9 000 hectares, suivie par la Champagne (7 000 hectares), puis la région est, Jura, Ain, Savoie, la vallée de la Loire pour la production des vins mousseux et la région languedocienne, soit pour améliorer la Blanquette de Limoux, soit pour préparer des vins blancs secs, dans l'Hérault et l'Ardèche.

Le Chardonnay rose a été trouvé à l'état de ceps isolés dans les vignes de Chardonnay.

Le Chardonnay blanc musqué se rencontre dans divers vignobles, mais il modifie la saveur du vin et par conséquent l'image de marque des vins de Chardonnay, en particulier dans les vins

Grappe de Chardonnay.

Rameau de Chardonnay.

Feuille de Chardonnay, cépage par excellence des grands vins blancs français.

Grappe de Chasselas doré.

Feuille de Chasselas doré.

mousseux. Seuls les vignerons du Mâconnais souhaitent conserver un léger pourcentage de ce Chardonnay musqué.

Charlemagne

Le célèbre empereur fut effectivement le propriétaire de ce vignoble de la Côte de Beaune ; il en fit don à l'abbaye de Saulieu, en 775. Ratifiée par décret du 31 juillet 1937, l'appellation d'origine contrôlée répond aux conditions de production suivantes : titre alcoométrique minimal, 12 % Vol. ; rendement de base, 40 hectolitres à l'hectare. Son aire d'appellation se confond avec celle de Corton-Charlemagne et s'étend sur les communes d'Aloxe-Corton et de Pernand-Vergelesses. Ce vin élevé sur des sols sableux et calcaires s'avère être une illustration remarquable des vins de Bourgogne blancs. Sa robe est bien dorée et fait une merveilleuse alliance avec son bouquet fruité où point la cannelle. Il est le plus souvent déclaré sous l'appellation d'origine Corton-Charlemagne.

Charmes-Chambertin

Ce climat situé sur le territoire de la commune de Gevrey-Chambertin, en Côte de Nuits, couvre quelques hectares et produit un grand cru rouge dont la moyenne de production annuelle s'élève à 1 000 hectolitres. L'appellation d'origine contrôlée régie par le décret du 31 juillet 1937 est, en fait, confondue avec celle de Mazoyères-Chambertin. Les vins de Charmes et de Mazoyères peuvent donc être étiquetés sous le nom de Charmes, mais Charmes n'a pas droit à l'appellation d'origine contrôlée Mazoyères. Les exigences définies par les décrets de l'appellation d'origine imposent un titre alcoométrique de 11,5 % Vol. et un rendement de base de 37 hectolitres à l'hectare. Les vins de Charmes-Chambertin sont appréciés pour leurs nuances, leur finesse et leur légèreté. Ils tranchent ainsi avec les autres vins de l'appellation d'origine sans doute plus puissants, plus austères et plus virils.

Chasan

Croisement de Listan × Chardonnay obtenu à l'INRA de Vassal. Bourgeonnement cotonneux blanc, feuilles orbiculaires, profondément 5-lobées, sinus pétiolaire en lyre, parfois à base dégarnie. Grappes assez grandes avec 2 ailerons ; baies moyennes, sphériques, blanc doré ; maturité : 2e époque. Le Chasan est à port étalé et doit être palissé ; sa production est moyenne ; le vin est légèrement aromatique, peu acide et moyennement alcoolique. Il est classé recommandé avec un clone agréé : n° 538. Actuellement 200 hectares en sont plantés.

Chassagne-Montrachet

Les vins rouges et blancs de cette appellation d'origine contrôlée célèbre sont issus de parcelles des communes de Chassagne-Montrachet et de Remigny en Côte de Beaune, répertoriées dans l'arrêté du 1er décembre 1977. On y trouve ainsi énumérés 54 lieux-dits ou climats en premiers crus, soit 294 hectares avec le reste de l'appellation. Le terroir se caractérise par un sol silico-calcaire et un sous-sol magnésien. Les premiers crus sont situés au sud de la route nationale 6, alors que les grands crus sont situés au nord de cette dernière. Le Chardonnay, cépage du vin blanc, est planté dans la partie la plus haute de l'aire d'appellation. La production moyenne annuelle est de 7 500 hectolitres de vins blancs et de 6 500 hectolitres de vins rouges. Les vins de Chassagne-Montrachet doivent présenter un titre alcoométrique minimal de 10,5 % Vol. pour les rouges et de 11 % Vol. en premier cru, alors que l'on exige pour les blancs 11 % Vol. et 11,5 % Vol. pour les premiers crus. Le rendement de base à l'hectare est de 40 hectolitres pour les vins rouges et 45 pour les blancs. Le vin blanc de Chassagne est sec, ferme et peu acide, mais il ne manque pas de velouté, de fruit, de longueur. Les rouges sont francs, solides, voire puissants, mais avec de fins arômes de pruneau bien mûr.

Chasselas

Synonymes : *Chasselas doré, Chasselas de Fontainebleau, de Moissac, de Montauban, Abélione* dans l'Ardèche, *Mornen blanc* dans le Rhône.

Bourgeonnement épanoui, aranéeux blanc.

Jeunes feuilles brillantes, très bronzées ou rouges, bullées, ondulées, glabres.

Feuilles moyennes, tronquées, unies, vert clair, minces, un peu gaufrées au point pétiolaire, profondément 5-lobées ; sinus latéraux supérieurs en massue et à fonds aigus, sinus inférieurs ouverts ; sinus pétiolaire en lyre plus ou moins fermée ; dents ogivales, moyennes ; dessous du limbe glabre avec les nervures pubescentes.

Rameaux striés, vert rougeâtre à violacés, glabres ; grandes vrilles, charnues et enchevêtrées.

Grappes moyennes, cylindriques, lâches ; baies sphériques, moyennes, de couleur vert clair à jaune ambré, tachetées de roux au soleil, pellicule fine mais résistante, chair juteuse, fondante ; maturité : 1re époque.

C'est un cépage vigoureux à débourrement précoce qui est très sensible pendant la floraison aux variations de température et à la pluie, ce qui entraîne parfois des coulures importantes dans les vignobles septentrionaux. Il se comporte bien sur Riparia, sur 3 309, porte-greffe qui favorisent sa précocité, ainsi que le 41B en sols calcaires et secs.

Le Chasselas est sensible aux maladies : mildiou, oïdium, grêle, vers de la grappe, gelées d'hiver. On le conduit souvent en gobelet mais il se comporte bien en cordon Guyot ou de Royat.

Les rendements sont très variables : les plus belles grappes pour la table sont obtenues dans les terres maigres de coteaux avec une production de 1 à 2 kilos par cep, alors qu'en plaine les grappes deviennent compactes, boudinées et les raisins restent verts.

Le Chasselas est un cépage à deux fins : c'est encore le premier cépage de table français avec près de 4 100 hectares, malgré une régression importante de sa culture (21 400 hectares en 1958) due aux difficultés d'écoulement de ses raisins à l'exportation, les étrangers préférant les raisins à gros grains, consistants, de type Dattier. Il existe une appellation d'origine protégée, le « Chasselas de Moissac » dans le Tarn-et-Garonne qui est le premier département producteur avec 3 000 hectares, suivi par l'Hérault, le Gard, le Vaucluse et le Lot-et-Garonne.

Comme cépage de cuve, on cultive le Chasselas sur 700 hectares, essentiellement pour les besoins des AOC Alsace (550 hectares), Haute-Savoie (Crépy, Marignan, Château de Ripaille) et Nièvre (Pouilly-sur-Loire avec 50 hectares).

Le vin de Chasselas est agréable à boire jeune, il est généralement peu alcoolique, faiblement acide avec de légers arômes selon les terroirs. En Alsace, on produisait autrefois des vins de paille ou Strohwein avec des raisins bien mûrs disposés sur de la paille de seigle pour obtenir un flétrissement des baies et une concentration des sucres.

Il existe en outre de nombreuses variétés de Chasselas qui sont disséminées dans les vignobles : le Chasselas rose, le Chasselas rose de Falloux, le Chasselas violet, le Chasselas musqué, le Chasselas sans pépins et le Chasselas cioutat, au feuillage persillé ou palmatiséqué.

Château-Chalon

Cette appellation, ratifiée par le décret du 29 mai 1936, est réservée aux seuls vins jaunes produits autour de ce petit village proche de Lons-le-Saunier dans le Jura. Il comprend les communes de Château-Chalon, Ménétru, Domblans et Nevy-sur-Seille. Les autres productions de l'appellation sont classées Côtes-du-Jura. Les quelque 50 hectares en production sont partagés par de nombreux propriétaires. Outre qu'elle soit réservée à un seul vin, cette appellation est également particulière dans son application : c'est l'unique cas en France où, à la veille des vendanges, une commission fixe le rendement, autour de 20 hectolitres à l'hectare, vigne par vigne. Lors de mauvaises années, les vignerons refusent l'AOC, comme en 1974, 1980 et 1984. La production a été de 1 750 hectolitres en 1990 et de 1 322 hectolitres en 1995. La vigne s'étend sur les pentes abruptes du Premier Plateau, sur des marnes grises, bleues ou noires, bien exposées et protégées des vents par les falaises de la reculée de Baume. Cette situation privilégiée fait de Château-Chalon la grande appellation des vins jaunes, d'une garde exceptionnelle, au-delà du siècle parfois. Ces vins demandent souvent à vieillir quelques années en bouteille pour parvenir alors à une remarquable souplesse, un corps charpenté, un nez puissant et racé d'amandes et de noix, qui le feront apprécier pour lui-même en apéritif mais aussi par toute gastronomie riche.

Chassagne-Montrachet, en Côte de Beaune, produit notamment les grands crus Montrachet, Bâtard-Montrachet et Criots-Bâtard-Montrachet, vins blancs secs de réputation mondiale.

Château-Grillet

Cette AOC des Côtes du Rhône, ratifiée par le décret du 8 décembre 1936, est un cas presque unique dans la législation française, puisqu'elle ne concerne qu'un seul domaine.

Le vignoble a probablement existé dès l'Antiquité, comme Côte-Rôtie et Condrieu. S'il n'a pas fait l'objet de notations emphatiques au cours des siècles, c'est probablement parce que sa petitesse le faisait confondre avec les vignobles environnants. Des vignes sont citées en 1683, mais la notoriété du nom est surtout bien établie depuis le début du XIXe siècle.

Autour du château construit entre le XVIe et le XVIIIe siècle, 3 hectares de vignes vivent sur des terrasses d'arènes granitiques exposées au Midi. La production ne dépasse pas 90 hectolitres.

Il s'agit donc d'un vin rare. Produit à partir du cépage Viognier, il a des caractères communs avec les vins du vignoble de Condrieu, qui jouxte celui de Château-Grillet.

Marqué par des odeurs de pêche et d'abricot, gras, presque onctueux, il se boit avec toute sa fraîcheur dans sa prime jeunesse, mais il vieillit remarquablement.

Châteaumeillant

Par arrêté du 18 février 1965, cette appellation a été classée en AOVDQS. L'aire d'appellation s'étend sur le Cher pour 4 communes, Châteaumeillant, Reigny, Saint-Maur et Vesdun, et sur l'Indre pour 3 communes.

Les vins rouges ou rosés sont issus des cépages Gamay noir, Pinot gris et Pinot noir.

La production moyenne est de l'ordre de 3 600 hectolitres par an dont 60 % de rouges et 40 % de rosés. Les vins rouges sont peu tanniques et les rosés secs sont vifs et légers. Il convient de les boire jeunes.

Châteauneuf-du-Pape

Cette appellation d'origine contrôlée prestigieuse, située dans la vallée du Rhône, a suscité tant d'écrits, dans lesquels notamment on a donné aux papes une importance prépondérante dans l'extension du vignoble, qu'il convient de rétablir certains faits.

L'évolution de la vigne fut d'abord très lente, car sur la plus grande partie du territoire, les terrasses à gros cailloux roulés furent un obstacle à la culture, tant que l'on n'eut pas, pour l'assurer, des aciers suffisamment résistants.

Les premières vignes furent probablement plantées par les Templiers au XIIIe siècle. Disparues peu après, elles furent replantées grâce au Pape Jean XXII. Le vignoble, pendant un certain temps, fut cultivé par des bergers qui en consommaient le vin, les papes buvant le vin de Beaune. Ce vin local n'était pas connu sous son nom actuel ; le pays s'est appelé Châteauneuf de pape, puis Châteauneuf-Calcernier, en raison des nombreux fours à chaux qui s'y trouvaient. Ce n'est que plus tard qu'on l'appela Châteauneuf-du-Pape, non parce que le pape Innocent VI buvait du vin blanc de Châteauneuf-du-Pape, mais parce qu'il s'agissait d'une petite vigne située dans le clos du château. Au cours du XVIIIe siècle, le vignoble s'étend et prend un caractère commercial. De 500 à 600 hectares en 1873, il est passé à 3 113 hectares en 1995. La production actuelle est de 100 000 hectolitres.

Les vignerons de Châteauneuf-du-Pape ont eu le grand mérite, entraînés par l'un des leurs – le baron Leroy de Boiseaumarié –, d'avoir été les premiers à demander aux tribunaux un statut de production le plus précis qui soit. Ils sont ainsi devenus un exemple pour toutes les autres appellations françaises.

L'appellation fut reconnue par jugement judiciaire en 1929, puis classée AOC par le décret du 18 mai 1936 pour 5 communes des Côtes du Rhône.

Les sols de l'appellation comprennent d'abord quatre étages de terrasses argileuses à gros cailloux roulés. S'y ajoutent quelques terrains argilo-sableux, et des coteaux de calcaire barrémien.

L'encépagement est complexe. On ne compte pas moins de 13 cépages blancs ou rouges. Chaque vin est élaboré à partir de ceux qui sont les mieux adaptés à telle ou telle partie du terroir, sans que le type général en soit modifié. Le Grenache, élément majoritaire, est associé à d'autres cépages parfaitement complémentaires.

Sous le climat chaud et sec qui est celui de la région, la vigne est conduite en gobelet, rarement palissée.

Les vignerons ont remis à l'honneur depuis plus de trente ans, grâce à des méthodes de vinification qui en font des concurrents sérieux, les vins blancs, déjà connus en 1370, mais qui avaient pratiquement disparu pendant des siècles. Il s'en produit actuellement quelque 7 000 hectolitres par an. Ce sont des vins au bouquet floral relativement intense ; l'alcool est bien caché par la fraîcheur aromatique. La silhouette n'est pas massive, seulement bien dessinée, suivant des lignes larges qui n'excluent pas une certaine élégance.

Ce sont surtout les vins rouges qui ont fait la réputation du terroir. Obtenus après une longue cuvaison, ils sont très tanniques, et ont besoin de plusieurs années pour s'exprimer ; un bouquet à dominante de noyau, d'anis, de réglisse et d'épices précède une forme ample, pleine, ronde et onctueuse.

Châtillon-en-Diois

Il s'agit là d'un tout petit vignoble des Côtes du Rhône, dont l'ancienneté n'est pas certaine. Il y a quelque soixante-dix ans, il existait un vignoble domanial, constitué avec les cépages Melon et Chardonnay de Bourgogne, qui donnait, grâce à une technologie d'avant-garde, des vins blancs excellents. C'est sans aucun doute lui qui fut à l'origine des vins de Châtillon-en-Diois.

L'appellation d'origine contrôlée, ratifiée par décret du 3 mars 1975, s'étend aujourd'hui entre Luc-en-Diois et Pont-de-Quart, à une altitude suffisamment élevée pour que la production reste limitée ; 60 hectares fournissent en effet quelque 1 000 hectolitres en vins blancs et 2 000 hectolitres en vins rouges.

Les vins blancs, issus des cépages bourguignons Aligoté et Chardonnay ont une odeur florale agréable. Ils sont légers et nerveux, en raison d'une acidité moins « rhodanienne ».

Les vins rouges, produits à partir du cépage Gamay (75 %) et des cépages Pinot et Syrah (25 % max.), ont un bouquet fruité très frais. Très légers, peu tanniques, ils montrent leur valeur dans leur première jeunesse.

 Chatus

Synonymes : *Corbel* ou *Corbeil* dans la Drôme, *Corbesse* dans l'Isère, *Gros Chenu, Chanu* ou *Vert Chenu* à Roussillon et à Hyerieux, *Persagne-Gamay* dans le Rhône, *Ouron* ou *Houron* à Saint-Péray, *Mourre, Mouret, Mouraud.*

Grappes tronconiques, étroites, moyennes ou assez grosses, compactes ; baies sphériques, petites, noir bleuté, juteuses, un peu âpres ; maturité : 1re époque.

C'est un cépage fertile, souvent cultivé en hautains dans l'Isère et la Savoie, qui donne un vin riche en couleur, mais plat et commun. Non classé, il occupait 157 hectares dans l'Ardèche et 2 hectares en Savoie, en 1958, année de l'établissement du cadastre viticole. Actuellement 20 hectares sont autorisés en Ardèche.

Cheilly-lès-Maranges, Sampigny-lès-Maranges et Dezize-lès-Maranges

Le décret du 23 mai 1989 a abrogé les dispositions vis-à-vis de ces appellations de la Côte de Beaune, qui depuis 1988 revendiquaient l'appellation Maranges. (*Voir* Maranges.)

 Chenanson

Croisement de Grenache noir × Jurançon noir obtenu à l'INRA de Vassal.

Grappe grande, ailée, moyennement compacte ; baies moyennes, sphériques, noires ; maturité : 3e époque hâtive.

À débourrement précoce, productif, il donne un vin coloré, assez typé, avec une qualité voisine de celle du Grenache. Il est classé recommandé avec un clone agréé : le n° 602.

Actuellement 280 hectares sont en plantation.

Chénas

L'appellation d'origine contrôlée Chénas, ratifiée par le décret du 11 septembre 1936, est le plus petit de tous les crus du Beaujolais. Sur un peu plus de 260 hectares, elle produit 15 000 hectolitres (2 millions de bouteilles). Cette appellation est aussi la moins homogène, car il existe beaucoup de différences entre les terrains proches du Moulin-à-Vent et ceux voisins du Juliénas. Peu profonds, les sols sont constitués de manganèse mêlé à du granite effrité.

Le village de Chénas doit son nom aux chênes qui recouvraient la région à l'aube de l'ère chrétienne, bien avant l'expansion de la vigne.

Les meilleures bouteilles de Chénas peuvent être conservées cinq à six ans. Elles ont de la chaleur et du bouquet. « Chénas est une gerbe de fleurs déposée dans une corbeille de velours », dit-on dans la région. L'arôme le plus fréquent est celui de la pivoine.

Appellation compliquée et discutée, Chénas produit également du Moulin-à-Vent sur son territoire communal.

 Chenin

Synonymes : *Plant d'Anjou, Blanc d'Anjou, Plant de Brézé, Pinet d'Anjou, Pinot de la Loire, Pineau de la Loire, Pineau de Savennières, Pineau de Vouvray, Pineau vert, Pointu de Savennières, Blanc d'Aunis* en Charente, *Franc blanc* en Vendée, *Franche* dans l'île de Ré, *Confort* dans la Vienne, *Ronchalin* en Gironde, *Péra* dans l'Indre, *Verdurant* dans l'Allier, *Rajoulin* en Corrèze, *Gamay blanc* dans l'Aveyron, *Capbreton* dans les Landes, *Couéfort* ou *Quéfort* dans le Gers, *Tête de Crabe* ou *Tite de Crabe* (c'est-à-dire Pis de chèvre en gascon), *Plant de Salcès* ou *Salles* en Provence.

Bourgeonnement épanoui, cotonneux blanc à liseré rosé.

Jeunes feuilles duveteuses à plages bronzées, limbe cotonneux en dessous.

Feuilles orbiculaires, vert foncé, bullées, tourmentées, 5-lobées avec les sinus latéraux à fonds aigus et plus ou moins fermés ; sinus pétiolaire en lyre avec la base des nervures rouge à la face supérieure (chez certains clones les nervures sont vertes) ; dents ogivales, étroites ; limbe en dessous duveteux en pelote.

Chénas, en Beaujolais, dont le vin est « une gerbe de fleurs ».

Rameaux glabres, rouge acajou du côté exposé au soleil et portant des stries longitudinales brunes au dos ; vrilles longues, rouges, charnues.

Grappes moyennes, coniques avec un ou deux ailerons, assez compactes ; baies ovoïdes, moyennes, croquantes, jaune doré, pellicule fine, pulpe dense ; maturité : 2e époque.

Le Chenin est vigoureux et possède un débourrement précoce, le rendant sensible aux gelées ; il est assez atteint par la pourriture grise et les vers de la grappe.

Comme il s'agit d'un cépage-population très hétérogène, on recherche les clones les moins tardifs pour gagner une dizaine de jours en Anjou. En matériel certifié, 6 clones ont été agréés : les nos 220, 278, 416, 417, 624, 880 et 982. Le Chenin a été classé recommandé non seulement dans la vallée de la Loire, mais également dans le Sud-Ouest et en Languedoc.

Le vin de Chenin est très fruité, avec beaucoup de bouquet et il peut se garder longtemps. Il est généralement vinifié en vin moelleux, ce qui est la caractéristique des vins blancs d'Anjou dont il a fait la renommée avec les AOC d'Anjou et de Touraine, Coteaux-du-Layon, Savennières, Vouvray. Il serait moins bien adapté pour l'élaboration des vins secs ; en revanche, il prend très bien la mousse, permettant l'obtention de nombreux vins mousseux AOC Saumur, Vouvray, Montlouis et Touraine.

C'est le 6e cépage blanc avec une superficie de 8 800 hectares environ, en régression par rapport à 1958 (16 500 hectares), par suite de la mévente des vins blancs moelleux. En dehors de quelques petites plantations dans l'Aude pour la Blanquette de Limoux, la culture du Chenin est concentrée dans la vallée de la Loire.

Chevalier-Montrachet

Ce grand cru de la Côte de Beaune couvre 7,25 hectares sur la commune de Puligny-Montrachet (215 hl produits en 1995). Il se situe en altitude au-dessus des vignes de Montrachet, ce qui lui confère de la légèreté. Le vignoble s'accroche à un terroir ingrat et aride favorable à la culture du cépage Chardonnay. Cela explique sans doute, avec l'exposition est-sud-est, la somptueuse finesse de ce grand vin blanc. Le décret de juillet 1937, qui l'a ratifié, a fixé le titre alcoométrique minimal à 12 % Vol., le rendement de base à l'hectare à 40 hectolitres seulement, et a autorisé comme seul cépage le Chardonnay. Très proche du Montrachet, à cette nuance près qu'il est peut-être plus léger, le Chevalier-Montrachet est considéré à juste titre comme l'un des plus grands vins blancs secs de France et du monde. Ce vin sec et vif est très puissant. Amplement fruité, il dégage de fins arômes de noisette, d'amande et de miel. Fine aussi est sa robe infiniment pâle et toute parée de reflets. Il est conseillé de ne pas le boire trop froid, son bouquet s'épanouissant vers 12 ou 13 °C.

Cheverny

Le vignoble avait été classé AOVDQS en 1973. Depuis le décret du 26 mars 1993, les productions de 24 communes du Loir-et-Cher revendiquent l'appellation contrôlée Cheverny.

L'encépagement en rouge est le Gamay, dans une proportion de 40 à 65 %, et le Pinot noir. Le Cabernet franc et le Côt peuvent représenter 15 % de l'encépagement.

Pour l'élaboration des rosés, le Pineau d'Aunis est prévu en complément des cépages retenus pour les rouges.

L'encépagement des vins blancs se fera à partir du Sauvignon dans une proportion de 60 à 85 % avec le Chardonnay, l'Arbois et le Pineau blanc de Loire en tant que cépages complémentaires.

Le degré minimum accepté est de 9,5 % Vol. et en vin fini de 12,5 % Vol. maximum.

Le rendement de base est de 50 hectolitres à l'hectare pour les rouges, 55 pour les rosés et 60 pour les blancs.

Les terrains siliceux confèrent aux vins légèreté et finesse. Les vins ont, selon leur type, ten-

Chiroubles, en Beaujolais, dominé par son caractéristique clocher à bulbe.

dance à être coulants, légers et vifs. Ils se boivent jeunes mais présentent une tenue en bouteille très correcte.

 Chichaud

Synonymes : *Tsintsao* (en patois de l'Ardèche) à Aubenas, *Brunet* à Privas, *Chicaud.*

Grappes grandes, ailées, cylindro-coniques, compactes ; baies sphériques à ovoïdes, moyennes, noires, à pulpe juteuse ; maturité : 2e époque hâtive.

Ce cépage à débourrement tardif est peu productif et il donne des vins peu colorés, fins et bouquetés. Ses raisins peuvent également être consommés à table. Non classé.

Chinon

Le vignoble, classé AOC par le décret du 31 juillet 1937, couvre environ 1 800 hectares, avec pour cépages, en rouge et en rosé, le Cabernet franc ou breton, et 10 % de Cabernet-Sauvignon pour compléter éventuellement l'encépagement ; en blanc, le Pineau blanc de la Loire est l'unique cépage.

La production en rouge est de 100 000 hectolitres. Pour le rosé, le volume produit oscille selon les années entre 2 et 5 % de la production en rouge. En blanc, la production traditionnelle et confidentielle avoisine 800 hectolitres. L'aire de production s'étend sur 19 communes ou parties de communes.

La robe des vins rouges est légère, soutenue selon les terrains. Les sols graveleux, chauds, apportent des nuances grenat, les sols calcaires, un ton pourpre. Avec l'âge, les vins se patinent d'une note ambrée. L'odeur évolue du végétal à l'animal, puis au minéral, fruité, floral. Le vin est velouté, avec des tanins vifs, mais parfaitement fondus au corps racé du vin.

Les blancs ont une aptitude à vivre étonnante. Une zone de production est cadastrée « Champ Chenin », c'est dire la pérennité qui s'attache à cette forme d'expression de la vigne de Pineau en ces lieux. Les vins secs à tendres, selon l'ensoleillement de l'année, sont racés, charpentés et élégants à la fois. (*Voir* Touraine, p. 582.)

Chiroubles

Niché et pentu sur un renfoncement du paysage, Chiroubles est déjà montagnard. Ses sols de granite et de sable accueillent la vigne depuis le XIe siècle. Sur une surface de 350 hectares, on produit en moyenne 20 000 hectolitres soit 2 600 000 bouteilles. Ce cru, classé AOC par le décret du 11 septembre 1936, et très apprécié en France, est assez peu connu à l'étranger. On le considère volontiers comme le plus « beaujolais » de tous les Beaujolais. Il est souvent le plus léger des dix crus : charmeur, aérien, avec sa robe d'un rouge éclatant et son arôme de violette, sa finesse primesautière incite à le boire avant les autres. Certains Chiroubles ont de la solidité, celle des murets de pierre sèche appelés ici « rases ».

Vue aérienne du vignoble aux environs de Chinon, en Touraine.

Chorey-lès-Beaune

Contrairement à des appellations voisines, Chorey-lès-Beaune ne comporte pas de premiers crus. Cela est imputable au terroir situé pour la majeure partie en plaine et composé de terres trop riches, grasses et fortement irriguées. Les 125 hectares de l'appellation d'origine contrôlée sont presque tous situés, mis à part les Beaumonts, à gauche de la nationale 74. Le législateur, dans son décret du 21 mai 1970, se contenta de rappeler le titre alcoométrique minimal autorisé : 10,5 % Vol. pour les vins rouges et 11 % Vol. pour les blancs, ainsi que le rendement de base à l'hectare, soit 40 hectolitres pour les rouges et 45 pour les blancs. La production annuelle moyenne approche les 5 500 hectolitres pour les rouges et 350 hectolitres pour les blancs sur un potentiel viticole de 9 hectares.

Peu connus en raison de l'écrasante proximité de crus très prisés comme le Savigny-lès-Beaune, les rouges sont cependant fermes en bouche, bouquetés, souples et d'assez bonne garde. Ils sont souvent commercialisés sous l'appellation Côte-de-Beaune-Villages.

 Chouchillon

Feuilles orbiculaires, tourmentées, bullées, 5-lobées avec les sinus latéraux à fonds aigus et en massue, sinus pétiolaire fermé ou à bords superposés ; dents ogivales, moyennes ; limbe en dessous faiblement aranéeux, pratiquement glabre.

Grappes courtes, cylindriques, assez lâches ; baies sphériques ou légèrement ovoïdes, moyennes, blanches ou un peu rosées, pellicule veinée, pulpe molle ; maturité : 2e époque tardive.

Ce cépage faisait partie du vignoble de Chagnon dans la Loire et fournissait un vin blanc de bonne qualité non classé.

Cinsaut

Synonymes : *Cinsault, Cinqsaut, Cinq-Saou* en Languedoc, *Piquepoul d'Uzès* à Béziers, *Plant d'Arles* dans les Bouches-du-Rhône, *Boudalès* ou *Bourdalès* dans les Pyrénées-Orientales, *Milhau* ou *Milhaud du Pradel* dans le Tarn-et-Garonne, *Morterille* ou *Morterille noire* en Haute-Garonne, *Prunella* ou *Prunelas* et *Espagnol* dans le Gers, *Bourdelas* dans les Hautes-Pyrénées, *Prunaley* et *Gros de Lacaze* en Gironde, *Gros Marocain* en Charente, *Marroquin, Marrouquin, Picardan noir* dans le Var, *Espagnen* en Vaucluse, *Salerne* à Nice, *Cuvillier* à Grenoble, *Pétaïre* et *Plant de Broqui* dans l'Aveyron.

Bourgeonnement épanoui, cotonneux blanc à liseré carminé. Jeunes feuilles duveteuses, bullées, jaune rougeâtre, 5-lobées.

Feuilles moyennes, orbiculaires, molles, tourmentées, vert clair, profondément 5-lobées avec les sinus latéraux à fonds aigus et parfois une dent, plus ou moins fermés ; sinus pétiolaire en lyre étroite ou fermée ; dents anguleuses, très étroites ; dessous du limbe aranéeux en pelote ou pubescent selon les clones. À l'automne le feuillage se macule partiellement de rouge.

Rameaux côtelés, vert clair, glabres avec de grandes vrilles. Grappes grandes, cylindroconiques, compactes ; baies ellipsoïdes, grosses, d'un beau noir bleuté et pruinées, peau ferme, craquant sous la dent, chair juteuse quoique assez ferme ; maturité : 2e époque.

Le Cinsaut est de vigueur moyenne et son port est étalé, ce qui permet d'expliquer son synonyme Cinsaut couché en Vaucluse, par opposition au plant droit, dénommé Cinsaut droit. Il débourre assez tardivement à la mi-avril et se montre sensible au mildiou, à l'oïdium, aux vers de la grappe et aux araignées jaunes. La fertilité du Cinsaut est régulière, exigeant en plaine des porte-greffe vigoureux et sa production atteint alors 100 hectolitres à l'hectare. Dans les coteaux où l'on recherche la qualité et la précocité, on fait appel à des porte-greffe moyennement puissants comme le 3 309 ou le 4 453. Les vins récoltés dans de telles situations ont une belle couleur rouge, du moelleux aux odeurs agréables qui se développent avec l'âge.

Le Cinsaut est un cépage à deux fins et ses raisins sont vendus pour la table, généralement sous le nom d'Œillade (ancien cépage lui ressemblant mais qui n'est plus cultivé aujourd'hui), principalement pour le marché français où ses raisins sont appréciés. Il est peu exporté, car les baies sont jugées trop petites pour le commerce international. Le Cinsaut fait partie de l'encépagement de nombreuses AOC méridionales : Châteauneuf-du-Pape, Côtes-du-Rhône, Côtes-de-Provence, Coteaux-du-Languedoc. Il a été classé recommandé dans tous les départements du Midi et du Sud-Ouest. En matériel certifié, 17 clones ont été agréés dont les plus intéressants paraissent être les nos 5, 3, 4, 92, 103, 252 et 255. Depuis quelques années, les superficies cultivées sont passées de 11 000 hectares à 45 000, ce qui en fait le 5e cépage français. Il occupe une place importante en Languedoc avec 32 000 hectares, ainsi qu'en Provence et en Corse avec 13 000 hectares.

Feuille de Cinsaut, cépage recommandé dans le midi et le sud-ouest de la France.

Grappe de Cinsaut.

Ciréné de Romans

Synonymes : *Siranié, Sérené, Cirané, Cérigné, Céréné, Sérénèze de la Tronche.*

Feuilles orbiculaires, unies, un peu en entonnoir, faiblement trilobées avec des sinus latéraux peu profonds, sinus pétiolaire en lyre ouverte ; dents ogivales, moyennes ; dessous du limbe aranéeux, floconneux. Le feuillage rougit partiellement à l'automne.

Grappes cylindriques, petites, compactes ; baies sphériques, moyennes, noir bleuté ; maturité : 2e époque tardive.

Le Ciréné de Romans est un cépage particulier de la Drôme, cultivé dans la région de Romans et de Bourg-de-Péage ainsi que dans l'Isère, à La Tronche, près de Grenoble. Son vin est délicat, de bonne garde. Ce cépage fertile craint l'oïdium, mais résiste assez bien au mildiou et à la pourriture. Non classé.

Clairette

Synonymes : *Clérette, Clairette blanche, Petite Clairette, Clairette pounchudo* dans le bassin inférieur du Rhône, *Clairette verte* à Bandol, *Petit Blanc* à Aubenas, *Blanquette* dans l'Aude et le Gard, *Cotticour* en Tarn-et-Garonne, *Malvoisie* (improprement) en Gironde et Lot-et-Garonne, *Muscade* à Loupiac, *Colle-Musquette* à Sainte-Croix du Mont.

Bourgeonnement épanoui, cotonneux blanc à liseré carminé.

Feuille de Clairette.

Jeunes feuilles duveteuses, jaunâtres à dessous cotonneux.

Feuilles orbiculaires, moyennes, vert foncé et légèrement bleutées, épaisses, tourmentées, bullées, 5-lobées avec les sinus latéraux étroits et à fonds aigus ; sinus pétiolaire fermé, à bords superposés ; dents ogivales, petites, étroites, mucronées ; dessous du limbe cotonneux-pubescent, blanchâtre.

Rameaux côtelés, vert clair, duveteux au sommet et faiblement striés de rouge ; vrilles petites, fines. Grappes moyennes à grosses, cylindro-coniques, ailées, généralement peu compactes ; baies blanches, ellipsoïdes à olivoïdes, pointues, moyennes, parsemées de points bruns ; chair ferme, juteuse ; maturité : 3e époque.

C'est un cépage très vigoureux, à port érigé, qui s'accommode bien des terres maigres et qui doit être greffé sur des porte-greffe faibles, sinon il coule par excès de vigueur. Ses rameaux sont sensibles au vent. Peu attaquée par l'oïdium et l'excoriose, la Clairette craint davantage le mildiou et les vers de la grappe. Avec des rendements faibles, inférieurs à 50 hectolitres à l'hectare, les vins obtenus sont très alcooliques, de 12 à 14 % Vol., peu bouquetés, mais ils madérisent facilement, ce qui était autrefois recherché par une certaine clientèle et par les vermouthiers pour la préparation d'apéritifs à base de vin.

Actuellement, vinifiée seule, la Clairette fournit des vins blancs AOC : Clairette de Bellegarde dans le Gard et Clairette du Languedoc dans l'Hérault, avec pour cette dernière appellation la possibilité de produire des vins de liqueur, des vins secs et des vins rancios pour les raisins récoltés à surmaturité et très nettement madérisés à la suite d'un vieillissement naturel de trois années de conservation.

Associée au Muscat blanc à petits grains, elle sert à l'élaboration d'un mousseux, la Clairette de Die, tandis que mélangée à d'autres cépages blancs elle entre dans la préparation de nombreux vins blancs AOC : Châteauneuf-du-Pape, Côtes-du-Rhône, Côtes-de-Provence, Cassis, Bandol, Bellet, Palette, Coteaux-d'Aix-en-Provence, Côtes-du-Ventoux.

En matériel certifié, 10 clones ont été agréés, les plus intéressants étant les nos 68, 69, 97 et 208. La culture de la Clairette est en régression, passant de 14 000 hectares en 1958 à seulement 3 500 hectares en 1995, par suite de la mévente de cette catégorie de vins blancs très alcooliques et souvent madérisés. Les principales plantations se trouvent en Languedoc – Gard, Hérault, Ardèche et Aude – et en Provence – Vaucluse, Var, Bouches-du-Rhône –, ainsi que dans la

Grappe de Clairette blanche, qui entre, pour tout ou partie, dans l'élaboration de vins blancs tranquilles ou mousseux.

Rameau de Clairette.

Drôme. Quelques petites plantations subsistent dans le Sud-Ouest – Gers, Gironde, Tarn-et-Garonne, Pyrénées-Atlantiques.

La Clairette rose est un peu cultivée dans le Gard, l'Hérault, le Var et le Vaucluse. Les Clairettes ont été classées pour la cuve dans tous les départements du Midi et du Sud-Ouest ; elles ont été classées également comme raisins de table.

Clairette de Bellegarde

Le vignoble, classé AOC par le décret du 28 juin 1949, est situé au sud de Nîmes, dans le département du Gard. Sur des sols caillouteux, on cultive un seul cépage, la Clairette, qui donne un vin blanc sec au bouquet caractéristique. La production est de 2 000 hectolitres élaborés à 80 % par la cave coopérative de Bellegarde.

Clairette de Die

Le vignoble est situé sur les coteaux bien exposés qui bordent la Drôme, entre Aouste-sur-Sye à l'ouest, et Luc-en-Diois à l'est.

Ce fut d'abord un vignoble de bergers. Les Romains le développèrent, surtout à partir du cépage Clairette, qu'ils ont probablement apporté eux-mêmes du rivage méditerranéen. Pline parle en grande estime de la « Clarette de Dea Augusta ».

Les religieux, et tout particulièrement les cisterciens, s'y intéressèrent, et la réputation de la Clairette de Die s'étendit durant des siècles grâce, une fois de plus, à la viticulture épiscopale.

L'appellation d'origine contrôlée a été ratifiée par les décrets d'avril 1942 et mai 1971 pour 31 communes des Côtes du Rhône. Depuis le décret du 26 mars 1993, elle correspond à un seul type de vin mousseux.

Le vignoble sur pentes couvre 1 100 hectares et produit 65 000 hectolitres, dont une grande partie sortent de la cave coopérative de Die.

Deux cépages sont cultivés : le Muscat à petits grains auquel on réserve les terrains marneux, et la Clairette, qui s'adapte beaucoup mieux aux terrains d'éboulis calcaires.

Les vins blancs tranquilles, secs, faits à base de Clairette, ne représentent qu'un faible volume : 20 000 bouteilles.

La proportion de Muscat avoisine 75 % (minimum autorisé) et celle de Clairette environ 25 %.

La méthode d'élaboration dite « Dioise ancestrale » consiste à partir d'un moût partiellement fermenté contenant, au moment du tirage en bouteille, 55 grammes de sucre par litre.

La fermentation en bouteille dure au minimum 4 mois. Le vin terminé contient au moins 35 grammes de sucre par litre. Le dépôt est éliminé par filtration isobarométrique, soit de bouteille à bouteille, soit d'un récipient à un autre. On peut également utiliser le dégorgement.

Clairette du Languedoc

Cette AOC, ratifiée par le décret du 12 avril 1965, correspond à un vin blanc et à un vin de liqueur des Coteaux-du-Languedoc. Le vignoble, situé dans la moyenne vallée de l'Hérault, sur des sols argilo-calcaires, est planté de Clairette et produit quelque 5 000 hectolitres d'un vin blanc d'un or léger, fruité, avec des arômes rappelant la pomme, plein en bouche et finissant sur une légère amertume typique de la Clairette. Il peut être sec ou moelleux. Les vins issus de vendange tardive sont très généreux ; en vieillissant, ils acquièrent un caractère rancio « noble ».

 Clarin

Croisement d'Ugni blanc × Clairette. Ce plant est vigoureux, bien adapté au gobelet et moins sensible au vent que l'Ugni blanc ; sa production est régulière et son vin, à l'arôme léger, peut servir à améliorer la qualité des vins blancs de table. Classé autorisé avec un clone agréé : le n° 761. Il est planté sur 4 hectares.

 Claverie

Synonymes : *Clabarien, Clabérieu, Clabérien, Clabéria* (enclos, barrière en Béarnais), *Chalosse blanche* ou *Chaloussenc, Bourguieu* dans le Tursan, *Galia zuria* en Pays basque.

Grappes longues, 20 à 30 cm, cylindriques, compactes, avec 2 ailerons bien distincts ; baies moyennes, ovoïdes, blanc jaunâtre, mouchetées de brun au soleil, peau fine, pulpe juteuse ; maturité : 3e époque.

Cépage de la Chalosse dans les Landes, du Vic-Bilh et du Jurançonnais dans les Pyrénées-Atlantiques. Son vin alcoolique, assez fin, fut longtemps recherché par les Hollandais pour être vendu ensuite en vin sec ou en vin doux. Ce plant est très sensible à l'oïdium. Il est classé recommandé dans le sud-ouest pyrénéen.

Actuellement, 15 hectares sont en production.

Clos des Lambrays

Ce clos divisé de 8,2 hectares se situe sur la commune de Morey-Saint-Denis en Côte de Nuits. Il a fallu attendre le mois d'avril 1981 pour que le Clos des Lambrays soit reconnu officiellement comme grand cru à part entière, bien qu'il fût quand même jusqu'alors étiqueté « Grand Cru ». Ces vins fameux, dont on aime dire qu'ils sont les plus typés de Morey-Saint-Denis, sont produits à raison de 255 hectolitres en moyenne chaque année. Ils doivent titrer au minimum 11,5 % Vol. Le rendement de base autorisé est de 35 hectolitres à l'hectare. Cet excellent vin rouge présente les qualités propres aux vins de Morey-Saint-Denis : robustesse, charpente, subtilité et vigueur, bien que la jeunesse des vignes lui confère quelque légèreté.

Clos de la Roche

Ce grand cru situé sur la commune de Morey-Saint-Denis, en Côte de Nuits, est ratifié par décret du 8 décembre 1936. Son vignoble est l'un des plus vastes des crus de Morey, avec ses 15,9 hectares. Le titre alcoométrique minimal en a été fixé à 11,5 % Vol. et le rendement de base à 35 hectolitres à l'hectare. En 1995, la production était de 547 hectolitres. L'interaction des sols argilo-calcaires et des microclimats est pour une large part à l'origine de la qualité de ce vin robuste, gaillard, à la robe sombre qui sait aussi, parfois, user de manières délicates. Son nez puissant marie la fraise et la violette. Il est également apprécié pour sa belle aptitude au vieillissement.

Clos Saint-Denis

Ce clos situé sur la commune de Morey-Saint-Denis, en Côte de Nuits, couvre une superficie de 6,2 hectares. Il produit un vin rouge réputé de longue date et fut la propriété de la collégiale de Saint-Denis, au XIIIe siècle. Il fallut attendre 1936 pour que l'on reconnaisse au Clos Saint-Denis le rang de Grand Cru, par décret du 8 décembre. Ce vin doit titrer au minimum 11,5 % Vol. En 1995 la récolte a été de 212 hectolitres.

On le dit plus élégant que les autres crus de Morey, mais plus léger et moins charpenté que les Clos de Tart et de la Roche. Il se place néanmoins parmi les tout premiers grands crus rouges de Bourgogne.

Clos de Tart

Une longue histoire précède le décret du 4 janvier 1939 ratifiant l'appellation Clos de Tart en Côte de Nuits. Ce vignoble suscita même, en 1184, une bulle du pape entérinant une vente des sœurs bernardines ; le clos s'appelait alors le Climat de la Forge. Situés au nord de Morey-Saint-Denis, entre Bonnes-Mares et le Clos-des-Lambrays, les 7,5 hectares de l'appellation d'origine sont entièrement clos d'un mur à mi-colline. Comme les autres grands crus de la commune, ce vin rouge de la Côte de Nuits doit présenter un titre alcoométrique minimal de 11,5 % Vol. Le rendement de base est fixé à 35 hectolitres à l'hectare. En 1995, 229 hectolitres ont été récoltés.

Le Clos de Tart est un vin paradoxal à la robe foncée, alliant à la fois robustesse et finesse, grâce et vigueur. Fraise et violette se marient en une parfaite harmonie.

Clos de Vougeot

Il convient de ne pas confondre cette appellation d'origine contrôlée de la Côte de Nuits avec l'appellation d'origine Vougeot, qui ne couvre que 16,49 hectares, alors que le célèbre clos, entièrement ceint de murs, revendique 47,3 hectares, répartis entre plaine et coteaux et morcelés en 70 propriétés environ ! Chaque année sont produits environ 1 600 hectolitres (1 455 hl en 1995) d'un grand cru rouge dont le législateur a fixé à 11,5 % Vol. le titre alcoométrique minimal et à 35 hectolitres à l'hectare le rendement de base. Il est assez difficile de qualifier avec précision cette appellation prolixe en expressions, aussi est-il bon de rappeler la judicieuse classification qu'établirent les moines de Cîteaux, qui avaient l'habitude de diviser le clos en trois cuvées : la cuvée des Papes (provenant des terres hautes), la cuvée du Roi (dans les vignes situées à mi-pente) et enfin la cuvée des Moines (provenant de la plaine la plus riche).

Ce vin rouge plantureux est réputé mondialement pour sa robe foncée, sa vigueur, son étoffe et sa fermeté. Il allie un corps musclé et une chair fine, ronde et pleine. Ses effluves complexes sont faits de violette, de truffe et de buisson sauvage, certains y perçoivent la violette et la menthe sauvage. Il présente aussi l'inestimable avantage de pouvoir affronter de très longues gardes. Le morcellement du clos explique que parfois le Clos de Vougeot soit varié dans ses expressions.

Pressoir du Clos de Tart, à Morey-Saint-Denis, datant du XVIe siècle.

Cognac

Âgé de quatre siècles, né d'un parfait hasard de la nature – un terroir, des conditions climatiques propices et la proximité de la mer –, le Cognac s'appuie sur un long passé de traditions, gage de son avenir. Tout à la fois produit et art, le Cognac, présent dans tous les pays du monde, participe de la chaleureuse vie du vin et de ses grandes eaux-de-vie.

■ La création du vignoble des Charentes date vraisemblablement du IIIe siècle, lorsque l'empereur Probus étendit à la Saintonge, au Poitou et à l'Angoumois le privilège de cultiver la vigne. Mais ce fut le mariage d'Aliénor avec le futur roi d'Angleterre, Henri II Plantagenêt, en 1152, qui ouvrit un marché lucratif vers les pays anglo-saxons et scandinaves au grand vignoble qui s'était constitué autour de La Rochelle sous l'impulsion de Guillaume X.

Cette ouverture aux échanges internationaux n'était pas nouvelle dans les campagnes du bassin de la Charente. En effet, dès le Ve siècle, des pêcheurs hollandais venaient y chercher un sel renommé pour la conservation du poisson, que l'on exploitait dans les îles de Ré et d'Oléron et sur la côte atlantique.

Grâce à la proximité de l'Océan et à la Charente, alors navigable, le vignoble s'était peu à peu développé, et bientôt les marins venus s'approvisionner en sel achetèrent également du vin. À cette époque, les vins blancs des coteaux de Champagne, parfumés et légèrement pétillants, étaient déjà réputés et appréciés dans les pays nordiques.

Les chais Tiffon à Jarnac, édifiés sur les bords de la Charente qui dispense l'humidité nécessaire à l'évolution du Cognac.

La distillation des vins

À la suite de récoltes excédentaires à une époque où l'on ne savait pas assurer au vin une longue conservation, et sous l'impulsion des marchands hollandais qui voyaient les vins souffrir de longs voyages en mer, l'Aunis et la Saintonge commencèrent à distiller les vins blancs vers 1600.

Faut-il trouver une légende au Cognac et attribuer à un certain chevalier de la Croix-Marron, vers la fin du XVIe siècle, après un rêve fabuleux, le mérite de la découverte de l'art de la distillation « à repasse » ?

Ce procédé copié en fait sur le modèle antique des Grecs et des Arabes se généralisa rapidement. Les achats d'eau-de-vie primèrent bientôt sur les achats de vin.

Les premières eaux-de-vie avaient été distillées par les Hollandais, chez eux, sous le nom de *brandewijn,* littéralement « vin brûlé », qui devint *brandy* en Angleterre, donc synonyme « d'eau-de-vie de vin ».

On comprend fort bien que cette activité se soit rapidement déplacée sur les lieux mêmes de la production. Les eaux-de-vie ainsi produites se sont avérées très vite remarquables, et l'on découvrit qu'elles prenaient une valeur incomparable après un temps de conservation dans les barriques de chêne. Ainsi est née une eau-de-vie qui s'appellera Cognac.

Cognac

Port fluvial, Cognac sut jouer un rôle politique autant qu'économique pour devenir dès le XIIe siècle « le port Saulnier », doté par le Roi d'un monopole pour toutes les salines de la côte atlantique. Cognac fut très rapidement connu de l'Europe et particulièrement des trois grands ports de la Hanse : Hambourg, Brême et Lubeck, qui joueront également un grand rôle dans le commerce du Cognac. Raymond Dumay remarqua à cet égard que lorsque « le Cognac se présenta, quatre ou cinq siècles plus tard, il n'eut pas à se préoccuper de lancer son nom, le sel l'avait fait pour lui ».

La révocation de l'édit de Nantes, en 1685, accrut encore les contacts commerciaux. Les membres des familles protestantes de l'Aunis et de La Rochelle, exilés en Angleterre ou en Hollande, maintinrent des relations étroites avec les paysans restés sur leurs terres.

Parallèlement, des négociants ouvrirent des comptoirs de vente d'eau-de-vie. Au XVIIIe siècle, l'exportation s'étendit à l'Amérique du Nord et aux îles de l'océan Indien. Cognac acquit bientôt une renommée mondiale, d'autant plus que l'eau-de-vie fut mise en bouteilles pour faciliter son transport. Ce procédé présida aussi au développement de la notion de « marque », essentielle en Cognac.

Vers 1910, le vignoble presque entièrement détruit par le phylloxéra renaissait. La viticulture et le commerce des eaux-de-vie assurèrent dès lors une prospérité durable à la région.

Le climat

Le climat de cette région des Charentes est propice à la vigne. C'est un climat atlantique modéré, doux et humide, dont la luminosité rappelle celle des pays méditerranéens, mais avec des brumes les jours de grande chaleur en été, qui tamisent les rayons du soleil et préservent ainsi le bouquet subtil des vins à venir.

Les terroirs

Les sols sont dans leur très grande majorité des sols calcaires. Ce sont les « groies », issues du jurassique, au nord de la Charente et les « champagnes », au sud. Le sous-sol très calcaire évite tout excès d'eau et assure aux vignes une bonne végétation et une maturation régulière, favorable à la qualité des vins. Ce sont des terroirs à vigne par excellence.

Le vignoble

La situation des vignes, sur les côtes ou très facilement accessibles par voie d'eau, favorisa leur implantation à l'origine. Ce vignoble de collines mollement ondulées et de pénéplaines, de larges horizons, donc de culture assez aisée, a pu s'adapter facilement aux évolutions des techniques et de la mécanisation.

Il faut noter enfin que le chêne du Limousin s'offrait en voisin aux vignerons charentais. Aux dires de tous les spécialistes, la qualité de ce bois de chêne est idéale pour le vieillissement des eaux-de-vie. Sans lui, le Cognac ne serait probablement pas.

Les cépages

La Folle blanche, implantée par les Hollandais au XVIIe siècle, sera remplacée deux siècles plus tard, après la crise phylloxérique.

L'Ugni blanc représente aujourd'hui 98 % de l'encépagement. Il se trouve donc à sa limite nord de culture. Le vin qu'il produit conserve une acidité élevée et une grande finesse des arômes, qualités requises pour l'élaboration de grandes eaux-de-vie vieillies sous bois.

Le Colombard, cépage autochtone, se maintient encore. Au stade du moût, il participe à l'élaboration du Pineau des Charentes.

Les décrets des 15 mai 1936, 13 janvier 1938 et 3 février 1955 complètent ces cépages avec, également, le Blanc ramé, le Jurançon blanc, le Sémillon, le Sauvignon et le Sélect.

Juillac-le-Coq. Un vignoble caractéristique de la Charente, au cœur de la Grande Champagne.

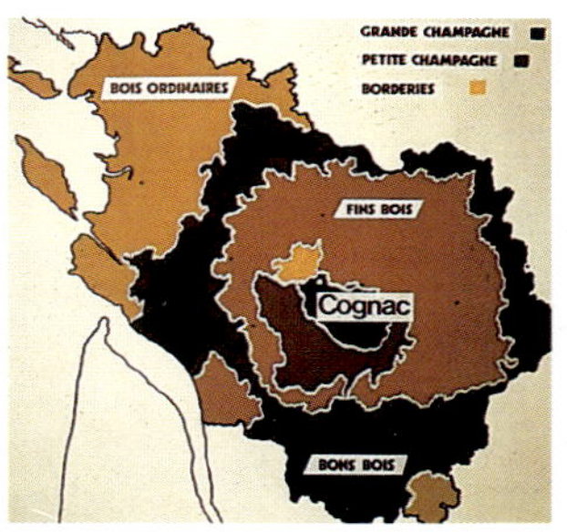

La carte des crus.

La production

Dans les années 1870, le vignoble couvrait près de 300 000 hectares et produisait jusqu'à 15 millions d'hectolitres de vin. C'était le plus grand vignoble de vin blanc dans le monde. Dévasté par le phylloxéra à la fin du XIXe siècle, il couvre aujourd'hui 90 000 hectares (pour une production de 1 million d'hectolitres), ce qui en fait toujours le plus grand vignoble de vin blanc du monde. 30 000 viticulteurs le cultivent comme un jardin, en petites exploitations, souvent en polyculture. 2 500 unités seulement dépassent 10 hectares de vigne.

Les décrets du 1er août 1909, du 13 janvier 1938 et du 16 février 1978 délimitent l'aire de production et font entrer le Cognac dans le cercle des appellations d'origine contrôlée.

L'aire de production qui regroupe la partie ouest de la Charente, la Charente-Maritime et deux petites enclaves en Dordogne et dans les Deux-Sèvres, est divisée elle-même en 6 sous-appellations ou crus. La carte des crus ainsi définie rappelle curieusement une cible où le mille serait la Grande Champagne et où l'on aurait concentriquement la Petite Champagne, les Borderies (en enclave), les Fins Bois, les Bons Bois, les Bois ordinaires.

Cette classification est liée à la géologie et à l'influence des vents marins plus actifs sur la côte. Elle respecte tout à fait les usages anciens matérialisés.

Parallèlement, ces décrets vont donner droit aux appellations Cognac, eau-de-vie de Cognac, eau-de-vie des Charentes et aux sous-appellations :

LE MARCHÉ DU COGNAC (EN MILLIONS DE BOUTEILLES)		
Pays	**Période 1980/1985**	**Période 1990/1995**
États-Unis	31,4	28
Royaume-Uni	15,8	11,5
France	12,1	7
Allemagne	10,6	7
Japon	10,2	15

Grande Fine Champagne et Grande Champagne, Petite Fine Champagne et Petite Champagne, Fine Champagne, Borderies, Fins Bois, Bons Bois.

Les règles de vinification

Les raisins blancs sont vinifiés en blanc et, fait probablement unique, la vinification n'utilise ni antioxydant ni antiseptique. Dès la sortie du pressoir, le moût est mis en cuve. La fermentation se développe d'elle-même rapidement. Les vins sont ensuite conservés sur leurs lies jusqu'au moment de les distiller. Tout était semblable il y a 400 ans, si ce n'est que les cuves sont plus grandes aujourd'hui puisqu'elles vont de 50 à 200 hectolitres.

Le maître de chais contrôle une première coupe et a prélevé un échantillon pour le déguster.

Le décret du 15 mai 1936 imposait deux règles rigoureuses : l'interdiction du sucrage et l'interdiction des presses dites « continues » comportant une vis d'Archimède, trop puissantes et qui nuisent à la qualité des vins et des eaux-de-vies. Les vins de Cognac sont peu chargés en alcool : 7 à 9 % Vol. Ils sont acides : 5 à 8 grammes par litre (SO_4H_2). Les pH sont bas : 3 à 3,1. L'acidité volatile est très faible : moins de 0,2 gramme par litre. Ils sont très secs : moins de 1 gramme par litre de sucres résiduels. Enfin, la fermentation malolactique se déclenche, en général, dès la fin de la fermentation alcoolique, les vins étant conservés sur leurs lies et en l'absence de tout apport de soufre.

La distillation

Elle ne peut être effectuée en dehors de la zone délimitée sous peine de perdre l'appellation. Elle peut débuter dès la déclaration de récolte, en novembre, et doit se terminer le 31 mars qui suit, ce qui correspond à cinq mois de conservation au maximum pour les vins, par souci toujours présent de la qualité (voir encadré).

Le vieillissement du Cognac sous bois

Le Cognac vieillit en fûts de chêne du Limousin. Le chêne, astringent et amer lorsqu'il est vert, acquiert au cours du séchage naturel douceur et arôme vanillé. Le séchage artificiel des bois par étuvage bloque les mécanismes enzymatiques, et le Cognac, logé au contact de ce bois, prend une amertume et une astringence insupportables.

LES INDICATIONS DE QUALITÉ

• *Trois étoiles :* pas d'eau-de-vie de moins de trente mois de vieillissement ; des eaux-de-vie plus vieilles de cinq à neuf ans y participent.

• *VSOP* (Very Superior Old Pale) *VO* : l'âge minimal des eaux-de-vie est de 4 ans et demi.

***Réserve* : On y retrouve des eaux-de-vie qui ont de dix à vingt ans de fût.**

• *Napoléon* et toute autre dénomination signifiant un long vieillissement : celles-ci ne peuvent inclure dans les coupes que des eaux-de-vie de compte six qui regroupent tous les Cognacs de six ans et plus de vieillissement sous bois.

• Le mot « *Fine* » ne peut être utilisé que pour une eau-de-vie d'appellation d'origine, par exemple « Fine Cognac », « Fine Champagne », « Fine Bons Bois ».

• *« Grande Fine Champagne »* : synonyme de « Grande Champagne ».

• *« Petite Fine Champagne »* : synonyme de « Petite Champagne ».

• Le degré minimal pour la vente au consommateur en France comme à l'étranger est de 40 % Vol.

LA DISTILLATION CHARENTAISE

La distillation s'effectue à l'alambic charentais traditionnel, tout en cuivre, chauffé à feu nu, et met en œuvre la méthode dite « à repasse ». La première chauffe concentre le vin dans un distillat appelé « brouillis ». La deuxième chauffe (ou bonne chauffe) concentrera le brouillis en eau-de-vie qui donnera le Cognac.

L'alambic charentais est une chaudière en cuivre (le cuivre a la propriété de ne pas modifier le goût du vin), noyée dans un massif et posée sur un foyer. Un chapiteau la surmonte qui agit comme un anti-mousse, et surtout permet de rétrograder par condensation sur sa paroi refroidie par l'air ambiant des éléments lourds indésirables, entraînés par les vapeurs : c'est le triage. Le col du cygne prolonge cette action et assure le passage des vapeurs vers le système de condensation. Celui-ci est un simple serpentin en cuivre plongé dans l'eau, la pipe de refroidissement. En bout de chaîne le porte-alcoomètre permet de suivre à tout moment le degré de coulage du distillat. Un réchauffe-vin peut être intercalé entre le col du cygne et la pipe. C'est un récupérateur de calories qui permet de préchauffer le vin ou le brouillis avant d'être mis en chaudière.

La distillation est très lente : huit à dix heures pour la première chauffe du vin pour obtenir un brouillis laiteux encore très imparfait, titrant de 25 à 30 % Vol. Il faut dix à douze heures pour la bonne chauffe dont on ne gardera que le « cœur » titrant de 70 à 71 % Vol.

Pendant ces longues heures, le vin, puis le brouillis, subissent une véritable cuisson (chauffage direct de la flamme sous le fond de la chaudière). La séparation et la concentration des éléments volatils du vin et ceux provenant de la cuisson se feront avec une grande douceur pour obtenir un « cœur » harmonieux, très riche et subtil à la fois.

L'alambic charentais est très exigeant. Il impose de mettre en œuvre un vin sain, droit de goût. Le distillateur doit, en outre, posséder une longue pratique pour régler le rythme de son feu et pour faire les séparations qui s'imposent au cours du coulage des distillats. Il fera ainsi des « têtes » de 0,5 à 2 % du chargement. Lors de la bonne chauffe, il doit séparer le cœur des secondes qui suivent et qui vont épuiser le reste d'alcool dans la chaudière ; c'est le moment de la coupe, toujours délicat, qui s'effectue au goût et à un degré de 60 % Vol. environ.

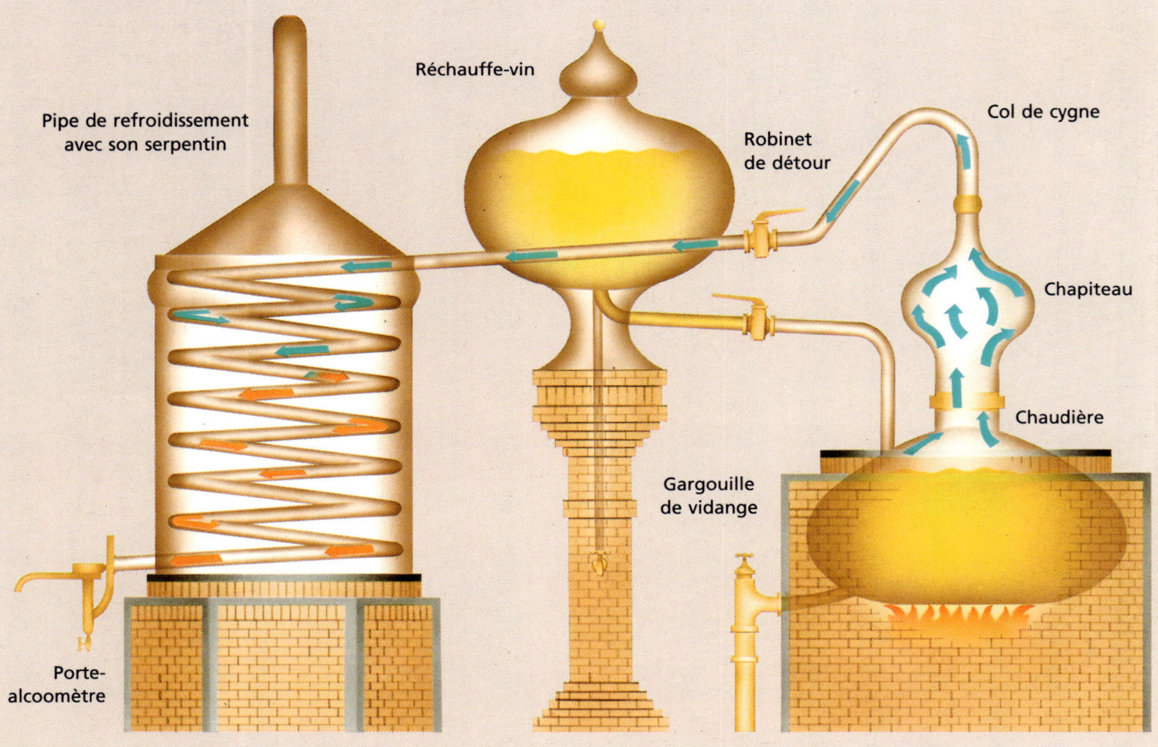

« Le Paradis », chai où vieillissent les eaux-de-vie qui ont déjà séjourné plus de quarante ans dans les fûts.

Le rôle de la barrique

Étanche au liquide, le bois reste perméable pour les échanges gazeux entre l'air et l'eau-de-vie. 3 % des fûts s'évaporent durant les premières années. Ainsi, dans les chais de Cognac, 50 000 hectolitres d'alcool pur vont nourrir la « part des anges ».

Le bois apporte, en outre, de nombreux constituants, extraits par l'eau-de-vie. Ce sont des hémicelluloses (saveurs sucrées), des tanins, de la lignine, des polyphénols, des matières colorantes et des acides organiques aromatiques.

Des réactions complexes interviennent entre les composants du bois et de l'eau-de-vie, dans l'épaisseur du bois lui-même : oxydation, hydrolyses catalysées par les enzymes du bois ou sécrétées par les moisissures superficielles.

Le maître de chais

Il dispose de toute une palette d'eaux-de-vie, de crus, d'âges, de qualités différents. Son art est de les assembler en recherchant le meilleur équilibre entre la longueur, les parfums, le bois, le gras, la douceur, la nervosité d'un tanin, un trait de joie et de gaieté. À chaque assemblage, il réalise une légère réduction du degré avec de l'eau distillée. Ces assemblages sont faits dans de grands tonneaux : il en sort une coupe, première, seconde... remises en barrique, pour vieillir à nouveau jusqu'à la coupe finale qui sera mise en bouteilles.

Compte tenu des conditions d'élaboration de ces coupes d'eau-de-vie, Cognac s'est interdit l'usage des millésimes.

Chai moderne où le Cognac, entreposé dans des barriques, prendra sa couleur ambrée et son arôme.

Les chais de vieillissement

Répartis sur toute l'aire de production du Cognac, les chais de vieillissement sont construits au niveau du sol. Ils sont peu isolés thermiquement et on leur préfère un sol en terre battue pour une bonne hygrométrie.

Près de 3 millions d'hectolitres d'alcool pur dorment ainsi dans 1,5 million de barriques de chêne. Les barriques sont « chevaltées » sur trois étages dans les chais anciens et, dans les plus récents, sur six à huit étages, sur des sortes d'échafaudages métalliques.

Au bout de cinquante ans de fût, l'eau-de-vie aura perdu plus de la moitié de son volume, et acquis un degré alcoolique proche de 40 % Vol. On la conserve alors pour les coupes de vieille qualité, dans des bonbonnes en verre, placées dans un chai particulier, « le Paradis ».

Le marché du Cognac

Le XVIIIe siècle marqua le grand départ international du Cognac. De 1718 à 1736, le seul port de La Rochelle a expédié près de 500 000 barriques de Cognac après un transit sur la Charente par Châteauneuf, Jarnac, Cognac, Saintes, Saint-Savinien, sur des « gabarres », des bateaux à fond plat.

À cette époque naissent les premières maisons de Cognac, qui depuis se sont maintenues : Augier, en 1643 ; Guillet-Gautier, en 1680 ; Martell, en 1715 ; Rémy-Martin, en 1724 ; Otard, en 1763 et Hennessy, en 1765.

Présent dans tous les pays du monde, le Cognac a réalisé, pour la période 1992-1995, 95 % de ses ventes à l'exportation, avec près de 140 millions de bouteilles pour une valeur de plus de 10 milliards de francs (voir le tableau).

Globalement, les pays d'Europe, d'Asie et d'Amérique se partagent à égalité le volume de nos exportations. C'est l'Asie qui prend la première place en valeur de marché (40 %) en achetant les plus vieilles qualités de Cognac.

Le marché français est en baisse depuis ces trente dernières années, après avoir progressé régulièrement de 1945 à 1965. Compte tenu du marché hors-taxes, il est proche des 7 millions de bouteilles.

Depuis la fin de la guerre, on a assisté à une concentration du négoce et à la création de très grands groupes dans des activités de haut standing : Cognac, Champagne, grands vins, parfums... Si l'on compte quelque 240 négociants, on peut estimer que les 4 premiers représentent 60 % du marché et l'ensemble des 10 plus grosses firmes, 90 %.

Les viticulteurs bouilleurs de crus (qui distillent leur récolte) ne sont pratiquement pas concernés par la commercialisation du Cognac. Ils ne représentent que 5 % du marché français et une partie infime de l'exportation : 0,3 %.

Collioure

Cette petite appellation du Roussillon, classée AOC par le décret du 3 décembre 1971, occupe 300 hectares recouvrant l'appellation de Banyuls. Le vignoble, constitué de Grenache et de Mourvèdre, complété pour 20 à 40 % de Carignan, Syrah et Cinsaut, produit quelque 10 000 hectolitres d'un vin rouge très typé, puissant et charnu, de belle garde.

 Colobel

Croisement de 6 150 × 5 455, le Colobel est également appelé 8 357 Seibel.

Bourgeonnement aranéeux.

Jeunes feuilles vertes, à bords rougeâtres.

Feuilles orbiculaires, brillantes, en gouttière, bullées, gaufrées au point pétiolaire, entières ; sinus pétiolaire en V ; dents anguleuses, étroites ; limbe glabre sur les deux faces ; le feuillage rougit totalement à l'automne.

Rameaux glabres, verts, anguleux.

Grappes grandes, étroites, cylindriques, compactes ; baies sphériques, noir bleuté, pulpe molle, jus peu coloré ; maturité : 2e époque.

Cet hybride de Seibel possède beaucoup de matière colorante dans sa pellicule et, de ce fait, il a été classé autorisé en France, dans la limite de 5 % par exploitation. On en cultive moins de 500 hectares. Son vin est très coloré, comparable à celui du Grand Noir de la Calmette, épais, astringent, amer. Ce plant possède une bonne résistance au mildiou, mais il est sensible à l'anthracnose.

 Colombard

Synonymes : *Colombar, Colombier* en Gironde, *Colombié* à Jonzac, *Queue tendre* à Saint-Palais, *Chabrier vert, Donne verte et rousse, Gros Blanc roux, Pied tendre* dans le Blayais, *Queue verte* ou *Guenille, Bon Blanc* en Vendée, *Blanc Émery* à Thouarcé (Maine-et-Loire), *Blanquette,* parfois, en Tarn-et-Garonne.

Bourgeonnement épanoui, cotonneux blanc à liseré carminé.

Jeunes feuilles duveteuses, jaunâtres.

Feuilles orbiculo-réniformes, épaisses, avec les bords du limbe involutés, entières ou faiblement trilobées, sinus pétiolaire en V ouvert ; dents ogivales, moyennes ; dessous du limbe duveteux, ainsi que sur les nervures, les poils se rassemblant en petits flocons blancs.

Rameaux côtelés, aranéeux au sommet, vert brunâtre à nœuds partiellement rosés ; vrilles moyennes, jaune pâle, fines.

Grappes moyennes, cylindriques, ailées ; baies moyennes, ovoïdes, blanc doré, pulpe juteuse ; maturité : 2e époque.

Le Colombard est à port semi-érigé, débourrant sensiblement comme la Folle blanche ; sa vigueur est moyenne, mais améliorée par le greffage. Ce plant est très sensible à l'oïdium, à la pourriture grise et au dessèchement de la rafle. Il est fertile, produisant aisément 100 hl/ha et parfois davantage avec certains clones productifs.

Son vin est réputé pour être meilleur que celui de la Folle, plus alcoolique, moins vert et moins âpre ; cela est vrai pour les rendements moyens, sinon, en rendement élevé, la qualité baisse beaucoup et les vins sont acides, peu alcooliques. Son eau-de-vie est un peu inférieure à celle de la Folle et du Saint-Émilion.

Classé recommandé dans les départements du Sud-Ouest et des Charentes, le Colombard fait partie des AOC Cognac et Armagnac ; il sert aussi pour la préparation du Pineau des Charentes et c'est un cépage d'appoint dans certaines AOC bordelaises : Bordeaux, Blayais, Bourgeais, Entre-deux-Mers, Sainte-Foy-Bordeaux. En matériel certifié, 12 clones ont été agréés, les plus intéressants étant les nos 551, 552, 553 et 626. Sa culture est en régression : 4 900 hectares contre 13 100 hectares en 1958, par arrachage de nombreuses plantations en Gironde et en Charente-Maritime. Il en existe plus de 2 000 hectares dans l'Armagnac.

Condrieu

Limitrophe de Côte-Rôtie, le vignoble est situé au carrefour du Lyonnais, du Viennois et du Forez, dont les économies furent longtemps complémentaires.

Condrieu, en aval de Vienne, est réputé pour son vin blanc original, issu du cépage Viognier.

Condrieu est une cité très ancienne. Son rivage, fait de criques et de pentes douces, permettait un accès facile. Aussi, les Romains construisirent-ils un port, d'où partaient pour le sud les *Nautae Rhodanici.* Plus tard, les bateliers du Rhône allaient donner à ce lieu une importance considérable, que l'apparition du chemin de fer fit disparaître.

Les Condrillots, maîtres après Dieu sur leurs bateaux, allaient le long du fleuve en chantant les charmes du vin de leur pays, rappelant que les bergers du Grésivaudan l'enfantèrent en même temps que la rigotte.

Le vignoble de Condrieu a donc une longue histoire. Créé au début de notre ère, développé par les chanoines de Saint-Jean, il fut réduit à peu de choses il y a un siècle, parce que la peine que demandait sa culture favorisa l'exode rural.

L'appellation d'origine contrôlée, qui regroupe actuellement 7 communes, a été ratifiée par décret le 27 avril 1940. Elle ne représente actuellement que 40 hectares, produisant en moyenne 2 000 hectolitres dans les différentes caves particulières de la région de Condrieu.

Bien que la nature du cépage, le Viognier, et l'exposition sud en fassent un vin riche en alcool, le Condrieu offre un bouquet subtil que dominent des arômes d'abricot et de violette. Ce vin gras, souple, à la limite de l'onctuosité, est à boire dans sa jeunesse.

Un cep dans la lumière des Corbières.

Vignes rousses dans le généreux vignoble des Corbières.

Corbières

Cette appellation d'origine contrôlée est une des plus connues du Languedoc-Roussillon. Elle s'étend sur 87 communes du département de l'Aude, entre la vallée de l'Aude au nord, une chaîne montagneuse à l'ouest, une ligne de hauteurs marquant la frontière du Roussillon au sud et la Méditerranée à l'est. Sa production est de 600 000 hectolitres sur une superficie de 23 000 hectares retenus pour la production de l'AOC Corbières, ratifiée par le décret du 24 décembre 1985. L'encépagement est à base de Carignan (85 % actuellement, mais qu'il faudra ramener à 40-60 % selon les zones), Grenache, Syrah, Mourvèdre et Cinsaut pour les vins rouges et rosés ; de Bourboulenc, Maccabeu et Grenache blanc pour les blancs. La densité à l'hectare, le mode de taille ainsi que le rendement du vignoble sont réglementés. La macération carbonique est une technique de vinification très pratiquée, pour les vins de Carignan surtout. Les vins rouges, plus de 90 % de la production, très généreux, d'un rouge rubis profond, sont puissants, bien charpentés, amples, charnus, complets. Ce sont des vins qui ont de l'accent et qui sont de bonne garde.

Le vignoble est situé dans une région pittoresque au relief tourmenté. La topographie accusée des Corbières et l'étendue de leur territoire ont pour conséquence une grande diversité

Sur la rive droite du Rhône, face à Valence, Cornas produit un « très beau vin noir », viril, et de très longue garde.

de situations climatiques, où domine cependant l'influence de la Méditerranée. Les terroirs sont composés de schistes, de terrasses à cailloux roulés, d'éboulis calcaires des piedmonts, de bassins de formation gréseuse ou argilo-calcaire colluvionnés de cailloutis. On peut ainsi distinguer schématiquement quatre sous-régions dans les Corbières : les Hautes Corbières, les Corbières de l'Alaric, les Corbières centrales et les Corbières maritimes.

Les Corbières sont caractérisées par le soleil, le vent, l'aridité des sols. Le visiteur est frappé par l'austérité minérale de ses paysages dans lesquels s'inscrit la silhouette ruinée de ses nombreux châteaux sur les marches de l'Espagne, refuges des Cathares au XIIIe siècle.

Cornas

Les vins de Cornas, mentionnés par Olivier de Serres, étaient déjà connus au XVIe siècle. Mais il s'agissait alors de vins blancs. La chose n'est pas étonnante ; il faut se souvenir qu'il y a longtemps, beaucoup de crus connus aujourd'hui pour la qualité de leurs vins rouges produisaient des vins blancs pour des raisons religieuses. C'est ainsi qu'en 886, le village de Cornas, dans les Côtes du Rhône, était un donateur fidèle de vins de messe aux autorités ecclésiastiques de Tournon.

L'appellation d'origine contrôlée a été ratifiée pour une commune par décret du 5 août 1938. Le vignoble, hélas ! fort petit, ne couvre que 70 hectares, produisant quelque 3 000 hectolitres de vins rouges, élaborés dans des caves particulières, et pour une partie dans la cave coopérative de Tain-l'Hermitage.

Dans des sols d'arènes granitiques identiques à tous ceux de la rive droite, la Syrah est le seul cépage cultivé.

On a dit injustement que le vin de Cornas avait peu de bouquet. En réalité, ses vins rouges tanniques sont « fermés » pendant plusieurs années ; très fermes, peu décorés, ils sont effectivement peu « bavards ». Mais avec le temps, c'est-à-dire après quatre ou cinq ans, ils commencent à s'ouvrir. Le bouquet se développe, et livre alors des odeurs de fruits à noyau et d'épices, tandis que la forme s'assouplit dans la netteté de la structure.

Ils résistent naturellement aux évolutions oxydatives, et conservent, pour cette raison, toutes leurs qualités pendant plus de dix ans.

 Cornet

Synonymes : *Baude, Parverot* à Crest (Drôme).

Grappes petites, cylindro-coniques, compactes ; baies petites, sphériques à pulpe juteuse ; maturité : 1re époque tardive.

Le Cornet est très sensible au mildiou. Dans la région de Die il est surtout utilisé comme raisin de table ; vinifié, il donne un vin léger, agréable. Non classé.

Corse

Le vignoble de Corse doit son originalité tout autant à la géographie qu'à l'histoire. Située à 300 kilomètres des côtes continentales françaises, à la latitude de Rome et de Barcelone, la Corse, quatrième île méditerranéenne en importance, avec 8 722 km², baigne dans cette mer ligure circonscrite comme un golfe et profonde comme un océan, où s'est déroulé l'essentiel de son histoire. Ici, la vigne a toujours joué un rôle culturel et symbolique et donné des vins authentiques à la ressemblance de ce terroir tourmenté.

■ Une situation géographique particulière place la Corse sur les routes maritimes. Fernand Braudel a défini la Méditerranée comme un « espace-mouvement » et, de fait, dès le néolithique, la Corse fut visitée par les Shardanes, ces peuples de la Méditerranée orientale. En 564 avant Jésus-Christ, trente-cinq ans après la fondation de Marseille, les Grecs de Phocée s'établirent à Alalia-Aléria. Ils agrégèrent ainsi la Corse à l'espace de la civilisation que symbolisaient l'olivier, consacré à Athéna, et la vigne et le vin, consacrés à Dionysos. Comme l'île de Crète, de Samos ou de Santorin, la Corse offrait à la vigne des conditions de culture idéales et les Grecs ne s'y trompèrent pas.

La géographie

Les facteurs naturels, favorables à l'implantation de la vigne, ont généré une viticulture tournée vers des productions de qualité.

La Corse n'est qu'un puissant massif montagneux. En effet, 55 % des surfaces se trouvent à plus de 400 mètres d'altitude, 20 % à plus de 1 000 mètres. La chaîne principale, sur 140 kilomètres, possède plus de 90 sommets s'élevant à plus de 2 000 mètres, 8 au-dessus de 2 500 mètres, le monte Cinto culminant à 2 710 mètres.

De cette chaîne qui partage l'île en deux versants partent des lignes de crêtes en arêtes de poisson qui cloisonnent l'espace insulaire et créent de petites régions isolées, longtemps autarciques, au fort particularisme économique, politique, culturel et linguistique. Ici, pas de vastes espaces, mais une infinité de petites vallées et de minuscules terroirs, propices à des productions très typées et de haut niveau.

À cette grande variété de terroirs, il faut ajouter une extrême diversité géologique et pétrographique. Les deux tiers ouest de l'île sont hercyniens, comme les Maures et l'Estérel, dont ils se

Le vignoble du cap Corse à Morsiglia. Il produit des vins rosés et rouges. Mais sa réputation tient surtout à ses vins blancs, fruités et pleins de finesse, ainsi qu'à ses muscats.

seraient détachés à l'oligocène ou au miocène, au plus tard il y a quinze millions d'années pour dériver, avec la Sardaigne, en ouvrant dans leur sillage le bassin provençal.

Gneiss, granites, granulites, porphyres, diorites, gabbros constituent l'essentiel des roches granitiques. Les sols sont en général riches en potasse mais manquent de phosphore, et le rapport carbone/azote élevé traduit la lenteur de la minéralisation des matières organiques.

Les sols d'arènes granitiques sont parfois très épais et riches en argile, parfois peu profonds et sans limon, donnant alors des terres filtrantes, sensibles à l'érosion.

Les terroirs viticoles de Balagne, d'Ajaccio, de Sartène, de Figari et de Porto-Vecchio sont situés dans cette zone granitique.

L'est de l'île est la Corse schisteuse ou alpine, au relief doux et à l'arête montagneuse moins élevée. Les sols sont pauvres en potasse et en phosphore, mais le cycle des minéraux et de l'eau y est favorisé par un bon rapport carbone/azote. Par endroits, la présence de calcaire donne des pH forts.

Ailleurs, ce sont des régions de dépôts sédimentaires anciens et récents. C'est le cas dans la dépression centrale, entre la Corse granitique et la Corse schisteuse, dans les zones côtières et surtout le long de la mer Tyrrhénienne, de Bastia à Solenzara où s'étire, sur 100 kilomètres, la plaine orientale.

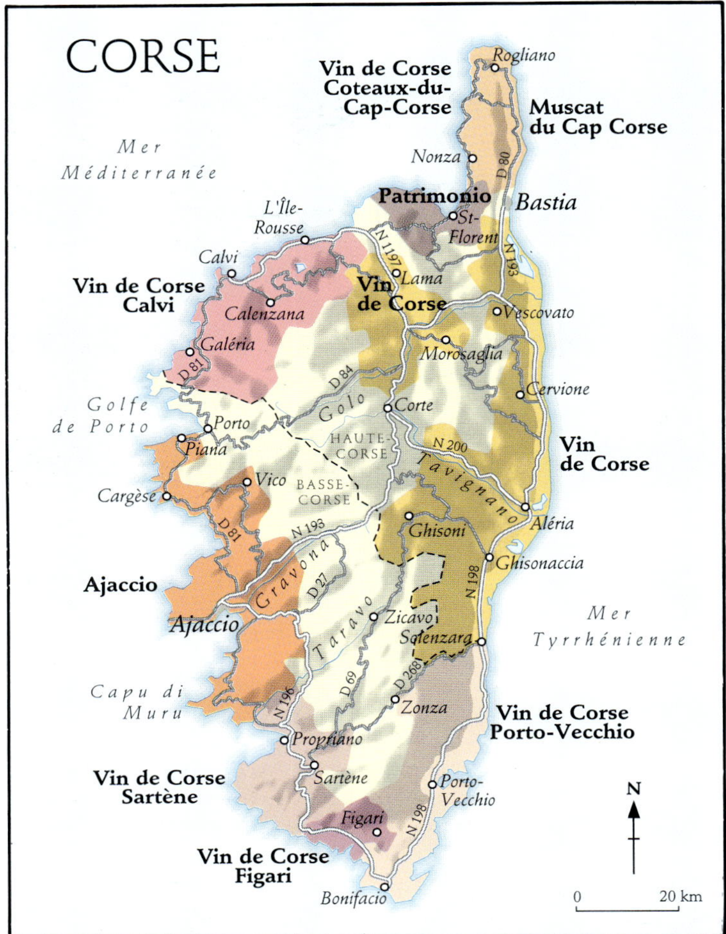

Le climat insulaire

Le golfe de Gênes connaît un régime climatique propre, méditerranéen, subtropical ou tempéré selon les saisons. La Corse obéit à ce régime général de la région, mais la mer, la montagne, la complexité du relief créent une originale entité climatique, qui est une des principales caractéristiques du pays.

La mer joue deux rôles majeurs : c'est un puissant régulateur thermique qui atténue les chaleurs de l'été et empêche les gelées de l'hiver ; elle constitue, en outre, un extraordinaire réservoir d'humidité qui favorise le grossissement des baies et une lente maturation, bénéfique pour le développement du bouquet des vins.

La montagne exerce une forte influence thermique, mais son influence pluviométrique est capitale. Elle fait office d'écran condensateur et c'est à elle que la Corse doit l'abondance de ses précipitations.

La complexité du relief crée enfin une infinité de microrégions dont chacune aura un microclimat spécifique. On retiendra quatre grandes caractéristiques du climat corse :

La douceur

L'isotherme annuel de 17 °C correspond à la zone littorale. La température moyenne est de 14,4 °C à Ajaccio, de 16,1 °C à Bastia.

L'importance de l'insolation

On compte 2475 heures d'insolation au cap Corse, 2 531 heures à Bonifacio, 2 704 heures à Calvi et 2 885 heures à Ajaccio, qui détient le record de France.

L'importance des précipitations

La Corse est au premier rang des régions françaises pour les précipitations ; elle reçoit par hectare et par an 10 560 m³ de pluies contre 8 910 m³ pour la France continentale. Mais ces précipitations, comme dans toute la zone méditerranéenne, n'ont pas une répartition régulière (voir le graphique ci-contre).

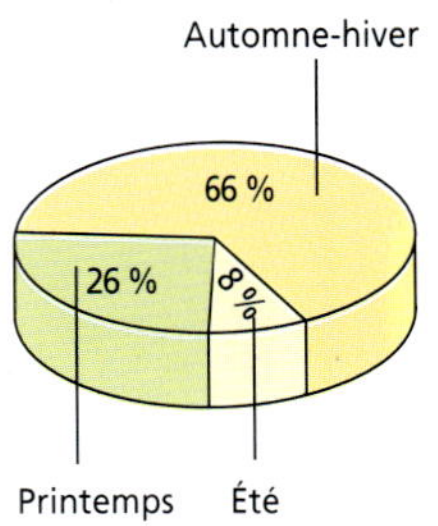

CHUTE DES PLUIES

L'importance des vents

Les vents régionaux sont, en certains secteurs, cap Corse ou Bonifacio, fréquents et violents.

Les vents locaux sont des vents thermiques, créés par les variations de température entre mer et terre. Ainsi y a-t-il une brise de mer de 9 heures à 19 heures et une brise de terre de 19 heures à 4 heures du matin. Ces brises jouent un grand rôle car elles brassent les couches inférieures de l'atmosphère et assurent la dispersion des brouillards matinaux.

Sartène donne son nom à des vins rouges, rosés et blancs. Le vignoble, constitué de petites parcelles en terrasses, est en nette régression.

La relation du climat avec la vigne est importante. On a pu établir un rapport entre la qualité des récoltes et les conditions climatiques, définies par la somme des températures d'avril à septembre inclus, dont on retranchera la hauteur des pluies. Les conditions climatiques à Ajaccio, d'avril à septembre, sont indiquées dans le tableau ci-dessous. L'exemple d'Ajaccio vaut, à la nuance près, pour l'ensemble des terroirs insulaires. Il s'agit là de valeurs élevées, situant les conditions climatiques corses dans le registre très favorable à une bonne, voire à une excellente, qualité des vins.

Le vignoble corse

Depuis l'installation des Grecs à Alalia-Aléria, la trame de l'histoire viti-vinicole n'est pas facile à suivre. Dès avant la conquête romaine, Ptolémée cite une trentaine de petits ports, autour desquels s'est développée la vigne. Rome, à partir de 160 avant Jésus-Christ, installe des vétérans sur la côte orientale et fait de la colonisation agricole. Virgile, en 35 avant Jésus-Christ, se souvient d'un vin corse « rubis, si agréable au palais ». On retrouve la trace de la vigne, en 1092, chez les moines de l'île de la Gorgona qui possèdent des vignobles en Balagne et dans le cap Corse, et commercent avec Pise. C'est cependant sous la domination de Gênes, et surtout à partir de 1560, que progressent les surfaces en cépages. Jusqu'en 1768, l'économie viticole corse se développe dans le cadre méditerranéen des grandes cités italiennes, Pise ou Gênes, à la tête de véritables empires. La vigne fait partie des spéculations agricoles encouragées. Le type de plantation et de production, les courants commerciaux sont déterminés par la puissance coloniale. Il s'agissait pour Gênes d'exploiter les richesses de l'île, mais aussi d'organiser l'espace rural, d'obliger les Corses à se fixer, à enclore les terres, de combattre le nomadisme des éleveurs.

À la fin du XVIIe siècle, la vigne couvre 9 000 hectares. Elle double vraisemblablement de surface durant le XIXe siècle (bien que l'on ne dispose à cet égard que d'évaluations fort divergentes) par la multiplication des petits vignobles d'autoconsommation.

Le phylloxéra réduira le vignoble à 6 000 hectares. La Première Guerre mondiale fait une vendange sanglante : 30 000 hommes disparaissent, laissant l'île exsangue, à l'état végétatif. Toute l'agriculture se fossilise.

La relance économique, définie dans ses principes en 1957, s'accélère en 1960, avec l'arrivée de 17 000 rapatriés d'Afrique du Nord. Le vignoble passe de 9 000 hectares en 1960 à 32 000 hectares en 1976. Il s'agit là cependant d'un vignoble spéculatif de « vins médecins » qui, depuis 1976, a pratiquement été arraché. En 1995, les surfaces viticoles ont dépassé 8 000 hectares.

	Sommes des températures > 10 °C		Précipitations en mm		Ensoleillement en heures	
Années	Côte ouest	Côte est	Côte ouest	Côte est	Côte ouest	Côte est
1976	1 521	1 842	282	169	1 462	1 462
1982	1 676	2 053	127	228	1 592	1 915
1983	1 758	2 028	249	150	1 607	1 887
1985	1 631	2 047	87	74	1 670	1 826
1986	1 698	1 982	239	214	1 773	1 735
1987	1 688	1 999	69	50	1 867	1 827
1988	1 705	1 996	118	159	1 713	1 722
1989	1 749	2 021	183	253	1 658	1 651
1990	1 712	2 073	246	114	1 834	1 872
1991	1 560	1 930	181	213	1 774	1 685
1992	1 701	2 094	223	87	1 763	1 658
1993	1 692	1 963	186	142	1 748	1 648
1994	1 806	2 166	172	179	1 647	1 698
1995	1 595	2 000	340	177	1 753	1 716
1996	1 602	1 989	261	362	1 729	1 778

Source : Météo France-Centre d'Ajaccio

Bas-relief en bois représentant les vendanges. Ajaccio.

Les cépages

L'insularité, l'extrême cloisonnement de l'île et son histoire singulière ont favorisé le développement de nombreux cépages méditerranéens et autochtones, dont l'aire de culture est bien déterminée.

L'encépagement a profondément évolué et, aujourd'hui, 94 % des surfaces viticoles sont occupées par 14 cépages : le Nielluccio occupe 22 %, le Grenache 11 %, le Vermentino 10 %, le Cinsaut 9 %, le Merlot ainsi que le Carignan 8 %, le Chardonnay comme le Sciaccarello 7 %, la Syrah 5 %, le Cabernet 3 %, le Muscat, l'Alicante et le Pinot 2 % chacun, l'Ugni blanc 1 % et enfin cépages divers 6 %.

En fait, trois cépages seulement ont une notoriété et une diffusion régionales : un blanc, la Malvoisie de Corse ou Vermentino, dont est issu un vin aromatique de très grande finesse, et deux rouges, le Nielluccio, cépage principal à Patrimonio et dans la Corse de l'est, qui offre un vin à la robe soutenue, rond et équilibré, et le Sciaccarello, cépage des sols de la Corse granitique, sans parenté connue avec d'autres cépages méditerranéens et maître cépage d'Ajaccio. Il donne un vin rouge à la robe claire, d'une grande élégance et de longue garde.

Cet encépagement corse retrouve progressivement l'estime des vignerons, une place justifiée dans le vignoble et une présence dans les vins des diverses régions.

Les vendanges

Elles commencent généralement à partir de la mi-septembre, quelquefois fin septembre, voire début octobre.

Les stades phénologiques de la vigne n'ont fait l'objet d'aucune étude systématique sur une longue période. Les premières observations ne datent que de 1984 et ne permettent de tirer encore des conclusions.

La Corse est aujourd'hui fortement équipée en machines à vendanger mais, sauf la côte orientale, toutes les zones d'appellation continuent de récolter manuellement.

Les vinifications

Mis à part les cuvées élaborées à partir d'une macération carbonique pour des vins de primeur ou des vins nouveaux, les vinifications sont relativement classiques.

En Blanc de blancs de goutte, le débourbage est souvent réalisé, et la fermentation thermo-régulée entre 17 et 19 °C. Dans la plupart des petites caves, la fermentation se fait plutôt à 22-23 °C.

La vinification en rosé s'effectue en général par saignée, avec une fermentation à température contrôlée de 18 à 22 °C, et un cuvage relativement bref, de quatre à six jours.

En rouge, le raisin étant généralement égrappé, la température de fermentation est de 28 à 30 °C. Les durées de cuvaison varient beaucoup, notamment en fonction du type de vin recherché. Elles peuvent aller de quatre à cinq jours pour des vins souples, destinés à être bus jeunes, jusqu'à vingt jours, voire plus, pour les vins de garde.

Les caves corses sont pratiquement toutes des caves hors-sol, ce qui pose des problèmes de température pour le vieillissement et l'élevage des vins.

Le passage en cuves de bois est le fait soit des vignerons traditionnels qui vinifient et conservent le vin en foudres de 10 à 50 hectolitres, le plus souvent faites par les tonneliers locaux, en chêne ou en châtaignier, soit de vignerons modernes qui redécouvrent les vertus du bois et font séjourner le vin en bordelaises six mois environ, à la manière des pays modernes.

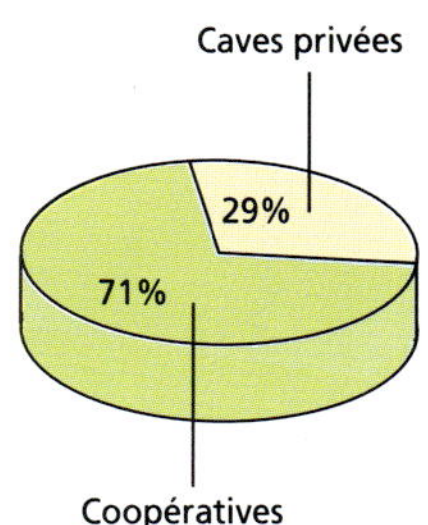

VINIFICATION

En Balagne, on continue à vendanger manuellement et à la mode ancienne.

Le vignoble près de Galéria. Ce terroir d'arènes granitiques de la Balagne produit notamment des vins rouges de bonne garde.

Les vins d'appellation

Certains vins de clos ou de domaine ont en Corse une bonne réputation depuis parfois plus de cent ans. Quel que soit leur lieu d'origine, ils ont récolté médailles et diplômes en France et à l'étranger et ont contribué à créer l'image de marque de vins de haut niveau et de fort type. Ce n'est donc pas pour encourager mais bien pour reconnaître les incontestables qualités de ces vins que l'INAO accepta de donner à certaines régions de l'île le bénéfice de l'appellation contrôlée. Si, globalement, le volume des vins d'appellations agréées décline peu depuis, on constate cependant des évolutions divergentes selon les régions.

▷ Patrimonio, Calvi, Ajaccio, se maintiennent.

▷ La production de la côte orientale fluctue fortement.

▷ Figari et Porto-Vecchio connaissent des chutes considérables dues au fort pourcentage d'arrachages. Le Sartène régresse fortement.

La délimitation parcellaire des différentes zones d'appellation a été récemment achevée. L'ensemble des aires classées couvre 7 567 hectares. La production se répartit de la façon suivante : Ajaccio 6 650 hl en rouge et en rosé, et 788 hl en blanc ; Patrimonio 11 412 hl en rouge et en rosé, et 2 618 hl en blanc ; Vin de Corse, 67 813 hl en rouge et 9 313 hl en blanc. La Corse a produit également environ 115 000 hl de vins de pays et 150 000 hl de vins autres.

Le vin et la société corses

Comme chez tous les peuples de la Méditerranée, la vigne et le vin ont toujours eu une place à part et joué un rôle culturel et symbolique. Ils font partie des références fondamentales et des représentations de base de l'homme corse. De nombreux proverbes, dictons ou sentences mesurent la vie, le travail, le bonheur, la femme, l'amour, la vanité ou la modestie et bien d'autres qualités et défauts à l'aune de la vigne et du vin.

De même, le vin a structuré la maison rurale : elle est dotée d'une petite cave, sans fenêtres, au

Les appellations d'origine

Un ensemble de textes définit une architecture à trois niveaux, par ordre croissant de rigueur et de typicité.

▷ Vins d'appellation régionale, « Vin de Corse » (décret du 2 avril 1976).

L'appellation concerne tous les terrains insulaires et plus particulièrement des zones qui ne bénéficient pas d'une appellation « Village » (Golo et côte orientale).

▷ Cinq appellations « Village » (décret du 2 avril 1976) :

Vin de Corse Calvi ;
Vin de Corse Coteaux-du-Cap-Corse ;
Vin de Corse Figari ;
Vin de Corse Porto-Vecchio ;
Vin de Corse Sartène.

▷ Deux appellations de cru :

« Ajaccio » (décret du 21 avril 1971 et du 3 avril 1984) ;

« Patrimonio » (décret du 13 mars 1968 et du 23 octobre 1984).

La règle commune aux trois niveaux d'appellation stipule que tout enrichissement alcoolique (par chaptalisation ou concentration) est interdit s'il s'agit de vins à degré naturel.

Les règles variables suivant les niveaux d'appellation concernent le rendement :

– Village et cru .... 45 hl/ha
– Régional .... 50 hl/ha

L'encépagement, enfin, varie en nature et en pourcentage.

rez-de-chaussée et d'une porte, soit latérale, soit sous le perron qui permet d'accéder à l'étage d'habitation.

Aujourd'hui, la vigne est comme perdue au milieu de vastes espaces de maquis. Pour qui se contenterait de circuler sur les routes nationales, la viticulture corse pourrait sembler un mythe. Il faut en effet prendre les chemins creux, grimper, virer, descendre, à l'aventure. La récompense est au bout du chemin : de petites caves à la fraîcheur de gargoulette, des vins surprenants, des vignerons fiers de leurs vins.

Les millésimes

Les millésimes corses ne concordent pas toujours avec ceux des régions viticoles continentales. La capacité de vieillissement des vins corses est, bien entendu, variable selon les années, les régions et les cépages dominants, mais on peut considérer que les blancs et les rosés peuvent vieillir au mieux de trois à cinq ans et les rouges aller jusqu'à dix ou quinze ans, pour les meilleurs millésimes. La plus-value théorique donnée par le vieillissement est faible, voire nulle. Il s'agit, le plus souvent, d'une opération économiquement onéreuse pour le vigneron. C'est donc par respect et par amour pour le vin que certains vignerons la pratiquent.

Maison rurale à San Lorenza. On distingue, sous le perron, l'entrée de la cave sans fenêtre.

L'ÎLE VIGNE

C'est la cuisine de Corse, celle de mon enfance, qui très vite m'a poussé derrière casseroles et fourneaux.

Mais après bien des années passées dans les plus grands restaurants sur le continent et à l'étranger, je n'ai pu résister à la tentation du retour au pays. C'est la raison pour laquelle je me suis installé à Guagno, village de montagne, avec pour seule ambition de contribuer à donner à la cuisine du pays et aux vins du terroir, trop longtemps restés dans l'oubli, leurs lettres de noblesse. Cette cuisine et ces vins-là, loin d'être insignifiants, valent qu'on s'y arrête longuement pour les déguster à loisir.

La vraie cuisine corse, celle qui a conservé toute son originalité, sa diversité, ses plats aux saveurs typiques et ses succulentes pâtisseries, reste à découvrir. Les truites de nos torrents, les anguilles et les poissons de nos étangs, les poissons de mer – sans doute les meilleurs de la Méditerranée! –, les langoustes et crustacés, les huîtres, les inégalables fromages de chèvre et de brebis, ne manqueront pas de séduire les gastronomes. Mais qu'ils sachent que la cuisine corse ne donne son âme et ne livre ses secrets que si on la déguste avec un verre du terroir.

Nos vins rosés, rouges ou blancs sont aussi variés que nos plats traditionnels. Il faut savoir les marier au mieux. Si vous voulez boire le même vin pendant tout votre repas, je vous conseillerai un rosé des coteaux d'Ajaccio, servi bien frais. Pour les hors-d'œuvre, les charcuteries du pays et les poissons, un vin blanc jeune comme le Vermentinu ou le Malvoisie de Corse conviendra parfaitement. Avec les grillades et viandes en sauce vous apprécierez un vin rouge de Sartène, fruité et gouleyant. Avec les gibiers et les plats en sauce corsés, je sers toujours un vin rouge de Patrimonio de 4 à 5 ans. Ce vin charnu et souple, aux arômes d'épices, sait s'imposer.

Pour le fromage de chèvre, il faut un rosé ou un blanc soutenu de la côte orientale comme le Malvoisie de Corse. Quant au fromage de brebis, lui seul supportera un rouge de Figari. Enfin, les vins du cap, muscats et Rappu, feront un beau mariage avec les desserts et douceurs.

Il est bien d'autres alliances que je pourrais vous suggérer, tant est multiple l'image des vins et des mets de ma Corse.

Guy Bartoli

Le vignoble de Patrimonio produit un vin rouge typé, charnu et souple, aux arômes d'épices.

Corton

Couvrant 100 hectares et plus d'une quinzaine de climats, voici Corton, en Côte de Beaune, réputé non seulement pour ses grands crus rouges, mais aussi pour trois grands crus blancs : le Corton blanc, le Corton-Charlemagne, et le Charlemagne. Le décret du 31 juillet 1937 ratifiant cette AOC impose que les vins présentent un titre alcoométrique minimal de 12 % Vol. pour les blancs et de 11,5 % Vol. pour les rouges. Le rendement de base est fixé à 35 hectolitres à l'hectare pour les vins rouges et 40 pour les vins blancs.

Établie sur les communes d'Aloxe-Corton, Ladoix-Serrigny et, pour quelques parcelles, sur Pernand-Vergelesses, cette appellation a produit, en 1995, 3 504 hectolitres de vins rouges et 85 de vins blancs.

Les vins rouges, qui furent très prisés par Voltaire, ne sont pas sans rappeler certains vins de la Côte de Nuits, en raison de leur générosité, de leur corps puissant, de leur vigueur, qui n'exclut pas, dans les jeunes années, une certaine dureté. C'est la raison pour laquelle il faudra, avant de les boire, faire preuve d'une certaine patience, le temps de leur faire gagner plus de souplesse. Leurs capacités de garde sont d'ailleurs exceptionnelles. Vingt ou trente ans de cave n'affaiblissent en effet nullement leur étonnant bouquet dans lequel dominent les arômes de cassis, de violette et de pêche. Les vins blancs, produits en quantité infime, sont vifs et odorants.

Vendanges du grand cru blanc Corton-Charlemagne à Aloxe-Corton.

Corton-Charlemagne

Ce grand cru de la Côte de Beaune est issu d'un terroir de près de 50 hectares situé sur l'aire d'appellation d'origine contrôlée de Corton, c'est-à-dire sur les communes d'Aloxe-Corton, de Ladoix-Serrigny et de Pernand-Vergelesses. Près de 2 000 hectolitres de vins blancs sont produits chaque année. Ces vins doivent titrer au minimum 12 % Vol. Le rendement de base est fixé à 40 hectolitres à l'hectare. Les Hospices de Beaune, propriétaires d'une des parcelles, délivrent chaque année des pièces dont les prix montent très haut aux enchères. La qualité exceptionnelle de ce vin de réputation mondiale tient sans doute à son terroir en apparence ingrat, car pauvre et dur à travailler, mais où la vigne trouve une expression inégalée.

Ce vin figure sans conteste parmi les meilleurs vins blancs au monde car il est racé, ferme, puissant, séveux. Remarquablement habillé d'une robe dorée et ensoleillée, il laisse s'exhaler des effluves complexes et délicates où domine la cannelle. Les meilleurs sont situés en altitude.

Costières-de-Nîmes

Le décret du 6 septembre 1989 a remplacé le nom de l'appellation Costières-du-Gard par celle de Costières-de-Nîmes. Cette AOC s'étend au sud-est de Nîmes, au nord de la Camargue, entre les vallées du Gardon et du Vidourle d'une part et la vallée du Vistre d'autre part, sur le territoire de 24 communes dont 3 300 hectares ont été retenus en AOC pour une production actuelle de 190 000 hectolitres (5 % de blanc, 15 % de rosé et le reste en vin rouge). Son encépagement est celui du Languedoc mais le Carignan, limité à 40 %, s'efface au profit du Grenache, qui est le plant dominant des Côtes du Rhône voisines ; y sont associés, en outre, de la Syrah, du Mourvèdre et du Cinsaut. Déjà, avant le phylloxéra, le Mourvèdre appelé « Plant de Saint-Gilles » occupait une place importante dans le vignoble. Maccabeu, Clairette, Marsanne et Grenache blanc sont les cépages destinés aux vins blancs. La personnalité des vins est marquée par la nature du sol, formé de cailloux roulés qui constituent une terre d'élection pour la vigne et par l'orientation du vignoble qui tombe en pentes douces exposées plein sud. Les vins sont généreux, friands, fruités.

 Côt

Synonymes : *Malbec* ou *Malbeck, Pressac, Lutkens, Estrangey* ou *Étranger, Côte rouge, Cot de Bordeaux, Cot de pays* en Touraine, *Auxerrois* dans le Lot, *Vesparol* dans le Gers, *Gourdoux* dans le Blayais, *Grifforin* dans l'île de Ré, *Jacobin* ou

Jacobain dans la Vienne, *Noir doux* ou *Nègre doux* en Gironde, *Œil de Perdrix, Pied rouge, Pied noir* en Lot-et-Garonne, *Queue rouge* en Dordogne, *Teinturier* ou *Tinturin* dans le Blayais, *Claverie noire* dans les Landes, *Pruinéral* en Corrèze, *Gros Noir,* dans l'Aube, *Grosse Mérille,* en Haute-Garonne, *Hourcat, Saint-Émilion.*

Bourgeonnement épanoui, cotonneux blanc, à liseré faiblement carminé.

Jeunes feuilles duveteuses, à plages bronzées.

Feuilles orbiculaires, molles, tourmentées, ondulées, à bords du limbe révolutés, entières ou faiblement trilobées avec un lobe médian très large, sinus pétiolaire en U ou en V ouvert ; dents anguleuses, étroites ; dessous du limbe aranéeux en pelote. Le feuillage rougit partiellement à l'automne. Rameaux gros, côtelés, à nœuds proéminents, rougeâtres des deux côtés.

Grappes moyennes ou grandes, assez lâches, coniques avec un ou deux ailerons ; baies sphériques, petites, noires, peu juteuses ; maturité : 1re époque tardive.

Le Côt possède un débourrement précoce et on lui reproche souvent d'être coulard, ce qui a entraîné une régression des plantations : 5 300 hectares contre 10 752 en 1958. Ce cépage est généralement conduit à taille longue, greffé sur des porte-greffe faibles pour limiter les effets de la coulure. Les rendements peuvent atteindre 80 à 100 hl/ha dans le Midi pour des degrés compris entre 11 % Vol. et 12 % Vol. Ces vins servent, dans la proportion de 20 %, à assouplir les vins de Carignan. En coteaux les rendements ne dépassent guère 40 à 50 hl/ha et les vins sont colorés, riches en tanin, moins aromatiques et plus tendres que ceux des Cabernets, ce qui permet de les boire plus rapidement. Dans les mélanges de cépages, le Côt apporte la couleur et le moelleux. Dans la vallée de la Loire, il est utilisé dans des assemblages avec le Cabernet franc et le Gamay pour produire des vins rosés, très fruités. Le Malbec est sensible au mildiou, à la pourriture grise, à l'excoriose et aux gelées d'hiver, qui ont détruit de nombreuses vignes dans le Sud-Ouest en 1956 ; il est plus résistant à l'oïdium. En matériel certifié, 12 clones ont été agréés dont le plus important est le clone 46, suivi par les nos 279, 353 et 419.

Le Côt est classé recommandé dans de nombreux départements du Sud-Ouest, du Centre-Ouest et du Midi. En réalité, sa culture est concentrée dans le Sud-Ouest : Gironde (1 500 hectares), Lot (2 922 hectares), un peu en Dordogne, Lot-et-Garonne, Tarn-et-Garonne, Haute-Garonne et Gers, soit 4 800 hectares au total. Dans ces départements, il fait partie de l'encépagement rouge AOC Bordeaux, Médoc, Graves, Saint-Émilion, Pomerol, Premières-Côtes-de-Bordeaux, Buzet, Sainte-Foy-Bordeaux, Fronsac, Bourgeais, Bergerac, Pécharmant, Côtes-de-Duras, Cahors où il représente 70 % de l'encépagement, Fronton et Villaudric.

Dans la vallée de la Loire, il est actuellement peu répandu (350 hectares) et il fait partie des AOC Touraine et Rosé d'Anjou.

Le village de Gamay, en Côte de Beaune.

Côte chalonnaise

Voir Bourgogne Côte-Chalonnaise et la région page suivante.

Côte de Beaune

Voir la région Côte-d'Or p. 382.

Côte-de-Beaune

Récoltés sur le territoire de la commune de Beaune, ces vins rouges et blancs, dont l'appellation d'origine contrôlée fut ratifiée par le décret du 5 décembre 1972, doivent présenter un titre alcoométrique minimal de 10,5 % Vol. pour les rouges, de 11 % Vol. pour les blancs, avec un rendement de base à l'hectare de 40 hectolitres pour les rouges et 45 pour les blancs. Le potentiel viticole est de 25 hectares. L'appellation est proche de celle de Beaune. Les vins n'ont cependant pas droit à l'appellation communale. Ces vins de belle qualité, honnêtes et souvent bien réussis, ont connu en 1995 les productions suivantes : 415 hectolitres de vins blancs, 640 hectolitres de vins rouges. Il convient de ne pas confondre les vins de Côte-de-Beaune avec les vins de Côte-de-Beaune-Villages, qui sont des vins exclusivement produits sur le territoire de la commune de Beaune. La mention Côte-de-Beaune peut également accompagner des appellations communales peu connues comme Saint-Romain-Côte-de-Beaune, par exemple.

Côte chalonnaise

Entre la Côte de Beaune et le Mâconnais, le paysage change. La Côte monotone dessine soudain des collines et des vallons aux versants moins rigoureux. Prés, champs et vignes se mêlent. Les tonalités changent. Tournus annonce déjà le Midi.

Mercurey : portail décoré pour la Saint-Vincent.

■ Le vignoble de la Côte chalonnaise commence au sud de la Côte de Beaune, à Chagny, et il se poursuit jusqu'aux abords de Saint-Gengoux-le-National, entre les vallées de la Grosne et de la Dheune. La route des vins passe par Bouzeron, Rully, Mercurey, Givry, Buxy, Saint-Vallerin, traversant un territoire de quelque 25 kilomètres de longueur sur 7 kilomètres de largeur.

Les vins de la Côte chalonnaise ont été longtemps vendus avec des noms d'emprunt : Chablis ou Villages-de-la-Côte-de-Beaune. Fort heureusement, grâce aux AOC, ces vins ont aujourd'hui réussi à se faire un nom et ils le méritent amplement. Le décret du 27 février 1990 prévoit la dénomination Bourgogne Côte-Chalonnaise.

Car l'histoire de la vigne est ici très ancienne. Les vins de Givry étaient connus au Moyen Âge et Henri IV les courtisa en les exemptant de droits d'entrée dans Paris... L'abbaye de Cluny fit fructifier les vins de Montagny.

Mais c'est le Clos de Germolles, à 3 kilomètres de Givry, l'un des plus illustres de Bourgogne, qui témoigne surtout de la solide réputation de la Côte chalonnaise. Épouse de Philippe le Hardi, Marguerite de Flandre créa à Germolles un admirable domaine agricole et viticole comportant un clos de 380 ouvrées (14 hectares environ) dont le vin fut offert à toute la noblesse de la cour de Bourgogne. C'est aussi à ses vignerons que l'on doit la « semaine anglaise ». Ils demandèrent en effet le droit de chômer le samedi, sans doute pour pouvoir cultiver leurs propres vignes...

Les sols viticoles de la Côte chalonnaise de la vallée de la Dheune-Chagny, à Saint-Gengoux, sont constituées par des terrains du trias (des grès dans certains endroits) et du jurassique, argilo-calcaires, complantés en Chardonnay donnant des vins d'une grande finesse, le Montagny et le Rully, par exemple. Les sols bruns calcaires produisent, avec le Pinot, des vins rouges très recherchés comme le Mercurey.

La production

La Côte chalonnaise cultive du Pinot (67 %), du Chardonnay (10 %), du Gamay et de l'Aligoté sur 3 000 hectares délimités pour une production moyenne de 90 000 hectolitres dont un tiers en blancs.

On élabore des vins blancs, appréciés pour leur fraîcheur et leur bouquet, à Montagny, Bouzeron et Givry, ainsi que des rouges tanniques et de longue garde à Mercurey. Les communes de Rully, Cheilly, Sampigny, Givry et Dezize produisent à la fois des blancs et des rouges.

Sur les sols argilo-calcaires du vignoble de Montagny, le cépage Chardonnay s'exprime pleinement, produisant un vin blanc racé et distingué.

Côte-de-Beaune-Villages

Réglementés par le décret du 21 mai 1970, les vins de l'appellation d'origine contrôlée Côte-de-Beaune-Villages présentent un titre alcoométrique fixé à 11 % Vol. et un rendement de base maximal à l'hectare de 40 hectolitres.

Il s'agit exclusivement de vins rouges provenant de dix-sept communes de la Côte de Beaune ou du mélange de vins de plusieurs de ces communes. Bien entendu, les productions varient d'une année sur l'autre, selon la politique des négociants qui effectuent des assemblages en fonction de la qualité des différentes récoltes. C'est la raison pour laquelle les écarts de production vont de 2 000 à 3 000 hectolitres. La récolte moyenne est de 2 500 hectolitres.

Quelques communes de la Côte de Beaune de faible production ou peu connues abandonnent souvent leur appellation pour adopter celle de Côte-de-Beaune-Villages. Il s'agit notamment de Chorey-lès-Beaune, Dezize-lès-Maranges, Sampigny-lès-Maranges et Cheilly-lès-Maranges.

Les Côtes-de-Beaune-Villages sont des vins honnêtes, généralement bien typés « Bourgogne », mais qui n'ont pas toujours l'envergure des Beaune.

Côte-de-Brouilly

Appellation sœur du Brouilly, dans le Beaujolais, la Côte-de-Brouilly a été classée AOC par le décret du 19 octobre 1938.

Le vignoble s'attache aux versants de la montagne de Brouilly, coiffée d'une chapelle, Notre-Dame-du-Raisin. Les terrains de l'appellation sont de granite bleu.

Sur une surface de 290 hectares, on produit en moyenne 16 000 hectolitres (2 100 000 bouteilles) d'un vin aux arômes de myrtille et de framboise, de violette et de pivoine. Celui-ci doit être élaboré à partir des cépages Gamay noir, Pinot noir et Pinot gris à l'exclusion de tous autres.

Le degré alcoolique des vins de la Côte-de-Brouilly est de 11 % Vol. ; il atteint parfois bien davantage en raison d'un fort ensoleillement sur des terrains pentus.

Côte de Nuits

Voir la région Côte-d'Or page suivante.

Côte-de-Nuits-Villages

Délimitée aux parcelles des territoires des communes de Brochon, Comblanchien, Corgoloin, Prissey et une partie de Fixin, en Côte-d'Or, par décret du 20 août 1964, l'aire d'appellation d'origine contrôlée des Côtes-de-Nuits-Villages s'étend sur environ 170 hectares.

On y produit presque exclusivement des vins rouges dont le titre alcoométrique minimal a été fixé à 10,5 % Vol., et le rendement de base à 35 hectolitres à l'hectare.

La production, quoique restreinte – 100 hectolitres de vins blancs et 6 000 hectolitres de vins rouges –, est cependant très diversifiée. En effet, la nature des sols et les microclimats changent constamment entre Fixin et Corgoloin, soit sur une vingtaine de kilomètres. Mais on peut dire que, dans l'ensemble, ces vins agréables ont de la charpente, de l'étoffe et du bouquet.

Fixin possède plusieurs premiers crus rouges mais produit également une partie de ses vins sous la dénomination Côte-de-Nuits-Villages.

Côte-d'Or

Voir page suivante.

Côte-Roannaise

Le vignoble, classé AOC par décret du 14 février 1994, couvre une superficie de 100 hectares. Le Gamay à jus blanc Saint-Romain produit quelque 7 000 hectolitres en rouge dont 5 % en rosé. L'aire de production s'étend sur 14 communes.

Les vins rouges ont une robe légère à nuance cerise grenat. Ils sont coulants, mais solides avec des arômes de « montagne ».

Les vins rosés sont secs et coulants. (*Voir* la région Vins du Centre p. 606.)

Côte-d'Or

Grâce aux aptitudes merveilleuses du terroir, les hommes, depuis la nuit des temps, ont fait de la « Côte » un haut lieu du vin, et c'est à juste titre que chaque nom de village est connu sur les cinq continents : Gervey-Chambertin, Vosne-Romanée, Chambolle-Musigny, Richebourg, Vougeot, Aloxe-Corton, Meursault, Puligny-Montrachet... Une fabuleuse route des vins.

■ Les origines du vignoble bourguignon sont inconnues. Il est cependant probable que les Éduens ont découvert la vigne latine vers 400 avant Jésus-Christ et l'ont acclimatée chez eux. Le texte le plus ancien évoquant ici la vigne est l'œuvre d'Eumène, qui se plaint déjà des impôts, en 312. Au VIe siècle, Grégoire de Tours voit la Côte « couverte de vigne » et les clos bourguignons apparaissent dès le haut Moyen Âge.

Côte de Nuits et Côte de Beaune

L'expansion de la vigne en Côte de Nuits et Côte de Beaune doit beaucoup aux communautés religieuses, particulièrement à l'abbaye de Cîteaux, qui construisit des celliers à Meursault, Aloxe et Vougeot au début du XIIe siècle. Principal foyer de culture et de civilisation en Occident aux XIVe et XVe siècles, la cour des ducs de Bourgogne assure l'expansion durable des crus bourguignons, notamment dans la Belgique et les Pays-Bas d'aujourd'hui. Sous l'Ancien Régime, la bourgeoisie bourguignonne s'attache à la qualité de ses vins, qu'une profession nouvelle, celle de négociant-éleveur, contribue à faire connaître dans le monde à partir du XVIIIe siècle.

La Révolution bouleverse la propriété et favorise l'ascension des vignerons promus viticulteurs. Plus tard, l'expansion commerciale du second Empire sera largement profitable au vignoble de la Côte-d'Or. Deux autres phénomènes se produisent alors, qui améliorent encore la qualité des vins et contribuent à leur expression originale : la crise du phylloxéra, heureusement surmontée mais qui fait disparaître la plupart des vignes médiocres ; une réaction contre la « démocratisation » du vignoble, qui aboutit progressivement à la hiérarchie des crus et des climats.

Le XXe siècle a connu bien des années noires. Ce n'est qu'à l'aube des années 1960 que, bénéficiant d'un enthousiasme mondial pour le vin, le Bourgogne est devenu un produit de luxe dont l'économie s'apparente désormais à celle des parfums ou de la haute couture.

Santenay, en Côte de Beaune, produit des vins rouges équilibrés, délicats et coulants, au bouquet subtil et prenant.

Les Hautes Côtes

Les Hautes Côtes ont vu au Moyen Âge la puissante maison de Vergy, alliée aux ducs de Bourgogne, rayonner sur toute la province. Les premières donations du Clos de Vougeot à l'abbaye de Cîteaux proviennent de la maison de Vergy. Le Clos Saint-Denis (Morey-Saint-Denis) et la Romanée-Saint-Vivant (Vosne-Romanée) doivent également leur naissance et leur notoriété à des communautés religieuses établies à Vergy.

On disait jadis « l'Arrière-Côte ». « Nous sommes l'Avant-Côte », répondaient non sans raison les viticulteurs de ce plateau délimité au nord par la Côte de Nuits et la vallée de l'Ouche, puis se mêlant au sud à la Côte de Beaune jusqu'à la Côte chalonnaise et au Couchois. Conforme à la géologie et à la vocation viticole de cette région, le nom de Hautes Côtes de Nuits et de Beaune s'est imposé depuis une soixantaine d'années. Il a été confirmé par l'obtention des AOC en 1961.

Pays bourguignon à la personnalité bien marquée, les Hautes Côtes racontent l'histoire d'une renaissance : 3 000 hectares de vigne en 1914, 770 hectares en 1963, alors que le dépeuplement était continu. Cette mort lente paraissait sans remède. Soutenue par la Bourgogne tout entière, une vigoureuse réaction locale a permis

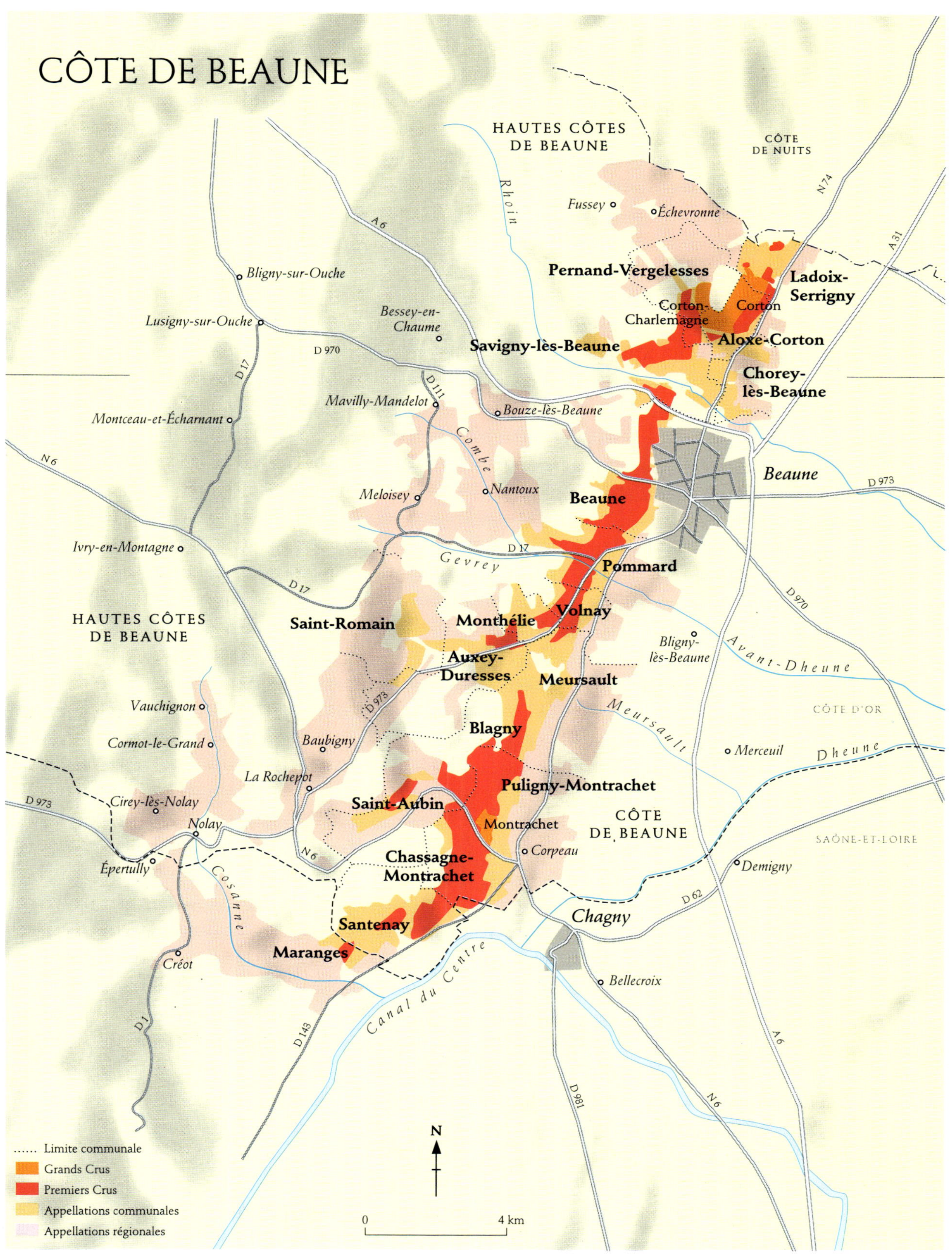
CÔTE DE BEAUNE
HAUTES CÔTES DE BEAUNE
CÔTE DE NUITS
Fussey
Échevronne
Rhoin
A6
N74
A31
Bligny-sur-Ouche
Pernand-Vergelesses
Ladoix-Serrigny
Corton-Charlemagne
Corton
Lusigny-sur-Ouche
Bessey-en-Chaume
Savigny-lès-Beaune
Aloxe-Corton
D 970
D 17
D 111
Chorey-lès-Beaune
Mavilly-Mandelot
Bouze-lès-Beaune
Montceau-et-Écharnant
Combe
N6
Beaune
D 973
Meloisey
Nantoux
Beaune
Ivry-en-Montagne
D 17
Gevrey
Pommard
D 17
D 970
HAUTES CÔTES DE BEAUNE
Saint-Romain
Monthélie
Volnay
Bligny-lès-Beaune
Avant-Dheune
Auxey-Duresses
Meursault
D 973
Vauchignon
Meursault
CÔTE D'OR
Blagny
Cormot-le-Grand
Baubigny
Merceuil
Dheune
La Rochepot
Puligny-Montrachet
D 973
Cirey-lès-Nolay
Saint-Aubin
Nolay
Montrachet
CÔTE DE BEAUNE
SAÔNE-ET-LOIRE
Corpeau
N6
Épertully
Chassagne-Montrachet
Demigny
Cosanne
D 62
Santenay
Chagny
Maranges
Créot
Bellecroix
Canal du Centre
D 143
D1
A6
D 981
N6
N
Limite communale
Grands Crus
Premiers Crus
Appellations communales
Appellations régionales
0
4 km

LES VINS DE LA CÔTE-D'OR

Appellations régionales		
AOC	**Couleur**	**Cépages principaux**
Bourgogne grand ordinaire	rouge ou rosé	Gamay – Pinot
Bourgogne grand ordinaire	blanc	Melon – Aligoté – Chardonnay
Bourgogne Aligoté	blanc	Aligoté
Bourgogne Passetoutgrains	rouge ou rosé	Gamay noir à jus blanc – Pinots
Bourgogne	blanc	1/3 Pinot – 2/3 Gamay
Bourgogne	rouge ou rosé	Divers Pinots, César et Tressot
Bourgogne Hautes-Côtes-de-Beaune	rouge, rosé	Pinot
Bourgogne Hautes-Côtes-de-Nuits	blanc	Chardonnay

Appellations communales, premiers crus et grands crus			
Communes	**AOC Communales**	**Premiers crus = climats**	**Grands crus**
CÔTE DE NUITS			
Fixin	Fixin Côte-de-Nuits-Villages	Clos-de-la-Perrière Le Clos-du-Chapitre – Les Arvelets Clos Napoléon – Les Hervelets – Le Meix-Bas.	
Brochon	Gevrey-Chambertin Côte-de-Nuits-Villages	Clos-de-la-Perrière (Fixin).	
Gevrey-Chambertin	Gevrey-Chambertin	La Boissière – Clos des Varoilles – Bel-Air – Aux Combottes – Le Clos-Saint-Jacques – Issart – Cazetiers – Les Petits Cazetiers – Champeaux – Combe-aux-Moines – Estournelles – Poissenot – Lavaut Saint-Jacques – Les Goulots – Les Corbeaux – Cherbaude – La Perrière – Clos Prieur – Champonnet – Au Closeau – Le Fonteny – En Ergot – Petite Chapelle – Craipillot – Clos-du-Chapitre – Les Issarts.	Chambertin Chambertin-Clos-de-Bèze Chapelle-Chambertin Charmes-Chambertin Griotte-Chambertin Mazis-Chambertin Mazoyères-Chambertin Latricières-Chambertin Ruchottes-Chambertin
Morey-Saint-Denis	Morey-Saint-Denis	Les Genevrières – Monts Luisants – Les Chaffots – Le Clos-Baulet – Les Blanchards – Les Gruenchers – La Riotte – Les Millandes – Les Faconnières – Les Charrières – Clos-des-Ormes – Aux Charmes – Aux Cheseaux – Les Chénevery – Les Sorbés – Clos-Sorbé – La Bussière – Les Ruchots – Côte-Rotie – Le Village.	Clos de Tart Clos Saint Denis Bonnes Mares Clos de la Roche Clos des Lambrays
Chambolle-Musigny	Chambolle-Musigny	Les Sentiers – Les Baudes – Les Noirots – Les Fuées – Les Lavrottes – Aux Beaux-Bruns – Aux Échanges – Les Charmes – Les Plantes –	Musigny Bonnes Mares

Communes	AOC Communales	Premiers crus = climats	Grands crus
Chambolle-Musigny (suite)		Aux Combottes – Derrière-la-Grange – Les Gruenchers – Les Cras – Les Groseilles – Les Combottes – Les Fousselottes – Les Chatelots – Les Carrières – Les Chabiots – Les Amoureuses – Les Borniques – Les Hauts-Doix – La Combe d'Orveaux.	
Vougeot	Vougeot (4)	Les Cras – Clos-Blanc – Clos-de-la-Perrière – Les Petits-Vougeots.	Clos de Vougeot
Flagey-Échezeaux	Vosne-Romanée	Les Beaux Monts – Les Rouges – En Orveaux.	Échezeaux Grands Échezeaux
Vosne-Romanée	Vosne-Romanée (15)	Les Suchots – Les Beaux-Monts – Aux Brûlées – Les Chaumes – Aux Reignots – La Combe Brûlée – Le Clos-des-Réas – Les Gaudichots – Aux Malconsorts – Les Petits-Monts – La Croix-Rameau – Cros Parentoux.	Romanée-Saint-Vivant Richebourg La Romanée La Tâche Romanée-Conti La Grande Rue
Nuits-Saint-Georges	Nuits-Saint-Georges (41)	Aux Champs-Perdrix – Aux Damodes – Aux Cras – En la Perrière-Noblet – Aux Boudots – Aux Murgers – Aux Vignes Rondes – Aux Chaignots – Au Thorey – Aux Argillats – Aux Bousselots – Les Perrières – Aux Crots – Les Hauts-Pruliers – Les Procès – Rue-de-Chaux – Les Pruliers – Roncière – Les Saint-Georges – Les Cailles – Les Vallerots – Les Porrets – Saint-Georges – Les Poulettes – Les Chabœufs – Les Vaucrains – Chaînes-Cartaux – Clos des Porrets Saint-Georges – La Richemone – Château-Gris.	
Premeaux-Prissey	Nuits-Saint-Georges (sur Premeaux) Côte-de-Nuits-Villages (sur Prissey)	Clos-de-la-Maréchale – Clos Arlot – Les Argillières – Clos des Corvées – Aux Perdrix – Clos des Forêts-Saint-Georges – Les Didiers – Clos des Grandes Vignes – Clos Saint-Marc – Clos des Corvées Paget – Clos des Argillières.	
Comblanchien	Côte-de-Nuits-Villages		
Corgoloin	Côte-de-Nuits-Villages		
Marsannay	Marsannay	Marsannay-la-Côte – Couchey – Chenôve.	
CÔTE DE BEAUNE			
Serrigny	Ladoix (*) (13)	La Micaude – La Corvée – Le Clou d'Orge – Les Joyeuses – Bois Roussot – Basses-Mourottes – Hautes-Mourottes – Les Mourottes – La Coutière – La Maréchaude – Les Petites-Lolières – La Toppe-au-Vert – Clos des Maréchaudes.	Corton Corton-Charlemagne
Aloxe-Corton	Aloxe-Corton (8)	Les Maréchaudes – Les Paulands – Les Valozières – Les Chaillots – Les Fournières – Les Guérets – Les Vercots – Clos du Chapitre.	Corton Corton-Charlemagne Charlemagne

Communes	AOC Communales	Premiers crus = climats	Grands crus
Pernand-Vergelesses	Pernand-Vergelesses (*) (5)	En Caradeaux – Creux-de-la-Net – Les Fichots – Île-des-Vergelesses – Vergelesses.	Corton Corton-Charlemagne Charlemagne
Savigny-lès-Beaune	Savigny-lès-Beaune (*) (22)	Les Charnières – Les Talmettes – Les Vergelesses – Basses-Vergelesses – Les Lavières – Aux Gravains – Petits-Godeaux – Aux Serpentières – Aux Guettes – Aux Clous – Les Rouvrettes – Les Narbantons – Les Peuillets – Les Marconnets – Bataillière – Les Hauts-Marconnets – Les Jarrons – Redrescul – Hauts-Jarrons – Aux Fourneaux – La Dominode – Champ-Chevrey.	
Chorey-lès-Beaune	Chorey-lès-Beaune (*) (0)		
Beaune	Beaune	Les Marconnets – En l'Orme – En Genêt – Les Perrières – Les Cent Vignes – Clos de l'Écu – Les Bressandes – Les Fèves – Les Toussaints – Les Grèves – Les Bas des Teurons – Les Teurons – Sur les Grèves – Aux Cras – Aux Coucherias – Clos-du-Roi – Le Clos-de-la-Mousse – Les Reversées – Les Épenottes – Les Chouacheux – Les Aigrots – Les Boucherottes – Les Vignes-Franches – Les Sizies – Le Clos-des-Mouches – Pertuisots – Les Tuvilains – Belissand – Les Avaux – Les Seurey – Montée-Rouge – Champs-Pimont – La Mignotte – Les Montrévenots – Clos-des-Ursules – Clos Saint-Landry – À l'Écu – Sur-les-Grèves – Clos Sainte-Anne – Clos-des-Avaux.	
Pommard	Pommard (28)	La Chanière – Les Charmonts – La Platière – La Refène – Les Arvelets – Les Sausilles – Les Pezerolles – En l'Argillère – Les Boucherottes – Clos-Blanc – Les Grands Épenots – Le Clos-Micot – Les Poutures – Les Petits Épenots – Clos des Épeneaux – Les Bertins – Les Combes-Dessus – Clos-des-Vergers – Le Village – Clos-de-la-Commaraine – Derrière-Saint-Jean – Les Rugiens Bas – Les Chaponnières – Les Jarolières – Les Croix-Noires – Les Fremiers – Les Rugiens Hauts – Les Chanlins-Bas.	
Volnay	Volnay (34)	Pitures-Dessus – Chanlin – Village dit Clos-des-Ducs – Clos-de-la-Cave-des-Ducs – Lassolle – Les Brouillards – Les Mitans – En L'Ormeau – Les Angles – La Gigotte – Pointes-d'Angles – Fremiets – Chevret – Les Grands Champs – Robardelle – Les Lurets – Caillerets – Carelles – Ronceret – Les Aussy – Clos-des-Chênes – Taille-Pieds – Champans – Les Caillerets – Clos des 60 Ouvrées – Clos-de-l'Audignac – Clos-de-la-Chapelle – Clos-du-Château-des-Ducs – Fremiets – Les Santenets –	

Communes	AOC Communales	Premiers crus = climats	Grands crus
Volnay (suite)		Clos-de-la-Rougeotte – Clos-du-Verseuil – Carelles-sous-la-Chapelle – Clos de la Bousse-d'Or – Clos-de-la-Barre.	
Monthélie	Monthélie (*) (11)	Les Riottes – Sur la Velle – Le Meix-Bataille – Le Clos-Gauthey – Le Cas-Rougeot – Le Village – Les Vignes-Rondes – Les Champs-Fulliot – La Taupine – Les Duresses – Le Château-Gaillard.	
Auxey-Duresses	Auxey-Duresses (*) (9)	Les Breterins – La Chapelle – Reugne – Les Duresses – Bas-des-Duresses – Les Écusseaux – Les Grands-Champs – Climat-du-Val – Clos-du-Val.	
Saint-Romain	Saint-Romain (*)		
Saint-Aubin	Saint-Aubin (*) (19)	Derrière-la-Tour – Les Créots – Les Champlots – Bas-de-Vermarain à l'Est – Sur Gamay – La Chatenière – Les Murgers-des-Dents-de-Chien – Les Combes – Village – Les Castets – Le Charmois – Les Puits – En Remilly – Les Frionnes – Sur-le-Sentier-du-Clou – Derrière chez Édouard.	
Meursault	Meursault (*) (16) Volnay Blagny (*) (4)	Les Caillerets – Les Cras – La Jeunelotte – Perrières – La Pièce-sous-le-Bois – Sous-le-Dos d'âne – Charmes – Genevrières – Les Bouchères – Poruzots – Les Plures – Les Santenots-Blancs – Les Santenots-du-Milieu – Clos des Perrières – Santenots – Sous Blagny – Les Gouttes-d'Or.	
Puligny-Montrachet	Puligny-Montrachet (*) (17) Blagny (*)	Sous-le-Puits – La Garenne – Hameau-de-Blagny – Les Chalumeaux – Champ-Canet – Les Folatières – Le Cailleret – Les Pucelles – Clavoillon – Les Referts – Les Perrières – Les Combettes – La Truffière – Champ-Gain – Les Demoiselles – Clos-de-la-Garenne – Clos-de-la-Mouchère.	Chevalier-Montrachet Bâtard-Montrachet Montrachet Bienvenues-Bâtard-Montrachet
Chassagne-Montrachet	Chassagne-Montrachet (*)	Les Blanchots-Dessus – En Remilly – Les Vergers – Dents-de-Chien – Les Chaumées – Les Macherelles – Les Chenevottes – Clos-Saint-Jean – Les Champs-Gain – La Maltroie – En Caillerets – Morgeot – Abbaye-de-Morgeot – Bois-de-Chassagne – Vide-Bourse – La Grande Montagne – Les Brussonnes – Boudriottes – Tonton Marcel.	Montrachet Bâtard-Montrachet Criots-Bâtard-Montrachet
Santenay	Santenay (*)	La Comme – Les Gravières – Beauregard – La Maladière – Clos-des-Mouches – Beaurepaire – Passetemps – Grand Clos-Rousseau – Petit-Clos-Rousseau – Clos Faubard – Clos-de-Tavannes.	

(*) et « nom du village + Côte-de-Beaune » ou « Côte-de-Beaune-Villages ».

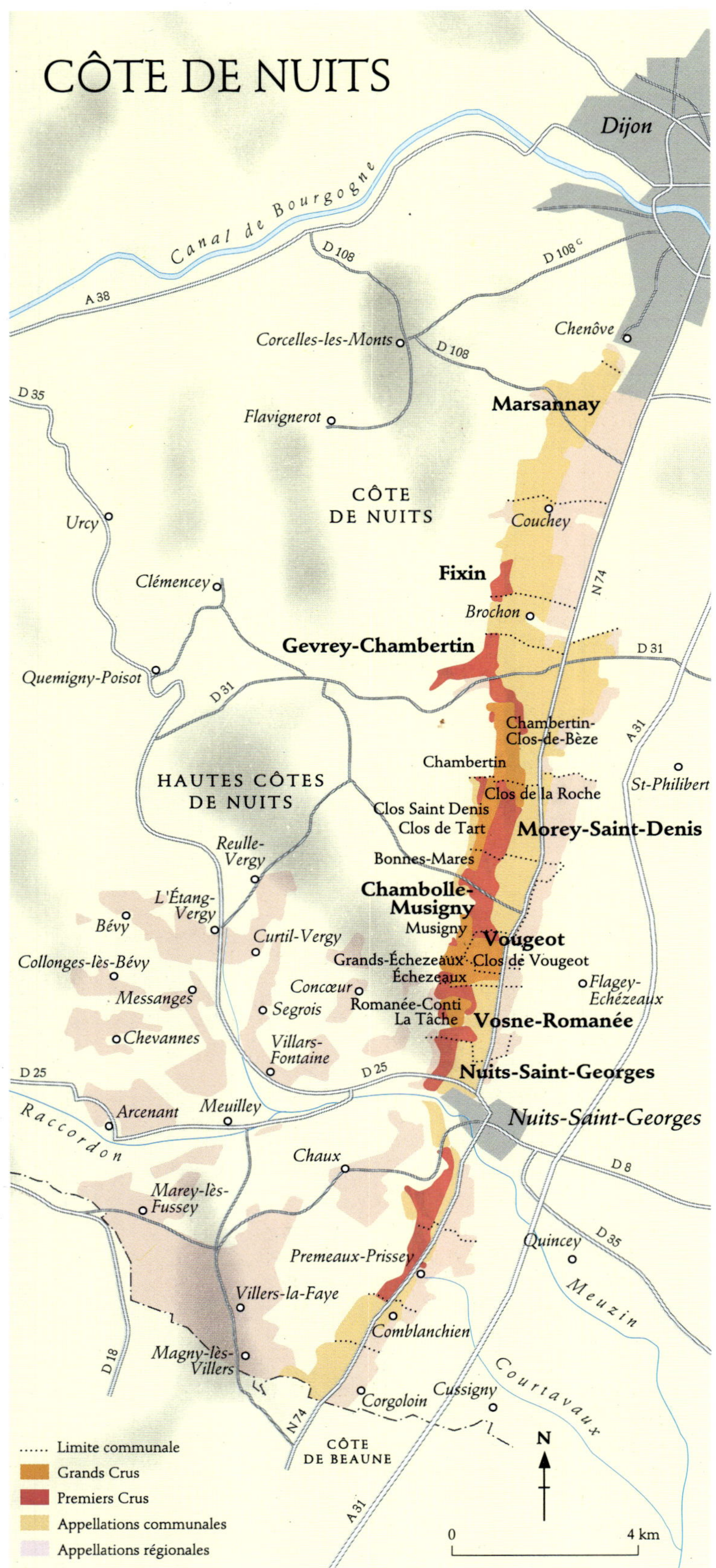

de remonter la pente : la vigne couvre aujourd'hui 1 200 hectares dans les Hautes Côtes, avec un spectaculaire effort de qualité. Cette reconquête courageuse a permis d'enrayer ici l'exode rural.

Les sols viticoles de la « Côte »

La couche arable couverte de vignes présente des orientations variées selon qu'il y a présence ou non de « combes », la plupart du temps sèches, au pied desquelles les villages sont installés près des points d'eaux.

L'exposition est généralement est, sud-est, quelquefois sud, comme à Corton-Charlemagne, rarement nord-est, encore que ce soit le cas à Savigny-lès-Beaune, aux Marconnets et aux Dominodes.

L'altitude est comprise entre 220 et 300 mètres. En bordure de la plaine, la RN 74 fait la limite à quelques exceptions près des AOC villages. À l'ouest de celle-ci, seules les AOC Bourgogne ont droit de cité. En direction de l'Ouest, en remontant la pente, se succèdent les AOC villages, les AOC villages-premiers crus, puis les grands crus et de nouveau les AOC villages jusqu'en bordure de broussailles et de maigres cultures de céréales et d'oléagineux.

Ce massif qui appartient au jurassique présente de nombreuses failles longitudinales, cassures importantes, recouvertes de colluvions ainsi qu'une ondulation des couches formant anticlinal dans la Côte de Nuits, de Dijon à Corgoloin et un synclinal fortement amorcé jusqu'à Santenay dans la Côte de Beaune. Cette disposition permet l'affleurement d'étages différents les uns des autres et explique les caractères spécifiques des vins, qu'il s'agisse des blancs ou des rouges.

L'extrémité sud de l'anticlinal de Gevrey, au-delà de Nuits-Saint-Georges, supporte une bande très étroite de vignes de quelques centaines de mètres. À flanc de coteau et à ciel ouvert se pratique l'extraction d'un calcaire compact de haute qualité dit de Comblanchien. C'est la zone des pierres.

La ***Côte de Nuits*** viticole est installée sur des calcaires à entroques et des marnes du bajocien recouverts peu ou prou d'éboulis pierreux du bathonien. Elle ne produit aucun grand vin blanc.

La ***Côte de Beaune*** est constituée de marnes et de calcaires de l'oxfordien moyen et supérieur autorisant la production de très grands vins blancs et rouges souvent voisins. Tel est le cas du coteau de Corton supportant les Cortons rouges, exposé à l'est, et le Corton-Charlemagne, blanc, exposé au sud.

Exposition, pente, pierrosité et perméabilité des sols sont les facteurs déterminants dans la délimitation des « terroirs » ou « climats » faisant l'objet de nombreuses appellations en Côte-d'Or.

Les terres de piémont, de pente presque nulle, pauvres en pierres, riches en argile et peu perméables, sont réservées aux AOC Bourgogne.

Les terres situées en forte pente, allant jusqu'à 20 %, contenant 5 à 40 % de pierres perméables, supportent les AOC villages, premiers crus et grands crus.

Le vignoble des ***Hautes Côtes de Nuits*** et celui des ***Hautes Côtes de Beaune*** se situent à l'ouest de la Côte, à une altitude comprise entre 300 et 400 mètres, en région vallonnée à flanc des coteaux les mieux exposés. Ce décalage par rapport à la Côte se répercute sensiblement sur le cycle végétatif de la vigne. On note en moyenne un retard de 10 à 15 jours tant au débourrement et à la floraison qu'à la maturité. Les vins produits dans cette zone classés en AOC Bourgogne Hautes-Côtes-de-Nuits et Hautes-Côtes-de-Beaune sont plus acides, moins riches en alcool et en couleur tout en extériorisant un bouquet très agréable. Les risques de gelées printanières ne sont pas négligeables.

Le climat

La zone viticole occupant l'extrémité septentrionale du bassin rhodanien, les influences continentales sont atténuées.

La pluviométrie

La médiane des totaux annuels est comprise entre 650 et 700 millimètres, sur cent soixante et un jours, avec des extrêmes rarissimes de 450 à 900 millimètres. Février connaît le minimum de précipitations ; le maximum se situe en juin ; le deuxième minimum, en septembre, peut déborder sur octobre. Juin est donc un mois le plus souvent humide, période critique pendant laquelle la vigne fleurit, d'où les risques de coulure et de millerandage. L'arrière-saison est généralement ensoleillée, ce qui favorise la maturation. Quelques pluies diluviennes sont observées (20 à 50 mm/heure), de courte durée, souvent associées aux formes orageuses avec grêle pouvant anéantir les promesses de récolte en mai, ou la récolte pendante en août et septembre.

Les températures

Les moyennes annuelles se situent entre 10,7 °C et 10,9° C. Les moyennes durant le cycle végétatif sont de 16 °C, 10 à 11 °C au débourrement, 18 °C à la floraison, 20 °C en juillet et 19 °C au mois d'août. Les températures extrêmes, – 17 °C à – 22 °C, arrivent en janvier et février, provoquant la mort des ceps, notamment en terrains humides et non buttés. Ce fut le cas des gelées de janvier 1985, catastrophiques en Côte de Nuits.

L'insolation

On compte en moyenne 2 000 heures de soleil par an, dont 1 400 d'avril à septembre, ce qui constitue une excellente condition pour la vigne.

Les appellations

En Côte-d'Or, on fera la distinction entre les appellations d'origine contrôlée régionales, propres au département, les appellations communales villages et premiers crus et les appellations « Grands Crus ».

Aloxe-Corton en Côte de Beaune. Son vignoble produit des premiers crus et des grands crus. Ses vins rouges sont appréciés pour leur solidité et leur arôme de pêche prononcé.

Les appellations régionales

La majeure partie des appellations Bourgogne, Bourgogne Aligoté, Bourgogne Passetoutgrains, Bourgogne ordinaire et grand ordinaire sont produites dans la zone des Hautes Côtes de Nuits et des Hautes Côtes de Beaune.

Les appellations communales

Tous les vins d'AOC rouges et rosés sont issus d'un seul cépage, le Pinot noir. Les blancs sont élaborés à partir du Chardonnay auquel peuvent être associés le Pinot blanc et le Pinot gris.

Le degré minimal donnant droit à l'appellation communale ou village est de 11 % Vol. en blanc et de 10 en rouge. Il est de 11,5 % Vol. en blanc et de 11 en rouge pour les premiers crus.

Les rendements de base sont, sauf exception, de 40 hectolitres par hectare en rouge et de 45 hectolitres par hectare en blanc. Les rendements peuvent toutefois être modifiés à la demande des syndicats de producteurs et sur proposition des comités régionaux de l'INAO.

Les grands crus

Le nom de climat est le seul pouvant figurer tant sur la déclaration de récolte que sur les étiquettes. Dans certains cas, le nom d'un lieu-dit peut lui être associé, par exemple Corton-les-Bressandes.

Tous les vins de cette catégorie sont *obligatoirement* issus du Pinot noir pour les rouges et du Chardonnay avec le Pinot blanc comme cépage secondaire ou accessoire pour les blancs. Les rendements de base sont, pour les vins rouges, de

Qu'est-ce qu'un climat ?

Les appellations d'origine contrôlée ont sagement respecté les usages loyaux et constants des différentes provinces : la propriété a été privilégiée en Bordelais, le cépage en Alsace, la marque en Champagne.

La Bourgogne a choisi le cru, conformément au principal critère de référence de ce vignoble.

On dit aussi le *climat,* terme bourguignon désignant tout d'abord un quartier de terre. Par extension, cette expression est devenue synonyme de cru. Le *climat* est donc un lieu-dit dont le nom et la configuration se perdent dans la nuit des temps. Cette parcelle – il en existe souvent plusieurs pour un même lieu-dit – bénéficie de caractères propres : sol et sous-sol, exposition au soleil et au vent, risques de gelées... Il s'y ajoute l'unicité très fréquente du cépage – le Chardonnay réussissant mieux ici, le Pinot noir là – et les facteurs historiques : ancienneté et réputation du nom, caractère de monopole, qualité de la vinification, aspects commerciaux.

Certains climats sont minuscules – la *Romanée* couvre 83 ares – d'autres beaucoup plus vastes – le *Corton-Charlemagne* s'étend sur près de 100 hectares. Depuis le milieu du XIXe siècle, avec la mise en place progressive des AOC par classements successifs, les crus ont parfois atténué la notion du *climat.* Le Clos de Vougeot comportait jadis, sur ses quelque 51 hectares, une quinzaine de *climats* : Musigny, Plante-l'Abbé, Petit-Maupertuis, dont les dénominations ont aujourd'hui pratiquement disparu.

Une commune comme Gevrey-Chambertin, avec 400 hectares de vigne, compte une quarantaine de *climats.* Complexité inutile ? Cette tapisserie au petit point exprime les nuances du terroir. Un bon dégustateur reconnaîtra chacun des crus et saura souvent préciser le millésime et le nom du propriétaire.

Chambolle-Musigny, niché dans une combe de la Côte de Nuits, compte deux grands crus rouges : Bonnes Mares et Musigny.

35 hectolitres par hectare ou 37 hectolitres par hectare et de 40 hectolitres par hectare pour les blancs. Le degré minimum est de 11,5 % Vol. en rouge et de 12 en blanc.

Dans la Côte de Nuits, on notera une concentration des grands crus rouges dans les villages de Gevrey-Chambertin, Morey-Saint-Denis, Chambolle-Musigny et Vosne-Romanée. C'est le « cœur » prestigieux de la Côte de Nuits qui offre des vins à la robe somptueuse, riches en arômes tantôt floraux, tantôt fruités, avec une teneur en bouche remarquable et des promesses de longue garde, jusqu'à 20 ans, 30 ans et davantage... Ces villages totalisent 24 grands crus, rouges à 99,8 %, soit une production de 8 500 hectolitres contre 20 hectolitres en blanc.

Les grands crus de la Côte de Beaune sont implantés en deux îlots. Puligny-Montrachet et Chassagne-Montrachet sont le royaume des blancs, grands seigneurs possédant toutes les qualités de saveur et de bouquet que seul le Chardonnay est capable de réunir. Aloxe-Corton et Pernand-Vergelesses regroupent des rouges et des blancs. Les très grandes bouteilles des millésimes déjà anciens sont le plus souvent de grands crus blancs. Toutefois, les différences dues aux millésimes sont ici moins sensibles que dans les appellations communales. La Côte de Beaune comprend 8 grands crus dont un seul est rouge pour une production moyenne de 6 000 hectolitres, moitié rouges, moitié blancs.

Côte-Rôtie

Il s'agit sans doute du vignoble le plus ancien de la vallée du Rhône. Attribué par certains aux Grecs, le vignoble de Côte-Rôtie a été créé par les Romains dès le premier siècle avant Jésus-Christ. Ceux-ci avaient vite compris que les pentes abruptes et bien exposées qui surplombaient le Rhône étaient un lieu privilégié pour la culture de la vigne. C'est de cette époque que date ce que l'on appelle le vignoble commercial. Celui-ci a bien évidemment subi toutes les vicissitudes du temps pendant des siècles, mais la fidélité des hommes à cette terre ingrate permit la constitution d'un vignoble unique, dont la réputation était déjà grande à la fin du XVIIIe siècle.

L'appellation d'origine contrôlée, qui couvre actuellement 3 communes, a été ratifiée par décret le 18 octobre 1940. Les vignes occupent aujourd'hui 140 hectares, et produisent en moyenne 6 000 hectolitres, exclusivement de vins rouges. Installées sur de petites terrasses qui ne contiennent parfois que quelques ceps palissés sur échalas, elles ne tolèrent que la main de l'homme, et jamais la machine. L'encépagement est fait de Syrah. Toutefois, le cépage blanc Viognier est utilisé en-deçà de 20 % dans certains sols où il est bien adapté.

La particularité du vignoble de Côte-Rôtie est de comprendre, entre autres terrains, deux côtes dénommées Côte-Brune et Côte-Blonde, dont les qualificatifs proviendraient de la différence de chevelure de deux sœurs à qui furent léguées ces côtes. En réalité, peut-être à cause des sols, mais plus sûrement en raison de l'utilisation du Viognier, les deux côtes se distinguent nettement. Les vins de la Côte-Brune, très expressifs, dégagent une sorte de sévérité, qui les rend longs à mûrir ; en revanche, les vins de la Côte-Blonde sont plus tendres, et évoluent plus vite. Ils restent parfois séparés (par exemple au lieu-dit « La Mouline » de la Côte-Blonde), mais ils font aussi l'objet de subtils assemblages.

Vendangeurs portant des mannequins d'osier, à Cumières, dans les coteaux champenois.

Le vignoble de Côte-Rôtie, sur les coteaux escarpés de la commune d'Ampuis, ne produit que des vins rouges.

En général, les vins de Côte-Rôtie ont un bouquet de belle intensité, dans lequel dominent des odeurs de violette, de résine, d'épices, et avec l'âge de truffe et de kirsch. La forme est ample, solide ; elles devient avec l'âge très élégante. Les vins de Côte-Rôtie résistent en effet dix, quinze, vingt ans. Ce sont de très grands vins.

Coteaux Champenois

Les vins des Coteaux Champenois sont récoltés sur le territoire de la Champagne viticole.

L'aire de production recouvre les communes suivantes : Bouzy, Ambonnay, Ay, Mareuil, Tours-sur-Marne, Chigny-les-Roses, Rilly-la-Montagne, Jouy-lès-Reims, Cumières, Vertus dont le nom peut suivre celui de l'appellation ratifiée par le décret du 21 août 1974. La commune la plus connue reste incontestablement celle de Bouzy, qui produit en moyenne 200 000 bouteilles par an.

Ces vins tranquilles rouges, blancs ou rosés sont tous issus de cépages champenois : Pinot meunier, Pinot noir et Chardonnay. Les blancs sont à la fois souples et élégants. Les rouges expriment des caractères de finesse et de fruité (tendance framboise). Ils ont une excellente évolution en bouteilles.

Coteaux-d'Aix-en-Provence

Cette appellation a été consacrée par le décret du 24 décembre 1985, pour 49 communes.

Les Coteaux-d'Aix-en-Provence représentent une vaste région, qui commence à la limite ouest du Var par la commune de Rians, suit la rive gauche de la Durance, se prolonge par la chaîne des Alpilles et les Baux, au sud d'Avignon, revient au bord de l'étang de Berre, englobe les coteaux de l'Estaque et se termine à la limite des Côtes de Provence, du côté de Mimet.

La vigne est ici aussi ancienne qu'ailleurs, et l'on ne peut nier que les Romains furent à l'origine de sa culture. Le vignoble, qui s'étend sur quelque 3 000 hectares, et produit en moyenne 150 000 hectolitres, dont 5 % en blanc, 30 % en rosé et le reste en rouge, est en réalité composé de plusieurs sous-régions. Celle des coteaux des Baux, parce qu'elle abritait le premier vignoble commercial de qualité, a permis le classement en appellation VDQS, peu de temps après la guerre. Ailleurs, la vigne était le complément ou l'ornement des châteaux, des mas et des bastides qui entouraient la ville d'Aix-en-Provence.

Le climat, comme dans la vallée du Rhône et dans la zone nord des Côtes de Provence, est dominé par une longue sécheresse estivale. Mais les dimensions de l'espace productif et les reliefs créent des mésoclimats assez différents : continentaux et relativement frais à Rians, ainsi que le long de la Durance, ils sont beaucoup plus chauds dans la région des Baux et au bord de l'étang de Berre.

Les sols sont tous issus des massifs calcaires crétacés, parmi lesquels on note les sommets impressionnants du massif de la Sainte-Victoire et des Baux. La roche mère, faite de calcaires marneux, de molasse calcaire, d'argile et de grès, a donné naissance à des terrains squelettiques parmi lesquels se distinguent des sols rouges plus ou moins caillouteux ou graveleux recouvrant des terrasses ou des cônes de déjection. Il existe là une certaine hétérogénéité qui a entraîné une assez grande variété dans les vins produits.

Les cépages rouges sont d'abord ceux qui sont cultivés dans toutes les zones rhodaniennes et méditerranéennes, Carignan, Cinsaut, Counoise, Grenache, Mourvèdre et Syrah. Il s'y ajoute le Cabernet-Sauvignon, transfuge bordelais destiné à mieux cerner le potentiel qualitatif des vignobles de la partie nord du terroir.

Les vins blancs font intervenir les cépages locaux, Bourboulenc, Clairette, Grenache blanc, Ugni blanc (40 % maximum) et Vermentino, auxquels le Sauvignon et le Sémillon (30 % maximum) apportent leur originalité aromatique.

Les vins blancs représentent la production la plus faible pour l'instant. L'encépagement et la technologie leur ont donné un bouquet floral et végétal très élégant, une silhouette fraîche et une fin de bouche acidulée.

Les vins rosés sont fermes et très odorants.

Les vins rouges, bien que typiques de la région aixoise, présentent des nuances suivant le cépage complémentaire qui est intervenu. Le Mourvèdre donne un bouquet de style animal ; la Syrah se marque par un bouquet de nature fruitée et florale et le Cabernet-Sauvignon, comme ailleurs, apporte des arômes végétaux et balsamiques. Ce sont des vins solides mais élégants, chaleureux, bien équilibrés après plusieurs années.

Coteaux-d'Ancenis

Les producteurs ont la possibilité d'indiquer le cépage Pineau de la Loire, Malvoisie ou Pinot Beurot, pour les blancs, et Gamay ou Cabernets, pour les rouges et les rosés, après le nom de l'appellation, classée AOVDQS par l'arrêté du 27 août 1973. Sur quelque 300 hectares, on produit en moyenne 15 000 hectolitres de vins rouges et rosés, et 200 hectolitres de blancs. L'aire de production s'étend sur la Loire-Atlantique ainsi que sur le Maine-et-Loire pour 27 communes.

La couleur des rouges est à nuance carmin. Le vin est coulant, vif, peu astringent. Il faut le consommer jeune. Les vins blancs et les vins rosés sont frais et fruités.

(*Voir* la région Anjou et Saumurois p. 236).

Coteaux-de-l'Aubance

Le vignoble, classé appellation d'origine contrôlée par le décret du 18 février 1950, couvre une superficie de l'ordre de 90 hectares, avec pour cépage le Chenin blanc. La production avoisine les 4 500 hectolitres (moyenne sur dix ans). L'aire de production s'étend sur les communes ou parties de communes de

Le moulin de Brissac domine les vignes des coteaux de l'Aubance, en Anjou.

Brissac, Denée, Juigné-sur-Loire, Mozé-sur-Louet, Murs, Saint-Jean-des-Mauvrets, Sainte-Melaine-sur-Aubance, Saint-Saturnin-sur-Loire, Soulaines et Vauchrétien.

La richesse originelle des moûts doit être de 187 grammes de sucre. Les vins blancs sont secs ou à demi-secs. Leur robe est d'un jaune à nuances légèrement verdâtres. Ils sont fruités avec une belle charpente et des arômes particuliers de verveine et offrent une bonne aptitude au mûrissement en bouteille.

(*Voir* Anjou et Saumurois p. 236.)

Coteaux-de-Die

Depuis le décret du 26 mars 1993, il existe un vin blanc sec tranquille, préparé à partir du seul cépage Clairette. Cette appellation remplace celle de Clairette de Die tranquille. Le volume produit est de l'ordre de 150 hectolitres.

Coteaux-de-Pierrevert

L'aire légale de cette AOVDQS de Provence est très étendue puisque, par arrêté du 10 août 1959, elle couvre 42 communes, pour 300 hectares produisant en moyenne 10 000 hectolitres de vins rouges et rosés, et 1 800 hectolitres de blancs.

En réalité, les Coteaux-de-Pierrevert proviennent seulement d'une dizaine de communes, dont les plus importantes sont situées sur la rive droite de la Durance.

Avant de devenir les vins du touriste, les vins de Pierrevert furent ceux des bergers qui montaient au printemps avec leurs troupeaux dans les alpages. C'étaient alors des vins à allure montagnarde, nerveux et très rafraîchissants.

Les vins d'aujourd'hui ont gardé les caractères anciens du côté de Sainte-Tulle, Les Mées, Manosque, grâce au climat nettement moins chaud que dans le Vaucluse. L'encépagement y est aussi pour quelque chose, qui comprend, pour les vins blancs, la Clairette, l'Ugni blanc, le Marsanne ; et, pour les vins rouges, le Grenache, le Carignan, le Cinsaut, le Mourvèdre et la Syrah. Si l'originalité est bonne, c'est à leur légèreté alcoolique et à leur fraîcheur acide que les vins des Coteaux-de-Pierrevert doivent leur succès.

Coteaux-de-Saumur

En déclaration de récolte, les volumes sont très faibles et ne sont pas en rapport avec l'aire de production classée AOC par le décret du 21 avril 1962.

Quelque 800 à 900 hectolitres, sur environ 20 hectares, d'un vin issu uniquement du Chenin revendiquent cette appellation. L'aire de production s'étend sur le Maine-et-Loire pour 12 communes, et sur Saix, dans la Vienne.

Les vins ont un caractère tendre puisqu'ils doivent présenter un degré alcoolique minimum de 12 % Vol. et un reste de sucre au moins égal ou supérieur à 10 grammes.

La structure du vin, harmonieuse, est liée aux terrains calcaires. La persistance est bonne et le vin présente une excellente tenue en bouteille.

(*Voir* Anjou et Saumurois p. 236).

Coteaux-du-Cap-Corse

Voir Vin de Corse Coteaux-du-Cap-Corse.

Coteaux-du-Giennois

Voir Côtes-de-Gien.

Coteaux-du-Languedoc

La zone de cette appellation, classée AOC par le décret du 24 décembre 1985, est très vaste puisqu'elle couvre une superficie délimitée de 50 000 hectares répartis sur 121 communes situées dans l'Aude, le Gard et l'Hérault, pour une production d'environ 400 000 hectolitres dont 8 % en blanc. Elle comprend trois crus : Clairette du Languedoc, Faugères, Saint-Chinian, et 12 terroirs : Cabrières, La Clape, Coteaux-de-la-Méjanelle, Montpeyroux, Picpoul-de-Pinet, Pic-Saint-Loup, Quatourze, Coteaux-de-Saint-Christol, Saint-Drézery, Saint-Georges-d'Orques, Saint-Saturnin, Coteaux-de-Vérargues. Leurs vins peuvent être présentés sous le nom du cru ou sous le nom de l'appellation régionale Coteaux-du-Languedoc employée seule ou suivie d'un nom de terroir.

À ces crus et terroirs il faut ajouter un vignoble classé Coteaux-du-Languedoc sans aucune autre indication complémentaire d'origine géographique. Il couvre une partie des vignobles de la vallée du Ceressou, d'Aspiran, du Lodevois et de Saint-Félix-de-Lodez dans l'Hérault, ainsi que de Langlade dans le Gard.

Le vignoble des Coteaux-du-Languedoc est, avec ceux du Roussillon, des Corbières et du Minervois, le plus ancien vignoble de France. Développée par les Romains, la vigne fut d'abord languedocienne avant d'essaimer dans le reste de la France puis de l'Europe. Jusqu'au XIXe siècle, les crus du Languedoc étaient connus dans le monde entier.

Cabrières

L'encépagement est celui des Coteaux-du-Languedoc. Le vignoble établi sur un sol schisteux donne des vins rouges, rosés et blancs d'une grande finesse. La production est de quelque 7 000 hectolitres.

La vigne, en France, fut d'abord languedocienne.

Coteaux-de-la-Méjanelle

La zone de production intéresse quatre communes aux portes de Montpellier, sur une terrasse de cailloux roulés sous l'influence maritime, faisant suite, de par sa situation géologique, au terroir des Costières-de-Nîmes. Le vignoble, complanté avec les cépages de l'appellation Coteaux-du-Languedoc, occupe une superficie de 600 hectares pour une production de l'ordre de 15 000 hectolitres. De nombreuses résidences du XVIIIe siècle et des mas cachés derrière leurs pinèdes animent le paysage.

Coteaux-de-Saint-Christol

La zone de production intéresse une commune pour une superficie de 400 hectares d'un excellent terroir à cailloux roulés directement sous l'influence des brises maritimes. Son encépagement est celui des Coteaux-du-Languedoc. Ses vins rouges et rosés sont d'une grande finesse, très souples et fruités. Ce cru existait déjà du temps de Saint Louis.

L'encépagement des Coteaux-du-Languedoc comporte un assemblage de cépages, dont les principaux, limités à 50 %, sont le Carignan, le Cinsaut, le Grenache, la Syrah et le Mourvèdre. En blanc, ce sont le Bourboulenc, le Carignan blanc, la Clairette, le Maccabeu, l'Ugni blanc et le Picpoul blanc. Les vignes doivent présenter une densité minimale de 3 300 souches à l'hectare, conduites en tailles courtes, sauf pour la Syrah, avec un maximum de 6 à 8 coursons à deux yeux par souche pour un rendement limité à 50 hectolitres à l'hectare.

Coteaux-de-Vérargues

La zone de production intéresse 9 communes pour une superficie de 2 200 hectares et une production potentielle de 18 000 hectolitres. Le terroir argilo-calcaire colluvionné de cailloux roulés de Vérargues s'étend en partie sur celui du Muscat de Lunel. Son encépagement est celui des Coteaux-du-Languedoc. Ses vins sont souples et finement bouquetés.

La Clape

La zone de production intéresse 5 communes situées au sud de Narbonne dans un massif calcaire dont l'appellation tire son nom. Les sols de calcaire dur sont de bons supports à des vignobles de qualité. Le potentiel viticole de l'appellation est de 50 000 hectares pour une production potentielle de 45 000 hectolitres de vins rouges, rosés et blancs. L'encépagement en rouge est celui de l'appellation régionale Coteaux-du-Languedoc. Les vins blancs sont à base de Malvoisie, ou Bourboulenc, auquel on ajoute un peu de Clairette, de Grenache blanc, de Maccabeu et de Terret blanc ; ils sont frais, fruités et souples ; leur nez racé est fait d'arômes de cépages et de fermentation.

Montpeyroux

La zone de production intéresse deux communes du nord de Montpellier, au pied du Causse du Larzac, situées sur des cailloutis de gélifraction en piedmonts de montagne. Le vignoble, complanté avec les cépages de l'appellation Coteaux-du-Languedoc, occupe une superficie de 900 hectares pour une production potentielle de 15 000 hectolitres. Le vin rouge de Montpeyroux, riche en couleur, se caractérise par sa charpente qui le prédispose au vieillissement.

Picpoul-de-Pinet

L'aire du Picpoul-de-Pinet couvre 2 200 hectares pour une production potentielle de 13 000 hectolitres. La région a une vocation traditionnelle de production de vin blanc élaboré essentiellement avec un cépage, le Picpoul blanc, additionné de Terret blanc (25 % au maximum) et de Clairette blanche ou rose (5 % au maximum). C'est un vin blanc très sec, d'une belle couleur or vert, fruité, frais et nerveux.

Pic-Saint-Loup

L'aire de production intéresse 13 communes. Elle couvre 5 000 hectares, pour une production potentielle de 37 000 hectolitres. Les meilleurs terroirs à vigne sont faits de cailloutis, éboulis de bas

La silhouette du pic Saint-Loup se dresse au-dessus du vignoble de cette appellation locale des Coteaux-du-Languedoc.

Saint-Saturnin, en Languedoc, est réputé pour son vin rouge léger et fruité.

de pente en bordure de petits massifs calcaires. Les vins rouges, frais et gouleyants, présentent des arômes de fruits rouges.

Quatourze

Aux portes de Narbonne, l'aire de production couvre 500 hectares pour une production potentielle de 15 000 hectolitres. C'est un plateau de cailloux roulés s'inclinant vers les étangs. L'encépagement est celui des Coteaux-du-Languedoc. Les vins rouges de Quatourze sont chauds, robustes et de bonne garde. On y produit aussi quelques vins blancs frais et aromatiques.

Saint-Drézery

Au nord de Lunel, l'aire de production couvre une commune pour une superficie de 500 hectares et une production potentielle de 4 500 hectolitres de vins rouges ou rosés sur un terrain argilo-calcaire et gréseux. L'encépagement est celui de l'appellation Coteaux-du-Languedoc. Ces vins sont plaisants, fruités et légers.

Saint-Georges-d'Orques

Toute proche de Montpellier, l'aire couvre 5 communes sur une superficie de 2 200 hectares, pour une production potentielle de 14 000 hectolitres de vins rouges et rosés. L'encépagement est celui des Coteaux-du-Languedoc. Le terroir est essentiellement argilo-calcaire. Saint-Georges-d'Orques est l'appellation bénéficiant de l'antériorité et de la notoriété de la plus grande des appellations des Coteaux-du-Languedoc. Ses productions étaient déjà renommées au Moyen Âge.

Saint-Saturnin

À l'abri du Causse du Larzac, l'aire de l'appellation couvre 4 communes sur une superficie de 750 hectares, pour une production potentielle de 22 000 hectolitres. L'encépagement est celui des Coteaux-du-Languedoc. Son terroir, fait de terrains argilo-calcaires et d'éboulis caillouteux de bas de pente bien exposés, donne des vins de macération longue, ronds et pleins, riches en arôme. Son vin de macération courte dit « d'une nuit » a fait depuis longtemps la réputation du cru.

Coteaux-du-Layon

Le vignoble, classé AOC par le décret du 18 février 1950, couvre une superficie de 1 200 hectares avec pour cépage le Chenin blanc, à l'exclusion de tout autre. La production sur ces dix dernières années avoisine les 45 000 hectolitres. Celle de l'appellation Coteaux-du-Layon-Chaume est voisine de 2 000 hectolitres par an. L'aire de production s'étend sur 23 communes ou parties de communes.

Les vignerons peuvent également revendiquer pour leurs vins les appellations ***Coteaux-du-Layon*** suivies du nom de leur commune ainsi que ***Coteaux-du-Layon-Chaume*** aux mêmes conditions de production et d'encépagement que l'appellation Coteaux-du-Layon. Seule l'aire de production est différente (voir en marge).

Le raisin peut profiter de l'action du *Botrytis cinerea,* c'est-à-dire de la pourriture noble, et doit avoir 204 grammes de sucre. Pour certains terroirs, il est exigé 221 grammes et, dans ce cas,

Les vins des Coteaux-du-Layon peuvent se voir adjoints les noms de communes suivantes : Beaulieu-sur-Layon, Faye-d'Anjou, Rablay-sur-Layon, Rochefort-sur-Loire, Saint-Aubin-de-Luigné ou Saint-Lambert-du-Lattay.

Les vins répondant à l'appellation Coteaux-du-Layon-Chaume sont produits sur des parcelles de la commune de Rochefort-sur-Loire.

le nom de la commune peut être associé à celui de Coteaux-du-Layon. Il s'agit de Beaulieu-sur-Layon, Faye-d'Anjou, Rablay-sur-Layon, Rochefort-sur-Loire, Saint-Aubin-de-Luigné, Saint-Lambert-du-Latray.

La robe des vins est jaune soutenu à jaune doré pour les vins âgés. Le sucre est parfaitement en équilibre avec l'acidité et l'astringence particulière au cépage Chenin. La persistance des arômes en particulier de coing, ou de fruits passerillés dans les vins assagis, est bonne. (*Voir* Anjou.)

Coteaux-du-Loir

Sur quelque 37 hectares, le vignoble classé AOC par le décret du 12 mai 1948 produit annuellement 1 000 hectolitres de vins rouges issus des cépages Pineau d'Aunis, Cabernet, Gamay et Côt ; 200 hectolitres de rosés issus des Pineau d'Aunis, Cabernet, Gamay, Côt et, avec un maximum de 25 %, de Grolleau ; 600 hectolitres en blanc issu du Pineau de la Loire.

L'aire de production s'étend sur 23 communes ou parties de communes de la Sarthe et de l'Indre-et-Loire. Les vignerons peuvent également revendiquer pour leurs vins l'appellation ***Coteaux-du-Loir-Val-de-Loire.***

Le blanc est jaune paille : c'est un vin plein et vif, assez tendre en année ensoleillée. Les rouges sont coulants, pleins, vifs, avec une légère astringence et des arômes souvent épicés.

Coteaux-du-Lyonnais

L'aire d'appellation de cette AOC régie par le décret du 9 mai 1984 s'étend sur 50 communes du département du Rhône.

Seuls ont droit à l'appellation d'origine les vins rouges et rosés issus du Gamay noir à jus blanc, et les vins blancs élaborés à partir du Pinot blanc-Chardonnay et Aligoté.

Sur une surface de quelques 400 hectares, les vignerons produisent chaque année 17 000 hectolitres environ de vins en majeure partie rouges et rosés. La production des vins blancs est de l'ordre de 1 500 hectolitres. Il s'agit de vins qui présentent une certaine finesse et qu'il convient de boire jeunes.

Coteaux-du-Tricastin

Le vignoble, classé AOC pour 22 communes par le décret du 27 juillet 1973, est représenté par les trois types de vins.

La vigne existait déjà du temps des Romains, mais elle ne fut pas et n'a pas été pendant longtemps une culture principale. Comme dans beaucoup de zones proches du grand axe rhodanien, le mûrier et la vigne étaient dominés par les cultures de céréales, de fruits à coque et de chênes truffiers.

La vigne s'étend entre Montélimar, Saint-Paul-Trois-Châteaux et la route de Taulignan à Dieulefit. C'est un paysage tourmenté, fait de sommets désertiques et de vallées profondes. Entre ces deux niveaux, les grandes terrasses argileuses et caillouteuses proches du Rhône constituent des lieux privilégiés pour la vigne. Le climat est pour la plus grande partie de l'aire géographique plus rude que dans les Côtes du Rhône, d'où l'apparition de nuances assez nettes dans les types de vins.

L'encépagement est celui des Côtes du Rhône. Le Grenache reste le plant principal, mais du fait du climat, le Carignan est rarement à sa place dans cette région ; en revanche, la Syrah s'y trouve bien.

Le vignoble couvre 2 100 hectares ; il produit en moyenne 110 000 hectolitres, dont plus de la moitié sont élaborés par la cave coopérative de Suze-la-Rousse.

Les vins blancs ne représentent qu'un faible volume (2 500 hectolitres). En raison du climat, ils sont frais, légers, un peu pointus.

Les vins rosés ressemblent beaucoup à ceux qui sont produits alentour. Ils sont cependant plus frais, moins capiteux.

Les vins rouges montrent des nuances assez nettes suivant les terrains d'où ils proviennent. Dans l'est et le nord du terroir, où les sols sont sableux et l'exposition plein sud, les vins ont des odeurs de fruits, et une silhouette souvent élégante. Ce sont, par principe, des vins de carafe ou de primeur, à consommer bien évidemment dans la première année de leur existence. Dans les terrasses argilo-caillouteuses de l'ouest, du côté de Roussas et des Granges-Gontardes, les vins rouges ont un bouquet plus complexe, une forme pleine et bien équilibrée, sans puissance excessive. Ils évoluent pendant deux à trois ans.

Coteaux-du-Vendômois

Le vignoble, classé AOVDQS par l'arrêté du 21 juin 1968, couvre environ 200 hectares, avec pour cépages, en blanc, le Chenin et le Chardonnay (20 % au maximum) ; en rosé, le Pineau d'Aunis et le Gamay (30 % au maximum) ; et en rouge, le Pineau d'Aunis (au minimum 30 %) avec, comme cépages accessoires, le Gamay, le Pinot noir et le Cabernet.

La production avoisine les 8 000 hectolitres dont les deux tiers en rosé ou gris et un tiers en rouge. La production de vin blanc avoisine 1 000 hectolitres.

L'aire de production s'étend sur le Loir-et-Cher et couvre 35 communes ou parties de communes.

Le vin rosé, sec, est très marqué par le Pineau d'Aunis, qui lui confère une originalité où la légèreté et l'arôme épicé dominent. Les vins rouges sont coulants et vifs. Le vin blanc est assez vif et sec. Ces vins se boivent jeunes.

Coteaux-Varois

Cette nouvelle appellation d'origine (AOVDQS classé en 1984), définie par le décret du 26 mars 1993, est constituée par 28 communes qui sont assez proches de celles des Côtes-de-Provence. Du nord au sud, l'aire d'appellation va de la limite des Alpes-de-Haute-Provence – Villecrozes, Tavernes – aux portes d'Hyères – Forcalquier, La Roquebrussanne sur environ 1 500 hectares. Le vignoble a un potentiel de production de 65 000 hectolitres dont 1 500 en blanc.

Dans un ensemble de terroirs soumis à des climats assez différents, constitués de sols rouges et de terrasses caillouteuses, les cépages classiques des Côtes-de-Provence sont utilisés pour l'élaboration des vins rosés et de vins rouges : Grenache, Syrah, Mourvèdre ; pour les vins blancs : Clairette, Grenache blanc, Sémillon, Ugni et Rolle (30 % minimum). La présence de 10 % de cépages blancs dans les rosés apporte une originalité à ces vins frais, un peu acides et légers.

Les vignes de Châteaugay, en Côtes d'Auvergne, produisent des vins rouges légers, ainsi que des rosés et des blancs secs.

Dans la région de Vendôme, les pentes de tuffeau sont creusées de caves troglodytiques.

Les vins rouges, friands, ont un caractère fruité. Il convient de les boire tous très jeunes.

Côtes Canon-Fronsac

Voir Canon-Fronsac.

Côtes-d'Auvergne

Le vignoble, classé AOVDQS par l'arrêté du 14 mars 1977, avec la possibilité d'adjoindre une appellation locale, couvre une superficie de 600 hectares. Les cépages sont : en blanc, le Chardonnay ; en rouge et en rosé, le Gamay (pour plus de 90 %) et le Pinot noir. La production est de l'ordre de 23 000 hectolitres dont un tiers en rosé et 200 hectolitres en blanc.

L'aire de production, selon les appellations locales couvre les Côtes-d'Auvergne-Boudes, les Côtes-d'Auvergne-Chanturgue, les Côtes-d'Auvergne-Châteaugay, les Côtes-d'Auvergne-Corent, les Côtes-d'Auvergne-Madargues et les Côtes-d'Auvergne elles-mêmes pour 66 communes.

La robe des rouges est légère, carmin, ambrée. L'odeur est fruitée, bien développée. Les vins sont coulants, bien structurés, aux arômes de cerise « montagnarde ».

Le rosé est sec, solide et coulant et le blanc de type sec. (*Voir* Vins du Centre p. 606.)

Côtes-de-Bergerac

Voir Bergerac.

Côtes-de-Blaye

Voir Blaye.

Côtes-de-Bordeaux-Saint-Macaire

Le vignoble est situé sur la rive droite de la Garonne. Il prolonge au sud celui des Premières-Côtes-de-Bordeaux et il bute contre une petite rivière, le Dropt.

L'appellation d'origine contrôlée Côtes-de-Bordeaux-Saint-Macaire, créée par décret du 31 juillet 1937, est réservée uniquement aux vins blancs provenant des raisins récoltés sur les parcelles délimitées à l'intérieur de 11 communes du Bordelais.

Pour avoir droit à l'appellation, le vin ne peut être élaboré qu'à partir des cépages suivants : Sémillon, Sauvignon et Muscadelle. La richesse minimale en sucres des moûts doit être de 196 grammes par litre. Ces vins blancs doux doivent présenter un titre alcoométrique total minimal de 11,5 % Vol.

En 1995, la surface déclarée a été de 92 hectares et la production de 3 763 hectolitres ; le tiers de l'appellation est élaboré par les caves coopératives de Gironde et de Saint-Pierre-d'Aurillac.

Côtes-de-Bourg

Voir Bourg.

Côtes-de-Buzet

Voir Buzet.

Côtes-de-Castillon

Par le décret du 15 juillet 1955, modifié par celui du 27 janvier 1976, le nom de Côtes-de-Castillon pouvait être adjoint à celui de Bordeaux pour les vins rouges obtenus sur le territoire délimité des communes de Castillon-Saint-Magne, Castillon-la-Bataille, Monbadon, Belvès, Saint-Genès, Gardegan, Saint-Philippe-d'Aiguille, Les Salles et Sainte-Colombe, à condition qu'ils aient répondu à toutes les conditions de production prévues pour l'appellation Bordeaux supérieur : encépagement, richesse minimale en sucres des moûts, titre alcoométrique, rendement de base, etc. Mais le terme « Bordeaux » a été supprimé par décret du 9 février 1989. En 1995, la superficie de l'appellation était de 2 941 hectares et la production de 173 401 hectolitres dont 25 % environ élaborés en caves coopératives.

Côtes-de-Duras

L'appellation d'origine contrôlée Côtes-de-Duras est une ancienne appellation reconnue par décret en 1937 qui produit des vins rouges, blancs et

Vignoble des Côtes-de-Duras.

rosés. Elle couvre les meilleurs terroirs viticoles du canton de Duras, compris entre un petit cours d'eau, le Dropt, et les limites administratives des départements de la Gironde et de la Dordogne. Ce canton se trouve situé à l'extrémité nord-ouest du département du Lot-et-Garonne.

La région est constituée de collines entrecoupées de nombreux vallons ; cette topographie ne permet pas une culture de la vigne en continu et la viticulture se rencontre seulement sur les sommets des coteaux et les pentes orientées au sud. Les terrains sont argileux ou argilo-calcaires. Il n'y a pas de sols de graves ou très peu.

La surface occupée par la vigne est de 2 500 hectares environ pour une production moyenne de 100 000 hectolitres où les vins blancs et les vins rouges s'équilibrent. Les producteurs, au nombre de 350, sont en majorité indépendants, mais le secteur coopératif regroupe 45 % du volume produit.

Les vins sont de grande qualité, mais insuffisamment connus des consommateurs. Les vins blancs secs sont légers, frais, fruités, de caractère Sauvignon affirmé, avec une robe très claire aux reflets verdâtres. Les vins blancs moelleux ont une odeur de fruit mûr de caractère Sémillon, ils ont une robe légère, ambrée.

Les vins rosés, élaborés selon la méthode de la saignée, représentent une toute petite production (3 % environ), ils sont frais et fruités, avec le caractère des Cabernets.

Les vins rouges présentent des caractères différents selon leur mode d'élaboration ; ils peuvent être vinifiés en macération carbonique et donnent alors des vins légers, souples, élégants, très aromatiques qui doivent être dégustés et consommés jeunes à température fraîche. Si les raisins sont vinifiés de façon classique et traditionnelle, ils donnent alors des vins plus colorés, plus charnus, plus pleins ; ces vins demandent à vieillir pendant deux ou trois ans avant d'être consommés.

Les cépages de l'appellation sont, en blanc, le Sauvignon, le Sémillon, la Muscadelle, le Mauzac, le Pineau de Loire, l'Ondenc et l'Ugni blanc.

En rouge, on trouve le Merlot, le Cabernet franc, le Cabernet-Sauvignon et le Côt.

Côtes-de-Gien

Le vignoble, classé AOVDQS par l'arrêté du 26 novembre 1954, couvre une superficie de 140 hectares.

En rouge, on cultive les cépages Pinot noir et Gamay (chacun ne devant pas dépasser 80 %) ; en blanc, le Sauvignon.

La production annuelle est de l'ordre de 2 000 hectolitres en blanc, 4 000 hectolitres en rouge et 700 hectolitres en rosé. L'aire de production s'étend sur le Loiret et couvre 16 communes ou parties de communes. Le nom Côtes-de-Gien peut aussi être suivi du nom de Cosne-sur-Loire si les vins sont produits dans la Nièvre.

Les vins rouges ont une couleur légère, à nuance rubis. L'odeur est fruitée. Ils sont légers, mais avec une bonne structure aux arômes délicats. La tenue en bouteille est correcte.

Les vins rosés sont secs, légers et vifs.

Les vins blancs sont secs, assez charpentés et frais.

Côtes-de-la-Malepère

L'appellation, classée AOVDQS par l'arrêté du 27 janvier 1983, est située au sud-ouest de Carcassonne, sur les coteaux du Razès. Bordée au sud-est par le vignoble de la Blanquette de Limoux, elle intéresse 31 communes et a une superficie classée de 6 200 hectares pour une production de 22 000 hectolitres, essentiellement de rouges et de rosés. Étant donné sa situation en limite ouest du climat méditerranéen, son encépagement, languedocien de base, a été orienté vers l'encépagement en Merlot, Côt, Cinsaut (avec un maximum de 60 % pour chaque cépage) et complété avec des cépages accessoires, les Cabernets, le Lledoner Pelut et la Syrah.

Côtes-de-Montravel

Voir Montravel.

Côtes-de-Provence

L'appellation d'origine contrôlée Côtes-de-Provence, ratifiée par le décret du 24 octobre 1977 pour 68 communes, est quantitativement la plus importante du vignoble méditerranéen avec 19 000 hectares produisant en moyenne 800 000 à 900 000 hectolitres de vin.

Son climat est à l'image du climat général. Chaud mais tempéré dans sa partie sud par les brises de mer, il est marqué au nord par des flux continentaux plus froids et plus humides.

Dans cette appellation, les sols présentent de grandes différences. En bord de mer se dresse le massif des Maures, dont les pentes granitiques sont porteuses d'un vignoble qui donne à peu près 20 % de la production totale.

Au nord de la route nationale 7, au niveau de Draguignan, s'étend un plateau ondulé d'origine calcaire, dont les sols rouges sont parfois couverts de cailloutis blanc calcaire. Le vignoble qui les couvre fournit quelque 20 % de la production.

Entre ces deux extrêmes se situe une bande en forme de dépression, qui reçut par érosion des éléments des Maures et du plateau calcaire. Au-dessus des bas-fonds faits d'alluvions limoneuses sans grand intérêt viticole, la vigne a envahi des coteaux en pente douce et des terrasses dont les sols sont composés d'argile rouge et de grès.

C'est dans cette zone, qui représente 50 % du vignoble varois, que sont implantées les caves coopératives élaborant la plus grande proportion de vins d'appellation contrôlée.

Enfin, à l'ouest du vignoble varois, des côtes sur lesquelles la vigne monte parfois jusqu'à une altitude de 400 mètres sont constituées de sols d'argile rouge, graveleux ou caillouteux. Ici, le climat est nettement moins chaud qu'en bord de mer, parce qu'il est influencé par le massif de la Sainte-Beaume. Cette dernière partie du vignoble des Côtes-de-Provence ne dépasse pas 10 % de l'ensemble.

Si l'on considère les effets de la conjonction sol-climat, les Côtes-de-Provence apparaissent comme étant formées de quatre sous-régions, plus ou moins distinctes les unes des autres suivant l'exposition et les nuances naturelles. C'est donc une zone fort compliquée dans laquelle des noyaux naturels offrent la meilleure qualité dans un type déterminé : vins blancs, rosés, et rouges de jeunesse ou de garde.

Les vins blancs ont totalement changé de caractère depuis peu. Les règles d'élaboration et surtout l'utilisation des cépages Rolle et Sémillon donnent aujourd'hui des vins aux odeurs florales et végétales élégantes. La structure est relativement légère. Ils représentent quelque 6 % de la production.

Les vins rosés dominent l'ensemble avec 60 % du volume total. Pendant longtemps, les Côtes-de-Provence ont été en quelque sorte victimes de leur situation géographique, parce qu'elles étaient placées aux portes d'une région devenue la résidence d'hiver et d'été d'une clientèle d'abord privilégiée, ensuite populaire.

Fuyloubier, vignoble dans l'aire d'appellation Côtes-de-Provence.

Dans des conditions marquées par les exigences du tourisme, il était normal que la production fût dirigée vers le type de vin le plus apprécié en été : le vin rosé. On peut donc dire que ce type de vin est devenu une spécialité varoise. Il est d'abord apprécié pour une couleur que le soleil rend flatteuse. Mais il y a plus : depuis la mise en pratique de la vinification par saignée, les vins rosés ont acquis une expression aromatique plus riche, tout en restant souples, frais, et pour cela très attirants.

Les vins rouges sont pour beaucoup d'amateurs une belle révélation, tout particulièrement autour du massif des Maures, dans les sols gréseux de l'axe Le May-Hyères, et sur quelques coteaux de plateau calcaire.

Ce sont des vins au bouquet complexe, qu'une forme équilibrée et pleine prolonge avec une certaine onctuosité après plusieurs années de maturation. Il est cependant prudent de ne pas dépasser quatre à cinq ans pour en saisir toute la saveur.

Côtes-de-Saint-Mont

Le vignoble des Côtes-de-Saint-Mont, situé au cœur de la Gascogne, occupe le sud-ouest du Gers. Son origine remonte sans doute à la période de la conquête romaine, comme pour bon nombre de vignobles du Sud-Ouest. Très tôt, en effet, les Romains ont introduit la viticulture sur les coteaux proches de l'Adour.

Dès 1050, les moines bénédictins de l'abbaye de Saint-Mont apportèrent tout leur soin au développement du vignoble. Ils firent tant pour sa renommée qu'au XVIe et au XVIIe siècle, le vin des Côtes-de-Saint-Mont, comme l'ensemble des vins du vignoble pyrénéen, était expédié par l'Adour jusqu'à Bayonne, à destination de l'Angleterre et de la Hollande, où il était très apprécié. Après la Révolution, le vignoble déclina régulièrement, jusqu'au coup de grâce de l'invasion phylloxérique, à la fin du XIXe siècle.

Mais grâce au génie créatif d'une poignée de nouveaux « mousquetaires » qui ont associé la coopération à l'œnologie moderne, ce vignoble renaît aujourd'hui de ses cendres et possède la première appellation AOVDQS décernée au Gers.

Ce vignoble de 800 hectares est composé d'un vaste ensemble de collines, de 250 mètres d'altitude, qui offrent leurs pentes douces aux caresses du soleil dans les expositions sud et sud-est. Il bénéficie à la fois du climat aquitain et du climat pyrénéen et se caractérise par des températures moyennes de 13 °C, des printemps pluvieux, des étés chauds avec des périodes de grande sécheresse, des automnes prolongés et ensoleillés, favorables à la maturation des raisins. La pluviométrie est de 950 millimètres par an.

Environs de Collobrières dans le Var.

Les coteaux viticoles sont essentiellement composés de marne calcaire. Les sols graveleux produisent des vins élégants, légers à consommer jeunes. Alors que les terroirs argileux, « plus forts », donnent des vins de caractère tannique, aptes au vieillissement. Enfin, les sols argilo-calcaires des versants ouest sont favorables à l'élaboration de vins secs aromatiques.

Les cépages cultivés sont les cépages de base des vignobles aquitains associés à quelques cépages pyrénéens. Pour les rouges et rosés ce sont le Tannat, qui se caractérise par la richesse de ses tanins ; les Cabernets franc et Sauvignon ; le Fer Servadou et le Merlot, qui apportent plus de rondeur aux arômes. L'Arufiac, la Clairette, le Manseng aromatique, et le Courbu sont les cépages dont sont issus les vins blancs.

La production actuelle de ce vignoble est de 40 000 hectolitres. Elle est en expansion. Elle se compose à 80 % de vins rouges et rosés et à 20 % de vins blancs.

Trois coopératives assurent la sélection et la collecte des raisins ainsi que la vinification. 65 % de la production sont consommés sur le territoire national et 35 % sont exportés. Les vignerons indépendants ne produisent que 10 % des vins.

Les vins rouges ont une robe pourpre soutenue. Ce sont des vins typés, tanniques, à la fois délicats et très aromatiques. Ils doivent être bus assez jeunes.

Les vins rosés, à la fois vifs et charpentés, se distinguent par leur belle teinte vive et par leur arôme de Cabernet.

Les vins blancs secs sont remarquablement aromatiques et élégants.

Côtes-de-Toul

Ce vignoble, situé aux portes de Toul, non loin des deux grandes métropoles lorraines que sont Nancy et Metz, produit avec les cépages Gamay, Pinot noir et Meunier un type de vin très particulier. Élaboré à partir d'un raisin à pellicule colorée et à jus incolore, il donne un vin gris (vin blanc dans lequel a diffusé, à partir des pellicules, un peu de matière colorante) ayant une bonne vivacité gustative, un fruité très agréable et une bonne tenue générale au palais. Vinifié selon le principe de la vinification en blanc, il a droit depuis 1951 à l'appellation Vin Délimité de Qualité Supérieure.

Cette AOVDQS offre également des vins rouges issus du Meunier et du Pinot noir et des vins blancs élaborés à partir de l'Aligoté, de l'Aubin et de l'Auxerrois.

Ce petit vignoble qui s'étend actuellement sur une soixantaine d'hectares englobe les communes de Lucey, Bruley, Pagney-derrière-Barine, Bulligny, Blénod-lès-Toul, Charnes-la-Côte et Mont-le-Vignoble. Il faut cependant noter qu'autrefois, avant 1880, ce vignoble était beaucoup plus étendu, puisqu'il couvrait 16 000 hectares en 1865. Puis, du fait de la crise phylloxérique, mais aussi des conséquences de la guerre de 1914, il s'est restreint petit à petit à la taille actuelle. La production, qui est en moyenne de l'ordre de 4 000 à 6 000 hectolitres, fait que la consommation de ce vin est surtout régionale. Mais, grâce aux efforts consentis par les vignerons locaux, sa réputation a maintenant dépassé les limites géographiques de la Lorraine.

Côtes-du-Brulhois

Ce vignoble de la Garonne n'obtint l'appellation AOVDQS que le 21 novembre 1984 pour ses vins rouges et rosés.

Quelque 160 hectares répartis sur 42 communes produisent environ 9 000 hectolitres de vins rouges, essentiellement. La production est répartie sur deux caves coopératives, à Donzac en Tarn-et-Garonne et à Goulens en Lot-et-Garonne. Cette dernière draine les vins contigus à l'appellation Buzet, mais le vignoble produit surtout des vins de pays.

La cave de Donzac développe une production de vins rouges et de quelques rosés.

Le Fer Servadou allié au Merlot, aux Cabernets et au Tannat donne des vins assez légers, vifs et fruités, à boire jeunes, dans les 2 à 4 ans.

Côtes-du-Cabardès-et-de-l'Orbiel

Le potentiel viticole de la zone, classée AOVDQS par l'arrêté du 21 septembre 1973, est de 3 600 hectares, répartis sur 14 communes. Actuellement, 300 hectares produisent 16 000 hectolitres de vins rouges et rosés.

L'aire d'appellation est située au nord de Carcassonne et adossée au massif primaire de la montagne Noire ; elle est bordée à l'est par le vignoble du Minervois. Une des originalités de cette appellation est de comprendre le Cabernet franc, le Cabernet-Sauvignon et le Merlot dans son encépagement. La très pittoresque vallée de l'Orbiel, dominée par les quatre châteaux de Lastour, en constitue l'épine dorsale.

Côtes-du-Forez

Le vignoble, classé AOVDQS par arrêté du 23 janvier 1956, couvre une superficie de 160 hectares, avec pour cépage le Gamay. La production annuelle est de l'ordre de 7 000 hectolitres en rouge et de 2 000 hectolitres en rosé.

L'aire de production s'étend sur la Loire et couvre 21 communes ou parties de communes.

Les vins rouges ont une couleur à nuance groseille, légèrement grenat. L'odeur est fruitée. Ils sont coulants, assez vifs, fins et solides à la fois. Les vins rosés sont secs et légers. Ces vins se boivent jeunes. (*Voir* Vins du Centre p. 606.)

Côtes-du-Frontonnais

La réputation des vins de Fronton date du XIIe siècle, époque où cette bourgade était à la fois un évêché et une résidence seigneuriale. Pendant plusieurs siècles, le vignoble fut administré par l'ordre Saint-Jean-de-Jérusalem.

Malgré le protectionnisme rigoureux du négoce bordelais, ces vins connurent leur apogée aux XVIIIe et XIXe siècles. Pratiquement anéanti par le phylloxéra, le vignoble se redresse difficilement. Le 30 juillet 1945, le vin de Fronton est classé VDQS, avant d'obtenir, par décret du 19 octobre 1974 (complété par celui du 7 février 1975), l'appellation d'origine contrôlée pour les terroirs de Fronton et de Villaudric.

Le vignoble de Fronton-Villaudric se situe au nord de Toulouse, à cheval sur le Tarn et la Garonne (11 communes) et sur la Haute-Garonne (9 communes).

Les vignes s'étagent sur les trois terrasses alluviales de la rive gauche du Tarn. L'aire d'appellation est limitée à l'ouest par le canal latéral de la Garonne et au nord-est par le Tarn. De nombreux ruisseaux encaissés, au parcours sinueux, sillonnent ces terrasses et vont se jeter dans le Tarn.

En surface, le sol est constitué de boulbènes sableuses blanches, siliceuses, pauvres en argile et en fer. Au-dessous de cette couche, qui peut atteindre 30 centimètres d'épaisseur, on trouve un sédiment argileux, riche en traînées et concrétions ferrugineuses et magnésifères, appelé rouget en raison de sa couleur.

L'ensemble repose sur un lit de cailloux, galets et graviers plus ou moins agglomérés constituant le grepp. Ces sols longuement lessivés par les pluies sont maigres et dépourvus d'éléments nutritifs. Ce sont des sols à vocation viticole donnant des vins de bonne qualité.

Le climat est typique de l'Aquitaine, mais plus sec en été. La pluviométrie et l'ensoleillement sont comparables à ceux de Toulouse.

Les vents dominants soufflent d'ouest ou de nord-ouest et sont humides. Les vents d'est, vent d'autan blanc et vent d'autan noir, constituent des incursions du climat méditerranéen. L'autan blanc, sec, violent, desséchant, se révèle souvent bénéfique pour la maturation du raisin, en automne. L'autan noir, qui vient du sud-est, est générateur d'orages parfois violents.

La diversité des cépages est liée à la crise phylloxérique. En effet, les vignerons avaient fait appel à toute une série de plants et de porte-greffe pour reconstituer le vignoble.

Le cépage principal et traditionnel est la Négrette qui donne des vins de qualité mais qui manquent d'acidité.

En cépage complémentaire, on relève le Côt ou Malbec, le Merille, le Fer Servadou, les Cabernets, la Syrah, le Gamay noir à jus blanc, le Mauzac et le Cinsaut.

Sur les quelque 3 500 hectares produisant de la vigne, 1 600 à 1 800 revendiquent l'appellation. Le rendement de base est fixé à 50 hectolitres par hectare. La tendance de production est de 80 000 hectolitres.

Pour avoir droit à l'appellation, les vins doivent avoir un degré alcoolique de 10,5 % Vol.

Le centre de l'aire d'appellation est formé de 9 communes qui concentrent 86 % du vignoble. Avec 800 hectares, la seule commune de Fronton représente 47,5 % de la superficie.

Le vignoble ne produit presque que des vins rouges (90 %) et très peu de vins rosés (10 %). Les vins rouges doivent leur bouquet très prononcé à la Négrette. Ils tirent leur puissance et leur corps du Cabernet-Sauvignon et de la Syrah. Généralement légers, fruités, plus aromatiques que les vins rouges, les vins rosés sont à boire dans leur jeunesse.

Côtes-du-Jura et Côtes-du-Jura mousseux

Le décret du 31 juillet 1937 consacrait la plus grande aire d'appellation du Jura, puisqu'elle couvre toute la zone viticole, à l'exclusion des appellations communales. On ne recense cependant que 650 hectares plantés, avec une moyenne de production sur dix ans de 30 000 hectolitres, soit 45 hl/ha en moyenne.

Les vins rouges sont issus du Poulsard, du Trousseau et du Pinot, les blancs du Chardonnay, du Savagnin, les rosés du Poulsard. Mais il est difficile de décrire la grande variété des vins des côtes du Jura, tant chaque vigne est adaptée à son terroir, à son exposition et à son climat (*voir* Jura, les caractères des vins). Certains secteurs se sont peu à peu orientés vers une production à dominante rouge, blanc, jaune ou mousseux. Les déclarations de récolte font apparaître néanmoins une nette prédominance de la production de cépages Chardonnay et Savagnin, qui représentent à eux seuls près de 82 % de la production globale de cette appellation, contre 45 % en Arbois.

Chaque année, le premier dimanche de septembre, a lieu la fête du « Biou ». On nomme ainsi une énorme grappe de raisin, portée en offrande par quatre vignerons à l'église Saint-Just, patron d'Arbois. La grosseur de la grappe figure le volume de la récolte, elle sera bénie au cours de la messe puis offerte à l'hospice.

Côtes-du-Lubéron

La vigne s'étend entre Cavaillon, Bonnieux et Mirabeau, sur les deux versants de la montagne du Lubéron, un lieu enchanteur où l'on découvre, à travers une forêt de cèdres, les vallées du Calavon et de la Durance.

La vigne existait déjà au temps de Virgile. Et le vin, comme ailleurs, était un élément de transaction, de taxes et de redevances.

En 1876, des communes comme Cucuron, Lourmarin, Oppède, Pertuis, Saignon connaissaient déjà une activité viticole importante. Mais à la fin du XIXe siècle et dans la première moitié du XXe, le raisin de table constituait la production essentielle. Ce n'est que depuis quelque trente ans que la vigne à vin a repris la place qu'elle avait perdue.

L'appellation contrôlée s'applique, depuis la parution du décret du 26 février 1988, à 36 communes.

Le vignoble couvre actuellement quelque 3 000 hectares, et produit 150 000 hectolitres en moyenne (20 % en blanc), dont une grande part est élaborée en cave coopérative.

Le climat et les sols ont de grandes similitudes avec ceux de la zone est des Côtes du Ventoux. Des sols rouges, et surtout des sols arides d'éboulis calcaires sur les pentes, supportent un climat relativement rude en hiver et au printemps, en particulier du côté de Pertuis.

Labours dans le vignoble des Côtes du Jura qui produit des vins blancs dont le bouquet rappelle celui du vin jaune.

L'encépagement est celui des Côtes du Rhône et des Côtes du Ventoux : les éléments dominants sont le Grenache, la Syrah, le Cinsaut pour les vins rouges et rosés, la Clairette et l'Ugni blanc pour les vins blancs.

Grâce aux efforts d'un syndicat dynamique et aux évolutions techniques engagées par les caves particulières et coopératives, les Côtes du Lubéron cherchent à rattraper le temps perdu à la production de raisin de table, ceux-ci étant aujourd'hui trop concurrencés par les importations d'Italie, d'Espagne et de Grèce.

Les caractéristiques naturelles du pays donnent une certaine préférence à la production de vins blancs frais, élégants, assez charmeurs.

Les vins rouges, dans les côtes bien exposées, ont un fruit et une forme qui les fait préférer jeunes pour la plupart d'entre eux.

Côtes-du-Marmandais

Couvrant 2 000 hectares, ce vignoble situé de part et d'autre de la Garonne obtint l'appellation d'origine contrôlée par décret du 2 avril 1990. Il produit 100 000 hectolitres de vins rouges, 2 000 de vins blancs et 500 de vins rosés. Deux coopératives se répartissent la production : Beaupuy, sur la rive droite, et Cocumont sur la rive gauche.

Les vins rouges sont issus des cépages bordelais et d'un cépage local, l'Abouriou, qui donne au vin une note d'épices bien caractéristique.

Les vins blancs s'apparentent un peu à ceux de Duras et sont produits à partir du Sauvignon principalement.

Ces vins légers et fruités doivent se boire relativement jeunes, dans les trois à cinq ans.

Côtes du Rhône

De Côte-Rôtie à Châteauneuf-du-Pape, des coteaux escarpés où s'aggrippe la vigne à la plaine méridionale où elle s'étage doucement, ce ne sont que vins riches et solides, chaleureux et bien charpentés, comme le Rhône qui les nourrit, mais il n'en est pas deux pareils.

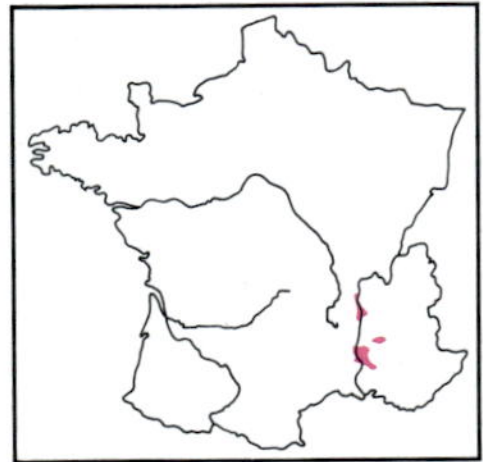

■ Les vignobles de la vallée du Rhône, au moins pour leur partie septentrionale, sont certainement parmi les plus anciens de France.

Les Grecs, arrivés quelque six cents ans avant Jésus-Christ sur notre rivage méditerranéen, fondèrent Marseille et plantèrent de la vigne autour de la ville, créant ainsi le premier vignoble de notre pays. Ils remontèrent ensuite le fleuve, établirent des comptoirs loin vers le nord, et imposèrent un peu partout leur activité commerciale aux populations indigènes.

Le premier vignoble des Côtes du Rhône

On a souvent dit et répété que les Grecs auraient créé les vignobles du Lyonnais avec des vignes importées de leur pays. Nous n'en avons cependant aucune preuve.

Le premier vignoble digne de ce nom a été constitué quelque cent ans avant Jésus-Christ par les Romains. Arrivés jusqu'aux portes de Lyon, après plusieurs batailles victorieuses, ils allaient fonder Vienne et en faire une métropole de grand prestige. Ils entreprirent alors, d'abord seuls et grâce à leurs armées inoccupées après la conquête, puis avec l'aide de la population allobrogique, la constitution sur les deux rives du fleuve du premier vignoble de la vallée du Rhône. Naquirent ainsi ce qu'on appela les « vins de Vienne », ornements fastueux des banquets et des symposia viennois de la classe occupante, puis un peu plus tard des tables de la noblesse de Rome.

Le foulage du raisin. Mosaïque de Saint-Romain-en-Gall datant du IIIe siècle après Jésus-Christ.

Les barbares venus du nord comme du sud chassèrent les Romains de leurs possessions, ce qui entraîna la disparition totale de la vigne cultivée. Plusieurs siècles s'écoulèrent avant que ne renaisse la vigne sous l'impulsion de l'Église, du roi et des princes. Le vin, nouvel élément du plaisir de vivre, devint à nouveau une culture privilégiée de la région de Vienne.

Les habitants de la vallée du Sud s'intéressèrent plus tard encore à la culture de la vigne. Envahis et occupés, ils avaient d'autres soucis ; par obligation ou par besoin personnel, ils se préoccupaient d'abord de produire des vivres nécessaires à l'alimentation quotidienne, tout particulièrement dans les pays de la rive gauche du Rhône. La plaine limoneuse très riche du comtat Venaissin était un providentiel grenier à céréales, et les paysans ne se sentaient aucune envie de cultiver des coteaux et des terrasses arides, qu'ils réservaient à l'élevage.

C'est sur la rive droite qu'allait naître le premier grand vignoble de la vallée méridionale. Dans ces terres du royaume de France, dès la fin du XVIIe siècle, la vigne couvrit peu à peu tous les reliefs. Encouragée par les consuls, les viguiers, le pouvoir royal lui-même, son extension et la qualité des produits firent qu'on en vint à délimiter une aire qui reçut le nom de Côte du Rhône gardoise. Les villages de Pont-Saint-Esprit et de Tavel en constituaient les limites nord et sud.

La réputation des vins dépassa rapidement les limites de la région productrice, engendrant de solides jalousies qui se traduisaient par des contrefaçons dommageables. D'où la création d'une réglementation propre au respect de l'origine, à la vérification de la qualité exportée, au contrôle des volumes commercialisés. Aucun vin ne pouvait être mis en route sans que les fûts le contenant aient reçu la marque à feu CDR (Côte-du-Rhône).

Cette réglementation fut précisée dans tous ses détails par un édit royal de 1729 et par des mesures locales volontaires qui le confirmaient. On peut donc dire que la viticulture commerciale

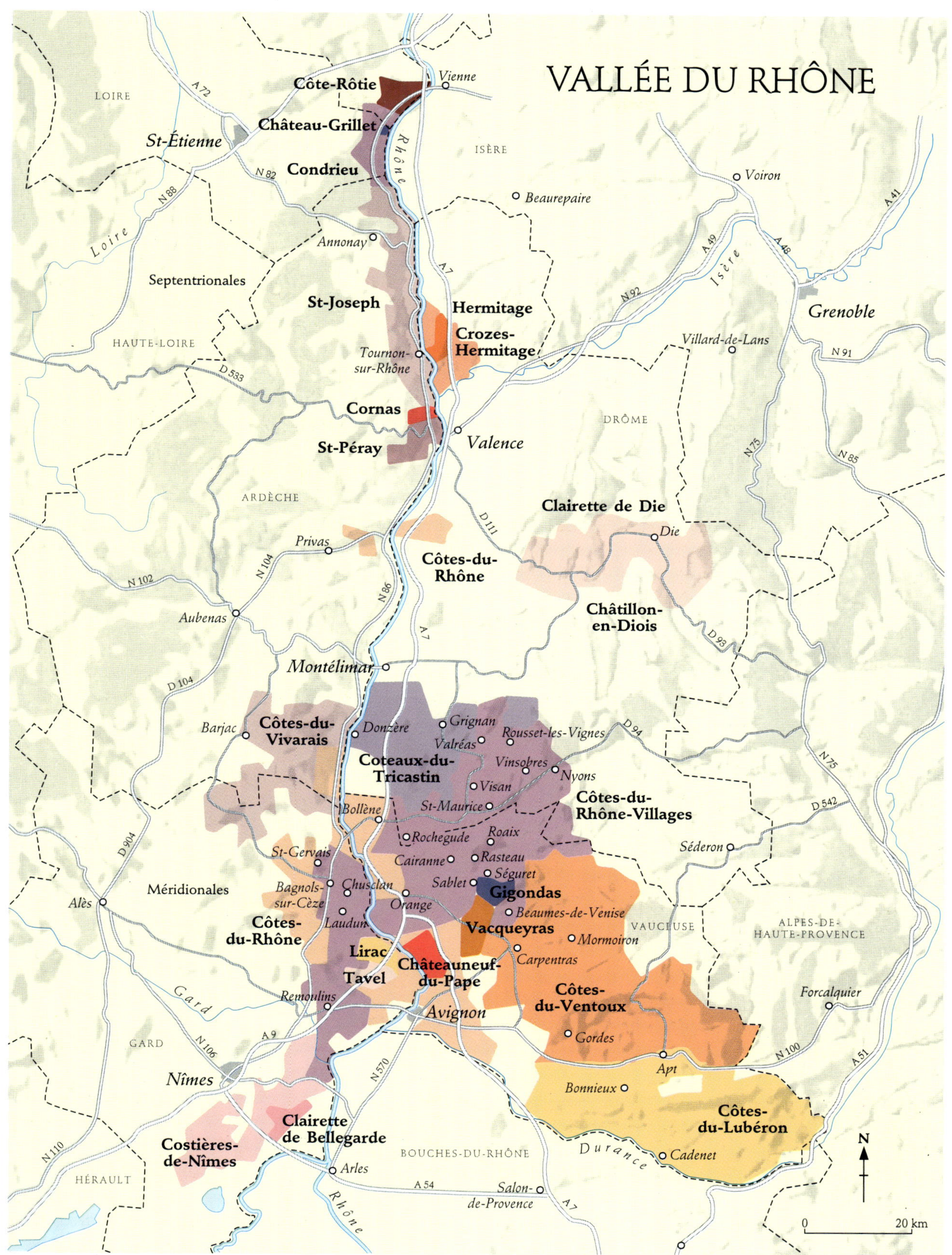

VALLÉE DU RHÔNE
Côte-Rôtie
Château-Grillet
Condrieu
St-Joseph
Hermitage
Crozes-Hermitage
Cornas
St-Péray
Clairette de Die
Côtes-du-Rhône
Châtillon-en-Diois
Côtes-du-Vivarais
Coteaux-du-Tricastin
Côtes-du-Rhône-Villages
Gigondas
Vacqueyras
Lirac
Tavel
Châteauneuf-du-Pape
Côtes-du-Ventoux
Côtes-du-Lubéron
Clairette de Bellegarde
Costières-de-Nîmes
Septentrionales
Méridionales
LOIRE
HAUTE-LOIRE
ARDÈCHE
ISÈRE
DRÔME
VAUCLUSE
ALPES-DE-HAUTE-PROVENCE
GARD
HÉRAULT
BOUCHES-DU-RHÔNE
Vienne
St-Étienne
Beaurepaire
Voiron
Annonay
Grenoble
Villard-de-Lans
Tournon-sur-Rhône
Valence
Die
Privas
Aubenas
Montélimar
Barjac
Donzère
Grignan
Valréas
Rousset-les-Vignes
Vinsobres
Nyons
Visan
St-Maurice
Bollène
Rochegude
Roaix
Séderon
St-Gervais
Cairanne
Rasteau
Séguret
Sablet
Bagnols-sur-Cèze
Chusclan
Orange
Laudun
Alès
Beaumes-de-Venise
Mormoiron
Carpentras
Remoulins
Avignon
Gordes
Apt
Forcalquier
Bonnieux
Nîmes
Cadenet
Arles
Salon-de-Provence
Rhône
Loire
Isère
Gard
Durance
A 72
N 82
N 88
A 7
N 92
A 49
A 48
A 41
N 91
D 533
N 75
N 85
D 111
N 104
N 102
N 86
D 93
D 104
D 94
D 542
D 904
A 9
N 106
N 570
N 100
A 51
N 110
A 54
N
0
20 km

de qualité Côte-du-Rhône date du XVIIIe siècle, et qu'elle a été un élément déterminant dans l'extension générale de l'appellation régionale, de même que dans sa consécration. L'appellation était ratifiée par le décret du 19 novembre 1937, et elle couvre 163 communes.

La situation du vignoble

Six départements sont concernés par les appellations de la vallée du Rhône : Rhône, Loire, Ardèche, Gard, Drôme, Vaucluse. De Lyon à Avignon, au long de quelque 200 kilomètres, il existe en réalité deux unités viticoles.

La première, qui s'étend de Vienne à Valence, répond au nom de ***Côtes du Rhône septentrionales.*** Là, le Rhône a creusé profondément les reliefs, ne laissant à la vigne que deux bandes étroites de pentes très escarpées, orientées sud, sud-est et sud-sud-ouest. Dans cette région très accidentée, aucun affluent du Rhône n'a apporté d'alluvions susceptibles de modifier profondément la structure des sols.

Au-delà de Valence, et jusqu'au défilé de Donzère, la vigne disparaît, et en dehors de quelques îlots de faible dimension, elle n'a jamais fourni de vins de haute qualité.

Dès Pierrelatte commence ce que l'on appelle les ***Côtes du Rhône méridionales.*** La vallée, jusqu'alors très resserrée, s'ouvre brusquement, et les reliefs collinaires s'éloignent progressivement du Rhône. Le phénomène est surtout net à l'est, où apparaît, d'Orange à Cavaillon, la plaine du Comtat Venaissin, que les géologues appellent l'isthme durancien. On découvre alors, à l'est comme à l'ouest, une suite de vastes terrasses et de coteaux à faible pente sur lesquels la vigne s'est réfugiée et se plaît depuis plusieurs siècles.

Le vignoble de Tain-l'Hermitage, le plus ancien de la vallée du Rhône, bénéficie de l'influence bienfaisante du Rhône.

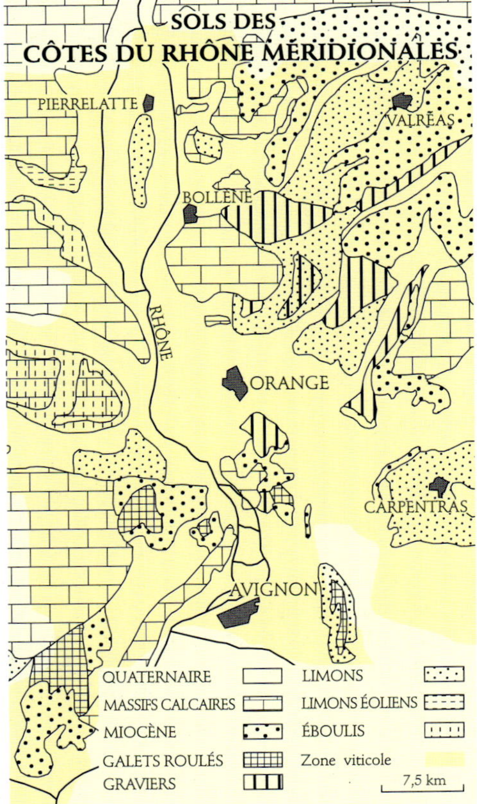

Mais la vigne s'est étendue plus haut. Depuis à peu près vingt-cinq ans, et tout particulièrement dans les départements de la Drôme et du Vaucluse, des engins modernes ont permis d'exploiter des sommets arides, faits de roches dures couvertes de peu de terre, jusqu'alors occupés par des bois ou des végétaux arbustifs à feuilles pérennes.

Il paraîtra paradoxal que deux régions aussi différentes, géographiquement bien séparées, aient reçu le même nom d'appellation d'origine. L'explication est d'ordre juridique.

La loi fondamentale du 6 mai 1919 exigeait comme condition de reconnaissance d'une appellation d'origine le respect des usages anciens, locaux, loyaux et constants. En application de ce principe, tous les lieux où étaient produits des vins vendus sous le nom de Côtes-du-Rhône ont depuis longtemps été intégrés dans la même appellation. Même si cette conception est discutable, elle ne constitue pas une erreur puisque, dans l'esprit de la loi, la qualité comme l'usage et la réputation concernaient les coteaux du Rhône. Ainsi, le Beaujolais comprend des sols granitiques et des

Châteauneuf-du-Pape. Une appellation prestigieuse qui a trouvé toute son expression sur les gros cailloux roulés des terroirs argileux.

sols calcaires, la Bourgogne régionale englobe des climats très différents, des sols calcaires divers et des sols schisteux, et la Champagne réunit les sols et les climats dissemblables de la Marne et de l'Aube ; il n'est donc pas choquant que du nord au sud de la vallée du Rhône, les éléments de production que sont les climats, le sol et l'encépagement, créent deux régions distinctes.

Le climat

La partie septentrionale des Côtes du Rhône est soumise au climat lyonnais. Le régime des pluies est régulier, la chaleur modérée, les risques de sécheresse beaucoup plus faibles qu'ailleurs. Entre autres critères, c'est l'exposition qui joue un rôle essentiel.

La partie méridionale présente trois caractères spécifiques : une répartition très irrégulière des pluies, qui se traduit par une longue période souvent sèche d'avril à septembre, précédée et suivie de précipitations brutales, voire torrentielles, aux équinoxes ; une propension à des temps de chaleur intense et à une sécheresse plus ou moins importante qui, dans certains cas, influent profondément sur la composition et la maturation des raisins ; enfin, un régime de vents violents, provenant aussi bien du nord que du sud, parmi lesquels domine le mistral. Si celui-ci a une action bienfaisante lorsqu'il suit immédiatement les jours de pluie, il a parfois l'inconvénient d'augmenter les effets de la chaleur et de la sécheresse. Ces caractéristiques climatiques méridionales varient évidemment en intensité suivant que l'on se trouve près du Rhône ou au bord des reliefs collinaires qui en sont parfois assez éloignés. Moins fort dans les fonds de vallée qui bordent ceux-ci, le mistral est responsable de microclimats très localisés, générateurs de vins proches du type général, mais à la personnalité nettement définie.

Les sols

Entre Vienne et Valence, les sols sont pour leur quasi-totalité composés d'arènes granitiques appartenant au Massif central, que le Rhône a, en d'autres temps, creusé pour se forger un passage, laissant sur les deux rives des terrains de même nature. On trouve seulement quelques traces d'origine calcaire sur la rive gauche, au bas de la colline de l'Hermitage, et dans les sols qui bordent l'Isère, sous forme d'alluvions anciennes en provenance des Alpes.

Au sud de Donzère, sur les deux rives, les sols sont pour la plupart d'origine calcaire. Le voyageur découvre un ensemble de terres caractérisées par leur couleur rouge. Ce sont des éboulis apportés par les affluents du Rhône. Dans les temps anciens, la Cèze, la Tave et le Gardon à l'ouest, l'Isère, la Drôme, l'Aigues et l'Ouvèze à l'est ont eu un cours suffisamment violent pour arracher aux flancs des montagnes de quoi former des nappes et des terrasses remaniées pendant plusieurs millénaires. On se trouve donc devant des sols et des structures de fonds très variés : sables, grès, sols rouges argilo-sableux, caillouteux ou non, sols clairs argilo-calcaires caillouteux et terrasses à cailloux roulés quartzeux.

Enseigne de marchand de vin.

Ces variations des terroirs, ajoutées à celles des climats sous-régionaux ou locaux, font que le binôme sol-climat crée d'indiscutables spécialisations. Ici, ce sont les vins de garde qui ont la meilleure expression, là, ce sont les vins de primeur, ailleurs les vins rosés. La nature démontre par exemple qu'on ne peut pas faire du vin de Châteauneuf-du-Pape dans l'Ardèche ou dans le nord-est du Vaucluse.

Les cépages

La naissance et la formation des cépages à partir de la vigne sauvage qui vivait dans les forêts se firent en fonction des climats. Certains cépages sont nés dans le nord du vignoble, d'autres dans l'ouest, d'autres enfin dans le sud-est de la France ou dans les pays qui lui sont limitrophes. L'homme a transporté certains d'entre eux hors de leur zone de naissance dans le but d'améliorer ce que la nature lui commandait de faire avec les ressources locales. C'est ainsi que des cépages d'Espagne sont venus dans la vallée du Rhône via le Roussillon et le Languedoc, d'autres sont allés de la Bourgogne vers le Val de Loire.

Cépages blancs : Bourboulenc, Clairette, Marsanne, Roussanne, Ugni blanc, Viognier, et les variétés blanches du Grenache et du Piquepoul.

Cépages rouges : Vaccarèse, Carignan, Cinsaut, Counoise, Grenache rouge, Mourvèdre, Muscardin, Piquepoul rouge, Syrah.

Le Grenache est le cépage dominant à Châteauneuf-du-Pape.

Cette activité humaine eut dans certains cas d'heureuses conséquences ; dans d'autres, les transferts n'ont pas eu les résultats escomptés parce qu'un cépage transporté dans un sol différent sous un nouveau climat ne donne pas toujours les hautes qualités qu'il a dans son pays d'origine.

Dans les Côtes du Rhône septentrionales, les vins rouges, comme en Beaujolais ou en Bourgogne, sont élaborés à partir d'un seul cépage, qui est ici la Syrah. Les vins blancs proviennent d'un ou de deux cépages.

PROGRESSION DE LA PRODUCTION

Les vignobles de la vallée du Rhône sont sans doute ceux qui, pour une plante vivace comme la vigne, ont bénéficié de la plus forte croissance dans un temps relativement court. Les chiffres sont donnés en hectolitres.

Années	Ensemble des crus*	Ensemble des CDR
1950	65 000	255 000
1960	110 000	840 000
1970	300 000	1 200 000
1980	400 000	1 700 000
1985	280 000	2 120 000
1995	298 928	2 768 814

*** Châteauneuf-du-Pape, Condrieu, Cornas, Côte-Rôtie, Crozes-Hermitage, Gigondas, Château-Grillet, Hermitage, Lirac, Saint-Péray, Saint-Joseph, Tavel (*voir* aussi chacune de ces appellations).**

À l'inverse, l'encépagement des Côtes du Rhône méridionales est de nature plurivariétale. Son origine est triple. Des variétés sont nées sur les bords français de la Méditerranée, d'autres proviennent des pays voisins, quelques-unes d'Italie, la plupart ayant cependant été importées d'Espagne.

Les choix de l'homme dépendent d'abord du climat. Si, dans les Côtes du Rhône septentrionales, un seul cépage rouge et un ou deux cépages blancs, au plus, suffisent pour obtenir les plus hautes qualités durables qu'offre la nature, il n'en est pas de même au sud. Là, les excès climatiques poussent la végétation et surtout la maturité des raisins à des niveaux qui sont assez fréquemment proches du déséquilibre. Aussi les anciens ont-ils considéré comme une règle fondamentale l'utilisation de plusieurs cépages pour l'élaboration d'un même type de vin. Ils ont voulu par là cacher ou atténuer le défaut d'un cépage par la qualité d'un autre.

Cette façon de faire a comme corollaire une plus grande difficulté à obtenir chaque année, quelles que soient les fantaisies climatiques, des vins bouquetés, originaux, équilibrés, capables de se bien conserver. Toute réussite est par conséquent très méritoire.

La production

Après 1945, les vins déclarés avec l'appellation Côtes-du-Rhône ou sous le nom d'un cru représentaient quelque 250 000 hectolitres produits sur 6 000 hectares.

Pendant quarante ans, la rectification réglementaire de l'encépagement, des plantations dites nouvelles, l'abandon de cultures arbustives qui n'étaient pas rentables, la très forte diminution des oliveraies et l'augmentation du rendement grâce à une lutte anti-parasitaire plus efficace ont eu pour conséquence une véritable explosion du vignoble qui n'a pas été sans entraîner des difficultés d'ordre économique.

Les surfaces productrices des crus septentrionaux représentent aujourd'hui 2 100 hectares ; celles des crus méridionaux, 9 000 hectares, celles des appellations régionales, 45 000 hectares, et celles des Côtes-du-Rhône-Villages, 5 300 hectares.

Les vendanges et les vinifications

À une époque où beaucoup des gestes de l'homme sont automatisés sous la pression des impératifs économiques, la mécanisation de la vendange n'envahit pas le vignoble comme certains le souhaiteraient. Cette nouvelle méthode de cueillette se heurte ici à des problèmes importants, nés de la fragilité de la pellicule de la plupart des cépages et de l'aération dommageable du jus des baies lors du ramassage.

Si la vendange manuelle a perdu une partie de sa poésie et de son intimisme avec la disparition de l'entraide familiale, elle reste cependant la pratique la plus courante, notamment dans les crus où l'on est très attentif à tout ce qui peut altérer la qualité de la matière première.

La plupart des cépages des Côtes du Rhône méridionales ont un cycle végétatif plus long que celui des cépages septentrionaux. À climat égal, ils ont besoin de plus de temps pour mûrir leurs fruits. Mais, comme il fait ici beaucoup plus chaud qu'ailleurs, la maturité des cépages méridionaux est accélérée, et les vendanges pour la plupart des cépages commencent à la même date que dans les Côtes du Rhône septentrionales.

Toutefois, étant donné les variations climatiques qui existent d'un point à l'autre du terroir et les variations de précocité spécifiques de certains cépages, la cueillette du raisin débute autour du 10 septembre et s'achève vers le 15 octobre.

Les vinifications des vins blancs et des vins rosés sont classiques. Les vins blancs doivent leurs qualités nouvelles à deux modifications de la méthode ancienne : une maîtrise des températures au cours de la fermentation alcoolique et une disparition des aérations et oxygénations excessives.

Les vins rosés ne sont pas seulement issus de cépages rouges dont les raisins sont directement pressés. Pour obtenir les qualités requises, le raisin subit une macération de quelques heures. Cette façon de procéder permet d'extraire la couleur suffisante, mais pas plus, et d'avoir le maximum d'arômes de pellicule.

Les vins rouges tirent l'essentiel de leurs caractères régionaux d'une macération relativement longue des grappes dans le jus des baies exprimé lors du foulage. Les vins sont le plus souvent très tanniques et ne sont abordables qu'après plusieurs années.

Il a cependant été constaté que le foulage et le temps de cuvaison étaient souvent excessifs. Aussi a-t-on modifié la technique traditionnelle ; les raisins sont peu foulés ou mis entiers dans les cuves. Par la macération carbonique dont ils sont le siège, ils bénéficient d'une fermentation aromatique qui leur donne plus de bouquet tout en gardant la forme sapide traditionnelle et le même pouvoir de durée dans le temps.

Le caractère du vin

Il est toujours difficile de porter un jugement valable sur des vins qui naissent dans des conditions climatiques et sur des sols très différents. Une année très bonne dans les Côtes du Rhône septentrionales ne l'est pas forcément dans les Côtes du Rhône méridionales, et vice-versa.

Il est par ailleurs imprudent de considérer comme grands ou petits millésimes des vins d'appellation régionale. Leur matière étant moins riche, ils évoluent plus vite que les crus. L'indication donnée n'a alors qu'une valeur très provisoire, qu'on doit limiter aux trois ou quatre ans suivant leur naissance.

Enfin, l'étude des caractères et des valeurs des vins blancs par millésime – en dehors de ceux des Côtes du Rhône septentrionales – et des vins rosés n'a que peu d'intérêt, puisqu'ils doivent être bus jeunes.

Les estimations des vins nés entre 1900 et 1920 ne peuvent être faites par manque de références écrites. On retiendra d'autre part que, comme ailleurs, 1929 et 1934 furent de grandes années.

Les vins blancs

En dehors des crus comme l'Hermitage, ou le Saint-Joseph, les vins blancs représentèrent longtemps une production confidentielle. Le climat chaud et une assez grande méconnaissance des règles d'élaboration de ce type de vin ont fait que ce qui était obtenu n'avait pas toujours les qualités souhaitées. Mais, depuis dix à vingt ans, une maîtrise des pratiques a permis enfin de tirer du raisin les caractères classiques des vins blancs.

On a vu naître, d'abord à Châteauneuf-du-Pape, puis à Laudun, ensuite dans les Côtes du Rhône, des vins de couleur jaune-vert, odorants, frais, souvent élégants. Ces qualités sont surtout évidentes dans les deux années qui suivent leur naissance.

La vendange manuelle reste la pratique la plus courante dans les Côtes du Rhône.

Les vins rosés

On ne produit pas de vins rosés dans les Côtes du Rhône septentrionales, où vins rouges et vins blancs sont des éléments suffisamment représentatifs de la valeur des terroirs pour que d'autres solutions aient pu être envisagées.

Entrelac de vigne de l'époque mérovingienne à Fontaines-de-Vaucluse.

C'est dans les Côtes du Rhône méridionales que ce type de vin s'est acquis une réputation méritée, comme en témoignent les crus historiques de Tavel et de Lirac, la région de Chusclan et de nombreux terroirs des Côtes du Rhône.

Devant l'indiscutable concurrence des vins rosés du rivage méditerranéen, autrefois VDQS, aujourd'hui AOC pour la plupart, la production de vins rosés de la vallée du Rhône a fortement diminué. Dans un sens, cette évolution est heureuse, car certains sols permettent d'obtenir des vins rouges de types divers beaucoup plus expressifs. Restent donc, comme belle image de ce genre de vins, les rosés de Tavel et de Lirac, et de quelques lieux rhodaniens qui sont situés pour la plupart dans la région gardoise.

Les vins rosés tirent d'abord leur charme de leur couleur rose ou rose nuancée d'or. L'ensemble aromatique est assez complexe, la silhouette relativement légère. Ce sont des vins très désaltérants à boire en été.

Les vins rouges

La vocation des différents sols et des techniques de vinification bien adaptées font qu'il existe trois types de vins rouges bien distincts :

▷ Les vins rouges produits sur certaines terrasses graveleuses sont issus de raisins ayant subi une courte macération ; ils sont caractérisés par un ensemble aromatique où dominent les petits fruits, par une forme légère, peu tannique donc souple.

Ils étaient autrefois commercialisés sous le nom de « vins de café », parce qu'ils faisaient la joie des consommateurs des cafés de Lyon et des régions minières. Ils sont aujourd'hui baptisés vins de primeur ou vins nouveaux, ou encore vins de carafe. La durée de leur valeur ne dépasse pas un an.

▷ Les vins rouges élaborés à partir de raisins qui subissent une macération beaucoup plus longue sont alcoolisés ; ils sont capiteux, ce qui n'enlève rien à une expression aromatique plus riche et plus sérieuse.

Si leur forme reste relativement élégante, ils sont beaucoup plus tanniques que les précédents et peuvent pour cela durer avantageusement deux à trois ans.

▷ Les vins rouges qui, pour des raisons climatiques ou de choix des sols, ont des caractères encore plus affirmés présentent une forme ronde, pleine, ample, plus riche, offrent un espoir de vie de trois, quatre ou cinq ans.

L'organisation économique et commerciale

Produits sur près de 200 communes, répartis sur six départements français, les vins de la vallée du Rhône constituent la deuxième région vinicole française par sa superficie (72 300 hectares) et par son volume de production (3,3 millions d'hectolitres).

Avec un chiffre d'affaires de plus de 6 milliards de francs en 1996, les appellations d'origine de la vallée du Rhône représentent 46 000 emplois et font vivre 7 000 exploitations agricoles. La production est relativement concentrée : les deux tiers sont assurés par une centaine de caves coopératives, le dernier tiers étant produit par 2 000 caves particulières.

Une part croissante de la commercialisation est directement assurée par les producteurs (l'embouteillage à la propriété représentait 9 % en 1986 et 12 % en 1996). Cette région se caractérise également par le dynamisme de ses Unions de producteurs. Ces structures ont doublé leur volume de commercialisation en 10 ans (passant de 14 % d'AOC commercialisés à pratiquement 20 % entre 1986 et 1996).

Les maisons de négoce régionales n'ont pas toutes suivi la progression de la commercialisation des appellations. En valeurs absolues, les volumes embouteillés par ces unités ont augmenté de 4 % seulement en 10 ans. Ces entreprises restent cependant incontournables dans le commerce des AOC de la vallée du Rhône : en 1996, elles représentaient 40 % des volumes embouteillés. Les plus dynamiques se tournent vers les marchés étrangers, où la demande pour les vins de la vallée du Rhône croît régulièrement. C'est ainsi que les Côtes du Rhône ont franchi pour la première fois, en 1995, la barre de 1 milliard de francs de chiffre d'affaires à l'exportation. Les volumes exportés, qui représentaient 25 % de la commercialisation des Côtes du Rhône en 1990, ont atteint les 27 % en 1996.

Le vin dans la vallée du Rhône

La vallée du Rhône se distingue par l'existence d'un centre d'études tout à fait exceptionnel : l'université du vin de Suze-la-Rousse, dans la

Université du vin à Suze-la-Rousse, la première du genre en France et dans le monde.

Le Châteauneuf-du-Pape

En 1924, les vignerons de Châteauneuf-du-Pape furent les premiers en France à s'imposer volontairement des contraintes de qualité et de production pour leur grand vin. Ils ont ainsi servi d'exemple à beaucoup de viticulteurs français pour la création des appellations d'origine contrôlée.

Compte tenu des microclimats de la région, treize cépages participent à l'assemblage des cuvées, ce qui permet d'offrir une palette de vins très variée suivant les situations et le caractère du vigneron.

Les très vieilles vignes de plus de 50 ans représentent la majorité des 3 200 hectares du vignoble. Et les faibles rendements, voisins de 35 hectolitres à l'hectare, permettent d'élaborer de grands vins corsés, puissants et chaleureux, qui ravissent les amateurs de « vrais vins » et inspirent les cuisiniers.

Si les vins blancs peuvent être bus jeunes, ils ne révèlent leur vraie race qu'après une dizaine d'années. Ils sont en accord parfait avec la truffe noire, autre produit fabuleux du Vaucluse.

Les vins rouges, quant à eux, peuvent vieillir en cave jusqu'à 20 à 25 ans et plus, pour les millésimes généreux. À cette apogée, ils font partie intégrante des grands instants de gastronomie.

De la truffe, du Châteauneuf et des amis, c'est le paradis.

Guy Julien

Drome. Sa création, en 1978, en fait la première du genre qui soit au monde. Elle est installée dans un château bâti à même le roc, au XIIe siècle, embelli au temps de la Renaissance et heureusement restauré ces dernières années. Son fondateur, Jacques Mesnier, a réalisé la gageure de faire d'un monument ancien un ensemble tout à fait fonctionnel.

L'université du vin

L'établissement est d'abord un centre d'enseignement supérieur. Depuis quinze ans, il dispense un ensemble de connaissances qui aboutit, sous l'autorité de la faculté de droit d'Aix-en-Provence, à la délivrance d'un DESS. C'est également un lieu de formation continue. Y sont abordés et expliqués tous les problèmes viti-vinicoles relatifs à l'élaboration et à la dégustation des vins, à leur commercialisation, à la civilisation du vin ainsi qu'à sa consommation.

L'université du vin de Suze-la-Rousse constitue enfin un centre de rencontres. Grâce à la mise en place d'un matériel de très haut niveau – bibliothèque, phonothèque, photothèque, musée, œnothèque –, tous ceux qu'anime le désir de mieux connaître le monde du vin peuvent trouver, seuls ou en groupes, les structures de qualité qu'ils recherchent.

Les routes des vins

Grâce au Comité interprofessionnel des vins des Côtes du Rhône, cette grande région de vignobles AOC peut être visitée le long de plusieurs itinéraires pour découvrir tous les types de vins produits, et admirer tous les vestiges des civilisations anciennes dont la vallée du Rhône est particulièrement riche.

Les routes des vins de la vallée du Rhône sont balisées par des panneaux dus au peintre Georges et identifiées par des couleurs.

La route Rubis parcourt les Côtes du Rhône septentrionales de Vienne à Valence.

Dans les Côtes du Rhône méridionales, on suivra la route Rousse, de Bollène à Nyons ; la route Mauve, de Beaumes-de-Venise à Bollène ; la route Orange, d'Orange à Nyons ; la route Dorée, de Vaison-la-Romaine à Avignon. La route Émeraude, enfin, guidera le visiteur de Pont-Saint-Esprit à Comps et la route Azur l'emmènera de Bourg-Saint-Andéol à Montfrin.

Les foires, musées et manifestations diverses

On notera deux foires importantes, celles d'Ampuis et d'Orange, qui ont lieu toutes deux en janvier.

Il n'existe pas de musée public du Vin. La vie vigneronne rhodanienne est cependant rappelée dans deux musées privés tout à fait évocateurs, le musée des Établissements Jean-Pierre Brotte, à Châteauneuf-du-Pape, et le musée de Paul Coulon, à Rasteau.

Depuis quelques années, nombre de villages de la vallée du Rhône tiennent leur fête locale entre le 1er juillet et le 30 août. Il convient de citer tout particulièrement la fête des Côtes-du-Rhône-Villages, à Vacqueyras ; la fête tournante des Côtes-du-Rhône et les manifestations rhodaniennes de l'association « Vins en fêtes ».

Côtes-du-Rhône et Côtes-du-Rhône-Villages

Les Côtes du Rhône méridionales s'étendent sur un territoire de quelque 4 000 kilomètres carrés. Dans un espace aussi vaste, où sols et climats locaux varient entre des limites extrêmes, il était normal que des nuances apparaissent dans l'intensité et la qualité des vins.

Très rapidement dans les années qui suivirent la fin de la guerre, des noyaux viticoles au passé historique certain cherchèrent à se distinguer de la masse. C'est à partir de 1953, sous forme d'arrêtés ministériels, que des communes des Côtes du Rhône eurent le droit de donner un peu plus de personnalité à leurs vins, en utilisant leur nom sur l'étiquette à condition d'observer des règles de production plus sévères que celles de l'appellation Côtes-du-Rhône, née en 1937.

Depuis 1966, 17 localités peuvent ainsi bénéficier d'un nom de commune aux côtés de l'expression Côtes-du-Rhône.

Mais comme des vins de plusieurs communes étaient traditionnellement assemblés pour des raisons d'équilibre qualitatif, un décret du 2 novembre 1966 a consacré l'appellation d'origine contrôlée Côtes-du-Rhône-Villages pour 74 communes. Ainsi, les vins d'une seule commune peuvent être nommés Côtes-du-Rhône suivi du nom de cette commune, ou encore Côtes-du-Rhône-Villages. Par contre, les vins assemblés et provenant de plusieurs communes ne peuvent recevoir que la dénomination Côtes-du-Rhône-Villages.

À cette série ont été ajoutées 48 communes qui, bien que n'ayant pas les usages de production des précédentes, possédaient une partie de leurs territoires dont la valeur correspondait à ce qui était exigé pour l'appellation « Villages ». Leurs vins n'ont droit qu'à la dénomination Côtes-du-Rhône-Villages.

Communes de l'appellation Côtes-du-Rhône-Villages

Drôme :
Rochegude, Rousset-les-Vignes, Saint-Pantaléon-les-Vignes, Saint-Maurice-sur-Eygues, Vinsobres.

Vaucluse :
Beaumes-de-Venise* (pour 4 localités), *Cairanne, Rasteau, Roaix, Sablet, Séguret, Vacqueyras* (pour 2 localités), *Valréas, Visan.

Gard :
Chusclan* (pour 5 localités), *Laudun* (pour 2 localités), *Saint-Gervais.

Dans les terrains très maigres et bien drainés des coteaux et de certaines terrasses caillouteuses, le rendement ne peut dépasser 42 hectolitres à l'hectare. Parmi les cépages utilisés pour l'appellation Côtes-du-Rhône, certains n'ont pas été repris. D'autres, dont la valeur est grande, font l'objet d'une obligation de culture de cépages suivant un minimum réglementaire : il s'agit, pour les vins blancs, de la Roussanne, et, pour les vins rosés et les vins rouges, du Cinsaut, de la Syrah et du Mourvèdre.

La nature des sols et, surtout, les microclimats poussent les raisins vers des maturités trop élevées pour que soient obtenus les caractères classiques du vin blanc. Toutefois, il est des régions comme celles de Laudun ou de Saint-Gervais qui produisent des vins blancs dont la durée reste courte, caractérisés par leur bouquet floral, leur fraîcheur aromatique, leur silhouette élégante et un alcool bien enrobé.

Pour les mêmes raisons, le rosé ne représente pas non plus une production essentielle. On doit cependant retenir quelques vignobles du Gard, notamment celui de Chusclan, où les vins ont un peu l'allure des vins blancs : bouquet léger de fruits, silhouette dont la fraîcheur est un masque efficace de l'alcool... Bref, des vins charmeurs qui doivent être bus dans leur prime jeunesse.

Les vins rouges sont bien l'expression la plus imagée de la vocation viticole de l'appellation. Nettement plus originaux que ceux des Côtes-du-Rhône, ils s'en distinguent par un bouquet

Guilherand, près de Valence, dans la limite des Côtes du Rhône septentrionales.

Bastide blottie dans les vignes en Roussillon.

où dominent les odeurs de petits fruits rouges et d'épices, par une forme beaucoup plus ferme, qui reste cependant élégante. Leur durée est en général de quatre à cinq ans. Dans certains cas, elle peut être plus longue.

Côtes-du-Roussillon

Partie la plus méridionale de la province du Languedoc-Roussillon, bien individualisée par le massif des Corbières au nord, l'extrémité orientale des Pyrénées qui le sépare de l'Espagne au sud, la Méditerranée à l'est, le Roussillon est la région la plus chaude et la plus ensoleillée du midi de la France. La vigne y bénéficie d'un environnement tout à fait favorable à l'élaboration de vins généreux, puissants et de bonne garde. Les vins doux naturels occupent une place prépondérante dans sa production, à côté des appellations AOC Côtes-du-Roussillon.

Le vignoble a été classé AOC par le décret du 28 mars 1977. L'appellation, répartie sur l'ensemble du Roussillon depuis le massif des Albères au sud, jusqu'aux derniers contreforts des Corbières au nord, s'étend sur 5 000 hectares pour une production de 250 000 hectolitres, 88 % de vins rouges, 6 % de vins rosés et 6 % de vins blancs. Elle occupe des terroirs variés où sont représentés les sols argilo-calcaires, les schistes, les arènes granitiques et les terrasses à cailloux roulés.

L'encépagement comprend le Carignan (60 % au maximum), le Grenache noir, le Lledoner Pelut, la Syrah et le Mourvèdre. Le Cinsaut, bien qu'autorisé, est peu représenté. Le Malvoisie du Roussillon, le Grenache blanc et le Maccabeu blanc constituent l'essentiel de l'encépagement en blanc. Les vins rosés sont vinifiés obligatoirement par saignée. Pour les vins rouges, la macération carbonique est développée, comme dans l'appellation voisine des Corbières.

Les vins rouges, d'une belle robe rubis, sont généreux, bien charpentés et présentent des arômes complexes de petits fruits rouges avec des notes épicées. Les rosés sont fruités et pleins de sève. Les blancs sont chaleureux, fins et aromatiques.

Côtes-du-Roussillon-Villages

L'appellation Côtes-du-Roussillon-Villages a été classée AOC par le décret du 28 mars 1977.

Deux communes seulement bénéficient de cette appellation, Caramany et Latour-de-France, en raison de l'originalité de leur cru. Elle est apportée soit par le terroir – c'est le cas du Latour-de-France, produit essentiellement sur les schistes –, soit par la technique de vinification par macération carbonique – c'est le cas du Caramany.

L'appellation ne concerne que les vins rouges qui doivent titrer 12 % Vol. au minimum pour un rendement du vignoble qui ne doit pas excéder 45 hectolitres à l'hectare.

Le potentiel annuel de production est de 80 000 hectolitres.

Côtes-du-Roussillon-Caramany

Voir Côtes-du-Roussillon-Villages.

Vignoble des Côtes-du-Ventoux près de Modène.

Côtes-du-Roussillon-Latour-de-France

Voir Côtes-du-Roussillon-Villages.

Côtes-du-Ventoux

Le terroir de cette appellation d'origine contrôlée, coincée entre l'aire des Côtes-du-Rhône et le massif du mont Ventoux, constitue une sorte de croissant, allant de la limite des Baronnies au Pays d'Apt. Sa superficie est d'environ 6 800 hectares.

Si la vigne fut cultivée là dès le IXe siècle par les moines de Notre-Dame-du-Groseau, c'est au XVIIIe siècle qu'elle s'étendit sur les flancs du géant de Provence, notamment autour de Carpentras. Les villages de Caromb, Bedoin, Mazan, Mormoiron étaient de tels producteurs de vin que certaines municipalités firent faire des chemins pour transporter à Sault et ailleurs ce que ne pouvaient boire les habitants.

Le climat est de type méditerranéen. Mais la présence du Ventoux (1 992 mètres) crée des courants froids, surtout à l'est de la zone : des printemps plus tardifs, et des automnes plus précoces que dans la vallée du Rhône influent notablement sur les types de vins produits.

Toute la région des Côtes du Ventoux représente un seuil géologique calcaire, où se juxtaposent des sols rouges méditerranéens, des sols bruns calcaires et des sols du type rendzine sur les pentes. La plupart sont des sols arides.

Au-dessus des plaines alluviales réservées à une arboriculture et à des cultures maraîchères luxuriantes, les terres de l'appellation sont plantées avec les mêmes cépages que les Côtes du Rhône : prédominance du Grenache, heureusement complété par le Cinsaut, la Syrah, et un peu de Carignan pour la production des vins rouges. La Clairette, le Bourboulenc et l'Ugni blanc sont à la base des vins blancs.

Par décret du 27 juillet 1973, 51 communes ont droit à cette appellation qui produit des vins blancs, rosés et rouges.

Les vins blancs ne représentent qu'un faible volume (10 000 hl). Ils sont frais, assez légers, un peu pointus, ce qui n'est pas un défaut.

Les vins rosés sont très agréables : bouquet floral et fruité, silhouette élégante, saveur souvent acidulée.

Les vins rouges sont plus sensibles que les précédents aux variations climatiques ; ils n'ont pas la même allure suivant qu'ils sont produits à l'ouest ou à l'est de la zone. À l'ouest, autour de Carpentras, ils présentent une charpente qui les rapproche de certains vins des Côtes du Rhône. À l'est, leur forme est plus légère. Ce qui signifie que les premiers ont une résistance supérieure au temps, celle-ci ne dépassant pas toutefois trois à quatre ans. La production moyenne en est de 280 000 hectolitres.

Côtes-du-Vivarais

Les Côtes-du-Vivarais dans les Côtes du Rhône sont une preuve de la relation qui exista partout entre la vigne antique et la vigne de nos jours. Sa permanence est attestée par de nombreux écrits car la vigne a trouvé là une place de choix, sous un climat rebelle à beaucoup d'autres cultures, offrant à des hommes apparemment déshérités la possibilité de réussir.

Le vignoble couvre 600 hectares. Il produit en moyenne 34 000 hectolitres, dont quelques-uns bénéficient d'un avantage réglementaire certain. Classées AOVDQS, par arrêté du 8 août 1962, pour 14 communes, les Côtes-du-Vivarais peuvent individualiser les vins de quelques villages et les présenter sous le nom de trois crus : ***Orgnac*** (pays du fameux Avent), ***Saint-Montant, Saint-Remèze.*** Lorsque l'on sait l'importance que certaines appellations attachent au mot cru, et les difficultés légales à obtenir l'autorisation de l'utiliser, on mesure l'avantage dont bénéficient les Côtes-du-Vivarais.

Sous un climat chaud et sec en été, assez froid au printemps, et dans des sols rouges de terrasses, des lœss et des sols de type rendzine issus des calcaires compacts, ce sont les cépages rhodaniens qui sont cultivés. Le Grenache domine, mais le Cinsaut et la Syrah sont ses heureux compléments. La Marsanne, le Piquepoul et l'Ugni concourent à la production de quelques vins blancs (1 800 hectolitres environ).

Les vins rouges et les vins rosés sont frais, bien marqués par des odeurs de petits fruits. Leur forme légère et leur saveur un peu nerveuse commandent qu'on les boive jeunes et en été.

Couderc noir

Hybride naturel de 70 Jaeger *(Rupestris Lincecumii)* × *Vinifera,* il porte également le nom de 7 120 Couderc.

Rameaux anguleux, glabres, verts, brillants. Grappes moyennes, cylindriques, compactes ; baies sphériques, noires, à chair molle, peu juteuse ; maturité : 3e époque.

C'est un cépage vigoureux, productif, rustique et on peut le cultiver pratiquement sans traitements anticryptogamiques. Comme il craint le phylloxéra et le calcaire, il vaut mieux le greffer. Son vin possède un goût particulier rappelant le cassis ou le goudron et il est assez coloré ; il est meilleur vinifié en rosé. Le Couderc noir a été classé autorisé dans la région méridionale et dans le Sud-Ouest.

Counoise

Synonymes : *Counoiso, Quennoise, Guénoise.*

Ce cépage a souvent été confondu avec l'Aubun dont il se distingue par les différences suivantes : port des souches un peu plus érigé, bourgeonnement cotonneux blanc à pointe carminée et plus épanoui, jeunes feuilles plus étalées et plus feutrées, feuilles généralement plus grandes, épaisses, très bullées et même parfois gaufrées autour du point pétiolaire ; elles sont souvent révolutées alors que celles de l'Aubun sont en entonnoir ; les lobes sont moins profondément découpés, ce qui donne un aspect plus massif aux feuilles ; le sinus pétiolaire est en lyre fermée, parfois à base dégarnie ; les dents sont ogivales, larges ; le dessous du limbe est très duveteux, feutré alors qu'à l'approche de la maturité celui de l'Aubun devient duveteux en pelote ; les sarments sont jaune clair avec des nœuds violets, ceux de l'Aubun étant marron clair ; enfin les grappes de la Counoise sont situées plus bas sur les rameaux que celles de l'Aubun et les baies sont un peu plus grosses, avec une pellicule plus colorée.

La Counoise débourre une semaine plus tard que l'Aubun, vers le 15 avril en Vaucluse, et tout son cycle végétatif est décalé d'une semaine : floraison, véraison et maturité. Les vins auraient en moyenne un degré de plus que ceux fournis par l'Aubun, pouvant atteindre 12 % Vol. avec une qualité supérieure (vin fin, de couleur foncée et brillante). Les rendements sont plus faibles, de 40 à 50 hl/ha seulement. La Counoise résisterait mieux au mildiou que l'Aubun. En matériel certifié, 2 clones ont été agréés : les n°s 508 et 725. Ce cépage a été classé recommandé en Languedoc. En Provence, il fait partie de l'encépagement des AOC : Châteauneuf-du-Pape, Côtes-du-Rhône, Coteaux-d'Aix-en-Provence et Coteaux-du-Languedoc. Il est planté sur 900 hectares environ.

Cour-Cheverny

AOC par le décret du 24 mars 1993. L'aire de production de l'appellation est délimitée sur 11 communes du Loir-et-Cher. Les vins blancs produits ne peuvent provenir que d'un seul cépage, le Romorantin. Le rendement de base est fixé à 60 hectolitres à l'hectare.

C'est un vin sec, friand, tendre et charpenté à la fois. Sa conservation en bouteille est étonnante et peut atteindre jusqu'à 25 ans selon les années. C'est une expression très authentique de la Touraine.

Courbu blanc

Synonymes : *Courbi blanc, Courbis, Courbiès, Courbut, Courtoisie* à Portet (Pyrénées-Atlantiques), *Cougnet* (tronconique) en Gascon en Vic-Bilh, *Vieux Pacherenc* à Lembeye.

Grappes petites, cylindriques, parfois ailées ; baies sphériques, petites, jaune doré ; maturité : 3e époque.

Le Courbu blanc est un cépage-population et, en matériel certifié, 3 clones ont été agréés : les n°s 726, 727 et 812. C'est un plant vigoureux, régulier dans sa production, donnant un vin alcoolique, de bonne qualité, ayant une certaine finesse. On le cultive généralement en hautains avec une taille généreuse. Assez résistant au mildiou et à l'oïdium, il est peu sensible à la pourriture grise. Classé recommandé dans le Gers, les Landes et les départements pyrénéens, il fait partie de l'encépagement des AOC : Jurançon, Pacherenc du Vic-Bilh, Béarn, Irouléguy, occupant 100 hectares environ.

Paysage viticole d'automne à Saint-Montant dans le Vivarais.

 Courbu noir

Il s'agirait de la forme noire du Courbu blanc et il en existerait une dizaine d'hectares en culture correspondant à son utilisation dans l'AOC Béarn pour les vins rouges. Classé recommandé dans la région pyrénéenne, il existe en matériel certifié 2 clones agréés : les n°s 728 et 729.

Crémant d'Alsace

L'appellation d'origine contrôlée, réglementée par le décret du 24 août 1976, donne un vin effervescent de qualité, obtenu selon la technique de la fermentation en bouteille.

Le Crémant d'Alsace, élaboré par une seconde fermentation en bouteille, n'a pris une certaine importance que depuis une dizaine d'années. Qu'il soit obtenu à partir du Pinot blanc, de l'Auxerrois, du Pinot gris, du Pinot noir, du Riesling ou du Chardonnay, la qualité essentielle recherchée est la légèreté alliée à une certaine typicité variétale.

Crémant de Bordeaux

Le décret du 3 avril 1990 définit les conditions de production. Celle-ci se fait à l'intérieur de l'aire délimitée Bordeaux, avec le même encépagement. En 1995, le volume de vins produits par cette AOC a été de 6 525 hectolitres en blanc, et de 332 hectolitres en rosé et en rouge.

Crémant de Bourgogne

AOC depuis le décret du 17 octobre 1974. La dénomination « Vin destiné à l'élaboration du Crémant de Bourgogne » ne peut être appliquée qu'à des vins provenant de cépages de première catégorie : Pinot noir, Pinot gris, Pinot blanc, Chardonnay ; et de cépages de deuxième catégorie : Gamay noir à jus blanc, Aligoté, Melon, Sacy. La proportion de Gamay noir à jus blanc est limitée à 20 % au maximum. Les vins blancs peuvent être produits indifféremment avec l'un ou l'autre de ces cépages blancs ou rouges ; les vins rosés peuvent être produits avec un ou plusieurs des cépages rouges, avec ou sans cépages blancs. Le pressurage des raisins est limité à 100 litres de jus pour 150 kilos de raisins, le reste du moût n'ayant pas droit à l'appellation. Le tirage en bouteille doit intervenir après le 1er janvier de l'année suivant la récolte, la conservation des bouteilles sur lie ne pouvant être inférieure à neuf mois. Enfin, la pression doit être au minimum de 3,5 atmosphères et mesurée à la température de 20 °C. Ce vin, dont la récolte annuelle est en moyenne de 38 000 hectolitres de vins de base, est apprécié pour son étonnante finesse. Les vins récoltés sur des sols calcaires sont souvent remarquables.

Crémant de Die

En créant cette AOC, le décret du 26 mars 1993 fait bien la différence entre la Clairette, obtenue par la méthode ancestrale (et avec 75 % de cépage Muscat au minimum), et le Crémant, élaboré par une seconde fermentation en bouteille à partir d'un seul cépage, la Clairette. En 1995, la production a été de 7 995 hectolitres.

Crémant du Jura

Définie par le décret du 9 octobre 1995, la zone de production correspond à celle de l'appellation contrôlée Côtes-du-Jura.

Les vins se présentent soit en blanc, à partir des cépages Chardonnay (minimum 50 %) et Savagnin, soit en rosé, à partir des cépages Poulsard et Pinot noir (50 % minimum pour ces deux cépages réunis), Pinot gris et Trousseau. Ils sont élaborés par seconde fermentation en bouteille. Le passé viticole de la région devrait favoriser leur présentation.

Crémant de Limoux

Définie par le décret du 21 août 1990, l'aire délimitée correspond à celle de la Blanquette de Limoux. Trois cépages interviennent, le Mauzac, cépage local, le Chardonnay et le Chenin.

Le volume de production en 1995 a été de 1 800 hectolitres.

Crémant de Loire

L'appellation, régie par le décret du 17 octobre 1975, ne concerne que des vins produits sur les aires d'appellation d'origine contrôlée Anjou, Saumur et Touraine. Les vignerons produisent quelque 30 000 hectolitres de vins mousseux blancs et 500 hectolitres de vins rosés mousseux, élaborés par la méthode de seconde fermentation en bouteille.

Crépy

Proche du lac Léman, sur un coteau à moraine argilo-calcaire d'exposition ouest-sud-ouest (altitude inférieure à 500 mètres), le Chasselas vert ou roux mûrit précocement à Douvaine, Loisin et Ballaison.

Quelques 75 hectares de vignes, profitant d'un climat tempéré par les effets secondaires du lac Léman, fournissent 4 000 hectolitres d'un vin blanc savoyard particulièrement sec et perlant pour cette appellation d'origine contrôlée ratifiée par les décrets du 29 avril 1948 et 27 août 1986.

Toujours élaboré sur fines lies, le vin se présente de bonne heure, vêtu d'une robe jaune pâle agrémentée de petites perles. La finesse de ses arômes et de ses saveurs s'améliore encore au bout de deux à trois ans de bouteille. Il peut vieillir beaucoup plus les grandes années.

Le Crépy est conditionné en flûtes. On lui attribue des propriétés diurétiques.

Criots-Bâtard-Montrachet

Ce grand cru blanc de la Côte de Beaune élaboré sur le territoire de Chassagne-Montrachet, au lieu-dit Les Criots, est issu d'un terroir de poche de 1,5 hectare exposé en plein sud, ce qui explique son caractère. Les décrets du 31 juillet 1937 et du 13 juin 1939 imposent un titre alcoométrique minimal de 11,5 % Vol. et un rendement maximal à l'hectare de 40 hectolitres. La production annuelle faible, de l'ordre de 40 hectolitres, renforce encore la demande pour ce vin superbe, légèrement moins sec que le Montrachet, au bouquet exubérant mais néanmoins équilibré.

 Crouchen

Synonymes : *Cruchen blanc, Crouchen* (qui croque sous la dent), *Cruchenton blanc* et *Messanges blanc* dans les Landes, *Trouchet blanc* à Monein, dans les Pyrénées-Atlantiques, *Grand-Blanc, Sable blanc, Navarre blanc,* dans les Landes.

Grappes petites à moyennes, cylindriques, compactes, ailées ; baies légèrement ovoïdes, moyennes, blanches à chair fondante ; maturité : 2e époque tardive.

Le Crouchen est un cépage pyrénéen recommandé dans les départements de cette région, mais il est très peu répandu et on le rencontre plutôt à l'état de ceps isolés dans les plantations. Il est très sensible au mildiou, à l'oïdium, à la pourriture ainsi qu'au court-noué. Son débourrement est tardif et son vin peu acide est aromatique.

Crozes-Hermitage

À l'origine, l'appellation ne concernait que la commune de Crozes-Hermitage, dont la valeur avait été reconnue par le classement d'une petite partie de son terroir dans la prestigieuse AOC Hermitage.

Les communes limitrophes de Crozes étaient alors occupées dans les parties basses et quelques terrasses par des vergers rentables. Il y avait peu de vignes sur les hauts de coteaux et, la négligence humaine aidant, ces localités furent seulement classées dans l'AOC régionale Côtes-du-Rhône.

Pour les mêmes raisons qu'à Saint-Joseph, l'aire d'appellation d'origine contrôlée fut étendue aux communes environnantes par le décret du 4 mars 1937, et elle couvre actuellement 11 communes. Aujourd'hui, le vignoble s'étend sur 1 000 hectares.

L'élaboration des vins effervescents, comme le Crémant de Loire, exige des gestes minutieux.

La production, qui oscille autour de 43 000 hectolitres en rouge et de 4 000 hectolitres en blanc, est élaborée pour à peu près la moitié par la cave coopérative de Tain-l'Hermitage. Comme les sols sont généralement plus riches que ceux de l'Hermitage, les vins ont des dimensions différentes. Ils doivent présenter un titre alcoométrique maximal de 13 % Vol. et le rendement du vignoble ne doit pas excéder 45 hectolitres à l'hectare.

Les vins blancs issus de l'association des cépages Roussanne-Marsanne, avec une nette dominante de la Marsanne, ont un bouquet floral léger, fin, très agréable. Ils n'ont pas le pouvoir de conservation de ceux de l'Hermitage. Il faut donc les boire jeunes.

Les vins rouges que donne la Syrah sont marqués par des arômes de petits fruits, notamment de framboise et de cassis. La forme est pleine, mais moins ample qu'à l'Hermitage. Leur évolution étant plus rapide, il convient de les consommer dans les trois ou quatre ans suivant leur naissance.

D
E

 Dameron

Synonymes : *Valais noir de Poligny, Foirard noir d'Arbois, Pinot rouge* à Fontaine (Aube), *Dameret noir* aux Riceys et à Polisot, *Luisant noir, Noir de Lorraine, Verdun, Verdunais, Valdenois* dans les Vosges.

Cet ancien cépage de l'Aube, de la Haute-Marne, des Vosges et du Jura a disparu actuellement. Sensible aux maladies, le Dameron ne donne que des vins ordinaires. Non classé.

Dezize-lès-Maranges

Voir Maranges.

 Douce noire

Synonymes : *Corbeau* dans l'Isère, *Charbonneau* ou *Charbono, Turino, Turin, Plant de Turin, Bi, Picot rouge, Plant de Calarin, Gros Plant, Plant de Moirans, Gros noir de Montélimar, Bathiolin* ou *Batialin, Oçanette, Plant de Montmélian, Montmélian, Crête de Coq, Plant de Savoie, Plant de Provence, Noirin d'Espagne, Mauvais noir, Chasselas noir, Plant du Roi, Côt rouge, Côt rouge mérillé* en Lot-et-Garonne.

Grappes moyennes, cylindriques, compactes ; baies moyennes, sphériques, noir bleuté, juteuses ; maturité : 2e époque.

Ce cépage d'origine italienne était assez répandu en Savoie et dans les départements voisins, ce qui explique sa nombreuse synonymie. Il couvrait près de 1 000 hectares en 1958, principalement en Savoie, dans l'Ain et l'Isère. Non classé, il est en voie de disparition. Fertile, la Douce noire donne un vin coloré, peu alcoolique, à consommer dans l'année. Ce plant est sensible aux gelées et aux maladies.

Duras

Voir Côtes-de-Duras.

 Duras

Synonymes : *Duras mâle, Duras femelle, Duras rouge* dans le Tarn, *Durazé* dans l'Ariège, *Durade.*

Bourgeonnement épanoui, cotonneux blanc à liseré carminé.

Jeunes feuilles duveteuses, jaunâtres avec des plages légèrement bronzées.

Feuilles orbiculaires, moyennes, tourmentées à lobes révolutés, profondément 5-lobées avec les sinus à fonds concaves et ouverts, sinus pétiolaire en lyre étroite ou à bords légèrement superposés ; dents anguleuses, étroites ; dessous du limbe pubescent ; pétioles rouges.

Rameaux côtelés, vert pâle avec des stries longitudinales brunes, nœuds rosés ; vrilles brunes.

Grappes grandes, tronconiques, compactes, portant deux ailerons bien développés ; baies petites, ovoïdes, noir bleuté, peu juteuses ; maturité : 2e époque.

Cépage du Tarn, peu productif, il est utilisé en mélange avec le Fer et le Gamay pour donner les vins rouges de l'AOC Gaillac. Son vin, très coloré, alcoolique, ayant du corps, est dur quand il est jeune, mais il s'assouplit ensuite. Il a été classé recommandé dans le Tarn (441 hectares), le Tarn-et-Garonne, la Haute-Garonne, l'Aveyron (AOVDQS Vins d'Estaing) et l'Ariège. En matériel certifié, 4 clones ont été agréés : les n°s 554, 555, 627 et 654. Il occupe environ 800 hectares.

 Dureza

Synonymes : *Durezza, Dué, Petit Duret.*

Ce plant n'a rien de commun avec le Peloursin, qui porte parfois ce nom, mais qui est à feuilles glabres.

Grappes moyennes, cylindriques, compactes ; baies sphériques, petites, noir bleuté, peu juteuses ; maturité : 2e époque.

C'est un cépage de la Drôme et de l'Ardèche, où il en resterait 11 hectares en culture ; productif, il donne un vin peu coloré, ordinaire. Non classé.

 Durif

Synonymes : *Dure, Duret, Plant Durif* (du nom de son sélectionneur), *Pinot de Romans, Pinot de l'Ermitage, Plant fourchu, Sirane fourchue* (fasciée), *Nérin, Bas Plant.*

Grappes moyennes, cylindriques, assez compactes ; baies sphériques ou bien légèrement ovoïdes, petites, noires ; maturité : fin de 1re époque.

Ce cépage serait un semis ou une sélection de Peloursin, propagé vers 1880 par le Dr Durif car il était considéré alors comme ayant une certaine résistance au mildiou. Il donne un vin commun, coloré. Sa culture (530 hectares en 1958) est en régression car il n'a pas été classé et il fait seulement partie de l'encépagement de l'AOC Palette (Bouches-du-Rhône).

Échezeaux

Ce vin de Bourgogne rouge de la Côte de Nuits, produit sur la commune de Flagey-Échezeaux, est rattaché à la famille des grands climats de Vosne-Romanée : Romanée-Conti, Richebourg, Romanée, La Tâche, Romanée-Saint-Vivant et Grands Échezeaux. Pourtant, cette appellation d'origine contrôlée de 34 hectares, divisée en 11 parcelles et ratifiée par décret du 31 juillet 1937, ne bénéficie pas de la même renommée que ses glorieuses voisines, et pour cause : la majorité des vignes sont situées du mauvais côté de la route, c'est-à-dire dans la plaine qui consti-

Page précédente : vendanges à Vosne-Romanée.

Site viticole sur la commune de Flagey-Échezeaux où l'on produit quelques-uns des crus les plus réputés de la Bourgogne.

tue un terroir trop riche. C'est la raison pour laquelle les 1 000 hectolitres de la production peuvent être vendus sous l'appellation d'origine plus connue : celle de Vosne-Romanée-Premier-Cru. Ces vins doivent présenter un titre alcoométrique volumique minimal de 11,5 % Vol. Le rendement de base est fixé à 35 hectolitres à l'hectare. Les vins des Échezeaux, lorsqu'ils sont bien élevés, sont fins, vineux et joliment aromatiques.

Éderena

Croisement de Merlot rouge × Abouriou, obtenu à l'INRA de Bordeaux, ce cépage fertile possède de belles grappes noires, peu compactes, mûrissant en 2e époque.

Le vin de l'Éderena est de couleur moyenne ; aromatique, léger, souple, il convient bien pour l'élaboration d'un vin rouge de primeur ou d'un vin rosé. Ce cépage est classé autorisé avec un clone agréé.

Egiodola

Ce cépage est issu du croisement du Fer Servadou × Abouriou, obtenu à l'INRA de Bordeaux. Sa grappe est grande, semi-compacte, ses raisins noirs mûrissent en 2e époque précoce.

Ce cépage possède une fertilité élevée et donne un vin de qualité, très coloré. Il est intéressant par sa précocité, sa faible sensibilité à la coulure et sa production régulière. Il a été classé recommandé en 1983 avec un clone agréé, le n° 600.

Elbling

Synonymes : *Elbe, Elben, Alben, Elwena, Burger blanc* (bourgeois), *Burgyre, Burgauer, Rheinelbe, Hartalbe* en Alsace, *Gros Blanc, Gouais blanc, Facun, Faucun* dans le Rhône, *Allemand blanc* en Franche-Comté, *Albuelis, Albuelin, Blesec, Blesez, Kurzstingel, Marmot, Plant Madame,* dans la Marne et dans l'Aisne.

Bourgeonnement épanoui, cotonneux blanc à pointe rosée.

Jeunes feuilles jaunâtres, bronzées sur les bosselures, dessous cotonneux blanc.

Feuilles grandes, orbiculaires, épaisses, bullées, gaufrées, entières ou bilobées, sinus pétiolaire fermé ou à bords superposés ; dents anguleuses, étroites ; dessous du limbe aranéeux pubescent, rugueux ; pétioles pubescents.

Rameaux rouge acajou des deux côtés ; vrilles petites, fines, brunes.

Grappes moyennes, cylindriques, compactes ; baies sphériques ou bien légèrement ovoïdes, moyennes, blanches à pulpe fibreuse ; maturité : 2e époque tardive.

Ce cépage allemand serait l'*Albuelis* cité par Pline et Columelle et il aurait donc une origine romaine. Il fut introduit en Alsace après 1870 pour l'élaboration de vins ordinaires, communs, acides, destinés au marché allemand. Sensible à la pourriture et aux vers de la grappe, il demeure autorisé en Alsace et dans la Moselle. Il existe un Elbling rose ou *Elbling rother.*

Enfariné

Synonymes : *Gouais noir, Goix noir, Gouët, Gouât, Gau, Petit Goix* dans l'Aisne, la Marne et la Seine-et-Marne, *Lombard* dans l'Yonne, *Gaillard, Chaigneau, Chagnot, Urion, Saint-Martin* en Côte-d'Or, *Grisard, Encendré* en Haute-Marne et Côte-d'Or, *Brégin bleu* ou *Brézin de Pampan* à Gy (Haute-Saône), *Grison* à Dôle.

Grappes petites, cylindriques, compactes.

Les baies sont sphériques ou légèrement ovoïdes, d'un noir pruiné à gris bleuté (dont l'abondance lui a valu son nom d'Enfariné).

Ce cépage est voisin du Gueuche noir, mais il a les dents plus anguleuses et le limbe n'est pas duveteux. Fertile, il donne en abondance un vin très acide, astringent, âpre.

Il n'est pas classé mais il en subsiste quelques hectares dans le Jura.

Entre-deux-Mers et Entre-deux-Mers Haut-Benauge

La région de l'Entre-deux-Mers est située entre la Garonne et la Dordogne. Sa forme est celle d'un triangle dont les deux côtés seraient les deux fleuves et la base la limite entre le département de la Gironde et les départements de la Dordogne et du Lot-et-Garonne. Vallonnée et parsemée d'abbayes et de bastides, c'est une région très agréable à parcourir.

L'appellation d'origine contrôlée Entre-deux-Mers, créée par décret du 31 juillet 1937, est réservée aux vins blancs secs provenant des raisins récoltés sur les territoires des appellations suivantes : Premières-Côtes-de-Bordeaux, Loupiac, Sainte-Croix-du-Mont, Côtes-de-Bordeaux-Saint-Macaire, Sainte-Foy-Bordeaux et Graves de Vayres. Par décret du 15 juillet 1955, le nom de Haut-Benauge peut être adjoint à celui d'Entre-deux-Mers pour les vins blancs obtenus sur le territoire délimité des communes d'Arbis, Cantois, Escoussans, Gornac, Ladaux, Mourens, Saint-Pierre-de-Bat, Soulignac et Targon.

Pour avoir droit à ces appellations, les vins ne peuvent être élaborés qu'à partir des cépages principaux suivants : dans la proportion de 70 %, Sémillon, Sauvignon et Muscadelle ; en tant que cépages accessoires dans la proportion maximale de 30 %, le Merlot blanc et, dans la proportion de 10 %, le Colombard, le Mauzac et l'Ugni blanc.

La richesse minimale en sucres des moûts doit être de 170 grammes par litre et les vins doivent présenter un titre alcoométrique minimal de 10 % Vol. et maximal de 13 % Vol. La teneur des vins en sucres doit être inférieure à 4 grammes par litre depuis le décret du 14 décembre 1977. Le rendement de base est de 60 hectolitres à l'hectare.

La superficie en appellation Entre-deux-Mers est de l'ordre de 2 500 hectares pour une production de 140 000 hectolitres, dont plus du quart élaboré par 18 caves coopératives. L'appellation Entre-deux-Mers Haut-Benauge est revendiquée pour environ 10 000 hectolitres.

Les vins blancs de l'appellation Entre-deux-Mers sont, en général, plus marqués par les arômes de fermentation que par ceux du cépage. En bouche, ils sont légers et nerveux ; leur acidité, élevée il y a une quinzaine d'années, a beaucoup diminué, ce qui les rend plus agréables sans leur faire perdre toutefois leur fraîcheur. Ces vins sont à consommer jeunes.

Ermitage

Voir Hermitage.

Espanenc noir

Ce cépage classé recommandé dans les Hautes-Alpes et autorisé dans les Alpes-Maritimes et les Alpes-de-Haute-Provence serait le Marocain noir, cépage de table cultivé sur une centaine d'hectares dans ces trois départements. Dans le vignoble de Nice on appelle aussi Espagnin un autre raisin de table, le Danugue.

Domaine viticole aux environs de Guillac, au cœur de l'Entre-deux-Mers. Chaque vallon de cette région au doux relief de collines recèle quelque abbaye ou petit château.

Etra re de la Dui

Synonymes : *Etraire de l'Adui, Etraire de la Dot, Etraire de l'Adu, Grosse Etraire, Betu, Beccu de l'Adui.*

Bourgeonnement épanoui, cotonneux blanc à liseré carminé.

Jeunes feuilles duveteuses à plages bronzées.

Feuilles moyennes, orbiculaires, vert foncé, un peu en entonnoir, épaisses, gaufrées au point pétiolaire, 5-lobées moyennement avec des sinus latéraux étroits et souvent fermés, sinus pétiolaire en lyre fermée, base des nervures rouge ; dents ogivales, étroites ; dessous du limbe aranéeux en pelote et légèrement pubescent, rugueux. Le feuillage rougit marginalement à l'automne.

Rameaux mous, côtelés, aranéeux avec des stries longitudinales brunes ; vrilles longues, charnues, vertes.

Grappes petites, cylindriques, compactes ; baies ellipsoïdes à olivoïdes, moyennes, noir bleuté, juteuses ; maturité : 2e époque tardive.

Ce cépage serait un semis de Persan trouvé au mas de l'Adui, à Saint-Ismier, dans l'Isère. Il connut une grande vogue pendant la crise phylloxérique car il fut présenté et multiplié comme plant résistant à l'insecte. En réalité, l'Etraire est un cépage très vigoureux, qui finit cependant par succomber. Il faut le conduire à taille longue pour obtenir une production satisfaisante. Son vin est très acide, trois fois plus coloré que celui de l'Aramon, peu alcoolique. Il est classé recommandé dans l'Isère, où il couvre 10 hectares.

F

Faugères

Avec la Clairette du Languedoc et le Saint-Chinian, il s'agit de l'un des trois crus de l'appellation régionale Coteaux-du-Languedoc, classée en AOC par le décret du 5 mai 1982.

Située au nord de Béziers non loin de Saint-Chinian, l'appellation représente un potentiel de 5 600 hectares de vignes et concerne 7 communes. Le vignoble, planté sur des collines schisteuses au pied du pic de la Coquillade, à quelque 250 mètres d'altitude, produit environ 68 000 hectolitres.

L'encépagement est celui des Coteaux-du-Languedoc : Carignan, Cinsaut, Grenache, Mourvèdre, Syrah et Lledoner.

Les vins rouges d'une belle couleur rubis sont corsés, souples et fruités, d'une élégance et d'une finesse typiques des vins de schistes. Les vins de Faugères, rouges ou rosés, peuvent être commercialisés sous l'appellation régionale Coteaux-du-Languedoc.

Fer

Synonymes : *Fer noir, Fer Servadou* (en patois, qui se conserve bien), *Ferre, Hère, Herre, Petit-Hère, Couahort* en Madiranais, *Bordelais, Petit Bordelais* dans les Pyrénées, *Bois droit* dans l'Entre-deux-Mers, *Braucol* dans le Tarn, *Camirouch* dans l'Ariège, *Pinenc* à Madiran, *Estronc* dans le Lot, *Mouraa* ou *Mourach* en Pyrénées-Atlantiques, *Panereuil* à Gabarnac, *Salebourg* dans les Landes, *Véron* dans les Deux-Sèvres, *Mansois* ou *Saumansois* dans l'Aveyron, *Saumancès* ou *Soumancès* dans le Tarn-et-Garonne.

Il paraît tirer son nom de la dureté de son bois et de la solidité de sa rafle.

Feuilles moyennes, orbiculaires, épaisses, finement bullées à bords involutés, parfois gaufrées au point pétiolaire, généralement trilobées, mais parfois 5-lobées profondément, sinus pétiolaire étroit ou fermé ; dents ogivales, moyennes ; dessous du limbe aranéeux avec une touffe de poils autour du point pétiolaire.

Grappes moyennes, coniques, compactes ; baies moyennes, ovoïdes, noir bleuté, pellicule épaisse, pulpe fondante, saveur particulière rappelant celle du Cabernet ; maturité : 2e époque.

Ce cépage est un petit producteur qui fait partie de l'encépagement des AOC Madiran, Béarn, Gaillac, Côtes-du-Frontonnais et des AOVDQS Vins de Lavilledieu, Vins de Marcillac, Vins d'Estaing, Vins d'Entraygues et du Fel. En matériel certifié, 9 clones ont été agréés, dont les plus intéressants sont les nos 420, 421 et 628.

Classé recommandé dans tous les départements du Sud-Ouest et de la région méditerranéenne, il occupe près de 520 hectares, dans l'Aveyron, le Tarn et le Lot-et-Garonne.

Le village de Caussiniojouls est situé au cœur du vignoble de l'AOC Faugères, non loin de Saint-Chinian, sur un terroir constitué de collines schisteuses.

Feunate

Synonymes : *Fleuna, Flona, Fumate.*

Grappes moyennes, cylindriques, ailées ; baies ovoïdes, moyennes, noires, juteuses ; maturité : 2e époque tardive.

Cépage autorisé dans la Drôme, cultivé dans le vignoble Diois où il donne un vin très coloré, astringent, peu alcoolique. La Feunate est productive, mais assez sensible à la pourriture grise.

Fiefs Vendéens

Par l'arrêté du 24 octobre 1984, les vins des Fiefs Vendéens ont obtenu l'appellation AOVDQS.

L'aire d'appellation, d'une superficie de quelque 370 hectares, s'étend sur le département de la Vendée pour 19 communes.

La région côtière autour des Sables-d'Olonne produit essentiellement des vins blancs avec pour cépage principal le Chenin blanc. Les vins rouges et rosés, issus principalement du Gamay noir, sont produits dans la région de Mareuil-sur-Lay-Dissais.

Les Fiefs Vendéens produisent chaque année 18 000 hectolitres en rouge et rosé, et 2 500 hectolitres en blanc ; ce sont des vins légers et agréables qu'il convient de boire jeunes.

Figari

Voir Vin de Corse Figari.

Fitou

C'est la plus ancienne appellation d'origine contrôlée rouge du Languedoc-Roussillon, le décret datant du 28 avril 1948. Elle fait partie, avec les 9 communes qui la composent, de la

Page précédente : cep de vigne à Fleurie dans le Beaujolais.

Fitou, à l'intérieur de l'aire des Corbières, est la plus ancienne AOC rouge du Languedoc-Roussillon.

zone méditerranéenne de l'appellation Corbières. Elle a aussi le droit de produire des vins doux naturels AOC Rivesaltes et Muscat de Rivesaltes. L'encépagement est composé à 90 % de Grenache et Carignan, avec un maximum de 60 % de Carignan. Les cépages d'appoint sont le Mourvèdre, la Syrah, le Terret noir et le Maccabeu. Le vignoble est situé sur deux terroirs argilo-calcaires et schisteux, qui marquent les vins de leur empreinte. Les vins de Tuchan sont pleins, gras, robustes et charpentés ; ils ont une jeunesse rugueuse mais vieillissent bien. Ils contrastent avec la finesse, la souplesse et le caractère soyeux des vins de schistes dont on peut trouver un bon exemple à Villeneuve-des-Corbières.

Le vignoble de Fleurie, en Beaujolais, couvre 800 hectares et produit chaque année environ 46 000 hectolitres d'un vin rouge fin et charmeur, à boire plutôt jeune.

Le potentiel viticole est de 100 000 hectolitres produits sur 2 500 hectares.

Fixin

Sur les quelque 100 hectares de l'aire d'appellation d'origine contrôlée de Fixin, en Côte de Nuits, délimitée par décret du 8 décembre 1938, on distingue tout d'abord les premiers crus, soit 21 hectares situés, le plus souvent, sur les terres hautes de la commune. Le reste n'a droit qu'à l'appellation communale. Comme presque partout ailleurs, le titre minimal est fixé à 10,5 % Vol. pour les vins rouges, à 11 % Vol. pour les premiers crus et pour les quelques vins blancs, à 11,5 % Vol. pour les premiers crus. Le rendement de base à l'hectare est limité à 40 hectolitres pour les vins rouges et 45 pour les vins blancs. 4 000 hectolitres en rouge et 50 hectolitres en blanc sont produits en moyenne par an. Il est regrettable que les vins de Fixin ne jouissent pas de la notoriété qu'ils méritent. Ce sont pourtant des vins de caractère, très colorés, spiritueux, alliant puissance et souplesse. Ils possèdent de plus la vertu de se conserver longtemps et de prendre, l'âge venant, un arôme prononcé de cassis. Ceci explique sans doute tout l'intérêt que leur portent les acheteurs éclairés ravis de bénéficier d'un bon rapport qualité/prix.

Fleurie

Le vignoble de Fleurie, classé AOC par le décret du 11 septembre 1936, s'étend parallèlement à celui de Chiroubles sur des sols granitiques.

Sur une surface de 800 hectares, il produit en moyenne 46 000 hectolitres (6 000 000 de bouteilles). Vif et fruité, ce vin flatteur est volontiers présenté comme le plus « féminin » des crus du Beaujolais. Il séduit par une saveur élégante qui atteint assez tôt sa plénitude, au bout de deux ans en général. Le Fleurie fait honneur à son nom. Ses arômes délicats évoquent le cassis, la pêche, ou encore l'iris et la violette. On lui trouve parfois une nuance de cacao. Certains affirment qu'il s'agit du Beaujolais par excellence.

Folle blanche

Synonymes : *Gros-Plant* dans le Pays nantais, *Enrageat* ou *Enrageade* en Gironde, *Enragé* ou Fol ou *Fou* à Montpont, *Plant de Dame* ou *Plant de Madame* à Nérac et Condom, *Piquepoul, Picpoul, Picpout* ou *Picquepouille* dans le Gers, *Dame blanche* en Lot-et-Garonne, *Bouillon* en bas Limousin, *Chalosse blanche* ou *Grosse Chalosse* ou *Chalot* dans le Gers, *Mendic, Mendik* ou *Mondic* dans le nord de l'Aveyron, *Amounédat, Cambraque* dans la région d'Oléron.

Jeunes feuilles duveteuses, jaunâtres à dessous du limbe cotonneux.

Feuilles moyennes, orbiculaires, épaisses, bullées, tourmentées, avec la base des nervures rouges, 5-lobées assez profondément, les sinus latéraux supérieurs en doigt de gant, les sinus inférieurs ouverts ; sinus pétiolaire en V peu ouvert, parfois à bords superposés chez certaines feuilles ; dents ogivales, larges ; limbe duveteux-pubescent en dessous. Rameaux côtelés, brun rougeâtre à nœuds rouges ; vrilles brunes, moyennes, charnues.

Grappes moyennes, compactes, tronconiques, parfois ailées ; baies sphériques ou légèrement ovoïdes, moyennes, blanc verdâtre ; maturité : 2e époque.

La Folle blanche est un cépage charentais (9 clones) cultivé principalement pour donner des vins de chaudière, acides, servant à l'obtention du Cognac et de l'Armagnac. Ces vins peu alcooliques donnent une eau-de-vie très fine. Malheureusement le greffage a augmenté la vigueur des souches et accentué la sensibilité à la pourriture, ce qui a entraîné la disparition de la culture de la Folle en Charente au profit de l'Ugni blanc. Dans l'Armagnac, on en cultive encore près de 200 hectares, mais les plus grandes plantations se trouvent en Loire-Atlantique (2 800 hectares) pour l'obtention des vins AOVDQS Gros-Plant du Pays nantais, et dans la Vienne (400 hectares).

 Franc noir de la Haute-Saône

Synonymes : *Franc noir de Vénère, de Gy, de Gendrecourt* ou *de Jussey, Gougenot.*

Grappes petites, tronconiques, compactes ; baies ovoïdes, petites, noir bleuté ; maturité : 1re époque.

Ce cépage, classé recommandé dans l'Aube, très peu cultivé, est vigoureux et productif. Il mûrit une dizaine de jours avant le Gamay.

Fronsac

L'appellation d'origine contrôlée Fronsac, ratifiée par le décret du 21 septembre 1976, fait suite à celle des Côtes-de-Fronsac, créée par décret du 4 mars 1937. Elle est réservée aux vins rouges provenant des raisins récoltés sur le territoire délimité aux communes de Fronsac, La Rivière, Saint-Germain-la-Rivière, Saint-Michel-de-Fronsac, Saint-Aignan, Saillans et sur certaines parcelles de la commune de Galgon, dans le Libournais.

Pour avoir droit à l'appellation Fronsac, les vins doivent être élaborés à partir des cépages Cabernet-Sauvignon, Cabernet franc, Merlot et Côt. Depuis 1961, les cépages hybrides sont interdits sur les propriétés revendiquant le droit à l'appellation Fronsac. La richesse minimale en sucres des moûts doit être de 187 grammes par litre et les vins doivent présenter un titre alcoométrique minimal de 11 % Vol. et maximal de 13 % Vol. Le rendement de base est de 47 hectolitres à l'hectare.

La superficie de l'appellation est de 850 hectares et la production de 46 000 hectolitres, dont 10 % sont vinifiés par la cave coopérative de Ludon.

Les vins de Fronsac sont corsés, bien structurés et demandent souvent plus de cinq ans de vieillissement pour offrir toutes leurs qualités.

Frontignan

Voir Muscat de Frontignan.

 Fuella nera

Synonymes : *Folle noire, Fuola, Beletto nero, Folle de Nice, Grassenc.*

Grappes moyennes ou assez grandes, ramifiées, tronconiques ; baies sphériques, petites, noires ; maturité : 3e époque.

Vieux cépage provençal de la région de Grasse, Antibes, La Gaude et Bellet. Son débourrement est tardif, sa production assez faible en coteaux, de l'ordre de 30 hl/ha. Le vin est très coloré, bouqueté, peu acide, mais généralement vinifié en mélange. Il est classé recommandé dans les Alpes-Maritimes où il fait partie de l'encépagement de l'AOC Bellet.

 Furmint

Cépage blanc du vignoble hongrois de Tokay servant à préparer, avec le Harslevelu (Feuille de tilleul), le célèbre vin liquoreux. Il a été introduit en France au début du XIXe siècle dans le Gard, dans l'Hérault et l'Aude où quelques propriétaires en obtenaient un vin blanc liquoreux, très aromatique et alcoolique. Non classé, il fait cependant partie de l'AOC Palette dans les Bouches-du-Rhône.

Les vignes de Fronsac, dans le Libournais, dominent la vallée de la Dordogne. Cette AOC concerne des vins rouges corsés qui ne demandent qu'à mûrir.

Feuille de Folle blanche.

Grappe de Folle blanche. Ce cépage est notamment à l'origine du Gros-Plant du Pays nantais.

G

Gaillac, Gaillac doux et Gaillac mousseux

Des vestiges romains attestent l'activité viticole de la région de Gaillac dès le IIe siècle avant Jésus-Christ. Mais le vignoble ne prit véritablement son essor qu'au Xe siècle, sous l'impulsion des moines bénédictins. Les vins furent commercialisés en France ainsi qu'en Angleterre et en Hollande jusqu'au XVIIIe siècle, puis ils souffrirent des guerres avec ces deux pays. Suivirent alors des périodes fastes et d'autres difficiles, marquées par une surproduction et des affrontements avec les Bordelais, soucieux de se protéger des vins du Haut Pays.

La première moitié du XIXe siècle vit un regain de popularité des vins rouges et blancs de Gaillac, appréciés pour leur corps, leur couleur, leur franchise de goût. Ici comme ailleurs, la seconde moitié du siècle fut marquée par les attaques de l'oïdium, du phylloxéra et du mildiou. La reconstitution du vignoble qui s'ensuivit privilégia les vins blancs, au dépens des rouges. Ces derniers, issus de producteurs hybrides directs à hauts rendements, étaient de qualité moyenne.

Ce choix discutable fit perdre au Gaillacois sa renommée. Néanmoins, les vins blancs obtinrent le droit à l'appellation d'origine contrôlée en 1938, puis, en 1970, les vins rouges pour 73 communes.

Le Tarn, terre de transition entre les derniers contreforts du Massif central et le Bassin aquitain, est un hémicycle tourné vers l'Ouest, constitué d'une mosaïque de terrains géologiques. Le vignoble de Gaillac s'étend de part et d'autre du Tarn, entre Albi et Saint-Sulpice-la-Pointe.

Le climat est de type océanique, semi-continental et soumis à des influences méditerranéennes et montagnardes.

Le vignoble de Gaillac est l'un des plus étendus du Sud-Ouest. Si les vignes occupent 10 733 hectares, 1 700 hectares seulement sont déclarés en AOC. Les vignes de la zone AOC sont à 80 % plantées dans 14 communes qui entourent la ville de Gaillac. Le reste intéresse les zones de Rabastens et Florentin.

Les cépages blancs représentent 30 % du vignoble. Ils comprennent trois cépages traditionnels : le Mauzac, le Len de l'El (Loin de l'Œil) et l'Ondenc, ainsi que le Sauvignon, le Sémillon et la Muscadelle.

Le Mauzac est le cépage majoritaire dans le Gaillacois. On le cueille surmûri pour les blancs liquoreux. Très aromatique, il donne des vins blancs alcooliques (12 à 12,5 % Vol.) manquant d'acidité. Récolté avant maturité, il entre dans l'élaboration du pétillant, du moustillant et des vins mousseux. À maturité, il produit des vins blancs secs et des vins blancs perlés.

Le Len de l'El est souvent associé au Mauzac pour en relever l'acidité et lui donner de la finesse ; il donne des vins peu alcoolisés.

L'Ondenc est en voie de disparition en raison de sa faible fertilité et de sa sensibilité à la coulure. Utilisé pour sa couleur jaune clair, il sert fréquemment de support au Sauvignon ou au Len de l'El.

Le Sauvignon est d'implantation récente, il donne des vins fins, aromatiques, typés. Parfois il masque les arômes plus discrets des autres cépages auxquels il est associé.

La Muscadelle produit des vins légers, fruités à l'odeur musquée.

Les cépages rouges sont nombreux. Le Duras, cépage gaillacois typique, avec des rendements peu élevés, donne des vins colorés, fins, acides.

Le Fer Servadou ou Braucol produit peu et irrégulièrement. Le vin obtenu est généralement bien constitué et très typé. Le Duras et le Fer Servadou devront représenter 20 % de l'encépagement à partir de la récolte 2000.

La Syrah occupe une place prépondérante dans le vignoble. En plus d'une belle coloration, ses vins possèdent une bonne charpente.

Le Gamay est un cépage qui se prête bien à la macération carbonique pour donner des vins primeurs, fruités, légers, acides, mais manquant parfois de couleur. Il deviendra cépage complémentaire à partir de la récolte 2000.

Le Cabernet-Sauvignon et le Cabernet franc, peu productifs, donnent cependant des vins de qualité, aptes au vieillissement.

Les vins issus du Merlot sont souples.

Le Jurançon et le Portugais bleu sont réservés aux vins de pays.

Page précédente : vendanges à Le Gaillac

Prise d'un échantillon de vin de Gaillac en barrique, à la pipette.

Les viticulteurs du Gaillacois sont des polyculteurs. Sur les 5 000 exploitants qui cultivent la vigne, 2 600 commercialisent un produit viticole. Environ 500 sont spécialisés dans la production de vins aptes à devenir des vins AOC. Quatre caves coopératives vinifient 65 % de la production dont la tendance est de 100 000 hectolitres en rouge et 30 000 en blanc.

Le vignoble de Gaillac présente une gamme étendue de produits. Les vins rouges sont le Gaillac primeur, fruité et acidulé ; le Gaillac jeune, dans lequel le Duras apporte sa légèreté et son acidité, la Syrah, ses tanins, sa couleur et ses arômes ; le Gaillac de garde, qui peut atteindre plusieurs années, 4 ans en moyenne. Au Duras ou à la Syrah est ajouté un cépage au vieillissement prolongé, tel le Fer Servadou que certains considèrent comme la marque de Gaillac.

Les vins blancs se différencient par des teneurs variables en sucres résiduels et en gaz carbonique.

Le Gaillac blanc sec, souvent dense, peu acide, a du fruité. On l'élabore avec du Mauzac et un minimum de 15 % de Len de l'El (et/ou de Sauvignon). Le Gaillac blanc perlé est un vin blanc sec qu'un début de fermentation malolactique rend légèrement pétillant, ce qui renforce sa fraîcheur et ses arômes. Le ***Gaillac doux*** et moelleux, issu du cépage Mauzac, se caractérise par sa richesse en sucres. La fermentation est stoppée en appauvrissant le milieu par des soutirages successifs, par l'action du froid et l'emploi d'anhydride sulfureux. Pour produire le ***Gaillac mousseux*** par la méthode rurale, la prise de mousse en bouteille est réalisée grâce aux sucres du moût, dont la fermentation a été ralentie par des moyens identiques à ceux du Gaillac doux. Cette technique traditionnelle est de plus en plus abandonnée au profit de la méthode de seconde fermentation en bouteille. Le Gaillac moustillant est obtenu à partir du Mauzac récolté avant maturité. Le moût fermente jusqu'à 6 % Vol. d'alcool acquis et le dégagement de gaz carbonique est limité. Après la mise en bouteilles, le vin est pasteurisé.

Gaillac-Premières-Côtes

Cette AOC, régie par le décret du 11 septembre 1984, produit des vins blancs issus des cépages Len de l'El, Mauzac, Muscadelle, Ondenc, Sauvignon et Sémillon.

L'aire de production, différente de celle de l'AOC Gaillac, s'étend sur les communes de Bernac, Broze, Cahuzac-sur-Vère, Castanet, Casteyrole, Fayssac, Gaillac, Labastide de Lévis, Lisle-sur-Tarn, Montels et Senouillac. Les vins qui ont les mêmes caractéristiques que ceux de l'appellation Gaillac sont riches en sucre et en bouquet. Ils offrent une bonne aptitude au vieillissement en bouteille.

 Gamay de Bouze

Synonymes : *Rouge de Bouze, Plant rouge de Bouze, Rouge de Couchey, Gamay teinturier de Bouze.*

Grappes moyennes, cylindriques ; baies petites, ovoïdes, noir bleuté à jus rosé, peu coloré ; maturité : 1re époque.

D'origine inconnue, ce cépage fut multiplié en Saône-et-Loire. Sa production est bonne, mais il donne un vin faiblement teinturier. Classé recommandé en France, il est peu cultivé. Deux clones ont été agréés, les nos 223 et 431.

 Gamay de Chaudenay

Synonymes : *Gamay teinturier de Chaudenay, Plant rouge de Chaudenay, Teinturier de Chaudenay, Gamay Six-Pièces, Plant gris.*

Bourgeonnement duveteux à liseré carminé.

Jeunes feuilles aranéeuses, vert pâle, légèrement cuivrées.

Feuilles cunéotronquées, 5-lobées à sinus latéraux moyennement ouverts et assez profonds ; sinus pétiolaire en lyre ; dents anguleuses, moyennes ; dessous du limbe pubescent, ainsi que les nervures. Le feuillage rougit totalement à l'automne.

Rameaux côtelés à nœuds rosés ; vrilles petites, fines.

Grappes moyennes à grandes, souvent ailées ; baies ovoïdes, moyennes, noir bleuté à jus coloré ; maturité : 1re époque.

Ce cépage est aussi une mutation du Rouge de Bouze, observée en 1832 à Chaudenay (Saône-et-Loire) et disséminé d'abord sous le nom de Gros Mourot ou parfois de Plant gris, à cause de la coloration grisâtre de ses verjus, et Gamay-Six-Pièces pour signaler sa prodigieuse fertilité (6 pièces par ouvrée, soit 300 hl/ha). Peu vigoureux, il faut le conduire à la taille courte en gobelet. Sa maturité est un peu plus tardive que celle du Gamay Fréaux ; son vin est moins coloré et de qualité meilleure. En matériel certifié, 2 clones ont été agréés et recommandés, les nos 567 et 568 ; classé autorisé en France, on en cultive quelques hectares dans la vallée de la Loire.

 Gamay Fréaux

Synonymes : *Gamay Fréau, Gamay teinturier Fréaux, Violet de Saint-Denis* dans la Côte chalonnaise, *Teinturier supérieur, Teinturier de Couchey, Teinturier le Roy* dans la Côte dijonnaise.

Jeunes feuilles aranéeuses, brillantes, totalement rouges.

Feuilles moyennes, orbiculaires, unies, minces à bords révolutés, entières ou faiblement trilobées, sinus pétiolaire en V ouvert : dents anguleuses, étroites ; dessous du limbe légèrement pubescent ; le feuillage dès la véraison prend une teinte pourpre violacé intense.

Rameaux côtelés, glabres, pruinés, rouge acajou et nœuds rosés ; vrilles charnues, moyennes.

Grappes petites, ailées, tronconiques ; baies petites, ovoïdes, noir bleuté (grisâtres dès la véraison), jus très coloré ; maturité : 1re époque.

Ce cépage est une mutation du Rouge de Bouze, trouvée par Fréaux en 1841 à Couchey. Il est fertile, produisant aisément 80 à 100 hl/ha d'un vin peu alcoolique, mais très coloré, utilisé dans les coupages. Classé autorisé en France avec un clone agréé en matériel certifié, le n° 361, il est cultivé sur quelques centaines d'hectares dans la vallée de la Loire, en Haute-Garonne et en Saône-et-Loire.

Gamay noir

Synonymes : *Gamay Beaujolais, Gamay d'Auvergne, Petit Gamay, Bourguignon noir, Petit Bourguignon, Lyonnaise* dans l'Allier, *Gamay noir à jus blanc.* Il existe aussi de nombreuses sélections, qui portent en général le nom du sélectionneur : *Gamay Picard, Gamay Nicolas, Gamay Labronde, Gamay Geoffray, Gamay Magny,* etc.

Bourgeonnement duveteux blanc, à pointe rosée.

Jeunes feuilles aranéeuses, brillantes, à plages bronzées. Feuilles moyennes, orbiculaires, unies, minces, lisses, vert clair, faiblement trilobées ; sinus pétiolaire en V plus ou moins ouvert ; dents anguleuses, étroites ; dessous du limbe pratiquement glabre ou faiblement pubescent suivant les clones. Certaines feuilles issues des gourmands peuvent être profondément 5-lobées. À l'automne, le rougissement du feuillage est important, sans être total.

Rameaux vert clair, glabres, brillants ; vrilles petites, fines, vertes.

Grappes moyennes, cylindriques, compactes, un peu ailées ; baies moyennes, légèrement ovoïdes, noir-violet, avec une pruine abondante bleu blanchâtre, peau fine, jus abondant à saveur simple ; maturité : 1re époque tardive.

Grappe de Gamay noir. Ce cépage, dont les raisins mûrissent tôt, trouve sa meilleure expression lorsqu'il est planté sur les sols granitiques d'Auvergne ou du Beaujolais.

Le Gamay débourre assez tôt au début d'avril et il est donc sensible aux gelées de printemps ; il a cependant l'avantage de produire une petite récolte sur ses contre-bourgeons.

Comme ses raisins mûrissent de bonne heure, il connaît une grande diffusion dans les vignobles septentrionaux ou de montagne. C'est un cépage de vigueur moyenne, qui doit être conduit à la taille courte sinon il s'épuise rapidement, ses bourgeons étant très fertiles. On obtient des récoltes abondantes jusqu'à 60 à 70 hl/ha dans les coteaux et plus de 100 hectolitres en plaine avec certains clones. C'est dans les sols granitiques d'Auvergne ou du Beaujolais qu'on obtient les meilleurs produits, fins et bouquetés, les vignes étant greffées sur Vialla ou sur 3309 C.

En matériel certifié, 34 clones ont été agréés, les plus importants étant les nos 284, 222, 509, 282 et 358. Le vin de Gamay est naturellement peu alcoolique, puisque c'est un cépage d'abondance, avec une couleur rouge nuancée de violet, et il garde une certaine acidité, agréable en vin de primeur. Malheureusement les vignerons abusent parfois du sucrage et produisent des vins très alcooliques, dépassant 13 % Vol. Ces vins sont trop capiteux, car totalement déséquilibrés avec un rapport alcool/extrait sec supérieur à 6 ou 7 alors que pour les vins rouges il ne devrait pas dépasser 4,6 légalement. En Auvergne et dans la vallée de la Loire, les vins sont équilibrés.

Le Gamay a été classé recommandé dans de nombreux départements formant les régions de l'Auvergne, du Beaujolais, de la vallée de la Loire, de la Savoie, du Dauphiné, du Languedoc et du Sud-Ouest. Il fait partie de l'encépagement de nombreuses AOC : Beaujolais, Touraine, Coteaux-du-Loir, Anjou, Rosé de Loire, Châtillon-en-Diois, Vins de Savoie ; ainsi que de plusieurs AOVDQS : Côtes-de-Gien, Valençay, Châteaumeillant, Coteaux-d'Ancenis, Saint-Pourçain, Côtes-d'Auvergne, Côtes-du-Forez, Côtes-Roannaises, Vin du Bugey. Dans plusieurs de ces appellations, on produit souvent des rosés avec le Gamay seul.

Le Gamay occupe la 7e place parmi les cépages rouges avec 33 500 hectares, répartis en 4 grandes zones de culture :

▷ Le groupe Bourgogne-Beaujolais, environ 25 000 hectares : Rhône, Saône-et-Loire, Côte-d'Or et Yonne.

▷ Le groupe d'Auvergne, soit 1 700 hectares : Puy-de-Dôme, Allier et Loire.

▷ Le groupe du Val de Loire avec près de 5 500 hectares : Loir-et-Cher, Maine-et-Loire,

Feuille de Gamay noir.

Rameau de Gamay noir.

Indre-et-Loire, Loire-Atlantique, Indre, Cher, Loiret et Nièvre.

▷ Le groupe Savoie-Dauphiné, soit 800 hectares : Savoie, Ain, Drôme, Isère et Haute-Savoie.

Ganson

Croisement de Grenache noir × Jurançon noir obtenu à l'INRA de Vassal. Bien adapté à la conduite en gobelet, il se vendange deux semaines avant le Carignan. Ses raisins noirs sont peu sensibles à la pourriture grise.

Plus productif que le Carignan, il fournit un vin peu typé, moins alcoolique, mais plus fin et assez peu coloré.

Garbesso

Synonyme : *Garbès* dans la Balagne corse.

Ce cépage, classé autorisé en Corse, est très voisin du Vermentino et ne constitue sans doute qu'un clone de ce dernier.

Garonnet

Synonyme : *12 283 Seyve-Villard,* obtenu par croisement du 7053 × 6905 Seibel.

Bourgeonnement aranéeux blanc.

Jeunes feuilles vertes, glabres.

Feuilles orbiculo-réniformes, gaufrées, tourmentées, profondément 5-lobées avec les sinus latéraux à fonds aigus et étroits et les lobes involutés séparément, sinus pétiolaire en lyre plus ou moins fermée ; dents anguleuses, moyennes ; limbe glabre sur les deux faces.

Rameaux glabres, anguleux.

Grappes volumineuses, tronconiques, compactes ; baies ovoïdes, noires, moyennes ; maturité : 1re époque.

Fertile et vigoureux, cet hybride donne un vin ordinaire, pas très coloré. Il craint la sécheresse et il est assez sensible au mildiou, nécessitant plusieurs traitements. Classé autorisé dans le Midi, le Sud-Ouest et la vallée de la Loire avec quelques centaines d'hectares en culture.

Gascon

Synonymes : *Franc noir de l'Yonne, Franc noir du Gâtinais* dans le Loiret, *Arribet* ou *Larrivet* en Gironde, *Rochelle noire, Plant de Moret, Morineau, Plant de Villeneuve* à Coulanges-la-Vineuse, *Doyen noir* dans l'Yonne.

Bourgeonnement épanoui, cotonneux blanc, à liseré carminé.

Jeunes feuilles duveteuses, verdâtres.

Feuilles orbiculaires, moyennes, entières ou faiblement tri-lobées, sinus pétiolaire en lyre à bords légèrement superposés ; dents ogivales, étroites ; dessous du limbe un peu pubescent avec des poils laineux, floconneux. Le feuillage rougit entièrement à l'automne.

Rameaux anguleux, vert clair, glabres ; vrilles fines, petites.

Grappes petites à moyennes, ailées, cylindriques, compactes ; baies sphériques, moyennes, noir bleuté ; maturité : 2e époque.

Ce vieux cépage de l'Yonne y occupait des surfaces importantes avant le phylloxéra ; son vin était peu alcoolique, mais il était recherché par le commerce parisien pour rafraîchir certains vins du Midi. Son débourrement tardif lui permet d'échapper aux gelées printanières.

Classé recommandé dans l'Indre, le Loiret et Loir-et-Cher, il y occupe quelques hectares.

Genouillet

Synonymes : *Genouillet noir* dans l'Aube, *Genouillat, Genouillé, Genouilleret* dans l'Indre, *Genoillet, Genoilleret, Moret noir* ou *Gros Moret* dans les environs de Bourges, *Plant Mercier* dans l'Yonne.

Grappes cylindriques, moyennes, compactes ; baies sphériques, moyennes ; maturité : 2e époque.

Ce cépage constituait autrefois le fond de l'encépagement des vignobles d'Issoudun, de la Châtre et de Châteaumeillant dans le Cher ainsi que des coteaux de la Vanne dans l'Aube. Son vin était léger, frais, dur au début, mais gagnait en vieillissant. Non classé, il est aujourd'hui en voie de disparition.

Genovese

Synonymes : *Raisin génois, Genove, Genevose, Genovesilla, Bianchetta Genovese, Uva Albarola* (par erreur), *Calcatella, Bosco.*

Bourgeonnement cotonneux blanc à liseré carminé.

Jeunes feuilles duveteuses, à plages bronzées.

Feuilles 5-lobées assez profondément, à sinus latéraux étroits, sinus pétiolaire en lyre étroite. Les dents ogivales sont assez larges ; dessous du limbe duveteux, avec les nervures principales pubescentes.

Grappes moyennes, cylindro-coniques, compactes, ailées ; baies moyennes, sphériques à ovoïdes, blanc verdâtre, peau épaisse ; maturité : 3e époque précoce.

Classé autorisé en Corse, ce cépage proviendrait du vignoble italien de Cinqueterre où il sert à produire un vin localement célèbre. En Corse, il donne des vins riches en alcool, jaune doré, ayant un parfum prononcé mais il est toutefois peu cultivé.

Gevrey-Chambertin

Sur les 398 hectares de Gevrey-Chambertin revendiqués en 1995, la Bourgogne prend toute son aise pour nous offrir la classe soyeuse de ses vins. Devant la complexité des climats, des microclimats et des terroirs de cette appellation d'origine contrôlée, le législateur a trouvé sage, dans son décret du 11 septembre 1936, de distinguer les grands crus, les premiers crus et le reste de l'appellation. Les grands crus Chambertin, Chambertin-Clos-de-Bèze, Latricières-Chambertin, Griotte-Chambertin, Mazis-Chambertin, Mazoyères-Chambertin, Charmes-Chambertin, Chapelle-Chambertin, Ruchottes-Chambertin, constituent, bien entendu, la fine fleur de cette appellation qui comprend également 25 premiers crus. En matière de dénomination, on retrouve pour cette appellation les grandes règles qui régissent la Bourgogne, puisque le nom de l'appellation peut être suivi du nom du climat, s'il est classé en premier cru, ou de l'expression « Premier Cru », ou des deux mentions.

Les vins doivent présenter un titre alcoométrique minimal de 10,5 % Vol., de 11 % Vol. pour les crus mentionnés et de 11,5 % Vol. pour les grands crus. Le rendement de base maximal est variable : 40 hectolitres à l'hectare sur l'ensemble de l'appellation, 37 hectolitres à l'hectare pour les grands crus, 35 hectolitres à l'hectare pour le Chambertin-Clos-de-Bèze.

Ce glorieux terroir de collines et de coteaux produit des vins splendides très distingués, à la robe rubis intense, au nez puissant parfois même violemment bouqueté. À la fois pleins et tendres, ils sont d'assez bonne garde.

Gevrey-Chambertin. Le château des Sires de Vergy, datant du Xe siècle, domine un vignoble prestigieux.

 Gewurztraminer

Synonyme : *Gentil rose aromatique,* autrefois, en Alsace.

Bourgeonnement cotonneux blanc à liseré carminé. Jeunes feuilles cotonneuses, jaunâtres, celles du bas à plages bronzées.

Feuilles grandes, orbiculaires, très bullées, gaufrées, à bords révolutés, départ des nervures rouge, 5-lobées, les sinus supérieurs profonds et les sinus inférieurs peu marqués ; sinus pétiolaire totalement fermé à bords largement superposés ; dents ogivales, larges ; dessous du limbe duveteux blanc.

Rameaux côtelés, vert clair, avec quelques stries longitudinales brunes, aranéeux au sommet ; vrilles petites, fines.

Grappes petites, tronconiques, plutôt lâches ; baies petites, ovoïdes, roses à rouge clair, peau épaisse, jus parfumé à saveur légèrement musquée ; maturité : 2e époque tardive.

C'est un cépage vigoureux à débourrement précoce, sensible aux gelées et à l'oïdium. Les raisins récoltés en surmaturation et avec la présence de la pourriture noble possèdent un moelleux et un arôme puissant, épicé, qui en font des vins très typés, souvent consommés en dehors des repas, comme des vins de « conversation » au cours de l'après-midi. Il est planté sur 2 700 hectares. Les rendements sont faibles, ne dépassant guère 50 hectolitres à l'hectare. Classé recommandé en Alsace et en Moselle, le Gewurztraminer fait partie de l'AOC Vins d'Alsace et il est vendu sous son propre nom. En matériel certifié, 3 clones ont été agréés, les nos 47, 48 et 643.

Feuille de Gewurztraminer. Ce cépage vigoureux, fortement aromatique, n'est planté qu'en Alsace.

Gigondas

Cette appellation n'a pas l'ancienneté que certains lui attribuent. Pendant longtemps, le terroir fut un pays d'élevage de moutons et d'oliviers. Mais la chute des cours de la laine, due aux importations australiennes, fit que l'olivier devint culture principale. Après les désastres provoqués par les gels de 1956 et 1957, la vigne envahit toutes les côtes et les terrasses.

Si la vigne existait avant le XVIe siècle, il s'agissait alors d'une simple culture de subsistance faite dans de petites parcelles entourant le bourg. En fait, la réputation de Gigondas date du XXe siècle. L'appellation d'origine contrôlée, pour une commune, a été ratifiée par le décret du 6 janvier 1971.

La superficie actuelle est de 1 200 hectares. La production moyenne est de 40 000 hectolitres ; 6 000 hectolitres sont élaborés par la cave coopérative de Gigondas. Celle de Vacqueyras ne traite qu'un petit volume.

Les sols sont surtout constitués de terrasses d'argile rouge, plus ou moins graveleuses ou caillouteuses, toutes situées au pied ou sur les pentes des impressionnantes Dentelles de Montmirail.

Rameau de Gewurztraminer.

Gigondas, au pied des Dentelles de Montmirail dans les Côtes du Rhône méridionales, est le royaume du Grenache.

Il n'y a pas de vins blancs à Gigondas. Dans leur sagesse, les vignerons ont considéré que le terroir ne pouvait pas offrir des vins typiques, et ils s'en sont interdit réglementairement la production. Par contre, il existe une petit production de vins rosés, au bouquet de fruits à noyau, que l'alcool rend puissants et capiteux.

Comme à Châteauneuf-du-Pape, ce sont les vins rouges qui sont les rois du lieu. Issus en majorité du cépage Grenache, particulièrement bien adapté au sol et au climat, ils bénéficient, pour présenter un meilleur équilibre, d'un faible apport de Cinsaut et de Syrah.

Les vins ont dans leur bouquet quelque chose de sauvage, dû à la sensation d'épices, que complètent des arômes de fruits à noyau et de réglisse noire. La forme est puissante, tannique, presque dure au cours des premières années. Il faut attendre souvent cinq ans pour découvrir leurs qualités de fond.

Givry

Sur la Côte chalonnaise, les vins de Givry occupent une place un peu à part puisqu'ils sont réputés depuis le Moyen Âge pour leurs caractères spécifiques qui allient mâche et légèreté.

Le roi Henri IV, qui les appréciait grandement, se fit livrer moult tonneaux de Givry en son château de Saint-Germain.

Le décret du 8 février 1946 qui régit l'appellation d'origine contrôlée stipule que les vins doivent présenter un titre alcoométrique minimal de 10,5 % Vol. pour les rouges, et de 11 % Vol. pour les blancs. Le rendement maximal à l'hectare est fixé à 40 hectolitres ; les premiers crus de Givry sont tenus à des conditions de production particulières : le titre alcoométrique minimal doit être de 11 % Vol. pour les rouges et de 11,5 % Vol. pour les blancs.

Chaque année, les 210 hectares de l'appellation produisent quelque 8 500 hectolitres de vins rouges issus du Pinot noir, et 1 400 hectolitres de vins blancs, élaborés à partir du Chardonnay et du Pinot blanc.

 Goldriesling

Synonyme : *Riesling doré.* C'est un croisement de Rieseling × Muscat précoce de Courtiller.

Bourgeonnement duveteux blanc.

Jeunes feuilles aranéeuses, découpées.

Feuilles, tronquées, profondément 5-lobées, sinus latéraux supérieurs à bords superposés, sinus pétiolaire en lyre à bords superposés ; dents ogivales, moyennes ; dessous du limbe pubescent, rugueux.

Ce cépage blanc, mûrissant en 1re époque, est à débourrement tardif. Fertile, il donne un vin alcoolique pour la consommation en primeur. Mais il est sensible à la pourriture grise. Il est classé autorisé en Alsace où il en reste une dizaine d'hectares.

 Gouais blanc

Synonymes : *Gueuche blanc, Foirard blanc du Jura, Gouge blanc* à Montluçon et Gannat, *Gros Blanc* à Chantelle, *Gouai, Goix, Got, Gau, Gouest, Gouet* dans la Nièvre, *Gouge* en Loir-et-Cher.

Grappes moyennes, cylindro-coniques, lâches ; baies sphériques, jaune doré, petites, peu juteuses, acides, astringentes ; maturité : 2e époque.

Ce cépage cultivé dans le Centre (Allier, Cher et Indre) ne produit que des vins ordinaires très acides. Non classé.

Gouget noir

Synonymes : *Gouge noir, Gauget noir* dans l'Allier et la Nièvre, *Lyonnais* dans l'Indre.

Grappes petites à moyennes, cylindriques, compactes, souvent ailées ; baies sphériques ou ovoïdes, moyennes, noires ; maturité : 2e époque.

C'est un cépage du vignoble montluçonnais qu'on rencontre également un peu dans le Cher, à Châteaumeillant, et sur les bords de l'Indre. Vigoureux et productif, il donne un vin peu coloré, acide, ordinaire. Très sensible aux gelées de printemps et à la pourriture grise, il a été classé autorisé pour le département de l'Allier.

 Graisse

Synonymes : *Plant de Graisse,* terme qui lui vient de la consistance « grasse » de ses raisins, ce qui donne en patois gascon *Grecho* ou *Plant de*

Grecho qu'on a interprété par erreur comme « *Plant de Grèce* ». On l'appelle également *Gras* dans les Hautes-Pyrénées, *Chalosse* et *Ramassou blanc* dans les Landes.

Bourgeonnement cotonneux blanc à liseré carminé.

Jeunes feuilles duveteuses, jaunâtres.

Feuilles grandes, orbiculaires, épaisses, tourmentées, gaufrées au point pétiolaire, à lobes involutés, 5-lobées moyennement avec les sinus latéraux étroits et à fonds aigus, sinus pétiolaire en lyre fermée ou à bords superposés ; dents ogivales, étroites ; dessous du limbe pubescent ; pétioles rouges, pubescents.

Rameaux anguleux, brun-rouge du côté exposé au soleil, nœuds rosés ; vrilles fines et petites.

Grappes grandes, ailées, tronconiques, volumineuses, compactes ; baies blanc jaunâtre, moyennes, ovoïdes ; maturité : 3ᵉ époque.

C'est un plant vigoureux, très productif, faisant partie de l'encépagement de l'AOC Armagnac. Son vin est acide, de qualité moyenne. Le Plant de Graisse est sensible à l'oïdium, mais moins sensible que la Folle à la pourriture grise. Il a été classé recommandé dans le Gers, la Haute-Garonne et le Tarn-et-Garonne, départements où il est encore présent sur 30 hectares.

 Gramon

Ce croisement de Grenache noir × Aramon débourre quelques jours avant le Carignan et mûrit en maturité : 3ᵉ époque. Sa grappe est moyenne, peu compacte avec des baies sphériques, noir bleuté. Sa production et le degré de ses vins seraient supérieurs à ceux du Grenache ou du Carignan. Il donne un bon vin de table, peu coloré.

 Grand Noir de la Calmette

Synonyme : *Grand Noir.*

Grappes grandes, pyramidales, ailées, lâches avec la rafle teintée de rouge vineux ; baies petites, sphériques, noires, peau épaisse, pulpe fondante, jus coloré ; maturité : 2ᵉ époque.

Croisement de Petit Bouschet × Aramon. Son débourrement tardif lui permet d'échapper aux gelées ; son port est érigé. Ce cépage est vigoureux, fertile, produisant aisément 100 hl/ha d'un vin plat, peu alcoolique, moyennement riche en matière colorante, soit la moitié de la couleur fournie par l'Alicante Bouschet. Il est plus sensible à l'oïdium qu'au mildiou et il craint les gelées.

Grand-Roussillon et Grand-Roussillon Rancio

Cette appellation d'origine contrôlée Vin Doux Naturel, régie par le décret du 19 mai 1972, couvre l'ensemble de l'aire de production des vins doux naturels à appellation d'origine contrôlée des Pyrénées-Orientales (90 communes) et de l'Aude (9 communes).

La zone d'appellation, qui occupe 29 000 hectares, couvre ainsi les aires d'appellation Rivesaltes et Banyuls.

Les vins de cette appellation sont issus des cépages principaux Muscat blanc à petits grains, Muscat d'Alexandrie, Grenache noir, gris ou blanc, Maccabéo, Tourbat. Les cépages accessoires sont le Carignan noir, le Cinsaut, la Syrah et le Listan, dans une limite de 10 % de l'encépagement total d'une même parcelle. La production a été de 565 hectolitres en 1995.

Pour avoir droit à l'appellation ***Grand-Roussillon Rancio,*** les vins doux naturels Grand-Roussillon devront avoir été vinifiés et vieillis dans les conditions qui leur confèrent ce goût particulier de rancio, né d'une oxydation due à l'exposition aux éléments.

Grands Échezeaux

Quelques parcelles seulement établies sur la commune de Flagey-Échezeaux, en Côte de Nuits, peuvent revendiquer l'appellation d'origine contrôlée des Grands Échezeaux régie par le décret du 31 juillet 1937. Ce décret précise d'ailleurs que ce vin rouge peut également utiliser l'appellation communale de Vosne-Romanée, certes hiérarchiquement inférieure, mais jouissant d'une plus grande notoriété.

Le titre alcoométrique volumique a été fixé à 11,5 % Vol. ainsi que pour les Vosne-Romanée Premier Cru, et le rendement de base à l'hectare à 35 hectolitres et 40 hectolitres en Vosne-Romanée Premier Cru.

Le vignoble, qui couvre environ 9 hectares entre Vougeot et Vosne-Romanée, produit chaque année quelque 260 hectolitres, en moyenne, d'un grand vin possédant la charpente vigoureuse des vins de Vougeot et la finesse et l'élégance de ceux de Vosne-Romanée. On leur attribue un bouquet délicat mêlant l'aubépine et la violette.

Graves et Graves supérieurs

La région des Graves est située le long de la rive gauche de la Garonne, depuis la Jalle de Blanquefort, qui marque la séparation d'avec le Médoc, jusqu'à Langon, à proximité de la forêt landaise. L'appellation d'origine contrôlée Graves, créée par décret du 4 mars 1937, couvre 43 communes.

L'appellation Graves peut être suivie du nom de « Pessac » pour les vins provenant des raisins récoltés sur les territoires des communes de Mérignac, Pessac et Talence et du nom de « Léognan » pour ceux provenant de Cadaujac,

Bassin du château La Mission Haut-Brion, cru classé des Graves.

Gradignan, Léognan, Martillac, Saint-Médard-d'Eyrans et Villeneuve-d'Ornon, par décret du 6 juillet 1984.

Pour avoir droit à l'appellation Graves, les vins rouges doivent provenir des cépages Merlot, Cabernet-Sauvignon, Cabernet franc, Petit Verdot et Côt. La richesse minimale en sucres des moûts doit être de 170 grammes par litre et les vins doivent présenter un titre alcoométrique minimal de 10 % Vol. et maximal de 13 % Vol. Le rendement de base est limité à 50 hectolitres à l'hectare.

Depuis 1959, les vins de l'AOC Graves doivent être mis en circulation avec un certificat de qualité délivré par une commission de dégustation.

Pour bénéficier de l'appellation Graves, les vins blancs doivent provenir des cépages Sémillon, Sauvignon et Muscadelle. La richesse minimale en sucres des moûts doit être de 187 grammes par litre et les vins doivent présenter un titre alcoométrique acquis minimal de 11 % Vol. et maximal de 13 % Vol. Les vins blancs présentant, après fermentation, un minimum de 12 % Vol. d'alcool acquis et provenant de moûts dont le teneur minimale en sucres est de 187 grammes par litre peuvent prétendre à l'appellation Graves supérieurs. Il est progressivement admis que les vins blancs d'appellation Graves sont des vins secs, alors que ceux d'appellation Graves supérieurs sont des vins doux. Mais il faut souligner à ce sujet que les textes sont imprécis. Le rendement de base pour ces vins est de 50 hectolitres à l'hectare.

En 1995, la superficie en Graves rouges était de 2 080 hectares, dont environ 998 hectares en Graves-Pessac et Léognan et la production de 113 299 hectolitres, dont 52 080 en Graves-Pessac et Léognan. En Graves blancs secs, la superficie était de 871 hectares, dont 278 en Graves-Pessac et Léognan.

En Graves supérieurs, la production était de 23 967 hectolitres pour une superficie de 669 hectares.

Un seul cru des Graves figure au classement de 1855, le Château Haut-Brion, à Pessac, pour son vin rouge. Un classement des crus a été homologué en 1959.

On ne trouve pas de cave coopérative dans la zone d'appellation. En revanche, située sur la rive droite de la Garonne, la cave coopérative de Langoiran a élaboré, en 1996, 1 100 hectolitres de Graves blancs secs et 1 310 hectolitres de Graves rouges.

Les Graves rouges sont des vins souples, corsés, très bouquetés, présentant une très bonne aptitude au vieillissement. Les blancs secs, toujours fins et racés, se présentent sous différents types selon l'importance du pourcentage de Sauvignon et l'utilisation de la barrique neuve pour la fermentation et l'élevage ; ils sont à consommer dans les deux ou trois premières années, ou demandent quelques années de bouteille pour être complexes et séveux.

Les vins blancs doux, qui proviennent généralement des zones entourant les appellations Barsac, Cérons ou Sauternes, sont intéressants après quelques années de vieillissement en bouteille.

Graves de Vayres

L'AOC, créée par le décret du 31 juillet 1937, est réservée aux vins blancs et rouges provenant des raisins récoltés sur les territoires délimités des communes de Vayres et d'Arveyres.

Pour avoir droit à l'appellation Graves de Vayres, les vins rouges doivent être issus des mêmes cépages que ceux qui sont requis pour l'appellation Bordeaux. La richesse minimale en sucres des moûts doit être de 178 grammes par litre et les vins doivent présenter un titre alcoométrique minimal de 10,5 % Vol. et maximal de 13 % Vol. Le rendement de base est de 50 hectolitres à l'hectare.

Les vins blancs ne peuvent être élaborés qu'à partir du Sémillon, du Sauvignon et du Merlot blanc, dont la proportion dans l'encépagement ne doit pas dépasser 30 %. La richesse minimale en sucres des moûts doit être de 178 grammes par litre et les vins doivent présenter un titre alcoométrique minimal de 10,5 % Vol. Le rendement de base est de 43 hl/ha pour les vins blancs et de 40 hl/ha pour les rouges.

Depuis 1966, les vins rouges et les vins blancs ne peuvent être mis en circulation sans un certificat de qualité délivré par une commission officielle de dégustation.

En 1995, la surface en rouge était de 363 hectares et la production de 21 087 hectolitres, dont 5 000 hectolitres élaborés par la cave coopérative de Vayres. En blanc, la surface était de 190 hectares et la production de 10 475 hectolitres dont 1 000 hectolitres élaborés par la cave coopérative de Vayres.

Depuis quelques années, on assiste à une diminution des surfaces plantées en cépages blancs au profit des rouges. La production des vins blancs doux, qui était dominante il y a une vingtaine d'années, est en nette régression, au profit des vins blancs secs, qui sont du type frais et fruité, à boire jeunes. Les vins rouges, aromatiques et souples, ont une évolution assez rapide.

 Grenache

Synonymes : *Granacha, Alicante, Roussillon, Rivesaltes, Rivos-Altos, Bois jaune* en Languedoc, *Redondal* en Haute-Garonne, *Tinto* en Vaucluse, *Sans-Pareil,* dans les Alpes-de-Haute-Provence.

Bourgeonnement aplati, épanoui, duveteux blanc à liseré faiblement carminé.

Jeunes feuilles aranéeuses, très brillantes, vertes ou à plages légèrement bronzées.

Feuilles moyennes, cunéiformes, unies, vert clair, très brillantes, épaisses, tourmentées, glabres sur les deux faces, moyennement 5-lobées avec les sinus latéraux supérieurs très étroits et à fonds aigus ; sinus pétiolaire en lyre plus ou moins ouverte, nervures jaune clair ; dents anguleuses, petites, étroites.

Rameaux anguleux, entièrement vert clair, brillants avec des nœuds renflés ; vrilles petites.

Grappes moyennes à grandes avec des pédoncules lignifiés, tronconiques, ailées, compactes ; baies moyennes, sphériques ou légèrement ovoïdes, noires, à pellicule assez épaisse, pulpe fondante et jus assez abondant, incolore ; maturité : 3e époque.

Le Grenache débourre un peu plus tard que l'Aramon. Son port dressé et ses rameaux vigoureux lui permettent de bien résister à la sécheresse et aux vents violents. C'est un cépage qui donne ses meilleurs résultats dans les coteaux secs et caillouteux comme à Rivesaltes ou à Châteauneuf-du-Pape. Le vin est alors alcoolique, très capiteux, d'une belle couleur rouge mordoré, mais il vieillit vite, sa couleur s'oxyde et tend vers le rancio. Ce caractère est parfois recherché et accentué en laissant le vin en vidange dans des fûts ou des bonbonnes exposées au soleil dans les cours des caves ou sur le toit en terrasse des maisons. Au contraire, pour obtenir de bons vins de garde, il faut prévoir l'apport de raisins d'autres cépages ayant plus de corps que lui (Syrah, Mourvèdre, Morrastel) ou davantage de souplesse et de moelleux (Cinsaut, Aspiran, Piquepoul). Dans les plaines fertiles, son vin perd tout caractère.

Le Grenache est peu atteint par l'oïdium, mais il est très sensible au mildiou, à la pourriture grise, à la coulure et à la maladie bactérienne. Les rendements sont donc très variables : depuis 20 hl/ha jusqu'à 60 à 80 hl/ha et même plus de 100 hectolitres en vigne haute. En matériel certifié, 21 clones de Grenache noir ont été agréés, dont les plus importants sont le clone n° 70 (productif), le 224 et le 362 qui est coulard, mais qui donne des degrés élevés, ce qui est intéressant pour l'obtention des vins doux naturels. Classé recommandé dans tous les départements méridionaux, le Grenache fait partie de l'encépagement de la plupart des AOC méditerranéennes : Châteauneuf-du-Pape, Côtes-du-Rhône, Tavel en rosé, Côtes-de-Provence, Coteaux-du-Languedoc, et pour l'obtention des vins doux naturels : Banyuls, Maury, Rasteau. Sa superficie cultivée dépasse maintenant 91 000 hectares, ce qui en fait le 3e cépage français pour la cuve, derrière le Carignan et l'Ugni blanc.

Grappe, feuilles et rameau de Grenache. Ce cépage donne les meilleurs résultats dans les sols secs et caillouteux de la vallée du Rhône : Châteauneuf-du-Pape, Gigondas.

On peut distinguer deux groupes de plantations : le groupe provençal, avec plus de 42 000 hectares, dont 27 500 hectares en Vaucluse et le reste réparti entre la Drôme, le Var et les Bouches-du-Rhône ; et le groupe languedocien avec 38 000 hectares : dans l'Aude et l'Ardèche.

Le Grenache blanc, cultivé sur plus de 10 500 hectares, ne diffère du Grenache noir que par la couleur de ses baies ; il est principalement employé en Roussillon pour la production de vins doux naturels blancs comme à Rivesaltes. Sa culture est en régression car il n'apporte pas de couleur à la cuve. Les clones n°s 141 et 143 ont été agréés.

Le Grenache rose et le Grenache gris représentent ensemble 10 500 hectares ; ils sont employés dans l'élaboration des vins doux naturels. Les 4 clones agréés sont les n°s 147 à 150.

 Gringet

Ce cépage est particulier à la vallée de l'Arve, en Haute-Savoie, et on prépare avec lui des vins mousseux à Ayse. Il semble que le Gringet soit identique au Savagnin. Il a été classé recommandé en Haute-Savoie, département où il fait partie de l'AOC Vin de Savoie et où il occupe 13 hectares.

Griotte-Chambertin

Situé face au célèbre Clos-de-Bèze, ce grand cru rouge produit sur la commune de Gevrey-Chambertin, en Côte de Nuits, est digne de la prestigieuse famille des grands crus locaux, grâce, notamment, à des arômes subtilement fruités comme l'annonce le nom de Griotte.

L'appellation d'origine contrôlée régie par le décret du 31 juillet 1937 exige un encépagement en Pinot noir exclusivement, un titre alcoométrique minimal de 11,5 % Vol. et un rendement de base à l'hectare de 37 hectolitres. Sur les 5,5 hectares classés, 2,7 hectares ont été revendiqués en 1995 pour une production de 101 hectolitres.

Les caractères de plénitude et de vigueur, sa saveur et sa couleur font du Griotte-Chambertin un vin séducteur.

Cabane de vigneron en Côte-d'Or.

 Grolleau

Synonymes : *Groleau, Groslot, Gros Lot* (noms dérivés du vieux français « grolle » désignant le corbeau au plumage noir comme les raisins de ce cépage), *Groslot de Cinq-Mars, Groslot de Vallères, Gamay de Châtillon* à Savennières, *Pineau de Saumur, Plant mini, Plant de Boisnard.*

Bourgeonnement duveteux blanc à liseré carminé.

Jeunes feuilles aranéeuses, bullées, ternes, très bronzées.

Feuilles orbiculaires planes, finement bullées, à lobe médian large, entières avec les bords du limbe un peu involutés ; point pétiolaire et base des nervures rouge ; sinus pétiolaire en lyre étroite, parfois fermée ; dents moyennes, ogivales ; dessous du limbe légèrement pubescent ainsi que les nervures principales. Le feuillage rougit partiellement à l'automne.

Rameaux côtelés, brun rougeâtre ; vrilles fortes.

Grappes assez grosses, tronconiques, ailées, compactes ; baies moyennes, sphériques, noir bleuté à jus abondant ; maturité : 2e époque.

Le Grolleau possède un débourrement moyen, c'est un plant productif fournissant des rendements de 80 à 120 hectolitres à l'hectare. Son vin est léger, peu alcoolique. Souvent vinifié en rosé, le Grolleau a été classé recommandé dans les départements de la vallée de la Loire ainsi que dans le Sud-Ouest. En matériel certifié, 5 clones ont été agréés, les n°s 226, 288 et 364 à 366. Ce plant fait partie de l'encépagement des AOC Anjou, Rosé d'Anjou, Rosé de Loire, Crémant de Loire, Anjou mousseux, Saumur mousseux et Touraine. Sa culture est en régression : 4 000 hectares en 1995 contre 11 400 en 1958. Sa culture est concentrée dans la vallée de la Loire : Maine-et-Loire (2 800 hectares), Indre-et-Loire (1 000 hectares), Loir-et-Cher, Loire-Atlantique, Deux-Sèvres, Vienne.

Le Grolleau gris est un peu cultivé dans le Maine-et-Loire, la Vendée et la Loire-Atlantique sur 400 hectares. Il a été classé recommandé dans les départements de la vallée de la Loire.

Le Grolleau blanc a été signalé dans la région des Coteaux-du-Layon.

Gros Manseng

Cépage voisin du Petit Manseng, classé recommandé dans le Gers, les Landes, le Lot-et-Garonne et les deux départements pyrénéens ; il fait partie de l'encépagement des AOC Jurançon, Pacherenc-du-Vic-Bilh et du Béarn, pour une surface plantée estimée à 1 500 hectares. Il est en expansion.

Gros-Plant du Pays nantais

Le vignoble, classé AOVDQS par l'arrêté du 26 novembre 1954, couvre une superficie de 2 900 hectares, avec pour cépage la Folle blanche, appelée localement Gros-Plant.

La production moyenne annuelle des cinq dernières années est de l'ordre de 200 000 hectolitres. L'aire de production s'étend sur les départements de Loire-Atlantique, Maine-et-Loire et Vendée pour 87 communes. Le titre alcoométrique maximal ne doit pas dépasser 11 % Vol.

Le Gros-Plant du Pays nantais est un vin blanc sec, de couleur jaune-vert pâle, avec une dominante assez acide bien compensée par le fruité. Il est coulant et agréable. Il faut le consommer jeune. (*Voir* Muscadet-Pays nantais p. 509.)

Gros Verdot

Synonymes : *Verdot Colon, Colon, Mancin-Colon* dans l'Entre-deux-Mers, *Verdau-Colon* dans le Cubzadais et *Pruéra* à Saint-Pierre-d'Aurillac.

Bourgeonnement cotonneux blanc.

Jeunes feuilles devenant rapidement aranéeuses, orangées, vertes à reflets bronzés.

Feuilles grandes, orbiculaires, gaufrées à bords révolutés, profondément 5-lobées, les sinus latéraux supérieurs fermés et à fonds aigus, les sinus inférieurs ouverts, sinus pétiolaire étroit ou fermé ; dents anguleuses, étroites ; dessous du limbe faiblement aranéeux. À l'automne, le feuillage rougit marginalement.

Rameaux côtelés, vert pâle à nœuds partiellement rosés ; vrilles longues, charnues.

Grappes petites, tronconiques, lâches ; baies sphériques, petites et noires ; maturité : 3e époque.

Ce cépage secondaire du vignoble bordelais était planté dans les palus où il donnait en quantité un vin ordinaire, très coloré, acide et astringent. Non classé.

Le vignoble nantais, entre la Bretagne et les collines du Poitou, fournit des vins alertes, dont le vif Gros-Plant, issu de la Folle blanche.

Gueuche noire

Synonymes : *Gros-Plant, Plant de Treffort* dans l'Ain, *Foirard* à Poligny, *Plant d'Arlay* à Salins, *Guat* ou *Gouais* à Saint-Amour, *Plant d'Anjou noir* et *Plant de Saint-Rémi* à Saint-Génis, dans le Rhône.

Grappes moyennes, cylindriques, compactes ; baies moyennes, sphériques ou légèrement ovoïdes, noir bleuté ; maturité : 3e époque.

Le Gueuche est un cépage productif, mais son vin est dur, âpre, généralement trop acide, en raison de sa maturité trop tardive pour la région du Jura où on le cultive. Très sensible aux maladies, il est en voie de disparition. Ce cépage n'a pas été classé.

Guillemot

Synonymes : *Bougaou, Gouboil, Coé de baque* ou *Coué de bacho* (cuir de vache) dans les Landes, *Mourejalès* dans le Gers, à Condom.

Grappes moyennes, ailées, cylindriques, compactes ; baies jaune doré, ovoïdes, assez grosses ; maturité : 2e époque tardive.

Ce cépage béarnais, actuellement peu répandu et non classé, était cultivé en hautains dans les contre-vallées du gave de Pau. Très fertile et vigoureux, il donne un vin acide, très grossier.

H
I

Haut-Comtat

Depuis plusieurs années, cette appellation VDQS des Côtes-du-Rhône n'est plus revendiquée.

Haut-Médoc

Voir Médoc.

Haut-Montravel

Voir Montravel.

Haut-Pays

Voir la région page 441.

Haut-Poitou

Voir Vins du Haut-Poitou.

Hautes-Côtes-de-Beaune

Voir Bourgogne Hautes-Côtes-de-Beaune.

Hautes-Côtes-de-Nuits

Voir Bourgogne Hautes-Côtes-de-Nuits.

Hermitage

Il s'agit incontestablement, avec celui de Côte-Rôtie, du plus ancien vignoble de la vallée du Rhône. On sait l'importance que lui donnèrent les Romains en l'incluant dans les vins de Vienne. Plus tard, mais bien avant d'autres lieux qui devinrent des appellations prestigieuses, les vins de l'Hermitage apparaissent sur les marchés de Hollande et d'Angleterre, grâce à des transports par voie de terre, puis par voie fluviale via Bordeaux.

Ils s'appelèrent d'abord « vins du Coteau de Saint-Christophe », puis « vins de Tournon ». C'est au XIVe siècle, pour honorer le Chevalier de Sterimberg, auteur de la chapelle qu'entouraient ses propres vignes, que le coteau prit le nom d'Hermitage.

La superficie du vignoble est de 125 hectares. Elle n'a guère évolué et ne changera pas car les sols de grande valeur sont tous plantés depuis des siècles. La production moyenne est de 4 700 hectolitres, dont un quart en blanc. 1 500 hectolitres sont élaborés par la cave coopérative de Tain-l'Hermitage, pour cette appellation d'origine contrôlée qui couvre une commune et quelques parcelles de Crozes-Hermitage, par décret du 4 mars 1937.

Les sols sont pour la plupart des arènes granitiques à vocation de vins rouges. Certains lieux-dits sont réputés depuis le XIVe siècle : Bessards, Méal, Greffieux... Il existe cependant quelques bandes de terrains provenant des alluvions alpines apportées par l'Isère, où sont produits des vins blancs fort estimés aux lieux-dits Rocoule et Muret.

Comme dans les autres appellations des Côtes du Rhône septentrionales, l'encépagement comprend la seule Syrah pour les vins rouges. Quant aux vins blancs, ils sont issus de la Roussanne et de la Marsanne, assemblées chaque année de manière à garantir qualité et durée.

Les vins blancs sont agréables et très expressifs, dès leur naissance. Ils sont marqués par des caractères floraux et végétaux que dominent la racine d'iris, le foin coupé, le café vert, l'amande. Bien qu'ils soient peu acides, ils résistent remar-

Page précédente : vignes à Buzet dans le Haut-Pays.

Le vignoble de l'Hermitage et sa petite chapelle dominent la vallée du Rhône et la ville de Tain-l'Hermitage.

Irouléguy, seule appellation du Pays basque, produit des vins rouges et rosés charnus et pleins de caractère.

quablement à l'épreuve du temps, au point d'être encore très beaux après dix ans.

Les vins rouges ont le privilège de montrer simultanément une grande expression aromatique (odeurs de violette, de cuir, de cassis) et une forme ample, parfaitement équilibrée. Souvent plus onctueux et plus charnus que ceux de Côte-Rôtie, ces vins ont une lenteur d'évolution qui leur confère une très grande valeur pendant des dizaines d'années.

 Hibou blanc

Cépage savoyard planté autrefois au pied des arbres sur lesquels s'élançaient ses puissantes ramifications et qui donnait des récoltes importantes d'un vin léger. Il existe encore à l'état de souches isolées en Haute-Savoie. Non classé.

 Hibou noir

Synonymes : *Hibou* à Chambéry, *Hivernais* en Tarentaise, *Palofrais* ou *Polofrais* en Maurienne, *Pomêtre* à Aime, *Promèche* en Chautagne, *Promère* à Seyssel, *Bibou, Guibou, Luisant, Raisin Cerise* dans la vallée du Grésivaudan.

Grappes grosses, cylindro-coniques, assez lâches ; baies sphériques, grosses, noires, juteuses ; maturité : 2e époque.

Ancien cépage savoyard, productif, à débourrement précoce qui était cultivé en hautains ou sur des cerisiers, d'où son surnom de « raisin cerise ». Il donnait un vin à l'odeur de violette et de framboise, apprécié en Maurienne et en Tarentaise. Non classé.

Irouléguy

Ce petit vignoble de 150 hectares, farouchement accroché au flanc des coteaux de Saint-Étienne-de-Baigorry et des cinq autres communes environnantes, est situé au cœur du Pays basque, à 50 kilomètres de Biarritz et à proximité de Saint-Jean-de-Luz et de Saint-Jean-Pied-de-Port. Ces vins reçurent l'appellation d'origine contrôlée par décret du 23 octobre 1970.

Ce sont les congrégations religieuses des prieurés du Pays basque, fondées par l'abbaye de Ronceveaux, qui jetèrent les bases du vignoble moderne. Par ailleurs, les moines de Saint-Jacques-de-Compostelle ont été les ambassadeurs et les colporteurs des vertus eucharistiques et vivifiantes des vins d'Irouléguy.

Irouléguy est le vignoble pyrénéen le plus soumis à la douceur bienveillante du climat océanique. Il se caractérise par une pluviométrie bien répartie de 1 500 millimètres par an, par une température moyenne de 12,8 °C, par des vents chauds d'Espagne comme le *haice-egoa* (le vent qui rend fou) favorables à la surmaturation, ainsi que par des automnes très lumineux et chauds, autorisant des vendanges tardives.

Les schistes, les grès, les calcaires marins, filtrants, riches en oxyde de fer, de ces collines du Pays basque, sont particulièrement propices à la végétation luxuriante des cépages indigènes que l'on cultive en hautains.

Les cépages tardifs de cette région sont très aromatiques mais de faible rendement.

En rouge, on utilise le Tannat, cépage typique du vignoble pyrénéen, pour la richesse et l'originalité de ses tanins, et l'Acheria, variété de Cabernet qui tempère la rudesse du Tannat.

Pour les vins blancs, on cultive le Xiuri Cerratia, variété de Courbu, tendre et délicat, et le Ixipiota Xuri, variété de Manseng.

Les vins d'Irouléguy valent pour leur authenticité, leur originalité, leur belle prestance.

Les vins rosés représentent un tiers de la production. Ils sont appréciés pour leur teinte framboise vive et rafraîchissante, leurs arômes harmonieux de cassis, de framboise et de fleurs sauvages des montagnes basques.

Ces vins secs sont également soyeux, souples et longs, vifs et virils. Il faut plutôt les consommer jeunes, mais ils peuvent vieillir deux ou trois ans et atteignent alors une rare qualité.

Les vins rouges représentent les deux tiers de la production du vignoble. Ils ont une belle couleur pourpre profonde et laissent s'exhaler des arômes de baies rouges. Ces vins musclés, charnus, au tanin puissant et rond se caractérisent par leur belle longueur en bouche. Après trois ou quatre ans de bouteille, leur qualité est remarquable. Plus jeunes, ils expriment la sincérité paysanne.

En 1995, la production a été de 288 hectolitres en blanc et 6 098 en rouge (dont environ 2 000 en rosé).

HAUT-PAYS

L'étreinte de l'histoire n'a pas fini d'embraser les vignobles du Haut-Pays. Les abbés, les moines, les rois et même les vignerons ont choyé ces vins qui aujourd'hui manifestent une légitime ambition et recommencent à faire parler d'eux.

■ Le Haut-Pays se déploie autour du Lot, de la Garonne et du Tarn. Il recoupe en cela d'autres entités tels les vins toulousains et garonnais, les vins de l'Agenais et les vins de Gascogne, du Périgord, du Quercy, du Rouergue et du Tarn. Région de transition entre le Massif central et les Pyrénées d'une part, l'Aquitaine et le Languedoc d'autre part, elle s'articule autour de plusieurs cours d'eau : la Garonne, le Tarn et l'Aveyron. Pays de grande hétérogénéité, on y trouve une mosaïque de vignobles, différents selon les sols, l'exposition et les microclimats.

Château de Hauteserre et son vignoble situé dans l'aire d'appellation contrôlée Cahors.

L'histoire

Un jour, le peuple des Bituriges substitua le vin aux boissons fermentées à partir de céréales ou de miel. Le vignoble du Haut-Pays était né.

Avec les vins de Cahors et de Gaillac, les historiens ont fort à faire avec le Haut-Pays. À commencer par Gaillac. La vigne était déjà largement cultivée à l'époque gallo-romaine. Si bien qu'en 1271, une charte n'eut aucun mal à authentifier les qualités d'un vin d'une « exceptionnelle et piquante qualité ». Les vins de Cahors connurent pareille félicité avec, notamment, une présence remarquée au mariage d'Éléanor d'Aquitaine avec Henri II.

Toutefois, les vins de Bordeaux avaient déjà commencé à étendre leur hégémonie sur le Sud-Ouest dès 1205.

Afin d'écouler en priorité leur production, les bourgeois bordelais avaient bloqué les vins du Haut-Pays, en amont de Saint-Macaire. Les transactions commerciales ne recommençaient que lorsque la barrière était levée, généralement pour la Saint-Martin. Ce privilège ne fut aboli qu'en 1776. Il entraîna le déclin du vignoble.

Au XIXe siècle, le vignoble reprenait vigueur lorsque l'oïdium, le mildiou, puis le phylloxéra le frappèrent de plein fouet, anéantissant tous les efforts de reconstruction. Les hybrides se substituèrent alors aux cépages français produisant des vins médiocres. Le renouveau des vignobles, qui se sont dotés d'un encépagement « noble », date du début des années 1950.

Le climat

Le vignoble du Haut-Pays est assujetti à un climat de type aquitain. Celui-ci se caractérise par ses hivers froids et humides, ses étés secs et chauds avec, selon les terroirs, grêle, brouillards et gelées tardives. C'est la raison pour laquelle le choix de cépages vigoureux est souvent déterminant, notamment avec le printemps et ses gelées tardives. Ici encore, les microclimats, les combes et les vallons jouent un rôle plus que primordial puisqu'ils redistribuent à leur façon toutes les données premières du climat océanique. Ainsi, le vignoble de Buzet jouit d'un microclimat, car il est protégé

Dans la vallée de la Garonne, le vignoble de l'appellation Buzet – dénommée Côtes-de-Buzet jusqu'au millésime 1988 – produit des vins rouges dont la longévité peut atteindre jusqu'à 20 ans.

par la forêt landaise. Il y gagne en ensoleillement, et le régime pluviométrique y est légèrement inférieur. Le cœur du vignoble est chaud et sec.

Le Tarn-et-Garonne est soumis à deux influences climatiques : l'une, prédominante, de type atlantique, l'autre de type méditerranéen, plus ou moins sensible selon les saisons et les années. L'hiver est généralement doux et parfois humide, et les quelques gelées printanières n'affectent que très partiellement la vigne.

Dans le Quercy, le climat chaud et sec en été subit l'influence méditerranéenne par le vent d'autan, chaud et sec, qui accélère la maturation et donne une vendange saine.

Le vignoble de Cahors est situé dans une zone de transition climatique. La vallée du Lot qui s'ouvre largement, à l'ouest, sur la plaine de Villeneuve-sur-Lot, est donc soumise aux influences atlantiques.

Les sols

Les sols sont très divers. On trouve des calcaires jurassiques à l'est de Caussade. Dans les vallées, le long des cours d'eau, ce sont plutôt des sols d'alluvions récentes, faciles à travailler. Les plus propices à la culture de la vigne sont les zones de coteaux argilo-calcaires d'origine molassique dans le sud-ouest du département, bas Quercy de Monclar et bas Quercy de Montpezat ; et les boulbènes, dans la moitié sud du département, sur les terrasses constituées par les déplacements de la Garonne, du Tarn et de l'Aveyron.

Vignerons et organismes professionnels recherchent dans chaque pays les meilleures parcelles, quitte à redessiner les coteaux, comme à Marcillac où de larges banquettes ont été recreusées suivant les courbes des niveaux.

Autour des vallées du Lot, du Tarn et de la Garonne, on retrouvera les dispositions classiques en coteaux avec des orientations, pour les meilleures parcelles, au sud-est. Néanmoins, chaque appellation a ses spécificités, comme Fronton avec ses plateaux étagés constitués de cailloux, de sables apportés par le Tarn, ou comme Cahors, avec son vignoble aux zones bien distinctes : la vallée, tout d'abord, avec ses sols maigres de galets, de quartz, de graviers siliceux, de pierres calcaires venues du Causse ; la partie caussenarde ensuite – entre 250 et 300 mètres d'altitude – avec ses calcaires tendres, friables, intercalés de marnes, ses croupes et ses combes.

La zone de l'appellation Buzet connaît, quant à elle, ses meilleures expressions avec des sols de graves caillouteuses et sablonneuses, sur les terrasses anciennes de la rive gauche de la Garonne, et les coteaux molassiques et leurs affleurements calcaires.

Les cépages

À l'instar d'un terroir repensé, voire retravaillé, la notion de cépage suscite dans le vignoble du Haut-Pays les plus grands soins de l'INAO et des spécialistes. Les mauvais encépagements du début du siècle et surtout les gelées tragiques de 1956 ont poussé les responsables locaux à revoir quelque peu les données en la matière.

Ainsi ont été établies les nouvelles réglementations qui régissent les vins du pays marmandais puisque le pourcentage autorisé en matière de Merlot et de Cabernet est passé de 50 à 75 %, pendant que les cépages comme le Malbec, la Syrah, l'Abouriou, le Fer et le Gamay se voyaient plafonnés à 50 %. C'est également dans cette optique qu'ont été effectuées toutes les recherches sur le porte-greffe de la Négrette dans le Frontonnais. On a longuement tâtonné avant de trouver celui qui conduirait au mieux ce cépage rustique et vigoureux qui trouve toute son aise sur les sols légers et caillouteux. Cette même Négrette est au centre de la politique de réencépagement lancée par la coopérative de Lavilledieu depuis 1970.

L'autre cépage phare de l'appellation est l'Auxerrois, baptisé Malbec dans le Bordelais et Côt dans le reste du Sud-Ouest. Ce cépage consacre l'appellation Cahors puisqu'il est complanté sur 70 % des surfaces cultivées. Il trouve dans le Quercy un terroir de prédilection et donne des vins riches en tanins et en anthocyanes, matières colorantes du vin rouge. Il est superbe dans les années ensoleillées et tient ses meilleures réussites avec des apports de Merlot pour la rondeur et de Tannat pour l'aptitude au vieillissement. Toujours dans les rouges, on notera dans le Buzet un encépagement à la bordelaise avec pour moitié du Merlot, excellent sur les graves légères, complété par le Cabernet franc et le Cabernet-Sauvignon pour l'autre moitié, avec une pointe de Malbec. Pour les blancs, la référence immédiate est bien entendu celle de Gaillac. Cette appellation du Tarn illustre à elle seule toute la richesse et la diversité des vins du Sud-Ouest puisque – outre les rouges primeurs, les rouges et les rosés – elle décline la gamme entière des blancs : sec, moelleux, perlé, moustillant et mousseux en deux versions, méthode champenoise et méthode gaillacoise où la mousse est obtenue sans aucune adjonction de sucre. Cette étonnante démonstration est due à 6 cépages : la Muscadelle, l'Ondenc, le Sauvignon, le Sémillon avec le Mauzac et Len de l'El, le plus ancien cépage gaillacois, subtil et d'une belle fraîcheur.

Les appellations et la production

On retrouve dans cette vaste région 6 appellations d'origine contrôlée : Buzet, Gaillac, les Côtes-du-Frontonnais, les Côtes-du-Marmandais, Marcillac et Cahors. À cette production, s'ajoutent 6 AOVDQS, les Côtes-du-Brulhois, les Côtes-de-Saint-Mont, les vins de Tursan, Lavilledieu, d'Entraygues et du Fel, d'Estaing et des vins de pays.

Cette région en profonde mutation, à Cahors, à Fronton et à Gaillac en particulier, offre des appellations tour à tour confortables, comme Gaillac avec ses 1 600 hectares ; lilliputienne, comme Estaing avec sa dizaine d'hectares, ou évolutive, telle Lavilledieu, qui s'étendait sur 2 hectares en 1977, et sur plus de 25 aujourd'hui ! La production suit ces mêmes fantaisies, se partageant harmonieusement entre des rouges, des blancs et quelques rosés. Il convient de noter cependant que, grâce aux efforts conjugués des vignerons et des organismes professionnels – caves coopératives ou syndicats –, ces différentes appellations ont vu leur production s'accroître sensiblement ces dernières années. Ainsi, alors qu'en 1971 on produisait 23 000 hectolitres d'appellation Cahors, ce chiffre est passé à 130 000 en 1983 et à 215 000 en 1995.

L'organisation professionnelle

À l'instar d'une région élevée et sauvée par les coopératives, les vignobles du Haut-Pays sont toujours sous l'influence de ces organismes, notamment à Buzet, avec 96 % de coopérateurs, à Lavilledieu, 100 %, et à Fronton, 80 %, avec, à l'occasion, une tendance à la multiplication des vignerons-récoltants, comme à Entraygues et à Estaing, où tous les viticulteurs se sont réunis en syndicats en souhaitant devenir vignerons à part entière.

Les amateurs des vins du Sud-Ouest trouveront toute satisfaction à sillonner les routes de ces contrées riantes. Les caves coopératives y sont aussi nombreuses qu'accueillantes et leur visite souvent instructive, à l'image des chais spectaculaires de Buzet. Ces mêmes amateurs auront une pensée émue en traversant Lavardac, dans le Marmandais, où l'on fabriquait autrefois les barriques pour l'Armagnac. À noter enfin, la célèbre fête de Gaillac avec sa « Cocagne des vins », le premier week-end d'août.

Vignes à Entraygues. Ce minuscule vignoble aveyronnais s'accroche au flanc de coteaux abrupts qui ne peuvent être vendangés mécaniquement.

J
K

Jacquère

Synonymes : *Jacquerre, Jacquière, Plant des Abymes de Myans, Cugnette, Cugniette* dans le Grésivaudan, *Buisserate* à Saint-Marcellin, *Martin-Côt blanc* en Savoie, *Robinet* à Conflans, *Roussette de Montmélian* aux environs d'Annecy, *Molette de Montmélian* à Chessenaz, *Cherché, Coufe-Chien* dans l'Ain, *Redin* à Saint-Jean-de-la-Porte.

Grappes moyennes, ailées, cylindroconiques, très compactes ; baies sphériques ou légèrement allongées, moyennes, vert clair à jaune doré, devenant rosées à parfaite maturité, peau épaisse, pulpe peu juteuse, âpre ; maturité : 2e époque tardive.

La Jacquère est un cépage d'abondance, produisant aisément 100 hectolitres à l'hectare dans les bonnes terres d'un vin peu alcoolique, acide, diurétique. En revanche, dans le décor chaotique des Abymes de Myans, les vins de Jacquère ont un goût de pierre à fusil et sont très agréables à consommer dans l'année.

La Jacquère possède un débourrement tardif, et ses raisins sont sensibles à la pourriture grise. En matériel certifié, 6 clones ont été agréés, les nos 569, 629, 658, 769, 788 et 923.

Classé recommandé en Savoie, dans l'Ain, la Loire et l'Isère, ce cépage fait partie de l'encépagement de l'AOC Vin de Savoie et de l'AOVDQS Vin du Bugey. Sa superficie cultivée est de 1 000 hectares environ, dont 700 en Savoie, 150 dans l'Isère et 30 dans l'Ain.

Jasnières

Le vignoble, classé AOC par le décret du 31 juillet 1937, couvre environ 30 hectares, avec pour cépage le Pineau blanc de la Loire. La production moyenne avoisine les 1 300 hectolitres. L'aire de production s'étend sur les communes ou parties de communes de L'Homme et Ruillé-sur-Loir.

La robe des vins blancs est jaune paille à jaune doré, l'odeur bien développée. Le vin est plein, tendre et vif avec une légère fermeté. Il a une très bonne tenue en bouteille (*Voir* Touraine).

Joubertin

Synonymes : *Plant de la Claye, Jaubertin* dans l'Isère, *Plant d'Aix* en Savoie, *Pinot Joubertin* en Côte d'Or, *Plant de la Mûre.*

Grappes moyennes, cylindriques avec 2 ailerons courts, assez lâches ; baies moyennes, ovoïdes, noir bleuté ; maturité : 1re époque.

Ce cépage est un semis de hasard, remarqué par Joubert, viticulteur à Claix. Très vigoureux, il peut être conduit à grand développement. Fertile, il donne un vin coloré, intense. Classé autorisé dans l'Isère où il occupe 7 hectares.

Juliénas

Il s'agirait du plus ancien des vignobles du Beaujolais. Situés entre Saint-Amour et Chénas, ses sols argileux s'enfoncent profondément dans des alluvions.

Sur une surface de 580 hectares, surtout sur la commune de Juliénas et sur Jullié, Pruzilly et Émeringes, on produit en moyenne 33 000 hectolitres (4 375 000 bouteilles).

L'encépagement est en Gamay, mais peut comprendre des cépages blancs, dans la limite de 15 %.

Popularisé par les gastronomes lyonnais et les journalistes parisiens, le Juliénas, classé AOC par le décret du 11 mars 1938, souffre parfois de cette réputation truculente. On le croit un vin facile. En réalité, il possède tous les attributs de Jules César, qui aurait inspiré le nom du village : fermeté, vigueur, caractère et toge pourpre.

Voici un vin qui vieillit bien : cinq à six ans de garde ne l'effraient pas, mais il atteint son équilibre après deux ou trois ans. Le bouquet prend de l'ampleur alors que demeure la fraîcheur caractéristique du Juliénas : arômes de framboise et de cerise.

Page précédente : vignoble jurassien à Lavigny.

Juliénas, le cru le plus ancien du Beaujolais, donne un vin ferme et frais, aux arômes fruités, apte au vieillissement.

Le terroir de Jurançon donne naissance à des vins blancs secs et moelleux de grande race.

Jura

Voir la région page 448.

Jurançon et Jurançon sec

Le vignoble de Jurançon fait partie de la famille des vignobles du Piémont pyrénéen, du Béarn et du Pays basque, dont il présente les caractères généreux. Mais le Jurançon, vin d'une exceptionnelle personnalité, possède son propre caractère.

Tous les manuels d'histoire rappellent que le Jurançon est le seul vin de France qui a eu l'honneur et la charge d'assumer un baptême royal, celui du roi Henri IV.

Vignoble le plus élevé du Piémont pyrénéen, il s'étend de 300 à 400 mètres d'altitude sur 550 hectares de coteaux ensoleillés et très mouvementés, qui s'étagent au pied du château de Pau, entre le gave de Pau et le gave d'Oloron, face à l'imposant massif pyrénéen qui conduit à l'Aragon espagnol.

Les terrains sont formés des couches bouleversées de marne argilo-calcaire, ou silico-argileuse : les « poudings de Jurançon ».

Le vignoble est directement soumis à l'influence pyrénéenne avec sa masse d'air froid, ses gelées tardives printanières et ses neiges précoces. Il bénéficie conjointement des entrées océaniques avec une bonne répartition des pluies et des automnes lumineux et chauds. C'est un vignoble de contrastes avec des parcelles blotties dans les combes des fortes pentes cultivées en terrasses. Ces combes abritées des vents du nord, exposées plein sud, sud-ouest, sont de véritables serres où la vigne se grille au soleil.

Au cours des siècles, les hommes ont dû sélectionner des cépages particulièrement aromatiques capables de prospérer dans ce climat extrême. Ce sont le Manseng, gros et petit, et les Courbus. Ils sont cultivés traditionnellement en vignes hautes, sur trois fils.

Le Gros Manseng donne des moûts de 12,5 à 13 % Vol. en moyenne, qui produisent essentiellement des vins de Jurançon secs. Le Petit Manseng permet d'élaborer les très grands moelleux de prestige. Ces cépages ont des performances aromatiques absolument remarquables et typiques.

La vinification de ces moûts de haut degré, d'une grande richesse acidimétrique, s'effectue le plus souvent pendant les grands froids. Il faut donc faire appel à des techniques œnologiques élaborées et à des équipements thermiques pour lutter contre le froid et assurer les fermentations maliques.

La production moyenne pour les dix dernières années est de l'ordre de 38 000 hectolitres, dont les deux tiers environ sont traités par les caves coopératives de Gan.

Le Jurançon, classé AOC par le décret du 17 octobre 1975 pour 25 communes des Pyrénées-Atlantiques, est un vin blanc moelleux issu du Petit Manseng. Les vendanges tardives, par tris successifs, se terminent après passerillage, fin novembre, début décembre. En 1995, il a été revendiqué la dénomination « Vendanges tardives » pour 1 200 hectolitres.

Lorsqu'il est jeune, le Jurançon, étincelant d'ambre et d'or vif, a le rare privilège, parmi les grands moelleux de France, d'être un vin à la fois généreux, vif et frais. Il offre des arômes inoubliables de miel des Pyrénées, de noisettes grillées, de fleurs d'acacia, rehaussés d'une pointe de saveur de goyave et de cannelle, suivant les terroirs. C'est un vin de grande séduction. Il possède une remarquable aptitude au vieillissement. Les grands vins de Jurançon peuvent atteindre vingt à vingt-cinq ans d'âge et plus.

Le ***Jurançon sec*** a été classé AOC par le décret du 17 octobre 1975. Sur la même aire d'appellation que le Jurançon moelleux, et avec le même encépagement, les viticulteurs produisent quelque 22 000 hectolitres de vin blanc sec par an.

C'est un grand vin, élégant, racé, à la robe vert pâle lumineuse, aux reflets d'or clair. Le nez est frais, délicat, aux arômes complexes de fleurs d'acacia, de genêt, relevés d'une pointe de saveur exotique (goyave), parfois de truffe blanche poivrée, de cire de miel ou de senteurs balsamiques, suivant la structure du sol. On trouve en bouche une agréable confirmation des arômes : il est vif, léger, très sec, légèrement perlant, mais corsé et charnu, avec une longue mâche.

Les vins de Jurançon sec millésimés ont une robe lumineuse soutenue d'ambre doré. Leur bouquet est plus poivré, plus épicé. Ils sont charnus et bien charpentés.

 Jurançon blanc

Synonymes : *Quillat, Quillard, Plant dressé* (à cause de son port érigé), *Plant debout* aux Sables-d'Olonne, *Braquet* dans les Landes, *Dame blanc* en Lot-et-Garonne.

Bourgeonnement épanoui, cotonneux blanc à liseré carminé.

Jeunes feuilles duveteuses, bullées. Feuilles orbiculaires, bullées avec le point pétiolaire rosé, 5-lobées profondément, à fonds concaves, souvent à bords superposés ; sinus pétiolaire en lyre à bords superposés ; dents moyennes, ogivales ; dessous du limbe duveteux-pubescent.

Rameaux dressés, vert rougeâtre des deux côtés, non pruinés, nœuds rosés ; vrilles fines, petites.

Grappes moyennes, tronconiques, compactes, avec un aileron ; baies petites, sphériques, blanc jaunâtre ; maturité : 2e époque.

Malgré son nom, ce cépage ne fait pas partie de l'encépagement des vignobles de Jurançon, mais de celui des AOC Cognac et Armagnac où il est distillé, donnant une eau-de-vie à bouquet peu marqué et peu persistant. C'est un plant rustique, pas très vigoureux, qui doit être conduit à la taille courte. Il est moins sensible à l'oïdium que le Colombard. Classé autorisé dans la Charente, le Gers, la Gironde et les départements pyrénéens, il n'est pratiquement cultivé que sur 60 hectares dans le Gers et un peu dans le Lot-et-Garonne.

 Jurançon noir

Synonymes : *Jurançon rouge, Folle noire, Fola belcha* en Pays basque, *Folle rouge* dans le Lot-et-Garonne, *Enrageat noir* en Dordogne, *Petit Noir, Saintongeais, Dégoûtant* en Charente, *Giranson, Nanot, Nochant, Gros Grappu, Cahors, Arrivet, Pousse-en-l'air* en Gironde, *Dame noire* dans le Lot, *Cannut de Lauzun* dans l'Agenais, *Gamay-Moutot* dans l'Ardèche, *Piquepout rouge, Quillard* dans le Lot, *Sans pareil précoce* dans le Lot-et-Garonne, *Gouni* dans les Hautes-Alpes, *Chalosse noire* ou *Jalosse* en Montalbanais.

Bourgeonnement épanoui, cotonneux blanc à liseré carminé.

Jeunes feuilles duveteuses, jaunâtres, à plages bronzées. Feuilles moyennes, orbiculaires, épaisses, tourmentées, bullées, gaufrées au point pétiolaire, 5-lobées profondément avec les sinus latéraux larges, à fonds concaves ; sinus pétiolaire en lyre plus ou moins fermée ou à bords superposés, parfois à base dégarnie ; dents ogivales, petites ; dessous du limbe aranéeux avec les nervures pubescentes. Le feuillage rougit légèrement à l'automne.

Grappe de Jurançon noir, cépage cultivé dans le Sud-Ouest et la région méditerranéenne.

Rameaux côtelés avec des stries longitudinales brun acajou ; vrilles petites, fines.

Grappes grandes, tronconiques, compactes ; baies moyennes, sphériques, noir bleuté ; maturité : 2e époque.

Le Jurançon noir est un cépage-population originaire de l'Agenais, mais largement disséminé dans les vignobles du Sud-Ouest, ce qui explique son importante synonymie ; il produit en abondance un vin ordinaire pour la table, peu coloré, jouant le rôle de l'Aramon dans cette région. Il est assez sensible à la pourriture grise, mais il résiste mieux au mildiou et à l'oïdium. En matériel certifié, 3 clones ont été agréés, le plus intéressant étant le n° 438. Ce cépage a été classé recommandé dans tous les départements du Sud-Ouest et autorisé dans la région méditerranéenne. Sa culture est cependant en régression, n'occupant plus que 2 000 hectares contre 12 300 hectares en 1958, les principaux départements étant le Tarn, le Gers, la Haute-Garonne, le Lot et le Tarn-et-Garonne. Il est en voie de disparition dans les Charentes, la Gironde et la Dordogne.

Feuille de Jurançon noir.

Dessous de la feuille.

 Knipperle

Grappes petites, cylindriques, parfois ailées ; baies moyennes, sphériques, blanches ; maturité : 2e époque. Ce cépage fut très multiplié à la fin du XVIIIe siècle, grâce à la publicité du pépiniériste Ortlieb, vantant sa production et sa précocité. Mais comme il est très sensible à la pourriture grise et à la *cochylis* il est aujourd'hui délaissé, bien que classé recommandé en Alsace, car il ne fait pas partie de l'encépagement AOC Alsace. Son vin est souple, sans acidité ni tanins ; il est agréable à boire en primeur.

JURA

Le vignoble jurassien est constitué par une bande de 80 kilomètres de longueur s'étirant de Saint-Amour à Salins. Mais ce modeste territoire présente une telle diversité de reliefs, d'exposition solaire, de terroirs et de cépages qu'il nous offre une palette de vins – rouges, rosés, blancs, jaunes, de paille, mousseux, Macvin et Fine – sans doute unique au monde par sa variété.

Statue de saint Vernier, serpette en main.

■ Il faut remonter à la plus haute antiquité romaine pour évoquer les origines du vignoble jurassien : Pline l'Ancien le cite déjà dans son *Histoire naturelle.* Sa renommée d'alors fait que son vin est recherché par les nautonniers phocéens qui remontaient la Saône pour l'embarquer à destination de l'Italie. Les négociants peu scrupuleux d'Ostie comme de Naples faisaient macérer avec de la résine dans des outres de chèvre de quelconques vins locaux auxquels ils parvenaient ainsi à communiquer un peu de cette saveur si particulière des vins du Jura.

Mais, au Ier siècle, l'empereur Domitien ordonne l'arrachage des vignes, laissant ainsi davantage de surface à la culture des céréales pour mieux assurer la subsistance des légions romaines.

Deux siècles plus tard, c'est l'empereur Probus qui redonnera aux Séquanes, habitants de la région, demeurés fidèles à Rome, « l'autorisation de replanter les vignes autrefois arrachées ». C'est le plus ancien texte connu se rapportant au vignoble jurassien. Du Castellum Probi, résidence de l'empereur, subsiste encore la très belle cave romaine, au lieu-dit Proby, sur le territoire de la commune d'Arlay.

Autre signe des racines anciennes du vignoble : la similitude d'une serpette, tenue par un dieu gaulois, trouvée à Bourbonne, avec celle des anciens vignerons que tient la statue de saint Vernier, à Conliège, près de Lons-le-Saunier.

Le développement du vignoble

S'il est certain qu'à cette époque le vignoble s'est essentiellement développé sur les rives de la Seille, où son produit constitue une monnaie d'échange avec les paysans des plateaux, la colline d'Arlay en est fréquemment citée comme le berceau. Le seigneur d'Arlay, Patrice Donat – devenu saint Donat –, y fera construire en 650 la première église chrétienne de la région, dédiée à saint Vincent, le saint patron des vignerons. La donation qu'il fait de vignes de Domblans, en 654, à l'église

Vignoble de Château-Chalon. Les vignes ont la couleur des vins jaunes produits sur cette prestigieuse appellation.

de Besançon souligne l'importance et la vitalité de la viticulture de cette partie du Jura.

Son frère Norbert ira, à la fin du VIIe siècle, fonder l'abbaye de Château-Chalon et implantera son vignoble, indispensable au culte mais aussi source de revenus pour les chanoinesses. Ont-elles rapporté vers le Xe siècle ce Sylvaner suisse qui devait devenir le fameux cépage Savagnin du vin jaune ? Celui-ci est-il issu de ces mêmes plants mais rapportés au début du XIVe siècle par les Granvelle et les comtes de Chalon-Arlay qui les cultivèrent dans leurs fiefs avant qu'ils ne s'étendent aux alentours ? D'autres affirment que le Savagnin serait un lointain parent du Palomino fino andalou, – la Franche-Comté fut longtemps province espagnole – ou du Traminer des Lambrusques. Une récente hypothèse corroborée par l'étymologie – Savagnin veut dire sauvage – fait de lui le noble successeur de très anciennes vignes de la région ; si le cépage garde tout son mystère, cette dernière thèse aurait néanmoins le mérite d'unir autour d'elle la fierté de tous les vignerons comtois.

Il convient enfin de souligner la mention du Savagnin faite par un propriétaire de Lons dans un document du XIVe siècle.

De nombreux autres textes anciens illustrent l'importance du secteur viticole dans l'économie rurale au Moyen Âge. Jean Ier, comte de Chalon et puissant seigneur d'Arlay, décrète en 1276 que « Celui qui vendra à fausse mesure encourra une amende de soixante sols… Le seigneur pourra se faire présenter une fois par mois… toutes les mesures du vin. Celui qui aura acheté du vin avec une grande mesure et usera d'une petite pour le vendre sera laissé à merci… » Il s'agit là de la plus ancienne réglementation connue du Jura.

Parmi les 65 articles des franchises accordées à la ville de Lons en 1293 par Hugues de Vienne, six ont trait à la vigne et au vin avec un remarquable souci de la qualité : « Le ban des vendanges sera mis par les Prudhommes… Quiconque aura vendangé hors du temps paiera vingt sols d'amende… »

Au XVIe siècle, Philippe II, roi d'Espagne, par un édit du 1er décembre 1576, interdit la plantation de « gamez, melons » et autres plants considérés comme trop productifs !

Le vignoble, à ce moment-là, était présent dans toute la région, de Sainte-Agnès, au sud, jusqu'à Dôle et Besançon, au nord.

C'est vers 1460 que l'abbaye de Château-Chalon se tourne résolument vers la production de vin jaune, la mère abbesse faisant alors garder les vignes par des hommes en armes pour assurer une parfaite maturité du raisin en retardant la vendange.

Les familles royales et les chefs d'État du monde entier firent de tout temps une place d'honneur aux vins du Jura sur leur table. Henri IV, qui les appréciait fort, les offrait pour se réconcilier avec ses ennemis, tandis que Sully les servait aux demoiselles de la reine ; le prince de Metternich en fut l'ardent défenseur devant Napoléon, plaçant le vin jaune au-dessus des plus grands Rieslings du Johannisberg ; Charles-Quint, Nicolas II, les souverains des Pays-Bas, Alexandre Millerand, Édouard VII… Nombreux furent ceux qui savourèrent ces incomparables vins pleins de caractère.

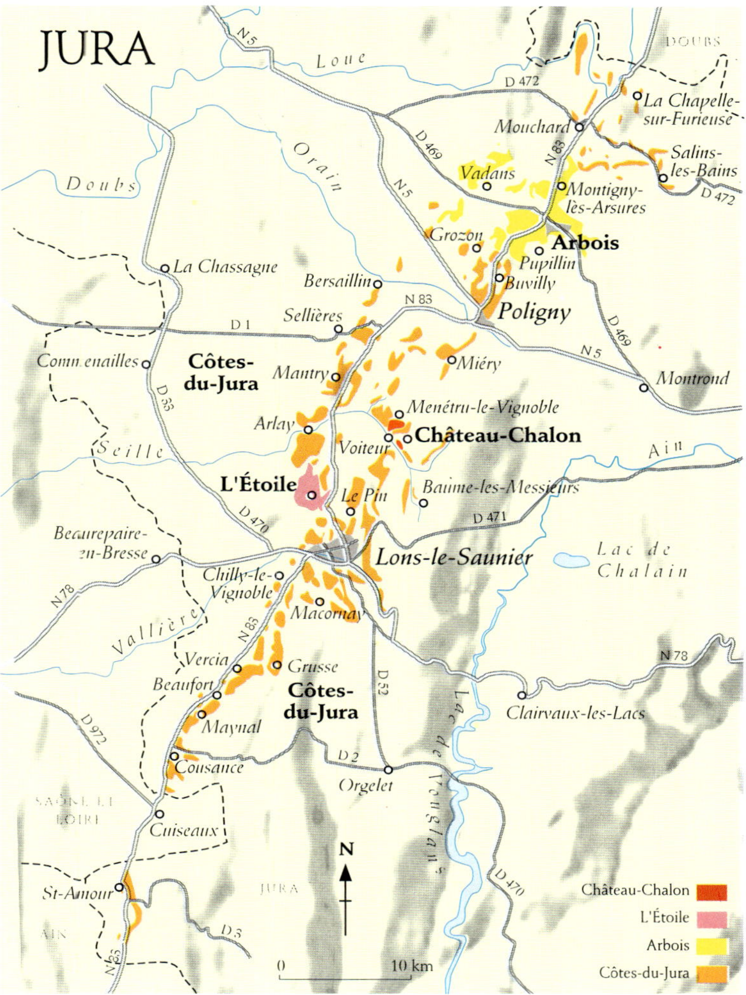

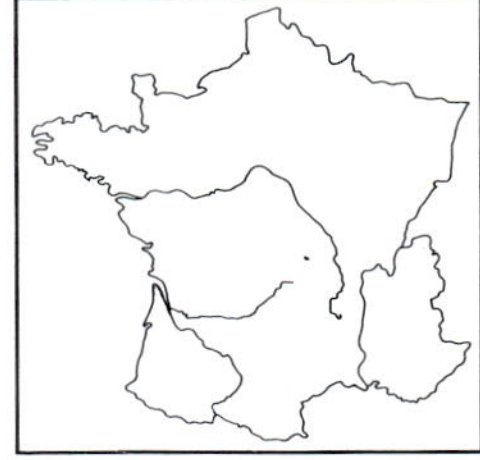

Au XIXe siècle, le vignoble est jalonné par une série de petites villes, Salins, Voiteur, Arbois, Poligny, Lons, Beaufort, Cousance, Saint-Amour, qui devaient en grande partie leur prospérité à la vigne ; ces petites « capitales du vin » du Jura possédaient toutes leur propre quartier vigneron.

Natif de Dôle, Louis Pasteur mena à Arbois ses importants travaux sur la fermentation : on peut y admirer encore la maison et la vigne personnelle du père de l'œnologie moderne.

Alexis Millardet, autre Jurassien méconnu à qui pourtant doit beaucoup la viticulture européenne, fut le premier à exécuter les greffes de greffons français sur des bois américains pour contrer l'invasion du phylloxéra, dont la présence fut

Arbois, l'appellation la plus renommée et la plus active du Jura, fut chronologiquement la première appellation d'oirigine contrôlée. Elle fut ratifiée le 15 mai 1936.

officiellement constatée en 1879 à Montfleur, à l'extrémité sud du Jura.

Le XIXe siècle nous apporte une étude approfondie de l'étendue de la zone viticole. Les premières statistiques jamais enregistrées sont celles que relève Jullien en 1816 dans sa *Topographie de tous les vignobles connus,* mentionnant la répartition suivante des superficies : arrondissement de Lons, 8 652 hectares, arrondissement de Dôle, 3 798 hectares et 3 610 hectares pour celui de Poligny.

La culture de la vigne entrait à cette époque dans une période de prospérité favorisée par le développement des routes. En 1838, les relevés du cadastre indiquent une superficie de 18 550 hectares. En 1888, le phylloxéra ayant déjà détruit beaucoup de vignes dans le Midi et le vignoble jurassien étant encore peu touché, les débouchés pour ses vins se développent ; sa superficie atteint à cette époque son plus haut niveau d'extension : 19 384 hectares. Mais il ne cessera ensuite de décroître du fait de la propagation rapide du phylloxéra pendant les années chaudes et sèches en 1892 à 1895.

En 1900, le vignoble était réduit à 7 915 hectares dont à peine 500 de vignes reconstituées en plants greffés. Il croît cependant à nouveau jusqu'à la veille de la Première Guerre mondiale pour atteindre environ 11 000 hectares. La guerre sera le deuxième choc subi par le vignoble jurassien en lui retirant sa main-d'œuvre et il se mettra de nouveau à décliner.

L'exploitation du vignoble est répartie entre un très grand nombre de propriétaires ; c'est donc essentiellement une culture de petits exploitants : 16 770 propriétaires cultivent 6 272 hectares soumis à une déclaration de récolte, soit une moyenne de 37 ares de vignes pour chacun d'eux ; le reste, 2 000 hectares environ, appartient à des milliers de cultivateurs pour la production de vin de consommation familiale, dispensée de déclaration.

L'exode rural sera enfin le dernier choc subi par ce prestigieux vignoble. On ne recense plus que 1 600 hectares aujourd'hui revendiquant l'appellation, auxquels s'ajoutent les quelque 7 hectares du vignoble d'Offlanges constituant l'ultime trace du vignoble dôlois.

La situation géographique du vignoble jurassien

L'essentiel de la zone viticole du Jura est constitué par une bande de 80 kilomètres de longueur, s'étirant de Saint-Amour au sud jusqu'à Salins, limite septentrionale du département. Elle s'appuie à l'est sur les versants du premier plateau, et s'avance à l'ouest en bordure de la Bresse.

L'étude détaillée de cette zone, dite le « Revermont », fait apparaître des distinctions de relief, d'exposition solaire et de composition du sous-sol, préfigurant une variété de caractère des vins qui en sont issus.

De Saint-Amour à Lons, les vignes occupent le plus souvent le bas des pentes à une altitude variant entre 200 et 400 mètres. Elles sont en général exposées à l'ouest, parfois au sud-ouest ou au midi dans certaines combes. De nombreuses coupures des étages jurassiques – lias, trias – se remarquent dans cette région, où les éboulis calcaires se mêlent aux argiles, formant de bonnes terres à vignes, pierreuses et chaudes (Rotalier, Grusse, Maynal...), et où la maturation du raisin est facile, devançant souvent d'une semaine celle du reste du vignoble au nord de Lons.

De Lons à Poligny, le vignoble s'étire de la bordure du plateau, sur son versant ouest, jusqu'aux abords de la Bresse proche d'une dizaine de kilomètres. L'altitude varie de 200 à 500 mètres. Le vignoble est traversé en son milieu par la route nationale n° 83, bordée de collines douces ou de buttes isolées. Celles-ci bénéficient d'un ensoleillement total très favorable à la vigne, tandis que les versants du plateau regardent généralement l'ouest ; certaines reculées, telle celle de Baume dominée par le vignoble de Château-Chalon, offrent un abri naturel qui protège la vigne des vents froids tout en lui faisant bénéficier des rayons de soleil réfléchis par les parois rocheuses.

Ce paysage divers conduit à observer un sous-sol à composante domino très variable : marnes grises, bleues ou noires du lias moyen ou supérieur, mêlées parfois à des bancs de calcaire à gryphées du lias inférieur ; ces sols offrent des terres riches, profondes et fraîches, aptes à la production de vins réputés : Château-Chalon, l'Étoile, Arlay, Quintigny, Ménetru, Voiteur, Passenans, Mantry, Poligny...

Le climat semi-continental, commun à l'ensemble de la région viticole, trouve ici une expression souriante : la végétation plus luxuriante tranche nettement avec la Bresse et le premier plateau, ce qui lui a valu autrefois le nom évocateur de « Bon Pays ».

Plus au nord, vers Arbois, le vignoble occupe une superficie plus étendue, à une altitude variant de 200 à 400 mètres, tout en prenant également pied sur le versant du plateau et en avançant à l'ouest sur un relief formé de collines juxtaposées. Son sous-sol est également peu homogène. Il se compose de marnes irisées donnant des terres bariolées, souvent rouges lie-de-vin par leur haute teneur en fer, de sols compacts difficiles à travailler et de bancs dolomitiques et calcaires entremêlés à ces glaises.

En altitude, sur le lias se retrouvent les crus les plus réputés de cette région, Arbois, Montigny-lès-Arsures, Mesnay...

À l'extrémité nord du Jura, autour de Salins et Mouchard, le vignoble très encaissé dans la vallée de la Furieuse possède les mêmes terrains variés du trias au bajocien. Les vignes plantées sur les pentes du Mont Poupet, bien exposées et abritées des vents du nord, produisent des vins de qualité. C'est le vignoble de Mouchard qui fut l'un des premiers replanté après l'invasion phylloxérique.

Il faut enfin mentionner les arènes granitiques et sables gréseux qui constituent le sol du petit vignoble d'Offlanges.

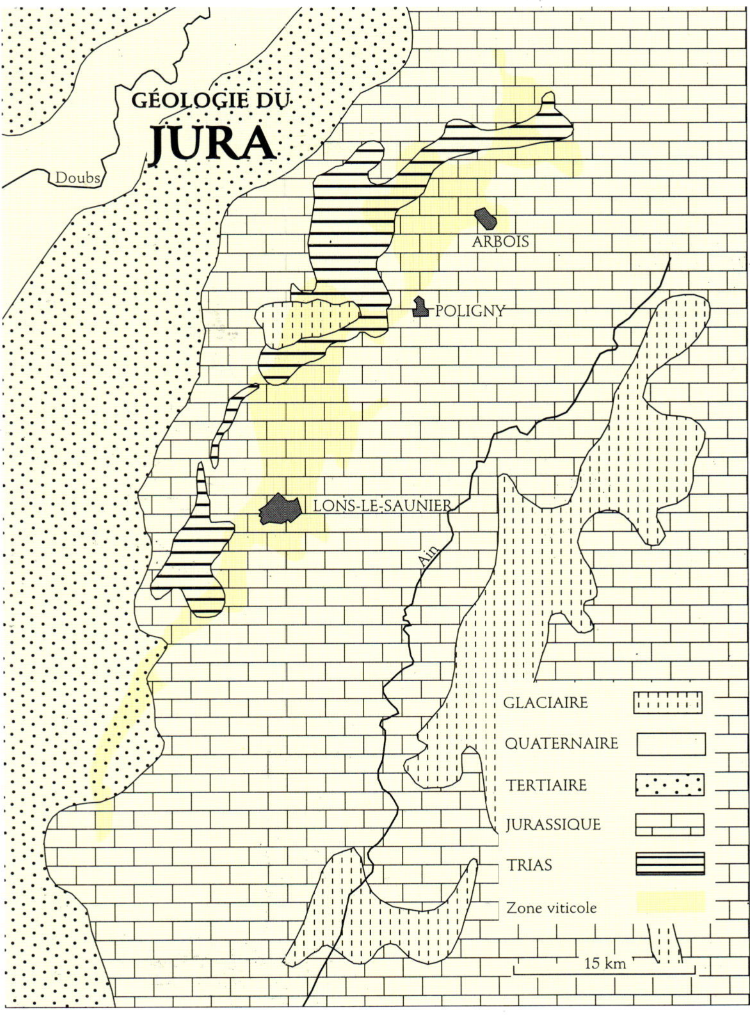

Le château d'Arlay est le plus ancien château de France dont le nom soit attaché à un vignoble.

Le climat

Il est du type semi-continental : hiver long et rigoureux, mais avec des chutes de neige peu abondantes sur le vignoble, ce qui rend parfois vulnérables les ceps, lors des gelées de janvier. Le printemps court, froid et humide, donne lieu à des gelées en mai, souvent vigoureuses et destructrices. L'été chaud, sec et ensoleillé, se prolonge fréquemment par un automne agréable. Les cépages jurassiens, de maturité en général tardive, bénéficient de ces belles arrière-saisons. On dit alors que « septembre fait le vin ».

Le tableau ci-dessous complète par des données chiffrées cette description du climat de la zone viticole. On y trouvera, depuis 1972, pour la période végétative de la vigne – 1er avril-1er novembre – le nombre d'heures d'ensoleillement, la hauteur des précipitations, l'époque de la fleur, une appréciation moyenne du volume de récolte, et le climat pendant les vendanges qui ont lieu généralement pendant les deux premières semaines d'octobre.

Montigny-lès-Arsures. Le vignoble subit les rigueurs de l'hiver mais se trouve toutefois rarement enneigé.

Les cépages

Comme tout vignoble ancien, le Jura comptait d'innombrables cépages, une quarantaine en 1897 : Foirard blanc, Melon, Fariné (Sacy), Chasse-

Années	Somme* des températures	Ensoleillement	Pluies	(1) Époque de la fleur	(2) Volume de la récolte	(3) Climat pendant les vendanges
1972	2 928 °C	1 539 h	525 mm	4	N–	S
1973	3 161 °C	1 447 h	606 mm	3	N+	S
1974	2 991 °C	1 287 h	752 mm	3	N–	H
1975	3 156 °C	1 256 h	648 mm	3	N	N
1976	3 428 °C	1 549 h	514 mm	1	N+	N
1977	3 069 °C	1 169 h	806 mm	1	N–	N
1978	2 989 °C	1 356 h	568 mm	4	N	H
1979	3 207 °C	1 412 h	638 mm	3	N+	S
1980	3 019 °C	1 258 h	795 mm	5	N–	H
1981	3 217 °C	1 213 h	869 mm	3	N–	S
1982	3 346 °C	1 510 h	773 mm	2	N+	S
1983	3 434 °C	2 818 h	811 mm	3	N+	S
1984	3 051 °C	1 411 h	654 mm	3	N	H
1985	3 287 °C	1 688 h	663 mm	3	N–	S
1986	3 252 °C	1 419 h	687 mm	3	N+	S
1995	3 443 °C	1 463 h	737 mm	3	N	H-S
1996	3 226 °C	1 416 h	641 mm	2	N+	S

(1) époque de la fleur :
1 – début juin
2 – mi-juin
3 – fin juin
4 – début juillet
5 – mi-juillet

(2) volume de la récolte :
inférieur à la normale : N-
normal : N
supérieur à la normale : N+

(3) climat sec pendant les vendanges : S
humide : H
normal : N

* au-dessus du seuil 0 °C

las, Pourrisseux, Meslier, Gueuche noir, Mondeuse, Enfariné, Gamay noir, Petit et Gros Béclan, Valais noir, Meunier, Corbeau, Argant… S'y ajoutent cinq plants retenus par l'INAO, plants largement répandus dans le vignoble avant l'invasion phylloxérique pour leurs qualités : Savagnin, Chardonnay, Trousseau, Poulsard et Pinot noir.

Chacun d'eux, pris séparément ou assemblés, produit une large palette de vins : rouge, rosé, blanc, jaune, de paille, mousseux, Macvin, marc, fine. C'est là sans doute une diversité unique au monde.

Le Savagnin

Ce plant spécifique au Jura demande des sols profonds argileux ou marneux du lias. On le trouve dans l'ensemble du vignoble mais il reste relativement rare, tant les contraintes de sous-sol, de bonne exposition et de croissance lente, qu'il impose peuvent paraître décourageantes pour de nombreux vignerons.

On vendange le Savagnin lorsqu'il est bien mûr, sa peau épaisse lui permettant de bien résister à la pourriture. À ce moment, il atteint un degré élevé, jusqu'à 300 grammes de sucre par litre, correspondant à 15 % Vol. d'alcool. Pris seul, il donne à la région le roi de ses vins, le vin jaune, ou parfois un vin blanc très typé. Assemblé aux autres cépages, il apporte un élément de conservation et de qualité.

Le Chardonnay

Le grand cépage blanc du vignoble bourguignon et champenois présente ici un cep plus vigoureux. Ses racines fortes et traçantes lui permettent de s'adapter aux terres les plus difficiles, pierreuses ou graveleuses.

Largement complanté dans le Jura, il participe, seul ou associé au Savagnin, à la grande renommée des vins blancs de cette région, apportant ainsi une prestigieuse contribution à la finesse du Chardonnay.

Le Trousseau

C'est le plant par excellence des terres marneuses et des argiles des marnes irrisées, telles qu'on en trouve sur les hauteurs d'Arbois. S'il se révèle sensible à l'anthracnose dans les vallons brumeux et craint les gelées d'hiver, il repousse avec vigueur sur le vieux bois. Son moût sucré donne un vin, avec beaucoup de corps et de bonne garde, parfois un peu dur pendant sa jeunesse, mais prenant avec l'âge une belle robe. Seul, il est souvent le cépage des vins rouges d'Arbois, mais on le rencontre aussi dans le reste du Jura où il vient souvent s'associer aux autres cépages dans l'élaboration des rouges, rosés ou mousseux.

Le Poulsard

Ce cépage doit l'affection particulière des vignerons jurassiens à sa présence très ancienne dans le vignoble – dès le XIIIe siècle – ainsi qu'à des qualités de finesse exceptionnelles. Il s'épanouit sur les terres grasses et bien exposées, lorsqu'après un début d'été ensoleillé qui favorise sa floraison, il rencontre un automne doux et chaud lui évitant la brûlure de ses raisins. Son bourgeon précoce est sensible aux gelées et ses jeunes grappes coulent fréquemment. Son jus donne un vin rouge délicat, alcoolique et d'une belle robe, mais se dépouillant vite, prenant en vieillissant une belle teinte pelure-d'oignon au bouquet particulièrement fin.

On trouve le Poulsard dans tout le Jura. Souvent employé seul à Arbois, il est généralement assemblé aux autres cépages pour l'élaboration des vins rouges et rosés.

Pinot noir ou Noirien

L'introduction du fameux plant rouge bourguignon dans le vignoble jurassien est sans doute très ancienne. On l'attribue généralement aux comtes de Chalon-Arlay, branche cadette du duc de Bourgogne, qui, dès le Xe siècle, le plantèrent dans leur vignoble d'Arlay, avant qu'il ne s'étende aux autres secteurs. On notera cependant qu'il reste le plant des vins rouges aux alentours d'Arlay.

Ses caractéristiques restent identiques à celui de Bourgogne. Les sols argilo-calcaires, ferrugineux, pierreux, sains et profonds, s'égouttant bien, permettent seuls au Pinot de donner des raisins parfaits et de grands vins, comparables les grandes années à ceux de la Côte-d'Or. Associé au Poulsard, vinifié en blanc, il offre un mousseux de grande classe.

Les caractères des vins

La variété des terroirs et des cépages offre un large choix d'eaux-de-vie et de vins fins originaux. Si une telle diversité peut parfois désorienter le profane, elle est pour l'amateur de découvertes une mine de trésors avec, en premier lieu, le fameux vin jaune.

Le vin jaune

Ce vin est exclusivement issu du cépage Savagnin. Vendangé tardivement, parfois après les premières gelées, le raisin, autrefois foulé dans les sapines au pied des vignes, est porté au pressoir. On en extrait les moûts successifs des différentes pressées. Éclairci par débourbage et soutirage, il commence une lente fermentation, qui se prolongera parfois jusqu'au printemps. Celle-ci achevée, le vin est descendu en cave fraîche et mis en petits fûts, des « pièces » de 228 litres.

Commence alors un lent vieillissement qui transformera cette récolte en vin jaune, par l'apparition d'un voile à la surface du vin. Ce phénomène est lié au cépage, au climat jurassien, ainsi qu'aux fûts. En effet, contrairement aux vinifications des autres cépages, le Savagnin est conservé sans aucune manipulation ni transvasement, soutirage ni ouillage des pièces. Une évaporation naturelle ou

Petits fûts de 228 litres destinés au vieillissement du vin jaune.

une absorption par le fût créent un vide dans la pièce ; il s'établit alors à la surface du vin un voile de fleur, *mycoderma vini,* qui aide à la formation d'aldhéhyde vinique. Les germes du voile, principalement des *Saccharomyces bayanus,* protègent le vin contre une oxydation brutale. Le vin change lentement de couleur, et acquiert ses arômes particuliers : on dit parfois qu'il « mange sa lie ».

Pour parvenir à ce résultat, il lui aura fallu attendre pendant au moins six années, sans aucune intervention humaine possible, soumis aux aléas de la nature.

Lorsque l'on sait qu'il ne restera que 65 % de la récolte après ces six années, on comprendra que tout ce que ce vin peut avoir d'exceptionnel, de précieux et de renommé dans le monde de la viticulture.

Le vin jaune est alors mis dans des bouteilles qui lui sont spécialement réservées, les fameux « clavelins » de 62 centilitres, dont l'invention est attribuée aux verreries de la Vieille Loye, vers 1506.

À la dégustation, le vin jaune se révèle d'un nez très puissant, complexe, fait d'arômes de noix et d'épices. En bouche, ce vin sec offre un bouquet de noix qui fait la « queue de paon », avec puissance mais aussi avec élégance.

Les bonnes années ou les bons terroirs offrent des vins volontiers capiteux. La fin de bouche du vin jaune est réputée être la plus longue au monde, sa durée allant même au-delà d'une minute parfois.

Sans aucun doute, le vin jaune a toute sa place au côté des plus grands crus du vignoble français. D'autant que sa durée de vie est remarquable : cinquante ans, voire plus de cent ans !

LES JOYAUX CHATOYANTS DU JURA

Un de mes amis, grand tireur de bécasses, spécialiste du coup du roi, avait, en cette année 1949, réussi quelques beaux doublés. Ainsi se trouvaient donc pendus dans sa cave, non loin de ses cigares, une dizaine de ces volatiles. Attachés par le bec à une ficelle, ils attendaient d'être assez « mûrs » pour s'en détacher. Malheureusement, son épouse ne supportait pas l'odeur du gibier faisandé et je le vis un jour, tout penaud, m'apporter ses belles petites bêtes enveloppées dans un papier de journal. « Ma femme ne peut pas me les préparer, me dit-il, fais-en ce que tu voudras ! » Il ne fallut pas me le dire deux fois. Je l'invitai avec deux vignerons de mes amis et je me mis aux fourneaux. C'était un vrai bonheur de mitonner dans un caquelon en fonte ces petites demoiselles grasses à souhait et toutes bardées de lard.

Quand nous avons soulevé le couvercle de la casserole, dans la salle de restaurant, le parfum qui se dégagea fit frissonner nos narines et celles de tous les clients alentour. Mais il n'annonçait que très discrètement le goût des bécasses qui, au contact du Montigny rouge de 1947 et du vin jaune de 1942, se développa en un véritable feu d'artifices de saveurs…

Ainsi la gastronomie jurassienne est à l'image de ce pays multiple, riche de forêts giboyeuses, d'étangs, de lacs, de rivières poissonneuses et de gras pâturages. Elle est le reflet de la diversité de ses produits naturels, qu'ils soient issus du sol ou bien de l'élevage.

Le vignoble offre également mille chatoyants joyaux. Qu'ils soient rouges, rosés, blancs, jaunes ou de paille, quels beaux mariages ils font avec les produits de la terre !

La cuisine jurassienne est simple et modeste, c'est la cuisine que faisaient nos grand-mères, le dimanche. La charcuterie et les cochonailles y ont bonne place et il n'est pas rare de voir encore tuer le cochon dans les petits villages.

J'accompagne en général le Jésus de Morteau, le pâté en croûte, le boudin, les jambons divers et les terrines aux champignons de vins rouges, issus du cépage Poulsard : Arbois Pupillin ou Côtes-du-Jura.

Les poissons de nos rivières ou de nos lacs, les écrevisses et les grenouilles appellent des vins blancs, issus du Trousseau, du Savagnin ou du Chardonnay.

Les gibiers provenant de nos belles forêts de la Joux, de Chaux, de la Tresse – chevreuils, sangliers, lièvres, grives, sarcelles, cols-verts, bécasses – gagnent à être assaisonnés d'herbes aromatiques de nos montagnes et à mariner dans quelque bon vin rouge d'Arbois ou de Montigny-lès-Arsures. En revanche, les viandes blanches, les volailles, les ris de veau se marient à merveille avec le vin jaune de Château-Chalon ou avec un vin blanc d'Arbois ou de l'Étoile.

Qui chantera d'ailleurs assez haut les louanges de l'étonnante alliance entre un coq, un vin jaune et des morilles ?

Les viandes rouges appelant les vins rouges, l'estouffade ou la côte de bœuf seront associées à un rouge d'Arbois ou de Montigny.

Quant à nos somptueux fromages, onctueux et gras à souhait – le délicat comté au goût de noisette, le vacherin parfumé aux écorces de sapin, le septinonial de la région de Saint-Claude, la filante cancoillotte –, ils iront aussi bien avec un Arbois ou un Montigny rouge qu'avec un vin jaune au goût de noix.

Il est, en notre Jura, un vin qu'on croirait fait tout exprès pour les desserts : le vin de paille. Sa douceur enrobe à ravir le pain aux œufs, la charlotte aux pommes, les tartes aux fruits de nos forêts.

Enfin, le Macvin, qui est un vin de liqueur typique de notre région, peut, avec le même bonheur, être bu en apéritif ou avec les douceurs.

André Jeunet

Les blancs du Jura

Issus soit du Chardonnay pur, soit du Savagnin pur, soit encore d'un assemblage des deux, les vins blancs du Jura sont secs, fruités, et fins. Ils demandent souvent un vieillissement de deux ou trois ans pour acquérir un bouquet racé de noisettes et d'amandes grillées. Le Chardonnay seul peut lui aussi prendre le « goût de jaune » par la qualité du terroir. Il est également fréquent que la récolte de Chardonnay soit mise pendant quelque temps dans des pièces à vin jaune, imprégnées de levures, afin de communiquer au blanc ces arômes typiques du Jura.

Ces vins blancs se révèlent de bonne garde, dix à vingt ans environ.

Surmaturation des raisins pour l'élaboration du vin de paille. Les grappes, suspendues à des claies ou étendues sur la paille, seront pressées au bout de deux ou trois mois.

Les rouges et les rosés

Ces vins ont une robe parfois si proche qu'il est difficile de les distinguer. Ce phénomène tient aux cépages – les mêmes – ainsi qu'aux techniques de vinification – en rouge – semblables. On observe donc des rouges peu colorés, et des rosés à la robe très intense. Ici aussi, le terroir et son exposition sont déterminants pour la qualité du vin.

Le Trousseau donnera un vin riche en couleur et en tanin. Il sera souvent associé au Poulsard, plus pâle, peu tannique mais aussi plus fort. Le Pinot noir est, lui, le plus souvent de robe pâle, aux reflets vifs ; il donne un vin délicat, de moyenne garde, six à dix ans, reconnaissable à ses senteurs de fruits rouges printaniers. Le Trousseau, plus rustique, demande plusieurs années de vieillissement pour acquérir ses qualités de finesse ; il est en revanche d'excellente garde, quinze à vingt ans.

L'assemblage de ces cépages offre des vins équilibrés, de type rosé, avec une grande variété de nuances de robe. Ils étonnent par leur bouquet puissant, riche et vineux : ce sont là assurément de très grands vins, qui subissent malheureusement la désaffection des consommateurs pour les vins rosés en général.

Le vin de paille

Souvent confondu à tort avec le vin jaune, le vin de paille est un vin doux naturel. Ce produit traditionnel du Jura est élaboré à partir d'une sélection des plus belles grappes de la vendange. Celles-ci sont alors suspendues à des claies, ou parfois encore étendues sur la paille comme autrefois, d'où ce nom de vin « de paille ». Les grappes perdent une partie de leur eau par évaporation. Au bout de deux à trois mois, les raisins surmaturés sont alors pressés, en vue d'une lente fermentation de deux à trois ans en pièce de chêne.

Si le vin de paille est aujourd'hui devenu très difficile à trouver, même dans le vignoble jurassien, c'est qu'il demande au viticulteur un lourd sacrifice. En effet, les raisins doivent être exempts de toute pourriture, et de bonne maturité. Le vigneron aura en outre à surveiller attentivement le séchage des grappes pour apprécier leur état de surmaturation ; trop tôt, elles seraient trop acides et peu sucrées ; trop tard, elles manqueraient de jus. Enfin, il lui faut attendre des années, sans qu'il puisse intervenir, pour obtenir une faible quantité de vin de paille. On estime qu'il faut environ 100 kg de raisin pour produire quelque 25 litres de ce vin.

Servi frais, à 8 °C, c'est un apéritif capiteux, aromatique et subtil. Il titre environ 16 % Vol. On l'appréciera également sur un foie gras ou pour accompagner un dessert. C'était jadis un reconstituant souvent recommandé aux convalescents et aux jeunes mères. Il entrait en effet dans la catégorie des vins médicinaux. On le prescrivait à raison d'un petit verre équivalant à 5 millilitres, à prendre avant les deux repas principaux.

Les mousseux blancs ou rosés

Ils ont une renommée très ancienne : la prise de mousse des vins aurait commencé dès la fin du XVIIIe siècle, soit à la même époque qu'en Champagne. On leur réserve généralement les cépages Pinot noir et Chardonnay, favorables à la prise de mousse. Cette production est devenue la première dans certains secteurs du vignoble, comme à Voiteur. Depuis 1995, il existe le Crémant du Jura.

Clavelin. Le vin jaune est conservé dans cette bouteille typique de 62 cl, cachetée à la cire.

Le Macvin

Ce « vin » très particulier est élaboré par un assemblage de moût et de marc dans les proportions de deux tiers-un tiers, d'où le nom de Macvin (marc et vin). Cette méthode, proche de celle du Pineau des Charentes, donne un vin de liqueur très original, aux caractères naturels du terroir jurassien. C'est un apéritif ou un vin de dessert, à servir frais. L'appellation Macvin du Jura, ratifiée le 14 novembre 1991, impose un élevage en fût de 18 mois au minimum après le mutage.

Le Marc et la Fine

Ces eaux-de-vie jouissent toujours des faveurs des connaisseurs : souvent de fort degré (45 à 50 % Vol.), elles expriment la puissance et l'élégance d'un terroir.

Le Marc est obtenu par distillation du marc de raisin égrappé. La Fine s'obtient par distillation de vins non destinés à la mise en bouteilles. Un vieillissement de deux à dix ans apporte la finesse et une belle robe jaune paille.

NOTES ATTRIBUÉES AUX VINS DU JURA SELON MILLÉSIME*

Millésime	Arbois	Côtes-du-Jura	L'Étoile	Château-Chalon
1945	17	17	18	16
1947	19	20	20	19
1949	18	18	17	17
1950	11	11	12	14
1952	12	14	14	16
1954	11	12	10	14
1955	13	11	15	14
1956	11	10	10	10
1957	15	15	13	16
1958	12	14	13	11
1959	18	20	19	18
1960	11	10	10	12
1961	14	14	15	15
1962	13	16	16	14
1963	13	10	15	12
1964	19	18	14	17
1965	13	12	13	11
1966	14	16	10	14
1967	15	17	16	16
1968	12	11	11	13
1969	17	19	18	17
1970	12	13	10	12
1971	18	16	15	16
1972	13	10	13	14
1973	17	17	15	14
1974	10	10	11	pas d'appellation
1975	14	15	14	14
1976	17	18	17	16
1977	13	10	13	14
1978	12	14	15	17
1979	17	20	17	19
1980	11	11	10	pas d'appellation
1981	15	16	14	non déterminé
1982	14	15	15	non déterminé
1983	16	17	17	non déterminé
1984	13	12	13	pas d'appellation
1985	17	17	17	17
1986	16	16	16	16
1987	15	14	14	14
1988	17	17	17	16
1989	17	17	17	16
1990	18	18	17	18
1991	15	15	15	non déterminé
1992	15	16	16	non déterminé
1993	16	16	16	non déterminé
1994	16	16	16	non déterminé
1995	17	17	17	non déterminé
1996	17	16	16	non déterminé

** Source : Société de viticulture du Jura*

L'organisation économique

Elle se fait autour des six appellations, dont deux sont des produits élaborés, le Macvin et le Crémant du Jura, les quatre autres étant attachées à une aire géographique :

– ***Arbois*** s'étend sur 13 communes et couvre 800 hectares produisant des vins rouges et rosés ;

– ***Château-Chalon*** couvre 40 hectares et produit le célèbre vin jaune ;

– ***L'Étoile*** est répartie sur 60 hectares, elle est réputée pour son vin blanc mais également pour son mousseux ;

– ***Côtes-du-Jura*** occupe une surface de 650 hectares sur 85 communes.

L'ensemble est dominé par le caractère familial des exploitations. Sur un millier d'exploitants, on compte 200 exploitations à vocation viticole dont un domaine de 250 hectares, et une dizaine de 15 à 20 hectares, ce qui donne une moyenne de 2,5 hectares par exploitation viticole.

En 1970, un programme de relance viticole a pu arrêter la disparition du vignoble jurassien.

La production se partage en trois groupes sensiblement égaux : un tiers de négoce, un tiers en coopération et un tiers de particuliers.

Cette structure est issue de la faible taille des exploitations, mais aussi de la création très ancienne des coopératives, à l'image des « fruitières à Comté ».

L'ensemble des appellations du Jura est organisé sous le patronage de la Société de viticulture du Jura, organisme en charge de l'application des directives de l'INAO et d'une commission interprofessionnelle. On dénombre également six syndicats viticoles et une confrérie des Nobles Vins du Jura et du Comté.

Plusieurs fêtes à Arbois, Pupillin, Montigny-lès-Arsures, Château-Chalon, Arlay jalonnent le calendrier vigneron, mais la plus importante est la Percée du vin, qui consacre l'élevage de 6 ans et 3 mois du vin jaune.

L

La Clape

Voir Coteaux-du-Languedoc.

Ladoix

La commune de Ladoix-Serrigny est située dans la partie la plus septentrionale de la Côte de Beaune. L'appellation d'origine contrôlée couvre une superficie de 90 hectares dont 15 hectares en premiers crus.

La production moyenne est de 3 500 hectolitres de vins rouges et 500 hectolitres de vins blancs. Le décret du 21 mai 1970 fixe le titre alcoométrique minimal à 10,5 % Vol. pour les vins rouges et à 11 % Vol. pour les vins blancs. Le rendement de base a été fixé à 40 hectolitres à l'hectare pour les vins rouges et 45 pour les vins blancs.

Cette appellation présente une particularité. En effet, les meilleurs vins de Ladoix ont le droit d'utiliser l'appellation Aloxe-Corton. Quand aux vignobles des Vergennes et du Rognet, contigus à Aloxe-Corton, ils ont officiellement le droit à l'appellation Corton et Corton-Charlemagne. Cette proximité flatteuse explique le succès confidentiel de ces vins tanniques, francs, au bouquet charmeur, qui se conservent bien.

Lalande-de-Pomerol

L'appellation d'origine contrôlée Lalande-de-Pomerol, créée par décret du 8 décembre 1936, est réservée aux vins rouges récoltés sur les parcelles délimitées situées sur les communes de Lalande-de-Pomerol et de Néac dans le Libournais. Cette dernière commune a été rattachée à l'aire d'appellation Lalande-de-Pomerol par décret du 2 septembre 1954.

Page précédente : vignoble des Corbières dans le Languedoc-Roussillon.

Les conditions d'élaboration – cépages, richesse minimale en sucres des moûts, titre alcoométrique des vins... – sont les mêmes que celles exigées pour l'appellation Pomerol ; le rendement de base est également de 42 hectolitres à l'hectare. La dégustation pour l'obtention du certificat de qualité n'est obligatoire que depuis 1974.

En 1995, la superficie était de 1 134 hectares et la production de 57 970 hectolitres.

Les vins de l'appellation Lalande-de-Pomerol présentent, sans en avoir la notoriété, des caractéristiques semblables à ceux de l'appellation Pomerol, en particulier en ce qui concerne le vieillissement. En effet, avec l'âge, ils acquièrent un beau velouté et leur bouquet s'épice.

La Méjanelle

Voir Coteaux-du-Languedoc.

 Landal

Synonyme : *244 Landot,* provenant du croisement du Seibel 5455 × 8216.

Bourgeonnement aranéeux blanc.

Jeunes feuilles glabres, bronzées. Feuilles orbiculo-réniformes, tourmentées à lobes involutés, 5-lobées à sinus latéraux étroits et à fonds aigus ; sinus pétiolaire en lyre avec la base des nervures rosée ; dents anguleuses, effilées, très étroites. Le feuillage rougit à l'automne.

Rameaux côtelés, glabres, rougeâtres.

Grappes moyennes, cylindriques, lâches ; baies ovoïdes, petites, noir bleuté, peu juteuses ; maturité : 1re époque tardive.

Cet hybride est vigoureux, fertile, mais il est peu résistant aux maladies. Il donne un vin alcoolique, d'une jolie couleur, à saveur fram-

Les vins tanniques et de longue conservation de Ladoix-Serrigny en Côte de Beaune adoptent souvent la dénomination Côte-de-Beaune-Villages.

boisée. Classé autorisé dans de nombreux départements, il est peu cultivé.

Languedoc

Voir la région page suivante.

La Romanée

Voir Romanée.

La Tâche

Voir Tâche (La).

Latricières-Chambertin

Ce grand climat bourguignon de la famille mondialement réputée des grands crus de l'appellation d'origine contrôlée Chambertin en Côte de Nuits couvre 7 hectares environ. Les vins de Latricières-Chambertin sont régis par le décret du 31 juillet 1937, qui impose un titre alcoométrique volumique de 11,5 % Vol. et un rendement de base de 37 hectolitres à l'hectare, ce qui donne une production moyenne annuelle de 250 hectolitres. Les terres de Latricières sont situées en haut de coteau. Ceintes d'un vieux mur, elle sont bordées d'un bois touffu. Les vins de Latricières-Chambertin n'ont pas la même race qu'un Clos-de-Bèze par exemple, mais ils n'en possèdent pas moins une noble virilité, une fougue et une finesse aromatique remarquable et très proche du Chambertin.

 Lauzet

Synonymes : *Lauzet blanc, Laouset.*

Grappes assez grandes, tronconiques, compactes ; baies sphériques, petites, vert ambré jusqu'à rosées à maturité, peu juteuses ; maturité : 3e époque.

Le Lauzet est un cépage très secondaire du vignoble Jurançonnais qui a été classé recommandé dans les Basses-Pyrénées et les Hautes-Pyrénées, où il fait partie de l'encépagement des AOC Jurançon et Béarn. En matériel certifié, 3 clones ont été agréés : les nos 732, 862 et 896.

 Len de l'El

Synonymes : *Len de l'Elh* (en patois : Loin de l'Œil), *Lenc de l'El, Lendelet, Cavaillès, Cavalié, Cavalier* dans la région de Castres.

Grappes moyennes, tronconiques, assez étroites, lâches ; baies moyennes, ovoïdes, jaunes, très juteuses ; maturité : 2e époque.

Cépage tarnais qui fait partie de l'encépagement de l'AOC Gaillac. Son vin est très fin et peut être très alcoolique à surmaturité, pouvant atteindre 17 % Vol. Mûrissant 15 jours avant le Mauzac, le Len de l'El débourre assez tôt et il est peu productif ; de plus, il est sensible à la pourriture grise. En matériel certifié, un clone a été agréé, le n° 733, et il a été classé recommandé dans le Lot, le Tarn et le Lot-et-Garonne. Il est principalement cultivé dans le Tarn, sur 600 hectares.

Vendanges sur le terroir de Lalande-de-Pomerol qui fournit des vins étoffés, colorés, au bouquet épicé.

 Léon-Millot

Croisement de semis de 101-14 Mgt × Goldriesling, également appelé 194-2 Kuhlmann.

Grappes petites, cylindriques, ailées, lâches ; baies petites, sphériques, noir bleuté, juteuses ; maturité : 1re époque.

Cet hybride est vigoureux et doit être conduit à la taille longue pour produire suffisamment. Il est assez résistant aux maladies, ne demandant que peu de traitements les années pluvieuses. Son vin est alcoolique, acceptable, bien qu'un peu plat. Il est classé autorisé dans le Centre-Est et le Centre-Ouest, il occupe une centaine d'hectares.

Latricières-Chambertin. Ce climat situé en haut de coteau offre des vins fins dans l'esprit des Chambertins.

LANGUEDOC-ROUSSILLON

Pentes de montagnes, garrigues, soubergues, terrasses, basses plaines, côtes..., l'immense vignoble du Languedoc-Roussillon, le plus étendu du monde, colonise tous les sites. Reine de la végétation, la vigne dispense généreusement des fruits dont l'homme a su tirer des crus qui satisfont tous les amoureux du vin.

■ Le Languedoc-Roussillon viticole correspond à une région très étendue allant, de l'est à l'ouest, de Nîmes à Carcassonne, bordée au nord par les derniers contreforts du Massif central, s'ouvrant largement au sud sur la Méditerranée et séparée de l'Espagne par l'extrémité orientale des Pyrénées. C'est un vaste amphithéâtre en forme de croissant tourné vers la mer.

Deux couloirs l'ouvrent au reste de la France : la vallée du Rhône entre Cévennes et Alpes et le seuil de Naurouze entre Montagne Noire et Pyrénées. Une grande voie le traverse d'est en ouest, depuis le Rhône jusqu'à Narbonne et au-delà vers Carcassonne, puis au sud vers la frontière d'Espagne et le pays catalan.

Des hauts plateaux et des croupes montagneuses à la plaine riveraine on peut distinguer quatre zones successives, à des niveaux différents. La plus haute est formée des terrains anciens qui, par les Cévennes et la Montagne Noire, marquent de leur relief la périphérie du Massif central ; la seconde, à l'étage en dessous, épouse ce contour ; ce sont les ondulations de la garrigue et ses plissements de calcaire qui se succèdent ensuite pour s'abaisser et se confondre dans la plaine alluviale ; enfin, la quatrième zone est formée de cordons littoraux et d'étangs reliés à la mer par des graus.

De ces éléments de la géographie languedocienne apparaissent les grands traits de ses territoires viticoles : les pentes des montagnes, les bassins des garrigues, les soubergues, les terrasses, les basses plaines alluviales, le cordon littoral. Tous ces sites sont colonisés par la vigne.

Celle-ci couvre près de 400 000 hectares, soit plus de 50 % de la surface agricole utile des quatre départements de l'Aude, du Gard, de l'Hérault et des Pyrénées-Orientales qui composent la région. C'est la plus grande unité viticole du monde. On peut estimer à plus de 100 000 hectares les superficies recensées selon des critères de sol et de climat à haut potentiel qualitatif, ce qui représente des possibilités théoriques de production en appellation d'origine contrôlée de l'ordre de 5 millions d'hectolitres.

Cordon littoral du Roussillon. Le vignoble de Bages produit des vins doux naturels blancs d'appellation Rivesaltes ou Muscat de Rivesaltes.

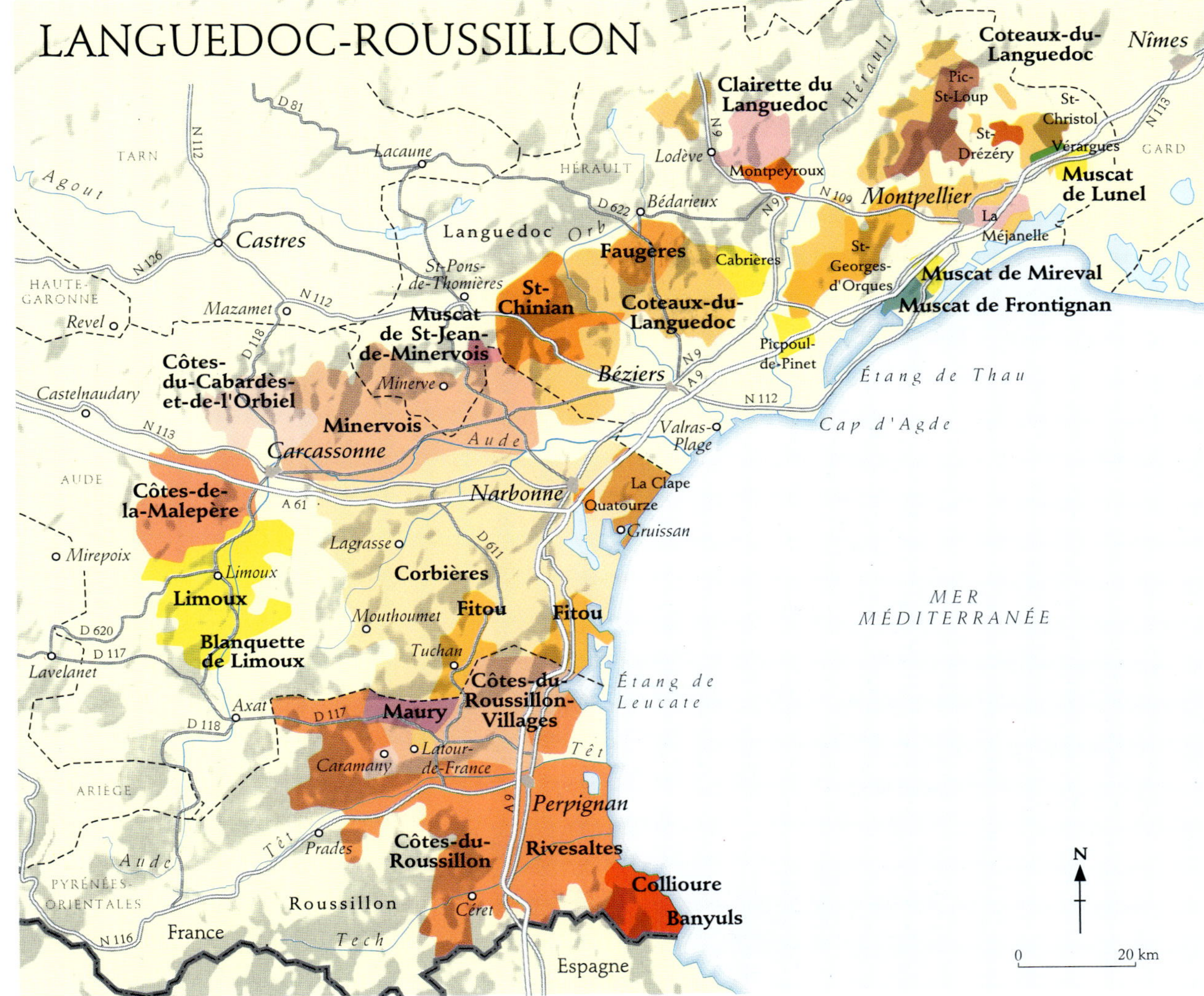

Un vignoble de 2500 ans

L'histoire de la vigne en Languedoc-Roussillon a plus de vingt-cinq siècles, comme en témoignent les amphores grecques, les coupes étrusques et ioniennes richement ornées, les coupes à vin romaines livrées par de nombreux sites dont les plus connus sont Ensérune, entre Narbonne et Béziers, et le très pittoresque port d'Agde à l'embouchure de l'Hérault.

Ainsi que le fait remarquer l'historien Roger Dion : « Ce fut la première région française gagnée par la civilisation viticole gréco-romaine à partir des points de pénétration et d'échanges, grâce à son climat où la vigne reçoit assez de chaleur et de lumière pour pouvoir fournir chaque année une production à peu près régulière. »

Le vignoble y devint si rapidement prospère que Rome, par le décret de Domitius en 92, dut prendre des mesures protectionnistes ordonnant l'arrachage de la moitié des surfaces ; la culture de la vigne resta ainsi une spécialité de la Narbonnaise jusqu'à la levée de l'interdit par l'empereur Probus en 280, qui permit à tous les Gaulois de planter des vignes et de faire du vin et, à la vigne, d'essaimer à l'ouest sur l'Aquitaine et au nord par la vallée du Rhône jusqu'en Moselle.

Après l'effondrement de l'Empire romain d'Occident, en 412, la vigne se maintint durant les trois siècles de l'occupation de la Septimanie par les Wisigoths, chassés eux-mêmes par les Arabes, qui occupèrent le territoire jusqu'en 759. Commença alors une longue période de régression du vignoble, et il fallut attendre le IXe siècle pour assister à sa renaissance. L'Église a joué un grand rôle à cette époque dans le développement et le perfectionnement de la vigne. Les abbayes de Lagrasse dans les Corbières, de Caunes dans le Minervois, d'Aniane et de Saint-Chinian dans l'Hérault furent à l'origine de l'extension du vignoble en Languedoc. La vigne croît alors sur le coteau, d'abord

Coupe à vin attique dite « La Fileuse », IVe siècle av. J.-C., provenant du site d'Ensérune, dans l'Hérault.

parce que c'est là qu'elle se trouve le mieux et donne le meilleur vin, mais aussi parce qu'il faut réserver les terres les plus riches à ce qui donnera le pain de chaque jour. Cet équilibre se maintiendra ainsi pratiquement jusqu'à la fin du XVIIIe siècle.

Aux XIVe et XVe siècles, le commerce des vins se développe en Languedoc. Il rayonne vers l'Italie, l'Orient, les Flandres, l'Angleterre et devient un des moteurs de sa viticulture. Celle-ci profite au XVIIe siècle du renouveau économique de la région avec la création du port de Sète, le percement du canal des Deux-Mers, la naissance de manufactures royales de tissage. Au XVIIIe siècle, la région poursuit ses équipements de travaux publics, et l'édit de Turgot de 1776, en décrétant la libre circulation des vins sur toute l'étendue du royaume, rend plus accessibles aux vins du Languedoc certains marchés de l'intérieur et en crée de nouveaux.

Le XVIIIe siècle marque aussi l'essor des marchés et de la fabrication des eaux-de-vie. À la veille de la Révolution, en 1788, les vignes couvrent une superficie de 170 000 hectares et produisent 3 millions d'hectolitres de vin, dont une bonne partie est exportée. Acheté spécialement par les Anglais, les Hollandais et les villes hanséatiques, ce vin jouit d'une excellente réputation dans plusieurs cours étrangères comme dans tout le royaume. Le reste est transformé en eau-de-vie ou destiné à être consommé.

Dès le début du XIXe siècle, les besoins croissants en eau-de-vie et la modernisation des équipements de distillation entreprise par Édouard Adam en 1801 engendrent l'émergence d'un nouveau vignoble, qui glisse vers la plaine. Il est principalement constitué de cépages à haut rendement : le Terret et l'Aramon.

Avec la création des chemins de fer et l'industrialisation du pays, de nouveaux débouchés s'ouvrent bientôt. Ainsi naît, après la crise phylloxérique (1868-1878), le vignoble de masse du Languedoc-Roussillon, qui couvre, en 1900, 465 000 hectares, et dont une bonne partie de la production devient complémentaire des vins en provenance du vignoble algérien.

À côté et sur les coteaux subsistera un vignoble planté de cépages traditionnels, héritier de celui qui fit la gloire du Languedoc-Roussillon aux siècles précédents et qui est devenu maintenant l'ossature de ses appellations.

Chai de l'abbaye cistercienne de Valmagne, en Minervois, fondée en 1155. Cette abbaye est la seule du Languedoc à avoir conservé sa production viticole.

Une longue aventure géologique

Les terroirs du Languedoc-Roussillon sont le résultat d'une longue aventure géologique qui a laissé à la région un héritage très riche dans sa diversité. Le relief accidenté et d'une grande complexité descend rapidement des arrière-pays vers la mer, sur laquelle il s'ouvre largement, ce qui est particulièrement vrai pour les vignobles du Roussillon, des Corbières maritimes, de la Clape et de Frontignan.

Le réseau hydrographique est exceptionnellement dense. Depuis le Rhône jusqu'à la Têt, qui descend du Vallespir dans les Pyrénées-Orientales, on compte une bonne vingtaine de cours d'eau. Ils ont contribué très directement à la construction de terroirs viticoles de très grande qualité en déposant au quaternaire des épandages de cailloux d'étendue et d'épaisseur considérables. Parmi les principaux architectes de ces terroirs, citons le Rhône pour la partie est du Languedoc jusqu'à Montpellier, l'Orbiel et l'Argendouble pour le Minervois, l'Orbieu pour les Corbières, l'Agly pour la région viticole du Roussillon.

L'ensemble des différentes zones de production du Languedoc-Roussillon se trouve donc dans des situations très variées quant à l'altitude, à la proximité de la mer, à l'établissement en terrasses ou en coteaux, aux variétés des sols, ce qui crée de véritables terroirs.

Ainsi, les sols peuvent être des schistes comme à Banyuls, à Maury, en Corbières et, dans le

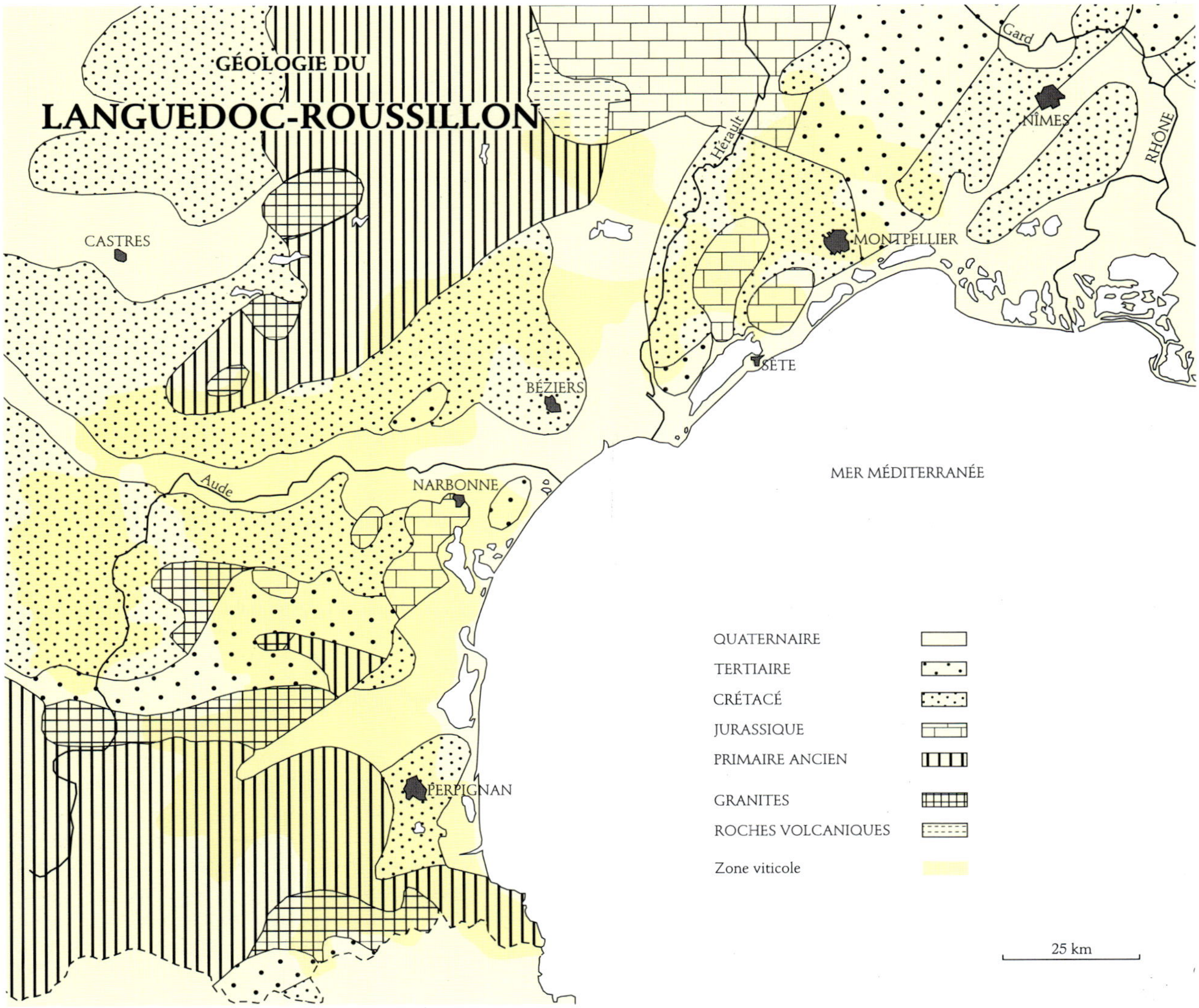

GÉOLOGIE DU LANGUEDOC-ROUSSILLON

CASTRES
BÉZIERS
NARBONNE
PERPIGNAN
SÈTE
MONTPELLIER
NÎMES
Gard
Hérault
RHÔNE
Aude
MER MÉDITERRANÉE

QUATERNAIRE
TERTIAIRE
CRÉTACÉ
JURASSIQUE
PRIMAIRE ANCIEN
GRANITES
ROCHES VOLCANIQUES
Zone viticole

25 km

Minervois, à Saint-Chinian, Faugères et Cabrières ; plus rarement des arènes granitiques ou bien des sols volcaniques, dans la région d'Agde ; des grès du lias ou du trias alternés souvent de marnes bariolées, donnant aux paysages et aux villages qui les animent un cachet bien particulier d'une grande beauté comme en Corbières et à Saint-Chinian. On notera également des formations gréseuses, comme les Mourrels du Minervois et les Ruffes du Lodevois ; des terrasses à cailloux roulés du quaternaire, qui constituent un excellent terroir à vigne à Rivesaltes, Val d'Orbieu, Caunes-en-Minervois, dans la Méjanelle et les Costières-de-Nîmes ; des terrains calcaires à cailloutis, des grèzes ou cailloutis de gélifraction éclatés par les gels et dégels des actions périglaciaires du quaternaire descendus des massifs calcaires, souvent en situation de pentes ou de plateaux. Ceux-ci constituent d'ailleurs le faciès géologique le plus représenté en Roussillon, Corbières, Minervois et dans la plupart des appellations primaires des Coteaux-du-Languedoc. Les terrains d'alluvions récentes, plaines situées entre le lido du littoral et les garrigues, remontent la vallée des fleuves côtiers, terroir privilégié des grands vignobles de vin de table et de la polyculture. La garrigue, enfin, occupe une grande place dans le paysage languedocien et dans le cœur du Méridional.

Le climat, facteur d'unité

C'est le climat qui assure l'unité du Languedoc-Roussillon : climat méditerranéen fait de douceur l'hiver et de sécheresse l'été, mais aussi plein de contrastes et de violences. Il arrive parfois que de brutales vagues de froid au printemps ou des pluies torrentielles à l'automne mettent à mal les récoltes.

Sa situation au sud du pays, entre les latitudes 43°7′ et 42°50′, fait du Languedoc-Roussillon la région la plus chaude de France, la moyenne annuelle avoisinant 14 °C avec des températures

Détail d'une tapisserie du château de Flaugergues, dans les coteaux du Languedoc.

Environs de Fitou. L'on rencontre souvent, dans les Corbières, ces terrains calcaires de grèzes : cailloutis de gélifraction datant du quaternaire.

On produit aussi quelque 20 000 hectolitres de vins doux naturels sans appellation dans les départements de l'Aude, du Gard, de l'Hérault, des Pyrénées-Orientales et du Vaucluse.

pouvant dépasser 30 °C en juillet et en août. Mais des variations importantes sont observées suivant la proximité de la mer, qui tempère la canicule estivale, ou la topographie locale, qui crée des microclimats particulièrement chauds – les orangers mûrissent leurs fruits en pleine terre à Roquebrun dans l'Hérault – ou rigoureux, comme dans la cuvette de Saint-Martin-de-Londres à l'ubac du Pic Saint-Loup.

Les pluies sont rares, irrégulières et mal réparties. L'été, qui dure du 15 mai au 15 août, connaît toujours un déficit hydrique important et prolongé. L'essentiel des précipitations se répartit autour de deux pics pluviométriques à l'automne et au début du printemps, de sorte que des totaux annuels d'apparence normale, 766 mètres à Montpellier, proviennent en réalité de pluies violentes concentrées dans le temps, qui dégradent les sols plus qu'elles ne favorisent la végétation. Le nombre de jours de pluie par an se situe parfois à moins de cinquante. Il reste inférieur à quatre-vingts pour tout le territoire viticole de l'Hérault. Il tombe 350 millimètres d'eau à Barcarès, le village le moins arrosé de France. Mais la quantité d'eau peut varier du simple au triple. Elle augmente progressivement depuis le littoral, où l'on enregistre 400 millimètres, jusqu'aux massifs montagneux (1 200 millimètres).

Les vents sont la troisième composante importante du climat. Ils viennent renforcer la sécheresse lorsqu'ils soufflent de la terre. C'est le cas du mistral, du cers et de la tramontane. Ces vents secs sont largement dominants en Roussillon, en Corbières et Minervois, notamment au printemps où ils peuvent entraîner des hécatombes de jeunes sarments dans les vignes. Les vents qui viennent de la mer modèrent au contraire les effets de la chaleur et apportent une humidité bénéfique à la vigne.

La production

À la lumière de ces données, les bioclimatologues ont pu distinguer pour la seule zone viticole de l'Aude onze sous-climats méditerranéens.

Cette diversité dans les microclimats à l'intérieur du climat méditerranéen et la grande variété des sols sont des caractéristiques importantes du Languedoc-Roussillon, car elles traduisent à la fois l'extrême richesse de son potentiel agronomique et sa vocation première : la viticulture.

Contrairement aux autres régions de France, la vigne se trouve bien partout en Languedoc-Roussillon, ce qui explique qu'une part importante, plus de 40 %, de la production nationale, y soit localisée. Ceci représente un vignoble de près de 400 000 hectares et une production de 15 à 20 millions d'hectolitres, dont près de 2 200 000 sont constitués par des appellations VQPRD.

Les vins d'AOC se composent de 600 000 hectolitres de vins doux naturels produits en majeure partie dans le Roussillon et les Corbières, le reste venant essentiellement des Muscats de l'Hérault : 50 000 hectolitres de vins mousseux de Blanquette de Limoux dans l'Aude ; 2 millions d'hectolitres de vins rouges ; 100 000 hectolitres de vins blancs. Ils correspondent à 19 appellations réparties dans les départements de l'Aude, de l'Hérault, du Gard et des Pyrénées-Orientales.

Les cépages

Les vins de table sont à 95 % des rouges et des rosés. Parmi eux, les vins de pays et les vins de cépages sont en progression constante. Depuis près de trente ans, on constate une évolution de l'encépagement dans ces vignobles des vins de table avec une régression importante de l'Aramon et des hybrides aujourd'hui pratiquement disparus, au profit des cépages traditionnels du Languedoc-Roussillon : Carignan, Cinsaut, Alicante Bouschet, Grenache noir, Ugni blanc, Carignan blanc, Terret-Bourret. On assiste en outre à l'implantation de cépages nouveaux dans la région : Cabernet franc, Cabernet-Sauvignon, Merlot, Sauvignon, Chardonnay.

Dans le vignoble des AOC, l'encépagement, strictement réglementé, est représenté par du Carignan, du Grenache, du Cinsaut, de la Syrah, du Viognier et du Mourvèdre dans des proportions définies par chaque appellation. Chacun de ces cépages apporte au vin ses caractéristiques propres dans les assemblages : le Carignan procure une structure et une tenue qui manquent parfois à ses autres partenaires ; le Grenache équilibre le Carignan par son gras et sa rondeur ; le Cinsaut est un élément de finesse ; la Syrah est très précieuse pour ses arômes et le Mourvèdre pour son aptitude au vieillissement, sa longueur en bouche et son bouquet.

LES VINS DOUX NATURELS

Les vins doux naturels sont des vins produits selon des règles précises codifiant des usages locaux vieux de plusieurs siècles en Languedoc-Roussillon. C'est en effet au XIIIe siècle qu'Arnaud de Villeneuve découvrit la possibilité de conserver au vin une certaine douceur en ajoutant de l'alcool au moût en fermentation. Cette adjonction, en inhibant les levures, a pour effet d'arrêter la fermentation du moût, qui garde ainsi une partie des sucres du raisin. La quantité d'alcool ajoutée et le moment de la fermentation où intervient cette addition conditionnent les teneurs en alcool et en sucre. Cette opération, le mutage, est réalisée sur le produit élaboré selon les techniques de vinification en blanc ou en rouge traditionnelles. On obtient ainsi une gamme de vins très étendue, de couleurs, d'arômes et de caractéristiques organoleptiques variés et ayant une plus ou moins grande richesse en tanin et en extrait.

Le mutage, plus rarement, est réalisé non plus sur le vin mais sur le marc avant décuvage. Il s'agit du mutage sur grains. Pratiquée à Banyuls, à Maury et sur certains Rivesaltes, cette technique permet d'obtenir des vins d'une très grande richesse en arômes et en tanin, particulièrement aptes au vieillissement.

Les vins doux naturels doivent subir un certain vieillissement d'une durée variable suivant les crus : un an pour les Banyuls et Rivesaltes, deux ans pour le Maury, trente mois pour le Banyuls Grand Cru. Le vieillissement s'effectue dans des cuves en vidange, des fûts de bois ou encore, pour les plus grands crus, dans des bonbonnes, les « touries », exposées au soleil et aux intempéries à l'extérieur des caves. Durant cette période d'élevage, les phénomènes d'oxydo-réduction jouent un grand rôle dans la formation du bouquet et dans l'évolution de la couleur vers les teintes tuilées ou ambrées, recherchées notamment dans les « Rancios », appellation spéciale de vins doux naturels vieillis obligatoirement dans le bois, de Banyuls, Grand-Roussillon, Maury et Rasteau.

Les Muscats, au contraire, dont l'arôme issu du raisin est particulièrement délicat et sensible à l'oxydation, sont conservés à l'abri de l'air et livrés jeunes à la consommation car ils ne gagnent pas à vieillir.

Les vins doux naturels à appellation d'origine contrôlée sont issus de cépages nobles : Grenache (blanc, rosé et noir), Maccabeu, Malvoisie, Muscat à petits grains de Frontignan et Muscat d'Alexandrie avec une tolérance de 10 % de Carignan.

Les Muscats confèrent aux vins doux naturels un arôme puissant et caractéristique fait de tilleul avec des notes de rose, de miel, de pollen et de cire d'abeille, ces dernières s'accentuant lors du vieillissement. Une teneur minimale des moûts en sucre de 252 grammes par litre est requise à la récolte. Les quantités d'alcool (rectifié à 96 % Vol.) ajoutées doivent se situer à 5 % au minimum et 10 % au maximum du volume du moût. Le titrage du vin fini sera de 21,5 % Vol. en alcool total (alcool plus sucre) et 15 % Vol. en alcool acquis.

Il se produit dans le midi de la France environ 600 000 hectolitres de vins doux naturels à AOC. Mais c'est la grande spécialité du Roussillon, du fait de sa situation géographique plein sud, là où la vigne bénéficie d'un environnement de sécheresse, de chaleur et d'ensoleillement tout à fait remarquable. On trouve en Roussillon les vins de Banyuls Grand Cru, Grand-Roussillon, Maury, Muscat de Rivesaltes, Rivesaltes ; en Languedoc les Muscats de Frontignan, Lunel, Mireval et Saint-Jean-de-Minervois, et en Vaucluse deux crus faisant partie des Côtes-du-Rhône, Muscat de Beaumes-de-Venise et Rasteau. Dans cet ensemble, les Muscats représentent la moitié de la production des vins doux naturels, soit près de 300 000 hectolitres.

Vignoble de Banyuls. Les pentes schisteuses qui dévalent jusqu'au golfe du Lion se caractérisent par leurs terrasses étagées de murettes : les « péons de galls » (pieds de coqs).

BALADE EN LANGUEDOC-ROUSSILLON

Un jour, je dégustai à l'aveugle une formidable bouteille. Le vin me contait les bateaux sur une mer déchaînée et des terrains cévenols hier surpeuplés, aujourd'hui désertés ; le schiste et le vin faisaient l'histoire et, des bancels arides, surgissaient des batailles et des hommes. Alors je trichai et découvris la bouteille fantôme : un Banyuls « Vieille Vigne 1969 ». Ce moment de réelle émotion s'intensifia encore quand mes yeux se portèrent sur le vignoble de murs, un à un montés, couronné par une maison de pierres sèches : une pyramide !...

Je vis là l'humanité tout entière, la civilisation gréco-romaine, les marchés internationaux, la lune et ses spationautes, le Grenache et le Clinton...

Tout près de là, voici Fitou, la première appellation rouge AOC du Languedoc-Roussillon, vin enjôleur et robuste qui demande une vraie cuisine. Pas de demi-portion ou d'absence d'arôme, sinon catastrophe ! La cuisine cathare implique la vitalité.

Quant aux Corbières, plus complexes dans leur disparité, il y a les vrais... et les autres, et, même si dans certains vignobles, au printemps, les abeilles butinent le Grenache ou le Cinsaut pour en faire un Cabernet, c'est pour notre plus grand plaisir. Tout comme ces maîtres vignerons qui, alchimistes merveilleux, savent doser et assembler les cépages à la perfection.

Voici maintenant Saint-Chinian courant derrière son grand frère Faugères ! Dans ce vignoble, il y a, bien sûr, un terroir, sans lequel rien n'est possible, mais il y a aussi des hommes qui ont osé faire de la macération carbonique avec leurs raisins. Ils ont prouvé et démontré que plus un cépage était « petit », plus il fallait en extraire les arômes.

Et puis, La Clape, le triomphe de l'iode et du savoir, le premier vin blanc AOC en Languedoc-Roussillon. Brillante réussite de couleur jaune pâle, il naît après une lente vinification qui extrait tous les arômes discrets du cépage. Hier oxydé et paille, il est aujourd'hui tendre et frais, car on a fait preuve pour son élaboration de sérieux et de travail. Ces deux mots pourraient d'ailleurs servir de devise pour les vins Coteaux-du-Languedoc, qui ont chaussé les bottes de sept lieues afin d'être toujours en tête de la qualité. Connaissez-vous l'Anglade, hier dans les Costières, aujourd'hui dans les coteaux du Languedoc ? Qu'importe ! L'infidèle donne du bon vin, gouleyant, fin, racé, féminin. Consommé légèrement frais pendant tout un repas, c'est un régal.

Plus près de moi, dans ce Gard où je naquis, le Costières-du-Gard, autrefois vin de café, petit rouge teinté en rosé, peu fier de son origine, est devenu une appellation classée AOC, le 4 juillet 1986. Que d'efforts fournis, que de travail ! Nîmes était célèbre pour ses croquants Villaret, la brandade du cuisinier Durant, son passé historique. Dès demain, des vins authentiques feront l'étonnement et la joie de tous les défenseurs du savoir-boire.

Que ceci ne m'empêche pas de rendre hommage aux vins de la Côte du Rhône Gardoise, des plus célèbres aux moins connus. Compagnon d'honneur de la jeune et dynamique confrérie, je ne saurais manquer à mon serment : défendre et promouvoir ces vins, à la fois nerveux et bouquetés, qui laissent un indéfinissable goût de revenez-y. Gardons à part, avec leur originalité propre, ces célébrités locales et nationales que sont le Tavel qui se veut le « premier rosé de France » et son voisin le Lirac, si différent, si étonnant.

Dans cette multitude de terroirs, il y a place pour une authentique gastronomie. Par la complexité de leurs arômes et leur finesse, les vins de cette région doivent s'harmoniser avec justesse à cette cuisine spécifique. Aucune dissonance n'est admise et il est inutile de

jouer les apprentis sorciers : peu de plats l'autorisent. Toutefois, grâce à de nouvelles techniques de vinification et d'encépagement, des vins de pays peuvent apporter une note de fantaisie. Voyez les Merlots de plaine et leurs arômes de fruits de la passion et de mangue...

Le Languedoc-Roussillon existe en tant que vignoble français. Ne le comparons à aucun autre ! Il veut lui aussi être et non paraître. D'ici peu de temps, les hommes de cette région se prendront en charge, et moins ils projetteront leurs difficultés sur les politiques, plus ils s'assumeront, mieux se porteront leurs produits et leurs économies. Car la politique ne sauvera pas les mauvais produits. Beaucoup de viticulteurs parmi mes amis l'ont compris et réagissent avec sagesse par le travail et la rigueur.

Grâce à l'action et à l'exemple de vrais pionniers, le Languedoc-Roussillon trouvera et gardera son authenticité.

Les touristes lointains, pour ne citer que les Américains et les Japonais, découvriront notre culture, notre économie, et notre vignoble ; ce jour-là seulement nous serons « la Floride française ».

Alors l'on appréciera d'autant plus notre accent roulé dans le miel des Muscats, et nos boules de pétanque qui, vues du ciel, ressemblent à des petits grains d'Alexandrie.

En Languedoc, une page d'histoire est en train de s'écrire...

Patrick Pagès

Vignoble de Saint-Chinian, dans la zone des schistes. Pour cette partie de l'aire AOC Saint-Chinian, le relief est fait de croupes molles très caractéristiques, couvertes de garrigues et de vignes.

Parmi les cépages blancs des zones d'appellation on trouve le Macabeu, le Grenache blanc, le Carignan blanc, la Clairette, le Bourboulenc, le Picpoul, les Muscats de Frontignan et d'Alexandrie ; enfin, le Mauzac, le Chenin et le Chardonnay constituent l'encépagement de la Blanquette de Limoux.

Le Languedoc-Roussillon se caractérise aujourd'hui par la mutation de son vignoble vers une production de grande qualité, résultat du dynamisme de ses vignerons et du poids économique et social de la coopération. La région possède en effet un réseau très dense de caves coopératives : elles sont 507 à vinifier la récolte de près de 60 000 exploitations qui représentent 65 % de la production totale et 90 % des exploitations viticoles ; celles-ci livrent en coopérative lorsque leur surface n'atteint pas 20 hectares. À partir de 30 hectares, la vinification s'effectue de préférence en caves particulières, dont on peut estimer le nombre à 6 000 pour l'ensemble de la région.

L'expression des vins

Cette mutation est en fait une véritable révolution. En effet, avant 1962, les vins du Languedoc-Roussillon n'étaient que l'ombre d'eux-mêmes : des vins « gringalets » qui servaient de coupage aux vins algériens.

L'INAO et les organismes régionaux et locaux ont alors reconsidéré la notion de Languedoc-Roussillon. Il s'agissait de respecter les terroirs sans oublier l'adaptation des cépages. En quelques années, le Languedoc-Roussillon est devenu dans certaines appellations un véritable centre d'essai avec des microvinifications parcelle par parcelle ! Aujourd'hui, vouloir évoquer le caractère des différents vins de cette région revient à supprimer les généralités et à affiner les impressions, terroir par terroir, sans oublier le jeu des vinifications qui dépendent de l'humeur et du style du vigneron.

Ainsi, dans le Languedoc, on parvient à distinguer les différents styles de vins selon l'importance du Carignan. À Fitou, il est chez lui et s'exprime pleinement dans des vins au bouquet puissant, à la bouche râpeuse et tannique. On le retrouve également dans le Minervois avec des saveurs de violette. Il convient cependant de rappeler la conjugaison de cette appellation qui se décline, comme partout ailleurs, selon ses terroirs – tendance à Mourvèdre à l'est, Syrah au centre, Carignan à l'ouest et Carignan-Syrah sur les causses calcaires – et ses vinifications : macération carbonique pour des vins de type Beaujolais ; traditionnelle pour des vins primeurs ou de garde. Ce même Carignan, omniprésent dans les vins de Corbières, est maintenant « arrondi » par du Grenache, du Cinsaut et de la Syrah.

Les autres appellations s'illustrent à leur façon : les Costières-de-Nîmes semblent ainsi proches des Côtes-du-Rhône avec des notes de Syrah et de Grenache. Le vin est rond et plaisamment épicé. Il se distingue d'un Faugères, plus robuste, ou d'un Saint-Chinian, plus fin, voire d'un vin de la Clape, plus charpenté.

Dans le Roussillon, on reconnaît sans peine les vins de Collioure. Ils sont capiteux, riches et profonds. Il n'y a pas d'hésitation non plus pour les Côtes-du-Roussillon, fermes et fruités et au bouquet épicé.

Pour les vins blancs, on remarquera d'emblée l'ancêtre des bruts de France : la Blanquette de Limoux et sa moustille crémeuse, les Clairettes de Languedoc et de Bellegarde, qui réalisent des vins secs et moelleux au bouquet riche et subtil.

Le Languedoc-Roussillon compte neuf confréries vineuses, dont celle de Banyuls et Collioure « Als templeres de la Serra » est l'émanation d'une corporation datant de 1350, qui avait pour mission de sélectionner des vins pour le compte des rois d'Aragon.

Lirac, vignoble gardois de la rive droite du Rhône, présente un terroir caillouteux et siliceux.

L'Étoile et l'Étoile mousseux

La troisième appellation communale du vignoble jurassien, ratifiée par le décret du 31 juillet 1937, comprend les villages de L'Étoile, Plainoiseau, Saint-Didier et Quintigny.

Quelque 70 hectares de vignes produisent 4 000 hectolitres de vins blancs, mousseux, jaunes ou vins de paille réputés pour leur typicité.

On attribue l'origine de ce nom d'Étoile aux éléments fossilisés en forme d'étoiles que l'on trouve dans le sous-sol marneux de ce terroir. Peu de propriétaires de vignes se partagent l'exploitation du vignoble, qui compte également une coopérative.

 Lignage

Synonymes : *Lignage noir* en Loir-et-Cher, *Macé doux* ou *Massé doux* dans l'Indre-et-Loire, *Sucrin.*

Grappes moyennes, cylindro-coniques, compactes ; baies ovoïdes, moyennes, noires ; maturité : 1re époque.

C'est un ancien cépage du vignoble de Blois où il accompagnait le Pinot noir. De vigueur moyenne et peu productif, il donne un vin peu coloré. Non classé.

Liliorila

Croisement de Baroque × Chardonnay, obtenu à l'INRA de Bordeaux.

Ses raisins blancs mûrissent en 2e époque, sa fertilité est bonne et son vin est alcoolique, aromatique avec une acidité faible. Il supporte la taille longue en demi-hautain.

Il est classé recommandé dans le midi de la France. Les surfaces plantées sont infimes (environ un hectare).

 Limberger

Grappes grandes, cylindriques, ailées, compactes ; baies assez grosses, sphériques, noir bleuté, juteuses ; maturité : 1re époque, 8 jours en moyenne avant le Gamay.

Ce cépage d'Europe centrale fut introduit en France par le comte Odart et diffusé par erreur sous le faux nom de Portugais ou Portugais bleu en Auvergne, où on le multiplia au moment de la crise phylloxérique. Dans la plaine fertile de la Limagne, il produisait beaucoup, jusqu'à 200 hl/ha d'un vin coloré, bouqueté, peu acide. Non classé, il est en voie de disparition.

Limoux

Les vins blancs tranquilles de cette AOC, ratifiée par le décret du 13 avril 1981, sont issus de vendanges récoltées sur l'aire d'appellation de la Blanquette de Limoux (voir cette appellation).

La production de ce vin s'élève à 1 300 hectolitres (1995). Le Mauzac doit représenter au minimum 15 % de l'encépagement.

Lirac

La vigne a sans doute, comme ailleurs, existé de tout temps. Mais c'est surtout à partir du XVIIe siècle qu'elle couvre tous les coteaux, constituant un vignoble qui participa largement au succès de la Côte du Rhône gardoise. À l'époque, les écrits et documents commerciaux citaient Lirac et Saint-Laurent-des-Arbres à l'égal de Tavel et de Chusclan. L'appellation d'origine contrôlée a été ratifiée par le décret du 14 octobre 1947, repris par celui du 2 octobre 1992, pour 4 communes.

Aujourd'hui, le vignoble couvre 500 hectares. La production moyenne est de 20 000 hectolitres, dont 3 500 hectolitres sont élaborés par la cave coopérative de Saint-Laurent-des-Arbres.

Les sols sont en grande partie ceux que l'on rencontre à Tavel. Il faut cependant y ajouter des pentes argileuses bien drainées, couvertes d'un cailloutis dense.

L'appellation tire son originalité du fait que c'est la seule appellation locale à produire les 3 types de vins.

Les vins blancs, agréablement aromatiques, sont du type classique. Les vins rosés sont proches de ceux de Tavel. Toutefois, leur silhouette est moins sèche, plus large. Les vins rouges sont puissants mais bien équilibrés.

 Listan

Grappes grandes, ramifiées, tronconiques, lâches ; baies sphériques, moyennes, jaune doré, juteuses ; maturité : 2e époque.

Ce cépage espagnol sert à la préparation des célèbres vins de Jerez en Andalousie. Pour avoir une bonne qualité des produits, il est nécessaire de planter le Listan dans des terrains secs, bien exposés au soleil, ce qui permet l'obtention de moûts très riches en sucres, dépassant 15 % Vol. en puissance. Après vinification on obtient un vin neutre, ayant peu de caractère à l'état jeune, mais qui s'améliore beaucoup par le vieillissement pratiqué à Jerez. En matériel certifié, un clone a été agréé, le n° 367. Le Listan a été classé recommandé dans tous les départements du Sud-Ouest et de la région méridionale. Il en a été recensé 500 hectares, dans le Gers, l'Aude et l'Hérault.

Listrac-Médoc

L'appellation d'origine contrôlée Listrac, créée par décret du 8 juin 1957, se dénomme, depuis 1986, Listrac-Médoc. Elle est réservée aux vins rouges provenant des raisins récoltés sur les parcelles délimitées de la commune de Listrac.

Le nombre de souches à l'hectare doit être compris entre 6 500 et 10 000 et la taille est réglementée. Depuis 1962, les cépages hybrides sont interdits sur les propriétés revendiquant le droit à l'appellation.

L'encépagement requis pour avoir droit à l'appellation Listrac est le même que pour l'appellation Médoc. La richesse minimale en sucres des moûts doit être de 178 grammes par litre, et les vins doivent présenter un titre alcoométrique minimal de 10,5 % Vol. et maximal de 13 % Vol. Le rendement de base est fixé à 45 hectolitres à l'hectare.

Depuis la création de l'appellation, les vins sont soumis, avant mise en circulation, à une dégustation pour contrôler leur qualité.

La superficie est d'environ 650 hectares et la production moyenne de 35 000 hectolitres, dont un quart vinifié dans la cave coopérative de Listrac.

On ne trouve que des crus bourgeois (*voir* la région Bordelais) dans l'appellation Listrac-Médoc. Les vins de cette appellation atteignent leur plénitude après sept à dix ans de vieillissement en bouteille.

Lledoner Pelut

Synonymes : *Grenache velu* ou *Grenache poilu* dans le Midi.

Les grappes sont généralement un peu plus longues que celles du Grenache et moins compactes.

Le Lledoner Pelut aurait une production plus régulière que celle du Grenache, car son état sanitaire est meilleur ; on le dit aussi moins sensible à la pourriture grise. Son vin est peu coloré, d'une qualité comparable à celle du Grenache.

Classé recommandé dans le Midi depuis la Haute-Garonne jusqu'à la Drôme, il occupe 630 hectares, principalement dans l'Aude et les Pyrénées-Orientales.

Loire

Voir la région page suivante.

Loupiac

L'appellation d'origine contrôlée Loupiac, créée par décret du 11 novembre 1936, est réservée aux vins blancs provenant des raisins récoltés sur les parcelles délimitées de la commune de Loupiac, située sur la rive droite de la Garonne, au sud de Bordeaux, et jouxtant celle de Sainte-Croix-du-Mont.

Les règles de production sont exactement les mêmes que pour les vins du Sauternais.

En 1995, la superficie en Loupiac était de 405 hectares et la production de 14 400 hectolitres, en majeure partie de vins blancs doux, soit un rendement de 30 hectolitres à l'hectare.

Bien que faisant partie géographiquement de la zone des Premières-Côtes-de-Bordeaux, Loupiac forme une région bien distincte, qui a sa propre originalité. Les vins sont d'un type assez proche de ceux de l'appellation Sainte-Croix-du-Mont.

Les vins blancs moelleux sont de bonne garde dans les bons millésimes.

Une partie non négligeable de la production est élaborée en vin blanc sec sous l'appellation générique Bordeaux.

Lussac Saint-Émilion

L'appellation d'origine contrôlée Lussac Saint-Émilion, dans le Libournais, créée par décret du 14 novembre 1936, est réservée aux vins rouges provenant de raisins récoltés sur des parcelles délimitées de la commune de Lussac.

Les cépages exigés sont les mêmes que pour l'appellation Saint-Émilion. Depuis 1961, les cépages hybrides sont interdits.

La richesse minimale en sucres des moûts doit être de 187 grammes par litre. Les vins doivent présenter un titre alcoométrique minimal de 11 % Vol. et maximal de 13 % Vol. Le rendement de base est de 42 hectolitres à l'hectare. La mise en circulation des vins de cette appellation est subordonnée à l'obtention d'un certificat de qualité délivré par une commission de dégustation.

En 1995, la superficie était de 1 386 hectares et la production de 85 474 hectolitres, dont 30 % vinifiés par la cave coopérative de Puisseguin.

Les vins de Lussac Saint-Émilion présentent des caractères gustatifs et une longévité semblables à ceux des vins des autres appellations satellites de Saint-Émilion.

LOIRE

Le plus important vignoble de France s'est constitué autour du lancinant sillon qu'a creusé la Loire, du Languedoc à la Bretagne, au long des siècles. Ce sont ainsi des dizaines de vins aux expressions les plus diverses qui jalonnent le cours du fleuve, en une floraison chatoyante de bouquets et de styles, dont l'unité réside dans leur charme et leur séduction.

■ En regardant la carte de France, on est surpris par le cours de la Loire. Après Gien, on l'aurait imaginée rejoignant la Seine, mais il en a été autrement : elle a refusé de traverser le calcaire de Beauce. Ainsi est née cette douce région des Pays de Loire.

La Loire, fleuve royal, traverse 10 provinces sur les 33 que comprenait alors la France, ce qui correspond à peu près au cinquième de la surface du sol de notre pays. Profiteront donc de la Loire et de ses vins, la Bretagne, l'Anjou, la Touraine, l'Orléanais, le Nivernais, le Berry, le Bourbonnais, la Bourgogne, le Lyonnais et même le Languedoc puisque c'est dans cette dernière province que le fleuve prend sa source. Voie de communication, la Loire, en réunissant le bassin méditerranéen à l'Océan, favorisera les échanges tout au long de son cours et ceux-ci constitueront les fondements de l'histoire viticole de cette immense région.

Le cours viticole de la Loire

Le fleuve, sur 1 000 kilomètres environ, traverse des terrains géologiques très divers qui, conjugués aux fluctuations du climat et aux variétés des raisins, influencent le caractère des vins.

La Loire prend sa source au mont Gerbier-de-Jonc à 1 375 mètres d'altitude, dans le sud du Massif central. Elle commence par s'écouler dans la masse granitique du plateau central. Puis elle traverse des plaines tertiaires à la limite sud du Bassin parisien. Enfin, elle retrouve les terrains cristallins de la péninsule bretonne. S'écoulant tortueusement, depuis sa source, entre d'anciens volcans, elle creuse son lit dans les gorges du Velay, contourne Le Puy, traverse des gorges aux parois granitiques avant de s'engager dans les défilés de Chamalières pour cheminer ensuite entre les monts du Lyonnais à sa droite et les monts du Forez à sa gauche, première région viticole que son cours influence.

Après la plaine du Forez, où elle a laissé à l'ouest, le long de l'Allier, le vignoble des côtes d'Auvergne, son deuxième domaine, la Loire court dans de nouveaux défilés avant de sortir du Massif central et d'évoluer calmement dans des plaines tertiaires. Elle aborde alors la région de Roanne, la troisième enclave viticole de son cours, avec les Côtes roannaises. Avant d'arriver à Moulins, s'étale le vignoble de Saint-Pourçain. Un peu plus vers l'ouest, dans la vallée du Cher, voici Château-

Montlouis, sur la rive gauche de la Loire, centre de l'appellation.

Dans ces caves du XIIIe siècle, à Montreuil-Bellay, les vins sont habitués à se dépouiller puis à mûrir en bouteille.

meillant avec, au-dessus, le couple Reuilly-Quincy et, un peu plus loin, Valençay. À partir de Roanne, la Loire coule à une altitude de 255 mètres et sert de frontière aux départements de l'Allier et de la Saône-et-Loire.

En atteignant la Nièvre, elle n'est plus qu'à 200 mètres d'altitude, et elle s'oriente légèrement vers le nord-ouest. À Menetou-Salon et au pied de la colline de Sancerre, avec son vis-à-vis le vignoble de Pouilly, elle descendra à 140 mètres d'altitude. Lorsqu'elle aborde Gien et son vignoble des coteaux du Giennois, elle s'incline vers l'ouest, donnant la direction définitive à son cours. Elle longe alors la forêt d'Orléans et, de cette ville à son embouchure, elle sera endiguée sur une largeur qui varie de 150 à 300 mètres. Au moment où elle aborde Beaugency, après les deux tiers de son parcours, elle n'est plus qu'à 80 mètres d'altitude et se trouve bordée de coteaux. Après Blois, elle entame le tuffeau – une pierre calcaire – qui l'accompagnera jusqu'après Saumur.

À la hauteur du vignoble de Touraine, la Loire n'est plus qu'à 50 mètres d'altitude. En Touraine, le Cher, l'Indre et la Vienne, dont les coteaux abritent des vignes, viennent se jeter dans la Loire qui s'approche alors des vignobles de Saumur puis d'Anjou.

À Ancenis, elle entre dans le couloir atlantique, favorisant l'installation des vignobles en Pays nantais. À partir de Nantes, elle s'élargit de plus en plus entre les marais de Donges sur sa droite et le pays de Retz sur sa gauche. Tout au long de son cours, la Loire a égrené un chapelet de villes dont les noms évoquent autant de vignobles réputés : Le Puy, Roanne, Moulins, Saint-Pourçain sur la rive gauche de l'Allier, Clermont-Ferrand et Nevers, puis sur sa rive droite, Bourges, Gien, Orléans, Blois, Tours, Saumur, Angers et Nantes.

Les vignobles

Les vignobles de la vallée de la Loire offrent toute une gamme de vins. Des vins blancs secs, demi-secs, moelleux, voire liquoreux certaines années ; des rosés secs ou tendres, des vins rouges non tanniques comme les vins de Touraine ou de Sancerre rouges, et d'autres tanniques comme les vins de Bourgueil ou de Chinon, ainsi que de nombreux vins effervescents.

Plus on se trouve près de la source de la Loire, plus les vins blancs sont secs. C'est le cas du Sancerre, du Pouilly, du Reuilly, du Quincy et du Saint-Pourçain. Il en sera de même à l'estuaire avec le Muscadet.

Au cœur, en revanche, les vins rouges de Bourgueil, Chinon, Champigny et Saint-Nicolas-de-Bourgueil sont tanniques. Ils sont entourés par de grands vins moelleux, Vouvray et Coteaux-du-Layon.

Les conditions climatiques délimitent quatre zones de production.

La Loire-Atlantique

Cette première zone subit un climat maritime. Les appellations sont le Muscadet Coteaux-de-la-Loire, le Muscadet Sèvre-et-Maine, le Muscadet Côtes-de-Grandlieu, le Muscadet étant également produit en faible proportion dans la partie des

Les vins de Loire sont réputés pour leur durée de vie, parfois impressionnante, en bouteille.

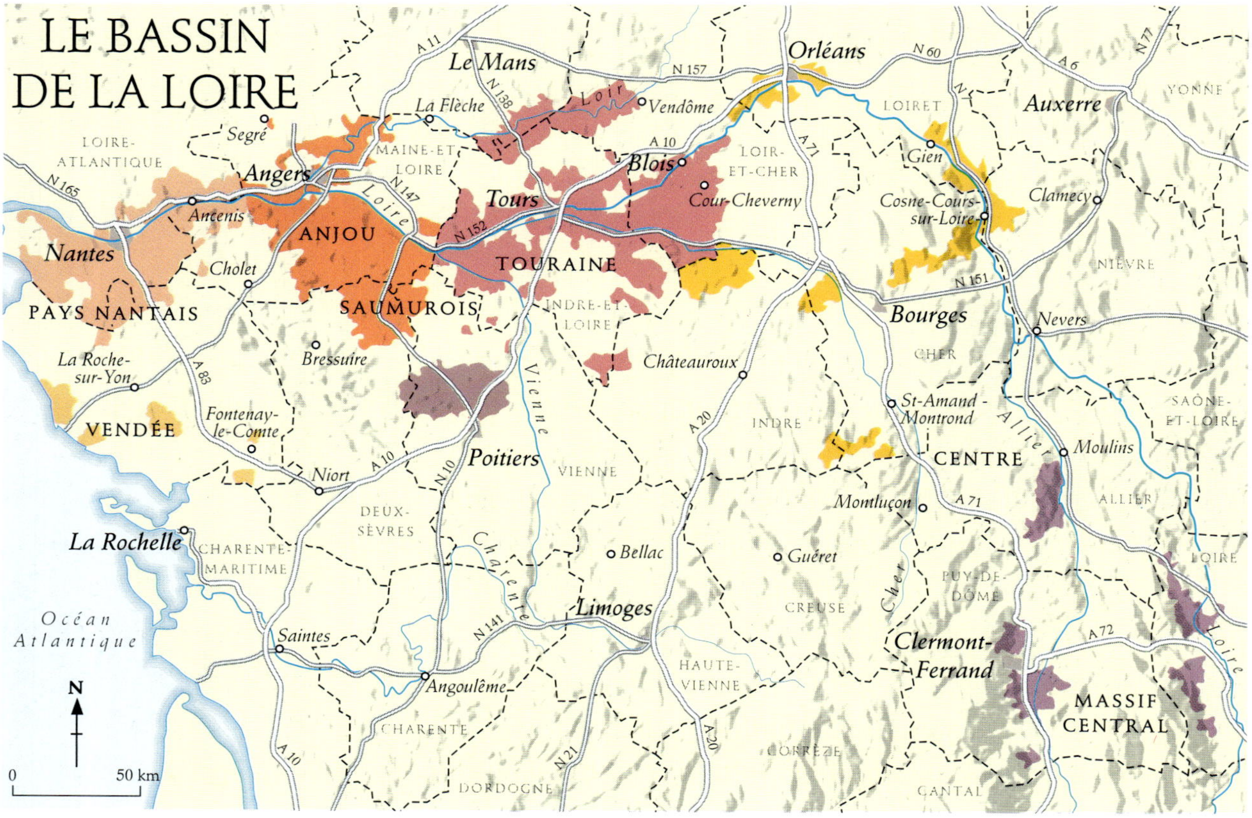

LE BASSIN DE LA LOIRE

Le Mans
Orléans
N 157
N 60
A 11
A 6
N 77
YONNE
N 138
Loir
Vendôme
La Flèche
LOIRET
Auxerre
Segré
LOIRE-ATLANTIQUE
MAINE-ET-LOIRE
A 10
LOIR-ET-CHER
A 71
Gien
Blois
Angers
N 147
N 165
Tours
Cour-Cheverny
Cosne-Cours-sur-Loire
Clamecy
Ancenis
Loire
ANJOU
N 152
Nantes
TOURAINE
NIÈVRE
Cholet
N 151
PAYS NANTAIS
SAUMUROIS
INDRE-ET-LOIRE
Bourges
Nevers
Bressuire
CHER
La Roche-sur-Yon
A 83
Châteauroux
Vienne
St-Amand-Montrond
SAÔNE-ET-LOIRE
Fontenay-le-Comte
INDRE
Allier
VENDÉE
A 20
Moulins
A 10
Poitiers
CENTRE
N 10
VIENNE
Niort
ALLIER
DEUX-SÈVRES
Montluçon
A 71
La Rochelle
CHARENTE-MARITIME
Charente
Bellac
Guéret
LOIRE
PUY-DE-DÔME
Cher
Océan Atlantique
Limoges
CREUSE
N 141
Saintes
Clermont-Ferrand
A 72
Loire
HAUTE-VIENNE
Angoulême
MASSIF CENTRAL
N
CHARENTE
A 20
A 10
N 21
CORRÈZE
0 50 km
DORDOGNE
CANTAL

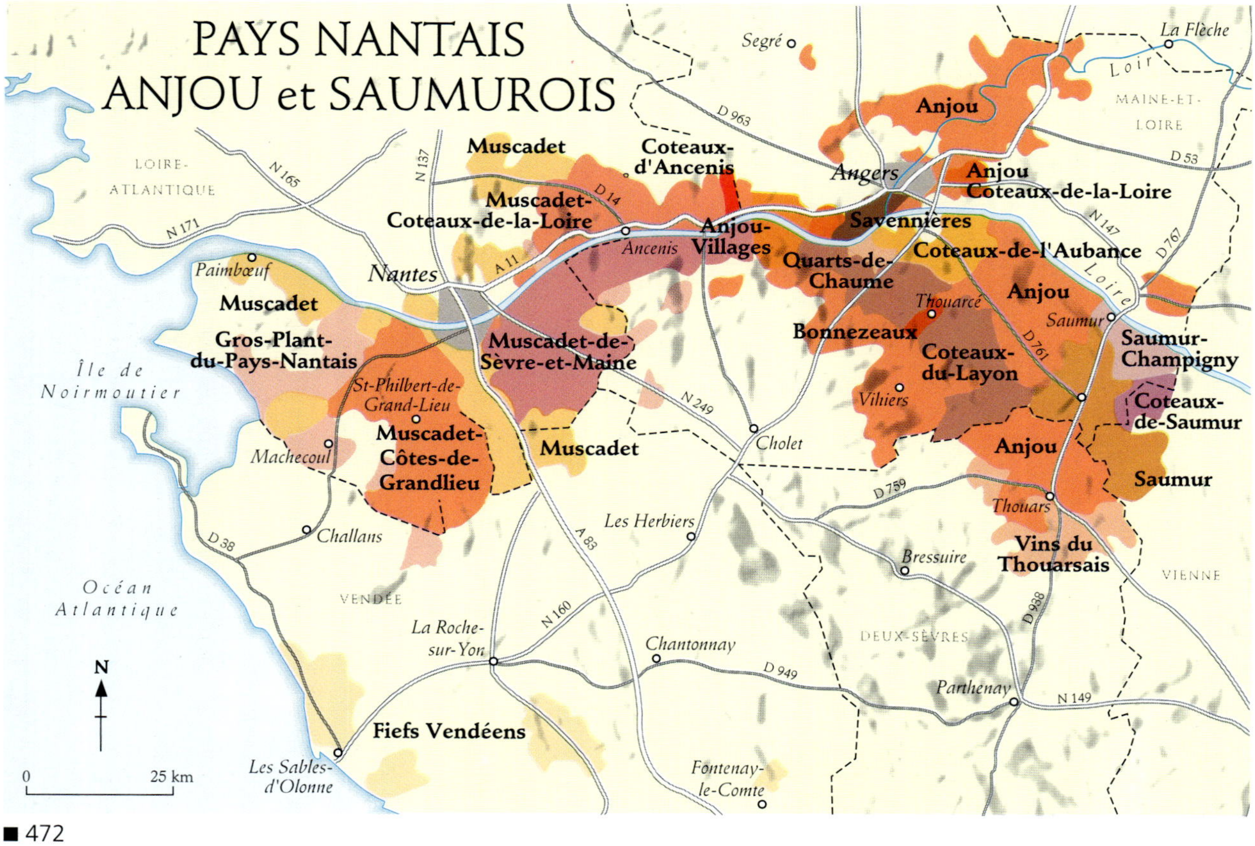

PAYS NANTAIS ANJOU et SAUMUROIS

Segré
La Flèche
Loir
Anjou
MAINE-ET-LOIRE
D 963
LOIRE-ATLANTIQUE
Muscadet
Coteaux-d'Ancenis
N 137
N 165
Angers
D 53
Anjou Coteaux-de-la-Loire
Muscadet-Coteaux-de-la-Loire
D 14
N 171
Savennières
N 147
D 767
Anjou-Villages
Ancenis
Coteaux-de-l'Aubance
Paimbœuf
Nantes
A 11
Quarts-de-Chaume
Loire
Muscadet
Anjou
Thouarcé
Saumur
Gros-Plant-du-Pays-Nantais
Bonnezeaux
Muscadet-de-Sèvre-et-Maine
Saumur-Champigny
Île de Noirmoutier
D 761
Coteaux-du-Layon
St-Philbert-de-Grand-Lieu
Vihiers
N 249
Coteaux-de-Saumur
Muscadet-Côtes-de-Grandlieu
Machecoul
Cholet
Muscadet
Anjou
Saumur
D 759
Thouars
Challans
Les Herbiers
D 38
A 83
Vins du Thouarsais
Bressuire
Océan Atlantique
VIENNE
VENDÉE
N 160
D 938
La Roche-sur-Yon
DEUX-SÈVRES
Chantonnay
N
D 949
Parthenay
N 149
Fiefs Vendéens
0 25 km
Les Sables-d'Olonne
Fontenay-le-Comte

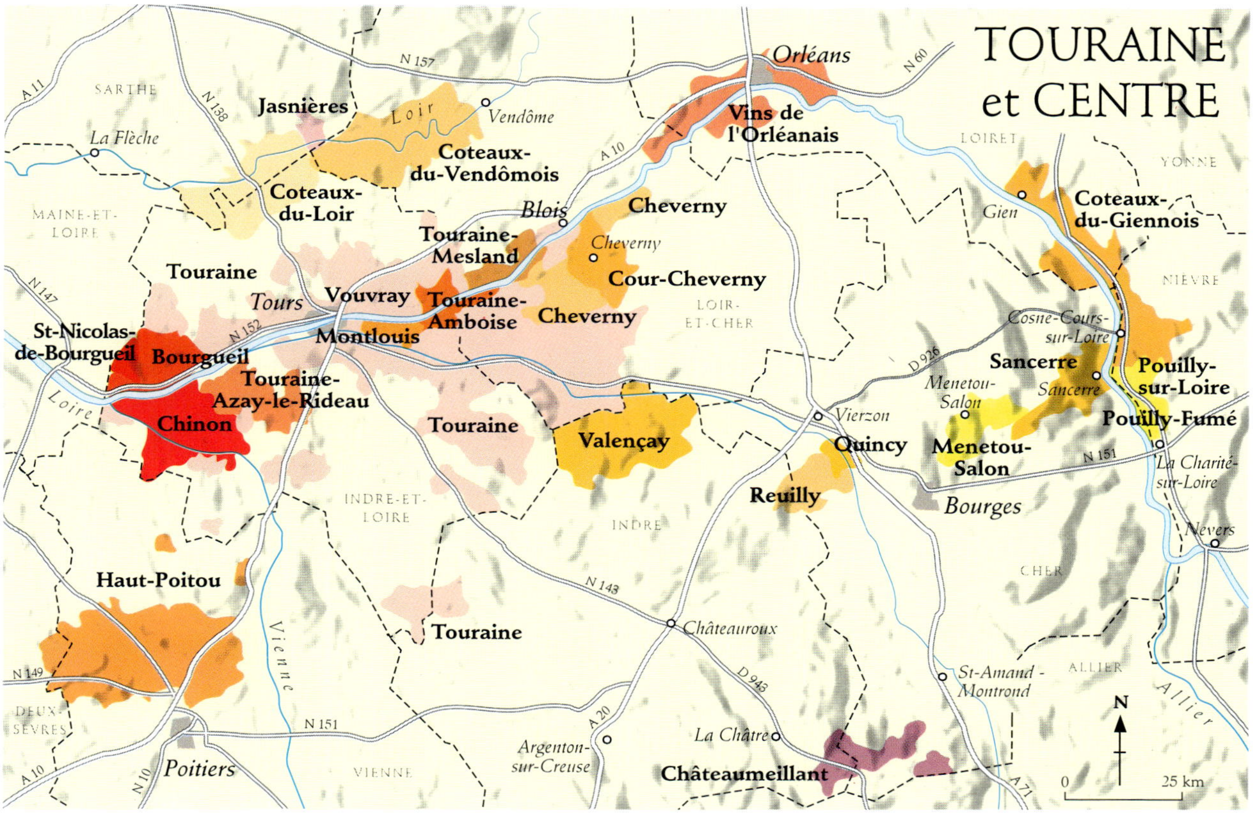

Touraine et Centre

Orléans
Vins de l'Orléanais
Jasnières
Coteaux-du-Vendômois
Vendôme
Loir
Sarthe
La Flèche
Coteaux-du-Loir
Maine-et-Loire
Blois
Cheverny
Touraine-Mesland
Cheverny
Cour-Cheverny
Touraine
Tours
Vouvray
Touraine-Amboise
Cheverny
Loir-et-Cher
St-Nicolas-de-Bourgueil
Bourgueil
Montlouis
Touraine-Azay-le-Rideau
Chinon
Loire
Touraine
Valençay
Indre-et-Loire
Indre
Haut-Poitou
Touraine
Châteauroux
Deux-Sèvres
Poitiers
Vienne
Argenton-sur-Creuse
La Châtre
Châteaumeillant
Loiret
Yonne
Gien
Coteaux-du-Giennois
Nièvre
Cosne-Cours-sur-Loire
Sancerre
Sancerre
Pouilly-sur-Loire
Menetou-Salon
Pouilly-Fumé
Vierzon
Quincy
Menetou-Salon
La Charité-sur-Loire
Reuilly
Bourges
Nevers
Cher
St-Amand-Montrond
Allier
Allier
N
0 25 km
N 157
N 60
A 11
N 138
A 10
N 147
N 152
D 926
N 151
N 143
N 149
N 151
A 20
D 943
A 71
A 10
N 10

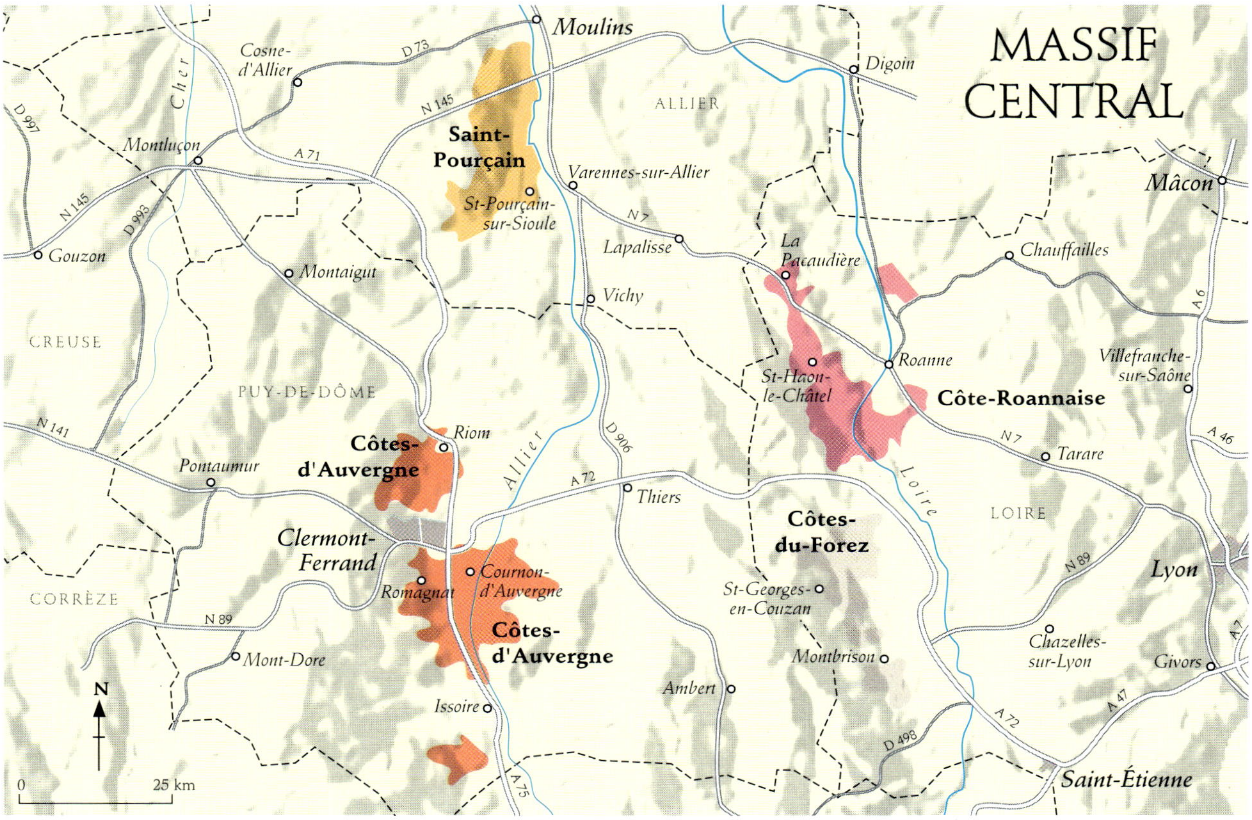

Massif Central

Moulins
Cosne-d'Allier
Digoin
Allier
Cher
Saint-Pourçain
Montluçon
St-Pourçain-sur-Sioule
Varennes-sur-Allier
Mâcon
Gouzon
Montaigut
Lapalisse
La Pacaudière
Chauffailles
Vichy
Creuse
Roanne
Villefranche-sur-Saône
St-Haon-le-Châtel
Puy-de-Dôme
Côte-Roannaise
Côtes-d'Auvergne
Riom
Tarare
Pontaumur
Thiers
Allier
Loire
Loire
Côtes-du-Forez
Clermont-Ferrand
Romagnat
Cournon-d'Auvergne
Lyon
Corrèze
St-Georges-en-Couzan
Côtes-d'Auvergne
Chazelles-sur-Lyon
Mont-Dore
Montbrison
Givors
Ambert
Issoire
Saint-Étienne
N
0 25 km
D 73
N 145
D 997
A 71
N 145
D 993
N 7
A 6
N 141
D 906
A 72
N 7
A 46
N 89
N 89
A 7
A 47
A 72
D 498
A 75

départements du Maine-et-Loire et de la Vendée bordant la Loire-Atlantique.

Cette même zone produit des AOVDQS, le Gros-Plant du Pays nantais et les Coteaux-d'Ancenis, que l'on retrouve aussi en Maine-et-Loire dans la partie touchant la Loire-Atlantique, et en Vendée, lieu de production d'une nouvelle AOVDQS, les Fiefs vendéens.

L'Anjou et le Saumurois

Les appellations d'origine contrôlée de cette deuxième zone sont nombreuses : Anjou, Anjou-Coteaux-de-la-Loire, Anjou Gamay, Anjou-Villages, Anjou pétillant, Anjou mousseux, Bonnezeaux, Cabernet d'Anjou, Cabernet de Saumur, Coteaux-de-l'Aubance, Coteaux-du-Layon suivi du nom d'une commune d'origine, Chaume, Coteaux-de-Saumur, Quarts-de-Chaume, Rosé d'Anjou, Rosé d'Anjou pétillant, Saumur, Saumur-Champigny, Saumur pétillant, Saumur mousseux, Savennières, Savennières-Coulée de Serrant, Savennières-Roche-aux-Moines, Crémant de Loire. On rattache à cette influence climatique l'AOVDQS Vin du Thouarsais, dans les Deux-Sèvres.

Vignoble de Chenin dans la zone de Chalonnes, où s'expriment les grands vins moelleux du Layon.

La Touraine

Cette troisième zone comprend les appellations d'origine contrôlée suivantes : Bourgueil, Cheverny, Cour-Cheverny, Chinon, Montlouis, Montlouis pétillant, Montlouis mousseux, Rosé de Loire, Saint-Nicolas-de-Bourgueil, Touraine, Touraine-Azay-le-Rideau, Touraine-Mesland, Touraine-Amboise, Touraine pétillant, Vouvray, Vouvray pétillant, Vouvray mousseux, Crémant de Loire, auxquels on rattachera le vin des Coteaux-du-Loir et de Jasnières, de même que les AOVDQS Coteaux-du-Vendômois et Valençay. Les AOVDQS du haut Poitou peuvent être intégrées à cette zone.

Les vignobles du Centre

Dans cette zone, sont implantées les appellations contrôlées Blanc Fumé de Pouilly, Pouilly-sur-Loire, Côte-Roannaise, Menetou-Salon, Quincy, Reuilly, Sancerre ainsi que les AOVDQS Châteaumeillant, Coteaux-du-Giennois, Saint-Pourçain-sur-Sioule, Côtes-d'Auvergne, Côtes-du-Forez, et Vins de l'Orléanais.

Les racines d'un vignoble

Il est aisé de retrouver les traces du passé en Pays de Loire et de voir à quel point il s'agit d'une zone viticole demeurée fidèle à des traditions d'expression dans différents styles de vin. On ne compte plus les noyaux historiques permettant de bien comprendre les caractères de ces régions.

Un terroir viticole doit être capable de présenter au moins 30 millésimes successifs. Ainsi, on s'aperçoit de sa noblesse au travers de l'expression et surtout de cette vie du vin qui en a fait la notoriété. Déguster un Vouvray 1858 et retrouver tout le style des vins d'aujourd'hui nous offre un souffle d'authenticité beaucoup mieux que ne saurait le faire un texte.

Mais un vin d'appellation existe parce qu'il est rattaché à une histoire. Or, l'histoire des Pays de la Loire est riche et féconde et a laissé de nombreux témoignages de la relation étroite qui a uni les hommes et le vin.

Des textes révèlent la présence du cépage Sauvignon en Berry et Nivernais avant même la présence romaine. Et lorsque se produisirent les invasions barbares, la vigne était déjà cultivée depuis longtemps en Gaule. On peut ainsi voir un pressoir gallo-romain datant du IIe siècle au musée du Vin à Tours. En Touraine, vers 371, saint Martin, réservant l'usage du vin aux exigences du culte et aux besoins des malades, favorisa le développement de la viticulture. Dans les années 580, Grégoire de Tours décrivit les vignes du pays nantais. En 990, lorsque l'abbaye de Bourgueil fut fondée, la comtesse Emma octroya des vignes aux religieux bénédictins qui plantèrent du Cabernet franc, cépage qui a donc su capter l'expression de ces lieux depuis près de mille ans.

Au XIe siècle, le vignoble des Pays de Loire accédait déjà à la renommée puisque le poète Appolinus chantait les vins d'Anjou et que le vignoble de Bonnezeaux, dans les coteaux du Layon, était déjà fort réputé.

Par la suite, les moines vignerons, les échanges avec l'Angleterre, en particulier sous le règne des Plantagenêts de 1154 et 1485, et, surtout, les déplacements de la cour de France tout au long du fleuve royal ont contribué au développement du vignoble. Les vignerons ont pu, au travers de ces situations, chercher à améliorer leur vin, en sélectionnant les cépages et en affinant leur culture. Ainsi, l'histoire de la vigne et son évolution sont

Chinon, au cœur de la Touraine, étale son vignoble historique sur la rive gauche de la Loire, et de part et d'autre de la Vienne.

liées à cette activité permanente qui se manifesta autour de ce fleuve et de ses affluents.

Les expressions originales des vins tels qu'on les connaît aujourd'hui ont donc des racines millénaires d'autant plus profondes qu'elles tiennent leur sève de la petite exploitation. Celle-ci a toujours caractérisé l'ensemble de ces vignobles, et s'est incarnée dans une « âme vigneronne » solide et tenace, chacun se sentant responsable d'une expression en résonance avec son milieu.

Les châteaux de la Loire se sont élevés au cours des XVe et XVIe siècles. Ils se sont principalement installés dans le Blésois et la Touraine mais également en Berry et en Anjou. Si cette région n'avait pas bénéficié d'un « garde-manger » et d'une cave aux tonalités heureuses, les artistes et les ouvriers italiens n'auraient peut-être pas exercé leur talent avec autant d'harmonie. L'architecture délicate qui en est résultée épouse bien la Loire, ses paysages et le caractère de ses vins.

La situation des vignobles

L'ensemble des vignobles s'allonge sur les rives du fleuve et sur celles de ses principaux affluents. La vigne est implantée sur les alluvions caillouteuses en bas des coteaux et sur leur bordure. Elle bénéficie ainsi de terrains arides mais perméables à l'air et à l'eau et surtout bien exposés. Les caractères des vins sont donc influencés par la nature des sols plus ou moins argileux, siliceux, ou calcaires. D'une façon générale, l'ensemble du vignoble occupe des terrains arides, peu profonds, sur lesquels on produit les vins les plus fins. Les ***Côtes-d'Auvergne*** étaient autrefois expédiés vers la région parisienne en empruntant les voies d'eau de l'Allier et de la Loire, les canaux d'Orléans, de Briare et du Loing et enfin la Seine. Ils se situent à une altitude dépassant rarement 500 mètres. Les vignes entourent les sites de Madargues, Châteaugay et Chanturgue. D'autres vignes s'étendent près du puy dit de Gergovie et de celui de Corent. Tous ces vignobles sont installés sur des reliefs couronnés de basaltes anciens.

À partir de Moulins, on peut apercevoir les terrasses de ***Saint-Pourçain*** surplombées à l'ouest par des collines et des plateaux. C'est sur ces coteaux sédimentaires proches de Chemilly qu'apparaissent les vignes plantées sur des colluvions de pentes formées de débris de formation drainées du rebord du plateau.

Les vignobles de ***Pouilly*** et de ***Sancerre*** sont situés à peu près à 350 mètres d'altitude. À Pouilly, les vignes sont bien exposées sur des versants ouest et sud-ouest. Le vignoble de Sancerre s'inscrit dans un paysage fort harmonieux, formé de collines aux contours très doux, dominé par la pittoresque cité médiévale. Les vignobles de ***Châteaumeillant*** et ***Menetou-Salon*** prolongent les collines calcaires du Sancerrois.

Quincy et ***Reuilly*** de même que ***Valençay***, situés dans la vallée du Cher en amont de Vierzon, correspondent à un paysage au relief peu accentué.

Les ***Coteaux-du-Giennois*** occupent les deux rives de la Loire entre Sancerre et Orléans. À

Fontaine de Bacchus à Veretz, sur le Cher, près de Tours.

Gien, on remarque à quel point les vignes s'accrochent aux terres plutôt siliceuses.

En ***Orléanais,*** la vigne partage les terres avec les cultures fruitières et maraîchères de Bou jusqu'à Tavers, en aval d'Orléans.

Les vignobles de ***Touraine*** se trouvent principalement sur la bordure des plateaux entre Loire et Cher, Indre et Vienne. Dans les vallées secondaires, on retrouve la vigne lorsque les pentes sont bien exposées. Mais à aucun moment dans les fonds des vallées ne s'est développée une viticulture de vins fins. Pour découvrir les vignes, il faut monter par de délicieux petits chemins sur les coteaux où sont creusées des habitations troglodytiques et des caves. On découvrira ainsi un chapelet de vignobles. Tout d'abord ***Cheverny*** puis ***Touraine-Mesland*** et ***Touraine-Amboise,*** sur les rives droite et gauche de la Loire. Puis le vignoble de ***Montlouis*** sur la rive gauche de la Loire, qui s'étend vers l'ouest jusqu'au Cher dont il recouvre les coteaux sur la rive droite.

La commune de ***Vouvray*** est la capitale de cette aire de production. Le vignoble suit, à partir du coteau, le cours de la Loire sur la rive droite. Le vignoble d'***Azay-le-Rideau,*** dans la vallée de l'Indre, commence à Saché. On reprend la rive droite de la Loire avec les vignobles de ***Bourgueil*** et de ***Saint-Nicolas-de-Bourgueil,*** installés sur une vaste terrasse alluviale ayant environ 20 kilomètres de long sur 2 kilomètres de large, à une altitude voisine de 15 mètres au-dessus du niveau de la Loire. Le vignoble monte également sur le versant nord. On y trouve alors les zones de tuf qui peuvent atteindre 50 mètres d'altitude. La commune de Benais, aux alentours de Bourgueil, abrite un terroir réputé pour les vins dits de tuf.

Sur la rive gauche de la Loire, sur des terrains anciens de graviers, commence une zone viticole importante, l'appellation d'origine contrôlée ***Chinon.*** Celle-ci se répartit sur une vaste zone de vignobles aux terrains variés, terrasses de graviers, plateaux plus ou moins calcaires qui surplombent la rive gauche de la Loire et la rive droite de la Vienne, où sont implantés sur leur pourtour les vignobles. Sur la rive gauche de la Vienne, les vignes sont souvent enfouies au milieu des massifs forestiers. Le vignoble de Chinon longe la Vienne sur des terrasses formées d'alluvions anciennes de 5 à 10 mètres d'altitude. De même qu'à Bourgueil, la vigne monte sur le coteau.

En poursuivant vers Saumur, on rencontre le vignoble de ***Champigny,*** sur un plateau situé entre le Thouet et la Vallée de la Loire.

Les vins de l'appellation ***Coteaux-du-Layon*** sont produits dans la région de Thouarcé de part et d'autre du Layon, affluent de la rive gauche de la Loire. Planté sur des pentes bien ensoleillées où le schiste affleure, le vignoble du Layon se poursuit jusqu'à l'endroit où cette rivière se jette dans la Loire, à Rochefort.

Vignoble de Muscadet sous le ciel caractéristique du climat atlantique.

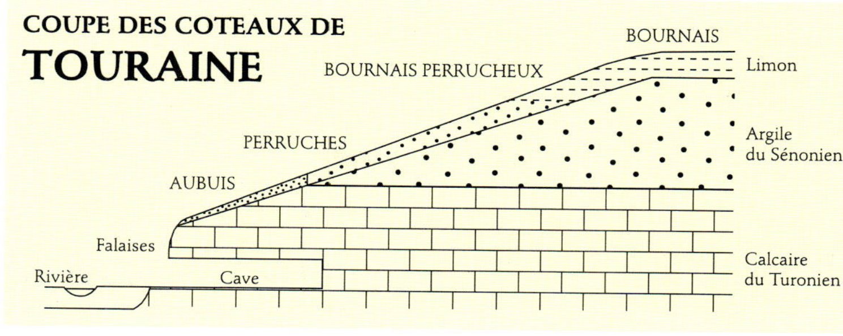

Les vignes des ***coteaux de la Loire,*** entre Angers et Ingrandes, offrent les crus réputés de ***Savennières,*** au vignoble très pentu.

Les vignobles des ***coteaux de l'Aubance*** côtoient une petite rivière qui s'écoule entre la Loire et le Layon. Les pentes y sont plus douces que sur les coteaux du Layon.

Enfin dans le ***Pays nantais,*** le vignoble épouse des collines de faible altitude dans un relief tranquillement modelé.

L'ensemble de ces zones viticoles des Pays de Loire est nettement influencé par le régime hydrologique qui a décidé des voies de communication et dicté l'emplacement des vignobles. Les délimitations des vignobles qui sont proposées aujourd'hui ont été parfaitement définies au cours des siècles. Elles s'appuient avant tout sur le travail inlassable des vignerons, mais aussi sur les natures de sols rencontrés qui ont caractérisé l'expression des vins.

Les sols

Éléments majeurs de l'économie viticole, les sols sont assez diversifiés dans l'ensemble des Pays de Loire. Dans la zone du Muscadet, ils sont principalement caillouteux, la silice apportant la finesse aux vins.

En Anjou, les sols sont beaucoup plus diversifiés. Dans la région de Layon, les terrains schisteux prédominent, de même que dans la région de Savennières et de l'Aubance. En revanche, dans le Saumurois, le calcaire recouvre des sols plus ou moins graveleux, siliceux ou argileux. En Touraine, le tuffeau constitue l'élément majeur du terroir, où il est recouvert de sols plus ou moins argileux, siliceux et profonds. Dans la région plus continentale de l'Orléanais on trouvera des sols siliceux et graveleux avec parfois un peu d'argile. Sancerre est caractérisé par le calcaire et le célèbre sol kimméridjien, comme à Chablis. À Pouilly, les sols, qui mêlent marnes et calcaires du kimméridjien aux argilo-siliceux et siliceux, permettent au Chasselas de donner toute son expression. Les coteaux du Giennois sont constitués de sols siliceux plus ou moins graveleux. À Menetou-Salon, on rencontre des sols calcaires argileux et siliceux.

À Quincy, ils sont siliceux, plus ou moins graveleux. À Reuilly, ils sont diversifiés mais à dominante de marnes kimméridjiennes.

À Châteaumeillant, les sols siliceux sont plus ou moins argileux. Dans les côtes d'Auvergne et dans les côtes du Forez, les sols secs, bien drainés,

GÉOLOGIE DE LA LOIRE

ORLÉANS
Sarthe
ANGERS
TOURS
NANTES
LOIRE
Cher
Indre
Vienne
POITIERS
Loire
Allier
50 km

QUATERNAIRE
TERTIAIRE
CRÉTACÉ
JURASSIQUE
PRIMAIRE ANCIEN
GRANITES
Zone viticole

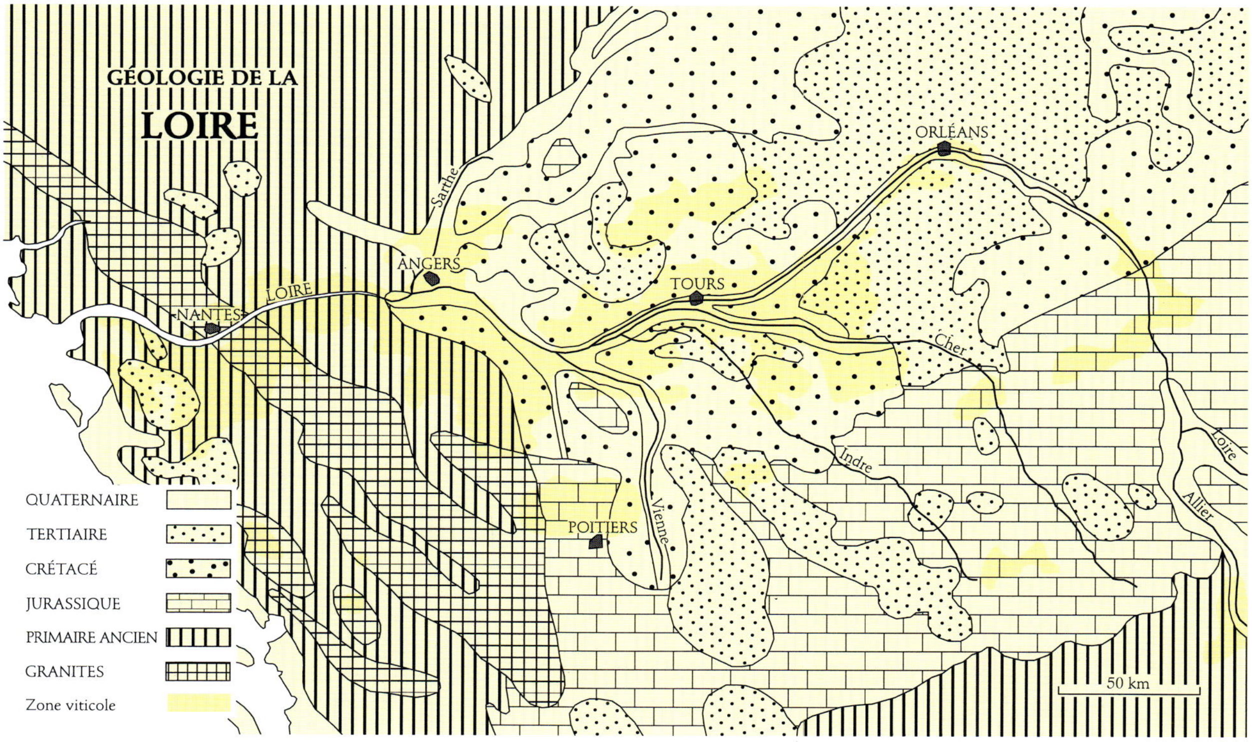

comprennent des sables, des calcaires et des marnes ou des roches éruptives.

À Saint-Pourçain-sur-Sioule, les sols très variés expliquent la diversité des cépages blancs ou rouges.

La vie de la vigne

Un arbuste comme la vigne occupe le même terrain pendant un demi-siècle, parfois plus. Par conséquent, au cours de cette longue période, les plants de vigne choisis par l'homme devront être adaptés aux fluctuations du climat.

L'âge de la vigne et les conditions climatiques modifient l'expression des vins, phénomène bien mis en évidence dans les zones septentrionales. Dans ces régions, les conditions climatiques fluctuent d'une année à l'autre ; l'homme qui revendique le nom de l'appellation pour son vin doit donc conduire son vignoble avec art. Les notions de milieu, c'est-à-dire de microécologie, prennent une dimension importante dans ces zones par rapport à celles où le climat est plus constant.

En Pays de Loire, la plus petite erreur de pratique culturale est lourde de conséquences. La nature des sols, l'exposition des parcelles, le travail de la terre, le mode de conduite du cépage influent sur la composition intime du vin.

Ces régions septentrionales sont « une grande école de viticulture appliquée ». Les vins y sont marqués et modelés, plus qu'ailleurs, par la présence de l'homme dont tous les gestes se retrouveront dans le vin. Aussi, cette réflexion « Dieu a fait la vigne, l'homme a fait le vin » est-elle parfaitement bien adaptée aux vignobles de la vallée de la Loire.

VIE D'UNE VIGNE
EN PAYS DE LOIRE

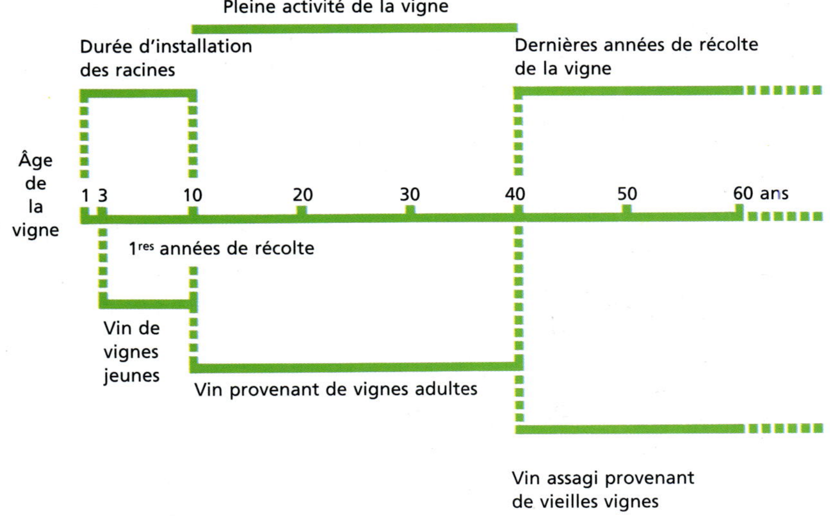

Le cycle végétatif de la vigne est une suite d'étapes dont le départ est donné avec plus ou moins de retard. Aux premiers froids, à partir de la Toussaint, les feuilles tombent sur le sol. La période de repos de la vigne commence vers le 15 novembre avec un décalage de plus ou moins quinze jours, selon les années et les cépages. Elle prend fin début mars avec l'apparition des « pleurs ». Début avril, c'est le débourrement. Les bourgeons grossissent et la sortie est dite « belle » ou « modeste ». C'est aussi la période de risque de gelées de printemps.

La floraison se produit au moment où la durée du jour est la plus longue de l'année. La vigne fleurit en général le jour de la Saint-Jean, vers le 24 juin. Selon les années, elle peut fleurir en avance ou avec un retard de l'ordre de vingt jours. Cet aspect est capital pour ces régions car il se déroule cent jours entre la période de floraison et la maturité du raisin. Aussi, les années où la fleur s'est produite avant le solstice d'été le raisin bénéficiera de plus d'ensoleillement et de lumière. Ce sera l'inverse pour les floraisons tardives. Ces années-là, le raisin sera influencé par la nuit. Le vin produit aura alors un caractère plus discret. Ce fut le cas en 1959 lorsque la floraison se déroula début juin, ce qui explique la puissance de ce millésime.

L'expression des vins des Pays de Loire est différente d'une région à l'autre, compte tenu des zones climatiques. Mais il existe certains caractères communs. Ils se traduisent dans l'expression des vins avec, comme traits principaux, la capacité à épouser le milieu, la vivacité, l'élégance, l'excellente aptitude au mûrissement en bouteille avec des robes pourpres et dorées.

Le climat général

La suite de tableaux de la page voisine indique la répartition générale du climat pour ces différentes régions. Ce sont des valeurs cumulées qui représentent la moyenne des quarante dernières années dans les grandes régions de la Loire.

L'analyse de la répartition du climat établit des relations avec les types de vins produits. Pendant la période de repos, les sommes de températures dans les zones 1 et 2 indiquent bien l'effet de réchauffement de l'Atlantique. Il est sensible jusqu'en Touraine. Toutefois, l'Allier accuse les températures les plus faibles. Mais pendant les mois de juillet et août, les températures y sont les plus élevées. Ce fait est caractéristique d'un climat continental. Le Muscadet est donc sous climat atlantique, l'Anjou, proche-atlantique et la Touraine, proche-continental, mais encore sous influence maritime. Du Sancerrois aux côtes d'Auvergne, l'influence est continentale.

Les températures les plus élevées en septembre et en octobre sont enregistrées en Anjou et en Touraine, ce qui explique la production de vins blancs

THERMOMÉTRIE

Zones	Novembre à février	Mars Avril Mai	Juin	Juillet Août	Septembre Octobre
1 Muscadet Loire-Atlantique	732	941	495	1110	746
2 Maine-et-Loire	702	987	522	1155	864
3 Indre-et-Loire	621	987	525	1154	840
Loir-et-Cher	573	945	510	1140	788
Loiret	549	915	495	1107	807
4 Cher	573	972	525	1161	840
Nièvre	515	939	516	1122	792
Allier	495	936	528	1170	813

Tous les chiffres sont en degrés Celsius.

PLUVIOMÉTRIE

Zones	Novembre à février	Mars Avril Mai	Juin	Juillet Août	Septembre Octobre
1 Loire-Atlantique	314	176	53	98	144
2 Maine-et-Loire	224	149	50	83	115
3 Indre-et-Loire	239	165	56	95	115
Loir-et-Cher	238	170	51	97	116
Loiret	209	156	58	101	112
4 Cher	215	166	63	115	113
Nièvre	260	183	74	132	136
Allier	201	202	85	158	153

Tous les chiffres sont en millimètres.

ENSOLEILLEMENT

Zones	Novembre à février	Mars Avril Mai	Juin	Juillet Août	Septembre Octobre
1 Loire-Atlantique	345	619	277	536	348
2 Maine-et-Loire	330	566	240	463	307
3 Indre-et-Loire	276	518	244	476	298
Loir-et-Cher	271	570	240	472	304
Loiret	264	530	230	454	306
4 Cher	264	526	230	452	302
Nièvre	330	468	251	490	312
Allier	348	510	271	528	318

Tous les chiffres sont en heures.

Il faut connaître les facteurs climatiques pour bien comprendre l'expression d'un vin.

moelleux dans ces deux zones. Cette production n'est pas possible en Loire-Atlantique, car la pluie est plus abondante pendant cette même période, ramenant la somme des températures à 746 °C contre 864 en Anjou et 840 en Touraine, malgré un ensoleillement important. C'est la raison pour laquelle les hommes ont produit le Muscadet, un vin blanc sec, provenant de cépages précoces et mûrissant avant la période des pluies, au moment des marées d'équinoxe d'automne. Ainsi, le vin est aussi le reflet du milieu climatique.

En Loiret, Loir-et-Cher, Nièvre et Allier, les sommes de températures sont insuffisantes pour permettre au raisin de produire régulièrement des vins ayant des restes de sucre. Les blancs seront donc secs. Pour la même raison, les rouges sont produits à partir de cépages non tanniques comme le Gamay ou le Pinot noir. En revanche, le Cabernet, cépage tannique, est cultivé en Touraine et dans le Saumurois où les sommes de températures sont suffisamment élevées pour éviter le caractère « râpeux » des vins dû à une astringence exacerbée.

Ainsi, la répartition du climat explique la diversité de l'encépagement et le caractère des vins produits. Tout ceci est conforme à l'esprit de l'appellation qui veut que le vin soit le reflet de l'endroit. Mais le jeu va encore plus loin dans cette région. En effet, chaque année le climat change et influencera donc les caractères des vins.

Plus la somme des températures sera élevée, plus les vins seront pleins. À l'inverse, de faibles sommes de températures accroissent la vivacité du vin. L'ensoleillement élevé est responsable à la fois d'une forte couleur et du développement d'arômes de raisins bien mûrs. La pluie, à la floraison, peut abaisser le volume de production en créant un phénomène de coulure de la vigne et, au moment des vendanges, en favorisant une dilution, qui affaiblit la composition du raisin.

Dans le tableau ci-dessous, on trouve, à titre d'exemple, la répartition du climat pour le Cabernet franc en Touraine pendant ces vingt-deux dernières années. En l'examinant, on peut comprendre la silhouette des vins de Pays de Loire, et ainsi apprendre à mieux les consommer. Il faut noter que par rapport à ce tableau, on observera les avances ou les retards de floraison suivants pour les autres appellations : Muscadet avance de quinze jours, Sancerre et Pouilly avance de douze jours, Anjou et Vouvray plus de dix à vingt jours de retard selon le microclimat. Lorsque les sommes de température sont importantes, l'aptitude au mûrissement est longue comme en 1964,

Année	Somme des températures en degrés Celsius	Ensoleillement en heures	Pluie en millimètres	Époque de la fleur (1)	Volume de récolte (2)	Climat pendant les vendanges (3)
1964	3 453	1 353	357	3	N	–
1966	3 277	1 433	499	4	N-	N
1967	3 224	1 420	407	4	N	H
1968	3 316	1 407	438	4	N-	N
1970	3 293	1 401	352	–	N+	S
1971	3 325	1 593	403	–	N-	N
1972	3 068	1 353	213	5	N	S
1973	3 220	1 576	336	4	N	N
1974	3 128	1 601	334	4	N	H
1975	3 151	1 487	393	2	N-	S
1976	3 535	1 791	274	1	N	S
1977	3 019	1 348	421	4	N+	N
1978	3 036	1 409	337	3	N-	N
1979	3 188	1 344	443	4	N	N
1980	3 134	1 365	443	5	N	N
1981	3 485	1 192	410	2	N-	S
1982	3 427	1 438	433	1	N	S
1983	3 402	1 408	601	2	N	N
1984	3 059	1 466	517	4	N	S
1985	3 199	1 633	396	2	N+	S
1986	3 096	1 480	447	3	N+	N à H
1987	3 280	1 289	496	3	N+	N
1988	3 235	1 422	392	2	N	S
1989	3 452	1 760	311	1	N	S
1990	3 451	1 628	201	1	N	S
1991	3 343	1 498	301	2-3	N-	N
1992	3 370	1 356	384	2	N+	N
1993	3 266	1 259	486	2	N	N
1994	3 503	1 425	454	2	N	H
1995	3 468	1 430	265	1	N	H
1996	3 294	1 569	234	2	N	N

(1) Époque de la fleur
1 – début juin
2 – mi-juin
3 – 24 juin
4 – début juillet
5 – 10 juillet

(2) Volume de récolte
inférieur à la normale : N–
normal : N
supérieur à la normale : N+

(3) Climat pendant les vendanges
sec : S
humide : H
normal : N

1976, 1982, 1989 et 1990. En 1972, la date de floraison fut tardive, donc le vin fut d'expression discrète ; mais l'absence de pluie, en particulier pendant les vendanges, lui a donné une grande franchise. Le même phénomène s'est produit en 1984 et en 1992.

Le vent

Le vent constitue le dernier des facteurs climatiques. Le vent du nord et celui de l'est assèchent, celui de l'ouest est humide. Le vent du sud favorise les maladies.

Le vent limite les actions d'agents physiques comme la grêle. Il ralentit le développement de maladies cryptogamiques comme le *Botrytis* ou le mildiou. Sur des plateaux bien ventilés, un vent moyen abaisse le taux d'humidité de l'air de 15 %. En 1969, au moment de la récolte, le vent venant du nord-est a enrayé les attaques de pourriture et asséché le raisin, procurant au vin un caractère de « raisin sec ». En 1962, ce phénomène avait été également observé. En 1985, et surtout en 1996, le vent régulier qui a sévi toute l'année a donné des fruits moins aqueux, communiquant aux vins un caractère dense et bien fruité.

Le département de l'Allier subit un régime de vents réguliers allant du sud au nord avec une légère dominante ouest en particulier en juin. La Nièvre connaît une nette dominante des vents d'ouest tout au long de l'année. Il en va de même pour le Cher, les deux régions étant situées de part et d'autre de la Loire. On observe toutefois un vent d'ouest un peu moins fort aux mois de septembre et d'octobre dans le Cher.

Les vents du sud-ouest soufflent régulièrement tout au long de l'année sur le Loiret et le Loir-et-Cher. L'Indre-et-Loire, dans sa position de carrefour, connaît un régime de vents mieux réparti, allant du sud-ouest au nord-est. Cette dernière direction est nette au cours des mois d'octobre et de septembre. Elle confirme la belle arrière-saison de cette région favorisant la surmaturation des raisins sur souches. Le Maine-et-Loire, tout en présentant une tendance aux vents d'ouest, a une répartition voisine de celle de la Touraine, sauf en septembre et en octobre où l'influence des vents d'ouest se fait plus sentir. En Loire-Atlantique, la tendance aux vents d'ouest est légèrement plus accusée ; elle confirme qu'à ce moment la récolte doit être rentrée.

Le potentiel viticole

La répartition climatique régnant sur les vignobles des Pays de Loire se divise en 4 grandes zones, telles qu'elles apparaissent sur la carte.

Cette situation naturelle a donné naissance à toute l'organisation économique de la vallée de la Loire et conditionné la nature de la production. (*Voir* les graphiques ci-contre.)

L'homme suit et dirige l'élevage et le dépouillement des vins en fût avant leur mise en bouteilles.

La zone atlantique est une région à vins blancs secs. Elle produit le Muscadet, en AOC, le Gros-Plant et les Coteaux-d'Ancenis, en AOVDQS.

La surface du vignoble produisant du vin d'appellation est de l'ordre de 15 000 hectares. La production annuelle est en moyenne de 600 000 hectolitres et celle des AOVDQS est de l'ordre de 200 000 hectolitres.

La zone proche-atlantique est principalement connue pour la production de vins blancs et de rosés moelleux.

On enregistre actuellement une évolution vers l'élaboration de vins rouges au détriment des vins rosés et même des vins blancs, en particulier en Anjou et à Saumur. La surface occupée par le vignoble est voisine de 15 000 hectares. La valeur de la production annuelle tend vers 820 000 hectolitres.

La troisième zone, celle de la Touraine, nous propose des vins d'appellation rouges, quelques rosés secs et des blancs secs moelleux et effervescents. La surface du vignoble occupe environ 10 600 hectares pour une production de vins d'appellation d'origine contrôlée de l'ordre de 750 000 hectolitres.

La quatrième zone à climat continental, celle des vins du Centre, englobe plusieurs îlots d'appellations d'origine contrôlée ainsi que des vins de qualité supérieure. La majorité des vins produits sont des blancs secs, quelques rosés et des rouges. La surface du vignoble occupe environ 6 000 hectares pour un volume de production de 325 000 hectolitres environ. (*Voir* graphique ci-contre.)

L'ensemble du potentiel actuel de production de vins d'appellation est de l'ordre de 46 000 hectares. La production se répartit de la façon suivante :

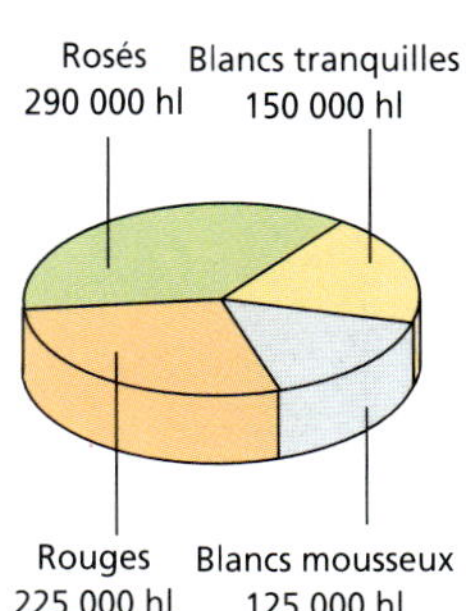

ANJOU ET SAUMUROIS

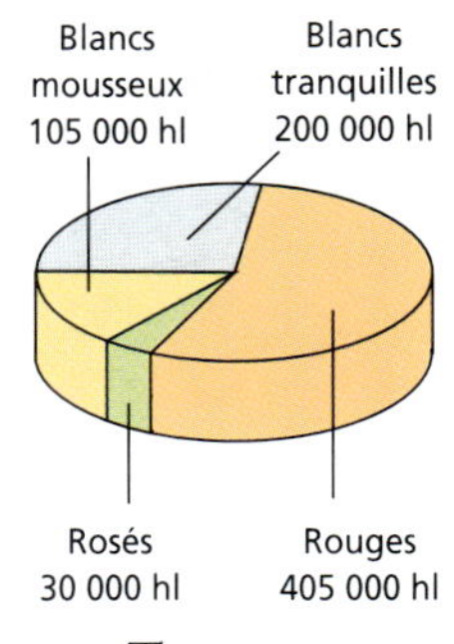

TOURAINE

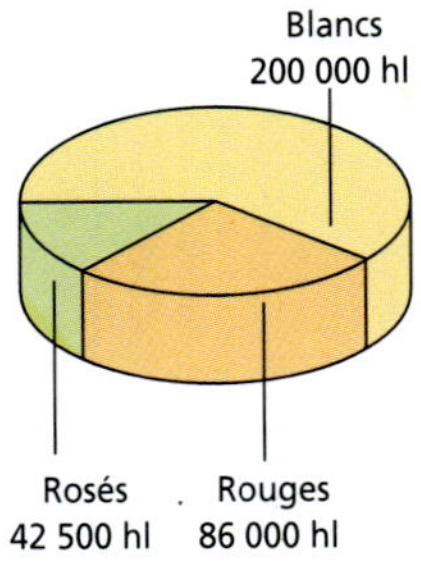

VINS DU CENTRE

▷ 1 580 000 hectolitres de vin blanc ;
▷ 362 000 hectolitres de vin rosé ;
▷ 710 000 hectolitres de vin rouge.

Les cépages

Le climat a orienté l'encépagement dans chacune de ces quatre zones.

Dans le Pays nantais, on trouve deux cépages blancs : le Muscadet ou Melon de Bourgogne et la Folle blanche ou Gros-Plant, et le Gamay pour les Coteaux-d'Ancenis.

En Anjou et Saumurois, le Chenin, en blanc, prédomine. Le Grolleau intervient là où la production des rosés est importante, ainsi que le Cabernet franc. C'est de ce dernier qu'est issu le vin rouge avec un apport plus ou moins important de Cabernet-Sauvignon et de Pineau d'Aunis. Le Chardonnay et le Sauvignon blanc constituent des cépages complémentaires.

En Touraine, on cultive, en blanc, le Pineau blanc de Loire et le Sauvignon ; en rouge, le Cabernet franc et le Gamay avec comme cépages accessoires ou complémentaires le Grolleau, le Gamay rouge, le Côt, le Cabernet-Sauvignon, le Pinot noir, le Pinot Meunier, le Pinot gris et le Pineau d'Aunis.

Grappe de Muscadet, cépage produisant l'un des vins blancs les plus joyeux de France.

Les vendanges

L'époque des vendanges est liée à celle de la floraison. Le grain de raisin a besoin en moyenne de cent jours à partir de la période de « la fleur » pour arriver au stade de maturité. La floraison s'effectue rapidement s'il fait chaud et sec. Elle sera longue, parfois de huit à dix jours, s'il fait froid. S'il pleut, la perte de récolte sera plus ou moins importante, la fécondation ayant été contrariée.

Les vignobles de Loire se trouvant en zone septentrionale et les cépages, comme le Chenin, étant tardifs, il est important de connaître les dates de floraison pour bien comprendre le caractère des vins.

Si la floraison est précoce, par exemple début juin, ce cycle profitera plus de la lumière puisqu'à partir du solstice d'été, le 24 juin, les jours commencent à décliner. En revanche, en 1980, par exemple, la floraison s'étant déroulée à une date proche du 14 juillet, le raisin a profité de conditions climatiques moins favorables et les vins seront moins puissants, plus vifs, avec une aptitude au mûrissement en bouteille de plus courte durée.

Les dates de récolte et de floraison retenues dans le tableau ci-dessous sont celles du Cabernet franc en Touraine. Il suffit d'apporter les correctifs ci-après pour retrouver celles des autres régions viticoles :

▷ Région du Muscadet, cépage Muscadet, quinze jours d'avance.
▷ Région de Sancerre et de Touraine, cépage Gamay, dix jours d'avance.
▷ Région d'Anjou et de Touraine, cépage Chenin, dix à vingt jours de retard.

Ce sont là des tendances. Mais elles sont essentielles et montrent la nécessité de millésimer les bouteilles de vin. Quand les vendanges sont tardives, les vins blancs moelleux sont rares ou même inexistants ; par contre, en année précoce, comme en 1976, 1989 et 1990, leur volume est important.

Années	Dates de floraison	Époque de la vendange
1976	8 juin	15 septembre
1977	15 juillet	25 octobre
1978	10 juillet	20 octobre
1979	8 juillet	17 octobre
1980	14 juillet	21 octobre
1981	13 juillet	21 octobre
1982	14 juin	27 septembre
1983	15 juin	6 octobre
1984	1er juillet	18 octobre
1985	21 juin	12 octobre
1986	24 juin	13 octobre
1987	24 juin	13 octobre
1988	15 juin	6 octobre
1989	5 juin	12 septembre
1990	7 juin	14 septembre
1991	20 juin	10 octobre
1992	17 juin	8 octobre
1993	15 juin	6 octobre
1994	20 juin	10 octobre
1995	8 juin	15 septembre
1996	14 juin	5 octobre

Vendanges traditionnelles en Pays nantais.

De même, les années de soleil laissent présager une longue vie en bouteille, le raisin ayant pris beaucoup « d'énergie ».

Il faut aussi souligner, pour l'élaboration des grands vins moelleux, la récolte par tries ou en « plein » après avoir recherché une surmaturité sur souche. Il s'agit là d'un phénomène physique favorisant le développement du *Botrytis cinerea* et une déshydratation du fruit.

Les conditions des vendanges ont évolué depuis ces dernières années. Pour permettre de cueillir le raisin à maturité plus complète, on a raccourci la durée des vendanges. Dans bien des exploitations et en dehors de la production des grands vins blancs moelleux, la vendange s'échelonne sur huit à dix jours, au lieu du double autrefois. Il faut enfin noter l'apparition de la mécanisation dans certaines exploitations. Elle ne constitue pas un atout qualitatif, mais elle satisfait à des conditions économiques. Pour certains types de vin cette pratique est exclue, en particulier pour les vins blancs moelleux, de même que pour la production des vins de primeur et des vins effervescents.

La vinification

L'ensemble de cette grande région procède à des vinifications traditionnelles, s'appuyant sur les usages anciens, loyaux et constants.

Il faut noter des évolutions dans le choix du matériel et de la vaisselle vinaire. La maîtrise des températures de fermentation est certainement l'acquis le plus heureux. Ainsi, la vinification se déroule selon un processus biologique normal, donnant aux vins une franchise d'expression plus marquante.

L'élevage du vin

On enregistre pour cette opération, deux stades principaux : la période de dépouillement en vaisseaux vinaires, puis celle du mûrissement en bouteille. Les vins blancs de la Loire sont mis en bouteilles précocement, fin mars. La phase d'élevage, en bois pour les vins de grande origine, est donc courte. C'est en bouteille que toute l'évolution se fait. L'élevage des rouges non tanniques est également rapide, même parfois inexistant, certains vins étant vendus en primeur. En revanche, les vins produits à partir du Cabernet franc sont élevés en fût (jamais neuf) ou en cuve en bois, dans des caves creusées dans le tuffeau ou dans des celliers, pendant un à deux ans.

Les caractères des vins

Dans le Pays nantais, les vins blancs sont de type sec. Leurs odeurs font penser à l'amande fraîche mêlée aux embruns marins. Ils ont un caractère vif sans être acide. Ils sont coulants, tout en étant solides, avec une persistance en bouche normale.

En Anjou et Saumurois, les blancs peuvent être secs, moelleux ou effervescents. Ils sont bien charpentés et ont une excellente aptitude au mûrissement en bouteille, en particulier les vins moelleux. Les rouges sont assez pleins, tanniques et particulièrement fruités dans le Saumurois. Les rosés sont tendres.

En Touraine, les vins blancs peuvent également être secs, moelleux ou effervescents. Solidement structurés, ils sont d'excellente garde comme d'ailleurs les rouges de Bourgueil et Chinon. Les vins de Touraine rouges sont friands, assez structurés et vifs. Les rosés sont secs, plus ou moins tendres selon les années.

Dans le Centre, les blancs sont secs avec des odeurs bien développées rappelant les bourgeons de cassis. Ils sont pleins et typés. Les rouges ne sont pas tanniques et leur robe est légère. Ils sont fins avec des arômes plus ou moins épicés ou floraux, caractéristiques des vins de « montagne ».

Les structures économiques et commerciales

Les structures économiques s'organisent selon les trois secteurs classiques : commerce, coopérative et propriété. À l'exportation, les vins les plus diffusés sont le Muscadet – 40 % de la production – puis le Rosé d'Anjou, le Saumur mousseux, le Bourgueil, le Chinon, le Champigny, le Vouvray, le Sancerre et, enfin, le Pouilly.

Valeurs en pourcentages	Secteur commercial	Secteur coopératif	Secteur propriété
Muscadet	60	2	38
Anjou-Saumur	43	23	34
Touraine	30	30	40
Centre	20	40	40

Caves de vieillissement creusées dans le roc à Dampierre-sur-Loire.

Le vin et la société

Les Pays de la Loire ont toujours manifesté le besoin de présenter leur vin dans les premiers mois qui suivent la récolte. Chaque appellation a ainsi un calendrier de « foires du vin ».

Aujourd'hui elles permettent au consommateur de retrouver en même temps l'ensemble des vins produits dans l'appellation et les producteurs. On peut mieux connaître la petite histoire du dernier millésime.

Les grandes années

Cette définition usuelle mérite un commentaire. Que signifie le terme « grand » ? Un grand vin possède une densité et une régularité d'expression qui lui confèrent sa notoriété dès sa naissance. Il a une histoire. Il appartient à une lignée. Ce sont la répétition dans la fidélité et la pureté d'expression qui justifient cette idée de grandeur. Pour être grand, un vin doit mûrir en bouteille, avoir une vie. Un vin d'un millésime peu ensoleillé ne peut vivre longtemps, ayant reçu moins de soleil. On entend souvent dire « c'est un petit millésime », ou un « grand millésime ». On ne devrait pas utiliser les adjectifs « grand » ou « petit » dans ce sens. Le vin peut être simple ou grand et, s'il est grand, ce sera uniquement par la naissance. En revanche, la durée de vie d'un grand vin sera courte ou longue selon les conditions climatiques. Dans le tableau ci-dessous, on indique pour les vins de cru les millésimes avec leur durée de vie, étant bien entendu que, selon la qualité de la cave, l'origine et les soins apportés au vin, ces espérances de vie sont plus ou moins écourtées ou allongées. Il faut enfin noter qu'un vin arrivé à ce stade optimal peut très bien y demeurer pendant plusieurs années.

Parmi les années antérieures qui présentent une totale et franche expression, on peut citer 1893, 1921, 1933, 1945, 1947, 1959, 1976.

Durée de vie moyenne pour des vins de cru (en années)

Millésimes	Muscadet	Anjou moelleux	Champigny Bourgueil Chinon	Vouvray	Sancerre Pouilly
1959	20	50	40	50	20
1960	–	–	–	–	–
1961	–	30	30	30	–
1962	–	25	25	25	–
1964	–	30	30	30	–
1966	–	25	25	25	–
1967	–	20	20	20	–
1970	–	25	25	25	–
1971	–	25	25	25	–
1972	–	15	15	15	–
1973	–	15	15	15	–
1974	–	10	10	10	–
1975	15	25	25	15	–
1976	20	50	40	50	20
1977	–	15	10	15	10
1978	15	25	20	25	15
1979	10	15	15	15	10
1980	–	10	10	10	–
1981	15	40	30	40	20
1982	15	40	30	40	15
1983	10	20	20	20	10
1984	5	10	10	10	5
1985	15	30	30	30	15
1986	10	20	20	20	10
1987	5	15	15	15	10
1988	10	20	20	20	10
1989	20	50	40	50	20
1990	15	40	35	40	15
1991	10	20	15	20	10
1992	–	10	10	10	–
1993	10	20	20	20	10
1994	–	10	10	10	–
1995	15	35	30	35	15
1996	20	50	40	50	20

M

Macabeu

Synonymes : *Maccabeu, Maccabéo, Malvoisie* parfois dans l'Aude, *Perpignan* à Beaucaire, *Lardot* dans la Drôme.

Bourgeonnement épanoui, en crosse, cotonneux blanc à liseré carminé.

Jeunes feuilles duveteuses, jaunâtres, très bullées à dessous cotonneux rosé.

Feuilles grandes, molles, tourmentées, orbiculaires, profondément 5-lobées avec les sinus à fonds aigus et parfois une dent ; sinus pétiolaire en lyre à bords plus ou moins superposés ; dents ogivales, moyennes ; dessous du limbe duveteux-pubescent, jaunissant à l'arrière-saison.

Grappes très grandes, pyramidales, très ramifiées, souvent ailées, lâches ; baies sphériques, moyennes, jaune doré, juteuses ; maturité : 3e époque.

C'est un cépage très vigoureux, au port dressé avec des rameaux qui se détachent aisément sous l'action du vent. Son débourrement est assez tardif. Le Macabeu est un plant délicat qui craint la sécheresse dans les sols trop arides et qui pourrit beaucoup dans les terres fertiles de plaine. Il lui faut donc des situations topographiques lui convenant bien et un automne sec pour que ses raisins arrivent à maturité en bon état sanitaire. Sa production est importante.

En France il est employé principalement pour la production des AOC vins doux naturels à Banyuls, Maury, Rivesaltes et également pour la préparation des vins blancs des Côtes-du-Roussillon. Vinifié seul en mousseux il fournit des vins pétillants, moins fins que le Mauzac.

En matériel certifié, 10 clones ont été agréés, les nos 630 à 633, 706, 735 à 737, 789 et 863. Le Macabeu a été classé recommandé dans toute la région méditerranéenne. Sa culture est en extension avec 7 800 hectares dont 6 700 dans les Pyrénées-Orientales et 700 dans l'Aude, plus quelques plantations dans l'Hérault, le Gard, les Bouches-du-Rhône et le Var.

Mâcon blanc

Par décret du 31 juillet 1937, les vins blancs produits sur le territoire de l'arrondissement de Mâcon ont droit au classement AOC sous le nom Mâcon ou Pinot-Chardonnay-Mâcon.

Les vins, élaborés à partir des cépages Pinot blanc et Chardonnay, sont souples et fruités. Il convient de les boire jeunes.

Ils peuvent bénéficier de la qualification primeur. En 1995, la production a été de 1 126 hectolitres pour 18,6 hectares revendiqués.

Mâconnais

Voir page suivante.

Habitat vigneron traditionnel en Mâconnais.

Mâcon rouge et rosé

Cette AOC, ratifiée par le décret du 31 juillet 1937, s'étend sur près de 50 kilomètres de long entre Sennecey-le-Grand et Romanèche-Thorins. Elle couvre les communes de Boyer, Bresses-sur-Grosne, Champagny-sous-Uxelles, Champlieu, Étrigny, Jugy, Laives, Mancey, Montceaux-Ragny, Nanton, Sennecey-le-Grand et Vers.

Les vins de Mâcon, rouges ou blancs, peuvent être suivis du nom de leur commune d'origine.

Les vins doivent présenter un titre alcoométrique volumique minimal de 10 % Vol. Le rendement de base à l'hectare est de 55 hectolitres.

Les vins rouges et rosés issus des cépages Gamay noir à jus blanc, Pinot noir et Pinot gris (et Gamay à jus coloré comme cépage accessoire, dans la limite de 15 %), connaissent sur un aussi vaste territoire des caractéristiques fort différentes. Les meilleures expressions des vins rouges présentent de la fermeté agréable. Ils gagnent à être bus jeunes.

Les vins de l'appellation Mâcon supérieur peuvent être vinifiés en blanc, rouge et rosé.

Mâcon supérieur

Ratifiée par décret du 31 juillet 1937, l'appellation Mâcon supérieur est sensiblement la même que celle de Mâcon à cette exception près que le titre alcoométrique volumique minimal est fixé à 11 % Vol. pour les vins blancs (au lieu de 10 % Vol.) et le rendement de base à l'hectare à 45 hectolitres au lieu de 50. On trouve sous cette même appellation des vins honnêtes, légers et frais, qui développent avec plus de finesse les atouts des vins de l'AOC Mâcon.

Les vins blancs sont rustiques et pleins de charme. Quant aux vins rouges et rosés, ils sont alertes, corsés, avec un fruité très prononcé.

En 1995, leur production a été de 50 645 hl en rouge et rosé, et de 7 069 hl en blanc.

Page précédente : vignoble de Marcillac

MÂCONNAIS

Pays de transition, le Mâconnais ouvre doucement les portes du Midi. C'était jadis la limite entre la langue d'oil (au nord) et la langue d'oc (au sud). Le paysage égrène un chapelet de collines où deux villages ont donné leur nom à des cépages prestigieux : Chasselas et Chardonnay.

Le vignoble de Chasselas domine la vallée de la Saône. Il produit essentiellement des vins blancs d'appellations Mâcon ou Mâcon-Villages au bouquet floral ou fruité.

■ Sur une cinquantaine de kilomètres de longueur et une quinzaine de kilomètres de largeur, le vignoble du Mâconnais s'épanouit à Pouilly-Fuissé, au pied de la Roche de Solutré, haut lieu de la préhistoire.

L'histoire

Fondée en 910, l'abbaye de Cluny connut une expansion considérable dans toute la chrétienté. Elle se trouva bientôt à la tête de 1 200 monastères ou prieurés. « Partout où le vent vente, l'abbé de Cluny prend ses rentes », disait le proverbe bourguignon. Cette abbaye joua un rôle considérable dans la naissance du vin de Bourgogne en Mâconnais dès les XIe et XIIe siècles.

L'histoire a également gardé le souvenir de Claude Brosse, vigneron de Charnay-lès-Mâcon et de Chasselas qui, vers 1660, eut l'idée de charger ses tonneaux sur un char à bœufs et d'aller faire goûter son vin à la cour de Versailles... Il n'en fallut pas davantage pour « lancer » les vins du Mâconnais dans la capitale.

Les sols et les cépages

Les sols viticoles du Mâconnais forment à l'ouest de la Saône des chaînons orientés nord-nord-est, et sud-sud-ouest, limités au sud par le granite du Beaujolais. Ainsi se succèdent d'ouest en est des grès triasiques, des calcaires du jurassique moyen et du jurassique supérieur ainsi que des marnes de l'oxfordien.

L'encépagement varié du Mâconnais – Chardonnay, Pinot noir et Gamay – permet de choisir l'implantation des cépages en fonction de la nature du terroir : les sols bruns, calciques, supportent de préférence le Chardonnay qui, dans la zone de Pouilly-Fuissé, donne des vins remarquablement bouquetés et de longue garde.

Les terrains plus acides, siliceux, sablonneux, donnent des vins blancs « primeurs » tels les Mâcons blancs et rouges et Bourgogne grand ordinaire issus du Gamay. L'éventail des teneurs en calcaire actif est ouvert, mais la majeure partie des terrains à vigne de bonne et de très bonne qualité se situe entre 6 et 11 %.

Statue de vendangeurs, place de la Barre à Mâcon.

Le climat

La vocation viticole du Mâconnais subit à la fois l'influence de l'Atlantique, l'influence continentale, bien qu'atténuée du nord au sud avec des périodes de gels non négligeables, et l'influence méditerranéenne. Le bon ensoleillement du Mâconnais constitue en outre un facteur de qualité.

Détail de la façade du palais Jacques-Amboise, à Cluny.

Le cumul des précipitations entre avril et octobre pour deux années de référence – 1980, millésime jugé de qualité médiocre et 1983, millésime de qualité exceptionnelle – donne, pour 1980, 475 millimètres et, pour 1983, 627 millimètres. Il y a en apparence une contradiction flagrante mais dont l'explication est fournie par l'étude de la répartition des pluies, qui est significative : les mois d'avril et de mai 1983 ont été les plus arrosés avec 194 + 185 millimètres de pluie contre 68 + 72 millimètres, sur une moyenne de vingt-quatre heures. Août fut également plus arrosé qu'en année normale, tandis que le mois de septembre fut très sec et permit ainsi l'arrêt brutal de la pourriture et une excellente maturation.

Pendant la période dite « favorable », correspondant au cycle végétatif de la vigne, laps de temps au cours duquel le « zéro » de végétation est dépassé, soit à 10 °C, on note des écarts considérables entre les deux années de référence. Ainsi, le cumul des températures en 1980 est de 1 110 °C avec 5 jours seulement à 30 °C en juin, juillet et août ; en 1983, il fut de 1 425, avec 26 jours à 30 °C pendant la même période. Enfin, il y eut 1 250 heures de soleil en 1980 contre 1 331 heures en 1983.

Les appellations

On retrouve deux types d'appellation dans le Mâconnais : les AOC « sous-régionales » et les AOC communales.

AOC « sous-régionales »

Les vins de ces appellations sont produits sur 4 000 hectares environ complantés à 67 % de Chardonnay, 25 % de Gamay et 8 % de Pinot, soit 75 % de la production totale dont 30 % sont élaborés dans les caves coopératives (200 000 hectolitres en blanc et 50 000 en rouge).

Les Mâcons blancs ont une grande finesse de bouquet, le Chardonnay extériorisant ici au maximum ses principes floraux. On dit qu'il « chardonne ». Ce sont des vins de primeur.

Le Gamay donne des vins rouges corsés, fruités ayant une belle robe, mais différents, moins racés que ceux issus du « cœur » du Beaujolais en pays granitique.

La gloire du Mâconnais est le Pouilly-Fuissé, grande expression du Chardonnay.

AOC communales

Ces appellations constituent un groupe compact au sud du département spécialisé dans la production des vins blancs de grande réputation. Les caractères du Chardonnay sont ici beaucoup plus marqués, plus intenses ; en bouche, s'ajoutent des saveurs de noisette et d'amande grillée. Ces vins de couleur vert-doré ont une longue conservation, dépassant dix à douze ans pour les Pouilly-Fuissé. Ce sont des vins capiteux et très élégants. La production est de l'ordre de 85 000 hectolitres.

Mâcon-Villages

C'est sans conteste dans cette appellation d'origine contrôlée qui s'étend sur quarante-trois communes, ratifiée par décret du 31 juillet 1937, que l'on trouve les meilleures expressions des vins de Mâcon. Élaborés à partir du Chardonnay (80 %) et du Pinot blanc (20 %), ces vins, blancs exclusivement, sont divers, à l'image de la véritable mosaïque formée par le sol qui mêle craie et ardoise, calcaire et ardoise et oolithes calcaires. La loi fixe le titre alcoométrique volumique minimal à 11 % Vol. pour les vins blancs. Le rendement de base a été établi à 45 hectolitres à l'hectare. La récolte 1995 a été de 193 801 hectolitres. Les vins de l'AOC Mâcon-Villages sont des vins frais et pleins de grâce, aux arômes francs, acidulés et vanillés, où domine la brioche chaude. Leur rapport qualité/prix est excellent.

Madiran

François Ier, Charles d'Alençon et son épouse, Marguerite d'Angoulême, propriétaires successifs du vignoble de Madiran, ont grandement contribué à la renommée de ces « vins de seigneurs, puissants, hauts en goût, pourpres en couleur, qui vieillissent fort heureusement ! ».

Rarement terroir fut l'objet de tant de convoitises. Les Gersois affirment le Madiran gascon, les Hauts-Pyrénéens le veulent bigourdan, les Landais souhaiteraient l'annexer, les Bourguignons eux-mêmes en revendiquent la paternité. Ce qui est certain, c'est qu'il est béarnais car sur les quelque 300 viticulteurs de l'aire, 205 se trouvent dans les Pyrénées-Atlantiques.

La création de la cave coopérative de Crouseilles-Madiran, en 1950, marqua le début de la rénovation spectaculaire de ce vignoble qui, au fil des siècles, était un peu tombé en désuétude.

Ce vignoble prospère sur de véritables terrasses naturelles, orientées plein sud, face aux Pyrénées. Le sol, d'origine glaciaire, est très diversifié. La structure dominante des bonnes terres à vignes est argileuse, argilo-siliceuse ou argilo-calcaire. Les terres maigres des croupes de Crouseilles-Madiran avec leur sol de « gravières » légères produisent des vins de qualité.

L'appellation d'origine contrôlée Madiran, ratifiée par le décret du 28 août 1975, concerne les vins rouges produits par le vignoble du Vic-Bilh, au nord-est du département des Pyrénées-Atlantiques. Le vignoble de Madiran s'étend sur 1 300 hectares et 37 communes dont 6 débordent sur la Bigorre et 3 sur le Gers.

Ces vins rouges à la robe pourpre et profonde se caractérisent à la fois par leur présence et par l'harmonieux complexe de leurs arômes. Ces derniers laissent dominer les baies et fruits rouges. Viennent ensuite le pain grillé et le froment puis un bouquet d'épices orientales et de cannelle. Puissamment typés, ces vins sont à la fois corsés, chauds, sensuels et virils.

Les meilleures années sont celles qui sont inondées de soleil. Le Tannat (40 % min. de l'encépagement) atteint alors la plénitude de sa maturation. Le bouquet se développe surtout à partir de la quatrième année. Jeune, le Madiran étonne par son équilibre, sa musculature, sa sincérité, sa vigueur. Mais ce vin possède également une grande aptitude au vieillissement. En l'espace de quarante-cinq ans, le vignoble s'est considérablement développé, puisque la production est passée de 1 380 hectolitres en 1950 à 54 000 hectolitres en 1986, 55 000 en 1990 et 76 000 en 1995.

Cru du Paradis dans le Madirannais, terroir privilégié du Tannat.

Malbec

Voir Côt.

 Malpé

Synonymes : *Malpied fin, Barrat,* dans le Lot, *Plant fort,* dans l'Aveyron.

Grappes grandes, étroites à la base, tronconiques, ailées ; baies moyennes, ovoïdes, noir bleuté, juteuses ; maturité : 2e époque.

Ce cépage était autrefois très répandu dans l'arrondissement de Figeac (Lot) où il donnait du vin de qualité ; il a été retrouvé également dans la région de Bréténoux (Lot) et dans celle de Beaulieu (Corrèze). Il existait aussi un Malpied fort dit Peldur, plus vigoureux que le précédent, produisant davantage, mais dont le vin était plus commun. Non classé.

Le Barrat du Tarn ressemble beaucoup au Malpé par la grappe, mais il en diffère par le bourgeonnement duveteux, les jeunes feuilles rougeâtres et le limbe plus découpé.

Mancin

Synonymes : *Maussein, Coulant,* dans le Médoc, *Tarnay-Coulant* à Macau, *Coulon-Tilbré, Petit Fou* dans le Libournais, *Pousse-Debout,* dans le Cubzadais, *Mourtau* ou *Mourtaou* à Caudrot.

Grappes moyennes, cylindriques, étroites, lâches ; baies petites, sphériques, parfois légèrement ovoïdes, noires ; maturité : 2e époque tardive.

C'est un vieux cépage bordelais, productif, cultivé dans les palus du Médoc ou du Libournais. Il donne un vin corsé, très coloré, astringent, au goût très particulier, servant dans les coupages. Son raisin ne pourrit pas. Il est classé recommandé en Corrèze et autorisé en Gironde, sur un hectare environ.

Mansenc noir

Synonymes : *Manseng noir, Petit Mansenc, Gros Mansenc, Arrouya,* en partie dans le Jurançonnais, *Mancep* à Bréténoux (Lot).

Grappes cylindriques, petites à moyennes, compactes ; baies sphériques, petites, noires ; maturité : 3e époque tardive.

Cépage productif, d'origine pyrénéenne qui est conduit à taille longue. Il donne un vin coloré, astringent, long à se faire. Classé recommandé dans le Gers et les Pyrénées-Atlantiques, il fait partie de l'encépagement AOC du Béarn où il occupe quelque 40 hectares.

Mansonnet

Synonyme : *Gros Ribier.* C'est un cépage noir à baies sphériques, un peu cultivé dans l'Ardèche. Non classé.

Maranges

Les vins rouges et blancs sont récoltés sur trois communes de Saône-et-Loire, Cheilly-lès-Maranges, Sampigny-lès-Maranges et Dezize-lès-Maranges, et couvrent 200 hectares, dans le prolongement de la Côte de Beaune.

Un décret du 23 mai 1989 stipule que cette AOC doit présenter un titre alcoométrique minimal de 10,5 % Vol. pour les vins rouges, 11 % Vol. pour les vins blancs, et 11 % Vol. et 11,5 % Vol. pour les premiers crus.

Le rendement de base à l'hectare est de 40 hectolitres pour les vins rouges et de 45 hectolitres pour les blancs. Produits à raison de 8 000 hectolitres par an en rouge et de 100 hectolitres en blanc (1995), ces vins peuvent être également commercialisés sous l'appellation Côte-de-Beaune-Villages ou Côte-de-Beaune suivie du nom du village.

Marcillac

Le vignoble de Marcillac a été classé AOC par le décret du 2 avril 1990. Situé à 25 kilomètres de Rodez, le vallon de Marcillac est limité à l'est par les Grands Causses, au sud et à l'ouest par le Ségala et par la vallée du Lot au nord. Il est constitué de vallées formées par le Dourdou et ses affluents qui se jettent dans le Lot. Ces vallées sont bordées de coteaux abrupts, particulièrement favorables à la culture de la vigne.

Le vignoble, d'une superficie de plus de 500 hectares dont 100 classés en AOC, couvre 11 communes.

Dès le Xe siècle, la vigne occupe les pentes du vallon de Marcillac. Le phylloxéra provoqua la décadence du vignoble. L'évolution actuelle du vignoble se confond avec celle de la cave coopérative des Vignerons du vallon, créée en 1963.

Les terrains sont variés : calcaires, argileux et siliceux. La « terre des Causses », dépôt d'argile rouge, joue le rôle de roche mère en s'associant avec les calcaires. Le rougier, roche friable proche de la robe mère, donne au sol une intense couleur lie-de-vin très caractéristique.

L'encépagement est constitué à plus de 90 % par du Fer Servadou. Les autres cépages sont tous en régression. On trouvait autrefois du Gamay, un peu de Merlot et du Jurançon noir. Le Moussaguès, qui occupait une place très importante avant l'invasion phylloxérique, est devenu fort rare. Quant au Valdiguié, appelé Plant du Midi, son irrégularité l'a conduit au même sort que le Moussaguès.

Il existe une toute petite production de vins blancs issus d'un mélange de Clairette, de Mauzac et de Muscat de Frontignan.

Les meilleurs crus proviennent des terrains calcaires. Le vin de Marcillac se caractérise par sa couleur sombre et intense : rouge-noir avec des reflets violacés bien marqués. Il surprend par son nez rustique et son éventail d'arômes de fruits rouges, framboises et cassis. L'ampleur des tanins contraste avec les arômes fruités. Ce vin volumineux de degré alcoolique peu élevé présente une rondeur agréable. Les rosés sont légers, très fruités et vivaces. Les vins de Marcillac doivent être bus jeunes, dans les deux à trois ans qui suivent leur production.

Depuis 1966, la production est en progression sensible (5 281 hectolitres en 1995).

Maréchal-Foch

Cépage également appelé 188-2 Kuhlmann, provenant de la même hybridation que le Léon-Millot.

Grappes petites, cylindriques, ailées, lâches ; baies petites, sphériques, noir bleuté ; maturité : 1re époque précoce.

Vendanges au château Margaux, premier grand cru classé du Médoc.

Cépage très vigoureux, nécessitant une taille très longue dans la plupart des sols pour avoir une récolte acceptable de 0,5 à 2 kilos par pied, riche en sucres dans les bonnes situations en raison de sa maturité précoce.

Son vin possède une coloration violette et un goût herbacé, le classant en dessous du vin de Léon-Millot. Le Maréchal-Foch est assez résistant aux maladies.

Il a été classé autorisé en Bourgogne, dans le Centre-Est et le Centre-Ouest, mais il est peu utilisé : 20 hectares.

Margaux

L'appellation d'origine contrôlée Margaux, dans le Médoc, créée par décret du 10 août 1954, est réservée aux vins rouges provenant de raisins récoltés sur les territoires délimités des communes de Margaux, Cantenac, Soussans, Arsac et Labarde.

L'encépagement exigé est celui de l'appellation régionale Médoc. Le nombre de souches à l'hectare doit être compris entre 6 500 et 10 000 et la taille est réglementée.

Depuis 1959, les cépages hybrides sont interdits sur les propriétés revendiquant le droit à l'appellation Margaux. La richesse minimale en sucres des moûts doit être de 178 grammes par litre et les vins doivent présenter un titre alcoométrique minimal de 10,5 % Vol. et maximal de 13 % Vol. Le rendement de base a été fixé à 45 hectolitres à l'hectare.

Depuis 1955, les vins de cette appellation ne peuvent pas être mis en circulation sans un certificat de qualité délivré par une commission de dégustation.

La superficie moyenne est de 1300 hectares et la production de 65 000 hectolitres.

Dans l'appellation Margaux, on trouve 21 crus classés sur les 60 que compte le Médoc, dont le prestigieux Château Margaux et 35 crus bourgeois : il n'y a pas de cave coopérative élaborant du Margaux.

Les vins de Margaux connaissent une réputation universelle. Ces vins d'une grande richesse demandent quelques années pour atteindre le sommet de leur qualité, qu'ils conservent alors fort longtemps.

Marsannay et Marsannay rosé

Reconnus comme les meilleurs rosés de Bourgogne, les vins de Marsannay, dont l'AOC est régie par les décrets du 3 juin 1965 et du 19 mai 1987, sont cultivés sur le territoire délimité par les communes de Marsannay-la-Côte, de Chenôve et de Couchey, en Côte-d'Or.

Les vins blancs sont issus du Chardonnay et du Pinot blanc ; les rouges et rosés proviennent du Pinot noir et du Pinot gris, avec 15 % d'encépagement en blanc (Chardonnay et Pinot blanc). Le rendement de base à l'hectare a été fixé à 50 hectolitres. Les vins doivent présen-

Crus classés de Margaux

Premier cru

Château Margaux

Seconds crus

Château Rausan-Ségla
Château Rauzan-Gassies
Château Lascombes
Château Brane-Cantenac
Château Dufort-Vivens

Troisièmes crus

Château Kirwan
Château d'Issan
Château Giscours
Château Malescot-Saint-Exupéry
Château Boyd-Cantenac
Château Cantenac-Brown
Château Palmer
Château Desmirail
Château Ferrière
Château Marquis d'Alesme

Quatrièmes crus

Château Prieuré-Lichine
Château Pouget
Château Marquis de Terme

Cinquièmes crus

Château Dauzac
Château du Tertre

ter un titre alcoométrique naturel minimum de 10,5 % Vol. pour les rouges et rosés, et de 11 % Vol. pour les blancs.

Les récoltes moyennes sont de l'ordre de 4 300 hectolitres en rouge, 2 800 hectolitres en rosé et 400 en blanc. Les rosés sont obtenus par saignée, ce qui est une particularité de cette appellation. Ces vins, à la robe ravissante, d'un rose très vif, sont coulants et délicieux ; ils ont un caractère de terroir, en particulier un fruité assez exceptionnel.

 Marsanne

Synonymes : *Grosse Roussette* en Savoie, *Roussette de Saint-Péray, Roussanne* par erreur à Saint-Péray, *Avilleran* dans l'Isère, *Metternich* à Barsac.

Grappes moyennes ou assez grosses, tronconiques, ailées, peu compactes ; baies petites à moyennes, sphériques, blanc doré, juteuses ; maturité : 2e époque tardive.

La Marsanne est un cépage vigoureux, à débourrement assez tardif, qui est conduit à taille courte. C'est un plant d'abondance, qui était autrefois associé dans les vignobles de la vallée du Rhône à la Roussanne, qu'il ne vaut pas pour la qualité de son vin mais, étant plus productif, il a fini par la remplacer totalement (550 hectares sont en plantation). Son vin est plus léger, avec moins de bouquet et de finesse, peu acide et il vieillit plus rapidement.

En matériel certifié, un clone a été agréé : le n° 574. La Marsanne a été classée recommandée dans les départements bordant le Rhône et jusque dans la région du Languedoc et de la Provence. Elle fait partie de l'encépagement en rouge de plusieurs AOC : Saint-Peray, Hermitage, Saint-Joseph, Crozes-Hermitage, Côtes-du-Rhône, Cassis, et, plus récemment, de l'encépagement en blanc des AOC du Languedoc et du Roussillon.

Maury

Le vignoble établi sur des schistes s'étend sur les communes de Lesquerde, Maury, Rasiguières, Saint-Paul-de-Fenouillet et Tautavel, en Roussillon. Classé AOC Vin Doux Naturel par le décret du 19 mai 1972, il produit 50 000 hectolitres par an environ. L'encépagement exige 70 % de Grenache noir (qui passera à 75 % en l'an 2000). La macération n'est pas obligatoire mais elle est de tradition. Le tiers de la production environ est muté sur grains, notamment le Carignan auquel les vins de Maury doivent leur virilité. Le vieillissement est de deux ans. Les vins sont puissants et racés, avec des arômes complexes aux notes variées de fruits cuits, de cacao, et parfois des notes de venaison.

L'aride vignoble de Maury où le Grenache noir donne un vin doux naturel, puissant et viril.

Maury Rancio

Les vins doux naturels de Maury pourront se voir adjoindre la mention « rancio » lorsqu'ils ont pris ce caractère particulier.

 Mauzac

Synonymes : *Moissac, Moisac, Moysac, Mozac, Mauzac, Meauzac, Mauza, Maousac* en patois, *Manzac* pour rappeler le nom de villages qui sont peut-être des centres d'origine ou de dispersion de ce cépage du Sud-Ouest, *Blanquette, Blanquette de Limoux, Blanquette sucrée, Blanquette aventice* (précoce), *Feuille ronde* à Auvillars et *Primard* à Lauzerte (Tarn-et-Garonne), *Bekin, Becquin.*

Bourgeonnement aplati, cotonneux blanc à liseré faiblement carminé.

Jeunes feuilles duveteuses, jaunâtres à dessous cotonneux.

Feuilles petites, tronquées, épaisses, bullées, vert foncé bleuté, tourmentées, entières ou faiblement trilobées avec le lobe médian large et allongé, sinus pétiolaire fermé ou à bords superposés ; dents ogivales, larges ; dessous du limbe duveteux en pelote.

Rameaux côtelés, vert clair, pruinés ; vrilles vertes, moyennes, plutôt fines.

Grappes moyennes, tronconiques, compactes, souvent ailées à pédoncules lignifiés ; baies moyennes, sphériques, jaune doré, peau épaisse, dure, gros pépins trapus ; maturité : 2e époque tardive.

Ce cépage débourre tardivement ; il est peu sensible à l'oïdium et au mildiou, mais il craint la pourriture grise. De vigueur moyenne, il est généralement conduit en gobelet avec des rendements qui varient entre 25 et 40 hectolitres en coteaux et jusqu'à plus de 100 hectolitres à

Feuille du cépage Mauzac, plant recommandé dans le Midi méditerranéen et le Sud-Ouest.

l'hectare en plaine. Vendangé autrefois tardivement à Limoux comme à Gaillac pour obtenir le maximum de sucre, on préfère actuellement, avec l'emploi de la méthode de seconde fermentation en bouteille, le récolter de bonne heure pour avoir des moûts plus acides, tenant mieux la mousse. Dans la méthode traditionnelle, les vins mi-fermentés étaient mis en bouteilles en novembre et la fermentation repartait au printemps suivant, fournissant des mousseux spontanés. Les vins dégageaient souvent un caractère de pomme, rappelant le cidre, sans doute dû à des oxydations, caractère qu'on ne retrouve plus aujourd'hui dans les mousseux commerciaux.

En matériel certifié, 5 clones ont été agréés : les n°s 575 et 738 à 741. Le Mauzac a été classé recommandé dans le Midi méditerranéen et le Sud-Ouest. Sa culture est en régression : il n'occupe plus que 5 400 hectares contre 8 512 en 1958. Les principaux centres de culture sont le Tarn (3 000 hectares) pour l'AOC Gaillac, l'Aude (2 000 hectares) pour l'AOC Blanquette de Limoux. Comme cépage accessoire, il fait partie des AOC Entre-deux-Mers, Sainte-Foy-Bordeaux, Côtes-de-Duras, de l'Armagnac et des AOVDQS Vins de Lavilledieu (Tarn-et-Garonne), Vins d'Estaing et Vins d'Entraygues.

Le Mauzac rose ne diffère du précédent que par la couleur de ses baies ; classé recommandé comme le Mauzac blanc, on le rencontre soit en parcelles complètes, soit à l'état de souches isolées dans les vignes de Mauzac blanc.

 Mayorquin blanc

Synonymes : *Mayorcain, Majorquen, Mayorquen blanc, Plant de Marseille, Plant de Languedoc, Pansal de Majorque, Bormenc, Damas blanc, Espagnol* à Bellet, dans le vignoble provençal.

Bourgeonnement épanoui, cotonneux blanc à liseré carminé.

Jeunes feuilles duveteuses, jaunâtres.

Feuilles grandes, molles, orbiculaires, épaisses, unies à bords involutés, moyennement 5-lobées à sinus latéraux étroits et à fonds aigus, sinus pétiolaire en lyre ; dents ogivales, moyennes ; dessous du limbe duveteux en pelote.

Rameaux côtelés, vert clair, mous, duveteux au sommet ; vrilles longues, charnues.

Grappes très grosses, ailées et ramifiées, cylindro-coniques, compactes ; baies grosses, sphériques, jaune clair, à pulpe juteuse ; maturité : 3e époque.

Ce cépage est probablement d'origine espagnole et il a été largement diffusé en Afrique du Nord sous divers synonymes car ses raisins y sont consommés pour la table et peuvent même servir à obtenir des raisins secs. Comme cépage de cuve, il servait à préparer les vins blancs renommés de Mascara. C'est un plant vigoureux, parfois coulard en plaine, il a de plus le défaut d'être sensible à la pourriture grise. Il est classé recommandé dans les Alpes-Maritimes.

Les surfaces plantées seraient de 3 hectares.

Mazis-Chambertin

Ce climat voisin du célèbre Clos-de-Bèze, au sud de Gevrey-Chambertin en Côte de Nuits, couvre 12,5 hectares (8,4 hectares revendiqués en 1995). Son appellation d'origine Grand Cru fut ratifiée par décret du 31 juillet 1937 fixant le titre alcoométrique minimal à 11,5 % Vol. et le rendement de base à l'hectare à 37 hectolitres. Les parcelles du vignoble, uniquement complantées en Pinot noir, se répartissent sur les lieux-dits de Mazis-Bas et Mazis-Haut et ont produit, en 1995, 319 hectolitres de vin.

Ce vin équilibré et délicat est réputé plus léger et plus fin que ses glorieux voisins : Latricières-Chambertin et Clos-de-Bèze.

Mazoyères-Chambertin

Cette AOC de la Côte de Nuits, régie par le décret du 31 juillet 1937, est peu revendiquée par les vignerons parce qu'elle est synonyme à quelques exceptions près de Charmes-Chambertin (voir cette appellation).

Médoc et Haut-Médoc

Le Médoc est une zone triangulaire située au nord-ouest de Bordeaux, bordée à l'ouest par l'océan Atlantique et à l'est par la Gironde.

Le vignoble s'étend le long du fleuve sur une longueur d'environ 80 kilomètres et une largeur de l'ordre de 10 kilomètres. Il est protégé de l'Océan par une forêt de pins.

Le vignoble est divisé en deux appellations d'origine contrôlée régionales Médoc et Haut-Médoc, et comporte, au sud et au nord, six appellations communales : Margaux, Listrac, Moulis, Saint-Julien, Pauillac et Saint-Estèphe.

Pour avoir droit à ces appellations, les vins doivent provenir des cépages Cabernet-Sauvignon, Cabernet franc, Merlot, Carmenère, Petit Verdot et Côt.

Pour les appellations Médoc et Haut-Médoc, la richesse minimale en sucres des moûts doit être de 170 grammes par litre et les vins doivent présenter un titre alcoométrique minimal de 10 % Vol. et maximal de 13 % Vol.

Les appellations Médoc et Haut-Médoc ont été créées par le décret du 14 novembre 1936. L'appellation Médoc, au potentiel viticole de 4 700 hectares en 1985, s'étend de Saint-Seurin-de-Cadourne à Saint-Vivien ; la production est de l'ordre de 280 000 hectolitres dont 80 000 sont vinifiés dans les caves coopératives : Bégadan, Ordonnac, Prignac, Queyrac et Saint-Yzans.

L'appellation Haut-Médoc, dont la superficie potentielle est de 4 100 hectares, s'étend sur 29 communes, de Blanquefort aux portes de Bordeaux à Saint-Seurin-de-Cadourne ; la production est de 220 000 hectolitres en moyenne dont environ 25 000 sont élaborés dans les caves coopératives de Cissac, de Cussac, de Saint-Sauveur, de Saint-Seurin-de-Cadourne et de Vertheuil.

Depuis 1955, les vins de ces appellations ne peuvent pas être mis en circulation sans un certificat de qualité délivré par une commission de dégustation.

Les vins rouges de ces deux appellations sont d'une grande longévité ; ils développent, avec les années, grâce au Cabernet-Sauvignon, un puissant bouquet d'une grande finesse. Les vins d'appellation Médoc sont en principe d'un moindre niveau de qualité que ceux de l'appellation Haut-Médoc.

Il existe dans l'aire d'appellation Médoc et Haut-Médoc une petite production de vins blancs dont le plus connu est certainement le Pavillon blanc du Château Margaux, qui porte l'appellation Bordeaux.

Melon

Synonymes : *Muscadet* dans le Nantais, *Gamay blanc à feuilles rondes, Petite Bourgogne, Bourguignon blanc, Bourgogne blanche* en Anjou, *Grosse Sainte-Marie* en Savoie, *Pourrisseux* dans la vallée de la Saône, *Pétouin* ou *Pétoin* dans le Loiret, *Perry* en Savoie, *Biaune* ou *Petite Biaune* à La Châtre dans l'Indre, *Blanc de Nantes* en Gironde, *Lyonnaise blanche* dans l'Allier, *Gros Auxerrois blanc* en Moselle.

Château Latour. L'un des premiers grands crus classés de Pauillac dans le Haut-Médoc, sur la rive gauche de la Gironde.

Bourgeonnement cotonneux blanc à liseré carminé.

Jeunes feuilles aranéeuses, vert jaunâtre. Feuilles orbiculaires, bullées à bords révolutés, leur donnant un aspect caractéristique, entières, sinus pétiolaire en lyre ; dents anguleuses, moyennes ; dessous du limbe aranéeux en pelote.

Rameaux côtelés avec des stries longitudinales rouges du côté exposé au soleil ; vrilles petites, fines.

Grappes moyennes, cylindriques, compactes ; baies sphériques, petites, jaune doré, à peau épaisse ; maturité : 1re époque.

Grappe du cépage Melon, dit « Muscadet » dans le Pays nantais. Il donne un vin blanc agréable, à consommer en premier ou en vin sur lies.

Mercurey, dans la Côte chalonnaise, produit des vins rouges fins et élégants et une faible quantité d'un vin blanc plein de charme.

Le Melon est un vieux cépage bourguignon, peu utilisé dans sa région d'origine pour les AOC Mâcon blanc et Crémant de Bourgogne, mais très répandu dans la Loire-Atlantique où il a été multiplié après le terrible hiver de 1709 sous le nom de Muscadet.

Ce cépage débourre de bonne heure, sa vigueur est moyenne et sa production régulière, de 40 à 50 hectolitres à l'hectare. Il donne un vin blanc agréable, peu acide, qui est souvent consommé en primeur ou en vin sur lies. Dans ce cas, le vin reste tout l'hiver sur ses lies jusqu'au moment de sa mise en bouteilles, avant le 15 février suivant la récolte, prenant alors une teinte très pâle ainsi qu'un bouquet et une souplesse appréciés des amateurs.

En matériel certifié, 10 clones ont été agréés, dont le n° 443 est le plus intéressant. En France, sa culture occupe 11 000 hectares dont 10 500 pour les AOC Muscadet, Muscadet de Sèvre-et-Maine, Muscadet Coteaux-de-la-Loire et le reste pour les AOC de la Bourgogne ou des vins de table.

Menetou-Salon

Le vignoble, classé appellation d'origine contrôlée par le décret du 23 janvier 1959, couvre une superficie de 300 hectares, avec pour cépages le Sauvignon, en blanc, et en rouge et rosé le Pinot noir. La production est de l'ordre de 10 000 hectolitres en blanc, 5 500 hectolitres en rouge et 400 hectolitres en rosé. L'aire de production s'étend sur les communes ou parties de communes d'Aubinges, Menetou-Salon, Morogues, Parassy, Pigny, Quantilly, Saint-Céols, Soulangis, Vignoux-sous-les-Aix, Humbligny.

Les vins blancs ont une couleur jaune paille et une odeur végétale, bien caractéristique. En bouche, le vin est plein, assez vif. La bonne tenue en bouteille de ces vins est en rapport avec leur « race ». La robe des vins rouges est légère, nuancée cerise, de style rustique. Les rosés sont secs, frais et coulants. (*Voir* Vins du Centre p. 606.)

Mercurey

Vins à succès, les vins d'appellation d'origine contrôlée de Mercurey sont produits sur des parcelles délimitées du territoire de Mercurey, de Bourgneuf-Val d'Or et de Saint-Martin-sous-Montaigu, en Saône-et-Loire. Les 650 hectares d'un sol argilo-calcaire ferrugineux du plus grand vignoble de la Côte chalonnaise sont régis par le décret du 11 septembre 1936. Les vins blancs issus du Chardonnay doivent présenter un titre alcoométrique minimal de 11 % Vol. Les vins rouges exclusivement élaborés à partir du Pinot titrent 10,5 % Vol. Le rendement de base à l'hectare est de 45 hectolitres en blanc et de 40 hectolitres en rouge.

Les premiers crus de Mercurey doivent titrer au minimum 11 % Vol. pour les rouges et 11,5 % Vol. pour les blancs. Les vins blancs de Mercurey sont fins et distingués. Leur production a été de 2 528 hectolitres en 1995. On produit 25 000 hectolitres de vins rouges tanniques, souples et riches. Les arômes de cassis, de violette et de framboise caractérisent ces vins de bonne garde.

Mérille

Synonymes : *Grosse Mérille* à Lavilledieu (Tarn-et-Garonne), *Bordelais* ou *Boudoulès* dans le Tarn, *Périgord, Plant de Bordeaux* en Dordogne, *Pica, Picard* ou *Picardie* dans les Premières-Côtes-de-Bordeaux, *Piquat* en Corrèze, *Pouchou* ou *Pounchon* à Périgueux, *Saint-Rabier* en Charente, *Plant de Gibert.*

Grappes longues, tronconiques, compactes ; baies moyennes, légèrement ovoïdes, noir bleuté, juteuses ; maturité : 3e époque.

Cépage vigoureux, assez sensible aux maladies et fertile, le Mérille produit un vin ordinaire, léger, sans finesse. En matériel certifié, 3 clones ont été agréés, les nos 444, 445 et 790. Classé recommandé dans la plupart des départements du Sud-Ouest ou autorisé dans le Gers, la Gironde, les Charentes et les Landes, ce cépage est cultivé sur 100 hectares, principalement dans le Tarn-et-Garonne, le Lot, le Tarn, la Haute-Garonne et le Gers.

Merlot

Synonymes : *Merlot noir, Merlau rouge, Vitraille, Bigney rouge, Crabuetet noir* ou *Plant Médoc* dans le Bazadais, *Alicante* à Podensac, *Sème dou flube* (Plant du fleuve) au sud des Graves, *Sème de la Canau* à Portes, *Semilhoun rouge* en Médoc.

Bourgeonnement épanoui, cotonneux blanc à liseré carminé.

Jeunes feuilles duveteuses, blanches, 5-lobées. Feuilles moyennes, cunéiformes, vert foncé, bullées, en gouttière, gaufrées au point pétiolaire, profondément 5-lobées à fonds concaves et avec parfois une dent au fond du sinus ; sinus pétiolaire en U plus ou moins ouvert ; dents anguleuses, étroites ; dessous du limbe aranéeux en pelote. À l'automne, le feuillage rougit partiellement.

Rameaux anguleux brun-rouge comme l'acajou ou vert-brun avec des stries longitudinales rouges ; vrilles charnues, moyennes.

Grappes moyennes, cylindriques, lâches, parfois ailées ; baies sphériques, noir bleuté, petites à moyennes, peau d'épaisseur moyenne, pulpe juteuse ; maturité : 2e époque.

Le Merlot est un cépage bordelais, vigoureux, qui était peu répandu avant le phylloxéra. Il débourre de bonne heure, ce qui le rend sensible aux gelées de printemps ; il est également très atteint par les gelées d'hiver. C'est aussi un plant sujet à la coulure dans le Bordelais, ne donnant alors que de faibles rendements, de 20 à 30 hectolitres à l'hectare, tandis que dans le Midi méditerranéen on obtient généralement des productions de l'ordre de 80 hectolitres à l'hectare fournissant des vins ayant encore des possibilités aromatiques intéressantes. En revanche, au-delà de 100 hectolitres, la qualité baisse.

Le vin de Merlot est souple et il est rapidement consommable au bout de deux ou trois ans de garde ; mêlé au vin de Cabernet-Sauvignon, il assouplit le mélange, ce qui explique bien l'engouement dont il est l'objet actuellement. Peu attaqué par l'oïdium, le Merlot est sensible au mildiou et à la pourriture grise. En matériel certifié, 13 clones ont été agréés, les plus intéressants pour le Bordelais étant les nos 181, 182, 342 et 343, qui sont à production moyenne alors que le Midi recherche des clones productifs comme les nos 348, 346 et 184. Dans les pépinières c'est le deuxième cépage multiplié, avec 22 millions de greffes-boutures plantées en 1986.

Feuille de Merlot noir.

Le Merlot est le cépage noir à la mode, derrière le Pinot, et ses superficies cultivées sont passées de 17 000 hectares en 1958 à plus de 68 000 actuellement, en faisant le 3e cépage de cuve français. Les principales plantations existent dans le Sud-Ouest avec en tête la Gironde (44 000 hectares), suivie par la Dordogne (2 700 hectares), le Lot-et-Garonne et le Lot (1 800 hectares). Le groupe méridional est plus récent et modeste avec en premier l'Aude, puis l'Hérault et le Gard.

Rameau de Merlot noir.

 Merlot blanc

Il ne s'agit pas de la variété blanche du Merlot. Ce cépage aurait été rapporté en 1891 d'une chasse dans le Sud-Ouest par Guinaudie, propriétaire à Lalande-de-Fronsac, qui le diffusa sous le nom de Merlot blanc.

Bourgeonnement cotonneux blanc à liseré carminé.

Jeunes feuilles du haut duveteuses, jaune-vert pâle à dessous cotonneux ; jeunes feuilles du bas brillantes, vert clair à dessous duveteux.

Feuilles orbiculaires vert foncé, grossièrement bullées à lobes involutés, 5-lobées profondément avec les sinus latéraux moyennement larges et à fonds aigus ; sinus pétiolaire en lyre plus ou moins fermée ; dents ogivales, étroites ; dessous du limbe aranéeux et nervures pubescentes.

Rameaux côtelés, vert clair avec quelques stries longitudinales brunes ; vrilles longues, charnues, enchevêtrées à leur base.

Grappes moyennes, cylindriques, compactes ; baies sphériques, moyennes, blanches, juteuses ; maturité : 2e époque hâtive.

Le Merlot blanc possède un débourrement précoce, le rendant sensible aux gelées printanières. Il a été très multiplié en raison de sa fertilité dans le Bordelais et les départements voisins. Ses raisins sont très sensibles à la pourriture grise et, dans les sables, il est très atteint par les nématodes, ce qui diminue sa vigueur. Les vins sont en général peu alcooliques, de faible qualité.

Le Merlot blanc est un cépage accessoire des vignobles à vins blancs de la Gironde : AOC Bordeaux, Entre-deux-Mers, Graves de Vayres, Sainte-Foy-Bordeaux, Blayais et Bourgeais, mais sa culture est en régression : 400 hectares contre 5 277 en 1958, dont la majorité en Gironde. Ce cépage a été classé recommandé en Gironde, dans les Charentes, la Dordogne, les Landes, le Lot-et-Garonne et le Tarn-et-Garonne, départements où subsistent quelques plantations.

Meslier Saint-François

Synonymes : *Gros Meslier, Meslier blanc, Meslier d'Orléans, Meslier du Gâtinais, Blanc Ramé* en Charente, *François blanc, Co de France* (cep de France) dans l'Aube, *Pot de vin* dans le Loiret.

Feuilles orbiculaires, moyennes, grossièrement bullées, tourmentées, 5-lobées avec les sinus latéraux supérieurs profonds, étroits et à fonds aigus, sinus pétiolaire en lyre fermée ou à bords superposés avec le point pétiolaire rosé ; dents ogivales, moyennes ; dessous duveteux-pubescent.

Grappes moyennes à grandes, tronconiques, assez compactes ; baies ovoïdes, moyennes, blanches à jaune doré ; maturité : 2e époque.

Grappe de Meunier, dit aussi « Pinot Meunier », exploité en Champagne car il résiste bien aux gelées.

Ce cépage, originaire du Gâtinais où il formait autrefois le fond du vignoble, s'est répandu dans la vallée de la Loire, les Charentes et le Sud-Ouest, en raison de sa forte production et d'une relative résistance au black-rot.

Le Meslier Saint-François débourre de très bonne heure, mais ses contre-bourgeons sont généralement fertiles et permettent d'obtenir une petite récolte en cas de gelée printanière. Il redoute l'oïdium et la pourriture grise.

C'est un plant d'abondance, pouvant dépasser aisément 100 hectolitres à l'hectare, donnant un vin ordinaire, frais, neutre, parfois alcoolique ; distillé, il fournit une eau-de-vie fine, très bouquetée, qui s'allie très bien avec celles produites par les autres cépages charentais.

Classé recommandé dans le Gers, l'Indre, l'Indre-et-Loire, le Loir-et-Cher, la Vienne et la Haute-Vienne et autorisé dans les Charentes, la Corrèze, la Dordogne, la Gironde, les Deux-Sèvres, le Loiret, le Lot-et-Garonne, les Hautes-Pyrénées et les Pyrénées-Atlantiques, il fait partie de l'encépagement AOC du Cognac et de l'Armagnac. Sa superficie cultivée est en régression, n'atteignant plus que 50 hectares contre 2 300 en 1958, répartis principalement dans le Gers et le Loir-et-Cher.

Meunier

Synonymes : *Pinot Meunier, Gris Meunier* ou *Auvergnat gris* dans le Loiret, *Blanche feuille, Farineux, Morillon taconé* dans la Marne, *Plant de Brie* dans la région parisienne, *Fernaise,* en Lorraine, *Noirin Enfariné,* dans le Doubs, *Frésillon* en Alsace.

Bourgeonnement épanoui, cotonneux blanc à pointe rosée.

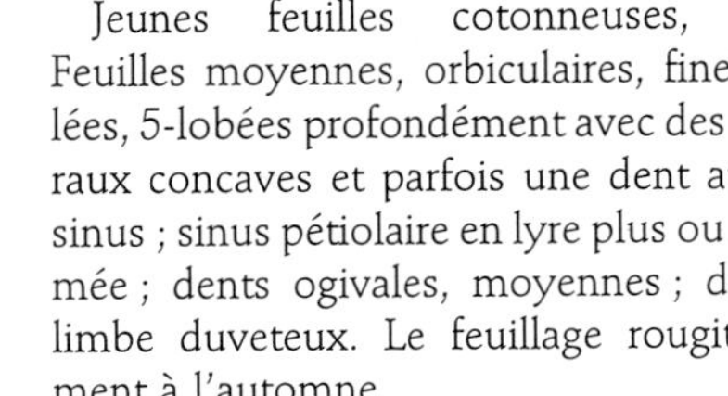

Jeunes feuilles cotonneuses, blanches. Feuilles moyennes, orbiculaires, finement bullées, 5-lobées profondément avec des sinus latéraux concaves et parfois une dent au fond du sinus ; sinus pétiolaire en lyre plus ou moins fermée ; dents ogivales, moyennes ; dessous du limbe duveteux. Le feuillage rougit partiellement à l'automne.

Rameaux côtelés, duveteux au sommet, rouge acajou au soleil ; vrilles fines, moyennes.

Grappes petites à moyennes, cylindroconiques, compactes ; baies petites, sphériques, noir bleuté, pellicule épaisse, pulpe fondante et jus abondant ; maturité : 1re époque.

Le Meunier est un plant de vigueur moyenne, ayant un débourrement tardif, ce qui est une qualité précieuse, exploitée en Champagne pour les terrains mal exposés au nord ou dans les bas-fonds. Sa production moyenne varie de 50 à 80 hectolitres à l'hectare, mais avec des tailles généreuses on peut obtenir plus de 100 hectolitres (jusqu'à 16 000 kilogrammes à l'hectare). Son vin est peu coloré, moins fin et moins alcoolique que celui du Pinot et par conséquent ses raisins sont achetés moins cher en Champagne. Ce cépage est sensible à l'oïdium et à la pourriture grise, en revanche il résiste assez bien aux gelées d'hiver.

En matériel certifié, 15 clones ont été agréés, les nos 901, 916 et 977 étant les moins productifs. Le Meunier a été classé recommandé en Champagne, dans la vallée de la Loire et la Bourgogne. Sa culture est en extension, dépassant maintenant 11 200 hectares, faisant partie des AOC Champagne, Touraine et l'AOVDQS Vins de l'Orléanais.

Meursault

Dans cette commune prestigieuse de la Côte de Beaune, des vins blancs de Bourgogne secs, issus du Chardonnay et du Pinot blanc, donnent toute leur expression. L'aire d'appellation d'origine contrôlée, limitée à 439 hectares (364 hectares revendiqués en 1995), se caractérise par un sol riche en calcaire magnésien ferrugineux. Le décret du 21 mai 1970 limite le rendement de base à 40 hectolitres à l'hectare pour les vins rouges et 45 pour les vins blancs, et fixe le titre alcoométrique minimal à 10,5 et 11 % Vol. en premiers crus pour les rouges ; les blancs doivent titrer 11 et 11,5 % Vol. en premiers crus.

Les vins blancs secs donnent une impression de moelleux. Leur robe ravissante, limpide, or pâle tire parfois sur le vert. Les meilleurs vins ont un goût délicat de noisette. Dans les bonnes années, les premiers crus peuvent tenir vingt ans. En 1995, leur production a été de

15 080 hectolitres contre 650 hectolitres de vins rouges. On notera au sujet de ces derniers la possibilité d'adopter l'appellation Volnay, s'ils proviennent des climats Santenots. Ces vins rouges fins et légers laissent s'exhaler un bouquet de framboise.

Milgranet

Synonyme : *Petite Mérille* à Lavilledieu (Lot-et-Garonne).

Grappes petites à moyennes, tronconiques, compactes, avec 2 ailerons ; baies sphériques, moyennes, noir bleuté, peu juteuses ; maturité : 2e époque.

Cépage particulier des vignobles de Lavilledieu (Tarn-et-Garonne), du Tarn et de la Haute-Garonne, départements où il a été classé recommandé, occupant une superficie d'une dizaine d'hectares. Il fait partie de l'encépagement de l'AOVDQS Vins de Lavilledieu.

Minervois

L'appellation d'origine contrôlée, ratifiée par le décret du 15 février 1985, compte 61 communes dont 45 dans l'Aude et 16 dans l'Hérault. Au nord des Corbières, le Minervois se développe entre Narbonne et Carcassone, s'adossant à la montagne Noire et descendant par paliers successifs jusqu'à l'Aude, qui constitue sa limite sud. Son paysage est fait de collines aux formes adoucies, de buttes ou « mourrels » couvertes de chênes verts et de pins d'Alep. Le Minervois tire son nom d'un village, Minerve, un des hauts lieux de l'histoire du Languedoc. Ses terroirs sont faits d'étendues planes de cailloux roulés, de croupes arrondies de marnes gréseuses et de pentes caillouteuses des piedmonts de la montagne Noire. Son climat est typiquement méditerranéen, mais avec des nuances de l'est à l'ouest. Les cépages du Minervois sont languedociens, avec traditionnellement moins de Carignan et plus de Cinsaut que dans les Corbières. Les cépages blancs autorisés sont le Grenache blanc, le Bourboulenc, le Maccabeu, le Picpoul, la Clairette, le Terret et la Marsanne.

La superficie de l'aire AOC couvre 18 000 hectares (dont seuls 3 900 hectares ont été revendiqués en 1995) pour une production de 226 124 hectolitres en rouge, dont 6 000 hectolitres en rosé, et de 4 320 hectolitres en blanc ; le rendement de base à l'hectare a été fixé à 50 hectolitres.

S'il produit quelques vins blancs et rosés secs, fruités, d'heureuse venue, le Minervois n'en reste pas moins un pays de vins rouges ; ceux-ci, plus tendres que ceux des Corbières, à la robe rouge grenat, sont fins, gouleyants, aux arômes complexes de petits fruits rouges avec des notes épicées.

Château de Meursault, village de la Côte de Beaune réputé pour ses vins blancs secs aux fins arômes de noisette et de mousseron.

Molette

Synonymes : *Molette blanche, Molette de Seyssel.*

Grappes grosses, cylindro-coniques, attachées au sarment par un pédoncule long, compactes, portant fréquemment 2 ailerons ; baies sphériques ou ovoïdes par compression, voire discoïdes, blanc verdâtre, tendres (d'où le nom de Molette) ; maturité : 2e époque tardive.

La Molette est un cépage d'abondance, pouvant produire 60 à 80 hectolitres à l'hectare et même davantage dans les terres bien fumées de la région de Seyssel. Son vin est commun, peu alcoolique, à goût herbacé, avec une petite saveur âcre, peu agréable en fin de dégustation. Classée recommandée dans l'Ain et autorisée en Savoie, la Molette fait partie des AOC Vin de Savoie, Seyssel mousseux et de l'AOVDQS Vin du Bugey, occupant au total 40 hectares environ.

Mollard

Synonymes : *Molar, Mollar noir, Molard, Tallardier, Chaliant, Cholion, Plant de Veynes, Boissier* ou *Beissier.*

Grappes moyennes, cylindro-coniques, assez compactes ; baies sphériques ou légèrement ovoïdes, moyennes, noir bleuté ; maturité : 2e époque.

Le Mollard débourre tard ; vigoureux, rustique, il est sensible au mildiou. Son vin est frais, moyennement alcoolique, avec une belle couleur grenat. Il peut se conserver plusieurs années. Classé recommandé dans les Hautes-Alpes, il occupe près de 35 hectares dans la haute vallée de la Durance, de Tallard à Embrun.

Monbadon

Synonymes : *Frontignan* ou *Frontignan des Charentes* en Charente, *Gros Montils* dans l'île d'Oléron, *Castillonne* en Charente-Maritime, *Grand Blanc* et *Blanc de Cadillac* en Gironde, *Ugni* de Montpellier et *Aramon blanc* (par erreur) dans le Var.

Feuilles tronquées, finement bullées à lobes involutés, profondément 5-lobées et même parfois 7-lobées, avec les sinus latéraux larges, ouverts et à fonds concaves, sinus pétiolaire en lyre étroite ou à bords légèrement superposés, parfois à base dégarnie ; dents ogivales, larges ; dessous du limbe duveteux pubescent.

Grappes grosses, tronconiques, compactes avec un petit aileron ; baies moyennes, sphériques, blanc jaunâtre, très juteuses ; maturité : 3e époque.

C'est un gros producteur, donnant en Charente de petits vins, en raison de sa maturité tardive. Il est sensible aux maladies et surtout à la pourriture grise. Non classé, il fait cependant partie de l'encépagement de l'AOC Blayais ; sa culture est en régression : 130 hectares en 1985 contre 1 731 en 1958, et seulement quelques hectares aujourd'hui.

La Caunette et ses vignes en Minervois, terre cathare où naît un vin rouge dur et fruité, aux odeurs sauvages.

Monbazillac

Le vin de Monbazillac, classé AOC par le décret du 31 juillet 1937, occupe au sein du vignoble de Bergerac une place de choix. Situé au sud de Bergerac, sur un coteau exposé au nord, le vignoble de Monbazillac, dominé par le château, occupe 2 500 hectares répartis en 5 communes : Monbazillac, Pomport, Saint-Laurent-des-Vignes, Colombier et Rouffignac-de-Sigoulès. Les terrains argilo-calcaires et l'exposition particulière du vignoble – présence conjuguée des brouillards matinaux et des chauds rayons du soleil dans la journée – créent un microclimat très favorable à la surmaturation des raisins et à leur attaque par la pourriture noble.

Le château de Monbazillac, solide et élégante bâtisse du XVIe siècle, abrite un petit musée du Vin.

Ces conditions climatiques et pédologiques conditionnent la production de Monbazillac, comme dans l'ensemble des grands crus de vins blancs liquoreux.

Ce sont de petites unités à caractère familial qui mettent en valeur le vignoble. En raison du mode particulier de récolte, les vendanges sont tardives, le moût est très fragile et la vinification doit être entourée de soins vigilants.

La mise en bouteilles se fait au plus tôt dix-huit mois après la récolte.

La production du Monbazillac se situe autour de 50 000 hectolitres. Deux années de récolte sont régulièrement en cours de vieillissement dans les chais.

La cave coopérative, propriétaire du château de Monbazillac, vinifie environ 30 % de l'ensemble des volumes, et constitue un élément dynamique de la production.

Les vins de Monbazillac peuvent être consommés jeunes, mais ils gagnent à vieillir. Ils peuvent se conserver quinze ans et plus pour les grands millésimes.

Le Monbazillac est par excellence le vin de garde du Périgord, déjà cité très élogieusement dans une *Ampélographie française* de Victor Rendu, en 1850.

Mondeuse

Synonymes : *Mouteuse, Mondouse, Mandouze, Molette noire* en Savoie, *Persagne, Persaigne, Prossaigne* dans l'Ain, *Savoyard, Savoyanche, Savoyange, Savoyanne, Savoyet* dans l'Isère, *Maldoux, Maudoux* dans le Jura, *Grosse Syrah* dans la Drôme, *Vache* ou *Pinot Vache* à Vichy, *Grand Chétuan, Gros Chétuan* dans le Revermont, *Salanaise* à Givors, *Persanne* à Lyon, *Tournerin* à la Tour-du-Pin, *Gueyne* à Morestel, *Marsanne ronde* à Saint-Marcellin, *Angélique* à Gy, *Gros Rouge du pays* en Suisse, *Grand Picot* ou *Grand Picou* (allusion à la longueur du pédoncule).

Grappes grandes, tronconiques, allongées, assez compactes ; baies petites, sphériques ou légèrement ovoïdes, noir bleuté, juteuses ; maturité : 2e époque.

La Mondeuse est un cépage savoyard, qui pourrait être la vigne des Allobroges, citée par Columelle ; c'est un plant vigoureux, généralement conduit en gobelet à taille courte. Ses raisins, mûris en coteaux à bonne exposition et avec une production de 40 à 60 hectolitres à l'hectare, donnent un vin solide, coloré, ayant de la mâche, alcoolique et vieillissant parfaitement, dont l'arôme rappelle celui du Malbec. Mais dans les terres d'alluvions de plaine, les rendements dépassent 100 hectolitres et on n'obtient plus qu'un vin commun, faible en degré.

En matériel certifié, 4 clones ont été agréés, le plus connu étant le n° 368. La Mondeuse a été classée recommandée en Savoie, dans l'Ain et l'Isère ; elle fait partie de l'encépagement de l'AOC Vin de Savoie et de l'AOVDQS Vin du Bugey pour une superficie totale de 200 hectares environ.

Mondeuse blanche

Synonymes : *Blanche, Blanchette, Donjin, Aigre blanc, Jongin* en Savoie, *Couilleri* dans le Jura, *Dongine* dans l'Ain.

Bourgeonnement duveteux blanc à liseré carminé.

Jeunes feuilles aranéeuses, très bronzées.

Grappes moyennes, ailées, cylindriques, compactes ; baies sphériques ou légèrement ovoïdes, moyennes, vert doré, pellicule ayant une certaine âpreté ; maturité : 2e époque.

Ce cépage n'est pas la forme blanche de la Mondeuse noire dont elle diffère par le bourgeonnement moins velu et les feuilles plus rondes et plus découpées. C'est un plant moins productif, donnant un vin blanc de qualité, de longue conservation. Classée recommandée en Savoie et dans l'Ain et faisant partie de l'AOC Vin de Savoie et de l'AOVDQS Vin du Bugey, la Mondeuse blanche est cultivée sur une dizaine d'hectares.

Monerac

Croisement de Grenache × Aramon, obtenu à l'INRA de Vassal. Son débourrement est précoce et sa maturité de 3e époque. Sa production est intermédiaire entre celle du Grenache et du Carignan ; son vin est alcoolique, mais faible en couleur. Le Monerac a été classé recommandé. Comme son port est étalé, il peut nécessiter le palissage. Actuellement, 2 hectares sont en plantation.

Montagne Saint-Émilion

L'appellation d'origine contrôlée Montagne Saint-Émilion, créée par décret du 14 novembre 1936, était à l'origine réservée aux vins rouges provenant de raisins récoltés sur les parcelles délimitées du territoire des communes de Montagne et de Saint-Georges, dans le Libournais. Par décret du 5 décembre 1972, l'aire d'appellation Montagne Saint-Émilion a été étendue à la commune de Parsac.

Pour avoir droit à l'appellation Montagne Saint-Émilion, les cépages dont sont issus les vins sont les mêmes que ceux exigés pour l'appellation Saint-Émilion.

La richesse minimale en sucres des moûts doit être de 187 grammes par litre. Les vins doivent présenter un titre alcoométrique minimal de 11 % Vol. et maximal de 13 % Vol. Le rendement de base est de 45 hectolitres à l'hectare. Depuis 1958, les vins de cette appellation sont soumis à une commission de dégustation avant d'être mis en circulation.

Le potentiel viticole est de 1 500 hectares et la production moyenne avoisine les 90 000 hectolitres dont 20 % sont vinifiés par la cave coopérative de Montagne.

On observe une certaine ressemblance entre les vins de l'appellation Montagne Saint-Émilion et ceux de l'appellation Saint-Émilion.

Montagny

L'aire d'appellation d'origine contrôlée de ce village de la Côte chalonnaise, ratifiée par le décret du 11 septembre 1936, s'étend sur près de 306 hectares (258 hectares revendiqués en 1995) répartis sur les communes de Montagny, Buxy, Saint-Vallerin et Jully-lès-Buxy.

Les vins blancs doivent présenter un titre alcoométrique minimal de 11 % Vol. Le rendement de base à l'hectare est limité à 50 hectolitres. Ce vin blanc issu du cépage Chardonnay s'exprime sur un sol argilo-calcaire. En 1995, les viticulteurs ont produit 11 090 hectolitres.

On retrouve dans les vins de Montagny les caractères distingués de légèreté, de grâce et de finesse, qualités qui s'expriment dès les premières années.

Perché sur une colline, Monthélie domine le cirque de Meursault et produit principalement des vins rouges élégants quelque peu éclipsés par ceux de Volnay.

Monthélie

Voisine de Meursault et de Volnay, la commune de Monthélie, en Côte de Beaune, produit sur 135 hectares (120 hectares revendiqués en 1995), dont 31 en premiers crus, des vins principalement rouges, naguère très en vogue et encore fort appréciés. Le terroir, dont les meilleures parcelles sont exposées plein sud, est constitué d'un sol d'argile, de silice et d'oxyde de fer. Le décret du 21 mai 1970 ratifiant cette AOC a fixé le titre alcoométrique minimal à 10,5 et 11,5 % Vol. en premiers crus pour les vins rouges ; à 11 et 11,5 % Vol. en premiers crus pour les vins blancs. Le rendement de base maximal est de 40 hectolitres à l'hectare pour les vins rouges et 45 pour les vins blancs. En 1995, la production a été de 4 741 hectolitres de vins rouges et 351 hectolitres de vins blancs. Les vins rouges, à la robe claire et d'une belle tenue, sont dits plus fermes que leurs proches voisins de Volnay. Leur chair est réputée plus délicate que celle des vins de Pommard.

Entre Tours et Amboise, le vignoble de Montlouis produit un vin blanc tout en finesse dans le style du Vouvray.

 Montils

Synonymes : *Blanc de Montils, Chalosse.*

Grappes petites, cylindriques, lâches ; baies sphériques, petites, blanc verdâtre, juteuses ; maturité : 2e époque.

Le Montils est un cépage charentais qui fait partie de l'AOC Cognac, mais qui est peu cultivé aujourd'hui (environ 5 hectares). C'est un assez gros producteur d'un vin acide. Il a été classé recommandé dans les Charentes et la Dordogne, pour la production du Cognac, et autorisé en Gironde.

Montlouis

Ce vignoble, classé AOC par le décret du 6 décembre 1938, couvre quelque 250 hectares, avec pour cépage unique le Pineau blanc de la Loire.

La production moyenne est de l'ordre de 9 000 hectolitres par an avec des extrêmes de 10 471 hectolitres en 1995 et de 7 500 hectolitres en 1992. L'aire de production s'étend sur les communes ou parties de communes suivantes : Montlouis, Saint-Martin-le-Beau, Lussault.

Le Montlouis a une couleur légère, à nuance jaune tendant vers le doré avec l'âge. Le vin est fin, tendre et vif avec la petite fermeté du Pineau blanc. Il a une bonne aptitude au vieillissement. (*Voir* Touraine page 582.)

Montlouis mousseux

Le vignoble, classé AOC par le décret du 6 décembre 1938, complété par celui du 14 octobre 1974, couvre une superficie de 100 hectares, avec pour cépage le Pineau de la Loire.

La production moyenne est de l'ordre de 8 600 hectolitres par an. En 1976, année de grands vins tranquilles, elle a été de 2 104 hectolitres contre 10 500 hectolitres en vins tranquilles. Selon le climat, selon donc la richesse du raisin, la récolte est fluctuante, tant en quantité qu'en qualité.

L'aire de production s'étend sur les communes ou parties de communes de l'aire d'appellation Montlouis.

La mousse du Montlouis mousseux est légère, tout comme le vin qui par ailleurs est fruité, plein, vif et solide. Il a une bonne aptitude au vieillissement.

Montlouis pétillant

Le potentiel viticole de ce vignoble, classé AOC par le décret du 6 décembre 1938, représente environ 20 % de la production de mousseux, avec pour cépage le Pineau blanc de la Loire. L'aire de production s'étend sur les communes ou parties de communes de l'aire d'appellation Montlouis.

Pour avoir droit à l'appellation « Montlouis pétillant » (ou « mousseux ») les vins doivent présenter un titre alcoométrique minimal de 9 % Vol.

Le Montlouis pétillant, plein, fondu, solide et tendre, avec un léger pétillement, présente une très bonne aptitude au vieillissement.

Montpeyroux

Cette dénomination communale complète celle de l'appellation Coteaux-du-Languedoc. La zone de production, ratifiée par le décret du 24 décembre 1985, intéresse deux communes du nord de Montpellier, au pied du Causse du Larzac, situées sur des cailloutis de gélifraction en piedmonts de montagne. Le vignoble, complanté avec les cépages de l'appellation Coteaux-du-Languedoc, occupe une superficie de 900 hectares pour une production de l'ordre de 15 000 hectolitres. Le vin de Montpeyroux, riche en couleur, se caractérise par sa charpente qui le prédispose au vieillissement.

Montrachet

L'un des plus prestigieux vins blancs au monde est sans nul doute le Montrachet, grand cru de la Côte de Beaune produit sur les communes de Puligny-Montrachet et de Chassagne-Montrachet. Sur quelque 7,5 hectares, l'appellation d'origine contrôlée décline l'une des expressions les plus réussies du cépage Chardonnay. Le terroir, constitué de sables siliceux, de chaux, d'argile, d'oxyde de fer avec un sous-sol magnésien, réalise en interaction avec le microclimat une magie étonnante.

Ratifiée par décret du 31 juillet 1937, cette appellation d'origine contrôlée est soumise à de strictes conditions de production. Les vins de Montrachet doivent présenter un titre alcoométrique volumique minimal de 12 % Vol. et un rendement de base à l'hectare de 30 hectolitres. Chaque année, les amateurs du monde entier s'arrachent les quelque 250 hectolitres de ce vin divin, sec, à la brillante pâleur.

La gloire du Montrachet tient à la magnificence de ses arômes complexes, tour à tour violents, subtils, harmonieux, où se mêlent noisette, amande et miel dans une gravité sans mièvrerie. On le dégustera dans les meilleures conditions dans les cinq à six ans qui suivent la récolte.

Montravel, Côtes-de-Montravel et Haut-Montravel

Appellations ratifiées par le décret du 31 juillet 1937. À la limite de la Gironde, le terroir de Montravel est situé sur les coteaux de la rive droite de la Dordogne. Cette entité historique et géographique qui semble arrachée au Bordelais concerne le canton de Vélines.

Le vin est élaboré à partir de trois cépages principaux : le Sauvignon, le Sémillon et la Muscadelle. Le vignoble, qui a une superficie d'environ 1000 hectares (dont 600 revendiquent l'appellation) repose principalement sur un sol argilo-calcaire, constitué de molasses de l'Agenais. La maturité, sous une influence océanique, peut être plus marquée et souvent plus précoce que dans le reste de la région de Bergerac.

La production est d'environ 25 000 à 30 000 hectolitres, et se répartit entre le Montravel, vin blanc sec, et les Côtes-de-Montravel et Haut-Montravel, vins blancs moelleux présentant une teneur en sucres comprise entre 17 et 54 grammes par litre.

Selon le climat de l'année, cette production peut osciller entre 800 hectolitres (1985) et 2 800 hectolitres (1995) pour le Haut-Montravel, et entre 5 500 hectolitres (1987) et 1 200 hectolitres (1992) pour les Côtes-de-Montravel ; celle de Montravel est de l'ordre de 23 000 hectolitres (moyenne sur 10 ans). Ces vins, qu'ils soient secs ou moelleux, se distinguent par la richesse de leur structure et par leur tendreté et leur longueur en bouche. On peut les déguster jeunes, de 9 à 18 mois, ou après plusieurs années.

Chassagne-Montrachet a le privilège de partager avec Puligny-Montrachet l'appellation Montrachet, grand cru blanc, expression la plus réussie du cépage Chardonnay.

Morey-Saint-Denis en Côte de Nuits compte quatre grands crus et donne son nom à des vins rouges étoffés à la robe sombre.

Morey-Saint-Denis

À l'instar des autres appellations bourguignonnes, l'AOC Morey-Saint-Denis comprend trois types de crus bien décrits dans le décret du 8 décembre 1936 qui l'a ratifiée : l'appellation communale en elle-même, qui couvre 109 hectares, les grands crus et les premiers crus.

Les vins rouges doivent titrer 10,5 % Vol. au minimum, 11 % Vol. pour les premiers crus ; les vins blancs, quant à eux, doivent présenter un titre alcoométrique minimum de 11 % Vol. et 11,5 % Vol. pour les premiers crus. En matière de rendement, on notera une particularité puisque le rendement de base des vins rouges est établi à 40 hectolitres à l'hectare contre 45 pour les vins blancs. Ces derniers sont produits en petite quantité (100 hectolitres par an), alors que la production annuelle des rouges avoisine 3 000 hectolitres (3 559 hectolitres en 1995) ; ils sont, de ce fait, d'autant plus appréciables.

Un sol argilo-calcaire, un encépagement classique – Pinot noir pour les vins rouges et Chardonnay pour les blancs – en font des vins subtils, souples et tendres ; ils ne manquent cependant pas de vigueur. On peut être séduit par la robe sombre des vins rouges et leur bouquet puissant où se mêlent fraise et violette.

Morgon

Face aux Côtes-de-Brouilly, situé sur les communes de Morgon et de Villié-Morgon, la plus importante commune viticole du Beaujolais, ce vignoble, classé AOC par le décret du 11 septembre 1936, s'étend sur des schistes pyriteux désagrégés et imprégnés d'oxyde de fer appelés « morgnons ». Ces roches « pourries » donnent un vin qui se rapproche parfois des grands vins rouges de la Côte-d'Or : couleur grenat foncé un peu sombre, bouquet léger, corps ferme et puissant. Mais il est permis de discuter les qualités du Morgon sans fin : les vignerons du pays ont inventé le verbe « morgonner » (goûter un Morgon et en parler)...

Le nez et le palais perçoivent sans difficulté des arômes de fruits rouges – groseille, framboise, etc. – qui offrent toute une gamme de sensations souples et chaleureuses, dont la si caractéristique senteur kirschée apportée par l'arôme de cerise sauvage.

Le Morgon vieillit en général fort bien. Le style nouveau en fait toutefois un vin de moins longue garde.

Le vignoble couvre une surface de 1 100 hectares et donne une production moyenne de 63 800 hectolitres (8 500 000 bouteilles).

Mornen

Synonyme : *Mornerain* dans la Loire.

Grappes moyennes, tronconiques, compactes ; baies sphériques, petites, noir bleuté, peu juteuses ; maturité : 1re époque tardive.

C'est un cépage particulier à la région limitrophe des départements de la Loire (canton de Rive-de-Gier) et du Rhône (cantons de Mornant et Givors). Au printemps ses pampres rappellent assez celles du Chasselas, mais plus tard les différences apparaissent et on ne peut prendre le Mornen pour la variété noire du Chasselas. Son vin est coloré, peu alcoolique ; il était consommé sur place par les populations ouvrières de la vallée du Gier. Non classé, il en subsiste moins de 20 hectares.

Morrastel

Synonymes : *Mourastel, Morestel, Marastel, Monastel, Monastrell, Couthurier* ou *Couturier* en Dordogne et dans le Lot-et-Garonne, *Plant de Lédenon* en Provence, *Courouillade* et *Grosse Négrette* dans le Tarn-et-Garonne, *Perpignan* à Fronton, *Cargo-muol* dans les Landes.

Jeunes feuilles aranéeuses, très bronzées ou même orangées, à dessous duveteux, carminé.

Rameaux côtelés, avec des stries longitudinales rouges ; nœuds rouges ; vrilles moyennes, assez charnues.

Grappes moyennes à longues, tronconiques, ailées, compactes, à rafles rouges ; baies sphériques, petites, noir bleuté, pellicule assez épaisse, chair molle, jus peu coloré ; maturité : 3e époque.

Cépage espagnol originaire de la haute vallée de la Rioja. Introduit en France, il y porte de nombreux synonymes, dus à sa diffusion dans tout le Midi. Avant le phylloxéra, il occupait des surfaces assez importantes en Languedoc, contribuant à la production des vins des coteaux de Langlade, Villeveyrac, des Costières du Gard et jusqu'en Provence. C'est un petit producteur, donnant des vins riches en couleur et en extrait sec, un peu grossiers. Son port est dressé, son débourrement très tardif. Peu attaqué par l'oïdium et ne craignant pas la sécheresse, il est plus sensible au mildiou. Avec la reconstitution du vignoble, il a cédé la place aux hybrides Bouschet et notamment au Morrastel-Bouschet, qui est un gros producteur. Classé recommandé dans le Tarn, l'Aveyron, la Haute-Garonne et le Tarn-et-Garonne, il n'en reste qu'une dizaine d'hectares.

Morrastel-Bouschet

Synonymes : *Morrastel Bouschet* à gros grains, *Gros Morrastel Bouschet.*

Jeunes feuilles cotonneuses, jaunâtres, avec des plaques rougeâtres.

Grappes grandes, tronconiques, compactes ; baies grosses, sphériques ou légèrement ovoïdes, noir violacé foncé, pellicule épaisse, jus assez coloré ; maturité : 1re époque tardive.

C'est un croisement de Morrastel × Petit Bouschet, obtenu en 1885 par Henri Bouschet. Ce plant, au port étalé, est très sensible au mildiou. Très fertile, il peut donner en plaine plus de 6 kilogrammes par pied et fournit un vin très coloré, pas très alcoolique, mais pouvant cependant dépasser 10 % Vol. Non classé.

Moselle

Ces vins classés AOVDQS par arrêté du 9 août 1951, très réputés autrefois, connaissent aujourd'hui une production voisine de 1 000 hectolitres dont 70 % en blanc. L'aire de production comprend 19 communes. Vins rouges, blancs et rosés légers.

Moulin-à-Vent

D'un avis à peu près unanime, le Moulin-à-Vent, ratifié par le décret AOC du 11 septembre 1936, est, parmi les dix apôtres du Beaujolais, celui qui se trouve le plus proche du trône céleste. Situé sur Romanèche-Thorins et Chénas, entre les vignobles de Chénas et de Fleurie, il doit son nom à un moulin tricentenaire qui a d'ailleurs perdu ses ailes. Beau sujet d'allégorie : le vin rendant hommage au blé.

Plantée sur des sols granitiques peu profonds contenant du manganèse, la vigne produit ici, sur 650 hectares, quelque 37 700 hectolitres (5 millions de bouteilles) d'un vin rubis profond, capiteux et concentré qui fait grand honneur au Gamay. L'influence du manganèse donne des vins charpentés, très corsés, puissants en bouche. Le nez est harmonieux, avec ses arômes de fruits rouges, d'iris, de rose.

Le Moulin-à-Vent, cru réputé du Beaujolais, naît sur un terroir granitique, que domine un antique moulin.

Le Moulin-à-Vent peut être apprécié assez jeune, mais il gagne souvent à vieillir cinq ans et parfois bien davantage. « La grâce d'un Beaujolais, le prestige d'un Bourgogne » : l'appellation marque la transition entre le Mâconnais et le Haut-Beaujolais.

Moulis ou Moulis-en-Médoc

L'appellation d'origine contrôlée Moulis ou Moulis-en-Médoc, créée par décret du 14 mai 1938, est réservée aux vins rouges provenant de raisins récoltés sur le territoire délimité par la commune de Moulis ainsi que sur quelques parcelles des communes de Listrac, Lamarque, Arcins, Avensan, Castelnau et Cussac.

L'encépagement exigé est celui de l'appellation régionale Médoc. Depuis 1961, les cépages hybrides sont interdits sur les propriétés revendiquant le droit à l'appellation Médoc. La richesse minimale des moûts en sucres doit être de 178 grammes par litre et les vins doivent présenter un titre alcoométrique minimal de 10,5 % Vol. et maximal de 13 % Vol. Le rendement de base est de 45 hectolitres à l'hectare.

Depuis 1955, les vins de cette appellation ne peuvent pas circuler sans un certificat de qualité délivré par une commission de dégustation.

Le potentiel viticole est de 550 hectares et la production moyenne de 29 000 hectolitres dont une petite partie est vinifiée dans la cave coopérative de Listrac.

Moulis. Ce village du Haut-Médoc, terre de graves et de calcaire, produit un vin rouge fin et souple, charmeur.

Grappe de Mourvèdre. Ce cépage, recommandé en Provence et Languedoc, donne un vin puissant et très coloré qui demande à vieillir.

On ne trouve que des crus bourgeois dans l'appellation Moulis.

Les vins de l'appellation Moulis, s'ils allient une grande finesse des arômes et une structure souple et charnue dès les premières années, deviennent, après quelques années de vieillissement, d'une grande complexité.

 Mourvaison

Synonymes : *Mourveson, Mourvesoun, Mourvedoun, Mourvezon, Raisin des Maures, Mouenc, Négrau.*

Feuilles moyennes, épaisses, planes à bords frisés, orbiculo-réniformes, entières ou faiblement 3-lobées, sinus pétiolaire en lyre plus ou moins fermée ; dents ogivales, étroites ; limbe fortement aranéeux ou duveteux.

Grappes très grandes, tronconiques, assez volumineuses, ailées, très compactes ; baies petites à moyennes, ovoïdes, noires, juteuses ; maturité : 3e époque.

Cépage d'origine inconnue cultivé autrefois dans les environs de Grasse et sur la rive droite du Var, avant de gagner plusieurs vignobles du département du Var dans la région de Bandol et de Draguignan.

C'est un plant gros producteur, assez résistant aux maladies, donnant un vin coloré, assez astringent. Classé autorisé en Provence, il en subsiste une vingtaine d'hectares.

 Mourvèdre

Synonymes : *Mourvède, Mourvès, Morvède, Mourvégué, Mourvézé,* en Provence, noms tirés de la coloration de la grappe ainsi que ceux de *Négron, Négré Trinchiera* ou *Trinchiera* ; *Estrangle-Chien,* à cause de la saveur âpre et rude de son fruit ; *Buona Vise* (Bon sarment), dont on a fait *Bon Avis,* dans la Drôme, *Tire-Droit* dans la Drôme, pour rappeler la direction verticale de ses rameaux, *Espar* ou *Spar* dans l'Hérault, *Plant de Saint-Gilles* dans le Gard, *Catalan* dans les Bouches-du-Rhône, *Balthazar* en Gironde, *Piémontais* en Vaucluse, *Flouron* ou *Flouroux,* pour signaler la pruine abondante de son fruit et *Maneschaou* dans l'Ardèche, *Balzac, Balzar, Balzac noir,* en Charente et dans la Vienne, *Damas noir* dans le Puy-de-Dôme, *Espagne* ou *Espagnen* dans l'Ardèche, *Rossola nera,* en Corse, *Clairette noire* dans la Drôme, *Mataro* dans les Pyrénées-Orientales, *Beni Carlo,* par erreur en Dordogne. Le nom de Mourvèdre viendrait de la ville de Murviedro dans la province de Valence.

Bourgeonnement épanoui, cotonneux blanc à liseré carminé.

Jeunes feuilles duveteuses jaunâtres ; pétioles et dessous du limbe cotonneux.

Feuilles cunéotronquées, planes, finement bullées, entières ; sinus pétiolaire en lyre ; dents anguleuses, moyennes, en dents de scie ; dessous du limbe duveteux-pubescent.

Rameaux côtelés, entièrement violacés, duveteux au sommet ; vrilles moyennes, violettes.

Grappes moyennes, coniques, étroites, parfois ailées, compactes ; baies petites, noires, sphériques, très fleuries par une pruine abondante, pellicule épaisse, pulpe fondante avec une saveur âpre ; maturité : 3e époque.

Le Mourvèdre possède un débourrement tardif, ce qui en fait un plant précieux pour les situations gélives ; son sort est érigé et il se conduit bien en gobelet sans palissage. Il est assez sensible au mildiou et à l'oïdium, mais il résiste bien à l'excoriose et à la pourriture grise.

Son vin est alcoolique, très coloré, rude au début, très solide et demande plusieurs années de conservation pour vieillir convenablement ; ses raisins sont parfois égrappés pour obtenir des vins plus souples, commercialisables plus rapidement. Des sélections sanitaires ont permis d'élever sa production de 25 à 30 hectolitres jusqu'à 50 à 70 hl/ha, mais, au-delà, la qualité baisse rapidement. De plus, ce cépage à maturité tardive ne peut convenir à toutes les situations. En matériel certifié, 12 clones ont été agréés. Certains sont productifs mais donnent des vins de faible typicité : les nos 244, 245 et 248 ; d'autres sont à faible production, mais avec des degrés élevés : les nos 247 et 450 ; ou à production normale et degrés moyens, les nos 249 et 369.

Le Mourvèdre, en expansion, a été classé recommandé en Provence et en Languedoc, occupant une superficie de 7 000 hectares en

1995. En Provence il fait partie de l'encépagement de plusieurs AOC : Bandol, Cassis, Côtes-de-Provence, Coteaux-d'Aix-en-Provence, Palette, Châteauneuf-du-Pape, Côtes-du-Rhône, Côtes-du-Ventoux, Coteaux-Varois, Côtes-du-Lubéron, et de l'AOVDQS Coteaux-de-Pierrevert, pour une superficie voisine de 3 500 hectares. En Languedoc, son implantation évolue. Il fait partie de l'encépagement des AOC Tavel, Lirac, Costières-de-Nîmes, Faugères, Saint-Chinian, Coteaux-du-Languedoc, Fitou, Corbières, Minervois, Collioure, Côtes-du-Roussillon et de l'AOVDQS Côtes-du-Cabardès.

Mousseux du Bugey

Voir Vin du Bugey mousseux.

Mousseux de Savoie et Mousseux de Savoie Ayze

Voir Vin de Savoie mousseux.

Mouyssagues

Synonymes : *Négret* ou *Plant du Pauvre* dans la vallée du Lot, *Rouge menu* à Aubin, *Farineux* à Maleville dans l'Aveyron, *Peyregord* (prononcer Pey de Gor), *Pey de Gorp*.

Grappes moyennes, tronconiques, ailées, compactes ; baies moyennes, sphériques ou légèrement ovoïdes, noir bleuté ; maturité : 2e époque tardive.

C'est un vieux cépage aveyronnais, qui serait originaire de Moissac (d'où son nom) et qu'on rencontrait autrefois dans toute la vallée du Lot. C'est un plant d'abondance, donnant un vin faible, astringent, généralement mélangé à celui du Mansois (Fer). On lui reproche de se greffer mal, donnant peu de reprises. Classé recommandé dans l'Aveyron et le Cantal et cultivé sur quelques hectares, il fait partie de l'encépagement des AOVDQS Vins d'Estaing et Vins d'Entraygues et du Fel.

Muller-Thurgau

Grappes moyennes à grosses, cylindriques ou pyramidales ; baies moyennes, ovoïdes, vertes à grisâtres et devenant jaune doré à maturité complète ; peau fine, pulpe juteuse, parfumée avec un léger goût de muscat ; maturité : 2e époque précoce, soit dix à quinze jours plus tôt que celle du Riesling.

Ce cépage aurait été obtenu en 1882 par le docteur suisse Muller-Thurgau, qui enseignait à l'école de Geisenheim dans le Rheingau. Certains chercheurs allemands pensent qu'il s'agit plus simplement d'un semis de Riesling ou d'une auto-fécondation de Riesling. Le Muller-Thurgau, de vigueur moyenne, débourre assez tardivement et se montre sensible aux maladies, notamment à la pourriture grise. Sa production est régulière, atteignant facilement 100 hl/ha, parfois davantage. Son vin est moyennement alcoolique avec une faible acidité et un arôme particulier, rappelant le Muscat. En matériel certifié, 7 clones ont été agréés : les nos 644 à 650. Il a été classé autorisé en Alsace et dans la Moselle, mais il est peu employé, environ 10 hectares, ne faisant pas partie de l'AOC Alsace.

Muscadelle

Synonymes : *Muscat fou* à Bergerac, *Muscade* à Sauternes, *Musquette, Colle-Musquette* à Sainte-Croix-du-Mont, *Muscadet doux* et *Angelico* en Gironde, *Guilan-muscat* ou *Guillan musqué* dans le Lot, *Raisimotte* ou *Raisinotte* à Barsac, *Douçanelle* en Lot-et-Garonne, *Blanche douce* à Bergerac, *Guépié* à Sainte-Foy-la-Grande.

Bourgeonnement cotonneux blanc.

Jeunes feuilles duveteuses, bullées, bronzées sur les bosselures.

Feuilles grandes, orbiculo-réniformes, bullées, tourmentées, trilobées moyennement à sinus étroits ; sinus pétiolaire en lyre, généralement fermée ; point pétiolaire rosé ; dents anguleuses, moyennes ; dessous du limbe légèrement aranéeux, pétioles et nervures à pubescence rugueuse.

Rameaux côtelés, rouge foncé-acajou du côté exposé au soleil alors que le dos n'est qu'en partie rouge et les nœuds rosés ; vrilles longues, rouges, fines.

Grappes grandes, tronconiques, lâches ; baies sphériques, moyennes, blanches à gris rosé, mouchetés à complète maturité, saveur légèrement musquée ; maturité : 2e époque.

Feuille de Muscadelle, cépage blanc dont le vin très doux rappelle celui du Muscat.

Allée de foudres dans le château de la Cassemichère, dans le pays du Muscadet.

Cépage à débourrement tardif, de vigueur moyenne, produisant de 50 à 80 hl/ha, rarement davantage. Il est sensible aux maladies et surtout à la pourriture grise ainsi qu'aux vers de la grappe. Son vin, souvent très doux, possède un arôme marqué, qui rappelle celui du Muscat.

En matériel certifié, un clone a été agréé, le n° 610. La Muscadelle a été classée recommandée dans tout le Sud-Ouest et les Charentes. Elle fait partie de l'encépagement de nombreuses AOC de la Gironde (Sauternes, Barsac, Entre-deux-Mers), de la Dordogne (Bergerac, Monbazillac), du Tarn (Gaillac) et du Lot-et-Garonne (Buzet). Dans toutes ces appellations elle n'est jamais vinifiée seule. Sa superficie cultivée est en régression : 2 500 hectares contre 6 258 en 1958, avec la répartition suivante : Gironde (1 700 hectares), Dordogne (500 hectares), Tarn (300 hectares).

La mention Val de Loire peut être ajoutée aux quatre appellations du Muscadet.

Muscadet

Voir la région page suivante.

Muscadet

Le vignoble, classé AOC par le décret du 23 septembre 1937, modifié par les décrets du 17 juin 1941, du 14 octobre 1974 et du 29 décembre 1994, couvre une superficie de 14 000 hectares, c'est-à-dire l'ensemble de l'appellation, avec le Muscadet pour cépage. La production moyenne des dix dernières années est de l'ordre de 95 000 hectolitres.

L'aire de production s'étend sur 46 communes ou parties de communes de Loire-Atlantique. Les communes ou parties de communes de Montfaucon, en Maine-et-Loire, Montaigu et Rocheservière, en Vendée, font également partie de l'appellation.

Le style du Muscadet est celui d'un vin sec d'une grande vivacité. Sa persistance en bouche est très bonne. Ses arômes rappellent les embruns et l'amande verte. C'est un vin à boire jeune mais qui peut évoluer en bouteille pendant quelques années. (*Voir* la région Muscadet-Pays nantais page suivante.)

Le rendement de base est de 65 hectolitres, ramené à 55 hectolitres si le vin est préparé « sur lies ». La différence entre l'appellation Muscadet, qui couvre l'ensemble de la zone, et les trois autres appellations porte sur le rendement de base qui pour celles-ci est de 55 hectolitres.

Muscadet Côtes-de-Grandlieu

Cette AOC a été définie par le décret du 29 décembre 1994. Elle intéresse 19 communes dont deux situées en Vendée.

Les conditions de production, à partir du cépage unique, le Melon, sont comparables à celles de l'appellation Muscadet Coteaux-de-la-Loire.

Le vignoble tire son originalité du microclimat du lac de Grandlieu. Son volume de production est estimé à 8 % du potentiel viticole (600 hectares) du Muscadet, soit environ 30 000 hectolitres.

Muscadet Coteaux-de-la-Loire

Le vignoble, classé AOC par le décret du 14 novembre 1936, couvre une superficie de l'ordre de 500 hectares, avec pour cépage le Muscadet. La production moyenne des dix dernières années avoisine les 25 000 hectolitres. L'aire de production s'étend sur 24 communes ou parties de communes.

Le Muscadet Coteaux-de-la-Loire est un vin sec assez corsé, nerveux, aux arômes minéraux, mûrissant bien en bouteille.

Labour dans les vignes à Machecoul. En Pays nantais, les méthodes aratoires traditionnelles ont pratiquement disparu.

Muscadet-Pays nantais

Ici, les appellations portent un nom inspiré par les cépages. Ainsi, le cépage Gros-Plant du Pays nantais ou Folle blanche désigne l'AOVDQS produit dans la zone. Quant au Muscadet, appelé autrefois Muscadet de Bourgogne ou encore Melon de Bourgogne, il a donné son nom au vin et à la région.

■ Le vignoble s'étend sur les deux rives de la Loire, après Ingrandes-sur-Loire. Au nord de la Loire, les vignes occupent une bande assez étroite alors que, au sud, elles s'étendent sur une vaste zone aboutissant au lac du Grand Lieu.

Au Moyen Âge, la vigne s'implante en Bretagne. En 1639, les plants rouges sont remplacés par des plants de Bourgogne et, dans les baux entre propriétaires et fermiers, on parle alors de Muscadet de Bourgogne.

Avant la crise phylloxérique, la région n'était plantée qu'en Muscadet et Gros-Plant. Ce dernier avait d'ailleurs plus d'importance, puisqu'il représentait les deux tiers des plantations.

Si un marché extérieur pour ces vins existait avant la Première Guerre mondiale, ce n'est qu'entre 1920 et 1930 que le Muscadet se fera connaître à Paris et dans les régions balnéaires à la mode.

Le vignoble

Les vignes séparent la Bretagne des collines du Poitou. Elles reposent sur des sols de schiste cristallin, le calcaire étant pratiquement absent. On rencontre quelques bandes de terrains métamorphiques et éruptifs du Massif armoricain faites de granite, de gneiss, de micaschistes et même de graviers. Le vignoble épouse des collines de quelques dizaines de mètres d'altitude dans un paysage d'une grande douceur. Le sol est caillouteux. Les pentes, orientées le plus souvent vers le sud-ouest, permettent à la vigne de mieux profiter de l'ensoleillement. Les plateaux subissent l'influence océanique et sont donc plus ventilés. La zone du Gros-Plant, près du lac de Grand-Lieu, s'étend sur un sol siliceux et graveleux. Celle de l'AOVDQS Fiefs Vendéens se regroupe autour de Mareuil, Brem, Vix et Pissotte.

Saint-Fiacre, entouré de son vignoble, en Muscadet.

Récolte sous le ciel doux du Muscadet, si caractéristique de la région.

Les cépages

Lorsque l'on connaît le cycle végétatif du Muscadet, on comprend sa progression par rapport au Gros-Plant. Le Muscadet a un cycle précoce. Il fleurit de bonne heure. Il atteint sa maturité tôt. Dans cette région océanique, les vignerons craignent les tendances climatiques pluvieuses au moment des marées d'équinoxe, au mois de septembre, d'où l'intérêt d'avoir un raisin mûr à cette période. Ainsi, des années et des années d'observation ont été nécessaires pour assurer l'orientation de l'encépagement. Ce choix s'imposait d'autant plus que le Muscadet produit des petites grappes aux grains serrés, qui se dissimulent sous des petites feuilles rondes. Heureusement, les sols sont perméables et limitent dans leur durée les ambiances humides résultant des pluies.

Macaron officiel du Gros-Plant.

Le climat

L'influence maritime apporte un ensoleillement important, des températures modérées, une pluie régulière et un vent assez fort. Si ce dernier présente l'inconvénient de mettre les sarments à l'épreuve en risquant de les casser, il accélère l'évaporation. Le vent souffle de l'ouest pendant la période active de la vigne, l'assainissant et la desséchant.

Le style des vins

Si l'on connaît le milieu qui les façonne, c'est-à-dire le sol et le climat, il est plus facile de comprendre le style des vins.

Les terrains caillouteux à tendance siliceuse apportent la finesse. C'est le caractère dominant. Les cailloux emmagasinent de la chaleur le jour, et la restituent aux ceps la nuit. Ils assurent ainsi au vin sa puissance.

L'ensoleillement important est responsable du potentiel aromatique propre au cépage. L'humidité ambiante évite au raisin de se déshydrater et le vent assainit l'ensemble.

On comprend ainsi la raison pour laquelle le Muscadet a un style fin et une puissance raisonnable, une structure coulante sans acidité excessive, un type sec, et des arômes de raisins physiologiquement mûrs, c'est-à-dire n'ayant pas subi de phénomène de surmaturité.

Le Gros-Plant

Le vignoble encépagé en Folle blanche sur un sol siliceux est sous influence nettement maritime. Ces conditions apportent au vin un caractère coulant et vif avec une touche sage et des arômes très francs. C'est un vin sec et direct.

Les Coteaux-d'Ancenis

Ce sont surtout des vins rouges avec un encépagement à base de Gamay. Leur dominante est la légèreté. Ils sont fruités et demandent à être bus dans leur jeunesse.

Les Fiefs Vendéens

Ces vins présentent plusieurs styles compte tenu des différences dues à des microclimats et à la nature des sols. Autour de Mareuil, les vins sont principalement rouges, préparés à partir de Gamay et de Pinot noir pour 50 % au moins. Ils sont légers et friands, marqués par des terrains siliceux. À Brem, en zone côtière où l'encépagement de base est le Chenin, les vins sont secs. À Vix et Pissotte, on produit sur des sols schisteux des vins blancs secs où le cépage Melon peut intervenir à proportion de 20 %.

La fermentation des vins blancs

Les fermentations se font en barriques de 220 litres ou en fûts de 600 litres, dans des celliers. Aujourd'hui, on utilise des cuves de plus grande capacité, mais on évite les montées de température en les réglant entre 15 et 20 °C.

On a toujours recherché des fermentations lentes, afin d'assurer un contact prolongé entre les lies et le moût en fermentation. Cette pratique favorise le phénomène d'autolyse des levures et permet un bon développement des principes aromatiques des vins. On évite la fermentation malolactique. En effet, la présence d'acide malique est maintenue, communiquant au vin un caractère vif bien caractéristique.

La mise en bouteilles du vin sur lies

Le Muscadet est le vin type d'appellation d'origine contrôlée portant la mention « sur lies ». D'après la réglementation, les vins doivent avoir passé un seul hiver en fût ou en cuve et se trouver encore sur leurs lies de fermentation au moment de la mise en bouteilles, qui se situe entre le 1er mars et le 30 juin ou du 15 octobre au 30 novembre.

Après un débourbage très soigné du moût, celui-ci est mis à fermenter à basse température. Puis le vin est maintenu sur ses lies. Celles-ci sont constituées principalement de cellules de levures mortes qui vont « nourrir » le vin. Mais ce processus n'est pas forcément favorable à la qualité du vin, car si les lies proviennent des vendanges altérées ou dilacérées, les vins produits seront lourds. Il s'agit donc, dans ce cas, d'une pratique à proscrire.

On sait aujourd'hui que les cellules de levures mortes, principaux constituants des lies, libèrent des acides aminés à partir d'un phénomène d'autolyse. Ainsi, lorsque les vignerons utilisèrent de façon tout à fait empirique le terme « nourrir », ils avaient trouvé le mot juste.

La mention « sur lies » correspond à une forme d'expression du Muscadet ou du Gros-Plant à peine moustillante, avec une vivacité accompagnée de plénitude ; une bonne persistance s'installe, les arômes rappellent l'amande verte avec une touche d'embruns marins pour le Muscadet. Ces vins exigent des soins attentifs, en particulier au niveau de l'hygiène.

La lie est un dépôt jaunâtre qui se forme lorsque le vin fermente et qui le protège de l'oxydation.

Chéreau. Vue panoramique de la région du Gros-Plant, dont le vignoble, constitué de Folle blanche, s'enracine sur un sol siliceux.

Château de Haute-Goulaine, lieu de rencontre privilégié du monde viticole des Pays de Loire.

PRODUCTION DU PAYS NANTAIS EN HECTOLITRES			
	Muscadet (1)	**Gros-Plant**	**Coteaux-d'Ancenis**
1981	236 770	135 223	6 760
1985	769 000	296 000	25 893
1990	606 338	212 466	19 205
1993	782 385	210 244	19 464
1995	650 270	185 011	16 740

(1) L'ensemble des appellations Muscadet.

L'élevage des vins

Les vins blancs du Pays nantais subissent deux à trois soutirages. Comme les vins sur lies, ils sont mis en bouteilles très tôt. On les choisit pour leur caractère frais, propre à la jeunesse. Mais ces vins, selon les années, peuvent parfaitement évoluer en bouteille pendant deux ou trois ans, et même plus pour les crus réputés.

Les structures économiques et commerciales

L'économie est principalement marquée par une production individuelle. En effet, la seule cave coopérative d'Ancenis vinifie environ 2 % du Muscadet, et 30 % des Coteaux-d'Ancenis.

Selon le Comité interprofessionnel des vins d'origine du Pays nantais, on compte environ 1 350 viticulteurs en Loire-Atlantique. Le tableau ci-dessus montre la moyenne de production pour les cinq dernières années.

Les négociants-éleveurs jouent un rôle important dans cette mise en marché. On évalue leur part de marché à 80 %, le reste étant commercialisé par les vignerons. On compte aujourd'hui une vingtaine de négociants-éleveurs importants. À signaler qu'un tiers sont également producteurs. Cette double position leur permet de connaître à la fois les problèmes attachés à la production et à la commercialisation. Certains négociants vendent du Muscadet et du Gros-Plant. De même, des vignerons élaborent du Muscadet et du Gros-Plant.

On doit enfin ajouter que cette région est active puisqu'elle exporte 25 % de sa production dans plus de 15 pays différents, les principaux clients étant le Royaume-Uni et les Pays-Bas. L'exportation correspond bien à la demande internationale de vins blancs à caractère sec, fruité et frais.

L'interprofession, par une règle de mise en marché, régularise la sortie des vins. Elle a également favorisé l'installation d'un stock régulateur, ce qui permet de faire face aux années de faible production.

Le vin et la société

Considéré comme un « vin de vacances », le Muscadet est aux vins blancs ce que le Beaujolais est aux vins rouges. Autour de son « personnage » se déroulent des fêtes, des foires et diverses autres manifestations dont la Saint-Vincent qui se tient généralement au château de Haute-Goulaine fin janvier, et la Bouteille d'or, qui a lieu après les vendanges, le plus souvent en octobre.

De son côté, l'ordre des Chevaliers Bretrins dont le siège est au château de Haute-Goulaine tient de nombreux chapitres. Enfin, le Pallet abrite le musée du Vignoble nantais consacré aux arts et traditions populaires du Pays nantais.

Muscadet Sèvre-et-Maine

Le vignoble a été classé AOC par le décret du 14 novembre 1936. Le décret du 9 octobre 1995 a remplacé la dénomination Muscadet de Sèvre-et-Maine par Muscadet Sèvre-et-Maine. Cette appellation couvre une superficie de 10 000 hectares, avec pour cépage le Muscadet. La production moyenne des dix dernières années est de l'ordre de 415 000 hectolitres. L'aire de production s'étend sur 23 communes ou parties de communes.

Le Muscadet Sèvre-et-Maine est sec, à la fois fin et coulant. Il représente la plus grosse production des vins de cette région avec 84 % de la production. Les vins portant sur la bouteille une indication « sur lies » ont été mis en bouteilles directement tirés de la cuve de fermentation. Ils présentent alors une légère moustille, fort agréable.

Muscardin

Bourgeonnement duveteux blanc à liseré carminé.

Jeunes feuilles aranéeuses, vertes, brillantes.

Feuilles tronquées, brillantes, grossièrement bullées, à bords révolutés, trilobées avec les sinus latéraux supérieurs en V étroit, sinus pétiolaire en lyre étroite ; dents ogivales ; dessous du limbe aranéeux.

Grappes moyennes, cylindriques, très compactes ; baies moyennes, ovoïdes, noir bleuté ; maturité : 2e époque.

Cépage de Châteauneuf-du-Pape où il occupe une dizaine d'hectares. Son vin est peu coloré avec un degré moyen. Classé recommandé dans le Vaucluse et autorisé dans le Gard, l'Hérault, la Drôme, l'Ardèche et les Pyrénées-Orientales.

Muscat à petits grains blancs

Synonymes : *Muscat de Frontignan, Muscat de Lunel, Muscat de Die* dans la Drôme, *Muscat d'Alsace,* en Alsace.

Bourgeonnement duveteux blanc à liseré carminé.

Jeunes feuilles aranéeuses, brillantes, très bronzées.

Feuilles orbiculaires, épaisses, finement bullées, gaufrées, 5-lobées à sinus latéraux supérieurs profonds et très étroits, sinus pétiolaire fermé à bords parallèles ; dents anguleuses en deux séries, très étroites ; dessous du limbe glabre avec les nervures pubescentes.

Rameaux striés, à nœuds aplatis au sommet, avec des raies brunes, longitudinales ; grandes vrilles vertes.

Grappes moyennes, rarement ailées, cylindriques, longues, étroites et compactes ; baies sphériques, moyennes, d'une couleur jaune ambré, pellicule épaisse se couvrant de points roux à complète maturité ; chair ferme, juteuse, très sucrée, possédant une saveur aromatique musquée ; maturité : 2e époque.

Le Muscat blanc est à débourrement précoce, sa vigueur est moyenne et son port érigé. Il est très sensible au court-noué, à l'oïdium, au mildiou, à la pourriture grise, aux vers de la grappe, aux abeilles et aux guêpes, ces dernières pouvant occasionner des ravages importants au point de vider complètement les grains de leur substance pour ne laisser que la pellicule et les pépins.

Dans les sols pierreux, maigres, les rendements demeurent faibles et sont d'ailleurs limités à 28 hectolitres à l'hectare pour les VDN, avec un degré minimal en puissance de 14 % Vol. Dans les terres fertiles la production peut doubler, mais les raisins sont moins riches en sucres et l'odeur musquée est atténuée.

En matériel certifié, 12 clones ont été agréés : les nos 154, le plus multiplié pour l'arôme, 455, bon clone sélectionné en Roussillon, 579, intéressant pour son arôme, et 452, à gros grains, productif. Classé recommandé dans le Midi méditerranéen, dans la Drôme et en Alsace, il occupe une superficie globale de 5 000 hectares se répartissant entre l'Hérault (1 500 hectares), les Pyrénées-Orientales (1 600 hectares), le Vaucluse (380 hectares) et la Drôme (720 hectares).

Dans le Midi, les raisins de Muscat servent à la préparation des Muscats vins doux naturels, soit employés seuls comme à Frontignan, Lunel, Mireval, Beaumes-de-Venise, Saint-Jean-de-Minervois, soit associés au Muscat d'Alexandrie pour l'obtention du Muscat de Rivesaltes. Dans la Drôme, il sert à la préparation d'un vin mousseux : la Clairette de Die. En Alsace, il est vinifié en sec pour donner le Muscat d'Alsace, associé avec le Muscat Ottonel.

Muscat à petits grains rosés

Il ne diffère du Muscat de Frontignan que par la couleur de ses baies, qui sont roses. Classé recommandé en Alsace, il en existe quelques hectares en culture.

Muscat à petits grains rouges

Il s'agit d'une variété rouge du Muscat de Frontignan. Il est classé recommandé dans la région méditerranéenne pour une superficie de 430 hectares environ.

Muscat d'Alexandrie

Synonymes : *Muscat romain, Panse musquée, Muscat d'Espagne, Muscat à gros grains, Raisin de Malaga, Augibi muscat.*

Feuilles moyennes, orbiculaires, brillantes, finement bullées, tourmentées, 5-lobées assez profondément avec les sinus latéraux à fonds aigus et très étroits, sinus pétiolaire en lyre étroite, point pétiolaire rouge ; dents anguleuses, très étroites en deux séries.

Grappes moyennes, ailées, cylindro-coniques, lâches ; baies ellipsoïdes, grosses à très grosses, blanc jaunâtre ; peau assez mince ; pulpe charnue à saveur musquée ; maturité : 3e époque tardive à 4e époque.

Le Muscat romain serait originaire d'Égypte. De la ville d'Alexandrie il aurait été diffusé dans tous les vignobles du pourtour de la Méditerranée, partout où peuvent mûrir et s'épanouir ses raisins tardifs.

C'est un cépage vigoureux à port érigé, qui demande une température élevée pendant sa floraison, sinon il est atteint de coulure ou de millerandage. Il est sensible au mildiou, à l'oïdium, aux gelées d'hiver et aux araignées, mais il est remarquablement résistant à la sécheresse, ce qui en fait un plant intéressant pour les régions chaudes et sèches.

Son profil aromatique est différent de celui du Muscat de Frontignan, car il est relativement plus riche en géraniol et plus pauvre en nérol. En cours de conservation, les bouquets évoluent vers des goûts de raisins passerillés, de figue sèche, très caractéristiques.

Vinifié en mélange avec le Muscat de Frontignan il permet l'obtention du VDN Muscat de Rivesaltes.

En matériel certifié, 5 clones ont été agréés : le n° 308, le plus intéressant pour les arômes, et les nos 635, 866, 867 et 979. Classé recommandé dans la région méditerranéenne, le Muscat d'Alexandrie occupe en France une superficie de 3 200 hectares.

Feuille de Muscat d'Alexandrie, cépage qui donne un vin doux au bouquet de figue sèche caractéristique.

Grappe de Muscat d'Alexandrie.

Muscat de Beaumes-de-Venise

Si la vigne couvrait déjà 70 hectares du terroir villageois au XIVe siècle, on ne trouve trace du Muscat venu d'Espagne qu'au XVIIIe siècle.

Ce pays des Côtes du Rhône méridionales resta longtemps le domaine du raisin de table et des cultures arbustives tel l'abricotier, car le climat chaud et le peu d'influence du mistral donnaient à ces fruits une très haute qualité. Mais la concurrence étrangère pour les raisins de table et la fatigue des sols pour les arbres fruitiers firent que le muscat prit une place de plus en plus importante.

Ce vignoble spécialisé date de plus de 50 ans. L'appellation d'origine contrôlée, ratifiée par le décret du 1er juin 1945, comprend deux communes. Elle couvre actuellement 400 hectares, produisant en moyenne 12 500 hectolitres, dont les deux tiers sont élaborés par la cave coopérative de Beaumes-de-Venise.

Dans des sols calcaires grisâtres, de marnes rouges, de sables et de grès, le Muscat à petits grains donne des vins doux naturels de très haute expression sensorielle.

Le bouquet, intense, est composé de parfums de fleurs et d'agrumes, parfois de miel. Grâce à un minimum de 110 grammes de sucres par litre, la sensation en bouche est douce, grasse, onctueuse, et le bouquet final se caractérise par sa longueur.

Muscat de Frontignan, Frontignan, Vin de Frontignan

AOC Vin Doux Naturel, ratifiée par le décret du 31 mai 1936, cette appellation est, avec le Muscat de Lunel et le Muscat de Mireval, un des fleurons des appellations du Languedoc-Roussillon chantées par Rabelais et prisées de Louis XIV et de Voltaire. Établi aux portes de Montpellier, plein sud sur les pentes de la Gardiole, à proximité de la mer, le vignoble couvre près de 800 hectares et produit plus de 25 000 hectolitres. Un seul cépage, le Muscat doré de Frontignan, confère au vin un arôme puissant caractéristique. Le Muscat de Frontignan peut être élaboré soit en vin doux naturel, soit, et c'est son originalité, en vin de liqueur. Le mutage est alors réalisé sur moût avant toute fermentation ; le produit obtenu est plus riche en sucre – 185 grammes au minimum – alors que la teneur en sucre du vin doux naturel est de 125 grammes par litre, pour un titre alcoométrique obligatoire de 15 % Vol. au minimum.

Ces vins sont présentés dans une bouteille aux cannelures torsadées.

Frontignan. Cette terre de l'Hérault, sèche et rocailleuse, donne un muscat et un vin de liqueur doux comme le miel.

Muscat de Lunel

Située autour de Lunel sur les communes de Lunel, Lunel-Viel, Vérargues et Saturargues, cette AOC Vin Doux Naturel, ratifiée par le décret du 27 octobre 1943, occupe une superficie de 300 hectares et produit 10 000 hectolitres de vins doux naturels issus d'un cépage unique, le Muscat à petits grains (dit Muscat de Frontignan). Le Lunel doit contenir au moins 125 grammes de sucre par litre pour un titre alcoométrique minimal de 15 % Vol. Comme ses voisins de Frontignan et de Mireval, ce vin connu depuis le Moyen Âge est très aromatique.

Muscat de Mireval

Son vignoble, établi sur 260 hectares à côté de celui de Frontignan sur les communes de Mireval et de Vic-La-Gardiole, produit quelques 8 000 hectolitres de vin. Un seul cépage, le Muscat à petits grains, lui confère la note caractéristique d'une très grande typicité, que l'on retrouve dans tous les muscats, faite de tilleul, de rose, de miel, de cire d'abeille. Il a été classé AOC Vin Doux Naturel par le décret du 28 décembre 1959.

Beaumes-de-Venise, dans les Côtes du Rhône méridionales, produit un vin doux naturel d'une grande finesse.

Muscat Ottonel

Ce cépage est un semis de Moreau-Robert d'origine inconnue, mais il semble qu'un des géniteurs serait le Chasselas, visible dans les caractères du bourgeonnement, les feuilles et les vrilles ; l'autre géniteur pourrait être le Muscat de Saumur, qui a transmis l'odeur musquée.

Feuilles petites, orbiculaires, unies, tourmentées, profondément 5-lobées à sinus latéraux en massue et à fonds aigus, sinus pétiolaire en lyre étroite, parfois à bords superposés ; dents ogivales, moyennes ; dessous du limbe faiblement pubescent, rugueux.

Rameaux glabres, violacés du côté exposé au soleil ; vrilles très longues.

Grappes petites, cylindriques, assez lâches ; baies sphériques, moyennes, jaune clair à saveur finement musquée ; maturité : 1re époque.

Propagé après 1852, ce cépage de table est devenu cépage de cuve en Alsace et fait partie de l'AOC Alsace, se substituant souvent au Muscat blanc qui est de maturité plus précoce. Sensible au mildiou, à l'oïdium et à la pourriture, il est également atteint par la coulure, ce qui entraîne de fortes variations de rendement, donnant un vin peu alcoolique, assez musqué mais de qualité assez médiocre.

En matériel certifié, un seul clone a été agréé : le n° 59 ; classé recommandé en Alsace, il y occupe 420 hectares.

Muscat de Rivesaltes

L'appellation d'origine contrôlée, ratifiée par le décret du 19 mai 1972, s'étend sur toute l'aire de l'appellation Rivesaltes, en Roussillon. Elle couvre une superficie de 4 500 hectares et produit en moyenne 130 000 hectolitres.

Cette appellation est réservée aux vins doux naturels élaborés à partir des seuls cépages Muscat à petits grains et Muscat d'Alexandrie (ou Muscat romain). Ces cépages aux arômes floraux et puissants très caractéristiques confèrent aux vins leur typicité.

Muscat de Saint-Jean-de-Minervois

Cette appellation d'origine contrôlée Vin Doux Naturel, ratifiée par les décrets du 10 novembre 1949 et du 19 mai 1972, s'étend du nord de Béziers sur 125 hectares et produit 4 000 hectolitres, issus d'un seul cépage, le Muscat à petits grains (doré de Frontignan).

La situation du vignoble, à 200 mètres d'altitude sur le causse calcaire du Minervois, loin de la mer, confère à ses vins une grande finesse d'arôme que l'on retrouve aussi dans les Muscats de Beaumes-de-Venise.

Chambolle-Musigny, en Côte de Nuits, abrite le Musigny, grand cru rouge rond, fruité, floral, d'une infinie délicatesse.

Musigny

Ce grand cru rouge et blanc de la Côte de Nuits est produit sur la commune de Chambolle-Musigny. Le vignoble comporte trois parties : Les Musigny, Les Petits-Musigny et La Combe d'Orveau, soit 10,6 hectares qui produisent en moyenne 300 hectolitres de vins rouges et 20 de vins blancs. Le décret du 11 septembre 1936, ratifiant l'appellation d'origine contrôlée, précise que les vins de Musigny doivent présenter un titre alcoométrique volumique minimal de 11,5 % Vol. pour les vins rouges et de 12 % Vol. pour les vins blancs ; le rendement maximal à l'hectare est fixé à 35 hectolitres pour les vins rouges et 40 hectolitres pour les vins blancs.

Les vignes sont situées sur les coteaux au-dessus d'un plateau où est érigé le château du Clos de Vougeot. L'encépagement est classique de la Bourgogne : Pinot noir, Pinot Beurot et Pinot Liébault pour les vins rouges, Pinot blanc et Chardonnay pour les vins blancs.

Les vins rouges au caractère dit « féminin » sont appréciés dans le monde entier, pour la délicatesse et la rondeur de leur chair alliées à la subtilité d'un nez fruité où se décèlent la framboise et les baies sauvages. Les vins blancs, produits en quantités infimes, présentent l'avantage d'une très longue garde et offrent de délicats arômes de violette et d'amande.

N
O
P

Page précédente : village de Carcès dans l'aire de l'AOC Côtes-de-Provence.

Néac

L'appellation d'origine contrôlée Néac, dans le Libournais, créée par le décret du 8 décembre 1936, était réservée aux vins rouges provenant des raisins récoltés sur la commune de Néac. Depuis que cette commune a été rattachée à l'aire d'appellation Lalande-de-Pomerol, par le décret du 2 septembre 1954, les producteurs ne revendiquent plus l'appellation Néac et préfèrent commercialiser leurs vins sous l'appellation Lalande-de-Pomerol.

Négrette

Synonymes : *Négret, Négret de Gaillac, Négret du Tarn, Négrette de Villemur, Négralet* à Auvillars, *Morillon, Morelet, Mourelet* dans le Tarn-et-Garonne, *Villemur* à Cazères (Haute-Garonne), *Cap-de-More, Chalosse noire* et *Vesparo noir* dans le Gers, *Noirien* dans l'Ariège, *Petit Noir, Dégoûtant* en Charente, *Folle noire* dans les îles de Ré et d'Oléron, *Ragoûtant* ou *Bourgogne* en Vendée, *Saintongeais* en Touraine, *Couporel* dans l'Aveyron.

Brûlage des sarments à la fin de l'hiver à Nuits-Saint-Georges. Cette opération s'effectue juste après la taille.

Bourgeonnement épanoui, cotonneux blanc à liseré carminé.

Jeunes feuilles duveteuses, jaunâtres, bullées à dessous cotonneux blanc.

Feuilles cunéiformes, finement bullées, point pétiolaire rouge, moyennement 5-lobées, sinus latéraux supérieurs étroits et à fonds aigus, sinus pétiolaire en V plus ou moins étroits ; dents anguleuses ; dessous du limbe duveteux avec les nervures pubescentes.

Grappes petites, cylindriques, compactes, ailées ; baies petites, sphériques à légèrement ovoïdes, noires à chair très pulpeuse ; maturité : 2e époque.

La Négrette est un cépage fertile, donnant un vin de qualité, coloré, bien constitué qui a fait la réputation des vins rouges de Fronton et de Villaudric ; elle fournissait également le meilleur vin rouge des Charentes. Malheureusement, ce plant est sensible à l'oïdium et à la pourriture grise, ce qui a provoqué le déclin de sa culture. En matériel certifié, 5 clones ont été agréés : les nos 456, 580, 581, 582 et 663. Classé recommandé dans le Sud-Ouest, les Charentes et le Languedoc, ce cépage occupe 1 250 hectares, principalement dans la Haute-Garonne (735 hectares) et le Tarn-et-Garonne (422 hectares) pour l'encépagement de l'AOC Côtes-du-Frontonnais et de l'AOVDQS Vins de Lavilledieu.

Nielluccio

Synonymes : *Niella* à Bastia, *Nielluccia* à Cervione, *Negretta* à San Martino.

Ce cépage cultivé en Corse est d'origine italienne. Il s'agit du célèbre Sangiovese de Toscane qui fait la réputation des vins du Chianti et du Brunello di Montalcino.

Grappes moyennes, cylindriques, lâches avec 2 ailerons ; baies moyennes, ovoïdes, noir bleuté, juteuses ; maturité : 3e époque.

Cépage au débourrement précoce, moyennement productif, donnant un vin peu coloré, alcoolique, ayant une certaine finesse et vieillissant bien. Classé recommandé en Corse, le Nielluccio fait partie de l'encépagement des AOC Vin de Corse et Ajaccio occupant une superficie de 1 500 hectares. Il serait en extension.

Noir Fleurien

Synonymes : *Mire-Fleurien, Gros Rouge* ou *Bordelais*.

Grappes tronconiques, moyennes, ailées, compactes ; baies sphériques, moyennes, noires, très pulpeuses ; maturité : 2e époque.

Vieux cépage auvergnat cultivé au sud de Clermont-Ferrand, à Mirefleurs, commune où il fut remarqué par Girard-Col au moment de l'apparition du mildiou en Auvergne. Ayant montré une certaine résistance à la maladie, il connut une certaine vogue, d'autant qu'il poussait convenablement dans les terrains arides et calcaires. Productif, il fournit un vin qui est assez coloré mais peu alcoolique, plat, manquant d'acidité et de tanin. Il est classé recommandé dans le Puy-de-Dôme, où il en subsiste quelques hectares.

Noual

Synonymes : *Noubal* près de Cahors, *Nouval* ou *Loubal* dans le Tarn-et-Garonne, *Noual* à Prayssac, dans le Lot.

Grappes moyennes, cylindro-coniques, compactes ; baies assez grosses, ovoïdes, blanc-vert, très pulpeuses ; maturité : 2e époque tardive.

C'est un cépage assez gros producteur qui est cultivé dans quelques vignobles du Lot, de l'Aveyron et du Tarn-et-Garonne. Non classé, il en reste quelques hectares.

Nuits-Saint-Georges ou Nuits

Il n'y a pas de grands crus à Nuits-Saint-Georges, appellation d'origine contrôlée ratifiée par le décret du 5 décembre 1972, mais des premiers crus réputés. Ce vignoble riche en expressions est le reflet de la complexité de son terroir. L'encépagement principal est le Pinot noir pour les vins rouges et le Chardonnay pour les vins blancs, soit l'encépagement traditionnel de la Bourgogne. Les vins doivent titrer au minimum 10,5 % Vol. pour les rouges et 11 % Vol. pour les blancs ; pour les premiers crus, 11 % Vol. en rouge et 11,5 % Vol. en blanc. Le rendement de base autorisé à l'hectare est de 40 hectolitres pour les vins rouges et 45 pour les vins blancs. En 1995, les récoltes s'élevèrent à 12 403 hectolitres pour les vins rouges et à 94 hectolitres pour les blancs. Les vins rouges de Nuits-Saint-Georges, d'un beau rubis, sont précieux, d'une grande rectitude et savent allier finesse, fermeté et charpente dans un bel équilibre. Fortement bouquetés, certains d'entre eux évoquent la fraise, la framboise, voire le gibier, suivant leur degré d'évolution. Assez lents à s'exprimer, leur aptitude au vieillissement est remarquable. Les vins blancs, rarissimes, sont également excellents.

 Oberlin noir

Hybride de Gamay × Riparia, également appelé *595 Oberlin.*

Bourgeonnement duveteux blanc, en crosse à dessous vert clair.

Jeunes feuilles aranéeuses, vert clair.

Feuilles cunéiformes, vert foncé, finement bullées, gaufrées au point pétiolaire, 5-lobées avec les sinus latéraux profonds, étroits ; sinus pétiolaire en lyre ; dents très grandes, anguleuses ; limbe pubescent en dessous.

Rameaux côtelés, rouges du côté exposé au soleil. Grappes petites, cylindriques, lâches ; baies sphériques, petites, noires, à jus coloré ; maturité : 1re époque.

Cet hybride a l'avantage d'être très précoce et vigoureux avec de longs sarments comme le Riparia, mais il faut le conduire à la taille longue pour avoir une production suffisante, ses grappes étant petites. Sa résistance aux maladies est bonne, il ne nécessite que peu ou pas de traitement. Le vin d'Oberlin noir est très coloré, alcoolique, riche en extrait sec, à goût résineux. Classé autorisé dans le Nord-Est, il occupe moins de 1 000 hectares dans cette région.

 Odola

Croisement de Baroque × Côt, obtenu à l'INRA de Bordeaux. Son port est dressé, sa vigueur importante, sa fertilité bonne, mais parfois capricieuse par excès de vigueur. La grappe est demi-compacte avec des grains noirs, mûrissant en 2e époque précoce. Sa résistance à la pourriture grise est bonne. Le vin est coloré, d'excellente saveur, plus fin que celui du Tannat. Il n'est pas classé.

 Œillade blanche

Synonymes : *Picardan, Picardan blanc, Araignan* ou *Aragnan* dans le Var, *Gallet* dans le Gard, en Costière, *Milhaud blanc* dans le Tarn.

Grappes moyennes, tronconiques, compactes ; baies ellipsoïdes, moyennes, blanches, mouchetées de taches brunes à maturité complète, peu juteuses ; maturité : 3e époque.

Ce cépage très peu cultivé actuellement n'a pas été classé dans la liste de l'UE, mais il fait partie sous le nom de Picardan de l'encépagement AOC de Châteauneuf-du-Pape, des Côtes-du-Rhône et de Palette, pour une superficie globale estimée à 60 hectares, partagés entre le Var et les Bouches-du-Rhône.

 Œillade noire

Synonymes : *Œillade, Ouillade, Uliade, Ouillard, Ouliade, Aragnan noir, Araignan* dans le Vaucluse, *La Croque* dans le Tarn, à Cambon.

Grappes moyennes, tronconiques, ailées, lâches ; baies ellipsoïdes, grosses, d'un beau noir bleuté, pruinées, croquantes ; maturité : 2e époque.

Cépage souvent confondu avec le Cinsaut, dont il diffère par le limbe duveteux-pubescent et par une fructification capricieuse due à la coulure, ce qui a entraîné son élimination dans les plantations. Aujourd'hui, les raisins du Cinsaut sont vendus pour la table sous le nom d'Œillade.

 Ondenc

Synonymes : *Blanc* ou *Plant de Gaillac, Piquepout de Moissac, Blanc sélection Carrière* dans le Gers, *Blanquette* ou *Blanquette sucrée* en Gironde et dans le Bergeracois, *Béquin* dans l'Entre-deux-Mers, *Primaic* à Fronton, *Primard, Dourec* ou *Dourech* dans le Jurançonnais à cause de sa précocité, *Œil de Tour* à Beaupuy (Lot-et-Garonne), *Oustenc* à Marcillac, *Prendiou* ou *Prentiou* à Oloron (Pyrénées-Atlantiques), *Sable blanc, Sensit blanc, Semis blanc* dans les Landes, *Chalosse* ou *Chaloche* en Charente-Maritime.

Grappes moyennes, tronconiques, compactes ; baies ellipsoïdes, moyennes, blanc jaunâtre, pulpe juteuse ; maturité : 2e époque.

Ce cépage, au débourrement précoce, est un petit producteur au port étalé, assez buissonnant, manquant souvent de vigueur car il est fréquemment virosé. Sensible à la pourriture grise, il fournit un vin moyennement alcoolique, de saveur agréable, mais il est rarement vinifié seul, ses raisins étant le plus souvent mélangés avec ceux des autres cépages blancs.

En matériel certifié, 3 clones ont été agréés : les nos 674 à 676. L'Ondenc a été classé recommandé dans tous les départements du Sud-Ouest, occupant aujourd'hui une vingtaine d'hectares, contre 1 600 en 1958, en Gironde et dans le Gers. Il fait partie de l'encépagement des AOC Bordeaux.

Pacherenc-du-Vic-Bilh

Le vignoble du Vic-Bilh, au nord-est du département des Pyrénées-Atlantiques, a été classé en appellation d'origine contrôlée par le décret du 28 août 1975. La production a été de 8 376 hectolitres en 1995. Si la consommation est essentiellement locale, le vin est apprécié des connaisseurs. Les structures productives sont surtout constituées de viticulteurs particuliers qui gèrent une exploitation familiale.

Le Pacherenc-du-Vic-Bilh s'exprime au travers d'une grande diversité de cépages, parmi lesquels le Manseng, le Courbu, l'Arrufiac, le Sauvignon et le Sémillon.

Vin blanc sec ou moelleux, suivant la générosité du soleil, il reste toujours vif, d'un caractère souriant, et fait mille grâces. Lorsqu'il est sec, sa robe est lumineuse, jaune pâle nuancée de vert. Son nez floral, délicat, est suivi d'une caudale de pierre à fusil que lui confère l'Arrufiac. En bouche, c'est un aromatique, à la fois frais et charnu, tendre et long, avec un grain d'amandes et de noisettes.

Lorsqu'il est moelleux, il arbore une robe brillante jaune pâle. Ses arômes floraux se doublent d'une note de fruits exotiques : ananas ou banane. C'est un vin élégant, généreux et frais.

 Paga debiti

Synonymes : *Paga debito, Pagadebidu* (Paye ses dettes).

Bourgeonnement épanoui cotonneux blanc.

Grappes très grosses, tronconiques, assez compactes ; baies sphériques, grosses, blanches ; maturité : 3e époque.

Ce cépage, cultivé en Corse, est différent du *Pagadebito* italien, qui possède des feuilles peu découpées et des dents ogivales. En Corse, le Paga debiti paraît être identique au Biancone di Portoferraio, cultivé dans l'île d'Elbe voisine et connu en Corse sous le nom de Biancone. Il est classé autorisé en Corse avec, en matériel certifié, 2 clones agréés : les nos 864 et 868.

Palette

Le petit vignoble de Palette, dont l'appellation d'origine contrôlée fut ratifiée par le décret du 21 avril 1948 pour 3 communes, a assez bien résisté à l'urbanisation galopante de la ville d'Aix-en-Provence.

Situé aux portes de cette cité, il est en grande partie exposé au nord, en face de la route de Cézanne, reliant Aix à Puyloubier.

Il fut planté il y a quelque 500 ans par les grands carmes d'Aix, sur des pentes graveleuses et des terrasses caillouteuses dont la culture est très difficile. Il ne couvre guère que 20 hectares et produit 301 hectolitres en blanc et 732 hectolitres en rouge dont environ 20 % en rosé.

L'encépagement est très complexe. Étudié et réalisé avec passion, il comprend des cépages classiques méditerranéens identiques à ceux qui sont utilisés dans les régions limitrophes : Clairette, Bourboulenc, Grenache, Cinsaut, Syrah, Mourvèdre. Mais il doit son originalité à d'autres éléments tels que l'Aramon, le Colombard, le Durif, le Brun Fourca, le Manosquin.

Les vins blancs bénéficient de l'exposition pour offrir un bouquet de nature florale et une silhouette légère et fraîche.

Les vins rosés ont une couleur soutenue assez rare chez ce type de vin, un bouquet fruité, et

Parsac Saint-Émilion, appellation satellite de Saint-Émilion, produit, sur un terroir plutôt graveleux, des vins rouges corsés.

une trace tannique qui leur assure une bonne résistance à l'épreuve du temps.

Les vins rouges, sévères au début, sont marqués par une dominante aromatique végétale. Leur forme est pleine, sans lourdeur. Tous ces vins résistent étonnamment au temps. Ils sont encore très bons à 6, 8 ou 10 ans.

 Palougué

Synonymes : *Cruchinette* dans les Landes, *Pédauque, Coer de Baco, Blancard* dans les Pyrénées-Atlantiques.

Grappes grandes, tronconiques, compactes, ailées avec des ailerons très développés ; baies grosses, sphériques, blanches, juteuses ; maturité : 2e époque tardive.

Le Palougué produit de belles grappes, qui ont malheureusement tendance à pourrir trop facilement en raison de leur compacité. Les souches sont vigoureuses, avec de beaux sarments bien développés. Son vin est ordinaire. Non classé.

 Panéa Nero

Synonymes : *Panéa, Négroun, Négrot, Pornéa.*

La Panéa ou Panée était autrefois le principal cépage du vignoble de La Gaude (Alpes-Maritimes), mais elle a disparu aujourd'hui. Elle donnait un vin coloré, de bonne qualité, ayant un bon bouquet.

 Pardotte

Synonymes : *Petite Parde* dans les Graves, *Gros-Pignon, Petit-Pignon* en Médoc, *Boutignon* dans le Blayais, *Sauvignon rouge* à Saint-Macaire, *Sauvignon noir Pigue* à Ludon, *Machouquet, Petit Machouquet, Gros Machouquet* dans l'Entre-deux-Mers, *Matiouquet* à Saint-Loubès, *Courbinotte* à Budos, *Chaussin* à Tonneins, *Goutaudet* à Saint-Bazeille.

Grappes moyennes, tronconiques, compactes ; baies petites, sphériques ou légèrement ovoïdes, noir bleuté, peu juteuses, à saveur herbacée ; maturité : 2e époque.

La Pardotte est un vieux cépage du Bordelais, cultivé dans les palus et donnant un vin ordinaire, plat. Non classé, il en resterait quelques hectares en Gironde.

Parsac Saint-Émilion

L'appellation d'origine contrôlée Parsac Saint-Émilion, dans le Libournais, avait été créée par le décret du 14 novembre 1936. Elle était réservée aux vins rouges provenant des raisins récoltés sur la commune de Parsac. Le décret du 5 décembre 1972 ayant étendu l'aire d'appellation Montagne Saint-Émilion au territoire de la commune de Parsac, l'appellation a été abrogée par le décret du 24 juin 1993 au profit de celle de Montagne Saint-Émilion.

Patrimonio. Le vignoble, étagé dans le cirque du golfe de Saint-Florent, est essentiellement composé de cépages locaux qui confèrent au vin sa typicité.

 Pascal blanc

Synonymes : *Pascaou blanc* aux environs d'Aix-en-Provence, *Brun-blanc* à Draguignan, *Plant Pascolu.*

Grappes moyennes à grandes, tronconiques, compactes ; baies sphériques, moyennes, blanc-vert devenant jaune foncé ou roux à complète maturité, d'où le nom de Brun-blanc ; maturité : 3e époque.

Le Pascal blanc est un cépage provençal qui a été classé recommandé dans le Vaucluse et autorisé dans les Bouches-du-Rhône, la Drôme, l'Ardèche, le Gard, l'Hérault et les Pyrénées-Orientales, mais il n'est pratiquement plus cultivé (moins d'un hectare), bien que faisant partie de l'encépagement des AOC Cassis, Palette et Côtes-du-Rhône. C'est un plant rustique, bien adapté aux sols arides et secs, mais il est très sensible à l'oïdium et à la pourriture grise, ce qui explique sa disparition.

Patrimonio

C'est le décret du 13 mars 1968, modifié en 1972 et 1976 puis repris le 23 octobre 1984, qui définit les vins rouges, blancs et rosés de l'appellation d'origine contrôlée. La surface revendiquée est voisine de 320 hectares. En 1995, la production a été de 11 412 hectolitres de vin rouge et rosé, et 2 618 hectolitres de vin blanc.

Le vignoble de Patrimonio, étagé dans le cirque du golfe de Saint-Florent, prospère sur des schistes, recouverts de larges placages calcaires. Il est à l'abri des vents et des gelées mais souvent dans les brouillards.

Vendanges au château Lafite-Rothschild, grand cru classé dont le vin, à la fois racé, charpenté, séveux et fin est un peu la quintessence des grands vins du Médoc.

L'encépagement doit comporter 75 % (90 % en l'an 2000) de Nielluccio pour les rouges, et 90 % (100 % en l'an 2000) de Vermentino pour les blancs.

Il s'agit d'une vieille région viticole dont les vins, après une navigation autour du cap Corse, étaient dégustés à Bastia et, si leur qualité ne s'était pas altérée, vendus à Gênes comme *« vini navigati »*, vins ayant subi avec succès l'épreuve de la mer. On produit ici des blancs aromatiques et frais, des rosés de saignée amples et fruités. Les rouges, à la robe rubis foncé, sont chauds et pleins. Dans leur bouquet se mélangent la prune et l'abricot. On produit aussi des muscats très fins et du Rappu, comme dans le cap Corse.

Pauillac

L'appellation d'origine contrôlée Pauillac, dans le Médoc, créée par décret du 14 novembre 1936, est réservée aux vins rouges provenant des raisins récoltés sur le territoire délimité de la commune de Pauillac, ainsi que sur quelques parcelles des communes de Cissac, Saint-Julien, Saint-Estèphe et Saint-Sauveur.

L'encépagement exigé est celui de l'appellation régionale Médoc. Depuis 1961, les cépages hybrides sont interdits sur les propriétés revendiquant le droit à l'appellation Pauillac. La richesse minimale en sucres des moûts doit être de 178 grammes par litre et les vins doivent présenter un titre alcoométrique minimal de 10,5 % Vol. et maximal de 13 % Vol. Le rendement de base est de 45 hectolitres à l'hectare.

Depuis 1955, les vins de cette appellation ne peuvent être mis en circulation sans un certificat de qualité délivré par une commission de dégustation désignée par l'INAO.

Le potentiel viticole est de 1 200 hectares et la production de 62 000 hectolitres, dont 5 000 environ sont élaborés dans la cave coopérative de Pauillac.

L'appellation Pauillac rassemble 18 des 60 crus médocains classés en 1855, dont trois premiers crus : Lafite-Rothschild, Château Latour et, depuis la révision de 1973, Mouton-Rothschild. Les vins de Pauillac sont connus pour leur aptitude au

Crus classés de Pauillac

Premiers crus

Château Lafite-Rothschild
Château Latour
Château Mouton-Rothschild

Seconds crus

Château Pichon-Longueville
Château Pichon-Lalande

Quatrième cru

Château Duhart-Milon

Cinquièmes crus

Château Batailley
Château Haut-Batailley
Château Croizet-Bages
Château Clerc-Milon
Château Grand-Puy-Ducasse
Château Grand-Puy-Lacoste
Château Haut-Bages-Libéral
Château Lynch-Bages
Château Lynch-Moussas
Château Armailhac
Château Pédesclaux
Château Pontet-Canet

vieillissement ; ils acquièrent, après de nombreuses années en bouteille, un bouquet inimitable.

Pays nantais

Voir Muscadet-Pays nantais, p. 509.

Pécharmant

AOC régie par le décret du 19 mars 1992. Sur la rive droite de la Dordogne, les coteaux exposés au sud, recouverts de sables et graviers du Périgord, disposés en hémicycle autour de Bergerac, abritent le vignoble de Pécharmant (Pech-Charmant : Sommet charmant).

Le sol particulier, constitué de matériaux divers issus de la transformation des roches granitiques du Massif central, a subi un lessivage superficiel, qui a entraîné l'argile et le fer en profondeur pour former la couche imperméable dénommée « tran » qui confère au Pécharmant ses caractéristiques incomparables.

Délimitée sur les communes de Bergerac, Creysse, Lembras, Saint-Sauveur, l'aire de production de l'appellation d'origine contrôlée recouvre 300 hectares environ complantés des cépages Cabernet-Sauvignon, Cabernet franc, Merlot, Malbec.

La production du Pécharmant est limitée à 45 hectolitres à l'hectare ; elle peut varier chaque année de quelques hectolitres, suivant les circonstances, et après avis favorable de l'INAO. Cette discipline très stricte donne l'assurance d'une qualité exceptionnelle. Le volume moyen de production est de 12 000 hectolitres d'un vin rouge profond qu'il faut savoir laisser s'épanouir.

Peloursin

Synonymes : *Pelossard, Pellourcin, Pellorcin* à Morestel, *Mal Noir, Mauvais Noir* à Bourgoin, *Gondran* à Saint-Savin, *Parlousseau* à Moirans, *Salis* à Voreppe, *Sella, Saler, Soler* à la Mure, *Treillin* à Saint-Marcellin, *Gros Noir, Pourrot, Gros Béclan* dans le Jura, *Gros Nat* en Haute-Saône, *Famette, Fumette, Feunette, Vert Noir* en Savoie.

C'est un vieux cépage dauphinois de la vallée du Grésivaudan qui a gagné ensuite la Savoie et la Franche-Comté. Il ressemble au Durif, mais les feuilles sont totalement glabres alors qu'elles sont aranéeuses chez le Durif. Le Peloursin tire son nom de ses raisins noir bleuté, rappelant le fruit du prunellier sauvage, nommé « pelosse » en patois.

Non classé, il est en voie de disparition. Il existe un Peloursin gris, dont les baies sont grises, et qui n'est pas cultivé.

Penouille

Synonymes : *Pelouille, Pédouille, Pétouille, Pélaouille* dans les Graves.

Grappes moyennes, tronconiques, lâches ; baies ovoïdes, moyennes, noires, peau à saveur un peu herbacée ; maturité : 2e époque tardive.

C'est un vieux cépage bordelais, aujourd'hui abandonné, qui produisait un vin plat, ordinaire. Non classé.

Perdea

Croisement de Raffiat de Moncade × Chardonnay, obtenu à l'INRA de Bordeaux. C'est un cépage blanc, au débourrement précoce, dont les raisins mûrissent en 2e époque précoce. Sa fertilité est élevée, avec certaines années un léger millerandage. Les rendements peuvent varier de 70 à 220 hectolitres pour des degrés extrêmes de 9 à 12,6 % Vol. Son vin est fin, légèrement bouqueté, de bonne qualité pour les vignobles du Sud-Ouest. Classé recommandé dans 19 départements de l'Ouest et du Midi. Seuls 5 hectares seraient en production.

Pernand-Vergelesses

Régie par le décret du 21 mai 1970, l'aire de l'appellation d'origine contrôlée de Pernand-Vergelesses en Côte de Beaune, entre Aloxe-Corton et Savigny-lès-Beaune, abrite les climats réputés de Corton et de Corton-Charlemagne. Cette proximité prestigieuse a sans doute incité les vignerons locaux à sublimer des vins dont quelques-uns ont décroché le titre de premier cru. Sur les 127 hectares de l'appellation, dont 56 en premiers crus, on produit essentiellement des vins rouges à raison de 3 914 hectolitres (1995) et quelques vins blancs (1 548 hectolitres en 1995). Le titre alcoométrique minimal est pour les vins rouges de 10,5 % Vol., pour les premiers crus de 11 % Vol., et pour les vins blancs de 11 % Vol., 11,5 % Vol. en premiers

Pernand-Vergelesses, dans une combe de la Côte de Beaune, produit des vins rouges de longue garde aux arômes de fruits rouges.

crus. Le rendement de base à l'hectare est fixé à 40 hectolitres pour les vins rouges et 45 hectolitres pour les blancs. Les vins rouges, issus d'un terroir argilo-calcaire et ferrugineux, ont beaucoup de charme. Ils se caractérisent par une couleur soutenue, une certaine fermeté et évoluent rapidement. Les vins blancs, produits sur des terroirs silico-calcaires et sableux, sont de bonne tenue. Ils ont un peu du fruité des Meursault.

 Persan

Synonymes : *Étraire* ou *Étrière* dans la vallée de l'Isère, *Batarde* à Voiron, *Aguzelle* ou *Aguyzelle* à Voreppe, *Guzelle* à Saint-Marcellin, *Batarde longue* à Bourgoin, *Cul-de-poule* à Saint-Savin, *Siranne pointue* au Monestier-de-Clermont, *Pousse-de-chèvre* à la Mure, *Bégu* en Valbonnais, *Beccu, Becuette, Étris, Princens* en Savoie, *Serinne pointue, Petit Becquet* à Faverges.

Grappes petites à moyennes, cylindriques, compactes ; baies petites, ovoïdes à ellipsoïdes, noir bleuté, pulpe molle peu juteuse ; maturité : 2e époque.

Le Persan est un cépage de la vallée du Grésivaudan, qui s'étend de Grenoble jusqu'à Albertville en Savoie. C'est un plant au débourrement précoce, très vigoureux, conduit en treillages. Son vin est de qualité, très apte à vieillir ; classé recommandé en Savoie et dans l'Isère, il est peu cultivé aujourd'hui (3 hectares), bien que faisant partie de l'AOC Vin de Savoie.

Pétillant du Bugey

Voir Vin du Bugey pétillant.

Pétillant de Savoie

Voir Vin de Savoie pétillant.

 Petit Bouschet

Synonymes : *Aramon-Teinturier, Le Bouschet.*

Bourgeonnement cotonneux blanc à liseré carminé, stipules rouges.

Grappes assez grandes, tronconiques, lâches ; baies moyennes, sphériques, noir foncé avec une pruine abondante, pulpe fondante et jus rouge très intense ; maturité : 1re époque tardive.

Le Petit Bouschet est un métis, créé en 1824 par Louis Bouschet en croisant l'Aramon avec le Teinturier du Cher. Ce nouveau plant teinturier connut rapidement un succès considérable non seulement en France, pour donner de la couleur aux vins faibles, type Aramon, mais encore dans tous les nouveaux vignobles du monde. Le débourrement du Petit Bouschet est plus tardif que celui de l'Aramon, sa vigueur n'est que moyenne et il a le défaut d'émettre de nombreux gourmands sur le tronc et les bras, nécessitant ainsi des ébourgeonnages soignés. Son port est érigé et sa fertilité est grande, atteignant facilement 4 à 5 kilos par pied en plaine. Il s'accommode bien des terres salées et de la submersion. Son vin est très coloré, plat, peu alcoolique en général. Comme il mûrit avant les cépages méridionaux, il faut le vendanger le premier, sinon ses grains flétrissent et sont la proie de la pourriture grise. Non classé, il a disparu en France.

 Petit Brun

Synonyme : *Brun des Hautes-Alpes.*

Grappes ramifiées, possédant plusieurs ailerons, compactes ; baies moyennes, légèrement ovoïdes, noires ; maturité : 2e époque.

Ce cépage, voisin du Mollard, est une ancienne variété de la haute vallée du Buech, dans les cantons de Veynes et d'Aspres (Hautes-Alpes). Il est en voie de disparition car il n'a pas été classé.

Petit-Chablis

Le décret AOC du 5 janvier 1944 a tenu à différencier le Petit-Chablis des autres Chablis, notamment en fonction du terroir. Les parcelles de Petit-Chablis sont en effet situées dans les communes de Maligny, Lignorelles, Chemilly-sur-Serein, Chichée, Courgis, Fleys, Fontenay, Pully-sur-Serein, Préhy associé à Saint-Cyr-les-Colons, La Chapelle-Vaupelteigne, Villy, le plus souvent sur des plateaux de sols crétacés, alors que la plupart des autres Chablis sont issus de sols marneux kimméridgiens. Ces sols délivrent

Préhy, en Chablisien, dont certaines parcelles sur sols crétacés produisent les vins d'appellation Petit-Chablis.

des vins dont on a fixé le titre alcoométrique minimal à 9,5 % Vol. et le rendement à 50 hl/ha. Issu du cépage Pinot Chardonnay, plus connu dans la région sous le nom de Beaunois, le Petit-Chablis est un vin à boire frais et jeune. La production avoisine les 28 000 hectolitres.

 Petit Manseng

Synonymes : *Petit-Mansenc, Manseng blanc, Mansengou, Ichiriota zuria tipia,* en basque.

Grappes petites à moyennes, tronconiques, ailées ; baies sphériques, petites, blanches ; maturité : 3e époque.

Le Petit Manseng est un cépage de qualité qui a fait la renommée des vins blancs de Jurançon. C'est un petit producteur qui peut donner, avec l'action de la pourriture noble, des moûts riches en sucres, permettant d'obtenir des vins liquoreux d'une grande finesse. Classé recommandé en Gascogne, il fait partie de l'encépagement blanc des AOC Jurançon, Béarn et Pacherenc-du-Vic-Bilh. En matériel certifié, 2 clones ont été agréés, les nos 440 et 573. Il occupe 175 hectares.

 Petit Meslier

Synonymes : *Meslier doré, Petit Meslier doré, Petit Meslier à queue rouge, Mélié blanc* dans l'Aube, *Maillé, Mayé, Melier* en Franche-Comté, *Arbonne* en Haute-Marne, *Feuille d'Ozerolle* à Selongey (Côte-d'Or), *Bernet, Bernais, Barnau* aux environs de Troyes, *Hennequin* dans le canton de Piney (Aube), *Meslier de Champagne.*

Grappes petites à moyennes, cylindroconiques, lâches ; baies sphériques ou légèrement ovoïdes, moyennes, jaune doré, pulpe fondante ; maturité : 1re époque.

Le Petit Meslier est originaire du Nord-Est, de la Champagne à la Franche-Comté. Peu vigoureux, il doit être taillé court et les rendements ne sont pas très élevés : 30 à 40 hectolitres à l'hectare en moyenne, rarement davantage. C'est un cépage de qualité, donnant un vin alcoolique, un peu acide, très fruité, prenant facilement la mousse. Son débourrement est précoce. Il est sensible au mildiou mais moins atteint par la pourriture grise que le Meslier Saint-François. Classé recommandé en Champagne.

 Petit Paugayen

Synonymes : *Paugayen, Pogayen, Pogaï.*

Grappes moyennes, cylindriques, assez compactes ; baies moyennes, ellipsoïdes, noires ; maturité : 2e époque.

Cépage de la région de Die, dans la Drôme, qui donne un vin de qualité moyenne, rouge vif, capable de vieillir. Le Petit Paugayen est à débourrement tardif et il est assez sensible à l'oïdium. Non classé.

 Petit Verdot

Synonymes : *Petit Verdot noir, Petit Verdau, Verdot rouge, Carmelin* à Bergerac, *Heran* à Roquefort dans les Landes, *Lambrusquet* à Gan (Pyrénées-Atlantiques), *Bouton blanc* en partie dans la Gironde.

Grappes moyennes, cylindriques, lâches ; baies petites, sphériques, noir bleuté ; maturité : 3e époque.

Ce cépage bordelais était considéré autrefois comme une variété de plaine et de palus où il donnait un vin estimé. Comme il ne pourrit pas, c'est le dernier cépage qu'on vendange en Médoc. Son vin est très coloré, riche en tanin, s'améliorant en vieillissant.

En matériel certifié, un clone a été agréé : le n° 400. Classé recommandé en Gironde, Dordogne, Lot-et-Garonne, Landes et dans les départements pyrénéens, il fait partie de l'encépagement des AOC Bordeaux, Médoc, Graves. Il occupe 300 hectares en Gironde.

Le Gros Verdot ou Verdot Colon est un cépage bordelais en voie de disparition, car il est très productif, donnant un vin commun. Non classé.

 Peurion

Synonymes : *Pourrisseux, Pourriette* dans le Jura, *Purion, Peurichon* dans l'Aube, *Menu blanc* en Haute-Saône, *Meslier vert* dans l'Allier, *Lyonnais* à Champlitte, *Milleron* à Bar-sur-Aube.

Grappes petites à moyennes, cylindriques ; baies petites, sphériques, jaune orangé ; maturité : 2e époque.

Le Peurion doit son nom à sa grande sensibilité à la pourriture. Sa production est régulière, donnant un vin de bonne qualité, parfois acide. Avant le phylloxéra, il était très cultivé dans l'Aube et la Franche-Comté. Non classé.

 Pineau d'Aunis

Synonymes : *Plant d'Aunis, Pineau rouge, Plant de Mayet* dans la Sarthe, *Gros-Véronais, Chenin noir* dans la vallée de la Loire, *Côt à queue rouge, Côt à bourgeons blancs* par erreur.

Grappes moyennes, cylindro-coniques à pédoncules ligneux, compactes ; baies ovoïdes, moyennes, noires ; maturité : 2e époque.

Le Pineau d'Aunis est un cépage vigoureux, fertile, qui s'épuise assez rapidement et est assez sensible à la pourriture grise. Sa production moyenne varie de 40 à 80 hectolitres et les vins obtenus ont des degrés compris entre 9 % Vol. et 11 % Vol. ; ils sont peu colorés et peuvent être bus rapidement.

En matériel certifié, 2 clones ont été agréés : les nos 289 et 235. Classé recommandé dans tout le Centre-Ouest, le Pineau d'Aunis entre dans l'encépagement des AOC Touraine,

Juillac-le-Coq, en Grande Champagne, où l'on élabore le Pineau des Charentes, qui n'est pas à proprement parler un vin mais une mistelle, breuvage fait de moûts mutés à l'eau-de-vie de Cognac.

Coteaux-du-Loir, Anjou, Rosé de Loire, Crémant de Loire, Saumur, et des AOVDQS Coteaux-du-Vendômois et Valençay. La zone principale de sa culture est la vallée du Loir, notamment dans le Vendômois et la Sarthe. Sur un total de 1 000 hectares en 1988, le Loir-et-Cher venait en tête avec 408 hectares, suivi par le Maine-et-Loire (163 hectares) et la Sarthe (105 hectares).

Pineau des Charentes, Pineau charentais

Vin de liqueur AOC défini par le décret du 12 octobre 1945, le Pineau des Charentes épouse l'aire géographique délimitée du Cognac.

Le Pineau des Charentes blanc est produit à partir des cépages Saint-Émilion, Folle blanche, Colombard, Blanc ramé, Montils, Jurançon blanc, Sémillon, Sauvignon et Merlot blanc. Il offre un judicieux mariage des jus de raisins blancs, discrets et élégants, avec la « race » du Cognac. Le Pineau des Charentes peut également être rosé. On le produit alors avec les raisins du Cabernet, du Sauvignon, du Cabernet franc, du Malbec et du Merlot rouge.

Il exprime le talent des Merlots et des Cabernets et dévoile des arômes plus corsés de cassis, de framboise, de cerise, de fraise. Vieux, très vieux, extra, blanc ou rosé, le Pineau des Charentes devient alors une pure merveille.

Ce vin, produit à l'intérieur de l'aire délimitée par les bouilleurs de crus, les coopératives de production et les bouilleurs professionnels, est élaboré à partir des moûts et des eaux-de-vie produits à la propriété. Les moûts qui n'ont reçu aucun traitement doivent être utilisés dans les 24 heures et présenter une densité minimale de 1 075 °GL correspondant à 170 grammes de sucres par litre. Le mutage s'effectue en ajoutant un quart de Cognac produit dans la même exploitation par rapport au volume du moût, qui aura commencé à fermenter mais devra contenir au minimum 170 grammes de sucre.

Le vieillissement s'effectue exclusivement sous bois jusqu'à la mise en commercialisation, qui doit intervenir au plus tôt le 1er octobre qui suit la date d'élaboration. Après avoir reçu l'agrément de la commission de dégustation désignée par l'INAO, il est alors vendu sans indication d'âge ni de millésime.

Le Pineau des Charentes est longtemps resté un produit régional, presque familial, vivant à l'ombre du Cognac. La tendance du marché atteint le niveau de 70 000 hectolitres par an. Le marché français représente 77 % des ventes.

Pinot blanc

Forme blanche du Pinot noir, donc bien différente du Chardonnay (qui est parfois appelé Pinot blanc ou Pinot blanc Chardonnay). En matériel certifié, 2 clones ont été agréés : les nos 54 et 55. Classé recommandé dans toute la France, sauf dans le Sud-Ouest, ce cépage occupe 1 600 hectares dont 1 150 en Alsace, faisant partie de l'AOC Alsace, le reste étant réparti entre la vallée de la Loire (300 hectares) et la Bourgogne (100 hectares).

Pinot-Chardonnay-Mâcon

Voir Mâcon blanc.

Pinot gris

Synonymes : *Pinot Beurot* ou *Burot* (par analogie avec la robe de bure des moines), *Gris Cordelier* dans l'Allier, *Fauvet* en Haute-Saône, *Fromentot* en Champagne, *Malvoisie* en Savoie et dans le val de Loire, *Auvernat gris* dans le Loiret, *Tokay* en Alsace.

C'est la forme grise du Pinot noir, dont il ne diffère que par la couleur des baies. On observe parfois des ceps qui portent à la fois des raisins noirs ou des raisins gris et même les trois couleurs (noir, gris et blanc) sur une même baie, disposées comme des tranches de melon. Vinifié seul en Alsace, il donne des vins de grande qualité, très fins.

En matériel certifié, 3 clones ont été agréés, les n°s 52, 53 et 457. Classé recommandé dans la plupart des départements, en dehors du Sud-Ouest, le Pinot gris est cultivé sur 1 000 hectares, dont 600 hectares en Alsace et 20 hectares dans la vallée de la Loire.

 Pinot noir

Synonymes : *Franc Pinot,* ou *Pineau, Pynoz, Noirien, Petit Vérot* dans l'Yonne, *Auvernat noir* à Orléans, *Morillon noir* en Loir-et-Cher, *Noble* ou *Noble Joué* en Touraine, *Berligout* en Loire-Atlantique, *Plant doré, Vert doré* ou *Petit Plant doré* en Champagne, *Bourguignon noir* en Beaujolais, *Savagnin noir* ou *Salvagnin* dans le Jura.

Bourgeonnement presque cotonneux blanc au début du printemps pour devenir ensuite duveteux blanc.

Jeunes feuilles d'abord duveteuses, puis seulement aranéeuses ou glabres, le dessous du limbe demeurant duveteux.

Feuilles moyennes, orbiculaires, vert foncé, épaisses, en entonnoir, très grossièrement bullées, généralement entières ou faiblement trilobées, sinus pétiolaire en lyre étroite ou à bords se recouvrant chez les feuilles fortement involutées ; dents ogivales, moyennes ; dessous du limbe faiblement aranéeux. À l'automne, le feuillage prend une belle teinte jaune, plus ou moins maculée de rouge selon les clones.

Rameaux côtelés, verts avec quelques stries longitudinales brunes et les nœuds rosés ; vrilles charnues, moyennes.

Grappes petites, cylindriques, rarement ailées, compactes et à pédoncules ligneux, très durs ; baies petites, sphériques ou légèrement ovoïdes, d'un noir bleuté ou violet foncé, recouvertes d'une pruine abondante, pellicule épaisse, riche en matières colorantes, pulpe peu abondante et fondante ; maturité : 1re époque.

Le débourrement du Pinot est précoce, ce qui le rend sensible aux gelées printanières et localise sa culture aux coteaux bien exposés dans les vignobles septentrionaux. La fertilité de ce cépage est faible et selon les régions il est conduit en gobelet à 3 ou 4 coursons ou en cordon de Royat ou en Guyot simple ou double.

Feuille de Pinot noir, cépage noble par excellence, à l'origine des grands crus de Bourgogne.

De nombreux travaux de sélection ont été entrepris en Bourgogne et en Champagne, qui ont montré d'abord que les clones à feuilles entières donnaient les meilleurs rendements, alors que les clones à feuilles très découpées ne portaient que de très petites grappes. Selon les clones, les rendements peuvent varier du simple au triple (de 26 à 90 hectolitres à l'hectare) avec des degrés allant de 8,8 % Vol. à 11,7 % Vol. Il y a aussi des différences entre les clones vis-à-vis de la pourriture grise. En matériel sélectionné, 40 clones ont été agréés dont le n° 459 serait le meilleur pour la qualité, suivi par les n°s 111, 114 et 292, employés en Bourgogne, tandis que les n°s 386, 388 et 389, plus productifs, sont utilisés en Champagne.

Les vins de Pinot sont d'une belle couleur, mais peu intense, de 10 à 12 % Vol. naturels. Ils possèdent un bouquet très agréable, qui reste longtemps en bouche. Ces vins sont aptes au vieillissement, mais la couleur rouge vire vers une teinte pelure-d'oignon qui finit par se déposer sur le verre de la bouteille.

Le Pinot a été classé recommandé dans la plupart des départements, hormis dans le Sud-Ouest. En Bourgogne il est vinifié seul dans les différentes AOC Bourgogne et les crus, sauf pour l'AOC Bourgogne Passetoutgrain, qui comprend du Gamay. En Champagne il est associé au Chardonnay et au Pinot Meunier. Dans la vallée de la Loire il fait partie de l'encépagement rouge des AOC Cheverny, Sancerre, Menetou-Salon, Touraine, Rosé de Loire, Crémant de Loire et des AOVDQS Côtes-de-Gien, Vins de l'Orléanais, Coteaux-du-Vendômois, Valençay, Châteaumeillant, Haut-Poitou, Fiefs Vendéens. Il entre aussi dans l'encépagement de l'AOC Alsace.

Rameau de Pinot noir.

Le Pinot noir est actuellement le premier cépage multiplié dans les pépinières et sa superficie cultivée est en constante progression : 8 500 hectares en 1958, 17 300 en 1979 et 23 000 maintenant. Il se classe 11e cépage de cuve français, avec la répartition suivante :

9 200 hectares en Bourgogne, 8 500 en Champagne, 950 en Alsace, 700 dans la vallée de la Loire, 400 dans le Jura et la Savoie et le reste dans la région méditerranéenne.

 Piquepoul blanc

Forme blanche du Piquepoul noir. Il occupe 650 hectares en France, dont la moitié dans l'Hérault pour l'obtention de l'appellation d'origine contrôlée Picpoul-de-Pinet, vin blanc sec récolté près de l'étang de Thau. En matériel certifié, 4 clones ont été agréés : les n°s 176, 237, 238 et 463.

 Piquepoul gris

Forme grise du Piquepoul noir, classée et recommandée dans le Midi ; mais ce cépage est très peu cultivé puisqu'il occupe maintenant moins de 50 hectares. En matériel certifié, 2 clones ont été agréés, dont le plus intéressant s'avère être le n° 71.

 Piquepoul noir

Synonymes : *Picquepoul, Picpouille, Picapoule.*

Bourgeonnement épanoui, cotonneux blanc à plages carminées.

Jeunes feuilles duveteuses, bullées, bronzées.

Feuilles orbiculaires, tourmentées, finement bullées à lobes un peu involutés, 5-lobées profondément, les sinus latéraux à fonds aigus, les supérieurs refermés en massue, sinus pétiolaire en lyre, faiblement ouverte, base des nervures rouge autour du point pétiolaire ; dents ogivales, étroites ; dessous du limbe aranéeux ou aranéeux-pubescent suivant les clones. À l'automne, le feuillage rougit marginalement sur les dents.

Rameaux côtelés, vert clair avec des stries longitudinales rouges ; grandes vrilles brunes.

Grappes moyennes, ailées, cylindro-coniques, compactes ; baies moyennes, ovoïdes à ellipsoïdes, noir bleuté, peau mince et chair juteuse ; maturité : 3e époque.

Le Piquepoul est un cépage méridional, à port étalé et au débourrement tardif. Il est sensible à l'oïdium, à la pourriture grise et à l'érinose. Sa production moyenne varie de 50 à 80 hectolitres à l'hectare. Son vin est peu coloré, alcoolique, avec un bouquet assez riche, mais ses raisins sont généralement vinifiés en mélange avec les autres cépages. En matériel certifié, 6 clones ont été agréés, les n°s 239 et 294 paraissant les meilleurs. Classé recommandé en Languedoc et autorisé en Provence, le Piquepoul noir fait partie de l'encépagement des AOC Châteauneuf-du-Pape, Côtes-du-Rhône et Palette. Il occupe 200 hectares dans le Gard, le Vaucluse, le Var, l'Aude et l'Hérault.

Feuille de Plantet.

 Plant droit

Synonymes : *Cinsaut droit, Plant dressé.*

Grappes moyennes à grosses, cylindriques, compactes ; baies ovoïdes à ellipsoïdes, rappelant un peu celles du Cinsaut, moyennes, noires à peau épaisse ; maturité : 2e époque.

Le Plant droit a été dénommé et décrit pour la première fois par Marès ; il fut plus tard appelé Cinsaut droit pour le faire entrer en douceur dans l'encépagement des Côtes-du-Rhône, car il est plus productif que le vrai Cinsaut, mais son vin est commun, sans caractère. C'est un cépage sensible à la pourriture grise, qui est en régression ; il occupe moins de 100 hectares. Classé autorisé dans le Midi.

 Plantet

Synonyme : *5455 Seibel.*

Bourgeonnement cotonneux blanc avec l'axe cotonneux blanc.

Jeunes feuilles cotonneuses.

Feuilles orbiculaires, tourmentées, un peu gaufrées au point pétiolaire, légèrement trilobées, sinus pétiolaire en lyre ; dents anguleuses, moyennes ; dessous du limbe aranéeux-pubescent ; pétioles courts, trapus, cotonneux blanc et pubescents.

Rameaux côtelés, duveteux, se détachant facilement ; vrilles duveteuses.

Grappes grandes, cylindriques ou tronconiques par la présence de deux ailerons, compactes ; baies petites, sphériques, noires, s'écrasant difficilement car la chair est très pulpeuse, saveur foxée ; maturité : 1re époque.

C'est l'hybride de Seibel le plus cultivé depuis le classement des cépages qui a éliminé le 7 053. Classé autorisé dans les départements de l'Ouest, il en resterait 4 000 hectares en

Grappe de Plantet, cépage rustique, de production régulière.

culture. Le Plantet a de bonnes qualités culturales : sa grande rusticité lui permettant de mûrir ses raisins avec peu ou pas de traitements, ce qui est intéressant dans les exploitations de polyculture, sa production régulière, pouvant atteindre 100 hectolitres à l'hectare, et son débourrement tardif. Ses défauts sont la fragilité de ses rameaux qui cassent facilement sous l'action des vents violents et surtout la mauvaise qualité de son vin, à la saveur framboisée, écœurante à complète maturité.

 Plant vert

Synonymes : *Verdet, Servagnien.*

Grappes petites, cylindriques, compactes, parfois ailées ; baies sphériques, moyennes, blanc jaunâtre à saveur âpre ; maturité : 2e époque.

Ancien cépage de l'Yonne, de la région d'Irancy et de Lignorelles, qui servait à préparer des vins blancs de table, en mélange avec le Pinot blanc et le Roublot. Vigoureux, à débourrement tardif, le Plant vert est sensible à la pourriture grise. Non classé.

 Pointu

Synonyme : *Gros Plant* dans la Loire.

Grappes moyennes, cylindriques, serrées, avec deux ailerons ; baies ovoïdes, pointues (d'où le nom du cépage), moyenne, noires, peu juteuses, à saveur herbacée ; maturité : 2e époque tardive.

Cépage productif, sensible aux maladies, qui était cultivé dans la vallée du Gier, en mélange avec le Mornen. Non classé, ce cépage serait identique au Pointu de la vallée de la Drôme, cépage disparu aujourd'hui.

Pomerol

L'appellation d'origine contrôlée Pomerol, créée par décret du 8 décembre 1936, est réservée aux vins rouges provenant de raisins récoltés sur le territoire délimité de la commune de Pomerol et sur quelques parcelles situées sur la commune de Libourne.

Pour avoir droit à l'appellation Pomerol, les vins, des rouges exclusivement, doivent provenir des cépages Cabernet franc, Cabernet-Sauvignon, Merlot et Côt. Depuis 1961, les cépages hybrides sont interdits sur les propriétés revendiquant le droit à l'appellation Pomerol. La richesse minimale en sucres des moûts doit être de 178 grammes par litre et les vins doivent présenter un titre alcoométrique minimal de 10,5 % Vol. et maximal de 13,5 % Vol. Le rendement de base est de 40 hectolitres à l'hectare. La dégustation pour l'obtention du certificat de qualité est obligatoire depuis 1974.

Le vignoble du Pomerol est complanté sur des sols ferrugineux couverts de sable ou d'argile graveleux qui confèrent au vin son caractère.

La superficie moyenne sur les dix dernières années est de 763 hectares et la production de 38 700 hectolitres.

Selon les spécialistes, le vin de Pomerol allie la finesse des grands vins du Médoc et la sève de ceux de Saint-Émilion. Il est généralement fin et très bouqueté, coloré, assez corsé en même temps que moelleux. C'est un vin de garde qui peut, dans ses meilleurs crus, atteindre plusieurs dizaines d'années.

Principaux crus de Pomerol

Beauregard
Certan-de-May
Clinet
Clos du Clocher
De Sales
Gazin
La Conseillante
Lafleur
Lafleur-Pétrus
La Pointe
Latour-à-Pomerol
Le Pin
L'Évangile
Nénin
Petit-Village
Pétrus
Trotanoy
Vieux-Château-Certan

Pommard

Une grande renommée accompagne ces vins de la Côte de Beaune dont l'appellation d'origine contrôlée fut ratifiée par décret le 11 septembre 1936. Ce décret précise les exigences de titre alcoométrique, de rendement et d'encépagement propres à la Bourgogne : titre alcoométrique minimal de 10,5 % Vol. sur l'appellation communale et de 11 % Vol. pour les premiers crus, rendement de base à l'hectare de 40 hectolitres, encépagement en Pinot noir exclusivement mais, selon un usage local, 15 % de cépages blancs (Chardonnay, Pinot blanc et gris) peuvent être incorporés. Il fait en outre mention des 28 premiers crus, soit 125 hectares situés, pour la plupart, dans les parcelles qui sont à l'ouest de la départementale 976. L'ensemble de l'aire d'appellation couvre 315 hectares répartis sur 58 climats. Cette commune phare de la Bourgogne produit chaque année en moyenne 13 500 hectolitres d'un vin rouge qui reflète bien son terroir argilo-calcaire, riche en matières ferrugineuses.

Les vins sont puissants et chaleureux tant en corps qu'en bouquet, de couleur foncée. On les apprécie également pour leur générosité et leur

Vignoble et château de Pommard. Ce village de la Côte de Beaune est réputé pour ses vins rouges généreux, fins et vigoureux, qui figurent parmi les vins de plus longue garde de la Bourgogne.

saveur à la fois fruitée et épicée. Un peu astringents dans leur jeunesse, ils gagnent à vieillir quelques années. Ce sont les vins de plus longue garde de la Côte de Beaune. Ils varient sensiblement d'un climat à l'autre mais restent toujours spectaculaires.

Banière brodée portée lors du cortège de la fête de la Saint-Vincent à Pommard. Saint Vincent, diacre espagnol martyrisé en 304, patron des vignerons, est honoré chaque année le 29 janvier dans la plupart des communes viticoles françaises.

 Portan

Croisement de Grenache noir × Portugais bleu obtenu à l'INRA de Vassal.

Le Portan est un cépage dont le débourrement est précoce et la maturité de 2e époque. Il est donc bien adapté aux zones les plus tardives du Midi. Ses grappes sont assez grandes, ailées avec des baies presque sphériques, noires.

Il donne un vin bien coloré, alcoolique. Il est classé recommandé pratiquement dans toute la France ; 200 hectares sont en production.

Porto-Vecchio

Voir Vin de Corse Porto-Vecchio.

 Portugais bleu

Synonyme : *Raisin des roses.*

Grappes moyennes, ailées, cylindriques, compactes ; baies grosses, sphériques, noir bleuté, pulpe fondante ; maturité : 1re époque précoce.

Ce cépage, malgré son nom, serait originaire d'Autriche, pays où il est cultivé depuis longtemps ainsi qu'en Hongrie. C'est un plant précoce, gros producteur, donnant un vin léger, bien coloré. Son raisin est également utilisé pour la table en Rhénanie, comme il l'était autrefois dans la région parisienne.

Le Portugais bleu est très sensible aux maladies : mildiou, oïdium et pourriture grise. Il est classé recommandé dans le Tarn, où il occupe 700 hectares.

 Pougnet

Synonymes : *Pouquet* ou *Quercy* à Aubenas et Largentière, *Négrou* dans l'Ardèche.

Grappes moyennes, tronconiques, compactes ; baies sphériques, moyennes, noir bleuté, peu juteuses ; maturité : 2e époque tardive.

Cépage ardéchois, très peu cultivé aujourd'hui et non classé. Il donnait abondamment un vin dur, astringent, assez coloré, mais peu alcoolique. Plant assez résistant à l'oïdium.

Pouilly-Fuissé

Réalisés exclusivement à partir du cépage Chardonnay, les vins de Pouilly-Fuissé sont produits sur les communes de Fuissé, Solutré, Pouilly, Vergisson et Chaintré dans le vignoble du Mâconnais. Ces vins, régis par le décret du 11 septembre 1936, doivent présenter un titre alcoométrique minimal de 11 % Vol. et ceux qui héritent d'un climat d'origine de 12 % Vol. Le rendement de base à l'hectare est fixé à 50 hectolitres.

L'AOC de Pouilly-Fuissé couvre 720 hectares environ et produit, bon an mal an, 42 000 hectolitres. C'est sans doute dans la nature du sol constitué de calcaire et d'ardoise que réside une large part de la qualité de ce vin.

Ce superbe vin blanc sec à la robe or irradiée d'émeraude est apprécié unanimement pour ses bouquets d'acacia et de violette et la douceur de sa bouche aimablement amandée.

Pouilly Fumé, Blanc Fumé de Pouilly

Le vignoble, classé AOC par le décret du 31 juillet 1937, couvre une superficie de 900 hectares, avec pour unique cépage le Sauvignon, dit Blanc Fumé. La production annuelle est de l'ordre de 55 000 hectolitres.

La couleur du Pouilly Fumé est légère, jaune paille. L'odeur rappelle le cépage mais avec beaucoup d'élégance. Le vin est à la fois plein et léger, frais et long en bouche. Il a une bonne aptitude au mûrissement en bouteille. (*Voir* la région Vins du Centre, p. 606.)

Pouilly-Loché

Ces vins blancs issus du cépage Chardonnay sont récoltés sur le territoire de la commune de Loché, voisine de Fuissé en Mâconnais. À l'image des vins de Pouilly-Vinzelles, les vins de cette appellation d'origine contrôlée ratifiée par décret du 27 avril 1940 bénéficient des mêmes conditions de production et sensiblement du même terroir. Le vignoble produit en moyenne 1 500 hectolitres chaque année sur 28 hectares.

Cet agréable vin blanc à la robe jaune rehaussée de reflets verts est certes plus modeste que le Pouilly-Fuissé, mais son caractère floral nuancé de noisette est tout aussi plaisant.

Pouilly-sur-Loire

Le vignoble, classé AOC par le décret du 31 juillet 1937, couvre une superficie de 60 hectares, avec pour cépage le Chasselas avec ou sans Sauvignon. L'aire de production s'étend sur les communes ou parties de communes suivantes : Pouilly-sur-Loire, Saint-Andelin, Tracy-sur-Loire, Saint-Laurent, Saint-Martin-sur-Nohain, Garchy, Mesves-sur-Loire.

Sa grande expression est liée au Chasselas, ce qui est d'ailleurs le cas le plus fréquent. La couleur est jaune pâle, le vin est coulant, léger, vif, très fin. L'aptitude au vieillissement est correcte. (*Voir* Vins du Centre, p. 606.)

La tendance de production annuelle est de 2 500 hectolitres.

Pouilly-Vinzelles

Au cœur du vignoble du Mâconnais, la commune de Vinzelles, voisine de celle de Loché, produit le vin d'appellation d'origine contrôlée Pouilly-Vinzelles. Cette appellation d'origine répond aux mêmes conditions de production que l'appellation de Pouilly-Fuissé, bien que ratifiée par un décret différent du 27 avril 1940 : titre alcoométrique minimal de 11 % Vol. et rendement de base de 50 hectolitres à l'hectare, cépage Chardonnay. On retrouve sensiblement sur ce vignoble la même configuration des terres, argilo-calcaires, et des climats. Cependant, les vins de Pouilly-Vinzelles n'ont pas la même classe que ceux de Pouilly-Fuissé. Ils n'en restent pas moins d'excellents vins blancs typés, de bonne garde, et les 2 700 hectolitres produits chaque année sur 50 hectares environ trouvent bien des amateurs qui les apprécient pour leur fraîcheur et leurs arômes floraux, leur robe d'or pâle.

Poulsard

Synonymes : *Pelossard, Plousard, Pleusart, Plussart, Pulceau,* noms tirés de la couleur du raisin rappelant celle des prunelliers sauvages ou pelosses en patois : *Mescle, Miède, Méthie, Meikkle* dans le Revermont, car dans le patois de l'Ain ces noms veulent dire mélange, pour indiquer la couleur confuse des grains ; *Drille-de-Coq* ou *Quille de Coq* par allusion aux testicules du coq, *Cornelle* ou *Cougnelle* en Lorraine (nom patois du fruit du Cornouiller) ; *Plant d'Arbois* dans le Doubs, *Pendoulot, Pandouleau, Raisin Perle.*

Bourgeonnement aranéeux blanc à liseré carminé. Jeunes feuilles glabres, très découpées, à plages bronzées.

Feuilles cunéotronquées, tourmentées, vert bleuté, unies aux lobes révolutés, 5-lobées profondément avec les sinus larges et à fonds concaves, sinus pétiolaire en U très ouvert ; dents anguleuses, très étroites ; dessous du limbe glabre avec les nervures pubescentes.

Rameaux côtelés, glabres, brillants, vert clair avec quelques stries longitudinales brunes ; vrilles longues, charnues.

Grappes petites à moyennes, ailées, cylindriques, peu compactes ; baies moyennes, ellipsoïdes, noir bleuté, charnues à pellicule fine, se fendant facilement ; maturité : 2e époque.

Le Poulsard est un cépage délicat, à débourrement précoce, coulard par temps froid et pluvieux, sensible aux maladies. C'est un petit producteur, dépassant difficilement 40 à 50 hectolitres à l'hectares et donnant un vin peu coloré, prenant en vieillissant une belle teinte pelure-d'oignon, ayant du feu et un parfum délicat. Ce cépage a fait la réputation des vins

La commune de Pouilly-sur-Loire, dans la Nièvre, produit depuis le Moyen Âge des vins blancs fins issus du Chasselas.

du Jura et il fait partie de l'encépagement des AOC Arbois, l'Étoile et Côtes-du-Jura. En matériel certifié, 3 clones ont été agréés, les n°s 296, 464 et 584. Classé recommandé dans le Jura, l'Ain et le Doubs, il est cultivé sur 300 hectares, principalement dans le Jura (283 hectares). Le Poulsard blanc et le Poulsard rouge ne diffèrent du Poulsard noir que par la couleur des baies.

 Précoce Bousquet

Synonyme : *Bousquet précoce.*

Cépage blanc du Tarn, obtenu en 1898 par T. Bousquet et qui serait un croisement de Chasselas × Ondenc. Il mûrit en 1re époque. Il est classé recommandé dans le Tarn où il occupe 30 hectares.

 Précoce de Malingre

Synonymes : *Blanc Précoce de Malingre, Madeleine blanche de Malingre.*

Grappes lâches, moyennes, cylindro-coniques ; baies ellipsoïdes, moyennes, blanc jaunâtre, fondantes à pulpe un peu molle, saveur simple ; maturité précoce.

C'est un raisin de table, obtenu vers 1840 par Malingre, jardinier de la région parisienne, qui est peu cultivé en raison de ses nombreux défauts : souches rabougries, très sensibles au mildiou et à la pourriture grise. Les raisins supportent mal le transport ou la conservation au fruitier. Il est intéressant pour la vinification dans les vignobles septentrionaux en raison de sa précocité. Il est classé recommandé en Vendée.

Le vignoble Tabanac, en Gironde, donne des vins rouges puissants et des blancs moelleux ou liquoreux.

Premières-Côtes-de-Blaye

Voir Blaye.

Premières-Côtes-de-Bordeaux

Le vignoble des Premières-Côtes, situé sur la rive droite de la Garonne, commence à quelques kilomètres au nord de Bordeaux, pour s'arrêter peu avant Langon ; deux appellations communales, Loupiac et Sainte-Croix-du-Mont, viennent s'y insérer. L'appellation d'origine contrôlée Premières-Côtes-de-Bordeaux, créée par décret du 10 août 1973, couvre 37 communes.

Pour les rouges, l'encépagement exigé est le même que celui requis pour l'appellation Bordeaux (Cabernet-Sauvignon, Cabernet franc, Merlot, Côt et Petit Verdot). Les vins rouges doivent provenir de moûts contenant au minimum 178 grammes de sucres par litre et ils doivent présenter un titre alcoométrique minimal de 10,5 % Vol. et maximal de 13 % Vol. Le rendement de base est de 50 hectolitres à l'hectare.

Le nom de la commune d'origine peut être joint à l'appellation Premières-Côtes-de-Bordeaux pour les vins rouges ayant un titre alcoométrique acquis non inférieur à 11,5 % Vol.

Depuis 1974, les vins ne peuvent être mis en circulation sans un certificat de qualité délivré par une commission officielle de dégustation.

Pour avoir droit à l'appellation Premières-Côtes-de-Bordeaux, les vins blancs ne peuvent provenir que des cépages Muscadelle, Sauvignon et Sémillon. La richesse minimale en sucres des moûts doit être de 200 grammes par litre et les vins doivent présenter un titre alcoométrique total minimal de 11,5 % Vol. ; la teneur en sucres résiduels doit être supérieure à 4 grammes par litre depuis le décret du 18 décembre 1980. Le rendement de base est de 50 hectolitres à l'hectare.

La superficie du vignoble blanc est aujourd'hui de 600 hectares et la production de 22 700 hectolitres dont 15 % élaborés par une cave coopérative. La superficie du vignoble rouge est de 2 500 hectares et la production de 120 000 hectolitres, dont le cinquième élaboré par trois caves coopératives.

Les vins rouges sont en général puissants et bien charpentés ; ils vieillissent très bien. Les vins blancs vont du type moelleux au type liquoreux.

 Provareau

Synonymes : *Pourvareau, Proveral, Prouveyraou, Proveraut, Parvereau, Mastellet.*

Grappes petites, cylindriques, étroites, assez compactes ; baies sphériques, petites, noir bleuté ; maturité : 3e époque.

Cépage dauphinois de la région de Vif, au sud de Grenoble, dont le débourrement est précoce. Productif, il donne un vin âpre, astringent. Non classé, il en subsisterait 15 hectares dans l'Isère. Le Provareau est assez voisin du Chatus.

Provence

Voir la région page suivante.

Prueras

Synonymes : *Chalosse blanche* en Gironde et Dordogne, *Prunelat* en Gironde, *Blanc Pic* à Sainte-Bazeille, *Œil de Tour* ou *de Sour* à Clairac, *Menu blanc, Annereau* en Saintonge.

Grappes petites, cylindriques, lâches ; baies sphériques, moyennes, blanc jaunâtre ; maturité : 2e époque.

Vieux cépage bordelais, non classé, qui présente le défaut d'avoir des raisins qui s'égrènent facilement à maturité. De plus, son vin est léger, mou, médiocre. Il était utilisé autrefois pour la distillation.

Prunelard

Grappes petites, cylindriques, compactes ; baies sphériques, moyennes, noires ; maturité : 2e époque tardive.

Cépage assez productif de la région de Gaillac dans le Tarn, où il a été classé recommandé ; mais il est très peu cultivé (2 hectares environ), car il est sensible à la pourriture grise.

Puisseguin Saint-Émilion

L'appellation d'origine contrôlée Puisseguin Saint-Émilion, créée par décret du 14 novembre 1936, est réservée aux vins rouges provenant des raisins récoltés sur des parcelles délimitées du territoire de la commune de Puisseguin Saint-Émilion, dans le Libournais, telle qu'elle était définie avant sa fusion avec la commune de Monbadon.

Les cépages exigés sont les mêmes que pour l'appellation Saint-Émilion. Depuis 1961, les cépages hybrides sont interdits.

La richesse minimale en sucres des moûts doit être de 187 grammes par litre. Les vins doivent présenter un titre alcoométrique minimal de 11 % Vol. et maximal de 13 % Vol. Depuis 1956, la mise en circulation des vins de cette appellation est subordonnée à l'avis d'une commission de dégustation.

La superficie moyenne est de 705 hectares et la production de 40 500 hectolitres dont environ le cinquième est vinifié dans les caves coopératives de Puisseguin et de Gardegan.

Les vins de l'appellation Puisseguin Saint-Émilion vieillissent bien et sont, dans bien des cas, assez semblables à ceux de l'appellation Saint-Émilion.

Puligny-Montrachet

Le microclimat et surtout un sol riche en argile, en sable siliceux et en chaux expliquent sans doute que les vins blancs de cette appellation d'origine contrôlée de la Côte de Beaune sont vraisemblablement les plus célèbres et les plus appréciés des vins blancs du monde. Les exigences du décret du 21 mai 1970 sont les suivantes : l'encépagement doit être composé exclusivement de Chardonnay, le titre alcoométrique minimal est fixé à 11 et 11,5 % Vol. pour les crus mentionnés. Le rendement de base est établi à 45 hectolitres à l'hectare pour les premiers crus et 40 pour les grands crus ; le secret exceptionnel de ces vins se situe, en fait, dans le terroir qui se déploie différemment au gré des climats et des coteaux : 201 hectares revendiqués en 1995 sur Puligny-Montrachet, dont 121 hectares en premiers crus. La quintessence de l'appellation se retrouve dans les quatre grands crus qui couvrent 21 hectares : Montrachet, Chevalier-Montrachet, Bâtard-Montrachet, Bienvenues-Bâtard-Montrachet. Ces vins vifs, secs, très fruités, se distinguent par la grande finesse de leur bouquet où se mêlent la noisette, l'amande et le miel. Leur robe brillante ajoute encore à leur séduction. On notera enfin l'existence dans cette appellation de vins rouges. Ils sont produits à raison de 300 hectolitres environ contre 10 000 hectolitres de vins blancs. On les dit charpentés et expressifs.

Putzscheere

Synonymes : *Putchir* en Armagnac, *Weisser Tokayer* et *Sauerlamper* en Alsace.

Grappes moyennes à grosses, cylindroconiques, longues, étroites ; baies sphériques, moyennes, blanc doré ; maturité : 2e époque tardive.

Ce cépage serait d'origine hongroise et, pour Goethe, il s'agirait du Gyöngyszöllö. Propagé dans la seconde moitié du XVIIIe siècle, il a gagné l'Alsace, après avoir envahi le pays de Bade et le Wurtemberg, puis finalement l'Armagnac.

C'est un cépage d'abondance qui donne un vin commun, de qualité médiocre. Non classé.

Pyrénées

Voir la région page 540.

PROVENCE

Pays de grande tradition vinicole puisque son vignoble est sans doute le plus ancien de France, la Provence sait aujourd'hui nous offrir un très bel éventail de vins grâce aux effets conjugués du soleil, des terroirs, d'une sélection rigoureuse des cépages et des progrès technologiques.

■ Comme le vignoble de cette région méditerranéenne est l'un des plus anciens de France, il est difficile d'établir une relation précise entre l'existence de la vigne dans les forêts et le développement de sa culture. Les documents qui le permettraient sont quasi inexistants.

Les Grecs sont certainement les premiers à avoir cultivé la vigne en Provence. À l'origine, l'activité de ce peuple de navigateurs était surtout faite du commerce des produits qu'il fabriquait : poteries, objets de luxe, huile d'olive et céramiques dont on a trouvé de nombreux vestiges sur tout le littoral méditerranéen bien avant que des découvertes similaires fussent faites dans les vallées de la Seine et du Doubs.

Rien dans les recherches effectuées ne fait état d'une culture générale de la vigne dans la région varoise. Par contre, un vignoble relativement important avait été créé sur les coteaux qui entouraient l'ancienne ville de Massilia, devenue la cité de Marseille. Le vin pourtant existait ; de nombreuses amphores retrouvées dans les fonds marins près de Marseille et d'Antibes prouvent qu'il y eut un commerce d'importation de vins de Grèce et d'Italie. Il y eut peut-être également un commerce d'exportation à partir du premier vignoble provençal. Mais on ne peut absolument pas l'affirmer.

Pendant des siècles, la vigne est allée son bonhomme de chemin, subissant comme ailleurs les vicissitudes du temps et des hommes. Elle était plantée sur des coteaux et des plateaux bien exposés, mais elle restait cependant une culture secondaire de faible dimension, un élément complémentaire d'une polyculture familiale. Cultivée avec d'autres végétaux sur une même parcelle, elle représenta longtemps un élément de la seule subsistance journalière. Il n'exista pas pendant cette période de vignoble commercial, tel qu'on le conçoit aujourd'hui.

On produisait alors quelques vins blancs et des vins rouges clairets, sortes de vins rosés à couleur très soutenue. Le vignoble donna ensuite des vins rouges francs et corsés, issus pour une bonne part du cépage espagnol Mourvèdre, introduit en Provence au temps des rois d'Aragon. Ces vins avaient déjà une réputation certaine puisqu'ils étaient exportés à partir de Bandol, d'Antibes et, parfois, de Marseille.

Domaine Tempier, dans le vignoble de Bandol. Les vignes sont plantées sur des restanques, murets de pierres sèches caractéristiques en Provence.

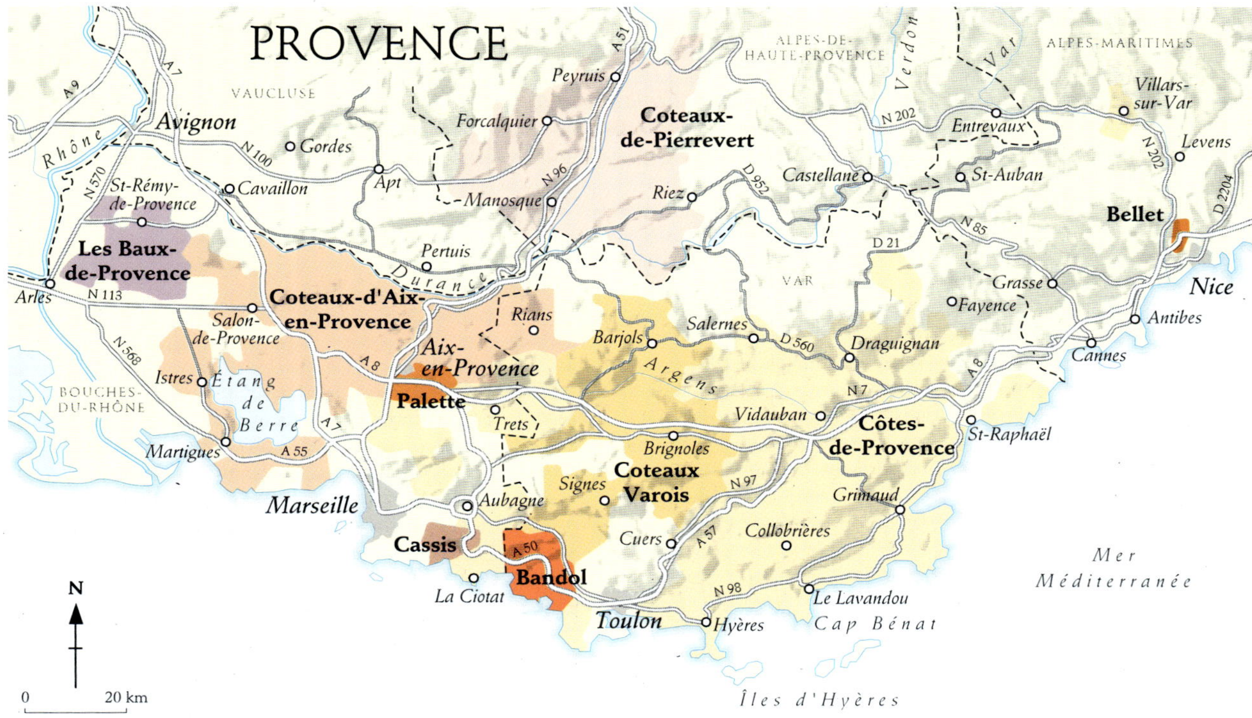

Les conséquences de la crise phylloxérique

Dans la seconde moitié du XIXe siècle survint la crise phylloxérique. La vigne provençale eut beaucoup de mal à se remettre de cette terrible catastrophe.

Pour remplacer l'ancien, naquit alors un nouveau vignoble planté sans cultures intercalaires, non plus sur les coteaux, mais dans les plaines riches et donc plus productives. L'encépagement dégénéra, et l'on vit arriver sur le marché des vins sans grand caractère, recherchés par un certain commerce. La viticulture varoise revenait ainsi à un vieux démon qui l'avait déjà influencée, d'après les historiens, avant la Révolution.

Par une de ces fantaisies qui jalonnent l'histoire des hommes, cette orientation fut favorisée par la création des caves coopératives. Dans une région de très petite propriété, le phylloxera avait provoqué une affreuse misère, et l'élaboration collective des vins apparut comme le seul salut. Mais, dans un premier temps, si la cave coopérative sauva économiquement les vignerons, elle les conforta dans l'erreur de leurs choix des sols et des cépages.

Les choses ont depuis heureusement évolué, et la médiocrité des vins produits n'est plus qu'un mauvais souvenir.

Le vignoble de qualité renaît principalement après la guerre de 1914-1918, grâce aux efforts de quelques pionniers. Les cépages de franche originalité sont plantés, la valeur des vins s'élève considérablement. Mais cette évolution fut lente et longtemps sporadique.

La naissance des VDQS

Il faudra attendre la fin de la dernière guerre pour que la région provençale prenne son véritable essor. Entre 1940 et 1945, les vins de consommation courante étaient taxés, alors que les prix des vins d'AOC étaient libres.

Comme il existait parmi les premiers des éléments dont la qualité était supérieure à l'ensemble, leur prix fut fixé à un niveau plus élevé. Au terme du conflit, la libération des prix fit naturellement disparaître cette catégorie de vins. Pour justifier leurs mérites, le législateur créa une classe d'appellations d'origine particulière, nommée « vins délimités de qualité supérieure » (VDQS).

Le comte de Rohan-Chabot, président du Syndicat des vins de Provence, comprit très vite que les vins du Var de bonne qualité avaient une belle carte à jouer.

Entouré d'une poignée de vignerons et de négociants fidèles, il fit reconnaître, en 1953, le VDQS Côtes-de-Provence. Ainsi naissait, entre Fréjus, Draguignan et le nord de Marseille, un vignoble dont le nom était reconnu comme synonyme d'une qualité originale et qui, vingt-cinq ans plus tard, allait être élevé au rang d'une appellation d'origine contrôlée.

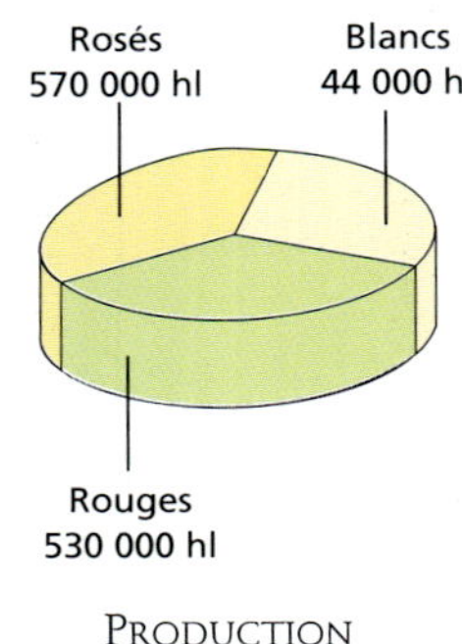

PRODUCTION DES VINS (1995)

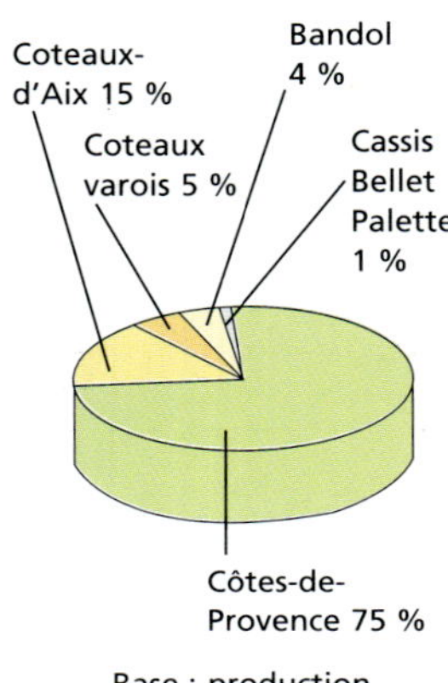

Base : production moyenne sur 6 ans

RÉPARTITION DE LA PRODUCTION RÉGIONALE (1995)

Auparavant, des noyaux de terroirs particulièrement renommés pour la très haute qualité de leurs produits avaient été consacrés AOC. C'est ainsi qu'entre 1936 et 1948 naquirent Cassis, Bandol, Bellet et Palette. La reconnaissance des Coteaux-d'Aix-en-Provence et des autres appellations régionales s'est faite plus tard.

Le climat

Dans ce grand espace qui va des portes de Nice à celles d'Avignon et de Marseille, le climat varie nettement avec la latitude. Tempéré au sud, entre Nice et Marseille, par les influences maritimes, il prend au nord de la zone un caractère continental avec deux nuances. Si les vignobles du nord-est sont sensibles aux courants froids venant des Alpes-de-Haute-Provence, qu'aggrave le relief, la région ouest des Baux est soumise à une longue sécheresse estivale et à de fortes chaleurs.

Ces situations déterminent des mésoclimats différents, plus secs, mais aussi plus soumis aux pluies d'automne dans la partie nord-est, plus désertiques dans l'ouest ; ils ont des extrêmes thermiques moins éloignés en bord de mer.

Les sols

Comme beaucoup de régions françaises, la Provence ne présente pas d'unité géologique. Si ses dimensions expliquent l'hétérogénéité des terroirs, la raison essentielle en est la même que pour les Côtes du Rhône : c'est la prise en considération légale des usages de production et d'utilisation du nom qui ont fait que des terrains assez différents composent chaque aire délimitée.

L'ensemble comprend trois grands groupes de sols. Une zone au sud, à proximité de la Méditerranée, englobe le massif cristallin des Maures et les reliefs calcaires de la Sainte-Beaume, du Beausset et de Cassis.

Une dépression gréseuse s'allonge de Fréjus à Hyères, et se prolonge par des terrains d'argile rouge du pied du massif de la Montagne Sainte-Victoire, jusque sur les bords de l'étang de Berre.

Au nord, une série de reliefs calcaires commençant du côté de Draguignan rejoint les bords de la Durance et les coteaux des Baux, à l'ouest.

Les types de vins

La Provence produit à la fois des blancs, des rosés et des rouges.

Les vins blancs

Élaborés depuis longtemps, les vins blancs sont restés longtemps – en dehors de quelques exceptions – une production confidentielle de qualité assez moyenne. Il a fallu l'intervention de méthodes technologiques récentes pour qu'apparaissent les réelles possibilités de certains terroirs.

Les vins rosés

Longtemps décriés, les vins rosés sont encore aujourd'hui considérés comme des vins de médiocre qualité. À tort. Si des techniques non affinées peuvent aboutir à des produits corrects mais relativement neutres, l'orientation prise depuis quelque quinze ans permet d'obtenir des vins aromatiques, aux senteurs de fruits, qui se révèlent élégants, bien équilibrés, avec une fraîcheur de bouche remarquable. Mais il faut les boire dans les dix-huit mois de leur naissance.

Les vins rouges

Un peu partout, la recherche de la satisfaction de l'estivant a freiné la production des vins rouges. Certes, il s'en faisait depuis longtemps, notamment dans les caves particulières. Les caves coopératives, quant à elles, pour des raisons liées à l'intérêt du marché « vin rosé » et à une certaine insuffisance d'équipement, restaient relativement indifférentes à ce type de vin.

L'amélioration de l'encépagement et une plus grande rigueur technologique ont permis, depuis une vingtaine d'années, de découvrir la vocation « vin rouge » de certaines parties des terroirs. Il existe aujourd'hui des éléments dignes de figurer parmi les grands vins méditerranéens, qu'ils soient nés en caves particulières ou en caves coopératives.

Les cépages

Les variétés utilisées dans les différentes appellations de la région provençale répondent à des soucis d'assemblage qui sont à peu près les mêmes que dans les Côtes du Rhône, sauf pour les vins blancs. Mais des choix et des proportions différents ont eu lieu pour que soient respectées les caracté-

Déchaussage du pied de la vigne au printemps, à Carcès, dans le Var.

DES VINS QUI NOUS ENCHANTENT

En arrivant en Provence, je n'avais sans doute pas plus de connaissance des vins du pays que la plupart des touristes, dont l'engouement pour les rosés, identifiés au soleil, explique une partie de leur vogue ; secs, fruités, bien bouquetés, légèrement épicés, ils sont remarquables dans toutes les appellations, et présentant l'avantage de convenir sur tous les plats, sans les exalter mais sans leur nuire non plus.

Peu à peu, j'ai plongé mon nez dans les livres... et dans les verres, et j'ai été pris d'un intérêt passionné pour ce vignoble de Provence.

« Le génie du vin est dans le cépage », a dit Olivier de Serres. Ici, c'est le génie de l'homme de Provence qui a permis la sélection des cépages et le mélange harmonieux, réglementé selon les appellations, des nombreux cépages principaux et cépages d'appoint. C'est ainsi que le Mourvèdre, une des plus anciennes variétés de cépages cultivées en Provence, qui donne au splendide vin rouge de BANDOL son remarquable velouté, sa robe d'un rouge profond et son exquis parfum de violette, est associé au Cinsaut pour la finesse, et au Grenache pour la vigueur.

BELLET se distingue par ses vins rouges, rosés et blancs, tous excellents, car ils proviennent essentiellement des cépages particuliers à ce vignoble ; là, c'est la Folle noire (ou Fuella), associée au Braquet et au Cinsaut, qui donne aux vins rouges leur originalité et leur personnalité.

CASSIS est surtout renommé pour son vin blanc sec, sans acidité, possédant beaucoup de finesse, de caractère et de fraîcheur, mais son vin rouge est chaud et velouté et son rosé souple et fruité... Cassis est la seule commune de France où tout le territoire est classé en AOC de sorte qu'on « pourrait y faire pousser la vigne aussi bien sur les plages que sur les rochers », comme le dit si plaisamment le doyen des vignerons de Cassis.

PALETTE produit des vins exceptionnels : blancs, rouges ou rosés, ils ont en commun la finesse, l'élégance et la distinction avec une originalité qui frappe toujours les connaisseurs. Les rouges ont la suavité nuancée qui signe les très grands vins, et les blancs sont des vins de race, bouquetés et nerveux, tout à fait étonnants étant donné la latitude.

Les vignobles des COTEAUX-D'AIX-EN-PROVENCE et des BAUX-DE-PROVENCE, donnent des vins rouges, rosés et blancs, racés et élégants, en particulier des rouges remarquables et chaleureux et des rosés bouquetés. Les CÔTES-DE-PROVENCE évoquent, par leur seul nom, le souvenir des vacances ensoleillées. Leur porte-drapeau est le populaire rosé (remercions le bon roi René d'avoir encouragé les vignerons à vinifier de cette façon !). Il est dommage, néanmoins, qu'il éclipse les vins rouges assez corsés, dont les caractères particuliers dépendent du terroir d'origine, mais qui possèdent en commun une belle robe rutilante et un bouquet savoureux. Les vins blancs secs et corsés madérisent assez vite : pourquoi attendre, par conséquent, pour les déguster en pleine jeunesse ?

Je suis heureux des possibilités que l'éventail des vins de Provence offre à notre cuisine. Les vins blancs secs, assez corsés, conviennent fort bien aux entrées chaudes avec une sauce relevée, aux poissons et aux crustacés, aux poissons fumés et marinés, aux volailles et aux sauces à la crème et même au foie gras.

Les vins rosés, réclamés par ma clientèle d'été, ne donnent jamais de fausse note, surtout sur les préparations exotiques, relevées... et ils étanchent si agréablement les grandes soifs du mois d'août !

Les vins rouges capiteux (tels ceux provenant du nord des Maures par exemple, ou le Bandol) font merveille sur le foie gras, les plats parfumés à la truffe, le gibier à poil, le canard. Les vins rouges plus légers (le Palette, le Bellet ou les Côtes-de-Provence de la vallée de l'Argens) font un mariage d'amour avec l'agneau de lait, les cèpes, les morilles et le gibier à plumes.

La Provence est belle et ses vins nous réjouissent l'âme et le corps !

Louis Outhier

Un cep de Mourvèdre.

Le vignoble des Baux-de-Provence est soumis à une longue sécheresse estivale et à de fortes chaleurs.

ristiques climatiques des terroirs. Les vins blancs font appel à la Clairette et à l'Ugni blanc ; mais un incontestable supplément d'expression est apporté par le Rolle, le Sémillon et le Sauvignon.

Les vins rosés sont les enfants du Grenache et du Carignan ; l'orientation qualitative s'est faite au sud grâce au Cinsaut, à la Syrah, au Mourvèdre, tandis que le Cabernet-Sauvignon joue le même rôle dans la partie nord de la Provence.

Les structures commerciales

Le commerce spécialisé local a diminué dans de très grandes proportions, et ce sont aujourd'hui les commerçants extérieurs qui sont les principaux preneurs, qualitativement et économiquement, ce qui n'est pas toujours un avantage. La mise en bouteilles à la propriété et la vente directe ont évolué très vite depuis quinze ans sous la pression des circonstances ; elles sont facilitées, il est vrai, par le marché de consommation qui se trouve aux portes des aires d'appellation. Importante dans les caves particulières, la mise en bouteilles est pratiquée par des unions de producteurs, issues, pour la plupart, des caves coopératives.

Pour tous, il faut constater que le bas prix de vente est une politique discutable en matière d'appellation d'origine contrôlée.

La commercialisation est assurée pour 17 % par les vignerons, pour 41 % par le négoce et pour 42 % par les coopératives.

Le vin et la société

Il existe une route des vins dans l'appellation Côtes-de-Provence. Il convient également de signaler le très bel itinéraire touristique de la région de Bandol.

Les confréries les plus représentatives de la région sont l'ordre des Chevaliers de Méduse, aux Arcs, et la confrérie des Échansons du Roi René, à Aix-en-Provence.

La foire de Brignoles, à la mi-avril, et les Viniades à Hyères, fin juillet, tiennent une place importante.

Diplôme des Chevaliers de Méduse, très ancienne confrérie vineuse dont le but est de promouvoir la qualité des crus de Provence.

ORDRE ILLUSTRE DES CHEVALIERS DE MÉDUSE

Sitôt les vendanges terminées, le 30 septembre 1951, se tenait le premier chapitre solennel, au château de Sainte-Roseline, aux Arcs-de-Provence, de l'ordre illustre des Chevaliers de Méduse, dont le but est de « promouvoir la qualité des grands crus de Provence, de distinguer les meilleurs, d'honorer leur prestige et de leur conférer ainsi la mission d'ambassadeur de la production régionale, tant en France qu'à l'étranger ».

Pour atteindre cet objectif, les fondateurs choisirent de faire revivre un ordre créé en 1690, dont les statuts retrouvés furent publiés à l'époque sous le titre : « Agréables Divertissements de la table, ou Règlement de la société des Frères de Méduse ».

Cet ordre ésotérique comptait dans ses rangs toute la fine fleur de la noblesse et de la haute bourgeoisie provençale, ravie de servir si agréablement la cause de la Provence en célébrant les vertus de ses vins, de sa cuisine et de tous ses produits nés de la mer, de la terre et du soleil.

L'ordre de Méduse tire son nom de deux symboles issus de Méduse : Pégase, le cheval ailé qu'enfourche le poète, et le corail, sang pétrifié, l'un évoquant l'exaltation créatrice que procure le bon usage du vin, l'autre le « corail liquide » reposant dans la fraîcheur des caves, tel celui qui s'étend au fond des abysses.

L'ordre, fier de son passé comme du labeur de ses vignerons d'aujourd'hui, encourage la recherche de la qualité des vins de Provence. Il a contribué à leur accession au statut de vins d'appellation d'origine contrôlée. Ses manifestations toujours prestigieuses ont su encourager les producteurs, donner le ton et imposer une image de marque de vins de haute qualité, tout en favorisant leur bon usage digne de la gastronomie locale.

Appellation Côtes-de-Provence. Le vignoble, aux environs de Puyloubier, après la taille.

Pyrénées

Le vignoble pyrénéen occupe un terroir paradoxal, à la fois méridional et de piémont de ce massif. Son histoire, ses paysages, et surtout ses vins le placent dans une position des plus enviées.

■ Toutes les littératures locales s'arrêtent ici, dans un bel ensemble, pour saluer l'événement qui fit tant pour la renommée des vins des Pyrénées : le baptême d'Henri IV, en 1553. Ce jour-là, comme le dit l'histoire – ou bien la légende –, on utilisa ail et Jurançon. La gloire de la région pouvait reprendre après quelques rudes époques comme celles des grandes invasions et de la guerre de Cent Ans et avant la grande vogue des vins pyrénéens dans les pays du Nord ; un engouement qui n'a d'égal aujourd'hui que l'intérêt grandissant que suscitent ces vins de charme et de caractère.

Les appellations et la production

L'Adour et son ample courbe esquissée à Tarbes pour se terminer à Bayonne sert de périphérie au territoire du vignoble pyrénéen qui correspond ainsi à l'ancienne Navarre. Cinq appellations d'origine contrôlée sont les locomotives de ce vignoble : il s'agit du Jurançon, du Madiran, du Béarn, de l'Irouléguy et du Pacherenc. Elles sont suivies par une AOVDQS (Tursan, qui s'étend sur les départements des Landes et du Gers) et un vin de pays, créé en 1984, le vin de Bigorre, en Hautes-Pyrénées.

Les atouts de ce vignoble sont particulièrement bien équilibrés, puisque les vins rouges sont représentés par le Madiran, le Béarn et l'Irouléguy, alors que les blancs ont de beaux fleurons avec le Pacherenc, le Béarn et surtout le Jurançon, qui produit quelque 36 000 hectolitres par an avec ses blancs secs, qui représentent 66 % de la production et ses blancs moelleux, qui depuis 1994 peuvent bénéficier de la mention « Vendanges tardives ». Il convient également de citer les rosés du Béarn et d'Irouléguy.

Henri IV baptisé au Jurançon. Illustration par Job vers 1900.

Les sols

Le vignoble pyrénéen ne présente pas une identité homogène dans la distribution de ses sols et de ses reliefs.

Le vignoble d'Irouléguy

Disséminée en petites parcelles cultivées en terrasses sur des pentes se trouvant entre 200 et 400 mètres d'altitude, et située au nord des massifs paléozoïques basques de l'Ursuya, la zone d'appellation s'étend sur des sols constitués principalement de jurassique calcaire et tertiaire, de trias gréso-argileux, de grès permiens avec des zones d'alluvions près de Saint-Étienne-de-Baïgorry.

Le vignoble de Béarn

Déployé sur les versants sud et est des collines, ce vignoble croît sur des sols plus riches. On note ici la présence de sols très variés, le plus souvent argileux, marneux ou gréseux, sablonneux et graveleux. Ce paysage est d'ailleurs resté typique de la région avec ses coteaux inclinés entre 8 et 15 % et ses sols caillouteux.

Les vignobles de Chalosse et Tursan

Les pentes argilo-calcaires présentent des affleurements calcaires et molassiques avec des différences de terroir : les côtes formées d'éboulis calcaires du Tursan et les petites parcelles situées sur les sols limoneux – sableux de la haute Chalosse.

Le vignoble de Jurançon

Il est situé sur des sols plus lourds (poudingues et graves gréseuses), de coteaux distribués en bocages.

Le vignoble de Madiran

Les sols sont, pour la plupart, argilo-siliceux, mêlés de cailloux et de petites graves, supports de vallonnements boisés et de coteaux aux parcelles solidement encloses.

Le climat

Le grand paradoxe de ce vignoble est de présenter les caractères d'un vignoble méridional et de piémont pyrénéen, avec, pour conséquences, une

Le vignoble de Jurançon s'étend au pied des Pyrénées, au sud de Pau. Il se caractérise par ses vignes palissées en hautains.

pluviométrie décroissante d'ouest en est, des températures basses sur les reliefs et de fortes températures estivales. Les printemps sont généralement pluvieux et froids, avec des gelées en avril et en mai. On note de violents orages en été et des débuts d'automne chauds, excellents pour les vins moelleux. Mais toutes ces données sont, bien entendu, rectifiées par le rôle considérable des microclimats.

Les cépages

En vins rouges, le Tannat est ici dans son jardin. Ce cépage donnant un vin fort, robuste et riche aime les terrains argileux, voire caillouteux, comme celui du vignoble d'Irouléguy, par exemple. Il est à l'aise dans la chaleur et connaît ses plus belles expressions avec les vins de Madiran. Néanmoins, pour arrondir une personnalité parfois trop exubérante, le Tannat a besoin d'être complété par du Cabernet franc, qui s'accommode fort bien des sols acides et schisteux comme ceux d'Irouléguy. Le Pinenc (nom béarnais du Fer Servadou) est également cultivé pour la rondeur et la finesse qu'il apporte aux vins.

En vins blancs, avec le Petit et le Gros Manseng, les vins du Jurançon se sont bâtis une solide notoriété. Le Petit Manseng, le plus parfumé, produit les fameux vins blancs moelleux. Il est bon de rappeler à cet égard que les vins moelleux de Jurançon ne sont pas botrytisés, c'est-à-dire atteints de pourriture noble, mais simplement passerillés. Les raisins restent en place jusqu'à la surmaturation et les grappes prennent une teinte brun doré. Lorsque les raisins surmûris dessèchent sur pied, on procède à la vendange. Le Gros Manseng, plus productif, est exclusivement consacré aux blancs secs.

Le Raffiat de Moncade – le grand cépage blanc du Vic-Bihl – aime les coteaux bien drainés et secs de la région et s'accommode fort bien du Courbu et du Sauvignon qui effectuent ainsi une entrée remarquée dans les vins blancs pyrénéens, parfois, dit-on, au détriment de leur originalité.

L'organisation professionnelle

Les coopératives ont joué un rôle déterminant dans l'évolution du vignoble pyrénéen. Si, aujourd'hui encore, les coopératives assurent 95 % de la production des vins d'Irouléguy et si 75 % des vignerons sont coopérateurs dans le Béarn, on note toutefois un léger recul de leur part au profit des vignerons-récoltants qui mettent eux-mêmes leurs vins en bouteilles et les commercialisent.

Le vignoble pyrénéen est à l'image de ses vins : prodigue et chaleureux. L'importance des coopératives explique le grand nombre de caveaux de dégustation que l'on rencontre dans la région.

Mais les plus belles satisfactions se connaissent également sur les routes, puisque le paysage déjà splendide devient proprement glorieux dans les petites routes du Jurançonnais, avec, notamment, l'exceptionnel panorama découvert à partir de la chapelle de Rousse.

Q
R

Le vignoble de la corniche angevine près de Rochefort-sur-Loire abrite l'appellation Quarts-de-Chaume, vin blanc onctueux et moelleux d'une grande finesse.

Page précédente : vignes à Riquewihr au cœur du vignoble alsacien.

Quarts-de-Chaume

Sur quelque 40 hectares, avec pour cépage unique le Chenin blanc, on produit 700 hectolitres par an.

L'aire de production, classée en appellation d'origine contrôlée par le décret du 10 août 1954, s'étend sur la commune de Rochefort-sur-Loire dans le département du Maine-et-Loire, et notamment les lieux-dits : les Quarts, les Rouères et le Veau.

Les vins profitent de la pourriture noble, *Botrytis cinerea*. Ils sont moelleux avec une robe jaune soutenu à doré. Ils montrent un parfait équilibre entre la douceur et la vivacité, avec une très bonne persistance en bouche et une excellente aptitude au mûrissement. (*Voir* la région Anjou et Saumurois, p. 236.)

Quincy

Le vignoble, classé AOC par le décret du 6 août 1936, couvre une superficie de 150 hectares. Avec pour seul cépage le Sauvignon, les vignerons ont produit 9 032 hectolitres en 1995.

L'aire de production, qui est en expansion, s'étend sur les communes ou parties de communes de Quincy et Brinay dans le Cher.

Le Quincy a une robe légère, marquée, jaune paille. L'odeur est très caractéristique du cépage. Le vin est sec, fin, tendre et vif. Il a une bonne aptitude au vieillissement. (*Voir* la région Vins du Centre, p. 606.)

Raffiat de Moncade

Synonymes : *Raffiat* ou *Arréfiat* en Béarn, par confusion avec l'*Arrufiat, Rousselet* à Saliès-de-Béarn.

Bourgeonnement épanoui, cotonneux blanc.

Jeunes feuilles duveteuses, à plages bronzées.

Feuilles orbiculo-réniformes, unies, planes, épaisses, à bords involutés, légèrement trilobées, sinus pétiolaire en lyre ouverte ; dents ogivales, moyennes ; dessous du limbe aranéeux avec les nervures pubescentes.

Rameaux côtelés, légèrement aranéeux au sommet, avec des stries longitudinales rouges.

Grappes grandes, ailées, tronconiques, lâches ; baies moyennes, sphériques, blanches, juteuses ; maturité : 2e époque tardive.

Cépage béarnais, fertile, parfois coulard, qui donne un vin fin et alcoolique. Classé recommandé dans le Béarn, les Landes et le Pays basque, il y occupe 30 hectares. En matériel certifié, un clone a été agréé : le n° 465.

Raisaine

Synonyme : *Durasaine* à Aubenas.

Grappes moyennes, cylindro-coniques, parfois ailées ; baies ovoïdes, moyennes, blanches ; maturité : 2e époque tardive.

Cépage ardéchois, vigoureux, cultivé dans les vignobles d'Aubenas, Joyeuse et Privas. Jamais vinifié seul, il était associé aux cépages rouges et servait parfois de raisin de table dans la région. Non classé.

Rasteau et Rasteau Rancio

On sait que ce village produit des vins rosés et surtout des vins rouges d'une telle qualité qu'il est classé dans l'appellation Côtes-du-Rhône-Villages sous le nom de Côtes-du-Rhône-Rasteau. Mais on ignore souvent qu'il existe aussi un vin doux naturel fait pratiquement à base du seul cépage Grenache (90 % minimum).

Dans des sols de sables, de marnes et de galets bien protégés des vents froids, les meilleures parcelles sont réservées à l'élaboration du vin dit « spécial », par mutage à l'alcool en cours de fermentation.

Quelque 90 hectares donnent en moyenne 3 000 hectolitres de vin doux naturel. Ceci est très inférieur aux possibilités du terroir ; mais Rasteau, comme beaucoup de vins doux naturels de Grenache, souffre des difficultés économiques qui marquent ce type de vin. La tendance productrice s'oriente plutôt vers les vins rouges classiques.

Cette appellation, ratifiée par décret le 19 mai 1972 pour 3 communes, produit deux sortes de vins. Un vin doux naturel blanc doré, à odeur de fruits cuits, et un vin doux naturel rouge marqué par des odeurs de pruneau et de rancio.

 Ravat blanc

Synonyme : *Ravat 6.*

Bourgeonnement aranéeux, légèrement rosé.

Jeunes feuilles brillantes, presque glabres.

Feuilles orbiculo-réniformes, vert bleuté, épaisses, brillantes, trilobées, avec les sinus supérieurs à fonds aigus et étroits, sinus pétiolaire en V ouvert, point pétiolaire rouge ; dents anguleuses, étroites ; dessous du limbe glabre avec les nervures faiblement pubescentes.

Rameaux côtelés, un peu aranéeux et pubescents aux nœuds. Grappes petites à moyennes, cylindriques, allongées, ailées ; baies sphériques, petites, blanc rosé, à goût parfumé, pommadé ; maturité : 1re époque.

C'est un hybride provenant du croisement Seibel 5474 × Chardonnay ; peu vigoureux et moyennement productif, il fournit un vin alcoolique parfumé. Le Ravat blanc est très sensible à l'oïdium et à la pourriture grise, mais il est peu atteint par le mildiou. Il doit être greffé, ne résistant pas longtemps au phylloxéra. Classé autorisé, il en resterait près de 300 hectares, surtout en Bourgogne.

Outre les vins d'appellation des Côtes-du-Rhône-Villages, Rasteau produit sous son nom, à partir du Grenache, deux vins doux naturels, l'un blanc doré et l'autre rouge.

 Rayon d'Or

Synonyme : *4986 Seibel.*

Bourgeonnement duveteux blanc, à liseré carminé. Jeunes feuilles aranéeuses, vertes. Feuilles tronquées, vert foncé, brillantes, tourmentées, profondément 5-lobées à lobes involutés avec les sinus latéraux à fonds aigus et étroits, les sinus latéraux supérieurs souvent à bords superposés, sinus pétiolaire en lyre étroite à bords superposés ; dents ogivales, larges, grandes ; dessous du limbe pubescent.

Rameaux anguleux, vert clair, glabres.

Grappes moyennes, cylindriques, compactes ; baies petites, sphériques, jaune doré, à pruine mauve, peu juteuses, saveur pommadée et écœurante ; maturité : 1re époque.

Rayon d'Or est un hybride de 405 × 2007 Seibel, qui a connu une grande vogue, mais il n'en reste que quelques hectares en culture dans le Loiret, le Loir-et-Cher, l'Indre et la Nièvre.

Régnié

Cette AOC, ratifiée par le décret du 20 décembre 1988, est la dernière à avoir rejoint le Beaujolais. Entre Brouilly et Morgon, le vignoble repose sur un sol composé d'arènes riches en éléments minéraux très divers. Il produit en moyenne 38 000 hectolitres pour une surface de 650 hectares. La robe des vins est de couleur franche et soutenue. Dans sa jeunesse, le Régnié est marqué par des odeurs de fruits rouges reposant sur une structure dense et tendre qui assure une belle persistance.

Reuilly

Le vignoble, classé AOC par le décret du 24 août 1961, couvre 110 hectares, avec pour cépages, en rouge et en rosé, le Pinot noir et le Pinot gris et, en blanc, le Sauvignon. La production est de l'ordre de 2 400 hectolitres en blanc, 1 800 hectolitres en rosé et 700 hectolitres en rouge. L'aire de production s'étend sur les communes ou parties de communes suivantes : Reuilly et Diou, dans l'Indre, Cerbois, Lury-sur-Arnon, Preuilly, Chéry et Lazenay, dans le Cher.

La robe des vins blancs est jaune paille assez soutenu. Les vins, élégants en bouche, présentent un grand équilibre ; ils sont de type sec avec de la chair et une grande fraîcheur. La persistance est bonne.

La couleur des vins rouges est légère à dominante groseille. L'odeur est fruitée, le vin coulant et tendre.

Le rosé est sec et coulant.

Ces vins, en particulier le blanc, ont une bonne tenue en bouteille ; leur race apparaît bien. (*Voir* Vins du Centre, p. 606.)

Ribier

Synonymes : *Petit Ribier* à Aubenas, *Riviers* à Saint-Péray, *Petit Rouvier* à Privas.

Grappes petites à moyennes, cylindro-coniques, parfois ailées ; baies sphériques, moyennes, noires ; maturité : 2e époque tardive.

Ancien cépage ardéchois, vigoureux, fertile, donnant un vin solide, agréable, mais moins fin que celui de la Syrah. Non classé. Le Ribier gris n'en diffère que par la couleur de ses baies ; ce plant existe dans la Drôme, à Espenel.

Richebourg

Sur la célèbre commune de Vosne-Romanée, en Côte de Nuits, le grand cru rouge Richebourg occupe les 8 hectares de vignes plantées assez haut sur le coteau, au nord de La Romanée et de la Romanée-Conti et contiguës à la Romanée-Saint-Vivant.

Situées sur un sous-sol argilo-calcaire qui donne au Richebourg son aspect volontaire et sa charpente, les vignes sont complantées en cépage Pinot. Le décret du 11 septembre 1936 précise que les vins de Richebourg doivent présenter un titre alcoométrique volumique minimal de 11,5 % Vol., le rendement de base à l'hectare étant fixé à 35 hectolitres.

Richebourg, second en importance des vignobles de Vosne-Romanée, derrière Romanée-Saint-Vivant, produit en moyenne 200 hectolitres (193 hectolitres en 1995) d'un vin prestigieux et recherché pour sa robe profonde et sa glorieuse constitution, qui laissent envisager un vieillissement tout aussi somptueux.

Riesling

Synonymes : *Raisin du Rhin, Petit Riesling.*

Bourgeonnement aplati, duveteux blanc verdâtre, à liseré carminé.

Jeunes feuilles aranéeuses, jaunâtres, à reflets bronzés ; dessous du limbe duveteux blanc.

Feuilles orbiculaires, épaisses, grossièrement bullées et gaufrées autour du point pétiolaire ; la base des nervures est souvent rosée ; 5-lobées profondément ; les sinus latéraux supérieurs en massue et fermés, les inférieurs ouverts, sinus pétiolaire à bords parallèles, fréquemment à bords superposés ; dents ogivales, moyennes ; dessous du limbe aranéeux-pubescent et nervures pubescentes.

Rameaux côtelés, brun-rouge à nœuds légèrement rosés ; vrilles fines, petites, vertes.

Grappes petites, cylindriques ou cylindro-coniques, compactes à pédoncules courts et ligneux ; baies petites, sphériques, vert clair à jaune doré, parsemées de taches brun-roux à maturité complète, peau épaisse, saveur fine et aromatique ; maturité : 2e époque.

Le Riesling est à débourrement tardif ; dans les vignobles septentrionaux, en raison de sa maturité tardive, il doit être planté sur des coteaux bien exposés, afin de pouvoir être vendangé vers la mi-octobre.

Le vin de Riesling possède un bouquet caractéristique, qui se développe intensément dans certains sols de la Moselle et du Rheingau (schistes ardoisiers et sols argileux). En Alsace, on peut produire des vins provenant de « vendanges tardives », avec des raisins titrant 220 grammes de sucre par litre, soit 12,4 % Vol. en puissance ou des « sélections de grains nobles » avec des raisins ayant 256 grammes de sucre par litre, soit 14 % Vol. en puissance.

Ce cépage, sensible à l'oïdium et à la pourriture, fournit des rendements variables de 40 à 80 hectolitres à l'hectare. Classé recommandé en Alsace et en Moselle, il occupe une superficie de 2 900 hectares, faisant partie de l'encépagement des AOC Alsace et Alsace Grand Cru. En matériel certifié, un seul clone a été agréé.

Riminese

Synonymes : *Criminese, Creminese* à Bastia.

Bourgeonnement épanoui, cotonneux blanc avec un liseré carminé.

Grappes grandes, longues, cylindriques, étroites, compactes ; ailées ; baies petites, sphériques, blanches à peau épaisse, juteuses ; maturité : 2e époque tardive.

Ce cépage cultivé en Corse serait originaire d'Italie et viendrait de la région de Rimini. Il pourrait s'agir de l'Albana di Romagna, ce qui reste à vérifier sur le terrain.

C'est un plant vigoureux, qu'on conduit à taille longue, fournissant un bon vin de garde, alcoolique, fin. Il a été classé recommandé en Corse et fait partie de l'encépagement des Vins de Pays de l'Île de Beauté.

Grappe de Riesling, cépage aromatique des vignobles septentrionaux de Moselle et d'Alsace.

Rameau de Riesling.

Feuille de Riesling.

Rivesaltes et Rivesaltes Rancio

Cette appellation d'une grande étendue a été classée AOC Vin Doux Naturel par le décret du 19 mai 1972. Son terroir, qui se situe en Roussillon sur 86 communes et en Corbières sur 9 communes, couvre 24 000 hectares. La production moyenne est d'environ 300 000 hectolitres (278 707 en 1995). Les cépages autorisés sont : le Grenache, le Maccabeu, le Malvoisie et divers Muscats.

La gamme des Rivesaltes est variée : ils sont vinifiés en blanc, en rosé, en rouge ou par macération sous alcool. Ils prennent en vieillissant – un an au minimum – une couleur ambrée ou tuilée et développent des arômes de cerise cuite, de miel, de cacao, de vanille. Les Rivesaltes offrent donc aux amateurs une grande diversité de silhouettes, des plus jeunes – d'un an d'âge – aux plus vieux, les rancios, âgés parfois de 25 ans.

 Rolle

Synonymes : *Rollé, Rôle.*

Ce cépage uniquement cultivé dans la région de Nice pour l'AOC Bellet est probablement le Rollo de Ligurie ; son vin est bon, alcoolique, fin, supérieur à celui de l'Ugni blanc. Ses raisins peuvent être consommés pour la table et servaient même autrefois pour produire des raisins secs.

Le Rolle se rapproche du Vermentino, cultivé en Corse et en Sardaigne, et aussi du Valentin ou Sauvaget, mais de petites différences subsistent entre ces 3 cépages, concernant les feuilles et les rameaux. Non classé.

Le vignoble catalan de Rivesaltes, dominé par le Canigou, donne des vins doux naturels rouges et blancs chaleureux et des rancios très liquoreux, qui développent de beaux arômes fruités.

Romanée (La)

Les parcelles du grand cru de la Côte de Nuits La Romanée, contiguës à celles de la Romanée-Conti et à celles de Richebourg, constituent l'un des plus petits vignobles de Vosne-Romanée avec ses quelque 83 ares. Un seul sentier sépare La Romanée de la Romanée-Conti, et pourtant les deux vins sont bien distincts.

Les sols présentent les mêmes caractéristiques mais l'interaction des sols et sous-sols, le jeu des microclimats et l'art de la vinification font parfois, comme ici, la différence. La loi, en décrétant le 11 septembre 1936 les conditions de production, n'a pas accordé un statut spécial à l'appellation d'origine contrôlée de La Romanée puisqu'elle reproduit ici les mêmes exigences communes aux grands crus. Ainsi les vins de La Romanée doivent présenter un titre alcoométrique minimal de 11,5 % Vol. et un rendement de base à l'hectare de 35 hectolitres. Les récoltes donnent en moyenne (comme en 1995) quelque 23 hectolitres. Le vin rouge, issu du Pinot, présente les atouts des grands crus rouges de la Bourgogne : longue garde, puissance et race.

Romanée-Conti

Ce grand cru rouge de la Côte de Nuits, mûri et élevé à Vosne-Romanée, suscite toujours une adhésion unanime. Cette commune voue une dévotion aux vins de race que les siècles n'ont jamais démentie. Les moines de Cîteaux en trouvèrent une telle expression que sa réputation franchit très vite les limites de la région. Un médecin bienveillant eut l'excellente idée d'en prescrire à Louis XIV et Mme de Pompadour pinça les lèvres de colère lorsqu'elle apprit que le prince de Conti l'avait devancée lors d'une vente en 1760. L'aire d'appellation d'origine contrôlée, ratifiée par le décret du 11 septembre 1936, couvre moins de deux hectares (1 ha 80 a 50 ca plus précisément).

Les vins de la Romanée-Conti, issus du Pinot, doivent présenter un titre alcoométrique volumique minimal de 11,5 % Vol. Le rendement de base à l'hectare a été fixé à 35 hectolitres. En 1995 la production a été de 43 hectolitres.

Chaque année, le monde entier attend les miraculeux hectolitres dont on ne saurait se lasser tant l'expression du vin est ici complète, d'un équilibre parfait, d'une distinction racée. Il s'agit là sans doute du plus accompli des grands vins de Bourgogne.

Romanée-Saint-Vivant

Contiguës à Richebourg et à la Romanée-Conti, les parcelles de la Romanée-Saint-Vivant, qui couvrent une superficie de 9,5 hectares, produisent un vin classé Grand Cru de Bourgogne. Ce grand vin rouge de la Côte de Nuits a longuement été choyé par les moines de l'abbaye de Saint-Vivant.

Le vignoble se trouve aujourd'hui partagé entre quatre propriétaires. Bien qu'il rappelle La Romanée, ce vin présente néanmoins un caractère particulier. Cette différence tient sans doute à la nature des sols et des sous-sols. Le sol présente en effet une nature argilo-calcaire aux portes de Vosne-Romanée. Sur les coteaux de Romanée-Conti et de Richebourg, les terres sont moins riches. Au niveau de La Romanée – plus en hauteur – le sol devient nettement plus calcaire. Ce sont les parcelles de Romanée-Saint-Vivant contiguës à la rue de Vosne, et donc les plus basses, qui sont les moins réputées car le sol est à la fois riche et très irrigué. Le décret du 11 septembre 1936, qui ratifie cette appellation d'origine contrôlée, impose aux vins de Romanée-Saint-Vivant de présenter un titre alcoométrique minimal de 11,5 % Vol. et un rendement de base à l'hectare de 35 hectolitres. Chaque année ce cru produit environ 250 hectolitres (277 hectolitres pour l'année 1995) d'un vin élégant, suave et velouté, qui présente toute la classe d'un grand seigneur de Bourgogne.

Vignes à Vosne-Romanée. Cette commune de la Côte de Nuits, qui ne produit que des vins rouges de grande race, compte des crus prestigieux tels la Romanée-Conti ou la Romanée-Saint-Vivant.

 Romorantin

Synonymes : *Petit Dannezy, Dannery* dans l'Allier et le Cher, *Petit Mâconnais* et *Lyonnaise blanche* près de Moulins, *Framboise* à Gien, *Gros Blanc de Villefranche* en Loir-et-Cher.

Grappes moyennes, cylindriques, compactes, ailées ; baies petites, sphériques, blanches devenant rosées à complète maturité, peu juteuses ; maturité : 1re époque.

Ce cépage à débourrement précoce donne un vin assez alcoolique, bouqueté, acide. En matériel certifié, 3 clones ont été agréés : les nos 466, 873 et 929.

Le Romorantin a été classé recommandé dans toute la vallée de la Loire, mais en réalité il n'est guère cultivé que dans le Loir-et-Cher (200 hectares), où il fait partie de l'encépagement de l'AOC Cour-Cheverny.

Rosé d'Anjou et Rosé d'Anjou pétillant

Voir Anjou.

Rosé de Loire

Le potentiel viticole est important mais l'appellation, classée AOC par le décret du 4 septembre 1974, est peu revendiquée. La production avoisine les 36 000 hectolitres par an, avec pour cépages les Cabernets franc et Sauvignon pour un minimum de 30 %, le Pineau d'Aunis, le Pinot noir, le Gamay et le Grolleau.

Le Rosé de Loire est sec. Il doit avoir moins de 3 grammes de sucres par litre. Le vin est coulant, vif, de consommation facile.

Rosé des Riceys

Cette appellation, presque confidentielle puisqu'elle couvre 300 hectares avec une production modeste de 50 à 350 hectolitres, selon les années, uniquement issus du Pinot noir, a été ratifiée par les décrets du 2 février 1971 et du 3 septembre 1993.

L'aire de production ne concerne qu'une seule commune, celle des Riceys, dans l'Aube.

Ce rosé obligatoirement vinifié avec macération offre un bouquet de noisette caractéristique en ce climat champenois.

Rosette

Il s'agit d'une appellation d'origine contrôlée, ratifiée par décret du 12 mars 1946, de vins blancs moelleux dont l'aire de production entoure par l'ouest celle de Pécharmant, dans le Bergeracois. La production est confidentielle (environ 500 hectolitres).

Roublot

Synonymes : *Roubleau, Roblot, Plant de Vaux* à Coulange, *Plant Paule* à Irancy, Aubanne, Hibanne Vaux, *César blanc* ou *César femelle.*

Il s'agit d'un cépage particulier à l'Yonne, département où il a été classé recommandé. Bon producteur d'un vin de table que les producteurs mélangent fréquemment à ceux qui sont issus du Chardonnay et du Plant vert, il a pratiquement disparu, à cause de sa sensibilité à l'oïdium et à la pourriture grise.

Roussanne

Synonymes : *Bardin* dans la vallée du Gélon et la rive gauche de l'Isère, *Bergeron* à Chignin, *Rebolot, Rabellot, Ramoulette* dans le Grésivaudan, *Greffou* à Chignin, *Picotin blanc* à Vienne, *Roussette* à Saint-Chef et dans le Bugey, *Fromental* ou *Fromenteau* dans l'Isère.

Bourgeonnement cotonneux blanc à liseré carminé.

Jeunes feuilles très découpées, duveteuses, bullées.

Feuilles grandes, orbiculaires, bullées, gaufrées, épaisses, tourmentées, involutées en cornet, profondément 5-lobées, à fonds concaves et larges, sinus latéraux supérieurs parfois fermés, sinus pétiolaire en lyre à bords superposés ; dents ogivales, grandes et larges ; dessous du limbe pubescent, rugueux.

Rameaux anguleux, durs, glabres, vert clair ; vrilles longues, enchevêtrées.

Grappes petites, cylindriques, compactes ; baies sphériques, petites, blanc doré, presque rousses à maturité complète, peu juteuses ; maturité : 2e époque tardive.

La Roussanne est un cépage noble, qui peut produire des vins de grande qualité, fins, bouquetés, ayant fait la réputation des vins blancs de l'Hermitage. Malheureusement, sa production est faible, sa maturité un peu tardive pour la vallée du Rhône et elle est sensible à l'oïdium et à la pourriture grise.

C'est actuellement en Savoie, dans la région de Chignin, qu'on peut boire de bons vins de Bergeron, d'un beau jaune paille, au bouquet remarquable et vieillissant très bien.

En matériel certifié, 4 clones ont été agréés : les nos 467 à 469 et 522. La Roussanne a été classée recommandée en Savoie, dans la Drôme, la Provence et le Languedoc, occupant 300 hectares pour les besoins des appellations d'origine contrôlée Vin de Savoie, Hermitage, Crozes-Hermitage, Saint-Péray, Saint-Joseph, Côtes-du-Rhône et Châteauneuf-du-Pape, et récemment pour les Coteaux-du-Languedoc et les Côtes-du-Roussillon.

Les six crus de la Roussette du Bugey proviennent des territoires d'Anglefort, Arbignieu, Chanay, Lagnieu, Montagnieu et Virieu-le-Grand.

Roussanne du Var

Synonymes : *Rosé du Var, Barbaroux* aux Arcs.

Grappes moyennes, tronconiques, compactes ; baies sphériques ou légèrement ellipsoïdes, grosses, roses, juteuses ; maturité : 3e époque.

Ce cépage, souvent connu dans le Var sous les noms de Grec rose ou de Barbaroux, a des aptitudes très comparables à ces variétés. C'est un gros producteur donnant des vins peu alcooliques. Son débourrement est précoce et ses raisins sont sensibles à la pourriture grise. Ce cépage, classé recommandé en Provence mais interdit à partir de 1986 dans l'AOC Côtes-de-Provence, a disparu.

Rousse

Synonymes : *Rousse du Lyonnais, Rousse de la vallée du Gier, Roussette* dans l'arrondissement de Vienne.

Grappes petites, cylindriques, lâches, parfois ailées ; baies moyennes, ellipsoïdes, blanc jaunâtre, devenant rousses à maturité complète, peau épaisse ; maturité : 2e époque.

Cépage secondaire du département de la Loire, qui était cultivé dans la vallée du Gier sur des sols pauvres, parfois en mélange avec le Mornen. Productif, il donnait un vin de qualité inférieur à celui du Viognier. Non classé.

Roussette d'Ayse

Synonyme : *Bonne Roussette d'Ayse.*

Cépage particulier au vignoble d'Ayse en Haute-Savoie, département où il est classé recommandé, servant à préparer un vin blanc mousseux, léger et acide.

Roussette de Bugey

Par arrêté du 27 septembre 1963, les vins produits sur l'aire d'appellation Vin de Bugey, en Savoie, ont obtenu le label AOVDQS.

Avec les cépages Altesse (appelé ici Roussette) et Chardonnay, on produit en moyenne 600 hectolitres d'un vin blanc aromatique fin et léger.

Roussette du Bugey suivie d'un nom de cru

Aux mêmes conditions de production des vins que pour la Roussette de Bugey, les vignerons peuvent adjoindre un nom de cru (voir la liste en marge) s'ils produisent leur vin sur un territoire donné.

Roussette de Savoie

Ce vin a été classé en appellation d'origine contrôlée par le décret du 4 septembre 1973 pour 29 communes de la Savoie, 22 de la Haute-

Savoie et 2 de l'Isère. Certains terroirs permettent au cépage Altesse, seul ou associé avec le Chardonnay, de s'épanouir au travers de vins blancs « distingués ». C'est le cas, par exemple, des communes de Brison-Saint-Innocent, Billième, Cruet, Freterive, Saint-Pierre-d'Albigny, Yenne.

L'appellation produit quelque 6 000 hectolitres d'un vin blanc sec légèrement acidulé, qui a beaucoup de finesse et de fruit.

Roussette de Savoie suivie d'un nom de cru

Par décrets du 4 septembre 1973 et du 27 août 1986, l'appellation Roussette de Savoie peut être suivie d'un nom de cru.

On distingue quatre crus blancs à base d'Altesse, pour une production de 1 000 hectolitres environ par an.

Frangy : sur 11 communes de l'aire d'appellation, à 10 kilomètres de Seyssel et Sesingy, on procède avec bonheur à la culture de la vigne. L'exposition sud des coteaux d'alluvions glaciaires surplombant la rivière des Usses s'y prête admirablement.

Marestel : le vignoble est limité aux pentes très inclinées de la Charve exposées à l'ouest sur les communes de Jongieux et Lucey. Les sols sont faits d'éboulis calcaires plus ou moins caillouteux.

Monthoux : le vignoble offre les mêmes conditions que Marestel sur la commune de Saint-Jean-de-Chevelu.

Monterminod : les vignes bouclent, tout près de Chambéry, sur la commune de Saint-Alban-Leysse, la série des crus qui ceinturent la partie méridionale « des bauges ». L'Altesse trouve ici des sols marno-calcaires en pentes très rapides exposées au sud-ouest sur la rive droite de la Leysse.

Ces quatre crus rivalisent d'élégance et de finesse entre eux. S'ils sont harmonieux, floraux dans leurs débuts, le temps leur confère un bouquet aux senteurs de noisettes et de noix au bout de trois à quatre ans.

 Rubilande

Synonyme : *11 083 Seibel.*

Grappes moyennes, cylindriques, compactes, ailées ; baies ovoïdes, moyennes, roses plus ou moins violacées, peu juteuses ; maturité : 2e époque.

Cépage à débourrement hâtif, qui provient du croisement 2 859 × 4 643 Seibel ; il est coulard et sa production est donc irrégulière. Le Rubilande est sensible à la pourriture grise et à la sécheresse. Il donne un vin rosé, amer, jaunissant en vieillissant. Classé autorisé dans la vallée de la Loire, il en reste une dizaine d'hectares en culture.

Ruchottes-Chambertin

Les parcelles de l'appellation d'origine contrôlée Ruchottes-Chambertin sont voisines de celle du Clos-de-Bèze, mais leur situation en altitude leur confrère un caractère particulier qui les distingue des autres célèbres grands crus de Gevrey-Chambertin en Côte de Nuits. Le décret du 31 juillet 1937 qui ratifie cette appellation spécifie que les vins de Ruchottes-Chambertin doivent présenter un titre alcoométrique volumique minimal de 11,5 % Vol. Le rendement de base à l'hectare est de 37 hectolitres. Les quelque 3 hectares de l'appellation fournissent donc 90 hectolitres en moyenne par an (97 hectolitres en 1995). Les vins de Ruchottes-Chambertin sont réputés pour leur délicatesse et leur race, sans toutefois atteindre les sommets des très grands crus de Gevrey-Chambertin.

Rully

Le Pinot et le Chardonnay complantés sur des sols calcaires et argilo-calcaires constituent l'encépagement de base de l'appellation d'origine contrôlée de Rully. Les vins rouges et les vins blancs de Rully sont récoltés sur des parcelles délimitées du territoire des communes de Rully et de Chagny en Saône-et-Loire, pour une superficie de 300 hectares environ. Le décret du 13 juin 1939 spécifie que les vins de Rully doivent présenter un titre alcoométrique minimal de 11 % Vol. pour les blancs et de 10,5 % Vol. pour les rouges (11,5 et 11 % Vol. pour les premiers crus). Les viticulteurs produisent 5 000 hectolitres de vins rouges et 8 000 de blancs ; les rouges présentent une belle robe rubis, des saveurs framboisées, alors que les blancs, plus recherchés, sont appréciés pour leur robe dorée, leur finesse, et leur agréable vivacité.

Le château de Rully domine un vignoble essentiellement planté de Chardonnay, dont le vin blanc nerveux gagne à mûrir quelques années en bouteille.

S

Entre Solutré et Saint-Amour la vigne prend racine sur un sol granitique, schisteux et caillouteux à l'origine d'un vin rouge rubis clair très charmeur, surtout dans sa jeunesse.

Sacy

Synonymes : *Plant de Sacy, Sassy, Plant d'Essert, Peut blanc* (Mauvais Plant), *Gros Blanc, Blanc vert, Fariné, Farinier blanc, Fairené, Ferné, Fernet* dans le Doubs et la Haute-Saône ; ce serait le *Tressallier* avec les synonymes de *Tresallier, Trézali, Trézari* dans l'Allier, *Blanc de Pays* à Saint-Pourçain, *Aligoté vert* en Côte-d'Or, *Pivoine* ou *Peau verte* (pée vouete en patois) dans le val de Saône.

Feuilles orbiculaires, épaisses, bullées, 5-lobées moyennement à sinus latéraux à fonds concaves, sinus pétiolaire en V étroit ; dents ogivales, moyennes ; dessous du limbe aranéeux.

Grappes tronconiques, petites, ailées ; baies sphériques, petites blanches, juteuses ; maturité : 2e époque tardive.

D'après la tradition, le Sacy aurait été ramené d'Italie au XIIIe siècle par les moines de l'abbaye de Reigny, près de Vermenton. De l'Yonne, il gagna la Franche-Comté et l'Allier. C'est un cépage vigoureux, sensible aux maladies, fertile, qui donne un vin commun, peu alcoolique, très acide, de sorte que le Parlement de Besançon l'avait proscrit des plantations en 1732. L'identité du Sacy et du Tressallier a été établie au début du siècle par A. Berget ; cependant les feuilles de Tressallier observées à Saint-Pourçain sont un peu plus découpées que celles du Sacy avec également le dessous du limbe plus duveteux, mais il ne s'agit peut-être que d'une différence clonale. Le Sacy a été classé recommandé dans l'Yonne et l'Allier, faisant partie de l'encépagement de l'AOVDQS Saint-Pourçain. En matériel certifié, 4 clones ont été agréés : les nos 637, 793, 833 et 965. On cultive une centaine d'hectares de Sacy dans l'Yonne et dans l'Allier.

Saint-Amour

Ce village tire son nom d'un légionnaire romain converti à la foi chrétienne. L'AOC Saint-Amour, ratifiée par le décret du 8 février 1946, est située à la limite du Mâconnais calcaire et du Beaujolais granitique, au nord-est de Juliénas. Sur une surface de 280 hectares, on produit en moyenne 16 000 hectolitres soit 2 100 000 bouteilles.

Le sol granitique, schisteux et caillouteux, convient à merveille à la vigne. Le Saint-Amour a la réputation d'un vin « galant ». Il offre cependant de parfaites qualités de souplesse et d'équilibre, à mi-chemin entre la finesse et la solidité, avec un arôme de framboise. Sa chair, rouge vif, est sa seule concession à la passion. Il faut le boire de préférence assez tôt, à 2 ans environ.

C'est l'avant-dernier né des crus du Beaujolais ; pourtant, les chanoines de Mâcon s'intéressaient jadis autant à ce vin qu'à leurs plus précieuses reliques.

Saint-Aubin

Située en Côte de Beaune, au-dessus de Puligny-Montrachet et de Chassagne-Montrachet, l'appellation d'origine contrôlée Saint-Aubin fut ratifiée par décret du 21 mai 1970. Saint-Aubin n'a pas la réputation de ses glorieux voisins mais n'en produit pas moins des vins agréables, tant rouges que blancs. Une quarantaine d'hectares produisent des vins d'appellation communale. Les premiers crus, au nombre de 15, couvrent

Page précédente : village de Souzay dans l'aire de l'AOC Saumur-Champigny.

Grands Crus classés de Saint-Émilion (classement 1996)

Ch. l'Arrosée
Ch. Balestard-la-Tonnelle
Ch. Bellevue
Ch. Bergat
Ch. Berliquet
Ch. Cadet-Bon
Ch. Cadet-Piola
Ch. Canon-la-Gaffelière
Ch. Cap de Mourlin
Ch. Chauvin
Clos des Jacobins
Clos de l'Oratoire
Clos Saint-Martin
Ch. La Clotte
Ch. La Clusière
Ch. Corbin
Ch. Corbin-Michotte
Ch. La Couspaude
Ch. Couvent des Jacobins
Ch. Curé-Bon
Ch. Dassault
Ch. La Dominique
Ch. Faurie-de-Souchard
Ch. Fonplégade
Ch. Fonroque
Ch. Franc-Mayne
Ch. Grand-Mayne
Ch. Grandes-Murailles
Ch. Grand-Pontet
Ch. Guadet-Saint-Julien
Ch. Haut-Corbin
Ch. Haut-Sarpe
Ch. Lamarzelle
Ch. Laniote
Ch. Larcis-Ducasse
Ch. Larmande
Ch. Laroque
Ch. Laroze
Ch. Matras
Ch. Moulin du Cadet
Ch. Pavie-Decesse
Ch. Pavie-Macquin
Ch. Petit-Faurie-de-Soutard
Ch. le Prieuré
Ch. Ripeau
Ch. Saint-Georges-Côte-Pavie
Ch. la Serre
Ch. Soutard
Ch. Tertre Daugay
Ch. la Tour du Pin-Figeac
Ch. la Tour-Figeac
Ch. Troplong-Mondot
Ch. Villemaurine
Ch. Yon-Figeac

près de 100 hectares. Les vins rouges doivent titrer au minimum 10,5 % Vol., 11 % Vol. pour les premiers crus. Le rendement maximal doit être de 40 hectolitres à l'hectare pour les rouges et 45 pour les blancs. La plantation en sommet du coteau, presque en arrière-côte, explique la relative légèreté des vins rouges par rapport à d'autres vins rouges de Bourgogne. Leur réputation est modeste, mais elle ne saurait entacher leurs atouts : fraîcheur et rondeur. Ces vins gagnent à être bus dans leur jeunesse. Les vins blancs ne manquent pas non plus de charme.

En 1995, la production a été de 3 211 hectolitres en blanc et de 3 051 hectolitres en rouge.

Saint-Chinian

Classé appellation d'origine contrôlée par les décrets du 5 mai 1982 et du 22 août 1990, Saint-Chinian, au nord de Béziers, concerne 20 communes pour une superficie de l'ordre de 2 350 hectares et une production de 110 000 hectolitres dont 5 % en rosé. Ses terroirs sont constitués de cailloutis gréseux ou calcaires dans sa partie sud, de schistes dans sa partie nord. Bien abritée du nord par les massifs de Caroux et du Sommail, la vigne y jouit d'un microclimat exceptionnel. L'encépagement est celui des Coteaux-du-Languedoc. Le vin, d'une très ancienne réputation, est rond, charpenté, corsé dans les calcaires ; il devient tendre, élégant, velouté dans les schistes.

Saint-Émilion et Saint-Émilion Grand Cru

Lors de la création de l'appellation d'origine contrôlée, l'aire correspondait à l'ancienne juridiction de Saint-Émilion, qui comprenait, outre Saint-Émilion, les sept communes voisines : Saint-Christophe-des-Bardes, Saint-Laurent-des-Combes, Saint-Hippolyte, Saint-Étienne-de-Lisse, Saint-Pey-d'Armens, Vignonet et Saint-Sulpice-de-Faleyrens. À cette liste s'est ajoutée, par décret du 14 décembre 1977, une partie de la commune de Libourne, l'ancienne aire délimitée de l'appellation Sables-Saint-Émilion. La réglementation de l'appellation a été redéfinie par le décret du 11 janvier 1984. En particulier, la hiérarchie en quatre appellations, Saint-Émilion, Saint-Émilion Grand Cru, Saint-Émilion Grand Cru classé et Saint-Émilion Premier Grand Cru classé, instituée par le décret du 7 octobre 1954, n'existe plus. Il ne subsiste que deux appellations : Saint-Émilion et Saint-Émilion Grand Cru.

L'utilisation des mentions « Grand Cru classé » ou « Premier Grand Cru classé » est réservée aux vins répondant aux conditions de production fixées pour l'appellation « Saint-Émilion Grand Cru » et ayant fait l'objet d'un classement officiel homologué. Pour avoir droit aux appellations Saint-Émilion ou Saint-Émilion Grand Cru, les vins doivent être élaborés à partir des cépages suivants : Cabernet franc, Cabernet-Sauvignon, Carmenère, Merlot et Côt.

Vendanges à l'ancienne sur les pentes schisteuses de Saint-Chinian, sur les premiers contreforts des Cévennes. Le vin rouge de Saint-Chinian, à la robe sombre, est très tannique.

PREMIERS GRANDS CRUS CLASSÉS SAINT-ÉMILION (classement 1996)

A – Château Ausone
Château Cheval-Blanc
B – Château Angélus
Château Beau-Séjour-Bécot
Château Beauséjour-Duffau-Lagarrosse
Château Belair
Château Canon
Château Figeac
Château La Gaffelière
Château Magdelaine
Château Pavie
Château Trottevieille
Clos Fourtet

La richesse minimale en sucres des moûts doit être de 171 grammes par litre. Ces vins rouges doivent présenter un titre alcoométrique minimal de 10,5 % Vol. pour l'appellation Saint-Émilion, et de 11 % Vol. pour Saint-Émilion Grand Cru ; pour les deux appellations, le titre alcoométrique maximal est fixé à 13 % Vol.

Pour avoir droit à l'appellation Saint-Émilion Grand Cru, les vendanges présentant des raisins avariés ou malades doivent être triées. Les vins ayant droit à l'appellation Saint-Émilion Grand Cru ne peuvent être livrés à la consommation qu'à partir du 1er juillet qui suit la récolte.

Depuis 1966, les vins de ces appellations ne peuvent pas être mis en circulation sans un certificat de qualité délivré par une commission de dégustation.

La superficie moyenne est de 2 150 hectares pour l'appellation Saint-Émilion et de 3 250 hectares pour l'appellation Saint-Émilion Grand Cru, et leur production est respectivement de 118 000 hectolitres et de 169 000 hectolitres. La cave coopérative de Saint-Émilion vinifie environ 45 000 hectolitres dont 18 000 hectolitres dans l'appellation Saint-Émilion Grand Cru.

Ruelle moyenâgeuse de Saint-Émilion.

Selon la nature du sol et du sous-sol, les caractéristiques des vins varient fortement. Certains sont très intéressants dès les premières années, alors que d'autres demandent un vieillissement beaucoup plus long pour atteindre leur maximum qualitatif.

Saint-Estèphe

L'appellation d'origine contrôlée Saint-Estèphe, dans le Médoc, créée par le décret du 14 novembre 1936, est réservée aux vins rouges provenant de raisins récoltés sur le territoire de la commune de Saint-Estèphe.

CRUS CLASSÉS DE SAINT-ESTÈPHE

Seconds crus
Château Cos-d'Estournel
Château Montrose

Troisième cru
Château Calon-Ségur

Quatrième cru
Château Lafon-Rochet

Cinquième cru
Château Cos-Labory

Château Ausone, Premier Grand Cru classé, seigneur des prestigieux vins de Saint-Émilion, vins de très longue garde qui allient générosité, robustesse et belle rondeur.

L'encépagement exigé est celui de l'appellation régionale Médoc. Depuis 1961, les cépages hybrides sont interdits sur les propriétés revendiquant le droit à l'appellation Saint-Estèphe. La richesse minimale en sucres des moûts doit être de 178 grammes par litre et les vins doivent présenter un titre alcoométrique minimal de 10,5 % Vol., et maximal de 13 % Vol. Le rendement de base est de 45 hectolitres à l'hectare.

Depuis 1959, les vins de cette appellation ne peuvent pas être mis en circulation sans un certificat de qualité délivré par une commission de dégustation.

La superficie est d'environ 1 250 hectares et la production de 70 000 hectolitres, dont 20 % sont élaborés dans la cave coopérative de Saint-Estèphe.

On compte dans l'appellation Saint-Estèphe deux seconds crus classés, un troisième cru, un quatrième cru et un cinquième cru, ainsi qu'une quarantaine de crus bourgeois.

Les vins de Saint-Estèphe sont destinés au vieillissement. Ils développent, après quelques années en bouteille, un bouquet d'une grande complexité et d'une réelle distinction.

Saint-Georges-Saint-Émilion

L'appellation d'origine contrôlée Saint-Georges-Saint-Émilion, dans le Libournais, créée par décret du 14 novembre 1936, est réservée aux vins rouges provenant de raisins récoltés sur des parcelles délimitées du territoire de la commune de Saint-Georges-Saint-Émilion. La commune de Saint-Georges étant comprise dans l'aire d'appellation Montagne Saint-Émilion, ratifiée par le décret du 5 décembre 1972, les producteurs peuvent revendiquer l'une ou l'autre appellation.

Les cépages exigés sont les mêmes que pour l'appellation Saint-Émilion. Les cépages hybrides sont interdits depuis 1961.

La richesse minimale en sucres des moûts doit être de 187 grammes par litre. Les vins doivent présenter un titre alcoométrique minimal de 11 % Vol. et maximal de 13 % Vol. Le rendement de base est de 45 hectolitres à l'hectare. Depuis 1958, la mise en circulation des vins de cette appellation est subordonnée à l'avis d'une commission de dégustation.

En moyenne, la superficie est de 170 hectares et la production de 10 000 hectolitres.

Les vins de cette appellation sont très semblables à ceux de l'appellation Saint-Émilion quant à leur longévité.

Entre Mauves et Tournon, la colline granitique de Saint-Joseph offre à la Syrah un terroir privilégié où elle donne un vin rouge élégant et fruité.

Saint-Joseph

Si l'appellation AOC est relativement récente, le vignoble est très ancien puisqu'il fut, pour sa plus grande partie, à l'instar de Côte-Rôtie et de Condrieu, cultivé dès l'époque romaine.

Il fallut cependant attendre longtemps pour que le vin de Saint-Joseph acquît sa notoriété, parce que tout ce qui venait de la rive droite du Rhône circulait difficilement et n'allait que lentement vers les lieux de consommation. Grâce à une poignée d'ecclésiastiques et de bourgeois, ce vin fut connu à la cour de France et jusqu'à Moscou, d'abord sous le nom de Vin de Mauves, puis sous celui de Vin de Tournon.

Bien que la colline de Saint-Joseph, située entre Mauves et Tournon, présentât toutes les conditions exigées pour la consécration d'un cru, elle ne reçut pas au début de statut particulier ; toutes les communes consacrées aujourd'hui furent classées en 1937 dans l'AOC régionale Côtes-du-Rhône. C'est seulement en 1954, devant la qualité de ses vins et l'anomalie économique que constituait son appartenance aux Côtes-du-Rhône, qu'un statut particulier lui fut donné. Elle fut classée AOC le 15 juin 1956.

Le vignoble, aujourd'hui en expansion, couvre près de 600 hectares. La production de ces dernières années est de l'ordre de 30 000 hectolitres par an, dont 5 000 hectolitres en blanc. Quatre caves coopératives en vinifient 75 % : Tain-l'Hermitage, Saint-Désirat, Péage-de-Roussillon et celle de Sarras, qui à elle seule couvre le quart de production de cette appellation.

Les vins blancs, élaborés à partir des cépages Marsanne et Roussanne, offrent un bouquet marqué par des odeurs florales et de miel. Ils sont souples, évoluent vite, et doivent être consommés jeunes.

Les vins rouges, issus du cépage Syrah, sont dans l'ensemble marqués par des odeurs de framboise, de cassis et d'épices. Si leur forme est parfois solide et tannique, la plupart d'entre eux ont une allure élégante, et sont assez tendres. Il convient de les boire dans les trois ou quatre ans.

Saint-Julien

L'appellation d'origine contrôlée Saint-Julien, dans le Médoc, créée par décret du 14 novembre 1936, est réservée aux vins rouges provenant des raisins récoltés sur le territoire délimité par la commune de Saint-Julien-Beychevelle, ainsi que sur quelques parcelles des communes de Cussac et Saint-Laurent, ces parcelles faisant partie à la date du décret de domaines situés sur Saint-Julien.

L'encépagement exigé est celui de l'appellation régionale Médoc. La richesse minimale en sucres des moûts doit être de 178 grammes par litre et les vins doivent présenter un titre alcoométrique minimal de 10,5 % Vol. et maximal de 13 % Vol. Le rendement de base est de 45 hectolitres à l'hectare.

Depuis 1955, les vins de cette appellation ne peuvent pas être mis en circulation sans un certificat de qualité délivré par une commission de dégustation.

La superficie moyenne est de 900 hectares et la production de 46 900 hectolitres.

L'appellation Saint-Julien regroupe 11 crus classés. Il n'y a pas de cave coopérative élaborant du Saint-Julien.

D'une rare complexité sur un support tannique de qualité, les vins de l'appellation Saint-Julien font partie des grands vins qui n'arrivent à leur optimum de qualité qu'après plusieurs années de vieillissement.

Crus classés de Saint-Julien

Seconds crus

Château Ducru-Beaucaillou
Château Gruaud-Larose
Château Léoville-Barton
Château Léoville-Las Cases
Château Léoville-Poyferré

Troisièmes crus

Château Lagrange
Château Langoa-Barton

Quatrièmes crus

Château Saint-Pierre
Château Talbot
Château Branaire
Château Beychevelle

 Saint-Laurent

Synonymes : *Saint-Laurent noir, Saint-Lorentz, Pinot Saint-Laurent.*

Grappes cylindriques, moyennes ; baies ovoïdes, moyennes, noir bleuté, peau épaisse ; maturité : 1re époque.

Ce cépage serait originaire du sud de l'Alsace d'où il aurait gagné le pays de Bade, où il fut propagé. Son vin est corsé, d'une belle couleur rouge foncé. Non classé et très peu cultivé.

 Saint-Macaire

Synonymes : *Moustère, Moustouzère* en Gironde, *Bouton blanc* à Ludon, *Macau et Margaux.*

Grappes petites à moyennes, tronconiques, ailées, lâches ; baies sphériques, moyennes, noires, un peu pulpeuses, âpres et acides ; maturité : 2e époque tardive.

Cépage secondaire du vignoble bordelais où il occupe quelques hectares. Classé autorisé en Gironde, c'est un plant vigoureux, planté dans les palus du Médoc et de la région de Saint-Macaire. Il donne un vin très coloré, commun, moins astringent que celui du Petit Verdot.

Saint-Nicolas-de-Bourgueil

Le vignoble, classé AOC par le décret du 31 juillet 1937, s'étend sur quelque 790 hectares, avec pour cépage le Cabernet franc ou breton. Le Cabernet-Sauvignon, dans la limite de 10 %, peut compléter l'encépagement. La production annuelle moyenne est de l'ordre de 50 000 hectolitres, dont 300 en rosé. L'aire de production ne couvre qu'une partie de la commune de Saint-Nicolas-de-Bourgueil.

La couleur est légère et vive, plus soutenue sur les sols de tuff (calcaire). L'odeur, selon les crus et l'âge, se partage entre des impressions animales, minérales, fruitées, florales. Le vin est racé, fondu, juste, vif, avec une astringence sans animosité. Il offre un excellent mûrissement en bouteille. (*Voir* Touraine, p. 582.)

Saint-Péray et Saint-Péray mousseux

Cette appellation trouve d'abord son originalité dans le site qui l'entoure. Elle est en effet située au pied d'une colline aux pentes abruptes, que dominent les ruines du château de Crussol. L'admirable vue découverte des hauteurs ne peut nous faire oublier les tragédies militaires et religieuses que connut ce nid d'aigles pendant plusieurs siècles.

La vigne existe ici depuis au moins dix siècles. À l'inverse de Cornas, elle produisait au début

Vendanges au château Ducru-Beaucaillou, second cru classé de l'appellation Saint-Julien, dans le Haut-Médoc.

Le château de Crussol surplombe la vallée du Rhône et le vignoble de Saint-Péray, qui donne naissance à un vin blanc original, doré et nerveux, aux arômes floraux.

des vins rouges clairets, sans doute trop peu originaux pour que les vignerons n'en vinssent bientôt à la production de vins blancs. Ce fut là une découverte heureuse, dont parlèrent élogieusement le pape Pie VII, Wagner et Baudelaire, en particulier.

Les sols sont plus riches ici que plus au nord, et le climat moins chaud, l'exposition variant d'une côte à l'autre, toutes conditions favorables à l'élaboration de vins blancs.

La surface du vignoble, consacré en appellation d'origine contrôlée par le décret du 8 décembre 1936 pour une commune, ne dépasse pas 65 hectares. Elle fut autrefois beaucoup plus importante, mais une partie de la commune a été envahie par les habitations, faisant de Saint-Péray une banlieue de Valence.

La production moyenne élaborée pour 35 % en caves et à la coopérative de Tain-l'Hermitage est de 2 800 hectolitres.

On y trouve tout d'abord des vins blancs tranquilles, dont le bouquet se compose d'odeurs florales et végétales. La silhouette est sèche, étoffée, fraîche.

À cette production s'est ajoutée, depuis le début du XIXe siècle, celle de vins mousseux obtenus obligatoirement par la méthode de seconde fermentation en bouteille.

 Saint-Pierre doré

Synonymes : *Saint-Pierre de l'Allier, Épinette blanche* dans l'Allier, *Cerceau* dans le Loiret, *Lucane* dans les Deux-Sèvres.

Grappes assez grandes, tronconiques, ailées, compactes ; baies petites, sphériques, blanc doré ; maturité : 2e époque.

Cépage très vigoureux et productif, qui peut donner plus de 200 hectolitres à l'hectare, mais son vin est faible en alcool et acide. C'est un plant sensible à la pourriture grise et aux gelées de printemps. Le Saint-Pierre doré a été classé recommandé dans l'Allier et autorisé dans le Cher et le Loiret. Il fait partie de l'encépagement de l'AOVDQS Saint-Pourçain, dans une limite de 10 %, et il y a quelques hectares répartis entre le Cher et le Loiret.

Saint-Pourçain

Le vignoble, classé AOVDQS par arrêté du 20 décembre 1951, couvre une superficie de 540 hectares dans le département de l'Allier. En rouge, gris et rosé, on cultive les cépages Gamay et Pinot noir ; en blanc, le Tressalier (50 % au maximum), le Saint-Pierre doré (10 % au maximum), l'Aligoté, le Chardonnay, le Sauvignon.

La production annuelle moyenne est de 8 000 hectolitres pour le blanc, dont 3 à 5 % sont élaborés en mousseux, 15 000 hectolitres pour le rouge, et 5 000 hectolitres pour le rosé. L'aire de production s'étend sur 20 communes.

Les vins blancs présentent une couleur jaune paille. L'odeur végétale est caractéristique. Le vin est sec, fondu, vif, assez tendre. Il a une bonne tenue en bouteille.

Les vins rosés sont secs et assez fins.

Les vins rouges arborent une belle robe rubis-grenat, et sont assez légers. Leur odeur est fruitée et minérale. Ils sont fins et pleins en bouche, avec des arômes de cerise et de fruits secs. Ils ont une bonne tenue en bouteille.

Les mousseux ont une bonne originalité, surtout lorsque le Tressalier est dominant.

Saint-Romain

À la limite des Hautes Côtes de Beaune, voici Saint-Romain, niché dans les collines à l'ouest de Meursault et d'Auxey-Duresses, dans un site superbe. L'honnête terroir produit des vins blancs et rouges. Ratifiée par décret du 21 mai 1970, cette appellation d'origine contrôlée s'étend sur 115 hectares. Elle est tenue à produire des vins dont le titre alcoométrique minimal est de 10,5 % Vol. pour les vins rouges, de 11 % Vol. pour les blancs. Le rendement à l'hectare ne peut dépasser les 45 hectolitres en blanc et 40 hectolitres pour les rouges. Issus du cépage Pinot pour les rouges et du Chardonnay pour les blancs, les vins de Saint-Romain ne connaissent pas de premiers crus. En 1995, les déclarations de récoltes annonçaient une production sensiblement égale entre les blancs, 1 809 hectolitres, et les rouges, 1 473 hectolitres. Ce sont des vins agréables, assez nerveux, frais, au bouquet de violette caractéristique.

Saint-Véran

Huit communes du Mâconnais sont autorisées à produire les vins blancs d'origine contrôlée de Saint-Véran : Saint-Véran, Chânes, Chasselas, Davayé, Leynes, Prissé, Saint-Amour et quelques parcelles de Solutré. Le décret du 6 janvier 1971 autorise un titre alcoométrique minimal de 11 % Vol. et un rendement de base à l'hectare de 55 hectolitres. En 1995, la production a été de 34 958 hectolitres.

Les vins de Saint-Véran sont une excellente expression du cépage Chardonnay caractérisé par sa distinction et une subtilité qui place ce vin parmi les grands vins de Bourgogne blancs.

Sainte-Croix-du-Mont

L'appellation d'origine contrôlée Sainte-Croix-du-Mont, créée par décret du 11 septembre 1936, est réservée aux vins blancs provenant de raisins récoltés sur les parcelles délimitées de la commune de Sainte-Croix-du-Mont, située sur la rive droite de la Garonne, à environ 45 kilomètres au sud de Bordeaux. La zone d'appellation est vallonnée et dominée par l'église et le château fort datant du Moyen Âge. Le vignoble est réparti tout autour du village sur des plateaux et des coteaux au sol argilo-calcaire descendant vers le fleuve.

Les règles de production sont exactement les mêmes que pour le Sauternais. Aussi, les vins de Sainte-Croix-du-Mont font partie des meilleurs vins liquoreux de la rive gauche de la Garonne. Mis en bouteilles après dix-huit mois de vieillissement, ils ne s'épanouissent qu'à partir de leur troisième ou quatrième année. Les grands millésimes de certains châteaux peuvent vieillir pendant plusieurs décennies.

Une partie de la production est souvent vinifiée en vin blanc sec et est commercialisée sous l'appellation Bordeaux sec.

En 1995, la superficie en Sainte-Croix-du-Mont était de 452 hectares et la production de 16 568 hectolitres, ce qui correspond à un rendement de 36,6 hectolitres à l'hectare.

Sainte-Foy-Bordeaux

Pour avoir droit à l'appellation d'origine contrôlée, accordée par le décret du 31 juillet 1937, les vins doivent provenir du canton de Sainte-Foy et des communes de Landerrouat, Gensac, Pessac-sur-Dordogne, Pellegrue et Massugas. Ce vignoble, qui prolonge l'Entre-deux-Mers, donne des vins rouges issus des cépages Cabernet, Merlot, Malbec et Petit Verdot. Les vins blancs sont élaborés avec le Sémillon, le Sauvignon et la Muscadelle. En 1995, la surface revendiquée en rouge était de 121 hectares pour une production de 6 661 hectolitres ; en blanc doux, elle était de 49 hectares pour une production de 2 363 hectolitres.

Les vins rouges, colorés, offrent une bonne aptitude au vieillissement. Traditionnellement, les vins blancs de l'appellation sont moelleux avec de la souplesse.

Sampigny-lès-Maranges

Voir Maranges.

 San Antoni

Synonymes : *Saint-Antoine, Antonia, Arimtalou.*

Grappes petites, cylindriques, compactes ; baies ellipsoïdes, grosses, noir bleuté, croquantes, charnues avec des pépins allongés ; maturité : 2e époque.

Ancien cépage du Roussillon estimé pour la table et la cuve car il fournissait un raisin agréable à manger et donnait un vin fin, s'améliorant en vieillissant. Non classé.

Les collines sancerroises, jadis dévolues à la culture des cépages rouges, sont désormais le terroir d'élection du Sauvignon, à l'origine d'un vin blanc sec et charnu plein de finesse.

Sancerre

Le vignoble, classé AOC par le décret du 23 janvier 1959, produit des vins blancs. En blanc, le vignoble s'étend sur quelque 1 650 hectares, avec pour cépage unique le Sauvignon. Il produit en moyenne 100 000 hectolitres. Les vignes dont sont issus les vins rouges et rosés couvrent 350 hectares, avec pour cépage le Pinot noir. La production avoisine les 25 000 hectolitres dont les deux tiers en rosé. L'aire de production comprend 14 communes ou parties de communes.

La couleur des vins blancs est vert-jaune paille. L'odeur est caractéristique et très développée. Elle est associée aux odeurs du délicat bourgeon de cassis. Le vin est plein, sec, charnu, à peine vif. Il a une bonne aptitude au mûrissement en bouteille. La robe des rosés est délicate. Le style est sec et fin, assez gras.

Les rouges ont une belle robe cerise. L'odeur en bouche est florale. Le Sancerre rouge est un vin équilibré, avec de la puissance et de la finesse associées aux arômes qui deviennent « animaux » pour les vins mûrs. (*Voir* la région Vins du Centre p. 606.)

Santenay

Le terroir de Santenay, le plus méridional de la Côte de Beaune, se caractérise par un sol silicocalcaire et un sous-sol magnésien particulièrement favorables à la culture de la vigne. Cette appellation d'origine contrôlée ratifiée par décret du 21 mai 1970 couvre quelque 330 hectares, dont 130 en premiers crus. On retrouve pour les Santenay les exigences traditionnelles de la Bourgogne : titre alcoométrique minimal de 10,5 % Vol. pour les rouges, 11 % Vol. pour les premiers crus et de 11 % Vol. pour les vins blancs, 11,5 % Vol. pour les premiers crus ; rendement de base à l'hectare de 40 hectolitres pour les vins rouges et 45 pour les vins blancs ; encépagement en Pinot pour les vins rouges, en Chardonnay pour les vins blancs. En 1995, les chiffres de récolte faisaient état de 13 276 hectolitres pour les vins rouges et de 1 183 hectolitres de blancs. Santenay présente un terroir suffisamment complexe pour que l'on puisse distinguer au sein même de l'appellation des tendances variables. Les vins plus souples proches de la Côte de Beaune proviennent de Rémigny, les vins plus étoffés de Côte-de-Nuits-sur-Santenay. En général, les vins de Santenay sont fins et bouquetés, mais avec une aimable fermeté.

Le château du XVe siècle de Montreuil-Bellay est un haut lieu historique de la région de Saumur, terre de vins rouges et rosés, de blancs tranquilles et mousseux.

Sartène

Voir Vin de Corse Sartène.

Saumur

Sur une surface de 1 200 hectares, le vignoble classé AOC par le décret du 31 décembre 1957 a produit, en 1995, 20 500 hectolitres en blanc et 46 000 en rouge. L'aire de production s'étend sur le Maine-et-Loire, les Deux-Sèvres et la Vienne pour un total de 39 communes ou parties de communes. L'encépagement en blanc comprend au minimum 80 % de Chenin et, en cépages accessoires, dans la limite de 20 %, le Chardonnay et le Sauvignon. En rouge, on trouve les Cabernets franc et Sauvignon et le Pineau d'Aunis. Les blancs sont secs mais tendres car marqués par les sols calcaires. Ils sont vifs, aromatiques et délicats. Les rouges ont une dominante tannique typique mais elle s'insère dans un corps léger et frais. (*Voir* Anjou et Saumurois p. 236.)

Saumur-Champigny

Le vignoble, classé AOC par le décret du 31 décembre 1957, couvre 1 000 hectares, avec pour cépages les Cabernets franc et Sauvignon, ainsi que le Pineau d'Aunis. La production annuelle avoisine les 70 000 hectolitres. L'aire de production s'étend sur les communes de Souzay-Champigny, Chacé, Dampierre, Montsoreau, Parnay, Saint-Cyr-en-Bourg, Saumur, Turquant, Varrains. La robe du vin est normalement soutenue. La nuance est rouge groseille bien mûre. Le vin est coulant, léger et vif avec une bonne astringence. Les crus présentent une bonne aptitude au mûrissement en bouteille. (*Voir* Anjou et Saumurois p. 236 et Touraine p. 582.)

Saumur mousseux

Le potentiel viticole de ce vignoble, classé AOC par le décret du 24 août 1976, est de l'ordre de 1 500 hectares, pour une production annuelle de 110 000 hectolitres en blanc et de 5 000 hectolitres en rosé. L'aire de production s'étend sur le Maine-et-Loire, la Vienne et les Deux-Sèvres, pour 98 communes.

Les vins blancs sont élaborés à partir du Chenin blanc, du Chardonnay et du Sauvignon

(20 % au maximum de l'encépagement pour les deux derniers).

En cépages noirs, on trouve les Cabernets franc et Sauvignon, le Côt, le Gamay noir à jus blanc, le Grolleau, le Pineau d'Aunis et le Pinot noir. La proportion des cépages noirs ne doit pas dépasser 60 % de la cuvée.

Les blancs sont parfaitement typés. Leur robe est vert-jaune paille. L'odeur, à caractère végétal, est bien développée. Le vin est plein, tendre, vif et évidemment mousseux. Il offre une bonne aptitude au vieillissement.

Les rosés sont produits à partir des Cabernets franc et Sauvignon, du Côt, du Gamay noir à jus blanc, du Grolleau, du Pineau d'Aunis et du Pinot noir.

Saumur pétillant

La production de ce vignoble, classé en appellation d'origine contrôlée par le décret du 31 décembre 1957, est assez faible. Les cépages sont les mêmes que ceux de l'AOC Saumur. L'aire de production s'étend sur l'ensemble des communes de l'appellation Saumur.

Le vin est coulant, un peu ferme, tendre, vif et pétillant (pression 2,5 kilos à 10 °C). Il a une bonne tenue en bouteille.

Saussignac

À l'ouest du vignoble de Monbazillac, Saussignac est une petite appellation, classée AOC par le décret du 28 avril 1982, dont la production est d'environ 1 500 hectolitres. Les vins produits sont intermédiaires entre le Côtes-de-Bergerac et le Monbazillac. Souvent plus moelleux que le premier, le Saussignac est moins liquoreux que le second. Le degré d'alcool total doit être compris entre 12,5 et 15 % Vol.

Sauternes

L'appellation d'origine contrôlée Sauternes, ratifiée par décret du 30 septembre 1936, est réservée aux vins blancs provenant des raisins récoltés sur le territoire délimité des communes de Sauternes, Bommes, Fargues, Preignac et Barsac, situées sur la rive gauche de la Garonne, à une quarantaine de kilomètres au sud de Bordeaux, de part et d'autre d'un petit cours d'eau : le Ciron. Pour avoir droit à l'appellation, le vin ne peut être élaboré qu'à partir des cépages suivants : Sémillon, Sauvignon et Muscadelle. Les raisins doivent être arrivés à surmaturation et récoltés par tris successifs. Les moûts doivent contenir au minimum 221 grammes de sucres par litre. Les vins doivent présenter un titre alcoométrique total minimal de 13 % Vol. avec un minimum de 12,5 % Vol. d'alcool acquis.

Départ en vendange dans les vignes du prestigieux château d'Yquem.

En moyenne, la superficie en Sauternes est de 1 500 hectares et la production de 30 000 hectolitres, soit un rendement de 20 hectolitres à l'hectare.

Le Sauternes jeune est un vin heureux aux arômes de fruit et de fleur. Mais il perd vite ces caractéristiques pour acquérir un arôme et une

Crus classés de Sauternes

Premier cru supérieur
Château d'Yquem
Premiers crus
Château La Tour Blanche
Château Lafaurie-Peyraguey
Château Guiraud
Château Haut-Peyraguey
Château Rayne-Vigneau
Château Suduiraut
Château Rabaud-Promis
Château Rieussec
Château Sigalas-Rabaud
Seconds crus
Château d'Arche
Château Filhot
Château de Malle
Château Romer
Château Romer du Hayot
Château Lamothe

saveur très particuliers, dus au développement de la pourriture noble. Les Sauternes vieillissent mieux que les grands vins rouges (certains millésimes pouvant devenir centenaires) et acquièrent au fil des ans une race et une sève qui en font des vins uniques au monde.

 Sauvignon

Synonymes : *Blanc Fumé* ou *Fumé* dans la Nièvre, *Surin* en Loir-et-Cher, *Fié* dans la Vienne, *Sauternes* en partie dans l'Indre et le Cher.

Feuilles petites, orbiculaires, tourmentées, frisées et grossièrement bullées, profondément 5-lobées avec les sinus latéraux étroits et à fonds aigus, sinus pétiolaire en lyre plus ou moins ouverte ; dents ogivales, étroites et mucronées ; dessous du limbe duveteux en pelote.

Grappe de Sauvignon. Ce cépage produit des vins blancs secs et nerveux, ou, associé à d'autres cépages, des vins moelleux.

Grappes petites, tronconiques, compactes, parfois ailées ; baies petites, ovoïdes, d'un beau jaune d'or à maturité complète, pellicule épaisse et pulpe fondante, ayant une saveur spéciale rappelant le Muscat ; maturité : 2e époque.

Cépage bordelais, vigoureux, au débourrement moyen ; sa fertilité est faible, car il coule fréquemment par excès de vigueur ou en raison de son mauvais état sanitaire. On possède maintenant des clones de qualité, plus productifs, dont les rendements sont compris entre 50 et 100 hl/ha, ce qui a donné de l'impulsion aux nouvelles plantations. En matériel certifié, 20 clones ont été agréés, dont les plus importants pour la qualité sont les nos 297 et 316. Le Sauvignon dans le Sauternais permet l'obtention de vins blancs liquoreux, titrant 13 % Vol. au minimum, pour un rendement de base limité à 25 hl/ha, souvent moins à cause du développement de la pourriture et de la nécessité de récolter les grains surmûris par des passages répétés dans les vignes. Au contraire, dans la vallée de la Loire, on produit des vins blancs secs, très frais, avec le degré alcoolique minimal plus faible : 11 % Vol. à Pouilly-sur-Loire, Sancerre, Quincy, Reuilly et Menetou-Salon pour des rendements de base plus importants : 45 hectolitres à l'hectare.

La culture du Sauvignon est en progression et dépasse actuellement 13 000 hectares, le cépage ayant été classé recommandé dans la plupart des départements du Sud-Ouest, de la vallée de la Loire, du Languedoc, de la Provence et de la Bourgogne. En Gironde (4 400 hectares) et en Dordogne (1 100 hectares), il est associé pour 25 à 30 % au Sémillon avec un peu de Muscadelle pour l'obtention des grands vins moelleux des AOC Sauternes, Barsac, Loupiac, Sainte-Croix-du-Mont, Monbazillac. Dans la vallée de la Loire, le Sauvignon est vinifié seul pour la production des AOC Pouilly-sur-Loire (Blanc Fumé), Sancerre, Menetou-Salon, Quincy, Reuilly, soit 4 000 hectares au total, tandis que dans l'Yonne on produit une AOVDQS, le Sauvignon de Saint-Bris (63 hectares). En Provence, le Sauvignon entre dans l'encépagement blanc des AOC Cassis et Bandol, pour 30 hectares environ. Le Sauvignon rose et le Sauvignon rouge (dont les baies sont noir rougeâtre) se rencontrent parfois dans quelques plantations de Sauvignon blanc.

Feuille de Sauvignon.

Le vignoble d'Irancy donne naissance notamment au Sauvignon de Saint-Bris, vin blanc frais à la saveur légèrement fumée.

Sauvignon de Saint-Bris

Ce vin blanc issu du cépage Sauvignon est produit au sud-est d'Auxerre sur les sept communes de Saint-Bris-le-Vineux, Chitry, Irancy, Vincelottes, Quenne, Saint-Cyr-lès-Colons, et Cravant (Yonne). Il obtint l'appellation AOVDQS par arrêté du 5 août 1974. Ce vaste territoire de quelque 450 hectares, dont seuls 60 hectares sont revendiqués, comprend des sols très divers puisqu'on y retrouve cailloux, argiles, calcaires durs… Le législateur a limité le rendement à 60 hectolitres à l'hectare, le degré alcoolique minimal à 9,5 % Vol. et maximal à 12,5 % Vol. Le Sauvignon de Saint-Bris, frais et désaltérant, avec une légère saveur fumée, n'est pas sans rappeler le Sancerre et le Pouilly pour ses qualités aromatiques, variables selon le terrain dont il est issu, et sa vivacité.

La production moyenne est de 6 000 hectolitres par an.

 Sauvignonasse

Synonymes : *Sauvignon de la Corrèze, Sauvignon à gros grains, Sauvignon vert* dans l'Allier, *Blanc doux* en Gironde, *Cinquien* dans le Jura.

Grappes moyennes, cylindriques, assez compactes ; baies sphériques, moyennes, blanc doré, juteuses ; maturité : 2e époque.

Ce cépage possède une certaine parenté avec le Sauvignon, mais il donne un vin commun, sans l'odeur caractéristique du Sauvignon. Son raisin est très sensible au mildiou et à la pourriture grise. Non classé.

 Savagnin

Synonymes : *Savagnin jaune, Savagnin blanc, Sauvagnin, Salvagnin, Naturé* ou *Naturel* à Arbois, *Fromenté, Fromenteau, Fromentais,* par analogie avec la couleur du grain de blé, *Gringet* en Haute-Savoie, *Gentil blanc* à Besançon, *Bon Blanc* à Misery, *Blanc Brun* à Salins, *Traminer* en Alsace.

Bourgeonnement cotonneux blanc, à liseré carminé.

Jeunes feuilles duveteuses, jaunâtres.

Feuilles petites, orbiculaires, très bullées, gaufrées au point pétiolaire, généralement entières, mais parfois 5-lobées assez profondément, sinus pétiolaire en lyre étroite, presque fermée ; dents ogivales, moyennes ; dessus du limbe duveteux.

Rameaux aranéeux au sommet, vert clair à nœuds légèrement rosés ; vrilles moyennes, charnues.

Grappes petites, cylindriques, compactes ; baies petites, sphériques, blanches, juteuses ; maturité : 2e époque.

Le Savagnin serait originaire de la ville de Tramin dans le Tyrol italien, d'où il aurait gagné ensuite la Suisse, l'Allemagne, l'Europe centrale et la France. Son débourrement est moyen et il exige la taille longue, car les yeux de la base des sarments sont peu fertiles. C'est un cépage-population avec des tiges à feuilles plus ou moins découpées, des nervures vertes ou rouges, des rameaux verts ou colorés. En matériel certifié, 4 clones ont été agréés : les n°s 611 à 614.

Ce cépage sert pour la préparation des fameux vins jaunes de Château-Chalon qui se conservent longtemps et dont le goût rappelle le Xérès ; il donne aussi de bons vins de garde, généreux, à l'arôme agréable. Il peut enfin servir à la préparation de vins mousseux.

 Savagnin rose

Synonymes : *Fromenteau rouge, Fromenté rose* dans le Doubs, *Savagnin rose non musqué, Heiligensteiner Klevner* ou *Clevner d'Heiligenstein* en Alsace.

Grappes petites, cylindro-coniques, compactes ; baies petites, ellipsoïdes, blanc doré devenant rosées à complète maturité, qui est de 2e époque.

Le Savagnin rose est la forme non musquée du Savagnin ; sa feuille est un peu différente car elle est plus allongée avec des dents anguleuses et un sinus pétiolaire ouvert. En matériel certifié, un clone a été agréé : le n° 763. Ce plant a été classé recommandé en Alsace, mais il est peu cultivé.

Savennières

Le vignoble, classé AOC par le décret du 8 décembre 1952, couvre une superficie de 55 hectares, avec pour cépage le Chenin blanc à l'exclusion de tout autre.

La production moyenne est de l'ordre de 3 000 hectolitres. L'aire de production s'étend sur la commune de Savennières et des parties des communes de Possonnière et Bouchemaine.

Les vins peuvent porter les dénominations complémentaires de « Coulée-de-Serrant » et « Roche-aux-Moines » lorsqu'ils proviennent de ces lieux-dits. Ils doivent être obtenus à partir de raisins présentant une teneur en sucres minimale de 212 grammes, ce qui montre le caractère particulièrement riche de ces vins.

Les vins de Savennières sont de type sec, toutefois tendres mais corsés et bien structurés, très riches en arômes. Ils présentent une grande aptitude au mûrissement en bouteille. Ils sont de grande race. (*Voir* Anjou et Saumurois p. 236.)

Savigny-lès-Beaune

Savigny-lès-Beaune, en Côte de Beaune, développe son aire d'appellation, ratifiée par le décret du 21 mai 1970, entre Beaune et Pernand-Vergelesses, sur les coteaux qui enserrent la vallée du Rhoin. On trouve ici les meilleures parcelles, reconnues en climats classés en premiers crus, soit 141 hectares d'un grand vignoble. Le titre de Premier Cru entraîne des obligations spécifiques tels les titres alcoométriques minimaux : 11 % Vol. pour les rouges, 10,5 % Vol. pour l'appellation communale et de 11,5 % Vol. pour les blancs. Le rendement de base à l'hectare est de 40 hectolitres pour les vins rouges et 45 pour les blancs. En 1995, sur 356 hectares, il a été produit 1 316 hectolitres en blanc et 13 424 en rouge.

Les vins de Savigny-lès-Beaune sont fins et distingués, avec un bouquet floral développé et ce surtout dans les premiers crus.

SAVOIE

La présence de la vigne en Savoie suscite toujours l'étonnement. Pourtant, parmi les neiges éternelles et les glaciers, le vignoble savoyard a su se frayer une place de choix, escaladant les pentes abruptes, épousant les coteaux, s'enracinant sur des terrains exposés au soleil, afin de produire un vin vif comme l'air des alpages.

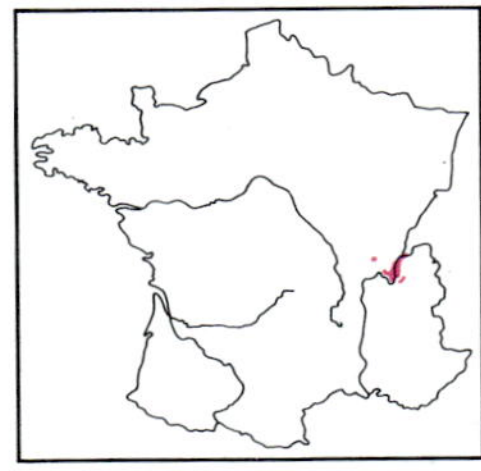

■ La culture de la vigne en Savoie a prospéré au cours des siècles, et de nombreux documents en témoignent. L'auteur latin Columelle évoque déjà les vignes de l'Allobrogie qui devint la Savoie. Pline l'Ancien souligne le goût de résine des vins transportés à Rome dans des outres en peaux de chèvres recouvertes de résine. Il est donc incontestable que les Allobroges se sont livrés avec succès à la culture de la vigne.

Des écrits du XIe siècle montrent que l'on cultivait la vigne à Seyssel. En 1050, une charte mentionne le vignoble de Monterminod. L'abbé de Hautecombe, Ganfried, en 1180, parle de Montmélian (mont amélioré) pour rendre hommage à la qualité du vignoble, probablement planté sous la domination romaine. Les cartulaires de l'abbaye de Notre-Dame-de-Filly (en Haute-Savoie) font état de vignobles sur les coteaux de Crépy et de Marignan au XIIIe siècle.

En 1356, une vigne du seigneur ou du maître de Frangy figure dans les comptes de la châtellenie de Chaumont. On y lit que 25 sammées de son vin (ancienne mesure variant de 115 litres à 194 litres selon les communes) sont livrées à la comtesse de Genève en 1367.

Dans la vallée de l'Arve (Haute-Savoie), saint François de Sales signale à Ayze la création de la paroisse de la Mère-d'Église sur les vignes.

Dès 1628 est utilisée la notion de cru pour les vins de Montmélian, Chignin et Cruet.

C'est en 1768 qu'apparaît pour la première fois dans un rapport de M. Devoize, député, et dans une enquête de M. le directeur de l'École impériale de la Saulnaie la dénomination « Vins de Savoie », retenue dans la législation actuelle.

Le comte de Résie, en 1847, dans son *Voyage à Chambéry et aux eaux d'Aix* relate l'éboulement du mont Granier, le 24 novembre 1248, sur lequel un vignoble s'est installé, donnant naissance aux crus Abymes et Apremont.

Dès 1942, le secteur de Seyssel entre en appellation d'origine contrôlée, puis ce fut Crépy en 1948. Classés en VDQS à partir de 1945, les vins de Savoie accèdent à leur tour à l'AOC en 1973.

Le vignoble de Chignin, dans la courbe de Chambéry, est planté de Jacquère, un cépage savoyard fondamental.

Le vignoble

Les vignes s'étirent essentiellement dans les basses vallées, aux alentours du lac du Bourget, à proximité des bords du lac Léman et sur les rives du Rhône et de l'Isère. Les vignobles d'AOC remontent parfois fort haut sur le flanc des montagnes, jusqu'à 500 mètres d'altitude où ils couvrent près de 2 000 hectares.

La plus grande partie de ces vignobles exposés au sud-est ou au sud-ouest sont situés dans les départements de la Savoie (1 587 hectares) et de la Haute-Savoie (165 hectares) ; l'Isère comptant 103 hectares et l'Ain 85 hectares.

Les sols

La nature des sols, éboulis calcaires, marno-calcaires ou argilo-calcaires en Savoie et moraines glaciaires en Haute-Savoie, favorise le bon épanouissement des cépages blancs et plus particulièrement celui de la Mondeuse noire en cépage rouge.

La constitution générale des vins blancs ou rouges obtenus sur les terroirs calcaires est généralement plus étoffée et leur typicité accrue.

En présence d'argile, de limons ou d'alluvions glaciaires, la couleur et la structure des vins est moins puissante.

Ces derniers éléments sont plutôt bénéfiques aux vins blancs secs.

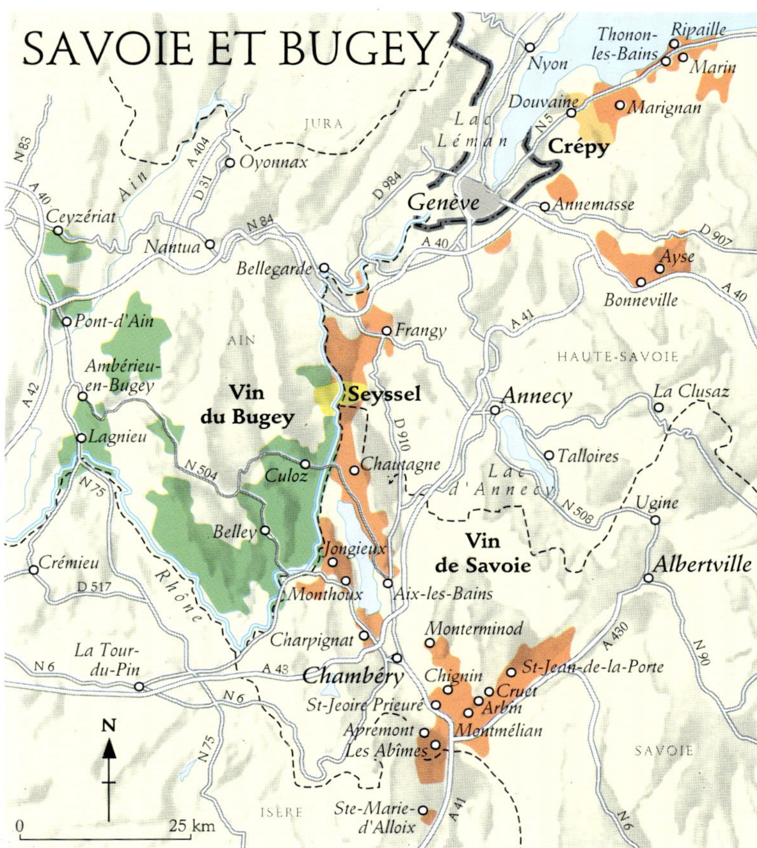

Le climat

De fortes influences océaniques tempèrent un climat continental : les vents du sud-ouest et du Midi apportent la pluie ; la bise noire venant du nord au printemps amène le beau temps mais, froide et sèche, elle fait craindre les gelées. Les printemps sont d'ailleurs souvent frais et pluvieux ; la vigne ne s'éveillant qu'à la fin de la deuxième décade d'avril. La floraison se déroule généralement vers la mi-juin, plus particulièrement dans la seconde quinzaine.

Les étés débutent sans chaleurs excessives, et se poursuivent par un assez beau temps à tendance orageuse en août. En revanche, ils se terminent fréquemment par un mois de septembre doux, bien ensoleillé et peu arrosé, qui ne saurait faire mentir le dicton des vignerons : « C'est septembre qui fait le vin. » À ces conditions s'ajoutent les effets bénéfiques des microclimats dus à la présence de grands lacs et aux versants des montagnes abritant les terroirs.

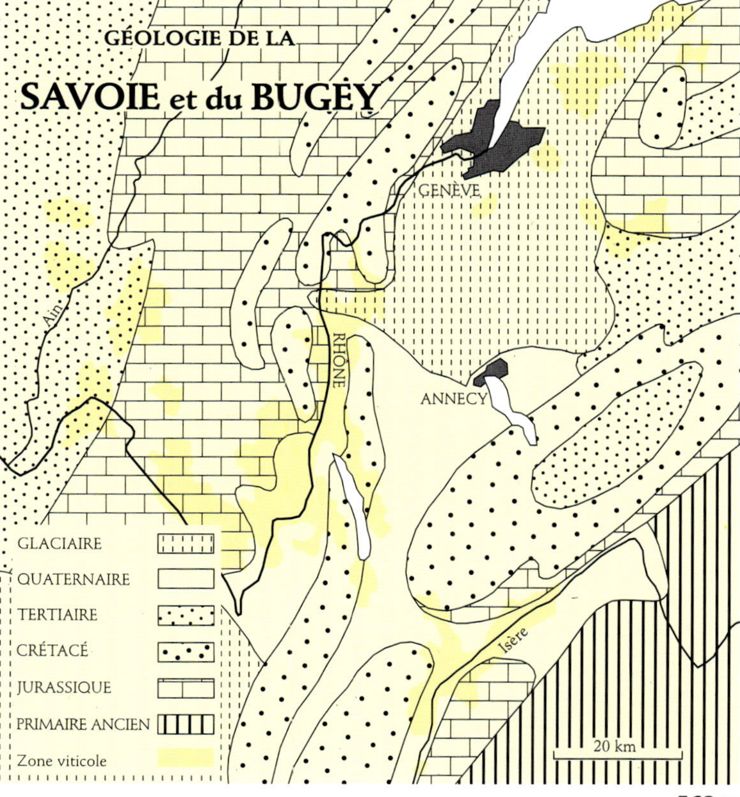

L'encépagement

La région ne compte pas moins de 23 cépages donnant autant de vins personnalisés. En blanc, on compte six cépages.

La Jacquère, rustique et fondamentale pour les vins blancs secs de Savoie, est le cépage le plus répandu. Apremont, Abymes, Chignin, Cruet, Montmélian, Saint-Jeoire-Prieuré en sont les crus les plus typiques. Ce sont des vins à peine teintés, aux arômes de fleurs, frais, légers, apéritifs, diurétiques, souvent perlants et que l'on adore dans leur pleine jeunesse.

L'Altesse, riche en sucre et en arômes, de faible rendement, produit des vins de grande classe, le Seyssel et les Roussettes de Savoie des crus Marestel, Frangy, Monterminod, Monthoux : racés et suaves, aux nuances olfactives très développées, aptes au vieillissement.

L'association de l'Altesse avec le Chardonnay dans une proportion maximale de 50 % répond à l'appellation régionale « Roussette de Savoie ».

Le Chasselas roux et vert, implanté exclusivement en Haute-Savoie, en bordure du lac Léman, constitue le cépage unique du Crépy et des crus Ripaille, Marignan et Marin.

Les vins, secs, fruités, légers, fins, perlants, très diurétiques s'apprécient dès la première année qui suit la récolte, mais ils peuvent aussi bien vieillir.

Le Gringet, exclusif à la vallée de l'Arve (Haute-Savoie), est le fondement de la vraie personnalité du seul cru pétillant ou mousseux de Savoie, l'Ayze ; parfois associé à la Roussette d'Ayze, il en émane des vins naturellement « bruts » pouvant être obtenus par une seconde fermentation « spontanée » en bouteille.

La Roussanne ou Bergeron, recommandée pour trois communes de Savoie, supporte une légère surmaturation pour mieux s'épanouir dans un vin blanc de haute qualité : le cru Chignin-Bergeron.

La Molette, avec un peu d'Altesse, entre dans la composition du Seyssel mousseux, commercialisé après trois ans de conservation. Beaucoup moins répandus, le Chardonnay ou Petite Sainte-Marie, l'Aligoté, la Malvoisie ou Velteliner rose, donnent des vins de Savoie aromatiques, à la sève délicate, à la typicité appuyée.

En rouge, le pays savoyard cultive quatre cépages principaux :

La Mondeuse, originaire de Savoie ; c'est le cépage tardif toujours suffisamment pourvu en arômes, matières colorantes et tanins personnalisant les meilleurs vins rouges de Savoie. Elle s'exprime par les crus Arbin, Saint-Jean-de-la-Porte, Jongieux, Chignin, bien colorés, au bouquet de petits fruits, de bonne constitution et de longue conservation.

Le Gamay noir est planté dans de nombreux terroirs en raison du succès de son vin léger, gouleyant et plaisant. Il donne le cru savoyard le plus recherché, le Chautagne.

Le Pinot noir, installé dans des situations privilégiées, offre des vins aux caractères éminemment subtils.

Le Persan, le plus tardif des cépages rouges, est pratiquement abandonné.

Une vendange traditionnelle

La majorité des vignes sont dites « basses et étroites » et sont palissées sur fil de fer, pour une densité de plantation de 6 000 à 8 000 souches par hectare.

Les vendanges s'effectuent traditionnellement à la main, généralement durant la première quinzaine d'octobre.

Les vinifications

La région de Savoie-Bugey-Dauphiné est avant tout productrice de vins blancs, à boire jeunes. Les viticulteurs s'efforcent donc de mettre en œuvre les techniques de vinification permettant d'extraire le maximum de ces caractères de jeunesse et de les préserver par une mise en bouteilles précoce.

La production

La plus grande partie de la production est élaborée dans des caves particulières. Il existe en outre trois caves coopératives effectuant la vinification et la vente en Savoie : Cruet, Ruffieux, Montmélian.

La production moyenne est de 80 000 hectolitres en Savoie, 8 000 hectolitres en Haute-Savoie, 7 000 hectolitres en Isère, et de 3 500 hectolitres dans l'Ain, pour un total de quelque

La hotte traditionnelle (à gauche) a été remplacée par des comportes plus fonctionnelles telles que celles qu'utilisent ces vignerons du vignoble des Abymes.

Vins de Savoie : caractéristiques des 20 dernières récoltes						
Période (04 à 09)	**Somme des températures en °C**	**Ensoleillement en heures**	**Pluie en mm**	**Époque de la fleur**	**Climat**	**Maturité, cépages précoces**
1976	2 745	1 478	408	début juin	Sécheresse de printemps	15/9
1978	2 846	1 217	536	début juillet	Coulure	15/10
1979	2 911	1 347	556,60	mi-juin	Bon climat	29/9
1981	2 963	1 271	478,30	mi-juin	Bon	26/9
1982	3 054	1 390	568,60	début juin	Bon	21/9
1983	3 117	1 251	811,20	mi-juin	Très bon état sanitaire	24/9
1984	2 832	1 319	520,30	3e décade juin	Très pluvieux en septembre, pourriture grise	2/10
1985	3 183	1 424	631,70	mi-juin	Normal	25/9
1986	3 029	1 435	583,30	mi-juin	Orages – grêle	25/9
1988	3 051	1 318	588	1re décade juin	Normal	27/9
1989	2 999	1 429	430	fin mai	Très bon, légère sécheresse	15/9
1990	2 757	1 474	449	fin mai	Légère sécheresse	22/9
1991	2 777	1 477	487	1re décade juin	Gel de printemps, fortes pluies, pourriture grise précoce	25/9
1992	2 897	1 300	729	fin mai	Coulure, bon état sanitaire	17/9
1993	2 944	1 164	747	début juin	Pluie record en septembre, forte pourriture grise	18/9
1994	3 077	1 158	827	début juin	Pluie record en septembre, très forte pourriture grise	15/9
1995	3 068	1 216	646	2e décade juin	Chute de grêle en août/septembre	18/9
1996	3 227	1 365	756	2e décade juin	Pluies importantes, fraîcheur en septembre, bon état sanitaire	21/9

Période (14 à 09)	**Expression des vins**	**Volume de la récolte**	**Climat pendant les vendanges (1)**
1976	Très bonne maturation, vins riches, vineux, rouges colorés, vins de garde, bon millésime	N	N
1978	Maturation lente et tardive	N	S
1979	Bonne maturité, bon millésime, vins typés	N	S
1981	Bonne maturité, vins équilibrés	N	S
1982	Maturation satisfaisante, vendanges précoces, vins assez typés	N+	H
1983	Maturation souhaitable atteinte, vins de typicité élevée et bien équilibrés, très bon millésime	N+	N
1984	Maturation moyenne, vins assez légers aux caractères très jeunes	N+	N
1985	Bonne maturité, vins de bonne qualité aux arômes développés	N+	S
1986	Indice de maturité satisfaisant, vins aux arômes discrets, très agréables en bouche	N+	N
1988	Bonne maturité, vins très équilibrés, bon millésime	N	H à N
1989	Très bons vins blancs, bon millésime, vins rouges typés riches en couleur et arômes	N	S
1990	Maturité satisfaisante, vins blancs souples et fins, vins rouges très typés	N	N
1991	Maturité perturbée, vins blancs légers délicats, riches en arômes, vins rouges gouleyants moins colorés	N+	N à H
1992	Maturité irrégulière, effet sécheresse en coteaux, vins blancs légers et riches en arômes. À boire jeunes, vins rouges typiques des cépages	N	N
1993	Maturité irrégulière, vins blancs légers et aromatiques, vins rouges moins colorés et plus faibles	N	H
1994	Année très pluvieuse, maturité perturbée, effet dilution	N	H
1995	Plus d'acidité qu'en 1994, vins blancs fins et harmonieux, vins rouges peu typés, cépage de bonne constitution, Mondeuse de garde	N N– (zones grêlées)	H à N
1996	Acidité plus élevée que la « normale », vins blancs frais, les Mondeuses très typées, « c'est l'année de la Mondeuse »	N+	N

(1) Climat pendant les vendanges H : humide, S : sec, N : normal.

DES VINS PLEINS DE PERSONNALITÉ

Licinus Lucullus servait, paraît-il, à sa table, un siècle avant Jésus-Christ, du vin des Allobroges. Quant aux bons moines de l'An Mil, ils avaient parfaitement réussi à acclimater certains plants robustes aux durs hivers du lac du Bourget. C'est dire l'ancienneté de notre vignoble...

Les Savoyards produisent des vins pleins de personnalité et de charme, qui peuvent pourtant se révéler perfides si l'on en boit un peu trop... Mais ils sont digestes. Les vieux disaient d'ailleurs que ce sont là des vins qui « n'agitent pas le tempérament »... vins légers et de bonne compagnie...

Les vins savoyards forment un tout et l'on opère entre eux quelques distinctions parfois par trop subtiles. Pourtant, chaque vin a sa personnalité. Ainsi, la Mondeuse, un cépage local, donne en rouge un vin qui vieillit fort bien et qui conserve longtemps ses arômes de fruits sauvages, myrtilles, cassis... J'aime aussi certains Ayze à l'odeur de silex et de poudre, mais mon vin préféré est le Cruet, qui exhale, les années où il s'est gorgé de soleil, un délicat arôme de framboise... Les vins de Savoie, pétillants ou mousseux, offrent une séduction certaine. Mais ils risquent de « vous couper les jambes ». Il vaut donc mieux les boire au retour d'une promenade en montagne et non avant... ou encore en apéritif.

Le vin de Savoie est le compagnon idéal des poissons de nos torrents et de nos lacs. C'est là qu'il s'exprime le mieux en une rencontre de belle harmonie...

Mais je ne veux pas en dire plus. Un vin se mérite et suppose patience et grande ouverture d'esprit. Il faut toujours découvrir un vin par soi-même, en sachant qu'en Savoie comme ailleurs les plus connus ne sont pas forcément les meilleurs ni les plus authentiques.

Françoise Bise

Plaque de porte en cuivre, découverte à Cruet, gravée d'une mitre épiscopale et de deux grappes de raisin.

Le château de Ripaille, terroir d'un cru sec aux arômes d'amande douce.

110 000 hectolitres par an, dont 30 % en rouge et rosé et 70 % en blanc. Les quantités revendiquées en appellations vins de Savoie, Roussette de Savoie, Pétillant et Mousseux de Savoie représentent les neuf dixièmes de ce volume.

Les appellations Crépy avec 4 500 hectolitres, Seyssel avec 3 200 hectolitres, et Seyssel mousseux avec 900 hectolitres complètent la production savoyarde.

La commercialisation et le tourisme

La commercialisation est partagée presque à égalité entre les viticulteurs, les caves coopératives, qui embouteillent et vendent elles-mêmes une bonne partie de la production annuelle, et les marchands de vins en gros. Les ventes sont essentiellement liées au tourisme alpestre, les volumes exportés étant peu importants. Toutefois, le vignoble savoyard se développe, et en 1986, la profession a constitué un Comité interprofessionnel des vins de Savoie, dont le siège est à Chambéry.

Quelques itinéraires permettent de découvrir un vignoble qui demeure l'un des plus méconnus de France, sans doute parce qu'il est extraordinairement morcelé. Des circuits touristiques fléchés, qui sillonnent un cadre grandiose, sont jalonnés de haltes où l'on dégustera des crus typiques.

Sciaccarello

Synonymes : *Sciuchitajolo* (croquant), *Schiuchetadiuru* à Sartène, *Barbera,* par erreur.

Feuilles moyennes, tronquées, finement bullées, à bords involutés, 5-lobées moyennement à sinus latéraux étroits, sinus pétiolaire en lyre, plus ou moins fermée ; dents moyennes anguleuses ; dessous du limbe aranéeux.

Rameaux côtelés, vigoureux, aranéeux au sommet, vert clair à nœuds rosés ; grandes vrilles longues, plus ou moins enchevêtrées.

Grappes grandes, tronconiques, compactes, parfois ailées ; baies moyennes, ovoïdes, noir violacé, croquantes, à la chair juteuse ; maturité : 3e époque.

Cépage corse répandu dans la région de Sartène, peut-être originaire d'Italie. Son port est dressé, son débourrement tardif, et il doit être taillé long car il a tendance à produire beaucoup de sarments. Peu sensible aux maladies, il fournit un des meilleurs vins rouges corses : vin bien charpenté, ayant de la finesse, une saveur particulière, mais manquant un peu de couleur. En matériel certifié, 8 clones ont été agréés, dont le plus ancien est le n° 744.

Classé recommandé en Corse, il occupe 600 hectares et fait partie de l'encépagement des AOC Vin de Corse et Ajaccio.

Segalin

Croisement de Jurançon noir × Portugais bleu, obtenu à l'INRA de Vassal.

Ce cépage noir produit un vin coloré, assez tannique, ayant du corps et un bon arôme, consommable en l'état. Il est peu vigoureux en zone méditerranéenne. Classé recommandé dans le Sud-Ouest.

Seinoir

Synonyme : *8 745 Seibel.*

Bourgeonnement aranéeux blanc.

Jeunes feuilles glabres, bronzées.

Feuilles tronquées, en entonnoir, ternes, faiblement 5-lobées avec les sinus latéraux étroits et aigus, sinus pétiolaire en V étroit ou à bords superposés ; dents anguleuses, très étroites ; dessous du limbe pubescent, ainsi que les nervures. Rameaux rouge violacé, aranéeux. Grappes petites, compactes, tronconiques ; baies petites, légèrement ovoïdes, noires, à jus coloré et pulpe molle ; maturité : 1re époque tardive.

Le Seinoir est un hybride de 5 163 × 880 Seibel, qui a été autorisé dans les départements du Centre-Ouest pour fournir la boisson familiale des exploitants. Il est un peu sensible au mildiou et à la pourriture, mais plus résistant à l'oïdium. Il donne un vin coloré, rouge violacé, amer. Les souches, moyennement vigoureuses, doivent être greffées sur des porte-greffe puissants. Le Seinoir est en régression, comme tous les hybrides.

Sélect

Synonyme : *100 T Vidal.*

Métis d'Ugni blanc × Jurançon blanc.

Grappes moyennes, cylindriques ; baies sphériques, blanches, assez serrées ; maturité : 2e époque tardive.

Ce cépage possède un débourrement tardif, soit dix jours après l'Ugni blanc, sa fertilité est bonne. Son vin est bouqueté, assez fin. Le Sélect fait partie de l'encépagement accessoire de l'AOC Cognac (10 % max.). Son eau-de-vie se situe légèrement en dessous de celle du Saint-Émilion.

Actuellement 5 hectares sont en plantation.

Semebat

Métis de Baroque × Côt, obtenu à l'INRA de Bordeaux. Sa vigueur est bonne et sa fertilité régulière. Ce cépage noir mûrit en 2e époque et fournit un vin coloré, charpenté, de bonne qualité. Les rendements oscillent de 68 à 127 hectolitres à l'hectare, pour des degrés compris entre 9,8 et 12,5 % Vol.

Classé recommandé dans le Sud-Ouest avec un clone agréé, le n° 746. Actuellement 4 hectares seulement sont en plantation.

Sémillon

Synonymes : *Sémillon muscat* à Sauternes, *Sémillon roux* et *Gros Sémillon* en Gironde, *Blanc Sémillon* à Bergerac, *Malaga* dans le Lot, *Chevrier* en Dordogne, *Blanc doux* à Montpon, *Mansois blanc* ou *Mancès blanc* dans l'Aveyron, *Colombier* en Gironde, *Sauternes* parfois dans l'Indre et le Cher.

Bourgeonnement épanoui, cotonneux blanc, à liseré carminé.

Jeunes feuilles duveteuses, jaunâtres, bronzées sur les bosselures.

Feuilles orbiculaires, tourmentées, finement bullées, gaufrées au point pétiolaire, épaisses, profondément 5-lobées à sinus latéraux étroits et à fonds aigus, sinus pétiolaire en lyre, généralement ouverte ; dents ogivales, moyennes ; dessous du limbe aranéeux et faiblement pubescent.

Rameaux côtelés, très gros, verts, à nœuds brun rosé ; vrilles petites, fines.

Grappes moyennes, cylindriques, ailées, compactes ; baies moyennes, sphériques, blanc doré devenant même rosées à maturité complète, peau épaisse, jus abondant avec une saveur légèrement musquée ; maturité : 2e époque.

Ce cépage bordelais est vigoureux, productif avec un débourrement moyen, étalé dans le temps, ce qui est un avantage en cas de gelée.

Feuille de Sémillon.

Rameau de Sémillon.

Grappe de Sémillon.

C'est un plant peu sensible au mildiou et à l'oïdium, mais il craint la pourriture grise, le court-noué et l'enroulement.

Dans le Sauternais, les rendements sont faibles en vue d'obtenir une qualité élevée comme pour le Sauvignon. Mais en plaine, la production peut atteindre 80 à 100 hl/ha avec des degrés avoisinant 10 à 11 % Vol., ce qui ne permet plus de préparer des vins liquoreux sans l'apport intensif d'anhydride sulfureux, donnant des vins de faible qualité. On cherche à produire maintenant des vins blancs secs, mais ils manquent souvent de bouquet et de fraîcheur. En matériel certifié, 7 clones ont été agréés, les plus intéressants étant les n°s 173, 315 et 910.

Les plantations de Sémillon, qui est le second cépage blanc cultivé, derrière l'Ugni blanc, sont en régression importante : 16 000 hectares en 1995 contre 36 000 en 1958, en raison de la mévente des vins blancs liquoreux.

Classé recommandé dans le Centre-Ouest, le Sud-Ouest, le Languedoc et la Provence, il fait partie de l'encépagement de nombreuses appellations d'origine de la Gironde comme Sauternes, Loupiac, Cérons, Entre-deux-Mers ; de la Dordogne, Bergerac, Monbazillac, Montravel ; du Lot-et-Garonne, Côtes-de-Duras, Buzet et du Var et des Bouches-du-Rhône pour les appellations d'origine contrôlée Côtes-de-Provence et Coteaux-d'Aix-en-Provence.

Sérénèze de Voreppe

Synonymes : *Sérénèze, Sérène de Voreppe, Serine, Sereine, Cérénèse.*

Grappes petites, tronconiques, étroites ; baies moyennes, noires, sphériques ou un peu discoïdes ; maturité : 2e époque.

Cépage fin qui donne un vin de bonne qualité, mais son usage était limité au vignoble du Grésivaudan. Non classé et très peu répandu.

Servanin

Synonymes : *Servanien, Servagnien, Servagnin des Avennières* dans le nord de l'Isère, *Servagnie* ou *Servanit* à Saint-Ismier, *Salagnin* à Saint-Savin, *Martelet* à Bourgoin, *Petite Mondeuse* à Saint-Chef.

Grappes petites à moyennes, cylindroconiques, compactes ; baies petites, ellipsoïdes, noires ; maturité : 2e époque tardive.

Vieux cépage de l'Isère, à débourrement tardif, qui donne un vin coloré, très astringent. Plant vigoureux, il est généralement conduit en treillages à Saint-Ismier et aux Avennières. Il s'adapte bien aux « marcs » (boues glacières mêlées de cailloux).

Le Servanin est classé autorisé dans l'Isère, où il est cultivé sur 8 hectares, et un peu dans l'Ain et la Drôme.

Seyssel

C'est la première appellation d'origine contrôlée de la région Savoie-Bugey-Dauphiné, créée sur les départements de l'Ain et de la Haute-Savoie, qui sont séparés par le Rhône à Seyssel. Elle fut ratifiée par les décrets du 11 février 1942 et du 26 août 1982.

Sur les pentes douces des rives du Rhône exposées à l'est, l'Altesse, cultivé sur sol brun d'alluvions glaciaires que l'on choisissait autrefois pour la culture de l'iris, acquiert une dominante olfactive de violette très agréable.

En 1995, 3 244 hectolitres de vin tranquille ont été produits sur les 60 hectares des communes de Corbonod et Seyssel, en Haute-Savoie.

Appelé couramment Roussette de Seyssel, ce vin velouté typé par une saveur de bergamote supporte allègrement de séjourner en bouteille trois à quatre ans.

Seyssel mousseux

Aux côtés de l'Altesse, localisée sur de la molasse sableuse, le cépage Molette sert à la constitution des vins de base de Seyssel mousseux.

La législation prévoit pour cette AOC que 10 % au moins d'Altesse viennent personnaliser par un soupçon de violette cet effervescent conçu par la méthode de seconde fermentation en bouteille. La production a été de 917 hectolitres en 1995. Qu'il soit brut ou demi-sec, on attend la troisième année qui suit la prise de mousse pour mieux l'apprécier.

Seyval

Synonyme : *5 276 Seyve-Villard.*

Bourgeonnement duveteux blanc à liseré carminé.

Jeunes feuilles aranéeuses, légèrement bronzées. Feuilles petites, orbiculaires, unies, en entonnoir, épaisses, brillantes, tourmentées, faiblement trilobées, sinus pétiolaire étroit à bords superposés ; dents ogivales, moyennes ; limbe glabre avec les nervures et les pétioles légèrement aranéeux.

Rameaux côtelés, glabres, rouges.

Grappes petites, cylindriques ; baies petites, sphériques, jaune doré, ternies par la présence d'une pruine grise ; maturité : 1re époque.

C'est un hybride de 5 656 × 4 986 Seibel, vigoureux et productif. Son vin est jaune clair avec une odeur éthérée et pommadée, comme celui de 4 986 Seibel.

Le Seyval est assez résistant au mildiou, mais il craint la pourriture grise et les gelées printanières en raison de son débourrement précoce. Classé autorisé, il est actuellement peu cultivé (65 hectares).

Sud-Ouest

Voir la région page suivante.

 Sylvaner

Synonyme : *Sylvaner vert.*

Grappes moyennes, cylindriques ou cylindroconiques, généralement simples sans ailerons, compactes ; baies sphériques, moyennes, à peau assez épaisse, verte, ponctuée de points bruns et devenant jaune doré à bonne exposition, pulpe juteuse, saveur neutre, un peu acidulée ; maturité : 2e époque hâtive.

Le Sylvaner débourre quelques jours avant le Riesling. C'est un cépage vigoureux, régulièrement fertile avec des rendements de 60 à 80 hectolitres à l'hectare en coteau, pouvant dépasser 150 hectolitres en plaine avec des tailles longues. Sa résistance aux gelées de printemps n'est que moyenne et ses bois sont sensibles aux gelées d'hiver. Sa végétation craint les maladies : mildiou, oïdium et pourriture grise.

Il donne un vin de qualité moyenne, peu alcoolique, avec un léger bouquet et conserve toujours une certaine acidité.

En matériel certifié, 2 clones ont été agréés : les nos 50 et 487. Classé recommandé en Alsace et dans la Moselle, il occupe 2 600 hectares pour les besoins de l'AOC Alsace, appellation où il est vinifié seul et vendu sous son nom.

 Syrah

Synonymes : *Schiras, Sirac, Syra, Sirah, Petite Sirah, Hignin noir* à Crémieu, *Candive* à Bourgoin, *Entournerein* à la Tour-du-Pin, *Antournerein noir, Marsanne noire* à Saint-Marcellin, *Plant de la Biaune* ou *Biaune* à Montbrison, *Serenne* ou *Séreine* dans la vallée de l'Isère, *Serine* en Côte-Rôtie.

Feuilles moyennes, orbiculaires, bullées, gaufrées au point pétiolaire, tourmentées, souvent ondulées, moyennement 5-lobées avec les sinus latéraux à fonds aigus et étroits, sinus pétiolaire en lyre plus ou moins fermée ; dents ogivales, moyennes ; dessous du limbe duveteux en pelote et finement pubescent. À l'automne, le feuillage rougit partiellement sur les bords du limbe.

Rameaux très côtelés, quadrangulaires (ce qui est un bon caractère distinctif), verts à nœuds rouges, duveteux au sommet ; vrilles fines et longues.

Grappes moyennes, cylindriques, parfois ailées, compactes, à pédoncules rapidement lignifiés ; baies ovoïdes, petites, d'un beau noir bleuté avec une pruine abondante, peau fine mais assez résistante, chair fondante, juteuse avec un goût agréable ; maturité : 2e époque.

On ne sait rien de précis sur l'origine de ce cépage. Pour les uns, il serait originaire de la ville de Schiraz en Iran, les plants ayant été rapportés de ce pays ou de Chypre par le Chevalier de Stérimberg qui s'établit sur le coteau de l'Hermitage. Pour d'autres, l'introduction des plants de Syrah en France serait plus ancienne et remonterait au IIIe siècle, lorsque l'empereur Probus permit la reprise des plantations de vigne en Gaule. Enfin, certains historiens pensent que la Syrah viendrait de la ville de Syracuse en Sicile.

La Syrah possède un débourrement assez tardif, sa vigueur est moyenne et sa fertilité plutôt faible, ne donnant à taille courte que de petits rendements, de l'ordre de 30 hl/ha. Pour avoir une production plus importante, on utilise la taille longue en Guyot simple ou double et des clones productifs. En matériel certifié, 16 clones ont été agréés, le n° 383 étant le meilleur pour la qualité, le n° 100 étant le plus multiplié, parce que le plus productif, les clones nos 101 et 174 présentant des incompatibilités au greffage sur les clones nos 5 et 102 de SO4. La Syrah est sensible à la sécheresse, à la pourriture grise et aux vers de la grappe ; de plus, ses rameaux cassent sous l'action des vents violents.

Le vin de Syrah est très coloré, astringent, alcoolique, avec une note très agréable, rappelant la violette.

La culture de la Syrah est en forte expansion, passant de 1 063 hectares en 1958 à 12 300 en 1980 et atteignant probablement 37 000 hectares aujourd'hui. Classé recommandé dans le Sud-Ouest, le Languedoc, la Provence et la vallée du Rhône, ce cépage entre dans l'encépagement de nombreuses AOC des Côtes du Rhône septentrionales : Côte-Rôtie, Cornas, Saint-Joseph, Hermitage, avec des plantations dans le Rhône (143 hectares), la Loire (100 hectares), l'Ardèche (1 790 hectares) et la Drôme (2 802 hectares) ; puis ce plant a gagné les Côtes du Rhône méridionales et Châteauneuf-du-Pape, le Vaucluse (3 641 hectares) et le Gard (5 406 hectares), se propageant également dans les AOC provençales : Palette, Côtes-de-Provence, Coteaux-d'Aix-en-Provence dans le Var et les Bouches-du-Rhône. Sa culture en Languedoc est plus récente pour les AOC Coteaux-du-Languedoc, Saint-Chinian, Faugères, Minervois, Fitou, Corbières, Collioure, Côtes-du-Roussillon, Costières-de-Nîmes, Banyuls, Maury, Rivesaltes, dans l'Hérault, l'Aude et les Pyrénées-Orientales. On trouve enfin quelques plantations de Syrah dans le Sud-Ouest : le Tarn (763 hectares) pour les vins rouges de l'AOC Gaillac ; le Tarn-et-Garonne (260 hectares) et la Haute-Garonne (125 hectares) pour l'AOC Côtes-du-Frontonnais.

Feuille de Syrah, cépage en forte expansion et largement répandu dans les Côtes du Rhône.

Feuille vue de dessous.

Rameau de Syrah.

SUD-OUEST

Entre l'imposant Bordelais et le colosse languedocien, le Sud-Ouest sort enfin de l'ombre. Voici une entité régionale insaisissable faite de terroirs irréguliers, de climats aussi brusques que variés... une constellation déconcertante dont les vignerons ont aujourd'hui trouvé le fil d'Ariane : la diversité dans la qualité.

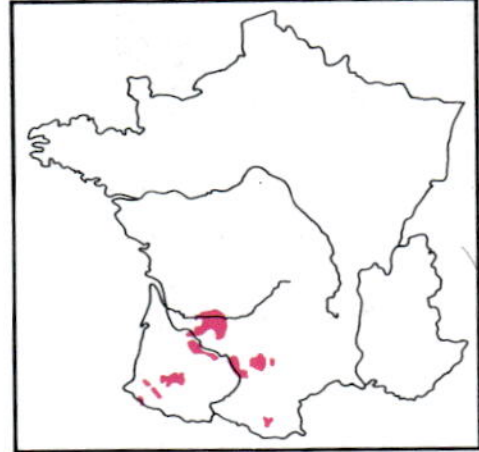

■ Le vignoble du Sud-Ouest ne compte pas moins de dix départements : l'Aveyron, la Dordogne, le Gers, la Haute-Garonne, le Lot, le Lot-et-Garonne, le Tarn, le Tarn-et-Garonne, les Pyrénées-Atlantiques et les Landes, soit une partie de la Guyenne, de la Gascogne, du Béarn, de l'Aquitaine et du Pays basque.

L'INAO a distingué quatre catégories de vins dans cette vaste région : les appellations d'origine contrôlée, au nombre de 28 (dont Cahors, Jurançon, Madiran...), 9 vins de qualité supérieure (Vins d'Estaing, Côtes-du-Brulhois) et une dizaine de vins de pays avec les vins des Côtes de Gascogne et des Côtes de Montestruc.

L'ombre portée par le Bordelais

À l'image de la situation géographique, l'histoire des vins du Sud-Ouest est celle de l'ombre portée par la prédominance du vignoble bordelais. Certes, on note ici et là, notamment à Gaillac sous la Rome républicaine, les origines gallo-romaines des vignes du Sud-Ouest, mais la réputation et le commerce des vins du Sud-Ouest seront étroitement liés au négoce bordelais. Celui-ci a bénéficié de nombreux privilèges, constituant un blocage commercial qui durera près de cinq siècles.

Plusieurs événements apporteront néanmoins du baume au cœur des vignerons. En 1553, tout d'abord, le futur roi Henri IV se fait frotter les lèvres d'ail et de Jurançon à l'occasion de son baptême. En 1776, l'édit de Turgot lève les privilèges bordelais. Le Sud-Ouest connaît alors une prospérité assombrie plus tard par la régression des flux commerciaux d'exportation des vins gascons vers le nord à la suite de guerres, de blocus et de l'évolution de la consommation et, surtout, par le phylloxéra, qui arrive en 1875 dans le midi pyrénéen. Il faudra attendre les années 1950 pour sentir l'amorce d'un réveil du Sud-Ouest, aujourd'hui largement confirmé, avec l'émergence d'une légitime prétention à la qualité.

Les sols et les climats

Les viticulteurs du Sud-Ouest ont pu faire reposer leur aspiration à la qualité sur les différentes natures d'un sol et d'un sous-sol variés à souhait. D'une appellation et d'une parcelle à l'autre, voici un spectaculaire inventaire géologique à la tête

Les Vins d'Estaing appartiennent au vignoble du Rouergue qui produit des AOVDQS aux caractères rustiques et frais.

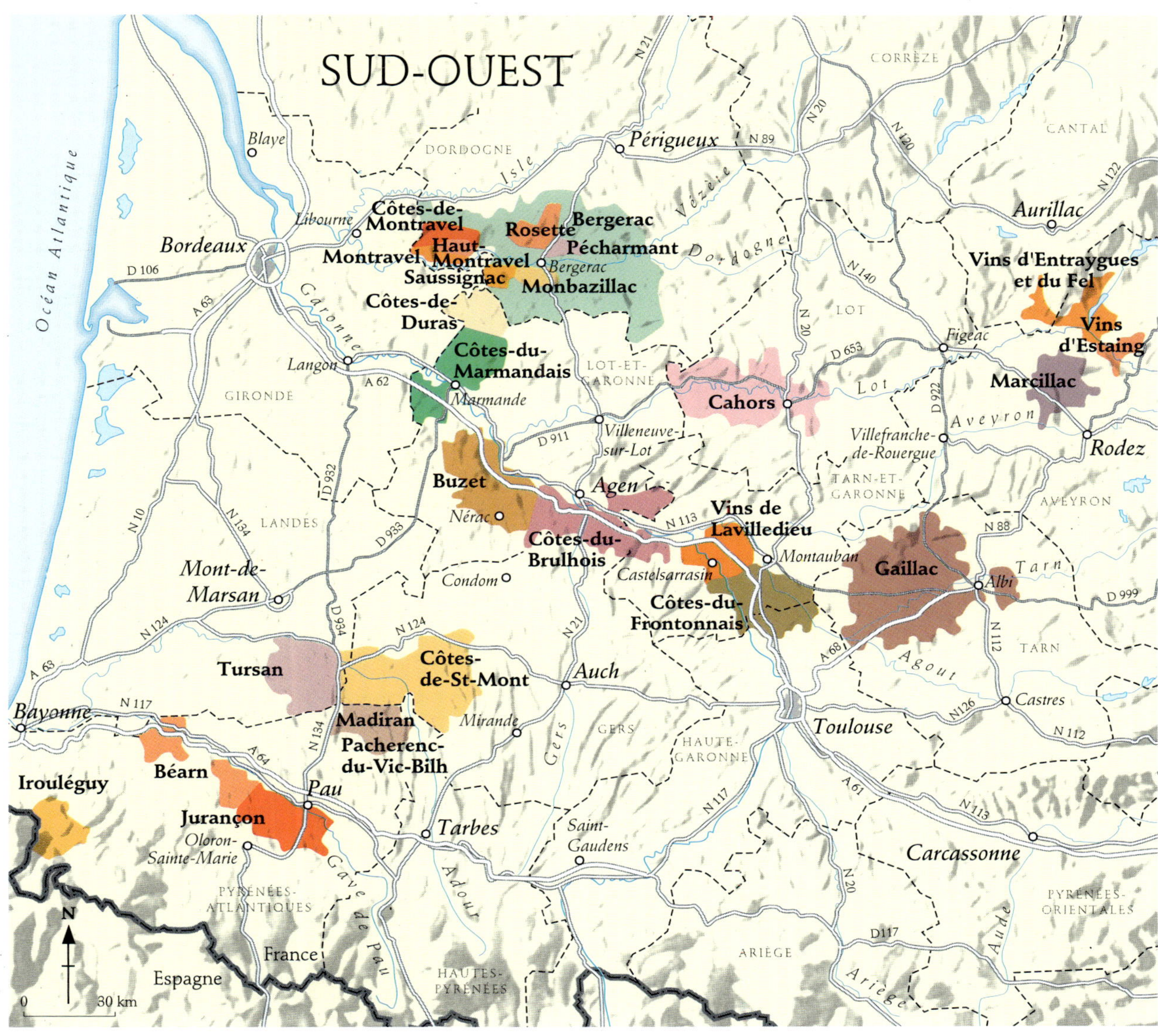

duquel on trouve calcaires, molasses, alluvions, dépôts lacustres, sables et argiles à l'image du terroir de Cahors.

À leur façon, les climats évoluent et pianotent leur subtilité en fonction des « pays », mais l'on reconnaît de façon générale que le Sud-Ouest est accoutumé aux écarts de température, à de brusques changements de temps, à des réchauffements d'air suivis d'averses.

La production

Depuis quelques années, le vignoble du Sud-Ouest est en proie à des changements significatifs. Ainsi, sur l'ensemble de son territoire, qui s'étend sur 100 000 hectares, on note un recul spectaculaire de la viticulture produisant des vins de consommation courante et un fort accroissement des vignobles de qualité.

Les AOC couvrent désormais 27 500 hectares, avec une production voisine de 1 400 000 hectolitres. L'AOC Côtes-de-Duras s'est ainsi hissée de 565 hectares en 1951 à 1 750 hectares en 1984, et s'y maintient. Bien entendu, les superficies des appellations sont fort variables puisque, entre les quelques hectares des Vins d'Estaing, les quelques dizaines d'hectares de ceux d'Irouléguy et les 11 500 hectares de Bergerac, il y a des différences spectaculaires que l'on retrouve au niveau des productions : 550 000 hectolitres pour le Bergeracois, environ 180 à Estaing. De plus, les modulations des rendements à l'hectare selon les appellations – 40 hectolitres à Jurançon pour les vins moelleux – donnent une idée plus complète des vins du Sud-Ouest, dont la grande force reste leur exceptionnelle variété. On peut ainsi compter dans les différents vignobles près de 21 vins rouges diffé-

Façade Renaissance ornée de grappes à Villefranche-de-Rouergue.

LES PERLES RARES DU SUD-OUEST

Ma passion du vin, je l'ai découverte grâce à un vieux négociant de Langon qui m'a tout appris, il y a presque trente ans. C'est d'ailleurs chez lui, dans un lit sous lequel étaient empilées des bouteilles, que j'ai passé ma nuit de noces !

Le vin me fait rêver. Très souvent je vais dans ma cave et je contemple mes bouteilles. Elles me racontent des histoires, des anecdotes, éveillent en moi des souvenirs, des images... Ainsi, le Haut-Brion, mon vin préféré... J'aime son goût de Graves et, depuis longtemps, je l'associe aux événements de ma vie de famille : mariage, naissances, fêtes... mais il participe également à ma cuisine, car, pour moi, vins et cuisine sont complémentaires. Le tout est d'avoir de l'imagination, de savoir s'évader des classiques.

Je fais, par exemple, très souvent des poissons au vin rouge... du saumon ou du loup. Il m'arrive d'avoir la coquetterie d'aller à la table de mon client pour lui demander quelques gouttes de son vin afin de lier ma sauce, car il faut qu'il y ait harmonie et continuité entre ce que l'on boit et ce que l'on mange. De la qualité du vin que l'on met dans une sauce, dépend sa réussite.

Il y a quelques années, pour un « dîner du siècle », qui devait réunir les 12 plus grands chefs de France, j'ai fait venir une caisse de Haut-Brion blanc, alors encore assez rare, uniquement pour déglacer mon canard !

Il me paraît tout aussi important de servir à table le vin qui a été utilisé pour la sauce. Toujours pour atteindre cette harmonie qui doit régner en cuisine, comme en tout art.

Le plaisir de l'œil est le premier plaisir de l'assiette. Je suis tous les jours conforté dans l'idée qu'il faut une âme d'artiste pour cuisiner. Si je ne faisais pas de la peinture, comment pourrais-je réussir mes associations de couleurs ? D'autres comparent la cuisine à la musique ou à l'architecture. Pourquoi pas ? En vérité, dans ces différents domaines, la sensibilité est la même. Seule change la matière première.

Les Bordeaux m'inspirent, mais j'aime aussi jouer avec les vins du Sud-Ouest. Il y a là quelques petits joyaux, comme les vins blancs de Jurançon, qui depuis quelque temps évoluent fort bien grâce aux efforts de la jeune génération des vignerons. La tendance actuellement est de revenir à la tradition des vins secs, après des années de vins doux, dues aux goûts des Anglais ! C'est bien ! Dans les rouges, j'aime les vins de Madiran, surtout ceux qui sont traités « à la bordelaise ». Ce sont des vins « costauds », à l'image du pays, mais que l'on boit souvent trop jeunes.

Mais la perle du Sud-Ouest est à mon avis l'Armagnac. On a toujours la certitude de surprendre agréablement avec des Armagnacs bien choisis et il en est d'exceptionnels. Mais leur valeur ne réside pas forcément dans leur prix. Le fin du fin, c'est de découvrir l'Armagnac soi-même, sur place.

Ce pays d'Armagnac où, comme disait l'un de mes amis vignerons, les corbeaux volent sur le dos pour ne pas voir la misère humaine, baigne tout entier dans une atmosphère secrète. Tout se dit et se fait dans le creux de l'oreille et il faut vraiment que s'établisse une complicité entre celui qui vend et celui qui achète. Alors si un jour vous trouvez la perle rare, hâtez-vous de la saisir car le vigneron d'Armagnac, bien conforme en cela à la mentalité gasconne, est toujours très heureux de vous faire connaître son produit, mais il n'a pas envie de vous l'offrir et... il regrette de vous le vendre !

C'est bien là l'esprit des vignerons du Sud-Ouest qui, amoureux de leur travail, savent que le vin se mérite.

Pierre Laporte

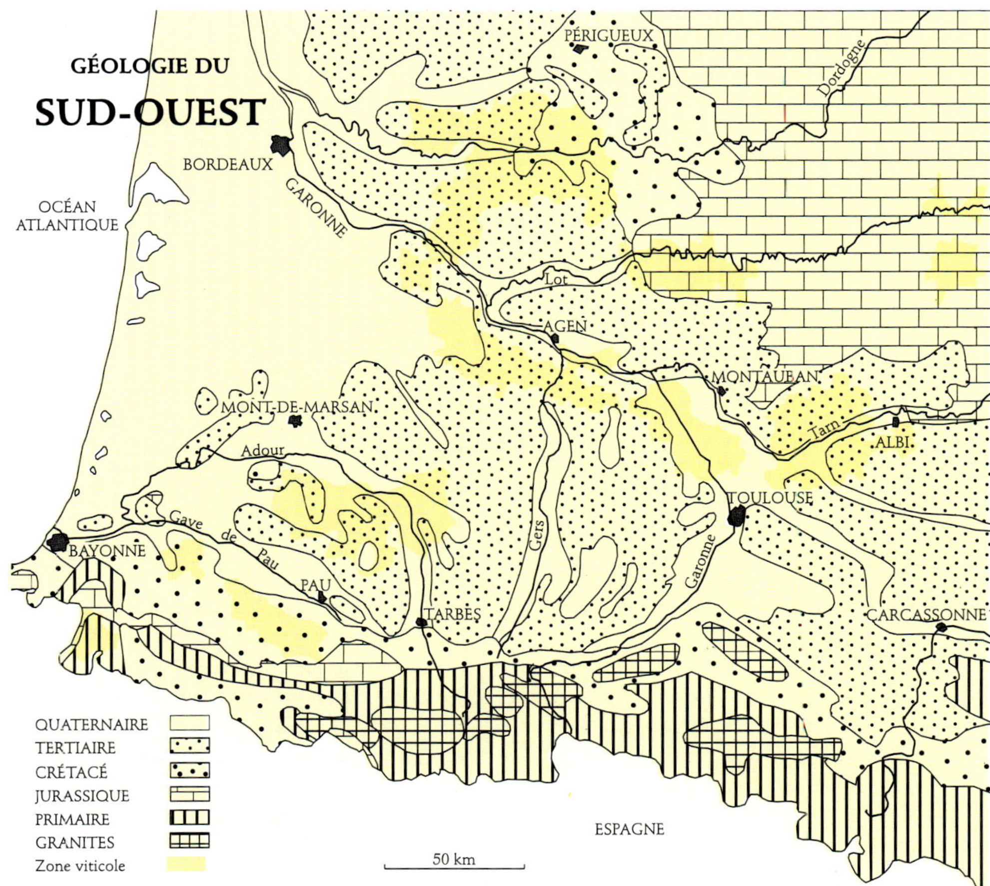

rents, 15 vins rosés, 15 blancs secs, 10 vins blancs moelleux et 2 vins effervescents.

Les cépages et la viticulture

Toute cette déclinaison du vin du Sud-Ouest n'aurait pu se faire sans une belle variété de cépages. Ils sont en partie bordelais, pour les vins de Buzet par exemple, avec le Merlot, le Cabernet franc, le Cabernet-Sauvignon pour les rouges ; et le Sémillon, le Sauvignon, la Muscadelle pour les blancs. Mais il existe également des cépages locaux, avec, en particulier, le Tannat (vins de Béarn), la Négrette (dans le Frontonnais), le Côt, le Fer Servadou pour les rouges ; et, pour les blancs, le Baroque (à Tursan), le Manseng, le Camaralet, le Lauzet (les trois à Jurançon), le Mauzac, le Len de l'El (à Gaillac).

Au service de cette grande diversité de cépages, la viticulture a effectué depuis quelques années des progrès notoires. Non seulement on enregistre une mécanisation en constante progression – en machines à vendanger, le Sud-Ouest figure parmi les régions les mieux équipées –, mais aussi un remarquable travail de recherche en matière de plants sélectionnés. Autre effort important à remarquer : celui prodigué en matière de vinification, puisque l'école bordelaise est venue apporter toutes les richesses de techniques déjà consacrées.

Le Sud-Ouest est en pleine phase de mutation. Le rôle des coopératives, déterminant autrefois – sans elles, beaucoup d'appellations du Sud-Ouest n'existeraient pas aujourd'hui – a tendance à se limiter actuellement. Certes, celles-ci vinifient et commercialisent plus de la moitié des vins de qualité, mais le nombre des vignerons, souvent anciens coopérateurs, augmente chaque année. À noter également la montée du négoce régional et l'apparition des partenaires extérieurs à la région qui ont compris tout l'intérêt que représentait ce vignoble en évolution. On rêve ici et là de porter au pinacle des vins blancs abondants, typés, et surtout très demandés dans le monde entier.

Les appellations régionales

Les subdivisions régionales des vignobles du Sud-Ouest ne sont pas aussi nettement tranchées que dans d'autres régions, les appellations s'interpénètrent à travers les départements et les régions historiques. Les « sous-régions » retenues ici sont le ***Bergeracois,*** le ***Haut-Pays,*** les ***Pyrénées*** et l'***Armagnac*** que l'on trouvera décrites à leur place dans l'ordre alphabétique.

Tâche (La)

Le vignoble de La Tâche, sur la commune de Vosne-Romanée en Côte de Nuits, connaît à travers le monde une formidable réputation. Certains connaisseurs vont jusqu'à consacrer ce vin comme le plus grand des grands crus de Vosne-Romanée, le prétendant supérieur à la Romanée-Conti. À l'origine de cet engouement justifié, un terroir de poche évalué à 1,5 hectare et à 6 hectares avec les parcelles avoisinantes des Gaudichots et de la Grande-Rue, situées entre La Tâche, La Romanée et la Romanée-Conti. Ces quelques hectares magiques sont régis par le décret du 11 septembre 1936, qui impose les conditions de production suivantes : un titre alcoométrique minimal de 11,5 % Vol. et un rendement de base à l'hectare de 35 hectolitres. Ainsi, chaque année, les amoureux des vins de Bourgogne attendent avec une impatience émue les quelque 1 700 caisses de ce vin fin, rond et plein, au nez de violette et d'une rare distinction en bouche. Il s'agit là de l'un des princes de la Bourgogne, sinon du roi.

La commune de Vosne-Romanée compte, parmi ses sept grands crus, le climat de La Tâche, cru de grande classe, amplement bouqueté.

Tannat

Synonymes : *Tanat, Tannat gros, Tannat mâle, Moustrou, Moustroun, Moustron* dans les Landes, *Madiran* dans le bassin de l'Adour, *Bordeleza belcha* dans le Pays basque.

Bourgeonnement épanoui, cotonneux blanc, à liseré carminé.

Jeunes feuilles duveteuses, bullées, à plages bronzées.

Feuilles moyennes, tronquées, vert foncé, grossièrement bullées, ondulées, à bords du limbe révolutés, trilobées avec les sinus latéraux supérieurs à fonds aigus et larges, sinus pétiolaire à bords superposés ; point pétiolaire rosé ; dents ogivales, larges ; dessous du limbe aranéeux. Le feuillage rougit totalement à l'automne.

Rameaux côtelés, rouges au niveau des nœuds et bruns du côté exposé au soleil ; vrilles fines, petites.

Grappes portées par un long pédoncule, moyennes, cylindriques avec deux ailerons, compactes ; baies sphériques ou légèrement ovoïdes par pression, moyennes, rouge violacé très foncé à noir bleuté, peau mince, riche en matière colorante, chair juteuse à goût herbacé, un peu astringente ; maturité : 3e époque.

C'est un cépage très vigoureux, qui débourre tardivement ; il se conduit bien en hautains, à taille longue ; productif, il donne un vin très coloré, très riche en tanins, qui demande plusieurs années de vieillissement pour être consommable – il perd alors de sa rudesse et possède des odeurs rappelant la framboise. Dans l'AOC Madiran, son emploi est limité à 60 % de l'encépagement (40 % minimum), le reste étant partagé entre le Cabernet franc ou Bouchy et le Fer ou Pinenc, ce qui permet de livrer les vins au commerce après un an de conservation.

En matériel certifié, 9 clones ont été agréés, les plus intéressants étant les nos 398, 474 et 944. Classé recommandé dans le Sud-Ouest, le Languedoc et la Provence, il occupe 3 000 hectares contre 4 192 en 1958 pour les besoins des AOC Béarn, Madiran, Irouléguy et des AOVDQS Tursan et Côtes-de-Saint-Mont avec la répartition départementale suivante : Gers (1 388 hectares), Landes (256 hectares), Pyrénées-Atlantiques (604 hectares), Hautes-Pyrénées (122 hectares). On le cultive également dans le Lot (134 hectares), pour l'AOC Cahors en cépage d'appoint ; dans le Lot-et-Garonne (120 hectares), pour l'AOVDQS Côtes-du-Brulhois ; dans le Tarn-et-Garonne (178 hectares), la Haute-Garonne (18 hectares) et l'Aude (38 hectares).

Page précédente : chauffage et cerclage des pièces dans un atelier de tonnellerie.

Tarabassie

Synonyme : *Taraboussié* dans l'Aveyron.

Cépage aveyronnais de la vallée du Lot, observé à Nauviale, Estaing et Saint-Côme. Il est vigoureux et moyennement productif. Non classé.

Tavel

Les vignes cultivées par les moines de Saint-André-de-Villeneuve étaient connues dès 887. Mais c'est au XIVe siècle, avec les papes Clément VII et Benoît XIII, puis plus tard grâce à Ronsard, Louis XIV et Balzac que Tavel devint un vignoble réputé, d'abord en tant que village, puis comme leader du vignoble de la Côte du Rhône gardoise.

On ne sait pas encore très bien d'où vient la méthode d'élaboration du vin rosé, seul vin produit à Tavel. Certains ont émis l'hypothèse qu'il s'agit d'un accident de vinification, dont le résultat parut si heureux qu'on s'attacha à le reproduire. Pour d'autres, et ceci est plus vraisemblable, le terroir de Tavel, comme celui de la Côte du Rhône gardoise, a toujours donné naturellement des vins moins colorés et moins charpentés que les vignobles de la rive gauche.

L'appellation d'origine contrôlée a été ratifiée par le décret du 15 mai 1936, pour une commune et quelques parcelles de Roquemaure.

Le vignoble couvre 880 hectares, et produit en moyenne 40 000 hectolitres, dont environ 15 000 sont élaborés par la cave coopérative.

L'encépagement est évidemment méditerranéen. Le Grenache domine, environ 10 % sont plantés en Carignan, mais on cultive une proportion notable de cépages blancs : Clairette, Bourboulenc, Picpoul blanc ; y sont ajoutés un peu de Cinsaut et de Syrah.

Les sols comprennent des sables légers squelettiques, des argiles rouges mélangées de cailloutis calcaires blancs et une grande terrasse de cailloux roulés quartzeux du diluvium alpin.

Les raisins subissent, soit foulés, soit entiers pour certaines variétés, une macération de plusieurs heures. La maîtrise des températures de fermentation (entre 15 et 20 °C) est considérée comme une manipulation essentielle.

Les vins rosés de Tavel sont d'abord typiques par leur couleur d'un rose très pur, ou nuancé d'or suivant l'âge. Le bouquet est marqué par des odeurs de fruits à pulpe et d'amande fraîche.

Le vignoble de Tavel implanté sur un sol pauvre et caillouteux donne un vin rosé velouté et corsé à la robe intense.

Ils sont secs, frappent comme un coup de fouet, au point que le charme immédiat se transforme en douce rêverie.

 Teinturier

Synonymes : *Teinturier du Cher, Gros Noir, Gros Noir de Villebarou* en Loir-et-Cher, *Bourguignon noir, Noir d'Orléans, Auvernat teint* dans le Loiret, *Noir à tacher, Teinturier mâle Tachant* dans le Puy-de-Dôme.

Bourgeonnement cotonneux blanc à liseré carminé et stipules rouges.

Jeunes feuilles duveteuses, entièrement rouges à dessous du limbe cotonneux blanc.

Feuilles orbiculaires, bullées, gaufrées au point pétiolaire avec les bords du limbe et les nervures rouges, 5-lobées profondément avec les sinus latéraux à fonds concaves et larges, sinus pétiolaire en lyre plus ou moins étroite ; dents ogivales, moyennes ; dessous du limbe duveteux-pubescent avec les nervures pubescentes. Le feuillage se macule de rouge dès le mois de juin et à l'automne le rougissement est total.

Rameaux côtelés, rouge acajou avec le dos brun ; vrilles petites, fines, rouges.

Grappes petites, cylindro-coniques, compactes ; baies petites, sphériques ou légèrement ovoïdes, noires à jus très coloré ; maturité : 1re époque.

Ce cépage a joué un grand rôle dans les vignobles de la vallée de la Loire, principalement dans l'Orléanais, pour produire des vins très colorés qui étaient acheminés au cours des XVIIe et XVIIIe siècles vers Paris, où ils servaient dans les coupages, d'où le surnom de « Dix fois coloré » donné au cépage pour rappeler qu'il pouvait colorer 10 fois son volume de vin blanc.

Il fut essayé dans le Midi, où sa faible vigueur et ses petites grappes incitèrent Louis Bouschet de Bernard à le croiser avec divers cépages méridionaux, ce qui donna de nouveaux cépages teinturiers improprement appelés Hybrides Bouschet. Plus tard, l'Alicante Bouschet fut utilisé par Ganzin pour obtenir l'Alicante Ganzin, cépage teinturier employé par la suite par d'autres hybrideurs : Seibel, Seyve-Villard. Non classé, il en subsiste quelques hectares.

Le Teinturier femelle se distingue du Teinturier mâle par ses jeunes feuilles bronzées, ses feuilles parfois un peu plus découpées, se colorant plus tard en rouge ; les rameaux sont également moins rouges et le jus est moins coloré, rappelé par son surnom de « Cinq fois coloré ».

 Tempranillo

Grappes moyennes à grandes, cylindriques, longues, étroites, parfois ailées, compactes ; baies moyennes, sphériques, noir bleuté, peau assez épaisse, pulpe charnue, peu juteuse ; maturité : 3e époque moyenne.

Cépage espagnol qui possède un débourrement moyen et dont les raisins mûrissent quelques jours avant ceux du Carignan. Sa production est bonne et régulière, fournissant des vins alcooliques, très parfumés, assez colorés, de bonne conservation et de meilleure qualité que ceux du Carignan, mais les rendements sont plus faibles. En matériel certifié, 5 clones ont été agréés, le meilleur étant le n° 771. Classé recommandé dans tout le Midi, il n'est en fait planté que dans l'Hérault et l'Aude (2 000 hectares sont en production).

Téoulier

Synonymes : *Téoulié, Petit Téoulier, Grand Téoulier, Thuillier, Petit Thuillier, Thuillier noir* dans les Alpes-de-Haute-Provence, *Plant Dufour* dans les Hautes-Alpes, *Plant de Manosque, Plant de Porto* à Marseille, *Manosquen, Taurier, Teinturier Téoulier, Trouillère.*

Grappes moyennes, tronconiques, compactes, avec 2 ailerons courts ; baies moyennes, ovoïdes, noir bleuté ; maturité : 2e époque.

Le débourrement du Téoulier est précoce, ce qui l'expose aux gelées de printemps, et en 1956 ce plant a été sensible aux gelées d'hiver. Assez sujet à l'oïdium, il résiste mieux au mildiou. Son raisin est de bonne conservation, mais il n'a pas beaucoup de jus. Son vin est très coloré, d'où son nom de Teinturier Téoulier ; dans les mélanges, il apporte la couleur et la solidité. Ce cépage, de culture ancienne en Provence, dans la région de Manosque, a régressé devant l'extension des Hybrides Bouschet au moment de la reconstitution phylloxérique.

Classé recommandé dans les Bouches-du-Rhône, où il fait partie de l'encépagement de l'AOC Palette, les Hautes-Alpes et les Alpes-Maritimes, il n'en reste plus que quelques hectares en culture.

Terret gris

Synonymes : *Tarret, Terrain, Terret-Bourret.*

Bourgeonnement épanoui, cotonneux blanc, à liseré carminé.

Jeunes feuilles duveteuses, bullées, à plages bronzées.

Feuilles moyennes, tronquées, molles, tourmentées, unies, 5-lobées avec les sinus latéraux supérieurs profonds, à fonds concaves et assez larges, sinus pétiolaire en lyre étroite à bords superposés ; dents ogivales, moyennes ; dessous du limbe aranéeux et faiblement pubescent.

Rameaux très côtelés, aranéeux au sommet, vert pâle, faiblement striés de rouge ; vrilles petites, fines.

Grappes moyennes à grosses, tronconiques, compactes, ailées ; baies oblongues ou légèrement ellipsoïdes, grises, peau ferme, chair juteuse ; maturité : 3e époque.

Cépage vigoureux, au port dressé, à débourrement tardif, sensible aux maladies. Sa production est satisfaisante, pouvant atteindre 100 à 150 hectolitres à l'hectare dans les bonnes terres et de 50 à 80 hectolitres à l'hectare dans les coteaux avec des degrés moyens. Le vin est frais, léger, sec, éthéré. Sans grande qualité, il est destiné à servir de base pour la vermoutherie. Autrefois, il était employé à la distillation pour la production des eaux-de-vie du Languedoc.

Classé recommandé en Languedoc et autorisé en Provence, le Terret-Bourret occupe avec le Terret blanc près de 9 000 hectares, principalement dans l'Hérault (5 478 hectares) et dans l'Aude (667 hectares).

Le Terret blanc, parfois appelé Bourret blanc, possède les mêmes aptitudes que le Terret gris, mais sa culture est localisée en bordure du bassin de Thau, vers l'ouest, alors que le Terret gris est plus dispersé dans le Languedoc, multiplié notamment dans la vallée de l'Hérault. Il est classé recommandé en Languedoc et autorisé en Provence.

Le Terret noir possède un feuillage qui rougit marginalement à l'automne. Moins productif que les Terrets blanc et gris, il donne un vin peu coloré, frais, léger, bouqueté, se mariant bien avec des vins plus corsés, plus nerveux comme ceux obtenus avec le Grenache ou le Mourvèdre. Classé autorisé en Provence et recommandé en Languedoc et dans le Vaucluse, il fait partie de l'encépagement des AOC Châteauneuf-du-Pape, Côtes-du-Rhône, Coteaux-du-Languedoc et Corbières.

Thouarsais

Cette appellation, classée AOVDQS par arrêté du 10 août 1966, est peu revendiquée. La surface déclarée varie de 15 à 20 hectares selon les années. La production avoisine 450 hectolitres en blanc (419 hl en 1995) et 350 hectolitres en rouge et rosé (523 hl en 1995). Les vins sont issus du Chenin, en blanc, et des Cabernets franc et Sauvignon en rouge.

L'aire de production s'étend sur 16 communes ou parties de communes dans les Deux-Sèvres.

La couleur des blancs est assez soutenue. Les rouges offrent une nuance à dominante carmin. Les rosés sont plutôt pâles. Les vins sont tendres et vifs pour les blancs et rosés, peu astringents pour les rouges. Ce sont des vins simples et racés. Ils mûrissent bien en bouteille. (*Voir* Anjou et Saumurois p. 236.)

Tibouren

Synonymes : *Tiboulen, Antiboulen, Antibouren, Antibois, Tibourin, Gaysserin, Geysserin.*

Grappes moyennes à grosses, coniques, ailées, peu serrées ; baies moyennes, ovoïdes, noires, juteuses ; maturité : 2e époque.

C'est probablement un cépage d'origine orientale, car les découpures des feuilles et le feutrage abondant de son limbe le rapprochent beaucoup de certains cépages de Méditerranée orientale. Son débourrement est moyen et ses raisins, agréables à consommer pour la table, mûrissent dans la deuxième quinzaine d'août. Le Tibouren est sensible au mildiou, à l'anthracnose et à la coulure ; il est fertile avec une production de 30 à 60 hectolitres en coteau et des degrés élevés de 12 à 14 % Vol., tandis qu'en plaine il atteint 100 hl/ha. Son vin est fin, délicat, peu coloré, à consommer dans l'année. Classé recommandé en Provence, il faisait autrefois le fond de l'encépagement de la presqu'île de Saint-Tropez. Depuis, sa culture s'est étendue dans le Var (quelques centaines d'hectares) et un peu dans les Bouches-du-Rhône faisant partie de l'encépagement des AOC Côtes-de-Provence, Palette et Coteaux-Varois.

Tourbat

Synonymes : *Malvoisie du Roussillon, Malvoisie des Pyrénées-Orientales.*

Bourgeonnement épanoui, cotonneux blanc à liseré carminé.

Jeunes feuilles duveteuses, jaunâtres, à plages bronzées et dessous cotonneux blanc rosé.

Feuilles moyennes à grandes, orbiculaires, tourmentées, finement bullées, moyennement 5-lobées avec les sinus peu profonds et étroits, sinus pétiolaire en lyre étroite ou à bords légèrement superposés au sommet de la feuille ; dents ogivales, moyennes ; dessous du limbe aranéeux-pubescent. Rameaux côtelés, glabres, avec des stries longitudinales brunes ; vrilles grandes.

Grappes moyennes, cylindriques, parfois ailées, lâches ; baies moyennes, ovoïdes, blanches à faiblement rosées à surmaturité, juteuses ; maturité : 3e époque.

Classée recommandée dans l'Aude, l'Hérault et les Pyrénées-Orientales, la Malvoisie du Roussillon fait partie de l'encépagement des vins doux naturels Banyuls, Maury et Rivesaltes, mais elle est très peu cultivée (20 hectares) car elle est très dégénérée. Des introductions de bois à partir de la Sardaigne ont permis une nouvelle expérimentation de ce cépage en Roussillon. Les vins élaborés en VDN sont de haute qualité par leur finesse et leur bouquet caractéristique. Ils sont de couleur jaune d'or plus ou moins foncée avec une acidité assez soutenue, bien plus élevée que pour les autres cépages nobles.

La Malvoisie du Roussillon possède une vigueur moyenne, un port souvent buissonnant et une fertilité assez bonne. Elle est sensible à l'oïdium et à la carence magnésienne.

Cultivée en Sardaigne, elle serait peut-être d'origine ibérique.

À Panzoult, près de Chinon, le vignoble repose sur une nappe de tuffeau, roche crayeuse qui confère au vin une touche minérale caractéristique.

Touraine

Voir la région page 582.

Touraine

Sur 4 000 hectares environ, le vignoble, classé AOC par le décret du 24 décembre 1939, produit un volume total de 300 000 hectolitres : 120 000 hectolitres de vins blancs issus du Sauvignon et 20 000 hectolitres élaborés à partir des cépages Pineau blanc et Arbois. En vin rosé, 20 000 hectolitres viennent des Cabernets franc et Sauvignon, Côt, Pinot noir, Pinot Meunier, Pinot gris, Gamay, Pineau d'Aunis et Grolleau, avec comme cépages accessoires les Gamays de Chaudenay et de Bouze dans la limite de 10 %. En rouge, les Cabernets franc et Sauvignon, Côt, Pinot noir, Pinot Meunier, Pinot gris, Pineau d'Aunis, Gamay (ce dernier étant réservé aux primeurs), ont donné 170 000 hectolitres.

L'aire de production est extrêmement vaste. Elle s'étend sur les départements de l'Indre-et-Loire, du Loir-et-Cher et de l'Indre, pour un total de 70 communes.

Les rosés sont secs, assez pleins mais frais. Les blancs issus du Sauvignon sont secs, pleins et vifs avec des senteurs caractéristiques proches du cassis.

Les blancs de Touraine (sans indication de cépage) sont secs, assez fermes, vifs et pleins, et tiennent bien en bouteille.

Le Touraine rouge primeur est un vin léger, fruité, vif, au caractère gai et rustique.

Les vins rouges sont friands et tanniques. Ils peuvent évoluer en bouteille. La couleur est moyenne avec une nuance dominante carmin et groseille pour les rouges, jaune paille pour les blancs et rose pâle pour les rosés. L'odeur, à caractère végétal, fruité, floral avec parfois une touche minérale, est bien développée. Le goût est équilibré avec une dominante vive. Les vins sont coulants, fondus, gras, légers, assez vifs, avec peu d'astringence. Ils offrent en général une assez bonne aptitude au vieillissement.

Touraine-Amboise

Le vignoble, classé AOC par le décret du 24 décembre 1939, modifié le 15 juillet 1955 puis le 12 juillet 1994, couvre quelque 210 hectares. Les cépages sont, en blanc, le Pineau blanc de la Loire et en rouge et rosé les Cabernets franc et Sauvignon, le Côt et le Gamay.

La production moyenne est de l'ordre de 2 500 hectolitres en blanc, de 6 500 hectolitres en rouge et de 1 500 hectolitres en rosé. L'aire de production s'étend sur les communes ou parties de communes suivantes : Amboise, Chargé, Cangey, Limeray, Mosnes, Nazelles, Pocé-sur-Cisse, Saint-Ouen-les-Vignes.

La couleur est jaune paille à jaune ambré pour les blancs. L'odeur est fruitée, florale, bien développée. En bouche, les millésimes ensoleillés ont un bon et solide équilibre, tendre à moelleux. La tenue en bouteille est bonne.

Les vins rouges sont pleins, fondus et vifs avec une bonne astringence. Leur aptitude au mûrissement est bonne. Les rosés sont plutôt secs, bien charpentés mais élégants.

Touraine-Azay-le-Rideau

Le vignoble, classé AOC par le décret du 24 décembre 1939, s'étend sur 50 hectares, avec pour cépages, en blanc, le Pineau blanc, en rosé, le Grolleau (au minimum 60 %), le Gamay, le Côt, les Cabernets francs et Sauvignon, pour 10 % au maximum. La production moyenne en blanc est de 1 000 hectolitres et de 850 hectolitres en rosé.

L'aire de production couvre les communes ou parties de communes suivantes : Azay-le-Rideau, Artannes, Cheillé, Lignières, Saché, Rivarennes, Thilouze, Vallères.

La robe des blancs est jaune paille, allant au doré pour les vins âgés. L'odeur est fruitée, florale avec parfois une touche minérale. Les vins sont fondus, tendres et vifs, avec peu d'astringence. Ils ont une très bonne aptitude au mûrissement en bouteille. Les rosés sont tendres, élégants et friands. Leur robe est rose pâle.

Café à Azay-le-Rideau, capitale des vins tendres et fruités de l'appellation.

Touraine-Mesland

Le vignoble, classé AOC par le décret du 24 décembre 1939, modifié le 20 novembre 1962, couvre une superficie de 200 hectares, avec, en blanc, le Chenin blanc (60 % minimum) comme cépage principal, et le Sauvignon et le Chardonnay (15 % maximum) comme cépages accessoires ; en rouge et en rosé, le Gamay comme cépage principal (80 % minimum pour les rosés et 60 % minimum pour les rouges), et le Côt et le Cabernet franc comme cépages accessoires. La production annuelle est de l'ordre de 1 500 hectolitres en blanc, 6 000 en rouge et 1 000 en rosé.

L'aire de production s'étend sur les communes ou parties de communes de Mesland, Chambon, Chouzy, Molineuf, Monteaux, Onzain.

La couleur des rouges est belle avec une dominante rubis. L'odeur fruitée est bien développée. La structure en bouche est bonne, et l'expression très franche.

Les vins rosés sont coulants et vifs, les blancs sont secs et assez charpentés.

Touraine mousseux

Le vignoble, classé AOC par le décret du 16 octobre 1946, couvre une superficie pouvant être élargie car bien des vins ne revendiquent pas l'AOC. L'aire de production s'étend sur les communes ou parties de communes de l'aire d'appellation AOC Touraine.

La production avoisine les 15 000 hectolitres en blanc et les 2 000 hectolitres en rosé. La production de rouge est très confidentielle, de l'ordre de quelques dizaines d'hectolitres.

L'encépagement est varié : en blanc, on note le Pineau blanc et l'Arbois ; le Chardonnay pour un maximum de 20 % ; et, pour un maximum de 30 %, les Cabernets franc et Sauvignon, le Pinot noir, le Pinot gris, le Pinot Meunier, le Pineau d'Aunis, le Côt et le Grolleau ; en rouge, le cépage est le Cabernet franc, pour les appellations contrôlées Bourgueil, Saint-Nicolas-de-Bourgueil ou Chinon auxquelles il peut prétendre ; en rosé, les cépages sont le Cabernet franc, le Pinot noir, le Gamay, le Grolleau et le Côt.

Le Touraine mousseux blanc est un vin solide mais frais ; le rosé est coulant et vif ; le rouge est une curiosité fort intéressante : il présente de la finesse et de la tendreté ainsi que la fermeté du Cabernet.

Touraine pétillant

La production de ce vignoble, classé AOC par le décret du 24 décembre 1939, modifié en juillet 1959, est assez faible : elle représente 5 % de l'ensemble des mousseux. Les cépages pour les blancs et les rosés sont les mêmes que ceux de l'appellation Touraine ; en rouge, on y ajoute le Cabernet franc.

L'aire de production s'étend sur les communes ou parties de communes suivantes : Bourgueil, Saint-Nicolas-de-Bourgueil, Chinon en rouge, et sur l'aire AOC Touraine pour les blancs et les rosés.

 Tressot

Synonymes : *Tresseau, Ancien Tresseau, Tréceau, Tréceault, Tressiot* à Auxerre, *Irancy, Vérot, Verrot de Coulanges, Petit Vérot* à Joigny, *Nérien, Nairien* ou *Noirien* à Bar-sur-Aube, *Nerre* ou *Petite Nerre* en Haute-Marne, *Pendoulat* à Brienne.

Bourgeonnement épanoui, cotonneux blanc, à liseré carminé.

Jeunes feuilles duveteuses, orangées à plages bronzées. Feuilles moyennes, tronquées, finement bullées, gaufrées au point pétiolaire, à bords révolutés, 5-lobées à sinus latéraux ouverts, profonds, à fonds concaves avec parfois une dent au fond du sinus ; sinus pétiolaire en lyre avec les bords supérieurs superposés ; dents anguleuses, moyennes, peu saillantes ; dessous du limbe duveteux blanchâtre et nervures pubescentes.

Rameaux côtelés, vert clair à nœuds légèrement rosés ; vrilles longues, vert clair.

Grappes moyennes, cylindriques, compactes ; baies petites, sphériques, noires ; maturité : 2e époque hâtive.

Cépage de basse Bourgogne, très sensible à l'oïdium et mauvais greffon, ce qui a entraîné la régression de sa culture. Productif, il donne un vin agréable, apportant de l'acidité et du tanin aux vins de Gamay et de Pinot. Classé autorisé dans l'Yonne, il en reste moins d'un hectare. Le Tressot blanc ne diffère du Tressot noir que par la couleur de ses raisins blancs.

Le Tressot panaché est une curiosité car ses baies possèdent des bandes blanches, grises et noires, disposées comme des tranches de melon, ou bien des grains panachés de rouge sur le blanc ou l'inverse.

 Trousseau

Synonymes : *Triffault, Toussot* à Besançon, *Troussé* à Salins, *Trusseau* dans les Vosges, *Trussiau, Trussiaux* dans la vallée de la Loue, *Cruchenton rouge* et *Capbreton rouge* dans les Landes, *Sémillon rouge* en Gironde.

Bourgeonnement épanoui, cotonneux blanc, à liseré carminé.

Jeunes feuilles duveteuses, jaunâtres.

Feuilles grandes, orbiculaires, grossièrement bullées, gaufrées au point pétiolaire, faiblement 5-lobées avec les sinus latéraux supérieurs à fonds aigus et étroits, les sinus inférieurs étant à peine marqués, sinus pétiolaire en lyre étroite, parfois à base dégarnie et bords superposés ; dents ogivales, moyennes ; dessous du limbe aranéeux. Le feuillage rougit à l'automne.

Rameaux faiblement côtelés, verts avec quelques stries longitudinales, brunes, et à nœuds rosés ; vrilles charnues, moyennes.

Grappes petites, cylindriques, compactes, ailées ; baies petites, légèrement ovoïdes, noires avec la pulpe molle ; maturité : 2e époque.

Cépage très vigoureux, qu'il faut tailler long. Il est sensible à l'anthracnose, à la pourriture grise et aux gelées d'hiver. Sa production est bonne, pouvant dépasser 100 hl/ha. Il donne un vin pourpre intense, corsé, de bonne garde lorsque les rendements ne sont pas trop élevés. Le vin de Trousseau gagne à être mélangé avec celui du Poulsard qui apporte la finesse, tandis que lui-même améliore la conservation.

En matériel certifié, 4 clones ont été agréés, dont les meilleurs sont les nos 302 et 476. Classé recommandé dans le Jura et le Doubs, il en reste environ 75 hectares dans le Jura, département où il entre dans l'encépagement des AOC Arbois et Côtes-du-Jura.

 Troyen

Synonymes : *Troyen noir* dans l'Aube et la Côte d'Or, *Galbot* dans l'Aube, *Framboise* à Arrentières (Aube), *Gamery, Gamelin, Gamay vert* dans la vallée de l'Aube, *Petit Gamay* dans la vallée de la

Marne, *Vert Plant* dans la vallée de l'Ornain, *Jacquemart* dans les Côtes de Toul, parce qu'il annonce les vendanges, *Varenne noire* et *Plant de Varennes* dans la Meuse, *Fontanet, Gouligny, Gamay de Rolampont* dans le sud de la Haute-Marne, *Liverdun, Faux Liverdun, Éricé noir, Petit Éricey, Ricey de Bourgogne* dans la Moselle et les Vosges, *Renard* dans la Meurthe.

Grappes petites, cylindriques, compactes, parfois ailées ; baies petites, sphériques, noir bleuté, peu juteuses ; maturité : 1re époque.

Le Troyen est un vieux cépage de l'Aube et de l'Yonne, répandu également dans la Meuse, les Vosges et la Moselle, mais il a pratiquement disparu des plantations, n'ayant pas été classé. Cépage fertile et productif, il donne un vin léger.

Tursan

Ce vignoble de 350 hectares s'étend sur 41 communes du sud-ouest du département des Landes. Situé sur la rive gauche de la boucle de l'Adour, il est blotti sur les premiers contreforts des Pyrénées. La typique cité de Geaune en est le centre. Il a reçu l'appellation AOVDQS par l'arrêté du 11 juillet 1958.

Le vignoble de Tursan existe depuis la plus haute Antiquité et ses vins honoraient déjà la table des empereurs romains. Dès 1152, les vins de Tursan sont exportés vers l'Angleterre, ainsi que vers Cordoue et Séville. Du XVe au XVIIIe siècle, ils conquièrent la Hollande et l'Allemagne. Puis ils connaissent un long déclin. La renaissance du vignoble a lieu à partir de 1950, grâce, notamment, à la coopération viticole.

Le vignoble de Tursan est placé sous la dominante du climat océanique, caractérisé par une importante pluviométrie de printemps, par des hivers cléments, des étés secs et chauds, des automnes longs et ensoleillés, favorables à la parfaite maturation des grappes. L'ensoleillement moyen annuel est de 1 700 heures et la pluviométrie de 900 millimètres.

Les coteaux, de 100 à 150 mètres d'altitude, sont essentiellement composés de sols silico-argileux, reposant sur des molasses calcaires et des éboulis caillouteux, issus de cônes de déjection pyrénéens. Ces sols perméables sont très favorables à la viticulture.

Les cépages sont variés et spécifiques du vignoble pyrénéen atlantique. Pour les blancs, on cultive essentiellement le Baroque, vieux plant local, le Rafia, le Manseng. Pour les rouges et rosés, on utilise le Tannat, ainsi que le Bouchy et le Fer Servadou.

La production augmente régulièrement depuis 1981 ; en 1995, elle était de 14 089 hectolitres. Les vins rouges et rosés représentent 75 % de la récolte et les vins blancs 25 %. Ces vins sont harmonieusement tempérés, frais et délicatement aromatiques.

Les vins blancs sont brillants ; ils ont un goût de fruits mûrs nuancés d'amande. Ils sont secs et nerveux, très longs en bouche.

Les vins rosés, d'une vive couleur de groseille, délicatement fruités, sont souples, soyeux et présents en bouche.

Les vins rouges arborent une belle couleur rose pourpre soutenu ; ils sont charpentés, tanniques mais souples, avec une pointe d'encens.

Le vignoble de Tursan, dans les Landes, existe depuis la plus haute Antiquité.

Le vin des sables

Les Landes comprenaient autrefois des vignobles de sables très réputés, situés à Capbreton, sur la côte landaise, entre dunes et forêts. Il reste encore au pied des dunes de nombreux ceps, vestiges de ce vignoble, disparu à la suite des grands travaux de Louis de Foix pour modifier le cours de l'Adour.

Actuellement, quelques agriculteurs et forestiers, accompagnés d'une équipe d'ampélographes de l'Institut national de la recherche agronomique, de conseillers techniques viticoles et d'œnologues, s'efforcent de faire vivre quelques parcelles de ces vins attachants, délicatement aromatiques. Il existe désormais un petit foyer de production de vins des sables à Messange. Le vin des sables pourrait redevenir une réalité gastronomique et économique intégrée au tourisme et à l'économie rurale de la côte landaise.

TOURAINE

Sous le ciel bleu pastel de la Touraine, en ce jardin de la France aux sols fertiles et aux saisons bien équilibrées, les hommes et la vigne ne pouvaient que s'épanouir et donner toute la mesure de leur richesse.

■ Comme tous les pays de Loire, la Touraine est habitée depuis longtemps et les vignes y croissent depuis aussi longtemps sans doute. Les monuments celtiques, les plus nombreux en France après ceux de la Bretagne, attestent une présence humaine ancienne, rien ne permettant toutefois d'affirmer que les Turones élaboraient ou buvaient du vin.

Au moment de l'invasion romaine, la Touraine aurait compté plus de 100 000 habitants. La décision de Domitien de faire arracher les vignes fut particulièrement funeste dans cette région, dont les coteaux se prêtent admirablement à sa culture. Aussi dès que Probus permit aux Gaulois de replanter les vignes vit-on renaître le vignoble. Plus tard, Rabelais et Ronsard, enfants de la Touraine, en célébrant le vin montrent sa permanence. On retrouve ainsi maintes traces d'une tradition viticole vivace. Au château de Chenonceau, on présente la vigne de Marie de Médicis. Au château de Meaulevrier, à Lerné, proche de la Devinière, maison natale de Rabelais, on peut voir une vigne qui a résisté au phylloxéra. Certains ceps de Cabernet franc sont même plusieurs fois centenaires.

En 1893, les viticulteurs de Touraine fondaient l'Union viticole. En 1911, elle regroupait plus de 700 vignerons propriétaires qui obtinrent des médailles au Concours général de Paris et à l'exposition internationale d'Anvers en 1894, à l'exposition internationale de Liège en 1905, et à Bruxelles en 1910. C'est dire l'activité déployée alors... Elle n'a jamais cessé depuis.

Chinon, ville autour de laquelle les noyaux historiques viticoles de l'appellation se sont développés.

Les sols et le vignoble

La Touraine n'a pas toujours été un si doux jardin. À l'époque jurassique, il y a environ 180 millions d'années, l'Océan baignait la région, tapissée de dépôts enfouis aujourd'hui à plus de 150 mètres de profondeur. Au crétacé, la Touraine était encore submergée. Elle reçut des dépôts de grès vert, recouverts de tuffeau, dont l'épaisseur varie maintenant entre 175 et 200 mètres. Sa texture est variable, elle peut être dure ou d'aspect sableux.

À la fin du crétacé, avant l'époque tertiaire, un phénomène de soulèvement modifia les sols, et la partie de la Touraine située au sud de la Vienne émergea. À la période lacustre, il existait encore de vastes zones d'eau douce dans les cantons de Château La Vallière, Montbazon, Luynes et Bléré. La période des faluns correspond à un autre soulèvement précédant l'ultime soulèvement qui permettra à la terre de Touraine d'exister et de nous offrir son vignoble.

La plupart des vignobles sont installés sur des sols de tuffeau recouverts de sables tertiaires mélangés à plus ou moins d'argile à silex provenant de la décalcification de la roche calcaire. C'est après avoir traversé cette couche profonde de 30 centimètres à 1 mètre que la vigne atteint le tuffeau. Ce calcaire apportera au vin une note tendre. Les vallées du Loir, de la Loire, du Cher, de l'Indre et de la Vienne, dont l'orientation est est-ouest, et leurs affluents orientés au nord ou au sud, offrent la même implantation du vignoble. Mais les microclimats apporteront des nuances à l'expression des vents en relation avec la dimension des sites.

À Bourgueil et à Chinon, on rencontre des terrasses de graviers anciennes et assez profondes, qui captent l'énergie solaire et qui produisent des vins rouges assez puissants.

En remontant vers le coteau, on remarque une frange, de quelques centaines de mètres de large, de sols argilo-calcaires et siliceux dénommés « aubuis ». Ils donnent des vins solides et fins comme le Pineau blanc de la Loire qui s'exprime particulièrement bien ici. Des sols plus profonds

Selon le climat de l'année, le vignoble de Vouvray produit des vins secs, demi-secs ou moelleux.

et argileux recouverts de silex, les « perruches », donnent des vins plus charpentés. L'ensemble de ces terrains alignés le long des vallées, plus ou moins caillouteux, calcaires ou siliceux, sont propices à l'expression de la vigne mais limitent son enracinement et, par conséquent, les rendements. Il s'agit là d'un facteur de qualité. Par ailleurs, ces régions ne souffrent jamais de la sécheresse : en effet, la roche calcaire, véritable réservoir d'eau, humidifie le sol par capillarité, et la proximité des vallées permet à l'humidité de se déposer sur les feuilles pendant la nuit.

La Touraine n'a pas retrouvé son potentiel viticole d'avant le phylloxéra. Aujourd'hui, les vignes restent implantées près des zones dont la notoriété a été la plus forte : Mesland, Amboise, Vouvray, Montlouis, Bourgueil, Chinon, Azay-le-Rideau, Chenonceau, Montrichard, Oisly, Saint-Aignan.

Les cépages

Les vins blancs sont issus de trois cépages : le Pineau blanc de la Loire, le Sauvignon et l'Arbois. Le cépage le plus répandu est le Pineau blanc de la Loire, dénommé Chenin en Anjou. On pense qu'il est autochtone. Comme en Anjou, sa plasticité est grande puisqu'il permet de produire, selon les années, toute la gamme des vins blancs, depuis les effervescents jusqu'aux moelleux.

Le Sauvignon est surtout cultivé dans la partie orientale, où il prend le nom de Surin. Il produit des vins secs aux senteurs très développées et typées, musquées, rappelant souvent celles du bourgeon de cassis.

L'Arbois n'a aucune parenté avec la région du même nom. Il est apparenté au Pineau blanc. Il se rencontre seulement en Touraine, où il s'appelle également Menu Pineau.

L'encépagement en rouge est encore plus diversifié. On remarque deux influences : une progression de l'encépagement par la vallée du Rhône, l'autre venant de l'Aquitaine par l'intermédiaire de Nantes en descendant le cours de la Loire.

La Touraine est la seule région de France qui présente des vins issus du seul Cabernet franc, dit « breton ».

Le Cabernet-Sauvignon donne ici des vins communs à l'exception de ceux issus des ceps se trouvant plantés sur certains sols graveleux. Il est peu répandu.

Le Côt ou Malbec du Bordelais est introduit depuis longtemps en Touraine. Sa conduite est délicate car il a tendance à la coulure. Il donne du fruité au vin.

Le Grolleau, qui serait originaire de la région, peut être vinifié en rouge, en rosé ou en blanc, en particulier pour la production de vins effervescents. Il est peu sensible à la pourriture. Ses vins sont très fins, sans tanin ni acidité agressive.

Le Pineau d'Aunis est un cépage assez aromatique. On trouve également, dans de faibles proportions, le Pinot noir, le Pinot gris et le Pinot meunier.

Le climat

La Touraine offre un des climats les plus réguliers que l'on puisse rencontrer. En effet, si l'on établit la moyenne de la pluviométrie sur un siècle, on s'aperçoit qu'elle est voisine de 50 millimètres pour chaque mois. Cette répartition sans heurt vient renforcer l'image de jardin qui lui est souvent attribuée.

Les chaleurs de l'été comme le froid des hivers n'ont rien d'excessif. L'influence océanique vient y mourir et les vents du nord sont arrêtés par les coteaux du Loir. Les microclimats des vallées apportent des « accents » que l'on retrouve dans le caractère des vins. Néanmoins, s'il y a régularité du climat au long des mois, chaque année offre une répartition différente et apporte une silhouette nouvelle au vin. Ceci explique la nécessité d'associer le millésime à l'appellation si l'on veut comprendre l'expression du vin. Par exemple, en 1976, pendant la période active de mars à novembre, la vigne a profité de 3 610 degrés de températures cumulées. En conséquence, en 1976, à Vouvray et à Montlouis, on a élaboré des vins blancs moelleux et pratiquement pas d'effervescents.

Le style de vins

La durée de vie des vins de Vouvray dépasse ou dépassera souvent le siècle, comme c'est le cas – ou – sera pour les millésimes 1858, 1874, 1921, 1947, 1959, 1976 et 1989. Ce sont des vins de très grande race.

Les vignerons de Touraine aiment que le vin soit à la fois le reflet le plus fidèle du terroir et du climat de l'année.

Touraine

En rouge, sont plantés le Gamay qui apporte le fruit, les Cabernets franc et Sauvignon responsables de la fermeté, le Côt pour sa rusticité. Cet ensemble donne un vin à la fermeté vive et légère et lui communique une fraîcheur particulière avec des arômes de fruits rouges plus ou moins épicés.

Les rouges primeurs, élaborés à partir du Gamay noir à jus blanc, sont des vins très francs, coulants et fruités avec une charmante rusticité.

Les blancs, issus du Pineau blanc de la Loire, de l'Artois (appelé localement Menu Pineau) et du Sauvignon sont secs et parfois légèrement tendres et bien structurés. Dans la partie orientale du vignoble, le Sauvignon, qui donne un blanc sec aux odeurs végétales caractéristiques, domine.

Les rosés sont de type sec. Ils peuvent provenir d'une ou de plusieurs variétés de raisin. Ceci s'explique par le fait que chaque cépage, selon la nature des terrains, marque le vin avec son caractère. Si l'on prend, par exemple, un sol perrucheux exposé au sud, le Côt apporte une charpente, le Gamay attendrit le vin, le Cabernet franc assure son développement aromatique et le Grolleau l'affine. Selon chaque microterroir, « l'homme jardinier » joue en diversifiant l'encépagement tout comme l'organiste appuie sur plusieurs notes. L'accord tend alors vers le « juste », tout à la fois indéfinissable et heureux reflet de l'endroit.

Le blanc de Touraine, vin effervescent, est préparé à partir d'une seconde fermentation en bouteille dont la durée, comme le prescrit la loi, est d'un an au minimum. Compte tenu de l'étendue de la zone, l'encépagement peut être diversifié. Le Pineau blanc de la Loire captant les caractères essentiels, ce sera le cépage dominant. Le vin est surtout présenté en brut mais également en sec.

Il existe aussi quelques rosés effervescents d'une belle élégance.

Touraine-Mesland

Le vin rouge est produit sur des terres assez caillouteuses et plus ou moins siliceuses. Le Gamay s'exprime ici totalement. Il donne un vin « complet » et le recours à d'autres cépages n'est pas utile. Ceci montre bien le rôle primordial du terroir qui fait oublier le cépage.

Le rosé, produit en petite quantité, est sec, assez charnu, surtout s'il est obtenu par saignée.

Le blanc est rare et de type sec.

Vignes de Cabernet franc sur les terrasses anciennes de la Vienne, entre Cravant et Panzoult.

Touraine-Amboise

La zone de production de cette appellation est vaste. Elle s'étend de part et d'autre de la Loire et donne des vins rouges, blancs ou rosés.

La zone principale de production des blancs prolonge Vouvray vers l'est. Issus d'un cépage unique, le Pineau blanc de la Loire, les vins sont secs à demi-secs, même moelleux pour des années de fort ensoleillement comme 1959, 1964, 1976 et 1989. Les conditions de mûrissement en bouteille sont bonnes.

Les rosés sont secs, parfois légèrement tendres. Ils sont fins et délicats, surtout lorsque le Côt entre dans leur composition.

L'encépagement des rouges, s'il est mixte, est dominé par le Gamay. Le Côt et les Cabernets apportent de « l'étoffe » au vin, qui évolue ainsi parfaitement en bouteille.

Touraine-Azay-le-Rideau

Les vins blancs, élaborés à partir du seul Pineau blanc, sont plus ou moins tendres selon les années. Ils aiment mûrir en bouteille afin d'offrir leur délicate sensualité.

Les rosés, préparés à partir de 60 % de Grolleau au moins, sont fins et agréables.

Montlouis

Le style des vins blancs, tous issus du Pineau blanc, est sec, demi-sec, voire moelleux selon les climats de l'année : sec si la chaleur n'a pas été excessive, moelleux si elle a été débonnaire. Ces vins s'expriment jeunes avec un corps tendre aux accents plus ou moins vifs. Ils adorent mûrir en bouteille, où leur bouquet s'épanouit avec des arômes de robinier.

Les années où l'ensoleillement est modeste, une grande partie de l'appellation s'exprime en blancs effervescents à la fois charpentés et racés.

Vouvray

Les vins blancs proviennent d'un vignoble de tradition demeuré fidèle au Pineau blanc de la Loire. Leurs multiples expressions sont en relation avec le climat de l'année. Il est donc indispensable, lorsque l'on parle de ces vins, comme d'ailleurs de tous les vins de Touraine, de toujours associer les millésimes pour en comprendre le style : sec, demi-sec ou moelleux. Ce sont ces derniers qui ont fait la notoriété de l'appellation.

Si les mousseux sont de tradition, le pétillant fera encore mieux ressortir le caractère des vins et assurera leur longévité. Ces vins sont d'autant plus sincères et conformes à la nature que les viticulteurs réservent les moûts d'années moins ensoleillées, donc de richesse moyenne, pour l'élaboration des blancs effervescents.

Bourgueil

Ce vin issu du Cabernet franc offre deux expressions : celle des terrasses de graviers avec la puissance, la finesse et des arômes où la sympathique odeur de « cheminée » mêlée à celle des fruits rouges s'impose ; l'autre provenant des sols de coteaux marqués par le calcaire, et plus froids ; les tanins du vin sont alors plus marqués mais le calcaire les enserre dans de douces formes.

Caves troglodytiques creusées dans le tuffeau, en terroir de Montlouis, où s'exprime le Pineau blanc de la Loire.

Saint-Nicolas-de-Bourgueil

Ce vin présente le même encépagement que le précédent et une situation voisine. Mais la présence d'un microclimat, le vignoble étant un peu plus éloigné de la Loire, a amené les vignerons à revendiquer une appellation distincte. Les vins ont une densité différente, avec beaucoup de finesse.

Chinon

La base de l'encépagement est le Cabernet franc. La zone de production profite des climats de la rive gauche de la Loire et des deux rives de la Vienne. Les expressions de ce grand cépage sont diversifiées, avec toujours les deux tendances : vins sur graviers et sur sols d'aubuis plus ou moins argileux et calcaires. On voit à quel point le terroir modèle le vin, le cépage extirpant le style sous la conduite de l'homme. Les vins s'expriment aussi bien dans leur prime jeunesse qu'après de longues années de mûrissement en bouteille. Si le raisin a reçu beaucoup d'énergie solaire, le vin vivra plus longtemps.

Coteaux-du-Vendômois

Le vin blanc de cette AOVDQS est sec. Il est préparé avec le Pineau blanc de la Loire et le Chardonnay. En rouge et rosé, le Pineau d'Aunis donne un vin plaisant, de nature coulante aux arômes épicés.

Coteaux-du-Loir

Les trois expressions de la vigne en blanc, rouge et rosé sont présentes sur ces coteaux situés à 40 km au nord de Tours. Les vins blancs élaborés avec le Pineau blanc de la Loire sont principalement secs. En rouge et rosé, le cépage marquant est le Pineau d'Aunis. Il apporte une note épicée fort attachante. Les vins sont légers et racés.

Jasnières

Le vignoble est situé sur un coteau qui domine la rive droite du Loir. Les vins, issus du Pineau blanc de la Loire, sont fins, amples avec une durée de vie en bouteille excellente.

Vins du Haut-Poitou

Les rouges sont légers et friands à base de différents cépages : Gamay, Pinot noir, Cabernet, Côt. Les blancs sont secs, assez pleins et tendres.

Principes de vinification

Il est heureux de constater combien les principes d'élaboration du vin sont demeurés, au cours des âges, les mêmes pour l'essentiel. Il est vrai qu'il est difficile de faire autrement, car alors le vin ne répondrait plus à l'esprit de l'appellation : « produit élaboré selon les usages anciens, loyaux et constants ».

La vinification en blanc

La spécificité de cette vinification est la présence d'acide malique dans les vins blancs ou rosés. Les pratiques de vinification utilisées, en particulier la recherche de conditions thermiques basses, ont pour but d'éviter la multiplication des bactéries lactiques, et de là, la fermentation malolactique. Pour les vignobles élaborant des vins moelleux à partir de tries, la vendange mécanique est évidemment proscrite.

LE VIN DE MES RACINES

Des tas de javelles au bout des rangs qu'on brûlait pour se chauffer les mains, des galoches en bois qu'on décrottait vingt fois par jour avec un petit bout de bâton, les voilà mes premiers contacts avec la vigne... C'était en 1925... Le lendemain de la guerre... Dans cette partie de la Touraine, près de Bourgueil, les enfants orphelins travaillaient d'un bout à l'autre de l'année au vignoble !... À cette époque, le vin, moins cher que le pain, nous servait d'aliment... La vigne était notre mamelle...

À douze ans, j'étais apprenti chez un tonnelier. Il m'embarquait dans son taxi de la Marne à l'automne et on allait faire les vendanges, cueillir les pommes ou ramasser des marrons. C'est chez lui que j'ai appris à mettre le vin en bouteilles... du Bourgueil, du Vouvray... Au passage, on en buvait un petit peu... mais je suis vraiment venu au vin par la cuisine. Je faisais des recherches, des essais, des comparaisons. Après la guerre, je me suis établi. Il a bien fallu que j'offre à ma clientèle le vin qu'elle réclamait... Je passais des journées entières à déguster... Cette fois encore le vin m'était synonyme de labeur. Cela m'a permis toutefois de constituer une très bonne cave des vins de la région... du Vouvray, du Chinon, des vins des coteaux du Loir qui n'existent pratiquement plus de nos jours... Petit à petit, j'ai connu les vins de Loire dans leur ensemble. J'ai ouvert ma cave à l'Anjou, au Muscadet ainsi qu'aux vins de la vallée du Cher... Aux Quincy et Reuilly qui ont un « goût de genêt » si caractéristique... Puis j'ai découvert les Bordeaux – que je trouvais d'ailleurs beaucoup moins bons que les nôtres ! – puis les Bourgogne... J'allais dans les vignobles... sur place... En tout, ça a duré dix ans.

À présent, je m'enorgueillis de bien connaître les vins de France, mais ce sont ceux de la Touraine que je préfère et, plus encore que ceux de la Touraine, ceux de mon enfance, les vins de Vouvray, puis de Bourgueil. Ils sont restés tels que je les ai connus. Moins aimables que les Chinon, ce sont des vins virils, tanniques, durs et fermés comme ce sol d'argile et de calcaire dont ils sont issus. Le terroir... Voilà ce que je veux restituer dans ma cuisine... J'ai beaucoup d'amis vignerons... Ce sont les hommes les plus droits, les plus vrais et les plus purs que je connaisse. Alors que beaucoup de gens n'accordent de l'importance qu'à ce qui se voit, eux seuls ont su rester fidèles à leurs racines. Et ils ont bien raison car, au bout du compte, que nous reste-t-il d'intéressant à part nos racines ?...

Toute ma conception de la cuisine au vin rouge découle de l'idée que je me fais du vin. Mon « truc », c'est de travailler les poissons de mer et de rivière au vin rouge. Pourquoi les faire toujours au vin blanc ? C'est d'ailleurs avec une carpe à la Chambord, qui se cuisine au vin rouge, que j'ai réussi le concours du meilleur cuisinier de France... Dans le vin, c'est surtout la lie que j'utilise pour les sauces. Elle seule peut donner la consistance et les fragrances que le vin, trop filtré, ne peut plus donner.

J'ai pour principe de ne jamais proposer à boire le même vin que celui qui a servi à faire la sauce. Ce serait un mauvais prolongement... Les préparations réduites, capiteuses, ont au contraire besoin d'un bon coup de fouet. Il faut les accompagner de vins frais à la bouche, de vins jeunes, de vins bourrus... Mon coq au vin de Chinon 1992, par exemple, je le sers avec un Chinon 1995.

Mais bien plus qu'un simple plaisir de gastronomie, le vin est le symbole de la communion. J'ai un ami particulièrement cher que je vois peu... Depuis longtemps, j'avais mis de côté une bouteille assez rare... Un château d'Yquem 1916, l'année de ma naissance... Un jour qu'il était venu, on l'a dégusté. Ce vin, c'était de l'or et nous l'avons bu comme un symbole, comme la concrétisation parfaite de notre amitié... Ce qu'il y a d'extraordinaire, c'est que le vin vieillit bien mieux que nous, pour peu qu'on ait pris quelque soin à le faire. Il peut rester vivant pendant des années et procurer de la joie à plusieurs générations... C'est pour moi la plus étonnante manifestation de la supériorité des choses.

Charles Barrier

Le pressurage, point clé, voit l'apparition de nouveaux pressoirs où la position horizontale aide à la manutention de la vendange et du marc mais où le principe d'extraction des moûts donne des résultats comparables et même supérieurs à ceux de l'ancien pressoir vertical. Le temps de pressurage demeure long, quatre heures en moyenne. On profite de cette opération pour éliminer et faire fermenter à part les fractions de pressurage riches en bourbes ou en « jus oxydés ». Chaque année, chaque jour, le vigneron conduit le pressurage différemment, exerçant à la fois une technique et un art, la vendange n'étant jamais la même.

Les grands crus fermentent en barriques ou en demi-muids, logés dans des caves creusées dans le tuffeau où la température est voisine de 12 °C. Les fermentations se déroulent ainsi sur un, deux, voire trois mois. Il faut parfois réchauffer les locaux afin d'amener les vins au terme de leur transformation des sucres.

Les vins sont ensuite soutirés à trois reprises avant le mois de mars. On fait brûler à chaque fois dans les fûts de la mèche soufrée. Le poids de mèche brûlée est fonction du type de vin. Cette pratique fort ancienne et simple a différents objectifs : protéger le vin du contact de l'air, éviter la multiplication des levures et des bactéries, favoriser la clarification du vin.

Avant la mise en bouteilles, en mars, les vins sont filtrés. Le collage peut être évité grâce aux matériels et matériaux plus sûrs que l'on utilise aujourd'hui.

Les vins s'élèvent en bouteille. Il s'agit là d'une particularité importante. Le vin blanc s'élève et mûrit à la fois dans les flacons. Cette durée de mûrissement dépend du millésime, c'est-à-dire de l'ensoleillement de l'année. C'est toujours en cave creusée dans le roc, donc à température constante, à l'abri de la lumière et surtout des trépidations si préjudiciables, que le vin évolue. L'humidité est également constante : 100 % elle favorise cette évolution en permettant au liège de se réhydrater sur l'air ambiant et non sur le vin. Ainsi est limité le creux s'établissant entre le vin et le bouchon.

Pour les vins blancs secs, ou les vins destinés à la préparation d'effervescents, la pratique primordiale réside dans la qualité du pressurage. Les fermentations se déroulent soit dans les bois, soit dans les cuves. Dans ce cas, on prévoit des moyens de refroidissement pour favoriser une durée de fermentation longue. Environ un mois après la fin de la fermentation, les soins classiques, soutirages, filtrations, sont apportés au vin. Ils sont mis en bouteilles ou en « filière effervescente » dès le mois de mars.

La vinification en rosé

La majorité des rosés sont obtenus par pressurage des raisins rouges. On observe également la pratique par saignée, en particulier lorsque les années sont abondantes. Cela permet de faire fermenter la vendange rouge avec un rapport entre les parties liquide et solide plus faible.

Cave d'élevage et de préparation des vins moustillants à Vouvray.

Après la fermentation, trois soutirages et des soins classiques, les vins sont mis en bouteilles en mars. Dans certains cas, on repousse cette opération à septembre. Il ne s'agit pas d'un bon choix, les vins perdant de leur fraîcheur et de leur finesse.

Les rosés de Touraine ont eu, de tout temps, la possibilité d'être mis sur le marché en primeurs. Cette facilité est peu revendiquée, à tort.

Les vinifications en rouge

Il existe deux techniques principales, celle du Cabernet franc pour les appellations Bourgueil, Saint-Nicolas-de-Bourgueil et Chinon, et celle de Touraine dont la base est le cépage Gamay ; plus une particularité pour les primeurs.

La technique de vinification du Touraine primeur fait appel en totalité ou partiellement à la macération carbonique, une ancienne pratique aujourd'hui parfaitement définie, donc mieux maîtrisée. Elle exige une vendange manuelle. Le temps de macération est de huit à quinze jours, jusqu'à ce que les éléments de la pellicule du raisin aient migré vers la pulpe. Le grain a alors perdu sa belle couleur bleu-pourpre, et l'on peut extraire le jus afin de terminer la fermentation. Après un soutirage et une filtration, les vins sont mis en marché en novembre, comme la législation le prévoit. Cette préparation des vins primeurs demande des vignerons particulièrement attentifs.

La vinification du Touraine rouge est plus classique. Ce vin peut profiter d'un séjour en bouteille de quelques années. La vendange est égrappée, on

Chef-d'œuvre de Raymond Besnard, « Blois – l'Ami-des-Arts ». Foudre ovale à double paroi et cintres opposés, extérieur en chêne, intérieur en acacia.

1) dont 85 % sont commercialisés en cépage pur Sauvignon.
2) dont 10 % en vin pétillant. Potentiel annuel moyen de production de vin à appellation : 762 750 hectolitres.

Répartition générale de la production				
	Blanc	**Rouge**	**Rosé**	**Effervescent**
AOC				
Touraine	140 000[1]	170 000	20 000	22 000
Touraine-Amboise	2 000	6 000	1 500	–
Touraine-Azay-le-Rideau	900	–	850	–
Touraine-Mesland	1 500	6 500	1 000	–
Chinon	1 000	100 000	3 500	–
Bourgueil	–	70 000	2 000	–
Saint-Nicolas-de-Bourgueil	–	50 000	300	–
Vouvray	45 000	–	–	65 000 [2]
Montlouis	9 000	–	–	8 600 [2]
Coteaux-du-Loir	600	1 000	200	–
Jasnières	1 300	–	–	–
AOVDQS				
Coteaux-du-Vendômois	1 000	2 500	5 500	–
Vins du Haut-Poitou	12 000	11 000	1 000	–
TOTAL (en hectolitres)	**214 300**	**417 000**	**35 850**	**95 600**

élimine ainsi la rafle rarement mûre sous ce climat et responsable du caractère « herbacé ». La cuvaison peut se faire en partie par macération carbonique. Cette pratique est conseillée en année de maturité insuffisante. La durée des fermentations ne dépasse presque jamais quinze jours. Les soins apportés sont ceux habituellement réservés aux vins de qualité : soutirage, collage à l'albumine d'œuf ou de sang, protection par l'anhydride sulfureux obtenue par la combustion de la mèche soufrée, filtration, mise en bouteilles en mars ou en septembre pour les vins particulièrement charpentés. L'évolution des vins se fera dans la plupart des cas en cave creusée dans le tuffeau.

Pressoir du XVIe siècle dans la cave de la Dive Bouteille, à Bourgueil, aujourd'hui transformée en musée de la Vigne et du Vin.

L'encépagement en Cabernet franc et l'excellente aptitude au mûrissement des vins de la zone Bourgueil-Chinon ont guidé les principes d'élaboration : recherche d'une maturité optimale du raisin, égrappage de la vendange et mise en fermentation de celle-ci avec une grosse proportion de grains entiers, 70 % au minimum. Ce point est important car il explique le pigeage des cuves, ou foulage pendant la fermentation. Aujourd'hui, cette pratique est reproduite par des moyens mécaniques fidèles aux effets de l'enfoncement du chapeau par les pieds du vigneron ou d'un pilon. Le grain de raisin éclate au moment où la pellicule a cédé ses constituants au milieu. Ce principe demeure dans l'esprit du foulage, car il évite le contact de l'air. Le foulage avant cuvaison s'est développé dans les années 1930 pour favoriser le transport de la vendange en phase semi-liquide. Grâce aux équipements et aux connaissances actuelles, on peut revenir aux gestes de tradition.

La cuvaison dure en général un mois. On favorise la fermentation malolactique avant la décuvaison. Ainsi, lorsque l'on tire la cuve, le vin est microbiologiquement stable et équilibré dans ses échanges entre les phases liquide et solide. Il reste à l'élever. Après soutirage, le vin est mis dans les bois de chêne, soit en cuve de 40 à 80 hectolitres, soit en demi-muid. La barrique est rarement utilisée, car elle risque de trop marquer le vin et de lui faire perdre son originalité. Ce logement est le plus souvent placé dans les caves creusées dans le tuffeau. Ainsi, le vin profite d'une ambiance thermique basse régulée naturellement. Selon les vins et les années, l'élevage entrecoupé d'un ou deux soutirages avant et après l'été dure de dix mois à un an et demi. Dans la majorité des cas, il dure un an et le vin est mis en bouteilles en septembre. Les bouteilles sont logées dans les mêmes caves, où le vin mûrit dans un environnement parfaitement défini, favorable à son épanouissement progressif et à son expression originale.

La structure économique

Dans la vallée du Cher, où la production de Touraine est importante, on enregistre une assez forte concentration de coopératives. Par contre, à Chinon, la production est totalement privée. À Saint-Nicolas-de-Bourgueil, la tendance est la même, alors qu'il n'y a qu'une seule coopérative à Bourgueil. À Vouvray, il existe une coopérative.

Cette situation complexe s'explique par le besoin de présenter des vins ayant un maximum d'originalité, position fréquemment adoptée dans les vignobles anciens où l'intérêt esthétique du vin importe fort pour l'homme. Il faut ajouter que le matériel viticole mis aujourd'hui à la disposition des exploitations, quelle que soit leur dimension, a favorisé ce maintien. Bien des vignerons préfèrent travailler seuls, avec leur famille, en zone d'appellation de faible superficie mais bien située et vendre leur vin en bouteilles, plutôt que de s'étendre sur une plus grande superficie, avec les obligations qui en découlent et où la vérité du vin risque de ne pas être victorieuse.

Le vin et la société

Le vigneron tourangeau a toujours aimé multiplier les rencontres. Il est de plus très accueillant, et, sur l'ensemble de la Touraine, les panonceaux invitent le visiteur à venir goûter les vins.

Les confréries vineuses tiennent fréquemment leurs chapitres, permettant ainsi aux participants des nombreux congrès se déroulant en Touraine d'avoir un contact avec le monde du vin.

Deux musées sont à signaler : celui de Tours, dont le thème est l'« humanisme au travers de la vigne et du vin », et celui de Chinon, où des personnages montrent la vie du vigneron et l'histoire de la tonnellerie.

Il existe en outre de nombreux caveaux d'exposition et de dégustation à Montlouis, Chambord, Thésée, Saint-Aignan, Chaumont, Amboise et Azay-le-Rideau.

Les verres

Tout comme les autres régions, la Touraine possède des verres conçus pour mettre en valeur ses vins. Chaque appellation a le sien. Le plus ancien verre est celui de Vouvray, créé en 1934. Celui de Chinon et de Bourgueil date de 1947; celui d'Amboise, de 1959, et celui de Montlouis, dessiné en 1969, est une copie du XIVe siècle.

Ces verres, en particulier celui de Vouvray, sont adaptés aussi bien à des vins tranquilles en plein épanouissement qu'à des vins pétillants. Le verre de Bourgueil-Chinon convient à la fois aux vins jeunes et aux vins assagis. Celui de Montlouis est rustique et celui d'Amboise assez proche de celui de Vouvray.

CONFRÉRIE DES ENTONNEURS RABELAISIENS DE CHINON ET COMMANDERIE DE LA DIVE BOUTEILLE DE BOURGUEIL ET SAINT-NICOLAS-DE-BOURGUEIL

Si l'eau sépare Chinon de Bourgueil et Saint-Nicolas-de-Bourgueil, la qualité de leurs vins respectifs les réunit, comme le culte de Rabelais, dont les deux confréries se réclament. Le rire joyeux et purificateur de l'illustre Chinonais résonne toujours dans sa ville et dans ses fameuses Caves Painctes, tandis que Bourgueil s'honore d'avoir été choisie comme siège de l'abbaye de Thélème. La référence à Rabelais doit toutefois être interprétée dans son véritable sens, celle qui entend rendre hommage au grand humaniste, d'une insatiable curiosité et d'un grand esprit de tolérance, toutes vertus compatibles avec l'art de humer le piot ! Fondée en 1962, la confrérie des Entonneurs rabelaisiens compte plus de 4 000 membres, tous venus dans la célèbre cave prêter serment de lutter « contre ceux qui maltraitent le vin en le coupant d'eau ou qui boivent sans raison ».

La commanderie de la Dive Bouteille, créée en 1977, n'atteint pas un tel effectif mais ses déjà nombreux Chevaliers ont pris et continuent de prendre avec autant de conviction l'engagement de servir la noble cause du vin et de promouvoir dans la dignité le goût du bien boire !

Chacune, à sa manière et dans le même esprit, avec un humour puisé à la même bonne source contribue à une meilleure connaissance du vin et de l'humanisme qui y est lié.

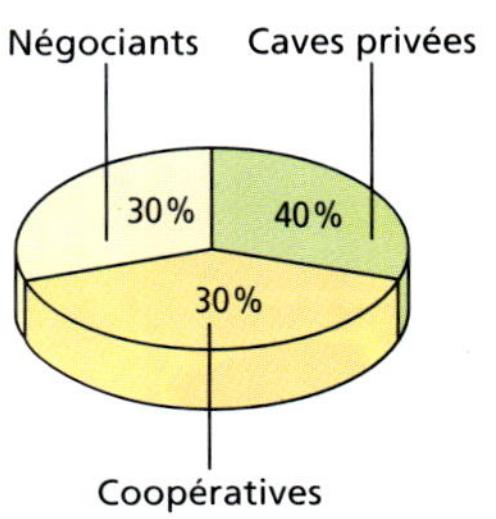

COMMERCIALISATION

U V

Ugni blanc

Synonymes : *Clairette à grains ronds* ou *Clairette ronde* en Provence, *Buan* et *Beou* (en patois Bon et Beau) dans les Alpes Maritimes, *Rossola* en Corse, *Grédelin* en Vaucluse, *Saint-Émilion* dans les Charentes, *Chatar, Cadillac, Cadillate, Castillonne, Muscadet* en Gironde, *Queue de Renard* (à cause de sa grappe allongée), *Roussan* à Nice.

Bourgeonnement cotonneux blanc, à liseré carminé, en crosse ; axe duveteux.

Jeunes feuilles cotonneuses, jaunâtres, bullées.

Feuilles grandes, orbiculaires, grossièrement bullées, épaisses, tourmentées, à texture grossière et à bords involutés, 5-lobées à sinus latéraux généralement peu profonds, à fonds aigus et étroits, sinus pétiolaire en lyre, plus ou moins fermée ; dents ogivales, moyennes ; limbe duveteux en dessous.

Rameaux très gros, aplatis au niveau des nœuds, très côtelés, aranéeux au sommet, bruns au soleil, et nœuds foncés ; vrilles grandes, très développées.

Grappes très grandes, ailées, cylindriques, très allongées et étroites, avec les pédoncules lignifiés à la base ; baies sphériques, moyennes, jaune doré devenant plus ou moins ambrées à bonne exposition, pour finir roses et même rouge cuivré sur les coteaux secs et fortement ensoleillés ; pellicule fine, mais coriace, chair juteuse, abondante ; maturité : 3e époque tardive.

L'Ugni blanc est à débourrement tardif, ce qui le préserve des gelées printanières précoces ; en revanche il est très sensible aux gelées d'hiver. Il résiste bien à l'oïdium et à la pourriture grise, mais il craint le mildiou et les anguillules dans les terrains sablonneux. Ce plant s'accommode de toutes les tailles. On doit cependant tenir compte du fait que ses rameaux sont sensibles au vent et se décollent aisément du vieux bois.

L'Ugni blanc est un cépage très vigoureux, à port dressé, qui produit régulièrement dans le Midi 100 à 150 hectolitres à l'hectare avec des degrés satisfaisants (11 à 12 % Vol.), alors que dans le vignoble de Cognac les rendements demeurent élevés, mais les degrés sont beaucoup plus faibles (7 à 9 % Vol. en moyenne), car on se trouve à la limite de la culture de ce plant tardif. Les vins produits ici sont évidemment très acides, alors que dans la région méditerranéenne on obtient des vins blancs peu acides, neutres de goût qu'on améliore en y associant des raisins de meilleure qualité : Clairette, Grenache blanc, Sauvignon.

En matériel certifié, 11 clones ont été agréés, les plus multipliés étant les nos 479, 384, 483 et 482. Recommandé dans tous les départements du Sud, c'est le premier cépage blanc, néanmoins en régression, cultivé en France avec, aujourd'hui, environ 95 000 hectares, dont 79 500 hectares plantés dans les départements charentais fournissent les vins blancs destinés à la distillation pour l'obtention du Cognac.

En Gironde, l'Ugni blanc occupe 4 000 hectares qui font partie de l'encépagement blanc des AOC Bordeaux, Entre-deux-Mers, Sainte-Foy-Bordeaux. Dans le Sud-Ouest, pour la production de l'Armagnac, les surfaces plantées sont réparties entre le Gers (6 000 hectares), le Lot-et-Garonne (500 hectares) et les Landes (500 hectares).

Feuille d'Ugni blanc. Ce cépage entre notamment dans l'encépagement blanc des vins de Bordeaux et dans celui de l'Armagnac.

En Languedoc, l'Ugni blanc entre dans l'encépagement des AOC Coteaux-du-Languedoc et Costières-de-Nîmes, des vins de pays des Sables du golfe du Lion et aussi pour la préparation de vins blancs de table, soit près de 3 000 hectares au total : Aude (300 hectares), Gard (1 500 hectares) et Hérault (1 200 hectares).

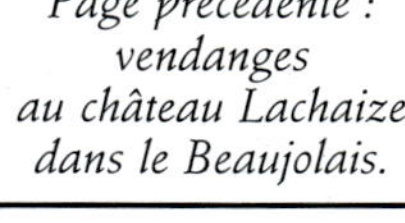

Page précédente : vendanges au château Lachaize dans le Beaujolais.

En Provence, ce cépage est également important : Var (4 600 hectares), Vaucluse (1 700 hectares), Bouches-du-Rhône (900 hectares), Alpes-de-Haute-Provence (70 hectares), soit un total de 7 270 hectares pour les besoins des AOC Bandol, Côtes-de-Provence, Cassis, Palette, Coteaux-d'Aix-en-Provence, Côtes-du-Rhône, Côtes-du-Ventoux, Coteaux-Varois, Côtes-du-Lubéron et de l'AOVDQS Coteaux-de-Pierrevert.

En Corse (600 hectares) l'Ugni blanc est utilisé dans les AOC Vin de Corse et Ajaccio.

Valais noir

Synonymes : *Valet* à Salins et Poligny, *Tauquet* à Dôle, *Salem, Mourlans noir* à Lons-le-Saunier, *Trousset, Troussé, Troussey* ou *Troussais* à Poligny.

Grappes petites, cylindriques, compactes ; baies sphériques ou légèrement ovoïdes, petites, noires ; maturité : 2e époque.

Ce cépage aurait été amené dans le Jura vers 1650 par des colons valaisiens. Très productif, il donne un vin médiocre, plat, assez coloré. Il craint peu la gelée, car il repousse facilement à fruits et on le taille long.

Non classé, il en reste peu, moins d'un hectare dans le Jura.

Rameau d'Ugni.

Valençay

Le vignoble, classé AOVDQS par l'arrêté du 10 août 1970, couvre 120 hectares, pour une production avoisinant les 5 000 hectolitres en rouge, 1 000 en rosé, et 1 200 en blanc.

Les cépages principaux sont, en blanc, l'Arbois, le Chardonnay et le Sauvignon pour 60 % ; les cépages accessoires, avec un maximum de 40 %, sont le Pineau de la Loire (Chenin blanc) et le Romorantin. En rouge et rosé, on trouve au minimum 75 % de Cabernets, Côt, Gamay et Pinot noir. Les cépages accessoires sont le Gascon, le Pineau d'Aunis, le Gamay de Chaudenay et le Grolleau (10 % au maximum).

Rameau de Valdiguié, cépage fertile et vigoureux. On le trouve principalement dans le Midi et le Sud-Ouest.

L'aire de production s'étend dans l'Indre sur 13 communes et sur une commune dans le Loir-et-Cher, à Selles-sur-Cher.

La couleur des rouges est légère. Le vin est coulant mais avec une bonne solidité rustique. Les rosés sont francs et secs. Les blancs sont secs, leur odeur est bien développée et ils sont pleins et frais. Tous ces vins se boivent jeunes : mais ceux nés dans les années d'ensoleillement se gardent bien en bouteille.

(*Voir* la région Loire page 470.)

 Valdiguié

Synonymes : *Valdiguier, Plant de la Roxo* à Montpezat, *Aramon du Sud-Ouest, Gros Auxerrois* dans le Quercy, *Cahors* en Gironde, *Isabelle* à Puylaroque (Tarn-et-Garonnè), *Jan Pierrou* dans le Lot à Sauzet, *Moutet* à Cazes-Mondenard (Tarn-et-Garonne), *Noir de Chartres* en Charente, *Plant du Midi* dans l'Aveyron à Marcillac, *Quercy* dans le Blayais, *Plant de Cros* dans le Lot, *Brocol* en Haute-Garonne.

Bourgeonnement épanoui, cotonneux blanc, à liseré carminé.

Jeunes feuilles duveteuses, jaunâtres, bullées, à plages légèrement bronzées, dessous du limbe cotonneux blanc.

Feuille de Valdiguié.

Feuilles grandes, vert terne, orbiculaires, épaisses, en entonnoir, ondulées, grossièrement bullées, entières ou faiblement trilobées, avec parfois les sinus latéraux supérieurs étroits et à fonds aigus ; sinus pétiolaire fermé à bords parallèles ou à bords superposés ; dents ogivales, larges, peu saillantes ; limbe en dessous faiblement duveteux, nervures légèrement pubescentes. Le feuillage rougit partiellement à l'automne.

Rameaux côtelés, fortement striés de brun rouge, nœuds rouges ; vrilles petites, fines.

Grappes grandes, volumineuses, tronconiques, compactes ; baies ellipsoïdes, grosses, noir bleuté, peau assez épaisse et pulpe abondante, molle, juteuse ; maturité : 3e époque.

L'origine de ce cépage du Sud-Ouest est mal connue. Il provient peut-être d'un semis naturel de Mérille, remarqué par un viticulteur nommé Valdiguié ou Valdéguier et multiplié pour sa grande fertilité. C'est en effet un plant très vigoureux, à port semi-érigé, qui débourre de bonne heure. Grâce à ses grosses grappes et sa fertilité, les rendements atteignent aisément 100 hl/ha, mais les grappes ne mûrissent bien que sous les climats chauds.

Grappe de Valdiguié.

Le vin est commun, sans qualité spéciale, coloré, peu alcoolique, parfois astringent. Ce cépage est assez résistant à l'oïdium, mais il craint le mildiou, la coulure et les vents violents.

Classé autorisé dans tout le Midi et le Sud-Ouest, sa culture est en régression : il n'occupe plus maintenant que 150 hectares (1995) contre 4 908 en 1958.

On le trouve principalement dans le Tarn, le Tarn-et-Garonne, le Lot, l'Ardèche et sur de petites surfaces dans l'Hérault, le Var, le Vaucluse et l'Aveyron.

 Valérien

Synonyme : *23 410 Seyve-Villard.*

Grappes moyennes, cylindriques, allongées ; baies petites, légèrement ovoïdes, blanches ; maturité : 1re époque.

C'est un cépage hybride vigoureux, coulard, dont les rameaux sont sensibles à l'action du vent. Son débourrement est tardif, sa résistance au mildiou moyenne. Le Valérien donne un vin ordinaire. Il est autorisé en Vendée.

Varousset

Synonyme : *23 657 Seyve-Villard.*

Bourgeonnement aranéeux à pointe rosée.

Jeunes feuilles glabres.

Feuilles orbiculo-réniformes, vert foncé, faiblement 5-lobées, avec les sinus latéraux supérieurs étroits et à fonds aigus, sinus pétiolaire en U, parfois à base dégarnie ; dents ogivales, moyennes ; dessous du limbe pubescent.

Rameaux anguleux, glabres rouges.

Grappes grandes, cylindriques, étroites ; baies moyennes, légèrement ovoïdes, noires ; maturité : 1re époque tardive.

Hybride vigoureux, qui se montre bon greffon, mais peu résistant aux maladies. Il doit être défendu correctement pour mûrir convenablement ses raisins. Sa production est satisfaisante et il donne un vin alcoolique, peu coloré, assez plat. Classé autorisé dans le Midi, il en resterait quelques hectares en culture.

Velteliner rouge précoce

Grappes petites à rafles vertes, cylindriques, lâches ; baies petites, ovoïdes, roses, chair fondante, juteuse ; maturité : 1re époque.

Cépage très vigoureux, sensible au mildiou, à l'oïdium et à la pourriture grise ; ses raisins sont trop petits pour être employés pour la table, bien qu'on le présente souvent comme un cépage à deux fins. Son vin est neutre, sans qualité spéciale. Classé recommandé en Savoie, il est un peu cultivé en Chautagne (2 hectares).

Verdesse

Synonymes : *Verdèche, Verdesse muscade, Muscadelle* à Claix, *Verdèze musquée, Étraire blanche* à Grenoble, *Dongine* dans l'Ain.

Feuilles petites, orbiculo-réniformes, à bords révolutés, profondément trilobées avec les sinus latéraux en massue et à fonds aigus, qui donnent un lobe médian en taille de guêpe, les lobes latéraux étant eux-mêmes divisés par des sinus secondaires, sinus pétiolaire en U ouvert ; dents ogivales, étroites ; dessous du limbe pubescent.

Grappes petites, tronconiques, lâches, ailées ; baies petites, ellipsoïdes, blanc doré, juteuses ; maturité : 2e époque.

C'est une vigne vigoureuse, qui doit être conduite en treillages à taille longue car elle prend un grand développement dans les sols d'alluvions le long de l'Isère où on la cultive à Sainte-Marie-d'Alloix. Sous le nom de Dongine, elle existe dans le vignoble du Bugey, aux environs de Culoz. Son vin est de bonne qualité, alcoolique, avec une saveur particulière, bien relevée. La Verdesse a été classée recommandée dans l'Isère et la Savoie.

Vermentino

Synonymes : *Malvoisie à gros grains, Malvoisie précoce d'Espagne, Malvasia* à Bonifacio.

Feuilles moyennes, orbiculaires, tourmentées, vert bleuté, finement bullées, 5-lobées profondément avec les sinus latéraux étroits et à fonds aigus, sinus pétiolaire en lyre fermée ; dents anguleuses, étroites ; dessous du limbe duveteux en pelote.

Grappes moyennes à grosses, tronconiques avec généralement un aileron bien développé ; baies moyennes, légèrement ellipsoïdes, blanches devenant rosées à surmaturité ; maturité : 3e époque tardive.

C'est un cépage à deux fins, dont les raisins peuvent être consommés à l'état frais ou même comme raisins secs. Mais son usage principal est la vinification en Corse, où il donne un bon vin blanc, agréable. En matériel certifié, 12 clones ont été agréés dont les nos 639, 640, 766 et 795. Classé recommandé dans le Midi et la Corse.

Villard blanc

Synonyme : *12 375 Seyve-Villard.*

Bourgeonnement aranéeux blanc. Jeunes feuilles brillantes, très bronzées, presque rouges. Feuilles moyennes, orbiculo-réniformes, très brillantes, unies, ondulées, moyennement 5-lobées à sinus latéraux étroits et à fonds aigus, sinus pétiolaire en lyre ouverte ; dents ogivales très longues et très étroites ; dessous du limbe glabre.

Feuille de Villard blanc dont le vin, jaune, un peu amer, a une agréable saveur sauvage.

Rameaux anguleux, glabres, à nœuds effacés.

Grappes grandes, tronconiques, lâches ; baies ovoïdes, grosses, jaune doré, chair molle, gros pépins ; maturité : 2e époque tardive.

Cet hybride provient du croisement Seibel 6 468 × 6 905 pour allier la vigueur du premier à la fertilité du second. Ce fut le plus gros succès commercial de la maison Seyve-Villard. Il occupait plus de 21 000 hectares en 1968. Classé autorisé dans le Midi, le Sud-Ouest et jusqu'en Charente, il en reste maintenant quelques dizaines d'hectares en culture. C'est un plant très vigoureux, qu'on peut cultiver directement dans de nombreux sols mais qu'il vaut mieux greffer, sur *Riparia-Berlandieri* de pré-

Rameau de Villard noir, cépage au goût herbacé.

férence. Son port étalé nécessite le palissage sur fil de fer, sa résistance au mildiou est bonne, mais plus faible à l'oïdium.

Sa production est bonne, de l'ordre de 80 à 100 hectolitres à l'hectare, mais pouvant dépasser 150 hectolitres dans les bonnes terres. Son vin est jaune clair, un peu amer, à odeur sauvage, mais acceptable pour un vin de consommation courante.

Villard noir

Synonyme : *18 315 Seyve-Villard.*

Bourgeonnement aranéeux blanc, en gouttière.

Jeunes feuilles glabres, bullées, légèrement bronzées.

Feuilles cunéiformes, fortement involutées et très gaufrées autour du point pétiolaire, entières, sinus pétiolaire en lyre étroite, mais en réalité à bords superposés en raison de la forme involutée des feuilles ; dents anguleuses, étroites ; dessous du limbe faiblement pubescent.

Rameaux glabres, anguleux.

Grappes moyennes, cylindro-coniques, compactes ; baies ovoïdes, moyennes, noires, peau épaisse, chair pulpeuse, goût herbacé ; maturité : 1re époque tardive.

C'est un croisement de 7 053 × 6 905 Seibel, de vigueur moyenne, nécessitant toujours le greffage sur les hybrides de *Berlandieri,* venant mal sur *Rupestris* ou sur 3 309 C. Son débourrement est moyen. Pratiquement résistant au mildiou, il se montre un peu sensible à l'oïdium et à la pourriture grise. Sa fertilité est bonne, avec une production de 50 à 80 hectolitres à l'hectare en moyenne donnant un vin coloré, alcoolique, astringent, à goût herbacé.

Grappe de Villard noir.

Le Villard noir avait été largement diffusé, occupant plus de 30 000 hectares en 1968. Il n'en reste plus que quelques dizaines d'hectares.

Vin d'Alsace

Voir Alsace (région page 228 et AOC).

Vin de Bandol

Voir Bandol.

Vin de Bellet

Voir Bellet.

Vin de Blanquette et Blanquette méthode ancestrale

Le décret du 24 janvier 1986 a remplacé le nom de l'AOC « Vin de Blanquette » par « Blanquette méthode ancestrale ».

Ces vins blancs mousseux, issus exclusivement du cépage Mauzac, sont préparés selon une méthode qui repose sur une seconde fermentation spontanée en bouteille.

Vin de Corse

Certaines régions n'ont le droit de bénéficier que de l'AOC régionale Vin de Corse, par le décret du 2 avril 1976.

C'est le cas de la région traditionnelle de Corte et surtout de la zone orientale, le long de la mer Tyrrhénienne, de Bastia à Solenzara, sur alluvions anciennes. Si la région d'Aléria a connu un essor viticole exceptionnel à partir de 1959-1960, les petites régions de la Marana et de la Casinca, proches de l'agglomération bastiaise, sont, elles, de vieilles terres de polyculture où la vigne a tenu, depuis des siècles, une grande place.

La production actuelle avoisine les 50 000 hectolitres en rouge et rosé et 8 000 hectolitres en blanc, sur une surface de 1 740 hectares.

Les vins sont moyennement typés. Ils proviennent du Nielluccio, du Grenache, du Cinsaut et du Carignan. Ils sont fruités, à boire jeunes, surtout en blanc et rosé. Les rouges peuvent vieillir deux ou trois ans.

Vin de Corse Calvi

C'est le vin produit en Balagne sur 260 hectares de vignobles, classés AOC par le décret du 2 avril 1976, dans les sables et les galets de coteaux et de plaines, au pied des plus hauts massifs de Corse. De nombreux arrachages ont réduit notablement le potentiel productif de cette belle région. Actuellement, la tendance de production est de 5 200 hectolitres.

L'encépagement, sans être à dominante corse (Vermentino, Sciaccarello et Nielluccio repré-

Marsiglia, dans les vignes du Cap-Corse. Ce vignoble qui fut très étendu ne compte plus aujourd'hui que quelques dizaines d'hectares produisant un vin blanc fin et des muscats.

sentent 26 % de l'encépagement), est de bonne qualité générale.

Les blancs sont fins ; les rosés assez pâles sont très aromatiques et les rouges distingués.

Vin de Corse Coteaux-du-Cap-Corse

Cette appellation d'origine contrôlée a été classée par le décret du 2 avril 1976. Sa surface est de 60 hectares, et la production d'environ 700 hectolitres. C'est une AOC des plus prestigieuses, notamment pour les vins blancs, élégants et fins.

À la fin du XVIIIe siècle, le vignoble s'étendait sur 2 700 hectares. Les vignerons étaient aussi marins et commerçants et ils transportaient leur vin à Pise, Livourne et Gênes.

Aujourd'hui, la vigne est à l'état résiduel, mais le Vermentinu, l'Ugni blanc et le Codivarte donnent un blanc exceptionnel.

Les vignerons produisent également du muscat avec des raisins passerillés et une sorte de mistelle : le Rappu.

Vin de Corse Figari

Le vignoble le plus méridional de Corse, et donc de France, s'étend sur 200 hectares. Il a été classé appellation d'origine contrôlée par le décret du 2 avril 1976.

Les sols légers, peu profonds, filtrants, le climat sec et chaud, les vents forts et fréquents sont des conditions limites pour la culture de la vigne, à l'exception de micro-secteurs protégés où la vigne prospère depuis des siècles.

La production a chuté à la suite d'arrachages importants (80 % des surfaces), passant de 12 890 hectolitres classés en AOC en 1979 à 3 500 hectolitres aujourd'hui.

Les vins ont de la légèreté et de la finesse. On rencontre ici un cépage rouge particulier : le Carcajolo. Les vinifications expérimentales montreront s'il peut devenir, à l'égal du Sciaccarello ou du Nielluccio, un autre maître cépage corse.

Vin de Corse Porto-Vecchio

Cette belle région de suberaies et de pinèdes, au sud-ouest de la Corse, possède quelques vignobles traditionnels. C'est dans les années 1960 que la vigne a commencé à se développer, atteignant jusqu'à 1 500 hectares.

Aujourd'hui la plus grande partie du vignoble a été arrachée. La production de vins classés AOC, par le décret du 2 avril 1976, qui concerne une centaine d'hectares et qui atteignait 8 670 hectolitres en 1977-1978, a décliné pour se situer en moyenne à environ 1 700 hectolitres de nos jours.

Comme dans toutes les zones viticoles, l'encépagement fait appel aux 3 cépages classiques : Sciaccarello, Nielluccio, Vermentino, associés aux cépages du Midi, la Syrah et le Mourvèdre.

Les blancs sont frais, les rosés fins, les rouges ont un bel équilibre.

Vin de Corse Sartène

Ce vieux terroir viticole, classé appellation d'origine contrôlée par le décret du 2 avril 1976, a connu de très grands domaines, à la pointe du progrès technique, à la fin du XIXe siècle.

Le vignoble s'étend sur 18 communes et couvre aujourd'hui 400 hectares le long des trois vallées fluviales du Baracci, du Rizzanese et de l'Ortolo. La production, relativement stable, dépasse les 8 000 hectolitres.

L'encépagement traditionnel s'appuyait sur une forte présence des cépages corses : Sciaccarello, Montanaccia, clone du Sciaccarello adapté aux zones de coteaux élevés, Barbirossa et Vermentino.

L'encépagement récent, dans les vignobles qui se sont constitués après 1960, fait une moindre place aux cépages locaux. Il s'agit cependant de vins très typés et puissants.

Les blancs sont volumineux, les rosés solides, les rouges amples et bien charpentés.

Vin de Frontignan

Voir Frontignan.

Vin de Savoie

Cette appellation classée AOC par le décret du 4 septembre 1973 couvre une cinquantaine de communes des départements de la Savoie, de la Haute-Savoie, de l'Isère et de l'Ain.

Les différents terroirs et cépages de l'appellation enfantent des vins blancs, rouges ou rosés dont la qualité première est l'originalité : en 1995, l'appellation a produit 77 130 hectolitres en blanc à partir des cépages Jacquère, Altesse, Chardonnay, Chasselas, Malvoisie (Pinot gris) et Aligoté. Les cépages rouges, Gamay, Mondeuse, Pinot, Persan et Cabernet-Sauvignon ont donné 35 697 hectolitres en rouge et en rosé.

Vin de Savoie suivi d'un nom de cru

Cette appellation d'origine contrôlée ratifiée par les décrets du 4 septembre 1973 et du 21 avril 1989 peut être suivie d'un nom de cru. Pour avoir droit à cette appellation, les vins rouges, rosés et blancs doivent présenter un titre alcoométrique minimal de 9,5 % Vol., et maximal de 13 % Vol. pour les rouges et rosés, 12 % Vol. pour les blancs.

Abymes

Le vignoble représente environ 200 hectares répartis sur 4 communes situées au pied du mont Granier, au sud de Chambéry : Apremont, Les Marches, Myans en Savoie et Chapareillan en Isère.

Le cépage blanc principal est la Jacquère, qui se plaît sur les terrains exposés à l'est, résultant du mélange de l'effondrement du mont Granier en 1248 et des sols en place, marno-calcaires.

L'Abymes est un vin blanc sec, léger, souple, discrètement fleuri dont la tendance de production est de 20 000 hectolitres.

Après un séjour sur fines lies pendant l'hiver, il est rapidement embouteillé pour protéger perlant et arômes. On apprécie encore mieux sa jeunesse en le consommant précocement, sans attendre plus d'un an.

Apremont

Le vignoble couvre près de 300 hectares sur les versants les plus pentus de l'éboulement du mont Granier orientés à l'est et au sud-est à moins de 500 mètres d'altitude, sur les communes d'Apremont, de Saint-Baldoph et de Saint-André-les-Marches en Savoie. La production moyenne est de 25 000 hectolitres.

Saint-Baldoph

C'est le cru blanc le plus important de Savoie. Produit à partir du cépage Jacquère, il donne environ 20 000 hectolitres par an.

Il s'agit d'un vin blanc sec, dominé par sa fraîcheur et sa légèreté, à tendance florale ; il est presque toujours perlant grâce à une fermentation lente et à un repos sur fines lies avant l'embouteillage précoce.

Tout comme l'Abymes, il est préférable de le déguster la première année après la récolte.

Les caves particulières sont très nombreuses dans ce secteur. La cave coopérative d'Apremont traite plus de 10 % de vins blancs d'appellations Apremont et Abymes.

Arbin

Dans la Combe de Savoie, le long du massif des Bauges, la commune d'Arbin, voisine de Montmélian, a le privilège de détenir un des terroirs les plus favorables à la Mondeuse noire, un cépage rouge qui se plaît sur les pentes d'éboulis calcaires à marno-calcaires orientées au sud.

Le cru Arbin est produit en quantité limitée : 2 000 hectolitres. La vinification classique en rouge donne un vin tannique de garde ou de semi-garde à la typicité accusée.

Sa robe reflète une nuance pourpre et noirâtre. Son bouquet, selon les millésimes, révèle des arômes de fraise, de framboise, de cassis, de violette et parfois même d'épices.

Il gagne beaucoup à vieillir quelques années en bouteille, de trois à cinq ans au plus.

***Ayze* (pétillant ou mousseux)**

Ce vignoble situé sur la rive droite de l'Arve, en Haute-Savoie, s'étend sur quelque 40 hectares, répartis sur les communes d'Ayze, Bonneville et Marignier. Installé sur les côtés sud-est et sud-ouest de la montagne du Môle, il repose à la fois sur de la molasse et les alluvions glaciaires des éboulis de pente.

L'encépagement compte deux cépages blancs spécifiques : en priorité le Gringet, puis la Roussette d'Ayze. La production s'élève à 800 hectolitres en moyenne.

Le cru Ayze est uniquement accordé aux vins blancs rendus effervescents par seconde fermentation en bouteille. Pour cela, il est possible d'utiliser une méthode locale dite « de fermentation spontanée ».

Le plus souvent, l'Ayze présente les caractères d'un mousseux « brut ». Il s'affirme après plus d'un an de conservation.

Chautagne

Depuis la pointe nord du lac du Bourget, en direction de Seyssel, le vignoble recouvre 160 hectares des communes de Chindrieux, Ruffieux, Serrières-en-Chautagne et Motz.

Les cépages rouges, Gamay noir à jus blanc et, dans une moindre mesure, Pinot et Mondeuse donnent une production de 10 000 hectolitres en moyenne.

Le cru Chautagne est aussi revendiqué pour les vins blancs découlant des cépages Jacquère, Aligoté, Altesse (ou Roussette), Malvoisie dont on produit 3 000 hectolitres. Mais il est avant tout remarqué pour son vin de « Gamay » corsé et chaud, provenant des vignes exposées à l'ouest sur les éboulis calcaires et la molasse gréseuse de la montagne du Gros Foug. Il peut vieillir deux à trois ans avant de trouver sa plénitude. La cave coopérative de Ruffieux vinifie la plus grosse partie de cette production.

Chignin

Le vignoble délimité sur la commune de Chignin, au sud-est de Chambéry, couvre une superficie de quelque 150 hectares de coteaux d'éboulis calcaires et marno-calcaires du massif des Bauges, exposés au sud. On récolte 8 000 hectolitres de vins blancs et 1 500 hectolitres de vins rouges à partir d'un cépage blanc principal, la Jacquère et des cépages rouges, Gamay, Mondeuse et Pinot.

On rencontre deux tendances dans la qualité des vins blancs vinifiés en caves particulières : des vins blancs secs, fins et souples, qui restent assez jeunes, et des vins blancs réalisant leur fermentation secondaire, qui s'accentuent en couleur et en nuances odorantes, « ronds et tendres ». Dans les deux cas, il est conseillé de ne pas trop tarder, tout au plus deux ans, pour les découvrir.

Chignin-Bergeron

Ce cru vient de trois communes de la Combe de Savoie : Chignin, Montmélian et Francin. Sa tendance de production est de 600 hectolitres.

Les vins sont issus de la Roussanne ou Bergeron qui est implantée sur les parties d'éboulis calcaires les plus ensoleillées.

Vignoble dans l'aire de l'appellation Vin de Savoie.

La maturation capricieuse de ce cépage originaire de la Drôme exige des vinifications bien suivies pour obtenir un vin généreux, féminin, caractérisé par des arômes d'aubépine, susceptible d'extérioriser toutes ses qualités sans faillir pendant deux ou trois ans.

Cruet
À la suite d'Arbin, sur la rive droite de l'Isère, la commune de Cruet possède un excellent terroir d'éboulis argilo-calcaires et pierreux exposé au sud-est contre le massif des Bauges.

L'appellation Cruet est principalement demandée en blanc avec le cépage Jacquère. On retrouve dans ce vin blanc sec tous les charmes de la jeunesse. La zone viticole d'Arbin à Saint-Pierre-d'Albigny dépend presque entièrement de la cave coopérative de Cruet pour les vinifications et la commercialisation des 1 400 hectolitres produits en moyenne, chaque année.

Jongieux
Ce nouveau cru est délimité sur les communes de Jongieux, Billième, Lucey, Saint-Jean-de-Chevelu, Yenne. Du mont du Chat au bord du Rhône, le vignoble exposé à l'ouest s'étale à la base du mont de la Charve. Les aires actuelles sont surtout faites d'éboulis et de moraines caillouteuses sur lesquelles prédominent les cépages rouges, Gamay, Mondeuse, Pinot, et, en blanc, l'Altesse. Les vins rouges prennent beaucoup de subtilité dès leur première année. Ceux de Mondeuse se plient volontiers à un vieillissement de deux à quatre ans.

Marignan
Au nord du Chablais, en bordure du lac Léman, quelques hectares sont plantés en Chasselas sur la commune de Sciez (Haute-Savoie), sur des moraines caillouteuses. Les caractères du Marignan, vin blanc sec, sont comparables à ceux du Crépy.

Marin
Ce nouveau cru blanc est en cours de délimitation sur les communes de Marin et de Publier qui regardent le lac Léman au-dessus de Thonon-les-Bains, en Haute-Savoie.

Sur des moraines glaciaires et des sols limono-caillouteux, les cépages blancs Chasselas ou Fendant, donnent un vin sec, perlant, léger et éveillé.

Montmélian
Des surfaces restreintes sur les communes de Montmélian et de Francin, en dessous de la falaise de la roche du Guet (massif des Bauges), accueillent les principaux cépages blancs et rouges de la Savoie.

En fait, moins de 500 hectolitres de vin blanc venant de la Jacquère sont concernés par le cru Montmélian : jeune, il rappelle les qualités du Chignin.

Ripaille
Sur la commune de Thonon-les-Bains, le domaine du château de Ripaille occupe une quinzaine d'hectares sur des terrasses caillouteuses lacustres exposées à l'ouest, tout au bord du lac Léman, près de la Dranse. On y produit en moyenne 1 000 hectolitres de vin blanc issu du Chasselas ou Fendant. C'est un vin léger, tranquille, souple et facile à boire.

Saint-Jean-de-la-Porte
C'est le dernier cru de la rive droite de l'Isère, adossé au massif des Bauges sur la commune de Saint-Jean-de-la-Porte. Ce nom est peu usité, seulement pour quelques centaines d'hectolitres de vin rouge, apte au vieillissement, provenant de Mondeuse noire.

Saint-Jeoire-Prieuré
Aux côtés de Chignin, en direction de Chambéry, le cru Saint-Jeoire-Prieuré est revendiqué chaque année pour de petites quantités de vin blanc sec de Jacquère. Sa structure s'apparente à celle du Chignin.

Vin de Savoie Ayze mousseux ou pétillant

Voir Vin de Savoie suivi d'un nom de cru.

Vin de Savoie pétillant ou mousseux

Les pétillants ou mousseux de Savoie sont élaborés à partir de vins blancs secs d'AOC Savoie à forte proportion de Jacquère selon la méthode de seconde fermentation en bouteille.

La conception parfois délicate de ces vins effervescents, surtout pour le pétillant, est confiée aux maisons spécialisées. Ce type de vin friand connaît depuis quelques années un succès mérité.

Pour avoir droit à cette appellation, les vins rouges, rosés et blancs doivent présenter un titre alcoométrique minimal de 9 % Vol., et maximal de 12,5 % Vol.

Vin du Bugey

Le développement du vignoble bugiste a connu son apogée sous l'occupation romaine avant d'être presque anéanti par les invasions barbares.

Au Moyen Âge, les religieux s'intéressèrent de nouveau à la vigne en sélectionnant les cépages pour créer des vignobles remarquables dépendant de leurs abbayes, comme « la Chèvrerie » à Culoz.

Sur le coteau de Montagnieu, dans le département de l'Ain, s'étendent des vignes produisant des vins aromatiques et légèrement moelleux de l'appellation Bugey-Montagnieu.

Depuis, les vins du Bugey, pays de Brillat-Savarin, gastronome réputé, furent toujours très appréciés. Le décret du 27 septembre 1963 réglementa leur condition de production par un label AOVDQS. Aujourd'hui, les surfaces classées en appellation sont passées de 250 hectares en 1982 à près de 380 hectares, produisant 22 000 hectolitres environ de vins blancs, rouges ou rosés, la moitié en vins tranquilles et l'autre en vins effervescents. 30 % de cette production sont achetés par le négoce pour une diffusion essentiellement régionale.

Le Bugey est situé à la pointe sud-est du département de l'Ain, touchant la Savoie et la Haute-Savoie par les méandres du Rhône.

Les expositions les plus chaudes à la base des reliefs jurassiques de l'arrondissement de Belley et du secteur de Pont-d'Ain forment des terroirs à vignes assez différents. Les terrains sont constitués par des marnes, marno-calcaires et calcaires et des formations molassiques, favorables aux cépages blancs qui donnent des vins secs.

On retrouve dans cette région voisine de la Savoie les principaux cépages bourguignons et savoyards.

En blanc, le Chardonnay, l'Altesse, l'Aligoté, la Mondeuse blanche (Dongine), la Jacquère, seuls ou associés engendrent de très bons vins blancs secs du Bugey, dominés par la fraîcheur de leurs caractères originaux, mais aussi d'excellents mousseux ou pétillants du Bugey (voir ci-après). La Roussette du Bugey est obtenue par le mariage Altesse-Chardonnay. Montagnieu en est le cru le plus distingué par son onctuosité.

Le Gamay cède beaucoup de jeunesse et de fruité aux vins rouges et rosés du Bugey. Avec une légère touche de Poulsard, on obtient par la méthode champenoise ou de fermentation naturelle en bouteille le Cerdon pétillant ou mousseux rosé, demi-sec. Le Pinot noir extériorise parfaitement son élégance dans le cru Manicle. Quant à la Mondeuse noire, elle affiche dans les vins une personnalité marquée par la richesse de ses constituants.

Vin du Bugey mousseux et pétillant

La production de vins mousseux est fort ancienne dans le Bugey puisque, déjà au siècle dernier, quelques bourgeois impressionnaient leurs invités en leur servant du « Champagne du Bugey ». Mais c'est depuis le début de notre siècle et surtout après la guerre de 1914-1918 que la production s'est développée. Curnonsky, le « prince des gastronomes », lors d'un périple gastronomique dans le Bugey célébrait, dès 1920, les qualités de ce vin pétillant.

C'est à partir de 1963 que le Vin du Bugey mousseux ou pétillant a été classé AOVDQS par arrêté du 27 septembre.

On pratique la méthode de seconde fermentation en bouteille avec des vins à base de Chardonnay et d'autres cépages blancs locaux comme l'Aligoté et surtout la Molette, particulièrement adaptée à la prise de mousse.

Les vins mousseux et pétillants représentent environ 50 % des volumes labellisés en Vins du Bugey.

Vin du Bugey suivi d'un nom de cru

Par arrêté du 27 septembre 1963, cinq crus ont été classés en AOVDQS avec l'appellation Vin du Bugey suivie de leur nom.

Les vignerons peuvent également revendiquer l'appellation spécifique Vin du Bugey Cerdon mousseux ou pétillant.

Manicle

Au lieu-dit Manicle se trouvait le vignoble de l'illustre gastronome Brillat-Savarin, qui y possédait aussi un cellier. Les vins de Manicle ont toujours grande réputation en Bugey. Ils sont cités dans des documents du siècle dernier et figuraient souvent sur les menus des banquets servis par les meilleurs restaurants de la région. Le vignoble aujourd'hui ne représente que 2 à 3 hectares, et sa production est peu importante en volume (150 hectolitres).

Le Manicle blanc est un assemblage de Chardonnay (70 %) et de Pinot gris, vin riche, souple et nerveux, de caractère.

Le Manicle rouge est issu exclusivement du cépage Pinot. Les bonnes années, il rappelle les excellents vins de Bourgogne.

Le terroir de Manicle est adossé à une falaise en plein sud et le terrain est graveleux, léger.

Cerdon

L'appellation s'étend sur 8 communes environnant Cerdon. Le vignoble couvre environ 200 hectares. Mais la production ne représente que 2 500 à 3 000 hectolitres. En effet, la plus grande partie des vins produits dans cette région très accidentée est mise en bouteilles gazéifiées (vin sans appellation d'origine). Le vignoble de Cerdon est un vignoble en forte pente, planté en vigne basse. Le principal cépage est le Gamay. Le vin de Cerdon d'appellation ne peut être élaboré que par deux méthodes.

Dans la méthode dite naturelle, ou traditionnelle, la fermentation du vin est ralentie par des filtrations, le froid et la centrifugation pour conserver le sucre. Le vin est mis en bouteilles en janvier et février avec 40 à 60 grammes de sucre par litre. C'est alors qu'une prise de mousse partielle se fait. Le dépôt est éliminé par filtration sous pression.

Le vin obtenu est le plus souvent un rosé pétillant ; il conserve de 30 à 40 grammes de sucres par litre, qui sont des sucres de raisins ; son titre alcoométrique est assez faible, voisin de 8 % Vol. C'est le véritable Cerdon.

La méthode de seconde fermentation en bouteille, qui est plus sûre, donne des vins mousseux bien présentés mais de typicité très inférieure à la méthode dite naturelle. De plus, la liqueur d'expédition ajoutée au dégorgeage contient du saccharose qui est très différent des sucres de fruit de la méthode naturelle.

On trouve dans cette région des vins sans appellation, rendus mousseux par gazéification, c'est-à-dire par adjonction artificielle d'anhydride carbonique, qui ne portent pas la mention Cerdon AOVDQS.

Montagnieu

Le splendide coteau de Montagnieu s'étend sur les trois communes de Seillonnaz, Briord et Montagnieu et comprend aujourd'hui environ 30 hectares de vignes.

Les cépages les plus répandus y sont l'Altesse, la Mondeuse et quelques cépages blancs. Le coteau de Montagnieu a fait sa réputation avec la Roussette, issue du cépage Altesse. Mais celle-ci tend à perdre du terrain par rapport aux autres cépages.

Le Montagnieu est un vin à l'arôme puissant, légèrement moelleux et le plus souvent tranquille. Il arrivait assez souvent qu'il pétille naturellement, ce qui le rendait très plaisant. Depuis une vingtaine d'années, c'est le vin mousseux qui a entretenu et développé la réputation du Montagnieu, en particulier à Lyon. Ce type de vin représente de loin les volumes les plus importants bénéficiant de l'appellation Bugey-Montagnieu.

Virieu-le-Grand

Sur le territoire de la commune. Dénomination peu ou pas revendiquée, comme celle de Machuraz.

Machuraz

Lieu-dit de la commune de Vieu.

Vins d'Entraygues et du Fel

Ce petit vignoble de montagne caractérisé par ses terrasses étroites ou en banquettes, surplombant le Lot et la Truyère, aurait été créé au IXe siècle par les moines de l'abbaye de Conges. Pendant tout le Moyen Âge il connut une renommée locale. La crise du phylloxéra, au XIXe siècle, le frappa de plein front et il demeura en régression jusqu'en 1960. Depuis, un plan de restructuration a été engagé pour le revaloriser. L'ensemble du vignoble s'étend sur une superficie de 68 hectares, mais, à l'heure actuelle, 10 hectares seulement sont aptes à produire des vins classés en appellation.

Le vignoble AOVDQS, classé par l'arrêté du 18 février 1965, est regroupé à 90 % sur la commune d'Entraygues, bien que 8 communes aient droit à l'appellation.

Compte tenu de la rudesse du climat, les vignes s'étagent entre 200 et 400 mètres au confluent des rivières entourant la ville d'Entraygues. La roche mère affleure partout. À l'ouest, les sols cultivés sont schisteux et bien drainés. À l'est, les granites en décomposition forment des sols siliceux, et argilo-sableux. Dans les deux cas, l'érosion reste un véritable problème pour les vignerons.

L'accession à la dénomination AOVDQS s'est traduite par une simplification de l'encépagement. On note, en vins rouges, le Fer Servadou (25 % au maximum), les Cabernets franc et Sauvignon, le Gamay, le Jurançon, le Merlot, la Négrette, et le Pinot noir. Les vins rosés sont issus du Gamay pour 25 %, et des cépages rouges. Les vins blancs proviennent du Chenin (80 % au minimum) et du Mauzac. Le rendement autorisé est de 45 hectolitres à l'hectare.

Depuis 1970, la production n'a pas marqué de progression sensible : 600 hectolitres, dont 50 % en rouge, 25 % en rosé et 25 % en blanc.

Les rouges, très colorés et fermes, doivent au Fer Servadou leur caractère tannique et leur bouquet particulier. Les vins blancs trouvent leur finesse et leur vivacité dans la forte proportion de Chenin.

Vins d'Estaing

À 35 kilomètres au nord-ouest de Rodez, entre Espalion et Entraygues, une dizaine d'hectares produisent des vins classés AOVDQS par l'arrêté du 4 novembre 1965. Les pentes, orientées au sud, sont organisées en terrasses étroites. Assez vaste au Moyen Âge, ce vignoble a peu à peu décliné, surtout après l'invasion phylloxérique. Ce déclin se poursuivit jusqu'en 1960.

Cette plantation de nouvelles vignes à Entraygues s'inscrit dans le plan de restructuration du vignoble.

Depuis cette date, le Syndicat des Vins d'Estaing s'emploie à le rénover. En 1984, une centaine d'hectares furent plantés en vigne, mais 10 seulement peuvent prétendre à la dénomination AOVDQS qui s'étend sur 3 communes du canton d'Estaing.

L'encépagement en rouge est essentiellement axé sur le Fer Servadou et sur l'une de ses variétés locales, le Négret de Bonhais. Le Gamay Saint-Laurent, supplanté par le Fer Servadou, connaît actuellement un regain de faveur auprès des viticulteurs. Il existe un autre cépage local apprécié pour sa productivité, le Mouyssaguès. On trouve aussi, mais en petite quantité, le Cabernet franc, le Cabernet-Sauvignon, le Merlot, l'Abouriou, le Gamay et le Pinot.

Pour les vins blancs, on cultive surtout le Gamet blanc, variété de Chenin blanc ainsi que le Roussellou, un cépage local. Les blancs issus du Gamet sont plutôt secs et acides mais frais. Le Roussellou donne un vin marqué d'un goût de pierre à fusil.

Les rouges sont bouquetés, épais en couleur, tanniques et fins après vieillissement.

Sur les 160 paysans polyculteurs qui possèdent de la vigne, 55 commercialisent leurs vins. Une dizaine seulement ont de la vigne classée en AOVDQS.

La production, de 111 hectolitres en 1966, est passée à 314 en 1990, dans une proportion de 50 % pour les rouges, 10 % pour les blancs et 40 % pour les rosés.

Vins de Lavilledieu

Classés AOVDQS par arrêté du 22 janvier 1954, les vins de Lavilledieu sont essentiellement rosés et rouges et s'apparentent aux Côtes-du-

Paysage viticole du haut Poitou, à Brizay. Les vins de cette région furent appréciés, notamment par les Anglais, dès le XIIIe siècle.

Frontonnais. L'aire de cette appellation est située sur les sols de boulbènes entre le Tarn et la Garonne, dans la partie centrale du département. Elle s'étend sur 13 communes.

Alors que le vignoble était en récession depuis 1950, une équipe de viticulteurs et de techniciens appuyés par la cave coopérative s'est lancée dans la production d'un vin de qualité dont le cépage de base est la Négrette. Le Tannat est également utilisé. Il apporte sa couleur, son acidité, ses tanins, sa charpente.

Le titre alcoométrique minimal des vins est fixé à 10,5 % Vol., et le rendement de base à l'hectare, à 45 hectolitres.

En 1995, la production était de 2 097 hectolitres de vins rouges et rosés.

Cette petite appellation, menée par un syndicat de défense des producteurs très actif, devrait connaître à l'avenir un essor certain.

Vins de Marcillac

Par le décret du 4 avril 1990, l'appellation Vins de Marcillac a été remplacée par celle de Marcillac. *Voir* Marcillac.

Vins de Moselle

Voir Moselle.

Vins de l'Orléanais

Le vignoble, classé AOVDQS par l'arrêté du 9 août 1951, couvre environ 150 hectares, avec pour cépages, en blanc, l'Auvergnat blanc et gris ; en rouge et rosé, le Pinot noir, le Pinot Meunier ou Gris Meunier et le Cabernet.

La production moyenne annuelle est de 6 500 hectolitres en rouge, 1 000 hectolitres en rosé et 1 000 hectolitres en blanc. L'aire de production s'étend sur 26 communes.

Les rouges sont légers, très francs et coulants. Les rosés ont une robe légère, ils sont secs et vifs. Les blancs sont secs mais assez « ronds ».

Vins du Centre

Voir la région page 606.

Vins du Haut-Poitou

La dénomination Vins du Haut-Poitou a été remplacée par Haut-Poitou (décret du 30 janvier 1989). Le vignoble, classé AOVDQS par l'arrêté du 23 octobre 1970, s'étend sur 500 hectares environ. Les cépages cultivés sont, en blanc, le Sauvignon, le Chardonnay, le Chenin (20 % au maximum) et le Pinot blanc ; en rouge et rosé, le Pinot noir, le Gamay, le Merlot, le Côt, les Cabernets franc et Sauvignon, le Gamay-Chaudenay (20 % au maximum) et le Grolleau (20 % au maximum).

En 1995, la production a été de 12 396 hectolitres en rouge (dont environ 10 % en rosé) et de 12 362 hectolitres en blanc.

L'aire de production s'étend sur 45 communes ou parties de communes, dans la Vienne et dans les Deux-Sèvres.

Les vins blancs sont secs, légers et pleins à la fois avec des odeurs développées fraîches, un style rustique.

Les vins rosés ont un caractère un peu plus soutenu mais voisin de celui des blancs.

Les vins rouges offrent une couleur légère avec une nuance groseille. L'odeur est fruitée, les vins sont coulants, ronds, assez vifs, peu astringents. Ils se boivent plutôt jeunes.

(*Voir* la région Loire page 470.)

Vins du Thouarsais

Voir Thouarsais.

Viognier

Synonymes : *Vionnier, Petit Vionnier, Viogné, Galopine* à La Tronche, près de Grenoble.

Bourgeonnement duveteux blanc.

Jeunes feuilles aranéeuses, à plages bronzées.

Feuilles moyennes, orbiculaires, bullées, tourmentées, 5-lobées à sinus latéraux étroits et à fonds aigus, sinus pétiolaire en U ouvert ; dents ogivales, étroites ; dessous du limbe duveteux. Rameaux côtelés, vert clair, légèrement bruns du côté exposé au soleil ; vrilles longues et charnues.

Grappes moyennes, tronconiques, compactes, parfois ailées ; baies petites, sphériques ou faiblement ovoïdes, blanc ambré, peau épaisse, saveur légèrement musquée ; maturité : 2e époque.

Cépage peu fertile, qui doit être conduit à long bois ; vinifié seul, il fournit des vins blancs de grande qualité, odorants, qui sont récoltés sur la rive droite du Rhône dans les AOC Condrieu et Château-Grillet. En matériel certifié, un clone a été agréé : le n° 642. Le Viognier est classé recommandé dans le Gard, l'Aude, l'Hérault, les Pyrénées-Orientales, le Rhône, la Loire, l'Isère, la Drôme, l'Ardèche et le Vaucluse.

La plantation actuelle est d'environ 1 500 hectares, en forte expansion.

Volnay

Le secret de la finesse des vins de Volnay est enfoui dans son sol. On y trouve des terres silico-calcaires, des marnes blanches et de l'oxyde de fer ; un terrain idéal pour recevoir la vigne. L'aire d'appellation d'origine contrôlée de ce village de la Côte de Beaune, par les décrets du 9 septembre 1937 et du 19 juin 1939, couvre 213 hectares, dont 115 en premiers crus, soit en tout plus de vingt climats.

Issus du Pinot noir, du Pinot Beurot et du Pinot Liébault, les vins doivent présenter des degrés alcooliques minimaux : 10,5 % Vol. pour l'appellation communale, 11 % Vol. pour les premiers crus. Le rendement de base est de 40 hectolitres à l'hectare pour des récoltes moyennes de 9 000 hectolitres (9 098 hectolitres en 1995) de vins rouges exclusivement. Les vins blancs produits ici ne peuvent être vendus que sous la dénomination Meursault, commune contiguë.

Les Volnays sont des vins délicats et peut-être les plus élégants de la Côte de Beaune ; tendres, souples et arrondis, ils offrent un bouquet particulièrement fin, aux arômes de framboises. Le Volnay s'épanouit rapidement, il offre néanmoins une bonne aptitude au vieillissement.

Volnay-Santenots

Paradoxe de cette appellation d'origine contrôlée, phare de la Côte de Beaune, les vins rouges récoltés sur les lieux-dits Les Santenots-Blancs,

Petit chemin dans les vignes à Volnay. Ce cru extrêmement séduisant de la Côte de Beaune révèle d'exquises senteurs de violette et de framboise.

Vosne-Romanée, village vigneron mondialement renommé pour ses grands crus et ses vins élégants et équilibrés.

Les Santenots-du-Milieu, Les Santenots-Dessous, Les Pétures et Éptures ou Santenots ont droit à l'appellation d'origine Volnay-Santenots, alors qu'ils sont situés sur la commune de Meursault.

Ces premiers crus rouges récoltés sur les 29 hectares de l'appellation sont soumis bien entendu aux exigences de leur rang : un titre alcoométrique d'au moins 11 % Vol. et un rendement de 35 hectolitres à l'hectare.

On retrouve avec les vins de Volnay-Santenots toutes les expressions des vins de Volnay avec un supplément d'arômes, de bouquet et de garde.

La cuverie du château de Vougeot, édifiée au XIIe siècle, abrite, outre les nombreuses cuves de bois, quatre impressionnants pressoirs.

Vosne-Romanée

La plus prestigieuse des appellations d'origine contrôlée de la Bourgogne, ratifiée par le décret du 11 septembre 1936, constitue presque une famille à part, tant ses climats et ses lieux-dits sont riches en variétés et en qualité.

On pense bien évidemment d'abord aux crus mondialement réputés : Romanée-Saint-Vivant, Richebourg, Romanée-Conti, La Romanée, La Tâche, traités par ailleurs, mais on ne saurait oublier une glorieuse suite de premiers crus, qui développent sur 58 hectares la puissance glorieuse de ce village de la Côte de Nuits. Tous grandissent sur des sols dont les caractéristiques sont dans l'ensemble calcaires et ferrugineuses mais chacun décline, selon son rang, des titres alcoométriques minimaux : 11,5 % Vol. pour les grands crus, 11 % Vol. pour les premiers crus et 10,5 % Vol. pour les autres et des rendements de 35 hectolitres à l'hectare pour les grands crus, pour une production de 5 914 hectolitres (en 1995).

On s'accorde à qualifier les vins de Vosne-Romanée de vins « complets » comme le sont les grands vins de Bourgogne. On apprécie surtout la finesse veloutée, l'équilibre délicat et souvent génial de ces vins de race.

Vougeot

Régie par le décret du 8 décembre 1936, l'aire d'appellation d'origine contrôlée de Vougeot, dans la Côte de Nuits, couvre 17 hectares dont 10 en premiers crus. Les récoltes annuelles sont faibles : 101 hectolitres de vins blancs et 534 de vins rouges (en 1995). Le rendement de base à l'hectare est de 40 hectolitres pour les vins rouges et de 45 hectolitres pour les blancs. Quant aux titres alcoométriques minimaux, ils sont fixés à 10,5 % Vol. pour les vins rouges – 11 % Vol. pour les premiers crus – et 11 % Vol. pour les vins blancs – 11,5 % Vol. pour les premiers crus.

Les vins rouges de Vougeot sont appréciés pour leur robe rubis foncé et leurs arômes puissants de truffe, de violette et de buisson sauvage. Ces mêmes qualités se retrouvent exaltées dans le célèbre Clos de Vougeot.

Les vins blancs du Clos-Blanc (ou Vigne blanche), au léger goût de noisette, ressemblent aux Meursault.

Vouvray. Les vignes s'enracinent sur une faible couche arable, l'aubuis reposant sur une assise calcaire de tuffeau dans laquelle sont creusées les fameuses caves troglodytes.

Vouvray

Ce vignoble couvre quelque 1 800 hectares, avec pour cépage le Pineau blanc de la Loire exclusivement. La production annuelle est de l'ordre de 110 000 hectolitres, dont – selon le climat de l'année – 30 000 à 50 000 hectolitres de vins tranquilles.

L'aire de production, classée en appellation d'origine contrôlée par le décret du 8 décembre 1936, s'étend sur les communes ou parties de communes de Vouvray, Rochecorbon, Vernou, Sainte-Radegonde, Chançay, Noizay, Reugny, Parçay-Meslay.

Selon les années, la richesse du raisin permet d'élaborer soit des vins secs en années froides, comme en 1980 et en 1992, soit des vins moelleux en années chaudes, comme ce fut le cas en 1976, en 1989 et en 1990. Les tries et la pourriture noble marquent la race des vins de Vouvray.

D'une façon générale, la couleur des vins est soutenue : jaune paille à jaune doré avec l'âge. L'odeur est fruitée, florale, avec une touche minérale pour certains terroirs. Les vins âgés sont marqués par des arômes de coing et de muscat.

Les vins sont pleins, fondus, tendres et vifs avec une astringence caractéristique. L'aptitude au vieillissement est excellente, surtout dans les années ensoleillées. Elle peut atteindre le siècle pour les grands crus. (*Voir* la région Anjou et Saumurois page 236.)

Vouvray mousseux

Le vignoble a été classé appellation d'origine contrôlée par le décret du 8 décembre 1936.

L'aire de production s'étend sur les communes ou parties de communes de l'aire d'appellation Vouvray, avec le même encépagement.

La production annuelle de ces vins avoisine les 65 000 hectolitres, avec des différences pouvant aller de 20 000 à 75 000 hectolitres selon les années.

La couleur du Vouvray mousseux est soutenue, jaune paille à jaune ambré pour les vins âgés. Les vins à la mousse énergique sont pleins, tendres, vifs. Ils montrent une très bonne tenue en bouteille.

Vouvray pétillant

La classification en appellation d'origine contrôlée date du décret du 8 décembre 1936, complété par le décret du 20 juillet 1959.

Le volume de production est évalué à 5 % des vins mousseux, avec pour cépage le Pineau blanc de la Loire.

L'aire de production s'étend sur les communes ou parties de communes de l'aire d'appellation Vouvray. Le Vouvray pétillant est équilibré, tendre et vif.

Le vin blanc de Vouvray, tranquille, mousseux ou pétillant et excellent vin de garde, mûrit à merveille dans des caves creusées dans le roc.

Vins du Centre

Des côtes d'Auvergne à Valençay, une mosaïque de vignobles réunis sous le nom de vins du Centre jalonnent le cours de la Loire. Soumis à l'influence continentale, ils donneront des vins aux formes d'expression voisines : des blancs secs et des rouges non tanniques.

■ Les vins du Centre, éparpillés tout au long du cours inférieur de la Loire, ne peuvent avoir une histoire commune, chaque vignoble s'étant développé en son temps, à son rythme et suivant les vicissitudes propres à la région où il s'est épanoui.

Le vignoble de Reuilly est donné à l'abbaye Saint-Denis de France pour le roi Mérovingien Dagobert Ier... En 820, la production du Sancerre est déjà réglementée... Les vins des côtes du Forez et le Saint-Pourçain figurent dans les grands repas du Moyen Âge, et plus tard à la table des rois de France... Les Vins de l'Orléanais sont célébrés par Rabelais au même titre que ceux de Graves, de Beaune... Plus près de nous, la côte roannaise, l'un des plus anciens vignobles de France, prend son essor véritable lorsque s'ouvrent en 1642 le canal de Briare puis celui du Loing en 1723... Talleyrand, à Valençay, encourage la production des vins locaux...

Au pied de la colline de Sancerre, la Loire commence à infléchir son cours vers l'ouest et les vignobles de Touraine. Les vignes donnent ici des vins blancs renommés issus de cépage Sauvignon.

Si les quinze appellations – AOC et AOVDQS – ont connu des destins différents, toutes cependant peuvent revendiquer un long passé attesté par les traditions et les terroirs où s'enracine la vigne de façon heureuse.

Le vignoble et les sols

Les sols des côtes d'Auvergne sont d'origine volcanique. La vigne, exposée sud-sud-est, repose sur différents types de terres de couleur plutôt brune, assez faciles à travailler. Selon les pentes apparaissent des sables provenant de la destruction des granites, des marnes, des calcaires, des morceaux de lave. Tous ces sols sont secs et bien drainés. Ces facteurs expliquent les caractères dominants du vin : la finesse en relation avec le sol et le fruité apporté par la bonne exposition.

Les sols des côtes du Forez sont à tendance argilo-siliceuse. Le vignoble borde les coteaux du Lignon et de l'Onzon. Les vins sont légers et fermes.

La côte roannaise présente les mêmes sols mais les vins sont légers et fruités.

Le vignoble de Saint-Pourçain s'est installé sur une ligne de coteaux d'environ 30 kilomètres de long sur quelques kilomètres de large. Il borde trois vallées, celles de l'Allier, de la Bouble et de la Sioule. Les sols sont assez variés. L'influence des sols marneux et calcaires apporte une bonne plénitude aux vins.

Les sols formés de graviers et de sables siliceux apportent de la finesse aux vins de Quincy, un vignoble au relief peu accentué situé dans la vallée du Cher.

Le vignoble de Reuilly est implanté sur les deux rives de l'Arnon, affluent du Cher, sur des sols variés à mi-coteau ou en coteau, situation qui donne de l'ampleur aux vins.

Celui de Menetou-Salon est situé sud-sud-ouest, en coteaux. Le sol est à tendance calcaire. Les vins seront tendres.

Les vignes des coteaux du Giennois sont accrochées aux coteaux mais aussi à des terrasses graveleuses, riches en silice, élément responsable de la finesse du vin.

À Sancerre, la vigne s'exprime dans une suite très pittoresque. Les sols secs et calcaires sont appelés « caillottes ». Au-dessus, on trouve « les terres blanches » appartenant au kimméridjien, comme à Chablis. Autour de la ville de Sancerre, les sols sont argilo-siliceux. Le calcaire donne une structure souple aux vins.

Le vignoble de Pouilly s'étale sur de charmantes collines à 350 mètres d'altitude, ce qui le rend assez sensible aux gelées tardives et a restreint sa superficie. Les sols sont variés, mais ce sont les marnes et surtout les calcaires compacts du kimméridgien qui sont encépagés afin de donner de la finesse et de la plénitude au vin.

Le petit vignoble de Cheverny borde la Sologne. Les vins sont légers et fins, très marqués par la silice.

Les sols des coteaux de l'Orléanais sont variés, de même que l'exposition des vignes. Les conditions changent pratiquement avec chaque commune. L'ensemble se caractérise par des vins légers.

Les cépages

Cette région est le royaume du Sauvignon. Dans l'ensemble des appellations du Centre, ce cépage noble se présente uniquement en vins blancs secs. On note également, en blanc, le Romorantin, cultivé surtout à Mont-Près-Chambord ; l'Aligoté à Saint-Pourçain, le Tressalier, parfaitement typé, qui donne des vins très bien équilibrés, à Saint-Pourçain, et le Saint-Pierre doré que l'on rencontre dans l'Allier.

En rouge, le Pinot noir donne un vin fin par excellence, non tannique, qui exprime bien la finesse des terroirs ; le Gamay noir à jus blanc non tannique est très répandu. Il est recherché pour l'obtention de vins légers et fruités, pouvant être bus principalement jeunes. Le Pinot Meunier donne un vin gris dans le Loiret.

Le style des vins

Les vins ici présentent des caractères voisins dus principalement au climat. Toutefois, le sol, le cépage, le travail des hommes et les microclimats dessinent des silhouettes particulières.

Côtes-d'Auvergne

Le vin rouge en est l'expression principale. L'encépagement est à base de Gamay. Le Pinot noir est autorisé mais peu planté. Sur ces sols acides, la caractéristique du vin est toujours la finesse à laquelle répond une fermeté des tanins en rapport avec les conditions climatiques. Les arômes sont de « montagne » avec une touche épicée.

Le rosé est coulant, sec et fruité.

La production de blanc est pratiquement inexistante.

Côtes-du-Forez

En rouge, le vin issu du Gamay est peu tannique mais néanmoins bien structuré par un sol à tendance argilo-siliceuse. Il est fruité, avec une robe groseille. Élaboré à partir du même cépage, le vin rosé est sec, coulant, vif et fruité.

Côte-Roannaise

Le Gamay noir à jus blanc s'exprime ici en donnant des vins rouges à la fois légers et charpentés avec ces caractères propres aux « vins de montagne ». Les rares vins présentés en rosé, avec le même cépage, ont une robe légère et sont coulants.

Saint-Pourçain

Les vins rouges, préparés à partir des cépages Gamay et Pinot noir, ont une robe aux reflets grenat. Ils sont pleins et fins à la fois. Les arômes rappellent les fruits secs avec ce caractère de « montagne » si sympathique. L'aptitude au mûrissement en bouteille est bonne.

En rosé, l'encépagement est identique. Les vins ont une robe légère. Ils sont secs ; la fermeté et la finesse s'équilibrent avec la vivacité.

En blanc, l'art consiste à conserver toute la typicité de ces vins secs et pleins issus d'un assemblage de Chardonnay, de Tressalier et de Saint-Pierre doré.

Les vins mousseux ne représentent qu'une petite partie de la production. Les vins effervescents sont issus du Tressalier.

Pouilly Fumé

Comme le cépage, le vin est unique : un blanc sec issu du Sauvignon. Les sols caillouteux, plus ou moins siliceux, argileux et calcaires apportent au vin un bel équilibre. La puissance est maîtrisée par le corps et la vivacité par la fermeté, l'ensemble est couronné par des arômes typiques avec un musc élégant. Ce vin présente une très bonne aptitude au mûrissement en bouteille.

Pouilly, sur la rive droite de la Loire, produit des vins blancs secs renommés depuis le Moyen Âge.

Pouilly-sur-Loire

Le cépage est le Chasselas auquel on a le droit d'apporter du Sauvignon. Ce qui l'alourdit. Ce vin sec, fin, vif et racé est une grande expression de ce cépage en France sur sol siliceux. Il faut savoir gré aux vignerons qui lui sont demeurés fidèles.

Le terroir de Chavignol, même s'il dépend de l'appellation Sancerre, offre des vins qui ont leur type propre.

Sancerre

Le vin blanc, issu du seul cépage Sauvignon, est le plus renommé. La présence de calcaire dans le vignoble apporte un « galbe » au vin. Ses arômes particulièrement inimitables seront donc associés au caractère sec, vif et tendre du vin. Celui-ci mûrit bien en bouteille où il acquiert des arômes secondaires moins « virils », mais plus floraux.

En rouge, un seul cépage, le Pinot noir, s'exprime sur des sols plus silico-argileux que celui du blanc. Le vin aura donc de la finesse, apportée par la silice, et de la fermeté, donnée par l'argile. L'ensemble est fruité, floral, puis animal après quelques années en bouteille où ce vin mûrit d'ailleurs très bien.

Le rosé a le même encépagement que le rouge. Le vin est sec et floral. Il évolue bien en bouteille.

Menetou-Salon

En blanc, le cépage unique est le Sauvignon. Le vignoble s'étendant sur des sols à tendance calcaire, les vins seront assez pleins. Une vivacité ferme rééquilibre la forme du vin, aux arômes de musc caractéristiques, avec une touche minérale.

En rouge, le cépage est le Pinot noir. Les vins sont assez coulants, mais ne manquent pas de « grain ». Les arômes fruités sont développés. Ce vin évolue bien en bouteille où il devient plus délicat. Le vin rosé, issu du même cépage, est sec et léger.

Quincy

Le vignoble étant planté sur des sols à tendance siliceuse, le style du vin, issu du Sauvignon, sera marqué par un corps allégé. Les arômes seront plus développés que ceux du Sancerre et du Menetou-Salon. Cette expression du cépage Sauvignon est fort intéressante car elle montre bien le rôle du sol.

Reuilly

Le vignoble est encore marqué par le calcaire, et le vin blanc, élaboré à partir du Sauvignon, a de la plénitude et une finesse tenace. Les arômes caractéristiques n'ont aucune brutalité. La race de ce vin est bonne comme son aptitude à mûrir en bouteille. On a d'ailleurs tort de le consommer trop jeune.

Les vins rouges, issus du Pinot noir, sont pleins. Les arômes sont fruités et floraux.

En rosé, l'encépagement fait intervenir le Pinot gris associé au Pinot noir pour donner des vins secs, assez puissants et tendres.

Valençay

En rouge, l'encépagement est multiple : Gamay, Côt, Cabernets et Pinot noir pour 75 %. La présence du Côt montre que l'on se rapproche du climat plus atlantique de la Touraine, où ce cépage est présent. Le vin est un peu tannique, mais il demeure léger et frais. Il est fruité avec un caractère « rustique » heureux.

Le rosé offre une possibilité d'encépagement identique au rouge. Les vins sont secs, assez coulants, plus tendres dans les années de fort ensoleillement.

En blanc, l'encépagement est également mixte avec, pour 60 %, l'Arbois, le Sauvignon et le Chardonnay. Les vins sont secs, assez pleins, avec une pointe de vivacité.

Châteaumeillant

L'encépagement en rouge comprend une population de 85 % de Gamay, complétée par du Pinot noir. Le vin se présente avec une couleur rubis. Il est léger avec à la fois des caractères de « montagne » et de « rusticité ». Il reste très solide et friand, même après quelques années en bouteille.

L'encépagement du vin gris est le même. Le vin gris n'est ni blanc ni rouge. Il est heureux que ce qualificatif, plus ancien que « rosé », soit conservé ici. Le vin a un caractère sec, assez frais et fruité.

Coteaux-du-Giennois

L'encépagement en rouge est à 75 % en Gamay et à 15 % en Pinot noir. L'emplacement du vignoble sur des mamelons ou terrasses et les sols à tendance siliceuse apportent aux vins la finesse et la puissance. Ils ont du fruit et de l'élégance.

Les rosés sont secs et légers, plus ou moins vifs selon les années.

En blanc, l'encépagement est à base de Sauvignon et d'un peu de Pineau blanc de la Loire. Le vin est sec mais bien charpenté. Les arômes sont très développés, au musc caractéristique.

Vins de l'Orléanais

En rouge, on note une association du Pinot Meunier et du Cabernet franc avec environ 10 % de Pinot noir. C'est là une influence des encépagements venus du nord-est avec le Pinot Meunier, de l'ouest avec le Cabernet franc et de l'est avec le Pinot noir. Sur des sols siliceux plus ou moins argileux, on cherche à produire des vins légers et fruités, mais avec une pointe de fermeté.

Les vins rosés, issus du même encépagement, sont légers et assez vifs.

En blanc, l'encépagement peut être composé de Chardonnay et de Pinot gris, malheureusement en régression. Les blancs sont secs et assez pleins.

Cheverny

L'association du Gamay et de la silice donne un vin rouge très coulant et élégant. Il est vif, fruité et tient bien en bouteille.

Les vins rosés sont coulants et vifs.

En blanc, le Sauvignon associé à l'Arbois, au Petit Meslier, au Romorantin et au Chardonnay donne des vins secs, très fins et fruités qui tiennent bien en bouteille.

Les vins mousseux sont issus d'un encépagement mixte pouvant comprendre le Chardonnay, l'Arbois et le Petit Meslier. Ces vins doivent être marqués par la finesse et la légèreté pour échapper à la banalité.

PRODUCTION MOYENNE DES VINS DU CENTRE EN HECTOLITRES				
Appellation	**Blanc**	**Rouge**	**Rosé**	**Mousseux**
AOC				
Pouilly Fumé	50 000	–	–	–
Pouilly-sur-Loire	2 500	–	–	–
Sancerre	100 000	9 000	16 000	–
Menetou-Salon	10 000	5 500	500	–
Quincy	6 000	–	–	–
Reuilly	2 400	800	1 700	–
Cheverny	10 000	5 500	500	1 000
Cour-Cheverny	3 000	–	–	–
AOVDQS				
Côtes-du-Forez	–	7 000	1 500	–
Côte-Roannaise	–	6 700	300	–
Côtes-d'Auvergne	–	16 000	7 000	–
Saint-Pourçain	7 600	15 000	5 000	400
Valençay	1 500	3 200	1 300	–
Châteaumeillant	–	1 800	1 200	–
Coteaux-du-Giennois	2 000	4 300	700	–
Coteaux-du-Vendômois	2 500	5 000	2 500	–
Vins de l'Orléanais	1 500	6 000	500	–
	199 000	85 800	38 700	1 400
Total 324 900				

Le climat

Dans son ensemble, le climat est continental. La hantise des vignerons réside dans les risques de gelées en avril et en mai. C'est là une des raisons de la diminution du vignoble. Les versants bien protégés sont donc recherchés pour l'implantation des vignes.

La vinification

On cherche à obtenir une maturité optimale, sans aller évidemment pour le Sauvignon jusqu'à la surmaturité les années à fort ensoleillement. Une concentration du raisin apporterait un caractère inhabituel et lourd.

Après extraction par pressurage, le plus soigné possible, les moûts sont placés dans des fûts en bois de 220 litres ou en demi-muids. On utilise également des cuves, de préférence en acier inoxydable, pour le vin d'expression plus simple. On recherche des fermentations plutôt longues : un mois.

Après deux ou trois soutirages et une filtration, les vins sont mis en bouteilles en mars.

Pour les rouges, le vin élaboré à partir du raisin égrappé de Pinot noir est souvent élevé en fût de chêne où il reste ainsi un an avant d'être mis en bouteilles en septembre.

Les vins provenant de Gamay sont mis en bouteilles plus tôt, avant l'été, afin de conserver toute leur fraîcheur. Les rosés sont vinifiés en blanc, c'est-à-dire après pressurage des raisins.

Les structures économiques

C'est une région de petites exploitations viticoles. La commercialisation directe à partir de la propriété est donc importante.

La production se partage par moitié entre le secteur coopératif et la viticulture indépendante. La commercialisation par le négoce-éleveur est assez modeste. Elle occupe cependant une part notable à Sancerre, Pouilly, Quincy, Saint-Pourçain et dans les côtes d'Auvergne.

Le vin et la société

Les activités organisées pour célébrer le vin dans ces régions sont nombreuses et efficaces. Toutes les occasions sont bonnes pour se retrouver autour du vin. On observe ainsi une des plus fortes concentrations en confréries vineuses compte tenu des volumes produits. Leurs rituels sont souvent fort savoureux. Il faut avoir connu, entre autres manifestations, le premier dimanche d'août, la grande « Foire aux sorcières et birettes » à Bué-en-Sancerre, ou la Saint-Vincent à Chavignol, où l'on célèbre la fête du patron des vignerons avec une solennité et une fidélité aux racines moyenâgeuses fort sympathiques.

Les caveaux de dégustation, nombreux dans cette région, permettent de rencontrer des vignerons malicieux, simples et grands, façonnés par la vigne, la terre et le climat.

Les mots de la vigne et du vin

A

ACESCENCE
Maladie du vin également appelée piqûre acétique. Les bactéries acétiques aérobies transforment l'alcool du vin en acide acétique. L'acide acétique formé s'estérifie partiellement avec l'éthanol en formant de l'acétate d'éthyle, responsable de l'odeur de vin piqué. Cette dégradation conduit au vinaigre. Cette maladie apparaît dans les récipients laissés en vidange ; elle peut être évitée en conservant les vins à l'abri de l'air et de la chaleur. Aucun remède ne peut être appliqué aux vins atteints d'acescence. (*Voir aussi* le vocabulaire de la dégustation.)

ACÉTATE D'ÉTHYLE
Composé chimique de la famille des esters produit par l'association d'une molécule d'acide acétique avec une molécule d'éthanol. Ce composé se forme dans les vins atteints de piqûre acétique ou lactique et confère cette odeur piquante caractéristique du vinaigre.

ACIDE ACÉTIQUE
Ce produit apparaît dans le vin, soit par dégradation de l'éthanol par les bactéries acétiques (piqûre acétique), soit par dégradation de sucres par les bactéries lactiques (piqûre lactique). Une petite quantité d'acide acétique peut être produite par les levures au cours de la fermentation alcoolique. La transformation complète de l'éthanol en acide acétique par les bactéries acétiques conduit au vinaigre.

ACIDE CITRIQUE
L'acide citrique se rencontre naturellement dans les vins à des taux allant jusqu'à 300 milligrammes par litre. Il peut être dégradé au même titre que l'acide malique au cours de la fermentation malolactique. D'une saveur acidulée, il ne participe que faiblement au goût du vin. Par la présence de ses trois fonctions acides chargées négativement, il influence le pH du vin. Il a la propriété de complexer le fer présent à l'état dissous et donc d'éviter la casse ferrique. C'est pour cette raison qu'il peut être employé comme produit stabilisant dans les vins à condition que le taux final ne dépasse pas 1 gramme par litre.

ACIDE LACTIQUE
Absent du moût, il apparaît au cours de la fermentation malolactique par dégradation de l'acide malique. C'est un moût acide au goût acide peu prononcé, ce qui explique la souplesse des vins ayant subi la fermentation malolactique. (*Voir aussi* le vocabulaire de la dégustation.)

ACIDE MALIQUE
Il est naturellement présent dans le raisin. Son taux diminue au cours de la maturation. Dans les moûts, on le trouve à des taux allant de 2 à 5 grammes par litre. Les levures peuvent en dégrader une fraction. Les bactéries peuvent le transformer complètement en acide lactique (fermentation malolactique). Au cours des vinifications par macération carbonique, le taux d'acide malique baisse dans des proportions notables.

ACIDE TARTRIQUE
C'est un acide naturel du vin qui est peu répandu dans le monde végétal. Son taux diminue au cours de la maturation du raisin. Il diminue encore au cours de la fermentation alcoolique à cause de sa faible solubilité dans l'alcool. Les vins nouveaux sont sursaturés d'acide tartrique, ce qui provoque des précipitations de bitartrate de potassium dès que le vin se trouve au froid. Ces cristaux appelés « Gravelle » se déposent sur les parois des récipients vinaires et parfois même dans les bouteilles. Un traitement au froid au cours de l'élevage est nécessaire pour éviter cet incident. L'acide tartrique restant dans le vin fini et stabilisé par le froid est difficilement attaquable par les micro-organismes. Dans les vins laissés sans soin, l'acide tartrique peut être dégradé par certaines bactéries lactiques, provoquant une maladie appelée tourne.

ACIDIFICATION
Traitement exceptionnellement appliqué aux moûts et aux vins en fermentation considérés comme insuffisamment acides. Cette pratique réglementée est réservée aux vins méridionaux. Elle est interdite en chaptalisation. Seul l'acide tartrique est autorisé pour cette correction.

ACIDITÉ
Le vin est riche en acides organiques. Pour quantifier l'acidité du vin, plusieurs mesures sont effectuées en laboratoire. Le pH exprime la quantité de protons libres dans le milieu et représente l'acidité réelle du vin. Il peut varier de 2,8 (vins très acides) à 3,8 (vins peu acides). L'acidité totale mesure le nombre de fractions acides que l'on peut neutraliser par une base forte lorsqu'on passe du pH du vin à la neutralité (pH7).

Acidité volatile : c'est la fraction de l'acidité constituée par les acides volatiles et particulièrement par l'acide acétique. Cette mesure permet d'apprécier le degré d'altération du vin par piqûre acétique ou lactique. Certains composés acides peuvent induire des erreurs si certaines précautions ne sont pas prises pour les éliminer. Il s'agit essentiellement des acides carbonique, lactique, succinique et anhydride sulfureux.

Acidité volatile corrigée : il s'agit de la mesure précédente par laquelle l'anhydride sulfureux présent est réduit après dosage. L'acidité fixe est la fraction non volatile de l'acidité totale. On l'obtient par différence entre l'acidité totale et l'acidité volatile. (*Voir aussi* le vocabulaire de la dégustation.)

ALCOOL
L'alcool du vin est l'éthanol ou alcool éthylique. Il est produit au cours de la fermentation alcoolique levurienne aux dépens des sucres. Il peut également apparaître par fermentation intracellulaire du raisin au cours de la macération carbonique. (*Voir aussi* le vocabulaire de la dégustation.)

ALDÉHYDE
En chimie organique, les aldéhydes sont les produits de l'oxydation ménagée et plus ou moins spontanée des alcools, et constituent un

stade intermédiaire entre les alcools et les acides gras correspondants. Dans le vin, il s'agit de l'éthanol. Il se forme dans les vins partiellement en vidange, catalysé par la lumière solaire ou par des traces métalliques, ou sous l'effet d'une aération brutale. Son odeur est forte et caractéristique, analogue à celle du métaldéhyde (vendu en droguerie sous le nom de méta, ou « alcool ratifié », pour alimenter les réchauds de plein air). À l'état dilué, elle rappelle l'odeur de la feuille de noyer et de l'écorce de noix. Cette forte odeur, jointe à une grande volatilité, rende l'aldéhyde perceptible dans le vin à une dose de quelques milligrammes par litre seulement. À l'état simple et primitif, ce caractère olfactif constitue l'évent des bouteilles ou des fûts demeurés en vidange. Cependant, l'aldéhyde a une grande activité chimique et tend à se combiner avec de nombreux constituants du vin (matières colorantes, tanins, sucres), ainsi qu'avec l'anhydride sulfureux, dont il affaiblit l'action. Ce genre d'évolution, judicieusement entretenue, est la base de la madérisation, qui donne les vins jaunes et les vins rancios.

AMERTUME

Un des quatre composants du goût. Le terme désigne également une maladie du vin au cours de laquelle des bactéries lactiques dégradent du glycérol en produisant de l'acroléine au goût amer prononcé. Cette maladie est devenue assez rare de nos jours. (*Voir aussi* le vocabulaire de la dégustation.)

AMPÉLOGRAPHIE

Science qui décrit la vigne dans ses différentes espèces et variétés de cépages.

ANHYDRIDE CARBONIQUE

Voir Gaz carbonique.

ANHYDRIDE SULFUREUX

Composé chimique de formule SO_2 très largement utilisé en œnologie pour ses nombreuses propriétés. Il est en effet à la fois anti-oxydant, anti-oxydase, antiseptique – très efficace sur les bactéries, un peu moins sur les levures – et possède un pouvoir dissolvant des composés phénoliques.

On l'utilise sous différentes formes : mèche ou pastille de soufre que l'on fait brûler, gaz comprimé, solution dans l'eau, sels de potassium. Certaines levures peuvent produire de l'anhydride sulfureux. Son emploi est réglementé. (*Voir aussi* Anhydride dans le vocabulaire de la dégustation.)

ANTHOCYANES

Composés phénoliques responsables de la couleur rouge ou pourprée des vins jeunes et, dans une moindre mesure, des vins vieux.

AOC

Sigle signifiant appellation d'origine contrôlée (*voir* cette rubrique).

AOÛTEMENT

Phénomène physiologique intervenant sur les rameaux à la fin de l'été. L'écorce devient rouge ocre et se dessèche, constituant ainsi une protection du sarment. Le bois durcit dans le même temps.

AOVDQS

Voir Appellation d'origine vin délimité de qualité supérieure.

APÉRITIF

Qualificatif qui provient du latin *aperire* signifiant « ouvrir ». Utilisé depuis l'école de Saberne, il désignait toute potion médicamenteuse végétale destinée à ouvrir l'appétit. Sous la forme substantivée, il s'applique aujourd'hui à tout vin naturel ou fabriqué offert avant un repas pour stimuler la faim.

APPELLATION D'ORIGINE

Cette notion très ancienne met en valeur l'importance du milieu complexe permettant l'obtention d'un produit aux caractères particuliers. Les facteurs entrant en jeu sont géographiques, génétiques et humains.

APPELLATION D'ORIGINE CONTRÔLÉE (AOC)

Créées au début du siècle, les appellations d'origine contrôlée sont déterminées à partir de 1935 par l'INAO (Institut national des appellations d'origine des vins et eaux-de-vie). Chaque appellation est définie par une délimitation parcellaire, par un encépagement, par les méthodes de culture et de vinification, par les caractéristiques analytiques des vins. Les vins d'appellation sont soumis à une épreuve de dégustation.

APPELLATION D'ORIGINE VIN DE QUALITÉ SUPÉRIEURE (AOVDQS)

Vin d'appellation d'origine dont les règles et les aires de production sont différentes de celles des AOC. Ces vins sont produits dans des régions au potentiel qualificatif moins important que celui des AOC. La production des AOVDQS représente 10 à 15 % de celle des AOC.

ARÔMES

Composés organiques nombreux présents dans les vins suffisamment volatiles et odoriférants pour être perçus par l'odorat. Ces composés peuvent provenir du raisin (arôme primaire) ou être produits au cours de la fermentation alcoolique (arômes secondaires). Au cours du vieillissement, le vin subit une évolution conduisant au bouquet (arômes tertiaires). Chimiquement, ces composés ont des structures très variables ; il peut s'agir d'alcools, d'esters, de terpènes, d'aldéhydes, etc. Leur taux est très faible, et le nez est souvent un détecteur beaucoup plus sensible que les appareils de laboratoire, ce qui explique la primauté qu'occupe la dégustation en matière de vin. (*Voir aussi* le vocabulaire de la dégustation.)

ASSEMBLAGE

Opération qui consiste à mélanger dans des proportions judicieusement choisies des vins ou des eaux-de-vie différents. Les assemblages pratiqués de façon traditionnelle dans certaines régions d'appellation (Champagne, Bordeaux, Cognac, Armagnac) permettent d'atteindre la typicité recherchée.

AZOTE

Gaz inerte entrant à 80 % environ dans la composition de l'air. L'azote est utilisé en œnologie comme gaz de conservation en mélange avec le gaz carbonique. Il est également utilisé dans un procédé de vinification en rouge connu sous le nom de brassage à l'azote. Enfin, il peut être utilisé pour débarrasser le vin de son gaz carbonique en excès avant la mise en bouteilles (dégazage à l'azote).

B

BACTÉRIES ACÉTIQUES
Bactéries Gram négatif, aérobies. Ces bactéries se développent dans les vins laissés à l'air. Elles dégradent alors l'éthanol et produisent de l'acide acétique. À terme, on obtient du vinaigre. Ces développements intempestifs sont évités dans la pratique par une conservation des vins à l'abri de l'air et de la chaleur, ou encore en présence de gaz inerte ou d'anhydride sulfureux.

BACTÉRIES LACTIQUES
Bactéries Gram positif, aérobies. Elles sont responsables, dans les vins, de la fermentation malolactique. Celle-ci assouplit les vins, ce qui la fait rechercher systématiquement dans les vins rouges. Elle modifie également les arômes.

BAIE DE RAISIN
Le grain de raisin est le fruit de la vigne. Chaque baie provient de la fécondation d'une fleur. La baie se compose d'une cuticule recouverte de pruine, de la pulpe principalement constituée par du jus, des pépins qui sont reliés au pédicelle par le pinceau. Les pépins sont au nombre de zéro (baie apyrène) à quatre. Il existe une relation entre le nombre de pépins et le volume de la baie.

BAN DES VENDANGES
Il s'agit de la date à laquelle commençaient les vendanges dans le passé. Actuellement, le ban des vendanges est la date à partir de laquelle la chaptalisation est autorisée. Cette date est proposée par l'INAO et le syndicat de l'appellation, et décidée par le préfet de région.

BARRIQUE
Vaisseau vinaire d'une capacité voisine de 220 litres. La capacité d'une barrique peut légèrement varier d'une région à l'autre. Les barriques sont généralement construites en chêne refendu ou en châtaignier. Elles peuvent être utilisées aussi bien pour le transport que pour l'élevage du vin.

BERNACHE
Désigne le moût de vin blanc en fermentation tumultueuse. Encore très sucrée et d'aspect laiteux, la bernache est souvent consommée avec des châtaignes grillées, par exemple.

BLANC
Vin issu de raisin blanc ou rouge à jus blanc après simple extraction du jus ou moût, et fermentation alcoolique.

BLANC DE BLANCS
Vin blanc uniquement élaboré avec des raisins blancs. Ce terme est souvent employé pour les vins effervescents.

BLANC DE NOIRS
Vin blanc issu de raisins rouges à jus blanc comme les Pinots noir ou Meunier. Sa réussite nécessite un pressurage délicat excluant toute forme de macération.

BOTRYTIS CINEREA
Champignon filamenteux, parasite des raisins, sur lesquels il peut donner, suivant les conditions d'ambiance ou les influences atmosphériques, la pourriture noble (qui fait les vins de Sauternes ou homologues) ou la pourriture grise (qui est une perte de qualité et de quantité sur la vendange). Dans la pourriture noble, le *Botrytis* apporte, entre autres, un enrichissement important en glycérine dans le raisin avant même sa cueillette, et l'enrichit donc en moelleux. Dans la pourriture grise, ou « vulgaire », il apporte des oxydases qui font brunir les moûts et qui se développent pendant la phase humide. Mis à part cet inconvénient, le pouvoir humide n'est pas générateur de mauvais goût dans les vins. Malheureusement, il est évolutif et ne reste pas stationnaire, il vide peu à peu les raisins de leur pulpe en devenant du pourri sec répandu comme une cendre grise sur les rafles et les peaux desséchées du raisin. À l'inverse des précédents, ce pourri sec peut apporter aux vins de très mauvais goûts qui s'apparentent au moisi, et qu'on évite en triant la vendange pour éliminer les parties altérées.

BOUCHON
Cylindre de liège ou éventuellement de matière synthétique servant à obturer hermétiquement les bouteilles. Les qualités de liège sont variables. Les lièges de moindre qualité sont colmatés avec de la pâte de liège. Les bouchons reçoivent généralement une pelliculation (paraffine ou autres produits sans solvant) pour faciliter le bouchage. (*Voir aussi* le vocabulaire de la dégustation.)

BOUILLIE BORDELAISE
Préparation à base de sulfate de cuivre et de chaux, mise au point par Millardet au siècle dernier pour lutter contre le mildiou. Elle est de plus en plus remplacée par des produits de synthèse associés à du cuivre.

BOURGEONS
Organes portés par les rameaux au niveau de chaque nœud. On trouve le plus souvent un prompt bourgeon donnant naissance, pendant l'été, à un rameau secondaire appelé entre-cœur, et l'œil qui, s'il est laissé en place lors de la taille, donnera un nouveau rameau au printemps suivant. Le bourgeon comporte dès sa formation toutes les ébauches des organes auquel il donnera naissance : feuilles, entre-nœuds, grappes et vrilles.

BOURRU (VIN)
Vin nouveau encore trouble que l'on obtient au sortir des fermentations.

BRANCHE À FRUITS
Rameaux laissés lors de la taille d'hiver. On distingue les rameaux courts de 1,2 à 3 yeux, qu'on appelle coursons ou côts, et les rameaux longs ayant de 4 à 14 yeux appelés astes, long-bois ou baguettes suivant les régions. Chaque mode de conduite de la vigne laisse, après la taille, un nombre déterminé de branches à fruits courtes ou longues. La fertilité peut varier au long de la branche à fruits suivant les cépages. Généralement, un œil donne naissance à 2 grappes, ce qui détermine la charge et le rendement à l'hectare.

BRUT
1. Qualificatif appliqué aux vins à l'issue de leurs fermentations et avant toute opération de clarification.

2. Catégorie de Champagne, crémant et vin effervescent qui n'a reçu au dégorgement qu'un minimum de liqueur d'expédition et qui contient ainsi moins de 12 grammes de sucre par litre, bien que cette prescription n'ait aucun caractère légal. Il existe aussi une mention BRUT ZÉRO qui implique l'absence totale de sucre dans le tirage fini ; les vins ainsi préparés ont peut-être davantage d'authenticité pour les bons connaisseurs, mais ils ont une durée de conservation variée.

BRUT NATURE
Vin de Champagne ou mousseux contenant moins de 5 grammes de sucre résiduel.

C

CAPSULE
Coiffe de métal ou d'une autre manière constituant le surbouchage de la bouteille. La capsule, à l'origine en alliage d'étain, existe également en plastique.

Ce terme désigne également le « bouchon couronne » que l'on utilise lors de la prise de mousse des vins effervescents.

CAPSULE-CONGÉ
Capsule représentative des droits (CRD) comportant un sceau indiquant que les droits de transport du vin ont été acquittés.

CASSES
Anomalies affectant les vins par des défauts d'aspect : apparition de trouble et modification de la couleur.

La *casse blanche* est la casse ferrique des vins blancs.

La *casse bleue* est la casse ferrique des vins rouges.

La *casse brune,* encore appelée casse oxydasique, est provoquée par une dégradation irréversible des composés phénoliques des vins blancs ou rouges. Elle donne une couleur ocre aux vins blancs et marron aux vins rouges. Le plus souvent elle est causée par la pourriture du raisin.

La *casse cuivreuse* est une précipitation brun-rouge pouvant apparaître en bouteille dans les vins blancs ou rosés trop riches en cuivre. Elle se produit lorsque le vin est conservé à une température trop élevée ou exposé à la lumière.

La *casse ferrique* est un voile blanc apparaissant dans les vins blancs, ou bleu dans les vins rouges, dû à une insolubilisation du fer en excès.

La *casse protéique* est un voile blanchâtre pouvant apparaître au froid dans les vins blancs qui sont riches en protéines.

CAVAILLON
Le cavaillon est une butte de terre longitudinale située le long des souches de vigne. Le cavaillon est laissé par le déchaussage ou labour de printemps puisque la charrue vigneronne ne passe pas sous les ceps. Pour remettre à plat la terre du cavaillon, on pratique une opération appelée décavaillonnage, soit en tirant la terre avec un outil à main, soit à l'aide d'une dévaillonneuse. Par cette opération, on supprime les mauvaises herbes poussées sur le cavaillon, ainsi que les racines poussées sur le porte-greffe ou les rameaux poussés sur le greffon.

CAVE
Lieu où l'on élabore et où l'on conserve le vin. Par son étymologie (latin *cavea* = cavité), ce mot évoque un local souterrain et impliquerait que la cave soit enterrée. Par extension de sens, on a fini par nommer « cave » tous les locaux vinicoles, y compris les bâtiments de surface, qui ne sont que des magasins ou des celliers.

CENTRIFUGATION
Opération de clarification des moûts ou des vins au cours de laquelle on utilise la force centrifuge pour éliminer les particules lourdes. Ce procédé est utilisé pour débourber les moûts, clarifier les vins nouveaux ou pour éliminer les dépôts de collage. Les appareils actuels permettent de travailler en continu. Leurs prix élevés n'autorisent leur mise en œuvre que dans des entreprises de grande dimension (négoce, coopérative).

CEP
Partie ligneuse de plus d'un an du pied de vigne.

CÉPAGE
Variété de vigne de l'espèce *Vitis vinifera.* Les cépages constituent des populations de vignes aux propriétés très voisines. Chaque cépage présente une variabilité plus ou moins importante. Certains vins sont désignés par le nom du cépage dont ils sont issus. C'est le cas des vins d'Alsace, par exemple.

Les *cépages clones* sont obtenus par bouturage des sarments d'un pied. Les *cépages-population* sont formés de clones qui se ressemblent, tout en gardant des différences.

CHABROT
Coutume du sud-ouest de la France qui consiste à mélanger du vin à la fin de son assiette de bouillon et à boire le mélange. On dit faire chabrot.

CHAI
Terme du sud, du sud-ouest et de l'ouest de la France qui désigne les bâtiments de vinification et de conservation des vins.

CHAMBRER
Voir le vocabulaire de la dégustation.

CHAMPAGNISATION
Procédé d'élaboration en Champagne des vins effervescents par seconde fermentation en bouteille du sucre apporté par la liqueur de tirage. Après un séjour sur latte, le vin sera remué, puis dégorgé, afin d'éliminer le dépôt de levures qui se sera formé par cette seconde fermentation.

CHAPEAU
Parties solides du raisin, pellicules, rafles, pépins, qui macèrent au cours de la cuvaison d'un vin rouge. Sous l'effet du gaz carbonique, ces parties solides s'agglomèrent à la surface de la cuve. Remontage, pigeage, brassage à l'azote permettent de renouveler le moût en contact avec ces parties solides et d'améliorer l'extraction des matières colorantes et du tanin.

CHAPTALISATION
Procédé d'enrichissement en sucre des moûts dont la maturité naturelle n'est pas suffisante, préconisé par le chimiste Chaptal. Les

produits autorisés sont le saccharose, les moûts concentrés, les sucres de raisin rectifiés. Il faut environ de 1,7 à 1,9 kilogrammes de saccharose par hectolitre de moût pour augmenter de 1 % Vol. le degré alcoolique du vin terminé. Cette opération est soumise à déclaration fiscale et au paiement d'une taxe. Les quantités maximales autorisées dans la CE sont fixées par zones « A, B, C1, C2, C3 » et sont décroissantes du nord vers le sud. Les zones méditerranéennes sont en principe exclues de la chaptalisation. Si la chaptalisation augmente la teneur en alcool, elle ne permet pas d'augmenter le taux des arômes et autres composés participant au goût du vin.

CHARPENTE

Tronc et bras d'un cep de vigne. Vin ayant une forte constitution, riche en extrait.

CHÂTEAU

Ce terme, suivi d'un nom propre, équivaut en Bordelais à un nom de marque pour un vin. Si beaucoup de châteaux correspondent à des maisons importantes, certains noms de châteaux ne s'attachent qu'à des parcelles de vigne définies.

CHAUFFERETTE

Appareil de chauffage utilisé dans certaines régions pour prévenir les dégâts du gel de printemps. Ces appareils sont placés dans les rangs des vignes et permettent de réchauffer l'air pendant les nuits froides d'avril ou mai.

CHAUSSAGE

Opération de travail des sols de vigne qui consiste à ramener la terre sur le cavaillon à l'aide d'une charrue, à la veille de l'hiver. Le chaussage permet de protéger les ceps des gelées d'hiver et d'assurer un meilleur écoulement des eaux de pluie.

CLAIRET

Vin rosé foncé produit dans le Bordelais par macération courte, vin d'une nuit. (*Voir* Nuit.) Le terme se rencontre également dans d'autres régions.

CLARET

Terme sous lequel les Anglais désignaient le vin rouge de Bordeaux.

CLARIFICATION

Ensemble des opérations qui permettent d'obtenir la limpidité du vin. Différents procédés peuvent être utilisés : centrifugation, filtration, collages. La clarification doit être complétée par des procédés de stabilisation physico-chimique et microbiologique du vin pour éviter la formation ultérieure de troubles et de dépôts.

CLASSEMENT DES CÉPAGES

Différents classements des cépages ont pu être établis :

1. *Par précocité.* Pulliat a défini une échelle dont le cépage de référence est le Chasselas. On distingue ainsi des cépages de première, deuxième, troisième et quatrième époque. Les cépages de première époque, dont fait partie le Chasselas, sont les plus précoces quant à leur maturité.

2. *En fonction de leur usage.* Cépages de cuve, raisin de table, pour eau-de-vie, pour raisins secs. Certains cépages peuvent avoir plusieurs destinations.

3. *Classement réglementaire des cépages en fonction de leur vocation pour un terroir.* On distingue les cépages recommandés, autorisés, tolérés temporairement. Ce classement est établi pour chaque région viticole.

4. *Par famille.* Les ampélographes classent les cépages par famille : famille des Cabernets, famille des Pinots, etc. Chaque famille comprend des cépages ayant des caractères et une origine communs.

CLASSEMENT DES VINS

Hiérarchies attribuées aux vins, à l'intérieur de régions données, pour établir une échelle de qualité et de valeur entre eux. Les premiers classements du XIXe siècle ont été établis à Bordeaux, en 1855, par la Chambre de commerce pour la Gironde, et en Côte-d'Or, en 1860, sur la base d'une carte des crus de la Côte établie par le Comité d'agriculture. Les classements contemporains sont les décisions officielles publiées sous le contrôle de l'INAO sous forme de décrets depuis 1935. Ces hiérarchies donnent une indication a priori pour l'ordre des dégustations, qui fait commencer en principe « en bas de l'échelle », et avec les vins les plus jeunes.

CLAVELIN

Bouteille utilisée pour les vins du Jura et notamment pour le vin jaune. Sa contenance est de 62 centilitres.

CLIMAT

En Bourgogne, ce terme désigne non seulement les conditions atmosphériques qui règnent sur la région, mais aussi divers lieux-dits cadastraux dans chaque village, dont certains ont la qualité de premiers crus et d'autres sont restés non classés. Ces derniers peuvent néanmoins figurer dans l'étiquetage des vins sous l'appellation communale, sous réserve de ne pas prêter à confusion avec la classe « Premier cru » à laquelle ils n'ont pas droit. Ainsi à Meursault, les Bouchères sont un climat de premier cru, étiqueté comme tel, tandis que les Narvaux sont un simple climat, classé sous l'appellation Meursault.

CLONE

Ensemble de pieds de vigne ayant pour origine un seul pied de vigne. Le clonage permet d'obtenir des sujets sains, exempts de virose et parfaitement semblables entre eux.

CLOS

Parcelles de vignes entourées de murs. Ce mot est réservé aux vins d'appellation contrôlée pour lesquels il peut se justifier. Le vin, par exemple, doit provenir exclusivement des parcelles constituants le clos. Si les murs au cours des siècles ont disparu, le vin peut continuer à porter le nom de clos si cette désignation lui a toujours été donnée.

COLLAGE

Procédé de clarification du vin qui consiste en l'addition d'un produit appelé colle et qui a la propriété de précipiter dans le vin, entraînant dans sa chute les particules du trouble. La plupart des colles sont constituées par des protéines naturelles : gélatine, albumine d'œuf, albumine du sang, caséine, colle de poisson. Certaines de ces protéines nécessitent la présence de tanins pour floculer (gélatine, albumines), d'autres précipitent sous la seule influence de l'acidité du vin (caséine). Par extension, on parle de collage pour le traitement à la bentonite, qui est une argile naturelle ayant la propriété d'éliminer les protéines du vin.

COLLERETTE
Étiquette placée à l'épaulement des bouteilles et portant souvent le millésime du vin.

COLLOÏDES
Composés macromoléculaires de nature glucidique ou protéique. Leur structure complexe peut rarement être précisée. Ils étaient autrefois dénommés gommes et mucilages. Leur stabilité dans le vin est variable. Ils peuvent floculer et déposer au fond des cuves au cours de l'élevage. Leur principal inconvénient est de colmater rapidement les filtres. On peut les éliminer par des enzymes pectolytiques qui les décomposent en unités plus petites et également par collage ou traitement à la bentonite (protéines).

La gomme arabique est un colloïde protecteur qui, ajouté au vin, permet de maintenir en solution des composés instables. Elle est utilisée pour prévenir les casses et les troubles éventuels.

COLORANTS
Composés phénoliques constitués par des anthocyanes, des tanins, des polymères de tanin et d'anthocyanes. Dans les vins rouges jeunes, la couleur est due aux anthocyanes libres. Au cours du vieillissement, les anthocyanes s'associent aux tanins qui, eux-mêmes, se condensent, donnant ainsi au vin une teinte tuilée.

COMITÉS INTERPROFESSIONNELS
Organismes semi-publics régionaux de promotion et de développement des appellations d'origine contrôlée.

Ces comités sont au nombre de vingt-six en France. Ils ont en charge la promotion des vins de leur région, l'organisation des marchés et des études ou recherches viticoles et œnologiques.

COMPORTES
Récipients en bois de forme cylindrique munis d'anses. Ils sont utilisés pour le transport de la vendange dans le Sud-Ouest. Leur capacité est d'environ 50 à 100 litres.

COMPOSÉS PHÉNOLIQUES
Composés chimiques comportant dans leur formule un radical phénol. Dans les vins, ces composés sont présents au taux de 1 à 2 grammes par litre. Ils sont responsables de la couleur et de l'astringence. On distingue plusieurs sortes de composés phénoliques : les acides phénoliques, les anthocyanes (pigments rouges), les flavones (pigments jaunes), les tanins.

CONGÉ
Document fiscal accompagnant les boissons alcooliques lors de leur transport. Ces documents sont retirés dans les recettes buralistes. Certains producteurs et négociants ont des registres de congé confiés par la recette buraliste. D'autres utilisent la capsule-congé apposée sur le bouchage de chaque bouteille.

CONSERVATION DES VINS
Le vin est un milieu instable pouvant évoluer défavorablement si des règles de conservation ne sont pas correctement appliquées. Ces règles tendent à le protéger contre des agressions microbiennes, des bactéries acétiques notamment, et contre les altérations physico-chimiques qui sont dues particulièrement à l'air et à la chaleur.

Une fois en bouteilles, la durée de conservation d'un vin dépend, bien entendu, des qualités de la cave, mais aussi du vin lui-même.

Les vins de primeur sont à boire dans l'année. Ils ne s'améliorent pas en vieillissant. Mais beaucoup d'autres vins évoluent favorablement au cours des années. Ils se transforment et atteignent un nouvel équilibre gustatif. La couleur évolue, et les arômes se modifient, allant souvent du registre floral et fruité vers le registre empyreumatique ou animal. Après avoir atteint leur apogée, ces vins sont sur le déclin et perdent de leur intérêt. Leur durée de vie peut aller de deux à plus de cinquante ans.

COOPÉRATIVE
Groupement professionnel de viticulteurs mettant en commun leurs vendanges pour qu'elles soient vinifiées et commercialisées. Ces coopératives sont particulièrement nombreuses dans le Midi. Si leurs structures permettent de s'attaquer à des marchés importants grâce aux volumes disponibles considérables, elles n'encouragent pas toujours au progrès et à la recherche de la meilleure qualité possible du vin.

Cependant, les coopératives dirigent, conseillent et orientent leurs adhérents. Ces efforts incessants ont pu apporter, dans de nombreux cas, des résultats spectaculaires, redonnant même vie à certaines appellations.

CORRECTION
Amélioration apportée aux moûts ou au vin en fermentation. Il peut s'agir de chaptalisation, d'acidification, de désacidification, ou d'addition de produits stimulant l'activité levurienne tels que l'azote ou la vitamine B1.

COULARD
Cépage sensible à la coulure.

COULEUSE
Bouteille dont la fermeture n'est pas hermétique. Ce fait peut être dû à un défaut de bouchage (bouchon pincé longitudinalement) ou à une surpression causée par une chambre à air insuffisante.

COULURE
Accident végétatif qui consiste en une mauvaise fécondation de fleurs, entraînant l'avortement. La coulure est généralement consécutive à une période de froid et d'humidité au moment de la floraison. Certains cépages y sont particulièrement sensibles de par la conformation de leurs fleurs. Le manque ou l'excès de vigueur des vignes ainsi que certaines carences ou maladies peuvent entraîner la coulure.

COUPAGE
Mélange de vins d'origine ou de cépages différents en vue d'obtenir un produit ayant des caractéristiques définies. Cette opération est différente de l'assemblage (*voir* ce mot), qui concerne les vins de même origine ou de même cru.

COURTIER
Le courtier est un intermédiaire entre le vendeur et l'acheteur de vins. Il se charge de prospecter le vignoble et de proposer des

échantillons à l'acheteur. La transaction organisée par le courtier s'effectue directement entre les mandants. Le courtier est rémunéré par un courtage payé pour moitié par chacune des parties.

Les cinquante courtiers jurés piqueurs de Paris forment une compagnie d'experts dont la création date de 1322.

CRÉMANT

1. Initialement le crémant désigne une production champenoise de pression moins forte que le Champagne (3,5 bars minimum, au lieu de 4,5). Étymologiquement, ce mot signifie : qui fait de la crème, c'est-à-dire une mousse fine, abondante et modérément exubérante. Ne pas confondre avec Cramant, qui est un cru classé à cent pour cent de Champagne.

2. Vin effervescent produit avec un dosage en sucre de refermentation un peu moins important que dans les vins mousseux et dont la durée de vieillissement sur latte a été prolongée.

3. À partir de 1974, l'appellation Crémant a été légalisée et rigoureusement définie pour s'appliquer à des vins effervescents d'appellations régionales, et remplacer les anciens « mousseux » de qualités inégales de ces mêmes régions. Ils s'appellent aujourd'hui Crémant d'Alsace, Crémant de Bourgogne, Crémant de Loire. Leurs conditions de production sont aussi rigoureuses que celles de la production champenoise, de la vigne jusqu'à l'expédition, avec l'encépagement traditionnel de chaque région, et ils sont soumis à la dégustation préalable obligatoire. Cette réglementation a constitué une amélioration considérable dans la production des vins effervescents régionaux.

CRÈME DE TÊTE

Expression appliquée aux vins de Sauternes issus du premier tri des vendanges. Élaborés à partir de raisins « confits », ils sont particulièrement liquoreux.

CREUX

Volume gazeux d'air ou de gaz inerte situé sous le bouchon d'une bouteille. Ce creux est nécessaire en raison de la dilatation volumique possible du vin par augmentation de température. On parle également de creux de rente pour désigner le volume de perte que l'on constate au cours d'un transport de vin en grand volume.

CRU

Le sens premier de ce terme est celui d'une zone délimitée présentant une aptitude à produire un vin particulier, original. Ce sens est actuellement celui qu'a le mot « climat » en Bourgogne. En revanche, en Bordelais, il s'attache à une exploitation viticole particulière et, par conséquent, autant à l'encépagement et au savoir-faire des hommes qu'au sol lui-même. C'est le domaine, le château avec tout ce qu'il comporte qui constitue le cru. En Champagne, on parle d'échelle de crus pour fixer les prix de la vendange. Ainsi, chaque zone est affectée d'un pourcentage par rapport aux « crus à 100 % » réputés les meilleurs. Diverses mentions, Grand Cru, Premier Cru, Cru classé, accompagnent le nom de certaines appellations. Les mentions sont définies par des décrets d'appellation et sont basées sur des conditions particulières de production (Grand Cru, Premier Cru) ou sur des classements qui ont été homologués par le ministère de l'Agriculture. Ces classements ont été faits dans le Médoc, les Graves, le Sauternais ainsi qu'à Saint-Émilion.

CRU BOURGEOIS

Châteaux du Bordelais d'une notoriété moins grande que celle des grands crus. Dans le Médoc, on distingue les crus bourgeois et les crus bourgeois supérieurs.

CUBITAINER

Récipient en plastique protégé par une enveloppe en carton utilisé couramment pour la vente du vin en vrac aux particuliers. Sa contenance va de 5 à 33 litres. La paroi étant légèrement poreuse à l'air, le cubitainer ne peut être utilisé que pour une conservation transitoire du vin.

CUVAISON

Phase principale de la vinification des vins rouges, pendant laquelle se produit la fermentation du moût en grande cuve, avec macération des constituants solides du raisin (pellicules et pépins) de façon à en extraire la couleur, les tanins, les arômes et diverses substances secondaires.

La durée de cuvaison est un des principaux facteurs qui influent sur le type de vin à obtenir, les cuvaisons courtes de trois ou quatre jours étant appropriées aux vins de primeur, tandis que les cuvaisons longues, de plus d'une semaine, conviennent aux vins de garde. Cependant, ce facteur n'est pas le seul à être décisif sur le caractère des vins rouges ; la température de fermentation joue également un rôle important sur le taux d'extraction des substances solides du raisin.

CUVES

Les cuves sont des récipients vinaires de capacité variable pouvant aller de 10 à plusieurs milliers d'hectolitres. Elles sont utilisées aussi bien pour les vinifications et l'élevage que pour la conservation des vins. De nombreux matériaux sont utilisés pour leur construction : bois, pierre, béton, acier revêtu, acier inoxydable, verre, fibre de verre, matière plastique. Les cuves de vinification peuvent être équipées de divers accessoires pour effectuer le pigeage, ou le remontage automatique.

CUVÉE

1. Initialement et étymologiquement, c'est le contenu d'une cuve. Par extension de sens, et dans son acception la plus familière, ce mot désigne un lot de vins dont l'identité est particulièrement précisée, ou (et) dont la destination est nettement personnalisée et commémorative. Exemples : cuvées Nicolas-Rolin des Hospices de Beaune, cuvées du Cinquantenaire pour l'INAO en 1985, cuvées du Couronnement pour la reine d'Angleterre en 1953, etc.

2. En Champagne, la cuvée est la première des quatre fractions de moût obtenue au cours du pressurage d'un lot de raisin. On tire théoriquement 20 hectolitres de cuvée pour 4 000 kilogrammes de raisin. C'est le moût de meilleure qualité. La cuvée désigne également un assemblage particulier. On parle alors de « cuvée réservée », ou de « cuvée spéciale ».

3. Pour les vins blancs, la cuvée désigne le vin ou le moût obtenu au cours de la première presse du marc. En Bourgogne, les mots « première cuvée » ou « deuxième cuvée » désignent le vin de premier et deuxième cru.

4. Nom donné au résultat d'un assemblage de petits lots de vins de même qualité ou de même origine, réunis dans une même cuve, en vue de constituer un lot plus conséquent d'une certaine importance commerciale.

5. « Cuvée ronde » : expression ironique utilisée dans les établissements viticoles ou commerciaux pour désigner un mélange de vins de récupération qui sera utilisé en vin de table.

D

DÉBOURBAGE

Opération de soutirage d'une cuve de moût qui s'opère quelques heures après son remplissage. Le débourbage a pour but d'éliminer des matières solides indésirables : particules de terre, pépins, etc. Les résidus sont désignés sous le nom de bourbes. Les vins issus de moûts débourbés gagnent en finesse et en franchise. Le débourbage permet, par ailleurs, d'éliminer une partie du fer et de retarder les départs en fermentation trop vifs. À une grande échelle de production, le débourbage peut se faire par centrifugation des moûts mais les bourbes fines sont utiles.

DÉBOURREMENT

Reprise de l'activité végétative de la vigne au printemps. Le débourrement correspond à l'éclatement des bourgeons et à l'apparition des feuilles.

DÉCANTATION

Voir le vocabulaire de la dégustation.

DÉCAVAILLONNAGE

Façon aratoire qui consiste à tirer la terre accumulée sur le cavaillon (sous le rang) vers le milieu de l'entre-rang.

DÉCHAUSSAGE

Labour pratiqué à la fin de l'hiver, permettant de ramener la terre dans l'inter-rang. Ce labour se fait quand les gelées d'hiver ne sont plus à craindre.

DÉCLASSEMENT

Décision qui consiste à retirer à un vin son appellation d'origine. Il peut être le fait d'un choix libre du producteur ou être décidé par les commissaires de la République après avis d'experts. Ces décisions sont prises à la suite d'altérations profondes du vin. Par ailleurs, un producteur peut pour son vin revendiquer une appellation plus générale que celle à laquelle il a droit, on parle alors de repli.

DÉCUVAISON OU DÉCUVAGE

Opération qui consiste à vider une cuve après fermentation. Le vin blanc est simplement soutiré. Le vin rouge qui s'écoule de lui-même est appelé vin de goutte. Les marcs restent au fond de la cuve et sont pressurés pour obtenir le *vin de presse.*

DÉGORGEMENT OU DÉGORGEAGE

Phase des vins de seconde fermentation en bouteille qui consiste à éliminer le dépôt de levures et de fermentation des bouteilles, après l'avoir rassemblé sur le bouchon en laissant les bouteilles « sur pointe » (tête en bas) pendant plusieurs mois. La technique traditionnelle de dégorgement de la méthode champenoise est entièrement manuelle. Cette opération se fait après *remuage* des bouteilles, ce qui permet d'agglomérer le dépôt contre le bouchon, la bouteille étant sur pointe.

Il existe deux façons d'opérer : le *dégorgement à la volée* par lequel la surpression expulse le dépôt à température de la cave, dès l'ouverture de la bouteille ; et le *dégorgement à la glace* par lequel les cols sont refroidis dans une saumure afin d'emprisonner le dépôt dans une pastille de glace et l'éliminer avec le bouchon. Cette étape de la champagnisation autrefois pratiquée à la main est maintenant, le plus souvent, mécanisée. Les méthodes industrielles qui consistent à transvaser les bouteilles en les filtrant après la fin de la fermentation ne méritent pas le nom de « dégorgement ». La réglementation française des vins de Champagne et des crémants oblige à laisser les bouteilles sur pointe au moins neuf mois avant de dégorger.

DEGRÉ

Le degré alcoolique en usage en France est le pourcentage volumique d'alcool éthylique contenu dans le vin. En matière de vin de table, on parle de degré hectolitre. C'est une unité utilisée dans les transactions où l'on ne tient compte que de l'alcool du vin. Sa valeur est le produit du volume de vin exprimé en hectolitres par le pourcentage d'alcool que contient le vin.

DEMI-BOUTEILLE

La demi-bouteille a une contenance de 37,5 centilitres.

DEMI-SEC

Catégorie de vin effervescent contenant conventionnellement entre 35 et 50 grammes de saccharose (plus ou moins hydrolysé) provenant de 7 à 10 % de liqueur d'expédition au demi, ajoutée après dégorgement (*voir* Dosage).

DENSITÉ DE PLANTATION

Le nombre de pieds de vigne à l'hectare peut aller de quelques centaines à plusieurs dizaines de milliers. Autrefois, la densité était très élevée, puisque l'on comptait jusqu'à 50 000 pieds à l'hectare, et, par ailleurs, mal définie, car la vigne franche de pied, sans porte-greffe, était reproduite sur place, par simple marcottage. De plus, les rangs, lorsqu'ils existaient, n'avaient pas la rigueur que l'on rencontre actuellement. La nécessité du greffage et l'abandon des travaux du sol effectués à main d'homme ont conduit à un meilleur ordonnancement des plantations.

Les vignobles de grande tradition conservent des densités assez élevées, de l'ordre de 6 000 à 10 000 pieds à l'hectare, voire davantage. À l'inverse, la recherche d'une compression des coûts d'exploitation conduit à espacer les rangs pour faciliter les travaux qui sont le plus souvent mécanisés. Les densités chutent alors sévèrement. La qualité s'en ressent généralement. Pour palier cet inconvénient, de nouveaux modes de conduite ont été proposés. Enfin, des tracteurs-enjambeurs coûteux sont utilisés là où l'on veut conserver des densités élevées.

DÉPÔT

Voir le vocabulaire de la dégustation.

DÉSACIDIFICATION

Diminution de l'acidité d'un moût ou d'un vin. Elle peut être pratiquée par voie chimique, à l'aide de carbonate de calcium par exemple. Elle est alors soumise à la réglementation et n'est utile que dans des cas très particuliers. Elle peut également se produire par fermentation malolactique du vin. Cette seconde voie est recherchée pour tous les vins rouges et pour certains vins blancs.

DÉSHERBAGE
Le désherbage de la vigne consiste à éliminer toute végétation adventice durant la période de croissance et de maturation des raisins. Cette opération était autrefois entièrement réalisée au moyen de façons aratoires telles que le labour et le binage. Ces pratiques tendent à être remplacées par le désherbage chimique. Celui-ci requiert un certain savoir-faire étant donné le nombre important d'espèces d'herbes présentes, dont certaines peuvent se montrer récalcitrantes.

DESSERT (VIN DE)
On désigne par ce terme les mistelles, les vins moelleux, les vins liquoreux et les vins doux naturels. Ces vins sont dégustés à l'apéritif ou en début de repas, mais leur place est au dessert.

DISTILLATION
Séparation par chauffage des divers constituants d'un liquide dont les points d'ébullition sont différents.

La distillation permet de recueillir l'alcool et d'autres produits volatiles d'un liquide qui a fermenté pour donner des eaux-de-vie.

DOMAINE
Terme désignant une entité autonome de production de vins. Cette mention apposée sur l'étiquette doit recouvrir une réalité au niveau de la production.

DOSAGE
Ajout de sucre sous forme de liqueur d'expédition dans des vins « champagnisés », ou autres vins mousseux, après dégorgement.

DOUX (VIN)
Expression utilisée pour qualifier les vins présentant une teneur en sucre résiduel assez élevée. Pour les mousseux, cette teneur ne doit pas être inférieure à 50 grammes par litre.

DRAPEAU
Appareil utilisé dans les caves pour réchauffer ou refroidir un vin. Il s'agit d'un serpentin dans lequel on fait circuler le vin, tandis que l'on refroidit par aspersion d'eau. On peut aussi plonger certains de ces appareils dans le vin et y faire circuler de l'eau chaude ou froide.

E

EAU-DE-VIE DE VIN
Résultat de la distillation d'un produit fermenté. Les eaux-de-vie au sortir de l'alambic titrent de 50 à 70 % Vol. Le plus souvent, ce titre alcoométrique est réduit à une valeur se situant entre 40 et 50 % Vol. par addition d'eau distillée. Par vieillissement sous bois, c'est-à-dire en fûts, les vieilles eaux-de-vie atteignent des degrés semblables sans réduction, ce qui revient à une lente concentration du produit accompagnée d'une évolution aromatique importante.

Les eaux-de-vie qui ne revendiquent pas d'appellation peuvent être vendues à un titre minimal de 30 % Vol. En revanche, les eaux-de-vie à appellation doivent titrer 40 % Vol. Elles peuvent être obtenues à partir du vin, tels le Cognac et l'Armagnac, des marcs ou des lies.

ÉCHELLE DES CRUS
Classification des communes de Champagne qui permet de fixer chaque année le prix du raisin. Les meilleurs crus sont à 100 %. Les autres peuvent descendre jusqu'à 70 %.

ÉCOULAGE
Phase de la vinification en rouge qui consiste à tirer le vin de goutte au bas de la cuve, laissant le marc dans la cuve.

EDELZWICKER
Mot alsacien désignant les vins obtenus par assemblage de vins issus de différents cépages.

EFFERVESCENT
Ce qualificatif désigne un vin en bouteille contenant du gaz carbonique sous pression qui se détend avec effervescence au moment du débouchage. Ce mot est destiné à remplacer l'ancien terme mousseux qui est apparu, dans des discussions internationales, comme dépourvu d'équivalence dans les langues étrangères européennes, où les vocables s'attachent plutôt à l'idée d'écume *(Schaumwein, spumante, espumoso)* ou d'étincelles (*sparking*). Les vins effervescents peuvent être obtenus par divers procédés :

– la seconde fermentation en bouteille, avec dégorgement individuel, pour le Champagne, les crémants et divers mousseux des appellations traditionnelles ;

– la fermentation en cuve close sous pression, pour les produits de marque sans appellation ;

– la gazéification par saturation industrielle avec du gaz carbonique (sorte de limonade à base de vin) pour les produits très bon marché.

Un procédé intermédiaire entre les deux premiers effectue la fermentation en bouteille, mais remplace le dégorgement (*voir* ce mot) par un transvasement avec filtration sous pression. Les vins perlants et pétillants, d'une pression gazeuse inférieure à 2,5 bars, sont inclus dans la catégorie des effervescents, alors qu'ils étaient exclus de celle des mousseux. La référence « méthode champenoise » est uniquement réservée aux vins de la Champagne.

ÉGRAPPAGE OU ÉRAFLAGE
Opération qui consiste à séparer les grumes de raisin de l'armature verte et ligneuse, dénommée rafle, qui leur sert de support.

En vinification, l'égrappage est peu pratiqué sur les vins blancs, car la rafle sert de drainage au moût lors du pressurage. Par contre, on le pratique de plus en plus généralement sur les vins rouges, car la rafle verte est tannique et acide, et sa macération apporte une forte astringence aux vins rouges, nécessitant ensuite un long vieillissement pour s'atténuer. Seules les vinifications de raisins entiers (méthode beaujolaise et macération carbonique en particulier) ne subissent pas l'égrappage.

ÉLEVAGE

Ensemble des opérations qui suivent la vinification. Il s'agit d'obtenir au cours des mois d'élevage du vin sa clarification, sa stabilisation physico-chimique et biologique, et une maturation le préparant à un mûrissement harmonieux.

ENCÉPAGEMENT

Composition d'un territoire donné en différents cépages. On peut parler d'encépagement d'un domaine ou d'une région. L'encépagement peut être monovariétal, quand les vins sont issus d'un seul cépage, ou plus complexe. L'utilisation de plusieurs cépages permet d'apporter au vin différentes nuances. En Champagne, le Chardonnay est utilisé pour sa finesse et sa légèreté, tandis que les Pinots, noir et Meunier, apportent du corps et de la rondeur. Dans d'autres régions, telle l'Alsace, l'encépagement multiple permet d'obtenir une palette de vins différents.

ENNEMIS DE LA VIGNE

Ensemble des insectes et acariens susceptibles d'attaquer la vigne. Il peut s'agir de chenilles : cochylis, eudemis, pyrales, noctuelles, et également d'autres insectes : cicadelles, altises, cochenilles, araignées rouges et jaunes, phylloxéra. On lutte contre ces insectes au moyen d'insecticides ou par greffage sur des porte-greffe résistants.

ENRICHISSEMENT

Chaptalisation, addition de moûts concentrés ou de sucre de raisin rectifié.

ÉPLUCHAGE

Opération qui consiste à trier, après récolte, les grains pourris pour ne mettre en œuvre qu'une vendange parfaitement saine. C'est une pratique traditionnelle en Champagne.

ÉRAFLAGE

Voir Égrappage.

ESTER

Produit de la combinaison d'un alcool et d'un acide carboxylique. Les esters du vin sont presque toujours des esters d'éthanol. Ce sont des corps très odorants dont un certain nombre (surtout des acétates) participent aux arômes typiques de fruits qui émanent du vin.

Dans les vins, quelques esters se forment lors de la fermentation alcoolique et participent au bouquet des vins de primeur (notamment l'acétate d'isoamyle). D'autres se constituent pendant le vieillissement du vin par combinaison des acides succinique, lactique et malique avec l'éthanol, et contribuent au bouquet des vins âgés.

Par accident ou mauvaise conservation du vin, il peut se former aussi de l'acétate d'éthyle, qui est le symptôme odorant de la piqûre (*voir* Acescence).

ÉTHANOL

Alcool éthylique. C'est l'alcool du vin ainsi que des autres boissons fermentées et des eaux-de-vie.

ÉVENT

Anomalie que l'on rencontre dans les vins laissés en contact avec l'air. (*Voir aussi* le vocabulaire de la dégustation.)

EXTRA-DRY

Expression désignant un vin effervescent très faiblement dosé en sucre résiduel (12 à 20 grammes par litre) et, également, un vin très sec.

F

FAÇONS

Terme qui désigne les différentes opérations de culture de la vigne : labour, décavaillonnage, chaussage, sarclage, rognage, taille, etc.

FERMENTATION ALCOOLIQUE

Transformation des sucres (glucose, fructose) en éthanol et gaz carbonique sous l'influence des levures. Cette réaction caractérise le passage du moût au vin.

FERMENTATION MALOLACTIQUE

Dégradation de l'acide malique en acide lactique et gaz carbonique par les bactéries lactiques. Cette transformation provoque une désacidification partielle du vin, qui paraît alors plus souple à la dégustation. Cette fermentation, parfois capricieuse, est recherchée pour tous les vins rouges et pour certains vins blancs.

FICHE DE DÉGUSTATION

Document permettant au goûteur de vin de noter ses impressions avec méthode. Ces fiches reprennent en général l'ordre des stimulations visuelles, olfactives, gustatives et tactiles.

FILANT

Caractérise un vin atteint de la maladie de la graisse, à l'aspect huileux.

FILLETTE

Bouteille de 35 centilitres dans la vallée de la Loire.

FILTRATION

Procédé de clarification qui consiste à arrêter les particules du trouble par une barrière physique qui peut être constituée d'une couche de Kieselguhr (terre d'infusoire), de plaques à base de cellulose, ou de membranes synthétiques.

FINS (VINS)

On appelle vins fins, par opposition aux vins de table et de consommation courante, les vins de qualité produits le plus souvent dans des zones d'appellation contrôlée et vendus en bouteilles pour être conservés quelque temps.

Le caractère de finesse s'applique plus particulièrement aux vins dont les saveurs et les arômes sont dépourvus d'agressivité ou de rudesse, et qui présentent une certaine délicatesse.

FINE

Terme qualifiant des eaux-de-vie de vin de certaines régions. On parle, par exemple, de Fine Champagne pour un Cognac provenant de Grande et Petite Champagne, de Fine Bourgogne ou Fine

Bordeaux. Dans ce dernier cas, il s'agit d'une appellation d'origine contrôlée.

FLEUR

En terme d'œnologie, la fleur est le voile de mycoderme qui se forme à la surface des vins laissés volontairement ou accidentellement en vidange. En France, ce mycoderme est de l'espèce *Candida mycoderma,* champignon microscopique et monocellulaire identique à des levures dont le développement s'accompagne d'acétaldéhyde, avec une odeur caractéristique d'évent (*voir* ce mot).

Cette terminologie, très ancienne et professionnelle, s'inspire du même esprit que celle de la fromagerie, désignant comme pâtes fleuries celles qui sont recouvertes d'un voile blanc de mycoderme. Ce développement levurien marque le vin d'arômes particuliers, qui le font rechercher. C'est le cas des vins de Xérès ou des vins jaunes du Jura, par exemple.

FLORAISON

Phase végétative de la vigne au cours de laquelle on a la fécondation des grappes, ce qui va permettre la formation des baies. La floraison peut se passer entre fin mai et la mi-juillet. Une forte précocité du phénomène donne souvent un bon millésime, car la maturité est atteinte en période chaude.

FOUDRE

Grand récipient vinaire d'une capacité allant de 30 à plusieurs centaines d'hectolitres et qui a la forme d'un fût. Certains sont à fond rond, d'autres à fond ovale. Ils sont généralement en chêne. Dans les régions de l'Est, où ils sont couramment employés, certains sont très ouvragés et constituent alors de véritables œuvres d'art.

FOULAGE

Opération préfermentaire facultative consistant à faire éclater les baies de raisin pour en libérer le jus. Le foulage doit être fait avec délicatesse pour éviter la délacération des parties solides, peu favorable à la qualité du vin.

FRAPPER UN VIN

Voir le vocabulaire de la dégustation.

FRELATÉ

Synonyme de falsifié, comprenant en outre l'idée d'une dénaturation qui peut rendre le vin nocif.

FÛT, FUTAILLE

Termes génériques désignant des récipients vinaires en bois.

G

GAZ CARBONIQUE

La présence de gaz carbonique, sous-jacente dans tous les vins, même dans ceux qui ne sont pas mousseux, donne lieu à un certain nombre de remarques concernant l'origine, le comportement, les effets et les teneurs de ce gaz.

1. *Origine* : la fermentation alcoolique produit du gaz carbonique (CO_2) à partir des sucres en quantité pondérale presque égale à celle de l'alcool, soit 46 à 47 % du poids de sucres mis en œuvre. Ainsi la fermentation de 50 hectolitres de moût de 12 % Vol. en puissance dégage-t-elle 500 kilogrammes de CO_2, soit 250 mètres cubes. Il n'est donc pas étonnant que le vin reste saturé en gaz, cette saturation étant entretenue par la fermentation lactique postérieure.

2. *Comportement* : les manifestations du gaz, liées à sa solubilité en milieu hydro-alcoolique et à ses propriétés physique et chimique, sont influencées par de nombreux facteurs : pH, minéralisation, teneur en alcool et en substances colloïdales, et température. Ce dernier facteur est de loin le plus important si l'on sait que la solubilité du gaz dans le vin diminue de moitié dans la plage de température de 0 °C à 20 °C.

Les producteurs et les négociants éliminent l'excès de gaz avant embouteillage par un certain nombre de soutirages en local tempéré, avec ou sans brassage. Cette élimination peut être intensifiée par un flux d'azote gazeux introduit dans un circuit de pompage, mais on ne peut en aucun cas recourir aux techniques d'aspiration sous vide, car le vide entraîne aussi des pertes d'alcool et une fraction importante des substances aromatiques du vin propulsées par le dégazage brutal. Quoi qu'il en soit, les procédés usuels n'aboutissent jamais au dégazage complet, et pratiquement ne permettent pas de descendre en dessous de 200 milligrammes par litre de vin, ce qui semble être la dose résiduelle à laquelle il fait corps avec le vin et en devient inséparable.

3. *Effets sensoriels* : il est heureux d'ailleurs que les manipulations usuelles ne permettant pas la « décarbonication » totale du vin, car le CO_2, à dose non perceptible comme tel, joue un rôle essentiel dans la dynamique de la dégustation. Un vin dont le gaz aurait été éliminé totalement serait, en bouche et en saveurs, d'une platitude désolante. Ce corps n'a pourtant pas de propriétés organoleptiques bien marquées. À peine est-il acide, par sa constitution même, et M. Léglise l'a désigné comme « l'éminence grise » de la dégustation, toujours présent, jamais visible, mais toujours influent. Son principal effet réside en ce qu'il se détend dans la bouche, sous l'effet de la chaleur et de la trituration, et cette détente produit une multitude de microbulles qui sont ressenties comme une sorte de granulosité, créant ce qu'on peut appeler le grain du vin, qui en fait autre chose qu'un simple liquide plat de dilution alcoolique.

Ce dégagement microscopique a aussi pour effet d'exalter les arômes en les faisant passer dans la phase gazeuse, où ils deviennent perceptibles. Cette sensation n'est cependant pas uniforme, et elle est longuement modulée par les divers groupes de constituants du vin. Le gaz carbonique en effet se « marie bien » à l'acidité du vin, et c'est pourquoi il est assez prisé dans les vins blancs légers ou de primeur, dont il avive la fraîcheur. Dans cette perspective, on a même créé des vins pétillants, qui dépassent légèrement la saturation, et où le CO_2 est visible et manifeste.

Avec les substances du groupe moelleux (alcool, glycérine, sucres), le gaz carbonique donne des associations médiocres, car sa volatilité s'intègre mal à la consistance ou à la lourdeur de ces substances. C'est pourquoi on l'évite à forte dose sur les vins blancs de garde ou liquoreux, où il se montre d'une façon plutôt intempestive.

C'est dans les vins rouges que le gaz carbonique crée le plus de problèmes, car son association avec le tanin, dont il aggrave l'astringence, est détestable. Il est donc accepté dans les vins faiblement tanniques, du genre Beaujolais, Côtes-du-Rhône primeur, ou issus de la Mondeuse ; toléré à dose limitée dans les vins de Pinot noir et de cépages moyennement tanniques ; tout à fait rebutant sur les grands vins de Cabernet, où il crée une impression de « raideur ».

4. *Teneurs* : en fonction des données précédentes, les teneurs usuelles en gaz carbonique sont ajustées empiriquement aux environs des teneurs suivantes (dans la mesure où elles ont pu être connues par analyse).

• 200 mg/litre au maximum dans les premiers crus de Graves et de Médoc.

• 300 mg/litre dans les vins rouges du Val de Loire, Chinon, Bourgueil, ainsi que dans les Madiran et Côtes-du-Roussillon-Villages.

• 200 à 400 mg/litre dans la plupart des crus de Bourgogne et de la vallée du Rhône.

• 400 à 600 mg/litre dans les vins rouges de primeur et les vins blancs secs classiques.

• 600 à 800 mg/litre dans les vins blancs de primeur et aromatiques.

Au-delà de 800 mg/litre, on entre dans la catégorie des vins perlants et pétillants. Le gaz reste invisible lorsque le vin est fortement réfrigéré, mais il apparaît sous forme d'un collier de fines bulles dès qu'il est amené à la température ambiante.

GAZ INERTE
Ce type de gaz ne provoque pas de transformation chimique ou microbiologique du vin. Deux gaz inertes sont autorisés : le gaz carbonique et l'azote. Si le gaz carbonique, utilisé seul, produit une saturation du vin, et donc un pétillement non souhaité, l'azote peut, au contraire, l'appauvrir à l'excès, le rendant un peu plat. On utilise donc, dans la pratique, de l'azote, à laquelle on ajoute un faible pourcentage de gaz carbonique. Ce mélange peut être utilisé pour conserver le vin en cave sans risque d'altération.

GAZÉIFIÉ
Terme qualifiant un vin effervescent produit « en cuve close » par addition de gaz carbonique, au lieu d'une seconde fermentation par les levures comme en champagnisation. Les vins d'appellation d'origine contrôlée ne peuvent être gazéifiés.

GAZEUX
Qualificatif appliqué à des vins qui manifestent une saturation gazeuse accidentelle lors du débouchage des bouteilles, ou du prélèvement dans les fûts (*voir* Gaz carbonique).

GELÉES
Les gelées d'hiver peuvent affecter les vignes lorsque la température descend en dessous de –15 °C. Les vignes jeunes sont alors les plus gravement touchées, car les bourgeons sont détruits. Un chaussage des pieds peut en limiter les effets. En 1956, une grande partie du vignoble a été détruite par les gelées d'hiver. Les gelées de printemps sont d'autant plus dangereuses qu'elles sont tardives. Les plus destructrices ont lieu au mois de mai. Les risques de dégâts sont assez étroitement liés au relief. Les bas de vallées et les cuvettes constituent les zones gélives. Les dégâts commencent à une température inférieure à –2 °C. On peut éviter ces gelées en modifiant le relief en plantant des arbres, en taillant tardivement, ce qui retarde le débourrement, en réchauffant l'air à l'aide de chaufferettes, en ne travaillant pas le sol.

GÉNÉRIQUE
Au sens le plus large, ce terme s'applique aux caractères concernant tout un genre d'êtres ou de produits. En matière d'appellations d'origine, on a pris l'habitude de désigner comme « appellations génériques » celles qui sont en fait des « appellations régionales ».

GLYCÉROL OU GLYCÉRINE
Troisième constituant du vin après l'eau et l'alcool. On lui attribue souvent la présence de « jambes » sur les parois du verre. Mais seul l'alcool en est responsable. (*Voir aussi* le vocabulaire de la dégustation.)

GOMMES
Substances colloïdales que l'on rencontre dans le vin et qui ont pour inconvénient de colmater les filtres. Précipitables à l'alcool, elles sont de nature glucidique. Leur structure variable dépend de leur origine.

GOÛTEUR
Personne sachant décrire les différents aspects organoleptiques d'un aliment ou d'une boisson.

GOUTTE (VIN DE)
Vin qui coule librement après la cuvaison en rouge. On l'oppose au vin de presse, issu du pressurage des marcs de vinification en rouge après le décuvage.

GRAIN
Le grain de raisin est une baie de forme, de couleur et de grosseur variables. Il est recouvert d'une pellicule liée à la rafle par le pédicelle et contient de un à quatre pépins.

GRAISSE
Maladie du vin provoquée par le développement de bactéries lactiques mucilagineuses. Le vin, sans être très altéré au goût, s'écoule anormalement, comme de l'huile.

GRAND VIN
1. Adjectif visant à désigner un vin de qualité (grand vin). L'abus qui a été fait de ce terme dans le domaine commercial a provoqué sa restriction légale aux vins d'appellation d'origine bénéficiant d'un classement.

2. Vin de goutte en Bordelais.

GRAPPE
La grappe de raisin provient de l'inflorescence de la vigne, qui apparaît sur le bois de l'année. Les inflorescences sont ébauchées dans le bourgeon au repos et se développent en même temps que les feuilles du nouveau rameau. Les grappes mûrissent en passant par différents stades : floraison, véraison, pourriture.

GRAVES
Terme de géographie viticole désignant des zones, ou des lieux-dits plus restreints, dont le sol est constitué par des graviers. Cette texture pédologique donne souvent des vins de très grande qualité.

GREFFAGE
Soudure réalisée entre deux vignes différentes. L'une constitue le système racinaire et l'autre le système aérien, porteur des feuilles

et des fruits. Depuis le phylloxéra, les vignes françaises *(Vitis vinifera)* sont greffées sur des porte-greffe d'origine américaine, qui résistent à ce parasite. Les greffes sont effectuées sur table : greffe anglaise simple ou double, greffe en oméga. Les greffes-boutures ainsi constituées sont mises en terre pour former des racines avant la plantation en place.

GRÊLE

La grêle peut provoquer sur les vignobles des dégâts considérables. Elle peut faire des blessures aux feuilles, aux fruits et aux rameaux, provoquant des traumatismes qui retardent considérablement la maturation du raisin. Souvent, les plaies apparues forment une voie d'accès privilégiée aux parasites de la vigne et notamment aux maladies cryptogamiques. Les traitements intervenant sitôt après la grêle revêtent une importance considérable. Les canons à grêle qui, parfois, permettent d'éviter les précipitations demeurent souvent insuffisants.

GRILLAGE

Ce phénomène se produit parfois par grande chaleur. Les feuilles et les baies sont alors endommagées dans leurs parties les plus exposées aux rayons du soleil.

GRIS

Le vin gris est une variété de rosé pâle obtenu par pressurage rapide et direct de raisins rouges à jus blanc, sommairement foulés et non macérés. Dans certaines conditions d'éclairage, la teinte de ces vins prend une nuance violacée qui tire sur le gris.

H – I – J

HYBRIDE

Plant de vigne provenant du croisement d'espèces différentes. À la suite de l'invasion phylloxérique, de nombreux hybrides ont été sélectionnés d'une part comme porte-greffe et d'autre part comme hybrides producteurs directeurs. Ces derniers donnent des vins très parfumés, assez grossiers, parfois dangereux pour la santé. Les hybrides, qui ont beaucoup désordonné la viticulture française, sont maintenant interdits.

INAO

Institut national des appellations d'origine des vins et eaux-de-vie. Cet organisme, fondé en 1938, est chargé de définir les règles de production des vins et eaux-de-vie et de veiller à leur respect. Il fonctionne en concertation directe avec les professionnels des régions viticoles. Actuellement 525 AOC de vins, AOC d'eaux-de-vie et AOVDQS ont été définies par des membres de l'INAO. Ces définitions tiennent compte des traditions et usages des aires de production.

INVASION PHYLLOXÉRIQUE

Le phylloxéra est un insecte s'attaquant aux racines de vigne européenne. Il est d'origine américaine et a été introduit en 1864 dans le Gard avec des plants de vigne américaine. Identifié par Émile Planchon en 1868, il a progressivement envahi les différents vignobles de France puis d'Europe. Le greffage sur des plants américains résistants a permis de venir à bout de ce fléau.

JAUNE (VIN)

Il s'agit d'un vin produit dans le Jura, d'une couleur dorée prononcée. Ses arômes de noix sont dus au développement de levures en voile à la surface du vin. (*Voir aussi* le vocabulaire de la dégustation.)

JÉROBOAM

Flacon de verre correspondant au double magnum, c'est-à-dire à quatre bouteilles conventionnelles, donc trois litres.

L

LATTE

Baguette de bois aidant à l'empilement des bouteilles. On parle de « vieillissement sur latte » pour les vins effervescents obtenus par méthode champenoise. Les échanges entre les lies de levures et le vin dans la bouteille sont considérés comme facteur de qualité.

LEVAGE

Opération qui consiste à relever les rameaux de vigne qui poussent à l'horizontale.

LEVURES

Champignons microscopiques, de forme le plus souvent elliptique, parfois apiculée. Ils ont une taille voisine de 10 microns. On en dénombre de 1 à 10 millions par millilitre quand le moût est en fermentation. Les levures sont responsables de la fermentation alcoolique, mais aussi de diverses altérations du vin. (*Voir aussi* le vocabulaire de la dégustation.)

LIE

Dépôt constitué dans le vin par la sédimentation des ferments, levures principalement, lorsqu'ils ont terminé leur activité. La lie ne doit pas être confondue avec la bourbe (ou les bourbes) qui sont les détritus solides du raisin formés lors du pressurage, et qui se déposent de la même façon. Les lies sont blanches ou à peine grisâtres, tandis que les bourbes sont colorées et plutôt foncées.

Contrairement au sens figuré très péjoratif qui a été donné au mot lie, celle-ci, dans son sens propre, est une partie noble du vin, et sa redissolution est souhaitable pour enrichir le vin en arômes de vieillissement et en substances azotées. Le séjour sur pointe de neuf mois pour les vins de Champagne et crémants repose sur ce principe. En Bourgogne, les grands blancs sont conservés en fûts, « sur lie » jusqu'à dissolution de celle-ci. Les lies sont généralement très chargées de levures, bactéries et cristaux de tartre. Certains vins blancs sont dit « sur lie » : Muscadet, Gros-Plant, vin de pays des Sables du golfe de Lion. Cela signifie qu'ils ont été mis en bouteilles sans avoir été soutirés après la fermentation alcoolique. Ils demeurent ainsi saturés en gaz carbonique, ce qui leur donne un aspect perlant et permet de les conserver avec peu d'anhydride sulfureux. Les vins sur lie mis en bouteilles avant le 1er ou le 31 juillet de l'année qui suit la récolte doivent porter sur l'étiquette leur millésime.

LIQUEUR (VIN DE)
Vin ayant un degré alcoolique élevé, naturel ou enrichi, avec une teneur importante de sucre non fermenté, ou liqueur.

LIQUEUR D'EXPÉDITION
Sirop à base de sucre de vin apporté après dégorgement des vins effervescents, Champagne ou crémants. Cet apport permet de compléter le niveau, de régler la dose de sucre finale du vin pour obtenir des vins extra-dry, bruts, secs ou demi-secs, et d'ajouter des produits stabilisants si nécessaire : acide citrique, anhydride sulfureux.

LIQUEUR DE TIRAGE
Sirop de sucre de canne apporté aux vins de base au moment de leur tirage en bouteilles. Ce sucre, fermenté par les levures, produit jusqu'à 1,5 % Vol. d'alcool et du gaz carbonique responsable de l'effervescence. On ajoute environ 25 grammes de sucre par litre aux vins mousseux. Les vins pétillants en reçoivent une dose moitié moindre.

LIQUOREUX
Vin produit avec des moûts très riches ou vin de liqueur concentré par cuisson, ou enfin par mutage des moûts à l'alcool sans fermentation (vins doux naturels).

M

MACÉRATION
Phase de la vinification en rouge, et éventuellement en rosé, pendant laquelle les parties solides du raisin (pellicules et pépins) baignent dans le moût avant ou pendant la fermentation alcoolique, pour en extraire la couleur, les arômes, les tanins et des substances diverses. Cette macération est le principal souci des vinificateurs, et c'est autour d'elle que s'élaborent tous les procédés techniques visant à améliorer les vinifications rouges.

MACÉRATION CARBONIQUE
Mode de vinification en rouge qui consiste à placer les raisins dans une atmosphère inerte, à une température assez élevée (30 °C).

Le métabolisme aérobie des cellules de raisin est alors dévié en métabolisme anaérobie, ce qui a pour conséquence l'apparition de plusieurs degrés d'alcool sans intervention des levures et une migration des anthocyanes dans la pulpe. Après une semaine environ, on procède au pressurage du raisin. Le moût obtenu finit de fermenter grâce à l'action des levures à une température basse (20 °C), afin de préserver les arômes apparus dans la première phase. Cette technique est particulièrement adaptée aux vins de primeur.

MAGNUM
Bouteille d'une contenance d'un litre et demi.

MAÎTRE DE CHAI
Personne chargée de diriger les différentes opérations qui sont effectuées au chai, aussi bien au moment de la vinification qu'au cours de l'élevage.

MALADIE
Par analogie avec les perturbations de santé propres à l'homme, on appelle maladies du vin les développements microbiens qui s'y produisent et qui altèrent son état. Ces altérations sont en général marquées par trois facteurs caractéristiques : un trouble plus ou moins important, du gaz carbonique en sursaturation, et une acescence éventuelle plus ou moins forte.

MALADIES CRYPTOGAMIQUES
Maladies de la vigne dont l'agent est un champignon. Les plus connues sont l'oïdium, le mildiou, le black rot, l'excoriose, le brenner, la pourriture grise.

MARC
1. Désigne les parties solides du raisin au cours de la vinification.

2. Eau-de-vie obtenue par la distillation des marcs, ou résidus secs de pressurage, après vinification. On dit familièrement « du marc » ou « un marc ».

MARCOTTAGE
Procédé de propagation des végétaux ligneux, dont la vigne, qui consiste à recourber un rameau en terre afin qu'il y prenne racine. Le rameau ayant pris racine est séparé de la plante mère et constitue un nouveau sujet.

MARQUE (VIN DE)
Vin destiné généralement à une grande diffusion commerciale, et maintenu dans une typicité constante, dont l'étiquetage valorise principalement la marque commerciale sous laquelle il est vendu. Cette marque commerciale peut être un nom de fantaisie, ou la raison sociale de l'établissement. Les vins vendus dans ce système peuvent être soit un assemblage de vins de table sélectionnés, rehaussé par une petite proportion d'un cépage améliorateur, soit des coupages très étudiés de vins de crus différents qui, de ce fait, perdent leurs appellations au bénéfice de la marque, mais qui correspondent au goût d'une large catégorie de consommateurs, soit des assemblages de grand volume de vin d'appellation régionale ou communale, pour lesquels l'appellation est jointe à la marque, mais passe au second plan, comme Bordeaux X..., Champagne Y..., Bourgogne Z...

MAS
Désignation possible, dans le Sud-Ouest, d'un vin d'origine déterminée, provenant d'une exploitation autonome qui possède ses moyens propres de production.

MATHUSALEM
Bouteille d'une contenance de six litres.

MATURATION
Période de la vie de la vigne allant de la véraison à la maturité. Au cours de cette période, les baies ne grossissent plus beaucoup. On assiste en revanche à l'accumulation des sucres et à la diminution des acides. Lorsque ces deux phénomènes tendent à se stabiliser, on parle de maturité physiologique. Au-delà de ce stade se produisent des phénomènes de surmaturation : passerillage et pourriture noble recherchés dans certains vignobles.

MATURITÉ
Stade physiologique de la vigne. On peut distinguer la maturité physiologique correspondant au moment où les pépins sont susceptibles de germer. Cette maturité précède la maturité technologique qui est celle que recherche le vigneron. Celle-ci correspond à un optimum de qualité qui dépend des cépages et des vins à produire. On parle, par exemple, de maturité aromatique pour les raisins de cépages destinés à produire des vins blancs riches en arômes primaires.

MÉCHAGE
Cette opération consiste à faire brûler une mèche ou une pastille de soufre, afin de produire de l'anhydride sulfureux. Cette pratique est un moyen de sulfiter le vin, mais avec une certaine imprécision, et aussi de conserver dans de bonnes conditions la futaille vide.

MERCAPTAN
Voir le vocabulaire de la dégustation.

MICROCLIMAT
Appliqué à la viticulture, ce terme désigne un ensemble de conditions climatiques qui règnent en permanence sur un petit compartiment de terrain et qui sont légèrement différentes du climat général de la région, créant ainsi une situation privilégiée pour un cru ou une partie du cru.

MILDIOU
Maladie cryptogamique dont l'agent est le *Peranospora viticola*. Ce champignon, provenant des États-Unis, a été introduit en France en 1878. Il a causé de grands dégâts jusqu'à la mise au point de la bouillie bordelaise, à base de sulfate de cuivre et de chaux éteinte, par Millardet. Les organes atteints par les spores de champignons brunissent, sèchent et meurent. Des produits de synthèse avec ou sans cuivre ont peu à peu supplanté la bouillie bordelaise.

MILLERANDAGE
Ce phénomène résulte de l'avortement partiel de la fécondation au moment de la floraison du raisin, et se traduit ultérieurement par la présence dans les cépages d'une proportion plus ou moins importante de grains très petits dépourvus de pépins. Cette situation est très favorable à la qualité des vins rouges.

MILLÉSIME
Ce mot provient du latin *millesimo* par lequel commencent les dates gravées sur les monuments et les pièces de monnaie. Dans son sens le plus général, le millésime est l'année de création d'une chose appelée à durer plus ou moins. Pour le vin, c'est à la fois l'année d'une récolte et l'ensemble des caractères organoleptiques et physiques qui lui sont propres. Au sens le plus général, c'est la récolte elle-même. C'est ainsi que « le millésime 1959 fut très abondant en France ». Un certain nombre de publications entretiennent et mettent à jour périodiquement des tableaux où sont indiquées, en notes chiffrées ou en étoiles, les valeurs relatives des millésimes écoulés dans les diverses régions productrices.

MIRER
Opération qui consiste à observer la limpidité d'un vin en bouteilles ou à la sortie d'un filtre.

MISE EN BOUTEILLES
Opération qui consiste à mettre le vin en bouteilles. Les mentions « mis en bouteilles au château » ou « mise d'origine » sont des mentions autorisées pour les vins d'AOC. Les vins de pays peuvent porter la mention « mis en bouteilles à la propriété » ou « au domaine ». Toutes ces mentions impliquent que le vin soit resté sur son lieu de production jusqu'à la mise en bouteilles. Les AOC portant la mention « mis en bouteilles dans la région de production » doivent être mises en bouteilles dans les départements de l'aire d'appellation la plus générale à laquelle ils ont droit.

MISTELLE
Produit composé par un moût de raisin additionné d'alcool vinique, dans la proportion habituelle de deux tiers de moût et d'un tiers d'eau-de-vie à 50 % Vol. environ. Il en résulte un mélange titrant entre 15 et 18 % Vol. d'alcool qui se trouve ainsi stabilisé contre la fermentation alcoolique, avec une teneur en sucre variant de 120 à 150 grammes par litre. Les mistelles traditionnelles régionales, élaborées avec des eaux-de-vie de marc, s'appellent Ratafia en Champagne et en Bourgogne, Macvin dans le Jura, Carthagène en Languedoc-Roussillon. Certaines mistelles ont été classées en appellation d'origine et soumises au régime des vins de liqueur ou des vins doux naturels (VDN). Ce sont le Pineau des Charentes et certains muscats de Frontignan.

MOELLEUX
Terme désignant des vins doux, sans que le taux de sucre résiduel ne soit précisé. (*Voir aussi* le vocabulaire de la dégustation.)

MOUSSEUX
Vin qui contient du gaz carbonique sous pression en bouteille, se dégageant avec formation de « mousse » au débouchage du flacon. Ce terme est parfois synonyme d'effervescent.

MOÛT
Jus libéré par les raisins au cours des phases préfermentaires. On désigne également par ce terme un vin en fermentation.

MUCILAGE
Voir Gomme.

MUID
Grand fût dont la contenance varie suivant les régions.

MUSTIMÈTRE
Sorte de densimètre qui permet d'apprécier directement la richesse en sucre d'un moût.

MUTAGE
Opération consistant à bloquer une fermentation alcoolique, soit par addition d'alcool (vin de liqueur, mistelle), soit par addition d'anhydride sulfureux (vins moelleux et liquoreux).

MUTER
Probablement du latin *mutescere* : rendre muet. Stabiliser un moût ou un vin encore sucré contre toute fermentation par un des moyens antiseptiques : sulfitage, alcoolisation, pasteurisation. Les jus domestiques sont souvent mutés au benzoate ou au salicylate de soude, qui sont interdits pour l'usage commercial.

MYCODERMES
Nom générique des levures qui se développent en voile à la surface des liquides.

N – O – P

NABUCHODONOSOR
Bouteille d'une contenance de 15 litres.

NATURE
Vin non effervescent de régions productrices de mousseux. Ce terme n'est plus autorisé pour leur appellation.

NÉGOCIANT
Personne achetant des vins pour en assurer la distribution. Les négociants-éleveurs assurent une partie du travail du vin. Ils procèdent notamment aux assemblages, à la clarification et à la mise en bouteilles. Les négociants-manipulants, en Champagne, achètent des raisins, du moût ou du vin de base et en assurent la champagnisation.

NOBLE (CÉPAGE ET VIN)
Ce qualificatif désigne des cépages de qualité et des vins de cru, par opposition d'une part aux vins de table issus des cépages courants, d'autre part aux vins d'hybride qui ont été vulgarisés après la crise phylloxérique.

NOUAISON
Stade phénologique de la vigne quand les grains de raisin nouvellement fécondés sont parfaitement attachés à la rafle.

NOUVEAU (VIN)
Terme désignant les vins élaborés depuis peu. Ces vins doivent, pour être commercialisés, avoir obtenu leur agrément de l'INAO et attendre la date légale de mise en marché : 1er décembre pour les vins de pays et les AOVDQS, 15 décembre pour les AOC, hormis les primeurs, dont la libération intervient le troisième jeudi de novembre.

Ce terme désigne également :

1. Dans certains secteurs de consommation, un moût (désigné comme « vin ») non encore fermenté. On dit aussi « bourru ».
2. Le vin brut, non encore décanté, en fin de fermentation.
3. Le vin terminé en fin de vinification, clarifié et filtré, livré à la consommation comme primeur.

NUIT (VIN D'UNE)
Vin rosé foncé obtenu par une macération en présence du marc de courte durée (entre douze et vingt-quatre heures).

ŒIL
Bourgeon de vigne qui, au moment du débourrement, éclate en laissant apparaître un nouveau rameau avec feuilles et ébauches florales.

ŒNOLOGIE
Science du vin et de la vinification.

ŒNOLOGUE
Spécialiste de la science du vin et de la vinification. Son titre est sanctionné par un diplôme d'État, créé par la loi du 19 mars 1955. La formation d'œnologue, d'une durée de deux ans, est accessible au niveau du DEUG. Elle est assurée par les universités de Bordeaux, Dijon, Montpellier, Reims et Toulouse. Certaines pratiques œnologiques ne peuvent être effectuées que sous le contrôle d'un œnologue.

ŒNOPHILE
Personne qui apprécie et cherche à connaître les vins.

OFFICE INTERNATIONAL DE LA VIGNE ET DU VIN (OIV)
Organisme international créé en 1924. Le nombre des pays membres est de 28. L'OIV étudie les aspects scientifiques économiques et techniques se rapportant à la vigne et à ses produits dérivés : le vin, les eaux-de-vie, le jus de raisin, les raisins de table et les raisins secs.

OFFICE NATIONAL INTERPROFESSIONNEL DES VINS (ONIVINS)
Organisme public créé en 1983 dont le rôle est d'assurer un encadrement technique et économique dans le domaine des vins de table.

OÏDIUM
Maladie cryptogamique se développant sur les organes verts de la vigne. Le premier symptôme est l'apparition d'un duvet blanchâtre, suivi d'un dépérissement des tissus. Cette maladie est apparue au XIXe siècle à la suite du mildiou. On lutte contre ce champignon par application de soufre en poudrage ou sous forme mouillable.

ORDINAIRE, GRAND ORDINAIRE
Terme entrant dans le nom des AOC Bourgogne ordinaire et Bourgogne grand ordinaire.

OUILLAGE
Opération qui consiste à contrôler le remplissage des récipients vinaires, afin que le vin ne reste pas en contact avec l'oxygène de l'air.

OXYDATION
Réaction chimique au cours de laquelle une molécule perd un électron. Dans le vin, de nombreuses molécules sont susceptibles de s'oxyder, provoquant des défauts organoleptiques plus ou moins graves : évent, casse oxydasique, piqûre acétique. On lutte contre l'oxydation par ouillage, conservation sous gaz inerte, maintien de doses suffisantes d'anhydride sulfureux. (*Voir aussi* le vocabulaire de la dégustation.)

PAILLE (VIN DE)
Vin liquoreux issu de raisins passerillés. Ces raisins, laissés sur des lits de paille, se déshydratent. Leur concentration en sucre augmente sans que l'acidité augmente dans d'aussi fortes proportions.

Ces vins titrant plus de 14 % Vol. sont capables d'une conservation très prolongée. Ils sont principalement produits dans le Jura et dans les Côtes du Rhône.

PALISSAGE
La vigne moderne est le plus souvent palissée, c'est-à-dire fixée par un ensemble de piquets et de fils alignés.

PASSERILLAGE
Du flétrissement de raisins sur souche, par dessèchement naturel, avant leur cueillette, résulte une concentration plus ou moins importante en sucre. C'est le principal moyen d'obtenir des vins naturellement doux, à côté et en dehors de la pourriture noble.

PASSETOUTGRAINS
Vin de carafe élaboré en Bourgogne à partir du mélange en cuve avant fermentation de Gamay noir à jus blanc et de Pinot noir, ce dernier intervenant dans la proportion d'un tiers minimum.

PASTEUR Louis (1822-1895)
Savant français ayant largement contribué à la connaissance de la microbiologie du vin.

PASTEURISATION
Procédé de stabilisation biologique des produits alimentaires, basé sur la sensibilité des micro-organismes à la chaleur. On définit des unités de pasteurisation qui tiennent compte à la fois de la température et du temps d'application. Ce procédé efficace ne permet pas une bonne évolution du vin au cours du vieillissement et ne doit donc être réservé qu'à des vins à boire rapidement.

PAULÉE
Fête des vignerons à la fin des vendanges. La plus célèbre est la Paulée de Meursault, en Bourgogne. La Paulée de Paris et la Paulée du Val de Loire sont de création plus récente.

PAYS (VINS DE)
Vins de table réglementés, produits dans les conditions contrôlées d'encépagement, de maturité et de qualité, et vendus avec l'indication d'un département ou d'une zone de provenance. Ils ne peuvent faire l'objet d'aucun coupage avec des vins de provenance différente.

PÉDICELLE
Partie de la grappe qui porte la baie de raisin.

PELLICULE
« Peau du grain de raisin ». La pellicule protège la baie de raisin. Elle renferme les anthocyanes responsables de la couleur des raisins noirs et des arômes.

PERLANT
Caractère physique d'un vin qui laisse dégager une légère saturation de gaz carbonique à son débouchage. Cette saturation est moins importante que celle des pétillants, qui sont à la limite de l'effervescence. Il peut s'agir de vin nature mis en bouteilles avec une teneur en gaz carbonique élevée (vin sur lie, par exemple) ou de vins effervescents faiblement dosés (Anjou, Touraine).

PÉTILLANT
Catégorie de vin effervescent préparé par méthode de seconde fermentation en bouteille, mais ayant une pression moitié moindre de celle des vins effervescents habituels. Ces pétillants sont traditionnels dans certaines régions : Montlouis, Vouvray.

PHÉNOL
Composé chimique de formule OH.

PHYLLOXÉRA
Ce puceron d'origine américaine a été introduit dans le Gard en 1864. Il peut se présenter sous deux formes. L'une, dite gallicole, s'attaque au feuillage. La vigne française y est peu sensible, et elle ne fait des dégâts que sur les pépinières de porte-greffe. L'autre forme, dite radicicole, s'attaque aux racines. C'est elle qui a provoqué la destruction quasi totale du vignoble français à la fin du XIXe siècle. La solution a été trouvée en greffant la vigne française *(Vitis vinifera)* sur des porte-greffe d'origine américaine qui sont résistants à l'insecte. La plantation de vignes greffées a permis de reconstituer le vignoble. Une autre voie de reconstitution a été empruntée en plantant parallèlement des hybrides producteurs directs, résistants. Cette seconde voie est maintenant abandonnée devant les médiocres résultats obtenus.

PIÈCE
Unité de volume de vin qui varie selon les régions. Elle se situe entre 180 et 260 litres.

PIED DE CUVE
Nom donné à un levain de fermentation. Il se prépare en mettant à fermenter à l'avance un petit volume de moût.

PIGEAGE
Opération de vinification en rouge consistant à enfoncer dans la cuve le chapeau de marc qui s'accumule en surface. Le pigeage renouvelle le moût au contact des pellicules, et favorise donc l'extraction des anthocyanes et des tanins responsables de la couleur. Il permet aussi de limiter les risques de piqûre du chapeau qui peuvent se produire lorsque celui-ci reste trop longtemps au contact de l'air. Autrefois pratiqué manuellement, le pigeage est maintenant mécanisé dans certaines cuves dites « cuves à pigeage ».

PIGMENTS
Matière colorante des végétaux. Dans la baie de raisin, ces pigments sont essentiellement des anthocyanes.

PINARDIER
Navire assurant le transport du vin en vrac, qualifie également un port maritime assurant le transport des vins.

PIQUÉ (VIN)
Vin présentant une acidité volatile élevée.

PIQÛRE ACÉTIQUE
Maladie du vin occasionnée par les bactéries acétiques. Elle se caractérise par la formation d'acide acétique et d'acétate d'éthyle à partir de l'alcool du vin. Cette dégradation se produit dans les vins mal protégés de l'oxygène de l'air et peu sulfités. La piqûre acétique conduit à la formation du vinaigre.

PIQÛRE LACTIQUE

Formation d'acide acétique par les bactéries lactiques hétérofermentaires, lorsqu'on les laisse se développer en présence de sucres.

PORTE-GREFFE

Partie souterraine d'un pied qui a été greffé. À la suite de l'invasion phylloxérique, les vignes européennes ont été greffées sur des porte-greffe résistants d'origine américaine.

POT

Bouteille de 46,5 centilitres, dans le Beaujolais.

POURRITURE

Maladie cryptogamique dont l'agent est le *Botrytis cinerea*. Ce champignon se développe quand les conditions d'humidité et de température sont suffisantes.

Les plus gros dégâts se rencontrent sur les grappes à l'approche des vendanges. Les attaques de *Botrytis* sont favorisées par les blessures que provoquent les chenilles ou la grêle. Cette maladie reste, à l'heure actuelle, l'une des plus préoccupantes, car les souches résistantes aux produits de traitement sont apparues dans le vignoble, et aucun autre moyen de lutte très efficace n'est connu à ce jour.

On peut prévenir le risque en aérant, par le mode de conduite ou l'effeuillage, la partie de la vigne où se situent les grappes. Les raisins atteints de pourriture donnent des moûts et des vins sensibles à la casse oxydasique. Ils doivent donc être vinifiés et conservés avec des soins spéciaux.

Une forme particulière du développement du *Botrytis cinerea* conduit à la formation de « pourriture noble ». Le mycélium du champignon envahit alors la baie sans la blesser. On obtient des raisins rôtis qui, peu à peu, se concentrent et atteignent une richesse en sucres très élevée, sans que l'acidité ne soit trop forte. Ce développement s'accompagne d'une formation d'arômes caractéristiques. Ces vins de pourriture noble sont produits dans certaines aires d'appellations de vins moelleux ou liquoreux : Alsace, Anjou, Monbazillac, Sauternes, Touraine. Les vendanges sont effectuées par tris où l'on ne ramasse que les grains ayant atteint le mûrissement souhaité. Les rendements sont bas et la main-d'œuvre importante, ce qui en fait des vins rares et recherchés.

La pourriture grise est un effet du *Botrytis* qui dépasse la pourriture noble et qui dessèche le raisin en débouchant sur le pourri sec. Le pourri sec est un état de détérioration où le raisin desséché est envahi par les moisissures.

PRESSE (VIN DE)

Fraction de vin qui s'écoule sous l'action du serrage exercé par le pressoir, par opposition au vin de goutte, qui est venu spontanément lors de l'écoulage de la cuve. Les marcs étant rebêchés plusieurs fois sur le pressoir, il y a des vins de première presse, de deuxième presse et de troisième presse, qui sont de plus en plus bourbeux et de plus en plus astringents.

PRESSOIR

Appareil permettant l'extraction des moûts de vinification en blanc ou le pressurage des marcs de vinification en rouge. Il en existe de nombreux types : manuels et mécaniques. Parmi ces derniers, on distingue les pressoirs continus, discontinus, pneumatiques. Leurs résultats peuvent être très différents.

PRESSURAGE

1. Action de serrer une vendange au moyen d'un pressoir pour en extraire le liquide.

2. Produit obtenu dans cette opération. Il y a deux modalités essentielles de pressurage : pour les vins blancs et rosés, on presse les raisins frais, foulés ou non, avant fermentation, et le liquide qui en sort est du moût ou du jus ; pour les vins rouges, le pressurage a lieu après fermentation, uniquement sur les marcs issus de la cuvaison.

PRIMEUR (VINS DE)

Vins élaborés dans le but d'une consommation rapide. Ces vins assez légers sont libérés sur le marché le troisième jeudi de novembre avec la mention « primeur » ou « nouveau ». Ils sont en général caractérisés par de la fluidité et de la fraîcheur avec beaucoup d'arômes.

PROTÉINE

Composé organique constitué par une chaîne d'acides aminés. Chaque protéine est caractérisée par la nature et l'ordre des acides aminés qui la composent.

Ces composés que l'on rencontre dans tous les êtres vivants jouent des rôles divers : protéines de structure, enzymes. Lorsqu'ils sont en excès dans le vin, ils peuvent précipiter, faisant ainsi apparaître un trouble : on parle alors de « casse protéique ». (*Voir* Casses.)

PRUINE

Pellicule cireuse que l'on trouve à la surface des baies de raisin.

PULPE

Tissu chargé de jus d'une baie de raisin.

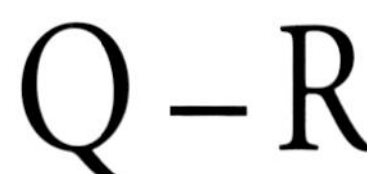

QUART

Bouteille de 25 centilitres.

RACINÉ (PLANT)

Plant de vigne obtenu par bouturage. Il peut être greffé lorsqu'il s'agit d'un porte-greffe.

RAFLE

Squelette de la grappe de raisin. La rafle est constituée de tissus ligneux riches en composés phénoliques susceptibles de libérer des substances à goût herbacé dans le vin.

RAMEAU

Tige de la vigne poussée dans l'année.

RANG

Alignement de pieds de vigne dans une parcelle. Tant que le relief le permet, les rangs sont disposés de préférence dans la direction nord-sud, ce qui leur assure le meilleur ensoleillement.

RATAFIA
Vin de liqueur apéritive préparé en Champagne et en Bourgogne en mutant du moût de raisin frais par de l'eau-de-vie de marc dans la proportion approximative de deux tiers de moût et un tiers d'eau-de-vie.

REBÊCHE
Dernier jus extrait d'un cycle de pressurage. La rebêche est de moindre qualité. En Champagne, le vin de rebêche est écarté de l'élaboration du Champagne. La rebêche désigne aussi l'opération qui constitue à émietter le marc entre deux pressées.

RÉCHAUFFEMENT
Opération parfois nécessaire au démarrage de la fermentation alcoolique de moûts récoltés par temps froid.

RÉCOLTANT-MANIPULANT
Ce terme désigne, en Champagne, le viticulteur qui produit du Champagne avec ses propres raisins.

RÉDUCTION
Phénomène physico-chimique qui est le contraire ou l'inverse de l'oxydation tout en lui étant constamment associé. Dans les vins, la réduction est provoquée par une privation prolongée d'oxygène, le vin étant naturellement réducteur. Elle ne menace pas la conservation du vin, au contraire, mais elle entraîne la formation d'odeurs animales fétides et de sulfures divers, ainsi que l'éclipse plus ou moins prononcée du bouquet du vin. Ces inconvénients sont palliés facilement par une brève aération avant de consommer.

RECTIFIÉE
Eau-de-vie dont on a augmenté la pureté et le degré en éliminant, lors de la distillation, les fractions volatiles les plus courtes.

REFERMENTATION
Nouveau départ d'une fermentation alcoolique. Le phénomène peut se produire dans le cas de vins sucrés mal stabilisés.

RÉFRIGÉRATION
Procédé physique de stabilisation des vins. Le froid bloque les réactions biologiques dont le vin peut être le siège. Il favorise également la précipitation des composés instables, de l'acide tartrique notamment.

REMONTAGE
Phase de la vinification en rouge qui consiste à pomper du vin au bas de la cuve pour lessiver le chapeau de marc et augmenter l'extraction de couleur.

REMUAGE
Opération appliquée aux vins champagnisés consistant à rassembler le dépôt de levures contre le bouchon, pour les dégorger.

RENDEMENT DE BASE
Quantité maximale de raisins ou l'équivalent en volume de vin récolté par hectare de vigne pour lequel est revendiqué une AOC. Le rendement de base est exprimé en kilogrammes de raisins ou en hectolitres de vin, par hectare. Dans ce dernier cas, il inclut les lies et les bourbes.

Pour une récolte déterminée, en raison d'accidents climatiques, il peut être diminué par décision du Comité national des vins et eaux-de-vie. Selon la qualité et la quantité de la récolte, le Comité peut fixer un plafond limite supérieur au rendement de base, mais inférieur à un « rendement butoir » inscrit dans les décrets définissant chaque AOC.

RÉSERVE
Désignation d'un vin d'appellation s'appliquant à un vin ayant fait l'objet d'une sélection particulière de la part de l'embouteilleur, du distributeur ou de l'établissement de consommation. Des mentions comme « Réserve de la Maison » ou « Réserve du Patron » sont libres d'emploi.

ROGNAGE
L'un des travaux en vert qui consiste à raccourcir la végétation d'été pour éviter la perte de sève occasionnée par la pousse de jeunes rameaux. L'absence de rognage au moment de la floraison peut entraîner des phénomènes de coulure, donc une perte de récolte.

ROSÉ (VIN)
Vin de couleur rose plus ou moins soutenue, obtenu soit par pressurage direct d'un cépage rouge, soit par foulage et macération à froid de quelques heures avant pressurage, soit par une macération très courte et partielle avant passage au pressoir.

Les rosés macérés ont un fruité nettement plus intense que celui des vins de pressurage direct, mais ils perdent en finesse.

ROUGE (VIN)
Vin obtenu par macération du moût avec les parties solides du raisin, pellicules et pépins, pour en extraire la couleur, les arômes et le tanin. L'éraflage est le plus souvent pratiqué. La période de macération peut aller de quelques jours à plusieurs semaines.

La couleur dépend des facteurs génétiques (cépage), des conditions climatiques et de la nature des sols.

RURALE (MÉTHODE)
Méthode de production des vins effervescents par mise en bouteilles alors que le vin présente encore des résidus de sucre. La fermentation alcoolique s'achève alors, produisant du gaz carbonique. Cette méthode était autrefois pratiquée dans nombre de régions où l'on produit actuellement des vins élaborés par seconde fermentation en bouteille.

S

SABLE (VIN DE)
Vin récolté dans les sols sablonneux des bords de mer.

SACCHAROSE
Sucre de betterave ou de canne utilisé pour la chaptalisation. Le saccharose est constitué d'une molécule de glucose liée à une molécule de fructose. Glucose et fructose sont les principaux sucres du jus de raisin.

SARMENT
Désigne le rameau de vigne aoûté. Il s'agit donc de bois de l'année et non du vieux bois de la souche.

SEC
Terme qualifiant le vin dépourvu de sucre. En fait, la teneur en sucre doit être de 4 grammes par litre au maximum ou de 9 grammes par litre si l'acidité totale exprimée en grammes par litre d'acide tartrique n'est pas inférieure de plus de 2 grammes au taux de sucres résiduels. En ce qui concerne les vins mousseux, cette teneur peut aller de 15 à 35 grammes par litre. (*Voir aussi* le vocabulaire de la dégustation.)

SÉDIMENTS
Particules du trouble déposant au fond des récipients vinaires. Les dépôts sont particulièrement importants dans les vins nouveaux. Ils sont éliminés par soutirage.

SÉLECTION DE GRAINS NOBLES
Mention qui peut être indiquée sur les bouteilles de certaines appellations : Alsace, Sauternes, Barsac, Cadillac, Cérons, Loupiac, Sainte-Croix-du-Mont, Graves supérieurs, Monbazillac, Bonnezeaux, Quarts-de-Chaume, Coteaux-du-Layon, Coteaux-de-l'Aubance, Jurançon.

Les vins doivent être issus de grains obtenus par tries de pourriture noble. En Alsace, certains cépages comme le Gewurztraminer et le Pinot gris peuvent bénéficier de cette mention si la richesse en sucre atteint naturellement 279 grammes par litre. Le Riesling et le Muscat doivent présenter 256 grammes de sucre par litre. Il faut, en outre, que la mention du millésime soit indiquée sur la bouteille et que le vin ne soit pas enrichi.

SICA
Société d'intérêt collectif agricole.

SICAREX
Société d'intérêt collectif agricole de recherche expérimentale.

SOUCHE
Partie ligneuse d'un pied de vigne. Les vignes actuelles, greffées, comportent un appareil racinaire distinct de la partie aérienne. La durée de vie d'une souche peut atteindre un siècle.

SOUTIRAGE
1. Opération par laquelle le vin est transvasé d'un récipient dans un autre. En fait, il ne s'agit pas seulement d'un simple changement de contenant, car le soutirage apporte au vin la fraction d'oxygène nécessaire à son évolution, l'élimination de l'excès de gaz carbonique, la séparation des dépôts éventuels, une certaine stabilité physico-chimique.

2. Opération intervenant au cours de l'élevage du vin et qui consiste à séparer le vin de ses lies. Le soutirage peut se faire par gravité ou à l'aide de pompes. On peut profiter du soutirage pour aérer le vin ou ajuster sa teneur en anhydride sulfureux.

SPIRITUEUX
Produit distillé ou élaboré à l'aide de produits distillés : mistelle, vin de liqueur, vin doux naturel, vermouth, eau-de-vie, liqueur, etc.

STABILISATION
On stabilise les vins au cours de leur élevage pour éviter les précipitations, les réactions chimiques de dégradation ou le développement de micro-organismes pouvant intervenir au cours du transport ou de la conservation en bouteille.

STADES PHÉNOLOGIQUES
Étapes de la croissance des rameaux et de la fructification de la vigne. La parfaite connaissance de ces stades permet d'appliquer les traitements phytosanitaires au bon moment et de prévoir la date probable de maturité des raisins.

SUCRAGE
Opération qui consiste à enrichir les moûts en sucre avant leur fermentation pour élever leur degré alcoolique. En langage technologique, on parle de chaptalisation. Cette pratique est réglementée en fonction des zones et des catégories de vin intéressées. Elle est actuellement effectuée avec du saccharose de betterave ou de canne, ou des moûts concentrés, et le sera prochainement avec du sucre de raisin ou des moûts concentrés rectifiés.

SUCRES
Les principaux sucres fermentescibles du raisin sont le glucose et le fructose. Pour la chaptalisation, c'est le saccharose de la betterave ou de la canne à sucre qui est apporté. Les sucres, après fermentation par des levures, donnent l'alcool du vin.

SUCRES RÉSIDUELS
Sucres restant en fin de fermentation, laissés intacts par les levures. Les vins ayant moins de 2 grammes par litre de sucres résiduels mesurés à l'analyse sont considérés comme secs.

SULFATAGE
Traitement de la vigne contre les maladies cryptogamiques. Le sulfitage consiste à pulvériser sur le feuillage la bouillie bordelaise. Celle-ci est composée de sulfate de cuivre. Ce terme désigne de nos jours un grand nombre de produits de synthèse dépourvus de sulfate de cuivre.

SULFITAGE
1. Opération strictement réglementée consistant à ajouter au vin de l'anhydride sulfureux (ou dioxyde de soufre) pour assurer sa stabilité microbienne et chimique.

2. Résultat de cette opération et teneur en anhydride sulfureux du vin.

SULFURES
Combinaisons du soufre formées par réduction chimique et d'odeur désagréable, dont on peut trouver dans le vin les formes suivantes : H_2S, ou hydrogène sulfuré ; C_2H_5-SH hydrogénosulfure d'éthyle ou mercaptan ; $(C_2H_5)_2S$ ou sulfure de diéthyle ; et diverses combinaisons complexes mal définies. (*Voir* Mercaptan dans le vocabulaire de la dégustation.)

SURMATURATION
Stade physiologique de la vigne intervenant après la maturité normale du raisin. La surmaturation se caractérise par des phénomènes de concentration biologique engendrés par la pourriture noble. La surmaturation des raisins blancs permet d'obtenir des vins moelleux ou liquoreux.

SYNDICAT VITICOLE
Chaque appellation possède un syndicat dont les membres sont les viticulteurs eux-mêmes. Ces syndicats ont pour rôle de défendre les appellations en fixant les règles de production en accord avec l'INAO, ou en se portant partie civile dans le cas de fraude concernant des vins de leur appellation.

T

TAILLE
Opération culturale qui permet de diriger la vigne dans un mode de conduite défini et de laisser un nombre de bourgeons fructifères compatible avec la vigueur de la souche et le rendement à atteindre. La taille permet en outre de régulariser la pousse des rameaux par écimage ou rognage.

TANIN
Terme générique qui recouvre un certain nombre de substances végétales ayant en commun :

1. Plusieurs fonctions phénoliques dans leur structure moléculaire.
2. Une saveur astringente caractérisée. On en trouve notamment dans les écorces des arbres, dans les tissus lignifiés, dans les enveloppes de fruits et particulièrement les écorces d'agrumes, et aussi dans des feuilles (noyer et ronce) et des organes verts. Dans le raisin, les diverses variétés de tanin sont localisées dans les pépins, dans les rafles, accessoirement dans la peau. Elles passent dans le vin par la cuvaison lors des vinifications. Du tanin de chêne peut être apporté aux vins par le logement en fût.

TANISAGE
Traitement du vin qui consiste à lui apporter des tanins de qualité œnologique. Cette opération est effectuée lors du collage des vins blancs, par exemple, à des doses de quelques grammes par hectolitre.

TANNIQUE
Terme qualifiant un vin riche en tanins ou qui donne tout au moins une impression d'astringence à la dégustation.

TARTRE
Cristallisation qui se forme sur les parois des cuves, des fûts et des bouteilles. Le tartre est constitué de sels d'acide tartrique. Il ne présente pratiquement aucun goût.

TASTEVIN
Instrument de travail des cavistes, ayant la forme d'une petite coupelle métallique basse, destinée principalement à observer la couleur et la limpidité du vin avec toutes les conséquences qui s'ensuivent pour le traiter. S'agissant de vins en vrac dans les caves, son usage pour la dégustation était à l'origine tout à fait secondaire.

TASTEVINAGE
Label de qualité délivré à certains vins de Bourgogne par la confrérie des Chevaliers du Tastevin. Ce label est accordé après une dégustation sévère et donne droit à l'habillage des bouteilles avec une étiquette spéciale, numérotée, et portant le sceau de la confrérie.

TEMPÉRATURE
La température des moûts et des vins joue un rôle très important en œnologie, tant dans la phase de vinification qu'au cours de l'élevage. La maîtrise des températures est l'un des grands progrès de l'œnologie moderne. (*Voir aussi* le vocabulaire de la dégustation.)

TENUE
Faculté d'un vin à rester stable lorsqu'on le soumet à des conditions extrêmes : tenue à l'air, tenue au froid. En laboratoire, on pratique des essais de tenue afin d'envisager les traitements nécessaires.

TERROIR
Environnement pédoclimatique caractéristique susceptible de donner un produit original et de qualité. La notion de terroir constitue l'un des fondements des appellations d'origine contrôlée. (*Voir aussi* le vocabulaire de la dégustation.)

TIRAGE
Opération de vidage d'une cuve de vin dans d'autres récipients : fûts ou bouteilles.

TITRE ALCOOMÉTRIQUE
Degré alcoolique d'une boisson. Il représente le pourcentage volumique d'éthanol à 20 °C.

TONNEAU
Ce terme est souvent synonyme de fût. À Bordeaux, le tonneau est une unité de volume de vin qui vaut quatre barriques, soit 900 litres.

TOURNE
Maladie du vin provoquée par les bactéries lactiques. Elle se produit dans les vins insuffisamment sulfités et se caractérise par une dégradation de l'acide tartrique avec production de gaz carbonique et d'acide acétique notamment. Le vin est plat à la dégustation, gazeux et présente un goût de « souris ».

TRANQUILLE (VIN)
Expression qui s'oppose à celle de vin effervescent, et qui désigne un vin ne comportant pas de gaz carbonique perceptible.

TRAVAUX EN VERT
Ensemble d'opérations culturales que les vignerons pratiquent sur la vigne au cours de la période végétative. Ces travaux sont : l'ébourgeonnage, l'épamprage, le pincement, l'écimage, le rognage, l'effeuillage, l'incision annulaire. Ils ont le plus souvent pour but de limiter la croissance des rameaux afin de favoriser le mûrissement des grappes.

TRIES
Vendanges au cours desquelles l'on ne cueille que les raisins surmûris ou, au contraire, les raisins verts ou pourris. Les raisins atteints de pourriture noble permettent de produire des vins liquoreux.

TROUBLE
Matières en suspension dans le vin. Les troubles ont des causes diverses d'ordre chimique – ils prennent alors le nom de casses – ou d'ordre microbiologique, dans ce cas ils sont le fait de levures et de bactéries. Cet état représente le quatrième degré dans l'échelle de limpidité, plus que louche et moins qu'opalescent. (*Voir* Limpidité dans le vocabulaire de la dégustation.)

V

VACUOLES
Organites des cellules végétales où l'on trouve des substances dissoutes : sucres, acide, sels, etc.

VDN
Voir Vin doux naturel.

VDQS
Voir AOVDQS.

VENDANGES TARDIVES
Expression prévue par les textes pour désigner certains vins, en Alsace en particulier. Cette désignation peut s'appliquer aux vins d'AOC de cépage Gewurztraminer et Pinot gris si leur richesse en sucre naturelle atteint 243 grammes par litre, ainsi qu'aux vins de cépage Riesling et Muscat, si leur richesse en sucre naturelle atteint 220 grammes par litre. Les moûts ne peuvent alors pas être chaptalisés, et les étiquettes doivent porter mention du millésime.

VÉRAISON
Stade de maturation du raisin au cours duquel les raisins rouges commencent à se pigmenter et les raisins blancs à s'attendrir et à devenir translucides.

VERMOUTH
Vin de liqueur aromatisé par des infusions de plantes et de graines apéritives ou digestives qui y ont macéré quelque temps. Les bons vermouths de Chambéry et de Turin peuvent contenir jusqu'à quarante essences aromatiques naturelles.

VIDANGE
Creux d'air laissé dans des citernes, des fûts ou des bouteilles contenant du vin. La vidange est la principale cause d'altération et d'oxydation des vins. On y remédie soit par remplissage (ouillage), soit en remplaçant l'air par un gaz inerte (azote, argon, CO_2) dans la partie vide du récipient.

VIEILLISSEMENT
Évolution que subit le vin en prenant de l'âge. Ce terme remonte à l'époque où l'on aimait les vins très vieux.

VIEUX
1. Qualificatif qui peut être utilisé pour désigner les vins d'AOC après le 1er septembre de la deuxième année suivant la récolte.

2. Se dit d'un vin qui a de l'âge, mais présente aussi les caractères d'évolution avancée liés à cet âge.

VIGNE
Plante appartenant au genre *Vitis.* La vigne européenne appartient à une seule espèce : *Vinifera,* mais compte plusieurs variétés – les cépages. Les vignes américaines comportent 18 espèces, dont les plus connues en France appartiennent aux espèces *Riparia, Rupestris, Berlandieri.* Les hybrides et variétés qui en sont issus servent de porte-greffe à la ligne européenne ou d'hybrides producteurs directs. Les vignes asiatiques comptent 19 espèces, qui ne sont pas utilisées dans le domaine du vin. Les vignes vierges cultivées dans les jardins appartiennent à d'autres genres botaniques.

VIN
Produit obtenu exclusivement par la fermentation alcoolique totale ou partielle de raisins frais, foulés ou non, ou de moûts de raisin.

VINAGE
Addition d'alcool vinique ou neutre dans le vin, soit à des fins industrielles, soit pour la préparation des vins doux naturels et vins de liqueur. Pratique interdite en dehors de ces deux cas.

VIN CUIT
Vin obtenu à partir d'un moût qui a été concentré par chauffage.

VIN DÉLIMITÉ DE QUALITÉ SUPÉRIEURE (VDQS)
Cette mention a été modifiée et remplacée par la mention Appellation d'origine vin délimité de qualité supérieure (*voir* cette rubrique).

VIN DE QUALITÉ PRODUIT DANS UNE RÉGION DÉTERMINÉE (VQPRD)
Définition européenne des vins appartenant aux AOC et aux AOVDQS.

VIN DE TABLE
Vin destiné à la consommation quotidienne et ne bénéficiant d'aucune classification particulière.

VIN DOUX NATUREL (VDN)
Vin dont la richesse initiale en sucre est au moins égale à 252 grammes par litre. En cours de fermentation alcoolique, on le mute par addition d'alcool.

VINIFICATION
Phase de l'élaboration du vin qui se situe entre la cueillette des raisins et la fin de la fermentation alcoolique.

VITACÉES
Famille de végétaux encore appelés Ampélidacées. Elle comprend une dizaine de genres dont le genre *Vitis.* Parmi ces *Vitis,* l'on trouve notamment les espèces américaines servant de porte-greffe à la vigne européenne appelée *Vitis vinifera.*

VITIS VINIFERA
Nom scientifique de la vigne européenne.

INDEX

Les chiffres en ***caractères gras*** *indiquent que le mot fait l'objet d'un article ou d'un développement dans le corps du sujet. Les chiffres en italique renvoient aux illustrations.*

A

Abondance noir **225**
Abondant blanc **225**
Abouriou noir 142, **225,** 442
Abricot **202**
Abymes 562, 564, **596**
Acacia **202**
Académie du vin de Bordeaux **303-304**
Acariose 66
Accident **202**
Accord des mets et des vins **144,** *voir aussi* Vin à table
Accrochage 192
Acerbe **202**
Acescence **202, 610**
– odeur d' 103
Acétate d'éthyle **610**
Achat du vin **126-128**
Acide 183, 184, *192,* **202,** 292
– acétique 102, 103, **610**
– citrique 63, 103, 104, 192, **610**
– lactique 80, 84, 89, 102, 103, **610**
– malique 57, *63,* 75, 80, 84, 85, 89, 103, 192, 586, **610**
– sorbique 103
– tartrique 63, 81, 88, 103, 104, 183, 192, **610**
Acidification **610**
Acidité 57, 63, 68, 84, 88, 190, 193, 198, 199, **202,** 288, **610**
Âcreté **202**
Adam (Édouard) 462
Aération **202,** *voir aussi* Décantage, Décantation
Aérien **202**
Affaibli **202**
Agressif **202**
Agressivité 192, 198
Ahumat **225**
Aigre **202**
Aigre-doux 102, **202-203**
Aimable **203**
Ajaccio **225,** *225,* 376
Alambic
– à double chauffe 244
– à double paroi 96
– à repasse 98, 244
– armagnacais à coulée continue *244,* **245**
– au premier jet 97
– charentais **367,** *367*
Albane 348
Alcool **187-188, 203, 610**
Aldéhyde **610-611**
Aleatico noir **226**
Alicante Bouschet *78,* **226,** *226,* 375, 464
Aligoté **226,** *226,* 255, 313, **315,** 327, 380, 396, 564
Aloxe-Corton 70, **226-227,** 354, 378, 382, 385, 390, 458
Alsace (AOC) **227,** 247
Alsace (région) 96, 161, 162, **228-234**
– appellations 229
– coopération vinicole 130
– économie 230, 232
– encépagement 52, 230-231
– géographie et climat 229-230
– histoire du vignoble 228-229
– millésimes 232
– vinification 232
Alsace Grand Cru **227,** 229
Altérations **203**
– de goût **105**
– dues à des précipitations **104-105**
– liées à une oxydation **104**
– liées à une réduction **104**
– microbiennes **102-103**
– par les levures **102**
– par les bactéries acétiques **103**
– par les bactéries lactiques **102-103**
– physico-chimiques **104-105**
– prévention 103, 105
Altesse **227,** 548, **564**
Amande 105, **203**
Ambiances du repas **179-182**
Ambré **203**
Amer *192,* **203**
– maladie de l' 103, **203**
Amertume **611**
Ammerschwihr 231
Ampélidacées 46, 313
Ampélographie **51,** 54, **611**
Ample **203**
Ampuis *391*
Analyse du vin *133*
– chimique **147**
– physico-chimique **147**
– sensorielle **147,** *151,* 189, 198-199, **203**
voir aussi Dégustation, Œnologie
Ananas **203**
Ancenis 512
Anguleux **203**
Anhydride sulfureux 75, 77, 80, 81, 85, 89, 102, 104, 106, **203,** 319, **611**
Aniane (abbaye d') 461
Animalité (caractères d') 195, **203**
Anis **204**
Anjou (AOC) **235,** 238
Anjou Coteaux-de-la-Loire **235, 237,** 238
Anjou et Saumurois **236-239,** 474, 477, 481, 482, 484
– appellations 237-238
– climat 237
– économie 238, 239
– encépagement 236-237
– géographie 236
– histoire du vignoble 236
– vinification 238-239
Anjou Gamay **235,** 238
Anjou moelleux **485**
Anjou mousseux **235**
Anjou pétillant **235**
Anjou rouge **235**
Anjou-Touraine 162
Anjou-Villages **235,** 238
Anomalies gustatives 198, **204,** *voir aussi* Microbiologie du vin
Anormal 195, **204**
Anthocyanes 63, 193, 183, **611**
Aoûtement 60, 62, **611**
AOC *voir* Appellation d'origine contrôlée
AOVDQS *voir* Appellation d'origine vin délimité de qualité supérieure
Apéritif **611**
– à base de cidre (ABC) 167
– à base de vin (ABV) 167
Appellation d'origine **611**
Appellation d'origine contrôlée 22, 49, 58, 145, 146, **148-150, 611**
Appellation d'origine vin délimité de qualité supérieure 22, 145, 146, **611**
Apport calorique du vin 188
Âpre **204**
Apremont 562, 564, **596**
Apyrène 54, 612
Aramon 50, 54, **240,** *240,* 246, 464
Arbane **240**
Arbin 564, **596**
Arbois (AOC) **241,** *450,* 451, 456
Arbois (cépage) 142, 237, **240-241, 583,** 608
Arbois mousseux **241**
Arbois Pupillin **241**
Arcoléine 103
Ardonnet **241**
Argant **241**
Arinarnoa **241**
Arlay 451, 453
– château d' *451*
Armagnac 95, 98, **242-245**
– élaboration 244-245
– encépagement 243
– géographie et climat 243
– histoire du vignoble 242
voir aussi Eau-de-vie
Aromatique **204**
Arôme **195, 204, 611**
Arrachage 315
Arrière-goût 200, **204**
Arriloba **246**
Arrouya **246**
Arrufiac **246**
Art et vin **28-38,** *voir aussi* Musées
Aspiran **246**
Assemblage 91, *91,* 137, 140, **350, 611**
Astringence **192, 204**
Attaque **204-205**
Aubépine **205**
Aubin blanc **246**
Aubin vert **246**
Aubun noir **246-247,** *246, 247*
Augier 368
Aulède de Lestonnac (marquis d') 285
Ausone (Château) *553*
Austère **205**
Auxerrois (cépage) 230, **247,** *247,* 442
Auxerrois (région) *voir* Chablisien
Auxey-Duresses **247,** 387
Ay *59*
Ayze 564, **596-597**
Azay-le-Rideau 476, *579*
Azote **611**

B

Bacchus *24,* 29, 35, 36, *282*
Bachet **249**
Baco blanc 54, 243, **249,** *249*
Baco noir 50, **249,** *249*
Bactéries
– acétiques **103, 612**
– lactiques **77,** *77,* 80, **102, 612**
Badiane **205**
Bages *460*
Baie de raisin 62, **183-184, 612**
Balagne *375*
Balisca 282
Ballon 165
Balsamique **205**
Balthazar 117
Balzac blanc **250**
Ban des vendanges *45,* 68, *71,* 305, **612**
Banane **205**
Bandol 161, **250,** *534,* 536, 537
Banyuls 94, 162, **250,** 462, 465, *465*
Banyuls Grand Cru 94, 161, **250,** 465
Banyuls Grand Cru Rancio **251**
Banyuls Rancio **251**
Barbarossa **251**
Barbaroux **251**
Baroque **251,** 573
Barras **251**
Barreyres (Château) *302*
Barrier (Charles) **586**
Barrique 368, **612**
– de Bordeaux **110-111**
– de Bourgogne **110,** *110,* 321
Barsac **251,** 278, 301
Bartoldi (Guy) **377**
Bâtard-Montrachet **251,** 387, 533
Baux-de-Provence (Les) 537, *538*
Béarn **252-253, 540**
Beaujolais (AOC) 162, **253,** 256, **258-259**
Beaujolais (région) 85, **254-259,** 311
– économie 255-257
– encépagement 52, 255
– géographie et climat 254-255
– vinification 255
Beaujolais nouveau **257,** 259, 314
Beaujolais supérieur **253**
Beaujolais-Villages **253,** 256, 257
Beaumes-de-Venise 514, *515*
Beaune **260,** *324,* 386
Beaunoir **260**
Beaunois 341
Beaupuy 403
Béclan **260**
Bégadan 495
Bellet **260,** 536, 537
Benais 476
Benaton *70*
Benauge (Château) *271*
Beni-Carlo **260**
Béquignol **260**
Berdomenel **262**
Bergamote **205**
Bergerac 264, 571
Bergerac rosé **262**
Bergerac rouge **262,** 266
Bergerac sec **262,** 266
Bergeracois **264-266**
– appellations 264
– économie 266
– encépagement 265-266
– géographie et climat 264-265
Bernache **612**
Bia blanc **262**
Biancone **262**
Biancu gentile **262**
Bienvenues-Bâtard-Montrachet **262-263,** 387, 533
Bière **205**
Bise (Françoise) **566**
Biturica 282
Black wines 284
Blagny **263,** 387
Blanc Auba **263**
Blanc Cardon **263**
Blanc Dame **263**
Blanc de blancs **352, 612**
Blanc de noirs **352, 612**
Blanc Fumé de Pouilly **530**
Blanc Ramé 365
Blanc Verdet **263**
Blanc vert **267**
Blanqueiron **267**
Blanquette de Limoux **267,** 464, *467,* 468
Blanquette méthode ancestrale 267, **594**
Blayais **267-268,** 301
Blaye *267,* **267-268**
Bobal **268**
Bocuse (Paul) **259**
Bois de chêne 106, **109**
Bois ordinaires 365
Boisé **205**
Bonbon acidulé **205**
Bonnes Mares **268-269,** 384
Bonnezeaux 161, **238, 269**
Bons Bois (Les) 365
Bontemps 305
Bordeaux 162, **269-270,** *283,* 469
Bordeaux clairet **270,** 300
Bordeaux-Côtes-de-Francs **270-271,** 300, 301
Bordeaux-Haut-Benauge **271,** 301
Bordeaux mousseux **271**
Bordeaux rosé **271,** 300
Bordeaux rouge 300
Bordeaux sec **269-270,** 301, 557
Bordeaux supérieur **271,** 300, 301
Bordelais **272-305**
– classifications des crus 287, 294-296, 297
– climat 280-281 291, 293
– économie 296, 300-302
– encépagement 52, 288-290
– histoire du vignoble 281-288
– interprofession 302-303, 305
– millésimes 291, 293-294
– terroirs viticoles 272-279
– vinification 290-291
Bordelaise
– de château 111, *111*
– de transport 111, *111*
Borderies (Les) 365
Botrytis cinerea 66, **75,** *292,* **292-293, 612,** *voir aussi* Pourriture
Bouchage 93, 100, *voir aussi* Bouchons

Bouchalès 142, **306,** *306*
Bouche du vin 190, 191, **198, 205**
Bouchons *93,* **118-120,** *120,* **612**
Bouillenc **306**
Bouillet noir **306**
Bouilleur de crus 368
Bouillie bordelaise 66, 259, **612**
Bouquet blanc **306**
Bouquet du vin 172, **206**
Bourbes 80, *voir aussi* Débourbage
Bourboulenc **306,** 408, 467
Bourg **307**
Bourgeais **307,** *307*
Bourgeons **612**
Bourgogne (AOC) **307,** 314, 384
Bourgogne (région) 96, **308-326**
– climat et géographie 310-311
– coopération vinicole 130
– économie 97, 312-313, 322-324
– encépagement 52, 313-315
– histoire du vignoble 308, 310
– manifestations vineuses 324, 326
– millésimes 162, 322
– vinification et élevage des vins 319-321
– vins de table 137
Bourgogne Aligoté 226, 315, **327,** 384, 389
Bourgogne Aligoté-Bouzeron **327**
Bourgogne clairet **327**
Bourgogne clairet Côte-Chalonnaise **327**
Bourgogne clairet Côte-d'Auxerre **327**
Bourgogne clairet Hautes-Côtes-de-Beaune **327**
Bourgogne clairet Hautes-Côtes-de-Nuits **327**
Bourgogne Côte-Chalonnaise **327**
Bourgogne grand ordinaire **328,** 384, 389
Bourgogne Hautes-Côtes-de-Beaune 314, **327,** 384, 389
Bourgogne Hautes-Côtes-de-Nuits 314, **327,** 384, 389
Bourgogne Irancy 314, 315, **328**
Bourgogne Marsannay *voir* Marsannay
Bourgogne mousseux 315, **328,** 320
Bourgogne ordinaire **328,** 389
Bourgogne Passetoutgrains 313, **328-329,** 384, 389, *voir aussi* Passetoutgrains
Bourgogne rosé **327**
Bourgueil 161, 165, **329,** 476, **485, 585,** 587, 588, 589
– abbaye de 474
Bourru (vin) **612**
Bouschet (Henri) 246, 505
Bouschet (Louis) 524
Bouteillan blanc **329**
Bouteillan noir **329**
Bouteilles 21, 41, *82,* **113-117,** *234,* 237, *350*
– couleuses 105, 154, **615**
– mise en 81, *81,* 91, *91,* **96,** 229, **624**
– stockage des 156
Bouzeron 380
Bouzy **352**
Boyer (Gérard) **351**
Brachet **329**
Branche à fruits **612**
Brandevin 284
Brégin noir **330**
Brillant **206**
Brissac *238, 392*
Brizay *602*
Brosse (Claude) 488
Brouilly 307, **330**
– mont *253*
Brûlé (arôme) 195, **206**
Brumeau noir **330**
Brun argenté **330**
Brun Fourca **330**
Brustiano **330**
Brut **612-613**
Brut millésimé **352**
Brut nature **613**
Buchner 80
Bugey *voir* Vins du Bugey
Buxy 380
Buzet **330-331,** 331, 441, 442, *442,* 443

C

Cabardès *voir* Côtes-du-Cabardès-et-de-l'Orbiel
Cabernet breton 142, *voir aussi* Cabernet franc
Cabernet d'Anjou **237,** 238, **333**
Cabernet de Saumur 238, **333**
Cabernet franc 142, 237, 238, **266,** **289, 333,** *333, 334,* 443, 464, 480, 482, 541, 573, 583, 584, *584,* 585, 587, 608
Cabernet-Sauvignon 50, 54, 56, 62, 142, 143, 237, 238, **266,** 282, **288, 289, 334-335,** *335,* 443, 464, 482, 538, 573, **583,** 608
Cabrières 393, 463
Cacaboue **335**
Cacao **206**
Cadastre viticole 145
Cadière d'Azur *250*
Cadillac 301, **335**
Café **206**
Cahors **335-336,** *337,* 442, 443
Caladoc **336-337**
Calice 165
Calitor **337**
Calories (apport de) 188
Calvi *voir* Vin de Corse Calvi
Camaralet 573
Camaralet de Lasseube **337**
Camaraou blanc **338**
Camaraou noir **338**
Canari **338**
Canigou *546*
Cannelle **206**
Canon-Fronsac 279, 300, **338**
Canthare 165
Capiteux **206**
Capsule **613**
Capsule-congé 145, 146, **613**
Carafe **206**
Caramel **206**
Carbonnieux (Château) *298-299*
Carcajolo blanc **339**
Carcajolo noir **339**
Carcassonne 143
Carcès *536*
Carignan 50, *51,* 56, 62, 143, 144, **339,** *339,* 375, 408, 464, 465, **467,** 538
Carignan Bouschet **340**
Carmenère **340**
Carte des vins **166-168,** 169-170
Cassé **206**
Cassemichère (Château de la) *508*
Casses **613,** *voir aussi* Altérations physico-chimiques
Cassis (AOC) **340,** 536, 537
Cassis (arôme) **206**
Castets **340**
Castillon-la-Bataille 275
Caudalie **200, 206**
Caunes (abbaye de) 461
Caunette (La) *500*
Caussiniojouls *423*
Cavaillon **613**
Cave **153-159,** *153, 154, 155, 156,* 169, *268, 320, 484, 585,* **613**
Centrifugation **613**
Cep *60,* **613**
Cep rouge **340**
Cépage clone 613
Cépage-population 306, 501, 613
Cépages 46, **50-55, 613**
– de chaudière 54
– de cuve 54
– de table 54
– identification des 51
– pour raisins secs 54
voir aussi Encépagement *et chacune des régions*
Cerbère *251*
Cerdon **600**
Cerise **206**
Cérons 301, **340**
César 313, **315, 341**
Chablis **341,** *342,* **343,** 477
Chablis Grand Cru 161, **341**
Chablis Grand Cru Moutonne 342
Chablis Premier Cru **341**
Chablisien et Auxerrois **342-344,** *341, 344*
Chabrot **613**
Chagny 380
Chai 99, *134,* **368,** *368, 462,* **613**
Chaillaud **345**
Chair **206**
Chaleureux **206-207**
Chalosse **540**
Chambertin **345,** 384, 431
Chambertin-Clos-de-Bèze 161, **345,** 384, 431
Chambolle-Musigny **345,** *345,* 384, 390, *516*
Chambourcin **345**
Chambrer **207**
Champagne (région) 96, **346-352,** *348*
– coopération vinicole 130, 131
– économie 97, 348-349
– encépagement 52, 349
– histoire du vignoble 346, 348
– terroir et climat 348-349
– vinification 350-351
Champagne (vin) 21, 31, 35, 79, 172, *voir aussi* Champagnisation, Méthode champenoise
Champagne rosé **352**
Champagnisation **613**
Champignon **207**
Champigny 476, **485**
Champlitte *71*
Chapeau **613**
Chapelle-Chambertin **353,** 384, 431
Chapelle-du-Guinchay (La) 253, 254
Chaptalisation **88, 613-614**
Chardonnay 51, 54, 56, 58, 144, 237, 238, 255, 263, 313, **314,** 341, 348, *353,* **353-354,** 375, 380, 389, **453,** 455, 464, 467, 488, 489, 501, 503, 531, 533, 556, 557, 558, 585
Charlemagne 226, **354,** 378, 385, 386
Charmes-Chambertin **354,** 384, 431
Charpente **614**
Charpenté **207**
Chasan **354**
Chassagne-Montrachet **354,** *355,* 387, 390, 417, *502*
Chasselas 50, 144, 227, 229, **230,** *354,* **354-355,** *488,* 531, **564**
Chasselas de Moissac 355
Château **614**
Château-Chalon 161, **355,** *448,* 450, 451, **456**
– abbaye de 449
Châteaugay *397*
Château-Grillet **355-356,** 408
Châteaumeillant **356,** 475, 477, **608,** 609
Châteauneuf-du-Pape *58,* 161, **356,** *407,* 408, 409, **411**
Châtillon-en-Diois **356-357**
Chatus **357**
Chaufferette *341,* **614**
Chaussage **614**
Chautagne 564, **597**
Chauvet (Jules) 189
Chavignol *608*
Cheilly-lès-Maranges 380, 381, *voir aussi* Maranges
Chenanson **357**
Chénas 307
Chêne 106, **109**
Chêne-liège 118, *118,* 119, *voir aussi* Bouchons
Chenin *51,* 142, 235, 236, 237, 238, **357-358,** 467, *474,* 482, 511
Chenin blanc 269, 392
Chenôve *321*
Chéreau *511*
Cheval-Blanc (Château) 279
Chevalier-Montrachet **358,** 387, 533
Cheverny **358-359,** 476, 607, **608,** 609
Chèvrefeuille **207**
Chichaud **359**
Chignin 562, *562,* 564, **597**
Chignin-Bergeron **597-598**
Chinon 165, **359,** *359, 475,* **476, 485,** *582,* **585,** 587, 588
Chiroubles *254,* 259, 307, *358,* **359**
Chorey-lès-Beaune **359,** 381, 386
Chouchillon **360**
Chrétienne (tradition) 26, **32-34**
Ciboire **165**
Cidre **207**
Cinsaut 50, 56, 143, 144, **360,** *360,* 375, 408, 464, 538
Cire **207**
Ciréné de Romans **361**
Cissac 495
Cîteaux (abbaye de) 20, 308, 382
Citron **207**
Clairet **614**
Clairette (cépage) 56, 144, *361,* **361-362,** 393, 408, 416, 467, 538
Clairette de Bellegarde **362,** 467
Clairette de Die **362**
Clairette du Languedoc **362,** 467
Clape (La) **394,** 462
Claret 283, 614
Clarification **614,** *voir aussi* Préclarification, Stabilisation
Clarin **362**
Classement des cépages 54, **614**
Classement des vins **614,** *voir aussi* Classification, Crus classés
Classification des crus 287, **294-296, 297**
Clavelin 454, *455,* **614**
Claverie **362**
Climat 56, 78, 160, 161, 293, 384, **390, 614,** *voir aussi chacune des régions*
Clone 50, **614**
Clos **614**
Clos-Blanc 604
Clos de Germolles 380
Clos de la Roche **363,** 384
Clos de Tart **363,** 384
Clos de Vougeot *20,* 43, *319,* 326, *326,* **363,** 382, 385, 390, 604
– château du 308, *308*
Clos des Lambrays **362-363,** 384
Clos Saint-Denis **363,** 384
Clubs de vin **128**
Cluny *489*
– abbaye de 20, 308, 380, 488
Cocumont 403
Cognac 95, 98, **364-368**
– économie 365-366, 368
– élaboration 366, 367-368
– encépagement 52, 365
– géographie et climat 365
– histoire du vignoble 364-365 *voir aussi* Eau-de-vie
Coing **207**
Collage 81, 82, 100, **614-615,** *voir aussi* Stabilisation
Collant 192
Collerette 615
Collioure 161, **369,** 467
Collobrières *401*
Colloïdes **615**
Colmar 39, *232, 234,* 234
Colobel **369**
Colombard 32, 47, 54, 95, 142, 143, 153, 243, **290,** 365, **369**
Colorants **615**
Comité interprofessionnel **615**
– des vins d'Alsace 232
– des vins de Savoie 566
– des vins des Côtes du Rhône 411
– des vins d'origine du Pays nantais 512
– du vin de Champagne 350, **351**
Commerce
– en détail 147
– en gros 146-147

Commercialisation **134-135**
Commissionnaire en vins 323
Commun (vin) **207**
Complet **207**
Comporte *71,* 112, *564,* **615**
Composés aromatiques 83
Composés phénoliques 63, 100, 183, **184-185, 614**
Condom *242*
Condrieu *369,* **369-370,** 408
Conduite de la vigne *63,* **63-65, 315-317**
Confiserie (arôme de) 195
Confréries **42-45,** 467
– Chevaliers de la Chantepleure 43
– Chevaliers du Sacavin **44, 239**
– Chevaliers du Tastevin 42, **43,** *43,* 324, **326**
– commanderie de la Dive Bouteille de Bourgueil **589**
– commanderie du Bontemps du Médoc et des Graves **44,** 303, **305**
– commanderie du Bontemps de Sauternes et de Barsac **305**
– commanderie du Soulte-Bouchon 352
– Compagnons du Beaujolais **44, 256**
– connétablie de Guyenne 303
– Devoir parisien 44, 256
– Échansons du Roi René 538
– Échevins de Bouzy 352
– Entonneurs rabelaisiens de Chinon **589**
– Fédération internationale **45**
– Grapilleurs de Pierres dorées 259
– Hospitaliers de Pomerol 303
– jurade de Saint-Émilion 42, **44,** 303, **305**
– Nobles Vins du Jura et du Comté 456
– ordre de la Boisson de l'Étroite Observance 42
– ordre des Chevaliers Bretrins 512
– ordre des Coteaux de Champagne **45, 352**
– ordre des Dames du Vin et de la Table **44**
– ordre de la Grappe 42
– ordre de la Treille 42
– ordre illustre des Chevaliers de la Méduse 42, 45, 538, *538,* **539**
– Piliers de Chablis *324*
– Saint-Étienne d'Alsace 40, 42, **44, 231**
Congé 127, **615**
Conges (abbaye de) 601
Conseil interprofessionnel
– des vins de la région de Bergerac **266**
– du vin de Bordeaux 115, **302-303**
Conservation des vins 158-159, **615**
Consume 146
Contact **207**
Contenance des fûts **110-112**
Contrôle de la qualité 133, **145-147**
Contrôles microbiologiques du vin **77**
Coopération vinicole **129-131**
Coopérative **127,** 239, 241, 307, 313, 327, 331, 336, 350, 375, 401, 410, 417, 421, 425, 428, 431, 435, 439, 442, 443, 446, 456, **467,** 468, 469, 489, 490, 491, 495, 500, 505, 512, 514, 532, 536, 538, **541,** 553, 554, 556, 564, 566, 573, 589, 596, 597, 602, 609, **615**
Corbières *370,* **370-371**
Corinthe noir 54
Cornas **371,** *371,* 408
Cornet **371**
Corps du vin 191, **207**
Correction de la vendange 88, **615**
Corse 96, **372-377**
– appellations 376
– économie 376
– encépagement 52, 375
– géographie et climat 372-374
– histoire du vignoble 374
– vinification 375
– vins de pays 144
– vins de table 137
Corton 226, **378,** 385, 386, 458, 523
Corton blanc 378
Corton-Charlemagne 161, 226, 354, **378,** 385, 386, 458, 523
Cos d'Estournel *281*
Costières-de-Nîmes **378,** 463, 467
Côt 142, 237, **266, 289,** 378-379, 482, 573, **583,** 584, 585, 608
Côte-Blonde 391
Côte-Brune 391
Côte chalonnaise 311, **380**
Côte-de-Beaune (AOC) **379**
Côte de Beaune (région) 311, *voir aussi* Côte-d'Or
Côte-de-Beaune-Villages 359, **381**
Côte-de-Brouilly 307, **381**
Côte de Nuits 311, *voir aussi* Côte-d'Or
Côte-de-Nuits-Villages **381,** 384, 385
Côte-d'Or **382-390**
– appellations 384-387, 389-390
– géographie et climat 388-389
– histoire du vignoble 382, 388
Côte-Roannaise **381,** 606, **607,** 609
Côte-Rôtie **391,** 408
Coteaux Champenois 346, **352, 391**
Coteaux-d'Aix-en-Provence **391-392,** 536, 537
Coteaux-d'Ancenis **392,** 512
Coteaux-de-Die **393**
Coteaux-de-l'Aubance **238, 392-393,** 477
Coteaux-de-la-Loire 477
Coteaux-de-la-Méjanelle **394**
Coteaux-de-Pierrevert **393**
Coteaux-de-Saint-Christol **394**
Coteaux-de-Saumur **237,** 238, **393**
Coteaux-de-Vérargues **394**
Coteaux-du-Cap-Corse *voir* Vin de Corse Coteaux-du-Cap-Corse
Coteaux-du-Giennois 475-476, 606, **608,** 609 *voir aussi* Côtes-de-Gien
Coteaux-du-Languedoc 161, **393-395,** 423, 463
Coteaux-du-Layon **237,** 238, **395-396,** 476
Coteaux-du-Layon-Chaume **395**
Coteaux-du-Loir **396, 585-586,** 588
Coteaux-du-Loir-Val-de-Loire **396**
Coteaux-du-Lyonnais **396**
Coteaux-du-Tricastin **396**
Coteaux-du-Vendômois **396-397, 585,** 588, 609
Coteaux-Varois **397**
Côtes-Canon-Fronsac **338**
Côtes-d'Auvergne **397, 475, 607,** 609
Côtes-d'Auvergne-Boudes 397
Côtes-d'Auvergne-Chanturgue 397
Côtes-d'Auvergne-Châteaugay 397
Côtes-d'Auvergne-Corent 397
Côtes-d'Auvergne-Madragues 397
Côtes-de-Bergerac **262,** 266
Côtes-de-Bergerac moelleux **262,** 266
Côtes-de-Blaye **267-268,** 301
Côtes-de-Bordeaux-Saint-Macaire 301, **398,** 421
Côtes-de-Bourg 300, 301, **307**
Côtes-de-Buzet *voir* Buzet
Côtes-de-Castillon 300, **398**
Côtes-de-Duras 161, **398-399,** 571
Côtes-de-Gien **399,** *voir aussi* Coteaux-du-Giennois
Côtes-de-la-Malepère **399**
Côtes-de-Montravel 265, 266, **503**
Côtes-de-Provence 161, **399-400,** 535, *539*
Côtes-de-Saint-Mont **400-401,** 443
Côtes-de-Toul **401**
Côtes-du-Brulhois **401,** 443
Côtes-du-Cabardès-et-de-l'Orbiel **402**
Côtes-du-Forez **402,** 606, **607,** 609
Côtes-du-Frontonnais **402,** 443
Côtes-du-Jura 355, **402-403,** *403,* 416, **456**
Côtes-du-Jura mousseux **402-403**
Côtes-du-Lubéron **403**
Côtes-du-Marmandais **403,** 443
Côtes-du-Rhône (AOC) 162, 257, **412-413**
Côtes du Rhône (région) **404-411**
– caractère des vins 409-410
– coopération vinicole 131
– économie 97, 408, 410
– encépagement 53, 407-408
– géographie et climat 406-407
– histoire du vignoble 404, 406
– vendanges et vinification 408-409
Côtes-du-Rhône-Villages 408, **412-413**
Côtes-du-Roussillon 161, **413,** 467
Côtes-du-Roussillon-Caramany **413**
Côtes-du-Roussillon-Latour-de-France **413,** 414
Côtes-du-Roussillon-Villages **413**
Côtes-du-Ventoux **414**
Côtes-du-Vivarais **414**
Cotyle 165
Couderc noir **415**
Coulanges-la-Vineuse 344
Coulant **207**
Coulard **615**
Couleur des vins 100, 101, *194,* **207,** *voir aussi* Nuances, Robe des vins
Couleuses (bouteilles) 105, 154, **615**
Coulure 62, 65, **615**
Counoise 408, **415**
Coupage 146, 245, 368, **615**
Coupole 165
Courbu blanc **415,** 541
Courbu noir **416**
Cour-Cheverny **415,** 609
Court **207-208**
Courtier **323, 615-616**
Court-noué *66*
Crémant 79, **352, 616**
Crémant d'Alsace 229, **416**
Crémant de Bordeaux **416**
Crémant de Bourgogne 315, 328, **320, 416**
Crémant de Die **416**
Crémant de Limoux 267, **416**
Crémant de Loire **238, 416**
Crémant du Jura **416,** 455
Crème de tête **616**
Créosote **208**
Crépy **416-417,** 562, 564, 566
Creux **208, 616**
Criots-Bâtard-Montrachet 387, **417**
Cristallisation 104-105
Crouchen **417**
Croupi **208**
Crouseilles-Madiran 490
Crozes-Hermitage 408, **417**
Cru **208, 390, 616**
Cru bourgeois 296, 469, **616**
Cruet 562, 564, **598**
Crus classés
– de Barsac **251**
– de Margaux **492**
– de Pauillac **522**
– de Saint-Émilion **552, 553**
– de Saint-Estèphe **553**
– de Saint-Julien **555**
– de Sauternes **559**
– des vins de Bordeaux **287** *voir aussi* Classement, Classification
Crus de Pomerol **529**
Crussol (Château de) *556*
Cubitainer **616**
Cucuron *136*
Cuir **208**
Cultivar 50
Cumières *391*
Cussac 495
Cuvaison **616**
Cuve *85, 587,* **616**
– à pigeage *88*
– de stockage *319*
– de vieillissement *133*
– de vinification *86,* **86-87**
Cuvée **616-617**

D

Dameron **419**
Dampierre-sur-Loire *484*
Danugue 421
Daudet (Léon) 254, 257
Débourbage **80,** *82, 84,* **89,** 90, *90,* **617**
Débourrement 61, 62, 68, **617**
Décantage **172**
Décantation **208**
Décavaillonnage 617
Décharné **208**
Déchaussage 617
Déclaration de récolte 145
Déclassement **617**
Décuvage 84, 88, *voir aussi* Cuve
Décuvaison **617**
Défaut **208**
Dégorgement 93, *93,* 351, **617**
Degré alcoolique 68, **617**
Dégustation 132, *132,* **189-200,** *286,* 287-288
Dégustation du moût 87
Délicat **208**
Demi-bouteille 117, 617
Demi-muid 588
Demi-sec **617**
Dépôt **209,** *voir aussi* Maladies du vin
Dépouillé **209**
Désacidification 102, **617-618**
Déséquilibré **209**
Désherbage 65, 73, 317, **618**
Desséché **209**
Détartrage 99
Dezize-lès-Maranges 380, 381, *voir aussi* Maranges
Dinaux (Arthur) 42
Dioise ancestrale 362
Dion (Roger) 275, 282, 461
Dionysos 29, *32,* 35, 36, 38
Distillation 96-97, *98,* **244-245,** 364, 366, **367, 618**
Distingué **209**
Document administratif agréé (DAA) 145, **146**
Dôle 450
Dom Pérignon 21, *21,* 40, 114, 118, 348
Domaine **618**
Donat (Norbert) 449
Donat (Patrice) 448
Donzac 401
Dosage 93, *93,* **618**
Douce noire **419**
Douceur **209**
Drapeau **618**
Dreyer (Joseph) 231
Dudon (Château) *269*
Dur **209**
Duras **419**
Dureté 192, 198
Dureza **419**
Durif **419**

E

Eau 57, 59, 184
Eau-de-vie **95-98,** 167
– caractéristiques 97-98
– production 97, 98
– vieillissement 98 *voir aussi* Armagnac, Cognac, Distillation
Eau-de-vie de marc 96
Eau-de-vie de vin 96, **618**
Échelle des crus **618**
Échezeaux 385, **419-420**

Économie des vins d'AOC **148-150**
Écorce **209**
Écoulage 88, *89*, 618
Edelzwicker 227, 229, **231**, 618
Éderena **420**
Édulcorer **209**
Effervescent **618**
Effluve **204**
Egiodola **420**
Églantine **209**
Égrappage **79**, *82*, *84*, **84-85**, **618**
Elbling **420**
Élégant **209**
Élevage et évolution du vin 81, **99-101**, 133-134, **320-321**, 483-484, 512, **619**, *voir aussi* Cave, Mûrissement
Émine 112
Empyreumatique **209**
Encens **209**
Encépagement **52-53**, **54**, 55, **619** *voir aussi chacune des régions*
Enfariné **420**
Ennemis de la vigne **619**
Enrichissement 619
Ensoleillement 160
Entraygues *443*, *601*
Entre-deux-Mers 301, **420-421**
Entre-deux-Mers Haut-Benauge 301, **420-421**
Entreprise vinicole **132-135**
Entretien des locaux et du matériel de conservation 99
Enveloppé **210**
Épais **210**
Épanoui **210**
Épices (arôme d') 195, **210**
Épineuil 344
Épluchage **619**
Équilibre **210**
Éraflage *voir* Égrappage
Érinose 66
Ermitage *voir* Hermitage
Esclauzels *69*
Espanenc noir **421**
Essence **204**
Ester **619**
Éteint **210**
Éthanol **619**
Étienne (Robert) 282
Étiquetage 97-98, *121*, **121-125**, 128, *134*, 146, **351-352**, *voir aussi* Habillage
Étoffé **210**
Étoile (L') 451, **456**, **468**
Étoile mousseux (L') **468**
Étraire de la Dui 144, **421**
Évapotranspiration **57**
Évent **210**, 619
Extra-dry 619

F

Façons 619
Fade **210**
Faible **210**
Fané **210**
Fatigué **210**
Faugères 96, **423**, 463
Fauve **210**
Faux goût **105**, **210**
Féminin **210**
Fenouil **210**
Fer ou Fer Servadou 142, 266, **423**, 442, 541, 573
Fermé **210**
Ferment **210**
Fermentation
– alcoolique 75-76, **80**, **87**, *87*, **619**
– malolactique **77**, **80**, 84, **89**, 91, 320, **619**
voir aussi Méthode champenoise, Méthode de seconde fermentation en bouteille, Vinification
Fermeté **210**
Fertilisation 65
Fêtes et manifestations vineuses 71, *129*, 234, 259, 324, *324*, 326, 403, 411, 443, 456, 485, 512, 538, 609
Feuillages (arôme de) 195
Feuille morte **211**
Feunate **423**
Fiche de dégustation 190, **619**
Fiefs Vendéens **423**, **510-511**
Figari *voir* Vin de Corse Figari
Figeac (Château) 279
Figue **211**
Filant 619
Fillette 619
Filtration 81, *82*, **619**
Filtre à plaques *81*
Fin de bouche **211**
Fine 366, 456, **619-620**
Fine Bons Bois 366
Fine Bordeaux 96
Fine Champagne 366
Fine Cognac 366
Fins (Vins) **619**
Fins Bois (Les) 365
Fitou **423-424**, *424*, *464*
Fixin *312*, *381*, 384, **424**
Flagey-Échezeaux 419, *420*, 433
Flasque **211**
Flaveur **204**, **211**
Flavonoïdes 184, 185
Fleur **620**, *voir aussi* Mycodermes, Voile
Fleurie *256*, 307, **424**, *424*
Fleurs (arôme de) 195
Floculation 104
Floraison 61-62, **620**
Floral **211**
Flou **211**
Flûte *164*, 165
Flûte d'Alsace *234*
Foin coupé **211**
Folle blanche 54, 243, 365, **424-425**, *425*, 437, 482
Fondu **211**
Fort **211**
Foudre *587*, **620**
Fougère **211**
Fouirau 337
Foulage **79**, *82*, **84**, *84*, **620**
Fourrure **211**
Foxé **211**
Frais **211**
Fraise **211**
Framboise **211**
Franc **211**
Franc noir de la Haute-Saône **425**
Franck (Wilhelm) 295
Frangy **549**, 564
Frappé **211**
Frelaté 620
Friand **211**
Fronsac 275, 285, 300, **425**
Frontignan 462, **514-515**, *515*, *voir aussi* Muscat de Frontignan
Fruité **211**
Fruits frais (arôme de) 195
Fruits secs ou confits (arôme de) 195
Fuella nera **425**
Fumé **211-212**
Fumée **212**
Fumet **212**
Fumure 317
Furmint **425**
Fût 99, 101, *244*, 620, *voir aussi* Tonneau
Futailles **112**, *voir aussi* Tonneau
Fuyloubier *400*

G

Gaillac 161, **427-428**, 443
Gaillac doux **427-428**
Gaillac mousseux **427-428**
Gaillac-Premières-Côtes **428**
Galéria *376*
Gamay 56, 58, 142, 144, 198, 235, 237, 344, 348, *379*, 380, 442, 480, 482, 488, 489, 505, 510, 585, 587, 608
Gamay de Bouze **428**
Gamay de Chaudenay **428**
Gamay du Beaujolais **314**
Gamay Fréaux **428-429**
Gamay noir *429*, **429-430**, **564**
Gamay noir à jus blanc 253, **255**, 313, **314**, 396, 584, 607
Gan *446*
Ganson **430**
Garbesso **430**
Garonnet **430**
Garrigue **212**
Gascon **430**
Gaucher (Roger) 352
Gay-Lussac 80
Gaz carbonique 77, 80, 84, 87, 89, 93, 99, 103, 192, 348, **620-621**
Gaz inerte **621**
Gazéifié **621**
Gazeux **621**
Gelées **621**
Généreux **212**
Générique **621**
Genêt **212**
Genièvre **212**
Genouillet **430**
Genovese **430**
Géranium 103, **212**
Gerbage **105**
Gevrey-Chambertin *345*, 354, 384, 390, **430-431**, *431*, 436
Gewurztraminer 55, 56, 69, 227, 229, **231**, **431**, *431*
Gibier (odeur de) **212**
Gigondas 408, **431-432**, *432*
Ginestet (Fernand) 302
Girofle **212**
Giroflée **212**
Givry 380, **432**
Glycérol 103, **212**, **621**
Gobelet 165
Godet 165
Goldriesling **432**
Gommes **621**
Gouais blanc **432**
Goudron **212**
Gouget noir **432**
Gouleyant **212**
Goût 191, **212**
– anomalies 198, **204**, **213**
– d'amande amère 105, **203**
– de beurre 103, **205**
– de bouchon 105, **205**
– de croupi **208**
– de cuve **208**
– de filtre 105
– de fût 105, **212**
– de géranium 103, **212**
– de grappe **213**
– de grêle **213**, **622**
– de lumière 105, 215
– de moisi 105, 216
– de pêche **218**
– de pierre à fusil **218**
– de pourri **219**
– de rafle **219**
– de raisin sec **219**
– de réduit 104
– de serpillière **220**
– de souris 102, **220**
– herbacé **213**
– liégeux **215**
– phéniqué 102, **218**
voir aussi Microbiologie du vin
Goûteur **621**
Grain **213**, **621**
Graisse 103, **432-433**, **621**
Gramon **433**
Grand Conseil de Bordeaux **303**
Grand Noir de la Calmette **433**
Grand-Roussillon **433**, 465
Grand-Roussillon Rancio **433**
Grand vin **621**
Grande Champagne 365, 366
Grande Fine Champagne 366
Grande Rue (La) 385
Grands crus classés de Saint-Émilion 552
Grands Échezeaux 385, **433**
Grappe **621**
Gras 192, 200, **213**
Gravelle **213**
Graves 277, 296, 300, 301, 340, **433-434**, **621**
Graves de Vayres 300, 301, 421, **434-435**
Graves-Léognan 433, 434
Graves-Pessac 433, 434
Graves supérieurs 301, **433-434**
Greffage 55, 63, 313, **621-622**, *voir aussi* Porte-greffe
Greffe 315
Grêle **622**
Grenache 50, 56, 94, 143, 144, 375, 408, *408*, *435*, **435-436**, 464, 465, 467, 538
Grenadine **213**
Grillage 622
Grillé **213**
Gringet **436**, **564**
Griotte-Chambertin 384, 431, **436**
Gris **622**
Grolleau 142, 237, 238, **436-437**, 482, **583**, 584, 585
Gros gris 260
Gros Manseng **437**, 541
Gros Mourot 428
Gros Pinot 237
Gros-Plant (cépage) 509, 510, *voir aussi* Folle blanche
Gros-Plant du Pays nantais **437**, **510**, 512
Gros Verdot **437**, 525
Groseille **213**
Gueche noire **437**
Guilherand *412*
Guillac *421*
Guillemot **437**
Guillet-Gautier 368
Gustatif **213**
Gutedel 227, 229

H

Habillage 93, *93*
Haeberlin (Jean-Pierre) **233**
Hanap 165
Harmonieux **213**
Harslevelu 425
Haut-Brion 278, **284-285**, *285*, 287, 288, 434, *434*
Haut-Comtat 439
Haut-Médoc 300, 301, **494-495**
Haut-Montravel 265, 266, **503**
Haut-Pays **441-443**
– climat et géographie 441-442
– économie 443
– encépagement 442-443
– histoire du vignoble 441
Haut-Poitou *voir* Vins du Haut-Poitou
Haute-Goulaine (Château de) *512*
Hautes Côtes de Beaune 311, *voir aussi* Côte-d'Or
Hautes Côtes de Nuits 311, *voir aussi* Côte-d'Or
Hauteserre (Château de) *441*
Havane **213**
Hédonisme **213**
Henderson (Alexandre) 295
Hennessy 368
Henri IV *540*
Hermitage 161, 408, **439-440**
Hibou blanc **440**
Hibou noir **440**
Hippocrate 185
Histoire de la vigne et du vin **16-23**, **46-49**
Hospices de Beaujeu 259
Hospices de Beaune 321, **324**, 378
Hospices de Nuits-Saint-Georges 324, 326
Hotte *564*
Huileux **213**
Humus **214**
Hybride **48**, 226, 241, 246, 249, **290**, 336, 340, 345, 354, 357, 362, 369, 415, 420, 430, 432, 433, 441, 458, 459, 464, 468, 491, 501, 505, 519, 523, 524, 528, 530, 532, 544, 549, 554, 567, 568, 592, 593, 594, **622**

I

INAO *voir* Institut national des appellations d'origine
« Impitoyables » **214**
Indole **214**
Ingrandes-de-Touraine *329*
Institut national des appellations d'origine 22, 145, **150, 622**
Interprofession du vin 145, 232, 266, 302-303, 350, 411, 456, 512, 566, 625
Invasion phylloxérique *voir* Phylloxéra
Irancy *67, 344, 560*
Irouléguy **440,** *440,* **540,** 571
Islamique (tradition) 23, 27
Itterswiller *234*

J

Jacinthe **214**
Jacquère 144, **445, 563-564**
Jambes du vin 193, *193,* **214**
Jambon (Jean-Claude) *189*
Jarnac *364*
Jasmin **214**
Jasnières **445, 586,** 588
Jefferson (Thomas) 287
Jéroboam 117, 622
Jeune **214**
Jeunet (André) **454**
Joigny 344
Jongieux **598**
Joubertin **445**
Judaïque (tradition) 23, 25
Juillac-le-Coq *365, 526*
Julien (Guy) **411**
Juliénas *253, 257,* 259, 307, **445,** *445*
Jullien 294, 450
Jura **448-456**
– caractères des vins 453-456
– économie 456
– encépagement 53, 452-453
– géographie et climat 450-452
– histoire du vignoble 448-450
Jurançon 161, *446,* **446-447, 540,** 541, 571
Jurançon blanc 365, **447**
Jurançon noir **447,** *447*
Jurançon sec **446-447**

K

Kientzheim 231, *232,* 234
Killer 76
Klevener 227, 247
Knipperle **447-448**

L

Lachaize (Château) *330*
Lactique **214**
Ladoix 385, **458**
Ladoix-Serrigny 226, 378, *458*
Lafite (Château) 287
Lafite-Rothschild (Château) 44, *295,* 297, 522, *522*
Lagrange (André) 41
Lagrasse (abbaye de) 461
Laiterie (odeur de) **214**
Lalande-de-Pomerol 280, 300, **458,** *459,* 518
Lambrusque 46-47, 50-51
Landal **458-459**
Langoiran 434
Langue 192, *192*
Languedoc-Roussillon 96, **460-467**
– climat 463-464
– coopération vinicole 130, 131
– économie 97, 464
– encépagement 53, 464, 467
– expression des vins 467
– géographie 460, 462-463
– histoire du vignoble 21, 461-462
– vins de pays 143
– vins de table 137
Laporte (Pierre) **572**
Larmes du vin 193, *193,* **214**
Latour (Château) 287, *296, 495*
Latricières-Chambertin 384, 431, **459,** *459*
Latte **622**
Laurier **214**
Lauzet **459,** 573
Lavilledieu 442
Lavoisier 80
Lawton (Abraham) 287
Lecoultre de Beauvais 295
Léger **214**
Len de l'El 443, **459,** 573
Léognan 433, 434
Léon-Millot **459**
Leroy de Boiseaumarié (baron) 22, 356
Les Baux-de-Provence 537, *538*
Levage 622
Levurage 76, **85**
Levures **75,** 80, **214, 622**
Libournais 278-280, 285-286
Lichen **214**
Lichine (Alexis) 294
Lie **511, 622**
Liège *118, 119,* **214-215,** *voir aussi* Bouchons
Lierre **215**
Lignage **468**
Liliorila **468**
Limberger **468**
Limoux *71,* 267, **468**
Limpidité **215**
Liqueur
– d'expédition 93, 352, **623**
– de tirage **623**
– vin de 623
Liquoreux 623
Lirac 408, 410, *468,* **468**
Listan **468-469**
Listrac 300, 495, 505
Listrac-Médoc **469**
Littérature et vin 30-31
Livre de cave 156, *166*
Lledoner Pelut **469**
Loche (Thomas de) 342
Locke (John) 284
Loire 96, **470-485**
– caractères des vins 484
– climat 471, 474, 478-481
– économie 481-482
– élevage du vin 483-484
– encépagement 53, 482
– géographie 470-471, 475-478
– histoire du vignoble 474-475
– millésimes 485
– vendanges et vinification 482-483
– vignobles 471, 474
– vins de pays 142
– vins de table 137
Long **215**
Longévité du vin 100, **160, 161, 162**
Longueur 200
Lons 450
Lorraine 96
Loupiac 301, 421, **469,** 532
Lourd **215**
Ludon 425
Lumière 56, 105, **215**
Lurçat (Jean) **260**
Lussac Saint-Émilion 300, **469**

M

Macabeo 94
Macabeu **487,** 465, 467
Macération 78, 79, 83, 88, 94, **623**
Macération carbonique 70, 84, **85,** 409, **587, 623**
Mâche **215**
Machecoul *508*
Machines à vendanger **72-73,** *72, 73,* 74, *74,* 318-319, 375
Machuraz 601
Mâcon blanc 257, **487**
Mâcon rosé **487**
Mâcon rouge **487**
Mâcon supérieur **487**
Mâconnais 311, *478,* **488-489,** *489*
– appellations 489
– climat 489
– encépagement 488-489
– histoire du vignoble 488
Mâcon-Villages **490**
Macroclimat 56
Macro-éléments 58-59
Macvin du Jura **456**
Madérisation **104, 215**
Madiran *130,* 161, **490,** *490,* **540**
Magnum 117, 623
Maigre **215**
Mailly 350
Maître de chai **388, 623**
Maladies de la vigne *voir* Vigne
Maladies du vin **623**
– microbiennes **102-103**
– physico-chimiques **104-105**
Malbec **288,** 442, *voir aussi* Côt
Malpé **490-491**
Malvoisie 94, 375, 465, 564
Malvoisie du Roussillon 578
Mancin **491**
Manicle **600**
Manifestations vineuses *voir* Fêtes
Mannite 102
Mansenc noir **491**
Manseng 573
Mansonnet **491**
Mantry 451
Maranges **491**
Marc 88, **95,** 456, **623,** *voir aussi* Décuvage
Marc (unité de pressurage) 350
Marc d'Alsace Gewurztraminer 95, 96
Marc d'Auvergne 96
Marc de Bourgogne 96
Marc de Champagne 96, **352**
Marc de Lorraine 96
Marc de Savoie 96
Marcillac 442, 443, **491**
Marcottage **623**
Maréchal-Foch **491-492**
Marestel **549,** 564
Margaux 161, 300, **492,** 495
– Château *272,* 287, 297, *492*
Marignan 562, 564, **598**
Marin 564, **598**
Marsannay 314, 385, **492-493**
Marsannay-la-Côte *328*
Marsannay rosé **492-493**
Marsanne 144, 408, **493**
Marsiglia *595*
Martell 368
Mas 623
Mathusalem 117, 623
Maturation 62, **215, 623**
Maturité **624,** *voir aussi* Raisin, Vigne, Vin
Maury 94, *94,* 462, 465, **493,** *493*
Maury Rancio **493**
Mauzac 95, 143, *267,* 443, 467, **493-494,** *494,* 573, 594
Mayorquin blanc **494**
Mazarin 165
Mazis-Chambertin 384, 431, **494**
Mazoyères-Chambertin 354, 431, **494**
Méchage **624**
Médoc 275, 278, 286, 296, 300, 301, 469, **494-495**
Méjanelle 463
Mélisse **215**
Melon 313, **315,** *495,* **495-496,** 511
Meneau (Marc) **343**
Menetou-Salon 475, 477, **496,** 606, **608,** 609
Ménetru 451
Menthe **215**
Menu Pineau 142, 238
Mercaptan 104, **215-216**
Mercurey 380, **496,** *496*
Mérille 266, **496**
Merlot *54,* 56, 142, 143, **266, 288, 289,** 375, 442, 464, **496-497,** *497,* 573
Merlot blanc 95, **290, 497-498**
Meslier Saint-François **498**
Mesnay 451
Mesnier (Jacques) 411
Mésoclimat 56
Méthode
– champenoise 76, **90-93**
– de seconde fermentation en bouteille *76,* 239, 267, 598, **600**
– gaillacoise 443
– naturelle **600**
– rurale 267, **628**
Métis *voir* Hybride
Meunier **498,** *498, voir aussi* Pinot Meunier
Meursault 263, 382, 387, **498-499**
– Château de *499*
– Paulée de **324, 626**
Microbiologie du vin **75-77**
Microclimat 56, 78, **624**
Micro-éléments 59
Miel **216**
Mildiou 48, 66, *66,* 441, **624**
Milgranet **499**
Millardet (Alexis) 449
Millerandage 314, **624**
Millésime **160-162,** 232, 291, **293-294,** 321, **322,** 377, 456, **480, 485, 624**
Mince **216**
Minervois 463, **499**
Mirabelle **216**
Mirer 624
Mise en bouteilles 81, *81,* 91, *91,* **96,** 229, **624**
Mise en cuve **86**
Mistelle 526, **624**
Mittelbergheim *230*
Moelleux 190, 198, 199, 624, **216**
Moisissures *voir Botrytis cinerea*
Molette 144, **499, 564**
Mollard **499**
Monbadon **500**
Monbazillac 161, 162, 264, 265, 266, **500,** *500*
Mondeuse 144, **501,** 563, **564**
Mondeuse blanche **501**
Monerac **501**
Monsoreau (Château de) *141*
Montagne Saint-Émilion 300, **501, 521**
Montagnieu *599,* **600**
Montagny 380, *380,* **501**
Monterminod **549,** 562
Montesquieu 280, *286,* 287
Monthélie 387, **502,** *502*
Monthoux **549,** 564
Montigny-lès-Arsures 451, *452*
Montils **502**
Montlouis *470,* 476, **502,** *502,* **585,** 588
Montlouis mousseux **502**
Montlouis pétillant **503**
Montmélian 562, 564, **598**
Montpeyroux **394, 503**
Montrachet 387, **503,** 533
Montravel 264, *266,* 266, **503**
Montreuil-Bellay *471, 558*
Montsoreau *236*
Mordant **216**
Morey-Saint-Denis 384, 390, **504,** *504*
Morgon 161, 307, **504**
Mornen **504**
Morrastel **504-505**
Morrastel-Bouschet **505**
Morsiglia *372*
Moselle **505**
Mou **216**
Mouillé **216**
Moulin-à-Vent 307, 357, **505,** *505*
Moulis 300, 495, **505-506,** *506*
Moulis-en-Médoc **505-506**
Mourvaison **506**
Mourvèdre 198, 408, 464, *506,* **506-507,** *537,* 538
Mousse de chêne **216**
Mousseux **239, 624**
Mousseux de Savoie 566, *voir aussi* Vin de Savoie mousseux
Mousseux de Savoie Ayze *voir* Vin de Savoie mousseux

Mousseux du Bugey *voir* Vin du Bougey mousseux
Moustardet 337
Moût *87,* 624
– composition du **186**
– extraction du **79**
voir aussi Vinification
Mouton-Rothschild (Château) 41, 296, 297
Mouyssagues **507**
Muet **216**
Muid 112, 624
Muller-Thurgau **507**
Mûre sauvage **216**
Mûrissement du vin **587,** *voir aussi* Cave, Élevage
Muscade **216**
Muscadelle **266, 290,** 443, *507,* **507-508,** 573
Muscadet (AOC)161, 257, **485, 508,** 512
Muscadet (cépage) 482, *482,* 510, 519
Muscadet Coteaux-de-la-Loire **508**
Muscadet Côtes-de-Grandlieu **508**
Muscadet et Pays nantais 471, 474, *476,* **509-512**
– appellations 510-511
– climat 510
– économie 512
– encépagement 510
– géographie 509
– histoire du vignoble 509
– millésimes 485
– vinification et élevage 511-512
Muscadet Sèvre-et-Maine **513**
Muscadet « sur lies » 99, **511**
Muscardin 408, **513**
Muscat 227, 229, **231,** 375
Muscat à petits grains 54, 94, 465
Muscat à petits grains blancs **513**
Muscat à petits grains rosés **513**
Muscat à petits grains rouges **513**
Muscat d'Alexandrie 50, 54, 94, 465, 467, **513-514,** *514*
Muscat de Beaumes-de-Venise 94, 465, **514**
Muscat de Frontignan (cépage) 467, 515, 516, *voir aussi* Muscat à petits grains blancs
Muscat de Frontignan (VDN) 94, 465, **514-515**
Muscat de Lunel 94, 465, **515**
Muscat de Mireval 94, 465, **515**
Muscat de Rivesaltes 94, 424, 465, **516**
Muscat de Saint-Jean-de-Minervois 94, 465, **516**
Muscat du Cap corse 94
Muscat Ottonel **516**
Musées du vin **39-41,** 44, 231, 234, 256, 366, 411, 474, 500, 512, 588, 589
Musigny 384, **516**
Musique et vin **35**
Musqué **216**
Mustimètre 624
Mutage 94, 291, 465, 526, **624**
Mycoderma vini 454, *voir aussi* Fleur, Mycodermes, Voile
Mycodermes 625
Myrtille **216**

N

Nabuchodonosor 117, 625
Napoléon 366
Nature 625
Néac **518**
Nebbiolo 198
Nébuleux **216**
Négoce 128, 239, 296, 410, 538, 589, *voir aussi* Entreprise vinicole
Négociant-éleveur 130, 323, 512, **625**
Négrette 442, **518,** 573
Nerveux 200, **216**
Net **216**
Neutre **216**
New French Clarets 286
Nez du vin 190, 191, **194,** *198,* **216-217**
Nielluccio 144, 375, **518**
Noir Fleurien **518**
Noirien *voir* Pinot noir
Noisette **217**
Non-alcool 97
Non-flavonoïdes 185-186
Nouaison 62, 625
Noual **518**
Noyau **217**
Noyer (feuille de) **217**
Nuances du vin 193, **217,** *voir aussi* Couleur, Robe des vins
Nuits **518-519**
Nuits-Saint-Georges 385, *518,* **518-519**

Oberlin noir **519**
Odeur **204, 217**
Odeurs du vin
– anormales 195
– mauvaises 103
Odola **519**
Odorat 191
Œil-de-perdrix **217**
Œil du vin 191, **193,** *194,* **217**
Œillade blanche **519**
Œillade noire **519**
Œillet **217**
Œnologie **83,** 151-152, **625**
Œnophile 625
Œnothèque **217**
Œuf punais **217**
Office international de la vigne et du vin **147, 152, 625**
Office national interprofessionnel des vins 145, 625
Offlanges 451
Oïdium 48, 66, *66,* 441, **625**
Oignon (odeur d') **217**
OIV *voir* Office international de la vigne et du vin
Olfaction directe 195
Oligo-éléments 59, 183, 184
Oliver (Raymond) **304**
Onctueux **217**
Ondenc 95, 443, **519**
ONIVINS *voir* Office national interprofessionnel des vins
Orange (peau d') **217**
Oranger (fleur d') **217**
Ordonnac 495
Organoleptique *59, 63,* 77, 89, 190, 100-101, 149, **217**
Orgnac **414**
Otard 368
Ouillage 100, 625
Outhier (Louis) **537**
Oxydation 94, 104, 172, **217, 625**
Oxydo-réduction 465

P

Pacherenc 540
Pacherenc-du-Vic-Bilh **520**
Paga debiti **520**
Pagès (Patrick) **466**
Palette **520-521,** 536, 537
Palissage 65, *315,* 626
Palougué **521**
Pamplemousse **217**
Panéa Nero **521**
Panier-verseur **217**
Panzoult *578*
Parasites *voir* Maladies de la vigne
Pardotte **521**
Parfum et parfumé **204, 218**
Parnac 335, 336
Parsac Saint-Émilion *520,* **521**
Part des anges 245, 368
Pascal blanc **521**
Passenans 451
Passerillage **626**
Passetoutgrains **626**
Pasteur (Louis) 22, *22,* 80, 151, 449, 626
Pasteurisation **626**
Patère 165, *165*
Pâteux **218**
Patrimonio 376, *377, 521,* **521-522**
Pauillac 41, 300, 495, **522-523**
Paulée de Meursault **324, 626**
Pavie (Château) 552
Pays nantais *437,* 474, 477, 482, 484, *voir aussi* Muscadet
Péage-de-Roussillon 554
Pécharmant 264, 266, **523**
Pêche **218**
Pêcher (fleur de) **218**
Pédicelle 626
Pellicule 626
Peloursin **523**
Pelure-d'oignon **218**
Penouille **523**
Pepys (Samuel) 284
Perceptions de la langue 192
Perdea **523**
Perlant **626**
Perlette 54
Pernand-Vergelesses 226, 354, 378, 386, 390, *523,* **523-524**
Persan **524, 564**
Persistance 190, 192, 200, **218**
Pessac 433, 434
Pessac-Léognan 300, 301
Pétillant **626**
Pétillant de Savoie 566, *voir* Vin de Savoie pétillant
Pétillant du Bugey *voir* Vin du Bugey pétillant
Petit (vin) **218**
Petit Bouschet **524**
Petit Brun **524**
Petit-Chablis **524-525**
Petit Manseng **525,** 541
Petit Meslier 348, **525,** 608
Petit Paugayen **525**
Petit-Pontigny 342
Petit Verdet 237
Petit Verdot 288, **289, 525**
Petite Champagne 365, 366
Petite Fine Champagne 366
Pétrus 279
– Château 529
Peurion **525**
Peynaud (Émile) 189, 293
Peyret (Victor) 259
Phéniqué 102, **218**
Phénol 626
Phénolique **218**
Phylloxéra 22, **48, 49,** 66, 228, 242, 259, **310,** 365, 374, 382, 441, 449-450, 535, 601, **622, 626**
Pic Saint-Loup *394,* **394-395**
Picpoul 243, 467
Picpoul-de-Pinet **394**
Pièce 112, 626
Pigeage 98, **626**
Pigments 626
Pin (arôme de) **218**
Pinardier 626
Pineau blanc de la Loire 359, 445, 502, 503, **583,** 584, 585, 586, 605
Pineau d'Aunis 142, 237, 238, 482, **525-526, 583,** 585
Pineau des Charentes **526**
Pinenc 541
Pinot 54, 144, 344, 375, 556, 558
Pinot Beurot *voir* Pinot gris
Pinot blanc 230, 313, 389, **526**
Pinot-Chardonnay 341, 396
Pinot-Chardonnay-Mâcon 487
Pinot gris 227, 229, 255, 389, 482, **526-527,** 608, *voir aussi* Malvoisie
Pinot Meunier 348, 482, 608, *voir aussi* Meunier
Pinot noir 56, 58, *78,* 198, 227, 231, 238, 255, 313, **314,** *314,* 345, 349, 389, 436, **453,** 455, 480, 482, 488, 489, 494, 510, *527,* **527-528,** 529, **564,** 608
Pinton 165
Piqué (vin) 626, **218**
Piquepoul 408
Piquepoul blanc **528**
Piquepoul gris **528**
Piquepoul noir **528**
Piquette **218**
Piqûre
– acétique 99, 103, **626**
– lactique 102, *627*
Pistache **218**
Pivette 165
Pivoine **218**
Plant de Brézé 237
Plant droit **528**
Plant vert **529**
Plantation de la vigne 63, 145, 315-316, **617**
Plantet *528,* **528-529**
Plat **218**
Plein **218**
Pline l'Ancien 18, 32, 47
Plombé **218**
Pointu **529**
Poire **218**
Poivron **218**
Poligny 450, 451
Pomerol 161, 165, 275, 278, 279, 285, 300, 458, **529,** *529*
Pommard 386, **529-530,** *530*
Pomme **218**
Pompe à olive 86, *86*
Pontac (Arnaud de) 284
Pontigny (abbaye de) 342
Portan **530**
Porte-greffe 46, 49, 54, 58, 59, 63, 348, **627**
Porto-Vecchio *voir* Vin de Corse Porto-Vecchio
Portugais bleu **530**
Pougnet **530**
Pouilly-Fuissé 488, 489, **530**
Pouilly Fumé **530, 607,** 609
Pouilly-Loché **530-531**
Pouilly-sur-Loire **475,** 477, **485,** *531,* **531, 607,** *607,* 609
Pouilly-Vinzelles **531**
Poulsard **453, 531-532**
Pourriture **627**
– grise 65, 66, 75, 292
– noble 66, *66,* 75, *289,* **292-293**
Précipitations 81, **104-105**
Préclarification 81, 82
Précoce Bouschet **532**
Précoce de Malingre **532**
Préhy **524**
Premières-Côtes-de-Blaye **267-268,** 300
Premières-Côtes-de-Bordeaux 275, 300, 301, 335, 421, 469, **532**
Premiers Grands Crus classés de Saint-Émilion **553**
Pressoir 18, *20,* 79, *363,* **587,** *588,* **627**
– « à écureuil » 41
– continu 88-89, *89*
– horizontal à plateaux 88
– horizontal pneumatique 88
– mécanique continu 80
– mécanique discontinu 80
– mystique 26, *27*
– pneumatique discontinu 80
– pneumatique horizontal discontinu *80*
– vertical *79*
Pressurage **79,** 84, *84,* **88,** 90, *90,* **627**
Prignac 495
Primeur (vin de) 70, 85, 88, 193, 200, 257, 410, 488, **627**
Prise de mousse 92
Protéine **627**
Provareau **532-533**
Provence **534-539**
– caractères des vins 536-537
– climat et géographie 536
– coopération vinicole 131
– économie 97, 536, 538
– encépagement 53, 536, 538
– histoire du vignoble 534-536
– vins de pays 144
– vins de table 137
Provignage 63
Prueras **533**

Pruine 80, 627
Pruneau **219**
Prunelard **533**
Puisais (Jacques) **177**
Puissant **219**
Puisseguin 469
Puisseguin Saint-Émilion 300, **533**
Puligny-Montrachet 263, *263*, 358, 387, 390, **533**
Pulliat (Victor) 259
Pulpe 627
Putzscheere **533**
Pyrénées **540-541**
– appellations 540
– économie 540
– encépagement 53, 541
– géographie et climat 540-541
– vins de pays 142
– vins de table 137

Q

Qualité du vin 57, *67*, **145-147, 151-152**
Qualité (vin de) **219**
Quart (bouteille) 117, 627
Quart (fût) 112
Quart (verre) 165
Quarts-de-Chaume **238, 543**
Quatourze **395**
Queyrac 495
Quincy 475, 477, **543**, 606, **608**, 609
Quintigny 451

R

Rabelais (François) 27, 30
Racé **219**
Raclet (Benoît) 259
Raffiat de Moncade 541, **543**
Rafle **627**
Raide **219**
Raideur 200
Raisaine **543**
Raisin
– baie de 62, **183-184, 612**
– cueillette du 70
– maturité du **50, 56,** 57, 68, 79
– surmaturation du 57, 79
– transport du 70-71
voir aussi Cépages
Rancio 94, **219**
Rang 627
Râpeux **219**
Rappu 595
Rasteau 94, 465, **544**, *544*
Rasteau Rancio **544**
Ratafia **352, 628**
Ravat blanc **544**
Rayon d'Or **544**
Rebêche **628**
Récemment dégorgé 159, **352**
Réchauffement 628
Rêche **219**
Récoltant-manipulant 628
Récolte *voir* Vendanges
Redding (Cyrus) 295
Réduction 104, **628**
Refermentation 628
Réfrigération **628**
Réglementation des vins 55, 121, 130, 136, *voir aussi* Contrôle de la qualité, Économie de l'AOC
Réglisse **219**
Régnié 255, **544**
Remuage 92, *92*, 351, 628
Rémy-Martin 368
Renard **219**
Rendement 54, 57, 62, 65, 146, 255-256, **628**
Réserve **628**
Résine **219**
Rétro-olfaction 195, *198*
Reuilly 475, 477, **544-545,** 606, **608,** 609
Rhyton 165
Ribier **545**
Richebourg 385, **545,** 547, 604
Riesling 54, 55, 227, 229, **231**, 233, **545,** *545*
Riminese **545**
Ripaille 564, *566*, **598**
Riquewihr *69, 228, 232*
Rivesaltes 94, 424, 463, 465, **546**
Rivesaltes Rancio **546**
Rivière (Château de la) *338*
Robe des vins **196-197, 219,** *voir aussi* Couleur, Nuances des vins
Roche de Solutré *57*
Rochefort-sur-Loire *543*
Rognage **628**
Rohan-Chabot (comte de) 535
Rolle 538, **546**
Romain 313
Romanèche-Thorins 256, 259
Romanée (La) 385, **546,** 547, 604
Romanée-Conti 385, **546,** 547, 604
Romanée-Saint-Vivant 385, **546-547,** 604
Römer 165
Romorantin **547,** 607, 608
Ronceveaux (abbaye de) 440
Rond **219**
Roque Gageac (La) *142*
Rosaki 54
Rose **219**
Rosé d'Anjou 235
Rosé d'Anjou pétillant 235
Rosé de Loire **238, 547**
Rosé des Riceys 346, **352, 547**
Rosette **547**
Roublot **548**
Rouergue *570*
Roussanne 144, 408, **548, 564**
Roussanne du Var **548**
Rousse **548**
Roussette d'Ayse **548**
Roussette de Bugey **548**
Roussette de Savoie 227, **548-549,** 564, 566
Roussette de Seyssel 568
Roussette du Bougey 227
Roussillon *voir* Languedoc
Routes des vins **411,** 538
Rubilande **549**
Rubis **219**
Ruchottes-Chambertin 384, 431, **549**
Rude **219**
Ruffieux 564, 597
Rully 380, **549,** *549*
Rütscherle 165

S

Saccharomyces bayanus 454
Saccharomyces cervisiae 75, *75*
Saccharose **628**
Sachs 51
Sacy **551**
Sadon 110
Saignée 82
Saint-Amour 307, 450, **551**
Saint-Aubin 387, **551-552**
Saint-Badolph **596**
Saint-Chinian 161, 463, *467*, **552,** *552*
– abbaye de 461
Saint-Cibard *270*
Saint-Désirat 554
Saint-Drézery **395**
Saint-Émilion 165, 275, 279, 285, 296, 300, 301, **552-553,** *553*
Saint-Émilion Grand Cru 300, **552-553**
Saint-Estèphe 300, 495, **553-554**
Saint-Fiacre *509*
Saint-Georges-d'Orques **395**
Saint-Georges-Saint-Émilion 300, **554**
Saint-Jean-de-la-Porte 564, **598**
Saint-Jeoire-Prieuré 564, **598**
Saint-Joseph 408, **554,** *554*
Saint-Julien 300, 495, **554-555,** *555*
Saint-Laurent **555**
Saint-Laurent-des-Arbres 468
Saint-Macaire **555**
Saint-Montant **414,** *415*
Saint-Nicolas-de-Bourgueil 476, **555, 585,** *587*, 588, *476*
Saint-Péray 408, **555-556**
Saint-Pierre doré **556,** 607
Saint-Pourçain **475, 556,** 606, **607**
Saint-Remèze **414**
Saint-Romain 387, **556**
Saint-Saturnin **395,** *395*
Saint-Sauveur 495
Saint-Seurin-de-Cadourne 495
Saint-Vallerin 380
Saint-Véran **557**
Saint-Vincent Tournante (la) **324**
Saint-Yzans 495
Sainte-Croix-du-Mont 275, 301, 421, 532, **557**
Sainte-Foy-Bordeaux 300, 301, 421, **557**
Sainte-Foy-la-Grande 275
Salé *192*
Saliès *252*
Salins 450
Salmanazar 117
Sampigny-lès-Maranges 380, 381, *voir aussi* Maranges
San Antoni **557**
San Lorenza *377*
Sancerre 161, **475,** 477, **485,** *557*, **557-558,** 606, **608,** 609
Sangiovese 518
Santal **219**
Santenay *382*, 387, **558**
Saoule-Bouvier 337
Sarment 629
Sarras 554
Sartène *374*, *voir aussi* Vin de Corse Sartène
Saumur 235, 238, *333*, **558,** *voir aussi* Anjou et Saumurois
Saumur-Champigny 235, **237,** 238, **558**
Saumur mousseux **558-559**
Saumur pétillant 235, **559**
Saumurois *voir* Anjou
Saussignac 265, 266, **559**
Sauternes 161, 251, 301, **559-560**
Sauvage **219**
Sauvignon 56, 142, 143, 237, 238, **265-266,** *266*, **289,** 313, **315,** 365, 443, 464, 482, 538, 541, **560,** *560*, 573, **583,** 584, 607, 608
Sauvignon de Saint-Bris **560-561**
Sauvignonasse **561**
Savagnin **449, 453,** 455, **561**
Savagnin rose **561**
Savennières **237,** 238, 477, **561**
Saveurs **220**
Savigny-lès-Beaune 41, 386, **561**
Savoie 162, 227, **562-566**
– économie 97, 564, 566
– encépagement 53, 563-564
– expression des vins 565
– géographie et climat 563
– histoire du vignoble 562
Savour Club (Le) **135,** *135*
Schwendi (Lazare) 44
Sciaccarello 144, 375, **567**
Seatol **220**
Sec **220, 629**
Sécher **220**
Seconde fermentation en bouteille 76, 239, 267, 598, **600**
Sédiments 629
Segalin **567**
Ségur (famille) 285
Seinoir **567**
Sélect 365, **567**
Sélection de grains nobles 229, **629**
Semebat **567**
Sémillon 56, **265, 289,** *289, 292*, 365, 538, *567*, **567-568,** 573
Sensoriel **220**
Senteur **204**
Sérénèze de Voreppe **568**
Serpillière (odeur et goût de) **220**
Servanin **568**
Service des vins **169-172**
Sève **220**
Sévère **220**
Seyssel 562, 564, 566, **568**
Seyssel mousseux **568**
Seyval **568**
SICA 130, 629
SICAREX 629
Silex **220**
Sires de Vergy (Château des) *431*
Société de viticulture du Jura 456
Sol 57, **58,** 293
– entretien du 65, 73
voir aussi chacune des régions
Solide **220**
Sommelier **166-167, 169-172**
Souche 629
Souple 200, **220**
Sous-bois **220**
Soutirage 81, *82*, 89, **99, 629**
Soyeux **220**
Spiritueux **220,** *629*, *voir aussi* Eaux-de-vie
Stabilisation des vins **81, 629**
Stockage des bouteilles 156
Sucrage **629**
Sucré *192*
Sucres 57, 63, 68, 75, 84, 87, 102, 183, 229, 292, **629**
Sud-Ouest 96, **570-573**
– économie 571, 573
– encépagement 53, 573
– géographie et climat 570-571
– histoire du vignoble 570
Suite **220**
Sulfatage **629**
Sulfitage 77, **80,** 81, *82, 84*, **85,** 89, **629**
Sulfures **629**
Sultanine 54
Surmaturation 57, 292, 293, **629**
Surmaturité 160, 483
Surmûri (raisin) *455*
Suze-la-Rousse 396, *410*, 410-411
Sylvaner 55, *78*, 227, **230, 569**
Symbolisme du vin, *voir* Tradition
Syndicat viticole **630**
Syrah *51*, 54, 56, 142, 143, 144, 375, 408, 442, 464, 467, 538, **569,** *569*

T

Tabac **220**
Tabanac *532*
Tâche (La) **575,** 604
Taché **220**
Tact **220**
Taille de la vigne *63*, **63-64,** *65*, **316, 630**
– « Chablis » *316*
– en cordon de Royat *316*
– en éventail *317*
– en Guyot *317*
– en queue *317*
– en sylvos *243*
Tain-l'Hermitage *406, 439*, 417, 554, 556
Tanin 83, 63, 106, 183, 190, 192, 198, **630**
Tanisage **630**
Tannat 142, 442, 541, 573, **575**
Tarabassie **575**
Tartre 104, 105, **630**
Tasse 165
Tastevin **165, 193,** *193*, **630**
Tastevinage 43, **326, 630**
Tâter **220**
Tavel *82*, 408, 410, **575-576,** *576*
Teinturier 78, **576**
Teinturier du Cher 246
Température **220, 630**
Température de service des vins **172**
Tempranillo **576-577**
Tendre 200, **220**
Tenue **221, 630**
Téoulier **577**
Terret gris **577**
Terret-Bourret 464
Terroir 78, 160, **221,** 272
Terroirs viticoles **56-59, 630,** *voir aussi* Sol
Thélème (abbaye de) 589
Thénac *264*
Thompson seedless 54

Thouarcé 269
Thouarsais **577,** *voir aussi* Vins du Thouarsais
Thym **221**
Tibouren **578**
Tilleul (fleur de) **221**
Timbale 165
Titre alcoométrique 630
Tokay 425
Tokay-Pinot gris 227, 229, **231**
Tonneau **106-112,** *108,* 630
Tonnellerie *voir* Tonneau
Tonnerrois 344
Torréfiés (arômes) 195
Toucher **221**
Touraine (AOC) **578-579, 584,** 588
Touraine (région) 474, 476, 477, 481, 482, 484, **582-589**
– appellations 584-586
– climat 583-584
– économie 588, 589
– encépagement 583
– géographie 582-583
– histoire du vignoble 582
– vinification 586-589
Touraine-Amboise 476, **579, 585,** 588
Touraine-Azay-le-Rideau **579, 585,** 588
Touraine-Mesland 476, **579, 584,** 588
Touraine mousseux **579**
Touraine pétillant **580**
Tourbat **578**
Tourie 465
Tourne 103, **630**
Tradition du vin **24-27,** 39
Travaux en vert **630,** *voir aussi* Vigne
Tressalier 607
Tressot 313, **580**
Tries 69, 483, **630**
Trinquette 165
Troisgros (Pierre) **325**
Trouble **631,** *voir aussi* Maladies du vin
Trousseau **453,** 455, **580**
Troyen **580-581**
Truffe **221**
Tuilé **221**
Tulipe (verre) 165, 191, 195
Turbidité **221**
Tursan 443, **540, 581,** *581*
Tyndall (effet) **221**
Typicité **221**

U

Ugni blanc *51,* 54, 56, 95, 142, 143, 144, 243, **290,** 365, 375, 408, 464, 538, **591,** *591*
Union française des œnologues 152
Université du vin **410-411**
Usé **221**

V

Vaccarèse 408
Vacqueyras 431
Vacuoles 631
Vaisselle vinaire 99
Valais noir **591**
Valdiguié **592,** *592*
Valençay 475, **592, 608,** 609
Valérien **592**
Valmagne (abbaye de) *462*
Vanille **221**
Varousset **593**
Vavasseur (Charles) 43
Vayres 435
VDN *voir* Vin doux naturel
VDQS **535,** 631, *voir aussi* AOVDQS
Vedel (André) 189
Végétal **221**
Velouté **221**
Velteliner rouge précoce **593**
Venaison **221**
Vendanges **67-74,** *67, 69, 72, 73, 83,* **88,** *349,* 318, 349-350, *375,* 408-409, *459,* 482-483, *483,* 564
– ban des *45,* 68, *71,* 305, **612**
– date des 67-68
– en grains entiers 69-70
– manuelles **69-71,** 79, *409*
– mécaniques **72-74,** 79
– par tries 69, 483, **630**
– tardives 229, 540, **631**
voir aussi Machines à vendanger, Vigne
Vente du vin
– aux enchères **128,** *128,* 259, 324, 326
– directe 323-324
– en gros 566
– par correspondance 135
Véraison 61, 62, 68, 631
Verdesse **593**
Verdeur **221**
Verdot Colon 525
Vermentino 144, 375, **593**
Vermorel (Victor) 259
Verre
– composition du 115
– fabrication du 114
– histoire du 113
Verres à vin **163-165,** *163, 164,* 170, 191, 195, 237, 589, **214**
Vert **221**
Vertheuil 495
Vertus *349*
Vidange **631**
Vieillardé **221**
Vieillissement 92, *92,* 133-134, 245, 366, 631, *voir aussi* Élevage, Mûrissement
Vieux **631**
Vif 200, **221**
Vigne **478, 631**
– cep de 60, **613**
– conduite et taille de la *63,* **63-65,** *65,* **316-317**
– cycle végétatif de la 60, 62, 160
– histoire de la **16-23, 46-49**
– maladies de la 48, 623
– maturité de la 61, 62
– musées du vin et de la **39-41,** 44, 231, 234, 256, 366, 411, 474, 500, 512, 588, 589
– plantation de la 63, 145, 315-316
– stades phénologiques de la 61, **68, 629**
– travaux de la **60-66, 315-318**
voir aussi Cépages, Sol, Terroirs viticoles, Vendanges
Vignoble *voir* Viticulture
Vigoureux **221**
Vilanova (Arnau de) 94, *voir aussi* Villeneuve
Villard blanc *593,* **593-594**
Villard noir **594,** *594*
Villefranche-sur-Saône 259
Villeneuve (Arnaud de) 242, 465, *voir aussi* Villanova
Vin 631
– blanc *194,* 198, **205, 612**
– cachère 23
– cuit 631
– de café **206,** 257, 410
– de carafe **206,** 410
– de dessert **618**
– de goutte *84,* 84, 88, 89, 621
– de liqueur 623
– de marque **623**
– de paille 17, 241, **455, 625**
– de presse *84,* 84, 89, **627**
– de primeur 70, 85, 88, 193, 200, 257, 410, 488, **627**
– de table 631
– de tuf 476
– des sables **581,** 628
– doux **618**
– doux naturel (VDN) 94, 167, 455, 464, **465,** 631
– d'une nuit 625
– effervescent **618**
– fin **619**
– gris **622**
– jaune 75, 162, **214,** 355, 449, **453, 622**
– liquoreux **292-293, 623**
– mousseux **239, 624**
– nouveau 410, **625**
– perlant **626**
– pétillant **626**
– rosé **82,** 198, **628**
– rouge 200, **628**
– tranquille 167
Vin (parties thématiques)
– achat du **126-128**
– art et **28-38**
– à table **173-182**
– composition et vertus du 183-188
– contrôle de la qualité **145-147**
– dans la littérature 30-31
– dans la musique **35**
– de table et d e pays 130, 131, **136-144,** 146, 167
– durée de conservation du **158-159**
– élevage du **99-101,** 133-134, **320-321,** 483-484
– étiquetage du **121-125,** 512, **619**
– fêtes du 71, *129,* 234, 259, 324, *324,* 403, 411, 443, 456, 485, 512
– longévité du **160, 161, 162**
– maladies du **102-105**
– microbiologie du **75-77**
– musées de la vigne et du **39-41,** 44, 231, 234, 256, 366, 411, 474, 500, 512, 588, 589
– origine du *voir* Histoire
– qualité du 57, 67, **145-147, 151-152**
– service du **169-172**
– technologie du *voir* Vinification
– tradition du **24-27,** 39
Vin d'Alsace **227,** 229
Vin de Bandol *voir* Bandol
Vin de Bellet *voir* Bellet
Vin de Bigorre 540
Vin de Bugey 548
Vin de Corse 376, **594**
Vin de Corse Calvi **594-595**
Vin de Corse Coteaux-du-Cap-Corse **595**
Vin de Corse Figari **595**
Vin de Corse Porto-Vecchio **595**
Vin de Corse Sartène **596**
Vin de Frontignan **514-515,** *voir aussi* Frontignan
Vin de qualité produit dans une région déterminée 167, **631**
Vin de Savoie 566, **596-598**
Vin de Savoie pétillant ou mousseux **598**
Vin du Bugey **598-600**
Vin du Bugey mousseux et pétillant **600**
Vin du Bugey suivi d'un nom de cru **600-601**
Vinage **631**
Vinaigre 103
Vineux **221**
Vinexpo 300, 302
Vinification **78-94,** 232, 375, 483, 564, 631
– des vins doux naturels **94**
– des vins liquoreux 291
– Dioise ancestrale 362
– du Champagne **90-93,** 350-351
– en blanc 78, **79-82,** 366, 511
– en rouge 78, **83-89,**
– en rosé 78, **79-82**
voir aussi chacune des régions
Vins d'Entraygues et du Fel 443, **601**
Vins d'Estaing 443, 571, **601**
Vins de l'Orléanais 476, **602, 608,** 609
Vins de Lavilledieu 443, **601-602**
Vins de liqueur (VDL) 167
Vins de Marcillac 602
Vins de Moselle *voir* Moselle
Vins du Centre 162, 474, 481-482, 484, **606-609**
– climat 609
– économie 609
– encépagement 607
– géographie 606-607
– histoire du vignoble 606
– style des vins 607-608
– vinification 609
Vins du Haut-Poitou **586,** 588, **602-603**
Vins du Thouarsais **238,** *voir aussi* Thouarsais
Viognier 356, 370, 408, 464, **603**
Virieu-le-Grand **600**
Viril **221**
Vitacées 46, 313, **631**
Viticulture
– histoire de la 16-23
– histoire du vignoble français **18-22, 47-48**
– vignoble contemporain **48-49,** 130, 136
voir aussi Coopération vinicole, Économie de l'AOC, Vigne, Vins de table et vins de pays
Vitis vinifera 46, 48, **50,** 631
VO 366
Voile 102, 103, 453-454, *voir aussi* Fleur, Mycodermes
Voilé **221**
Voiteur 451, 455
Volnay 386, 387, **603,** *603*
Volnay-Santenots **603-604**
Voltigeurs **221**
Vosne-Romanée 385, 390, 419, 545, 546, *547, 575,* **604,** *604*
Vougeot 363, 382, 385, *604,* **604**
Vouvray *81,* 161, 165, 476, **485,** *583,* 584, **585,** 588, 589, **605,** *605*
Vouvray mousseux **605**
Vouvray pétillant **605**
VQPRD *voir* Vin de qualité produit dans une région déterminée
VSOP 366

Y

Yquem (Château d') *64, 287, 293, 304,* 304, *559*
Yquem (Sauvage d') 286

Z

Zonage des terroirs **59**

Crédits des photographies

14 : DIAF - E. Planchard — 16 : C. Lénars — 17 : Giraudon — 18, 19 et 20 : G. Dagli Orti — 21 : Collection Chandon-Moët - Photo Sélection du Reader's Digest — 22 : PIX - Protet — 23 : Photo Bibl. nat., Paris — 24 : C. Lénars — 25 h : J. Verroust — 26 : Larousse — 27 : Giraudon — 28 : C. Lénars — 29 : Musée Martin von Wagner, Würzburg — 31 : J.-L. Charmet — 32 : G. Dagli Orti — 33 : Bulloz — 34 : Giraudon — 36 : H. Josse - © ADAGP 1987 — 38 b : PIX - Musée de l'Ermitage, Léningrad — 38 h : Giraudon — 39 : G. Dagli Orti — 40 b : SCOPE - J.-L. Barde — 40 h : D. Hecquet — 42 : Larousse — 43 : Photo © RMN — 43 h : DIAF - D. Thierry — 45 : TOP - A. Valtat — 46 : MAGNUM - E. Lessing — 47 : G. Dagli Orti — 48 : Larousse — 51 et 55 : P. Galet — 57 : EXPLORER - C. Cuny — 58 : ITV — 59 : EXPLORER - Hug — 63 : EXPLORER - F. Jalain — 64 et 65 : SCOPE - M. Guillard — 66 d : SCOPE - M. Guillard — 66 g, cg et cd : ITV - P. Mankiewicz — 67 : EXPLORER - F. Jalain — 69 b : SCOPE - J. Guillard — 69 h : SCOPE - J.-D. Sudres — 70 b : SCOPE - J. Guillard — 70 h : SCOPE - M. Guillard — 71 b : J. Verroust — 72 : SCOPE - M. Guillard — 73 : DIAF - A. Le Bot — 74 b : SCOPE - M. Guillard — 74 h : ITV - P. Mankiewicz — 75 : INRA — 76 et 77 : ITV — 78 : P. Galet — 79 : EXPLORER - P. Sauvage — 80 : © Vaslin Bucher — 81 b : SCOPE - M. Guillard — 81 h : INRA, Colmar — 82 b : Savour Club — 82 h : Savour Club - S. Péra — 83 : GIRAUDON — 85 : SCOPE - M. Guillard — 87 : DIAF - F. Louvet — 89 : ITV - P. Mankiewicz — 90, 91, 92 et 93 : Champagne Moët et Chandon — 94 : SCOPE - J.-D. Sudres — 95 : J.-L. Charmet - Bibl. des Arts décoratifs, Paris — 98 : SCOPE - J.-L. Barde — 106 : M. Taransaud — 107 : G. Dagli Orti — 108 : SCOPE - J.-D. Sudres — 109 et 110 (et voir page 10) : DR — 111 : M. Taransaud — 113 : J.-L. Charmet - Bibl. des Arts décoratifs, Paris — 115, 116 et 117 : BSN — 118, 119 et 120 : EXPLORER - N. Thibaut — 120 : EXPLORER - F. Danrigal — 121 : Larousse — 126 : SCOPE - D. Faure — 128 et 154 : SCOPE - J. Guillard — 129 : TOP - R. Mazin — 130 : SCOPE - J. Sierpinski — 131 : EXPLORER - F. Jalain — 132 : SCOPE - J. Guillard — 133 : SCOPE - I. Eshraghi — 134 et 135 : Larousse — 136 : EXPLORER - H. Veiller — 141 : EXPLORER - C. Delu — 142 : SCOPE - J. Guillard — 143 : EXPLORER - L. Salou — 149 : PHOTEB - J. Bottet — 151 et 152 : SCOPE - M. Guillard — 154 : SCOPE - J. Guillard — 155 : SCOPE - J.-D. Sudres — 156 : Les Caves Harnois — 163 et 164 h : Larousse — 164 b : Giraudon — 165 : cliché Réunion des musées nationaux — 165 h : Giraudon -Lauros — 166, 169, 170, 171 et 172 : Larousse — 173 : Giraudon — 174 et 175 : DIAF - J.-D. Sudres — 176 : SCOPE - J.-L. Barde — 178 : Consortium Photographers/DIAF - B. North — 183 : RAPHO - Arcis — 189 : Larousse — 193 b : EXPLORER - F. Jalain — 193 h: SCOPE - J. Guillard — 194 : Larousse — 198 : SCOPE - M. Guillard — 222 : SCOPE - J. Guillard — 224 : Reporters/ DIAF - P. Ache — 225 : SCOPE - M. Guillard — 226 : P. Galet — 228 : TOP - J. Ducange — 230 (et voir page 11) : CEDRI - C. Sappa — 232 bg et bd : DIAF - J.-P. Duchêne - SCOPE - J. Guillard — 232 h : DIAF - J.-C. Pratt — 233 h : EXPLORER - F. Jalain — 234 b : G. Dagli Orti — 234 h : SCOPE - J. Guillard — 236 : EXPLORER - N. Thibaut — 238 : SCOPE - J.-D. Sudres — 240 : P. Galet — 242 : SCOPE - J.-L. Barde — 243 (et voir page 12) : GAMMA - J.-P. Paireault — 244 : EXPLORER - J.-P. Ferrero — 245 : GAMMA - J.-P. Paireault — 248 et 251 : SCOPE - J.-L. Barde — 249 : Collection P. Bocuse — 249 (et voir pages 10, 11) : P. Galet — 250 : SCOPE - J. Guillard — 252 : TOP - G. Marineau — 253 : EXPLORER - C. Delpal — 253 b : EXPLORER - J.-Y. Loirat — 254 : EXPLORER - M. Carbonare — 254 h : Photo PM — 256 (et voir page 10) : SCOPE - J.-L. Barde — 257 : SCOPE - J.-L. Barde — 258 : Collection Paul Bocuse — 259 (et voir page 12) : EXPLORER - C. Errath — 260 b : J. Verroust — 260 h : EXPLORER - F. Jalain © ADAGP 1987 — 263 : SCOPE - J. Guillard — 264 et 265 (et voir page 12) : SCOPE - J.-D. Sudres — 266 : SCOPE - J.-L. Barde — 267 b : SCOPE - M. Guillard — 267 h : SCOPE - J. Guillard — 268 : DIAF - D. Thierry — 269, 270, 271 et 273 : SCOPE - M. Guillard — 281 : SCOPE - M. Guillard — 282 (et voir page 11) : GAMMA - J.-P. Paireault — 283 : PIX - La Cigogne — 285 : SCOPE - M. Guillard — 286 b : GIRAUDON - Lauros — 286 h : J.-L. Charmet — 287, 288, 289, 292, 293 et 295 : SCOPE - M. Guillard — 296 : GAMMA - J.-P. Paireault — 302 : EXPLORER - G. Boutin — 304 : SCOPE - Guillard — 305 : SCOPE - M. Guillard — 306 : P. Galet — 307 : DIAF - P. Somelet — 308 : EXPLORER - J. Dupont — 310 : G. Dagli Orti — 311 et 312 : SCOPE - J. Guillard — 313 : EXPLORER - J. Mathiaut — 314 : EXPLORER - F. Jalain — 315 : EXPLORER - C. Errath — 316 : SCOPE - J. Guillard — 319 b : Photo PM — 319 h : SCOPE - P. Beuzen — 320 : DIAF - D. Thierry — 321 (et voir page 11) : S. Marmounier — 323 : SCOPE - J.-D. Sudres — 324 b : SCOPE - J.-D. Sudres — 324 h : DIAF - J.-P. Durand — 326 b : EXPLORER - F. Jalain — 328 : EXPLORER - F. Jalain — 329 : SCOPE - J. Guillard — 330 : SCOPE - J.-L. Barde — 331 : DIAF - J.-D. Sudres — 332 : SCOPE - J.-L. Barde — 333 h : SCOPE - J.-D. Sudres — 334 : P. Galet — 335 : P. Galet — 337 : SCOPE - J.-D. Sudres — 338 : SCOPE - M. Guillard — 339 : P. Galet — 341 et 342 h : EXPLORER - F. Jalain — 342 b : M. Garanger — 344 b : Photo PM — 344 h : EXPLORER - F. Jalain — 345 : SCOPE - J. Guillard — 346 : Champagne Moët et Chandon — 348 : EXPLORER - Hug — 348 b : SCOPE - F. Hadenge — 348 b : SCOPE - F. Hadengue — 349 b : EXPLORER - Danrigal — 349 b : EXPLORER - Hug — 349 h : Moët et Chandon — 350 b : EXPLORER - F. Danrigal — 350 h : SCOPE - F. Hadengue - Mosaïques ornant le fronton des caves du Champagne JACQUART à Reims — 351 : G. Boyer — 352 h, 353 et 354 : P. Galet — 355 : EXPLORER - F. Jalain — 357 et 358 : SCOPE - J.-L. Barde — 359 : SCOPE - J.-D. Sudres — 360 et 361 : P. Galet — 363 : EXPLORER - H. Berthoule — 364 : SCOPE - M. Guillard — 365 h : SCOPE - J.-Y. Boyer — 368 : SCOPE - M. Guillard — 369 : EXPLORER - F. Jalain — 370 b : EXPLORER - F. Jalain — 370 h : SCOPE - D. Faure — 371 : SCOPE - J. Guillard — 372 : SCOPE - J. Sierpinski — 374 b : EXPLORER - Jean-Paul — 374 h : EXPLORER - F. Jalain — 375 : EXPLORER - J.-M. Labat — 376 : S. Marmounier — 377 b : SCOPE - M. Guillard — 377 h : EXPLORER - F. Jalain — 378 : SCOPE - J. Guillard — 379 : EXPLORER - R.Truchot — 380 : DIAF - Mastrojanni — 380 h : Photo PM — 381 : SCOPE - J. Guillard — 382 : EXPLORER - H. Berthoule — 389, 390 et 391 h : SCOPE - J. Guillard — 391 b : EXPLORER - H. Berthoule — 391 b : EXPLORER - Hug — 392 : SCOPE - J.-D. Sudres — 394 et 395 : SCOPE - D. Faure — 397 b : SCOPE - J.-D. Sudres — 397 h : TOP - R. Mazin — 398 : SCOPE - J.-L. Barde — 400 et 414 : SCOPE - J. Guillard — 401 : SCOPE - J. Guillard — 403 : EXPLORER - E. Sampers — 404 : GIRAUDON - Lauros — 406 : SCOPE - J.-D. Sudres — 407 b : J. Verroust — 407 h : EXPLORER - F. Jalain — 408 : EXPLORER - L. Girard — 409 : SCOPE - J.-D. Sudres — 410 b : EXPLORER - F. Jalain — 410 h : M. Garanger — 412 : SCOPE - J.-D. Sudres — 413 : EXPLORER - F. Jalain — 415 : DIAF - J.-P. Garcin — 417 : SCOPE - J. Guillard — 418 : SCOPE - J.-L. Barde — 420 : J. L. Bernuy — 421 : DIAF - A. Reffet — 422 : SCOPE - J.-L. Barde — 423 : SCOPE - D. Faure — 424 b : DIAF - J.-P. Langeland — 424 h : SCOPE - J. Guillard — 425 : DIAF - Mastrojanni — 425 bd : SCOPE - M. Guillard —426 : SCOPE - J.-L. Barde — 427 : SCOPE - J.-L. Barde — 429 : P. Galet — 431 et 432 : SCOPE - J. Guillard — 434 : SCOPE - M. Guillard — 435 : P. Galet — 436 : EXPLORER - R. Truchot — 437 (et voir page 11) : DIAF - A. Le Bot — 438 : RAPHO - F. Ducasse — 439 : SCOPE - J.-D. Sudres — 44 : Larousse — 440 : RAPHO - F. Ducasse — 441 : S. Marmounier — 442 : SCOPE - J.-L. Barde — 443 : EXPLORER - F. Jalain — 444 : SCOPE - J. Guillard — 445 : SCOPE - J.-L. Barde — 446 : EXPLORER - F. Gohier — 447 : P. Galet — 448 b : EXPLORER - E. Sampers — 448 h : J. Verroust — 450 : S. Marmounier — 451, 452 et 453 : SCOPE - J. Guillard — 455 bd : Larousse — 455 hd : EXPLORER - E. Sampers — 455 hg : Larousse — 457 : SCOPE - J.-L. Barde — 458 : DIAF - G. Gsell — 459 b : SCOPE - J. Guillard — 459 h : EXPLORER - A. Nadeau — 460 : SCOPE - J. Sierpinski — 462 b : SCOPE - J. Guillard — 462 h : Giraudon — 463 : R. Baillaud — 464 : SCOPE - D. Faure — 465 : SCOPE - J.-D. Sudres — 467 : SCOPE - D. Faure — 468 : SCOPE - J. Guillard — 470 : DIAF - J.-C. Pratt-Pries — 471 : EXPLORER - A. Wolf — 474 : EXPLORER - F. Jalain — 475 b : EXPLORER - F. Jalain — 475 h : EXPLORER- C. Delu — 476 : SCOPE - J. Guillard — 481 : EXPLORER - N. Thibaut — 482 et 483 : DIAF - A. Le Bot — 484 : CEDRI - G. Sioën — 486 : SCOPE - J.-L. Barde — 487 : EXPLORER - H. Veiller — 488 : EXPLORER - C. Cuny — 489 b : EXPLORER - C. Delu — 489 h : J. Verroust — 490 : SCOPE - J. Sierpinski — 492 : SCOPE - M. Guillard — 493 : SCOPE - D. Faure — 494 : P. Galet — 495 b : SCOPE - M. Guillard — 495 h : P. Galet — 496 : EXPLORER — 497 et 498 : P. Galet — 499 : SCOPE - J. Guillard — 500 b : EXPLORER - F. Jalain — 500 h : EXPLORER - H. Veiller — 502 b : SCOPE - J.-D. Sudres — 502 h : SCOPE - J. Guillard — 503 : SCOPE - J.-L. Barde — 504 : SCOPE - J. Guillard — 506 : SCOPE - J. Guillard — 506 bg et 507 : P. Galet — 508 et 509 : SCOPE - J. Guillard — 510 bg : EXPLORER - D. Clément — 510 h : DIAF - A. Le Bot — 511 et 512 : SCOPE - J. Guillard — 514 : P. Galet — 515 b : SCOPE - J. Sierpinski — 515 h : EXPLORER - F. Jalain — 516 : SCOPE - J. Guillard — 517 : SCOPE - J. Guillard — 518 : SCOPE - J. Guillard — 520 : EXPLORER - G. Boutin — 521 : EXPLORER - F. Jalain — 522 : SCOPE - M. Guillard — 523 et 524 : SCOPE - J. Guillard — 526 : SCOPE - M. Guillard — 527 : SCOPE - M. Guillard — 527 et 528 : P. Galet — 529 : EXPLORER - P. Roy — 530 b : EXPLORER - P. Thomas — 530 h: SCOPE - J. Guillard — 531 : JERRICAN - Daudier — 532 : EXPLORER - F. Jalain — 534 : SCOPE - J. Guillard — 536 : EXPLORER - F. Jalain — 537 et 538 h : SCOPE - J. Guillard — 538 b : EXPLORER - H. Berthoule — 539 b : SCOPE - J. Guillard — 540 : J.-L. Charmet — 541 : SCOPE - J. Sierpinski — 542 et 543 : SCOPE - J. Guillard — 544 : EXPLORER - F. Jalain — 545 : P. Galet — 546 : SCOPE - J.-D. Sudres — 547 : EXPLORER - H. Berthoule — 549 : SCOPE - J. Guillard — 550 : RAPHO - F. Ducasse — 551 : SCOPE - J.-L. Barde — 552 : SCOPE - D. Faure — 553 bg : SCOPE - M. Guillard — 553 cd : EXPLORER - F. Jalain — 554 : SCOPE - J.-D. Sudres — 555 : SCOPE - M. Guillard — 556 : SCOPE - J. Guillard — 557 : PIX - Chenot — 558 : PIX - Cauchetier — 559 : SCOPE - M. Guillard — 560 d : SCOPE - J. Marthelot — 560 g : P. Galet — 562 : S. Marmounier — 564 b : S. Marmounier — 564 h : extrait de l'ouvrage de Roger GIREL, *le Vignoble savoyard* © Éditions Glénat 1985 — 566 h et b : extraits de l'ouvrage de Roger GIREL, *le Vignoble savoyard* © Éditions Glénat 1985 — 569 : P. Galet — 570 : EXPLORER - B. et J. Dupont — 572 : EXPLORER - P. Roy — 573 : EXPLORER - F. Jalain — 574 : SCOPE - J.-L. Barde — 575 : EXPLORER - H. Berthoule — 576 : EXPLORER - F. Jalain — 578 : TOP - J. Ducange — 579 : SCOPE - J. Guillard — 582 : SCOPE - J.-D. Sudres — 582 : SCRIPTO — 583 : DIAF - J.-D. Sudres — 584 : TOP - J. Ducange — 585 : DIAF - J.-C. Pratt — 587 b : collection J. Taransand — 587 h : SCOPE - J.-D. Sudres — 588 : EXPLORER - H. Veiller — 590 : SCOPE - J.-L. Barde — 591, 592, 593 et 594 : P. Galet — 595 : SCOPE - M. Guillard — 597 : SCOPE - J. Guillard — 599 : DIAF - J.-P. Chanut — 601 : SCOPE - J.-D. Sudres — 602 : Jallerat — 603 : EXPLORER - F. Jalain — 604 b : EXPLORER - H. Veiller — 604 h : SCOPE - J. Guillard — 605 b : SCOPE - J. Guillard — 605 h : SCOPE - J.-D. Sudres — 606 : EXPLORER - L. Salou — 607 : SCOPE - J. Guillard — 608 : EXPLORER - F. Jalain

Photocomposition Nord Compo – Photogravure Nord Compo et Vaisseau. Impression Canale, Turin.
Dépôt légal : octobre 1997. Imprimé en Italie (Printed in Italy). 506010-03 juin 1998
ISBN 2-03-506010-9